惠民县志

（1979—2005）

惠民县地方史志编纂委员会　编

方志出版社
Publishing House of Local Records

图书在版编目（CIP）数据

惠民县志．1979—2005／惠民县地方史志编纂委员会编．-- 北京 ：方志出版社，2017.10
ISBN 978-7-5144-2626-7

Ⅰ．①惠… Ⅱ．①惠… Ⅲ．①惠民县—地方志—1979—2005 Ⅳ．①K295.24

中国版本图书馆CIP数据核字（2017）第265963号

惠民县志（1979—2005）

编　　者：惠民县地方史志编纂委员会
责任编辑：刘　珊

出 版 人：冀祥德
出 版 者：方志出版社
地　　址：北京市朝阳区潘家园东里 9 号（国家方志馆4层）
邮　　编：100021
网　　址：http://www.fzph.org
发　　行：方志出版社图书经销中心
电话（010）67110500
经　　销：各地新华书店
印　　刷：济南黄氏印务有限公司印刷

开　　本：889×1194　　1/16
印　　张：57.5
字　　数：1467千
版　　次：2017年10月第1版　　2017年10月第1次印刷
印　　数：0001～3000册

ISBN 978-7-5144-2626-7　　定价：510.00元

惠民县地方史志编纂委员会

主　　任 刘东芳

副 主 任 刘　杰　吴玉刚　李　赫　牛业霞　张玉军　尚修国　田建伟　刘宝乾

委　　员 朱乐山　左修和　刘永堂　赵仁新　邢丽敏　隋全洲　王元岭　郭玉勇　肖端奎　孟宪民　张贵忠　王培芳　王祖林

《惠民县志（1979—2005）》编审人员

主　　审 夏培剑

副 主 审 刘东芳

主　　编 田德贵　刘宝乾　左修和

副 主 编 张贵忠　谢玉洁

编　　辑 孔　鹏　赵　崭　王　剑　张顺山　贾洪岩　王绍举　王琳涛　赵秀华

序

《惠民县志（1979—2005）》的编纂出版，是全县人民政治、经济、文化和社会生活中的一件大事，是全县精神文明建设的又一丰硕成果。欣喜之余，感慨万千，权寄数语以为序。

青史丰碑镌伟业，盛世修志谱华章。该志展现了自中共十一届三中全会后，勤劳朴实的惠民人民在短短27年间，坚持以马克思列宁主义、毛泽东思想、邓小平理论、“三个代表”重要思想和科学发展观为指导，深入贯彻落实习近平总书记系列重要讲话精神和治国理政新理念新思想新战略，矢志不渝地沿着改革开放之路，励精图治，团结拼搏，国民经济和社会各项事业均取得辉煌成就的历程。27年，虽为历史长河之一瞬，但对惠民而言，却有着非同凡响的重要意义。其间，全县综合实力大幅攀升，产业结构持续优化，区位优势明显提升，群众生活日益改善，发展活力不断彰显，党的建设全面加强。

以史为鉴，可以知兴衰；以志为鉴，可以察得失。地方志素有“辅政之书”“资政之本”之美誉，向为历代朝政所倚重，在治国安邦中发挥着不可替代的作用。本志以改革开放为背景，立足于惠民实际，力求新形势下志书编修的创新，全面客观地记述了自然环境、历史沿革、社会变迁、经济发展、文化教育、民风民俗及楷模人物等内容，是了解惠民、研究惠民最权威最翔实的地情资料著述，是服务当代、惠及后世的历史经验的客观总结，又是一部热爱党、热爱祖国、热爱社会主义、热爱家乡的乡土教材。她将会进一步激发惠民人民承前启后、继往开来的壮志豪情和历史使命感，对推进惠民经济社会又好又快发展产生重大而深远的影响。

地方志编修是一项浩繁艰巨的社会系统工程，是艰辛清苦的创造性劳动，殊非易事。《惠民县志（1979—2005）》的面世，凝聚着各级党委、政府和全县人民尤其是史志工作者的智慧和心血，蕴涵着惠民人奋发图强、勇于拼搏的进取精神，必将成为全县人民继往开来、再攀高峰的精神财富。在此，我谨代表中共惠民县委向关心、支持、参与修志事业的单位和同志们表示诚挚的感谢。

欣逢盛世，政通人和，国泰民安。深信，具有光荣革命传统的惠民人民，定会以志为鉴，按照“四个全面”战略布局和“五位一体”总体布局，牢固树立和贯彻落实创新、协调、绿色、开放、共享“五大发展理念”，围绕县第十四次党代会确定的打造黄三角新的经济增长极、省会都市圈重要节点城市、连接京津冀枢纽城市的发展定位，实现地区生产总值、一般公共预算收入、城镇居民人均可支配收入、农村居民人均可支配收入“四个翻番”的奋斗目标，锐意进取，开拓创新，加快建设生态美丽健康幸福新惠民，把我们的光荣和梦想，镌刻在实现“两个一百年”伟大目标的壮丽征程上。

谨以为序。

中共惠民县委书记 殷梅英

2017年5月

序

《惠民县志(1979—2005)》即将付梓,是全县继1997版《惠民县志》之后编修的又一部新方志,可庆可贺。

盛世修志,古今尽然。地方志以其“补史之缺,修史之错,详史之略,续史之无”的独特价值和“地方百科全书”的实用性,发挥着“存史、资政、教化”的作用,在中华民族文化宝库中占据着重要地位。惠民县历史悠久,文化灿烂,有着编修志书的优良传统。仅自1548—1936年,有史料记载的志书编修就有10次。这些志书均以大量翔实的地情资料,为探索和研究惠民历史提供了有益借鉴,成为惠民发展史上弥足珍贵的文化遗产。

温故而知新,鉴往而启后。古人云:“志者,记也。”《惠民县志(1979—2005)》坚持辩证唯物主义和历史唯物主义立场、观点、方法,融思想性、科学性、资料性于一体,全面客观地记载了惠民县自然、地理、经济、政治、文化、社会等方面的历史与现状,展现了全县人民在建设中国特色的社会主义事业中,解放思想,抢抓机遇,开拓进取,干事创业所取得的重大成就,再现了惠民大地在改革开放27年间发生天翻地覆变化的足迹和历程,是一部外界了解和认识惠民的地情汇集,是全县人民知兴衰、明得失、察未来的明镜,是研究、发展、振兴惠民的工具书,是为各级领导熟悉县情、科学决策提供翔实资料和依据的册籍,其社会、文学、历史价值将随时移势迁而愈显重要。

该志编纂启动以来,得到了各级领导的大力支持和悉心指导,在县史志办全体工作人员及各有关单位的史志工作者们埋身事业、甘于寂寞、不计得失、广征博采、反复求证、数易其稿的不懈努力下,终得顺利完成。谨借志书出版之际,向他们表示由衷的感谢。

志书编修,事在继往而意在开来,愿同全县人民一道,积极作为,开拓奋进,为建设生态美丽健康幸福的新惠民而努力奋斗。

是为序。

惠民县人民政府县长

2017年5月

凡　例

一、本志以马克思列宁主义、毛泽东思想、邓小平理论、“三个代表”重要思想、科学发展观、习近平新时代中国特色社会主义思想为指导，坚持辩证唯物主义和历史唯物主义的立场、观点和方法，全面、系统、客观地记述本行政区域内自然、经济、政治、文化和社会的历史与现状，力求思想性、科学性、资料性的统一。

二、本志为1997年版《惠民县志（1840—1985）》（简称前志）的续志。为完整展现中共十一届三中全会以来改革开放的历程，上溯前志下限7年。上限为1979年，下限为2005年。前志俱载的建制沿革、境域区划等内容，或全录或择其概要简述记之，以保持历史的完整性。

三、原则上以行业立志，适当兼顾发展进程中出现的新事物和社会变化。按照科学分类和社会分工设置篇目，以自然、经济、政治、文化为序，事以类从，横排纵写。为突出地方特色，将孙子文化独立成编。全志设26编，编下设章、节，部分节下设目和子目。卷首有序、凡例、概述、大事记，卷末有人物、附录、编后记，旨在提纲挈领、全其体例、内容贯通、方便阅读。

四、以2005年的行政区划为记事范围。断限内发生的区划变革，行文中以原区划调整前后分别予以记述，务求真实反映历史原貌。

五、志文体裁用述、记、志、传、图、表、录等，以志为主。大事记以编年体为主，兼用纪事本末体。

六、采用公元纪年。中华人民共和国成立以前使用历史纪年，加注公元纪年。政区及相应机构皆用原称。

七、人物部分设传略、简介、表三部分。坚持“生不立传”原则，简介只收录标准内在世者，均以出生年月编列。人物表以部门、单位排列。

八、所用资料主要由各有关单位提供，次为县级以上档案资料、中共惠民县组织史资料、县政协文史资料、历代志书，经考证无误后入志，一般不注明出处。采用图片除注明者外，均由有关单位供稿。所用数据除注明者外，以县统计局资料为准。

惠民名片

兵圣孙武故里

国家AAAA级景区孙武古城旅游景区

全国棉花百强县

全国粮食生产先进县

全国优质棉生产、出口“双基地县”

全国科技工作先进县

全国体育先进县

全国棉花良种繁育基地县

全国生态农业示范县

全国水土保持生态环境建设“十、百、千”工程示范县

全国无公害农产品生产示范县

全国节能示范县

全国地膜覆盖植棉示范县

全国秸秆养牛十佳示范县

全国农区畜牧业十佳县

全国食用菌生产重点县

中德农业环境保护技术合作项目示范县

山东省历史文化名城

县城鸟瞰

摄影 刘刚

县经济开发区新貌

摄影　刘刚

环城水系景观带一角

摄影 刘刚

2000年惠民县城区

县经济开发区公园

古城墙一角

1992 年 1 月，现代化购物中心——鲁北大厦开业

建设中的住宅小区

1999年，惠民华润纺织有限公司办公大楼

1999年，惠民华润气流纺车间

1988 年，第二棉纺织厂厂区

2003 年，基德纺织有限公司（原第二棉纺织厂）外貌

1998 年，山东惠民孙武酒业有限责任公司外景

1998 年，山东彩霞地毯集团有限公司大门、办公楼外景

美国纽约惠民地毯批销店

农村实行联产承包责任制后，小型农机具又受欢迎，图为畜引步犁耕地

改革开放以来，农村机械化程度提高，小麦收割机代替了农民手中的镰刀

抗虫杂交棉制种田

位于惠民县城西 15 公里处沙窝林场自然保护区

1995年9月，惠民县被授予全国秸秆养牛十佳示范县。图为农业部颁发的“金牛奖”

改革开放以来，农民养牛肉役兼用，产量上升。图为申桥黄牛交易市场

1990年，惠民县大力发展桑蚕生产。图为省屯镇桑园一角

1989年，县委、县政府提出稳定粮棉、发展“三园”（菜、果、桑）和高效经济田的种植结构调整方案，淄角镇率先发展蔬菜生产和蔬菜市场。图为淄角镇蔬菜大市场

随着全县经济的发展，乡镇集市贸易愈加繁荣。图为胡集镇集贸市场

惠民一中高一新生军训会操表演

惠民二中教学大楼外景

位于李庄镇政府驻地的惠民县人民医院

滨州市中心医院门诊大楼

2001 年 12 月 12 日，惠民县召开欢送新兵大会

2005 年 7 月，县人武部组织民兵教练员进行步兵战术训练

1989 年 5 月，参加《孙子兵法》国际学术讨论会的中外代表合影

1994 年 4 月，第三届孙子兵法国际研讨会在山东临沂市召开。惠民县县长顾峰一行以主办单位之一和孙武故里的名义参加会议。图为参加会议的中外代表专程到惠民参观孙子故园并在县宾馆合影

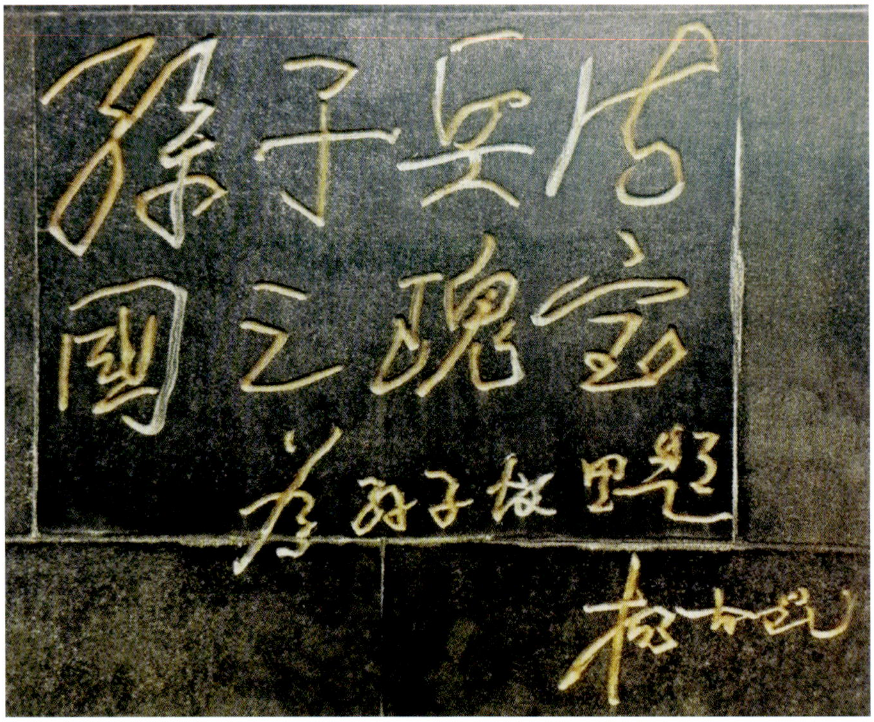

1992 年 1 月，国家主席杨尚昆为孙子故里——惠民县题词石刻

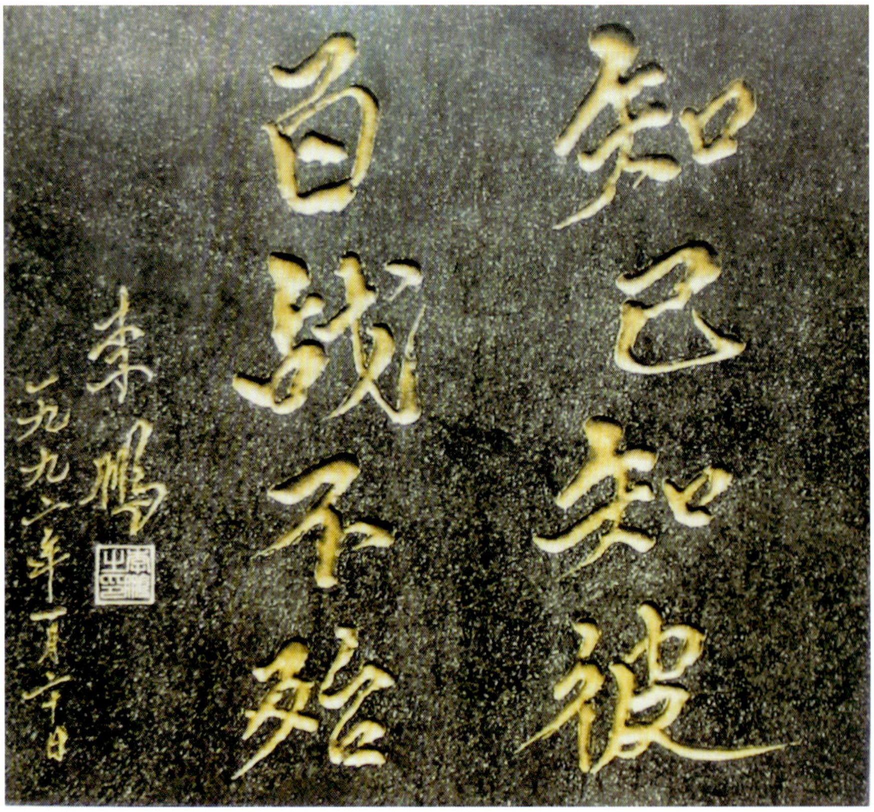

1992 年 1 月，国务院总理李鹏为孙子故里——惠民县题词石刻

2006 年 9 月，第四届中国滨州惠民国际孙子文化旅游节开幕式

1987 年，胡集灯节书会开幕仪式

位于何坊乡苏家村东的汉朝古槐

位于惠民县城南沙河桥东的娘娘坟

便于野外携带使用的马灯（提灯）

开大会与露天剧场上常用的汽灯

旧时菜油灯

民间用的苇篾灯笼

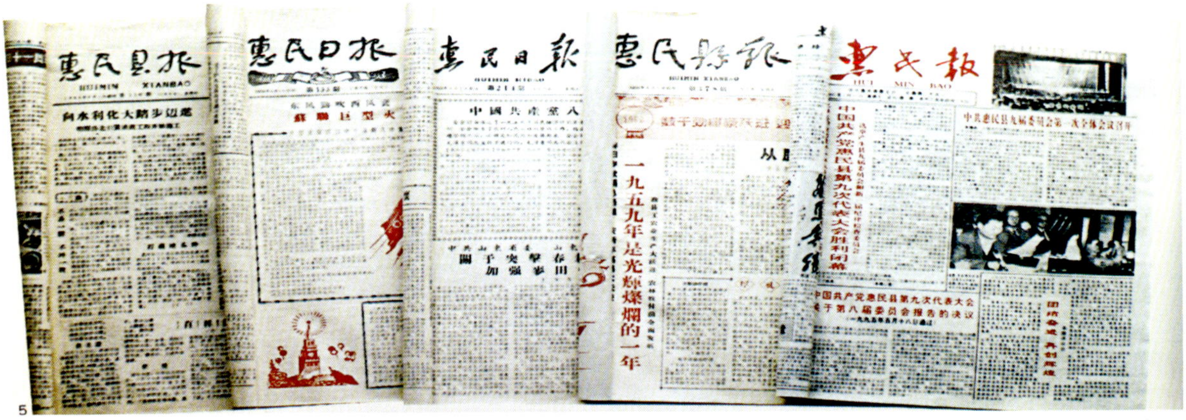

1956 年以来创办的县委机关报

菩萨铜像（明代）

三学寺铜佛（宋代）

大郭（盖）遗址出土的青铜铙

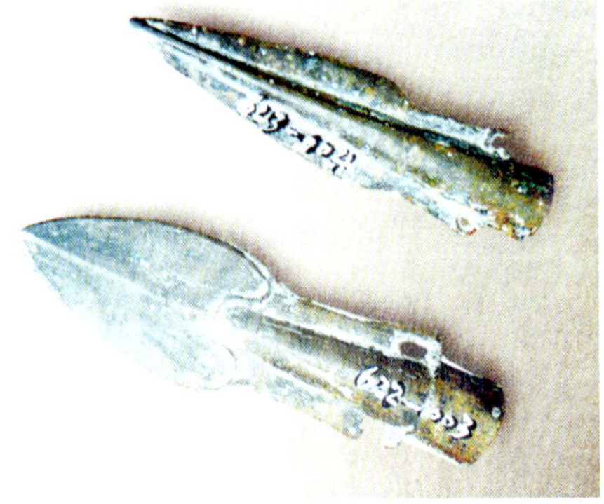

大郭（盖）遗址出土的青铜矛

牛保冢，位于石庙镇境内，是为纪念督修棣州城积劳成疾而卒的北宋工部尚书牛保而筑的衣冠冢

大郭（盖）遗址出土的青铜刀

大郭（盖）遗址出土的青铜爵

路家遗址出土的黑陶盘

大郭（盖）遗址出土的青铜方彝

清代文华殿大学士李之芳画像

现代画家李学辉的作品

清代画家李鸿飞的作品

前排左起：毛英全、刘卫忠、李天程、李刚、翟世林、刘爱军、潘青、王占锋、李坤、孟庆永、刘东芳

中排左起：李文哲、谢玉洁、赵泳、祝广信、刘宝乾、罗毅、丁爱军、王青山、崔银青、田希婷

后排左起：赵崭、张贵忠、张玉春、魏振华、刘长雨、关增岭、朱瑞东、张佃鲁

前排左起：田德贵、孔鹏、王绍举、贾洪岩、王剑
后排左起：赵轩、张顺山、张贵忠、左修和、赵秀华、谢玉洁

目　录

第三编　人　口

第四编　经济管理

第五编　农　业

第六编　水　利

第七编 工 业

第八编 民营经济

第九编 商贸流通

第十编　财税　金融

第十一编　城乡建设

第十二编 交通 邮电

第十三编 政党群团

第十四编　政权　政协

第十五编　政　法

第十六编　武　装

第十七编　民　政

第十八编　人事　劳动和社会保障

第十九编　教　育

第二十编　科学技术

第二十一编　文　化

第二十二编　孙子文化

第二十三编　卫　生

第二十四编　体　育

第二十五编　社会生活

第二十六编　方　言

人　物

附　录

概　述

一

惠民县，位于山东省北部，黄河下游北岸。地处北纬37°6′~37°36′，东经117°16′~117°49′。东与滨州市滨城区、滨州经济技术开发区接壤，南隔黄河与邹平县、淄博市高青县相望，西与济南市商河县、济阳县毗连，北与阳信县为邻。全县地形南窄北宽，略呈方形，南北最大纵距51公里，东西最大横径46.5公里。2005年12月，辖10镇4乡，1282个行政村，总人口62.68万人，总面积1363平方公里。

二

惠民域地历史悠久，五千年前就有氏族部落聚居。夏属兖州域，商为蒲姑国地，周为齐国境，秦始置厌次县，北宋筑城。雍正十二年（1734年）武定州升为武定府，始置惠民县（因城东南10公里有惠民沟而定名）。至2005年，惠民建县已有2200余年，历为郡、州、府治所，专署驻地。惠民是省级历史文化名城，曾长期为山东省北部的政治、经济、文化中心，素有“鲁北首邑”“燕津门户”之美誉。

县域人杰地灵，名人辈出。春秋时期大军事家、兵圣孙武，汉代大文学家、智圣东方朔，开一代画风先河的隋代著名画家展子虔，元代杰出剧作家康进之，清代文华殿大学士兼吏部尚书李之芳，清末铁路工程师陈西林，现代植物学家李中宪，新时代青年科学家的楷模、中国科学院声学研究所研究员胡可心，中国科学院院士、西北工业大学副校长魏炳波等名人先贤都诞生在这片古老的土地上。

三

惠民县地处鲁北冲积平原，地势西南高东北低，平均地面高程12.8米，标高范围8~20米（海拔），地面坡度1/5000~1/7000。由于黄河多次决口，境内形成多种微地貌。

境内气候属温带大陆性气候，冬冷夏热，四季分明，干温适中，年平均气温12.7℃，平均无霜期182天；光照充足，年平均日照时数2578小时；降水的季节变化非常明显，主要集中在夏季，占全年降水量的67.9%，年平均降水量541.7毫米；县境内有黄河、徒骇河、土马河、沙河等骨干河流，纵横交错，沟网交织，形成一套完整的农田灌溉体系。

惠民县资源丰富，种类繁多，县境内矿产资源主要有石油、天然气、皮硝、火硝、砖瓦用黏土、矿泉水等。全县土壤共分为3个土类，5个亚类，9个土属，69个土种。全县耕层0~20厘米，适合农作物根系正常生长和微生物活动。油气资源在胡集、魏集、麻店、辛店、惠民镇、何坊、桑落墅等乡镇地下均有蕴藏。至2005年，胜利油田已于县域打油气井310眼，其中，油井305眼，气井5眼。全县土地总面积2045052亩，其中，耕地、园地（果园、桑园）、林地共1518569.7亩，占总面积的74%；其他农用地166572.9亩，占总面积的8%；建设用地305651.2亩，占总面积的15%；未利用土地54258.2亩，占总面积的3%。全县水资源总量3.8亿立方米。全县自然生物资源中，有经济价值的动物资源800余种；植物资源中，人工种养的草本植物30余种，野生草本植物200余种，真菌150余种。

四

1979—2005年，是改革开放、全面发展的重要时期。27年间，惠民县始终坚持以经济建设为中心，解放思想，改革创新，抢抓机遇，真抓实干，全县经济和社会各项事业均取得了辉煌成就。

农业和农村经济快速发展。在国家改革开放等一系列政策的指引和全县广大人民群众的努力下，1979—2005年，是惠民县农业史上变革、转型和发展最好最快的一个时期。1985年后，在农业大包干经营体制的基础上，推行以家庭承包经营为基础，统分结合的双层经营体制。1999年，严格规定农民对承包的土地有充分的自主经营权，农村土地延长30年不变的政策在全县普遍实行。温室育秧、地膜覆盖、大棚种植，科学技术及时推广运用；杂交育种、优质果品、特色蔬菜，先进品种不断推陈出新。积极调整农业产业结构，着力培育重点农业龙头企业，全县有省级重点龙头企业2家，市级重点龙头企业6家。2001—2002年，全县进行农村税费改革，对农村承包土地面积再次丈量核实，重新签订土地承包合同146078份，颁发土地承包经营权证书145440本。2005年，全县粮食作物播种面积116.3万亩，总产47.5万吨；棉花播种面积40.6万亩，总产3万吨；蔬菜种植面积29.38万亩，总产104.4万吨；拥有食用菌大棚1.3万个，食用菌总产4.8万吨。农业总产值达19.49亿元，农民人均纯收入3667元。牛存栏12.3万头，生猪存栏15.35万头，羊存栏15.75万只，家禽存栏630万只，兔存栏6.47万只。肉类总产量4.44万吨，禽蛋产量5.09万吨，奶产量6000吨。惠民县先后被农业部认定为全国无公害农产品生产基地，全国优质棉基地，全国棉花良种繁育基地，国家和省粮、棉、桑、果、菌生产基地；淄角镇、皂户李乡、大年陈乡、何坊乡分别被命名为中国优质蔬菜第一镇、中国食用菌生产基地、中国蜜桃之乡、中国西葫芦之乡。

工业经济发展迅猛。中共十一届三中全会后，全县工作重点转向以经济建设为中心，实行对外开放、对内搞活、计划经济与市场经济相结合的方针政策，县域工业在改革中步入不断发展的轨道。1979—2005年，惠民县大力实施“科教兴惠”“工业兴县”发展战略，积极推进体制创新、管理创新和科技创新，加大产业结构调整力度，提高对外开放水平，大力招商引资，经济运行质量不断提高，全县总体经济实力实现跨越式发展。2005年，境内有规模以上工业企业107家，其中，纺织服装企业30家，绳网企业25家，抗虫杂交棉制种企业9家，机械加工企业8家，食品及农副产品深加工企业35家。基本形成以六大优势产业为主、门类较为齐全的工业体系。各类工业企业中，有省级以上高科技企业7家，省级龙头企业1家，市级龙头企业8家，通过ISO 9000质量体系认证的企业18家；销售过亿元的企业7家，利税过千万元的企业3家。完成全部工业增加值12.5亿元，完成销售收入43.7亿元，实现利税 2.9 亿元，实现利润 1.4 亿元。

城乡贸易繁荣活跃。1979—2005 年，随着改革开放的发展，商业贸易逐渐放开，惠民县积极完善市场体系，加快商贸流通业发展，商品流通市场逐步形成。综合批发市场、蔬菜批发市场、家具建材市场等专业市场基本建成，县城内超市和商铺林立，商品充足，交易活跃。2005 年，全县共有 79 处专业、集贸市场，其中省级文明市场 4 处，市级文明市场 13 处，县级文明市场 30 处。集市贸易商品成交额为 3.9 亿元，占全县商品零售总额的 46.8%；国有商业网点达到 37 个，固定资产总值 3878 万元，实现销售收入 6860 万元，利税 164.4 万元；全县供销系统总资产 10130 万元，实现销售额 106238 万元，上缴税金 227 万元。

城乡建设日新月异。县境内公路，国道、省道纵横交织，县道、乡村道密如蛛网。短途达乡村，长途跨省市，物流畅通，出行便利。电话座机、手机、传真机、无线网络，联袂登场，构成信息网络。邮政除报刊征订、汇兑储蓄外，相继开展集邮、特快专递等业务。2005 年，全县有国道 1 条、省道 4 条、县道 7 条、乡道 42 条，全县公路通车总里程达 1778.2 公里，国、省道干线公路 184.5 公里，公路密度达 81 公里/百平方公里。全县客运市场有营运客车 196 辆，客运线路 63 条，乡镇通车率 100%，行政村通车率达 96%。有普通货运车辆 2999 辆，货运量 370.81 万吨，货运周转量 27963.5 万吨公里。全县邮政业务量达 1536 万元，报刊、函件业务总量 640.31 万件。全县电话总数达 12.8 万部。无线通讯方面，建成 360 公里长的光缆传输线路，境内基站总数达到 59 个，无线信道 1648 个，境内无线地域覆盖率达到 99.96%。2005 年，县城区内有道路 59 条，县城区排污设施达 41.47 公里，日供水能力达 3.5 万立方米，城区年供水 240 万立方米。县城区建成绿化总面积达 0.95 万亩，绿化率 27.8%，公共绿地面积 1673.2 亩，人均公共绿地面积 14 平方米。

各项社会事业全面发展。惠民县着力推进教育体制改革，优化教育布局，县第一中学、第二中学，设施完善，教学一流。高考上线率连年位居全市前列，使之声誉鹊起。狠抓义务教育普及，全面实施素质教育。2005 年，全县有幼儿园 308 所，在园幼儿 18906 人；完全小学 124 所，小学教学点 18 个，在校学生 40364 人；初中 23 所，在校学生 20735 人；普通高中 2 所，在校学生 8349 人；聋哑学校 1 所，在校学生 33 人；普通中专学校 1 所，在校学生 424 人；国办民助学校 1 所，在校学生 972 人。共有在编教育职工 5248 人，其中专任教师小学 2430 人、中学 1823 人。卫生体制改革成效显著，医疗技术设备日臻完善。2005 年，全县卫生系统共聘任主任医师 2 人，副主任医师 32 人，主治医师（主管）286 人，医师 672 人。市属中心医院、结防院以高超的医疗水平和全方位的贴心服务在鲁北地区享有较高声誉。爱国卫生广泛开展，药品管理执法规范。疾病控制、妇幼保健，普遍提高了城乡居民健康水平。文化体制不断创新，文化事业繁荣发展，孙子文化得到进一步传承与发扬。科学技术的普及推广，促进了社会生产力健康发展。2005 年，全县各类专业人才发展到 15825 人，其中高级职称 511 人，中级职称 3550 人，初级职称 11764 人。全县有山东中棉棉业等 6 家企业被山东省科技厅认定为高新技术企业，高新技术产业总产值达到 15968 万元，占规模以上工业比重的 2.64%。各类民营科技企业发展到 12 家，其中省级民营科技企业 7 家。1979—2005 年，全县各类获奖科技成果共 226 项，其中省级科技成果 4 项；地区级科技成果 5 项，一等奖 8 项，二等奖 32 项，三等奖 42 项；县级科技成果 135 项。

五

27 年间，惠民县经济建设突飞猛进，城乡面貌日新月异，社会事业全面发展，人民生活富裕安康，惠民大地发生了巨大变化。取得这样的业绩，得益于县委县政府始终坚持以经济建设为中心，坚持锐意改革，矢志不移的决心；得益于全县各级各部门敢于担当，勇争一流的气魄；得益于全县广大干部群众团结一致，砥砺奋进的奉献精神。

以史为鉴知兴替，志载盛世向未来。勤劳智慧的惠民人民，将努力克服农业产业化水平偏低、工业自主创新能力不强、第三产业发展相对滞后等不足，在中共惠民县委、惠民县人民政府的正确领导下，解放思想，与时俱进，开拓创新，求真务实，创造惠民县更加辉煌灿烂的明天。

大 事 记

1979 年

2 月 10—20 日 县委先后召开常委扩大会议和全县五级干部大会，学习贯彻中共十一届三中全会精神，研究如何把工作着重点转移到社会主义现代化建设上来。

2 月 27 日—3 月 3 日 共青团惠民县第七次代表大会在惠民城召开。

3 月 7—11 日 惠民县第九届妇女代表大会在惠民城召开。

11 月 根据劳动态度、技术高低、贡献大小调整部分干部职工的工资，升级面为 40%。

是年 根据中共十一届三中全会精神，全县开始落实政策、处理历史遗留问题、复查冤假错案等工作，并深入开展了关于真理标准问题的讨论。

是年 农村开始实行生产责任制。

是年 根据中共中央《关于地主、富农分子"摘帽"问题和地、富子女成份问题的决定》要求，对全县四类分子（地主、富农、反革命分子、坏分子）进行评审，摘掉四类分子"帽子"的有 5073 人，继续"戴帽"的 41 人。

是年 惠民县自来水厂开工建设，翌年县城用上自来水。

1980 年

4 月 8—10 日 惠民县第八届工会会员代表大会在惠民城召开。

4 月 23—24 日 中共山东省委副书记李振到惠民县考察工作。

8 月 惠民县机械工程材料厂的柔性石墨材料生产线投产。

10 月 6—11 日 中共惠民县第五次党员代表大会和五届一次全委会在惠民城召开，会议选举胡安夫为县委书记。

11 月 11 日 惠民县影剧院启用。

11 月 全县基础教育结构调整。高中由 22 所调整为 3 所，只保留一、二、三中，其余均改为初中；165 所初中（联中）改为小学。

是年 全县农村出现包产到户、专业承包到组、联产计酬责任到人、大包干、小段包工、定额计酬等多种形式的生产责任制，经济效益显著提高。

是年 惠民县化肥厂关闭。

1981 年

1 月 8—13 日 惠民县第九届人民代表大会第一次会议在惠民城召开。大会根据《中华人民共和国地方各级人民代表大会和地方各级人民政府组织法》的规定，设立惠民县人民代表大会常务委员会，撤销惠民县革命委员会，建立惠民县人民政府。

1 月 8—14 日 政协惠民县第四届委员会第一次会议在惠民城召开。会议选举曹胜云为县政协主席。

2 月 15—18 日 县委召开全县五级干部大会，研究摆脱"左"倾思想束缚，落实经济调整的任务和措施。

5 月 1—3 日 全县有 30 年教龄的教育工作者会议在惠民城召开，向从事中、小学教育工作 30 年以上的 148 名教育工作者颁发奖品。

5 月 23 日 山东省委书记高克亭到惠民县考察政法工作。

8 月 县委、县政府印发宣传资料，介绍专业承包、联产计酬，统一经营、联产到劳，包产到户，包干到户四种主要生产责任制具体做法。全县农村实行包产到户或包干到户的占 70% 左右。

是月 全县统一行动，灭鼠除害。

10 月 中共惠民县委党史资料征集研究委员

会成立。

12 月 惠民县委书记胡安夫于全国五届人大四次会议期间，在国务院总理办公室参加总理主持召开的座谈会。

是年 县委、县政府分别在梁家公社大霹雳庄生产大队和胡集公社任家生产大队进行良田和碱地棉花地膜覆盖技术试验，取得成功。

1982 年

1 月 惠民县地方史志编纂委员会成立。

3 月 3 日 县委、县政府召开“全民文明礼貌月”活动动员大会，组织开展全县第一个“全民文明礼貌月”活动。

3 月 28—30 日 共青团惠民县第八届代表大会在惠民城召开。

4 月 27 日 惠民县百货大楼女售货员吕秀华，为抢救群众勇拦惊马而光荣负伤。惠民地区行署、惠民军分区号召全区干部、民兵和广大群众向她学习。

7 月 1 日 全县进行第三次人口普查登记。经普查，全县总人口为 556108 人，其中男性 277016 人，女性 279092 人。

11 月 23 日 县委、县政府发布关于执行林业政策的十项规定。

是年 全县开展打击经济领域严重犯罪活动的斗争，共查处重点案件 35 起，结案 25 起。

1983 年

1 月 全县开展计划生育宣传月活动。

2 月 建立县土壤普查领导小组，全县开始进行土壤普查。1985 年 1 月基本结束。

3 月 全县青少年开展向张海迪学习活动。

4 月 4—5 日 县委、县政府召开全县重点户、专业户代表会议。

4 月 全县推广地膜覆盖植棉技术，地膜覆盖植棉 27.1 万亩。

是月 扩建大寺商场，至 1985 年基本建成。商场呈环形状，上为拱形顶棚，占地 5790 平方米，投资 50 万元。

5 月 19 日 惠民县人民政府公布境内夹河战斗遗址、毛刘刘黄商周遗址、省屯泰山行宫等 11 处县级文物重点保护单位。

6 月 9 日 中共山东省委副书记姜春云到惠民县考察棉花地膜覆盖情况。

8 月 惠民县城乡规划建设委员会成立。

是月 惠民县首届个体劳动者代表大会在惠民城召开。

是年 开展严厉打击刑事犯罪活动的斗争，当年逮捕各类犯罪分子 308 人，破获各类案件 957 起。

是年 全县对74家企业进行整顿，大部分国营企业开始实行利改税。

1984 年

1 月 县委部署关于抓紧解决“文化大革命”遗留问题的工作。

3 月 20 日 梁家油棉厂发生火灾，经济损失 47.4 万元。

4 月 全县陆续开展建立乡、镇的工作，20 处公社 1 个镇改建为 4 镇 17 乡。

5 月 25—30 日 召开惠民县第十届人民代表大会第一次会议。大会选举郭毓华为县人大常委会主任，选举李正教为县长。

5 月 25—30 日 召开政协惠民县第五届委员会第一次会议。会议选举孙秀德为县政协主席。

7 月 全县开始发放土地承包使用证，9 月底全部发证到户。

8 月 全县开展卫生防疫活动，预防肠道传染病蔓延。

秋 长春电影制片厂到惠民县拍摄故事影片

《黄河之滨》。

12 月 10—12 日 县委、县政府召开全县四级干部大会，贯彻落实中共中央、国务院关于加强和改革普通教育的指示及全省普通教育工作会议精神。

12 月 21—23 日 中共惠民县第六次党员代表大会和六届一次全委会在惠民城召开。会议选举赵山水为县委书记。

是年 农牧渔业部全国农业技术推广总站确定惠民县为全国地膜覆盖植棉示范县。全县植棉 57.96 万亩，其中地膜覆盖植棉 32 万亩，居全国同级单位之首，棉花总产量 81.71 万担，创历史最高纪录。

是年 县棉纺织厂细纱车间档车工李华英，荣获“全国纺织工业劳动模范”光荣称号。

是年 全县从事经营的专业户、重点户达 3 万余户，各种经济联合体发展到 453 个。

是年 全县每人集资 4 元，兴办县体育中心、县民兵集训大楼和农技中学。

是年 滨（州）郑（州）220 国道县内段通车。

1985 年

2 月上旬 县委、县政府召开全县农村工作会议，落实农村产业结构调整计划。根据国家计划，棉花种植面积比上年压缩 17 万亩。

3 月 25—27 日 惠民县第九届工会会员代表大会在惠民城召开。

3 月 28—30 日 惠民县第十届妇女代表大会在惠民城召开。

3 月 县人大常委会作出《关于加强法制宣传教育、普及法律常识的决议》，提出用五年左右的时间在全县公民中普及法律常识。

是月 山东省人民政府批准石庙、桑落墅两乡撤乡设镇。

4 月 25 日 中共惠民县委整党工作办公室成立，全县整党工作自县直机关开始陆续展开。

4 月 惠民县实行“以收抵支、定额上交、超收分成”财政管理体制。

8 月 23 日 惠民县人民政府公布全县 1228 个村民委员会标准名称，其中有 262 个村民委员会因自然村在本县有重名村而更名。

9 月 10 日 惠民县广大干部群众隆重庆祝我国第一个教师节。

9 月 17—18 日 县政协、县委统战部在惠民城召开各界人士为“四化”（工业现代化、农业现代化、国防现代化、科学技术现代化）建设服务经验交流会。

11 月 全县乡镇以下管理区改为办事处，为乡镇政府派出机构。

12 月 全县用电村达 764 个，占全县村庄总数的 60% 以上。

是年 惠民县对公费医疗进行改革，实行“定点医疗、持证就医、分档定额、节超共担”管理办法。

是年 全县 856 名知识分子的 2538 名家属子女按政策由农业户口转为非农业户口。

是年 全县小麦收获面积 64.14 万亩，单产 256.64 公斤，总产 16460.89 万公斤，三项均创历史最高纪录。

1986 年

1 月 16 日 县委、县政府作出《关于开展向惠民县公证处学习的决定》。县公证处自 1981 年建立以来，共办理各类公证事项 5750 件，其中经济合同 4949 件，曾多次受到省、地、县的表彰。1985 年 12 月，出席全国司法系统先进集体、先进工作者表彰大会，被记集体一等功。

1 月 27—28 日 共青团惠民县第九次代表大会在惠民城召开。

1 月 全县 21 个乡镇均建立乡镇财政管理体制。

2 月 14 日 县委、县政府印发《惠民县基本普及法律常识五年规划》，全县普法教育全面展开。

3月4日 胜利油田驻滨州市油建二部“3·2”特大盗枪案首犯陈开新窜至惠民县境，被李庄镇村民高庆新发现报警。李庄派出所、武装部组织干警、民兵追捕，陈犯边开枪边逃跑。民兵徐庆汤用猎枪击中陈犯头部，公安干警将陈犯擒获，缴获“五四”式手枪两支，子弹35发，反革命组织纲领和组织成员名单1份。事后，省政府、省军区对有功单位和个人分别给予表彰。

3月27日 根据中共山东省委文件精神要求，县委、县政府作出《关于农村独生女户实行有间隔地生育第二胎的决定》。

4月 经验收，惠民县基本达到普及省柴灶的要求。自1982年以来，全县累计改、建省柴灶11.79万个。

5月10日 惠民县召开“向一等功臣李丰山烈士学习大会”，县委、县政府作出《关于开展向李丰山学习活动的决定》。李丰山在中越边境自卫还击作战中荣立一等功。

5月20—22日 中国少先队惠民县第二次代表大会在惠民城召开，会议选举产生惠民县少先队工作委员会。

5月30日 县政府印发《关于突击整修学校危房的紧急通知》，全县18个乡镇的754间学校危房两月内得到整修。

5月31日 电视连续剧《唐赛儿》在桑落墅镇开拍。

6月18日 惠民县人民武装部改归地方建制交接大会在县委礼堂召开。

6月21日 全县遭受大风、暴雨、冰雹袭击，有15万亩农田受灾，县城部分工厂、商店被淹。

6月 自1984年年底开始的全县农业区划工作结束。通过这项工作，基本查清全县农业资源，找出发展农业生产的优势和障碍因素，划分了农业区，为合理利用和保护资源，加快农业发展提供了依据。

9月11日 地委行署批准《惠民县综合体制改革方案》，确定惠民县为综合体制改革试点县。

10月22—28日 县委在县招待所召开《中共惠民县党史大事记》（新中国成立前部分）审稿会，马千里、杨岩、林光等30余名曾在惠民县工作过的老同志出席会议。

10月 经对全县中药材普查情况统计，县内野生和家养、家种中药材有241种。其中，属全国重点普查的药材有102种。

1987年

2月9日 胡集“灯节书会”在胡集镇举行，来自北京、内蒙古、石家庄、沧州、保定、衡水、鞍山、济南、德州、聊城、临沂及惠民地区等地的200余名艺人和数万群众参加。说唱的曲种主要有西河大鼓、山东琴书、沧州木板、毛竹板、山东快书、河南坠子、山东渔鼓、渤海大鼓等十余种。著名评书表演艺术家刘兰芳，著名相声表演艺术家郝爱民、郭全宝，中国曲协副主席著名山东快书表演艺术家高元均，著名山东快书表演艺术家孙镇业，著名单弦演唱家马增蕙等曲艺名家应邀参加并表演节目。

2月 惠民县委书记赵山水调县人大工作，张俊华继任县委书记。共青团惠民县委组织农村广大团员、青年广泛开展“十大致富技术推广”“争当十大致富能手”的“双十”活动。

3月23—28日 政协惠民县第六届委员会第一次会议在惠民城召开。会议选举李正教为县政协主席。

3月24—28日 惠民县第十一届人民代表大会第一次会议在惠民城召开。会议选举赵山水为县人大常委会主任，选举马东向为县长。

4月1日 惠民县农业技术推广中心成立。

4月 惠民县林果站、防疫站、农科所、林场、种子站等13个事业单位改为企业单位。

5月22日 桑落墅、陈集、胡集、魏集、何坊、麻店6个乡镇遭风雹袭击，造成2000余万元的经济损失。

7月1日 惠民县第二棉纺织厂动工兴建。

7月15日 县委、县政府召开农村工作会议。会议对学习诸城经验，组织以发展畜牧业为突破口的农村经济大合唱和深化综合体制改革等项工作做了部署。

7月 惠民县大崔引黄涵闸改建工程竣工，总投资103万元，设计流量6立方米/秒。

8月 根据中共中央《把农村改革引向深入》文件精神，县委、县政府抽调100名干部在桑落墅镇、辛店乡开展稳定和完善土地承包制的试点工作，冬季和第二年春季在全县推广。

9月 县内1985年开始的全国第二次工业普查工作圆满结束。此后，编印了资料汇编。

12月7—11日 中共惠民县第七次代表大会暨七届一次全委会议在惠民城召开。会议选举张俊华为县委书记。

12月30日 县政府印发《关于公布和使用县城内街、巷、路等标准名称的通知》，对县城内的52条街、巷、路分别予以正式命名。

12月31日 惠民人民广播电台、惠民电视差转台和卫星地面接收站举行开通试播仪式。翌年国庆节正式开播。

12月 县委、县政府印发《关于企业招标承包经营中有关问题的规定》，至1988年3月，县属69个企业全部实行承包经营。同月，惠民县吕剧团撤销。

是年 全县20处乡镇卫生院由县卫生局下放乡镇政府管理，惠民镇卫生院翌年下放。

是年 全县投资394万元，新建、展宽、维修路面33.3公里，县城到各乡镇全部通上沥青路。

1988年

1月 惠民地区在惠民县召开招标承包现场会，潍坊造纸厂中标承包惠民县造纸厂。翌年11月，中止承包合同。

3月9日 全县乡镇农机管理站三权（人、财、物）下放，归乡镇政府管理。

3月20日 县委、县政府印发《关于建立重点经济工作现场调度制度的意见》。年内，先后召开工业技术改造、发展乡镇企业、发展畜牧业等工作现场调度会。

3月 惠民县计划生育协会成立。

4月8日 1987年度山东省社会治安综合治理表彰大会在县委礼堂召开。省委政法委员会副书记白风朝代表省委、省政府授予惠民县“社会治安综合治理先进单位”奖旗。

4月16日 山东农业大学畜牧考察团应团县委邀请到惠民县，就引进良种兔、举办培训班、聘请技术顾问等事项与团县委达成协议。

5月16日 县委、县政府召开党政机关和企事业单位包村办企业动员大会。会后，全县112个单位到97个村包村办企业。

7月16日 惠民县邮电局纵横制自动电话交换机C460－2000门割接开通。

7月30日 县委、县政府印发《关于引进技术、资金、人才和放活科技人员的暂行规定》。

8月6日 惠民县工人文化宫破土动工，共4层，建筑面积2680平方米。

8月18日 中国建设银行惠民县支行大年陈储蓄所建成营业，结束了县内农村只有农业银行经营金融业务的局面。

8月 根据《中共中央关于教育体制改革的决定》文件精神要求，全县中小学面向社会公开招聘校长。

9月3日 惠民县黄淮海平原农业开发一期工程——白龙湾灌区南水北调工程开工。

10月4日 县委、县政府印发《关于鼓励支持发展私营经济的暂行规定》，年底全县私营企业发展到8家，个体工商业户发展到7361户。

12月15日 省广播电视厅批准惠民县广播站改为惠民县人民广播电台，并以此呼号播出。

12 月　针对有的村发生哄抢果园事件，县委、县政府印发《关于完善果园承包合同的意见》。

是年　经全国爱卫会考核验收，惠民县被命名为“无鼠害县”。经省优质棉基地县检查组验收，惠民县被省农业厅评为优秀等级优质棉基地县。

1989 年

2 月 6 日　县委印发《关于从党政机关、事业单位选派年轻干部到基层任职锻炼的决定》。

2 月 21 日　县政府决定，从 1989 年开始连续 3 年从 10 个方面集资用于 11 所公办学校的校舍改造。其中从全县每个干部职工总收入中提取 3%，每年均计 170 万元。

2 月 21—23 日　共青团惠民县第十次代表大会在惠民城召开。

3 月 7 日　山东省军区政委李春廷到惠民县检查工作，听取县人武部政委徐立金的汇报，并就民兵工作作指示。

5 月 20 日　惠民县王集虹吸改建工程竣工并正式放水。该工程有虹吸管道 2 条，设计流量 2 立方米/秒，总投资 39.5 万元。

5 月 22—25 日　由惠民县人民政府、中国人民解放军军事科学院和中国人民解放军总后勤部联合举办的首届《孙子兵法》国际学术讨论会在惠民宾馆召开，国内及美国、日本、联邦德国的专家学者 70 余人参加会议。

6 月 30 日　县委、县政府印发《关于政务公开工作暂行规定》。此后，全县各级政府和行政单位分别利用各种形式公开政务，征求意见，接受监督。

6 月　惠民县簸箕李西引黄闸工程竣工，设计流量 50 立方米/秒，总投资 670 万元。

9 月　省屯乡发现一座拥有 40 个墓穴的大型汉墓群，其中砖室墓 30 个、土穴墓 10 个，清理出青铜器、陶器等文物 100 余件。

10 月　惠民县消费者协会成立。

11 月 10 日　县政府在李庄镇召开设置地名标志现场会。会后的一年间，全县投资 45 万元，购置 1217 块地名标志，使 97.2% 的村设立了村名石碑或村名搪瓷牌。

11 月 20 日　石庙镇谷马西村一村民因非法生产鞭炮引发爆炸事故，致死 15 人，伤 2 人，炸毁房屋 30 余间。

11 月 23 日　惠民县工商业联合会恢复成立。

11 月 25 日　中共惠民县委决定在县经委、商业局、公安局、交通局、城建委、农牧渔业局、电业局、卫生局、农机局、水利水产局、物资公司等单位建立党的基层委员会。

11 月 30 日　县政府发出通告，要求在全县开展打击制作贩卖传播淫秽物品、卖淫嫖娼、拐卖妇女儿童、私种吸食贩运毒品、聚众赌博、利用封建迷信骗财害人六种违法犯罪活动。

是年　山东省丝绸公司批准在惠民县建立桑蚕生产基地和缫丝厂。

1990 年

1 月 10 日　110 千伏高王变电站建成并投入运行。

3 月 15—20 日　政协惠民县第七届委员会第一次会议在惠民城召开。会议选举李成明为县政协主席。

3 月 16—20 日　惠民县第十二届人民代表大会第一次会议在惠民城召开。大会选举李正教为县人大常委会主任，选举马东向为县长。

4 月 3 日　惠民县残疾人联合会首届代表大会在惠民城召开。

6 月 25—28 日　中共惠民县第八次代表大会暨八届一次全委会议在惠民城召开。会议选举张俊华为县委书记。

7 月 1 日　开展第四次人口普查。经查，全县总人口为608447人，比1982年第三次人口普查时增加52339人。

7月6—23日 县内降雨500毫米以上，造成特大洪涝灾害。有157个村被大水围困，47万亩秋作物绝产，县城13家工业企业停工，造成经济损失达2.96亿元。

7月14—22日 县委、县政府先后召开四次防汛排涝紧急会议。县六大班子成员分头到各乡镇指挥救灾。县委组织760名干部到重灾乡镇帮助排涝。

7月下旬 商业部、民政部和山东省委、省政府、济南军区、山东省军区的负责人到惠民县考察灾情，慰问灾区群众。

7月 惠民县胡集镇路家村发现龙山文化遗址。

9月18日 第十一届亚运会火炬传到惠民城。晚7点，在县体育场举行隆重的“亚运圣火”交接仪式。

10月16—19日 第二届《孙子兵法》国际讨论会在北京召开。惠民县县长马东向、县人大常委会主任李政教等5人作为孙子故里的代表出席会议。马东向在会上致贺词。18日，马东向在人民大会堂受到李鹏总理的接见。

11月17日 全国人大视察组到惠民县视察土地管理工作。

12月中旬 县内整顿煤炭市场和猪肉市场，对煤炭供应实行“五统一”管理，对生猪、猪肉实行定点屠宰、分散经营的管理措施。

12月20日 召开全县农村群众生活安排工作会议。县委、县政府先后发放60万元的救济款和850万公斤粮食帮助受灾群众安排生活。

12月26日 县委批转县人大常委会党组《关于在乡镇、村实行代表议事会制度的报告》，要求各乡镇党委逐步把代表议事会制度建立健全起来。

是年 惠民县被授予全国节能示范县（电业工作）。

1991年

1月15日 全省救灾工作会议在惠民县召开。省民政厅副厅长张建军到会讲话。

1月 县长马东向调离，李成明主持县委工作，顾峰代理县长。

2月 县妇联开展首届“兴惠女杰”评选活动，评出女杰10名。

3月7日 国家开发办副主任周清田到惠民县考察黄淮海平原农业开发情况，对惠民县农业开发工作给予肯定。

3月11日 省委、省政府召集省内部分专家、学者和新闻单位的负责人，根据广饶县对孙子故里的异议，在济南召开座谈会，进一步明确孙子故里在惠民县是合理的。《大众日报》刊发了消息。

3月11—15日 惠民县第十二届人民代表大会第二次会议在惠民城召开。会议补选顾峰为县长。

3月24日 全县争创“全国体育先进县”动员会召开。

4月6日 惠民县被列为全省肉牛出口基地。

4月8—11日 全省小棉纺工作会议在惠民县召开。

5月26日 在全省召开的苹果更新改造会议上，惠民县被确定为第一批苹果更新改造重点县之一。

5月29—30日 商业部副部长何济海率领商业部有关司厅局负责人一行10余人，在省供销联社负责人陪同下，到惠民县考察农村社会化服务工作，参观了申桥乡的农业服务中心。

5月 惠民县老年门球队获全省第六届“长寿杯”门球赛第一名，受到地委通令嘉奖。

6月1日 惠民县被省林业厅确定为全省短枝红富士苹果苗木繁育基地。

6月5日 水利部副部长周文智到惠民县黄

河河务局检查指导防汛工作。

6月20日 全省“三电”工作会议在惠民县召开，济南、东营、淄博、德州、惠民五地市有关领导参加会议。

6月26—27日 以列宾钦科为团长的苏联经济考察团一行6人到惠民县参观考察。

6月28日 美国美中学术交流委员会副主席奥克森伯先生到惠民县参观、考察孙子故园建设情况。

8月5日 省委书记姜春云到惠民县考察孙子故园建设和棉花生产、青储氨化饲料等工作。

8月14日 惠民县孙子研究会成立，共有会员46人，县长顾峰为会长。

9月10日 省长赵志浩到惠民县考察棉花良种繁育和棉花收购情况。

9月16—20日 县委常委、副县长曹洪儒等4人作为孙子故里代表，应邀参加由中国东方文化基金会等单位在聊城举办的《孙子兵法》与企业经营管理国际研讨会，曹洪儒代表惠民县人民政府和中国孙子兵法研究会向大会致贺词。

9月 李成明任中共惠民县委书记。

10月 从1988年12月开始的全县土地利用现状详查登记、统计工作结束。此后，编印了《山东省惠民县土地资源调查报告》。

11月1日 惠民县清河镇黄河承压舟浮桥建成通车，并举行隆重通车典礼。该桥于1991年2月开工，桥长535.5米，宽9米，总投资400余万元。

11月25日1时30分 石庙镇屯里街村发生一起特大烟花爆竹爆炸事故，当场死亡11人，重伤2人。

12月2—6日 山东省校改验收组来惠民县检查验收校改工作。惠民县6处公办学校校舍改造工作全部达优良标准，一次验收合格。

12月14日 惠民县通过省绿化工作检查组对绿化责任状完成情况验收，实现绿化达标。

12月16日 中国银行惠民支行成立。翌年3月15日正式开业。

是年 惠民县大面积繁育推广中杂028棉花良种。惠民县被确定为全国优质棉生产、出口“双基地县”。

1992年

1月3日 皂户李乡打箔李村发生一起重大鞭炮爆炸事故，当场炸死7人。

1月19日 全县最大的商贸中心鲁北大厦试营业。鲁北大厦主体建筑6层，设有地下商场，建筑面积8000平方米，营业面积6600平方米，固定资产1000余万元。商业部副部长何济海为大厦题名。

1月21—22日 惠民县总工会第十次代表大会在惠民城召开。

4月5日 位于县城内的孙子故园主体工程—孙武塑像与孙子书院竣工。该工程为孙子故园一期工程，1990年冬破土动工，共投资900万元。

4月8—9日 参加第三届《孙子兵法》国际研讨会的中外专家、学者及中央、省、地领导计400余人到惠民县参观孙子故园。

4月15日 惠民县21处邮电支局及县邮电局报房，共23部日本M－1传真机安装完毕，实现全县传真通信联网。

5月23日 在国防大学学习的玻利维亚共和国首批军官学习团一行5人，由国防大学外训系主任张纪山少将等陪同，到惠民县参观考察孙子故园，就孙子生平及《孙子兵法》的成书背景进行座谈。国防大学确定孙子故园为该校外训教学点。

6月3—5日 山东省稳定与促进养鸡生产研讨会在惠民县召开，来自全省各市的养禽专家、企业家以及应邀的外省市养禽专家、企业家共400余人参加研讨活动。

6月 惠民县被列为全省百万只肉羊开发重点县。

8 月 4 日 孟加拉国军官学习班 6 人，在国防大学和济南军区有关人员陪同下到惠民县参观孙子故园。

11 月 17 日 全省百万只肉羊开发工作会议在惠民县召开。省科委、畜牧局及各地市分管的专员、副市长、畜牧局局长参加会议。与会人员参观了惠民县肉羊改良和生产现场。

11 月 18 日 三集电视连续剧《兵圣故里的男子汉》在惠民县开机拍摄。这部电视剧是惠民县委、县政府和山东省文化厅、文化艺术研究所联合创作的。该剧以惠民县粮油总公司为原型，反映了粮食系统在改革开放的新形势下不畏艰难、艰苦创业、开拓进取，迈向经济主战场的动人事迹，展现了粮食系统干部职工时代风貌。

12 月 4 日 国家体委命名惠民县为全国体育先进县。

12 月 19 日 惠民县邮电局 SI240－2000 门程控电话一次开通成功。

12 月 中共中央委员、济南军区政委宋清渭上将、济南军区后勤部参谋长郝保庆少将到惠民县参观孙子故园。

1993 年

2 月 14—18 日 政协惠民县第八届委员会第一次会议在惠民城召开。会议选举王占宝为县政协主席。

2 月 15—19 日 惠民县第十三届人民代表大会暨第一次会议在惠民城召开。会议选举路福增为县人大常委会主任，选举魏赩为县长。

3 月 6 日 县委、县政府作出对棉纺织厂、孙武酒厂、活塞分厂、地毯厂、良种厂、申桥特殊耐火材料厂 6 家工业企业实行只管“三个一”试点意见。即县委、县政府或企业主管部门对这 6 家试点企业只管一个法人代表的任免和考核奖惩；只管企业一个上缴利税指标；只管企业一个资产增值幅度，认真落实企业自主权。

5 月 县委、县政府召开全县个体私营经济工作会议，对 65 名文明个体户、9 家私营企业、10 个模范专业村进行表彰。

6 月 29 日 9 级以上（阵风 11 级）狂风伴随着暴雨和冰雹，自县境西北向东南，先后袭击了全县 21 个乡镇，直接经济损失 3.3 亿元以上。

9 月 10 日 县委、县政府通报表扬全县教育工作“十佳校长”“十佳班主任”。

10 月 10 日 中共惠民县委印发《惠民县党政机构改革实施方案》《惠民县事业单位机构改革意见》。方案和意见设党政机构 29 个，纪、检、法、人武、人大、政协、工、青、妇、科协等机构 10 个。撤销正科级单位 23 个、副科级单位 21 个。人员定编 650 人，其中县委机构 118 人，县政府机构 486 人，人大、政协及人民团体机构 46 人。富余人员通过充实基层、办经济服务实体等渠道分流安置。

10 月 惠民县建成全区第一个本地程控电话 C4 网，全县所有乡镇通程控电话。

11 月 11 日 县委、县政府印发《关于选聘科技副乡（镇）长、选拔管理乡（镇）村科技优秀人才的试行意见》。

是年 全县人口自然增长率为 －2.11‰，出现了自 1962 年以来的第一次负增长。

1994 年

4 月 7 日 惠民县被调整为省重点扶持贫困县。

4 月 县委批转《惠民县教育内部管理体制改革实施方案》。改革内容：健全机构，强化干部管理；合班并校；核编定岗；实行校长负责制；实行教职工聘任制；实行工资总额包干；实行校内结构工资。

6 月 9 日 孙武酒厂 2000 吨玉米发酵甘油车间竣工投产。

10 月 县委、县政府选调 46 名机关干部到

23 个贫困后进村任职。

11 月 县人大代表开始民主评议“一府两院”工作，翌年 1 月 5 日结束。

12 月 29 日 山东省政府批准惠民县姜楼、清河镇、魏集、申桥 4 乡撤乡设镇。

是年 全国粮棉油肉百名大县排出新位次，惠民县跨入全国棉花百强县行列。

1995 年

3 月 1 日 惠民县在清华大学举办的青年干部经济管理进修班开学，50 名学员开始为期半年的脱产学习。

3 月 4 日 惠民县胡集镇被省文化厅命名为“山东省民间曲艺艺术之乡”。

3 月 惠民县老年门球队赴新加坡、泰国、中国香港地区进行门球交流活动，在泰国获冠军杯。

4 月 8 日 《惠民报》（试行）第一期出版。该报由中共惠民县委主办，每周一期，四开四版。

4 月 《中共惠民历史大事记》出版。

5 月 16—18 日 中共惠民县第九次代表大会暨九届一次全委会议在惠民城召开。李成明当选为县委书记。

6 月 12 日凌晨 在滨州地区公安处及惠民县委、县政府领导下，县公安局派出大批警力，扫除了何坊乡东小吴村的恶势力团伙。

6 月 经统计，全县有老年人 70883 人，占总人口的 11.5%，惠民县进入人口老龄县。

9 月 19 日 山东省人大常委会副主任苗枫林等领导在省、地环保局领导的陪同下到惠民视察环保工作。

9 月 25 日 惠民县举行全县村村通沥青公路祝捷大会。副省长张瑞凤、省交通厅副厅长王裕荣及地区领导、各县市代表 300 余人出席，全国人大常委会副委员长费孝通等各级领导题词祝贺。

9 月 惠民县第一中学获山东省教书育人先进单位。

10 月 20 日 惠民县第二水厂动工兴建。

12 月 16 日 县委、县政府印发《关于建立第二预算的决定》，制定了具体的管理办法，自 1996 年 1 月 1 日起实行。

12 月 18 日 山东省政府批准惠民县麻店乡撤乡设镇。

是年 惠民县被国务院命名为“全国秸秆养牛十佳示范县”。

1996 年

3 月 17 日 惠民县人民武装部收归军队建制。在县宾馆召开交接大会，举行交接仪式。

4 月 15 日 滨州地区首家地级肿瘤专科医院——滨州地区肿瘤医院在惠民县挂牌开诊，与驻惠民滨州地区结核病防治院合署办公，两个牌子。

5 月 2 日 省委副书记、副省长宋法棠，副省长邵桂芳一行在地委领导陪同下，到清河镇牛王店村考察了解棉菜、菜菜间作套种情况。

5 月 6 日 惠民县清河镇蔬菜专业合作社成立。该社拥有社员 3464 户，占全镇总户数的 37%，吸纳股金 37.32 万元。

6 月 9 日 全县精神文明建设会议召开。会上宣布县委、县政府《关于在全县农村开展争创“十星级文明村”“十星级文明户”活动的意见》和《关于开展向韩英同志学习活动的决定》。

7 月 29—30 日 全县平均降雨量达 267.3 毫米。至 8 月 6 日，又连续遭两次暴雨袭击。8 天内全县累计降雨 381.5 毫米，直接经济损失 4.2 亿元。

8 月 17 日 农业部、中科院、中棉研究所有关专家到惠民县考察杂交抗虫棉的制种和栽培示范情况。是年，县内栽培示范 1.5 万亩，制种 660 亩。

8 月 21 日 国家防汛指挥部秘书长、水利部副部长周文智、山东省副省长邵桂芳在地委书记王道玉、行署专员王宗廉陪同下，到惠民县察看黄河滩区灾情。

9月15日 中国农业发展银行惠民县支行成立，位于县城东环路魁星阁东，共有24名员工。

11月7—9日 韩国孝子洞代表团李汉龙一行4人到惠民县作友好访问。9日上午，举行韩国汉城市钟路区孝子洞与惠民县友好合作意见书签字仪式。

11月18—24日 应韩国贸易协会光州支会的邀请，山东省贸促会组织的由副县长张玉标为团长的惠民县农业项目考察团一行14人，赴韩对韩国全罗南道的农业及农业项目进行考察，并同十几家农工商贸组织进行业务洽谈和广泛接触。

11月19日 惠民县召开小清河干流治理工程动员大会。会议要求全县上下按照省和地区的统一部署，开展小清河治理工程。此次治理工程，惠民县承担河段7.5公里，需动土方180万立方米，工程总造价1080万元。

11月20日 魏集镇黄河滩区3村安居工程全部竣工，翟寺、东董口、西董口村共288户农民全部搬迁新居。

11月 祁维华任中共惠民县委书记，魏艳调离，刘启盛代理县长职务。

是月 惠民县“魏氏庄园”被国务院公布为全国重点文物保护单位。

12月6日 山东省政府批准惠民县省屯乡撤乡设镇。

1997年

1月13—16日 惠民县“两基”工作（基本普及九年义务教育、基本扫除青壮年文盲）通过山东省政府验收。

1月25—28日 惠民县第十三届人民代表大会第五次会议在惠民城召开，大会补选刘启盛为县长。

3月5—6日 惠民县第十一次妇女代表大会在惠民城召开。

4月14日 国家科委公布惠民县为全国科技工作先进县。

4月15日 新建惠民县城供水工程正式向全城供水，建设部、省建委、财政厅及地县各级领导出席工程投运典礼。该工程由孟家水库和县第二自来水厂组成，总投资2417万元，于1995年开始动工，1996年12月21日通过竣工验收。

4月19日 全国政协副主席钱正英到惠民县视察黄灌区管理工作。

4月26日 全县国有、集体企业改革动员大会召开。会上公布了县委、县政府《关于加快国有、集体企业改革的意见》，县酒厂等10个企业和惠民镇、李庄镇、桑落墅镇为第一批试点单位。企业改革的形式主要有8种，即股份合作制、兼并联合、股份制、外资嫁接、租赁经营、产权出售或有偿转让、分立经营、独资经营。

4月29日晚 麻店、胡集、陈集3乡镇遭持续10分钟的冰雹袭击，受灾农田、果园计7万亩，直接经济损失2000余万元。

5月1—11日 惠民县县长刘启盛随地区代表团对韩国进行友好访问，其间，与韩国高阳市一山区厅长李麟载共同签署惠民县—高阳市一山区友好交往协议书。

5月21日 山东省委副书记陈建国到惠民县视察扶贫工作。

5月28日 220千伏双庙变电站建成并投入运营。

6月13—14日 全国人大常委会副委员长费孝通率全国人大有关领导到惠民县视察指导工作，县长刘启盛作全县经济与社会发展情况汇报。

6月下旬 惠民县举办文艺晚会、各界人士座谈会、书法美术摄影根艺展览、园艺造型等多种形式庆祝中国共产党成立76周年和中国对香港恢复行使主权。

7月18—23日 惠民县花卉、盆景、根艺协会13名会员的21件根艺作品参加第六届全国根艺精品展览，获得一金、二银、三铜6枚奖牌和

8 个优秀奖。

8 月 8 日 县委印发《关于开展向郝观美、徐希先、陈美常同志学习活动的决定》。

8 月中旬 近 3 个月无有效降雨，境内黄河及徒骇河、沙河自 5 月 28 日起相继断流，全县旱灾严重，县委、县政府组织群众打井抗旱。

8 月 19—20 日 全县平均降雨 135 毫米，并伴有 8～10 级大风，持续 14 个小时以上。县内 23 万亩农田绝产，损坏房屋 3 万余间，折断树木 50 余万株，刮倒电线杆 600 余根。

8 月 23 日 省长李春亭到惠民县察看灾情，慰问群众。

8 月 26—27 日 由韩国高阳市一山区厅长李麟载率领的高阳市政府代表团到惠民县访问，两县区签订友好交往协议书。

8 月 陈集乡被中国食用菌协会评为“全国食用菌生产行业先进乡”。

10 月 20 日 山东渤海活塞集团正式兼并惠民县活塞分厂。

10 月 23 日 新编《惠民县志》首发式在县宾馆隆重举行。该志编纂工作历经 15 个春秋，记载了全县自鸦片战争至 1985 年 140 余年的历史。

11 月 13 日 山东省副省长吴爱英到惠民县考察特殊耐火材料厂、良种棉繁育加工厂、地毯厂的科技开发项目。

11 月 17—19 日 韩国高阳市一山区政府及企业经贸考察团一行 14 人到惠民县进行友好访问。

11 月 在山东省名特优果品鉴评会上，惠民县选送的果品获奖牌 16 枚，其中金牌产品 10 个，金牌数列全省第二。由县果树站选育的惠系短枝红富士产品单项名列榜首。

是月 惠民—滨州有线电视光缆工程开工。

12 月 9 日 县委召开下派任职、包村工作总结表彰会。自 1994 年以来，县委分两批抽调 79 名干部先后到 34 个贫困后进村任职、包村，下派干部圆满完成任务。

12 月 30 日 惠民县档案馆通过晋升省一级档案馆验收。

12 月 惠民县通过全国体育先进县省级复查验收。

是月 惠民县被省人民政府评为农业综合开发先进单位。

是年 境内黄河断流时间最长，从 2 月 7 日—12 月 31 日，共断流 13 次，累计断流天数达 226 天。

1998 年

1 月 9 日 辛店乡胡营后村胡清珍为保护少女与持刀歹徒搏斗，被授予全省见义勇为先进个人。

1 月 17 日 政协惠民县第九届委员会第一次会议在惠民城召开，会期四天。会议选举王占宝为县政协主席。

1 月 18 日 惠民县第十四届人民代表大会第一次会议在惠民城召开，会期四天。会议选举曹洪儒为县人大常委会主任，选举刘启盛为县长。

3 月 15 日 淄角镇实行林木权拍卖，打破原有土地界限，使耕地与林地使用权分离。

3 月 26 日 惠民县地毯厂组建为“山东彩霞地毯集团有限公司”并举行挂牌仪式，成为惠民县首家省级企业集团。同日，归仁引黄闸破堤动工。6 月 30 日竣工，10 月 12 日开始引水。实现当年立项，当年建设，当年发挥效益。

3 月 29—30 日 中共中央政治局委员、山东省委书记吴官正在地、县领导的陪同下，先后视察了淄角镇蔬菜批发市场、胡集镇牲畜交易市场、山东彩霞地毯集团、山东渤海集团惠民活塞有限责任公司、惠民制丝厂，走访了部分农户和下岗职工家庭。

4 月 26 日 惠民县交通局与邹平县交通局协商决定，在大年陈乡黄河渡口处兴建大年陈—台子黄河浮桥一座，同年 11 月 18 日建成通车，打通了惠民县境西南部与黄河以南地区的通道。

4月 欧共体成员国葡萄牙、瑞士、荷兰、法国及印度和中国水利水电科学研究院、武汉水利水电大学，联合在簸箕李灌区开展课题为“黄河流域节水策略研究”科研项目。项目历时4年，至2001年年末结束。

是月 《中共惠民县组织史资料》一书由中共党史出版社出版发行。该书记述和收录了1988年1月—1998年2月间，惠民县党、政、军、群组织发展概况、机构改革和领导人名录等。

5月18日 惠民县总工会第十一次代表大会在惠民城召开。

5月26日 惠民县第二届台属台胞代表会议召开，会议选举产生台联领导成员。

5月28日 惠民县工商业联合会第六届会员代表大会在惠民城召开。

6月18日 石庙镇11个村庄遭受雹灾。造成2000亩西瓜绝产，4000亩棉花减产5成以上，1050亩玉米、蔬菜、果园不同程度减产，经济损失达3246万元。

6月27日 全省新华书店系统现场会暨市地经理工作会议在惠民县召开。

7月6—18日 惠民县连续降雨372毫米，造成全县110万亩农田全部受灾，积水面积60万亩，倒塌房屋3.5万间，县城35家企业被迫停产，直接经济损失1.85亿元。

7月 惠民一中校友李毅忱（生前系中国人民解放军驻京某部干部）夫人吴文桂、女儿李芳遵照其生前遗愿，将3万元存款捐献给惠民一中作为奖学基金，称“李毅忱奖学基金”。

8月16日 惠民县“148”法律服务专线开通，同时成立法律协调指挥领导小组和“148”法律服务协调指挥中心。

9月 惠民县被确定为山东省第四批改革开放试点县。

10月10日 土马河治理工程动工，12月10日竣工。工程投资3200万元。

10月19日 第四届孙子兵法国际学术研讨会在北京召开。惠民县副县长步兵、县政府办公室主任吴学文作为孙子故里代表参加会议，步兵代表惠民县为大会致贺词，并受到中央军委副主席、国务委员兼国防部部长迟浩田接见。

10月22—24日 县人大常委会组织22名人大代表，对县公安局、检察院、法院、工商局、交通局、土管局、技术监督局、物价局8部门进行执法责任制情况评议工作。

11月23日 中共中央政治局委员、山东省委书记吴官正到惠民县视察扶贫、水利建设和个体私营经济工作。

是日 马来西亚孙子兵法研究会考察团到惠民县考察，并与惠民县有关人员就孙子生平、孙子兵法的产生及研究等问题进行广泛认真的探讨。

11月 惠民县城达到省级卫生县城标准。

12月16—18日 中国共产党惠民县第十次代表大会在县委礼堂隆重举行。会议选举祁维华为县委书记，选举袁炳银为县纪律检查委员会书记。

12月 《惠民县土地利用总体规划》通过省政府验收。规划核心是严格保护耕地，实现耕地总量动态平衡。

1999年

1月18日 中共中央政治局委员、山东省委书记吴官正到惠民县走访慰问贫困村农户和特困企业职工。省委常委、秘书长王修智，省总工会、民政厅、劳动厅领导参加走访慰问。

1月27日 惠民县改革开放试点县第一次联席会议召开。省民政厅、人寿保险公司、荣城市及29家大专院校、科研单位和大型企业代表参加会议。会议通过《惠民县改革开放试点工作总体方案》，签订了《惠民县改革开放试点工作五方结对协议书》。

1月 惠民县良种棉厂承担的国家星火计划“杂交棉优质高产栽培技术开发”项目通过国家

级鉴定。

2月 惠民县造纸厂以“资产分离、分块搞活”的方式，引入齐河县资本大户租赁经营。该厂除新上的生产线以外的3500万元资产得以盘活。

4月2日 “惠民蜜桃”通过省农作物评审委员会鉴定，填补了滨州地区20年无水果新产品空白。

4月17日 县良种棉厂与中国农科院棉花研究所、江西农科院合作开发的抗虫杂交彩色棉试种成功。

5月10日 全县“干部下访”活动动员会召开。会后，县直机关、乡镇的850名机关干部进驻农村、企业，开展“摸实情、解疑惑、纳谏言、办实事、保稳定、促发展”为主要内容的活动。

5月12日 县委、县政府印发《关于实行领导公开集中接待群众来访的实施意见》。从5月起，县级领导每月26日，乡级及县直部门领导每月16日，实行每月一次定时、定点、公开、集中接待来访群众制度。

6月28日 国家计委学术委员、宏观经济研究院教授、博士生导师常修泽，在县委礼堂向全县副科级以上干部作《我国今后几年经济发展和体制改革问题》专题报告。

6月 省财政厅、农业厅、共青团省委确定惠民县为第一批省级11个跨世纪青年农民培训工程试点县之一。

7月23日 山东省副省长黄可华带领省工商银行、农业银行负责人到惠民县考察工业企业、农业龙头企业及惠民县经济及社会发展情况。

7月 县政府印发《惠民县跨世纪青年农民培训工程试点县工作实施方案》，确定魏集、皂户李、淄角、姜楼、石庙、大年陈6乡镇为试点乡镇，惠民县跨世纪青年农民培训工程正式启动。同月，惠民县民兵防汛抢险专业队代表山东省参加国家黄河防汛总指挥部在河南郑州市举行的抗洪抢险演习比武，勇夺金杯。

8月15日 中国农科院棉花研究所抗虫杂交棉现场观摩会在惠民县召开。与会者参观了县良种棉加工厂抗虫杂交棉繁育基地，听取厂长韩长胜的经验介绍。

9月23日 首卷《惠民年鉴》(1986—1997)出版发行，举行首发仪式。该鉴由县史志办公室承编，全面、系统、客观、翔实地记述惠民县12年间政治、经济、文化、社会等诸方面的基本面貌和出现的新情况、新问题、新经验。

9月29日 县第二水厂城市供水净化工程、清河镇浮桥升级改造工程、魏集黄河浮桥建设、大济路刘成桥建设、孙子故园文化广场建设5个重点建设项目落成典礼在县城举行。

10月1日 魏集镇至高青县常家乡黄河浮桥建成通车。

11月25日 惠民县棉纺织厂在剥离生产性有效资产的基础上，与香港华润纺织品有限公司合资，组建山东惠民华润纺织品有限公司，合资期限30年，注册资金1005万美元。其中，惠民纺织厂占注册资金的30%，予以参股经营。

11月 石庙镇蝎王酒厂被国际风筝联合会定为全国十大精品生产厂家之一，其产品被正式命名为“蝎王酒”，被评为“蓝天杯”世界金奖，并特定为独家生产经营的专利产品。

是月 山东六和集团淄博六和动物保健品有限公司整体迁至沙窝林场，组建为山东六和农牧科技园有限公司。公司占地500亩，建筑面积4万平方米。

是年 惠民县城被省委、省政府命名为“省级卫生县城”。

2000年

1月1日 惠民县县直机关事业单位基本养老保险社会统筹全面启动。

1月18—20日 《孙子故园总体规划》论证会在惠民宾馆召开。中国人民解放军军事科学院、中国规划设计院、山东省旅游局等单位的20余名专家参加评审并通过规划。

2月22日 《惠民五十年》出版发行。该书记述了惠民县50年来各条战线所取得的成就，收录了惠民县重要会议报告、重要决策，附有80余幅珍贵照片，全书90万字，由县委党史委主编。

3月28日 在北京召开的全国生态农业县建设工作会议上，惠民县被确定为全国第二批生态农业示范县。

4月29日—5月1日 惠民县京剧票友联谊会作为全省唯一一支县级代表队，参加省总工会、省戏剧家协会、省京剧票友工作委员会在济南联合举办的“山东职工京剧票友大赛”，获集体二等奖，1人获个人二等奖。

4月 由山东鲁能集团援建的希望小学在香翟乡周家村破土动工，当年9月建成并投入使用。

5月13日 山东省农村统计基础工作经验交流现场会在惠民县召开。

5月14日 中国人民解放军国防大学外训系教学基地挂牌仪式在孙子故园举行（1992年孙子故园被国防大学定为教学基地）。国防大学副校长张兴业中将、滨州地委副书记贾崇福为基地揭牌。

5月 惠民华润纺织品有限公司细纺车间络筒值车工侯爱英，被人事部、国家纺织工业局授予“全国纺织系统劳动模范”称号。同月，惠民良种棉加工厂被省科委评为“高新技术企业”。

6月4日 全县乡镇司法调解中心建成运行，配备专职调解员71人，兼职调解员201人。

6月17日 中国银行惠民县支行宣布撤销停止营业，由中国工商银行惠民县支行承接其公存、储蓄和结算业务，次日凌晨5时，交接结束。

6月30日 联合国世界旅游组织专家组在省旅游局和地、县领导陪同下，考察孙子故园和魏氏庄园。

6月 以著名经济学家、教育家、原中顾委委员、中国社科院副院长于光远名字命名的山东光远中学在惠民县成立。

8月2日 创建文明县城动员大会召开。举办了“黄河杯”创建文明县城、争做文明公民知识大奖赛，参加人数1万余人。

8月12日 惠民县良种棉加工厂与中科院棉花研究所在惠民县联合组建山东中棉棉业有限责任公司暨中棉所生态试验站。

10月 第五届孙子兵法国际研讨会在苏州吴县市举行，惠民县副县长步兵代表孙子故里出席会议并提交论文。同月，山东彩霞地毯集团有限公司开发设计的高级艺术挂毯《清明上河图》和《地毯市场》在杭州举办的首届中国工艺美术大师作品暨工艺美术精品博览会上，分获金奖、银奖。

11月 在济南召开的“中国华北地区集约化农业环境战略”研讨会上，惠民县被确定为中德农业环境保护技术合作项目示范县。同月，惠民县通过全国水土保持生态环境监督管理规范化试点县、全国水土保持生态环境建设“十、百、千”工程示范县及崔寨小流域综合治理验收。

2001年

1月8日 县委召开“三个代表”重要思想学习教育活动动员大会。传达县委关于在全县开展“三个代表”重要思想学习教育活动的实施意见，县委书记祁维华对该活动进行部署和强调。

1月12日 山东省副省长黄可华到惠民县走访慰问贫困农户和特困企业职工。黄可华先后走访慰问了惠民镇朱老虎村、新法刘村的贫困户和县物资总公司、畜牧机械厂等特困职工。

1月 县委书记祁维华（女）离职，何凤岐任县委书记，刘相庆任县委副书记、代县长。

2月20—23日 县第十四届人民代表大会第五次会议召开，会议补选刘相庆为县长。

2月24日 外交部副部长李肇星在省外事办公室主任张伟龄等陪同下，专程到惠民县孙子故园和魏氏庄园等考察旅游资源。

3月1日 惠民县孙子故园举行二期工程（孙府）奠基仪式。孙府的建设是在1991年建设的孙子故园一期工程——孙府书院的基础上向东南拓展，其规划南北长113米，东西宽58米，占地面积6554平方米，建筑面积2436平方米。

3月28日 全县进行乡镇行政区划调整，由原来的12镇9乡调整合并为10镇4乡，每乡镇人口由平均2.8万人增至4.2万人。

3月 全县先后遭受沙尘暴、干热风袭击，花粉受精期的果树和2000余个蔬菜大棚严重受灾，直接经济损失616万元。

4月1日 惠民县将21个有关行政执法部门集中到一栋楼办公，建起全市首家“一站式”投资服务大厅，以解决行政审批手续杂、环节多的问题。

5月17日 惠民县加入全国农业生态环境保护协会，成为山东省唯一入选的县（市）级成员单位，副县长康永彬、县农业局局长史新民被推选为协会理事。

5月25日 全县公开考选领导干部动员会召开。此次考选采取单位公开推荐与考试考核相结合的办法，最终有10名年轻干部在245名报考人员中脱颖而出，被充实到10个县直单位领导班子。

6月18日 石庙镇遭受冰雹袭击，7500亩农作物受灾，直接经济损失700余万元。

7月 惠民县第二棉纺织厂改制，以国有资产控股、经营者与管理层持股、职工入股的形式，组建了“山东惠民县耀升纺织有限责任公司”。

是月 由惠民县地方史志编纂委员会办公室、党史资料征集研究委员会、文物事业管理处、档案馆4家单位共同合作努力，经过两年的征集、编纂，一部以图片形式反映古老惠民县历史发展变迁的史料性图集——《惠民县历史图片集》由山东齐鲁书社正式出版。

是月 惠民县作家协会成立。

8月19日 中共中央政治局委员、山东省委书记吴官正在市委书记王宗廉、市长张执政，县委书记何凤岐等陪同下到大年陈乡实地视察农业结构调整工作。

9月29日 全县农村“百村治理”工作全面铺开。对全县排查出的72个后进村，县委抽调机关干部组成12个工作组进村进行综合整治工作。

9月 11名藏族同学到惠民二中就读，成为惠民二中为西藏日喀则市拉孜县培养的首批高中生。

11月12日 在北京召开的中国国际农业博览会上，惠民县武定府酱园的“武定府”牌什锦菜和孙武酒厂的“孙武”牌38°孙武家白酒被评为名牌产品。

12月1日 庆淄路惠民段全线通车。庆淄路是贯穿惠民县南北的一条省级交通干线，在境内全长42.8公里。此次改造工程分南、中、北三段进行，改造总里程12公里，涉及三座大型桥梁建设，总投资达2500万元。

是年 全县有11个农产品被省农业厅认定为无公害农产品（占全省认证总数的15%），分别是：大年陈乡的“惠红”牌红富士苹果、“惠蜜”牌惠民蜜桃，胡集镇“益健”牌香菇，麻店镇的“万丰”牌无籽西瓜，姜楼镇的“联五”牌西瓜，何坊乡的“香翟”牌西葫芦，淄角镇的“淄翠”牌黄瓜、芹菜，清河镇的“青禾”牌胡萝卜，李庄镇的“申桥”牌圆葱，皂户李乡的“世康”牌香菇。基地面积达9.45万亩，年产量38.75万吨。

是年 淄角镇被中国特色之乡暨宣传活动组委会命名为“中国优质蔬菜第一镇”。

是年 冬季至次年春无有效降水，为县境三十年一遇大旱。

2002年

1月1日 山东省惠民县国家粮食储备库建成并正式投入运营。该库占地100亩，总投资1553万元，新建平仓房5栋，建筑面积6480平方米，仓库容量2.5万吨。

1月 山东中棉棉业有限责任公司申报的“两系统基因抗虫杂交棉中棉所38中试开发”项目获得科技部2001年度农业科技成果转化资金项目资助，资助金额60万元，这是惠民县唯一获得科技部项目资金资助项目。

2月 大年陈乡被中国特色之乡暨宣传活动组委会命名为“中国蜜桃之乡”。

3月21日 惠民县广播电视有线网络公司成立。

4月24日 全县遭受特大低温冷冻灾害，棉花、桑园、果树等农作物严重受灾，直接经济损失3000万元。

5月20日 中德合作“中国华北地区集约化农业环境战略”项目研讨会在惠民城召开。

5月 经山东省教育厅批准，从2002年起，惠民师范挂靠滨州师专，业务上接受滨州师专的指导，五年制学生后二年的培养计划列入普通高等学校专科招生计划，毕业生发滨州师专毕业证。

是月 李庄镇民营经济园区被评为“山东省先进民营经济园区”。

8月5—30日 县乡机构改革。县委设工作机构7个，机关人员编制精简12%；县政府工作部门设置23个，机关人员编制精简25%。乡镇党政机构减少34%，行政编制减少20.5%。

8月31日 乐（乐陵）胡（胡集）路举行竣工通车仪式，境内段北起惠民镇邓家村南，南至胡集村东与220国道交会，全长29.4公里。

9月 《惠民县中国兵圣孙子兵法园总体规划》通过省、市文物旅游专家评审，标志着惠民县孙子兵法园建设正式拉开帷幕。该园以宋代古城遗址为依托，占地面积700亩，总投资1亿元，主要包括兵圣府、古今兵器大观园、孙子八阵园、古兵营与演兵场、宋城景区等7个景区。

10月19日 惠民一中举行建校50周年庆祝大会。省、市教育部门的主管领导、县六大班子领导及各乡镇、县直部门、驻惠民各单位、有关企业负责人、一中离退休教师、历届校友代表、全体师生员工、社会各界人士5000余人参加庆祝大会。

11月6日 第二届服务“三农”全国农村图书大联展活动开幕式暨新华书店“孙武书城”开业典礼在惠民举行。省委宣传部副部长、省文联主席王风胜，市委副书记贾崇福，副市长祁维华，县长刘相庆等省、市、县领导出席开幕式，全省17个市新华书店的经理、业务经理参加活动。

11月 惠民蜜桃通过国家林木品种审定委员会审定，成为该委员会通过的唯一一家由县级以下科研单位开发的农作物品种。

12月5日 全县城镇职工基本医疗保险制度改革动员大会召开。会议确定，自2003年1月1日起，惠民县城镇职工基本医疗保险制度正式启动运转。

是年 全国重点文物保护单位，清代城堡建筑群—惠民县魏氏庄园，经过10余年的精心维修，基本恢复原貌，并通过省文物专家组验收。

2003年

1月1日 《惠民报》更名为《惠民大众》，对开四版彩印大报。

1月18—21日 惠民县第十五届人民代表大会第一次会议在惠民城召开，出席会议的代表239名。大会选举曹洪儒为县人大常委会主任，选举刘相庆为县长。

1月20—24日 政协惠民县第十届委员会第一次会议在惠民城召开，出席会议的委员170名。会议选举袁炳银为县政协主席。

1月22日 惠民城被山东省政府命名为省级历史文化名城。

1月30日 惠民孙子兵法城开发建设项目被列入山东省13个重点旅游扶持项目。

2月26—28日 中共惠民县第十一次代表大会在县委礼堂召开。会议选举何凤岐、刘相庆、商玉昌、李树军、康永彬、刘泽田、刘秀忠、张世芳、蔡银芳、宫会亮、刘景平11人为第十一届委员会常委，何凤岐当选为新一届县委书记，刘相庆、商玉昌、李树军、康永彬当选为副书记，李树军当选为县纪委书记。

2月 县第二中学与俄罗斯弗罗基米尔大学正式签署协议，建立合作关系。凡是二中合格的高中毕业生都有机会到俄罗斯弗罗基米尔大学就读，揭开了惠民县教育与国际合作的历史性一页。

3月5日 “中国消费者协会暨山东省‘3·15’下乡宣传咨询服务活动”在惠民县举行。这次下乡宣传是山东省配合“营造放心消费环境”消费主题举行的一项大型活动，由中消协、省消协、省工商局、省质监局主办，惠民县有关部门协办。此次活动共发放材料40余万份，受理投诉81件，现场处理2件。

3月10—14日 南非开普敦省德肯斯坦市市长兼库杜公司董事长赫尔曼·贝利先生到惠民县洽谈葡萄酒出口和进口纺织品项目。

3月 惠民县革命斗争史展览馆揭牌。展带总长62米，展厅总面积180平方米，是全省首家县级革命斗争史展览馆。

4月23日 惠民县非典型肺炎防治工作会议召开，对全县“非典”防治工作作出部署。

4月26日 惠民县被农业部批准为“机械化保护性耕作技术示范项目县”。

4月 惠民镇中学被评为省级规范化学校。

是月 大年陈乡与《农村大众》报社联合举办首届桃花旅游节。

6月11日 皂户李、石庙、魏集、辛店、胡集、清河、淄角、姜楼、麻店9乡镇遭受特大冰雹袭击，冰雹直径1~4厘米，密度每平方米100~300粒，农作物受灾面积达14万亩。

6月23日 市委书记孙德汉到惠民县就旅游开发建设进行现场办公，要求尽快完成孙子兵法城建设任务，搞好全县总体旅游规划。

6月 惠民县被农业部列为“农村户用沼气综合利用”项目县。

7月1日 惠民县博物馆在孙子故园开馆。该馆为秦汉建筑风格，占地面积3600平方米，建筑面积1000平方米，共分精品、书画、瓷器三大展室，展出商朝至民国珍贵历史文物137件，是滨州市最大的博物馆。

7月10日 全国抗虫杂交棉高级研讨会在惠民县中棉公司召开，来自全国、省、市、县及中棉公司的20名专家参加会议。

8月6日 惠民县射击运动员王芹芹在全国第五届城市运动会女子40发气步枪射击比赛中夺得冠军，同时取得参加雅典奥运会选拔赛的资格。

8月20日 惠民县被水利部、财政部命名为全国水土保持生态环境建设“十、百、千”示范县。

9月23日 滨州市人民政府、山东省旅游局、惠民县人民政府、内蒙古中汇房地产开发有限公司在北京人民大会堂联合举行“首届中国（惠民）孙子文化旅游节暨孙子兵法城开城庆典活动新闻发布会”。

9月 惠民县会计核算中心成立，对县直79个全额行政事业单位财务实行集中核算。

10月7日 首届中国（山东滨州惠民）孙子文化旅游节暨孙子兵法城开城庆典在惠民县举行。副省长孙守璞、市长安世银为孙子塑像揭幕。同日晚，在孙子兵法城广场举行大型文艺晚会，殷秀梅、马玉涛、李维康、耿其昌等著名艺术家登台献艺。

10月8日 惠民县工业园暨彩霞地毯集团1.5亿元机织地毯项目举行奠基仪式。

10月14日 惠民世纪花园奠基。该园是惠民县第一个大型房地产项目，占地50亩，建筑面积12.1万平方米，总投资1.36亿元。

10月18日 惠民光明热电有限责任公司热电厂投入运营。光明热电有限责任公司于2002年3月15日动工兴建，注册资金4500万元人民币，由滨州东方电气集团总公司、沾化电力实业总公司、惠民光明实业总公司三方合资建设，厂区占地面积150亩，工程总投资2.5亿元。

10月28日 惠（惠民）青（高青）黄河公

路大桥举行开工奠基仪式。该大桥位于惠民和高青两县交界，设计为二级公路特大桥，总长1740米，宽20米，双向四车道，通航净空8米，概算总投资3.08亿元。

10月 惠民第二棉纺织厂破产重组工作结束，其有效资产由山东基德生态科技有限公司全部买断。

12月 美国美中经贸促进会副会长、美国太平洋贝氏规划设计中心董事长贝聿恺与惠民县孙子兵法城旅游项目规划签定协议。

2004年

2月10日 国家旅游局副局长孙钢在省旅游局副局长梁文生陪同下考察孙子兵法城和魏氏庄园。

3月8日 国家发展改革委员会将惠民县污水处理项目正式列入“国家渤海碧海行动”国债投资计划。

3月 建设部等六部委联合下发《关于公布全国重点镇名单的通知》，惠民镇名列其中。

5月1日 惠民县农村党员干部现代远程教育首批107个接收站点开通。

5月16日 惠民县残疾人联合会第四次代表大会在惠民城召开。

5月25—26日 由德国代表马丁斯·雅克比和中国代表王德海教授等7人组成的中德项目评估团对惠民县实施的中德“中国华北地区集约化农业环境战略”项目工作情况进行中期评估。

5月 惠民县射击运动员王芹芹在杭州举行的全国射击比赛中获得第一名。

6月 惠民县柔道运动员毛静静在南昌举行的全国女子青年柔道锦标赛中获63公斤级金牌。

7月4—5日 惠民县生态农业示范县建设通过省级验收。

7月7日 惠民镇、胡集、皂户李、辛店、桑落墅5乡镇遭受冰雹、洪涝灾害袭击，直接经济损失1.2亿元。

7月10日 总投资1亿元的滨州京平金惠食品有限责任公司在淄角镇奠基。

7月 第二卷《惠民年鉴（1998—2000）》出版发行，此鉴计81万字，由县史志办公室承编。

8月1日 2004年全国（山东中棉）抗虫杂交棉现场观摩会在惠民县召开。科技部、农业部、中国农科院、山东省农业厅、省棉花研究中心等部门的有关专家，市、县有关领导，以及江苏、安徽、湖北、江西、天津、河北、山东等11省62个县市的经销商共计200余人参加观摩会议。

9月14日 惠民县农村电网建设与改造通过省级验收。

9月24日 中国滨州（惠民）第二届国际孙子文化旅游节在滨州国际会展中心开幕，并举行“走进孙子兵法城，引吭高歌新滨州”大型综艺演出。

9月29日 “孙子兵法研究与应用国际论坛”在惠民县举行，北京、天津、南京、武汉、苏州及日本的50余名专家学者参加会议。

9月 大年陈乡被评选为中国蜜桃之乡和全国果蔬生产龙头乡镇。

10月13日 滨州国际热气球精英挑战赛暨中国气球巡回赛在惠民县举行表演。

11月2—5日 第六届孙子兵法国际研讨会在广东深圳市麒麟山庄举办，惠民县发表“实现‘3+1’区域旅游合作，打造孙子兵法军事文化走廊”的倡议，得到与会专家学者的高度重视。县委书记何凤岐、县委常委宫会亮及业务代表应邀出席研讨会。

11月20日 山东省对口帮扶惠民县对接推进会议在济南召开。省委常委、组织部长刘伟，省人大副主任张宗亮，省政协副主席林书香等领导、企业代表参加会议。惠民县委副书记、副县长商玉昌，县委副书记康永彬，县委常委、组织部长刘秀忠等县领导和县直有关部门负责同志参加会议。

11 月 惠民淄角蔬菜大市场被命名为中华人民共和国农业部定点市场。

12 月 2 日 省政协副主席林书香到惠民视察帮扶工作，市长安世银、县委书记何凤岐等市县领导陪同视察。

12 月 7—8 日 全省保护性耕作现场会（惠民点）召开。省、市农机系统有关人员和惠民、昌邑、章丘三市县农机局负责人参加会议，副县长李勇、县长助理于松利出席会议。

12 月 惠民县有线电视实现“村村通”，成为全市第二个实现“村村通”的县。

是月 中国（惠民）孙子文化研究院成立。

是年 实施全县工资统一发放，统一乡镇工资标准。

是年 惠民县黄河河务局大崔河务段被列为山东省黄河治理标准化示范基地。

是年 惠民县沙窝林场获得山东省“保护森林资源先进单位”称号。

2005 年

1 月 3 日 省委副书记王修智到惠民县调研旅游业发展情况，市委书记孙德汉、市长安世银陪同。

1 月 20 日 县委召开保持共产党员先进性教育活动动员会议，会议确定开展先进性教育活动的指导思想、基本原则以及需要解决的突出问题和目标要求，全县先进性教育活动分三批进行，每批半年左右时间。

1 月 31 日—2 月 1 日 惠民县第十五届人民代表大会第三次会议召开，会议选举何思清为惠民县人民政府县长。

3 月 3 日 县妇联评选表彰首届十大优秀女企业家。

3 月 团县委、县劳动和社会保障局、县广播电视局联合开展“惠民县青春创业十佳青年”评选活动。

4 月 19 日 惠民县人民政府、滨州市旅游局、济南市旅游局在济南联合举办“武圣孙子故里、历史文化名城”惠民县旅游推介会，来自济南市的 82 家旅行社和驻济 15 家媒体的记者参加活动。

4 月 中韩沙尘暴惠民县监测站正式启用。中韩沙尘暴惠民县监测站是中国最南端的一个监测网点，对了解沙尘暴的扩散模式有着重要意义。

5 月 山东惠民经济开发区开工建设。开发区规划总面积 30 平方公里，一期规划建设面积 15 平方公里。

6 月 10 日 由北京军区总医院和滨州市中心医院联合成立的肿瘤治疗中心在惠民县举行揭牌仪式。北京军区总医院肿瘤治疗中心主任刘瑞祺教授出席仪式。

6 月 何思清任中共惠民县委书记。

7 月 21 日 经山东省旅游局组织人员评定、省旅游区（点）质量等级评定委员会研究，核准惠民孙子兵法城、魏氏庄园为国家 AAA 级旅游景区。

7 月 26 日 惠民飞虹丝业有限责任公司破产，由惠民恒鑫源丝绸公司、青岛海润集团共同出资 758 万元一次性买断，成立惠民县恒鑫源股份有限责任公司。

8 月上旬 全县先后遭受洪涝和“麦莎”台风灾害袭击，部分乡镇降雨量达 170 毫米，农作物受灾面积 60 余万亩，经济损失 1.9 亿元。

9 月 7 日 全国人大常委会委员、农业与农村委员会副主任委员李春亭到惠民县视察农村工作。

9 月 8 日 精装金书《孙子兵法》出版座谈会暨第三届惠民孙子文化旅游新闻发布会在中国军事科学院礼堂举行，军事科学院原院长蒋顺学中将，中国摄影家协会主席、少将邵华，军事科学院研究员毛新宇等参加座谈会。

9 月 24 日 惠民县经济开发区首批重点工程项目暨天成纺织公司 10 万纱锭开工奠基仪式举行。该项目由新西兰外商投资，总投资为 1.5 亿元人民币。

9 月 25 日—10 月 7 日　第三届中国滨州（惠民）国际孙子文化旅游节在惠民县和滨州市举行。开幕式及大型文艺演出在孙子兵法城南广场举行。来自国内的 700 余名政界领导、军界将领、商界精英及新闻界人士和世界各地的孙子兵法爱好者参加。本届孙子文化旅游节吸引 100 余名外商参加，签约项目 12 个，其中境外项目 2 个，签约资金共计 4.8 亿元。

10 月 12 日　惠民县鲁洁棉业被山东省农业产业化领导小组确定为全省农业产业化省级重点龙头企业。

10 月　惠民籍柔道运动员毛静静在全国第十届运动会上获得女子柔道 63 公斤级第三名。

11 月 5 日　惠民县地热温泉 1 号井成功喷涌，为滨州市继无棣地热井后第二口自流优质地热温泉井。

11 月　王瑜任惠民县人民政府代县长。

是月　惠民县全面实施“乡财乡用县管”财政改革，改革的主要内容包括预算统编、账户统设、资金统缴、支出统核、采购统办、票据统管，撤销乡镇财政所，成立乡镇财政财务管理所。

12 月 3 日　惠民县农村信用合作联社创立大会暨首届社员代表大会召开。

12 月 14 日　惠民县惠欣诺捷农副产品出口有限公司与荷兰客商正式签约 1300 余吨苹果出口订单，此为大年陈乡“惠红”牌苹果首次出口欧洲。

12 月 27 日　中国人民解放军南京陆军学院外训基地挂牌仪式在孙子兵法城举行。南京陆军学院副院长柴宇球少将、国际军事教育交流中心印胜洋大校、滨州市委副书记侯宪秀等领导出席挂牌仪式。

12 月　成立县行政审批服务中心，凡政府各部门涉及经济发展与群众生活密切相关的审批收费事项全部纳入“中心”办理。

是年　全县投资 **328** 万元，建成惠民镇、辛店、麻店、姜楼、桑落墅、胡集、皂户李 7 乡镇、37 个村的自来水工程。

第一编　建置区划

第一章　地理位置

惠民县位于山东省北部，黄河下游。地处北纬 37°6′～37°36′，东经 117°16′～117°49′。东与滨州市滨城区、滨州经济技术开发区接壤，南隔黄河与邹平县、淄博市高青县相望，西与济南市商河县、济阳县毗连，北与阳信县为邻。全县地形南窄北宽，略呈方形，南北最大纵距 51 公里，东西最大横径 46.5 公里，总面积 1363 平方公里。

第二章　建置沿革

惠民境域历史悠久，五千年前就有氏族部落聚居。夏属兖州域，商为蒲姑国地，周为齐国境，春秋战国为齐地。

秦　置厌次县，属齐郡，后为济北郡。秦始皇以东南有天子气，乃东巡以厌（厌读压）之，次舍于此，故名。县治在今桑落墅北。

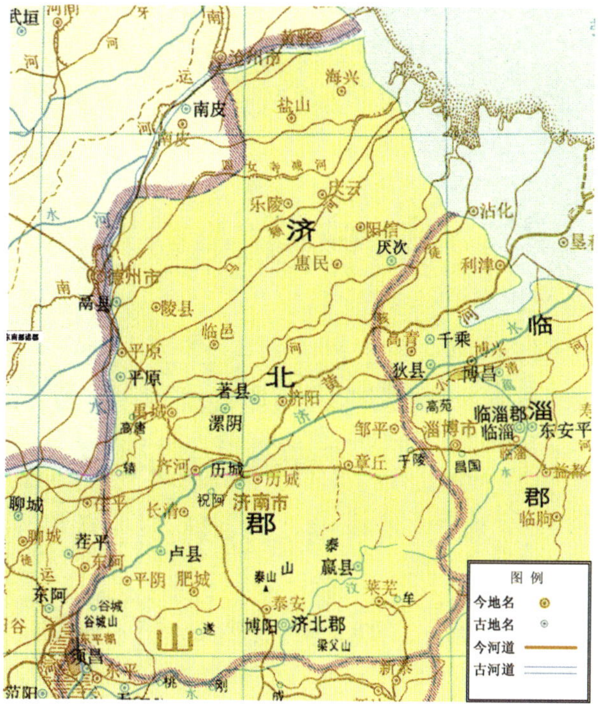

图 1－1　秦代厌次县位置

汉　西汉改厌次县为富平县，属青州刺史部平原郡。王莽篡汉后改富平为乐安亭。东汉明帝永平五年（62 年），复改为厌次县，仍属平原郡。

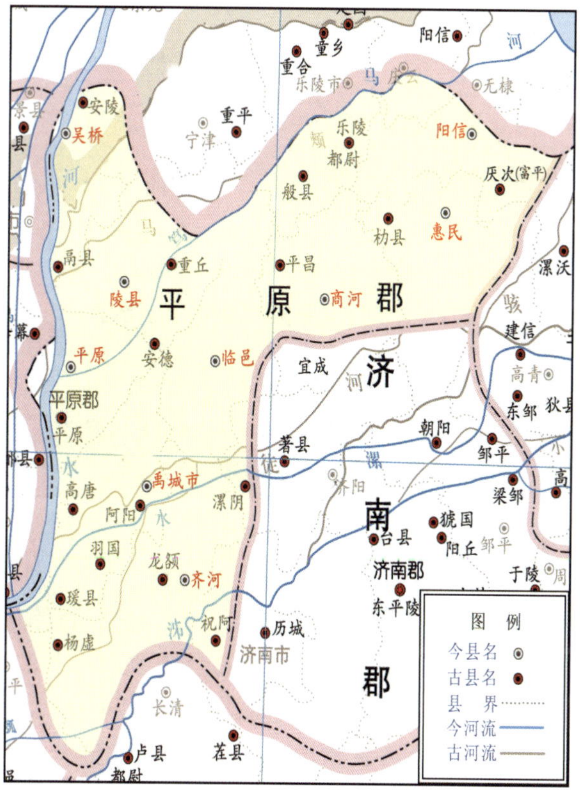

图 1－2　汉代厌次县位置

三国　为魏地，名厌次，属乐安郡。

晋　名厌次，属冀州刺史部所辖乐陵国，刺史部驻厌次。

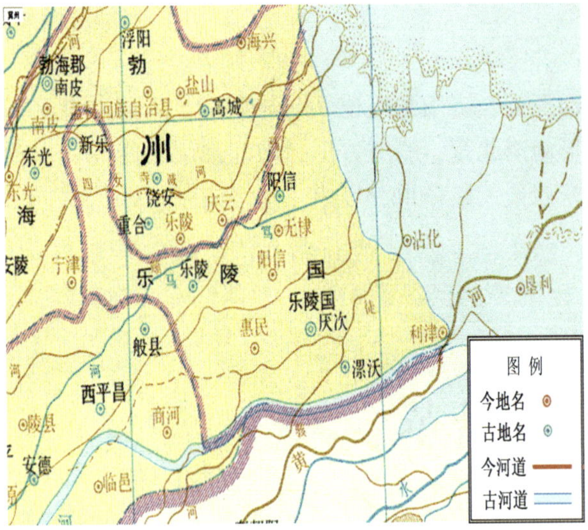

图 1－3　晋代厌次县位置

北魏　名厌次，县治迁马岭城（今何坊乡二郎堂村北二里处），属沧州乐陵郡。

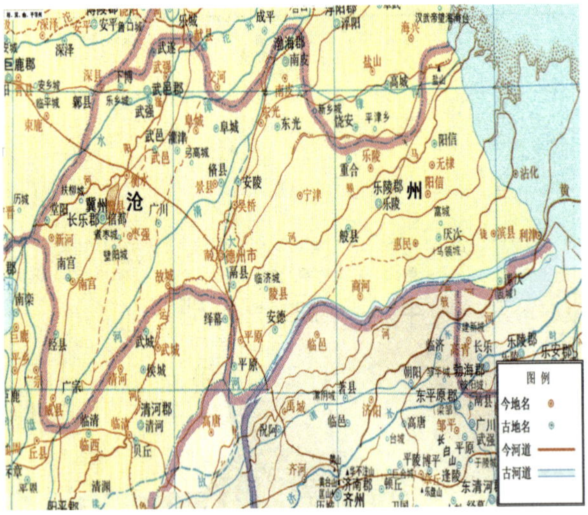

图 1－4　北魏厌次县位置

北齐　天保七年（556 年）废厌次，将原厌次县并入阳信县，县治马岭城，属乐陵郡。

隋　初为阳信县，属渤海郡。开皇六年（586 年）废渤海置棣州，县属棣州。开皇十六年（596 年）复置厌次县，属棣州，县治迁至今辛店乡先棣州村一带。大业二年（606 年）废棣州，厌次县属沧州。不久，废沧州，复置渤海郡，厌次属渤海郡。

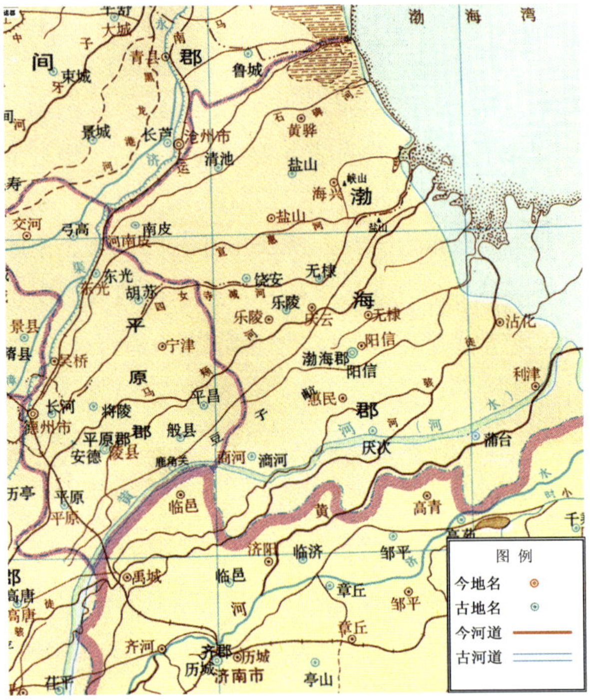

图 1－5　隋代厌次县位置

唐　武德四年（621 年），复置棣州，厌次属棣州。武德八年（625 年），废棣州，厌次属沧州。贞观十七年（643 年）复置棣州，州治驻厌次，厌次还属棣州。天宝初，改棣州为乐安郡，厌次属乐安郡。乾元元年（758 年）改乐安郡为棣州，厌次属棣州。

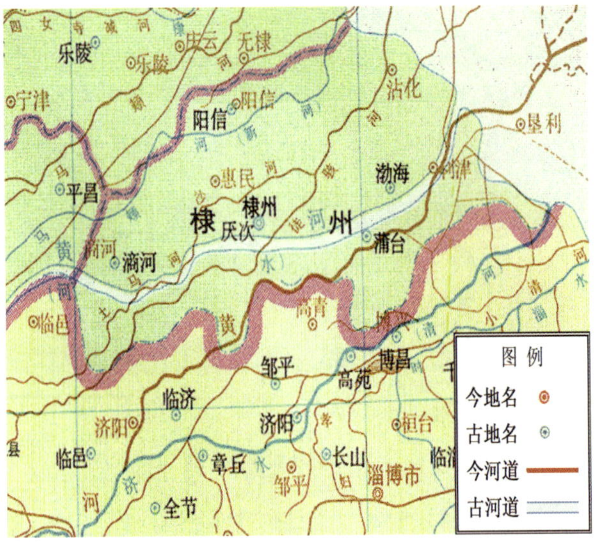

图 1－6　唐代厌次县位置

五代　厌次属棣州。后梁开平元年（907 年）棣州刺史华温琪为避水患，将州治与县治均迁于厌次东南（今清河镇古城马村一带）。

宋　厌次县属河北东路棣州乐安郡。大中祥符八年（1015 年）迁州治、厌次县治至阳信县界乔子镇之八方寺（今惠民县城址）。

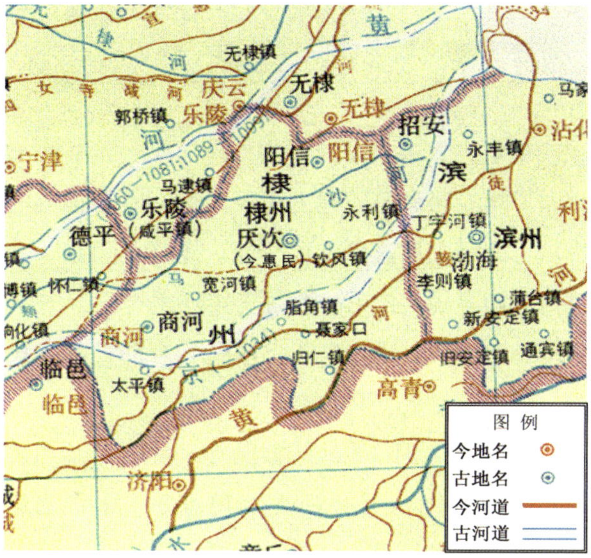

图 1－7　宋代厌次县位置

金　厌次属山东东路棣州防御郡。

图 1－8　金代厌次县位置

元　厌次县属济南路棣州。

图 1－9　元代厌次县位置

明　洪武元年（1368 年），废厌次县，域地入棣州。永乐元年（1403 年），改棣州为乐安州。宣德元年（1426 年）改乐安州为武定州，属济南府。

图 1－10　明代厌次县位置

清　初仍为武定州地，雍正二年（1724 年），武定州为山东布政使司直隶州。雍正十二年（1734 年），武定州升为武定府，始置惠民县（因城东南 10 公里有惠民沟而定名）。为武定府的附郭县。

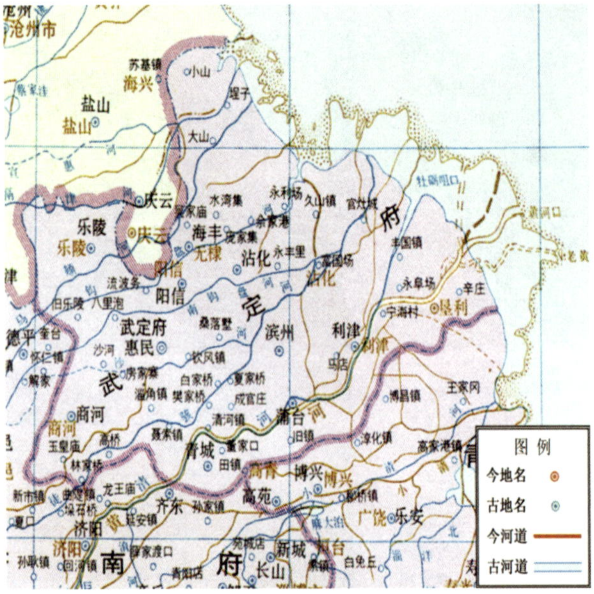

图 1－11　清代惠民县位置

中华民国　民国 2 年（1913 年）废武定府，惠民县改属山东省公署岱北道。民国 3 年（1914 年），改岱北道为济南道，惠民县改属济南道。民国 14 年（1925 年），置武定道，道治设惠民城。民国 17 年（1928 年）废武定道，惠民县直属山东省。民国 25 年（1936 年）于惠民县城置山东省第五行政区督察专员公署，辖惠民等 11 县。

1939 年以后，中国共产党在惠民县境内西北部、西部、西南部开展抗日游击活动，1942 年 9 月，冀鲁边区在商河、惠民两县边界地区建立商惠县抗日民主政府。1944 年 10 月渤海区建立惠（民）济（阳）商（河）三边县。

1945 年 8 月 30 日，惠民解放。9 月，建立惠民市和惠民县，市政府驻惠城；其余地区属惠民县管辖，县政府驻何李村（今属辛店乡）。惠民市、惠民县属渤海行政区第四专区所辖。10 月，撤商惠县、三边县。1946 年 12 月建杨忠县。

1948 年 4 月，惠民市撤销，其辖区归原县建置。1949 年 4 月，惠民县党政机关由何李村一带迁入惠民城。1949 年 5 月，杨忠县改称惠济县。

中华人民共和国　1950 年 5 月，渤海区撤销，原辖专区调整，建立惠民专区，专署机关驻惠城，惠民县属惠民专区管辖。惠济县撤销，其辖区分归惠民、济阳、商河三县。

1958 年 12 月，滨县、惠民县合并，称惠民县，属淄博专区，县政府迁驻北镇。

1961 年 4 月 10 日，惠民县、滨县分治，惠民县原辖 13 处人民公社改为 13 个区，县政府迁回惠城。惠民县属惠民专区所辖。

1967 年 3 月，中共惠民县委、惠民县人民委员会被惠民县革命委员会取代，属惠民地区革命委员会所辖。

1978 年，惠民地区革命委员会改为惠民地区行署，惠民县革命委员会属惠民地区行署所辖。1981 年 1 月，撤销惠民县革命委员会，建立惠民县人民政府。

1992 年 3 月，惠民地区更称滨州地区，惠民县属滨州地区。2000 年 6 月，国务院批准撤销滨州地区设立地级滨州市，惠民县属滨州市。至 2005 年，惠民县仍归滨州市所辖。

附记：

1938 年 3 月，日伪山东省公署将全省划分为四道二市，惠民县属鲁北道。1940 年，日伪政权又将全省划分为十道，惠民县属武定道。1945 年日本宣布无条件投降后，日伪行政建置遂废。

惠民地域历代名称及隶属演变情况表

表 1－1

时代		公元年代	建置名称	隶属	附注
夏		前 21 世纪—前 16 世纪		兖州	
商		前 16 世纪—前 11 世纪		蒲姑国	
周		前 11 世纪—前 220 年		齐国	
秦		前 221—前 207 年	厌次	齐郡	故城在今桑落墅以北
西汉		前 206—公元 24 年	富平	青州　平原郡	
东汉		25—220 年	厌次	青州　平原郡 乐安郡	永平五年（62 年）改富平为厌次，建安中徙属乐安郡
魏		220—265 年	厌次	乐安郡	从《旧唐书》、《武定府志》及惠民县旧志。《武定州志》为“乐陵郡”
晋		265—420 年	厌次	冀州　乐陵国	冀州刺史部驻厌次县
北魏		420—557 年	厌次	乐陵郡	县治迁马岭城
北齐		557—581 年	阳信	乐陵郡	北齐天保七年（556 年）厌次县并入阳信
隋		581—618 年	厌次	渤海郡	开皇十六年（596 年）复置厌次县，治所在今先棣州村一带
唐	武德四—八年	621—625 年	厌次	棣州	
	武德八年—贞观十七年	625—643 年	厌次	沧州	
	贞观十七年—天宝元年	643—724 年	厌次	棣州	州治驻厌次县
	天宝元年—乾元元年	742—758 年	厌次	乐安郡	从《元和郡县图志》、武定州、府志及惠民县旧志。《旧唐书》为“上元元年”
	乾元元年—天佑四年	758—907 年	厌次	棣州	
五代		907—960 年	厌次	棣州	为避水患，州治与县治迁今清河镇乡古城马一带
宋		960—1115 年	厌次	河北东　路棣州 乐安郡	

续表 1－1

时代		公元年代	建置名称	隶属	附注
金		1115—1265 年	厌次	山东东路棣州	初隶属于刘豫的伪政权齐国，南宋建炎三年没于金
元（蒙古）		1265—1368 年	厌次	济南路棣州	
明	洪武元年—永乐元年	1368—1403 年		棣州	从武定州、府志及惠民县旧志：洪武元年省厌次县入棣州。明史为“洪武初州县俱废”
	永乐元年—宣德元年	1403—1426 年		乐安州	从惠民旧志：永乐初避讳改乐安州。明史为“洪武……六年六月复制州改名乐安”
	宣德元年—崇宁十七年	1426—1644 年		济南府武定州	
清	顺治元年—雍正二年	1644—1724 年		济南府武定州	
	雍正二年—十二年	1724—1734 年		山东布政使司武定州	
	雍正十二年—宣统三年	1734—1911 年	惠民县	武定府	雍正十二年武定州升为武定府，置附郭县，定名惠民县
中华民国		1912—1925 年	惠民县	武定府 岱北道 济南道	1913 年废武定府置岱北道，翌年改为济南道
		1925—1928 年	惠民县	武定道	
		1928—1936 年	惠民县	山东省	1928 年废武定道
		1936—1938 年	惠民县	山东省第五专署	
		1938—1945 年	惠民县		县内国共两党和日伪统治三种建置并存。国民党山东省政府置鲁北行署，惠民县属第十专署；西部属冀鲁边区抗日政府；日伪政权属武定道
		1945—1950 年	惠民县	渤海区	1944 年属渤海区三专区。1945 年 9 月改属四专区，中旬成立惠民市和惠民县。1948 年撤销惠民市

续表 1-1

时代	公元年代	建置名称	隶属	附注
中华人民共和国	1950—1958 年	惠民县	惠民专区	
	1958—1961 年	惠民县	淄博专区	1958 年惠民县、滨县合并为惠民县，县机关迁驻北镇
	1961—1967 年	惠民县	惠民专区	1961 年惠民县与滨县分县，各领原属，惠民县机关迁回惠城
	1967—1978 年	惠民县	惠民地区	
	1978—1992 年	惠民县	惠民地区	
	1992—2001 年	惠民县	滨州地区	
	2001—2005 年	惠民县	滨州市	

第三章　境域区划

秦置厌次县幅员辽阔，后因建制的历代变革而域地缩小。明代，洪武元年省厌次入棣州，十六年割原厌次县亲仁乡数里沃土归青城县。永乐元年改棣州为乐安州，宣德元年乐安州更称武定州，县境顺次为州地。武定州分七乡，编户 95 里（二十五家为一里）。城坊乡辖 15 里，亲仁乡辖 8 里，东明义乡辖 15 里，西明义乡辖 12 里，崇智乡辖 13 里，守信乡辖 20 里，顺礼乡辖 12 里。嘉靖二十七年（1548 年）《武定州志》载：武定天文危宿之分野也，大抵平夷润衍，广九十里，袤九十三里。

清雍正十二年（1734 年），武定州升为府，置惠民县为附郭县。乾隆十一年（1746 年），改七乡为十六号。十六号为天字号、地字号、神字号、明字号、纲字号、纪字号、法字号、度字号、公字号、道字号、正字号、直字号、和字号、平字号、方字号、便字号。清乾隆四十七年（1782 年）《惠民县志》载“县附武定府郭，在省东北二百四十里，东西广八十里，南北袤九十五里”，至清末境域无变更。

清光绪十二年（1886 年），改十六号为十六约。十六约为惠字约、济字约、人字约、民字约、纪字约、纲字约、法字约、度字约、公字约、道字约、正字约、直字约、和字约、平字约、方字约、便字约。清宣统二年（1910 年），实行地方自治，将十六约合并改为十个乡（《续修惠民县志》记为区）。1929 年，全县改为 10 个区，下辖 203 个乡镇，1190 个村。第一区区公所驻县城西门大街之红楼，辖 4 镇 21 乡 189 个村。第二区区公所驻瓜子刘村，辖 4 镇 19 乡 132 村。第三区区公所驻皂户李村，辖 2 镇 19 乡 98 村。第四区区公所驻淄角村，辖 2 镇 20 乡 117 村。第五区区公所驻麻店村，辖 2 镇 18 乡 118 村。第六区区公所驻桑落墅村，辖 4 镇 16 乡 105 村。第七区区公所驻胡家集，辖 4 镇 11 乡 95 村。第八区区公所驻清河镇，辖 2 镇 16 乡 112 村。第九区区公所驻田家集，辖 2 镇 17 乡 112 村。第十区区公所驻榆林村，辖 3 镇 17 乡 112 村。境域南北长 49.25 公里，东西宽 39.25 公里，面积为 1100 平方公里。

1942 年 9 月，冀鲁边抗日民主政府建立商惠县，惠民县西部 100 个村及商河县的部分村划归商惠县。1944 年 10 月，设立三边县，惠民县的三、四、九、十区和济阳县、商河县各 2 个区划归三边县。1945年9月，商惠县、三边县一并撤销，辖地各归原县。

1945年8月30日惠民解放，9月建立惠民市，与惠民县分治。原惠民县的一区划归惠民市管辖。惠民市划分为城关区、龙池区、省屯区，计189个街道和村庄。1946年6月，惠民县的二区和阳信县的洋湖区划入惠民市。10月，惠民县在七区北部和六区南部设白家桥区。12月，在惠民、商河、济阳三县边界设立杨忠县，惠民县九区和七区的190个村庄划归杨忠县，两区剩余村庄设为大王庄区。1947年春，三区分划为火把李、豆腐寨两个区；在八区西部增建李家庄区；在四区东部、五区西部增设何李区；5—11月，为适应中国人民解放军渡河需要，在西起归仁、东至老君堂的黄河北岸，临时建立靠河区。1948年4月，惠民市撤销，所辖村镇归原建置。惠民县对辖区作了调整，撤销白家桥区、大王庄区，火把李区和豆腐寨区合并为伙龙聚区，文化区和归化区合并为青杨店区。全县辖区统改为地名称谓，即城关区、龙池区、省屯区、青杨店区、伙龙聚区、淄角区、麻店区、何李区、河套孙区、魏家集区、清河镇区、李家庄区。1949年5月，杨忠县更称惠济县。8月，省屯区、龙池区合并为城郊区。同时，阳信县的124个村、高青县的10个村、济阳县的2个村、商河县的10个村划归惠民县，惠民县的20个村划归阳信县，1个村划归滨县。

1950年4月，惠济县撤销，辖地复归原属。同年，惠民县将十一个区与阳信县划入的何坊区、惠济县撤销后划归的王判镇区、萧圣庙区，统一调整为一至十四区，下辖128个乡，计1236个村庄。1955年3月，一区改称城关镇。9月，全县辖区复统改地名称谓，即城关镇、城郊区、石庙区、皂户李区、麻店区、桑落墅区、何坊区、淄角区、辛店区、胡家集区、清河镇区、李家庄区、大年陈区、姜家楼区。

1956年3月，城关镇与城郊区合并称城郊区，大年陈区与姜家楼区合并称姜家楼区。1956年5月，城郊区划分为城关镇、昭田乡、省屯乡、后王乡4个县直属乡镇。12月，又将各区和直属乡镇调整为40个乡镇。

1958年2月，根据中共中央指示精神，进行区划调整，将全县40个乡镇合并为17个乡，并以城郊乡、辛店乡、李庄乡为重点乡。11月，惠民县与滨县合并称惠民县，境域扩大。原惠民县17个乡合并为惠城、石庙、淄角、李庄、何坊、桑落墅镇、胡集、清河镇、大年陈、姜楼、麻店、辛店、皂户李13个人民公社，加滨县的北镇、杨集、杜店、里则、单寺、张集、堡集、滨城、闫家9个人民公社，计22个人民公社，487个生产大队，2901个生产小队，1985个村。

1961年4月惠民县、滨县分治，各领原属。原惠民县13处人民公社改为13个区，区以下共设85个公社。至此，县域以县城十字街为起点，北距惠民镇张博孙村与阳信县交界处7.5公里，南距大年陈乡榆林村南黄河中心34公里，东距桑落墅镇程家口村与滨城区交界处22公里，西距石庙镇徐家村与商河县交界处18公里。总面积1357平方公里。

1963年，85个公社调整为90个。1969年9月撤区，将13个区改为13个人民公社，原区辖90个公社改为90个管理区，其辖属关系不变。

1971年12月，将13个人民公社划分为21个人民公社，辖94个管理区，1024个大队，1307个自然村（其中城关公社辖村包括城内东、西、南、北四关和南门街等10条街道）。一般一个自然村为一个生产大队，少数几个村为一个大队。

21个人民公社是：城关公社、省屯公社、何坊公社、毛刘公社、石庙公社、梁家公社、桑落墅公社、陈集公社、麻店公社、皂户李公社、淄角公社、辛店公社、第三堡公社、胡集公社、魏集公社、清河镇公社、李庄公社、申桥公社、姜楼公社、联五公社、大年陈公社。

1981年城关公社改称惠城公社，1982年改称城关镇，1984年改称惠民镇。

1984年，全县撤人民公社建乡镇。除惠民镇外的20处人民公社改为3镇17个乡：胡集镇、淄角镇、李庄镇、石庙乡、桑落墅乡、何坊乡、省屯乡、梁家乡、皂户李乡、第三堡乡、辛店乡、麻店乡、陈集乡、魏集乡、大年陈乡、清河镇乡、申桥乡、姜楼乡、联五乡、香翟乡（原毛刘公社）。各乡镇所辖村庄与原公社时期所辖村庄相同。

1985年，石庙、桑落墅2乡撤乡建镇。1994年12月，姜楼、清河镇、魏集、申桥4个乡撤乡建镇。1995年12月，麻店乡撤乡建镇。1996年12月，省屯乡撤乡建镇。2001年3月，惠民县调整部分乡镇行政区划，撤销省屯镇，将其行政区域并入惠民镇；撤销香翟乡，将其行政区域并入何坊乡；撤销梁家乡，将其行政区域并入石庙镇；撤销第三堡乡，将其行政区域并入辛店乡；撤销陈集乡，将其行政区域并入胡集镇；撤销联五乡，将其行政区域并入姜楼镇；撤销申桥镇，将其行政区域并入李庄镇。调整后，惠民县辖10个镇、4个乡，即惠民镇、石庙镇、桑落墅镇、麻店镇、淄角镇、胡集镇、魏集镇、清河镇、姜楼镇、李庄镇、何坊乡、皂户李乡、辛店乡、大年陈乡。2005年，惠民县辖10个镇、4个乡，耕地面积136.45万亩，1282个行政村（街），16.26万户，62.64万人。

第四章　乡　镇

惠民县乡镇随行政区划几经变动。1979年，惠民县辖21个人民公社。1985年，辖6镇15乡。2001年，调整乡镇区划，全县调整为10镇4乡。2005年年底，全县共设惠民镇、石庙镇、桑落墅镇、麻店镇、淄角镇、胡集镇、魏集镇、清河镇、李庄镇、姜楼镇10个镇，何坊乡、皂户李乡、辛店乡、大年陈乡4个乡。辖100个办事处，1282个行政村（街）。

2005年惠民县各乡镇村、户、人口情况统计表

表1-2　　　　单位：个、户、人

乡镇名称	行政村数	村委会个数	总户数	总人口	占全县人口%
惠民镇	132	132	24978	90180	14.7
何坊乡	110	110	12570	45953	7.33
石庙镇	127	127	14340	58114	9.37
桑落墅镇	59	59	7361	29351	4.68
麻店镇	72	72	7648	29964	4.78
皂户李乡	74	74	7737	29725	4.74
淄角镇	68	68	7553	27797	4.43
辛店乡	122	122	12039	47695	7.61
胡集镇	100	100	16079	58726	9.37
魏集镇	54	54	7461	30203	4.82
清河镇	58	58	9260	34327	5.46
李庄镇	105	105	13114	54644	8.72
姜楼镇	118	118	13856	54898	8.76
大年陈乡	83	83	8570	34868	5.56

第一节　惠民镇

惠民镇位于县境北部。2001 年 3 月，乡镇区划调整，省屯镇并入惠民镇，镇政府驻县城东门外北侧。东与何坊乡为邻，南隔沙河与皂户李乡相望，西与石庙镇毗连，北与阳信县接壤。版图面积 107.3 平方公里。2005 年，辖 8 个办事处，132 个村（街），24978 户、90180 人，耕地面积 76255 亩，工农业总产值 21.88 亿元，财政收入 879.9 万元，农民人均纯收入 4100 元。

农业　惠民镇土质多为红、白土壤，有少量碱地，是县重点粮棉产地之一。1985 年，小麦亩产 269.5 公斤，棉花亩产 52.5 公斤。粮食总产 1240.3 万公斤，棉花总产 88.8 万公斤。1986 年，全镇粮食播种面积 4.5 万亩，总产 1057 万公斤；棉花 1.3 万亩，总产 71.7 万公斤；蔬菜 0.17 万亩，总产 34 万公斤。农业总收入 1221 万元。1987 年，扩大经济作物面积，棉花扩大到 1.5 万亩，总产 99 万公斤，粮食播种面积减少到 4.1 万亩，总产 1059 万公斤，蔬菜 0.16 万亩，农业总投入 99.4 万元。1990 年，因遭涝灾，农业总收入比上年减少 36.2%。粮食种植面积下降到 3.7 万亩，总产 986 万公斤；棉花 1.7 万亩，总产 60 万公斤，蔬菜 0.12 万亩。1992 年，遭雹灾，玉米、棉花损失严重。粮食种植 3.1 万亩，总产 991 万公斤；棉花 1.4 万亩，总产 32 万公斤；蔬菜 0.85 万亩。农业总收入 1825 万元。1993 年，全镇粮食面积 4.5 万亩，总产 1350 万公斤；棉花面积降到 0.15 万亩，总产 6.5 万公斤，蔬菜 0.5 万亩。全镇建成桑园 0.26 万亩。1995 年，粮食种植 3.42 万亩，总产 1258 万公斤；棉花 0.5 万亩，总产 25 万公斤；蔬菜 0.5 万亩。农业总收入 3584.6 万元。1997 年，遭遇特大自然灾害，玉米减少 33.3%。粮食种植 3.1 万亩，总产 901 万公斤；蔬菜 0.8 万亩，果园 0.4 万亩，农业总收入 4485.2 万元。1998 年，粮食种植面积 5.1 万亩，总产 1129 万公斤；棉花 0.75 万亩，总产 25 万公斤；蔬菜 1.2 万亩，总产 2424 万公斤。农业总收入 4995 万元。1999 年，进行农业产业结构调整，大力发展食用菌生产。当年发展食用菌大棚 247 个，其中香菇大棚 113 个。2000 年，食用菌大棚发展到 685 个，总收入达到 386 万元；蔬菜面积发展到 1.32 万亩，总收入达 5300 万元。2001 年，全镇粮食种植面积达 6.4 万亩，总产 2277 万公斤；棉花 2.3 万亩，总产 173 万公斤；蔬菜 1.55 万亩，总产 5427 万公斤；果园 9271 亩，总产 1391 万公斤；桑园 3918 亩，蚕茧总产 19 万公斤。2002 年，按照“北桑园、南果菜”的产业结构调整格局，为农户协调贴息贷款 110 万元，新建桑园 1000 亩，果园 1000 亩，食用菌大棚 774 亩。2003 年，新建蔬菜大棚 2855 亩。2005 年，全镇种植优质、无公害蔬菜 8200 亩，总产达 335.92 万公斤；建成冬暖式大棚 2136 个，总收入 526 万元；新建高酸苹果园 400 亩，桑园 400 亩。

有机农产品—黄金梨、黑花生、紫芦笋

工业　1985 年，镇办企业有窑厂、农具厂、印刷厂、酱菜厂、面粉加工厂、棉制品厂等，工业总产值 251 万元。1986 年，村镇企业发展到 46 家，个体经营户 846 户，乡镇企业总产值 3200 万元。1988 年，新上项目 34 个，全镇固定资产投资 840 万元。乡镇企业总产值 5000 万元。1989 年，全镇企业发展到 950 家，其中镇办 15 家，村办 59 家，联户 1 家，个体 875 家，企业总产值

5548万元。1990年，镇党委、政府制定《关于镇办企业管理的暂行规定》，促进了乡镇企业的发展，全年实现总产值5159万元，利税500万元。1991年，制定《关于发展村办企业的暂行规定》，当年村办企业发展到70家。全年企业总产值6560万元，利税702万元。1992年，镇酱菜厂、印刷厂获地级先进企业称号，镇建筑公司获省、地级先进企业称号。是年，全镇企业产值实现1.17亿元，利税1280万元。1993年，投资373万元，新上村办企业9家，23个镇、村办企业进行技术改造，全年企业总产值达到1.52亿元，实现利税1500万元。1995年，乡镇企业发展到2382家，其中镇办15家、村办85家、联户12家、个体2270家。全年完成产值2.6亿元，利税2410万元。1996年，调整企业结构，重点发展百万元项目。全年固定资产总投入1942万元，企业发展到2563家。1998年，镇政府采取承包、租赁、股份合作制改造等形式对82家村办集体企业进行改革改制。利用原新华印刷厂的地理优势，将其开发建成商贸营业楼。镇建筑工程公司被省建工局评为“省建工系统安全生产先进单位”。1999年，镇政府投资建成科技工业园区，出台招商引资优惠政策，当年华泰织业有限公司在园区建成投产；镇农具厂迁址于园区，并改制为股份制企业。全镇个体私营企业发展到3938家，年营业收入实现5.85亿元，完成工商税收550万元，固定资产投入4046万元。2000年，乡镇企业总产值实现6.28亿元，其中民营企业完成总产值5.97亿元，实现工商税收629.02万元，占全镇财政总收入的85%。被地委、行署评为“全区发展民营经济明星乡镇”。2001年后，全镇认真落实“工业兴镇”战略，把招商引资和发展民营经济作为经济工作的重中之重，制定优惠政策和奖励措施，为民营经济创造宽松的发展环境。2002年，全镇招商引资额实现4950万元，引进外资项目30个，恒远纺织、博泽科技等一批百万元以上项目落户工业园区。全镇民营企业实现销售收入12.2亿元，利税1.3亿元。2003年，引进外资项目29个，到位资金1.8亿元。投资3000万元的武定府大酒店、投资1500万元的华泰扩产一期工程以及投资1000万元的东泰织业、长明织业相继建成投产。民营经济实现总产值13.86亿元，利税1.54亿元。2005年，规划建成纺织工业园，当年投资1.3亿元的华光纺织、投资9000万元的宇鑫纺织、投资3000万元的华冠织业先后落户工业园。引进投资9000万元的武圣园旅游项目，开创了惠民县外资投入办旅游的先河。

华泰纺织有限公司车间一角

林果业　1986年，全镇有林地面积1263亩，其中用材林389亩，经济林694亩，木材蓄积总量722立方米，林木覆盖率3.8%。1988年后，每年植树20万株以上，投资3万余元用于管理、巩固植树造林成果。1990年，狠抓短枝红富士、毛白杨等优良品种的繁育栽植技术培训，依托林业站，成立林业协会、研究会，各办事处配备林业技术网长，形成全方位技术服务网络。1993年，培育各类苗木1500余亩，发展桑园1500余亩。1996年，全镇果品总产量达600万公斤。1997年，全镇林地面积达1.2万亩，其中用材林2020亩，短枝红富士果园发展8500亩。林果总产值达1240万元。1998年，全镇深入贯彻落实林业政策，制定发展林果业的优惠政策，引进发展1500余亩日本水梨、沾化冬枣、黄金梨等高档精品水果。全镇林果总产值达1600万元，林木覆盖率为8.5%。2000年，全镇林地面积1.4万亩，其中用材林3200亩，经济林6000亩，林果总产值1800万元。2001年，全镇果园面积达到9721亩，果品总产1391万公斤；桑园3918亩，蚕茧总产19万公斤。2003年，镇委、镇政府组织实施绿色通道工程，对境内的庆淄路、大济路、永莘路、乐胡路4条干线公路进行高标准绿化。投资65万元，栽植苗木15.9万棵，绿化面积1953亩。2005年，对部分乡村路段实施林地使用权拍卖；完成环城林带建设2.4公里，绿化标准村4个、示范学校3个。全镇共有林地总面积1.37万亩，其中农林间作、农田林网2217亩，“四旁”（宅旁、村旁、路旁、沟旁，下同）植树10.41万株，街道绿化1.49万平方米，绿地6360平方米。全镇林木覆盖率为23%。

水利 镇境南有沙河和引黄一干、二干，东有幸福河，北有多条沟渠与南支流、勾盘河相连，排灌便利。1986年，投资86万元，清挖胜利沟、幸福沟、后王沟、惠沧沟4条引排水沟和84条农级沟，新建人武部、辛庄、北关3座生产桥，筑成昭田渠。1987年，新建惠沧沟扬水站1处，改善灌溉面积3万亩。1989年，投资105.86万元，开挖高官沟、姜辛沟、东关沟、田家沟等5条沟渠，新建泄水闸1座、扬水站3处，全镇扩大灌溉面积7300亩，改善灌溉面积5000亩。1990年，投资101.3万元，新建高官引水渠、进水闸、张田排水渠等11个水利工程。1991—1992年，投资321.3万元，新建各类建筑物61座，扬水站3处，新增防涝面积2000亩。1995年，投资140.5万元，采用机械施工，清挖各级沟渠97条，新建各类建筑物29座。1996年，治理涝洼地5000亩。1997年，制定“城西水库、城东井”治水思路，打机井89眼，开发治理后王村340亩荒碱地，新挖鱼塘33个；新建后王节制闸1座，胜利沟渡槽1座，增加灌溉面积4000亩。1998年，投资138万元，完成后王节制闸修建工程，新开发荒碱地1650亩，清挖各级沟渠32条，新建各类建筑物18座。1999年，投资156.4万元，先后完成省屯沟节制闸、二干渠王范公扬水站、后王沟节制闸等建筑物29座，清挖各级沟渠28条。2000年，投资170.6万元，兴建各类建筑物46座，采用机械施工清挖各类沟渠74条；利用荒碱涝洼地挖塘造田，新开挖水库1030亩，打机井63眼。2002年，投资120万元，完成惠沧沟、省屯沟等9条沟渠的清淤工程，动土122万立方米；修建桥涵闸等配套建筑物30余座，对4处扬水站进行维修养护。2003年，投资140万元，对胜利沟、后王沟、惠沧沟、南支流等14条骨干沟渠进行清挖疏浚，修建配套建筑物19座。20余个村（街）实施村级水利工程，使全镇90%以上的村浇地用上黄河水。2005年，实施4000亩省级土地开发项目，项目区内修建桥涵闸等配套建筑物30余座。全镇总灌溉面积达到7.63万亩，有排灌机械3712台，配套机电井842眼，固定排灌站11处；水利工程完成土石方101.6万立方米，用工21.8万个。

村镇建设 1986年，完成80个村街的测量、规划，镇村建设开始走上规范化道路。全镇农村人均住房面积20平方米，80%以上是土坯结构的平房。1988年，城镇建设取得突破性进展，拆迁居民111户，保证了县城统一规划顺利进行。1991年，在孙子故园建设和街道展宽中，镇委、镇政府动员南门、东门、东关等街的373户群众搬迁到城外落户。1993年，筹资54万元，改造315公里的用电线路。1994年，投资73万元建成惠归路（惠民镇段），全长3.7公里。1996年，投资70余万元，新铺设25个村街6万平方米、长15公里的沥青路面；投资18万元，新装电话178部；察院街、大孙、银子刘等14个村街通上自来水。1997年，新建房家、东关、骆家等5个村街公路9763米，完成沥青罩面4.1万平方米，并圆满完成北关路、惠归路的路域治理工作。城区范围内先后建成10个规划合理、配套完善、功能齐全的居民安居小区；共有39个村安装上电话，18个村街喝上自来水；47个村街铺设了沥青路，总长36.57公里。1998—1999年，根据城市化建设需要，南关、西关、东关、南门共投资

1000余万元，建起200余幢沿街商品楼；建成镇科技示范园区，占地400亩。2000年，配合县城改造，拆迁居民134户，打通文安西路、南环东路、糖坊街路和文安东路4条主要通道。征地300亩，兴建惠民农资综合大市场。动迁南关街70余户居民，使占地20余亩的孙武书城得以顺利筹建。是年，全镇有58个村（街）通上柏油路，全长51公里；有56个村（街）用上自来水；人均住房面积达到40平方米。2002年，配合县政府完成热电厂、车站路取直、孙子兵法城筹建、护城河治理、内海子清淤、省屯沟治理、绿色通道等10余项重点工程的迁占征地和施工，共涉及30余个村（街）千余亩土地。2003年，完成兵法城旅游路、花苑小区、武定府大酒店、民俗一条街、县级工业园、热电厂管网建设等重点工程建设的迁占征地任务。2005年，全镇有107个村（街）建房实行统一规划，人均住房面积达到47平方米。村村安装上程控电话，70%以上的村（街）接上有线电视信号。

教育　1986年，全镇有初中4所，在校生990人，有中学教师54人，大专学历占18%，中专学历占82%；有小学39所，在校学生3036人，有小学教师186人，中专学历占70%，初、高中学历占30%，省、地优秀教师6人。学校全部实现“六配套”。1991年，中学由4所合并为1所。1995年，学校调整布局，全镇有中学1所，完全小学8所，初级小学6所。投资600万元，建楼房5700平方米，购置课桌凳1000套，配套仪器、设备和图书投资达70万元。1997年，顺利通过省“两基”（基本实现九年义务教育，基本扫除青壮年文盲）验收，被县评为“两基”工作先进乡镇。1997年，全镇有中学教师117人，在校中学生1860人；小学教师200人，在校小学生3789人；幼儿园35所，幼儿教师60人，在园幼儿1800人。1999年，投资5万元用于中小学校舍维修。2000年，投资4万元为8所定点小学配备先进的计算机设备，改善了办学条件。惠民镇中学连续两年获全县中考综合考核第二名。2001年，原省屯镇并入惠民镇。省屯中学更名为惠民镇第二中学。2002年，投资90万元用于校舍危房改造，2所中学建成高标准微机室。镇一中投资20万元装备2个实验班，在全县率先开通“校园网”。2003年，投资20余万元进行校舍危房改造。镇一中被评为“滨州市十佳学校”和“山东省规范化学校”。2005年，投资300余万元，建起镇一中学生公寓和餐厅。学校经布局调整，全镇有中学1所，完全小学9所，教学点2个，幼儿园35所。

卫生　计划生育　1985年，城关卫生院更名为惠民镇卫生院，建筑面积994平方米，设有内、外、妇、中医、五官、放射、化验、理疗等11个业务科室；医疗器械有X光机、显微镜、远红外线、激光治疗仪等，日均门诊量80.6人次。1997年，有医护人员33人，其中中级职称9人，初级职称15人，病床25张，年门诊住院人次3.5万人左右，预防接种2.8万人次。全镇有村级卫生室46处，其中甲级卫生室24处，共有乡村医生58人。人口自然增长率控制在6‰以内。2001年10月，惠民镇卫生院合并到县直机关医院。原省屯卫生院改称惠民镇卫生院。2003年，惠民镇计划生育各项指标全部达标，顺利通过市县验收。

文化　1986年，全镇80个村街，村村安上广播，通达率100%。1987年，成立镇文化站录像投影放映厅。全镇有各类文化专业户达40家。1988年，翟家村购置新光源16毫米电影放映机，负责全镇的电影放映。镇广播站举办“本镇新闻”“科技信息”“计生专题”“文艺生活”等自办栏目，并在全区“翟王杯”乡镇自办节目大奖赛中，获优秀新闻二等奖。举办“龙年书画展”，参展作品132件。2002年，全镇有8个村、8个单位分别被评为县级文明村和县级文明单位，镇一中被评为市级文明单位。2004年，省屯泰山行宫被列为市级文物保护单位。

办事处及村庄　辖城关、高官、朱老虎、后齐、钓马杨、史张、堤上李、邓家8个办事处，

132个村（街），分别为：东关街、东门大街、文化街、胡家街、大王营街、察院街、鼓楼街、西北营街、糖坊街、西门大街、西关街、北关街、北门大街、南门大街、南关北街、南关中街、城隍庙街、南关南街、关帝庙街、城北姜村、辛庄、花园村、王道仁、刘德玉、马周、翟家、大崔家、曾赵、王范公、银子刘、李和睦、黑楼、吴家花园、后王、郝家、新河、俎家、王瓜刘、前王家、左家、尹家、骆家、马家堤口、大孙、朱老虎、大袁庄、小于、李仲条、刘安庄、娄家、大于、贾家台、吕家台、后齐、新法刘、高庙、小李、小杜、小崔、张茂亭、水赵、王牛、大朱、沙河杨、仁胡、高官、刘皮、小崔家、闫家堤口、袁侯家、程家、城东傅、高贾田、昭家、孙武村、房家、苏赵、张田、马龙池、后娘娘坟、李玉畔、刘玉亭、钓马杨、西信、簸箕刘、东信、花家堡、张博孙、省屯、小郑、大李、王家集、王辛庄、堤上李家、王平还、王茂神、王铁锅、赵奢孟、台子崔、小屯、甜水井、端刘、水波杨、十里堡、桃王、高家、小王、郭尹二、台子陈、李封侯、盖云后（盖前），盖云台（盖后），冯家庙、兖家、鹁鸽孙、马虎、堡徐、堡武、堡马、苏李、城北肖、南曹、小阎家、东成、南史家、陈侯、南小张、城北于、小孔家、南邓、屯吴、陈王。

附：省屯镇

省屯镇位于惠民县境北部，1996年12月撤乡建镇。东与何坊乡为邻，南与惠民镇、梁家乡毗连，西面和北面与阳信县接壤，总面积49.47平方公里。2000年，全镇辖4个办事处，52个自然村，4750户、20002人，耕地面积4万亩，国内生产总值1.5亿元，农民人均纯收入2600元。2001年3月，调整乡镇区划，省屯镇并入惠民镇。

农业　省屯镇粮食作物主要有小麦、玉米等，经济作物有棉花、桑蚕、蔬菜等。1985年，粮食总产1046.7万公斤，棉花总产73.1万公斤。农业总产值831.65万元。1990年，镇党委、政府大力发展桑果业，新建桑园251亩，育桑苗70亩。1991年，对中低产田进行开发改造，开发小麦中、低产田5000亩，棉花5000亩。是年，粮食平均亩产330公斤，棉花平均亩产达到145公斤。1993年，农村产业结构进一步调整和优化，“三园”（桑园、果园、菜园）建设取得新的突破和发展。“三园”总面积达9826亩，总产值370万元，占农业总产值的12.5%。1995年，桑蚕生产实现产值565万元，并连续2年蚕茧张产在全省乡镇名列前茅。1997年，全镇粮食作物种植5万亩，总产1327万公斤；棉花面积5000亩，总产30万公斤；桑、果、菜三园面积1.67万亩，产蚕茧26.6万公斤、水果6000万公斤、蔬菜2000万公斤。1999年，粮食总产1937万公斤，人均占有1000公斤；棉花总产29万吨；新增桑园600亩，全年养蚕9000张，总产29万公斤，实现产值460万元；蔬菜总面积发展到6000亩，总产2394万公斤，实现产值2000万元。2000年，全镇粮食总产1642万公斤，人均占有900公斤；棉花总产78万吨，产值980万元；蚕茧总产量60万公斤，实现产值480万元。

工业　1985年，镇办企业有窑厂、艺品厂、面粉厂、铁木厂等，工业总产值152万元。1986年，省屯镇有乡镇企业175个，企业总产值2300万元。其中工业企业30个，总产值238万元。1987年，投资100万元，新建玉米淀粉厂。1993年，全镇有乡镇企业568家，其中镇办14家，村办8家，个体私营经济546家，从业人员达3065人，占全乡总人口的1/6。全年乡镇企业完成总产值6895万元，其中镇办工业2526万元，村办900万元，个体私营1155万元。实现利税603万元。1994年，乡镇企业总产值突破亿元大关，达1.06亿元，利税985万元。2000年，省屯镇形成以玉米淀粉、面粉加工为主的农副产品加工业，以制砖、细木板生产为主的建筑建材业，以织布为主的纺织业三大行业，从业人数达到1500人。

林果业　用材林以杨树、柳树、槐树为主，经济林以桑树、苹果树、枣树为主。1986年，全镇有林地面积1895亩，其中用材林937亩，经济林958亩，林业总收入6万元。1987年，全镇造林700亩，农林间作420亩，农田林网3700亩，“四旁”植树2万株，果品总产量5.4万公斤，林果总收入21万元。1990年，大力发展果桑业，果园面积发展到1150亩。全镇完成林业育苗173亩，农田林网300亩，农林间作800亩，“四旁”植树10万株，果品总产量18万公斤，全镇林木覆盖率11%，林业总产值24万元。1997年，全镇有林地面积2万亩，其中用材林1.5万亩、经济林5000亩，果品产量达600万公斤，产值790万元。农田林网面积6000亩，“四旁”植树70万株，全镇林木覆盖率17%。1999年，大力发展冬枣产业，建冬枣园670亩，仅台子崖村建成高标准冬枣密植园即达200亩。2000年，全镇有林地面积2.2万亩，其中用材林1.6万亩，经济林6000亩，农田林网面积6000亩，林木覆盖率18%。

畜牧业　1986年，全镇大牲畜存栏2615头，生猪存养量3894头，羊2576只，家禽2.50万只，畜牧业总产值43万元。1988年，镇党委、政府把畜牧业作为农村经济的突破口，狠抓畜禽防疫，大搞饲草、饲料开发和资金扶持，促进了畜牧业发展。全镇大牲畜存养2924头，生猪存养1.5万头，羊3200只，家禽7.70万只，畜牧业总产值336万元。1993年，推广“梨木赞”良种牛。大牲畜存栏8650头，生猪出栏4300头，羊出栏2100只，家禽存养3.22万只。全镇完成畜牧业产值850万元。1997年，涌现出张博孙养猪专业村，徐家养鸡专业村和200余个饲养大户，带动了畜牧业发展。全镇大牲畜存栏10549头，猪13437头，家禽存养12.9万只，畜牧业总产值2050万元。2000年，全镇大牲畜存栏3998头，猪存栏7519头，家禽存栏40万只，改良黄牛2500头，畜牧业总产值实现2200万元，人均畜牧收入398元。

村镇建设　1993年，镇政府由钓马杨迁至台子崖村西，投资100万元建起镇政府办公大楼。农电部门投资4.5万元，整修线路22条，总长20公里，保证了全镇用电需要。1996年，在镇政府驻地建成占地454亩的经贸小区。1997年，村村通上沥青路，与庆（云）淄（川）路相连接，形成纵横交错的交通网。1999年，走以工带贸的路子，对小区进行重新规划，分成商贸区、工业区、娱乐区、办公区，使布局更加合理。在工贸园区投资建房的69户，开业经营户46家。2000年，全镇50个村都实施村庄规划；电视普及率99%，程控电话装机1600部；15个村通自来水，80%的户用上煤气灶。工贸园区已初具规模，吸引5个百万元以上企业到园区落户，投资建房户达100余户。

教育　1986年，全镇有中学教师43人，学历合格率74%；小学教师154人，学历合格率50%。投资51万元，新建标准教室、办公室、宿舍71间，购置教学仪器610套。1987年，投资201.2万元，新建校舍342间，改造105间，购置教学仪器650套，新制课桌凳966套，校改工作受到上级表彰。1989年，投资19.8万元，新建标准化实验室12间，改造宿舍28间，购置教学仪器121套。1995年，投资51万元，为中学改建房屋18间，购置教学仪器350套（件）。成立成人教育中心，采取集中培训，包教到人等多种形式，基本扫除全乡青壮年文盲。中学教师学历全部达标。1999年，投资10万余元用于中小学校舍维修及课桌凳购置，投入2.5万元为镇教委、中学购置微机设备2套，改善了办公条件。2000年，全镇有中学1所，小学6所，定点小学6所。

卫生　计划生育　1986年，全镇有中心卫生院1所，内设科室6个，职工16人，其中医师6人，中专以上文化程度的医护人员5人，全院固定资产5万元。49个村建立卫生室，有乡村医生60人。1997年，镇中心卫生院新增科室3个，共有职工20人、医师4人、主治医师4人，中专以上文化程度14人，固定资产11万元，年门诊量9700人次，治愈好转率90%以上。2000年，全镇人口出生率为11.39‰，死亡率7.53‰，晚婚、晚育、出生合格率均达100%。

第二节 何坊乡

何坊乡位于惠民县东北部。2001年3月，乡镇区划调整，香翟乡并入何坊乡，乡政府驻地距惠民县城10公里。东、北面与阳信县接壤，南与麻店镇、皂户李乡为邻，西与惠民镇毗连。南北长17.5公里，东西宽6.5公里，版图面积103平方公里。省道永（安）莘（县）路、大（口河）济（阳）路和乐（陵）胡（集）路穿越境内。2005年，全乡辖9个办事处，110个行政村，12570户、45953人，耕地面积83931亩，工农业总产值5.74亿元，财政总收入819.3万元，农民人均纯收入5050元。

农业 全乡多红、白土壤，地势自西向东渐低。西有幸福河，东有大商沟，排灌方便，是惠民县重点产棉乡。1985年，棉花平均亩产53公斤，总产113.9万公斤；小麦平均亩产259.5公斤，粮食总产1329.4万公斤。1991年开始，乡党委决定，放开粮棉，建“三园”（果园、菜园、桑园），学习借鉴寿光经验，建设冬暖式大棚，高标准、高起点发展蔬菜生产，坚持高温棚、春暖棚、小拱棚、大路菜四个层次一起上。全乡建高温棚、简易棚1000余个，蔬菜面积发展到1万亩，发展红富士果园5000亩，桑园1300亩。1997年，“三园”面积发展到1.07万亩，全乡粮棉田与高效经济田比例达到2∶1格局。全年农业总产值5119.50万元。2000年，共建高温棚、简易棚1200个，发展蔬菜面积3800亩。全乡粮食总产2265.26万公斤，棉花总产78.3万公斤，蔬菜总产2220万公斤。2001年，全乡把发展无公害、绿色食品作为主攻方向，当年种植无公害蔬菜5000亩。注册的“香翟”牌西葫芦通过省级无公害品牌认证。2002年，“香翟”牌西葫芦通过国家级无公害品牌认证。何坊乡被命名为“中国西葫芦之乡”。2005年，全乡优质蔬菜种植面积达2.3万亩，其中蔬菜大棚2831个。全乡粮食总产3796.96万公斤，棉花总产180.52万公斤，蔬菜总产8700万公斤，农业总产值1.8亿元。

工业 1986年，乡办企业只有织布厂、纺织配件厂、窑厂、地毯厂和氢氟酸厂5家，个体私营业户317户，全年乡镇企业总产值161.2万元。1988年，纸箱厂、织布厂相继建成投产。企业总产值达到437万元。1991年，引进“唐三彩”烤制工艺，兴办了星火工艺厂。1995年，乡投资150余万元建成九五砖瓦厂。1997年，采取拍卖、租赁、承包的形式，对乡办企业进行改革改造，全部转为私营企业。个体私营业户发展到1850户。乡镇企业总产值达1.59亿元。1999年，全乡着重抓好地毯、织布、针织、建筑、交通运输等行业的发展，发展专业户、专业村，形成“一村一业、一业多品”的发展格局。南耿、前韩两个村成为地毯加工专业村。2000年，新建地毯分厂12个，独立加工点15个，新上铁质织机320台，全乡从事地毯加工业的人数达6000人，年产地毯达8万英尺。加快刘集经贸小区建设，实施招商引资，完成引资额600万元。2003年，私营企业发展到14家，个体业户1383户，企业总产值3.68亿元，利税4253万元。2004年，何坊乡确立“工业兴镇”战略，在县城以东，大济路两侧建立占地20平方公里的开发区工业园。当年引进工业项目20余个，实现利税1200余万元。被市委、市政府表彰为“招商引资先进乡镇”。2005年，全乡骨干企业发展到128家，其中纺织企业14家，纺纱能力达10万纱锭。个体私营企业发展到1459户。乡镇企业总产值达3.94亿元，利税9512万元。

林果业 1986年，全乡有林地面积2300亩，其中用材林820亩，经济林1100亩，农林间作380亩，农田林网3.5万米，林木覆盖率6.1%。1990年，全乡果园面积发展到4500亩。至1997年，全乡有林地面积达6800亩，其中农林间作1300亩，农田林网8万米，农林绿化和“四旁”植树200亩，果园5000亩，果品产量98.52万公斤，经济总收入154.3万元。林地覆盖率达到

18%。1998年后，乡党委、政府把发展林果业生产作为产业结构调整的重点，成立农村综合服务公司，从冠县、北京等地引进种植欧美毛白杨、抗虫杂交杨、速生毛白杨、大叶白腊等新品种，林业生产有了长足发展。2000年，全乡有林地面积8000亩，其中农林间作1500亩，农田林网8.5万米，果园5500亩，果品总产110万公斤，经济收入120万元。林木覆盖率达到19.4%。2001年，全乡推进林权制度改革，签订林木拍卖合同58份，拍卖林地1200余亩。2003年，有林地面积1.2万亩，其中农林间作5000亩，经济林3000亩，农林绿化和“四旁”植树5000亩，林木覆盖率为24.9%。2005年，栽植基地片林2600亩，育苗4000亩。全乡有林地面积18000亩，其中果园4264亩，桑园1770亩，果品总产750万公斤，总收入8103万元。林木覆盖率26.6%。

水利　何坊乡地下水质较差，大部分农田靠引黄灌溉。1986年，全乡农田仅靠引黄二干、幸福河两岸的刘集、何坊两处扬水站和大商沟上游沙河的水灌溉，全乡灌溉面积占耕地总面积40%。1998年，先后扩建八里、董堂、展家3处大型扬水站；开挖了南门沟、北门沟、八里沟、董堂沟、展家沟、惠阳沟、小吴沟、斗二沟。1996年，开挖幸福河通往大商沟的下坡沟、李许沟，新建和维修了扬水站。1994—1996年，利用黄河三角洲农业综合开发机遇，完成中低产田开发2.2万亩，新建桥涵闸418座，修田间配套沟渠179条，总长86公里，用工1.2万个，完成土方189万立方米。1997年，在幸福河西岸建提水电灌站5处，引水能力达每小时15.5万立方米，蓄水能力50万立方米，灌溉面积4.6万亩。2000—2005年，投资755万元，新建前韩、王皮两处扬水站；疏挖董堂沟、惠阳沟、张厂沟、马铁匠沟、郑家沟、下坡吴沟等7条沟渠，总长150余公里，动土340万立方米；新建牛苗、前谢、刘集、张大官4座水桥，改善恢复灌溉面积5000亩，增强了农业排灌能力。

畜牧业　1986年开始，该乡发挥饲草资源丰富的优势，发展饲养牛、猪、羊等食草牲畜，饲养量逐年增长。全乡大牲畜存养量达4300头，生猪8600余头，羊6000余只。1990年，乡党委、政府确定突破畜牧生产的决策思路，将畜牧业作为调整产业结构，发展高效农业的一个重要方面来抓，在发展食草牲畜的基础上，又扩大了家禽的饲养。至1997年，全乡牲畜存养量达1.2万头，生猪1.6万头，羊8000只，鸡30余万只，仅畜牧业一项，人均纯收入达3500元。2000年，全乡大牲畜存养量1.5万头，生猪1.8万头，羊9000只，鸡40余万只。出现存养蛋鸡10万只以上、肉鸡15万只以上、生猪800头以上、肉牛500头以上的养殖大村8个，专业养殖大户400余户。2003年，新建标准化养鸡小区2处，养殖专业合作社1处，标准化畜禽养殖场1处。全乡养鸡大户发展到600个，畜牧专业村22个，畜牧大户800个。2005年，全乡大牲畜存养2.8万头，生猪3.3万头，羊1.7万只，鸡70万只。

乡村建设　1986年，全乡有5个村住房建设实行统一规划。人均住房面积15平方米。1995年，全乡实现村村通公路。1997年，全乡有35个村建设住房实行统一规划，有60%以上的户盖起砖瓦房，人均住房面积达30平方米；有15个村用上自来水，村村用上了电；全乡装机总量79部，28个村通上电话；全乡通车总里程达50公里。1999年12月，乡政府驻地由何坊村迁至刘集工贸小区。2002年，实施工贸园区扩建工程，完成基础设施投资2000余万元，新建商贸楼房1万平方米。2003年，聘请省城镇规划设计院对城镇和工业园区进行规划。为5个村修建柏油路12公里。投资80万元改造扩建计生服务站。2005年，筹资400万元，新建乡村公路40公里，为17个村硬化道路20公里，为22个村通上自来水，为15个村建起村级组织活动室。投资80万元，为工贸园区建成水、电、通信、互联网等配套设施。

教育　1986年，全乡共有村小学52所，学区小学4所，中心小学1所，中学1所。1988

年，实施校舍改造建设工程，全乡中心小学、学区小学和52所村小学达到“六配套”的标准要求，2400名学生告别“黑屋子”“土台子”。1997年，投资400余万元实施教育“双基”达标建设，顺利通过验收，乡中学和5所学区小学全部达标。1998—2000年，共投资270万元，进行校舍改造和购置教学设施，绿化校园环境。乡中学被评为地级教书育人先进单位。2003年，投资80余万元对全乡小学进行危房改造。2004年，投资100余万元修建中学教学楼和小学危房改造，为7所小学配备了电脑。2005年，投资60余万元为中小学建房1200平方米，维修改造校舍500平方米。全乡有幼儿园23所，在园幼儿700余人；完全小学10所，在校学生2522人，教师162人；中学2所，在校学生1113人，教职工115人。

卫生　计划生育　1986年，何坊乡卫生院有医护人员30名，设门诊部、内外科、手术室，床位30张。全乡有村卫生室30个，乡保健站1个。1993年，投资15万元，对卫生院进行改造，新建了门诊大厅。1996年，新购置X光机、B超机和心电图机等仪器设备。乡卫生院被评为全区十佳乡镇卫生院。1998—2000年，共接种“四苗”达3万人次。2005年，卫生院改扩建业务用房1405平方米，被省卫生厅评为“一级甲等卫生院”。共有职工37人，其中中高级职称8人，技术人员占职工总数的91.9%。全乡有卫生室73个，乡村医生95人。计划生育成绩显著，全乡人口自然增长率连续15年控制在6‰以内，计划生育率、晚婚率、晚育率、统计合格率均为百分之百。被地委、行署表彰为计生工作先进乡镇。

文化　何坊乡是革命老区，解放战争时期，曾是中共渤海区委的党政军领导机关驻地，陈毅、粟裕、邓子恢、毛岸英等曾在此工作和战斗过。2005年，乡设有文化站、广播站、电影管理站、人口学校等文化设施；村村通有线电视，远程教育网点设施配套，普及全乡110个村街；京剧、吕剧、河北梆子、东路梆子遍及全乡，秧歌、高跷、芯子、龙灯、旱船等民间艺术丰富多彩，每逢春节便走街串村演出。

办事处及村庄　辖何坊、毛刘、大李、前苏、展家、头堡、刘集、斗子李、大商9个办事处，行政村110个，分别为：何坊、前谢、陈谢、张大磨、邢家、张振堂、杀猪徐、七庙韩、马铁匠、展家、后韩、李四池、王里、二郎堂、北苏、马没手、柏吕、付商、牛刘、周家、前苏、常家、蔚家、李家店、马徐家、后苏家、刘窑货、小张、王官、王玉从、邢何、郭马、毛刘、谷家庵、大吴、小辛庄、赵翟、钦风、王图、史马、孙顶、大李家、大刘家、伏家、饽饽李、阎老吴、头堡、西寨子、东寨子、二堡孙、二堡朱、官道张、官道李、曲家、胡家庄、小郭、五里曹、福田、刘黄、李合玉、邓家、郭家园、前娘娘坟、杨家、大由、小由、董家堂、斗子李、西小吴、苑家、郎家、耿家、南马、董家、李许、八里庄、下坡吴、孟家、南沈、杨刘、张百户、南高、前厂、后厂、李洪、香翟、张绪全、毕顾、马吴、常庄、刘集、菠菜郑、沙洼耿、王皮、小耿、菠菜孟、孔王、镜杨、孙铁匠、尚家、梯门李、西高、王湾、大商、王古刘、牛苗、杨评事、东小吴、张大官、齐家。

附：香翟乡

香翟乡位于惠民县北部，乡政府驻地香翟村在县城东6.8公里处。东与阳信县接壤，南界沙河与麻店镇、皂户李乡相望，西靠幸福河与惠民镇为邻，北与何坊乡毗连，总面积46.7平方公里。2000年，全乡辖4个办事处，53个自然村，5749户、20364人，耕地面积38440亩，工农业生产总值3.07亿元，农民人均纯收入2230元。2001年3月，调整乡镇区划，香翟乡并入何坊乡。

农业　香翟乡以种植小麦、玉米、棉花、瓜菜为主。1985年，粮食总产1143.4万公斤，棉花总产90.3万公斤。农业总产值861.34万元。1986年，推广优良品种，全乡有粮食4.7万亩、棉花1.4万亩使用优良品种，瓜果、蔬菜良种使用率均占播种面积的80%。全乡农业总产值达到100.31万元。1997年，全乡粮食、棉花、瓜菜、桑果全部实现良种化。棉花95%，西瓜100%，使用地膜覆盖种植技术。蔬菜地50%大棚生产，西芹地20%使用遮阳网。全乡有塑料大棚1000个。全年农业总产值达到5320万元。1999年，新建高温棚、春暖棚2850个，发展大棚蔬菜保护地1840亩。2000年，投资45万元建立蔬菜批发市场，成为滨州地区规模最大的农副产品集散地。鼓励个体大户联合建蔬菜冷藏保温库2个，提高了蔬菜生产的附加值。

工业　1986年，香翟乡有乡镇企业166家，其中乡办4家，村办28家，联户1家，个体133家。总产值81万元，实现利润13.7万元。1989年，企业总收入达437万元，其中乡办73万元，村办14万元，个体350万元。1992年，全乡乡镇企业达192家，其中乡办4家，村办8家，个体180家，从业人员1078人。1994年，乡办企业发展到6家。投资100万元，上扎毯厂一处，安置农村剩余劳动力200人。全乡实现企业总产值7141万元，其中乡办1425万元，村办1387万元，联户350万元，个体3958万元，利税总额达489万元，新增固定资产投资280万元。1997年，乡镇企业总产值达15945万元，利润909万元，年内新增固定资产660万元。乡镇企业达288家，其中乡办5家，村办27家，个体25家，乡镇企业呈现良好发展势头。2000年，全乡10万元以上企业已达50余家，从业人员2500余人。乡镇企业产值达1.65亿元。

林业　1986年，全乡有林地面积1612亩，其中用材林605亩，速生林283亩，经济林1107亩。农田林网面积3600亩，木材储蓄量5274立方米。1990年，果园面积达4500亩。1997年，全乡有林地面积6100亩，其中经济林3000亩，用材林3000亩，林网面积1.8万亩，全乡林木覆盖率达24.8%。1998年，乡政府制订三年林业生产规划，结合每年的植树节大搞间作林、经济林和农田林网建设。至1999年，种植速生丰产杨2300亩，新增林网面积3000亩。2000年，发展冬枣600亩，其他果树1780亩，桑园700亩。全乡有林网面积1.8万亩，宜林地普及率98%，林木覆盖率24.9%。

水利　香翟乡水利条件较好，南靠沙河，西依幸福河，东有大高沟，北有头堡沟。1986年，投入工时2.7万个，先后清理疏浚勃李沟、斗二沟、毛刘沟、刘李伏沟，动土15万立方米。投资10万元，新打机井20眼。1987年，投工3.5万个，先后清挖大商沟、斗四沟、斗一沟和斗六沟，动土20万立方米。投资20万元，新建邓家扬水站，使西南部的灌溉条件得到改善，全乡有效灌溉面积达3万亩。1989年，投工2.5万个，先后清挖社前沟、勃李沟、刘李伏沟，动土13万立方米。投资25万元，新建杨家扬水站，中部灌溉条件得到明显改善，有效灌溉面积达到3.5万亩。1992年，共组织大型水利工程5次，先后开挖疏浚刘黄沟、社前沟、毛刘沟。全年投工7万个，动土36万立方米。投资30万元重新修建勃李扬水站，使全乡有效灌溉面积达到3.8万亩，有效灌溉率达100%。1994年，进行乡中部1万亩中低产田开发，开挖史新沟，组织大型水利工程5次，投工7.2万个，动土37万立方米。开发方内修建水利建筑物148座，投资136万元。1997年，投资7.5万元，新打机井15眼，清挖团结沟、曲前沟、曲后沟、钦一沟、钦二沟、周家沟，共动土19万立方米。修建节制闸2座，桥涵8座，水利工程总投资50万元。至2000年，乡政府先后投资340万元，建成桥涵闸8处，动土120万立方米，完成大商沟、斗四沟、斗一沟、斗六沟的疏浚工程，完成东部、中部1.8万亩中低产田的开发，引黄灌溉面积达3.8万亩。

畜牧业　1986年，全乡有大牲畜2471头，猪3410头，羊1536只，家禽存养30610只。1991年，乡政府投资15万元兴建畜禽饲养加工厂。全乡有大牲畜7800头，猪8200头，羊6400只，家禽存养15.02万只。1996年，以兽医站为龙头，建起年出栏10万只肉鸡饲养服务示范基地，为全乡带起300个规模养鸡大户，畜牧专业村8个，饲养大村12个，畜牧饲养小区7个，畜牧大户1093个，占全乡总户数的1/5。1997年，全乡建黄牛改良人工授精站点5处，瘦肉型猪配种站6处，畜禽良种改良覆盖面积达95%以上。2000年，全乡大牲畜存栏户均1.3头，形成畜牧业大村21个，有饲养大户2200个，畜牧业产值占农业总产值的49%。

村镇建设　1986年，香翟乡全部完成乡驻地及47个行政村的乡村建设规划。农村人均住房面积15平方米，90%以上为土坯结构的平房。1992年，对45个行政村进行宅基确权发证工作。1996年，对47个行政村进行边界确权丈量，为51宗无争议土地发证。2000年，全乡通电户数4891户，有47个村398户安装上电话。

教育　1986年，全乡有小学教师137人，学历合格率为67%，初中教师40人，学历合格率为37%。投资150万元，新建、改造学校47所，校舍340间，购置课桌凳910套。1988年，将原有的43所学校，合并为中学1所，小学16所。1990年，投资22万元，新建中学实验室、中心小学实验室，购置教学仪器，有5所学校达到规范化学校标准。1992年，全乡基本普及九年义务教育。1995年，全乡166名中小学教师学历全部合格。1996年，投资200万元，为中学修建了容纳24个教学班、8个办公室和会议室、阅览室的四层教学楼。为4个学区小学扩建新房40间，为学校修沥青路2000米。1997年，投资20万元，对学校校舍全部装饰改造，顺利通过省政府“双基”验收。全乡适龄儿童入学率100%，小学生毕业率100%，升学率98%，中学生毕业率97%，幼儿入园率89%。全乡基本扫除青壮年文盲。2000年，争取省电力集团资金20万元、乡筹资金30万元建成鲁能希望小学。乡中学配备微机25台。全乡小学基本实现“两机一幕”，图书资料、教学仪器、活动器械达到国家三类标准。

卫生　计划生育　1986年，乡卫生院有医护人员15人，内设内科、外科、妇产科、放射科、防疫办公室5个科室，年门诊量500人次。1994年，乡卫生院初级卫生保健工作通过省、地验收。乡政府投资15万元为计生服务站新建房18间，面积300平方米。1997年，全乡卫生室由原来18个发展到35个，占行政村总数的75%，其中甲级卫生室21个，占全乡卫生室总数的60%。全乡有乡医40人。计生率实现100%；实施计划生育手术210人，及时率、有效率均达100%；女性初婚130人，晚婚率达100%。2000年，全乡有已婚育龄妇女4299人，人口出生率9.33‰，死亡率7.28‰，晚婚率达100%。

第三节　石庙镇

石庙镇地处惠民县西部，2001年3月，调整乡镇区划，梁家乡并入石庙镇。镇政府驻地距县城12.5公里，东与惠民镇为邻，南靠皂户李乡、淄角镇，西与商河县接壤，北与阳信县相连，东西宽16.5公里，南北长18.5公里，总面积135.15平方公里。境内有沙河和沟盘河的南支流，多条沟渠通土马河。永莘路、惠归路、滨石路横穿全境。2005年，全镇辖10个办事处，127个行政村，14340户、58114人，耕地面积104294亩，财政总收入269万元，工农业总产值2.9亿元，人均纯收入3800元。

农业　石庙镇属农业大镇，以种植小麦、玉米、棉花、桑蚕为主。1985年，粮食总产1715万公斤，棉花总产皮棉163万公斤。农业总产值1446万元，多种经营总收入144万元。1990年，镇党委、政府按照“稳增粮、大上棉、扩大经济田”的指导思想，做出“奔小康、快植桑”的决策，建成高标准桑园1956亩。粮食总产1442万公斤，总产皮棉119.4万公斤，果品总产量达22.5万公斤。1993年，全镇农业总产值4211万元，粮食总产量超过历史最高水平，达到2590万公斤；桑园面积达4000余亩，蚕茧总产量达到20.24万公斤，取得蚕茧产量和质量名列全县第一的好成绩。1997 年，全镇实施“种子工程”，棉花统一引进中杂 028 包衣良种，购进 45 万公斤小麦良种，推行小畦种植。粮食总产 2000 万公斤，蚕茧总产达 29 万公斤；新发展果园 2500 亩，实现果品产量 207 万公斤。2000 年，推广种植小麦良种 45 余万公斤，小麦良种覆盖率达到 100%，被县委、县政府评为实施“种子工程”先进单位。全镇有桑园面积 8000 亩，蚕茧产量 39 万公斤；粮食总产 2104 万公斤。2005 年，全镇粮食总产 4713.5 万公斤，棉花总产 270.68 万公斤；桑园面积 1 万亩，蚕茧产量 94 万公斤；蔬菜 1.3 万亩，建大棚 832 个，总产 296 万公斤。

大棚养蚕

工业 1985 年，镇办企业有农具厂、窑厂等，工业总产值 38 万元。1986 年后，乡镇企业有较快发展，相继建成惠龙木器公司、昌顺纺织品有限公司、面粉加工厂、县地毯厂石庙分厂、刺绣厂、惠龙石化配件厂、惠龙合线厂等企业，村办企业有酒厂 7 处、预制件厂多处、柳编厂等。1998 年，全镇乡镇企业发展到 425 家，其中镇办企业 10 家，实现产值 6768 万元；个体私营业户 415 户，实现总产值 10781 万元，利税 855 万元。1999 年，镇党委、政府把发展个体私营企业作为振兴全镇经济的主导方向，首先将酒厂、地毯厂、面粉厂及金属制品厂等重点镇办企业有偿转让为私营企业或租赁经营，实现了经营体制的转变。2000 年，乡镇企业实现总产值 15295 万元，利税 2079 万元，从业人数达 2191 人，被县评为发展个体私营企业先进乡镇。2002 年，镇委、镇政府把招商引资作为经济工作的重中之重。投资 300 余万元，建成永莘路工贸园区，当年工业总产值达到 2.01 亿元。至 2005 年，滨州市联盟机械公司、黄河粮油科技公司、顺风清真肉类制品公司先后落户工贸园区。全镇工业总产值 2.7 亿元。

蝎王系列名牌保健产品

林业 1986 年，全镇有林地面积 1660 亩，其中用材林 290 亩，经济林 1370 亩。农田林网化面积 2850 亩，村镇“四旁”植树 33 万株。林木覆盖率 5.4%。“七五”期间，全镇以果园为主的经济林迅速发展，通过开展义务植树活动，使农田林网化面积逐步扩大，达到部颁平原绿化标准。1990 年，全镇有林地面积 5650 亩，其中用材林 310 亩，经济林 5340 亩，农田林网化面积 3.8 万亩。林木覆盖率达到 12.7%。“八五”期间，全镇开始发展桑蚕生产，林业生产得到长足发展。1994 年，通过省“八五”绿化达标乡镇验收。1997 年，全镇有林地面积达 10 万亩，林木覆盖率总面积 1.80 万亩，覆盖率达 18.4%。2000 年，全镇以调整优化农业结构为契机，大搞林、果、桑综合开发利用。全镇用材防护林面积达 3800 亩，果树面积 7500 亩，桑园面积 8000 亩，农田林网面积 7500 亩，“四旁”植树 200 万株，林木覆盖率 19.8%。2005 年，全镇有农田林网面积 3.5 万亩，桑园 1 万余亩，林木覆盖率达到 30%。

水利 1985 年，镇南部有引黄一干，北有勾盘河南支流，境内多条渠沟通沙河和土马河。1987年，投资60万元，建扬水站两处，全镇引黄灌溉面积达到2.2万亩。1992年，齐心沟由扬水站提水改为引黄灌溉，共投工3.5万个，完成土方11万立方米，清挖沟9800米，控制灌溉面积近3万亩。投资40万元，在商东河建扬水站1处，解决了于王办事处大部分耕地的灌溉问题。1996年，投资60万元，清挖南支流沟，动土15万立方米。1997年，投资68万元，建成刘堡、张上梁节制闸两座，蓄水250万立方米，改善灌溉面积3.5万亩。2002年，对全镇主干渠清淤加深，总长30公里，动土100万立方米。2004年，实施梁家方田开发治理，动土20万立方米，挖沟清淤18条，新建桥涵闸70余座，打机井70眼。2005年，实施老观赵村、朱家洼1万亩中低产田开发项目，投资150万元，动土110万立方米，清理疏浚骨干沟渠18条。

畜牧业 石庙镇土地广阔，饲草资源丰富。1985年后，该镇依靠自身优势，因地制宜积极发展畜牧业生产。1991年3月，山东省畜牧局在御史办事处兽医分站建立肉羊改良基地。1995年，镇政府投资30万元，在马铁头村设立生猪饲养小区。镇发展养猪专业村15个，专业户达800余户；养肉鸡专业村3个，专业户140个，年出栏肉鸡30万只；蛋鸡专业村5个，专业户300户，养蛋鸡20万只。1997年，全镇大牲畜存栏1.51万头，猪存栏1.88万头，羊存栏1.95万只，兔存栏1.56万只，鸡存栏24.91万只，产蛋3602吨。畜牧业产值占农业总产值的比重达50%。2000年，全镇大牲畜存栏1.9万头，生猪出栏3.6万头，羊出栏2.7万只，家禽存养163万只，改良肉牛3200头，实现畜牧业产值6000万元，被县委、县政府评为畜牧业先进乡镇。2005年，全镇发展家禽养殖大棚600个，年总收入达288万元。

村镇建设 1993年，镇党委、政府按照村镇建设总体规划，在镇驻地新建鲁北商场，占地40亩，总投资207万元。1996年，投资132万元，沿永莘路南侧建设工贸小区。1997年，投资213万元，对新商业街、文化街、府前街、中小学路全部进行沥青罩面，老商业街进行重修。投资24.4万元，征地30亩，兴建畜牧水产、建筑建材、土杂产品、综合性贸易市场。2002年，投资320万元，硬化、拓展路面3000米，建成永莘路工贸园区，商品楼建筑面积达1.2万平方米。落户园区的大小企业达380户。2005年，全镇108个村通柏油路，公路总里程达到180公里；农网改造工程全部结束，村村通电，农村生活用电量840万千瓦时；全镇有程控电话10360门，小灵通780户，手机3500部。

教育 1985年，境内有初中1所，完全小学28所，村小73所，幼儿园2所。1986年，投资55万元，实施校舍改造工程，使全镇学校无危房，班班有桌凳。1989年，建成石庙中心小学、奎星刘、刘堡、御史等7所地级规范化小学。1996年8月，石庙镇中学教学大楼建成，共投资150万元，建筑面积3230平方米。学校布局调整，由原来的53个教学点，调整为1所中心小学，7所定点小学，25个教学点。投资62.7万元，购置教学仪器和图书，配备达到省定标准。2001年3月，原石庙中学更名为“石庙镇第一中学”，原梁家乡中学更名为“石庙镇第二中学”。2005年，全镇有中学2所，教职工132人，在校生1728人；完全小学11所，教师267名，在校生2847人；幼儿园22所，入园幼儿2114人。

卫生 镇卫生院创建于1958年。1993年，被省卫生厅评为一级甲等医院。2005年，投资90万元，建成镇卫生院门诊楼，建筑面积1200平方米，有床位45张，医护人员47人，其中中级职称6人，初级职称41人；全院业务收入79万元。全镇有村卫生室29个，乡村医生113人。

文化 1986年，建立镇人口学校和镇委党校。1995年，镇建篮球场1处，门球场2处。2002年，建立镇远程教育网络，普及全镇127个村街。2005年，镇设有综合文化站、广播站、电影队。35%的村建有图书室、文化大院、民间艺术团体。大鼓子秧歌被评为市级非物质文化遗产，柳编工艺、太平殿的传说、牛保家庙会被评为县级非物质文化遗产。

办事处及村庄　辖石庙、御史、于王、九龙、大田、梁家、青阳店、孟家、付南、付北10个办事处，行政村127个，分别为：大马、西陈、史家、青阳店、瓜子刘、西张、苏家、西罗、候李、香王、王家、小毕、奎星刘、叶田、小吕、小霹雳庄、马铁头、张后、许家、小田家、彭家、张前、姚家、小徐、坡李、藏家、朱家、小杨、石庙董、归化、北邓、岳家、石庙李、康园、北高、大付、石庙赵、李集、北孟、东高、屯里街、楼子王、北小刘、东小刘、王西楼、路家、簸箕田、后红、西庞、齐家、大霹雳庄、老观赵、新马、石皮、东解、庞家、赵庙、西小马、东罗、坡董、常家、于王、后商、前红、常苏、朱家、逯家、万家、杜家、董家、前商、小付、谷东、端张、石头孙、小吴、谷西、蒋家、王皂户、谷中、骆家、西解、郭家、平家、下坡、李茂、桑家、小王家、刘家堡、土牛张、小张、双庙、王角、袁家、颜家、曾家、后陈、御史、白家、前陈、岳吴、陈集、沙张、大田、大吕、于陈、东张、谷市、于韩、后崔、郭家、于宅、前张、李后池、庵里吴、孙田吴、梁家、东陈、田辛、孟家、巩家、汪家、南小刘、后刘、王东安、伞赵、刘大鼓。

附：梁家乡

梁家乡位于惠民县城以西7公里永莘路两侧，东临惠民镇，南隔沙河与皂户李乡相望，西接石庙镇，北与省屯镇和阳信县洋湖乡毗连，南北长8.5公里，东西宽8公里，总面积64.65平方公里。2000年，全乡辖4个办事处，65个行政村，6435户、25246人，耕地面积48500亩，地方财政收入388万元，农民人均纯收入2354元。2001年3月，调整乡镇区划，梁家乡并入石庙镇。

农业　梁家乡种植业以粮棉为主。1985年，全乡小麦平均亩产270.5公斤，全年粮食总产1407.1万公斤；棉花平均亩产60.5公斤，总产146.2万公斤。1986年，粮食平均亩产274公斤，总产1589.3万公斤；棉花总产162.14万公斤；瓜菜5339万公斤。农业总收入1341.24万元。良田与经济田之比为2.5∶1。1987年，扩大经济作物种植面积，推广优良品种，粮食单产提高到283公斤，总产1840.5万公斤。通过粮食套种改良盐碱地，棉田扩大到2.76万亩，总产192.7万公斤。蔬菜511亩，西瓜64亩。1990年，粮食种植面积5.3万亩，总产1199.4万公斤；棉花3.1万亩，总产量87.7万公斤；蔬菜1064亩，总产量377.5万公斤。粮食与经济田之比为1.7∶1。1997年，粮食种植6.3万亩，总产量2032.4万公斤；棉花0.9万亩，总产90万公斤；蔬菜0.6万亩，总产1800万公斤。2000年，粮食总产2470万公斤，棉花总产90万公斤。

工业　1985年，乡办企业有窑厂、艺品厂、农机修配厂等，工业总产值51万元。1988年，乡党委、政府确定工业兴乡战略，筹资350万元，兴办饲料酵母厂、饮料厂。乡镇企业总产值740万元，利税181万元。1990年，全乡企业发展到629个，其中乡办12个，村办5个，个体及联户企业612个。年总收入1347万元，利税实现236万元。1992年，个体私营经济发展迅速，鞭炮生产户230户，苇箔加工户150个，地毯加工户120个。全乡实现乡镇企业总产值4572万元，利税907万元。1994年，乡党委制定《关于加快发展个体、私营经济的暂行规定》，全乡实现乡镇企业总产值1.2亿元，利税2007万元。1996年，以建筑公司为龙头，带动预制件厂4处，新型建筑材料厂1个，建筑队40个，以及围绕建筑业而发展起来的苇箔加工专业村、砖瓦运输专业村的全面发展。1998年，全乡有乡镇企业和个体工商业户1150个，其中集体企业6家，个体业户1139户。总产值2.9亿元，实现利税2884万元，生产经营性固定资产投入980万元。2000年，全乡乡镇企业和工商业户达1200家（个），从事企业或经商人员达5800人，占全乡总人口的24%，年总产值3.1亿元，实现利税3000万元。

林业　1986年，全乡有林地面积1695亩，其中经济林1429亩，用材林266亩，农田林网面积6300亩。1990年，有林地面积达3800亩，其中经济林3000亩，用材林800亩，农田林网面积5000亩。1991—1995年，乡党委、政府制定林业发展长远规划，组织林业会战，5年内共植经济林2200亩，用材林700亩，农林间作1.22万亩，其中经济林5700亩、用材林1900亩、农林间作3800亩，农田林网面积1.8万亩，林木覆盖率达17.1%。达到部颁平原绿化标准。1997年，全乡林业生产逐步向产业化方向发展，林果收入达850万元，人均340元。2000年，乡党委、政府出台《林地拍卖政策》，签订林地拍卖合同，鼓励个人植树。全镇林业面积1.2万亩，林木覆盖率达28%。

水利　全乡农田灌溉以引黄为主，乡境南端有一分干，北端有南支流，境内有翻身沟、高万沟、沙红沟、白家沟，贯通南北，沟渠相通，灌排配套，有效灌溉面积占总耕地面积的80%以上。1998—2000年，加强农田灌溉基础设施建设，3年内共清挖沟渠34条，动土100万立方米，累计投资200万元。3年内全乡新打机井202眼，累计投资65.2万元。修建各类桥、涵、闸85座，累计投资105万元，全乡农田灌溉问题基本得到解决。

教育　1986年，全乡有小学教师123人，学历合格率73%；中学教师42人，学历合格率54%。1987年，投资178万元，建标准教室和办公室396间，投资4.2万元购置课桌凳1400套，投资3.5万元为7所小学购置教学仪器。全乡共投入185.7万元完成校改任务，被县委、县政府评为校舍改造先进单位。1996年，全乡有小学教师134人，中学教师67人，学历全部合格。1997年，投资340万元为乡中学新建2800平方米的教学楼一幢，建成标准实验室3个，配齐全部教学仪器。为5处学区小学新建标准教室和办公室7间，配齐全部教学仪器，建成幼教中心和成教中心。1999年，梁家小学投资20余万元扩建校舍，配备“四机一幕”，成为全县唯一一所上齐“四机一幕”的农村小学。梁家中学配置微机室、语音室，在教育教学质量评估中列全县第五名。2000年，全乡有中学1所，在校生1200人；小学7所，教学点8个，在校生2600人。

卫生　计划生育　1986年，梁家乡卫生院有行政医务人员13人，设内科、外科、妇科等6个业务科室，固定资产3.5万元。全乡有村卫生室10个，乡村医生12人。1992年，乡党委、政府投资，为计生委配备B超机、X光透视机、紫外线消毒灯等仪器设备。全乡65个行政村全部配齐初中以上文化程度的女专职计生人员。1995年，“四苗”接种率达90%，传染病发病率逐年下降。1996年，设优抚门诊，为优抚对象义务查体300人次。2000年，乡卫生院共有医务人员16人，其中大专文化2人、中专8人，年门诊量达1.5万人次。村卫生室31个，其中甲级卫生室10个，乡村医生33人。是年，计划生育率100%、晚婚晚育率100%、统计合格率100%、人口增长率为1.73‰。

第四节　桑落墅镇

桑落墅镇位于县境东北隅，镇机关驻地距县城22.5公里，东临滨州市，南与胡集镇毗连，西与麻店镇为邻，北与阳信县接壤，东西长10.5公里，南北宽6公里，总面积66.12平方公里。1985年3月撤乡建镇。2005年，辖6个办事处，59个行政村，7361户、29351人，耕地面积54357亩，工农业总产值5.79亿元，财政收入354万元，农民人均纯收入3750元。

农业　桑落墅镇地势平缓，有红、白土壤，少量盐城地，土质肥沃。全镇属白龙湾引黄灌溉区，北部有沙河横贯，水源充足。经济以农业为主，多种经营。农作物以玉米、小麦、棉花为主。1985年，粮食总产1389.93万公斤，棉花总产

153.5万公斤。1986年，加大种植产业结构调整力度，注重科技投入，大力发展“两高一优”（高产、高效、优质）农业，经济效益大幅度提高。种植小麦3.92万亩，使用良种面积5000亩；玉米全部实现良种化。粮食总产1475万公斤，棉花总产141万公斤。1996年，桑园发展到8000亩，总产值800万元，被评为“山东省桑蚕生产先进单位”。1997年，棉花全部使用中杂028脱绒包衣棉种；蔬菜田全部为冬暖式大棚和小拱棚新技术。粮食总产1848万公斤；棉花7000亩，总产34万公斤；桑园面积达8500亩，产茧38万公斤，蚕茧总产已连续3年夺得全县第一名；瓜菜面积18900亩，总产211万公斤；果园3300亩，总产72万公斤。1999年，实施“稳定粮棉，促菜扩桑”八字方针，全镇粮食播种面积3.2万亩，总产2528万公斤；棉花6000亩，总产35万公斤；发展蔬菜拱棚1000个，产量250万公斤。农业总产值1.32亿元。2002年，实施“减粮、稳棉、保菜、扩桑、促菌、抓牧”的方针，棉花种植面积1.1万亩，产量75万公斤；蔬菜面积3500亩，冬暖式拱棚发展到1500个，蔬菜总产量2700万公斤；发展食用菌棚800个，产量240万公斤。2005年，粮食总产2423.40万公斤，棉花总产195万公斤。蔬菜7500亩，产值374万元；果园1300亩，产值560万元。蚕茧受价格影响，桑园面积缩减到1000亩，产值204万元。全年农业总产值8949万元。

工业 1985年，镇办企业有编织厂、铁木厂、窑厂等，工业总产值53万元。“七五”期间，镇党委、政府制定发展乡镇企业的优惠政策。镇办、村办、合作、个体四轮趋动一齐上，使全镇上下掀起大办工业的热潮。1990年，镇办企业发展到8家，村办企业6家，各种联合体、工商户1413户，从业人员5840人。工业总产值3091万元，实现利税374万元。1991年开始，为发展壮大传统的铁编行业，镇牵头成立惠民县兵圣筛网有限公司，从此涌现出铁编生产专业村5个。至1997年，全镇有589家2296人从事铁编业，年产值7844万元，利税502万元，产品销往全国各地。地毯加工业发展迅速，全镇有地毯加工机250台，年产3万余尺。利用当地资源大办粮食加工企业，发展大型面粉加工企业6家，年生产能力7.2万吨。乡镇企业总产值达到2.3亿元，创利税1849万元。2000年，为搞好工贸园区建设，出台优惠政策，通过招商引资，园区内引进个体户48家。面粉加工、铁编业、地毯加工成为该镇的支柱产业。面粉企业发展到7家，年产面粉62500吨，产值10625万元。铁编专业村6个，有加工户1720家5160人，年产值2250万元。地毯织机发展到596台，年产地毯5万平方英尺。全镇个体工商户626户，私营企业7家，乡镇企业总产值15800万元，利税1675万元。2001年，镇工贸园区建设初具规模，园区内电力、通讯、交通等基础设施基本配套完善，累计投资692万元，占地900余亩。2003年，全镇完成招商引资3600万元，超过500万元项目3个。2005年，全镇有资产达50万元以上的民营企业33家，个体企业800户，民营企业年实现总产值4.9亿元，利税5080万元。工贸园区新上500万元以上项目4个，过千万元项目2个，吸引外资2亿余元。

林业 1986年，全镇有林地面积1290亩，其中用材林491亩，经济林242亩。完善农田林网面积1400亩，植树6万株。林木覆盖率11.2%。1990年，全镇实现林网化，达到部颁平原绿化标准。1991年，按照县委、县政府“三年达标，五年绿化惠民”的决定，重点抓林网种植、经济林建设工作。完成林网12公里，栽植防护林557亩，发展桑园5056亩。1995年，发展桑园500亩，用材林300亩，按期实现省“八五”绿化达标，受到地委、行署表彰。1997年，实有林地面积1.44万亩，其中用材林1850亩。林木覆盖率达15.1%。1999年，镇党委、政府对路边林木实行承包责任制，全镇拥有成片林面积1.98万亩，农田林网化面积1.9万亩，林木覆盖率达到23.5%，木材蓄积量3.3万立方米。

2000年，镇政府加快林业改革步伐，对林业用地进行承包，全镇成片林面积发展到2.45万亩，折实面积2300亩，木材蓄积量3.96万立方米。以果园为重点的经济林达2800亩，其中短枝红富士苹果2755亩。2005年，植树100万株，林地折实面积5500亩，果园面积450亩，桑园面积1003.8亩。

畜牧业 1985年，全镇养牛1317头，马350匹，驴470头，骡320匹，猪4138头，羊1350只，兔1708只。畜牧总收入42万元。1989年，为发展畜牧业，国家发放畜牧粮，每斤低于市场价0.2元，全镇发放17.5万公斤。全镇养牛1.75万头，猪7.07万头，羊1.8万只，家禽6.95万只。1996年，境内养牛出现高峰，存栏量达2.05万头。1997年，镇党委、政府积极引导广大农民发展畜牧业致富，出台优惠政策，实行畜（禽）防疫承包制。每个办事处都设有专职防疫员；以畜牧办公室为依托，推行良种化、专业化、规模化养殖，大力推广青储氨化饲料、黄牛改良等技术，建立4处黄牛改良点，使全镇畜牧业有了较大发展。是年，畜牧总产值达1746.8万元，畜牧养殖专业村达到13个，养猪大户25个，养鸡大户50个。被山东省评为畜牧强镇。2005年，依托天禧牧业公司，发展合同鸡养殖，新建养鸡大棚50个，全年养鸡达24万只。全镇养牛1.7万头，猪1.8万头，羊2.32万只，兔4.2万只。畜牧总产值达4500万元。

水利 桑落墅镇水源充足，北部有沙河横贯，还有侯王店沟、郑石沟、单家沟、南北河过境。1986年、1987年，总投资210万元，用于桥涵闸建设，为发展高产、高效、优质农业奠定了坚实基础。至1994年，累计投工7.75万个，开挖沟渠5.3万米。1995—1997年，共投工31.64万个，开挖沟渠14.62万米，新打机井235眼，黄河三角洲开发总投资132.8万元。1998年，实施“方田工程”配套建设，投资750万元对4万亩方田的沟、路、渠进行配套和绿化。共投工54万个，修沟、路、渠198条，动土135万立方米，配套建筑物780座，整个工程达到国家农业综合开发标准。按照“以井保丰、引黄补源”的治水思路，在方田区打井320眼，建成小开河引水闸1处。1999年，投资106万元，对小开河引水工程进行配套建设。2000年，面对黄河水进行轮灌调度和长期持久干旱的实际，修复旧机井200眼，打新机井76眼，打无泵井280余眼，新挖排灌沟渠6条。2004—2005年，综合开发方田1.5万亩，开挖沟渠28条36000米，修建桥涵闸143座，动土59万立方米。2005年，全镇有水浇地面积48277亩，占总耕地面积的88.8%。

村镇建设 1987年，基本完成58个行政村的镇村房屋建设规划。1988年，农村人均住房面积30平方米，80%的民房是土坯结构。城镇人均住房面积21平方米，为砖瓦平房。至1996年年底，农村人均住房面积26平方米，农村新建房屋砖瓦结构的占到80%。1997年，农村出现砖瓦混凝土结构的小楼住宅。80%以上的户看上彩色电视，70%以上的户买上摩托车、机动三轮。2000年，农村人均住房面积达到45平方米，村镇沿街房屋开始向居住、商用两层小楼过渡。总投资1776万元，修建柏油路14条77.3公里，实现村村通柏油路。投入1300万元，改造低压线路100公里，高压线路35公里，全镇村村通电。2005年，对镇工贸园区实施配套工程建设，完成工业一路、工业二路和新兴街的硬化。投资120万元兴建明德小学，投资150万元建成镇中心卫生院。全镇有货运汽车35部，客运汽车110部，拖拉机160部；安装程控电话5000部，手机、小灵通6000部。85%的村用上自来水。

教育 1985年，全镇有小学49所，在校生3750人；中学1所，在校生500人。共有教师212人。投资108万元，完成学校“六配套”（大门、院墙、教室、课桌、厕所、操场）建设。1988年，创建规范化学校3所，并通过地区验收。实施“三制”（教师聘任制、校长目标责任制、全员岗位目标责任制）改革。1995年，成立成人中心学校，58个自然村均建立农民文化技术学校，年底扫盲工作通过省级“双基”验收。1996年，全镇为小学捐资217万元，香港沈炳麟先生和贾同义先生分别为小学捐款9.6万元和7万元。投资90万元，建成中学教学楼。2002年，建成中学实验室、微机室和多媒体教室。2004年，购置微机52台，建成中心小学微机室，各完小增设信息课。2005年，全镇有幼儿园18所，在园幼儿550人；完全小学8所，在校学生1502名，教师110人；初中1所，占地面积60736平方米，在校学生880人，教职工60人。

卫生　计划生育　镇卫生院建于1958年，至1985年，房屋设施已比较陈旧，设备更新困难。1987年，卫生院下放镇政府管理，先后购制X光机、心电图机、B超机各1台。1993年，投资37万元，新建门诊房一排，改善了设施条件。2004年，购救护车1部。2005年，投资150万元，新建镇卫生院，占地1500平方米，设有内、外、妇、儿、放射等治疗科室，有病床30张，医护人员22人。全镇建有卫生室45个。计划生育成绩显著，全镇有1809户领取了独生子女证，荣获县一等奖。

文化　1992年，镇文化站、广播站、电影管理站合为一体，总称文化事业服务中心，重大节日都组织各种文化活动。苏家堡村的秧歌队40余人，每年元宵节进行表演。1996年，文化站站长孙福林的美术作品《梅竹迎春》获“齐鲁农民书画展”优秀奖。2005年，镇文化事业有长足发展，每逢重大节日，秧歌、龙灯、芯子、旱船、莲花落、狮子舞等民间艺术活动丰富多彩；全镇有线电视普及率达到73%，59个行政村远程教育网点设施配套齐全。

办事处及村庄　辖大桑、苐子高、韩龙章、辛店、庙尚、徐家6个办事处，行政村59个，分别为：桑落墅东街、桑落墅西街、桑落墅中街、桑落墅南街、桑落墅北街、刘家店、辛店、石贾、胡家、卢王、东程家、魏家、洼东刘、洼西刘、韩龙章、楼子王、侯王店、赵李王、河南侯、河南林、支家、哨马张、程家口、大道张、大道徐、街南孙、街南陈、王皮田、苏家堡、堤口杨、沙洼于、门楼王、河南刘、苐子高、河东高、河西尹、河北张、孟刘庄、小尹家、刘增家、李黄头、河南梁、小刘、前赵、后赵、前闫、后闫、田单、总司庙、伙刘、郑家、邓家、李界家、景家、孙陈、南吴、宁家、牟家、前后王。

第五节　麻店镇

麻店镇位于惠民县东部，1995年12月撤乡建镇，镇机关驻地麻店村距县城12.5公里。东与桑落墅镇、胡集镇为邻，南隔徒骇河与清河镇、胡集镇相望，西与辛店乡、皂户李乡毗连，北与阳信县和何坊乡为界。东西宽6公里，南北长11公里，总面积66平方公里。2005年，辖5个办事处，72个行政村，7648户、29964人，耕地面积59274亩，工农业总产值4.58亿元，财政总收入193.1万元，农民人均纯收入3560元。

农业　全镇土质多为红黏土壤，南部有部分白沙壤土，主要农作物为小麦、玉米、棉花、花生、瓜菜等。1985年，小麦平均亩产250公斤，全镇粮食总产1573.9万公斤，棉花总产134.75万公斤。1986年后，不断调整种植结构，加大科技投入，大力发展高产、优质、高效农业，获得较好效益。至1991年，粮食与经济作物种植面积基本稳定。全乡粮食种植面积6.03万亩，总产2042万公斤；棉花种植面积3.78万亩，总产196.1万公斤；蔬菜种植面积239亩，总产量42.90万公斤；瓜类种植面积128.7亩，产量41.8万公斤。1994年，粮食种植面积4.9万亩，总产2018.8万公斤；棉花种植面积2.1万亩，总产95.4万公斤；瓜菜类种植面积增至4269亩，总产905.7万公斤。1996年，全镇大力发展以大棚西瓜为主的高产高效农业，发展早春式大棚1500个。1997年，因天气干旱农作物大面积减产，粮食总产为1807万公斤，棉花总产121.8万公斤，蔬菜总产3393.7万公斤，瓜类总产803.70万公斤。推广粮菜、粮瓜、棉麦间作套种，扩大复种指数，间作套种面积占种植面积的50%。1998年开始，全镇以调整农业产业结构为契机，大力发展特色农业。西瓜种植业以春暖式大拱棚西瓜为主，引种了无籽西瓜，成为鲁北无籽西瓜生产第一镇。同年10月，在镇政府驻地以东1.5公里处建立镇机关干部科技示范基地，占地50亩。基地建立6亩高标准育苗室，15亩早春大拱棚，为群众提供优质西瓜嫁接苗30余万株，推广数十项新技术，引进20余个新品种，全镇13500亩西瓜全部实现良种化。1999年，投资45万元在肖万办事处建立占地50亩的瓜菜批发市场，在西瓜上市旺季，日交易量达20万公斤。2000年，全镇种植早春大拱棚西瓜1000亩，小拱棚西瓜2500亩，露地西瓜1万亩，总产量达291万公斤；种植粮食6.2万亩，总产2040万公斤；种植棉花2.2万亩，总产165万公斤；种植蔬菜9000亩，总产2333万公斤。2001年，全镇粮食总产9433万公斤，棉花总产281万公斤；蔬菜种植9000亩，总产1871万公斤；西瓜种植1.9万亩，总产3659万公斤。麻店镇注册的“万丰”牌无籽西瓜，被省农业厅认定为无公害农产品。2003年，粮食总产1.95亿公斤，棉花总产225.4万公斤，蔬菜总产3722万公斤，西瓜总产5998万公斤。2005年，为满足群众对无籽西瓜育苗的需求，在崔杜村建起5个育苗大棚，年育苗20余万株。全镇粮食种植面积5.3万亩，总产2.36万公斤；棉花3万亩，总产240.6万公斤；蔬菜1.26万亩，总产4390万公斤；西瓜2.4万亩，总产4888万公斤。麻店大拱棚无籽西瓜被国家农业部认定为“无公害农产品”。

工业 1985年，乡办企业有窑厂、农具厂等，工业总产值49万元。1986年，乡办企业有南、北窑厂2家，村办企业5家，个体私营业户28家，企业总产值688万元。至1990年，先后建成榨油厂、面粉厂、饮料厂、水泥件厂、家具厂5家乡办企业。建筑业发展迅速，有32个村成立小型建筑队，从业人员400人，完成工程项目3850平方米。全乡企业总产值完成2068万元，实现利税165万元。1992年，以新建的乡地毯厂为龙头，带动全乡地毯业发展，当年完成产值368万元，利税36万元。1993年，与苍南塑料三厂联营建成乡塑料制品厂。全乡村办企业发展到11家，私营企业5家，个体工商户141户，加工地毯5万平方尺。全乡实现企业总产值4078万元，利税308万元。1995年，投资148万元，首先进行编织袋厂二期工程建设，新上流水线一条，后又建成石化配件厂。塑料制品厂被地区命名为“重合同，守信用”企业，纳入县重点工业企业管理范围。1996年，投资535万元，建立“惠民县纸塑强力复合包装有限公司”，年产值达630万元，利税25万元，从业人员180人。1997年，全镇有镇办企业8家，村办企业15家，私营企业60家，实现总产值9849万元，利税690万元。全镇个体工商户发展到385家，年营业收入2945万元。1998年，镇办企业进行改造改制，塑料编织袋厂的三条流水线中的两条一次性拍卖给个体业户；石油化工机械配件厂，通过租赁转包的形式建立振亮门窗机械加工厂。1999年10月，惠民彩霞地毯集团在麻店设立分厂，建厂房22间，从业人员300余人，年产地毯2万平方英尺。2000年，淄博客商投资102万元在镇驻地建立自来水公司。全镇有镇办企业3家，私营企业13家，个体工商户632户。乡镇企业实现总产值2.2亿元，个体户总收入1.1亿元。2003年，浙江温州客商投资1000万元，在麻店建立惠民县安达纺织有限公司，年实现销售收入500万元，税金50万元。全镇私营企业发展到19家。2004年，镇委、镇政府加大招商引资力度，在王家店子村东建立占地2平方公里的工业园区，修建两纵一横高标准柏油路3公里，投资180万元建立人工湖广场。全镇共引进外资项目7个，其中惠民兴博木业有限公司投资5000万元，惠民明德棉业有限公司投资1000万元。2005年，共引进外资项目5个，其中惠民泰康净水剂科技有限公司投资1000万元，惠民金康联服饰有限公司投资300万元，惠民建博面粉有限公司投资260万元。

全镇工业企业中有木材加工企业5家，纺织企业2家，棉花加工业22家，服装加工业2家，地毯加工厂2家，建筑建材业20家，化工企业1家。

林果业 1986年，麻店乡有林地面积9875亩，其中用材林3500亩，经济林3173亩，四旁植树覆盖面积3125亩，木材蓄积总量2.9万立方米，林木覆盖率为7.4%。“七五”期间，乡党委、政府制定林业规划，组织林业会战，大搞经济林、林粮间作和农田林网建设。到1991年，全乡林地面积达到2.18万亩，其中经济林8569亩，经济林中苹果7300亩，山楂1198亩，果品总产249万公斤，林木覆盖率19.7%，达到部颁平原绿化标准。朱坊村被全国绿化委员会命名为“造林绿化千佳村”。1991—1993年，新增果园面积4483亩，新发展速生丰产林1200亩，改接劣质苹果树4500亩，使全乡1.3万亩果园全部成为优质红富士、新红星苹果园。1993年，全乡有林地面积2.45万亩，林木覆盖率达21.4%。1994年，营造林网30公里，片林补植1100亩，新发展经济林2100亩，通过省级绿化达标验收。1997年，拍卖沟路渠35公里，并按标准全部绿化，新栽蜜桃20亩。全镇共有林地面积2.95万亩，其中用材林3800亩，经济林1.5万亩，农田林网折实面积2410亩。林木覆盖率达到25.8%。1998年，因果贱伤农，果农毁园还田的现象时有发生。镇政府因势利导，组织部分果农到胶东参观后，建立冬暖式油桃大棚5个，引种了早熟的曙光新品种。1999年春，从沾化县引种冬枣1310亩。2000年，在发展中华寿桃方面实施“绿色果品工程”，对中华寿桃进行套袋、配方施肥等规范化管理，严格无公害农产品生产模式。全镇有林地面积3.11万亩，其中用材林4500亩，经济林5600亩，林网折实面积2950亩，林木覆盖率26.8%。2003年，在乐胡路、滨石路两侧栽植绿化带，在朱坊村建起1500亩的高酸苹果示范园。全镇有林地面积3.55万亩，新绿化面积4200亩。2005年，全镇共植树5788.3亩，林木覆盖率达到36.5%。

水利 麻店镇南靠徒骇河，北靠沙河，西干渠、侯王店沟、单家沟、支二排、后李沟纵横交错。基本达到能灌能排，排灌配套。1986年，全乡出动劳力7000人，清挖支沟8条，长28公里，沟渠清淤22公里，建桥涵闸12座，扩大和改善灌溉面积1万亩。1989—1991年，投资40万元，水渠清淤84公里，建造桥涵闸65座，新开挖支沟1条，长5公里。1992年，万亩方田建设开始，投资10.4万元，建桥涵闸15座，沟渠清淤27公里。1993年，投资32.2万元，完成2万亩方田开发建设项目，建桥涵闸53座，清挖沟渠36公里，动土62万立方米。1994—1996年，投资35万元，建桥涵闸88座，沟渠清淤77公里。1997年，投资140万元用于机械施工，动土60余万立方米，打井153眼。1998年，投资80万元在后王店沟、单家沟建成东班闸、沈家闸两处蓄水节制闸，沟渠清淤15公里。1999—2000年，投资80余万元，建桥涵闸40座，沟渠清淤37公里，新打机井150余眼。2002年，投资63万元，对岭上刘桥、赵李桥进行改建。2004年，投资27.5万元，对盖北赵桥进行修建，对苏家沟进行清淤，清挖土方2.5万立方米。2005年，投资10万元，对堤口刘沟进行清淤，清挖土方2万立方米。

畜牧业 1986年，全乡牛存栏5100头，驴、骡、马存栏493头（匹），猪存栏4200头，羊存栏4200只，家禽存栏4.13万只。至1990年，全乡发展养牛大户29个，养猪大户44个，养鸡大户27个，养兔大户21个，畜牧专业村6个。全乡牛存栏7050头，驴、骡、马存栏665头（匹），猪存栏8150头，羊存栏6500只，家禽存栏8.25万只。1997年，全镇有养牛大户87个，养猪大户93个，养羊大户51个，养鸡、养兔大户81个，畜牧专业村11个。全镇牛存栏1.23万头，驴、骡、马存栏1038头（匹），猪存栏1.32万头，羊存栏1.87万只，家禽存养17.57万只。1999年，前李村引进小尾寒羊40只，引进墨西哥玉米、美国冬牧小麦等优质饲草。2000年，新发展畜牧专业村15个、专业户266户，引进种植苜蓿460亩，黄牛、山羊改良1176头（只）。全镇牛存栏1.17万头，驴、骡、马存栏1674头（匹），猪存栏8730头，羊存栏9860只，家禽存栏19.88万只。2001年，牛存栏1.19万头，羊9932只，驴、骡、马1168头（匹），猪8960头，家禽21.7万只。2002年起，由于受市场价格影响，全镇除鸡饲养量保持增长外。其他畜禽存养量均逐年下滑。至2005年，全镇牛存养1.51万头，猪1.19万头，羊1332只，驴、骡、马1925头（匹），鸡120万只。

村镇建设 1986—1997年，全乡村村制定宅基规划，房屋建设由泥土结构改为砖瓦结构，人均居住面积达30平方米。修筑了70公里沥青公路，实现村村通柏油路。全镇打深井3眼，3个村安装自来水设备，受益人口0.36万人。1997年，全镇有程控电话256门，电缆25公里，30%的村安装国内直拨电话。有10千伏高压线路，村村户户用上高压电。1999年，在镇政府驻地建成占地200亩的商贸一条街和工贸小区，建商住楼17幢、115间、3307平方米。投资20万元建设电信信号接收铁塔。投资550万元对全镇72个村8218户进行农网改造。2000年，修筑长9510米、二纵二横的工贸园区路，并进行硬化；安装路灯30盏，修建下水道951米；新建商住楼435间、13942平方米。投资30万元建麻店电信支局营业楼，投资46万元建立王店、岭上刘、后屯、崔杜、岭上孙5个村接入网设备和机房，全镇共安装程控电话110门，移动、联通等全自动程控电话与国内外实现联接。2001年，有10个村用上自来水。聘请省设计院编制完成麻店小城镇建设的总体规划。2003年，投资50万元，在下家金三角处修建了万丰广场，在王店开发区建成占地2平方公里的创业园区。2004年，投资700万元在开发区修建两纵一横高标准道路3公里，修下水道5公里。2005年，在创业园区内安装路灯180盏，建商品房100间，建筑面积6000平方米。

教育 1986年，投资23万元，完成农村校舍改造配套建设。1988年，完成地区下达的区规范化建设任务。1992年，投资18万元，在肖万建起乡第二中学。1995年，对农村小学进行布局调整，将原64个教学点调整为30个，同时扩建五牌、王店、肖万3所重点小学。1995年，扩建崔杜、西武两所重点小学。1996年，投资42万元购置教学仪器，全镇中小学实验器材和实验室分别达到地Ⅱ类和省Ⅱ类标准。镇“两基”工作通过省政府验收。1997年，全镇有教职工244人，其中中学教师63人、小学教师127人，学历达标率为100%。1999—2000年，把校园“五化”作为学校精神文明建设的重要标志。在各小学建花池20个，镇中心小学建苗圃1处，植松树1000株，冬青1万株，黄杨5000株。投资12万元，购置桌椅200套，在镇中心小学建立拥有30台计算机的微机室。2001年，镇第一中学、第二中学合并，统称麻店镇中学。2002年，香港金信物流集团有限公司董事长罗煌枫为麻店中学捐微机31台；港商邵逸夫捐资16万港币在王店小学建教学楼1幢，建筑面积738.75平方米。2005年，全镇有幼儿园7所，在园幼儿556人；有中心小学1所，定点小学3所，教学点2个，在校生1427人；有中学1所，在校生1195人。

卫生 计划生育 1986年，乡卫生院有医护人员30人，病房16间，固定资产20万元；有村卫生室50个，保健人员70人。1987年，卫生院下放乡政府管理，乡投资10万元，购置X光机1台，汽车1部，装修了门诊和病房。至1997年，镇卫生院拥有业务科室10个，病床36张，医护人员35人，固定资产40万元。全镇共创建甲级卫生室35个。全镇人口自然增长率为5‰。1998年，镇计划生育服务站与镇妇幼保健站“两站合一”，投资477万元购置B超仪、波姆光、显微镜等仪器设备，对手术室、B超室、药具室等科室进行更新改造。2000年，镇卫生院实行集体管理，分散经营，除有5人负责社会卫生、计划免疫工作外，其余人员或个体行医或多种经营，原有各科室全部撤销。2003年，全镇创甲级卫生室40个，乙级卫生室24个。2005年，镇卫生院被评为“县级预防接种门诊”。全镇计生率、统计率、晚婚晚育率均达100%，人口自然增长率控制在5‰以内，有1500余户领取了独生子女证。

文化　1986—1997年，共组织各类文艺晚会、演唱会、歌咏比赛40余场（次），培训科技骨干2000多人次，建文化大院2个。2001年，全镇建成村文化大院36个，在72个村建设文化信息资源共享服务点，配备专职技术人员72人。2003年，全镇建农家书室21个，总面积4200平方米。2005年，实施有线电视村村通工程，有线电视入户数达8000余户。建立村文化指导员队伍，配备了兼职文化指导员。

办事处及村庄　辖麻店、王店、肖家、万家、五牌5个办事处，72个行政村，分别为：麻店、约里王、簸箕张、堤口刘、周吴、班家、东胡、东郭、韦家、续家、孟家湾、东路、自新王、孙家集、龙王庙、石家、唐家、王朋马、王朋见、堤口王、西卞家、街北赵、王家店子、岭上刘、金家、金蔡、前屯、后屯、刘王李、小吴、张东安、赵李、盖北赵、孙家沟、盖刘、西许、许王、刘家桥、东肖、朱家坊、窦家、曹家、苏刘、寇家、后张家、前张家、毛许、西刘、南路、西万、沈家、荀家、武李、郑家庙、东郑、小李、李东王、毛家、东班、班曹王、陈家、富杨、柴张、大班、郭家官庄、赵家官庄、前李家、后李家、崔杜、大郭、五牌、岭上孙。

第六节　皂户李乡

皂户李乡位于惠民县中部，县城西南，乡机关驻地皂户李村距县城8公里。东与何坊乡、麻店镇、辛店乡为邻，南与淄角镇、辛店乡毗连，西与石庙镇接壤，北隔沙河与惠民镇、石庙镇相望。南北长7公里，东西宽16公里，总面积82.37平方公里。省道庆（云）淄（川）路、大（口河）济（阳）路纵贯全境，交通方便。2005年，辖5个办事处，74个行政村，7737户、29725人，耕地面积57973亩，工农业总产值2.4亿元，财政收入166万元，农民人均纯收入3600元。

农业　皂户李乡土质为红、白土壤，有少量盐碱地。水利条件优越，北靠沙河，中部有幸福河，西有土马河、勾盘河，全乡大部分土地可以自流灌溉。20世纪80年代是省农业厅命名的吨粮乡之一。1985年，小麦平均亩产294.5公斤，棉花平均亩产65公斤，全年粮食总产1929.45万公斤，棉花总产159.05万公斤。1986年后，不断调整种植结构，加大科技投入，大力发展高产、优质、高效农业，获得较好收益。1987年，粮食作物种植减少1.8万亩，总产1735.79万公斤；棉花面积增加6200亩，总产184.6万公斤；瓜菜1200亩，水果总产25.17万公斤。1989年，扩大

食用菌生产车间一角

经济作物种植面积，达到3.29万亩，粮田与经济田比例为2.3∶1。1992年，扩大瓜果种植面积，蔬菜498亩，总产149.9万公斤；瓜类218亩，总产41.2万公斤；果园面积3853亩，桑园面积3441亩。1995年，粮食总产2545.7万公斤，棉花总产168.45万公斤；蔬菜3000亩，总产450万公斤；果园面积3529亩。粮田与经济田比例2∶1，农业总收入8507万元。1997年，粮食总产2301.4万公斤，棉花总产124.78万公斤；蔬菜1.85万亩，总产2789.8万公斤；西瓜600亩，总产90.5万公斤；桑园面积5896亩，蚕茧总产18.09万公斤；果园3529亩，果品总产105.3万

公斤。农业总收入1.3亿元。1998年，加大产业结构调整力度，大力发展食用菌、桑蚕、冬枣、苜蓿等“三高一优”农业。全乡发展食用菌专业村3个，香菇大棚120个，棚均纯收入4000元。1999年，食用菌专业村发展到24个，香菇大棚面积9.1万平方米，总产值410万元。2000年，全乡有食用菌专业村46个，香菇大棚面积44.64万平方米，总产值达4016万元，食用菌产业成为全乡农民增收致富的支柱产业之一。2001年，全乡食用菌大棚发展到615个，桑园面积2300亩，蔬菜1.6万亩，总产2687.98万公斤；粮食总产

“世康”牌香菇

1996万公斤，棉花总产262.4万公斤。皂户李乡产“世康”牌香菇被农业部认定为“无公害”产品，皂户李乡被中国特色之乡命名暨宣传活动组委会命名为“中国食用菌特产基地”。2005年，全乡有食用菌大棚2800个，总产量383.15万公斤，纯收入2000万元；蔬菜1.8万亩，总产2700万公斤；蚕茧总产62130公斤，收入660万元；粮食总产2556万公斤，棉花总产212.5万公斤。全年农业产值1.68亿元。

工业 1985年，乡办企业有铁木厂、地毯厂、金属编织厂、柳编厂等，工业总产值73万元。1986年，乡镇企业有207家，其中乡办企业5家，联户办55家，个体私营147家，企业总产值177万元。1995年，乡办企业8家，个体企业526家，实现总产值10750万元，利税750万元。乡第一砖瓦厂是全乡的支柱企业，年实现利税150万元。建筑业发展迅速，除乡建筑公司外，74个村成立小型建筑队，从业人员800余人。1996年，新上顺康面粉厂和密封材料等重点项目，乡运输公司新上饭店、养殖场各一处，形成“一业为主，多种经营”的模式。企业总产值达18125万元，利税1080万元。1997年，乡党委、政府对连年亏损、资不抵债的企业实行拍卖，采取租赁、股份、承包等形式，对其他乡办企业进行改革、改制。全乡实现企业产值2.38亿元，其中个体企业实现产值1.6亿元，占全乡企业产值42%。1998年，全乡加大招商引资力度，共引进志光肉食鸡购销公司的孵化厂、淄博硅碳棒厂、威海密目网厂、浙江换锭纺纱厂等外资项目8个，引资额320余万元。2000年，制定《关于鼓励发展民营经济的政策规定》，采取优惠政策吸引外资，先后有浙鲁兄弟纺织、津美面粉、羽毛粉厂、密目网厂、管堡酒厂等重点项目落户兴建，总投资600余万元。2001年，全乡实施“工业兴乡”战略，开始规划建设占地1600亩的民营经济创业园。2004年，全乡共引进外资项目18个，其中规模以上企业5家，合同利用外资1.87亿元，实际到位资金1.69亿元。2005年，山东惠民金桥纺织、富东纺织、免烧砖厂、光明电源等外资企业先后落户创业园区，全乡已形成纺织、食品加工、建筑建材、菌种生产、蚕茧服务、良种繁育等多种行业和门类。全乡有重点工业企业30余家，个体私营业户702户，乡镇企业总产值7200万元。

林果业 1985年，皂户李乡有林地面积9863亩，其中用材林1060亩，防护林1270亩，苗圃60亩，经济林1459亩，农田林网2447亩，“四旁”植树61.1万株，木材总蓄积量7433立方米。1990年起，实施“八五”林业发展规划，至1993年年底，农田林网面积达到6万余亩，用材林、防护林3200亩，经济林6840亩，“四旁”植树41.2万株。林木覆盖率15.6%，达到部颁平原绿化标准。1995年，新增经济林1200亩，营造速生丰产林1500亩，桐粮间作1200亩，沟路

渠补植1.2万株，通过省级绿化达标验收。1997年底，全乡有成片林5500亩，农田林网6.5万亩，果园3900亩，果品总产804万公斤；桑园5500亩，蚕茧产量15万公斤。2001年，在惠清路、大济路两侧种植绿化带2000亩。林木覆盖率达到33%。2005年，全乡新增造林面积557亩，实有果园1574亩，果品总产212万公斤；桑园1910亩，蚕茧产量6.21万公斤。

水利 皂户李乡是簸箕李引黄灌区的一个农业大乡。1987年，投资30万元，用工10万个，疏挖支渠6条，长36公里，动土30万立方米。支七渠建桥涵闸20座，建流量为1.2立方米/秒渡槽一座。1988年，投资10万元，清挖沟渠50公里，完成土方40万立方米，用工1.7万个。1989年，投资50万元，清挖干沟30公里，完成土方35万立方米。1990年，投资45万元，以中低产田改造为中心，开发建设方田1.68万亩，使沟、路、渠、林网配套；建桥、涵、闸38座。支十渠塑膜防渗混凝土板衬砌3公里。1991—1992年，投资30万元，开挖新支八渠5公里，动土5万立方米，建支渠引黄闸渡槽1座，田间桥、涵、渡槽8座。投资35万元，新建支渠引黄闸1座，渡槽2座，生产桥5座，开挖渠道5公里，动土5万立方米。1994—1997年，累计投资197万元，购置水利机械3台，清挖斗级排水沟63条，总长102公里，动土110万立方米，打井203眼，使全乡灌溉面积达到100%。1998—2000年，共投资145万元，先后新建支十三引黄闸1处，康菜沟、杨干沟节制蓄水闸3处，配套桥涵29座，渡槽3座，打机井199眼，建沙河扬水站3座，动土160万立方米。2001年，投资60万元，开挖沟渠90公里，动土120万立方米，打机井30眼。2002年，投资80万元，动土56万立方米，建桥14座。2003年，投资50万元，清挖骨干沟渠13条，动土30万立方米，新建、维修桥涵闸23座。投资20万元，新建安家沟桥。2005年，投资268万元，建桥涵闸23座，清挖沟渠40公里，动土12万立方米。

畜牧业 皂户李乡土地广阔，农业基础丰厚，为畜牧业的发展提供了良好的基础和广阔的前景。1986年，全乡牛存养1900头，猪3500头，羊1500只，鸡6.9万只，兔7600只。1987年开始，乡党委、政府狠抓畜牧业生产，坚持“小群众、扩总量、滚动式”发展模式和“抓大户、上规模”的做法，畜牧业生产有了长足发展，至1997年，全乡有畜牧专业村10个，专业户538个，畜牧产值占农业总产值的38%。全乡牛存养量1.98万头，猪存养2.09万头，羊存养2.33万只，家禽存养30.1万只。1998年，全乡畜牧业专业村达到13个，专业户737户，畜牧总产值达7600万元，人均纯收入1040元。1999年，大牲畜改良重点突破冷配技术，完成肉牛改良6500头；投资3万元，建成生猪定点屠宰场1处。2000年，完成肉牛改良7650头，畜牧业总产值7125万元。2001年，全乡以专业村、专业户为重点，以乡兽医站为依托，加大对畜牧业的科技投入。共有专业村16个，专业户753个，实现畜牧业总产值7358万元。2002年，畜牧业产值达到17990万元，被县政府授予“畜牧生产大乡”称号。2005年，全乡牛存养6000头，猪存养1.1万头，羊8000只，家禽200余万只。

村镇建设 1987年，全部完成乡机关驻地及74个行政村的乡村建设规划，逐步走上规范化建设道路。1991年，全乡安装程控电话805部。实现村村通电。1993年，投资100万元修环乡路40余公里，基本实现村村通柏油路。1997年，程控电话实现国内外直拨；全乡打深井8眼，有8个村安装了自来水设施，受益人口1.2万人；村村户户通电，动力、生活照明用电得到满足。1998—2000年，把小城镇建设重点放在乡驻地、大济路两侧，建统一规格高标准商品房、商铺200余家。74个行政村农电网改造任务结束。2001年，投资108.8万元，对大济路到幸福河路段的柏油路进行彻底改造，对小区路进行硬化。2004年，投资250万元，新建和改造滨石路及双郑、康赵、于闫寇、新屯6条乡村公路，总长15

公里；投资120万元，建成县城通往乡驻地的自来水主管道，全长8公里。2005年，投资486万元，新修、改造任家、闫曹庄、管堡等乡村柏油路28公里；对乡驻地规划区内街道绿化3000米，绿化面积1000亩。全乡村村通柏油路，70%的村通自来水，有线电视入户率75%。有拖拉机、农用汽车1700辆，大型联合收割机、挖掘机51台；程控电话5500部，手机、小灵通4500部。农村生活用电485万千瓦时，企业用电978万千瓦时。

教育 1986年，投资307万元，新建高标准学校51处，新建校舍498间、院墙4322米、大门50个，购置课桌凳1428套。全乡有小学50所，教师165人，学历合格率为75%；初中1所，教师37人，学历合格率为50%；幼儿园35所。1987年，中小学全部实现“六配套”（校舍、院墙、大门、操场、厕所、课桌凳，下同），经省级验收全部合格。1992年，投资207万元，完成部分学校的规范化建设。1993年，中小学教师学历全部合格。1994年，乡投资建起成人学校1处。完成初等义务教育。1995年，筹资403万元，新建校舍106间、厕所25座、院墙900米，校园绿化面积16500平方米。新建中学教学楼1幢，购置课桌凳450套，中学、定点小学达到国颁二类标准，教学点达三类标准。1997年，全乡基本扫除青壮年文盲，基本实行九年制义务教育，通过省政府验收。2001年，投资50万元，新建校舍35间，院墙800米，改造危房70间。2002年，投资68.5万元，新建校舍73间，维修房屋72间、院墙1300米。2003年，投资10万元，改造危房18间，建起全县第一处小学语音教室。2004年，投资75万元，建成十五里堂小学教学楼1座。投资36万元新建教室6间，学校大门2处，新建、维修厕所30座，维修院墙320米，硬化路面1500平方米。

卫生 计划生育 1986年，乡卫生院设综合门诊、外科、治疗、妇幼、放射等科室，有医护人员20人，病房10间，年门诊量1.5万人次。全乡有村卫生室28个，乡医36人。1988年，购置了心电图机及普外手术医疗器械。1992年，投资6万余元，新盖职工宿舍，翻新了门诊病房。1997年，全乡有村级卫生室50个，保健人员70人，共创建甲级卫生室20个。全乡计划生育率、晚育率均为100%。2005年，乡卫生院有医护人员22名，病床20张；有村卫生室56处，乡村医生54名。全乡人口自然增长率控制在7‰以内。

文化 皂户李乡文化历史悠久，传统的民间艺术丰富多彩，其中省级非物质文化遗产—河南张泥塑，相传源于清初，已有300余年的历史。该乡重视乡村文化协调发展，推进文化信息资源共享、基层文化阵地、农家书屋、公益电影下乡等农村文化设施工程建设，丰富农村文化生活。2005年，全乡有线电视和远程教育普及率达到100%。

办事处及村庄 辖伙龙居、十五堂、皂户李、吕家、王家5个办事处，74个行政村，分别为：沙河张、沙河郝、冯家、沙河毕、南宋、杨千、寇杨、郭家、石王庄、管家、管堡、于大夫、东闫、吴家、马家、韩家、东吕、曹家、刘家、康家堡、陈坡牛、东崔家、头堡赵、范家、耿牛张、园子李、双庙、刘内官、张稍杆、东卢家、纪家、任三庄、十五堂、豆腐寨、二堡宋、二堡杨、袁家庙、石庙、幸福郑、小赵、菜园刘、小朱、岔路、幸福赵、后找李、后屯、新屯、前找李、皂户李、河南张、王玉甫、秘家、北刘、添丁、张枣棍、西吕家、张尹、李栋、李六、闫曹、王刘庄、歇马亭、打箔路、打箔李、簸箕常、沈家庙、赵玉堂、曹家庙、大杜、火把李、河西崔、河西王、西卢家、张集街。

第七节 淄角镇

淄角镇位于惠民县中部的西缘，东与辛店乡为邻，南隔徒骇河与姜楼镇相望，西与商河县接壤，北与皂户李乡、石庙镇毗连。镇机关驻地距县城16.5公里，南北长10.59公里，东西宽6.81公里，总面积为72.12平方公里。2005年，辖6

个办事处，68个行政村，7553户、27797人，耕地面积53264亩，工农业总产值3.2亿元，财政收入325万元，农民人均纯收入4050元。

农业 淄角镇土质东部多白沙壤，西部多红粘土壤，农产品主要有小麦、棉花、玉米、大豆、瓜菜。1985年，小麦平均亩产296公斤，棉花平均亩产46公斤，粮食总产1623.35万公斤，棉花总产72.2万公斤。1986年，全镇粮食总产4440万公斤，棉花总产70.3万公斤，瓜菜总产879.8万公斤，农业总收入4095万元。1993年，镇党委、政府制订“一年搞突破，二年大发展，三年建成大菜园”的种植结构调整方案，以大棚蔬菜为龙头的高效农业蓬勃发展，全镇粮食播种面积由1986年的8.5万亩降到6.6万亩，总产2686.1万公斤；棉花总产77.75万公斤；瓜菜面积7000亩，总产1400万公斤。农业总产值5343万元。1997年，全镇蔬菜种植面积达到3.04万亩，其中蔬菜大棚7500个，韭菜3000亩，露天菜5000亩。蔬菜总产1.22亿公斤，产值1.1亿元。1998年，遭受历史上罕见的洪涝灾害，冲毁大棚1922个，三分之一的玉米田受灾。全镇粮食总产2045.6万公斤，棉花总产24.49万公斤；蔬菜总产1.34亿公斤，产值1.07亿元。全年农业总产值1.6亿元。1999年，镇党委、政府制订两年建成“万亩韭菜园”的种植结构调整方案，新增韭菜1000亩。2000年，全镇掀起新一轮大棚建设热潮，新增蔬菜大棚500个，发展韭菜种植面积1000亩。蔬菜总产值达到1.5亿公斤，总产值1.2亿元。全镇粮食总产1803.95万公斤，棉花总产32.48万公斤，农业总产值1.6亿元。2001年，淄角镇承担了国家“十五”科技攻关项目“生态农业研究与示范”子课题试验，大大提高了蔬菜的质量和档次，无公害蔬菜种植面积达到1.6万亩。注册的“淄翠”牌蔬菜通过省级无公害品牌认证，被中国特色之乡暨组织宣传委员会命名为“中国优质蔬菜第一镇”。2005年，相继建成三李生态示范方、西孙高酸苹果示范方、马店优质棉花示范方和大魏优质小麦示范方。蔬菜种植3万亩，其中标准蔬菜大棚8500个，总产1.28亿公斤。全镇粮食亩产1050公斤，棉花亩产皮棉95公斤。农业总产值1.3亿元。

成长中的反季节蔬菜

工业 1985年，镇办企业有窑厂、铁木厂、被服厂、艺品厂等，工业总产值46万元。1986年，投资73万元，建成300吨恒温库。镇办企业2家、村办企业1家、联办企业1家，个体私营业户207户，企业总产值276万元，利税37.5万元。1995年，建成“蔬菜大市场”和工贸园区路西区，当年招商27家。在园区内建成果蔬保鲜厂，建筑面积1687.6平方米。乡镇企业总数发展到534家，总产值8420万元，利税604.5万元。1996年，投资206万元，建成中澳合资企业“麦高食品有限公司”；投资40万元，建成阿姆斯肥料厂。1997年，工贸园区路东区建成，招商40家，引资250万元。全镇企业发展到721家，其中个体私营企业712家。企业总产值1.75亿元，利税1402.7万元。1998年，淄角镇坚持“铺天盖地扩总量，顶天立地抓骨干”的方针，使民营经济得到发展。当年建成投产绳网加工企业7家，面粉加工企业5家，地毯加工点70余个。1999年，工贸园区引进百万元以上项目6个，发展民营企业6家，个体私营业户90户，全镇个体私营企业发展到1065家。乡镇企业总产值完成1.8亿元。2002年，坚持“一年搞突破、两年大发展、五年建成十里经济长廊”的思路，狠抓路域经济开发。“惠青化纤”“淄角化纤”“爽利来冷饮”

等项目先后建成投产，全年完成招商引资9487万元，实现民营经济总收入3.7亿元。2004年，大力实施“招商引资优惠年”活动，全年引进外资项目50个，民营经济总收入8亿元。2005年，全镇民营经济形成绳网、棉花加工、纺织、地毯、蔬菜加工、建材、金属制品7大产业，重点企业有京平金惠食品、亚宏织业、三泰纺织、天吉地毯、恒业制毯、惠青化纤、利华绳网、新华棉业等。

美孚德食品（山东）有限公司

林业 1986年，全镇有林地面积7800亩，其中用材林1200亩，经济林300亩，林木覆盖率为7.44%。1987—1989年，共营造用材林2150亩，速生丰产林2001亩，经济林3305亩，农林间作4.03万亩，沟路渠绿化植树88万株。1991年，全镇发展红富士果园7500亩。1992—1994年，营造用材林及经济林5775亩，林木覆盖率达36.8%。全镇造林绿化达到部颁平原绿化标准。1998年，镇党委、政府出台《林地拍卖政策》，鼓励个人承包“四旁”林地，共签订林地拍卖合同62份，拍卖林地3000余亩，全年植树达33.6万株。2000年，进一步加快结构调整，新建冬枣园300亩，桃园200亩，全镇林地面积达到2.4万亩，木材蓄积总量44.3万立方米，林果总产值达1650万元。2002年，创造了“三成”（沟、路、林）、“四结合”（沟、路、渠、林）、“一责任”（承包户）的农田林网模式。2005年，全镇林业面积2.7万亩，经济林1600亩，农田林网8万亩，木材蓄积量38.5万立方米，林木覆盖率45%。

水利 淄角镇水利条件较好，南靠徒骇河，西有土马河，东有幸福河。1986年，境内有一分干沟、支三沟、加支三沟、支五沟、加支五沟五条主要沟渠和47条斗渠。1986—1996年，先后投资1176万元，新建、整修桥涵闸273座，沟渠清淤累计750公里。新建支、斗沟闸19个，生产桥12座。1997年，投资200万元，新打机井342眼，建成机井示范方1万亩。1998年，投资30余万元，清挖支三沟、加支三沟、老一干、支五渠、支三渠，施工长度3万米，动土62万立方米。1999年，投资40余万元，水渠清淤5.5万米，动土87万立方米；建桥3座，使机关干部示范基地实现沟路渠全面配套。全年新打机井210眼，完成第二个农田林网机井配套万亩方田水利建设。2000年，投资19.33万元，进一步疏通全镇沟渠，动土126万立方米，新打机井105眼，完成第三个农田林网机井配套万亩方田建设。2001年，先后开挖支一、加支五及斗沟多条，形成东西五大支渠的骨干沟和47条斗沟交错的灌溉工程。2005年，翟家方田整地3000亩，修桥13座，挖沟8条；大魏方田挖沟5条，动土3万立方米；周楼、西孙高酸苹果方田整修沟路渠，动土1万立方米。为工贸园区建交通桥5座，生产桥56座，挖沟8条，维修拦水闸6处。

畜牧业 淄角镇素有饲养习惯，饲料丰富，畜牧业生产发展较快。1986年，全镇有大牲畜3500头，生猪存养3.18万头，养羊5200只，饲养家禽6.5万只。1993年，引进肉牛改良冷配设备，建立淄角肉牛改良服务站。1997年，大牲畜存栏1.14万头，能繁殖母畜7210头；猪存栏1.68万头，出栏1.08万头；羊存栏1.25万只，出栏1.2万只；家禽存养61.67万只，出售35.52万只。全年畜牧业总产值3289万元。2000年，全镇实行家畜（禽）防疫承包制，在养殖密集区做到“三统一”，即统一消毒、统一检疫、统一销售。主要禽畜品种改良率达85%以上，防疫覆盖率达95%以上。全镇有养牛大户29个，养猪大户95个，养羊大户79个，养鸡大户239个，养兔大户3个，畜牧专业村17个。2005年，全镇大牲畜存栏1.45万头，猪存栏1.55万头，羊存栏1.4万只，家禽存养48.9万只。

村镇建设　1986年，全部完成镇驻地及68个自然村的建设规划。农村人均住房面积35平方米，50%是土坯结构平房。1991年，镇驻地新辟50米宽主街道一条，25米宽街道6条；主街道两侧实现楼房化，建筑面积1.02万平方米。1993年，开通模拟程控电话交换机，实现全国直拨。1997年，小城区总建筑面积达8.20万平方米；农村人均住房面积达46平方米，砖石结构的房屋占全部住房的61%；全镇通迅电缆长度达50公里，开通程控电话504门。1999年，投资1490万元，建成镇十字街商贸楼群、个体私营经济园、工贸园区路等重点工程，建设面积1.7万平方米。完成贯通全镇电视光缆网一期工程，治理城区封闭式排水排污沟渠6000米，完成21个村低压电网改造。至2000年，完成魏北武路、园区中心路、西张六路、西李路、沙窝路总长4300米的公路工程；开发建成高标准商品楼164间，建筑面积7300余平方米；低压电网改造全部完成；新装电话1700余部。2002年，实施府前街“样板路”建设、工贸园区扩建工程、新建商贸楼1万平方米，总投资1500万元。2004年，南北两个民营创业园正式启动建设，新增城镇建设面积2.11万平方米。2005年，占地3000亩的南北两个工业园整体框架搭成，城镇面积扩展到25.9万平方米。为翟家、小魏、石张、鞠家、湾东等6村新建公路22公里。是年，全镇85%的村通柏油路，60%的村通自来水，安装程控电话5960门，手机、小灵通2880部。

教育　1986年，淄角镇有中学1所，在校生712人，教职工60人，学历合格率为78%。学区小学5所，联办完小2所，村小学54所，共有在校学生2451人，教师142人，其中民办教师82人，学历合格率为86%。至1990年，累计投资197万元，为镇中学建仪器室2间，实验室3间，办公室6间，教学楼1500平方米；为5所小学改建和修缮校舍，购置教学仪器及文体器材，使全镇小学全部达到“六配套”，有6所学校被地区行署命名为规范化学校。1994—1997年，共投资367.81万元，新建中小学校舍147间，新建成教中心、中心幼儿园校舍30间，维修校舍15间，建大门3个，厕所58座，院墙1753米，为中学和学区完小建成规范化体育场。1997年1月，教育“两基”工作达标顺利通过省政府验收。1998—2000年，投资18万元建设高标准教室和办公室20间，投资24万元购置教学仪器，筹资40万元为中小学配齐各种教学仪器、图书，通过省政府验收。2003年，投资80万元对全镇小学进行危房改造，被市委、市政府授予“中小学危房改造与布局调整工作先进集体”。至2005年年底，共投资150万元，进行中学教学楼和小学校舍改造，为7所小学配备电脑。全镇有幼儿园10所，在园幼儿500人，专职幼儿教师33人；有完全小学7所，在校生1533人，教师127人；有中学1所，在校生995人，教职工71人。中小学教师学历全部达标。

卫生　计划生育　镇中心医院原属地区中心医院地段医院。1986年，有医护人员42人，病房17间，年门诊量1.9万人次。1988年，医院移交镇政府管理，先后购置X光机、心电图机、电动洗胃机及化验设备。1993年，投资40万元，建门诊楼1座，建筑面积1900平方米。2002年3月，县直机关医院对镇卫生院进行托管。医院内设内、外、妇、五官、检验、放射、防疫等医疗科室，共有医护人员42人，病房15间。2005年，全镇有村卫生室30个，乡村医生58人。全镇人口自然增产率为6‰，有1870户领取了独生子女证，连续五年全县计划生育综合考核第一名，被评为市、县级计生工作先进乡镇。

文化　淄角镇民间艺术丰富多彩，狮豹刘村的大鼓子秧歌，帽王村、西张六的寸子秧歌，东李的旱船有百年历史。1986年，镇设文化站，建电影院，面积726平方米。1993年，淄角镇被地区命名为先进文化乡镇。1999年，镇投资50万元，重修文昌阁，建门球场1处。2005年，全镇68个村街全部建立远程教育电教室，建有文化大院52处，民间艺术团体36个，个体电影队11支。

文昌阁

办事处及村庄 辖三李、大湾、淄角、大魏、马家店、杨家6个办事处，68个行政村（街），分别为：淄角东街、淄角中街、淄角北街、淄角南街、淄角西街、陈家湾、前韩村、后韩村、孙从庄、踩鼓宋、铁角李村、刘张村、东杨、邬家庙村、闫家河村、解家村、周家楼村、大湾东村、大湾西村、焦吴村、马家店、路马、洛门马、河西成、大安家、土户王、隋家村、大道吴、魏皮虎、大张、河西任家、曹家村、大沙窝、小沙窝、沙窝翟家、石张、靠河桑、靠河郑、三李周、狮豹刘、西李集、东李集、后李集、河北高、南孙、鞠家、东张六、西张六、李东安、东寇村、街西徐、东常马村、西杨村、付家村、肖家村、申家、西寇村、西常马、小魏村、大魏村、宁解村、街北孟、魏北武、西孙、郭马、孙凌村、帽王、左豹村。

第八节 辛店乡

辛店乡位于惠民县境中部，2001年3月，调整乡镇区划，三堡乡并入辛店乡。乡机关驻地黄赵村，距县城15公里。东临麻店镇，南濒徒骇河和李庄镇、姜楼镇相望，西隔幸福河与淄角镇为邻，北与皂户李乡接壤。东西宽17.5公里，南北长12公里，面积145.7平方公里。2005年，辖9个办事处，122个行政村，12039户、47695人，耕地面积107294亩，工农业总产值9.51亿元，财政收入222.3万元，农民人均纯收入3487元。

农业 辛店乡南部为白沙质土壤，中部多为盐碱地，北部为红粘土壤，主要农作物为棉花、小麦、玉米、大豆、瓜菜等。1986年，全乡粮食播种面积6.41万亩，总产1209.9万公斤；棉花1.96万亩，总产123.4万公斤；瓜菜0.34万亩，总产344万公斤。农业总收入1323.93万元。1990年，全乡粮食播种面积5.25万亩，总产1932.8万公斤；棉花播种面积3.6万亩，总产159万公斤；瓜菜0.42万亩，总产1012.2万公斤。农业总收入3941万元。1995年，全乡棉花种植面积2万亩，总产170万公斤；粮食播种面积5.7万亩，总产2074万公斤；瓜菜面积0.33万亩，总产1660.7万公斤；桑园面积0.15万亩，蚕茧产量8.2万公斤。农业总收入6588万元。1998年，全乡粮食播种面积5.82万亩，总产2014.2万公斤；棉花2.1万亩，总产160万公斤；瓜菜1.36万亩，总产5777.5万公斤；桑园0.31万亩，产茧19.5万公斤。农业总收入1.1亿元。2000年，粮食播种面积5.67万亩，总产1871.69万公斤；棉花0.3万亩，总产17.55万公斤；瓜菜1.53万亩，总产2983万公斤；桑园0.83万亩，产茧28万公斤。农业总收入1.28亿元。2001年，全镇建立健全农业科技服务网络，组成村（农技员）、办事处（科技网长）、乡（农技站、林果站）三级科技服务网络，拥有科技人员300人。新发展桑园200亩，果园400亩，农作物优良品种使用率达到100%。2005年，全镇粮食种植5.52万亩，总产1499.5万公斤；棉花种植3.09万亩，总产145.7万公斤；瓜菜1.6万亩，总产349万公斤；桑园1.03万亩，产茧41万公斤，实现产值660万元。

工业 1985年，乡办企业有窑厂、铁木厂、综合厂等，工业总产值17万元。1987年，新建乡办第一窑厂和村办火腿厂，全乡四个层次的乡镇企业实现产值334.84万元，从业人员504人。1988年，投资94万元兴建了乡第二窑厂和塑料厂。预制厂、面粉厂、蜂窝煤厂、短绒厂等村办企业不断涌现。实现乡镇企业总产值684万元，利税54万元。1995年，按照县委、县政府发展乡镇企业"调转架式，加大投入，膨胀规模"的批示精神，投资369万元，新上高科技项目精细化工企业1处，成为全县的骨干企业。为巩固和管理好企业，对乡办工业企业、商业企业进行承包经营；个体企业发展迅猛，门类齐全，涉及地毯加工、建筑施工、交通运输、饮食服务等行业，从业人员近2000人。全乡实现工业产值9000万元，其中乡办企业产值2149万元，个体企业产值

县高分子材料厂车间

6863万元。1996年，投资296万元建成惠民县高分子材料厂，年生产氯化聚乙稀600吨，实现产值500万元。投资百万元建村办第三窑厂。地毯加工业成为个体企业的主导产业，从业人员达2600余人，年出口创汇120万美元。1998年，投资765万元，先后建起辛店面粉厂、乡塑料厂、庄里巩预制厂。乡地毯厂与县地毯厂联营，成立惠民县地毯厂辛店分厂。全乡实现企业总产值1.42亿元，利税979万元。1999年，乡政府与河南省泌阳县食用菌总厂合作，建起辛店乡菌种厂，带动全乡食用菌生产形成规模。2000年，金星家具厂、金鑫钢木家具厂、水利站预制厂、胡营宏华钢球厂及胡营与郑州华准砂轮厂合资的砂轮厂相继建立。2005年，乡党委、政府实施"产业兴镇、环境立镇、工业强镇"三大战略，投资580万元建成占地1.5平方公里的民营经济园区，当年忠谊煤业、华泰纺织在园区建成投产。全乡工业企业达到750户，从业人员7800人，实现总产值1.20亿元，利税1430万元，出口交货值198万元。

堤子赵村党支部书记潘金凤（右），建起种植示范园，带领群众发展商品生产

林业 1986年，辛店乡有林地面积2.51万亩。其中，用材林3300亩，经济林3100亩，农田林网面积1.87万亩，林木覆盖率达21.3%。1990—1995年，在地委行署《关于全区动员大办林业，五年达标，十年绿化滨州决定》的指导下，加快林业发展速度。一是"三边"（沟边、路边、渠边）建设，以杨树、泡桐等优质品种为主，对318公里三边地实施绿化；二是林粮间作，以桐粮、杨粮间作为主，形成林网土地2.8万亩。三是发展果园、桑园，以短枝红富士苹果、乔纳金树种为主，新建苹果园3100亩，桃、梨、枣等120亩；植桑1500亩。1996年，获"省级绿化达标乡镇"称号。1997年，全乡有林地3.78万亩，其中用材林5800亩，经济林1.51万亩，林业年收入1360万元。1998年后，出现毁林种田现象，乡政府采取宜包则包等措施，提高群众的植树积极性，退耕还林500亩。2000年，全乡林地面积2.25万亩。其中用材林1500亩，经济林3500亩，农田林网面积1.8万

亩，林木覆盖率达21%。2001年，乡党委、政府制订林业发展规划，确定每年组织春季林业会战，大搞用材林和农田林网建设。至2005年，先后完成庆淄路、淄胡路两侧50米绿色通道补植任务，折合造林面积1500亩。全乡拥有林地面积4.8万亩，其中用材林2.56万亩，农田林网1.2万亩，桑园1.03万亩，木材蓄积量为11.5万立方米，林木覆盖率23%。

水利 辛店乡南靠徒骇河，中部有白龙湾引黄干渠，侯王店沟和单家沟横穿乡境，排灌方便。1986年，投资300万元，清挖各类沟渠5万米，建桥涵闸50个，完善了辛店乡第一个万亩方田。全乡基本形成水利灌溉体系，灌溉面积2.5万亩，占总耕地面积的50%。1989年，投资30万元，新建樊桥扬水站1处，开挖渠道20条，新修建筑物25座，扩大浇地面积1.2万亩。1993年，按照黄淮海平原开发"要求"，建成全乡第二个万亩方田——刘集方田，投资280万元，开挖疏浚各类沟渠21.98万米，动土265万立方米，新建桥涵闸200座。1996年，疏挖渠道40条，完成土方70万立方米。1997年，投资50万元，新打机井206眼，建成宋桥扬水站1处，使农田灌溉面积扩大到100%。同年，建成干、支、斗、农、毛五级排涝渠道，总长60公里。1998年，支二排坯子刘建节制闸蓄水成功。1999年，在后王沟建马家节制闸1处。至2000年，全乡共投资600万元，治理各级沟渠120条，完成土方240万立方米，新打机井70眼，新建、改建桥涵闸建筑物65座，形成灌排结合的水利体系。2002年，投资100万元，清淤治理支、斗渠56条，建桥涵闸30座。2003—2005年，共投资260万元，清淤治理支、斗渠70条，建桥涵闸40座，清挖加支六、支八两条主要排水沟。

畜牧业 1986年，全乡牛存养7300头，猪7000头，羊1.32万只，家禽5.77万只。1987年后，乡党委、政府因地制宜，制定一系列大力发展畜牧业的优惠政策；依托兽医站引进梨木赞肉牛、沙能山羊、约克夏瘦肉猪、优良品种马，对全乡牲畜进行杂交改良，先后建成黄牛改良人工授精点6处。1990年，乡政府投资3万元，兴建饲料加工厂并购置青储氨化先进设备，大搞青储氨化饲养，使规模饲养有了突破性进展。至1997年，全乡有养牛专业村4个，专业户57个；养羊专业村4个，专业户105个；养猪专业村2个，专业户50个。全乡牛存养1.92万头，猪存养1.70万头，羊存养2.37万只，家禽10.62万只。2005年，全乡有畜牧专业村40个，养殖专业户1186户，其中存栏生猪300头以上的养殖场10个，存栏蛋鸡3万只以上的养殖户75户。全乡出栏生猪1.8万头，出栏肉牛2万头，出栏羊1.5万只，出栏肉鸡389万只。

天禧牧业养殖场

村镇建设 1986年，全部完成乡驻地及52个行政村的乡村建设规划，乡村建设逐步走上规范化道路。农村人均住房面积15平方米，90%是土坯结构的平房。1990年，全乡村村通电。1995年，投资470万元，新修沥青路47.8公里，实现村村通柏油路，有11个村硬化了街道。1997年，人均住房面积达35平方米。新村建设与旧村改造相结合，新建房全部是石头根基，砖瓦结构。全乡有4个村用上自来水，有8个村开通国内直拨电话。有营运机动车辆78辆，年货运量达9万吨。2000年，全乡拥有大小拖拉机3627台，三轮车1950台，汽车22部，户装固定电话1510部。2002年，在乡驻地庆淄路两侧开发商品房8000平方米。在庆淄路东侧后常村开发商品房

6000平方米，铺设管道300米。在乡驻地中心街开发商品房2000平方米，铺设下水管道1440米。2003年，在乡供电所至第一预制厂路段，开发商品房6000平方米，铺设下水管道300米。2005年，在渤海棉业路段开发商品房3000平方米；在小杨村沿庆淄路东侧开发商品房8000平方米，铺设下水管道200米。全乡安装固定电话2167部，拥有手机、小灵通8927部；各类拖拉机4650台，农用汽车47部；人均住房面积53平方米。

教育 1986年，大力推行“六配套”建设。全乡投资108万元，新建小学15处，教室、办公室168间，院墙2480米，厕所82间，大门12个。至1989年，全乡按“六配套”标准完成校舍改造任务。1990年，被省教委命名为“基础教育先进乡镇”。1995—1996年，共投资276万元，对中小学教学设施、师资力量进行完善调配。乡中学设有Ⅱ类标准的物理、化学、生物实验仪器室、音、体、美器材室，图书1.8万册。1997年，全乡适龄儿童和少年入学率达100%，基本实现九年义务教育。2000年，有初中教师64人，学历合格率93%；小学教师111人，学历合格率100%。全乡适龄儿童入学率100%，小学生毕业率100%，升学率100%，中学生毕业率98%。2005年，投资120万元，新建明德小学教学楼一栋，平房6间，配套校舍13间，总建筑面积1126平方米。全乡共有小学11所，在校生3488人，教职工217人；有中学2所，在校生1220人，教职工128人；幼儿园18所，在园幼儿619人。

卫生 计划生育 1986年，全乡有村级卫生室31个，乡村医生41人。辛店乡被国家计生委授予“全国计划生育先进单位”。1987年，乡卫生院下放乡政府管理。1990—1992年，乡政府投资7万元，重建职工宿舍20间，硬化路面80米。1997年，投资15万元，整修门诊、病房各15间。卫生院设有内科、外科、妇科、中医等8个科室，病房15间；配有X光机、心电图机、化验仪器等设备，共有医护人员19人。全乡有村级甲级卫生室26个，乡村医生48人；投放疫苗7种，接种1.33万人次。1999年5月，乡政府与县医院达成协议，成立“惠民县人民医院辛店分院”。设有外科、内科、妇科、B超、放射、心电图室等业务科室，有床位15张。2005年，争取“1127卫生院建设项目”资金76万元，医疗设备40万元，自筹资金50余万元，新建卫生院1所，设有业务科室8个，病床20张，医护人员42人，年门诊量2.5万人次。全乡有村卫生室89个，医护人员105人。全乡人口自然增长率为4‰，924名妇女领取了独生子女证。

文化 辛店乡群众文化活动俗有“南梆北吕”之说，乡南部西樊村的东路梆子已有百年历史，北部刘集、盐张等村的吕剧多次到县汇演得奖。1992年，五支刘村的双管独奏获县民间艺术奖。1998年，乡文化站与广播站合并为文化广播站。文广站辖综合影剧院、灯光篮球场、老年门球场、游艺室、图书室、报刊阅览室、农民业余学校、广播录像室各1处。同年，被滨州地委、行署命名为“全区社会文化先进乡镇”。2002年起，乡党委、政府每年举办“闹元宵、庆七一、庆国庆、庆丰收”文体活动。2005年，全乡有东路梆子剧团1个，群众文艺团体3个，民间秧歌队10余支，逢年过节及春冬两闲，走街串村进行表演，深受广大群众喜爱。

办事处及村庄 辖辛店、三堡、大车、刘庙、姜郭、胡营、宋桥、刘集、钟营9个办事处，122个行政村，分别为：第三堡、官道刘、小赵、小纪、小郭、朱家庙、大宋、张集、廖家、兴旺苏、辛店一街、辛店二街、辛店三街、辛店四街、辛店五街、庄里巩、吕家、马家、堤子李、东王营、前王营、后王营、代家店、五支刘、黄赵、佟家营、陶家坊、大车吴、先锋郭、生金李、陈家庵、东孙、官道徐、幸福周、菠菜翟、蒲家、夹河、前牛、西瓜陈、后牛、洼里张、林陈、中杭、西杭、东杭、小韩、姜左、北焦、朝阳、国杨、龙白、福岳、屈家庙、鲁孙、罗家、张董王、刘家庙、段家、前杨、前左、成王庄、后常、孔家、夏家、李家、何家、前常、后韩家、东郭家、东姜、兴隆刘、小杨、前韩家、刘宾夏、乔家、乔牛、李家寨、胡家营、西胡营、赵家营、马家营、小陈家、陈洪口、西樊家、董家、贾家、樊家桥、油坊张、包家口、宋桥、靠河李、张乐滨、小李家、小胡家、棉花王、张宝山、枣叶王、先棣州、㐆家、刘集、盐张、坯子刘、小张家、卞家、邢家、骆家、毛李家、碱场店、碱场王、高家寨、文家寨、堤子赵、田家、潘家、张铎、辛营、西赵营、钟家营、盛家营、刘家营、东肖营、西肖营。

附：第三堡乡

第三堡乡位于惠民县境中部，乡机关驻地第三堡村在县城南15公里处，东以惠清公路为界和辛店乡接壤，南濒徒骇河与姜楼镇相望，西靠幸福河主干渠与淄角镇毗连，北隔安家沟和皂户李乡为邻，总面积72.22平方公里。2000年，全乡辖5个办事处，66个行政村，5547户、22009人，耕地面积51400亩，乡财政收入273万元，农民人均纯收入2360元。2001年3月，调整乡镇区划，第三堡乡并入辛店乡。

农业　第三堡乡农作物以棉花、粮食为主。1985年，全乡粮食总产1284.6万公斤，小麦平均亩产235.5公斤；棉花总产118.45万公斤，平均亩产58公斤。1987年，粮食播种面积5.51万亩，总产1219.4万公斤；棉花种植面积2.42万亩，总产175.6万公斤；农业总产值1571.7万元。1990年，全乡种粮5.52万亩，总产1499.5万公斤；棉花3.09万亩，总产145.7万公斤；农业总产值3349.4万元。1997年，种粮5.86万亩，总产1369.7万公斤；棉花1.39万亩，总产104.7万公斤；蚕茧28万公斤，产值465万元。全乡建塑料大棚1000个，大田种植的棉花、西瓜、花生等全部采用地膜覆盖技术，粮田和经济田的比例为2:3，优良品种使用率达100%，农业总产值达1.28亿元。1998年，全乡粮食总产1882.24万公斤，棉花总产131.7万公斤，瓜菜总产1961.65万公斤，蚕茧40.6万公斤，农业总收入1.01亿元。2000年，粮食总产3300万公斤，棉花总产117.5万公斤，瓜菜总产2132.9万公斤，蚕茧53.1万公斤，农业总收入0.92亿元。

工业　1985年，全乡乡办企业有窑厂、铁木厂、冰糕厂等，工业总产值76万元。1988年，新上印刷厂、地毯加工厂各1处、木材加工厂2处，全乡企业总产值520万元，实现利税133万元。1989年，投资60万元，兴建恒温库1座，酒厂、窑厂各1处，全乡企业总产值750万元，实现利税87万元。1993年，乡党委、政府制定出台一系列优惠政策，大力发展个体私营和股份制企业。企业总产值达3200万元，实现利税225万元。1997年，投资330万元兴建日加工小麦50吨的中型面粉厂1处，年创产值1500万元，实现利税65万元。乡镇企业发展到320家，从业人员1300人，企业总产值达1.2亿元，实现利税620万元。其中乡办企业产值3901万元，利税240万元。1999年，私营经济迅速增长，有私营企业24家，其中养殖业3家，餐饮服务业8家，面粉加工业3家，交通运输业4家，其他6家。实现销售收入2201万元，利税114万元。2000年，乡镇企业实现销售收入2437万元，利税167万元，出口交货值183万元。

林业　1986年，全乡有林地面积1.5万亩。其中用材林8500亩，农田林网3500亩，“四旁”植树和零星经济林3000亩。木材积蓄总量为3万立方米。1988年，全乡造林面积1000亩，“四旁”植树5万株，农田林网新增面积5000亩。全乡共有林地面积1.03万亩，“四旁”树木44万株，农田林网面积8300亩，木材积蓄量5.09万立方米。1991年，造林200亩，“四旁”植树10万株，新增农田林网面积2270亩。1995年，全乡林地面积达2.05万亩，林木覆盖率为20%，达到部颁平原绿化标准。1997年，全乡共有林地面积2.28万亩。其中用材林1000亩，农田林网4800亩，桑园5500亩，果园2500亩，木材积蓄总量4.5万立方米，林木覆盖率达22%。2000

年，全乡林地总面积2.28万亩，林木覆盖率23%。

畜牧业 1986年，全乡有大牲畜3960头，猪6157头，羊5647只，家禽存养53043只。1990年，有大牲畜1.06万头，猪1.09万头，羊1.86万只，家禽存养7万只。1995年，有大牲畜2.36万头，猪2万头，羊2.5万只，家禽存养35.3万只。1997年，全乡有畜牧专业村25个，其中养牛专业村8个、养羊专业村15个、养鸡专业村2个；畜牧专业户614个，其中养牛专业户51个、养羊专业户438个、养猪专业户70个、养兔专业户15个、养鸡专业户50个。有存栏种兔600只的养殖场1处，存栏200头的养猪厂1处。有专职兽医16人，防疫员10人，设有黄牛改良人工受精站3处。2000年，全乡养鸡过1000只的有230户，其中3000只以上有76户。养猪专业户407户，过100头的35户。

村镇建设 1986年，农村人均住房18平方米，多为砖基土墙的平房，境内有庆淄路至乡政府驻地的3.7公里沥青路，有邮电支局1处，配有总机1台，磁石手摇电话16部。1992年，全乡开通程控电话50门，邮递线路达80公里。1995年，建无线通信信息站1处，新架通讯电缆20公里，开通新型交换机1台。1993—1997年，5年内共修沥青公路27条，全长62公里，总投资480.5万元。1997年，60%的村开通国内直拨电话，人均住房面积达35平方米。2000年，全乡程控电话达4000门，70%的村铺设了柏油路、沙石路。

水利 第三堡乡属簸箕李引黄灌区，东接惠清排水干沟，南濒徒骇河，西靠幸福河总干渠，北临安家沟，中心干沟纵贯乡境。1986年，投资60万元，用工25万个，清淤治理支、斗渠30条，建桥、涵、闸共4座。1987年，投资70万元，用工30万个，清淤治理支、斗渠，并建加支六沟后韩蓄水闸和穿涵共计20座。1988年，投资85万元，用工35万个，清淤治理支、斗渠，清挖加支六、支八两条主要排水沟，在支八沟建四中蓄水闸和其它桥涵共30座。投资6万元购置6套大型抽水设备。1990年，投资80万元，用工35万个，改造支渠5条，清挖了中心沟、支六沟和加支四沟，在中心沟建大宋蓄水闸1座，改造引水斗门20座。1991年，以黄淮海农业开发项目——第三堡乡2万亩中低产田改造工程为中心，投资40万元建成中心沟渡槽、惠清沟前韩蓄水闸等40座建筑物。用工40万个，开挖大中小型沟渠100条，年内投资达160万元，获该年度县“禹王杯”、地区“惠水杯”水利竞赛金奖。1993年，用工40万个，开挖沟渠75条，建桥涵闸40座，整平土地8000亩，共投资150万元。农业开发项目通过地、省级验收。1994年，以治理支四方田为重点，建成支四渠张家沟渡槽等30座桥涵闸，开挖清理沟渠20条，用工25万个，共投资100万元。1995年，投资61万元治理蓄水排涝骨干工程——惠清干沟，完成长度16.4公里，土方20万立方米。另用工20万个用于沟渠清淤及改建桥涵闸25座，共投资140万元。1996年，投资100万元购置日本挖掘机1台，年内完成土方60万立方米，使蓄水能力达到120万立方米。改建桥涵闸25座，共投资160万元。1997年，完成支级蓄水工程5条，全长34公里，斗级7条14公里，共计土方80万立方米，投资90万元，使蓄水能力提高到250万立方米。投资10万元购置钻井机械1套，投资30万元打新井70眼、修复旧井50眼，投资25万元新建改建桥涵闸20座，完成支八、加支五两进水闸的工程改造项目，共投资155万元。1998—2000年，全乡水利投资1100万元，三年间治理各级沟渠200条，总长度430公里，完成土方400万立方米，新建改建桥涵闸135座，新打机井150眼。2000年，全乡有效灌溉面积达4.5万亩，占耕地面积的90%，水利设施蓄水能力达到250万立方米。

教育 1986年，全乡有中学1所，小学44所，各学校基本实现校舍“六配套”。中、小学教师学历合格率分别为74%和87%。1988年，投资7.2万元新建实验室18间。4所小学被滨州地区命名为“规范化学校”。1989年，投资4万元新建办公室9间。1991年，投资9万元，新建教职工宿舍10间，教室12间。1995年，为符合“双基”要求，将小学调整为8所定点小学、20个教学点。投资5万元建成人中心学校9间。全乡有中心幼儿园1所，农村幼儿园25所。1995—1997年，捐资集资307.33万元，先后新建校舍115间，维修192间，新建和翻修院墙2040米，新建大门7个，厕所79座，硬化路面7430平方米，绿化面积15290平方米，购置仪器橱柜86个。2000年，全乡有初级中学1所，学生720人，教职工59人。有乡中心小学1所，定点小学8所，在校学生2180人，小学教师119人。全乡中、小学教师学历合格率达100%，适龄儿童入学率、小学生毕业率保持在100%。

文化　第三堡乡历史文化源远流长。戏苑奇葩——全国独有剧种“东路梆子”，即在清咸丰年间诞生于该乡前牛村。以乡创演人员为主组成的演出团体曾数次代表县、地参加山东省戏曲调演，演出了传统剧目“穆柯寨”、现代戏“来拉嫂”等。前左村的“竹马”、夹河村的“旱船”、第三堡村的“芯子”等民间艺术均有百年以上历史。1992年，成立“乡苗”文学社。1997年，全乡有综合影剧院、灯光篮球场、老年门球场、游艺室、图书室、广播录像室各1处。1998—2000年，“乡苗”文学社等文学（艺）社会团体共创作各类文艺作品60余件（篇），其中搬上舞台演出和县级以上报刊发表的各有10件（篇）。

卫生　计划生育　1986年，全乡有乡卫生院1所。有村卫生室34个，乡村医生46人。1987年，卫生院下放乡政府管理，设有内、外、妇产、中医、放射、化验、心电图等9个科室，在职职工14人，病床10张，固定资产10万元，年门诊治疗1.5万人次。1994年，乡政府投资2.5万元，修缮门诊9间。1995年，投资4万元修建病房11间，乡卫生院顺利通过省初级卫生保健达标验收。1997年，为食品从业人员查体210人，食品卫生合格率达95%以上。自来水受益人口达8700人。孕产妇和新生儿死亡率分别为0.34%和2.5%。2000年，乡卫生院有在职职工15人，其中主治医师2人，医师10人。病床20张，固定资产20万元，年门诊量1.7万人次。全乡有卫生室34个，其中甲级卫生室18个，共有乡村医生48人。孕产妇和新生儿死亡率为0.03%和0.1%，计划生育率99.56%，晚婚率100%，晚育率98.62%，人口自然增长率4.09‰。

第九节　胡集镇

胡集镇位于惠民县境东南部，2001年3月，调整乡镇区划，陈集乡并入胡集镇，镇政府驻地胡集村距惠民县城26公里。东接滨州市经济开发区里则办事处、滨城区尚集乡、堡集镇，南靠魏集镇，西连麻店镇、清河镇，北邻桑落墅镇，总面积137平方公里。2005年，全镇辖9个办事处，100个行政村，16079户、58726人，耕地面积109333亩，工农业总产值21.51亿元，其中农业产值6.77亿元，财政收入458万元，农民人均纯收入3600元。

农业　胡集镇主要农作物为小麦、棉花、玉米等。1985年，全镇粮食总产1428.7万公斤，小麦平均亩产255公斤；棉花总产201.9万公斤，平均亩产73公斤。1986年，粮食播种6.87万亩，总产16633吨；棉花种植2.82万亩，总产2077吨；瓜菜种植0.12万亩，产量640吨；农业收入1530万元。1988年，粮食播种6.27万亩，总产16844吨；棉花种植3.20万亩，总产2164吨；瓜菜种植0.24万亩，产量达6551吨；农业收入2154万元。1991年，粮食播种面积5.97万亩，总产达20622吨；棉花种植面积3.65万亩，总产1857吨；瓜菜种植0.22万亩，产量4926吨；农业收入2998万元。1994年，粮食播种面积6.10万亩，总产20745吨；棉花种植面积2.74万亩，总产1250吨；瓜菜种植0.98万亩，产量达16001吨；农业收入达4530万元。1997年，全镇2.5万亩玉米和西瓜、蔬菜全部播种优良品种。粮食播种面积6.67万亩，总产16676吨；棉花种植1.5万亩，总产1140吨；瓜菜种植1.1万亩，产量12033吨；农业收入达7954万元。2000年，全镇农作物种植面积8.33万亩，使用良种40万公斤、化肥3700吨、农药11吨，农业总收入21826万元。2001年，全镇有耕地面积11.03万亩，粮食总产量39370吨，棉花总产量3876吨，瓜菜总产19720吨。桑园面积1.29万亩，蚕茧产量458.79吨。食用菌大棚2100个，食用菌产量6720吨，收入2020万元。农业总产值48572万元。2003年，粮食总产量27424吨，棉花总产量5392吨，瓜菜总产28967吨。农业总产值58260万元。2005年，粮食总产量30265吨，小麦亩产388公斤；棉花总产量5121吨，平均亩产74公斤；蔬菜总产25727吨；有食用菌种植户89户，总产61吨；农业总产值67711万元。

工业　1985年，胡集镇镇办企业有窑厂、铁木厂等，工业总产值23万元。1986年，有镇办企业3家，收入113万元；联户企业11家，收入98万元；个体经营1330家，收入704万元。1988年，有镇办企业10家，村办企业5家，联户26家，个体经营户1122户，从业人员2526人。企业总收入1119万元，总产值1024万元，利税10万元。1991年，有镇办企业10家，村办企业7家，联户35家，个体经营户1169户，从业人员2445人。企业总收入1686万元，总产值977万元，总利润32万元，缴纳税金44万元。1994年，有企业1011家，职工4178人，营业收入16900万元，总产值19825万元，利税总额达1550万元。1997年，全镇拥有集体企业8家，私有企业6家，实现总产值1860万元，个体工商户发展到1326户。1999年，浙江温州3家5条编织袋生产线、天然气开发小区在胡集安家，投入1000余万元的山东金长城公司在胡集落户，省农业厅“山东高科技农业生态示范园”在胡集生根。全镇有集体企业4家，村办企业12家，个体私营业户1389户，实际引进外资1000余万元。2001年，有企业1622家，产值11285万元，从业人员10124人。2005年，全镇主要工业门类有机械、铸造、塑料、农业制种、建材、纺织、食品等10余个大门类，有工业企业3467家，实现工业总产值147436万元。

林业　1986年，胡集镇有林地面积710亩，其中用材林165亩，经济林545亩，农田林网面积新增2500亩，木材蓄积总量11887立方米。1988年，全镇有林地面积1930亩，其中用材林558亩，经济林1372亩；木材蓄积量14384立方米，“四旁”树木62万株。是年，造林面积248亩，农田林网新增1万亩，“四旁”植树7万株。1991年，全镇造林面积1795亩，农田林网新增面积2600亩，“四旁”植树12万株，新增木材蓄积量310立方米。1995年，经省农业厅验收，达省级绿化标准。1997年，全镇用材防护林达0.25万亩，农田林网化面积达5.2万亩。农林间作面积0.45万亩，林木覆盖率达16.5%。2001年，全镇有林地面积6.4万亩，森林覆盖率28.7%。2003年，有林地面积7.1万亩，森林覆盖率31.7%。2005年，全镇有林地面积8.9万亩，森林覆盖率达38.6%。

畜牧业　1986年，胡集镇有大牲畜4702头，猪6311头，羊1164只，家禽存养54041只。畜牧产值3388万元。1988年，全镇有大牲畜8829头，猪9511头，羊4412只，家禽饲养77925只。1991年，有大牲畜11300头，猪9100头，羊3300只，家禽存养7万只。1994年，有大牲畜20090头，猪15500头，羊12900只，家禽存养31.51万只。1997年，全镇大牲畜存栏12726头，猪存栏10340头，羊存栏12190只，家禽存栏25.81万只。畜牧产值达9582万元，畜牧总收入占农业总产值的14%。1998年，全镇牲畜防疫28000头，流行病防治2000头，大牲畜品种改良5000头（梨木赞牛）。2000年，全镇牲畜防疫29800头，动物检疫1.7万头，牲畜流行病防治4000头，梨木赞牛改良7000头，皮特兰猪改良1.1万头。2001年，全镇牛存栏11862头，骡马

2821 匹，猪 14225 头，羊 21571 只，家禽存养 105 万只。畜牧产值 5211 万元。2003 年，牛存栏 13782 头，骡马 3611 匹，猪 15911 头，羊 26511 只，家禽存养 120.1 万只。2005 年，全镇牛存栏 14399 头，骡马 3926 匹，猪 17351 头，羊 3011 只，家禽存养 125.9 万只。畜牧产值 9885.7 万元，占农业总产值的 37%。

省级农业龙头企业——中天食品生产车间

村镇建设 1986 年，胡集镇住房 80% 是土坯结构。全镇有邮电所 1 处，投递线路 125 公里，通讯线杆 3 公里，总机 1 处。1986—1997 年，随着经济发展和农民收入的增加，乡村住房投资逐年加大，房屋结构发生很大变化。新建房大多是石头根基，砖瓦结构，式样多为宽门窗、前出厦，并向水刷石、水泥抹墙或外贴瓷砖式建筑发展。1989 年，建邮电支局大楼 1 幢。1993 年，全镇开通程控电话 70 门。1994—1996 年，投资 600 万元，铺设沥青路 40 公里，基本实现村村通公路。1997 年，投资 300 万元建成数字移动基站。全镇有营业性机动车辆 489 辆，年货运总量达 8.4 万吨。1998 年，胡集镇在国道 220 与乐胡省道交汇点以西建立总面积 258 亩的个体私营经济试验园区，为惠民县三大实验园区之一，设文化娱乐城、科技生产加工一条街、专控经营一条街、前店后厂一条街、综合经营一条街。投入园区建设资金 500 万元，完成建筑面积 5019 平方米。1999 年，投资 1200 万元，完成经济试验园区建筑面积 1 万平方米。投入 47.8 万元，修筑沥青公路 4000 米。全镇有建房户 123 户，建筑面积 32472 平方米。建商品房户 5 家，建筑面积 1256 平方米。2000 年，投入资金 2400 万元，完成经济试验园区建筑面积 3 万平方米。全镇有建房户 38 家，建筑面积 988 平方米。建商品房户 6 家，建筑面积830 平方米。2001 年，建设南王村公路 2.2 公里。2003 年，改造杜王路、于王路、朱守路 10.7 公里。2004 年，改造政和路、书会路 2.18 公里。2005 年，建设胡集村公路 2.3 公里，董夏路 3.7 公里。长 600 米的东西大街（振兴街）和长 260 米的南北大街（新源路）基本实现楼房化、商业化。沿街商业建筑面积达 9500 平方米，总投入达 530 万元，入驻商户近 100 户。投入 220 万元，硬化东西、南北两条主大街路面 4.4 万平方米；投资 90 万元安装豪华路灯 160 盏；投入 50 万元，沿 220 国道和省道乐胡路种植草皮 5000 平方米。

胡集商场

水利 1986 年，胡集镇已基本形成纵横交错的水利灌溉网。水利建设实用工日 15 万个，完成土石方 18 万立方米。除涝面积 2.34 万亩，盐碱地改造 0.69 万亩。1988 年，水利建设完成土石方 25 万立方米，实用工日 18 万个，打机电井 102 眼，盐碱地改良 0.75 万亩。1986—1997 年，先后投资 400 万元，建成桥涵闸 285 座，购置大型挖掘机 1 台，实现四季作业不断。1997 年，全镇有效灌溉面积达 4.5 万亩，旱涝保收 3.6 万亩，农业生产条件得到明显改善。1999 年，投资 100 万元，建设小开河工程，进行 1 万亩方田开发。

2000年，借国家黄淮海开发的有利时机，投入120万元建成沟路渠井桥涵闸配套的高标准方田5000亩，大大改善了农业生产和生态条件。2001年，投资35万元，新建和改造桥闸9处（座），开挖和疏浚沟渠15条，动土方12.3万立方米。购置驻友-200型大型挖掘机1部。2002年，开挖和疏浚沟渠20条，动土方21万立方米。抗旱调水50万立方米，建设政和路下水道1125米。改造中低产田5000亩，动土方28.9万立方米，水工建筑物37座（处）。2003年，开挖和疏浚沟渠16条，动土方18万立方米。改造中低产田5000亩，动土方21.7万立方米，水工建筑物42处（座）。2004年，购置东方红-802推土机1部。建设石庙镇土地管理项目陈集片区1.4万亩，动土方70万立方米，建筑物67座（处），衬砌渠道5.3公里，打深井47眼，整理高压线路14.8公里，开挖疏浚沟渠13条，动土方23万立方米，平整土地500亩。2005年，开挖疏浚沟渠13条，动土方15万立方米。

教育　1987年，胡集镇有完小9所，小学100所，在校生6145人，适龄儿童入学率98%。投资300余万元，进行学校“六配套”建设，全镇4处学校面貌大为改观。1994年，建成镇成人中心学校。1995—1997年，投资600万元扩建中小学校舍，积极完成合班并校工作。教学点从1994年的54个减少为20个，全镇形成1所中学、7所定点小学、20个教学点的较为合理的布局，75%以上的学生能在定点学校就读。中学及7所定点小学的实验室按省Ⅱ类标准配备，音体美器材配备均达国家标准。1997年，通过省政府“两基”验收，并被评为“滨州地区两基工作先进单位”。2000年，全镇小学合并为19所，中小学在校生共3866人。2002年，镇第一中学升学人数120人，镇第二中学升学人数118人，升学率为全县第2名。2005年，筹资40万元为镇一中新建实验楼1幢。全镇有小学16所，在校学生3661人，适龄儿童入学率100%。有中学2所，在校生2313人，升学人数309人。

卫生　计划生育　1986年，镇卫生院设有内、外、妇产等科室，有医护人员44人，病房8间。1990年，镇政府投资26万元，建成门诊大楼。全面推行计划生育合同管理及目标责任制管理，加大投入，夯实基础，强化服务功能。1992—1997年，镇政府先后投资50万元用于计划生育设施建设。设有手术室、药具室、消毒室、B超室、微机室等。2000年，全镇有村级卫生室50余个，极大方便群众就医。全镇出生375人，年末人口31105人，人口自然增长率4.7‰。2005年，镇卫生院有人员39人、科室13个，有X光机、B超机、心电图机、脑电图机、生化分析仪等大型设备，业务收入130万元。省卫生厅、财政厅投资55万元，在陈集卫生院建二层门诊楼1座，建筑面积980平方米。省农村卫生院“360工程（全省共扶持360家乡镇卫生院建设工程）”在该院建二层病房楼1座，建筑面积800平方米，附属房220平方米，总投资约60万元。镇人口出生率为12.38‰。

办事处及村庄　辖胡集、成官、月杨、王惠理、陈集、白桥、店子、石集、夏翟9个办事处，100个行政村，分别为：胡集、西花赵、东花赵、前刘、后李、郭家、王富安、苑家、北刘、北李、皂户杨、道口张、河沟陈、郑家、谦李、成官东街、成官西街、成官南街、成官北街、八沟张、小马、成兴、东宋、东齐、大柳树马、杜家、程家、月杨、黄李、石槽朱、郑家园、徐家、许家、王店、刘店、桑家、刘元寺、桥西赵、三甲赵、甘露庵、粉曹、任家、陈家、张集、王惠李、梨花王、张坊、王肖、菜园张、西齐、于家、路家、东屯、西屯、辛庄、贾庙、陈集、大范、小范、温家、东张、杨子学、河东、河西、河北、白桥、北辛庄、小李、小金、金家桥、东营、西营、吉家、店子街、于桥、西董、杲家、小陈、小刘、林家、贾家、邓王、吴家、西张、伊封山、石集、北于、东赵、西赵、潘家、张英、田家、河北王、丁家道口、翟家、夏家桥、南于、东董、冯家、南王。

附：陈集乡

陈集乡位于惠民县东部，乡机关驻地陈集村距县城23公里。东靠滨州市经济开发区，南邻胡集镇，西连麻店镇，北接桑落墅镇，总面积73.42平方公里。2000年，全乡辖5个办事处，44个行政村，7418户、27719人，耕地面积52400亩，农业总产值20185万元，农民人均纯收入2604元。2001年3月，调整乡镇区划，陈集乡并入胡集镇。

农业　陈集乡主要农产品为小麦、棉花。1985年，全乡粮食总产1499.5万公斤，小麦平均亩产265.5公斤；棉花总产153.5万公斤，平均亩产62.5公斤。1988年，粮食播种面积5.55万亩，总产1638.1万公斤；棉花播种面积3.05万亩，总产191.7万公斤，年供良种6万公斤。1990年，全乡种粮5.66万亩，总产1558.4万公斤，其中小麦3.15万亩，总产973.4万公斤。棉花3.04万亩，总产117.63万公斤，供良种8.9万公斤，推广BT菌防治棉铃虫新技术。1994年，推广玉米田药物除草技术，年供良种7.2万公斤。1997年，粮食产量达1674.5万公斤，棉花总产45.2万公斤。全乡有桑园3000亩，产茧25万公斤，产值400万元。瓜菜产值2500余万元。食用菌产值300万元，利润150余万元，被评为“全国食用菌生产行业先进乡镇”。2000年，粮食总产1860万公斤，棉花总产117万公斤，蚕茧总产30万公斤，食用菌总产464万公斤，瓜菜总产2133万公斤，全乡农业总产值12791万元。

工业　1985年，全乡乡办企业有窑厂、面粉加工厂、铁木加工厂等，工业总产值27万元。1989年，乡镇企业发展到660家，其中乡办3家，村办5家，联户21家，个体631家，总收入525万元。1994年，乡镇企业实现营业收入7100万元，利税970万元。1997年，乡办工业企业有南窑厂、北窑厂、纺织厂、化工厂、食用菌开发公司5家，个体私营户359个。乡镇企业总产值1.75亿元。2000年，全乡从事商业经营户数达到全乡总户数的12%以上。

林果业　1986年，全乡造林面积1666亩，林网面积6363亩，林木覆盖率为4.5%。1989年，推广“丁字形芽接法”，在太青杨苗木上嫁接毛白杨，进行毛白杨扦插育苗，大大提高毛白杨接穗利用率，加快了优质毛白杨树种的推广与普及。1994年，造林面积达5260亩，林木覆盖率达15.73%。1995年，经山东省林业厅验收，乡绿化水平达到省绿化标准。1997年，全乡果园面积为2040亩，果品产量1500万公斤，产值近千万元。2000年，全乡有林地面积达到5500亩。新增苹果800亩、桃树600余亩、冬枣500亩。苹果产量129万公斤，套袋果占总产量的1/3。

畜牧业　1986年，全乡有大牲畜4106头，猪6589头，羊1675只，家禽存养33472只。畜牧业总收入91.7万元。1997年，全乡有个体饲养200头以上的养猪场1家，5000只蛋鸡养殖厂1处，1000只以上养鸡户13户。全乡有大牲畜15170头，猪19868头，羊17827只，家禽存栏35.74万只。畜牧业总收入达1200.6万元，畜牧业产值占农业总产值的15%以上。2000年，全乡有5000只以上养鸡大户1户，1000只以上规模养鸡户63户，养猪50头以上6户。全乡大牲畜存栏9560头，出栏4840头；猪存栏14800头，出栏20800头；羊存栏12260只，出栏11500只；家禽存栏26.8万只，出栏47.05万只。

水利　陈集乡地处白龙湾灌区下游，供水较紧张，而汛期客水较多，故易旱易涝。1986年，对陈麻沟进行加宽，工程长度5200米，动土12.5万立方米。1989年，开挖陈麻沟、温姜沟、丁石沟、支三排，工程长度14400米，动土19万立方米。1992年，投资23万元，开挖支三排、温姜沟，工程长度1万米，动土13万立方米。1997年，投资11万元，对境内6段沟渠进行开挖，工程长度80500米，动土6.5万立方米。全乡沟渠总蓄水能力为400万立方米，有效灌溉面积5.3万亩，达到设计蓄水标准，可保证全乡所有土地普浇一遍。排洪方面，可确保日降雨150

毫米不成灾。1998年，总投资70万元，共动土36万立方米，打机井15眼，修建筑物15座。2000年，总投资65.9万元，动土23万立方米，打机井27眼，修建筑物6座。

教育　1986年，投资50万元，修建教室116间、办公室40间，购置课桌凳500套。1989年，投资10万余元，修建教室12间、办公室6间，购置课桌凳50套。全乡所有小学告别“黑屋子”“土台子”。1993年，全乡中小学教师学历合格率达100%。1995年，投入108.2万元，为8所完全小学建教室98间，办公室26间。投入10万元，建教职工宿舍6户。1996年，投入242万元，建4层教学大楼1座，面积2400平方米。1997年，全乡有中学1所，在校生921人，84名教职工。中心小学1所、定点小学7所、教学点13个，有在校生3524人，教师223人。通过省政府“双基”验收。1998年，将全乡44个村办小学、5所中心小学合并为9所完全小学，并对校舍进行建设和改造，基本适应了现代教学的需要。1999年，安装卫星接收天线，建起微机室、语音室，逐步走上依靠现代教学方式进行教学的轨道。2000年，陈集乡中学有教学班22个，在校生1291人。

卫生　计划生育　乡卫生院建于1972年，占地面积9800平方米。1991年，投入4万元，新建病房9间、院墙150米。1992年，购进日本东芝B超机1台、200毫安X光机1台，价值9万元。1993年，新增心电图机、高倍显微镜、721分光光度计、血红蛋白分析仪、离心机、恒温箱、手术专用器械，总价值9万余元。1997年，乡卫生院被评为全省“农村卫生工作先进集体”。全乡44个行政村均有卫生室，并有2个卫生室达省级规范标准。计划免疫覆盖率85%以上，人口自然增长率为2.6‰。2000年，乡卫生院有医护人员31人，病床20张，设17个科室。有村卫生室80余家。是年，全乡计划生育率99.68%，晚婚率100%，晚育率99.42%，人口自然增长率为2.2‰。

第十节　魏集镇

魏集镇位于惠民县东南部，1994年12月撤乡设镇，镇机关驻地魏集村距县城31.5公里。东邻滨州市经济开发区，南隔黄河与高青县相望，西接清河镇，北与胡集镇毗连，东西长10.06公里，南北宽8.4公里，总面积53.89平方公里。2005年，辖5个办事处，54个行政村，7461户、30203人，耕地面积43068亩，工农业总产值4.9亿元，财政收入335万元，农民人均纯收入3960元。

农业　境内东半部为沙壤土质，西半部为红粘土，属大崔引黄灌区，水资源充足。主要农作物为棉花、小麦、玉米。1985年，小麦平均亩产230公斤，棉花平均亩产95.5公斤。全年粮食总产1090.4万公斤，棉花总产134.15万公斤。1988年，为推广农业新技术，镇政府成立农技、水利、畜牧、桑蚕等科技服务队伍，配备专职技术人员。各办事处配有科技网长，村村有技术员，形成辐射全镇的科技推广网络。先后参加黄淮海中低田开发，推广小麦、玉米、棉花综合丰产栽培技术，棉花、土豆，棉花、西瓜等立体种植技术，小麦、玉米、棉花全部实现良种化。1994年开始，镇党委、政府调整种植业结构，发展“三园”（桑园、果园、菜园）生产，当年建桑园5901亩，菜园3268亩，果园547亩。1997年，蔬菜瓜类总产635.6万公斤，果品总产37.9万公斤，蚕茧总产24.13万公斤。1998年，全镇粮食总产1851.16万公斤，棉花总产83.53万公斤，蚕茧总产40.47万公斤，农业总产值1.2亿元。1999年，实施“科技致富工程”，利用大棚养蚕试养成功，创出张蚕产茧60公斤，棚增效益300元，被省确定为“高效大棚养殖示范基地”，菌茧、菌禽养殖经验在全省推广。2000年，全镇已建成良种桑园9872亩，果园1371亩，蔬菜1991亩，菌蚕养殖大棚78个。全年粮食总产1956.32万公斤，棉花总产55.63万公斤，蚕茧总产

44.07万公斤，食用菌总产16.88万公斤。农业总产值1.5亿元。2005年，全镇有蔬菜5700亩，高效菌茧大棚1433个。粮食总产1775.7万公斤，棉花总产149.2万公斤，蔬菜总产924.5万公斤。农业总产值2.5亿元，其中“三园”产值949万元。

工业 1985年，乡办企业有铁木厂、面粉厂、艺品厂、窑厂等，工业总产值16万元。1986年，全乡有乡办企业3家，村办企业3家，个体手工业和家庭作坊230户，总产值149万元。1994年，镇党委、政府制订一系列激励个体私营经济发展的政策和规定，使私营企业发展步入快车道。该镇首家私营企业“惠民县密封件厂”建成投产，年创产值150万元，利税15万元。至1997年，先后建成粮油加工、制钉拔丝、华兴酿造、有机化工等私营企业5家，实现总产值2700万元，利税270万元。涌现出木器制作、食品加工、酱色酿造、地毯加工、交通运输、建筑装饰等个体私营业户800余户，经济总收入1.4亿元。镇、村办企业主要有福利灰沙砖厂、建筑安装公司、地毯公司、面粉厂等，年创产值3200万元，利税140万元。1998年，镇办集体企业实行改制，全部转为个人租赁经营。全镇企业总产值达2.07亿元，利税1785万元。形成建材、化工、食品加工、服装加工、装饰装潢、食用色素等行业为主体的民营经济框架。2000年，私营企业发展到26家，年产值4468万元。个体业户发展到970户，从业人员2140人，完成产值2.15亿元。2001年，全镇加大招商引资、项目建设力度，相继引进建成惠滨棉麻、济南微蓝服饰、黄河新型建材等民营企业，实现固定资产投资2300万元。2003年，引进项目26个，其中过千万项目3个，招商引资额9600万元。2004年，实施“招商引资优惠年”活动，引进外资项目28个，实现固定资产投资11200万元。2005年，引进外资项目26个，其中千万元以上项目5个，中韩合资项目1个，实际利用外资2.1亿元。至年底，全镇有骨干企业30余家，民营业户1760户，实现企业总产值2.4亿元。

服装加工生产车间

林业 1986年起，全镇大搞丰产林、农田林网建设，积极参加全国平原绿化达标会战，使林业覆盖率和林地资源快速增加。1994年，全镇有林地面积10772亩，农田林网面积41747亩，“四旁”植树29.76万株。达到省级平原绿化标准。1998年，全镇大搞植桑养蚕，当年建成桑园7000亩。全镇有林地面积10792亩，农田林网化面积41750亩。2000年，林地面积为1.12万亩，林网折实面积3198亩，农林间作折实面积3402亩，桑园9872亩，果园面积1371亩，林木覆盖率24.5%。2001年，推进林权制度改革，出台林木拍卖政策，签订林木拍卖合同60份，拍卖林地50亩。2005年，栽植基地片林2130亩，林粮间作300亩，育苗300亩。至年底，全镇4.3万亩土地全部实现林网化，共绿化生产路220.7公里，植树25万株，林木覆盖率达到25%。

水利 境内农田主要靠大崔引黄闸引黄河水灌溉，排涝靠东干渠泄水。1986年，全乡农田灌溉网基本形成，灌溉面积达3.23万亩。1989年，投资5.5万元，修建中、小型桥闸30座，筹资22万元修建五甲杨扬水站。1995年，投资18万元修筑黄河滩区灌溉衬砌工程4000米。动土150万立方米，开挖沟渠85条。投资1.5万元修建拦水坝两座。至1997年年底，已开通河套崔引黄闸至老君堂东西走向干渠一条，全长1.08万米。河套崔至姚家口分水闸西干渠一条，全长3700米。

开挖支渠8条，斗渠140条，截渗沟1条，打机井120眼。1999年冬至2000年3月，建成一个桥、涵、闸配套，沟、路、渠、林成网的高标准高产丰产田，该丰产田共6000亩，投工12万个，动用机械50台（辆），动土40万立方米，开挖沟渠30条，建桥涵闸70座，总投资80万元。2001年，实施韩家办事处2.1万亩方田建设，沟路渠配套治理50公里，开挖支级沟渠3条，斗级沟渠34条，动土200万立方米。2003年，实施建设宫家方田工程1万亩，开挖支级沟渠1条，斗级沟渠29条，动土60万立方米。沟路渠配套治理30公里，修建水利设施76座，节水衬砌1000米。2004年，整治邵家方田1.2万亩，开挖支、斗级沟渠25条，修建水利设施90座，节水衬砌2000米，治理沟路渠配套35公里。2005年，开挖干、支、斗级沟渠33条，沟路渠配套治理38公里，节水衬砌1.2公里，修建水利设施101座，整平土地3000亩。

畜牧业　1986年，全乡大牲畜存、出栏2643头，生猪存、出栏6440头，羊存、出栏432只，家禽41547只。至1997年，镇政府共投放贴息、低息贷款120万元，用于青贮饲料技术推广，发展养殖大户和牲畜品种改良，全镇有畜牧养殖大户670个。大牲畜存、出栏1.65万头，猪1.3万头，羊1.95万只，家禽91.1万只。2000年，全镇新发展养殖大户76户，养殖专业户219户，种苗、饲料销售点8个。牛存、出栏1.6万头；猪存、出栏5.6万头；羊存、出栏4.5万只；家禽存、出栏470万只。全镇畜牧业总产值5664万元。2005年，全镇大牲畜存栏1.95万头，猪存栏5000头，羊存栏1.1万只，家禽存栏62万只。畜牧总产值9764.2万元，占农业总产值的39.29%。

村镇建设　1986年，全镇农村人均住房11平方米，80%是土坯结构的平房。1993年初，完成小城镇建设规划。1995年，全镇基本实现村村通公路。1997年，人均住房达到26平方米，新建房多为石头根基、砖瓦结构平房。全镇有沥青路40公里，开通程控电话360门，28个村安装了国内直拨电话。有高压线路47公里，村村户户用上高压电。1998年，投资1000万元，拓宽桑王路魏集段，建成魏集至高青县黄河浮桥。投资500万元，对魏氏庄园进行修复。2000年，投资60万元，拓宽中学至魏氏庄园大街（协和大街），安装了路灯；投资5000万元，建成旅游园、商贸园，建造商住楼120座，其中仿古式建筑20座；设立程控电话交换机10台，装机总量5120门，安装国内、国际直拨电话3600门；有5个村安装了自来水，受益人口2.8万人，全镇人均住房面积达到35平方米。2002年，投资330万元，对魏氏庄园西部护城河进行2次开发治理，动土50万立方米。2003年，投资1600万元，实施旅游开发第三期工程；投资500万元，建成60余亩庄园文化广场和休闲公园，对庄园周边民宅进行仿古改造。2004年，投资900万元，实施庄园湖景点修复及黄河故道两期开发工程，开发藕、渔池塘200亩。2005年，投资196万元，完成庄园“树德堂”部分修缮任务，建设庄园商贸城、谭马埽古民居群，聘请省市专家制定完善《魏集镇10年近期及20年远期旅游发展规划》。完成沿街楼房仿古改造2万平方米，形成仿古建筑一条街，被县委、县政府授予“小城镇建设先进单位”。

经济园区一角

教育　1986年，全乡有中学1所，在校生648人，教职工48人；小学54所，在校生3246

人，教职工 148 人。1987 年，新建小学 13 所，改造旧校 17 所，“六配套”学校占学校总数的 96%。1994—1997 年，筹资 500 余万元，先后建成初中教学楼 1 座，成教中心、幼教中心各 1 处，完全小学 5 所。为中小学购置教学器材价值 66 万元。经合班并校全镇形成 1 所中学、6 所完全小学、28 个教学点的新格局。1998—2000 年，共投资 21 万元用于校舍改造，投资 45 万元购置教学设备，改善了中小学办学条件。2003 年，投资 4 万元，对中学多媒体教室进行改造，安装高清晰投影仪，顺利通过省政府“两基”复评。2005 年，投资 28 万元，新建初中学生公寓 22 间。全镇有幼儿园 25 所，幼儿教师 32 人，在园幼儿 880 人，幼儿入园率达 85%；有完全小学 6 所，教师 104 人，在校学生 2002 人；中学 1 所，教职工 77 人，在校学生 1041 人。

卫生　计划生育　1992 年，镇卫生院获县级文明医院称号。1994 年，获部颁一级甲等医院和地级文明单位称号。1996 年，镇计划生育工作荣获全县一等奖。1997 年，投资 20 万元，为卫生院修建病房、手术室，购置 B 超机、心电图机、血管内照射仪等医疗设备，购买了救护车。2005 年，卫生院新建门诊楼正式启用，设医疗科室 12 个，病床 20 张，有医护人员 18 人，年业务收入 95 万元。有村卫生室 49 个，乡村医生 53 人。全镇计划生育率为 99.7%，晚育率为 80.7%，晚婚率为 97.6%，自然增长率为 4.2‰。

文化　旅游　镇文化站建有文化活动中心，内设综合演出厅、录像室、游艺室、图书室、老干部活动室、篮球场、门球场等设施。全镇先后组织业余演出队 20 余个，庄户剧团 5 个。有 20 余个村建有农家书屋、文化大院。文化站每年组织大型文体活动 50 余场。2002 年，成立“魏氏庄园旅游开发公司”，建成占地 60 亩的文化娱乐休闲广场。2004 年，实施庄园湖景点修复和黄河古道水上游项目开发，开挖古河道 1300 米。至 2005 年，魏氏庄园游、黄河古道游、黄河岸线风情游“三大景区”已初具规模，被评定为国家 AAA 级旅游景区，年接待游客 30 万人次。

百年老店

办事处及村庄　辖魏集、韩家、宫家、曹家、老君堂 5 个办事处，54 个行政村，分别为：魏集、枣叶王、谭梁许、成庙、东簸箕王、西簸箕王、东朱、老官赵、白布韩、王东沙、前刘、后刘、周家、宁芦、豆腐胡、狗皮王、西朱、张贤臣、曹吴、彭家、双庙崔、蔡家、宫家、姚家口、双庙杨、丁河圈、三合李、王平口、大杨、堤下邵、孙家圈、河套崔、引黄崔、曹家集、贾家集、木匠景、谭家、四甲杨、六甲杨、前王寺、后王寺、杨王、阮家道、东董口、西董口、老君堂、铁匠魏、五甲杨、翟卜、李家庄、苏家庄、翟家寺、邢董南、邢董北。

第十一节　清河镇

清河镇位于惠民县南部，1994 年 12 月撤乡设镇，镇机关驻地距县城 26 公里。东邻魏集镇、胡集镇，南隔黄河与高青县相望，西接李庄镇，北隔徒骇河与辛店乡、麻店镇相对。东西宽 8.4 公里，南北长 11.6 公里，总面积 70.44 平方公里。2005 年，辖 6 个办事处，58 个行政村，8913 户、31028 人，耕地面积 4.6 万亩，工农业总产值 5.43 亿元，财政收入 165.77 万元，农民人均纯收入 3760 元。

农业 清河镇西部多沙土，东部和南部多盐碱地，主要农作物为小麦、棉花、玉米、大豆、瓜菜。1985 年，小麦平均亩产 289.5 公斤，棉花平均亩产 77 公斤，全年粮食总产 1568.3 万公斤，棉花总产 187.3 万公斤。1986 年开始，全乡大力调整种植结构，发展高产、优质、高效农业。全乡粮食总产 2733 万公斤，棉花总产 191.26 万公斤，瓜菜 200 亩，农业总产值 1921 万元。1988 年，由于春天大旱、夏秋洪涝造成减产，粮食总产 730 万公斤，棉花总产 270 万公斤，蔬菜总产 147.8 万公斤，农业总产值 2420 万元。1994 年，粮食种植面积 5.4 万亩，总产 2048 万公斤；棉花 2.4 万亩，总产 215 万公斤；蔬菜发展到 2040 亩，总产 151 万公斤。农业总产值 8948 万元，比 1986 年增加了 5 倍。1995 年，粮食总产 2209.6 万公斤，棉花总产 163 万公斤，蔬菜总产 2100 万公斤。西瓜 600 亩，大棚 750 个，总产 16 万公斤。农业总产值达 1.30 亿元。1996 年，全镇大力发展植桑养蚕和蔬菜生产。全镇共植桑 3000 亩，产茧 20 万公斤，实现产值 300 万元。1997 年，镇建立马铃薯脱毒经济中心，农业科技含量增加，经济效益提高。粮食种植 4.4 万亩，总产 1638 万公斤；棉花 1.1 万亩，总产 95 万公斤；蔬菜 2 万亩，西瓜 3540 亩，总产 1.47 亿公斤。农业总产值 1.39 亿元。1998 年起，良种繁育成为清河镇一大支柱产业，每年都有新的品种得以繁育推广，玉米良种主要以鲁单 50、农大 108 为主；小麦良种以鲁麦 23 为主，推广面积在 2.3 万亩以上；棉花全部推广转基因抗虫杂交棉中 29、鲁 15 等，增产达 30%；蔬菜种植推广了国内外较先进的优良品种。2000 年，全镇种植胡萝卜 2200 亩，全部是日本的黑田五寸人参良种；种植土豆 3500 亩，品种是鲁引 1 号、荷兰 7·15 号；种植 6100 亩西瓜，为冠龙系列品种。是年，全镇蔬菜总产 8400 万公斤，粮食总产 1775.58 万公斤，棉花总产 126.54 万公斤，农业总产值达 1.72 亿元。2003 年，全镇蔬菜种植面积发展到 2.1 万亩，所产“青禾”牌胡萝卜被山东省农业厅认定为“无公害农产品”，并通过国家级无公害品牌认证。2005 年，全镇粮食总产 1635.27 万公斤，皮棉总产 200.49 万公斤，蔬菜总产 5217 万公斤，产值 3661 万元。有桑园 5300 亩，优质果园 910 亩。全年农业总产值 2.23 亿元。

工业 1985 年，乡办企业有窑厂、农具厂、被服厂等，工业总产值 30 万元。1986 年，共有企业 266 家，其中乡办 5 家、村办 16 家、联户办 15 家、个体 230 家，总产值 401 万元，利税 86 万元。1988 年，投资 200 万元对乡农具厂和农机站进行扩建和改造。全乡企业总产值达到 500 万元。1992 年，乡化工厂被地区农行评为“一级信用企业”。全乡企业产值实现 2500 万元，利税 250 万元。1993 年，投资 80 万元，建成年产值 500 万元的节能灯具厂。1994 年，灯具厂产量 6.3 万只，创产值 510 万元，利税 50 万元。地毯厂投资新上地毯后序水洗设备，年产值达 1500 万元，利税 30 万元。乡镇企业实现总产值近亿元。1996 年，镇政府出台优惠政策发展民营经济，使个体私营业户发展到 600 余个，从业人员达 2000 余人。1999 年，投资 120 万元，建成日产 40 吨等级粉的华鑫面粉厂，当年实现产值 345 万元，利税 36 万元。投资 105 万元，建成预制件厂和苇板厂。2000 年，投资 150 万元的加油站与投资 60 万元的南一面粉厂相继建成投产。聚脂瓶厂投资 130 万元购置全自动注塑机和吹瓶机，年创产值 858 万元。地毯织机发展到 940 台，年加工能力达到 6 万平方尺。全镇企业发展到 991 家，企业总产值 2.13 亿元，实现利税 2630 万元。2001 年，全镇加大招商引资项目建设力度，投资 200 万元，建成占地 1100 亩的工业园区。2002 年，引进外资项目 5 个，完成招商引资额 8842 万元。2004 年，实施“招商引资优惠年”活动，共引进洪喜化纤、明亭植物油、晓彬包装、发胜木材等重点外资项目 10 个，被县委、县政府授予“招商引资先进乡镇”。2005 年，落户工贸园区的骨干企业项目共 15 个，到位资金达 1.5 亿元。全镇企业总产值达 3.2 亿元。

水利 清河镇南临黄河，北靠徒骇河，水利条件较好，境内沟渠相连，排灌方便。1986年，投资10万元，挖支渠3条，全长5公里，建桥涵闸10座，改善农田灌溉面积2000亩。1987年，动工6000个，水渠清淤48公里，建桥涵闸12座。1988年，投资30万元，水渠清淤50公里，建桥涵闸30座。1989年，投资31万元，清挖河道50公里，建桥涵闸40座。1991年，清淤与公路相结合，实现沟路渠全面配套。投资60万元，清挖沟渠60公里。1992年，承担黄淮海开发项目工程，建成标准方田1个，开发面积1万亩，投资45万元。投工10万个，挖沟路渠12条，建闸110座，完成土石方30万立方米。1993年，完成“黄淮海开发项目”二期工程，建成万亩方田一个，投资95万元，建桥涵闸120座，挖沟渠12公里。1994年，投资250万元，完成第三期黄淮海开发项目，农田灌溉面积达到4.5万亩。1997年，主要道路两侧设置排水沟、疏通开挖排灌渠道，全部工程总长达95.5公里，动土900万立方米，实现旱能浇、涝能排的水利体系。1998—2000年，投资108万元整修干级沟路配套工程2条；整修支级沟、路、渠配套工程23条；修建桥涵闸建筑物97座，开发方田6000亩。2001—2002年，投资215.5万元，综合开发中低产田8000亩，建桥涵闸配套建筑物152座，清挖、整修沟路渠141条，动土52.26万立方米。2003年，投资212万元，实施第二期中低产田农业综合开发项目，开发耕地8000亩，建成桥涵闸配套建筑物126座，修整、清挖沟路渠159条，动土48.5万立方米。2004—2005年，开挖加支二沟、中干截渗沟、支九排3条排水沟和南干、中干、北干3条干渠，动土16.3万立方米。

林果业 1986年，全乡营造丰产林5000亩，桐粮间作和农田林网3500亩。1987—1989年，完成农田防护林15250米，桐粮、桐棉间作500亩。1990年，营造农田林网1万米，全乡有林地面积达到2.1万亩，林木覆盖率达17.8%。1991年，全乡有果园面积2400亩，水果总产100万公斤。1994年，在樊北建起标准化示范果园200亩，扩建经济林200亩，绿化路渠、营造防护林5000米。1995年，全乡共有成片林地6898亩，农田林网面积4.61万亩，“四旁”植树26.39万株，育苗210亩，森林覆盖率达到19.64%，成为“八五”期间绿化达标先进单位。2000年，建成高标准方田林网化面积1.5万亩，完成境内国道、省道、县乡公路和大、中型河道、路渠绿色通道建设工程；完成220国道绿化7公里，渠、路绿化带60公里；完成优质果品基地建设任务，其中苹果1000亩，蜜桃1500亩，冬枣300亩，果品总产500万公斤。2001年，实行林权制度改革，镇党委、政府出台《林木拍卖政策》，签订林木拍卖合同80份，拍卖林地3500余亩。2002年，全镇大力开展果园建设，当年果园面积发展到3000亩，其中苹果2000亩，冬枣300亩，桃700亩。2003年，大力发展植桑3000亩，蚕茧产量20万公斤，产值300万元。2005年，全镇有林地面积3万亩，优质果园910亩，果品收入1000万元。有桑园5300亩，蚕茧收入3402万元。林木覆盖率达23%。

畜牧业 清河镇土地广阔，饲料丰富。1986年起，镇党委、政府因地制宜大力发展畜牧业生产。全乡大牲畜存养1.27万头，猪8000头，羊1.25万只，家禽13.21万只。1995年，为达到以销促养的目的，乡政府投资80万元，建立丁庄黄牛市场。全乡牛存养量达到2.29万头，骡马5400匹，猪2.15万头，羊1.99万只，家禽17.90万只。至1997年，全镇有畜牧专业户2328户，其中养牛大户837户，养猪大户215户，养羊大户739户，养鸡大户310户。规模饲养开始由“人畜（禽）同院”向集中饲养的生产小区转移，建起镇、村两级畜禽疾病防治和技术指导网络。全镇有专职兽医28人，防疫员58人，黄牛改良人工授精站2处。2005年，大牲畜存栏量为3.14万头，猪存栏2.15万头，羊存栏3455只，家禽存栏53.64万只。

村镇建设 1992年，投资313万元，建设沿刘清路两侧的商品房，农贸市场铺设了柏油路面。1993年，在乡政府驻地建起土豆脱毒中心和灯具厂2栋二层楼房。1996年，建成镇政府驻地南北、东西两条商业街，占地面积1200亩。1998—2000年，镇党委、政府狠抓小城镇建设，制定多项优惠政策，沿220国道和刘清路两侧建起二层以上楼房53座，高标准商品楼20余座。2002年，建成东、西、中三大工贸园区，吸引落户外资企业16家。2003年，聘请省城乡规划设计院对镇驻地和工业园进行近期与远期规划。2004年，完成丁庄商场改造，新增城镇建设面积23210平方米。2005年，镇投资1000万元，新建成丁庄商场两侧商业楼9800平方米。

教育 1986年，全乡有幼儿园8所，小学54所。中学分南校和北校，南校校舍为土坯房，北校利用原公社农场改建。1994年，实行合班并校，小学由原来的54所调整为7所定点小学、9个教学点，初中由原来的2所合并为1所。1996年，镇投资389万元，新建教师办公楼1幢，校舍159间，总建筑面积4267平方米。新建学校2处，大门7座，厕所963平方米，院墙1765米，路面硬化13400平方米，图书、仪器配备达省颁发二类标准。1997年，通过省政府的“双基”验收。全镇小学教师学历达标率为100%，初中教师为88%。至2000年，投资32万元，对中小学校舍设施进行改建和维修。投资25万元，在中学建立95平方米容机24台的微机室和95平方米的24座语音室，达到信息教育和双语教学的要求，中学配置了录音机、透镜仪、彩色电视机、VCD等教学设备。2001年，全镇小学完成撤班并校任务，取消教学点，实现完全小学。2003年，投资120万元对全镇小学进行危房改造。2004年，投资100万元对中学和全镇小学校舍进行彻底维修。全镇有初中1所，在校生900人；完全小学7所，在校生2031人；幼儿园23所，在园幼儿879人。全镇中、小学教师学历全部达标。

卫生 计划生育 1986年，镇卫生院有医护人员27人，病床15张，设有9个业务科室，年门诊量1.6万人次，固定资产20万元。1991年，镇政府投资8.1万元扩建门诊13间。1993年，投资1.2万元翻新病房2间，购置病床14张。1994年，投资4万元建立丁庄门诊部，门诊部设业务科室5个，配备X光机和心电图机各1台。1996年，镇卫生院购置光电比色计和多功能电离子手术治疗机各1台。1998—2000年，全镇计划生育率、晚育率、晚婚率均为100%，连续三年获县计划生育工作二等奖。2005年，镇卫生院有病床15张，医护人员19人。全镇有卫生室43处，乡村医生76人。投资16.8万元在丁庄商场新建分院1所。全镇有2538户领取了独生子女证，人口出生率为11.05‰。

文化 1986年，清河镇木版年画通过发掘、整理，共搜集到版画和书稿47种。1990年，木版年画作品相继参加了香港九龙“滨州地区民间美术展”“山东省民间美术作品展”，引起专家学者的高度重视。1995年，清河镇被地委、行署命名为“全区社会文化先进乡镇”。1997年，又被山东省文化厅和人事厅命名为“全省农村文体工作先进单位”。2005年，全镇有32个村建立了文化大院，有50%的村接通有线电视。镇建远程教育网络，普及58个村街。同年6月，木版年画传承人王圣亮创作的木版年画《孙子圣迹图》，被滨州市文化艺术评审委员会评为三等奖。

办事处及村庄 辖清河镇、油坊李、牛王店、古城马、梅集、林樊6个办事处，58个行政村，分别为：南一村、北一村、二村、三村、四村、西五村、东五村、薛家、堤上刘、降马李、堤上牛、油坊李、楼子孙、贾家、北乔、庞家、南乔、堤上李、堤上王、好李、堤上邵、牛王店、跑马刘、牛三、高庙魏、姜家、董家、马庄、孙木匠、樊北、宋家、樊西、翟刘、索家、韩泽环、樊前、林家、张标、丁庄、邵家、尚家、邢家、香赵、香坊张、梅集、坯古庄、杜桥、西梅、古城马、古城李、陶家、南孙、吕王庄、韩家、杜家、袁家、富刘、考童王。

第十二节　李庄镇

李庄镇位于惠民县南部，2001年3月，乡镇区划调整，申桥镇并入李庄镇，镇机关驻地距县城26公里。东与清河镇为邻，南与大年陈乡共界，东南靠黄河大堤，西与姜楼镇接壤，北与辛店乡毗连，南北长15.5公里，东西宽6.5公里，总面积100.8平方公里。境内220国道横穿东西，庆（云）淄（川）公路纵贯南北。2005年，全镇辖8个办事处，105个行政村，13114户、54644人，耕地面积78317亩，工农业总产值15.24亿元，财政收入703.75万元，农民人均纯收入4500元。

农业　全镇红、白壤土，水源丰富，北部有徒骇河横穿境内，南部有归仁引黄虹吸工程，田间沟渠配套，桥、涵、闸、槽齐全，排灌面积占总耕地的99%。主要农作物是小麦、棉花、玉米等，经济作物以蔬菜为主。1985年，粮食总产1340万公斤，棉花总产73.1万公斤。1986年，该镇立足种植结构调整，推广立体种植，实施棉花土豆、玉米西瓜、粮食蔬菜、小麦玉米等多种形式的间作套种及地膜覆盖、塑料大棚新技术，复种指数为1.5。1997年，全镇小麦、玉米、棉花、蔬菜全部使用优良品种，且实行统一供种。复种指数达到1.9。1998年，全镇发展平菇、金针菇生产，建大棚87个，棚均年收入6000元。1999年，全镇种植圆葱1.2万亩，被誉为“圆葱、大蒜”之乡。“申桥”牌圆葱被山东省农业厅认定为无公害产品。2001年，全镇粮食总产3621.07万公斤，棉花总产256.39万公斤，蔬菜总产12877.44万公斤。2002年，全镇蔬菜种植面积25580亩，其中大蒜1万亩，圆葱1万亩，辣椒5580亩。全年粮食总产3490.28万公斤，棉花总产188.9万公斤，蔬菜总产13165.16万公斤。农业总产值2.69亿元。2005年，全镇圆葱、大蒜种植2.5万亩，建蔬菜大棚950个。粮食总产3728.6万公斤，棉花总产270.36万公斤，蔬菜总产12519万公斤。实现农业总产值5.24亿元。

工业　1985年，镇办企业有窑厂、地毯厂、绳经厂、面粉加工厂等，工业总产值317万元。1986年，镇办、村办、个体私营企业发展到1292个，从业人员2093人，乡镇企业总产值1079万元。1995年，以东牛村支部书记牛孝元为首的密目网生产加工业开始发展。1997年，全镇密目网厂发展到6家，密目网机33台，从业人员3000余人。有5家镇办企业通过拍卖或变卖的方式转为私营企业。全镇集体、个体工业企业达到2569家，从业人员7341人，企业总产值实现3.10亿元，创利税2574万元。1998年，投资100万元建莆田园，引进福建、湖北等地8家企业。投资1700万元建成绳网大世界，先后引入各地绳网企业38家，成立绳网质检中心和金冠网具公司，年创产值2.68亿元，利税2733万元。2000年，全镇共有密目网机189台，年产绳网40万吨，产值2.8亿元，利税2100万元。全镇共有工业企业2489个，从业人员8236人，乡镇企业总产值4.03亿元。2001年，全镇实施“工业兴镇”“以商活镇”两大战略，把发展个体私营经济和招商引资作为战略重点。全年实现生产经营性固定资产投资9762万元，招商引资4645万元，新上、扩建50万元以上项目27个，100万元以上项目20个。全镇工业总产值实现5.2亿元。李庄经济

省先进民营经济园区

园区被省政府评为“先进民营经济园区”。2002

年，李庄民营经济园区被省政府评为“省级民营经济示范区”。2005年，经济园区内拥有绳网企业127家，其中福建莆田、江苏常州等外地企业13家。有密目网机410台，丙纶生产吐丝线26条，年产各类绳网10万吨。是年，全镇有绳网企业186家，其中资产过百万的100家，500万元以上的30家，千万元以上的8家。共有密目网机580台，绳车3200台，从业人员2万人。实现工业总产值10亿元。

林果业　1986年，全镇有林地面积2551亩，其中用材林1429亩，经济林837亩，农田林网面积1.21万亩，木材蓄积量8697立方米，林果总收入21.58万元。1987年，全镇建果园800亩，有农林间作1.34万亩，农田林网2.91万亩，果品总产16.75万公斤，林果总收入34.9万元。1991年，狠抓农田林网建设，形成沟路渠四配套，通过省、地、县三级验收。林木覆盖率25.3%，达到部颁平原绿化标准。林果总产值达74.9万元。1995年，镇政府制定有关禁止退林复耕方面的规定。被评为“八五”绿化达标先进乡镇。1997年，新增农田林网5000亩，更新林带500亩，拍卖承包沟渠11条、5.8万米，全镇林木覆盖率达27%，实现林果业总产值152万元。2000年，逐步完善林业政策，推行股份制和股份合作制经营，组建跨区、跨行业的林业经济联合体。全镇有农田林网7000亩，更新林带800亩，林木覆盖率30%。2001年，继续推进深化林权改革，全镇60%以上的沟路渠拍卖到户，签订林木拍卖合同600份。2005年，栽植片林3500亩，发展林粮间作5000亩。全镇有林地面积4.2万亩，其中果园8000亩，林果总收入达1123.38万元。

水利　1986年，全镇灌溉面积4.07万亩，占耕地面积的99.5%。1996年，特大洪涝灾害暴露出水利工作中的薄弱环节。全镇共用工13.6万个，动土80万立方米，修排水沟10条，总长8.6公里。1997年，用工8.1万个，动土17.6万立方米，对总干等5条干渠整理疏浚。动用机械挖沟筑堰2000米，修建穿涵2座。走“以河补源，以井保丰”的路子，全镇打机井146眼。1986—1997年，全镇累计新开挖、清淤河道120条，总长26.3公里，动土98万立方米，改良荒碱地5000亩，新建桥涵740座，开挖水库150亩。1998年，全镇干部群众捐款120万元，争取上级资金140万元，历时100天，建成流量为$10m^3$/秒的归仁引黄闸。1999年，投资13万元，修建桥、涵、闸及渡槽等18座，解决了大徐、潘家、李庄北五个村庄的部分土地排灌问题。2000年，投资19万元修建水工建筑物18座。投资12万元建徒骇河扬水站1处。2001年，投资60万元对归仁灌区40条干渠进行清淤，共动土40万立方米。2005年，投资136万元实施李庄镇5000亩中低产田改造工程，开挖疏浚沟渠34条，动土20万立方米，新建、维修桥涵闸53座。

畜牧业　1986年，全镇大牲畜存栏2202头，家禽75.2万只，畜牧业总收入47.38万元。1988年，镇党委、政府狠抓畜禽防疫，大搞饲草饲料开发和资金扶持，畜牧业有了很大程度的发展。全镇大牲畜存养7065头，家禽7.03万只，羊2914只，兔1.3万只，畜牧业总收入100.52万元。1989年，镇兽医站引进2头“梨木赞”肉牛种畜，进行肉牛改良工作。全镇实现畜牧业总收入241万元，受到省农业厅表彰。1990年，全镇紧紧围绕“建基地、上设施、订合同、抓服务”的指导方针，狠抓发展饲养大户，成为万头牛乡镇。1996年，畜牧业生产大抓特种养殖，引进梅花鹿、毒蛇、乌苏里貉等名贵良种，兴办畜牧养殖示范区，实现畜牧业总产值3383.2万元。1997年，大牲畜存栏2.05万头，家禽存养43.27万只，羊2.28万只，兔10.6万只。全区闻名的屠宰专业村沙珠邢村，年屠宰量2000吨，产值1200万元，创利税160万元。2001年，镇成立重大动物疫病防控指挥部，加大对养殖场、养殖小区、养殖户的监管、消毒，杜绝了重大动物疫病的发生。2005年，全镇畜禽存栏量达到60万头（只），出栏130万头（只），畜牧业总收入6280

万元。

村镇建设 李庄镇是“百新工程”试点镇和地委、行署确立的小城镇建设试点镇。1985 年，全村开始实行宅基规划，村街道路逐步展宽、取直。1988 年，投资 800 余万元，开发建设黄金三角地段，建筑面积达 1.5 万平方米。1994 年，建起镇邮电大楼，村村通上程控电话，实现全国直拨。1995 年，实现村村通公路。1997 年，沿 220 国道两侧建起楼房 20 余座，高标准商品房 100 余座，建筑面积达 2 万平方米。同年，村村通电，有 9 个村用上自来水。2000 年，共投资 1 亿元，建成绳网大世界莆田园、文化路新商业街，老商业街改造建筑面积 4 万余平方米。全镇有 3500 户安装了程控电话。2001 年，对申桥街进行开发建设，新建商住楼 9994.3 平方米，建成区面积 1.68 平方公里。2003 年 6 月，完成李庄镇总体规划的评审、报批。新建城镇道路 5 条，道路硬化面积 22325 平方米；新建商住楼 8415 平方米，建成区面积 2.4 平方公里。2005 年，对城镇总体规划进行修编。新建商品楼 7701 平方米，新建企业 22 家，建成区面积 5.62 平方公里。全镇村村通柏油路、程控电话、有线电视。90% 的村通自来水，有机动车辆 3000 余辆。

教育 1986 年，投资 8 万元建立镇中心幼儿园。投资 85 万元，新建校舍 170 间，维修校舍 97 间，建院墙 1050 米，购置课桌凳 678 套。35.8% 的学校达到“六配套”，顺利通过省、地普教验收。全镇小学教师 156 人，学历合格率 80%。中学教师 39 人，学历合格 2 人。1992 年，投资 85 万元，新建维修校舍 41 间，购置 6 万元教学仪器，被地区评为规范化建设先进乡镇。1994 年，全镇小学由 42 所合并为 24 所。至 1997 年，共投资 515.2 万元建教学楼 1 栋，建设、维护房屋 291 间，购置仪器设备共 69 万元，顺利通过省、县两级验收。全镇小学教师 174 人，学历合格率为 100%；中学教师 63 人，学历合格率达 95%。2000 年，投资 40 万元，为中学建起微机室和语音室。镇中学被地区命名为“现代教育技术示范学校”。2002 年，镇第一中学投资 40 余万元，建成可容纳 600 余名学生的高标准学生公寓。2004 年，镇各小学配备微机室，开设微机课。2005 年，镇第一中学投资 40 余万元，建成可容纳 800 名学生就餐的高标准餐厅。全镇共有幼儿园 32 所，专职教师 23 人，在园幼儿 1378 人；小学 10 所，教师 246 人，在校学生 2776 人；中学 2 所，在校学生 2017 人，教师 179 人，学历全部达标。

卫生 计划生育 1986 年，镇卫生院内设业务科室 7 个，医护人员 17 人，固定资产 14 万元。全镇有村卫生室 37 个。1989 年，镇政府实施村卫生室基础设施建设项目，有 30% 的村卫生室达到甲级标准。1990 年，投资 10 万元，购置 X 光机、心电图机和 B 超机，设医疗科室 9 个。2005 年，镇卫生院设病床 20 张，有医护人员 23 人，其中中级职称 1 人，初级职称 22 人，年门诊量 2 万人次。全镇有村卫生室 90 个，乡村医生 110 名。计划生育工作成绩突出，全镇人口自然增长率连续 10 年控制在 6‰以内，连续 5 年全县考核名列前茅，被评为市、县计划生育先进乡镇。2005 年，计生率、晚婚率、晚育率分别为 99.65%、99.8%、100%；有 2200 户领取了独生子女证。

文化 1986 年以来，镇政府相继建起门球场、灯光球场、电影院、投影厅、图书馆等文化设施。1992 年，李庄镇被行署评为全区首批“文化先进镇”。1998 年，建成电视转播台。至 2005 年，全镇建起远程教育网络。群众艺术有旱船、舞狮子、高跷等，传统戏剧有东路梆子、吕剧等，每逢重大节日，走街串村进行义务演出，大大丰富了人民群众文化生活。

办事处及村庄 辖李庄、华李、大徐、曲张、聂索、大周、新兴、蔡冯 8 个办事处，105 个行政村，分别为：李庄、周家、东王、西翟、户王、杜家、东邓、邢西、高北、邢东、道吴、陈家、高南、西王、塔子、马家、长宋、李朝阳、闫霍、大刘、华李、郭翰林、桑树王、大路、大王庄、东路、王旺庄、打油冯、李龙吴、南朱、南肖、东牛、俎家、闫李、前徐、张旺、大孟、大徐、于架、东李、张佩环、杨家庙、曲张村、盛旺庄、归仁、乌家、南孟、潘家、任家、南北李、王集、刘口、房家、三里庄、庞家、李安、吴家、洼里吴、大姚、新庄、聂索、大翟、聂索邢、聂索荆、周翟西、周翟东、王西、王东、周东、周西、湾头孙、西沟刘、北肖、道忿李、冯马、北郭、彭庙、狗皮苏、吴家、巩家、杨南村、杨北村、南北王、马家口、东翟、申桥、齐口、南郭、粉刘、小堤、徐坡、茶棚张、陈于、河套邢、高唐、苏家集、崔西、后苏、桥北张、杨把式、高王庄、崔东、前王、董集、蔡家。

附：申桥镇

申桥镇位于惠民县中部略偏南，1994 年 12 月撤乡设镇。东临清河镇，南界李庄镇，西与姜楼镇接壤，北连辛店乡，总面积 50.75 平方公里。2000 年，全镇辖 4 个办事处，48 个行政村，6761 户、27169 人，耕地面积 39300 亩，国民生产总值 6.99 亿元，农村经济总收入 5.6 亿元，农民人均纯收入 2484 元。2001 年 3 月，调整乡镇区划，申桥镇并入李庄镇。

农业　申桥镇主要农作物为棉花、小麦、玉米等。1985 年，全镇耕地面积 4.16 万亩，全年粮食总产 1293.8 万公斤，小麦平均亩产 293 公斤。棉花总产 73.7 万公斤，平均亩产 50.05 公斤。1986 年，粮食总产 1219.94 万公斤，棉花总产 102.9 万公斤，蔬菜总产 173.74 万公斤，农业总收入 1208.2 万元。全镇 1.3 万亩小麦、1.5 万亩棉花使用了优良品种，瓜果、蔬菜良种使用率均占播种面积的 80% 以上。1989 年，粮食总产 1679.81 万公斤，棉花总产 100.71 万公斤，蔬菜总产 276.50 万公斤。农业总收入 1479.3 万元。1993 年，粮食总产 1747.75 万公斤，棉花总产 23.64 万公斤，蔬菜总产 407.01 万公斤。农业总收入 1772.4 万元。1995 年，粮食总产 1800.11 万公斤，棉花总产 58.48 万公斤，蔬菜总产 393.82 万公斤。农业总收入 4314.2 万元。1997 年，粮食总产 1364.75 万公斤，棉花总产 50.50 万公斤，蔬菜总产 8337.96 万公斤。农业总收入 5486.1 万元。全镇小麦、棉花、玉米全部播种优良品种，瓜果、蔬菜良种使用率均达到 100%，棉田 100% 使用地膜覆盖，有塑料大棚 210 个。2000 年，粮食总产 1331.69 万公斤，棉花总产 137.44 万公斤，蔬菜总产 13667 万公斤，农业总收入 1.31 亿元。

工业　1985 年，镇办企业有窑厂、艺品厂等，工业总产值 25 万元。1990 年，全镇有镇办企业 14 家（工业企业 8 家、其他企业 6 家）、村办企业 9 家、联户 75 家、个体企业 1020 家。完成企业总产值 2170 万元，实现利税 170 万元。1997 年，个体私营企业迅猛发展，达到 3500 户。全镇镇办企业和个体私营企业共拥有固定资产 2100 万元，实现乡镇工业企业总产值 5.24 亿元，占全镇社会总产值的 82%。乡镇企业利税完成 4234 万元，企业总投资达 900 万元。1998 年，镇村工业企业总产值 1500 万元，民营企业总收入 6578 万元，招商引资 100 万元，固定资产投入 1011 万元，上缴税金 64 万元。2000 年，镇村工业企业总产值 2600 万元，民营企业总收入 13870 万元，招商引资 516 万元，固定资产总投入 2085 万元，上缴税金 155 万元。

林业　1986 年，全镇有林地面积 8388 亩，其中用材林 2780 亩，经济林 4265 亩，防护林 1343 亩。1990 年，全镇造林 1515 亩，“四旁”植树 2 万株，农田林网新增面积 1500 亩，木材积蓄量 38727 立方米。1995 年，营造林网 2500 米，片林补植 60 亩，林果面积达 3000 亩。1997 年，全镇有林地面积 1.05 万亩，其中农田林网面积 4700 亩，用材林 2800 亩，经济林 3000 亩，林木覆盖率达 13.9%。1998 年，全镇有农田林网 3.6 万亩，宜林造林面积 4895.5 亩，经济林 893 亩。2000 年，有农田林网 38900 亩，经济林 1560 亩，用材林 3560 亩，果园面积 1377 亩，林果总收入 122 万元，林木覆盖率达 20.4%。

畜牧业　1986年，全镇有大牲畜3649头，猪5881头，羊1662只，家禽存养45651只。1992年，镇政府投资20万元，兴建畜牧实验场，以镇兽医站为龙头，进行黄牛品种改良。建成“万头鲁北黄牛饲养基地”。全镇牛存栏1.26万头，猪存栏0.84万头，羊存栏0.45万只，鸡存栏8.03万只。1995年，以兽医站为基地，黄牛年销售达5万头，创产值2330万元。全镇牛存栏1.69万头，猪存栏1.30万头，羊存栏1.15万只，鸡存栏15.6万只，兔存栏3.56万只。1997年，镇政府征地20亩，建成鲁北黄牛交易市场，黄牛年销售达6.5万头，创产值3029万元。全镇有养牛专业村6个，专业户1200个，年出栏3.6万头；养蛋鸡专业村2个，专业户39个，养蛋鸡3万只；养兔专业村1个，专业户250户；养肉鸡专业户5个，年肉鸡出栏2万只。全镇有专职兽医16名，防疫员4名，有黄牛改良人工授精站1个。2000年，全镇畜牧业总收入达4268.27万元。

村镇建设　1986年，全镇农村人均住房面积15平方米，80%是土坯结构的平房。有高王庄至南北王村8.5公里沥青公路，村与村之间有土公路30余公里。1992年，投资210万元，铺设沥青路15公里。开通程控电话256门，投资38万元开通模拟程控电话。1993年，投资27万元架设新兴办事处各村的通讯电缆10公里。1995年，人均住房面积达30平方米。1996年，投资210万元，铺设沥青路15公里，实现村村通沥青路。全镇营运客货车85辆，总收入43万元。1997年，投资12万元建设程控机房，投资180万元开通华为模块512门程控交换机，架设大周和蔡冯办事处部分村的通讯电缆22公里，改造了市内线路。全镇开通512门程控电话，80%的村庄安装了国内直拨电话。2000年，镇驻地城镇面积达2.3平方公里。主要街道两边实现楼房化，基础设施基本配套。旧村改造工作全面铺开。

水利　1986年，全镇投资32.7万元，投工3.98万个，开挖、清淤沟渠11条，全长14.1公里。全镇基本形成纵横交错的水利灌溉网络，有效灌溉面积2.9万亩，占耕地面积的73%。1989年，投资107.6万元，完成王集虹吸改建工程，灌区沟渠清淤39.5公里。投资14.5万元，建扬水站1处，开挖配套沟渠5条，全长5公里。1992年，黄淮海开发项目北大方一期万亩方田工程全面竣工。投资382.36万元，建桥涵闸39座，挖沟渠20条，全长56.13公里。1994年，黄河滩区开发治理一期工程完工。投资22.1万元，挖沟渠5条，建防渗渠1600米，石砌进水闸9座，扬水站1座。投资43.56万元，完成公路建设疏浚排水沟工程，清挖沟渠14条，全长40公里。投资18万元，建生产桥21座，完成黄淮海开发北大方二期工程。1995年，冬季水利会战，投入53.72万元，投工6.9万个，完成土方23万立方米，清挖沟渠8条，全长20.8公里。1997年，投资34.97万元，完成排水沟疏浚工程及公路配套建筑设施。共清挖沟渠6条，全长10公里，建桥涵36座。投资7.2万元完成黄河滩区开发治理二期工程，建防渗渠600米，石砌桥1座。镇党委、政府共投资257.78万元，打机井505眼，受益面积达2.6万亩。1998—2000年，投资145万元，修建、维修桥涵闸62座，建设扬水站3处，完善配套3.8万亩方田的水利化设施；投资43万元，建成杜家干沟截止闸工程；投资42万元，建成灌溉面积8000亩的新兴扬水站。三年内共投工15.6万个，开挖、清淤沟渠32条，动土25万立方米，总长24公里。

教育　1986年，进行学校规范化建设，投资75万元建成7处地区级规范化学校和两处地区级示范幼儿园，并通过地区验收。1989年，投资15万元，建成成教中心和幼教中心。1993年，实施“两基”工程，投资400万元，建中学教学大楼1幢，建平房198间，增添课桌凳1250套，硬化地面3500平方米。投资50万元，配备中小学教学设备和教学仪器。实验室建设均达到国家二类标准，音、体、美器材达到国家和省定标准。1998年，筹资50万元为镇中学装备高标准的微机室、语音室，购置彩电、摄像机等大型教学设备，中学和定点小学实现“四机一幕”。2000年，全镇有中学1所、定点小学1所、教学点23个、成人中心学校1所、镇中心幼儿园1所。全镇中学教师学历合格率92.6%，小学教师学历合格率100%。全镇适龄儿童入学率保持100%，在校生保持率小学100%、中学99%，小学生毕业率100%，初中生毕业率98%。

文化　申桥镇历史文化源远流长，东路梆子剧种在申桥演出已有近百年的历史，民间艺术亦是异彩纷呈。如大姚家村的马叉、洼里吴村的落子、聂索邢村的大鼓子秧歌和旱伞、茶棚张村的现代舞、狗皮苏村的高跷、前王村的吕剧、大王村的京剧等。1987年，成立镇文化书社，建立村级图书室4处，村级文化大院12处。1992年，镇党委、政府投资10万元建立演出礼堂1处。2000年，镇驻地建有礼堂、灯光篮球场、老年门球队、乒乓球和台球活动室，60%村建有文化大院和图书室。

计划生育　1991年，镇政府投资30万元，扩建服务用房360平方米，设有手术室、药具室、消毒室、透视室、微机室及妇查门诊，配备X光机、无影灯、微机等医疗设备和档案管理设备。1994年，全面推行计划生育合同管理，与全镇5520名育龄妇女签订合同，实现育龄妇女的自我监督、自我约束。1997年，全镇晚婚率为98.94%，晚育率99.05%，计生率99.3%。2000年，全镇有已婚育龄妇女5879人，计生率99.69%，晚婚率100%，晚育率97.17%，人口自然增长率5.2‰。

第十三节　姜楼镇

姜楼镇位于惠民县西南部，1994年12月撤乡建镇。2001年3月，调整乡镇区划，联五乡并入姜楼镇。东与李庄镇为邻，南与大年陈乡接壤，西与商河县、济阳县毗连，北隔徒骇河与辛店乡、淄角镇相望，东西宽13.5公里，南北长15公里，总面积134平方公里。镇机关驻地距县城27公里。境内220国道横穿全境，大（口河）济（阳）公路纵贯西部。2005年，辖8个办事处，118个行政村，13856户、54898人，耕地面积107808亩，工农业总产值14.65亿元，财政收入680万元，农民人均纯收入3906元。

农业　姜楼镇北有徒骇河，中部有引黄干渠幸福河，水利条件优越。土质松散，沙质壤土，为惠民县重点西瓜、花生产地之一。1985年，小麦平均亩产220公斤，棉花亩产50公斤，花生亩产158公斤；全镇粮食总产1346.75万公斤，棉花总产75.55万公斤，花生总产160.65万公斤。1991年，积极调整种植结构，变单一粮棉型为粮、棉、果、菜齐发展。1993年，坚持综合开发与调整农产品结构相结合的原则，农业实现新突破。粮食总产达到2376.7万公斤，棉花总产60万公斤，花生总产172.3万公斤，蔬菜总产1453.2万公斤。1994年，全镇扩大圆葱、西瓜、花生种植面积，其中圆葱5000亩，总产2200万公斤，收入1120万元。1997年，全镇加大科技投入，大力推广优良品种、地膜覆盖、塑料大棚等先进种植技术。全镇小麦、棉花、玉米、花生以及圆葱、西瓜种植，全部实现良种化，95%的西瓜田采用地膜覆盖种植技术，建有蔬菜塑料大棚70个。1999年，全镇农经作物比例由2:1调整到1:1。发展圆葱1.5万亩，西瓜5000亩，蔬菜总产达58143万公斤。2002年，全镇农业产业结构进一步优化，种植粮食作物9.56万亩，总产3426.65万公斤；棉花1.5万亩，总产90.77万公斤；种植蔬菜1.43万亩，产量3016.62万公斤；种植无籽西瓜3000亩；完成农业总产值2.2亿元。2005年，西瓜种植面积达1.5万亩，总产3265万公斤，所产“联五”牌西瓜先后被认定为省、国家级无公害产品。蔬菜种植1.6万亩，总产3700万公斤。粮食总产4835.46万公斤，棉花总产184.84万公斤，花生总产480.57万公斤。全年农业总产值达到2.25亿元。

工业　1985年，镇办企业有农机厂、磷肥厂、尼龙绳厂等，工业总产值157万元。1987年，双井路村投资100万元，建立五四丙纶厂。以安全网为龙头的绳网业得到迅速发展，村镇企业总数达到1700个，总产值1618万元，利税418万元。1991年，将原9家安全网生产厂合并为惠民县绳网厂，劳动部审查批准后，签发生产许可证，并被定为国家定点生产厂家。五四丙纶厂被评为地级先进企业，有5家绳网企业被评为县级优秀企业。乡镇企业总产值达3015万元。1993年，该镇建筑用安全网被劳动部保护用品监督检测中心评为全国第二名，荣获金杯奖。1994年，开发成功软梯、防火阻燃安全网、安全带等新产品，新上绳网项目4个。镇党委、政府制定《关于鼓励个体私营企业发展的有关规定》，当年新增个体企业137家。全年乡镇企业总产值达2.3亿元。1995年，安全网产品质量顺利通过劳动部的初审复审，在第三届全国乡镇企业产品出口展览会上获银质奖。1996年，乡镇企业总产值3.4亿元，利税2710万元，其中个体私营企业产值1.65亿元，利税1488万元。姜楼镇连续3年被评为“全区发展乡镇企业强乡镇”、全县乡镇企业综合考评第一名。1997年，为发挥绳网企业的群体优势，成立由11家改制企业组成的“山东省惠民县安惠绳网集团有限责任公司”。乡镇企业总数达1077个，总产值4.09亿元，利税3380万元。“安惠”牌安全网被省劳动厅评为山东省劳动保护用品优秀产品，姜楼镇已跻身为全国三大化纤绳网生产基地，成为全国闻名的“绳网之乡”。2000年，全镇绳网产品已发展为21个品种53种规格，形成多种类、多性能、多用途的系列化产品结构，出口到俄罗斯、泰国、新加坡等国家。2002年，全镇新增绳网固定资产投资5125万元，新增织机、密目网机32台，安惠集团顺利通过ISO 9001国际质量体系认证，成为全省绳网行业首家通过认证的企业。2003年，在滨州成功举办中国（惠民姜楼）第二届特防用品安全网发展趋势论坛，“安惠”等5个品牌获得市级知名商标。2005年，全镇有重点绳网加工企业125家，绳网专业村12个，绳网专业加工户2000户，从业人员1.2万人。年产各类绳网5.5万吨，创产值5.4亿元。以绳网生产为龙头，带动其他行业的发展，全镇个体私营业户发展到2980户，实现企业总产值12.4亿元，利税1.37亿元。

绳网产业

林果业　1986年，该镇推行果园投标承包责任制和“五荒”投标承包责任制，林果业有较快发展。年末实有林地面积2829亩，其中用材林1127亩，经济林1062亩。1988年，全面实施“林业规划”，狠抓重点工程的突破，全镇共育苗70亩，新造经济林2500亩，农田林网2100亩，林地面积达到1.57万亩。1990年，扩大果园面积，短枝红富士果园发展到1800亩。1991年，狠抓农田林网建设，新增林地面积2093亩，形成沟、路、渠、林“四配套”，顺利通过省、地、县三级验收。1993年，“科技兴果”战略结硕果，狠抓老果园的技术改造，新种优质果树1500亩，林果业实现总产值429万元。1995年，镇政府制定《关于林果业生产的规定》，严禁退林复耕，被评为全区“八五”绿化达标先进乡镇。全镇有果园面积8600亩。2000年，建成190亩以冬枣、红黑提葡萄为主的高标准“农业科技示范园”，嫁接冬枣2万余株。至2005年，建成15000余亩的高新技术冬枣示范园，全镇林果总收入达1428.39万元。

水利　1986年，全镇挖沟渠20条，动土方13万立方米，用工3万个，新修建和改建桥涵9

个。1988年，投资13万元，整修骨干沟渠4条，修桥闸16座，扩大水浇地面积1500亩。1991年，参加县“禹王杯”农田水利建设竞赛活动，清理骨干河道8条；投资40万元，建成蓄水闸1座，渡槽1座，桥涵38座。全镇90%耕地达到旱能浇、涝能排，获得地区“银杯奖”和县“优胜单位”奖。1994年，整修方田1万亩，开挖沟渠38条，经地区验收全镇中低产田综合开发列全县第二名。1995年，疏挖沟渠112条，新建和改建桥涵54座，建成配套方田1.9万亩，使旱能浇、涝能排的高产稳产田面积扩大到2.7万亩，被地区评为第二期黄淮海平原开发先进单位。1997年，制定优惠政策加快以塘代库和机井建设步伐，新打机井86眼，挖塘筑田210亩，增加灌溉面积1.4万亩，使全镇土地灌溉面积达100%。2000年，加大农田水利基本建设力度，开挖疏浚沟渠55条，长96.4公里，动土82.2万立方米，修建桥涵闸36座，配套机井3眼，整平土地300亩，全镇方田面积达4万亩。2005年，涉及土地8000亩的西条渠土地治理项目基本完成，共清理主干沟渠16.3公里，新建扬水站10座，水闸667个，修田间路51公里。

畜牧业　姜楼素有“仔猪之乡”之称，主要品种除本地长白条外，还有美国杜洛克、汉普夏等。1985年，生猪存养7039头，其中能繁殖母猪479头；大牲畜存养2067头，羊2072只。1988年，镇党委、政府制定《加快畜牧业发展的政策规定》，畜禽防疫实行承包责任制。1994年，制定《关于鼓励私营、股份制企业及畜牧业大户发展的有关规定》，当年涌现出年收入近万元的畜牧大户100余个。1997年，全镇有养兔专业村5个，养鸡专业村6个，畜牧小区10处。新上肉牛改良冷配点站10处，改良黄牛5000头。全年畜牧业产值达到4452万元。1999年，出台《关于加快畜牧业发展的实施意见》，重点发展养鸡、养牛等食料、食草畜禽。新建青贮饲料池360个，发展上农下渔200亩。2000年，全镇大牲畜存栏25828头，出栏26810头；猪存栏18835头，出栏58900头；羊存栏32210只，出栏43120只。畜牧业产值5647.65万元，占农业总产值的40%，人均畜牧业收入875元。2005年，建成畜牧专业村4个，新增专业户400户，全镇畜牧业总产值达7281.16万元。

村镇建设　1985年，农村人均住房面积15平方米，70%是土坯结构的平房。1992年，投资350万元，新建改建沥青路14公里，完成35公里环乡公路的基础工程。建成绳网、蔬菜专业批发市场。1993年，修建沥青路30公里，投资105万元建成高标准综合服务大楼和占地80亩的工业开发小区。1995年，全镇实现村村通沥青路，通车总里程达75公里。投资456万元建起占地210亩的工贸小区，进行水、电、路、店综合建设。1997年，共修建商住楼房14幢，建筑面积5526平方米。全镇电话装机580部，居全县首位。2002年，狠抓工贸园区建设，修建柏油路3500米，铺设下水管道1500米，改造高低压线路1800米。工贸园区被省政府命名为“省级民营经济示范园区”。2003年，新规划工贸园区占地面积2000亩，实施园区内三纵四横7条干道建设。投资256万元，改造、修建姜梁路、宋武路和汪泗泉路，总长12.7公里。2005年，投资380万元，打通府前街，改造村镇公路36.4公里。

教育　1986年，通过校舍改造，初中建成校舍、院墙、大门、操场、厕所、课桌凳“六配套”学校，小学校舍消灭了黑屋子、土台子。全乡有小学教师106人，学历合格率89%；初中教师36人，学历合格率81%。1991年，中小学教师学历全部合格。1994—1996年，总投资415万元用于实施“两基”工程。1996年，投资60万元，征地15亩扩建中学操场，建车棚30间，实现校院建设“五化”（净化、绿化、美化、知识化、硬化）达标。1997年，非文盲率达到99.79%，基本扫除青壮年文盲。1998年，制定出台《姜楼镇教育教学评估方案》，高中招生、镇中学的实验技能考试列全县第一名。2000年，共投资26万元，建成镇中学微机室、语音室和多媒体教室。在全县综合评估中进入前5名。至2003年，投资100余万元，对镇一中和崔寨、季庄、红星、沙赵等中心小学进行校舍改造。2004年，启动镇一中实验楼建设。在全县综合评比中镇一中名列第二名。2005年，全镇设中学2所，有教职工151人，在校学生2880人；完全小学9所，教学点3个，教职工300人，在校学生3500人；幼儿园15所，教师34人，在园幼儿803人。

卫生 计划生育 1988年，卫生院由县卫生局下放镇政府管理，内设12个业务科室，有医护人员35人。1990年，购置X光机2台，心电图机2台，B超机1台。1992年，全镇创省级卫生室23个，甲级卫生室23个。1995年，镇卫生院达到部颁一级甲等医院标准。2005年，镇卫生院设病床70张，内设13个业务科室，有医护人员31人，其中中级职称7人，初级22人；年门诊量3万人次；有农村卫生室75个，乡村医生80人。全镇计划生育率达100%，晚婚率98%，统计合格率100%，节育措施落实率100%，流动人口建档率98%。

文化 姜楼镇群众文化活动历史悠久，王家集的高跷，北郭、张八的旱船，官道冯、阎大庄的龙灯狮子，刘盘石村的爬刀山，大赵村的鼓子秧歌等深受群众喜爱。大赵村投资3万元，成立200余人的鼓子秧歌队。1996年，大赵村鼓子秧歌队荣获全区二等奖。农民赵化美先后创办“双谊斋书画社”“孙子故里书画联谊会”“姜楼镇老年书画协会”等艺术团体，举办书画展4次，展出作品370余幅。1997年，镇党委、政府建起标准门球场、文化活动中心、农民夜校、体育场、电视录像室等。50%的村建起文化室，20%的村建立文化大院。2003年，姜楼“惠南翰墨缘书画协会”成立，发展会员百余名，先后举办书画讲座2次，书画展11次，参展作品780余幅。2005年，小宋村投资2500元，组建“东路梆子剧团”，义务演出20余场。

办事处及村庄 辖崔寨、石人王、季庄、联五、王判、牛家、王集、常家8个办事处，118个行政村，分别为：姜楼村、彭屯、屯里路、陈大卦、大赵、常家、张杨、田集、梨行宋、傀儡张、史官庄堡、西牛、邓家、西李、官道高、武家、马家、刘盘石、冯木匠、菜园李、南候、于家、殷家、三皇庙、双井路、油坊路、小冯家、官道冯、闫大庄、王家湾、王判东街、王判西街、王判南街、王判北街、张梁、大庞、丁家、西郭、陈大律、沙赵、石人王、徐家、香胡、兰家、庙黄、朱王庄、张杠子、郭郎王、冯王庄、王泗泉、牛瓦匠、前河沟崔、后河沟崔、芦坊、刘冲环、圣东、圣西一、圣西二、北候、北郭、苏家、楼子冯、西韩口、前梁、后梁、周前、周后、东韩口、堤上宋、安家、荆家、车家集、东王集、西王集、张八、王合普、申家、北田、袁家庄、孟家、屯里、史田庄、官道齐、谢家、大马、小马、北崔、河南成、路东闫、小宋、赵集、南双庙、小高、陈吉彦、北李、西坡刘、杨柳庄、季家庄、棘林王、胡王庄、三岔口、南头王、幸福胡、刘官庄、联五赵、联五于、联五梁、董李、八大户、赵王庄、河西马、崔家寨、马家洼北、马家洼南、黄新庄、新唐、前张庄、后赵庄。

附：联五乡

联五乡位于惠民县境西南部，乡政府驻地三岔口村距县城30公里，东与姜楼镇、大年陈乡为邻，西南与商河县、济阳县交界，北隔徒骇河与淄角镇相望，总面积53.2平方公里。2000年，全乡辖3个办事处，31个行政村，5177户、20400人，耕地面积42400亩，工农业总产值2.27亿元，其中农业产值1.3亿元，财政收入完成246万元，农民人均纯收入2760元。2001年3月，调整乡镇区划，联五乡并入姜楼镇。

农业 联五乡农作物主要为玉米、小麦、花生、地瓜、棉花等。1985年，全乡粮食总产774.5万公斤，小麦平均亩产216公斤；棉花总产39.1万公斤，平均亩产62.5公斤；花生总产188.7万公斤，平均亩产149.5公斤。1986年，粮食播种面积4.55万亩，总产954万公斤；花生

1.04万亩，总产101万公斤；瓜菜7400亩；农业总产值762.18万元。是年，全乡2.42万亩小麦，优良品种占80%，玉米良种占90%，瓜果良种占50%。1989年，粮食总产1098万公斤，花生总产25万公斤，棉花总产50万公斤，西瓜总产798.9万公斤。农业总产值1430万元。1991年，粮食总产1133.8万公斤，棉花总产57.85万公斤，花生总产19.26万公斤，西瓜总产5.6万公斤。农业总产值950万元。1993年，粮食总产1220.17万公斤，花生总产142.88万公斤，棉花总产22.83万公斤，西瓜总产889.3万公斤。农业总产值2028万元。1995年，粮食总产1120.58万公斤，花生总产323.8万公斤，棉花总产11.2万公斤，西瓜总产777万公斤，蔬菜总产27.4万公斤。农业总产值4000万元。1997年，粮食总产1193.42万公斤，棉花总产7.74万公斤，花生总产253.91万公斤，西瓜总产4000万公斤，蔬菜总产220万公斤。农业总产值9200万元。全乡小麦、玉米、西瓜、花生、棉花、蔬菜全部实现良种化。1998年，粮食总产1317.7万公斤，棉花总产12万公斤，花生总产200万公斤，西瓜总产3750万公斤，蔬菜总产259万公斤。农业总产值达1亿元。2000年，粮食总产1349.01万公斤，棉花总产17.55万公斤，花生总产336.55万公斤，西瓜总产2748.84万公斤，蔬菜总产234.1万公斤。

工业　1985年，全乡乡办企业有农具制修厂、编织厂、尼龙网厂等，工业总产值121万元。1986年，有乡村企业20家，联户和个体企业619家，从业人员1346人，实现总产值360万元，利税116.7万元。1989年，乡镇企业发展到514家，其中乡办8家，村办9家，联户和个体497家，从业人员1393人，实现总产值755万元，创利税135.4万元。1994年，乡窑厂投资106万元进行技术改造，当年实现产值210万元、利税23万元；地毯加工户80多家，年收入92万元；建筑队28个，完成工程面积6900平方米，产值230万元。全乡共有乡村企业13家，联户、个体企业388家，企业总产值6970万元，利税276万元。1995年，投资136万元对停产多年的棘林王窑厂重新启动，投资40万元兴建联五合线织带厂。1996年，实现总产值1.08亿元，利税540万元。投资133万元，兴建起日产成品毛纱5吨的联宜毛纺厂。1998年，乡镇企业总产值实现1.52亿元，其中个体私营经济收入1.21亿元。创利税1175万元。1999年，投资150万元，新建4家密目网厂；利用外资80万元建起农机批发市场。2000年，乡镇企业总产值实现9765万元，其中私营经济总收入8670万元，完成利税1262万元。新增百万元固定资产投资项目2个，新发展长期个体工商户58户，私营企业2家，专业村2个，全乡有密目网厂6处。

林果业　1986年，联五乡有林地面积7545亩，其中用材林6226亩，经济林1319亩，农田林网4500亩，木材积蓄总量12560立方米。1987年，建果园500亩，农田林网1万米，杨粮间作500亩。1988年，完成农田林网1500米，建果园500亩。1991年，全乡林地面积1.8万亩，林木覆盖率23.4%，达到部颁平原绿化标准。1994年，新增果园5000亩，全乡果园面积达1.5万亩，补植完善农田林网1万亩，林木覆盖率26.7%，通过省绿委的验收，达到省颁“八五”绿化标准。1996年，对全乡1.5万亩果园进行确权，调动了果农管理果园积极性，提高了经济效益。1997年，拍卖道路25公里，全部绿化。全乡共有林地面积2.5万亩，其中用材林1000亩，果园1.5万亩，农田林网及林粮间作9000亩，林果总收入600万元。1999年，全乡果品总产500万公斤，林果收入1000万元。2000年，推广种植红提葡萄、新川中岛桃等一批名优特果品800余亩。

畜牧业　1986年，全乡存养大牲畜3074头，猪7046头，羊2112只，家禽50225只。1990年，全乡存养大牲畜6000头，猪7800头，羊5400只，家禽6万只。1992年，进行黄牛改良，引进法国犁木赞牛，与本地黄牛杂交，生产出肉役两用的黄牛。全乡存养牛2700头，猪6900头，羊4300只，鸡4.1万只。1995年，投资20万元，建起胡王庄400头规模的养猪场。牛存养7300头，猪8100头，羊6600只，鸡28万只。1996年，投资40万元，建起小宋村1500只规模的良种兔场。1997年，在胡家村划出10亩地的畜牧小区，投资40万元建起1000头猪规模的养猪场。全乡有畜牧强村3个，饲养大户985个。其中大牲畜专业户280个，养猪专业大户180个，养羊大户260个，养禽大户85个，养兔专业大户150个，特种养殖大户30个。全乡大牲畜存栏12620头，猪存栏14300头，羊存栏10500只，家禽存栏29万只。畜牧业总产值达3000万元。1998年，全乡饲养大户发展到近400个，大牲畜存栏10060头，生猪存栏1.8万头，羊存栏1.1万只，家禽存养56万只，畜牧业总产值3600万元。1999年，新建600头规模的养猪场1处。2000年，畜牧业产值达4140万元。

村镇建设　1986年，全乡人均住房面积15平方米，80%以上是土坯结构的平房。全乡有投递线路60公里，通讯杆线15公里，50门磁石交换机1部，实装电话24部。有变压器21台，输电线路45.1公里。年用电量4万千瓦时。1993年，开通六路微波通信，实现村村通电话。1994年，投资50余万元，铺设横穿乡境中部的胡家村至梁家村的沥青路面和南部崔寨村至马家洼村的沥青路面，共计7公里。1995年，借省道大济路拓宽改造的有利时机，投资160万元，修筑乡村沥青路20公里。1997年，修筑大济路到棘林王、胡王庄村的沥青路。全乡共有乡村沥青路30公里，实现村村通沥青路。有客、货车30余辆，年总收入26万元。实行光缆通信，通讯杆线80公里，光缆15公里。安装程控电话246部。有变压器51台，输电线路98.4公里，年用电量160万千瓦时。人均住房面积达30平方米。1998年，在220国道和乡驻地大济路两旁建两处工贸园区。2000年，工贸园区内建筑面积达1.8万平方米，总投资480万元，有经营业户36户。全乡村村都安装了程控电话。

水利　1986年，全乡灌溉面积1.81万亩，占耕地面积的37%。1986—1991年，平均每年清挖沟渠30公里，动土28万立方米，投工5.6万个；投资120万元，整平土地1.2万亩。1992年，投资45万元，新开灌排支斗级沟渠11条，建设沟路渠配套方田5000亩，修建桥、涵、闸35座，共动土80万立方米，投工16万个。1993年，投资70万元，开发沙荒地7000亩，建成崔寨方田，并开挖沟渠、清淤26公里，建方田配套建筑物50座，动土96万立方米，投工18万个。1994—1996年，投资216万元，建设万亩方田，建桥、涵、闸112座，打机井127眼，全乡灌溉面积达96%。1997年，在主要道路两侧设置排水沟，疏通排灌渠道，防汛排涝沟渠与大小支渠相通，形成网络化结构。投资46万元，重建双庙、杨柳、胡家3处引黄闸，维修支一、支二、支三闸，新建陈吉彦引黄涵闸，新开和清挖12条引黄渠，动土76万立方米，投工16万个。2000年，加大农田水利基本建设力度，1.5万亩方田框架已经建成。

教育　1986年，全乡有小学教师115人，学历合格率62%；中学教师52人，学历合格率58%。1994年，全乡中小学教师学历全部合格。1996年，全乡“双基”教育基本完成达标。1986—1997年，全乡共投资300余万元，建成高标准学校17所，校舍450间，新制课桌凳1500余套。1997年，投资25万元建成高标准中心幼儿园和成人教育中心学校。全乡适龄儿童入学率达100%，小学生毕业率99%，升学率92%，中学生毕业率98%。1999年，投资22.5万元，维修校舍43间，建院墙280米，硬化校园760平方米，配齐中学、中心小学、成教中心及中心幼儿园的内部设施和图书、仪器等，通过地区教委验收。2000年，乡中学考入高一级学校共91人。乡中心小学被地区命名为“校产管理优秀学校”。

文化　联五乡民间文化历史悠久，民间艺术丰富多彩。八大户村的高跷、黄新庄的落子、河西马村的旱船，均已延续200余年。另有大鼓子秧歌、马叉、寸子等。赵集村和小宋村的东路梆子，经整理保留，在每年春节期间演出。境内还有吕剧、京剧、河北梆子等剧种业余剧团。乡三支电影放映队定期下村巡回放映科教片，为农业生产、计划生育服务。

卫生　计划生育　1986年，全乡有村级卫生室30个，保健人员54人。基本达到村村有卫生室。1987年，卫生院下放乡政府管理。院内设有内科、外科、妇幼、治疗等6个业务科室，有医护人员15人，房间24间，固定资产5万余元，年门诊治疗6000人次。乡投资1.5万元，建门诊9间。1991年，投资4000元，维修宿舍8间。1992年，投资1万元购心电图机1台，高压消毒锅1个。1993年，计生工作全面推行合同化管理，全乡732名育龄妇女分4个类别分别签订合同，实现育龄妇女的自我管理、自我约束。1995年，投资1万元建病房3间。1997年，投资1万元，安装200毫安X光机1台。乡卫生院拥有业务科室7个，病床6张，固定资产10万元。全乡卫生室达标26个，其中甲级卫生室10个。全乡卫生人员取得主治医师职称者6人，医师10人，医士6人，中专毕业生10人。2000年，全乡有已婚育龄妇女4431人，计生率99.5%，晚婚率100%，晚育率100%，人口增长率4.17‰。

第十四节　大年陈乡

大年陈乡位于惠民县西南部，东、南分别与高青县、邹平县隔黄河相望，西与济阳县接壤，北与李庄镇、姜楼镇毗邻，乡机关驻地大年陈村距县城33.5公里。东西长12公里，南北宽6.7公里，总面积82.37平方公里。2005年，辖6个办事处，83个行政村，8570户、34868人，耕面积62928亩，工农业总产值5.69亿元，财政收入119.4万元，农民人均纯收入3700元。

农业　大年陈乡土质为白沙土，沿黄村碱化地较多，河滩地较肥沃。主要农作物为小麦、棉花、玉米、花生等。1985年，小麦平均亩产210.5公斤，棉花平均亩产49公斤，花生平均亩产133.5公斤。全年粮食总产1690.75万公斤，棉花总产59.65万公斤，花生总产179.9万公斤。1986年，全乡农业产业结构调整，以增产粮食，稳定棉花，抓好花生为目标，当年粮食总产1459万公斤，棉花总产40万公斤，花生总产250万公斤。1991年，乡党委、政府确定农业发展的思路是：稳定粮、大上棉、发挥优势抓果园。是年，粮食总产1306.4万公斤，棉花总产75万公斤，花生总产55万公斤，瓜菜总产264.5万公斤。1997年，加大产业结构调整力度，在稳定粮食面积的基础上，大力发展蔬菜种植面积。全乡蔬菜面积达1万亩，总产5120万公斤；粮食总产1384万公斤，棉花总产27.5万公斤。至2000年，全乡涌现出蔬菜专业村9个，蔬菜种植面积1.9万亩，蔬菜总产达7668.5万公斤。全乡粮食总产1577.9万公斤，棉花总产13.7万公斤，花生总产136万公斤。2005年，全乡发展优质蔬菜1.6万亩，其中优质绿色蔬菜6000亩，总产8245.10万公斤，产值5000万元。全乡粮食总产1132万公斤，花生总产91.85万公斤，棉花总产134.6万公斤。农业总产值2.23亿元。

工业　1985年，乡办企业有窑厂、艺品厂等，工业总产值25万元。1986年，全乡有企业350个，其中个体企业297个，总产值617万元，利税16万元；乡办工业产值95万元，利税3万元。1987年，建成年创产值105万元的轧钢厂、创产值150万元的针织厂和创产值28万元的南李预制件厂。1988年，全乡新增建筑队16个，年完成工程项目4100平方米，产值120万元，工程合格率达到100%。乡镇企业总产值1302万元，其中个体私营企业完成产值760万元，实现利税125万元。1991年，乡办企业全面推行集体承包厂长（经理）负责制。乡镇企业实现产值1442万元，其中乡办完成568万元，村办完成302万元，个体完成572万元。1995年，全乡集体个体企业发展到566个，其中乡办5家、村办6家、个体555家，实现企业总产值9100万元。1999年，乡党委、政府出台《关于支持和鼓励私营经济发展的政策规定》。投资115万元，建成日产40吨等级粉的年丰面粉厂，年创产值375万元，实现利税40万元。2000年，分别投资65万元、50万元、115万元，建成大年陈网套厂、陈旺庄网套厂和鸿达纸箱厂。全乡各类运输车辆达到560部；新增地毯织机100台，地毯加工能力达到4万平方尺；建筑队发展到12家，水泥构件厂4家。乡镇企业发展到790家，从业人员3894人，实现总产值1.43亿元，利税1384万元。2003年，乡党委、政府实施招商引资，建成占地1000亩的先锋招商工业园。当年落户园区的企业达50多家，实际投资额达5000万元。2005年，瑞五机械、照丰有机肥、瑞鑫路工程、利友建材、糖醛化工、先锋冷藏、桃源饮品等7家企业落户园区，固定投资达8000万元。其中瑞五机械有限公司一期工程投资2000万元，当年实现利税1500万元，填补了全乡无大型企业的空白。是年，全乡企业总产值3.45亿元。

林果业 1986年，全乡有林地面积1.05万亩，其中用材林1061亩，农田林网1200亩；经济林9088亩，其中果园面积8000亩，果品总产9.2万公斤；木材蓄积量1.92万立方米。1989年，对全乡进行林业资源普查，共有林地面积17289亩，用材林1366亩；经济林15548亩，其中苹果5800亩，梨414亩，桃121亩，果品总产672.8万公斤。林木覆盖率29.6%，达到部颁平原绿化标准。1990—1991年，全乡着重对一些劣质老果园进行清理改造。1993年，乡党委、政府制定发展果园的优惠政策，果园面积发展到9384亩，果品产量达1817.5万公斤。1994年，全乡统一购优质红富士苗木80万株，无偿给果农建高标准果园。果园面积达到2.61万亩，其中苹果2.39万亩，桃1371亩，梨772亩，果品总产达4860万公斤。1995年，在全省“八五”绿化达标中，大年陈乡荣获银奖。1996年，开始实施名牌战略，增加科技含量，提高果品产量和质量，创出亩产超万斤的示范园和短枝红富士科技示范基地。1997年，大年陈乡选送的优质红富士苹果在全省名优特产鉴评会上获得6金、2银、2优品牌奖，金牌总数在全省乡镇中名列第一。全乡有果园面积达3.5万亩，其中桃5000亩，苹果3万亩。1999年4月，经大年陈乡果农和几代技术人员嫁接繁育的青粉蜜桃，通过山东省农作物品种委员会的品种审定，正式命名为“惠民蜜桃”。品种的认定，使果园面积得到快速发展，至2000年年底，全乡蜜桃种植面积增到1.3万亩。同年11月，在国家商标总局注册的“惠蜜”牌惠民蜜桃和“惠红”牌红富士苹果，被山东省农业厅命名为“无公害产品”，并认定了一万亩无公害产品示范基地。2001年11月，大年陈乡被中国特产之乡命名暨宣传活动组委会命名为“中国蜜桃之乡”。2005年4月，以改造大年陈乡西部中低产田和沙化土壤的万亩高酸苹果基地建设正式启动。全乡共有“惠民蜜桃”1万亩，红富士苹果3万亩，果品总产6000万公斤，产值近亿元。

水利 大年陈乡水利条件较好，供惠民、阳信、无棣三县用水的簸箕李引黄闸，建在乡西南隅黄河岸边，西有沉沙条渠，中间有杜家沟、杨集干沟等。1986年，全乡灌溉面积2.3万亩，占耕地面积的40%。投资30万元，用工9.5万个，开挖支渠12条，长13公里，建桥涵闸15座。1987年，沟渠清淤13公里，建桥涵12座，用工8000个。1988年，投资25万元，清淤沟渠30公里，建桥涵闸12座。1991年，以兴建小崔节制闸为重点，投资30万元，开挖支沟12条，建桥涵闸12座。1992年，投资20万元，清淤沟渠总长30公里，开挖斗沟12条。1994年，投资40万元，清淤沟渠34公里，开挖斗沟12条，建桥涵闸12座。1995—1997年，投资90万元，清淤沟渠总长158公里，开挖斗沟24条。1998—2000年，累计投资320万元，建成桥、涵、闸45座，打井22眼，完成方田建设1.85万亩，沟渠清淤45公里，动土230万立方米。2001—2005年，全乡共投资1200万元，新建桥涵闸65座，修复19

座，打井22眼，完成方田建设2.85万亩，沟渠清淤45公里，动土320万立方米。

畜牧业 1985年，对肉牛采用冷冻颗粒精液人工授精技术，该乡家畜品种基本改良为杂交品种。全乡大牲畜存养2392头，猪存养7639头，羊存养1229只。至1997年，涌现出北董、东郭、莫家等畜牧专业村，北段王王静养猪大户，东郭郭少材养牛大户。全乡大牲畜存养量达1.2万头，生猪存养3.2万头，羊存养1.6万只，家禽存养453万只，畜牧业总产值达到1112.77万元。2001年，全乡大力扶持发展以家禽为主的畜牧业生产，从土地调整、资金协助、信息技术等方面帮助养殖户解决困难。生猪存养4500头，牛1200头，羊4500只，鸡170万只。2003年，加强动物疫病防疫体系建设，饲养场（户）、养殖大户的日常监督工作稳步推进。2005年，全乡生猪存养4600头，牛1200头，羊5400只，家禽230.58万只。组织举办各种类型的养殖技术培训班，培训2000余人次。

村镇建设 1985年后，全乡村村实行宅基规划，村内主要街道一般在10米以上。1992年，在乡大门东建起三层高办公楼，办公条件得到改善。全乡实现村村通沥青路，通车里程达108公里。1997年，全乡80%以上的农户盖起砖瓦房，人均居住面积达36平方米；60%以上的农户用上自来水；村村通程控电话，装机总量350部；全乡通车总里程达120余公里。1999年，在乡大门西新建三层办公楼一座。2000—2005年，为加快小城镇建设步伐，根据乡人代会通过的城镇建设总体规划，按照“长远规划，分期实施，近期见效”的原则，投资2000余万元，完成小城镇建设一期工程，建筑标准是转角建设为三层以上楼房，沿街两侧为二层以上楼房，总建筑面积1.5余万平方米，共建成两层以上楼房41座，拆除房屋300余间，并对府前街和东南北街排水系统进行改造，路面重新进行了硬化。

教育 1985年，乡中学搬迁，征地60亩，投资83万元建校舍195间。1986年，投资20余万元为乡中心小学建校舍78间。全乡有中学教师34人，学历合格率44%；小学教师95人，学历合格率为72%。1991年，投资16万元，在商家办事处征地6亩，建成学区小学1所，建校舍32间。筹资27万元，在郭口学区小学建成教学楼1座，并购置200套课桌凳。1996年，建成能容纳24个教学班的高标准楼房一座，建筑面积2827平方米。中小学实验室及教学仪器，音、体、美器材均按国家规定配套。至1997年，全乡“两基”工作共投资348万元，通过省达标验收。1998年，投资30万元对中小学校舍进行维修改造。2000年，投资30万元在中学建成90平方米的24座语音室；为中学24个教学班配置了录音机、透镜仪、彩色电视机、VCD等教学设备，教学实现“四机一幕”，达到信息教育和双语教学的要求。全乡中、小学教师学历合格率均达到100%。2002年，投资20万元新建中学女生宿舍20间。2003年，投资25万元建成中学高标准餐厅。2005年，全乡有初中1所，在校生1326人，教职工90人；完全小学6所，在校生3654人，教职工157人；幼儿园8所，在园幼儿317人，教师18人。

卫生 计划生育 1987年，乡卫生院下放乡政府管理，设业务科室7个，有病房5间，医护人员29名，年门诊量2万人次。全乡有村级卫生室60个，医生80人。1990年，投资2.3万元修缮卫生院病房5间、手术室1间，购买B超机1台。1992年，投放疫苗6种，接种儿童1.5万人次。2005年，借国家“110”工程和省“360”工程，对乡卫生院进行重建，建门诊楼一座，使用面积1249平方米，设业务科室10个，床位20张，购置超声仪、B超机、721分光光度计、心电图机及救护车等医疗救护设备，有医护人员29名。有村卫生室57个，乡医58人。全乡计划生育率100%，晚婚率99.7%，晚育率100%，统计合格率100%。

文化 乡设文化站1个，广播站1个，电信光纤网络维护站1个。乡政府建有标准化篮球场

1个，乒乓球台1个，老年活动室1处，健身娱乐器材12套。有村建篮球场28个，农家书屋20处，民间文艺队伍6支，有线电视入户为85%。

办事处及村庄 辖大年陈、孙家、商家、榆林、郭口、大崔6个办事处，83个行政村，分别为：大年陈、张文台、熊家、杨柳庄、李庵、大邢、王海川、斜郭、皂户王、王西池、李木匠、陈北韩、大任家、弭家、扶拉李、洼里孙、苏巢、许王庄、大成家、大韩、蒋郑、大单家、商家、唐家、西刘旺庄、河北朱、西马、西崔、西尹、杨旺庄、西小高、苏董、油坊、簸箕李、毛旺庄、岸头寺、前段、中段、后段、张美、大里堡、单庙、大高、逯家、西陈、赵坊、刘圈、东榆林、张黄、胡家、西榆林，西常、崔常、新郑、坡刘、东刘旺庄、西张、东张、南李、肖家、西郭、东郭、郑口、莫家、河上禹王口，河下禹王口、毛家口、大年郑、镳铲把、吕家口、张龙泉、大崔、东崔、南段王、中段王、北段王、刘景新、河头闫、李坊、刘德元、冯仙华、北董、陈旺庄。

第二编　自然环境

第一章 地质 地貌

第一节 地 质

地质构造 惠民县地处华北断凹济阳凹陷的中部。济阳凹陷是在中生代地堑式断陷的基础上发育起来的新生代沉积盆地。此盆地的形成经历了几个旋回的海陆相交替的碎屑物沉积历史，形成较厚的含淡、咸水的地层。同时，在燕山运动、喜马拉雅山运动的影响下，发生强烈的断块运动，形成数个低一级的凹陷和凸起构造。境内沉积地层分布广泛，产状平缓，有惠民凹陷和高青凸起，未见断裂构造。惠民凹陷位于惠民地域中部和北部；高青凸起位于惠民地域南部，黄河北岸一带。

地层岩性 境域内广为第四系地层覆盖，无基岩出露。第四系地层之下，虽发育着太古界、寒武系、奥陶系、侏罗—白垩系和第三系地层，但据现有勘探资料，境内仅见有第四系和第三系地层。自上而下为：

第四系（Q）

全境广泛分布冲积、湖积、海积、碎屑物沉积，厚度220~340米。

全新统（Q4），冲积、湖积相沉积。岩性，上部多为土黄色黏质粉砂、粉土；中部多为灰黑色淤泥质粉砂；下部为一层黄色粉砂和粉细砂。砂层厚度1~8米，最大厚度可达15米。

上更新统（Q3），冲积、海积和湖积相沉积。岩性为土黄色、灰黄色的黏质粉砂、砂质黏土。

中更新统（Q2），冲积、湖积相沉积为主，局部有少量的海相沉积。岩性多为棕黄色、灰黄色黏质粉砂、砂质黏土，夹1~6层砂层。其砂层为粉砂、细砂，厚度1~12米，并含有钙质姜结核。此结核具有灰绿色斑点、锈斑和铁锰质浸染。境内钻探深度170~200米，局部见有一层钙质沉淀层，其质地较坚硬。

下更新统（Q1），冲积、湖积相沉积。岩性以砂质黏土、黏土为主，间夹4~6层细砂和粉砂。其颜色为棕黄色、黄色。普遍含钙质姜结核，其结核表面具有网纹、锈斑及铁锰质浸染。底部为一层钙质沉淀层，较坚硬，是咸、淡水的分界限。

新第三系（N）

上新统（N2），自上而下分为明化镇组（Nm）和馆陶组。境内仅揭露明化镇组（Nm），且未见底。此组地层为冲积、湖积沉积。岩性为土黄色、棕红色黏土岩、砂质黏土岩及灰白色数层粉砂岩。粉砂岩是县境内深层淡水的主要含水层。

第二节 地 貌

惠民县地处鲁西北冲积平原，地势西南高东北低，平均地面高程12.8米，标高范围8~20米（海拔），地面坡度1/5000~1/7000。由于黄河多次决口，使境内形成多种微地貌。共有六种类型：

浅平洼地 面积为15.92万亩，占全县版图面积的7.8%。是黄河改道或决口的河间地带，由静水沉积而成，地势低平，又称碟形洼地。其土壤质地大部分为中壤和重壤，地面高程8~11米，分布在县内桑落墅、胡集、何坊、皂户李、石庙等乡镇，是易于发生内涝的地带。

河滩高地 面积为7.39万亩，占全县版图面积的3.6%。分布于沿黄滩地和沙河两岸，高程在9~20米之间，潜水埋深2~4米。由于河水漫滩情况不同，沉积物有沙有黏，厚薄不一，表层以沙壤为主，土体构型以均质沙比重较大。

决口扇形地 面积为35.94万亩，占全县版图面积的17.7%，由黄河决口急流冲积而成，一般呈南北走向，形似扇，表层以沙壤为主，地面高程10~16米，主要分布在姜楼、清河、辛店、胡集等乡镇。

沙质垄岗 面积为11.56万亩，占全县版图面积的5.7%，由黄河决口急水沉积而成。地势起伏不平，一般高出四周1米左右；表层质地以紧沙为主，风蚀严重。分布于姜楼、大年陈、石庙等乡镇。

背河槽状洼地 面积3.01万亩，占全县版图面积的1.5%，主要分布于黄河北大堤外侧，呈带状。惠民镇的东北及麻店镇的西南部亦有少量分布。地势低洼，排水性能差，有时常年积水。

微斜平地 面积为129.7万亩，占全县版图面积的63.7%，系县内分布最广、面积最大的地貌类型，由河流泛滥漫流沉积而成。是境内粮食、棉花及林牧业的主要产区。

第二章 气 候

第一节 气象特征

境内气候属温带大陆性气候，冬冷夏热，四季分明，干温适中。平均无霜期182天。热量资源比较丰富，年平均气温12.7℃。降水的季节变化非常明显，主要集中在夏季，占全年降水量的67.9%，而冬春两季雨量较少。各季降水变率大，造成春旱、夏涝、晚秋又旱的气候特点。

春季（公历3—5月） 随着太阳辐射日益增强，地面和空气温度不断提升，蒙古高压减弱，西太平洋副热带高压和大陆热低压逐步增强，西南暖湿气流日趋活跃，降水比冬季明显增多。蒙古气旋频繁出现，发展强烈常与海上高压形成东高西低的形势，受其影响春季是全县西南大风最多的季节。虽然冷空气较冬季减弱，但仍经常南下影响全县，出现降温和晚霜冻，有时产生雷阵雨、冻雹等天气，由于气温回升快、风力大、蒸发强而常发生春旱。

夏季（公历6—8月） 受西太平洋副热带高压影响，全国主要雨带日渐北移，县城6月底或7月初进入雨季，盛行偏南风。由于经常受热带海洋气团影响，天气炎热，湿润多雨，时有冷空气影响产生雷电、冻雹等强对流天气，偶有台风侵袭带来大风暴雨。

秋季（公历9—11月） 是由夏季到冬季的过渡季节。蒙古高压重新建立并日益增强，全县常受极地大陆气团控制气温下降、降水骤减，多秋高气爽天气。

冬季（公历12—2月） 受极地大陆气团形成的蒙古高压控制，气候寒冷干燥，盛行偏北风。经常受冷空气侵袭，出现偏北风伴有降温，偶有南方暖流气流北上与冷空气汇合，产生雨雪天气。该季是蒙古气压最强时期，也是全年最冷降水最少的季节。

第二节 气象要素

日照 县域年平均日照时数2578小时，日照时数最多的月份出现在5月，最少月份出现在12月。春季年平均日照时数723.4小时，夏季为689.9小时，秋季为632.5小时，冬季为528小时。

惠民县日出日落时刻表

表 2－1

节气	晨光始		日出		日落		昏影终		节气	晨光始		日出		日落		昏影终	
	时	分	时	分	时	分	时	分		时	分	时	分	时	分	时	分
小寒	6	57	7	26	17	05	17	35	小暑	4	24	4	55	19	34	20	05
大寒	6	53	7	22	17	20	17	47	大暑	4	36	5	07	19	26	19	56
立春	6	45	7	12	17	37	18	03	立秋	4	51	5	20	19	11	19	41
雨水	6	30	6	56	17	53	18	18	处暑	5	05	5	33	18	52	19	21
惊蛰	6	10	6	36	18	08	18	34	白露	5	19	5	46	18	29	18	56
春分	5	47	6	12	18	23	18	48	秋分	5	32	5	59	18	05	18	33
清明	5	23	5	50	18	36	19	02	寒露	5	45	6	12	17	43	18	10
谷雨	5	10	5	29	18	51	19	17	霜降	5	59	6	26	17	22	17	50
立夏	4	42	5	10	19	04	19	32	立冬	6	14	6	42	17	06	17	34
小满	4	26	4	57	19	18	19	47	小雪	6	29	6	57	16	55	17	24
芒种	4	18	4	49	19	29	19	59	大雪	6	42	7	12	16	52	17	21
夏至	4	18	4	49	19	35	20	06	冬至	6	42	7	22	16	56	17	25

气温　按气温界限为标准划分季节，惠民县四季各年长短不一，各地起止时间不尽一致，冬季最长，夏季次之，春季最短，通常以公历 4 月、7 月、10 月和次年 1 月作为春、夏、秋、冬的代表月份。全县年平均气温 12.7℃。冬季气温最低，1 月平均气温为－3.2℃。春季气温回升较快，4 月平均气温为 14.0℃。夏季气温最高，7 月平均气温为 26.6℃。秋季气温下降，10 月平均气温为 13.9℃。

降水　境内年平均降水量 541.7 毫米。四季降水悬殊很大。冬季降水量最少，平均降水量 16.6 毫米，占年降水量的 3.1%，其中 1 月份降水量最少；春季平均降水量 77.8 毫米，占年降水量的 14.4%，以 3 月最少；夏季平均降水量 368.2 毫米，占年降水量的 67.9%，以 7 月份降水量最多；秋季平均降水量 78.9 毫米，占年降水量的 14.6%，其中 9 月降水量最多。平均年降水日数 7 月最多，平均降水强度夏季最大、冬季最小。最大年降水量 1001.4 毫米，出现在 1990 年；最小年降水量 297.9 毫米，出现在 1989 年。

风向和风速　境内风向受季风和地理环境影响，年最多风向为西南西—西南，1—6 月和 9—12 月最多风向为西南，仅 7 月 8 月最多风向为东北—南东南。冬季主导风向为西南风，春季主导风向为西南风，夏季主导风向为东南风，秋季主导风向为西南风或南风。月平均风速 4 月份最大，8 月份最小。季节平均风速，春季最大，冬季此之。极大风速为 28.5 米/秒，出现在 1997 年 8 月 20 日，风向为北西北。

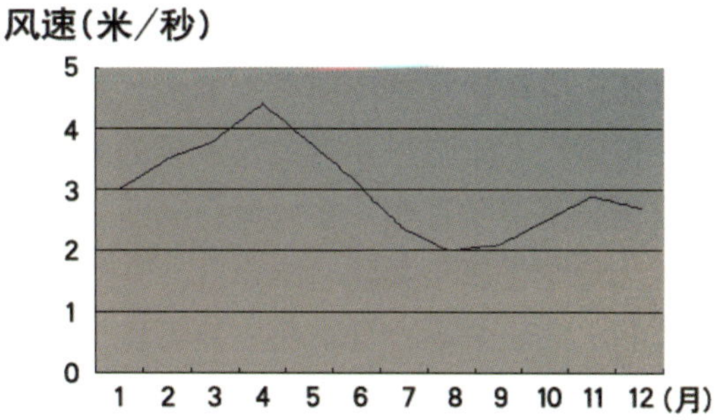

图 2－1　惠民县 1—12 月平均风速变化曲线图

惠民县各季代表月风速和气温日较差

表2-2

月　份	一	四	七	十
风速日较差（米/秒）	2.0	3.0	1.7	2.5
气温日较差（℃）	11.8	14.1	9.9	13.2

单位：毫米

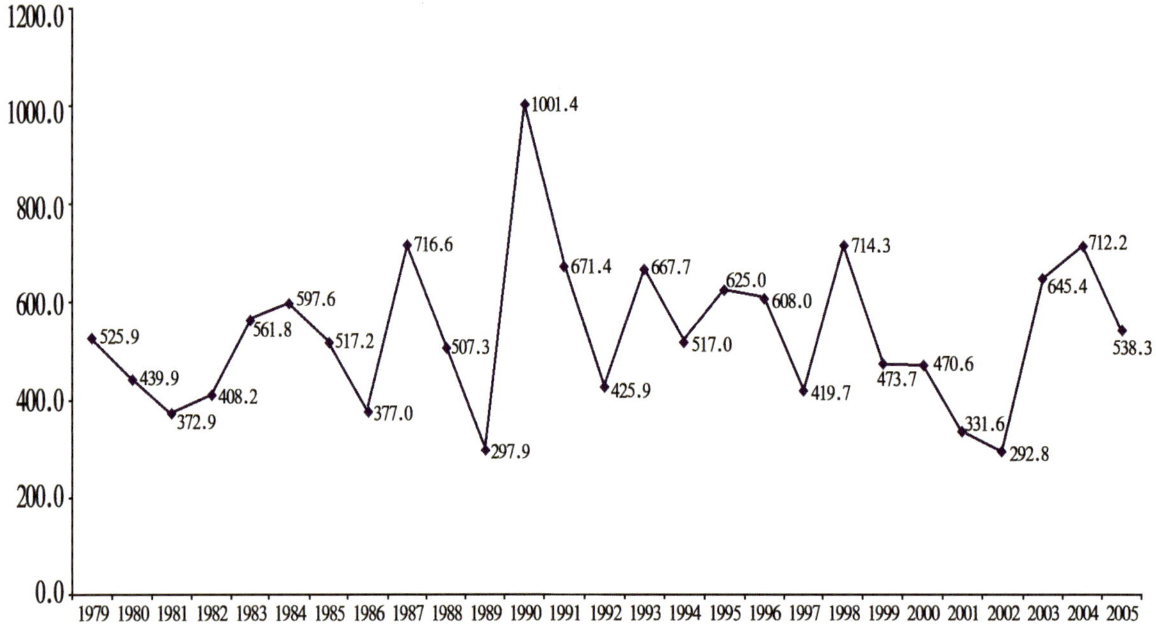

图2-2　1979—2005年惠民县年降水量变化图

冻土　指含有水分的土壤因温度下降到0℃或以下而呈冻结状态。境内冻土一般出现在12月至次年2月之间，冻土深度不足10厘米时一般是夜冻日化。10厘米冻土的平均初日在12月25日，平均终日在次年2月19日，平均连续冻结日数为57天。县内最大冻土深度为50厘米。

气压　为作用在单位面积上的大气压力，即等于单位面积上向上延伸到大气上界的垂直空气柱的重量，单位是百帕。县域地处欧亚大陆东南部，气压年变化属于大陆基本形式。冬季受蒙古高压控制，气压最高；夏季受大陆热低压和季风控制，气压最低；春秋两季是蒙古高压和大陆热低压相互交替的过渡时期。年平均气压为1015.7百帕。县内气压的变化特点是：日最高气压出现在日最低气温之后，日最低气压出现在日最高气温之后。

地温　下垫面温度和不同深度的土壤温度统称地温。浅层地温包括离地面5、10、15、20厘米深度中的温度；深层地温包括离地面40、80、160、320厘米深度的温度。县内年平均地面温度为14.2℃，极端最高地面温度66.6℃，极端年平均5厘米地温13.6℃，最低地面温度为-30℃。年平均5厘米地温13.4℃，年平均15厘米地温13.4℃，年平均20厘米地温13.5℃，年平均40厘米地温13.9℃。

惠民县常年不同深度平均地温统计表

表 2－3　　　　单位：厘米　摄氏度

温度\深度 月份	5	10	15	20	40	80	160	320
1	－2.6	－2.0	－1.3	－0.8	1.5	4.4	8.9	13.9
2	－0.7	－0.5	－0.4	－0.2	1.4	3.4	7.1	12.4
3	5.8	5.7	5.4	5.2	5.5	5.5	7.1	12.2
4	14.3	13.9	13.5	13.2	12.3	10.3	9.4	10.9
5	21.4	20.9	20.3	20.0	18.0	15.1	12.4	11.4
6	26.3	25.7	24.9	24.7	22.8	19.5	15.6	12.5
7	28.1	27.6	27.0	26.9	25.6	22.6	18.8	13.9
8	27.2	27.0	26.7	26.8	26.1	24.0	20.8	15.5
9	21.6	21.8	21.9	22.0	22.5	22.1	20.8	16.7
10	14.2	14.7	15.1	15.4	16.9	18.0	19.0	17.1
11	6.0	6.7	7.3	7.8	10.3	12.9	15.8	16.7
12	－0.6	0.1	0.9	1.4	4.4	7.9	12.1	15.5
年平均	13.4	13.5	13.4	13.5	13.9	13.8	14.0	14.0

相对湿度　指空气中实际水汽压与当时气温下的饱和水汽压之比。县内年平均相对湿度66%，历年最小相对湿度为2%，出现在1984年2月29日。

蒸发　县内平均蒸发量为1881.8毫米。春季气温回升快，风速大，空气干燥，空气中的水汽含量降低，致使蒸发量逐步增大，一般蒸发量在5月份达到最大，到6月份因临近雨季，云量增加，湿度增大风速变小，蒸发量开始减小；秋季是蒸发量的过渡季节，由于气温降低蒸发量越来越少，到12月减到最小。除雨季7月降水量接近蒸发量外，其余各月蒸发量均大于降水量。

霜冻　指水汽在地面及近地面物体上凝华而成的白色松脆的冰晶，或由雾冻结而成的冰珠，易在晴朗风小的夜间生成。县内多年平均有霜日105.8天，最多138天，最少65天。初霜日平均在10月14日，终霜日平均在4月11日。由于气候变化的影响，霜冻期总体上有缩短的趋势。

惠民县各月日照、气温、降水、蒸发情况统计表

表2-4　　　　单位：小时　摄氏度　毫米

项目	月份	1	2	3	4	5	6	7	8	9	10	11	12	全年
日照	时数	182.8	178.0	215.8	234.3	280.3	267.4	230.9	230.1	230.7	225.3	183.6	181.2	2640.4
	百分率（%）	59	58	58	59	64	62	52	55	62	65	61	61	60
气温	平均（℃）	-4.0	-1.7	5.2	13.4	20.1	24.7	26.3	25.2	20.0	13.6	5.5	-1.5	12.2
	平均最高	2.4	5.0	12.1	20.5	27.2	31.3	31.5	30.1	26.3	20.4	11.8	4.5	18.6
	平均最低	-9.2	-6.7	-0.5	6.8	13.3	18.4	21.8	21.0	14.5	7.8	0.4	-6.2	6.7
降水	降水量（毫米）	3.9	7.3	8.6	30.9	29.8	72.2	181.8	148.5	48.7	34.6	16.7	6.3	589.4
	绝对变率	3.6	4.8	5.6	17.5	17.0	36.1	75.2	66.2	30.8	22.8	12.6	5.8	
	相对变率（%）	92	66	65	57	57	50	41	45	63	66	75	92	22
	80%保证率	0.5	1.1	2.6	13.7	8.5	32.2	100.9	74.4	10.0	10.7	3.3	0.2	457.3
蒸发量（毫米）		47.1	62.7	140.7	253.1	319.7	317.6	202.6	161.4	144.0	212.5	67.7	43.6	1881.8

第三节　气象谚语

春打“六九”头。

九尽无凌丝。

冷在“三九”，热在“中伏”。

九月里不上冻，十月里冻煞人。

打了春，别欢喜，还有四十天的冷天气。

一阵春风一阵暖，一场秋雨一场寒。

淋伏头，旱伏尾。

早烧阴，晚烧晴。

早看东南，晚看西北。

早霞不出门，晚霞行千里。

头晚火烧云，明天晒死人。

日晕有雨，月晕有风。

日晕不过晌，过晌撒了谎。

太阳倒照，晒得猫叫。

天上鲤鱼斑，晒谷不用翻。

日落云来接，龙王不停歇。

日落天发黄，明日必风狂。

乌云接落日，不下今日下明日。
星星眨眼，有雨不远。
火灶憋烟，雨落当天。
天气热如蒸，不雨便有风。
东虹风，西虹雨，南虹出来卖儿女。
八月十五云遮月，正月十五雪打灯。
八月十五下一阵，旱到来年五月尽。
日出红云升，无雨便有风。
早上云烧，晚上雨浇。
不怕初一下，就怕初二阴。
旱了东风不下雨，涝了东风不晴天。
十雾九晴。
早雾晴，晚雾阴。
瓮穿裙，雨淋淋。
鱼鳞云，雨临门，乱绞云，下满盆。
刮上三天东南风，下雨不用问先生。
大雾不过三，过三十八天。
西北风是开天的钥匙。
北风不受南风气。
雨后起东风，未来雨更凶。
雨下亮一亮，接着下一丈。
淋了“伏王”，一天一场。
早上下雨一天晴，晚上下雨到天明。
风倒三遍，不用掐算。
云彩向东一阵风，云彩向西水没鸡，云彩向北一阵黑，云彩向南水没镰。
天旱井水升，兆雨。
白云黑云对着跑，雹子一定小不了。
有雹无风，雹子稀松。
风刮一片，雹打一线。
久旱雹子多。
燕子钻天下大雨。
蠓虫子扑脸，大雨不远。
蚂蚁搬家，长虫（蛇）过道，必有大雨到。
蚯蚓早出兆晴，晚出兆雨，乱爬有大雨。

第三章 土壤 植被

第一节 土 壤

土壤类型 按《全国第二次土壤普查工作分类暂行方案》标准，全县土壤共分为3个土类，5个亚类，9个土属，69个土种。

风沙土土类：面积4609亩，占土地总面积的0.28%，只有1个土属、1个土种，是黄河决口最初沉积的结果。土壤养分含量低，易风蚀，分布于大年陈乡。

潮土土类：面积153.6868万亩，占土地总面积的94.87%，是直接发育在河流沉积物上，受潜水作用形成。土壤有较明显的锈纹锈斑，共有6个土属、55个土种，分布于全县各乡镇。

盐土土类：面积7.8422万亩，占土地总面积的4.85%，受地形、母质、气候、潜水等因素综合影响而形成的一类土壤。其特点是表层和土体中含有较多的可溶性盐，对作物有较大的危害。此类土壤，因盐碱重一般常撂荒，属待改良开发土壤。共包括2个土属、13个土种、分布于全县各个乡镇。

在全县9个土属中，以褐土化潮土生产性能最佳，面积2.6396万亩，占土地面积的1.63%；壤质潮土面积居首位，有70.6万亩，占土地面积的43.5%；较差的土属有黏质潮土、沙质潮土、盐化潮土和风沙土；最差的是油潮盐土和白潮盐土，面积为7.8422万亩，占土地总面积的4.85%。

耕层质地　按原苏联卡庆斯基土壤质地分类标准，县内土壤表层质地有：紧沙、沙壤、轻壤、中壤、重壤、轻粘六种类型。其面积分别为：紧沙8.5017万亩，占总土地面积的5.25%；沙壤30.3516万亩，占总土地面积的18.74%；轻壤82.8458万亩，占总土地面积的51.34%；中壤37.9782万亩，占总土地面积的23.24%；重壤2.0319万亩，占总土地面积的1.25%；轻黏2807亩，占总土地面积的0.18%。

土体构型　由于境内的土壤是由黄河冲积而成，剖面质地层次变化较大，土体构型可分为20种。按其生产属性，可归纳为五大类型。一是上壤下黏的蒙金土型，面积为50.466万亩，占土地总面积的31.15%。二是均质型，又分三种，即：均质沙、均质壤和均质黏。均质沙30.0182万亩，均质壤32.0831万亩，均质黏2312亩，计62.3325万亩，占土地总面积的29.77%。三是黏底托盐型，面积为9.171万亩，占土地总面积的5.66%。四是漏型，漏水漏肥，面积为29.46万亩，占土地总面积的18.19%。五是相间型，面积为10.5604万亩，占土地总面积的15.23%。

土壤养分状况　全县耕层0～20厘米，平均有机质含量0.991%，全氮含量0.05%～0.06%，碱解氮含量为68.3毫克/千克，速效磷含量为20毫克/千克，速效钾含量为97.4毫克/千克。有机质、碱解氮、速效磷含量均属中等偏上。由于有机质含量较低，所以土壤容重一般较高。沙质和壤质土容重较适中，黏质土和盐碱地容重偏高。耕层0～20厘米的土壤基本适合于农作物根系正常生长和微生物活动。

2005年惠民县土属面积统计表

表2-5　　单位：亩

土属	总面积	土地面积	非土地面积
固定风沙土	5376	4609	767
沙质潮土	390441	306137	84304
壤质潮土	892660	706000	186660
黏质潮土	28556	23126	5430
褐土化潮土	33718	26396	7322
沙质盐化潮土	96631	77787	18844
壤质盐化潮土	495542	397422	98120
壤质油潮盐土	85353	73230	12123
壤质油潮盐土	6180	5192	988
合计	2034457	1619899	414558

第二节　植　被

大地植被分自然植被和人工植被，境内各地因地形、地貌与土壤类型不同而植被有所差异。

自然植被　全县自然植被共有58.6万亩，占总土地面积的28.8%，多见于河堤、渠畔、路旁、村边。决口扇形地和缓平坡地的自然植被，沙土地多是茅草、沙里旺，沿河地区多是芦苇、蒲草、三棱草、水稗子草，盐碱地多是碱蓬棵、灰菜、扫帚菜。河滩高地的自然植被，主要是禾本科杂草，如茅草、芦草等。浅平洼地和背河槽状洼地的自然植被，多为适应性广、抗逆性强的深根系植物，如青青菜、蛤蟆腿、吐噜酸、芙子苗、节节草等。

人工植被　决口扇形地的人工植被主要有小麦、玉米、花生、棉花、大豆、地瓜等农作物。河滩高地的人工植被主要有小麦、棉花、玉米、大豆、地瓜等农作物。浅平洼地和背河漕状洼地的人工植被主要有小麦、玉米、高粱等农作物。

第四章　水　文

第一节　河　流

黄河　自济阳县郭家寺入县境，沿县南缘呈西南东北向流经刘旺庄、簸箕李、榆林、大年郑、归仁、王集、南北王、白龙湾、清河镇、薛王邵、王平口、大崔、小崔、三合李、五甲杨，至铁匠魏村东入滨州市滨城区，境内流程46.28公里。1991—1999年，黄河连年出现断流，利津水文站1997年曾断流长达226天。持续断流导致河道出现较为严重的淤积，呈现“槽高、滩低、堤根洼”形态，河道滩唇一般高出堤根2～4米，河道纵比降1∶10000，临河堤脚一般高出背河地面3～4米，最大5.5米，防洪水位高出背河地面8～10米。河道宽浅，溜势散乱。2005年，境内河道主槽宽350～600米，堤距2公里左右，设计泄洪能力1万立方米/秒。

徒骇河　干流起源于聊城市莘县文明寨村东，自商河县邢王庄东南入县境，东行经郑家、大湾、辛庄等村南，至高唐庄南折向东南，又至申家桥折向东北，再经湾头孙、陈洪口、樊家桥、宋家桥、刘家桥、小金家、白家桥、大范家诸村东南，经丁家道口村东北入滨州市滨城区，至堡集村南沙河汇入，再至沾化县西山后北与秦口河汇流，经套尔河至暴风站入海。县内河道长45.2公里，堤防长86.34公里（其中：左堤43.97公里、右堤42.37公里），设计防洪流量1257立方米/秒，排涝流量817.4立方米/秒，多年平均年经流总量6575亿立方米。

土马河　源自禹城县大小王庄，东经临邑、商河两县，自商河县王老庄东北入县境，呈北行偏东经西寇、马家店、魏皮虎、张家集、王家诸村东，至大杜家东北入沙河，境内流经长度15.2公里，设计排涝流量58.2立方米/秒。

沙河　起源于临邑县，东行至商河县油房张村东南入县境，呈东西向流经刘家堡、谷马庄村北、朱苏庄村南、赵玉堂北，至大杜家土马河汇入，再东经于家寨、沙窝张南，至大朱家村南折向东北，经陈坡牛北、刘玉亭南至后娘娘坟折向正南，经前娘娘坟村西，至范家北折向东，经张郝家北、王图、孙顶南，至前屯村西折向北，经后屯村西，至大吴家西南折向东南，至小吴家村北又折向东北，经王德安家村北，至后李家村东北入阳信县，又于东官庄北复入县境，呈东北向经后王家北、牟家官庄北、苇子高北、桑落墅南、河南刘北、哨马张村南，至候家村东北入滨州市滨城区，于堡集村南汇入徒骇河。境内流经长度41.5公里，设计防洪流量（幸福闸处）160立方米/秒，排涝流量82.9立方米/秒。

土马河、沙河在县内作为一条河管理，故亦统称为土马沙河。

第二节　水　系

惠民县地处黄河下游左岸，地形呈西南高、东北低，自然流势亦由西南流向东北，境内有徒骇河、沙河横贯东西，把惠民县切成面积基本相等的三大块，当地习称三大流域或三大水系。一是黄河以北、徒骇河以南为徒骇河水系，有排水干沟7条，总长106.45公里，流域面积485.6平方公里。二是徒骇河以北、沙河以南为沙河水系，有排水干沟7条，总长106.87公里，流域面积507.25平方公里；土马河自商河县王老庄入县境，北行仅15.2公里即汇入沙河，其流域纳入沙河水系。三是沙河以北是勾盘河水系（勾盘河干流在阳信境内），县内有排水干沟7条，总长89.45公里，流域面积296平方公里。

第三节　坑塘　水库

坑塘　1979年，县内共有自然坑塘1800余个，面积6000余亩，其中能蓄水灌地的占20%。1958年，兴建了八方寺洼、小张家和仇家三座人工蓄水塘。后因多年无人管理，坑塘蓄水寥寥无几，当地群众已基本放弃引用坑塘蓄水灌溉，多数坑塘经承包、改造后用于发展渔业养殖。

水库　1979年，县内有蓄水库两处。一是徒骇河樊桥闸蓄水库，蓄水量1700万立方米。二是土马沙河幸福闸蓄水库，蓄水量219万立方米。1994年11月，为解决县城工商企业及居民生活用水，动工兴建孟家水库，1997年落成，库容190万立方米。1998年始，该水库分三期工程增容，至2005年，设计库容达770万立方米，总投资达4752万元。随着引黄事业的发展，土马沙河幸福闸蓄水亦成为城区用水源地，徒骇河樊桥闸库区虽仍承担着农业灌溉任务，亦因引黄事业的发展而引灌量不大。

第五章　自然资源

第一节　土地资源

1985年土壤普查，全县总面积2034457亩。其中，土地面积1853546亩，占总面积的91.11%；水域面积180911亩，占8.89%。在土地面积中，居民工矿用地189563亩，占土地面积的9.8%；交通用地43704亩，占2.35%；特殊用地380亩，占0.54%；耕地面积1619899亩，占87.31%。在耕地面积中，农作物面积1378874亩，占耕地面积的85.1%；园地面积15320亩，占0.95%；林地面积68685亩，占4.2%；牧草地1599亩，占0.97%；疏林草地577亩，占0.03%；未利用土地面积154844亩，占8.75%。全县土地平坦宽阔，且微地貌复杂，宜于农业机械化、专业化和区域化种植，又利于发展林、牧、副、渔业生产。2005年土地利用现状更新调查结果显示，县域土地总面积2045052亩。其中，耕地面积1364535.6亩，占总面积的66.7%；园地（果园、桑园）110046.7亩，占总面积的5.3%；林地43987.4亩，占总面积的2%；其他农用地（畜禽饲养地、农村道路、坑塘水面、养殖水面、农田水利、晒谷场）166572.9亩，占总面积的8%；建设用地（居民点、独立工矿、交通设施、水利设施）305651.2亩，占总面积的15%；未利用土地（荒草地、盐碱地、河流水面、苇地、滩涂）54258.2亩，占总面积的3%。

境内土壤表层多为轻壤和中壤，土体构型以通体壤和厚壤腰、厚壤心为多，供肥水性能较好，农业开发率高；地势平坦，土层深厚，土壤耕作性能优良，适宜机械化、专业化和区域化种植，且利于发展林、牧、副、渔业生产。

表 2－6

2005 年惠民县土地利用现状数据库结果表

单位：亩

一级类名称	二级类名称	代码	三级类名称	更新调查面积
农用地	耕地	111	灌溉水田	/
		112	望天田	/
		113	水浇地	1345165.60
		114	旱地	/
		115	菜地	19370.00
		小计		1364535.60
	园地	121	果园	83866.60
		122	桑园	26180.10
		125	其他园地	/
		小计		110046.70
	林地	131	有林地	27893.80
		132	灌木地	28.60
		133	疏林地	658.80
		134	未成林造林地	12972.10
		135	迹地	/
		136	苗圃	2434.10
		小计		43987.40
	牧草地	141	天然草地	/
		142	改良草地	/
		143	人工草地	/
		小计		/
	其他农用地	151	畜禽饲养地	344.60
		152	设施农业用地	/
		153	农村道路	44244.90
		154	坑塘水面	13129.80
		155	养殖水面	6765.60
		156	农田水利	62452.40
		157	田坎	/
		158	晒谷场等用地	39634.60
		小计		166571.90
	合计			1685141.60

续表 2-6

一级类名称	二级类名称	代码	三级类名称	更新调查面积
建设用地	居民点及独立工矿	201	城市	/
		202	建制镇	23347.70
		203	农村居民点	172019.20
		204	独立工矿用地	29371.70
		205	盐田	/
		206	特殊用地	1572.90
		小计		226311.50
	交通用地	262	公路用地	17639.20
		263	民用机场	/
		264	港口码头用地	/
		265	管道运输用地	36.90
		小计		17676.10
	水利设施用地	271	水库水面	634.10
		272	水工建筑用地	61029.50
		小计		61663.60
	合计			305651.20
未利用地	未利用土地	311	荒草地	10953.50
		312	盐碱地	1266.10
		317	其他未利用土地	5171.60
		小计		17391.20
	其他土地	321	河流水面	27660.00
		323	苇地	6660.40
		324	滩涂	2546.60
		小计		36867.00
	合计			54258.20
总计				2045051.00

第二节　水资源

境内水资源包括地表水、地下水和引用黄河水三部分。据测，县域多年平均降雨量 585 毫米，当地水资源总量 1.9 亿立方米，人均 307 立方米，占全国人均水资源量的 14%，属极度资源性匮乏区。且降水量年内分配极不均匀，汛期降水占年降水量的69%。按水资源资料系列分析计算，全县多年平均地表水资源量为2.82亿立方米，地下水资源量2.29亿立方米，水资源总量3.8亿立方米，重复水量为1.31亿立方米，其中，地表水可利用量2.2亿立方米，地下水可开采量1.374亿立方米，水资源可利用总量为3.574亿立方米，地表水资源量和地表水可利用量均包含引黄水量，地下水可开采系数为0.6。县内沙河和徒骇河各建有节制闸1座，年蓄水量3200万立方米；排水沟建节制闸40座，设计蓄水能力2000万立方米；坑塘300个，蓄水能力250万立方米。这些水利设施能使90%的当地径流得以汇集。

县内浅层地下水位较高，平均埋深仅2.5米左右。全县拥有农用浅机井5000余眼，年开采能力8000万立方米；工业及生活用深机井80眼，多集中于城区，由于多年连续开采，城区深层地下水长期处于采补失衡状态，2003年漏斗区面积已达134.35平方千米，漏斗中心静水位由1980年的5.82米降至2003年为-55米，年均下降2.64米。孟家水库属Ⅱ、Ⅲ类水，水质较好，可作饮用水源。徒骇河一般情况下属Ⅲ、Ⅳ类水，土马、沙河属Ⅳ、Ⅴ类水，可作为一般工农业用水。深层地下水普遍含氟量高，浅层地下水水质较好，含水区Ⅲ类良好水占67%。

2005年，全县年需水量4.1亿立方米，而年供水量仅3.07亿立方米（黄河水1.7亿立方米，地表水0.32亿立方米，地下水1亿立方米，其他水源0.05亿立方米），年缺水量1.03亿立方米，处于严重缺水局面。

第三节　植物资源

木本植物　境内有38科，122种。

乔木主要有杨、柳、榆、槐、桐、臭椿、苦楝、侧柏、合欢、皂角、苹果、梨、枣、桃、杏、香椿、核桃、杜梨、山楂、柽柳、桑树等。灌木主要有石榴、酸枣、花椒、紫穗槐、冬青、月季等。木质藤本植物主要有葡萄、凌霄等。

草本植物　人工种养的草本植物有小麦、玉米、大豆、高粱、谷子、棉花、花生、西瓜、白菜等农作物，还有供观赏的菊花、海棠、兰草、马蹄莲、大头兰、君子兰、仙人掌、仙人球、龙舌兰、蟹爪兰、玉树、铁针、令箭荷花、茑萝、云松、凤仙花、鸡冠花、臭芙蓉、含羞草、望日莲、马乍菜花、龟背竹、蜀葵、牵牛花、地瓜牡丹等。

野生草本植物有47个科，200余种。木贼科有节节草、问荆，大麻科有葎草，马兜玲科有北细辛和马兜玲，蓼科有扁蓄、酸模可蓼、水蓼、丛枝蓼、两柄蓼、西伯利来蓼、习见蓼、酸模、羊蹄，黎科有西伯利亚滨藜、中亚滨藜、藜（灰菜）、灰绿藜、小藜、地肤（扫帚菜）、猪毛菜（蓬子菜）、无刺猪毛菜、灰绿碱蓬，苋科有千穗苋（人情菜）、繁重苋（玉谷）、雁来红，马齿苋科有马齿苋（马乍菜），石竹科有石竹、拟漆姑、旱麦瓶草、王不留行，睡莲科有萍蓬草，金鱼藻科有金鱼藻，毛茛科有茴茴蒜、石龙芮，罂粟科有地丁草，十字花科有垂果南芥、硬毛南介、葶苈、播娘蒿（麦蒿）、小花糖芥、糖芥、烛行菜、北美独行菜、宽叶独行菜、野油菜、风花菜，景天科有瓦松、晚红瓦松，蔷薇科有委陵菜、腺毛委陵菜、朝天委陵菜，豆科有野毛扁豆、米口袋、铁扫帚、鸡眼草、紫苜蓿、草木樨、细齿草木樨、山绿豆、野碗豆、小巢菜，拢牛儿苗科有拢牛儿苗，蒺藜科有蒺藜，大戟科有铁苋菜、地锦、大戟、猫眼草，锦葵科有野西瓜苗（灯笼草），堇菜科有紫花地丁、东北堇菜、堇菜，千屈菜科有千屈菜，柳叶菜科有露珠草、柳叶菜，小二仙草科有泥茜、轮叶狐尾藻，伞形科有香山竹菜、蛇床、鸭儿芹、水芹、野胡萝卜、窃衣，报春花科有点地梅（铜钱草）、星宿菜、珍珠菜、狼尾花，兰雪科有二色补血草（蝇子草）、珊瑚补血草，龙胆科有百金花、荇菜，夹竹桃科有罗布麻（茶棵子），萝摩科有地梢瓜、萝摩，旋花科有藤长苗、田旋花、菟丝子、裂叶牵牛、园叶牵牛，紫草科有斑种草、砂引草、附地菜，唇形科有土荆芥、麻叶风轮菜、夏至草、宝盖章（接骨草）、野芝麻、地瓜儿苗（地笋）、硬苗地瓜儿苗、野薄荷、齐宁、水苏、毛水苏、并头草，茄科有曼陀罗、洋金花、天仙子（莨菪）、枸杞、酸浆（红姑娘）、龙葵、青杞，玄参科有柳穿鱼、母草（陌上菜）、画泉草、沟酸浆、地蕉、纳婆婆、细叶婆婆纳、蚁母草、仙桃草、水蔓青，车前科有车前、平车前，茜草科有猪殃殃、四叶葎，北方拉拉藤（砧草）、茜草，菊科有腺梗菜、豚草、胜红蓟、大籽蒿（白蒿）、猪毛蒿（黄蒿）、茵陈蒿、蒌蒿（水蒿）、艾蒿（家艾）、无齿艾蒿、紫菀（青菀）、阿尔泰紫菀、狼把草（鬼刺）、鬼针草、短星菊、小飞蓬（小白洒草）、大花金挖耳（香油罐）、飞廉、石胡荽（球子草）、刺儿菜（小蓟）、大刺儿菜、大蓟（刺蓟）、菊苣、佩兰（泽兰）、飞蓬、鼠曲草、泥胡菜、旋夏花、苦菜、苦买菜、马兰、稻槎菜、笔管草、羊角菜、一枝黄花、苦苣菜、苣买菜、草地风毛菊、狗舌草、蒲公英、橡胶草、碱菀、苍耳、黄鹌菜、百日草，香蒲科有香蒲、水烛，眼子菜科有眼子菜、菹草（札草），茨藻科有茨藻、小茨藻，水鳖科有黑藻（轮叶水草）、苦草，禾本科有看麦娘、茅叶荩草、野燕麦、獐茅（马绊草）、白羊草、拂子茅、密花拂子茅、虎尾草、隐花草（扎屁股草）、狗牙根、发草、马唐、双麸草、稗、画眉草、知风草、乱草、野黍、牛鞭草、白茅（茅根）、柳叶箬、千金子、滨麦、荻、大盘草、白本乱子草、邹叶草、求米草、竹叶草、狼尾草、艺草、芦苇、猫尾草、早熟禾、长芒棒头草、碱茅、鹅观草、囊颖草、狗尾草、长芒草、虱子草，莎草科有球柱草、苔草、莎草、香附子、三轮草、刚毛荸荠（槽杆）、羽毛荸荠、龙师草、牛毛毡、飘拂草、水莎草、花穗水莎草、水蜈蚣、湖瓜草、萤蔺、蔗草、荆三棱、华东标草，天南星科有半夏、掌叶半夏，浮萍科有浮萍、品萍、紫萍，鸭跖草科有水竹叶，百合科有细叶韭、沿阶草，鸢尾科有马蔺（马莲），灯心草科有灯心草等。

真菌 有28科150余种。绝大多数寄生于其它植物体，如各种霜霉菌、腐霉菌、白粉菌、黑粉菌、锈病菌等；有的寄生于昆虫幼虫或成虫，如蝗虫霉菌、蚜霉菌、白僵菌、绿僵菌等；癣菌则寄生于人或动物的皮肤组织。食用菌有木耳、蘑菇、香菇、双孢菇、金针菇、银耳、平菇、花菇、白灵菇、草菇、鸡腿菇等。

第四节　动物资源

兽类 野兽有狐狸、獾、黄鼬、野兔、刺猬、狸猫、麝鼹（地爬子）、大仓鼠（灰仓鼠）、黑线仓鼠、东方田鼠、褐家鼠、小家鼠、黑线姬鼠、黄鼠（大眼贼）、大菊头蝠、须鼠耳蝠、大耳蝠、东方蝙蝠、伏翼、萨氏蝙蝠等，共10科20种。家养的有牛、马、驴、骡、猪、羊、狗、猫、兔等。

禽类 野禽有池鹭、黄斑苇鸦、紫背苇鸦、大麻鸦、大雁、翘鼻麻鸭（水鸭子）、雀鹰、苍鹰、游隼（鸭虎）、鹌鹑、黑水鸡、骨顶鸡、小田鸡、董鸡、白领行鸟（串串粒子）、矶鹬、岩鸽（野鸽子）、山斑鸠、火斑鸠、四声杜鹃（布谷鸟）、大杜鹃（布谷鸟）、红角号鸟、领角号鸟、长耳号鸟（夜猫子）、普通夜鹰（贴树皮）、楼燕（北京雨燕）、普通翠鸟、兰翡翠、戴胜、黑枕绿啄木鸟、绿啄木鸟、斑啄木鸟、星头啄木鸟（凿打木子）、小沙百灵、凤头百灵、家燕、金腰燕、脊鸟脊鸟令鸟、山椒鸟、虎纹伯劳、红尾伯劳（吓吓子）、黑枕黄鹂、黑卷尾、灰椋鸟（马姑油子）、秃鼻乌鸦、大嘴乌鸦、寒鸦（山老鸹)、灰喜鹊、喜鹊、斑鸫、芦莺、苇莺、柳莺、乌翁鸟、北灰翁鸟、大山雀（滴滴水)、银喉长尾山雀、麻雀、金翅雀、燕雀、沃鸟（娃子）等，共28科60种。家养的有鸡、鸭、鹅、鸽、画眉、白玉、鹦鹉等。

虫蛇类　昆虫最多，有螳螂、蠼螋、蝗虫、虫冬虫斯（蝈蝈)、蟋蟀、蝼蛄、青蛉、银青蜓、蝉、箭蜓、豆娘、黑尾叶蝉、小叶蝉、大叶蝉、斑衣蜡蝉、飞虱、杨叶瘿绵蚜、根蚜、柳瘤大蚜、毛蚜、柯短痣蚜、柳蚜、棉蚜、玉米蚜、蜡蚧、硕蚧、盾蚧、蓟马、草蛉、蚁蛉、褐蛉、柳瘿蚊、稻摇蚊、按蚊、库蚊、伊蚊、白蛉子、蠓（小咬)、韭菜蛆、食虫虻、雏蜂虻、水虻、牛虻、苍蝇、狗蝇、牛蝇、马蝇、食蚜蝇、寄蝇、花蝇、食蚜斑腹蝇、麦杆蝇、潜蝇、麦叶蜂、梨茎峰、胡蜂、姬蜂、蚜茧蜂、茧蜂、小蜂、蜻蠊沟卵蜂、青蜂、土蜂、马蜂、泥蜂、蛛蜂、瘿蜂、蜾蠃、蚂蚁、蜜蜂、透翅蛾、棉红铃虫、麦蛾、织蛾、潜蛾、菜蛾、木蠹蛾、芦苇豹蠹蛾、蓑蛾、刺蛾、斑蛾、桃小食心虫、小卷叶蛾、卷叶蛾、螟蛾、羽蛾、枯叶蛾、天蚕蛾、尺蠖、天蛾、舟蛾、灯蛾、条纹苔蛾、夜蛾、毒蛾、曲纹多孔弄蝶、蛱蝶、灰蝶、粉蝶、黄凤蝶、水黾、红娘华（水蝎子)、水斧虫（水螳螂)、田鳖、松藻虫、大臭蝽（臭大姐)、土蝽、棉缘蝽、长蝽、梨网蝽、小花蝽、盲蝽、姬猎蝽、细刺蝽、猎蝽、黄边龙虱（水蜈蚣)、灰龙虱、鼓虫、牙虫、虎甲（斑茅)、短鞘步甲（放屁虫)、五星棒角甲、青翅隐翅虫、大红斑葬甲、郭公虫、金针虫、吉丁虫、花斑皮蠹、大谷盗、瓢虫、芫菁、拟地甲、谷蠹、裸蛛虫、金龟甲、天牛、叶甲、豆象、象甲、跳蚤、人虱、禽虱、畜虱、臭虫、土鳖等，共153科600余种。

蛛形动物有牛疥螨、兔痒螨、鸡膝螨、叶螨、植绥螨、麦真足螨、沟纹硬皮地蛛、芦苇卷叶蛛、口止亢蛛，幽灵蛛、球腹蛛、微蛛、北国壁蛛、圆蛛、肖肖蛛、漏斗蛛、狼蛛、盗蛛、蟹蛛、跳蛛、管巢蛛、平腹蛛、蝎子等，共23科74种。

爬行动物有无蹼壁虎、麻蜥、赤链蛇、黑眉棉蛇、黄脊游蛇、红点锦蛇、棕黑锦蛇、枕纹锦蛇、虎斑游蛇、双斑锦蛇、水游蛇等。

软体、环节及多足、甲壳动物有蜗牛、参环毛蚓、直立环毛蚓、缟蚯蚓、蚰蜒（草鞋虫)、蜈蚣、鼠妇（潮虫）等。

鱼类　有鲤鱼、鲫鱼、草鱼、鲢鱼、鲶鱼、鳜鱼、黄桑鱼、毛刀鱼、乌鳢、泥鳅、黄鳝等9科41种。其中鲤科32种，占鱼类总数的78%。

其它水生动物　分爬行类、两栖类、甲壳类、软体动物瓣鳃类、淡水腹足类、水生寡毛类、水生昆虫类七类。爬行类有甲鱼。两栖类有青蛙、虎蚊蛙、雨蛙。甲壳类有中华绒螯蟹、溪蟹、沼虾、长臂虾、青虾、木芦虾、钩虾。软体动物瓣鳃类有股蛤、蛭形蚌、无齿蚌、冠蚌、扭蚌、丽蚌、珠蚌、河虫贝。淡水腹足类有静水椎实螺、小土蜗、椭园萝卜螺、扁旋螺、栖螺。水生寡毛类有尾鳃蚓、头鳃蚓、水蚯蚓、吻盲虫、毛腹虫、尾盘虫、管盘虫、杆吻虫、管水蚓、颤蚓。水生昆虫类有蜻蜓、伊蚊幼虫、摇蚊幼虫、水蜈蚣、牙虫、丰年虫、中华堂虫、蚌壳虫、介形虫、剑水蚤、镖水蚤。

第五节　矿产资源

境内矿产资源主要有石油、天然气、皮硝、火硝、砖瓦用粘土、矿泉水等。初步查明，油气资源在胡集、魏集、麻店、辛店、惠民镇、何坊、桑落墅等乡镇地下均有蕴藏。至2005年，胜利油田在县域打油气井310眼，其中，油井305眼，气井5眼。

第六章　自然灾害

第一节　水　灾

县内水灾主要有洪灾和涝灾两种。洪灾多来自黄河，其次为徒骇河和土马沙河。每有洪灾发生，其危害之大损失之重难以估量。涝灾为历代主要灾害之一。据统计，1951—1985年，发生全年湿涝5年，成灾机率为7年一遇；春涝发生1年，成灾机率为35年一遇；初夏和盛夏涝灾各发生7年，成灾机率均为5年一遇；秋涝发生10年，成灾机率为七年二遇。1979—2005年，主要水灾年有：

1981年，清河镇、魏集、李庄、申桥、大年陈5个公社的黄河滩被淹，滩内农作物受灾严重。

1982年，大年陈、李庄、申桥、清河镇、魏集5个公社的黄河滩区被淹，近万亩农田绝产，房屋损坏严重。

1984年8月6—10日，全县连降大雨，不时伴有大风。雨后积水面积15.9万亩，其中绝产4.3万亩。

1988年7月18—21日，境内连遭3次大暴雨袭击，降水量在130～150毫米之间。农田积水面积4万亩以上，成灾面积2万余亩。

1990年7月6—23日，连续降雨394.1毫米，加之大量客水入境，形成特大涝灾。全县积水面积达110万亩，有40万亩庄稼绝产、33万亩重灾，157个村庄被大水围困，13家工业企业停工，毁坏房屋1926间，倒树19.17万株，冲毁水利建筑物188座。直接经济损失2.96亿元。

1996年7月29—30日，县域平均降雨267.3毫米，至8月6日又遭两次暴雨袭击。八天内累计降雨量达381.5毫米，造成经济损失4.2亿元。8月18日，黄河1号、2号洪峰在孙口站汇合后，于是日中午进入县境河段，洪峰流量4780立方米/秒，水位24.81米。境内46.5公里黄河大堤全部偎水，各类防洪工程先后出现险情34段200余次，堤内3.1万亩耕地被淹没，损坏倒塌房屋0.2万间，受灾人口3万余人。直接经济损失4000余万元。

1998年7月6—14日，境内连续降雨372毫米，占整个汛期降水量的60%，再加河道上游来水集中，导致河道水位急剧上涨。樊桥闸水位高达9.6米，最大流量550立方米/秒；土马沙河出现罕见的特大洪水，幸福闸水位一度涨至10.48米，超过排水位1.58米。全县110万亩农田全部受灾，积水面积60万亩；冲毁渔池2184亩，死亡牲畜2761头，倒塌房屋3.5万间，毁坏渠道349条、渡槽26座、桥涵闸559座、机井134眼，损坏电力通讯线路47.8公里、公路6.36公里；有264家工厂企业进水，部分原材料和成品报废。直接经济损失超过4亿元。

第二节　旱　灾

县域旱灾发生机率大，成灾面积广，为重大自然灾害之一。资料表明，春旱最为严重，发生频率为57%左右，俗有“十年九旱”之说；夏旱频率在43%上下，民间称之为“卡脖子旱”；秋旱频率为31%以上。主要旱灾年有：

1979年，旱。受灾面积40万亩。

1980年，春旱。受灾面积94万亩，成灾面积51万亩，其中绝产5万亩。

1981年，大旱。自上年12月至是年5月9日，境内仅降雨19毫米，秋、冬基本无雨雪。全县人民倾力抗旱，粮、棉总产仍创历史最高水平。

1982年，春、秋旱。春旱是新中国建立后最为严重的一次。

1983 年，春、秋旱。受灾面积 80 万亩。春季抗旱播种棉花 53.11 万亩，秋季抗旱播种小麦 39.26 万亩。

1984 年，春、秋旱。受灾面积 95 万亩，两季抗旱播种农作物 95.6 万亩。

1985 年，春旱。受灾面积 65 万亩，抗旱保种作物 94.08 万亩。

1986 年，严重干旱。全年降雨 307.5 毫米，为多年平均降雨量的 52%，受灾面积 100 万亩。全县投入抗旱资金 3654 万元，引水灌溉面积达 192.3 万亩次。

1989 年，春季干旱，夏季重旱。7 月份降雨 114.4 毫米，旱情缓解。8 月中旬后，土壤一直处于重旱状态。全县受旱面积达 77 万亩。

1992 年，特大干旱。全年降雨仅 283 毫米，是县内自有降雨统计资料以来降雨量最少的年份。全县 105 万亩农田普受旱灾。

1997 年 6 月中旬至 8 月中旬，境内无有效降雨，旱情严重。黄河、徒骇河、土马沙河相继断流。全县人民奋起打井抗旱。

2000 年，春季降雨仅 19.9 毫米，较常年同期偏少 55.2 毫米。5 月中旬至 6 月下旬，月余无降雨，旱情更加严重。全县受旱面积 95 万亩，其中重旱面积 70 万亩，主要受害作物为小麦、夏玉米。

2001 年 5 月下旬至 6 月下旬，惠民镇、何坊乡、皂户李乡、石庙镇、麻店镇 5 乡镇出现干旱天气。受旱面积 30 万亩，其中重旱 5 万亩，主要受害作物是冬小麦、夏玉米。

2002 年 9 月 1 日—10 月 17 日，县境内不同程度出现干旱天气。干旱面积 5.33 万公顷，其中重旱面积 2 万公顷，主要受害作物为夏玉米、棉花、桑树，影响秋播正常进行。

第三节　风　灾

大风侵袭县域成灾，每年时有发生，且常伴有暴风，对国民经济和人民生命财产影响颇大。据统计，春、夏季大风发生居多，占年总次数的 70% 以上；秋季较少，占年总次数的 8% 左右；冬季时有强冷空气入侵形成大风，持续时间较长，占年总次数的 18% 左右。干热风是春末夏初小麦灌浆乳熟阶段出现的一种高温低湿且具一定风力的灾害，可导致小麦产量和质量下降，抑制棉花及玉米等作物的苗期生长，影响果树座果率和幼果成长。主要风灾年有：

1979—1985 年，境内年年 5—6 月有干热风出现，均造成不同程度的危害。期间的 1981 年为干热风侵袭最多的一年，春末夏初发生 16 次，平均 2 天出现一次。

1984 年 8 月 6—10 日，境内连降暴风雨，阵风可达 8 级，受灾面积 33 万亩，高杆作物大部倒伏。

1985 年 8 月，两次暴风袭境，倒伏庄稼 10 万亩。

1986 年 6 月 21 日，历史上少见的狂风袭击全境，21 个乡镇均不同程度受灾。有 16 个乡镇伴降暴雨，9 个乡镇伴有冰雹。计有 15 万亩农田受灾，县城部分工厂、商店被淹。

1987 年 5 月 22 日，8 级大风伴着冰雹袭击陈集、胡集、魏集、何坊、麻店等 6 乡镇，直接经济损失 2000 余万元。

1993 年 6 月 29 日，9 级狂风（阵风 11 级）伴带暴雨和冰雹，自县境西北部入境，先后袭击全县，直接经济损失 3.3 亿元。

1997 年 8 月 19—20 日，8～10 级大风袭击县境，持续 14 小时，降雨 135 毫米。造成 23 万亩农田绝产，3 万余间房屋损坏，50 万株树木折断，600 余根电线杆刮倒。

1998 年 6 月 16 日，县域普遭大风暴袭击，最大风力 9 级以上，部分乡镇受灾严重。

2001 年 3—5 月，境内多次遭受干热风、沙尘暴侵袭，桑落墅镇、胡集镇、惠民镇、石庙镇、麻店镇受灾较重，造成经济损失 616 余万元。

2005 年 7 月中旬，“麦莎”台风袭击县境，20 万亩农田受灾，经济损失 1.9 亿元。

第四节 雹 灾

雹灾是境内主要自然灾害之一。其特点为时间短，成灾快，破坏性强。降雹路线主要有三：一是从西北部由阳信县入境，转而向东入滨州市滨城区；二是由西部商河县入境，横穿县境入滨城区；三是从西南部商河县入境，多在境内消失。气象资料显示，县域最早降雹期在3月，最晚在10月，一般集中出现于5—6月，其次是9月，发生机率为一年一、二遇。降雹时间多在5分钟左右，最长达60分钟。冰块直径一般为3～5毫米，大者15毫米，最大达50毫米。主要雹灾年有：

1980年9月1日，桑落墅、申桥、淄角、联五、李庄、姜楼、大年陈7个公社降雹成灾，受灾面积16万亩。20日，桑落墅、陈集2个公社又遭冰雹袭击，持续10余分钟，受灾面积3.5万亩。

1981年7月6日，桑落墅、陈集、麻店、何坊、毛刘、城关、魏集、胡集8个公社的19个管区128个大队遭受雹灾，受灾面积7.3万亩，重灾面积3.5万亩。

1984年6月9日下午3时40分—4时10分，县境西南部的姜楼、李庄、联五、大年陈、淄角5个乡镇发生雹灾，雹粒大如枣小如豆，受灾面积8.3万亩，其中麦田5.6万亩。

1990年5月6日，冰雹伴着大风袭击境内，降雹时间长达15分钟，农作物受灾面积9万亩。

1997年4月29日晚，麻店、胡集、陈集3乡镇遭冰雹袭击，持续10分钟，受灾农田、果园7万亩，直接经济损失2000余万元。

1998年6月18日，石庙镇11个村庄遭受雹灾，造成2000亩西瓜绝产，4000亩棉花减产5成以上，1050亩玉米、蔬菜、果园不同程度减产，经济损失达3246万元。

2001年6月18日，石庙镇遭冰雹袭击，7500亩农作物受灾，直接经济损失700余万元。

2002年5月29日，麻店、石庙的3个办事处出现冰雹天气，受灾农田1000公顷，经济损失320万元。9月27—28日，石庙、姜楼、淄角、胡集、皂户李、大年陈、魏集7个乡镇遭冰雹袭击，总受灾农田6000公顷，经济损失1200万元。

2003年6月5—13日，皂户李、石庙、魏集、辛店、胡集、清河、淄角、姜楼、麻店9个乡镇遭受特大雹灾，冰雹直径1～4厘米，密度每平方米100～300粒。农作物受灾面积14万亩，损坏房屋6373间、倒塌4509间，直接经济损失达1.9亿元。

2004年5月16日9时05分—25分，辛店、淄角、姜楼3个乡镇发生雹灾，农作物受灾面积1733公顷，直接经济损失2027万元。6月18日，大年陈、胡集遭受冰雹袭击，受灾农田1066公顷，主要受灾作物为棉花、蔬菜等。7月7日，冰雹袭击惠民镇、胡集、皂户李、辛店、桑落墅5个乡镇，农作物受灾总面积4069公顷，绝产1100公顷，经济损失1.2亿元。

第七章 环境保护

第一节 机 构

1981年，惠民县环境保护办公室成立，副科级单位，隶属于城乡建设环境保护委员会。1985年设立环境监测站，负责监测环境污染情况，有针对性地进行治理。1991年3月，环境保护办公室升格为环境保护局，列政府序列，正科级单位，内设办公室、监理站、管理科、计财科、监测站。1993 年 10 月，县机构改革，环保局改为差额事业单位，1996 年 7 月改为全额事业单位，1997 年 12 月恢复为行政局。1999 年，县政府印发《关于下达 1999—2000 年度重点污染源限期治理和主要污染物排放量控制计划》。2000 年，增设法制科和生态办公室。县政府向 45 家企业下达限期治理的命令，全县共投资 1.19 亿元。是年，有 33 家企业达标验收，9 家企业自然停产，3 个项目处于调试阶段。2004 年，开展环境保护行政执法规范化建设工作，通过省环保局和省政府法制办的考核验收。2005 年，全县的工业污染源全部实现达标排放，城市空气和城市噪声均达到国家标准，全县饮用水水源地水质良好。由于境内多数河流为客水所致，地面水仍普遍遭受不同程度的污染。是年，环保局内设办公室、监理站、业务科、计财科、法制科、监测站和生态办公室。

第二节　环境质量

水

工业废水　1988 年起，对工业废水及主要污染物的排放情况开始监测上报。全县工业废水排放量逐年增加，其污染物主要是有机污染物，化学需氧量（COD）排放量亦呈逐年上升趋势。1991—2000 年尤为严重，至 2005 年，因“一控双达标”工作的实施，排放量有所回落，但化学需氧量平均排放浓度仍远远超过国家排放标准。

地面水　20 世纪 80 年代，境内绝大多数河流污染较轻，仅护城河污染较重，至 90 年代，除幸福河属轻度污染外，徒骇河、沙河、土马河成为重污染河流，护城河形成严重污染。2005 年，全县各主要河流水质主要为有机污染型，主要污染物为 COD、高锰酸盐指数、BOD_5、氨氮、挥发酚和石油类。

1984—2005 年惠民县主要河流水质情况表

表 2 - 7

年度	河流	污染程度	趋势	主要污染物
1984—1985	幸福河	微清洁	/	COD_{CR}、NH3 - N 高锰酸盐指数、油类
	徒骇河	微清洁	/	
	沙河	轻污染	/	
	土马河	轻污染	/	
	护城河	重污染	/	
1986—1990	幸福河	微污染	加剧	COD_{CR}、CODMN、NH3 - N、硝酸盐氮、油类
	徒骇河	轻污染	加剧	
	沙河	轻污染	稳定	
	土马河	轻污染	稳定	
	护城河	重污染	稳定	

续表 2－7

年度	河流	污染程度	趋势	主要污染物
1991—2000	幸福河	轻污染	加剧	COD_{CR}、CODMN、NH3－N、悬浮物总硬度
	徒骇河	重污染	加剧	
	沙河	重污染	加剧	
	土马河	重污染	加剧	
	护城河	严重污染	加剧	
2001—2005	幸福河	轻污染	稳定	COD_{CR}、CODMN、NH3－N、悬浮物总硬度
	徒骇河	重污染	略升	
	沙河	重污染	略升	
	土马河	重污染	上升	
	护城河	严重污染	稳定	

地下水　20 世纪 80 年代中期至 90 年代初，境内局部地下水受到酚、油、汞、铬、氰化物等有害物质污染，总硬度、氟化物自然本底偏高，地下水水质卫生状况较差。1998 年，对地下水 20 眼井 22 个项目进行监测，一般化学指标大部分项目超标，且超标率较高。毒理学指标仅氟化物一项超标，最高超 0.9 倍，均出于企业深水井。细菌学指标全部超标，且超标倍数较大，全部出于民用浅水井。1999—2005 年，对全县 9 眼深水井、5 眼浅水井进行监测。氯化物、氟化物超标情况较为普遍，企业自备深水井氟化物污染严重，自来水井、民用浅水井细菌学指标超标严重。县城区地下水总硬度较高，平均水平高于国家标准，总硬度和氟化物超标是受地质本底含量的影响，属地域性问题，氯化物超标是外污染造成的，因此氯化物是地下水的主要污染物。

饮用水　20 世纪 90 年代初，境内沙河受到重度污染，其主要污染因子是化学需氧量、氨氮、硝酸盐氮、高锰酸盐指数。1998—2000 年，每年分三次对孟家水库饮用水源地水质进行检测，所检项目 11 个，均符合生活饮用水标准，达标率为 100%，毒害指标不超标，符合国家饮用水源地标准。黄河水水质年际变化不大，pH 值在 7.84～8.32 之间，总硬度在 228～376 毫克/升范围内，水质污染较轻。

空气

大气污染源　1991 年，开始实行环境目标责任制，加大对大气污染的管理和治理功能。1993 年，全县工业废气排放量 51300 万标立方米，烟尘排放量 1296 万吨，二氧化硫（SO_2）排放量 804 万吨。2000 年，全县推行“一控双达标”，至 2005 年，各种污染物的排放量明显回落。

环境空气质量　境内环境空气质量以县城区为代表。2001 年 9 月，开始监测空气中二氧化硫浓度、氮氧化物和总悬浮颗粒物（TSP），计算上报大气污染综合指数（P）。

2001—2005 年惠民县环境空气中污染物日均浓度情况表

表 2－8　　单位：毫克/立方米

年度	SO_2	NO_2	TSP	大气污染综合指数（P）
2001	0.04	0.059	0.310	109
2002	0.079	0.056	0.313	110
2003	0.063	0.067	0.264	90
2004	0.030	0.024	0.177	50
2005	0.026	0.023	0.191	70

噪声

1985 年起，开始噪声监测，主要监测区域环境噪声、道路交通噪声和功能区噪声。

功能区噪声　1985 年，对县城特殊住宅区、居民文教区、混合区、工业集中区等进行噪声功能区划分，其中特殊住宅区 1 个，居民文教区 1 个，混合区 2 个，工业集中区 1 个。历年功能区噪声超标较为严重，工业区和混合环境噪声达 67 分贝。1999 年，划定环境噪声达标区，至 2005 年，功能区内噪声达标。

区域环境噪声　县城区按 200×200 米网格布点，共设网点 108 个，总面积约 2.3 平方公里，区域环境噪声等级由 1985 年的 73 分贝降到“七五”期间 65 分贝和“八五”期间的 59 分贝。2000—2005 年，县区域环境噪声平均 53 分贝。

城区道路交通噪声　县城区监测道路有环城东路、东关大街、南门大街、西门大街、工业路、车站路等六条主要路段，城区道路交通噪声年际变化不大，大部分高于国家标准。2005 年，环城东路、西门大街、工业路路段达标。

其他

工业固体废弃物　全县的工业固体废弃物主要有工业废渣、粉尘、煤矸石、炉渣、城市垃圾等。“九五”期间，工业固体废弃物年产生量 23 万吨。“十五”期间，固体废弃物年利用和处置量为 30 万吨，综合利用率达 99.5%，排放量为零。

电磁辐射环境污染　1979 年起，随着科学技术的发展，电视塔、广播站、雷达、卫星通信、微波通信、医疗设备等伴有电磁辐射的污染源越来越多。1998 年 7 月，按照省、地环保局关于开展全省电磁辐射环境污染源调查的指示，全县首次进行电磁辐射污染源调查，共填报电磁设备 31 台，总功率 2.27 千瓦，其中广播电视设备 2 台，总功率 1.05 千瓦；通信设备 18 台，总功率 1.22 千瓦。设备老化停用 11 台。

第三节　环境监测

地面水监测　1985 年，依法开展对地面水、地下水监测工作，监测项目 8 个。1988 年，地面水监测扩展到 4 条河流、1 个水库、9 个站位、11 个项目。全年对地面水共监测 16 次，评价标准根据功能区划，按国家标准 GB3838—88《地面水环境质量标准》执行，水库富营养化程度采用 SL63—94《地面水资源质量标准》进行评价。2005 年，全县流域水系干流水质保持良好状态，主要污染物为化学需氧量、亚硝酸盐、挥发酚等。

城市大气监测　2002 年起，在城区设观测点 3 处，开展对大气环境质量监测，按规范要求实施大气自动连续采样，必测项目有氮氧化物、总悬浮颗粒物、降尘和硫酸化速率。大气二氧化硫、氮氧化物 24 小时连续采样，每月监测；降尘和硫酸盐化速率每天监测，每月采样一次；总悬浮颗粒物，每月监测 5 天，按 GB3095－1996《环境空气质量标准》中二级标准进行评价。2003 年起，每周向县委、县政府主要领导及有关部门报送环境空气质量报告。至2005年年底，报送环境质量信息146期。

城市环境噪声监测 1985年，开始测定功能区噪声，监测范围为县城区，必测项目为功能区噪声、区域环境噪声、道路交通噪声，设立6个站位，全年采样47次，获得数据47个。功能区噪声每年监测一周期，一周期为一昼夜；交通干线噪声和区域环境噪声每年监测一次。至2005年年底，监测结果均在国家规定范围之内。

污染源监测 始于1986年，1993年步入规范化。2002年步入法制化、正规化轨道，主要对县内的造纸、纺织、化工、医院、酿造、食品加工等16家重点废水污染源和28家重点废气污染源进行监测，主要污染物是悬浮物和化学需氧量。废气主要来源于工业锅炉，污染物为烟尘、烟黑度、二氧化硫。2005年，监测扩展到生活区，周期为每年一次。

第四节　污染治理

废气治理 1996年，对锅炉和工业窑炉进行摸底调查，登记造册，有重点的进行治理。在全县推广使用高效低污染新型锅炉，更新改造低效重污染的锅炉和工业窑炉。1997年，按国家和省市统一部署，完成全县乡镇工业污染源调查，提出污染防治对策，确定将28家废气污染源列入限期治理达标计划，至2004年年底，有4家自然停产，24家通过达标验收。2005年，所有工业窑炉和重点工业企业均安装烟尘除尘设备，保护了空气环境，改善了大气质量。

废水治理 1998年3月，行署下达1998—2000年度重点污染源限期治理计划，全县被省、地列入限期治理的项目共45个，其中废水治理项目17个。2000年，废水治理项目有7家自然停产，2家停产限期治理，8家达标通过验收。2001—2003年，完成项目投资1.2亿元，建成鲁阳、华润等17个污水处理站，完成国家和省、市政府下达的工业污染源主要污染物达标排放任务。2005年，开始筹建县污水处理厂，是年年底，通过项目评审，完成土地征用，部分资金已到位。

检查治污情况

1988—2005年惠民县工业废水及主要污染物年度排放情况表

表2-9

年度	工业废水排放量（万吨）	化学需氧量（COD）（吨）
1988	98.59	2811.62
1989	未监出	未监出
1990	未监出	未监出
1991	未监出	未监出
1992	未监出	未监出
1993	268	3944
1994	197	2899

续表 2-9

年度	工业废水排放量（万吨）	化学需氧量（COD）（吨）
1995	286	3905
1996	275	4057
1997	320	4255
1998	99.39	1866
1999	82.43	1807.5
2000	139.05	2802.52
2001	203.99	1580
2002	69	159.33
2003	45.5	68.3
2004	108.2	624
2005	631	2052

护城河治理 1991 年起，护城河流域污染问题逐渐突出，其因是城区内的工业污染源（除纸厂外）产生的废水和城区的生活废水全部排入护城河，致使污染严重。1996 年，县政府投资 450 万元，实施护城河综合治理一期工程。2002 年，实施护城河二期工程，对河道进行清淤疏竣，铺设管网，两岸绿化。2005 年 11 月 5 日，实施第三期护城河综合治理工程，建设污水处理厂，该工程完成后，将彻底解决护城河污染问题。

第五节 监督管理

环境目标责任制 1991 年 7 月，行署与县政府签订 1991—1992 年度环境目标责任书。同年 9 月 1 日，县政府与环保局等 13 个县直单位签订 1991—1992 年度环境目标责任书，主要内容为城市环境综合整治、重点污染源治理、环保自身建设等涉及 14 项指标。1993 年 12 月 5 日，县政府与环保局等 11 个有关单位签订第二轮环境目标责任书，共安排 16 项指标，实行污染物总量控制在 3990 吨和生态保护并重的方针。1998 年 3 月，省政府目标责任制考核小组对全区考核，惠民县在全省获优秀奖，被评为先进县。同月，县政府与环保局等 48 个单位签订 1998—2000 年度环境目标责任书，安排 17 项指标，重点突出“一控双达标”和严格执法的内容。2001 年 3 月，县政府与环保局等 34 个单位签订 2001—2002 年度环境目标责任书，安排 51 项指标，主要实行污染物总量控制，压缩污染控制指标计划。2003 年 3 月，县政府与环保局等 26 个单位签订 2003—2005 年度环境目标责任书，安排指标 16 项。至 2005 年底，指标均完成。

污染物排放总量控制 1998 年，县政府编制 1999—2000 年主要污染物排放总量控制实施方案，对烟尘、二氧化硫、工业粉尘、化学需氧量、石油类、氰化物、砷、汞、铅、镉、六价铬、固体废物 12 种污染物实行总量控制，并将总量控制指标分解到重点污染点源。2000 年，12 种污染物的排放量均控制在总量控制指标以内。至 2005 年，无变化。

烟尘控制区建设 1998 年，全县建成烟尘控制区 3.32 平方公里，覆盖率达 33.29%。1999 年，烟尘控制区面积扩大到 9.97 平方公里，覆盖率达 90.7%。2005 年，全县建成烟尘控制区面积

13.8平方公里，覆盖率达100%。

1985—2005年惠民县部分年度大气污染源污染物排放量情况表

表2-10

年度	工业废气排放总量（万标立方米）	二氧化硫排放量（吨）	烟尘排放量（吨）
1985	16612	607	983
1988	18967	7879	15005
1993	51300	804	1296
1994	60000	1068	1560
1995	76000	810	2400
1996	82000	970	2880
1997	101080	2513	2979
1998	30563	1288	555
1999	22803	682	352
2000	31665	1188	368
2001	18384	1397	349
2002	17752	433	370
2003	72753	2044	326
2004	21007	3320	1028
2005	31084	3700	1900

建设项目“三同时”制度 20世纪80至90年代初，由于环保法律法规不够健全及企业对环保认识不足等原因，许多新、改、扩建项目没有严格采取控制污染措施；“一切新建、改建、扩建的建设项目与技术改造项目的污染防治措施必须与主体工程同时设计，同时施工，同时投产”（即“三同时”）制度没有得到贯彻落实。1996年，为认真执行“三同时”制度，地区环保局、计划委、经委等有关部门做出规定：“没有环保部门的立项意见，有项目立项审批权的部门一律不得批准”。县政府为贯彻落实这一工作方针，实行联合办公，共同把关，坚持环保第一审批权和一票否决制。“十五”期间，全县建设项目“三同时”执行率100%，环保投资0.8亿元，占总投资的5.3%。

1990—2005 年惠民县部分年度建设项目“三同时”执行情况表

表 2－11

年度	当年建成项目投产数	应执行三同时项目数	实际执行三同时项目数	三同时项目执行率（%）	实际执行三同时项目总投资（万元）	实际执行三同时项目环保投资（万元）	三同时合格数	三同时合格率（%）
1990	4	4	4	100	820.00	80.00	4	100
1991	4	4	4	100	975.00	23.20	4	100
1992	8	8	8	100	8740.40	277.00	8	100
1993	5	5	5	100	2515.00	42.00	5	100
1995	17	17	17	100	3240.95	166.25	17	100
1996	12	12	12	100	2728.00	75.00	12	100
1997	4	4	4	100	1188.90	73.00	4	100
1998	3	3	3	100	860.00	10.50	3	100
1999	6	6	6	100	10576.00	230.00	6	100
2000	7	7	7	100	1336.00	25.00	7	100
2001	6	6	6	100	890.00	5.00	6	100
2002	41	41	41	100	20546.00	818.30	41	100
2003	12	12	12	100	5661.00	177.30	12	100
2004	51	51	51	100	51072.60	286.00	51	100
2005	32	32	32	100	36182.20	308.00	32	100

排污收费制度 1980 年 7 月，县环境保护办公室开始征收排污费，主要征收项目为污水、废气、烟尘、二氧化硫、建筑噪声、固体废物、餐饮服务业。1995 年，制定征收排污费工作程序、环境污染纠纷处理程序、查处违反环保法规行为工作程序，建立群众举报制度，使排污费征收逐步制度化、规范化。并对排污费征收标准公开，接受社会监督，至 2005 年年底，共征收排污费 941.26 万元。

污染事故处理与环境信访 1986 年 11 月，发生惠民棉纺厂污水污染麦田事故。经调查，1982—1984 年，棉纺厂将有害物质超标污水排入闫家堤口村水湾内，然后流入护城河，造成闫家堤口村麦田被污染，小麦枯死。通过协调处理，由棉纺厂在治理好污染源的基础上，赔偿经济损失 3.4 万元。1998 年 12 月 21 日，境内土马沙河由于受上游县市工业废水的污染，120 公里的河道受纳污水，污染河流蓄水 5000 万立方米，污染土地 27 万亩，严重影响沿岸 200 个村庄、75 万人的生活用水，造成直接经济损失 5000 万元。由于污染水来自上游不同地区，事故最终未能得到处理。

2000年8月9日、2002年8月16日，淄角镇魏北武村民两次投诉光明窑厂，称“因窑厂烟尘污染严重，致使50余亩玉米被污染，造成减产、绝产”。经县联合调查组测定、评估、调解处理，光明窑厂分两次补偿村民经济损失2770元。2002年6月20日，胡集镇八沟张塑料颗粒厂生产废水排入农用灌溉渠，农民取水浇地致使棉苗死亡，直接经济损失3万余元，实际赔偿11413元。

第六节　环境法制建设

环保宣传　1981年，环保宣传工作主要利用报刊、广播、宣传橱窗、标语等舆论工具宣传环保方针政策。1984年6月5日，首次开展世界环境日宣传活动。此后，每年6月5日都举行环保宣传等活动。1992年4月24日，参加地区组织的“吉尼斯孔孟之乡齐鲁儿女十万人签名绘画——滨州长卷活动”，书法、绘画、签名均以环境保护为题材，产生轰动效应。1995年起，每年利用“六五”世界环境日举办领导电视讲话、环保座谈会活动，并在各类报刊杂志发表环境信息。在环保宣传中，坚持以正面宣传引导为主，重视发挥批评环保违法典型事件的反面作用，推动环保工作的开展。至2005年年底，全县共举办各类宣传活动60余次，参加活动人员10万人次，发表环保信息稿件162篇，专业论文40篇，发放各类宣传品5万余份。

法制建设　1988年前，由于国家在环境立法方面尚未形成完整的法规体系，县环保法制建设还不够完善。1988年12月，县政府批转环境保护办公室关于《保护环境防止污染的具体办法》。1991年，签署《县长环境目标责任书》，印发《惠民县环保“八五”规划》。1995年，环保局会同工商局、人行等八个部门联合印发《惠民县建设项目环境管理办法》。1996年，先后制定《关于加强环境管理的意见》《惠民县污染物排放总量控制实施办法》《关于贯彻〈中华人民共和国环境噪声污染防治法〉的实施意见》《惠民县环境噪声达标区建设管理办法》《惠民县烟尘控制区建设管理办法》等。2000年，环保局、监察局、法制局联合制定《惠民县环境保护法律法规》《惠民县沙窝林场自然保护区建设规划》《关于加强锅炉工业窑炉环境管理的实施办法的通知》等。2001年，环保局会同组织部、人事局联合下发《惠民县党政领导干部环境保护工作实绩考核办法》。2002年，编制《惠民县生态示范区规划》《惠民县护城河及省屯沟流域环境综合治理规划》。2004年，制定《惠民县环境保护行政处罚工作程序》《环境保护局应诉工作程序》《环境保护行政赔偿程序》《建设项目环境管理工作程序》《污染源限期治理工作程序》《环境保护行政执法责任制度》《环境保护行政执法评议考核制度》《环境保护行政执法过错责任追究制度》等。是年，对223个建设项目实行环境影响评价和“三同时”；完成限期治理项目62个，依法处理环境案件113起，为群众索赔150万元。2005年6月，通过省环保局和省法制办组织的环保行政执法规范化验收。

第七节　自然保护区

1999年，经省政府批准，惠民县建成第一个省级自然保护区——沙窝林场，面积7380亩，属森林生态系统，该自然保护区实行环保部门综合管理与县林业局专业管理相结合的管理体制。2002年，县政府将沙窝林场自然保护区调整为“生态功能保护区”。2005年，县林业局在沙窝林场建设一处孙子故里森林公园。

第三编　人　口

第一章 人口规模

第一节 人口数量

1979年，境内以农业人口为主，非农业人口主要分布在县城和公社驻地。是年，全县总人口548706人，其中农业人口525877人，非农业人口22829人。中共十一届三中全会后，随着改革开放和经济不断发展，非农业人口不断增加。1990年，全县总人口609551人，其中农业人口570036人，非农业人口39515人。2000年，全县总人口618781人，其中农业人口562421人，非农业人口56360人。2004年10月，省政府出台有关规定，不再划分农业与非农业户口，统称居民户口。全县总人口624552人。2005年，全县总人口626829人。

第二节 人口密度

1979年，境内人口密度为404.3人/平方公里。1990年，人口密度为449.2人/平方公里。2000年，人口密度为455.9人/平方公里。2005年，人口密度为461.9人/平方公里。

1979—2005年惠民县户数、人口情况统计表

表3-1

年度	总数（户）	合计（人）	男（人）	女（人）	人口密度（人/平方公里）
1979	128546	548706	272050	276656	404.30
1980	128762	550965	274041	276924	406.00
1981	128862	555911	277159	278752	409.70
1982	130934	560374	279733	280641	412.90
1983	131894	562248	282517	279731	414.30
1984	132439	563081	281688	281393	414.90
1985	132828	566989	284665	282324	417.80
1986	133960	571860	286895	284965	421.40
1987	137736	577246	292171	285075	425.40
1988	141365	581880	292305	289575	428.80
1989	140771	595114	300634	294480	438.60
1990	148157	609551	307029	302522	449.20
1991	151542	616734	309687	307047	454.50
1992	152451	618544	311806	306738	455.80

续表 3-1

年度	总数（户）	合计（人）	男（人）	女（人）	人口密度（人/平方公里）
1993	153338	620487	312064	308423	457.20
1994	154108	618378	312102	306276	455.70
1995	154451	616847	310993	305854	454.60
1996	155328	617134	311655	305479	454.80
1997	1513602	618778	313434	305344	455.90
1998	156778	620215	314331	305884	457.00
1999	156867	620335	313970	306365	457.10
2000	158013	618781	313012	305769	455.90
2001	158214	619949	312948	307001	456.90
2002	158440	621604	313226	308378	458.10
2003	159859	622005	314458	307547	458.40
2004	161249	624553	315289	309264	460.20
2005	161762	626829	315819	311010	461.90

第二章　人口构成

第一节　性别构成

1979 年，全县男性人口为 272050 人，女性 276656 人，男女比例为 98.34（女 = 100，下同）。1983 年，男性人口 282517 人，女性 279731 人，男女比例为 101.00，男性所占比例大于女性。1990 年第四次人口普查，男性 307029 人，女性 302522 人，性别比例为 101.49。2000 年第五次人口普查，男 313012 人，女 305079 人，性别比为 102.37。2005 年，全县男性人口为 315819 人，女性 311010 人，性别比为 101.55。

1979—2005 年惠民县人口性别比例情况统计表

表 3-2

年份	总数（户）	人口			性别比（女 = 100）
		总人口（人）	男（人）	女（人）	
1979	128546	548706	272050	276656	98.34
1980	128762	550965	274041	276924	98.96
1981	128862	555911	277159	278752	99.43

续表 3-2

年份	总数（户）	人口			性别比（女=100）
		总人口（人）	男（人）	女（人）	
1982	130934	560374	279733	280641	99.68
1983	131894	562248	282517	279731	101.00
1984	132439	563081	281688	281393	100.10
1985	132828	566989	284665	282324	100.83
1986	133960	571860	286895	284965	100.68
1987	137736	577246	292171	285075	102.49
1988	141365	581880	292305	289575	100.94
1989	140771	595114	300634	294480	102.09
1990	148157	609551	307029	302522	101.49
1991	151542	616734	309687	307047	100.86
1992	152451	618544	311806	306738	101.65
1993	153338	620487	312064	308423	101.18
1994	154108	618378	312102	306276	101.90
1995	154451	616847	310993	305854	101.68
1996	155328	617134	311655	305479	102.02
1997	153602	618778	313434	305344	102.65
1998	156778	620215	314331	305884	102.76
1999	156867	620335	313970	306365	102.48
2000	158013	618781	313012	305769	102.37
2001	158214	619949	312948	307001	101.94
2002	158440	621604	313226	308378	101.57
2003	159859	622005	314458	307547	102.25
2004	161249	624553	315289	309264	101.95
2005	161762	626829	315819	311010	101.55

第二节　年龄构成

1981 年，全县 90 岁以上的老人为 37 人，其中女性 30 人，占 81%，最高寿限 99 岁，平均寿命为 70.67 岁。

1982 年，全县有 15 岁以下少年儿童 168307 人，占总人口的 30.3%；15～64 岁 354215 人，占总人口的 63.7%；65 岁以上老年人 33581 人，占总人口的 6%。

1990 年，全县有 15 岁以下少年儿童 155659 人，占总人口的 25.58%；15～64 岁 413425 人，

占总人口的67.95%；65岁以上老年人39362人，占总人口的6.47%。

2000年，全县有15岁以下少年儿童126361人，占总人口的20.9%；15～64岁425711人，占总人口的70.39%；65岁以上老年人52679人，占总人口的8.71%，人口老龄化趋势显现。

惠民县第三、第四、第五次人口普查分年龄人口数

表3－3　　　　　　　　　　　　　　　　　　　　　　　　　　　　单位：人

年龄	1982年			1990年			2000年		
	合计	男	女	合计	男	女	合计	男	女
合计	556108	277016	279092	608446	305760	302686	604751	302532	302219
0岁	/	/	/	/	/	/	6735	3488	3247
1～4岁	44160	22742	21418	63450	33301	30149	23932	12472	11460
5～9岁	54070	27851	26219	46927	24291	22636	27148	14131	13017
10～14岁	70077	35995	34082	45282	23206	22076	68546	35199	33347
15～19岁	66797	33132	33665	59789	30133	29656	44552	22562	21990
20～24岁	28482	14049	14433	65182	32966	32216	35335	17233	18102
25～29岁	55659	28047	27612	47084	23539	23545	50470	25603	24867
30～34岁	45100	22608	22492	45587	23476	22111	66371	33715	32656
35～39岁	34894	17446	17448	51266	25982	25284	48465	24240	24225
40～44岁	26150	13113	13037	40983	20579	20404	40671	20923	19748
45～49岁	30773	15393	15380	28255	14259	13996	50216	25302	24914
50～54岁	25837	12794	13043	26748	13332	13416	39843	19854	19989
55～59岁	22318	10845	11473	26998	13412	13586	26987	13453	13534
60～64岁	18205	8746	9459	21533	10285	11248	22801	11205	11596
65～69岁	14947	6921	8026	17144	7934	9210	21760	10311	11449
70～74岁	10267	4293	5974	11086	4877	6209	15750	6987	8763
75～79岁	5565	2159	3407	7174	2919	4255	9214	3797	5417
80～84岁	2208	739	1469	3051	1027	2024	4117	1447	2670
85～89岁	511	127	384	784	211	573	1407	449	958
90～94岁	83	16	67	115	30	85	352	108	244
95～99岁	/	/	/	8	1	7	75	51	24
100岁及100岁以上	/	/	/	/	/	/	4	2	2

第三节　民族构成

1982 年第三次人口普查，全县共有 556108 人，其中汉族 555834 人，占总人口的 99.95%，回族 253 人，满族 20 人，壮族 1 人。1990 年第四次人口普查，全县有 608446 人，共 11 个民族，其中汉族 608127 人，占总人口的 99.94%，回族 286 人，其他民族 33 人。2000 年第五次人口普查，全县有 604751 人，共 23 个民族，其中汉族 604199 人，占总人口的 99.91%，回族 414 人，蒙古族 39 人，满族 32 人，其他民族有彝族、佤族、傈僳族、朝鲜族、拉祜族、壮族、藏族、布依族、傣族、黎族、苗族、白族、哈尼族、土族、土家族、侗族、瑶族、撒拉族、水族共 67 人。

惠民县第四、第五次人口普查分民族、性别人口数

表 3－4　　单位：人

民族	1990 年			2000 年		
	合计	男	女	合计	男	女
合计	608446	305760	302686	604751	302532	302219
汉族	608127	305610	302517	604199	302292	301907
蒙古族	1	/	1	39	13	26
回族	286	143	143	414	207	207
藏族	/	/	/	4	1	3
苗族	/	/	/	3	2	1
彝族	/	/	/	9	1	8
壮族	1	/	1	4	/	4
布依族	/	/	/	4	2	2
朝鲜族	6	4	2	5	2	3
满族	7	1	6	32	9	23
侗族	/	/	/	1	1	/
瑶族	/	/	/	1	/	1
白族	4	/	4	2	/	2
土家族	/	/	/	2	1	1
哈尼族	/	/	/	2	/	2
傣族	2	/	2	4	1	3

续表 3-4

民族	1990 年			2000 年		
	合计	男	女	合计	男	女
黎族	/	/	/	3	/	3
傈僳族	/	/	/	6	/	6
佤族	6	2	4	8	/	8
拉祜族	5	/	5	5	/	5
水族	1	/	1	1	/	1
土族	/	/	/	2	/	2
撒拉族	/	/	/	1	/	1

第四节　文化构成

1982 年第三次人口普查，全县受各种教育的达 320856 人，占总人口的 56.7%。每万人中有大学生 12.4 人，高中生 461.2 人，初中生 1544.2 人，小学生 3751.8 人。全县 12 岁及以上人口中文盲、半文盲人数为 167411 人，占全县总人口的 30.1%，其中男性占 25.38%，女性占 74.62%；小学文化程度的男性占 59%，女性占 41%；初中文化程度的男性占 69%，女性占 31%；高中文化程度的男性占 69.79%，女性占 30.21%；大学文化程度的男性占 79.1%，女性 20.9%。

1990 年第四次人口普查，全县人口文化程度为：大学（含大专）2072 人，高中（含中专）29485 人，初中 127706 人，小学 294327 人，分别占 6 岁及以上人口数的 0.39%、5.51%、23.87%、55.01%。小学及以下文化程度人口中男性 159549 人，女性 216266 人，男女比例为 73.77（女 = 100，下同）；初中及以上文化程度人口中男性 107797 人，女性 51466 人，男女比例为 384.32。

2000 年第五次人口普查，全县人口文化程度为：大学（含大专）9016 人，高中（含中专）42821 人，初中 197851 人，小学 243156 人，分别占 6 岁及以上人口数的 1.58%、7.52%、34.75%、42.71%。小学及以下文化程度人口中男性 129720 人，女性 189940 人，男女比例为 68.31；初中及以上文化程度人口中男性 154435 人，女性 95277 人，男女比例为 162.09。

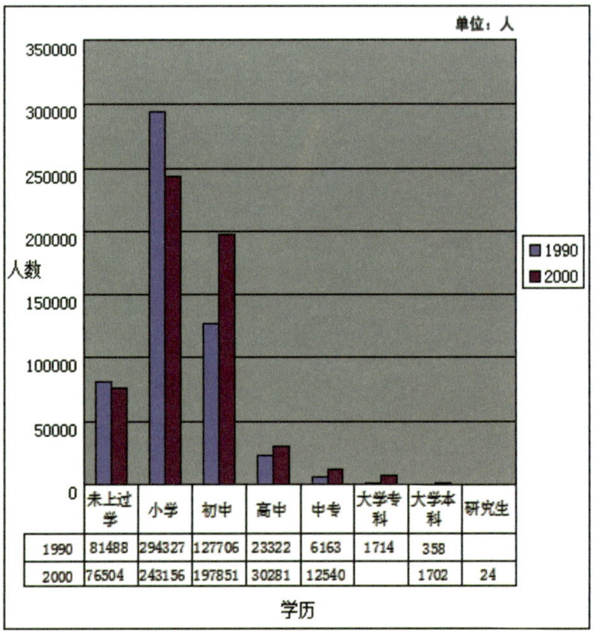

图 3-1　1990 年和 2000 年分受教育程度人口数

惠民县第四、第五次人口普查分性别、受教育程度的6岁及6岁以上人口数

表3－5 单位：人

类别	1990年			2000年		
	合计	男	女	合计	男	女
6岁及6岁以上人口	535078	267346	267732	569372	284155	285217
未上过学	81488	20128	61360	76504	16429	60075
小学	294327	139421	154906	243156	113291	129865
初中	127706	84807	42899	197851	120151	77700
高中	23322	16902	6420	30281	20973	9308
中专	6163	4394	1769	12540	7169	5371
大学专科	1714	1392	322	7314	4828	2486
大学本科	358	302	56	1702	1293	409
研究生	/	/	/	24	21	3

第五节 行业构成

1982年第三次人口普查，全县在业人口311858人，占总人口的55.7%，其中男性166163人，女性145695人。1985年，在业人口274694人，占总人口的48.45%，其中男性148720人，女性125974人。按职业性质分：农村劳动者250800人，占在业人口的91.3%；全民所有制职工15729人，占在业人口的5.73%；集体所有制职工4691人，占在业人口的1.71%。

1990年第四次人口普查，全县在业人口378337人，占总人口的62.18%，其中男性195609人，女性182728人。按行业分：从事第一产业344868人，占在业人口的91.15%；从事第二产业13952人，占在业人口的3.69%；从事第三产业19517人，占在业人口的5.16%。

2000年第五次人口普查，全县在业人口417220人，占总人口的67.4%，其中男性211350人，女性205870人。按行业分：从事第一产业371450人，占在业人口的89.03%；从事第二产业17820人，占在业人口的4.27%；从事第三产业27950人，占在业人口的6.7%。二、三产业人员所占比例较1990年有所提高，分别提高0.58和1.54个百分点。

惠民县第四、第五次人口普查各行业门类在业人口数

表3－6 单位：人

类别	1990年			2000年		
	合计	男	女	合计	男	女
在业人口数	378337	195609	182728	417220	211350	205870
第一产业	344868	172866	172002	371450	184530	186920
农林牧渔业	344868	172866	172002	371450	184530	186920

续表 3－6

类别	1990 年			2000 年		
	合计	男	女	合计	男	女
第二产业	13952	8357	5595	17820	8730	9090
工业	12426	6926	5500	16590	7610	8980
建筑业	1526	1431	95	1230	1120	110
第三产业	19517	14386	5131	27950	18090	9860
交通运输、仓储及邮电通信业	1562	1369	193	1880	1570	310
批发和零售贸易、餐饮业	5290	3622	1668	6840	3600	3240
金融、保险业	699	540	159	860	490	370
卫生、体育和社会福利业	1905	1044	861	2600	1230	1370
教育、文化艺术及广播电影电视业	5513	4004	1509	6150	3820	2330
国家机关、党政机关和社会团体	3844	3357	487	7210	5840	1370
其他行业	704	450	254	2410	1540	870

第六节　姓　氏

据调查，全县有 311 姓：丁、卜、刁、万、于、马、凡、习、才、王、卞、贝、亓、牛、方、文、支、毛、车、孔、尹、仇、巴、木、井、及、云、乌、元、双、石、田、白、兰、史、艾、叶、申、偶、包、龙、卢、冯、从、永、宁、左、刘、司、边、片、皮、付、代、艽、术、由、圣、成、关、伊、伏、乔、毕、朱、曲、安、吕、齐、江、米、孙、牟、任、许、巩、吉、纪、庄、阮、伍、次、朴、邢、池、仲、师、李、何、杜、肖、佟、宋、吴、谷、时、沈、苏、祁、陈、邱、邵、邴、辛、邹、严、补、初、呈、秀、冷、针、余、宓、沙、位、孝、芦、杨、劳、周、宗、林、苗、庞、罗、杭、张、孟、房、金、季、单、杲、武、范、国、苑、尚、郑、郎、郅、岳、表、泮、法、京、屈、兖、易、卓、其、奇、赵、荆、信、侯、胡、宫、骆、段、种、昭、咸、胥、封、洪、娄、姚、祝、柏、施、冠、泉、香、院、姜、郝、郗、弭、荀、胜、俎、修、相、战、洒、查、秋、春、徐、夏、耿、衮、柴、贾、钱、逯、莫、展、袁、班、席、姬、倪、秘、凌、素、顾、聂、部、陶、郭、唐、桑、党、高、殷、晋、秦、耽、盐、曹、盖、龚、商、谢、黄、崔、寇、盛、麻、常、梁、梅、阎、隋、密、康、戚、婴、章、移、雪、菜、袭、傅、温、曾、董、蒋、彭、韩、焦、程、博、集、渠、苟、朝、舒、游、景、遂、椒、超、宿、楚、靳、雷、窦、靖、简、褚、詹、甄、新、满、解、慈、葛、蒲、路、翟、蔡、廖、熊、谭、斐、綦、管、潘、臧、颜、鲁、藤、阚、墨、撒、樊、霍、薛、穆、薄、燕、戴、鞠、魏、汤、瞿、闫。

第三章 人口变动

第一节 自然变动

1979 年，全县人口自然增长率为 9.09‰。1985 年，人口自然增长率为 5.14‰。1986 年，进入第三次人口出生高峰期，人口出生出现回升。是年，人口自然增长率为 8.65‰。1989 年，人口自然增长率为 7.84‰。同年，县委、县政府改革计划生育管理办法，推行人口目标管理责任制，逐级签订责任状，使人口过快增长的势头得到有效遏制，并随之开始回落。1991 年，人口自然增长率为 7.90‰。1993 年，全县处于政策补偿性生育低谷，即允许生育的，提前安排生育，想超生、多生的，政策不允许，全县人口自然增长率为 -1.33‰，人口增长控制在发展目标之内。1994 年，人口自然增长率为 -2.26‰。1995 年，人口自然增长率升为 0.53‰。1997 年，人口自然增长率升至 3.57‰，之后再度回落，至 2000 年，人口自然增长率降至 -1.53‰。2001 年，人口自然增长率升至 4.05‰，之后，人口自然增长率较为稳定。2005 年，全县人口自然增长率为 5.35‰。

1979—2005 年惠民县人口变动情况表

表 3-7　　　　单位：人

年度	出生（自然变动）	死亡（自然变动）	出生率（‰）	死亡率（‰）	自然增长率（‰）	机械变动迁出	机械变动迁入
1979	8742	3752	16.01	6.87	9.09	6061	6001
1980	6111	4331	11.11	7.88	3.23	7377	7847
1981	8040	4241	14.53	7.66	6.83	7704	8872
1982	8386	4151	15.03	7.44	7.56	4841	5052
1983	6799	3993	12.11	7.11	4.99	4853	3943
1984	6267	3719	11.14	6.61	4.53	7105	5457
1985	6888	3974	12.19	7.03	5.14	6072	7091
1986	8769	3824	15.40	6.72	8.65	5969	5964
1987	8492	3849	14.78	6.70	8.04	6928	7671
1988	8362	3937	14.43	6.79	7.60	5554	5763
1989	8355	3689	14.20	6.27	7.84	6150	7066

续表 3－7

年度	出生（自然变动）	死亡（自然变动）	出生率（‰）	死亡率（‰）	自然增长率（‰）	机械变动迁出	机械变动迁入
1990	9123	4069	15.15	6.76	8.29	5207	6635
1991	8728	3855	14.23	6.29	7.90	5006	7316
1992	6773	4482	10.97	7.26	3.70	5928	5447
1993	3609	4435	5.83	7.16	－1.33	5365	8136
1994	3233	4628	5.22	7.47	－2.26	5956	5186
1995	4760	4431	7.71	7.17	0.53	6221	4359
1996	5666	4390	9.18	7.12	2.07	6886	5856
1997	6672	4464	10.80	7.22	3.57	5508	5415
1998	6140	4081	9.91	6.59	3.32	4709	4044
1999	6143	3957	9.90	6.38	3.52	4980	4192
2000	7046	7993	11.37	12.90	－1.53	5278	4764
2001	6366	3853	10.28	6.22	4.05	4344	3199
2002	6425	3869	10.35	6.23	4.11	3883	2783
2003	5277	3747	8.49	6.03	2.46	4310	2952
2004	7420	3987	11.91	6.40	5.50	4636	3650
2005	7316	3964	11.70	6.34	5.35	4790	3567

第二节　社会变动

1979 年，全县迁入人口 6001 人，迁出人口 6061 人。迁出（入）人员主要是城镇人员工作调动，解放军新兵入伍，老兵退役还乡以及大中专院校新生入学，毕业生安置等。1980 年，由于农村推行联产承包责任制及国家实行“放开搞活”的政策，人口流动开始增多，人口迁出（入）明显增长。是年，迁入人口为 7847 人，迁出人口为 7377 人。1982 年起，机械变动率开始回落，至 1985 年，每年迁出（入）人口保持在 6000～7000 人。1987 年，全县人口机械变动有所上升。迁入人口 7671 人，迁出人口 6928 人。此后，持续走低，进入“低变动、低进出”时期。2000 年，全县迁入人口 4764 人，迁出人口 5278 人。2005 年，全县迁入人口 3567 人，迁出人口 4790 人。

第四章 婚姻 家庭

第一节 婚 姻

1981 年，全县开始施行新婚姻法，在男女双方完全自愿的基础上，结婚年龄须男满 22 周岁，女满 20 周岁。1982 年第三次人口普查，全县 15 岁及以上的人口 38.78 万人，未婚者，男性占 11.67%，女性占 10.01%；有配偶者，男为 34.05%，女为 35.21%；全县 30～40 岁的未婚者 1288 人，其中男性 1257 人；离婚人口 2257 人，占 15 岁及其以上人口 0.58%，其中男性占 85.69%，女性占 14.31%。1985 年，全县平均初婚年龄为 24.1 岁，不少青年响应国家号召，晚婚晚育。

1990 年，第四次人口普查，全县 15 岁以上人口共 45.28 万人，未婚者 9.44 万人，其中男性占 54.8%，女性占 45.2%；有配偶的 32.46 万人，男性占 49.5%，女性占 50.5%。离婚比例为：男占 83.1%，女占 16.9%。全县依法婚姻登记率 98%，晚婚晚育率达 60%。

2000 年第五次人口普查，全县 15 岁以上人口共 48.91 万人，未婚男性占 54.2%，女性占 45.8%；初婚有配偶的 36.2 万人，男性占 49.5%，女性占 50.5%。离婚比例为：男占 74.4%，女占 25.6%。全年办理结婚登记 4680 对，登记合格率 100%，晚婚率 99.8%。2005 年，全县办理结婚登记 2580 对，晚婚率为 99.7%，自愿离婚 128 对，登记合格率 100%。

第二节 家 庭

中共十一届三中全会后，由于人们传统家庭观念的转变及计划生育工作的开展，一孩家庭增加，户均人数逐渐减少，家庭小型化趋势更加明显。1982 年第三次人口普查，全县总人口 56.04 万人，总户数 13.09 万人，户均 4.28 人。1985 年，户均人口下降到 4.09 人。

1990 年第四次人口普查，全县总人口 60.96 万人，总户数 14.82 万户，户均 4.1 人。2000 年，全县总人口 61.88 万人，总户数 15.8 万户，户均 3.92 人。2005 年，全县总人口 62.68 万人，总户数 16.18 万户，户均 3.87 人。

第五章 计划生育

第一节 机 构

1979 年，惠民县计划生育领导小组下设办公室。1982 年 1 月，县计划生育办公室改称计划生育局。1984 年 5 月，县计划生育局改称计划生育委员会。1985 年 1 月，建立“惠民县计划生育宣传技术服务站”，为副科级事业单位，隶属于计划生育委员会。1986 年，乡镇设立计划生育办公室。1988 年 3 月，惠民县计划生育协会成立。1990 年 9 月，设立县直机关计划生育办公室，隶属于计划生育委员会。1991 年 7 月，乡镇设立计划生育委员会，委员会主任为正科级，下设办公室，办公室主任为副科级，村设计生专职主任。1993 年 7 月，县计生委内设办公室、规划统计股、宣传技术股、县直计划生育办公室，下设计划生育服务站。1994 年 3 月，设立药具管理站。8 月，设立流动人口计划生育管理办公室。2001 年 4 月，宣传技术股分为宣传股和科技股。2002 年 8 月，县计划生育委员会更名为计划生育局。2003 年 12 月，县计划生育服务站升格为副科级，隶属县计划生育局。2005 年，计划生育局内设办公室、规划统计股、宣传股、科技股、流动人口计划生育管理办公室、农村计划生育家庭奖励扶助办公室、信息股、药具管理站 8 个股室；下设计划生育服务站。

第二节　计生政策

1979 年，全县继续号召一对夫妇生育一个孩子，最多两个，杜绝第三胎。同时规定：有生育条件的夫妇自愿只生一个孩子，由本人申请，报县计生办备案，发给独生子女优待证，干部、职工，每月发给儿童保健费 5 元。1985 年 7 月，县计生委转发中共惠民地委计生领导小组《关于晚婚、晚育和产假问题的规定》，按法定年龄推迟 3 年以上结婚为晚婚；妇女 24 岁以上生育为晚育，对实行晚婚、晚育和只生一个孩子的女职工增加产假四周。1986 年 3 月，县委、县政府颁布《关于农村独女户实行有间隔地生育第二胎决定》，在全县农村独女户中逐步推行有计划、有间隔地生育第二胎的政策，间隔时间必须为 8 年，简称“间隔式”。1990 年 10 月，《惠民县实施〈山东省计划生育条例〉办法》正式施行，对全县推行计划生育的大政方针、生育政策、计划管理、机构设置、节育优生、奖励办法以及县、乡镇政府对计划生育的领导责任作出明确规定，标志着全县计划生育工作由过去主要靠行政管理走上以法制管理为主的轨道。1992 年 10 月，制定《惠民县已婚育龄妇女计划生育守则》，规范育龄妇女的生育行为，增强其依法服从计划生育管理的自觉性。2004 年，对于自觉实行晚婚晚育、推迟生育的育龄群众，给予 30 ~ 100 元的物质奖励。2005 年，国家实行农村部分计划生育家庭奖励扶助制度，惠民县被确定为全省 22 个试点县之一，是全市唯一全面推行奖扶制度的县。对符合奖励条件的对象，按人均 360 元的标准按期发放奖励扶助资金，直到亡故为止。下半年，奖扶金增加到每年人均 600 元。是年，全县有 1637 人被确定为计划生育奖励扶助对象。

第三节　人口计划管理

1979 年，按照党中央“提倡一对夫妻生育子女数最好一个最多二个”的号召，实行持证生育制度，无证生育被视为计划外生育。1980 年，计划生育工作重点迅速转移到“一对夫妇只生一个孩子”上来，对只生育一个孩子的夫妇发给独生子女优待证，享受独生子女保健或相应待遇。是年，全县人口自然增长率由 1979 年的 9.14‰降到 3.24‰，一孩夫妇领取独生子女证的占 82.4%。1984 年，各乡镇建立由 5 人组成的计划生育办公室，分管副乡长、副镇长任主任，计生助理任副主任，技术员 2 名，统计财会员 1 名。县直 1000 人以上单位成立计划生育办公室，500 人以上的配一名计生专职干部，500 人以下的配一名兼职计生干部。1985 年，惠民县被评为全国计划生育先进县。

1987 年，各乡镇建立“六簿一档”（结婚、出生、一孩、流引产、死亡、育龄妇女分类登记簿和育龄妇女档案），各村建立三个登记簿（出生、死亡、结婚）。1989 年，乡镇增加当年人口计划安排对象登记簿和重点管理对象一览表，村增设育龄妇女分类管理表及当年人口计划安排对象登记表。1991 年，县委、县政府决定，乡镇设立计划生育委员会，下设计划生育办公室，计生委主任为正科级，计生办主任为副科级。是年，增加“准孕证”，怀孕后换发“生育证”。1993 年 4 月，全县实行发放生育证人员备案制度。8 月，全县统一调整配备村级计划生育专职主任。推行一票否决制，计划生育不达标，不得评选先进，不得提拔任用。1994 年，县及各乡镇计生委全部配备微机，实现微机联网，对育龄妇女信息实行微机管理。全县计生工作实现历史性突破，首次全面完成目标任务。

1997 年，在全县乡镇计生队伍中进行“三制”（人员聘任制、责任承包制、绩效工资制）改革，并加大培训力度，共举办各类培训班达 85 期，受训人数 9056 人次。1998 年，县计生委出台《关于做好 1999 年度人口生育计划工作的意见》，对人口生育计划的审批、签转、交接等问题作出详细规定。1999 年，全县开展常住人口基础信息录入，建立完整的常住人口基础信息库，为系统收集、汇总、分析人口与计划生育信息，指导基层计划生育和科学管理打下基础。2001 年，县计生委、民政局、计生协会出台《关于全面推进农村计划生育村民自治工作的实施意见》，积极推进计划生育村民自治进程；在城镇加快建立“属地管理、单位负责、居民自治、社区服务”计划生育管理机制。是年，全县 789 个村达到计划生育村民自治合格村标准，占全县总村数的 61.6%。2003 年，重新制定《县直有关部门对人口与计划生育工作实行齐抓共管、综合治理的职责分工及考评办法》，全面推进计划生育综合改革，大力实施项目带动战略，完善“两室合一”（计划生育卫生室与服务室）改革，村级“两室合一”数达 30%，每乡镇建有 3～5 个较高规模的示范点。2004 年开始，进入第四次人口出生高峰期。为平抑第四次人口出生高峰，稳定低生育水平，全县计生工作强化“五导措施”：计划指导、宣传倡导、政策引导、基层疏导、考核督导。并对各乡镇 2005 年度的人口计划进行重新调整，层层分解，下达到村，落实到人，确保了第四次人口出生高峰平稳过渡。2005 年年底，确定全县符合农村部分计划生育家庭奖励扶助条件的对象共 1637 人。全县人口出生率为 13.4‰，自然增长率为 7.1‰。

第四节 流动人口计划生育管理

1993 年 10 月，县政府发布《惠民县流动人口计划生育管理办法》，1994 年 8 月，县计生委设立流动人口计划生育管理办公室，各乡镇配备流动人口计划生育管理员。1995 年，对全县流动人口进行大清理，共清理出流动人口 7000 余人，并进行登记、建档、纳入管理。同时，建立县流动人口计划生育管理领导小组。落实统一领导、统一管理、统一发证、统一收费“四统一”的规定要求，进一步完善“条块结合、以块为主，条条保证、单位负责，双重管理、双重考核”的管理体制，坚持多部门联合办公制，实行“一证领先”制度，强化流入地和流出地责任，坚决堵住管理漏洞。1999 年，在流动人口已婚育龄妇女计算机信息管理的基础上，实现流动人口软件升级，县、乡两级全部建立流动人口数据库，建立流动人口计划生育信息计算机管理系统，实现流动人口计划生育信息收集、传递、汇总和分析的自动化。2001 年，按照属地化管理要求，县政府办公室印发《关于将县城区流动人口计划生育工作划归惠民镇人民政府管理的通知》，并按照《惠民县城区人口与计划生育管理规定》，改革城区计划生育工作管理办法，对县直及驻惠部分单位已婚育龄妇女计划生育实行微机化管理。2002年，强化《关于加强城区计划生育工作和流动人口管理的实施意见》的落实，对特殊人群实施分类、合同化管理，定期组织对特殊人群的健康查体，建立查体档案。2004年9月，第二次对城区范围内的流动人口、特殊人群进行清理摸底，共清理出特殊人群已婚育龄妇女2833人，流入人口33人，流出人口216人，建立特殊人群专项台账和计生优惠卡。2005年，全面实施流动人口与常住人口“同宣传、同服务、同管理、同统计、同考核”的工作机制，做到“无缝隙覆盖，无漏洞管理”。是年，全县有已婚育龄妇女流动人口8389人，其中流入272人，流出8117人，建档率、办证率、验证率、定期联系率达到99%以上。

第五节　技术服务

1979年，计划生育技术服务工作包括晚婚、晚育、避孕节育、引流产服务等。1985年，县计划生育服务站建立，并开展科学技术指导上门、避孕药具送上门服务。至1989年9月，全县21个乡镇均建立符合标准的计划生育服务站，各村建起计划生育服务室。1990年3月，建筑面积1085平方米的县计生服务站楼启用。实行避孕药具以免费供应为主，零售为辅的“双轨制”管理办法。为117名农民身份的计划生育人员评定专业技术职称。1991年，13个乡镇计生服务站开展达标创优活动，服务站所做的“四种节育手术”占全县节育手术总数的72.7%。1992年，县计生服务站被省计生委批准为达标服务站。1993年，21个乡镇计生服务站全部配备B超仪。11个乡镇服务站被地区命名为“地区达标合格服务站”。1994年，21个乡镇服务站全部达到“地区达标服务站”标准，其中5个达到优秀标准。1997年，全县95%以上的村建立一室多用的计划生育服务室，开展孕情环情监测、计划生育政策、优生优育知识宣传、避孕药具的发放和计划生育随访工作。1998年，学习无棣县计划生育服务站和妇幼保健站“两站合一”经验，实现技术设备优势和技术力量优势的合理配置、优势互补。是年，10个乡镇服务站被评为地区优秀服务站，1个乡镇服务站被评为地区示范服务站。2000年，实施“避孕节育知情选择”工程，全县有127个行政村被批准为避孕节育措施知情选择村，群众在计生人员的指导下自主地选择避孕节育方法。同年，实施“出生缺陷干预工程”，通过开展优生培训、孕前健康查体、技术人员随访保健服务等，全县新生儿出生缺陷发生率由1998年的8.5‰降到5.3‰。2001年，国务院颁布《计划生育技术服务管理条例》，县政府制定《贯彻落实〈计划生育技术服务管理条例〉暂行规定》，向农村实行计划生育的育龄夫妻免费提供避孕节育技术服务。是年，知情选择合格村发展到770个，占全县总村数的60.1%。2003年，在乡镇“两站合一”的基础上，积极推行村级服务室与卫生室“两室合一”，推动了全县计划生育优质服务的开展。2004年，强化对新婚夫妇以及批准生育二胎和围婚期、围孕期、围产期的教育和咨询服务，开展优生四项常规检测，对遗传病高危家庭和独生子女病残儿家庭生育二胎建档并进行优生监护。对“两室合一”工作机制进行不断探索和完善，使每乡镇有3～5个“两室合一”亮点村。至年底，全县已有516个村实行“两室合一”，占全县总村数的40.2%。2005年年底，县、乡两级计生技术人员有149人，落实妇女节育措施率89%。

1996—2004 年惠民县婚前检查保健情况统计表

表 3－8　　单位：人

年度	对影响婚育疾病的医学指导意见									
	检出影响婚育疾病总人数		暂缓结婚人数		不宜生育				限制生育性别人数	
					人数		其中采取结扎人数			
	男	女	男	女	男	女	男	女	男	女
1996	20	10	20	10	/	/	/	/	/	/
1997	16	10	16	10	/	/	/	/	/	/
1998	8	5	8	5	/	/	/	/	/	/
1999	56	50	56	50	/	/	/	/	/	/
2000	32	15	24	10	/	5	/	/	8	/
2001	50	18	50	18	/	/	/	/	/	/
2002	60	24	60	24	/	/	/	/	/	/
2003	40	33	40	33	/	/	/	/	/	/
2004	8	2	8	2	/	/	/	/	/	/

第六节　宣传教育

1979 年，全县计划生育宣传教育工作，坚持以宣传教育为主、避孕节育为主、经常性工作为主的“三为主”工作方针，突出宣传教育在计划生育整体工作中的主导地位。1983 年 1 月，全县开展计划生育宣传月活动，通过算账对比、宣传车、咨询服务、宣传橱窗、过街横幅等形式开展以“计划生育是基本国策”为中心内容的宣传活动。1988 年，《山东省计划生育条例》（以下简称《条例》）颁布，全县印发《条例》及《条例》图解等宣传品共 6 万余份，各乡镇录制《条例》录音。1990 年，《惠民县实施〈山东省计划生育条例〉办法》（以下简称《办法》）颁发，县计生委印发《办法》13 万册，达到户均一册。在县电台、电视台、《惠民报》开办计划生育专题栏目。1992 年起，在开展人口与计划生育基础知识教育方面，加强宣传教育阵地建设。各乡镇、村按照组织、师资、教材、场地、制度“五落实”原则建立人口学校。对育龄妇女进行分类编班、滚动教学，开展“五期教育”（青春期、新婚期、孕产期、育儿期、中老年期）。1999 年，县委宣传部、县计生委联合印发《关于广泛开展婚育新风进万家活动的通知》，在全县开展以新型婚育文化宣传为主体的“婚育新风进万家”活动。2000 年，先后组织计划生育先进事迹报告会、“为了美好的明天”知识竞赛活动。帮助陈集乡北于村成立“小百花”剧团，自编多种宣传婚育新风的文艺节目在全县巡回演出。2001 年，深入开展“宣传教育进村，婚育新风进家”“建设新型生育文化、建设文明幸福家庭”活动。2002 年 9 月 1 日，《中华人民共和国人口与计划生育法》正式实施，县委宣传部、县计生局、县司法局、县电视台联合组织开展计划生育法律法规知识竞赛活动，并通过电视讲话、办培训班等形式进行广泛宣传。2003年起，按照省计生委关于“计划生育队伍要加强县级、优化乡级、提高村级”的要求，对全县村级计生专职主任进行人口与计划生育管理专业中等学历函授教育；在乡（镇）村计划生育工作人员中开展以加强基本素质和基本技能建设为目标的业务学习竞赛活动。2005年，开展计划生育宣传活动，把农村计划生育家庭奖励扶助制度的宣传与婚育新风进万家活动、“关爱女孩行动”结合起来。

计生宣传进车间

第七节　计生协会

1988年3月，惠民县召开第一届计划生育协会代表会议，宣告成立惠民县计划生育协会。会议选举产生名誉会长、会长、副会长、秘书长、副秘书长、常务理事、理事长。是年年底，在21个乡镇普遍建立计生协会的基础上，建村计生协会998个，占农村应建数的79%。1992年，全县村村建立计生协会，有会员6.37万人；建立会员小组5179个，会员之家968个，会员联系户97816个。1995年，县计生协会配备专职副会长。在县委、县政府领导下，积极为计划生育开展各种服务工作。至1997年年底，累计办理计划生育投保金额达107万元，协调扶持项目资金1100万元，350个计划生育户脱贫致富。

1999年，开展创建计划生育合格村协会活动。制订《关于加强计划生育基层协会建设、集中开展组织整建活动的实施方案》。通过整建，各乡镇配备专职常务副会长和秘书长，成立理事会，乡镇长应聘担任名誉会长。各行政村从“五老”、致富能手、社会贤达和计划生育积极分子中选拔配齐会长、秘书长和理事会成员。基层协会普遍成立会员小组，制定会员联系户制度，开展“手拉手、先致富”活动。全县计生协会组织从县、乡、村一直到会员联系户，上下形成一个服务网络。2000年，全县85%以上的村级协会达到合格村协会标准。

2001年8月，召开全县计生协会第三次会员代表大会。投资25万元，对2441个计划生育贫困家庭进行帮扶。至2005年，全县协会会员60932人，14个乡镇配有专职协会会长或不驻会会长，建立计生协会维权服务小组的村达972个。

第四编　经济管理

第一章　经济综述

第一节　经济体制改革

1986年8月，县委、县政府制订《惠民县综合体制改革试点方案》，改革乡镇企业体制，分别实行承包经营、转让或租赁经营，全面推行承包合同制，同时对干部、用工和工资三项制度进行配套改革。改革县属企业体制，明确企业规格级别，在国营工业企业中，全面推行厂长任期目标责任制，主管部门对企业实行承包责任制。打破地区、部门、行业和所有制界限，发展多层次、多形式的横向联合。改革流通体制，以国营批发公司为主体，建立多形式的农商结合、农工结合或农工商结合的新型商品批发企业。继续放开国营小型商业企业，鼓励企事业单位和个人进入流通领域，兴办商业和各种服务业，加快供销社体制改革步伐，发挥其在商品流通中的主渠道作用。1987年7月，县委、县政府印发《关于进一步深化综合体制改革的实施意见》，工业体制改革深化的重点是进一步推行企业承包经营责任制，完善企业内部经营责任制；流通体制改革重点是在供销、商业系统中推行承包、租赁经营，扩大粮油议价经营，敞开市场，放活价格；管理体制改革侧重强化乡镇职能，分期分批下放驻乡镇机构，撤销电业公司、工业公司、二轻工业公司、物资综合公司等行政性公司，改革县联社管理体制，设供销合作社管理委员会，实行主任负责制。11月，县毛巾厂、五金公司开始试行招标承包经营。12月，县委、县政府印发《关于企业承包经营有关问题的暂行规定》，对承包经营进行规范。1988年3月，69个县属企业全部实行承包经营。5月，县委、县政府印发《关于深化企业改革试点工作的实施意见》，对以招标承包为重点的企业进一步改革和完善。建立招标承包市场，把风险机制引入承包经营，完善竞争承包制度；搞好服务监督，建立健全审计制度；以改革分配制度为突破口，推行工资总额同经济效益挂钩的内部分配制度；优化劳动组合，搞活企业用工制度；推行“满负荷工作法”和“厂内银行”制度，提高管理者素质。在效益、留成、物价、待聘人员等方面制定了相关配套政策。把毛巾厂、五金公司和地毯厂作为试点单位，成功后全面推开。1989年，重点对工业改革进行深化。县政府作出《关于在工业企业中全面实行风险金制度的暂行规定》，凡实行承包经营责任制的工业企业，必须实行全员风险金制度，对一般职工和经营者均规定了不同的数额。

1990年年底，绝大多数企业第一轮承包期满。为了适时将企业改革引向深入，县委、县政府印发《关于新一轮企业承包经营责任制实施意见》，新一轮承包以顺延滚动为主，分别采取连续承包、延长承包期、接力承包等形式。承包内容包括生产指标、发展指标、管理指标和社会效益指标等四大指标，期限一般为3～5年。倡导实行党、政、工领导集体承包，也可实行全员承包、企业间法人承包和个人承包，并探索全员资产承包。在新一轮承包中还推行“四分一合”（即分类承包、分级包保、分档计酬、工效分档分类挂钩、两基数相吻合），完善激励机制。新一轮承包的企业共60家，涉及商业系统12个，承包期为3年。1992年，县委、县政府把改革的重点放在转换商业企业内部机制上，印发《关于在全县国合商业企业推行经营、价格、分配、用工“四放开”的实施意见》，把粮食、商业、供销、物资、外贸等国合商业企业推向市场，自主经营、自负盈亏、自我约束、自我发展，建立起开放、畅通、灵活高效、可调控的商品流通体系。同时，转变流通管理部门职能，县委、县政府印发《关于改革流通管理体制，组建行业企业集团的试行意见》，国合商业企业主管部门由管理型改为经营服务型，由主管局改为联合所属成员企业的一体化行业总公司，自负盈亏，独立核算，与财政完全脱钩。县商业局、粮食局、物资局和供销合作社联合社，更名为县商业贸易总公司、粮油贸易总公司、物资经营总公司和供销社总社。总公司实行总经理负责制，担负一定行政职能，一个单位两块牌子。1993年4月，县委、县政府重点改革乡镇企业，印发《关于在全县乡镇企业中大力推行股份合作制的试行意见》，基本形式由村民和其他参股者以资金、实物、劳动力、技术等作为股份，合作兴办企业，按劳分配，按股分红，民主管理，自负盈亏。

1994年，县委、县政府印发《关于国合流通企业加快改革强化管理的暂行规定》，在国有流通企业全面推行拍卖、租赁、大包干为主要内容的公有民营和风险抵押承包经营责任制。压缩管理机构，精减非经营人员，严格政企分开，切实保障企业自主权。县委、县政府重点对企业实行“三个一”管理，即只管一个法人代表，一个利税上缴指标和一个资产总值，扩大了企业的经营自主权。1995年10月，县委、县政府印发《关于深化乡镇企业产权制度改革的实施意见》，采取拍卖、有偿转让、租赁、股份合作制等多种形式，放开放活乡镇企业。

1997年4月，县委、县政府印发《关于加快国有、集体企业改革的意见》，确定企业改制的8种形式，即股份合作制、兼并联合、股份制、外资嫁接、租赁经营、产权出售或有偿转让、分离经营、独资经营。并确定县酒厂、畜牧机械厂、酱菜厂、塑料厂、汽修厂、活塞厂、龙池饮料公司、惠纺、二棉、清河镇供销社10家企业和惠民镇、李庄镇、桑落墅镇3个乡镇作为全县第一批试点单位。6月，县政府印发《关于企业改革若干问题的暂行规定》，在资产评估、产权界定、资产收缴、财务监督、劳动管理、社会保障、环境治理、工会建设、纪委约束9个方面对改制企业进行规范。至年底，全县共有37家企业进行股份制或股份合作制改造，36家企业被整体拍卖，32家企业实行租赁经营，7家企业被兼并，4家企业被托管，1家企业实行分离经营，2家企业挂靠经营，2家企业整体行政划转，企业改制面达65%以上，盘活存量资产9600万元，重组资产近2亿元。

1998年，以规范改制企业运行机制为基础，建立现代企业制度为重点，扩大股东及管理层股本份额为动力，深化企业改革。3月，以惠民彩霞地毯有限公司为母公司，以惠瑞毛制品公司、缤霞服装有限公司、康力鞋业有限公司为紧密层子公司，以清河、申桥、联五三个地毯加工分厂为松散层子公司，成立山东彩霞地毯集团有限公司。10月，县艺品厂进行股份制改造，组建惠民县宏远艺品有限责任公司。县酒厂依法破产重组，成立孙武酒业有限责任公司。县印刷厂改制，实施承包经营，成立惠民县孙武印刷制品有限责任公司，植物油厂、拔丝厂等停产半停产企业相继改制，恢复正常生产。11家县属停产半停产企业整体或部分盘活，盘活闲置资产8700万元。至年底，全县城乡集体企业改制244个，改制面达98%，盘活闲置资产2296万元。组建起和信绳网、新华淀粉、宏申耐火材料3家地级乡镇企业集团。

1999年6月，孙武纸厂实行“资产剥离、分块搞活”的办法，引入齐河资产大户租赁3条造纸流水线，组建山东惠民鲁阳造纸厂。9月，县包装包璜厂实行租赁承包，成立惠民县金达包装有限公司。12月，惠民棉纺织厂在剥离生产性有效资产的基础上，与香港华润纺织品有限公司合资组建山东惠民华润纺织有限公司，合资期30年，注册资金1005万美元，香港华润占注册资金的70%，获得经营权，县棉纺厂予以参股经营。2000年8月，县良种棉加工厂与中国棉花研究所各投资500万元共同创办了山东中棉种业有限责任公司。同年，惠民纺织三分厂由惠民华润托管，肉联厂实行破产重组。至年底，全县改革改制企业共355家，改制面达96%。其中，县属企业改革改制111家，改革改制面93%；乡镇企业改革改制244家，改革改制面98%。

2001年，惠民县第二棉纺厂实行国家控股职工参股的内部改革，改制为惠民耀升纺织有限责任公司。县良种棉加工二分厂改制组建鲁洁棉业有限责任公司。2002年，对重点工业企业进行第二次改制。原惠民棉纺厂在山东惠民华润公司30%的股份全部转让给华润公司。孙武纸厂1760-200纸机生产线对外租赁，成立山东滨州万事达纸业有限责任公司。县良种棉加工厂完成整体改革，归并山东鲁洁棉业有限公司。2003年，县政府印发《关于深化县属国有、集体企业改革的指导意见》，意见以国有和集体资产退出企业、劣势企业退出市场、企业转体制、职工转身份为核心，坚持因企制宜，一厂一策，深化企业改革。同年，惠民第二棉纺织厂破产重组，其有效资产由无棣县民营企业山东基德生态科技有限公司全部买断。全县乡镇工业企业全部实现民营化。2004年，以“能卖不股，能股不租，能租不包，以卖为主”为前提，加快企业改革步伐。孙武纸厂、孙武酒业甘油车间由外商租赁。武定府酱园依法破产，重组为惠民县武定府酿造有限责任公司，实行股份制。县植物油厂由民营股份制企业新华种业公司整体买断。2005年7月，山东飞虹丝业公司破产程序完成，县恒鑫源丝绸公司出资70%，青岛海润集团出资30%，共出资758万元，一次性买断飞虹丝业公司有效资产，组建惠民县恒鑫源股份有限责任公司。

第二节　综合经济指标

1979—2005年，县委、县政府带领全县人民认真贯彻执行中共十一届三中全会以来的路线、方针、政策，坚持以毛泽东思想、邓小平理论和“三个代表”重要思想为指导，以科学发展观统揽全局，以加快发展为主题，以经济建设为中心，大力实施“科教兴惠”“工业兴县”发展战略，正确处理改革、发展、稳定的关系，积极推进体制创新、管理创新和科技创新，加大产业结构调整力度，提高对外开放水平，大力招商引资，经济运行质量不断提高，全县总体经济实力实现跨越式发展。2005年，全县地区生产总值达到59.37亿元，较1979年的0.8亿元累计增长74.4倍；人均生产总值为9472元，较1979年的146元累计增长64.9倍。其中：第一产业实现增加值13.11亿元，第二产业实现增加值31.44亿元，第三产业实现增加值14.82亿元，27年间分别累计增长38.55倍、143.83倍和62.1倍。

产业结构更趋优化。在经济调整与发展中，彻底改变了农业占主导地位的局面。1978年，第一、二、三产业结构比例为42.6∶27.4∶30。20世纪80年代，产业不断优化升级，产业结构日趋合理，二、三产业所占比例均大幅提高，至1998年，第二产业增加值首次超过第一产业，三次产业结构比例调整为36.9∶40.1∶23，产业结构实现了由“一二三”到“二一三”的历史性转变。2005年，第三产业增加值超过第一产业，产业构成由“二一三”转变为“二三一”，产业结构实现重大飞跃。全县经济社会发展呈现出良好势头，各项社会事业取得新的进展，民生状况得到进一步改善。

1979—2005 年惠民县经济社会发展主要指标（一）

表 4－1

年份	年末总人口（万人）	乡村从业人员（万人）	年末在岗职工人数（万人）	在岗职工平均工资（元）	生产总值（亿元）	第一产业增加值（亿元）	第二产业增加值（亿元）	第三产业增加值（亿元）
1979	54.87	23.16	1.80	597	0.80	0.34	0.22	0.24
1980	55.10	24.57	1.93	667	1.03	0.51	0.23	0.28
1981	55.59	24.38	1.98	693	1.39	0.78	0.26	0.34
1982	56.04	24.92	2.20	703	1.72	1.00	0.30	0.41
1983	56.22	23.92	2.28	724	2.10	1.25	0.35	0.50
1984	56.31	24.24	2.36	873	2.58	1.56	0.42	0.61
1985	56.70	25.08	2.40	924	3.02	1.83	0.48	0.70
1986	57.19	25.13	2.29	1089	3.92	2.60	0.55	0.76
1987	57.72	25.60	2.50	1189	4.59	3.13	0.66	0.81
1988	58.19	26.11	2.70	1497	5.49	3.43	1.01	1.06
1989	59.51	26.59	2.57	1778	7.00	4.46	1.39	1.15
1990	60.96	27.02	2.71	1939	6.64	3.84	1.55	1.25
1991	61.67	27.91	2.84	2001	8.80	4.67	2.03	2.10
1992	61.85	28.37	2.70	2205	9.24	3.86	3.06	2.32
1993	62.05	28.36	2.68	2246	13.18	6.28	4.22	2.68
1994	61.84	28.34	3.02	3310	17.39	8.77	5.40	3.22
1995	61.68	28.29	3.18	3921	19.65	9.20	6.47	3.98
1996	61.71	27.50	3.33	4361	23.27	9.58	8.71	4.98
1997	61.88	28.42	3.37	4612	27.73	11.55	10.17	6.01
1998	62.02	29.21	3.41	4967	29.00	10.71	11.63	6.66
1999	62.03	29.50	2.99	6141	31.55	11.10	13.08	7.36
2000	61.88	30.90	2.97	6670	33.77	11.35	14.11	8.30
2001	61.99	29.06	2.81	6762	36.56	12.13	15.34	9.09
2002	62.16	28.16	2.73	7148	39.51	12.42	17.07	10.03
2003	62.20	17.21	2.66	7718	46.75	13.24	21.93	11.57
2004	62.46	28.04	2.59	8372	57.03	13.28	29.92	13.83
2005	62.68	29.83	2.56	9435	59.37	13.11	31.44	14.82

1979—2005年惠民县经济社会发展主要指标（二）

表4－2

年份	人均生产总值（元）	生产总值增长速度（%）	第一产业增加值增长速度（%）	第二产业增加值增长速度（%）	第三产业增加值增长速度（%）	地方财政收入（亿元）	地方财政支出（亿元）
1979	146	2.06	－1.91	6.99	9.10	0.08	0.12
1980	187	14.20	17.59	10.15	68.72	0.03	0.11
1981	251	28.50	39.00	9.61	15.41	0.12	0.10
1982	308	29.79	32.00	31.51	20.37	0.13	0.11
1983	375	25.22	30.65	12.70	17.32	0.13	0.11
1984	460	18.38	18.38	20.20	14.06	0.13	0.13
1985	534	15.06	19.03	8.42	17.32	0.15	0.18
1986	688	7.29	6.01	4.03	16.05	0.28	0.28
1987	798	7.45	8.63	9.66	0.78	0.19	0.23
1988	941	15.59	9.06	38.15	24.05	0.24	0.31
1989	1182	5.25	1.00	19.27	7.61	0.32	0.39
1990	1089	－2.47	－11.35	15.69	9.59	0.28	0.44
1991	1426	32.75	23.90	25.51	67.23	0.34	0.46
1992	1494	3.95	－17.30	49.50	10.07	0.34	0.50
1993	2125	36.45	50.58	33.40	17.00	0.45	0.64
1994	2812	4.63	3.25	5.67	6.09	0.32	0.74
1995	3185	1.89	1.77	－2.34	4.13	0.40	0.80
1996	3771	3.04	－16.54	23.55	16.11	0.56	1.05
1997	4481	13.49	12.50	13.94	14.30	0.73	1.13
1998	4675	13.56	11.40	14.00	16.00	0.86	1.31
1999	5086	13.60	10.50	13.50	18.00	1.02	1.52
2000	5457	11.60	8.30	12.70	16.50	1.18	1.73
2001	5898	10.50	11.30	9.40	11.30	1.20	1.81
2002	6357	12.20	5.40	16.10	14.90	1.22	2.25
2003	7515	15.20	10.90	19.30	13.60	1.39	2.62
2004	9131	18.70	1.80	30.00	8.90	0.65	2.37
2005	9472	18.10	4.90	22.90	16.20	0.72	3.06

1979—2005年惠民县经济社会发展主要指标（三）

表4－3

年份	金融机构存款余额（亿元）	居民储蓄存款余额（亿元）	金额机构贷款余额（亿元）	农民人均纯收入（元）	农民人均生活消费支出（元）	粮食产量（万吨）	油料产量（万吨）
1979	0.14	0.03	0.48	50	/	14.15	0.19
1980	0.23	0.04	0.69	72	/	11.31	0.43
1981	0.37	0.04	0.82	162	/	15.05	0.59
1982	0.36	0.06	1.12	271	/	18.94	0.52
1983	0.57	0.09	1.50	383	/	21.08	0.67
1984	0.70	0.11	2.41	429	/	21.72	0.30
1985	0.90	0.14	3.14	379	/	28.36	0.90
1986	0.94	0.21	3.39	435	/	33.19	0.45
1987	1.43	1.28	2.73	468	/	29.12	0.50
1988	2.63	1.57	3.16	542	256	32.46	0.40
1989	2.97	1.93	2.91	567	457	35.05	0.22
1990	3.82	2.48	4.23	537	509	28.53	0.13
1991	3.94	3.08	5.01	615	/	37.73	0.15
1992	4.43	3.61	5.26	462	/	31.27	0.19
1993	4.81	4.43	5.62	657	/	41.08	0.54
1994	7.07	6.66	6.55	1114	/	40.16	0.45
1995	9.36	8.24	8.93	1263	1055	41.90	0.64
1996	11.15	9.90	9.96	1682	1315	37.54	0.49
1997	12.93	11.21	12.90	1881	1409	33.57	0.58
1998	13.55	13.41	11.65	2150	1216	41.09	0.70
1999	14.65	12.32	13.14	2288	1249	45.88	0.85
2000	16.02	13.58	11.32	2378	1513	38.68	1.00
2001	17.92	15.31	12.07	2550	1878	39.66	0.88
2002	20.41	16.95	13.97	2653	1591	35.06	0.67
2003	22.91	18.77	16.06	2951	1845	34.80	0.65
2004	26.57	20.83	15.94	3326	2138	33.85	0.77
2005	28.71	22.80	16.87	3667	2525	42.23	0.80

1979—2005 年惠民县经济社会发展主要指标（四）

表 4-4

年份	肉类产量（万吨）	规模以上工业增加值(亿元)	规模以上工业主营业务收入（亿元）	规模以上工业利税总额（亿元）	规模以上工业利润总额（亿元）	规模以上固定资产投资（亿元）	社会消费品零售额（亿元）	进出口总额（万美元）
1979	0.34	/	/	0.08	0.03	0.16	0.45	/
1980	0.24	/	/	0.10	0.05	0.18	0.61	/
1981	0.36	/	/	0.11	0.06	0.21	0.69	/
1982	0.48	/	/	0.11	0.04	0.24	0.79	/
1983	0.29	/	/	0.12	0.07	0.28	0.92	/
1984	0.45	/	/	0.12	0.07	0.32	1.10	/
1985	0.61	/	/	0.14	0.08	0.41	1.11	/
1986	0.63	/	/	0.17	0.10	0.53	0.92	/
1987	0.88	/	/	0.17	0.11	0.65	1.08	/
1988	1.74	/	/	0.26	0.17	0.87	1.38	/
1989	2.23	/	/	0.38	0.17	0.98	1.59	/
1990	2.72	/	/	0.30	0.15	1.13	1.80	/
1991	2.97	/	/	0.37	0.16	1.32	2.00	/
1992	4.07	/	/	0.42	0.21	1.54	2.39	/
1993	4.35	/	/	0.79	0.17	2.19	2.26	/
1994	6.32	/	/	0.99	0.33	3.87	2.77	/
1995	8.72	/	/	0.99	0.39	4.25	4.07	/
1996	2.12	/	/	1.13	0.55	4.99	4.45	/
1997	2.90	/	/	1.37	0.70	6.00	4.60	253
1998	3.36	/	8.94	0.69	0.17	6.36	4.98	/
1999	3.67	/	10.89	0.79	0.30	6.86	5.32	/
2000	4.08	3.91	12.05	0.93	0.41	8.57	6.00	/
2001	3.97	3.95	13.20	1.14	0.44	9.96	6.80	/
2002	4.11	4.40	13.68	0.92	0.35	12.00	9.33	401
2003	4.22	6.26	16.93	1.21	0.50	13.82	12.18	1199
2004	4.40	9.43	32.75	2.19	1.10	21.88	18.91	728
2005	4.44	12.47	43.68	3.21	1.37	39.21	21.82	624

第二章　计划管理

第一节　机　构

1979年12月，县计划委员会设主任1人，副主任1人，干部职工7人。1993年10月县级机构改革，农业区划办公室归并计委。1997年8月增设矿产资源管理办公室（副科级）。1997年底，计划委员会共有17人，其中领导干部5人，职工12人，内设行政办公室、综合计划办公室、投资管理办公室、矿产资源管理办公室、重点项目办公室、信息中心5个股室和一个实体公司。2005年，县发展计划局设办公室、综合计划股、投资股、农经股、工贸股5个职能股（室）共13人，其中领导干部5人，职工8人。

第二节　管理体制

1979年起，以县计委为主的国民经济和社会发展计划管理组织系统逐步形成。县国民经济和社会发展计划经政府审批，并由政府负责组织实施。计委设计划科，其计划业务纳入县经济计划综合平衡之内，同时接受上级业务部门的计划指导，负责编制主管行业的计划与规划，进行本行业的综合平衡。1984年，按照国务院《关于改进计划体制的若干暂行规定》，全县计划管理重点从年度计划转向中、长期计划管理，农业生产、工业生产、交通运输、物资、科教计划等指令性计划范围进一步缩小。1996年起，重点负责编制全县国民经济和社会发展中、长期规划和年度计划，做好全县经济总量的综合平衡和重大比例关系的协调。计划管理向着控制宏观，放开微观、压缩指令性计划、扩大指导性计划和市场调节的方向发展。1998年，面对亚洲金融危机的冲击，按照中央增加投入、扩大内需的决策，加强基础设施建设，拉动经济增长。贯彻实施《中华人民共和国价格法》，价格改革继续推进。适当调整粮食收购价格。棉花收购价格由政府定价改为政府指导价，放开销售价格。1999年，深入贯彻落实中共十五大和十五届三中全会精神，继续推进改革开放，把扩大国内需求作为促进经济增长的主要措施，稳定和加强农业，深化国有企业改革，调整经济结构，开拓城乡市场，千方百计扩大出口，整顿经济秩序，保持全县国民经济持续快速健康发展和社会全面进步。2001年，贯彻落实中共十五大和十五届五中全会精神，依靠体制创新和科技创新，以信息化带动工业化，大力推进经济结构的战略性调整。强化农业的基础地位，加大对农业的支持和保护力度，努力增加农民收入。加快转变企业经营机制，加强企业管理，巩固和扩大国有企业改革和脱困成果。多渠道扩大就业，加快建立和完善社会保障体系，进一步改善人民生活。2002年，是中国历史上具有重大意义的一年，也是把改革开放和现代化建设继续向前推进的重要一年。加强农业和农村基础设施建设，千方百计为农民增收创造条件。继续用好管好长期建设国债，带动经济持续快速增长。深化经济体制改革，规范国有企业股份制改革。2003年，按照中央确定的经济工作总体要求，坚持扩大内需的方针，继续实施积极的财政政策和稳健的货币政策，保持宏观经济政策的连续性和稳定性，促进国民经济持续快速健康发展和社会事业全面进步。加快农业和农村经济结构调整，千方百计增加农民收入。更好地发挥国债资金的带动作用，促进结构调整和经济稳定较快增长。按照走新型工业化道路的要求，加快产业结构调整和升级。2004年，进一步调整和完善所有制结构，继续推进国有企业改革。深化农村改革，为农村经济发展注入新的活力，加快推进农村税费改革，继续深化粮棉流通体制改革。深化金融、财税、投资、价格体制改革，完善宏观调控体系。深化行政管理体制改革，加快政府职能转变，继续推进政府管理体制创新。2005 年，进一步提高驾驭社会主义市场经济的能力，加强和改善宏观调控，着力推进改革开放，加快调整经济结构、转变经济增长方式，更好地利用重要战略机遇期，实现经济社会全面协调可持续发展。加快垄断行业管理体制改革步伐。完善电信、电力等行业改革措施，扩大市场准入范围，制定相关配套政策及措施。

第三节 计划编制与实施

1981—1985 第六个五年计划期间，以提高经济效益为中心，按照“计划经济为主，市场调节为辅”的原则，加强宏观调控，调减指令性计划范围，理顺重大比例关系，控制固定资产投资规模，抑制通货膨胀，促进国民经济持续、稳定、协调发展。1979—1980 年，计划重点是开展增产节约运动，加强农业，加快发展轻纺工业，缩短基本建设战线，调整积累与消费及农、轻、重的比例关系。1982 年起，年度计划由编制国民经济计划改为编制国民经济和社会发展计划。1985 年，通过全面推行联产承包责任制和调整农村产业结构，全县农业生产持续发展，粮棉油生产连年丰收，林牧渔各业有了大幅度增长，人均收入显著提高，全县工农业总产值由 1980 年的 19011 万元上升到 47941 万元，年均递增 20.3%，工业生产总值与 1980 年相比，年均递增 17.3%，农业年均递增 23.1%。

1986—1990 第七个五年计划期间，全县以经济建设为中心，坚持强化农业、发展工业、搞活流通、突破畜牧业和乡镇企业的战略思想，艰苦创业，开拓前进，推动工农业生产的稳定增长。1986 年，年度计划重点是加强宏观调控，加快农业生产结构调整，保持工业稳步发展，加强横向经济联系，确保市场和物价稳定。1987 年，进一步调整农业种植业结构和工业产品结构，集中财力和物力保重点建设，加快城乡市场建设。1988 年，深化企业改革，扩大和完善企业承包经营责任制。1989 年，针对出现的经济过热情况，按照中共中央“治理、整顿、调整、改革”的要求，计划的重点是加强和改善宏观调控。1990 年，全县遭受了历史上罕见的特大洪涝灾害，在县委、县政府的带领下，全县人民团结一致，努力恢复生产，突出抓好水利建设，大抓棉花生产。调整产品结构，使国民经济在重灾面前仍有较大发展。工农业生产总值实现 6.92 亿元，与 1986 年相比，年均递增 7.5%，国民生产总值实现 4 亿元，与 1986 年相比，年均递增 6.7%，国民收入实现 3.6 亿元，与 1986 年相比，年均递增 6.9%。

1991—1995 第八个五年计划期间，坚持一个中心、两个基本点，努力做好党的路线、方针、政策和惠民县实际结合，计划经济与商品经济结合、商品市场与市场流通结合、物质文明和精神文明建设结合的文章，依靠科技教育，振兴惠民经济，组织全县人民抓住历史机遇，迎接挑战，艰辛创业，奋发图强，争取全县经济社会发展取得更大成就，把全县建设成为具有一定规模和优势的粮食生产基地、棉花生产基地、畜牧产品生产基地、果品生产基地、桑蚕生产基地和轻纺食品生产基地。1991 年，按照计划经济与市场经济相结合的原则，以经济效益为中心，以结构调整为重点，强化农业基础，增强工业意识，加快科技进步，培植发展后劲，增强经济实力。1993 年，围绕建立社会主义市场经济体制的要求，加强和改善宏观调控，改革计划管理体制。1995 年，全县国内生产总值达到 18.5 亿元，比 1990 年增长 1.8 倍，年均增长 22.9%，完成“八五”计划的 127.6%。人均国内生产总值达到 3000 元，比 1990 年增长 1.78 倍，年均增长 22.6%。

1996—2000 第九个五年计划期间，是全面实现现代化建设第二步战略目标的关键时期，县委、县政府正确分析和把握经济走势，统筹安排和全面规划五年工作。以邓小平同志建设有中国特色社会主义理论为指针，以社会主义市场经济为导向，以经济建设为中心，以改革开放，科技进步为动力，紧紧围绕农民收入和财政收入两个增长，进一步巩固提高农业，重点发展工业、乡镇企业和个体私营经济，联动第三产业，量力而行发展社会事业，积极推进经济体制和经济增长方式的转变，全面振兴惠民经济，争取本世纪末跨入全省经济发达县行列。1996 年，以增加农民收入和地方财政收入为目的，加强宏观调控，强化农业基础，突出工业兴县，促进产业结构优化升级，转变经济增长方式，提高经济的整体素质和运行质量。1997 年，贯彻中共十五大精神，坚持稳中求进的方针，突出发展主题，积极推进两个根本性转变，加快结构调整步伐。2000 年，以邓小平理论和党的基本路线为指导，认真贯彻中共十五大和十五届三中、四中全会精神，继续实行中央关于推动改革和发展的一系列政策措施，突出抓好国有企业改革和发展、经济结构调整、科技进步和扩大内需，进一步稳定农业的基础地位。2000 年，全县生产总值实现 33.6 亿元，按可比价格计算，比 1995 年年均增长 12.6%。一、二、三产业增加值分别年均增长 8.5%、15.2% 和 16.2%。人均生产总值 5425 元。财政总收入 1.5 亿元，年均增长 19.2%。社会消费品零售总额 6 亿元，年均增长 8.1%。

2001—2005 第十个五年计划期间，坚持“一个中心、两个基本点”的基本路线，以邓小平理论为指导，认真贯彻落实“三个代表”重要思想，以经济建设为中心，以加快发展为主题，以结构调整为主线，以改革开放和科技进步为动力，巩固提高农业，重点发展工业，加快发展第三产业，大力推进城乡一体化进程，全面推进社会进步，努力提高人民群众物质文化生活水平，尽快摆脱欠发达状况，为把惠民建设成经济繁荣、社会文明的强县奠定坚实基础。在工作指导上，正确处理好以下六个关系：市场调节与政府宏观调控的关系；高新技术产业与劳动密集型产业的关系；增加总量与调整存量的关系；保持一定增长速度与可持续发展的关系；改革开放与开发的关系；物质文明与精神文明建设的关系。2001 年，以邓小平理论为指导，认真贯彻中共十五大和十五届五中全会精神，抓住机遇加快发展，依靠体制创新和科技创新，以信息化带动工业化，大力推进经济结构的战略性调整，继续强化农业的基础地位。2002 年，以邓小平理论和中共十五大精神为指导，进一步贯彻落实江泽民同志“七一”重要讲话和中共十五届五中、六中全会精神，按照“三个代表”重要思想要求，继续深化改革，扩大开放，加快结构调整，提高经济增长质量和效益，促进国民经济持续快速健康发展和社会全面进步。2004 年，以邓小平理论和“三个代表”重要思想为指导，全面贯彻中共第十六次全国代表大会和十六届三中全会精神，坚持以人为本，树立和落实全面、协调、可持续的发展观，按照“五个统筹”的要求，切实把经济工作的重点转到调整经济结构、转变增长方式、提高增长的质量和效益上来，发挥好各方面加快发展的积极性，促进国民经济持续快速健康发展和社会全面进步。2005 年，以邓小平理论和“三个代表”重要思想为指导，全面贯彻中共第十六次全国代表大会和十六届四中全会精神，全面落实科学发展观，坚持发展党执政兴国的第一要务，进一步提高驾驭社会主义市场经济的能力，加强和改善宏观调控，着力推进改革开放，加快调整经济结构、转变经济增长方式，更好的利用重要战略机遇期，实现经济社会全面协调可持续发展。2005 年，全县生产总值实现 65 亿元，按可比价格计算，比 2000 年年均增长 14.2%。一、二、三产业增加值分别年均增长 6%、20% 和 14.5%。人均生产总值 10400 元，是 2000 年的 1.92 倍。财政总收入 14493 万元，同口径年均增长 7.4%。社会消费品零售总额 21.9 亿元，年均增长 29.5%。“十五”期间，全社会固定资产投资累计完成 102 亿元，是“九五”期间的 3 倍，年均增长 25%。

第四节　重要专题规划

农业区划　根据上级的统一安排部署，在搞完粗线条农业区划的基础上，1984年底开始细线条的农业区划工作。全县先后动员组织295名科技人员和干部，其中，工程师（农艺师、畜牧师等）20人，助理工程师23人，技术员115人，在1363平方公里的土地上，进行大量的农业资源调查和区划研究。1986年6月，完成农业区划任务，基本查清全县农业资源，找出发展农业的优势和障碍因素，综合分析农业生产现状，总结36年来农业生产的经验教训，划分农业区，为合理利用和保护资源，改善生态环境，加快全县农业发展提供可靠依据。

黄淮海平原农业开发规划　惠民县位于黄河下游冲积平原，是省政府确定的“七五”后三年开发治理重点县。为确保开发工作的顺利实施，尽快把全县建成以生产粮棉油肉为重点的农副产品基地，根据上级有关指示精神，结合全县实际情况编制了此规划，指出制约全县发展的主要因素，并提出开发建设的组织和政策措施。

综合国土规划　按照山东省计划委员会鲁计土字〔1992〕35号文件关于编制县域国土规划的统一部署，1992年4月，惠民县人民政府成立国土规划领导小组，在县计委设立规划办公室，组建规划编写班子，在广泛征求意见的基础上完成此稿。本规划从分析全县国土资源的特点、优势和问题入手，明确了资源的开发和经济发展方向，较系统地勾画出国土开发整治和建设布局的整体蓝图，明确重点开发地域和发展方向，制定了实施规划的重大政策和措施。本规划以1991年为基期，2000年为规划期，重要指标和重大项目展望到2010年。

第三章　统计管理

第一节　机　构

1979年，县计划委员会内设统计科，有科长1人，统计员3人。1982年，县统计局复建，设局长1人，统计员4人。惠民县成为农村经济抽样调查中签县。1984年，国家统计局农村经济调查总队在惠民县设副科级农村经济调查队，归口县统计局管理。1985年，县辖各乡镇均设专（兼）职统计员1名，县直各系统各部门皆配有专（兼）职统计员。1994年4月，县农村经济调查队升格为正科级，编制6人，由县统计局和省农调队共同管理，队长由县统计局一名副局长兼任。1998年，各乡镇建立统计站，基层统计工作得到加强，全县统计工作形成一个有机整体。至2005年，乡镇统计站趋于完善，各级企业和事业单位均设立统计机构或综合统计人员，负责本企业（单位）的统计工作。

第二节　统计调查

综合统计　1979年，直接定期统计汇总的内容包括概况、农业、工业、基本建设、物资、商业、财政、金融、交通、邮电、劳动工资、文教、卫生、广播等。1984年，增加农村住户调查等指标。1990年，增加饮食业、服务业、保险业、计划生育、体育等基本情况。1997年，取消概况等指标，增加综合及人口、对外经济、建筑业等指标。2002年，综合统计指标体系进一步完善。2005年，直接定期统计汇总的内容有全县综合及人口、农业、工业、交通邮电业、固定资产投资、建筑业、国内贸易、对外经济、财政及税收、劳动工资、文教、卫生、科技、广播、体育、计划生育等。综合及人口的主要经济指标有总产出、国民生产总值、总体构成、总投资、总消费、居民消费水平、全县人口及变动等，农业的主要指标有农业总产值及构成、农林牧渔业增加值、农村基本情况及农业生产条件、耕地面积情况、灌溉面积、农业主要产品生产情况、蔬菜品种生产情况、农业机械化情况、农业饮水安全情况表等，工业指标有主要工业产品产量、工业总产值、工业增加值等月报、季报和年报表，固定资产投资有全县固定资产投资完成情况、全县农村投资完成情况、全县城镇投资完成情况、全县房地产开发投资完成情况等的月报、季报和年报表，建筑业指标有建筑业企业生产情况、建筑业企业财务状况等，国内贸易及对外经济指标有社会消费品零售总额、限额以上批发零售贸易业商品购进、销售、库存总额表、限额以上批发和零售业企业财务状况、星级住宿业和限额以上餐饮业经营情况、星级住宿业和限额以上餐饮企业财务状况、外国和港澳台地区在华直接投资企业主要经济指标年报等，财政及税收指标有财政收入分项目预算执行情况、财政支出完成情况、国税收入情况、地税收入情况等，劳动工资指标有单位从业人员和劳动报酬情况、单位从业人员变动情况等，其他指标有教育、全县教育办学条件、文化、广播电视、体育、卫生、科技、计划生育等基本情况。

人口普查　1979 年，开展全县人口统计调查，公安部门以每年的户籍为依据进行户籍人口统计；计划生育部门年底或不定期地进行人口计划执行情况抽样调查；统计部门按照上级主管部门的部署，进行年度人口变动情况抽样调查和定期定点的人口抽样调查。1982 年，进行第三次全国人口普查，普查时点为同年 7 月 1 日零时，对 19 项指标作调查。1990 年，进行第四次全国人口普查，普查时点为同年 7 月 1 日零时，1991 年年底完成，摸清了全县人口的城乡分布、民族、年龄、文化程度、行业职业、婚姻、家庭、生育、死亡等方面的基本情况。同时，国务院决定，每两次人口普查之间，逢 5 年度进行 1 次 1% 人口抽样调查，简称小普查。1995 年，全县进行第一次人口小普查。2000 年，进行第五次全国人口普查。根据国务院通知要求，全县各级政府及有关单位均建立领导班子和办事机构，共抽调 2000 余人担任人口普查调查员。普查时点为 2000 年 11 月 1 日零时，于 2001 年年底完成，从城乡分布、民族、年龄、文化程度、行业职业、婚姻、家庭、生育、死亡等方面取得大量基础资料，厘清了全县人口的基本情况。2005 年，进行第二次人口小普查，普查时点为 2005 年 11 月 1 日零时，全县抽样调查 6000 余人，分布在 6 个乡镇 23 个普查区的 23 个普查小区。

农村住户抽样调查　1984 年开始，对农村住户进行抽样调查。是年，进行农村住户收入和支出情况调查，全县定点调查 10 个村，每村 10 户。根据规定，每 5 年变更一次调查点。2005 年，定点石庙镇、李庄镇、胡集镇、清河镇、姜楼镇、何坊乡、皂户李乡、辛店乡 8 个乡镇，进行农村经济、农村住户、农产量、农产品价格、中间消耗、夏秋粮食、畜牧、棉花播种面积、单产、总产实测、固定资产、劳动力等调查，取得农村住户第一手准确数据，编制了季度、年度表册及文字分析材料。

工业普查　1985 年，开展并完成第二次全县工业普查，其内容有工业企业基本情况，工业产品生产、销售、库存，工业生产设备和主要产品生产能力，能源消费，原材料、燃料、动力消费和库存，劳动工资，财务成本，农村乡办工业 8 大项，获取了大量有价值的数据。1995 年，第三次全县工业普查开始。普查方式为：乡及乡以上独立核算工业企业和附营工业单位以及年产品销售收入 100 万元以上的村办工业、私营工业、合作经营工业、个体工业，直接发放普查表进行调查；年产品销售收入（或营业收入）不足100万元的村办工业和私营工业、合作经营工业、个体工业企业和生产单位，发放简易调查填报卡片，由乡镇普查员登门调查填报。普查的数据处理采用县级录入、超级汇总模式，普查范围为境内全部工业企业和附营工业单位。普查表由一套完整的指标体系组成，包括工业企业生产经营的基本条件、财务状况、经营行为、技术进步等17个方面的400余个指标以及与之相应的7个目录、1个技术标准，同时根据不同规模类型的企业设计了4种报表和1张卡片。普查的时点指标为1995年12月31日，时期指标是1995年度，1997年年底全部完成。

第三产业普查 1993年，根据《国务院关于开展全国第一次第三产业普查工作的通知》《全国第三产业普查实施方案》以及省、地第三产业普查办公室的具体要求，惠民县进行第三产业普查工作，首次取得一套完整、系统、全面反映全县第三产业规模、结构、效益、分布的基础资料。普查中，成立由分管副县长挂帅，统计局局长任组长，计委、统计、人事、财政、工商、税务、技术监督等单位主要负责人为成员的第三产业普查协调小组，各乡镇及县直各大单位均成立相应组织，全县计有2630人参加该项工作，通过精心组织，扎实工作，完成普查任务。

农业普查 1996年，国务院决定进行第一次全国农业普查。普查对象是各种类型的农业生产经营单位、农村住户、乡镇企业、行政村和乡镇。时点指标的标准时间是1996年12月31日，时期指标的标准时期是1996年1月1日至1996年12月31日。普查表分为农村住户调查表、非农村住户类农业生产经营单位调查表、行政村调查表、乡镇调查表、非农乡镇企业基本情况卡片、农业用地卡片。调查项目为人口、从事行业、农业用地、农业机械、生产用房、畜牧等38个。根据要求，惠民县县、乡、办事处、村四级均组建专门班子，共有5300余人参与普查，对全县1279个行政村、14万个农业生产经营户、21个乡镇、278家乡镇企业、9个非住户类农业生产经营单位，共687个指标进行查点和填报，1997年年底完成。

基本单位普查 1996年，根据国务院决定，全县进行第一次基本单位普查。普查的标准时点为同年12月31日。1997年8月结束。通过普查，摸清全县各类基本单位的变化情况，全面掌握了基本单位的行业分布、经济类型分布、规模结构和区域分布情况，为制订产业政策、调整生产力布局和规划城市建设提供可靠依据，并为有效提高统计数据的准确性和时效性打下坚实基础。2001年，进行第二次全国基本单位普查。普查表分为基层表和综合表。基层表由“法人单位基本情况”“产业活动单位基本情况”2张表组成，综合表由“法人单位及产业活动单位数”“按单位类别分组的法人单位数”“按单位类别分组的产业活动单位数”“法人单位基本情况”“产业活动单位基本情况”5张表组成。表列内容主要包括单位的基本标识、主要属性、基本状态和单位的主要数据等。普查标准时点为2001年12月31日，普查资料的调查年度为2001年。普查工作全面完成，普查数据质量达到预期目标。

经济普查 2004年，按国务院要求开始进行全县第一次经济普查。普查对象是从事第二产业、第三产业活动的全部法人单位、产业活动单位和个体经营户，主要内容包括单位基本属性、从业人员、财务状况、生产经营情况、生产能力、原材料和能源消耗、科技活动情况等。普查的标准时点是2004年12月31日，时期资料为2004年度，按期完成。

第三节 统计服务

1979—1991年，县统计局编印出版《山东省惠民县国民经济统计资料》，每年1期，共13期。1982年，编印《山东省惠民县第三次人口普查汇总资料汇编》，1988年，编印《惠民县第二次工业普查资料汇编》，1989年，向国庆40周年献礼编印《惠民县国民经济发展概况（1949—1988）》，1992年，编印《惠民县第四次人口普查资料》。1992年起，编印出版《惠民统计年鉴》，每年1期，并每年定期发布年度国民经济和社会发展公报。1999年，配合中华人民共和国五十周年活动编印出版《惠民五十年（1949—1998）》，全面反映全县建国五十周年发生的巨大变化和成就。2002年，《惠民统计年鉴》改版，主要内容有综合及人口、农业、工业、交通邮电业、固定资产投资、建筑业、国内贸易、对外经济、财政及税收、劳动工资、文教、卫生、科技、广播、体育、计划生育等指标，及时反映全县社会经济运行情况。将分析研究成果及时向领导提供，回答领导和有关单位的查询。利用统计部门占有资料并且较细的特点，将社会及经济发展中的热点问题仔细分析研究，认真推敲，写出具有量化特点和参考价值的统计分析报告，提出意见、建议和对策，为领导决策提供依据。充分利用统计数据总体上能够反映全县经济、社会运行状态的特点，实行定量检查、监测，对社会经济现象中的危险信号及时发出预警，促进全县经济持续、稳定、协调发展。

第四节　统计执法

教育培训　为进一步提高广大统计人员的业务素质，适应统计改革与发展要求，确保源头数据质量，根据省市提出的“凡从事统计工作人员，必须具有统计员以上专业技术资格或经过系统的统计专业知识培训，并取得合格证书，否则不准上岗”的要求，县统计局采取以会代训、集中办班、参加上级培训等多种形式，至2005年，先后对全县600余名统计人员进行教育培训。

执法检查　根据中共中央办公厅、国务院办公厅和省委、省政府《关于坚决反对和制止在统计上弄虚作假的通知》要求，县统计局与县监察局、司法局、法制局等有关部门密切配合，在全县开展以查处在统计上弄虚作假为重点的统计执法检查。至2005年，先后对乡镇、县直、驻惠民单位等400个单位进行统计执法检查。检查内容涉及工业、农业、商业、劳动工资、固定资产、投资等多项经济指标。对查出的统计违法案件，分别给予经济处罚、通报批评、警告和责令限期改正等处理。

第四章　工商行政管理

第一节　机　构

1979年，县工商行政管理局内设综合办公室。同年3月，所辖21处公社工商行政管理所缩减为11处。1981年，所辖工商所复为21处，每公社各设1处。1983年8月，县个体劳动者协会成立，办公室设在工商局。1984年，工商局内设办公室、市场股、企业股、合同股、经济合同仲裁委员会。1986年7月，增设南关工商所。1987年，局机关增设个体经济管理股和经济监督检查所。1990年10月，成立惠民县消费者协会和惠民县消费者仲裁委员会，与工商局合署办公。12月，惠民县工商局经济合同仲裁委员会更名为惠民县经济合同仲裁委员会。1992年，增设财务股、商标广告股。1993年，县机构改革，物价局撤销，物价管理职能划归工商局，局机关增设物价股。1994年，设物价检查所（副科级）。1996年，增设督查室、法制室。1997年4月，惠民县物价局恢复，工商局内设物价机构撤销。1999年，个体私营劳动者协会、消费者协会分别并入个体私营管理股和市场管理股，合署办公。同年6月，改革现行工商行政管理体制，县工商局由省工商局实行垂直管理。2000年，局机关增设政工股、信息中心、车辆管理股。2002年4月，工商系统实行机构改革，设立企业注册局和公平交易局，均为副科级规格。所辖22个工商所缩减为13个，其中：副科级所8个，正股级所5个。2005年年底，工商局内设机构有：办公室、人事政工科、财务装备科、法制科、市场合同管理科、消费者权益保护科、企业注册局、公平交易局。下设13个工商所合并为10个，其中8个副科级中心所：惠民工商所、淄角工商所、姜楼工商所、李庄工商所、胡集工商所、辛店工商所、石庙工商所、何坊工商所；2个股级所：桑落墅工商所、麻店工商所。

第二节　市场监督

中共十一届三中全会后，实行“改革、开放、搞活”的方针，逐步恢复传统集市，放宽贸易政策，集市贸易日渐活跃起来。1979年，全县集贸市场恢复发展到22处，总成交额2760万元，占全县商品零售总额的34.8%。市场管理工作重点是打击投机倒把，查处欺行霸市等行为。

1984年，市场建设按照“多方集资、共同建设、统一管理、共同受益”的原则，工商局筹资13万元，在惠城大寺后街建成一处面积为3200平方米、可容纳400余个摊位的玻璃钢瓦顶棚市场，并修建大理石牌坊1座。1985年，全县集贸市场发展到30处，成交额达5430万元。市场管理工作采取“三主一辅一重点”（以宣传为主，疏导为主，教育为主，处罚为辅，重点打击哄抬物价、欺行霸市等投机违法活动）的方针，做到“管而不死，活而不乱”。全年共查处各类市场违法、违章案件286起。1985年，投资21.5万元，进行大寺商场二、三期工程建设，总建筑面积5590平方米，容纳摊位670余个。1987年，投资90.5万元，在胡集镇建成一处综合商场，使用面积1105平方米，可容纳摊位280个；在县城东环路北首建成一处木材、木器专业市场，可容纳摊位450个；在李庄镇政府驻地建成“华龙商场”，建筑面积2778平方米，容纳摊位500余个。

1988年起，全县积极开展创建“五好”（管理好、卫生好、秩序好、服务好、宣传好）文明市场活动，进一步加强市场管理的规范化建设。1990年，市场管理开始对煤炭、棉花、石油、农资、经纪人等市场，以及展销会、租赁柜台等经营活动介入监管。1996年，根据国务院关于市场实行办、管分离的精神，全县进行市场办、管分离工作，成立县市场服务中心。同年，全县重点市场开始实行市场巡查制。1998年，加强各集贸市场和惠城各沿街门店的秩序管理，制止乱摆、乱放、乱贴、乱画，取消马路集市，规范市场秩序。1999年，对全县130家粮食加工经营企业进行清理规范，注销5家，变更40家，签订《粮食市场管理责任状》，立案查处粮食违法案件39起。2001年，在市场管理中取缔无照经营农资业户14户，查获假劣复合肥170吨，杂交种1700公斤，查扣粮食246吨。2002年，治理整顿集贸市场72处，抽检成品油134户，立案处理47起。2003年，针对“非典”，开展市场检查30次，查

打假保春耕

处涉及“非典”案件12起。2004年，检查加油站点47家，抽检样品68个，立案处理30起。同年，与境内集贸市场签订市容市貌、卫生管理责任书，开展创建文明市场活动。2005年，全县共有专业市场、集贸市场79处，年成交额3.9亿元，占全县商品零售总额的46.8%。有省级文明市场4处，市级文明市场13处，县级文明市场30处。在市场管理中，加强对农资市场、生产要素市场的监管力度，共查处各类市场违法案件91起，罚没款55万元。

第三节　企业登记管理

1979年，全县工商企业发展较快，工商行政管理机关加强对工商企业登记管理，严格审批手续，对不符合规定的一律不予登记。1980年，全县有国营集体工商企业636家，其中工业企业122家，注册资金5732万元；商业企业514家，注册资金8130万元。1982年，国务院颁布《工商企业登记管理条例》，企业登记管理纳入正式轨道。1983年，全县登记国营集体企业1074家，分支机构956家。对少数资质不全或有违法违规经营活动的企业作出相应处理。

1984年，按照国家有关规定，对企业换发全国统一营业执照。是年年底，全县登记领取执照的国营企业120家，80个分支机构；集体企业465家，947个分支机构。1985年，根据国务院、省政府的指示精神，对全县167家公司、“中心”企业进行清理整顿，取缔不具备公司条件的142家，保留各种公司25家。同时，对党政机关经商办企业进行清理。1992年，全县以支持企业转换经营机制为工作重点，简化登记手续，放宽经营范围和经营方式，大力发展企业集团，强化企业整体功能。1997年，全县登记注册企业达到1423家，注册资金4.96亿元，其中法人企业455家，营业单位968家。是年，新登记开业的企业154家，其中企业集团公司1家。同时，建立完善企业登记档案，开设“一站式”登记注册服务大厅，帮助21家企业改制、改组。1998年，为全县368家企业办理信息服务卡，成立“信息中心”，建立企业数据库，开通“红盾信息网”。2001年，全县注册登记企业1199家，其中法人企业347家，营业单位852家，注册资金60503万元。是年，新设立企业88家，变更登记121家，注销登记106家，年检1181家，年检率达95.9%。2002年，新设立企业71家，注销登记171家。2003年，新设立企业57家，注销登记187家，年检企业1046家，年检率为95%。2004年，新设立企业26家，注销登记24家。2005年，全县注册登记企业854家，注册资金64665万元，其中内资企业总数753户，注册资金5.4亿元。

第四节　个体私营经济管理

1979年，全县登记注册的个体工商户210户，从业人员246人。1980年，国家允许一部分有经营能力的社会闲散人员、历史商贩和手工业户从事个体经营。是年，全县个体户发展到1233户，从业人员1682人，分别比上年增长48.7%和58.4%。1981年，中共十一届六中全会通过的《关于建国以来党的若干历史问题的决议》中指出：国营经济和集体经济是我国基本的经济形式，一定范围的劳动者个体经济是公有制经济的必要补充。是年年底，个体工商户增至1373户，从业人员1890人。1984年，根据国务院发布的《关于农村个体工商业的若干规定》，全县有关个体经营的政策进一步放宽：允许停薪留职人员参与个体经营；简化发放营业执照手续；个体工商业可以搞批发业务；允许个体工商户持证长途贩运，打破城乡分割和地区封锁。1985年，行署转发地区工商局《关于工商企业几项重要管理政策具体执行意见》，对个体工商户经营范围有了新规定和限制，禁止个体户以公司、“中心”命名。1986年，全县重视解决个体工商户的经营场所、原材料、货源等实际问题，在发展中注重调整行业结构，允许一业为主，兼营它业。1988年，全县进一步放宽个体经营政策，规定凡国家和省政府无明文规定不允许个体工商业户生产经营的商品一律放开。是年，全县个体工商户发展到7256户，从业人员14921人，是全县个体经济发展史上的第二个高潮。

1992年，邓小平视察南方谈话发表后，全县个体、私营经济发展进入新阶段。全县制定一系列支持发展个体经济的政策：支持机关、事业单位富余人员从事个体经营；支持跨地区、跨行业、跨所有制的联合经营。是年，全县个体户发展到12158户，经营人员22585人，注册资金1358万元；私营企业38家，从业人员488人，注册资金174万元。1997年，县委、县政府成立个体私营经济工作领导小组，在全县农村重点抓“专业村、专业乡镇、专业园区”的发展。是年，在李庄、胡集、省屯建立3个个体私营经济试验园，并实行封闭式管理。对重点个体、私营业户实施挂牌保护。1998年，全县个体户发展到1.87万户，注册资金达8123万元；私营企业109家，注册资金达3230万元，其中注册资本过百万元的8家，50万元以上的30家。2001年，全县个体工商户降为6343户，从业人员17063人，注册资金3683万元；私营企业发展到208家，从业人员3983人，注册资金10801万元，与上年同期相比，分别增长10%和5%。2002年，鼓励和帮助企业冠市级以上行政区划名称，组建县级私营企业集团。是年，帮助2家私营企业组建集团，帮助10余家企业通过租赁、出售等形式实现改制。支持民营企业兴办农业龙头企业，对于兴办“农”字号企业的，在注册登记等方面给予扶持，先后扶持建成棉花加工、蔬菜加工、蚕种蚕药、菌种等20家民营企业。2005年，对个体工商户和私营企业发展开通“绿色通道”。是年，个体工商户虽有所下降（6026户），但私营企业呈上升趋势。全县私营企业发展到535家，从业人员7750人，注册资金51600万元，分别比1989年增长21倍、24倍和19倍。

1979—2005年惠民县注册登记的个体工商户情况统计表

表4-5

年度	总计					城镇					农村				
	户数(户)	人数(人)	资金(万元)	产值(万元)	营业额(万元)	户数(户)	人数(人)	资金(万元)	产值(万元)	营业额(万元)	户数(户)	人数(人)	资金(万元)	产值(万元)	营业额(万元)
1979	210	246	32	/	/	34	56	14	/	/	176	190	18	/	/
1980	1233	1682	168	/	/	470	650	71	/	/	763	1032	97	/	/
1981	1373	1890	183	/	/	487	742	76	/	/	886	1148	107	/	/
1982	2159	2571	298	/	480	710	910	103	/	120	1449	1661	195	/	360
1983	4417	5071	489	/	750	1240	1870	159	/	240	3177	3201	330	/	510
1984	6510	11199	706	/	900	2105	4191	289	/	275	4405	7008	417	/	625
1985	6326	10608	595	/	843	2010	4325	283	/	233	4316	6283	312	/	610
1986	4718	7234	571	/	710	1796	3513	231	/	205	2922	3721	340	/	505
1987	5601	8076	665	1080	994	1851	3927	264	370	360	3750	4149	401	710	634

续表 4－5

年度	总计					城镇					农村				
	户数（户）	人数（人）	资金（万元）	产值（万元）	营业额（万元）	户数（户）	人数（人）	资金（万元）	产值（万元）	营业额（万元）	户数（户）	人数（人）	资金（万元）	产值（万元）	营业额（万元）
1988	7256	14921	828	1320	1600	2407	5738	326	491	700	4849	9183	502	829	900
1989	7733	14156	980	1500	2400	2510	5811	354	535	1150	5223	8345	626	965	1250
1990	8954	18471	1051	1920	2650	2975	6500	407	780	1300	5979	11971	644	1140	1350
1991	10859	21487	1196	2350	7126	3602	8470	495	1020	2926	7257	13017	701	1330	4200
1992	12167	22585	1358	2610	9208	4159	8518	514	1150	3850	8008	14067	844	1460	5358
1993	12200	24196	1496	2998	15000	4211	9710	653	1371	6400	7989	14486	843	1627	8600
1994	14099	25973	3106	3700	19800	4725	9873	1185	1850	8200	9374	16100	1921	1850	11600
1995	10100	23220	1982	2760	14500	3911	11750	957	1210	5700	6189	11470	1025	1550	8800
1996	15820	32030	4741	4585	16000	5729	14910	1990	2055	6100	10091	17120	2751	2530	9900
1997	15813	32725	4825	4570	17100	5710	15018	2015	2010	6210	10103	17707	2810	2560	10890
1998	18690	39100	8123	6200	20500	5874	15741	4650	2980	7680	12816	23359	3473	3220	12820
1999	15697	33316	6694	8100	16900	5210	12320	4020	3700	7100	10487	20996	2674	4400	9800
2000	7098	17643	3937	4500	4200	3638	11000	2700	3000	2820	3460	6643	1237	1500	1380
2001	6343	17063	3683	6000	5500	3200	9600	2480	4600	4400	3143	7463	1203	1400	1100
2002	6189	16090	3600	5780	5000	2889	8600	1900	3500	3000	3300	7490	1700	2280	2000
2003	5324	15206	3380	5000	4200	2600	8506	1800	3000	2400	2724	6700	1580	2000	1800
2004	5659	15957	3776	6200	5400	2790	9000	2000	3900	3400	2869	6957	1776	2300	2000
2005	6026	16653	4047	7000	6000	2906	8857	2040	4500	3800	3120	7796	2007	2500	2200

第五节　经济合同管理

1981 年，《中华人民共和国经济合同法》颁布，经济合同工作正式纳入管理轨道。是年，共鉴证购销合同 26 份，金额 4.57 万元；鉴证安全网合同 1 份，金额 9516 元。1985 年，在全县建立县、乡、村三级经济合同管理网，有 19 个乡镇成立经济合同管理领导小组，550 个自然村配备经济合同管理员。是年，惠民县经济合同仲裁委员会成立，加强对经济合同纠纷的仲裁，全年受理经济合同纠纷案件 18 起，结案 15 起。

1987 年，县经济合同仲裁委员会在石庙、淄角、胡集 3 乡镇分别设立仲裁厅。同年 6 月，结合全县普法教育，对县委、人大、政府、政协等有关领导、19 个乡镇负责人及下属企业厂长、经理进行《中华人民共和国经济合同法》巡回演讲，听众达 650 余人。是年，鉴证合同 170 份，受理合同纠纷案件 42 起，查处违法经济合同 3 起。1988 年，为企业培训经济合同管理人员 118

人。有17家企业被地区工商局命名为“重合同、守信用”企业，有2家被省工商局命名为“重守企业”。1992年，经济合同管理工作重点放在支持企业发展上，先后帮助100余家企业建立合同管理机构和组织，落实合同管理制度，健全合同档案和台账，在全县推行使用统一合同文本，提高合同的签约率、履约率。1997年，经济合同管理的重点转移到乡镇农村，基层工商所对全县农副产品购销合同依法进行鉴证，共鉴证合同9.8万份，金额5.34亿元，监督合同履约达97%，依法保护了农民利益。同年，企业财产抵押登记工作展开，共办理贷款抵押合同115件，登记金额2.91亿元。

2001年，加强对农资经营购销、建筑企业等合同的监督检查工作，共审查合同2385份，纠正问题合同201份。开展“重合同守信用”企业的认定工作，认定省级“重守单位”3家，市级15家；办理抵押登记合同34份，登记金额12425万元。2003年，全县被省、市工商局命名“重合同、守信用”企业70家（省级5家、市级65家）。2005年，经济合同管理工作从服务企业入手，24家新登记企业制订合同管理制度，建立合同登记台账和合同档案。全年共办理企业动产抵押合同30份，抵押物价值6190万元。有9家企业被省工商局命名为“重合同、守信用”企业。

第六节 商标管理

1979年11月，国家工商局决定恢复全国商标统一注册制度。1981年5月，惠民县酒厂“清河”牌白酒商标被国家工商局正式批准注册，成为全县企业在国家正式注册的第一个商标。1983年3月1日，《中华人民共和国商标法》正式施行。县工商局对县内商标印制和使用情况进行检查，共查出商标侵权和擅自使用、冒充他人注册商标案件23起，依法分别作出处理，罚款3681.84元，没收假冒商标标识1270张，查扣商标侵权白酒23箱。1985年，查处商标违法案件4起，查扣假冒侵权商品110箱；出动宣传车19车次，散发商标宣传材料1200份。1987年，企业设计核转商标11件，查处白酒商标侵权大案1起，罚款1.23万元。1988年，对商标印制、使用单位的领导及相关人员进行《中华人民共和国商标法》培训。是年，为企业申报核转商标15件。2000年，全县已有118件商标被国家商标局核准注册。共查处商标案件9起，销毁违法商标标识2.8万份。2001年，县工商局为6个乡镇申请办理农产品商标注册。其中“联五”牌西瓜、“惠蜜”牌蜜桃、“惠红”牌苹果、“申桥”牌圆葱、“淄翠”牌蔬菜、“陈集”牌香菇6种产品被评为绿色无公害产品。2002年，惠民县安惠绳网集团等11家企业的商标获“滨州市知名商标”。2003年，县鲁洁棉业有限责任公司的“恒星”牌商标获山东省“著名商标”。是年，查处假冒注册商标案件1件、商标侵权案件6件，收缴商标标示2.4万份。2004年，19家企业、个体户申请商标注册34件，为8家企业办理商标变更和续展，为6家企业办理商标使用许可合同备案。农兴种业的“惠乐”牌商标、武圣府酱园的“武圣”牌商标分别获得山东省著名商标和滨州市知名商标称号。2005年，全县有注册商标198件，其中省级著名商标2件，市级知名商标14件。

第七节 广告管理

1982年2月，国务院颁布《广告管理暂行条例》，国家工商局相继发布广告管理实施细则，广告的经营和管理正式走上健康发展的道路。1986年，县工商局依法加强对广告的宣传、监督和管理工作，对张贴、印制广告进行综合整治，在县城主要路段设立固定广告张贴栏6块，宣传橱窗1组。是年，有两家广告经营单位批准开业。1988年，对电视台播出广告施行审查备案管理制度，严防虚假广告进入宣传媒体。是年，查处广告乱张贴行为14起，立案查处虚假广告3起，没收小广告、虚假广告4890份。1992年，为企业设计制作大型广告牌 10 块，设立户外广告栏一处，组建广告经营单位 1 个，清理查处违法户外广告 438 件，查处各种违法广告案件 61 起。1994 年，《中华人民共和国广告法》颁布，举办广告法规知识培训班，参加人员 63 人。1997 年，依法清除违法违规广告户 6 家。2000 年，办理电视台播出广告备案登记 65 起，审查办理印刷品广告登记证 24 个，户外广告登记 30 份。2001 年，查处违法广告案件 3 起，收缴非法印刷品广告 5000 余份；登记备案电视广告 85 个，印刷品广告 23 个，户外广告 24 个，发展广告经营单位 2 家。2003 年，对医疗药品广告进行治理，共检查医疗药品营业单位 51 个，没收虚假误导宣传广告 2000 余份，立案处理 7 起。查出广告违法案件 27 件。2005 年，把农资、保健药品、医疗器材等广告作为重点检查对象，共收缴违法印刷广告品 4000 余张，拆除户外广告牌 31 块，立案查处广告违法案件 16 起，罚款 2.25 万元。是年，全县共有广告公司和经营单位 6 家。

第八节　经济检查

1979 年，县工商局以查办大、要案为主，共查获经济违法案件 586 起，其中投机倒把案件 84 起；粮食案件 119 起；棉花、油料、面票、粮票、煤票、木材等案件 383 起。1981 年 2 月，国务院下发《关于加强市场管理，严厉打击投机倒把和走私活动的指示》。是年，共查处投机倒把和走私案件 374 起。1983 年，查处力度加大，共查处各类违法违章案件 590 起，移交司法机关处理的 5 人，判刑的 3 人。1987 年，在县城举办假冒伪劣商品大型展览，共展出各种假冒伪劣商品 100 余种，价值达 50 万元，参观受教育者达 8 万人次。

1990 年，开展“挖窝端点，净化市场”活动，共查处各类经济违法案件 327 起，罚没金额 63 万元。1993 年，为贯彻实施《中华人民共和国反不正当竞争法》，举办 50 家企业负责人参加的培训班。利用新闻媒体和集市进行宣传，散发宣传材料 2500 余份，受教育者达 30 万人次。同年，对经营化肥、农药、种子等农业生产资料的单位和个人进行检查，共查获假化肥 80 余吨，为群众避免经济损失 2.72 万元。1994 年，加大打击走私贩私和制假售假违法行为的力度，查获走私汽车 4 辆，捣毁制售假窝点 11 处，查获假劣商品总价值达 400 万元。

1998 年，对安全网市场进行治理整顿，共查获劣质密目网 9929 吨，假冒安全网 2258 片，查处有问题的经营业户 38 家。1999—2001 年，从解决群众普遍关心的热点、难点、焦点问题入手，突出办大案、要案。共查处经济违法案件 214 起，其中万元以上的大要案件 47 起，不正当竞争案 12 起，端掉制假窝点 17 处，涉案金额 500 余万元。2002 年，加大对流通领域商品质量监管力度，对肥料、白酒、成品油、面粉进行抽检，共抽检品 73 样，立案处理 18 起。2003 年，县工商局与孙武酒业有限责任公司、安惠绳网有限责任公司等企业联手打假 168 次，共查获假冒白酒 2000 瓶，冒牌安全网 6000 余片。2004 年，查获不合格奶饮料 517 箱，假、劣肥料 411 吨，农药 230 箱，安全网 8500 片，棉种 5500 公斤，劣质钢材 55 吨。涉案价值 236 万元。2005 年，推进商品质量监管关口前移，加强流通领域商品质量监管，全年立案查处各类经济违法违章案件 108 起，涉及产品质量案件 32 起，罚没款 47.1 万元，端掉制售假劣商品窝点 8 个，查获假冒伪劣商品总价值达 400 余万元。

商品抽检

第九节　消费者权益保护

1989年10月，惠民县消费者协会成立。是年，受理消费者投诉案件8起，为群众挽回经济损失1.11万元。1990年起，结合“3·15”国际消费者权益日，每年都组织宣传车辆，举办假冒伪劣商品展览，发放宣传材料，开展大规模宣传咨询活动。是年，共受理消费者投诉83起，解答咨询50余人次，为群众挽回经济损失29.8万元。1991年，成立消费者协会乡镇分会22个，并在县城5大商店设立消费监督站，有4家经营单位被消费者评为“消费者满意商店”。1993年10月30日，《中华人民共和国消费者权益保护法》颁布，全县消协组织通过多种方式开展宣传，增强消费者以法护权的自觉性。是年，在全县建立183个消费者指导、监督站。1996年，全县开展无假冒伪劣商品商店检查评比活动，共评出“无假冒伪劣商品”“消费者满意单位”61家，受理投诉336起，为消费者挽回经济损失6万元。2001年，在全县推行消协“会员制”，全年共发展消协团体会员595家，个人会员7200个。发展消协会员优惠医疗单位1家，优惠购物单位7处，受理消费者投诉630件，处结率100%，为消费者追回和避免经济损失达7.09万元。2003年，中国消协和省工商局联合组织的“3·15”大型宣传活动在惠民县隆重举行，大众日报社等10余家新闻媒体和青岛海尔集团等30余家企业参加。2005年，开展“12315”进农村活动，在全县农村设立消费者投诉联络站719个，覆盖率占全县村庄的60%。是年，受理消费者投诉179件，处结率达100%，为消费者挽回经济损失8.2万元。

第五章　物价管理

第一节　机　构

1979年10月，县计划委员会设立物价科。1983年1月，撤销计划委员会物价科，建立惠民县物价管理局，为正科级行政单位，列政府序列。1984年，设立惠民县物价监督检查所，隶属物价局管理。1989年9月，惠民县物价管理局更名为惠民县物价局。1993年10月，县机构改革，物价局成建制转为县蔬菜总公司，行政职能和物价监督检查职能一同归并县工商局。1994年3月，县工商局设物价股，6月，建立物价检查所。1997年3月，重新组建县物价局。1998年3月，物价局内设办公室、价格管理股、物价检查所。1999年10月，设立惠民县收费管理办公室，副科级规格，由物价局代管。2001年5月1日，“12358”全国统一价格举报热线开通。7月，惠民县价格认证中心成立，隶属县物价局管理，为正股级全额事业单位。2002年8月，县机构改革，物价局归口发展计划局管理。2004年4月，县物价检查所恢复为副科级事业单位。2005年，县物价局内设办公室、收费管理股、价格管理股、价格认证中心和物价检查所。

第二节　价格管理

农副产品价格管理　1979年，提高农副产品收购价格和8类副食品及复制品的销售价格，同时给职工每月5元的副食品价格补贴。全县有11种（类）主要农副产品提高收购价格，平均提价幅度20%以上。国家掌握的小麦、玉米、谷子、高粱、大豆等收购价格平均提高1.92%。棉花收购实行超购加价政策，对合同外超购部分加价30%，同时相应提高猪、牛、羊、肉禽、蛋、蔬菜、水产品和牛奶等购销价格，降低部分农业生产资料销售价格。1980年，提高皮棉收购价格和粮食酒销售价格。1981年，对完成国家统购、派购和计划收购任务后，允许上市的一、二类和部分重要三类农副产品实行议购议销。同年8月6日，国务院颁发《物价管理条例》，规定一、二类农副产品必须执行国家规定的购销价格，实行集市贸易价格的三类农副产品价格在国家政策、法律允许的范围内由买卖双方议定，物价管理开始走上法制化轨道。1985年，取消粮食统购，改为合同定购，放开牛、羊、肉、海水鱼、鲜蛋等鲜活产品价格。1988年，放开并理顺肉、蛋、菜、糖4种主要副食品零售价格，提高棉花等部分农副产品收购价格。1989年，针对上年价格水平上涨过多的情况，进一步加强价格管理，适当提高部分粮油收购价格，下浮13种名烟名酒价格。1991年7月1日，全面放开粮油销售价格，由企业根据合理差率确定销售价格范围。11月，粮油价格大幅度上涨，县委、县政府采取措施加强对粮油价格的管理，恢复国家定价。1994年，较大幅度提高国家定购的粮食和棉花购销价格。1995—1996年，对20余种居民基本生活必需品和服务价格实行监审制度，遏制随意涨价。对城镇居民口粮执行国家限价政策，粮食实行差率控制。加强对粮油及主要副食品的价格调控力度，调整粮食销售价格。粮价调整后对低收入居民实行定向补贴。1997年，对粮食实行保护价。1998年，按照国家和省市统一部署，进一步深化粮食价格体制改革，适当降低小麦、玉米定购价、保护价和棉花收购价，加强按保护价敞开收购和顺价销售政策的检查落实。1999年，调整小麦、玉米、蚕茧收购价格，并适当拉开品种、等级差价。放开棉花收购价格，促进农产品种植结构的优化和产品质量的提高。2000—2005年，为促进农业结构调整，先后调整小麦、玉米定购保护价格及蚕茧的收购价格，并适当拉开品质差价。实行棉花价格由政府指导下的市场形成价格机制。

惠民县部分年度主要农副产品集贸市场价格成交表

表4－6　　单位：元/公斤

品种＼价格＼年度	1985	1990	1995	2000	2002	2005
小　麦	0.50	0.80	1.78	1.00	1.08	1.40
玉　米	0.34	0.58	1.50	0.90	1.04	1.20
黄　豆	0.74	1.40	2.70	2.20	3.00	3.00
花生油	/	5.80	10.40	9.00	8.00	11.00
卫生油	/	5.20	9.20	6.00	5.60	5.60
棉　花	3.60	9.00	24.00	11.40	13.50	13.60
生猪收购	1.80	3.60	7.60	5.60	5.60	7.60
猪　肉	3.00	6.00	12.00	11.00	11.00	16.00
仔　猪	1.50	4.40	6.80	6.20	6.20	8.00

续表 4-6

价格 年度 品种	1985	1990	1995	2000	2002	2005
牛 肉	4.00	6.00	14.00	12.00	13.00	14.00
羊 肉	4.80	6.00	18.00	14.00	20.00	17.00
鸡 蛋	2.60	4.60	6.40	4.40	4.60	5.60
鲤 鱼	7.20	8.60	8.00	8.00	5.60	8.00
鲫 鱼	3.50	4.00	9.70	8.00	5.60	10.00
西红柿	2.80	3.60	2.00	2.00	2.00	1.60
黄 瓜	2.80	3.60	4.00	3.60	4.40	2.50
芹 菜	0.60	0.80	1.12	1.00	1.20	1.00
韭 菜	2.60	3.60	3.00	3.00	3.00	2.20
土 豆	0.40	0.66	1.60	1.20	1.20	1.60
大白菜	0.11	0.14	0.33	0.50	1.00	1.00
大萝卜	0.14	0.30	0.50	1.00	1.00	0.50
大 葱	0.50	0.50	1.20	1.00	1.00	1.20
茄 子	/	/	3.00	3.60	5.00	2.40
菜 椒	2.40	3.60	8.00	3.60	4.60	2.80
小油菜	/	/	1.40	2.00	2.00	0.60

工业品价格管理 1979年，在提高猪、牛羊、肉、禽、蛋、蔬菜、水产品和牛奶等购销价格的同时，相应降低部分农业生产资料和工业产品销售价格。1980年，提高手扶拖拉机、小型柴油机销售价格。同年9月，省物价局将工业品出厂价格中的49种、市场销售价格中的963种下放给地市管理，扩大本地物价管理的权限范围。1981年，降低涤棉布销售价格，提高烟酒销售价格。对省管理的7类219种工业品实行工商企业协商定价。1982年，降低国产手表、黑白电视机、半导体收音机等商品价格，降价幅度为10%~15%。1983年，第二批工业小商品10类586种价格全部放开。1984年，根据国务院有关规定，在13个方面放宽物价政策，扩大超产加价幅度，对机械、纺织、搪瓷等产品实行浮动价格和按质论价。生产资料价格突破长期实行计划价格的模式，初步形成计划价格与市场调节价格并存的“双轨制”模式。

1985年，重点进行以放开为主的价格改革，采取“放调结合、稳步前进”的方针，放开国产手表、电风扇、缝纫机、收音机、自行车5种商品价格。1988年，提高工业用原材料、燃料、动力价格。对省内生产的与群众关系密切的商品实行计划管理，对已放开价格的电冰箱、洗衣机、电视机、自行车实行调价申报制度。1989年，对彩色电视机实行专营并征收特别消费税和国产化基金，对农业生产资料实行专营，提高原盐出厂价和食盐零售价，整顿棉纺织品价格及铁锅、铝锅、保温瓶、毛线4种日用工业品价格。

1991年，提高石油、煤炭、钢铁等系列制品价格，调整水泥、民用液化气价格，放开食糖、卷烟、搪瓷制品、油漆等120余种商品价格和理发、浴池、照相、洗染4个行业的价格和收费标准。粮食白酒、绸缎等商品，由国家定价改为国家指导价。取消电冰箱、洗衣机、水产品等商品的提价申报制度和差率控制。1993年，先后放开煤炭、冶金、机电等1023种商品价格，将棉纺织品、啤酒、水泥等10余种商品由国家定价改为国家指导价。

1997年，根据地区物价局制定的《关于物价工作服务经济结构调整的若干意见》精神，先后调整邮电资费、电力、药品、自来水、化肥等价格。1999年，适当调整邮政、电信资费标准，继续整顿电价秩序疏导电价矛盾，降低高耗电企业电费负担。配合农村电力体制改革和农村电网改造，降低农村电价水平，减轻社会用电负担。2000—2005年，为促进工业结构调整，物价部门加强农网改造的参与力度，降低农村电价和供电贴费标准，对部分生产用电实行优惠电价政策。调整成品油价格、药品价格以及电器设备检修调试价格，适时提高自来水及农业用水价格。

第三节　收费管理

1979年，全县收费管理是非商品收费管理，收费主要集中在服务业、修理业和加工业。在计划经济体制下，国家机关管理行政事务不收费，经费来源靠财政拨款，不发生行政事业性收费。1980年，全县收费管理的重点主要集中在服装加工、照相、旅馆、理发、洗澡收费和手表、自行车修理、黑白铁皮加工收费以及小农具修理收费。

1983年，对县级制定标准的小修理收费实行市场调节，让其自我发展，对重要的非商品收费根据经营成本进行适时适度调整。1987年，开始放开一般性经营收费，加强行政事业性收费管理，在全县开始试行“收费许可证”管理和年度审验制度，初步确立收费管理的基本框架。1991年，对全县300余个收费单位的收费情况依法进行年度审验，验审收费总额1700万元，废除不合法收费项目96项。1992年，加强收费单位收费人员培训，举办了首批收费员培训班。是年，验审收费单位240个，收费项目251项，收费标准251个，验审收费总额2600万元。1997年，对全县200余个收费单位，620项收费项目依据上级有关规定逐项清理，共清理出不合法收费5项，验审收费总额3576万元。同年，开展“百户联系点”活动，试行《企业缴费监督簿》制度，向首批选定为常年联系点的100家（户）企业和个体业户发放《企业缴费监督簿》。

1999年，收费单位审验率达100%，验审收费总额3500万元。换发“收费许可证”288个，办理新证47个，核发“收费员证”220个。同年，在全县范围内试行“一书两卡”（进企业收费批准通知书、企业交费登记卡和个体户、门店交费明白卡）制度，将涉企收费管住、管严，进一步净化企业发展的外部环境。2000年，验审收费总额5000余万元，在公路、公安、交通、县医院等窗口单位推行收费公示制度。对全县15家重点企业实行“一书两卡”和收费时限制度，有效制止了“三乱”（乱收费、乱罚款、乱摊派）现象的发生。

2001年，在县城实行“缴费明白卡”制度，向企业和个体工商户制作发放“缴费明白卡”1200张，取消收费项目1项，停止收费项目3项，降低收费标准9项，共减负29.52万元。是年，全县验审收费总额6000万元，取消收费项目12项，变更收费标准47项，减轻企业和群众负担138万元。收费管理实行限时限次收费制度，并出台《关于对三改企业和下岗职工收费实施减免政策的规定》等有关文件。2002年，对全县296个收费单位的364项收费、1740个收费标准进行清理登记，取消29个收费单位的127项收费项目。2003年，严格规范执收单位收费行为，对全县各收费单位收费申请进行审批，共发放《收费批准通知书》9份，更换新版“收费许可证”510个，“收费员证”237个。首次召开供热价格听证会，按法律程序确定孙子兵法城和县博物馆门票价格。2005年，对全县执收单位的收费项目和收费标准进行清理和年审，更换新的“收费许可证”285个，“收费员证”307个，取消不合法收费项目154项，审验收费总额1.14亿元。

第四节 监督检查

价格监督检查 1984年，成立县物价检查所，开展对关系国计民生的重要工农业生产资料价格、垄断性行业价格（收费）、与人民生活密切相关的必需品价格或收费进行检查。1998年，根据国家计委《关于价格举报工作的规定》，物价检查所增设价格举报中心，具体负责价格违法投诉举报案件的受理与查处工作。同年，开展涉企不合法收费清退专项活动，成立清退不合法收费办公室，对19家重点企业的税费负担情况进行调查摸底，共查出不合法收费5.7万元，退还企业5.5万元，实行罚款7000元。1999年，对农户电表以下的改造费用进行调查测算，为核定农村电网改造费用负担奠定了基础。2001年，根据国家计委通知精神，开展创建基层规范化物价检查所活动，先后配齐微机、传真机、复印机、照相机、摄像机、检查办案车等现代化办案、办公设备。同年5月，全县开通12358价格投诉举报电话，使价格监督检查工作迈出新的一步。是年，共查处各类价格违法案件23起，违法金额260万元。2002年，开展第七届“执行价格、计量政策法规最佳单位”评选活动，评选出1个省级、5个市级最佳单位。2003年4月，成立防“非典”相关商品价格监督检查小组，对与“非典”相关商品价格进行监督检查，共检查单位260个，查处案件87起，查处违法金额1.8万元。2004年，以检查涉农收费为重点，共查处价格违法案件3起，违法金额10余万元。至2005年年底，全县共查处价格违法案件1024起，查出违法金额2478.5万元，依法实施经济制裁，退还用户583.06万元。

明码标价 1985年，明码标价主要在商业、供销、烟草、医药等行业，由各业务主管部门管理为主。1986年起，物价部门加强对明码标价的管理，全县统一使用红、蓝、绿三色标价签，分别表示国家定价、国家指导价和市场定价。是年，国营和集体企业的标价率达80%，个体工商户标价率达65%。1994年3月1日，国家计委下发《关于商品和服务实行明码标价的规定》，同时取消三色标价签，全县开始使用统一的绿色标价签。1998年5月1日，《中华人民共和国价格法》颁布实施，全县标价开始使用两色标价签，正常商品使用绿色价签，削价处理商品使用黄色价签。至2005年年底，全县商品类标价率达到95%，服务类标价率达到92%。

收费公示 2002年，对涉及农民的收费，按照上级规定的公示范围和标准，在县直有关部门、各乡镇站、所和行政村的显著位置进行公示，共制作公示栏牌1447块，发放公示手册1282份。在《惠民报》专门刊发物价专刊。2004—2005年，加大价格和收费公示力度，按照“完善规范，缺啥补啥”的原则，对公示牌做到底子清、情况明，项目、标准变更准确及时，杜绝不规范收费项目或收费标准通过公示“合法化”，真正起到公示的效果。全县共设立公示栏、牌1573块，其中涉农收费1447块、行政事业性收费126块，电子屏幕5个，发放公示手册1500册。

第五节 价格认证与价格信息

价格认证 1993年，县物价局开始办理涉案物品价格认证工作。2001年，根据国家计委“关于落实市、县级价格签证机构的人员编制和名称”的批示精神，经县政府批准成立惠民县价格认证中心，为股级事业单位。价格认证中心为公检法等司法机关审理案件提供客观公正的价格依据，维护涉案双方的合法权益。对县、乡政府委托的重点工程地面附着补偿，招商引资项目价格认定，拆迁房屋、火灾事故损失，突发事件中物品损失等都及时、准确出具价格鉴定结论。至2005年，共办理价格鉴证案件3039起，鉴证金额为1.23亿元。

价格信息 定期编报“主要蔬菜价格监测表”“粮食市场价格监测表”“面粉市场价格监测表”等报表工作，每月定时开展农产品成本调查，定时发布价格信息，为政府制定价格政策、调整产业结构和指导生产提供可靠依据。2001年起，开始编印《惠民物价》。2003年，在《山东价格信息》第22期出版惠民专刊。至2005年，共编印《惠民物价》104期，面向全国刊发产（商）品信息1000余条。

第六章　审计监督

第一节　机　构

1983年11月21日，惠民县审计局成立。1984年，审计局内设工基交审计组、商粮贸审计组、行政事业金融保险审计组、政秘工作室。1989年6月，成立惠民县审计师事务所。1993年10月，县机构改革，审计局内设综合科、企业审计科、行政事业审计科、审计师事务所。1997年，审计局内设办公室、企业财务审计科、行政财务审计科、审计师事务所。1999年12月，审计师事务所与审计局脱钩，成为自收自支、独立核算的社会审计组织。2000年，审计局增设经济责任办公室。2001年6月，经济责任审计办公室升格为正科级单位，隶属于审计局。2005年，审计局内设办公室、行政事业财务审计科、企业财务审计科、经济责任审计办公室。

第二节　国家审计

财政审计 1990年5月，对胡集、姜楼、联五等乡镇财政进行财务收支审计，共查出各类违纪金额100余万元。1992年起，对乡镇政府财政决算的真实性、合法性及资金使用效益性进行审计。重点审计有无截留预算收入、虚外支出、越权减免税收及有无擅自增加收费项目、增加农民负担问题。是年，对惠民镇、李庄镇财政进行审计，共查出预算内、外资金939.8万元，各种偷漏税款18.4万元，转移资金9.6万元，决算不实59万元，并作出相应处理。1993年，对大年陈、石庙、桑落墅三乡镇预算内、外和自筹资金收支情况进行审计，共审计金额1301万元，查出虚列支出13.2万元，挪用统筹资金285万元，滞留农保、救灾、养老专项资金27.6万元。1994年，审计清河镇、姜楼、何坊、麻店、香翟5乡镇财政预算内外和自筹资金情况，审计金额2942万元，查出违纪金额498万元，上缴财政40余万元。1995年，审计7个乡镇财政预决算执行情况，查出违纪金额937万元，追回挪用资金750万元，上缴财政15万元。1996年，对13个县直单位和4个乡镇财政收支情况进行审计，查出违纪金额818万元，上缴财政9万元，追回挪用款17万元。1997年3月，对1996年度县财政预算情况和9个预算执行单位进行审计，针对预算执行管理现状向县政府提出改进和加强管理的5项建议。1998年，审计12个单位，查出违规金额799万元，指明纠正724万元，上缴财政65万元。2000年，审计县乡财政预决算单位12个，查出虚列、挪用等违规金额1214万元，指明纠正938万元，决定处罚276万元，上缴财政10.5万元，提出建议4条。2001年起，按照规范财政预算制度，推进税制改革，逐步建立社会主义市场经济需要的公共财政柜架的总体要求，深化对财政预算执行情况的审计，至2005年，共审计县、乡财政单位23个，查出违纪违规金额462万元，上缴财政260万元，提出建议30条，纠正金额3537万元，促进增收节支500余万元。

审计现场

金融审计　1990年起，金融审计步入正规，根据上级审计机关授权，审计局每年都对两个以上金融部门进行审计。是年，对县工商银行、农业银行及所属部分基层营业所进行财务收支审计，共查出各类违纪违规金额100余万元。1993年，对县保险公司进行财务收支审计，查出该公司私设“小金库”问题。1995—1997年，共审计金融单位7个，查出损益不实、偷漏税金、利率偏高等违纪违规金额207万元，上缴财政19万元，罚款3万元，提出合理化建议10余条。1998年，审计金融单位13个，查出违规金额88万元，上缴财政40万元，罚款71万元。2001年11月，对农村信用联合社和李庄、桑落墅、石庙等信用社2000年度及2001年1—9月贷款投向和风险状况进行审计调查，查出不良贷款2893万元，其中逾期1313万元，呆滞1580万元，占总贷款的55.43%。查出虚列投资2500万元，异地贷款200万元。2002年，配合市审计局对县农业发展银行2001年度资产负债损益情况进行审计，查出违纪违规金额2744万元，移交司法机关1件。2005年，会同县财政部门，对农信社进行专项审计，审计总金额5.8亿元。查出贷款分类不正确、贷新换旧、更换借据4.97亿元，贷款投向不合理4330万元，异地贷款500万元，虚增资产1670万元。

企业审计　1984年9月，对南北王油棉厂进行经济效益试审计。查出各种违纪金额达98.1万元，其中截留隐瞒利润61.2万元，乱挤乱摊成本费用32.9万元，乱发奖金实物补贴4万元。上缴财政24.6万元。1985年，完成公路养路费、粮食行业企业、燃料公司、第二油棉厂等30个核算单位的财务收支审计，共查出各种有问题资金584.87万元，上缴财政37.7万元。其中，淄角粮所某营业员涉嫌贪污，移交司法机关处理。1986年，查出物资综合公司隐瞒利润23.4万元，擅自冲销应收未收账款15.23万元；查出县酱菜厂漏交税款9.28万元，隐瞒销售收入2.64万元。1987年，查出县五家油棉企业违纪违规金额365万元。1989年，对物资经营公司、毛巾厂和造纸厂3家企业进行经济效益审计，查出物资公司一次购进29.7万元伪劣商品，毛巾厂资产亏空60.8万元，造纸厂资产亏空217.2万元。县委、县政府根据审计结论，对以上3家企业分别作出撤销、兼并和解除承包合同的处理。1990年，对全县第一轮承包到期的61家企业实施审计，共查出各类违纪金额468万元。1991年，对外贸企业进行重点审计，查出外贸公司3年累计亏损295.8万元，有12名职工涉嫌贪污，将其中5人移交司法机关处理。1992年，企业审计在传统的财务收支审计的基础上向内控制度和经济效益方面进行延伸审计。通过对县印刷厂、酒厂和第四油棉厂的延伸审计，查出减利因素20余项，减利金额330万元，帮助企业完善内控系统16个，控制点46个，提出增效建议15条。同年，加强对基建工程决算审计，审计孙子书院工程、商业街仿古建筑工程等14家，审计金额1259万元，审减决算金额245.3万元，占工程造价的20%。1994年，坚持“一审二帮三促进”原则，对县11个不同类型企业进行资产损益和经济效益审计，共审计总金额3.64亿元，查出违纪违规金额416万元，损失浪费143万元，上缴财政90.5万元。向企业提合理建议16条，促进增收节支250万元。

1997年，围绕“企业改革”促进企业改制开展审计工作，共审计工交内贸等企业24个，查出负债不实金额1296万元，损益不实金额8188万元，违纪金额44万元，上缴财政9万元，罚款3万元。提改进建议21条，促进增收节支60万元。2000年，对县棉花经营行业进行资产、负债、损益审计。查出违纪违规金额1.3亿元。2003年、2004年，先后审计供销、粮食等企业43家，查出各类违纪违规金额1377万元，上缴财政59万元，决定处罚370万元，促进增收780万元，建议行政处分1人。2005年，审计商粮贸等企业单位5个，查出不规范金额6791万元。

行政事业审计　1986年起，对行政事业单位管理使用的各项专用资金（包括财政拨入的和财政物价等部门批准的行政事业性收费、罚没收入以及基金、捐赠款物等）进行审计。是年，对县广电局、公安局、商业局、教育局、乡镇企业局5个单位财务收支实施报送审计制。共审计预算内资金98万元，预算外资金26.3万元，查出各类有问题金额68万元。1988年，定期审计行政事业单位26个，审计总金额443万元，查出各类违纪金额33万元。1989年，定期和抽查审计行政事业单位17个，查出不合理占用林业事业费、城市维护建设资金、种子发展基金、职工待业保险和养老退休金共1.6万元。1990年，完成2个行政、7个事业单位的定期审计，查出违纪金额35万元，27万元上缴财政。1999年，共审计行政、事业单位8个，查出挤占、截留、“小金库”等违纪金额57万元，上缴财政8.5万元，促进增收节支45万元。2000年，重点审计行政事业单位中的“三乱”（乱收费、乱集资、乱摊派）问题，共审计单位7个，查出违规金额46万元，处罚5万元，指明纠正211万元，上缴财政7万元，促进增收节支8万元。

2001年，重点审计县气象局、土管局、技术监督局、劳动和社会保障局财务“收支两条线”情况和有无挤占挪用等问题，共审计项目55个，查出违纪金额668万元，处罚174万元，指明纠正494万元，上缴财政26万元，促进增收节支200万元。2002年，对该年度行政事业性收费、政府性基金进行审计。先后对县体委、法院、农业局、建委、房管局等41个单位“收支两条线”政策执行情况进行审计调查。审计专项资金1993万元，查出违规金额356万元，罚款2万元，应纠正金额461万元。2005年年底，共完成行政事业单位审计37个。查出不按“收支两条线”、挤占挪用、截留、隐瞒等违规金额510万元，上缴财政49万元，管理不规范自行纠正2400万元。

专项资金审计　1987年，对县直部门汽车修理费进行专项审计，查出贪污、受贿等经济问题16起，金额3753元，追回1200元。1989年，对地方煤炭开发基金、教育经费、教育费附加、夏粮油收购资金、棉花收购专项贷款、企业招待费进行专项审计调查。调查单位29个，写出专题报告5篇。1990年，对农林水、农机系统农业资金管理与使用情况、粮棉高产开发专项资金和黄淮海平原农业开发建设资金进行专项审计调查。共审计单位12个，查出各类违规金额50余万元。同年，完成地方电力建设基金征收、企业职工集资、世行贷款、申桥教育经费使用4个调查项目，审计单位23个，写出专题报告9篇。1992年，进行贷款专项审计，查出某部门挪用收棉贷款

389.6万元。1994年，审计世行贷款黄淮海综合开发和世行贷款国家造林两个项目，涉及贷款金额3.4亿元。1995—1999年，共完成专项审计项目单位16个，查出挤占挪用、偷漏税29万元，上缴财政21万元，提交建议、报告16份。2001年，对水利资金、交通附加费、救灾等专项资金管理使用情况进行审计，审计专款3000万元，查出有问题资金95万元，罚款5.3万元。2002年，对全县1300余个行政村的农村电网建设改造资金进行专项审计。2005年，按照《惠民县政府建设项目审计办法》，对县城区3条干道维修、孟家水库维修等进行全程审计，共完成固定资产投资专项审计单位17个，项目总投资4573万元，完成投资4356万元，核减工程款1074万元。

经济责任审计　1986年3月15日，县政府批转审计局《关于对县直企业主要负责人调离晋级提职和奖励实行审计公证制度的报告》。同年，实施对县酱菜厂的经济责任审计。1988年，配合企业承包对县大中型国营企业进行厂长（经理）离任责任审计。1990年，对22家企业实施承包经营责任审计，查出资产不实的3家，盈亏不实的10家。1996年1月，县委组织部、审计局制定《领导干部离任审计实施办法》，规定审计范围、标准、办法等。1997年，对县酒厂、外贸公司、物资局进行厂长（经理）离任经济责任审计。1999年7月，对县人民检察院原检察长张新华进行离任审计。2000年8月29日，惠民县经济责任审计工作联席会议及办公室成立，办公室设在审计局，经济责任审计初步实现规范化。2001—2004年，结合县内乡镇规模调整，对全县42名乡镇党委书记、乡镇长和19名部门主要负责人进行任期内经济责任审计，查出小金库67.61万元，漏缴税金14.17万元，“账外账”149万元，挤占挪用专款93.95万元，截留预算收入58.26万元，损失浪费119.88万元，移交公安机关立案侦察1人。2005年4月，县委办公室转发县经济责任审计工作领导小组《关于做好党政机关事业单位领导干部及国有企业领导人员任期经济责任审计工作的实施意见》。是年，对县第一中学、老干部局、机关党委等5个单位负责人任期经济责任实施离任审计。

1985—2005年惠民县国家审计情况表

表4－7　　　　　　　　　　　　　　　　　　　　单位：万元

年度	审计单位（个）	查出违纪违规金额	应缴财政金额	实缴财政金额	审计建议	促进增收节支金额	受处分人数	
							受纪处分	移交司法机关
1985	30	584.87	135.38	37.70	/	/	/	1
1986	16	154.43	39.71	64.40	/	/	/	/
1987	17	423.70	182.00	4.90	38	/	/	/
1988	33	33.00	/	15.00	/	/	/	/
1989	52	431.50	118.00	44.70	62	/	/	/
1990	71	885.00	104.00	42.00	67	1.00	/	/
1991	54	925.00	149.00	102.00	108	3.00	/	5

续表 4－7

年度	审计单位（个）	查出违纪违规金额	应缴财政金额	实缴财政金额	审计建议	促进增收节支金额	受处分人数	
							受纪处分	移交司法机关
1992	45	5687.00	43.00	20.00	54	162.00	/	/
1993	70	1040.00	168.00	25.00	69	361.00	/	/
1994	41	1231.00	144.00	111.00	18	125.00	/	/
1995	40	1132.00	60.00	40.00	31	122.00	/	/
1996	53	1707.00	120.00	65.00	37	56.00	/	/
1997	53	850.00	290.00	196.00	45	60.00	/	/
1998	45	940.00	162.00	110.00	25	/	/	/
1999	61	1948.00	114.90	35.40	62	/	1	/
2000	31	11619.00	184.50	23.50	14	376.00	/	/
2001	65	1580.00	132.00	120.00	16	500.00	/	1
2002	68	3100.00	102.00	96.00	153	/	/	1
2003	33	582.00	150.00	143.00	21	/	/	/
2004	22	104.00	101.00	101.00	27	/	/	/
2005	32	261.00	201.00	201.00	30	/	/	/

第三节　内部审计

1984 年 8 月，根据上级有关指示精神和本县实际，确定县农业局、林业局、水利局、卫生局等 19 个县直单位设内审专职审计员。1986 年 4 月，举办由单位负责人和内审人员参加的内审工作研讨会暨培训班。同年，县农行、第二油棉厂设立内审股，配内审人员 11 名。农行在贷款管理审计中，查贷款 1980 笔，金额 19.62 万元；呆滞贷款 6 笔，金额 7.05 万元。1990 年，内审完成承包经营审计项目 14 个，纠正违纪金额 55 万元，查出浪费金额 11 万元，促进增收节支 8 万元，提出建议 12 条。1994 年，全县有 8 个乡镇建立审计机构，负责本乡镇事业单位和自然村的财务管理监督，并制定了乡（镇）、村财务管理规定办法。是年底，全县建立内审机构 21 个，内审人员 63 名；共审计单位 21 个，查出损失浪费 87 万元，纠正违纪金额 131 万元，促进增收节支 115 万元。2001 年，全县已建内审机构 26 个，审计单位 35 个，提合理化建议 37 条，纠正违规金额 53 万元，促进增收节支 115 万元。至 2005 年，全县共建内审机构 36 个，从业人员 99 人，有 85 人取得岗位资格证书。共审计单位 252 个，查出损失浪费 104 万元，纠正违规金额 334 万元，被单位采用建议 58 条，促进增收节支 231 万元。

1986—2005 年惠民县部分年度内部审计情况表

表 4－8

年度	内审机构		内审人员		审计单位（个）					查出损失浪费（万元）	促进增收节支（万元）	提出建议被采用（条）	纠正违纪金额（万元）	向司法机关移送（件）	建议给予行政处分（人）	移送司法机关处理（人）	财务决算审签（个）
	合计	其中专职机构	合计	其中专职人员	合计	财务收支审计	经济效益审计	基建审计	其他								
1986	5	5	11	/	2	/	/	/	/	/	/	/	0.26	/	/	/	/
1989	28	9	32	15	30	16	7	2	5	5.2	21.5	68	20.2	/	/	/	/
1990	5	5	7	7	14	/	/	/	14	11	8	12	55	/	/	/	/
1991	10	9	21	21	17	/	/	/	/	13	4	/	67	/	/	/	/
1992	21	15	60	22	/	/	/	/	/	/	/	/	/	/	/	/	/
1993	19	18	61	36	/	/	/	/	/	/	/	/	/	/	/	/	/
1994	21	18	63	36	21	9	9	/	3	87	115	/	131	/	/	/	/
1995	21	18	63	36	3	3	/	/	/	/	5	4	2	/	/	/	/
1996	21	18	63	/	20	18	2	/	/	/	37	6	21	/	/	/	/
1997	22	18	64	36	2	/	/	/	/	/	5	7	/	/	/	/	/
1998	25	18	67	36	/	/	/	/	/	/	/	/	/	/	/	/	/
1999	25	18	67	36	/	/	/	/	/	/	/	/	/	/	/	/	/
2001	26	35	42	19	10	10	/	/	/	15	115	37	53	/	/	1	/
2002	26	10	42	19	5	5	/	/	/	5	20	6	22	/	/	/	/
2003	28	28	52	/	40	20	5	/	/	300	260	10	300	/	/	/	/
2004	36	/	60	15	185	92	49	/	/	31	156	39	139	/	/	/	/
2005	36	/	99	/	252	147	27	/	/	104	231	58	334	/	/	/	/

第四节　社会审计及审计师事务

1989 年，惠民县审计师事务所成立。同年，受县工商局委托，承担对企业注册资金验证业务，完成委托事项 97 项，其中验资年检 96 项，查证金额 5902.4 万元。1990 年，为经考试合格的 60 名乡镇审计人员颁发审计证书，并指导开展农村审计业务。1992 年，接受建设单位委托，审计基建工程 3 项，审计金额 131.9 万元，核减工程决算款 23.1 万元。1993 年，审计基本建设项目 30 个，总金额 1025 万元，核减工程款 124 万元，审减率为 12%，1994 年，进行干部离任审计、群众财务纠纷审计等。是年，共受委托审计 170 项，总金额 1.09 亿元。至 1997 年，社会审计共完成各类审计项目 1204 项，查证总金额 21.2 亿元；为企业挽回经济损失 540 万元，审计建议促进企业增加效益 1108 万元；审减工程造价、节约资金 3200 万元。1999 年 12 月，撤销“惠民县审计师事务所”，成立“惠民县天职有限责任会计师事务所”，该事务所与审计局完全脱钩，为自主经营、自负盈亏、自负法律责任的独立法人，归属社会中介服务组织。至 2005 年，天职会计师事务所有从业人员 18 名，共完成委托事项 1276 项，其中，验资年检 458 项，基建审计 150 项，核减基建预决算款 5468.08 万元。

1989—2005 年惠民县社会审计情况表

表 4－9　　　　单位：万元

年度	现有机构	从业人员	完成委托事项								核减基建预决算	为委托单位挽回损失	核减虚假注册资金	促进提高经济效益	查证总金额	违纪金额	提供建议增收节支
			合计	财务收支审计	承包离任审计	企业审计查证	经济案件鉴定	验资年检	基建项目审计	其它							
1989	1	1	97	/	/	/	/	96	/	1	/	/	/	/	5902	/	/
1990	1	3	8	/	/	/	/	6	/	2	/	/	/	/	213	/	/
1991	1	3	41	/	/	/	/	17	/	24	/	/	/	/	2238	/	5
1992	1	7	72	/	/	/	/	43	7	22	245	/	/	/	/	/	8
1993	1	10	66	/	/	/	/	/	30	/	124	/	/	/	1494	153	/
1994	1	8	170	/	/	/	/	114	14	/	91	/	/	/	10920	127	11
1995	1	17	180	/	/	/	/	/	35	/	210	/	/	/	60000	/	/
1996	1	13	315	/	/	/	/	130	42	104	475	30	3200	14	102463	/	700
1997	1	12	174	18	8	15	6	57	3535	35	412412	363	84	48	7323	/	/
1998	1	12	132	/	/	/	/	32	/	/	/	238	/	/	68300	/	/
1999	1	/	/	/	/	/	/	/	/	/	/	/	/	/	/	/	/
2000	1	18	73	/	/	/	/	40	33	20	518.3	/	/	/	/	/	/
2001	1	18	190	/	/	/	/	62	21	107	775.6	/	/	/	/	/	/
2002	1	18	196	/	/	/	/	60	22	114	1045	/	/	/	/	/	/
2003	1	18	229	/	/	/	/	86	25	118	1034.9	/	/	/	/	/	/
2004	1	18	243	/	/	/	/	92	16	135	1241.9	/	/	/	/	/	/
2005	1	18	345	/	/	/	/	118	33	194	879.38	/	/	/	/	/	/

第七章　质量技术监督

第一节　机　构

1979 年 5 月，惠民县计量标准所改建为惠民县标准计量管理局。1984 年 6 月，复设惠民县标准计量所。1989 年 11 月，撤销惠民县标准计量所，成立惠民县技术监督局，正科级行政单位，列政府序列。1991 年 3 月，设立惠民县产品质量监督检验所和惠民县计量测试检定所，隶属于县技术监督局。1998 年，技术监督局内设综合办公室、案件审理办公室、计量管理科、质量管理科、标准化科、稽查队；下设产品质量监督检验所和计量测试检定所。2000 年 1 月，改革现行质量技术监督管理体制，实行省以下垂直管理，县技术监督局改称惠民县质量技术监督局，加挂稽查队牌子，为滨州市质量技术监督局的直属机构。同年，县劳动部门承担的特种设备安全监察监督管理、检测职能及其机构编制和人员，划归县质量技术监督局，增设特种设备安全监察科。2005 年年底，县质量技术监督局内设综合办公室、监督与法制科、综合业务科、计量管理科、稽查综合科、稽查一、二、三科和特种设备安全监察科；下设产品质量监督检验所和计量测试检定所。

第二节　标准化管理

1980 年 3 月，县革委会批转县标准计量管理局《关于开展标准化工作的报告》，加强基础标准管理，正式批量生产的产品，均要制定出技术标准，消灭无标准产品。1981 年，联五乡安全网厂在地区标准计量局的帮助下，起草编写《丙纶安全网》产品技术标准，被地区标准计量局以编号鲁 QIHMP—81《丙纶安全网》发布为惠民地区地方标准，是惠民县以企业为主起草的第一个标准。1983 年，县拖拉机配件厂生产的泰山－12 拖拉机，经地区抽查，整机性能合格率达 100%，整机装配合格率和零件主要项次合格率均达 89.8%。1988 年 12 月，《中华人民共和国标准化法》颁布，标准工作逐步走向正规化。1997 年，全县有 64 家企业执行国家标准产品，有 42 家企业执行行业标准产品，有 8 家企业制定了企业标准产品。县内有 4 种产品办理条码，即：龙池饮料、武定府酱菜、吉特高烹油、冷冻液。

1999 年 4 月，县政府办公室转发县技术监督局《关于开展消灭无标准生产试点县活动的报告》，在全县企业范围内开展消灭无标准生产活动。同年，技术监督局帮助三友牧业有限公司、华兴酿造有限公司、华丰塑料有限公司等 22 家企业修订标准 80 余项，协助企业检索标准 2000 余个；到省局检索标准 120 个，清理作废标准 57 个；对全县 56 家工业企业的 230 个产品进行标准登记备案。2000 年，56 家企业办理“山东省企业产品执行标准登记证书”。同年 10 月，通过省局消灭无标准生产县验收组的检查验收。2001 年，全县推行农业标准化工作，对大年陈蜜桃、淄角蔬菜、皂户李食用菌、何坊西葫芦实行标准化管理。2004 年，大年陈乡的蜜桃获省级农业标准化示范区，淄角镇蔬菜、皂户李乡食用菌、何坊乡西葫芦获市级农业标准化示范区。至 2005 年，全县有 165 家企业进行标准备案，18 家企业通过 ISO 9000 质量体系认证，18 家企业办理了食品许可证，23 家企业办理了工业生产许可证。

第三节　计量管理

1979 年，全县计量器具主要是木杆秤、定量砣、增砣。是年，标准计量管理局对境内 59 个单位的 163 件计量器具进行检查，查出不合格者 37 件，并对短斤少两损害群众利益者进行通报批评。1981 年，配备县级衡器检定装置，作为量值传递的最高计量标准和检定依据。同年，对境内集市使用的计量器具进行检查，查出并没收不合格的杆秤 200 余支，尺子 54 把。

1984 年，全县贯彻《中华人民共和国计量管理条例（试行）》《山东省计量管理实施办法（试行）》《中华人民共和国计量单位名称与符号方案（试行）》，积极推行国际单位制。1985 年 9 月，《中华人民共和国计量法》颁布实施，先后对衡器、竹木直尺等民用计量器具和全县范围内使用的测力仪器设备、测压仪器仪表、度量衡计量器

电表检测

进行改制。1990年，全面完成向法定计量单位过渡。配置车速里程表、血压表、加油机、压力表、三等克组砝码，三等公斤组砝码、二等克组、毫克组砝码标准装置。至1991年年底，共废除市制木杆秤8万余支，改制非法定台案秤2300台（次），血压表270支等。对全县用于贸易结算、安全防护、医疗卫生、环境监测强制检定的计量器具进行登记管理，共登记入册的44项61种计61498台（件）。1995年12月，国家技术监督局颁布《定量包装商品计量监督规定》。对定量包装商品进行抽查，其中30种食品定量包装达不到足斤足量，最高负差达37%。2000年，对全县21个乡镇的个体诊所的216块血压计进行全面检定，其中有95%的血压计需要量值调整。同年4月，进行县级法定计量机构计量标准复核换证工作，并通过合格验收。2001年，对境内28家加油站的加油机进行统一编号，统一管理，堵塞税收漏洞。是年，共检测强检计量器具1286台（件），抽查定量包装商品68个批次。2002年，共检测强检计量器具1320台（件），抽查定量包装商品80个批次。2003年，加强对全县计量器具的检定工作，共检定加油机170台、压力表84块、检测10～100吨的电子汽车衡31台、维修电子汽车衡25台次。是年，共检测强检计量器具1405台（件），抽查定量包装商品85个批次。

电子秤检测

2004年，加强计量监督检查工作，共检查商店360家，抽样批次840个，对短缺量严重的门店进行立案查处。2005年，对90家个体加油站的260台加油机和16个中石化加油站的86台加油机进行检定检查，检测台秤1802台，电子台秤53台，电子汽车衡230台，抽查定量包装商品88个批次。

第四节　质量监督管理

1991年3月，县产品质量监督检验所成立。负责产品质量监督检验、仲裁检验等公正检验工作。1992年12月，由省技术监督局组织的实验室计量认证验收，取得CMA“计量认证合格证”。1993年2月，《中华人民共和国产品质量法》颁布实施。县质检所配置产品检验仪器达40余种，可承担检验项目368项，产品参数45项。至1996年，共检产（商）品3250个（批次），合格的1283个（批次），不合格的1967个（批次）。接受委托检验103个（批次）。1997年，完成检验产品共1096个（批次），合格的458个（批次），不合格的638个（批次）。委托检验151个（批次）。1998—2000年，年均日常检验检测化肥、白酒、小麦粉等样品1000余批次，接受委托检验120余批次。2000年1月，制定下发《惠民县绳网生产、销售管理暂行办法》，为5家规模较大的绳网企业办理工业生产许可证，规范产品质量。2002年6月，印发《关于切实做好七个一批工作的实施意见》，提出质监工作阶段目标。8月，印发《关于开展建立工业企业质量档案工作的通知》，普查登记企业93家。9月，印发《关于质量兴县战略的实施意见》，年内评定“质量兴企”“保质量、讲信誉”企业。11月14日，惠民县质量管理协会成立。2004年，推荐山东中棉棉业有限责任公司、滨州安惠绳网集团、滨州波涛化纤有限公司、孙武酒业有限公司申报“山东名牌”。山东中棉棉业有限责任公司获得“山东名牌”称号。至2005年，全县17家企业通过

ISO 9000质量体系认证，对28家企业生产许可证管理产品、强制性产品、食品许可证产品进行监督检查。

先进的检测设备

第五节　行政执法

1985年起，县质监局负责《中华人民共和国计量法》《中华人民共和国标准化法》《中华人民共和国产品质量法》的行政执法，主要针对生产领域查处案件。1994年，成立“三位一体”（《中华人民共和国产品质量法》《中华人民共和国标准化法》《中华人民共和国计量法》）的行政执法稽查队，负责流通领域的标准、计量和质量违法行为查处和打假治劣工作。是年，检查生产企业40余家，查处假劣农药、化肥、柴汽油、食品、粘土砖等10多类品种，标值30余万元。1995年，查获劣质麦乳精1472瓶，劣质蜂皇浆1002盒，劣质蜂蜜1227瓶，不合格磷肥1880吨，假二铵4.9吨，劣质碳铵1997.6吨，假碳铵14.5吨，不合格农药32吨，过期农膜14.7吨，假不冻液552箱，劣质皮鞋107双，劣质汽油2吨，劣质洗发膏17箱，劣质输液器39700支。查处不合格包装3500余包，作弊计量器具130支等。1996年，对经营化肥、农药的门市部进行保质监销，全年受监销化肥达10万吨，农药500吨，监销抽检合格率在80%以上。1999年，开展“三重一大”（重点市场、重点产品、重点区域、大要案）的整顿活动。重点对安全网、白酒市场进行监督检查。2000年，开展“净市场、保两节”“打三假、保春耕”“查建材、保建设”三大战役。同年，惠民县安全网产品被国家质量技术监督局列为全国30个打假重点之一，县政府发出《关于进一步加强安全网和普通民用网行业管理的通知》，全年共端掉制售假安全网窝点31个，假冒密目网12000片，货值30余万元；查处不合格化肥420吨，假冒白酒4300瓶；接受群众投诉案件50余起，为群众挽回经济损失67万元。2001年，在开展专项整治工作的同时，强化日常监督检查，全年共检查企业65家，抽查产品86个批次，合格率为62.3%，办理质量技术监督行政案件27起。2002年，共检查企业62家，抽检产品81个批次，合格率为65.4%，办理质量技术监督行政案件29起。2003年，国务院颁布《特种设备安全监察条例》。是年，共监督检查特种设备110台，下发安全监察意见通知书32份，对18家存在安全隐患且不按期整改的企业立案查处。通过安全监察，特种设备报验率达100%。2005年，对全县危险化学品包装物、容器使用单位（加油站、液化气充装站、农药厂等）和企业生产用锅炉进行专项检查，共出动车辆200余车次，出动人员580余人次，检查单位500余家，下达《责令改正通知书》83份。是年，共检查企业77家，抽检产品95个批次，合格率为69.59%，办理质量技术监督行政案件35起。

第六节　组织机构代码标识制度

1994年3月，开始执行企事业单位和社会团体统一代码标识制度。5月，建立全县组织机构代码数据库。1997年，有1006个单位办理代码证书。其中：行政147个单位、事业142个单位，国有、集体、私营企业717个单位。至2005年，全县共办理组织机构代码证书的单位1344个。

第八章　国土资源管理

第一节　机　构

1981年8月，成立惠民县土地管理站，隶属县农业局，其主要职责是贯彻执行国家土地政策、法规，国家征用土地审批，制止和处理非法占地纠纷等。1987年7月，惠民县土地管理局成立。1988年12月，土管局内设办公室、建设用地科、监督监察科、地籍管理科、土地资源调查办公室、城镇土地申报登记办公室和土地勘测规划站7个科室，下设21个乡镇土地管理所。1993年10月，成立惠民县土地估价事务所。1995年9月，增设政工科、财务科。1996年5月，成立惠民县土地统征办公室、惠民县土地监察执法大队。1997年8月，增设档案科。2000年，成立县土地收购储备中心和县土地开发整理中心。2002年8月，县机构改革，将县计划委员会矿产资源管理职能和县建设局测绘管理职能及编制、人员一并划入土地管理局，局增设矿产资源管理办公室和测绘股。土地管理局更名为国土资源局，各乡镇土地管理所更名为国土资源所。同年10月，土地收购储备中心升格为正科级全额事业单位，土地开发整理中心升格为副科级自收自支事业单位。2005年，国土资源局内设办公室、人事股、执法监察股、规划股、土地利用股、地籍管理股6个职能股室；下设矿产管理股、土地收购储备中心、土地开发整理中心、测绘股、土地估价事务所5个直属事业单位和惠民镇、李庄、桑落墅、麻店、胡集、魏集、清河、大年陈、姜楼、淄角、辛店、皂户李、石庙、何坊14个乡镇国土资源所。

县国土局驻县行政审批大厅服务窗口

第二节　耕地保护

1985年，全县耕地面积为137.89万亩。1986年，《中华人民共和国土地管理法》颁布，县政府严格用地审批管理，全县耕地年净减少面积控制在1%以内，实现地区提出的耕地减少控制指标。1989年，根据国务院（1989）4号文件要求，对宅基地实行有偿使用，遏制农村乱占滥用宅基地的现象，减少农民建房用地规模。1994年，县政府加强对建设用地管理，出台《国有土地使用权出让、转让实施办法》，通过鼓励盘活土地资产、强化土地使用合同管理和健全土地登记制度等措施，规范新增建设用地及原划拨土地有偿使用制度。是年，乡镇企业用地有偿使用试点达到46%，国家建设用地、有偿划拨用地试点达到80%。1989—1997年，共节约用地指标4731.71亩，其中耕地1876.67亩。

1997年，县政府制定《惠民县基本农田保护区占用、审批、耕地造地费征收使用管理办法》《惠民县基本农田保护区管理办法》，成立耕地保护领导小组，完善基本农田管理制度，对耕地实行行政、经济、法律综合管理。是年，清查违法用地13宗，面积67公顷，均依法予以处理。1999年，坚持预防为主，认真执行土地巡回检查制度，遏制和预防土地违法案件的发生，制止预防土地违法案件87起。至2003年，连续开展8次较大规模的非农业建设用地清查工作，共查处土地违法案件1533起，面积2974.57亩，处结率达到90%。

2004年，运用国家投资土地开发整理项目政策，对闲置土地、荒草地、盐碱地、废弃窑厂等地块进行整理、复垦、开发，至2005年共开发整理土地面积5.49万亩。是年年底，全县共有耕地136.45万亩。

窑厂爆破现场

1985—2005年惠民县建设用地批地情况统计表

表4－10

年度	单位（宗）	面积（公顷）	其中耕地（公顷）
1985	34	42.96	8.88
1986	40	129.08	9.03
1987	18	29.16	28.63
1988	50	134.28	108.79
1989	83	105.98	50.88
1990	69	134.59	105.98
1991	96	60.81	37.36
1992	185	105.45	83.38
1993	125	249.45	228.96
1994	48	19.00	7.28
1995	159	13.85	9.35
1996	127	36.60	13.56
1997	78	19.72	3.66
1998	70	94.01	70.67
1999	138	61.50	19.48
2000	299	122.02	66.45
2001	1327	73.82	17.32

续表 4－10

年度	单位（宗）	面积（公顷）	其中耕地（公顷）
2002	1492	84.78	16.28
2003	1016	161.64	76.10
2004	2406	134.52	31.41
2005	1682	119.17	38.12
合计	9542	1932.44	1031.57

第三节　土地使用制度改革与地价评估

土地使用制度改革　1989年，全县进行土地使用制度改革，土地无偿无期限使用转为有偿有期限使用。同年6月，县政府印发《关于农村宅基地有偿使用办法》，在淄角镇、姜楼镇开展农村宅基地有偿使用试点，至1991年，农村宅基地有偿使用试点率达到70%。1992年，在县华兴汽车修理有限公司、城市房地产开发公司等单位进行国家建设用地有偿使用试点。1994年5月，县政府印发《国有土地使用权出让、转让实施办法》，规定全县国有经营性用地全部实行有偿使用，乡镇企业新增建设用地依法征为国有，实行出让。是年，国有建设用地使用权出让率达到80%。1995年起，对所有经营性用地实行有偿出让。2002年10月31日，全县首次成功拍卖商业用地900平方米，成交额为24.3万元。2003年，县政府下发《关于经营性土地招标拍卖挂牌出让执法监察工作实施意见》《惠民县国有土地使用权招标、拍卖、挂牌出让办法》，规范完善了土地使用权招标挂牌拍卖工作程序和制度。至2005年年底，全县累计出让国有土地使用权31宗，面积30.06万平方米。

地价评估和更新　1993年，土地管理局设立土地估价事务所，负责全县城镇国有土地的定级估价和土地资产评估工作。1996—1997年，完成县城规划区内13.4平方公里土地的定级估价工作。2003年，根据国土资源部和省国土资源厅要求，县政府对县城区土地级别和基准地价进行更新，为全县土地定级估价提供科学合理依据。将划拨、出让、转让、出租、抵押、合并、作价入股、土地核资等行为，统一由县土地估价所核实地价、登记价格并备案，由国土局代表政府确认地价，至2005年，全县共评估土地806宗，评估面积629.88万平方米，土地资产额12.16亿元。

第四节　土地利用规划

1992年2月，根据《中华人民共和国土地管理法》和国务院办公厅转发国家土地管理局《关于开展土地利用总体规划工作报告的通知》，在全县范围内开展土地利用总体规划编制工作。1994年3月—1995年，惠民县县乡土地利用总体规划编制完成，共绘制乡镇级土地利用总体规划图21幅，县级土地利用总体规划图、县级基本农田保护图、土地适宜评价图、土地利用现状图各1幅。县乡两级规划经省、地验收均获优秀。1996年6月20日，基本农田保护区规划作为土地利用总体规划的专项规划同步进行，同期完成。在基本农田保护区的划定工作中，把规划中的保护指标具体分解到各乡镇、村，落实到地块。全县划定基本农田保护区面积118万亩，其中：一级基本农田99万亩，二级12万亩，三级7万亩，保护率为93.6%。编写划定基本农田保护区工作报告22份，绘制保护区图66幅，签定责任书42份，埋设保护标牌105块。

1998年，县政府办公室印发《关于开展土地利用总体规划修编工作的通知》，成立土地利用总体规划领导小组，设立规划修编办公室。同年，规划修编工作全面展开，先后进行耕地总量动态平衡、土地整理复垦与开发规划，基本农田保护区规划等7项规划研究，并针对农业、交通、建设、计划、环保等进行14个专项规划；形成全县土地利用总体规划文本和《惠民县土地利用总体规划说明书》及图件，完成《惠民县土地利用总体规划》《惠民县耕地总量动态平衡研究》《惠民县基本农田保护区规划》等5项成果（计5套报告和4种图件）。是年年底，全县规划修编工作全部通过评审验收，2000年10月8日，省政府批复实施。规划目标年（2010）全县耕地保有量82220.15公顷，基本农田面积70879.70公顷，耕地减少量不超过1132.83公顷，土地整理复垦和开发补充耕地量不少于1223.33公顷，中心城市建设用地总规模12.3平方公里。

国家重点土地开发整理项目——陈集青年河大桥

第五节　地籍管理

1988年12月—1991年4月，开展全县土地资源调查，调查结果：全县土地面积为2047071.4亩，其中耕地1299180.3亩，园地85706.6亩，林地106896.8亩，交通用地55243.6亩，水域地200086.6亩，未利用土地79342.8亩，此项成果获省土地管理局科学技术进步一等奖，国家土地管理局应用科学技术二等奖。1991年6月—1992年，开展全县村庄地籍调查工作，共调查1141个村，129962户，土地14.5万宗。通过调查，退出宅基地1088户，拆房2114间，节约占地799亩。1996年5—11月，开展全县城镇地籍调查，调查采用GPS卫星定位系统和全解析测量法，对县城11个测区14平方公里、3283宗地籍进行调查，绘制县城区1∶5000大比例尺地籍图，获省土地管理局科技进步二等奖。12月，开展全县土地利用变更调查，明确全县1267个行政村边界，并依法给予确权、登记、发证。共绘制1∶10000乡级土地利用现状图21幅，1∶10000分幅土地利用现状图79幅，分幅权属界限图79幅；1∶10000村级地籍图1267幅，共埋石灰桩64005个。1999—2000年5月，根据省、市部署，对全县596宗国有土地和21个乡镇129234宗集体土地证书进行年检，对查出的16宗土地违法行为依法予以处理。2004年，根据国土资源部和省国土资源厅文件精神，县政府把1∶10000土地利用数据库建设纳入国土资源管理工作首要任务。2005年，建成惠民县1∶10000土地利用现状初始数据库，数据、文字资料和各种图件成果达到县（市）级标准的质量要求。是年年底，全县完成地籍调查636.12平方公里，累计登记发证47780本，其中，国有土地使用权登记发证17757本，发证率达95%；集体土地所有权登记发证1360本，发证率达98%；集体土地使用权发证28140本，发证率达95%；土地他项权利登记523本，发证率达95%。

2005年惠民县土地利用现状数据库结果表

表4－11　　单位：亩

一级类名称	二级类名称	代码	三级类名称	更新调查面积
农用地	耕地	111	灌溉水田	/
		112	望天田	/
		113	水浇地	1345165.60
		114	旱地	/
		115	菜地	19370.00
		小计		1364535.60
	园地	121	果园	83866.60
		122	桑园	26180.10
		125	其他园地	/
		小计		110046.70
	林地	131	有林地	27893.80
		132	灌木地	28.60
		133	疏林地	658.80
		134	未成林造林地	12972.10
		135	迹地	/
		136	苗圃	2434.10
		小计		43987.40
	牧草地	141	天然草地	/
		142	改良草地	/
		143	人工草地	/
		小计		/
	其他农用地	151	畜禽饲养地	344.60
		152	设施农业用地	/
		153	农村道路	44244.90
		154	坑塘水面	13129.80
		155	养殖水面	6765.60
		156	农田水利	62452.40
		157	田坎	/
		158	晒谷场等用地	39634.60
		小计		166571.90
	合计			1685141.60

续表 4－11

一级类名称	二级类名称	代码	三级类名称	更新调查面积
建设用地	居民点及独立工矿	201	城市	/
		202	建制镇	23347.70
		203	农村居民点	172019.20
		204	独立工矿用地	29371.70
		205	盐田	/
		206	特殊用地	1572.90
		小计		226311.50
	交通用地	262	公路用地	17639.20
		263	民用机场	/
		264	港口码头用地	/
		265	管道运输用地	36.90
		小计		17676.10
	水利设施用地	271	水库水面	634.10
		272	水工建筑用地	61029.50
		小计		61663.60
	合计			305651.20
未利用地	未利用土地	311	荒草地	10953.50
		312	盐碱地	1266.10
		317	其他未利用土地	5171.60
		小计		17391.20
	其他土地	321	河流水面	27660.00
		323	苇地	6660.40
		324	滩涂	2546.60
		小计		36867.00
	合计			54258.20
总计				2045051.00

第六节　矿产资源管理

1997 年，县政府设立矿产资源管理办公室，隶属县计划委员会，具体负责探矿权、采矿权及矿产资源调查评价、勘查和矿业秩序管理工作。同年，编制《惠民县矿产资源管理规划》，初步探明矿产资源分布状况。境内主要矿产资源有石油、皮硝、火硝、地热等。主要分布在胡集、桑落墅、麻店、李庄等乡镇及县城区域内。2002年8月4日，矿产资源管理职能划归国土资源局。2003年，县政府印发《惠民县砖瓦窑厂监督管理办法》《关于集中整顿和规范矿产资源开发秩序工作的实施方案》，对砖瓦黏土矿进行重点整治，关闭资源枯竭的3家砖瓦生产企业。同年，加强开采作业区矿业秩序的整顿和规范，严厉打击无证勘查、开采、越界开采和以探代采等违法行为。对县域内的砖瓦窑厂、油井的审批手续、占地面积进行调查、登记、核实，并依法为43家砖瓦厂换发"采矿许可证"，全县采矿权、探矿权持证率达100%。按照《中华人民共和国矿产资源法》《矿产资源补偿费征收管理规定》，对全县矿费进行统一征收，共征缴矿补费100万元，征收率达到应征面的100%，全部上缴国库。2004年，强化基础工作，全面做好矿产资源储量管理。对未办理占用矿产资源储量登记的，不再延续登记、颁发采矿许可证。是年底，全县43家矿山企业已全部完成有资质单位编写的储量检测报告，共检测可用粘土储量459.54万吨。同时，编制防灾预案，以县政府名义下发执行。各乡镇制定相应的方案及巡逻制度，为地质灾害易发区发放明白卡及避险卡。

2005年，县政府实施地热普查项目，总投资242.95万元，地质调查面积27.3平方公里，地质勘查300个点，地质钻探1400米；井流量实验21个台班，水土样采集与分析58件；打地热井一眼，井深1336.36米，出水量70立方/小时，井口水温52.5度，形成《惠民县东部地热资源普查报告》及惠民县东部地热地质图等图件4副。

第七节　行政测绘管理

1985年起，城乡建设委员会负责管理全县测绘工作，主要负责基础性、公益性及重点工程的测绘工作。2002年，县机构改革，将测绘管理职能划入县国土资源局，设测绘所，局直属事业单位。2003年，建立测绘项目登记制度，严厉打击恶性压价竞争，不汇交测绘成果及测绘产品质量不合格的行为。对进入县内测绘市场的省地质测绘院、省国土测绘院等高等级资质单位，严格管理，热情服务，保证了测前任务登记和最后成果或成果目录的汇交。同年11月，对县内测量标志进行一次集中普查，共查找到测量标志48个，并对标的物及其管理人员进行拍照、登记备案，测量标志完好率达到100%。2004年，投资9万元，布设GPS控制网，共布设二等点2个，C级点9个，D级点8个，建立西安80坐标系统，全面建立基础测绘更新机制。2005年7月，历经两年完成新版《惠民县地图》的出版发行工作。同时，采取定期和日常检查相结合的方式，加强对地图市场管理。

第九章　外经贸管理

第一节　机　构

1988年7月，惠民县对外经济贸易委员会和惠民县经济技术协作办公室成立，两个机构合署办公，正科级单位，列县政府序列。1992年5月，县对外贸易公司的行政管理职能移交县对外贸易委员会，县对外贸易公司成为实体性经济组织，隶属于县对外经济贸易委员会。1993年10月，县外经委与县经委合并为县经济贸易委员会。

1994年7月，成立县对外经济贸易办公室，副科级规格，隶属县经济贸易委员会。1997年8月，县对外经济贸易办公室升格为正科级，与县经济贸易委员会分离，列县政府序列。2000年12月，县外经办内设对外业务科和综合业务科。2001年，县招商局成立，为正科级全额事业单位。2002年，县对外贸易经济合作局成立，为正科级行政单位，负责对外贸易、对外经济技术合作、企业对外经营权的审查、申报和登记工作。县招商局隶属县外经贸局管理。2005年，县外经贸局内设办公室、投资考核部、大项目部、招商业务部和对外经贸部。

第二节　对外贸易

1988年，惠民县多元出口战略开始发挥效能，外贸群体优势初具规模。对外贸易由出口供货向自营进出口的经营模式转变，多渠道、多层次、全方位出口新格局开始形成。形成棉纺织品、工艺制品、农副特产品三大出口体系，出口企业发展到惠纺、二棉、外贸公司、彩霞地毯集团、工艺品厂、环球针织品公司、天龙纤维织造公司等24家，出口产品增加到棉纱、棉布、服装、地毯、活塞、化纤等60余个品种。加工贸易发展速度加快，出口逐年增加。至1995年，惠民县与20余个国家和地区建立经济联系，先后参加青（岛）交（易）会、广（州）交（易）会、乌鲁木齐经贸洽谈会、厦门投资贸易洽谈会、深圳经贸洽谈会、香港经贸洽谈会、韩国加工贸易洽谈会等大型涉外经贸活动，接待国外来访的各界人士100余人次，20余个团80余人次分别赴韩国、英国、美国、日本、瑞士、法国、德国、柬埔寨等十几个国家和中国香港地区进行考察、学习及项目洽谈，与韩国高阳市一山区、汉城孝子洞建立经贸交往关系，与山东力源豆奶、六和饲料、渤海活塞及清华大学、山东大学等20余家公司、大学、科研院所建立经济技术协作关系，聘请30余名教授、学者、企业家组成县经济顾问团。1996年，审批加工贸易合同17笔，实现出口总值1380.65万美元，完成出口供货1.7亿元人民币。1997年，审批加工贸易合同42笔，实现出口总值1512.83万美元，完成出口供货1.8亿元人民币。

2000年，全县实现出口总值3311万美元，其中，自营出口1131.5万美元，出口供货1.81亿人民币。县环球对外贸易总公司、县第二棉纺织厂、惠民棉纺织厂、县供销合作总社获得进出口经营资格。是年年底，全县有自营出口实绩的企业6家，其中生产企业2家，“三资”企业4家，“三资”企业自营出口占总额的83%。2001年，实现出口总值2749万美元，其中自营出口406万美元，出口供货2343万美元。2002年，实现出口总值2117万美元，其中自营出口408万美元，出口供货1709万美元。2003年，实现进出口总值1203万美元，其中自营出口478万美元，进口725万美元。是年，全县拥有自营进出口权企业11家，新增实现进出口实绩企业3家。2004年，实现进出口总值1395万美元，其中自营出口880万美元，进口515万美元。全县拥有自营进出口权企业15家。2005年，实现进出口总值624万美元，其中出口413万美元，进口211万美元。是年，全县拥有自营进出口权企业19家，新增对外贸易经营者备案企业5家。

第三节　招商引资

20世纪90年代初，惠民县大力实施外向带动战略，加快发展外向型经济。至1997年年底，全县共兴办利用外资项目39个，合同利用外资2172.08万美元，实际利用外资1781万美元，利用外资最大项目投资总额为638万美元，超过100万美元的9个，外商控股及外商独资企业8个，分别占项目总数的30%和25.8%。是年，有22家外商投资企业开业投产，19家经营状况良好，直接从业人员达到2170人。

1998年，县委、县政府陆续出台一系列鼓励外商投资的政策和奖励利用外资引荐人的规定，对外商投资企业实施一条龙服务，对重点企业实行挂牌保护。同时，提出“惠民以外都是外”的利用外资工作新思路，积极探索网上招商、委托招商、向外国驻华机构招商等行之有效的招商方式。设立县招商引资项目库，实行动态管理，确定10个领域的投资方向和重点，连同县资源状况、招商引资优惠政策，通过互联网、省贸促会、香港贸发局、香港大公报等多种渠道及时进行宣传和发布。同年，惠民县在深圳、厦门两地主办招商引资洽谈会，组织参加厦门投洽会、厦门台交会、烟台果蔬会等国际性会议。1999年始，全县实行招商引资目标责任制，把利用外资的任务目标化解到各县直部门、驻惠民单位、乡镇和重点企业，年底对各单位任务完成情况进行考核，考核情况与单位工作人员工资收入挂钩。2005年，生产经营性项目259个，实际利用县外资金4亿元。

第十章　安全生产

1986年，惠民县安全生产委员办公室设在县劳动局。主要工作任务是宣传“综合治理，预防为主”的方针，制定安全管理制度，组织以“四防”为主要内容的监督检查和在用锅炉建档、操作人员培训等。是年，对全县44台在用锅炉进行内外部技术检验，查出不安全因素近500条，均及时进行技术整改。1987年，检验锅炉48台，安装锅炉10台。1988年，检验在用锅炉285台次，完成29台新上锅炉房的定位工艺设计及安装完工验收工作。同年，组织公安消防、交通和乡企部门对工业交通、鞭炮生产、麦场防火进行安全生产大检查。1990年起，县安全委员会规定：每年5月为安全生产宣传月，10月第2周为安全生产宣传周。同年，安检办公室会同经委、公安、二轻、机材厂、酒厂、地毯厂等15个单位进行企业安全达标检查和麦场防火、避雷设施安全检查。1991年5月，组织全县工交财贸单位进行春季安全生产大检查，重点检查50个单位，查出隐患98条，并限期整改。1993年，分别组织了全县春节、春季、冬季安全生产大检查，处理重大事故3起。1995年5月，在“安全生产宣传月”活动中，集中设立宣传点20余个，张贴标语，悬挂横幅，散发宣传材料3万余份，大大增强了职工的安全生产意识。同年，在全县开展以“查组织、查隐患、查制度、查措施”为主要内容的安全生产大检查；对麦场防火、棉花加工贮运防火、造纸原料防火及鞭炮生产进行专项检查，查出隐患176条，并逐条提出整改意见，限期整改。1996年10月，在生产安全周活动期间，组织发动企业1.3万名职工参加安全知识答题活动，收卷率96%，平均成绩97分。是年，组织季节性全面检查4次，专项检查3次，发现隐患100余条，逐条落实了整改责任。1986—1997年，共举办安全技术培训班培训锅炉工559人，建筑起重工110人，电焊工122人，架子工84人，电工366人，电梯工4人，安全管理人员60人。通过培训考试，成绩合格者颁发证书，特殊工种人员持证上岗。1989—1997年，协助地区锅检所，共检验在用锅炉189台，压力容器30台，对31台新上锅炉进行设计安装，水压试验及总体验收发证等工作。

1998年，安全生产实行“一把手”责任制。全年组织安全大检查5次，查处事故隐患52条，提出整改意见50余条，责令2个工程单位停工限期整改。1999年，检验锅炉20台，电梯18台，查出事故隐患253条。2000年，组织综合安全生产大检查4次，专项检查20次，查出事故隐患548条，整改540条，对4家存有重大安全隐患的单位实施重点监控。

2001年3月，安全生产管理职能由县劳动局分别划归县经贸委和县质量技术监督局管理。同年9月，惠民县安全生产监督管理局成立，规格副科级，隶属县经贸委管理。2003年6月，县安全生产监督管理局升格为正科级，列县政府序列。2005年6月，设立安全生产监督大队，副科级规格，负责辖区内的安全生产执法监察。各乡镇成立安监站，全县乡镇安监执法人员达60余人。2001—2005年，全县安全生产工作坚持“安全第一、预防为主、综合治理”的方针，每年在“两会”（人代会、政协会）“五一”“十一”、元旦、春节等重点时期，组织执法监察人员制定周、月、季专项检查计划，深入生产第一线，开展安全生产检查。同时，加强对锅炉、压力容器、压力管道、大型游乐设施、起重机械、电梯、厂内机动车等特种设备的安装、使用、检测、修理和改造进行监察管理。5年共检查各类生产经营单位7061家次，其中危险化学品企业97家次，特种设备使用单位354家，烟花爆竹、电焊门头、农药经营户1298家次，非煤矿山企业212家次，共查出事故隐患13053条。对查出的违法行为实施行政处罚16次，没收烟花爆竹制品3万余响，取缔非法经营卖油点56家、非法炼油厂7处。五年共印发安全生产知识手册1.4万份，培训各类管理人员556人，培训从业人员1.7万余人，培训特种作业人员180人，复审92人。

第五编　农　业

第一章 农村经济体制改革

第一节 农村土地承包

1979 年，根据中共十一届三中全会制定的路线、方针、政策，境内农业经济体制改革开始起步，有的社队开始实行专业承包到组，责任到人，联产计酬的生产责任制；部分生产队实行口粮田包产到户。1981 年，普遍实行以包产到户、包干到户为主要形式的联产承包责任制。1983 年，全县改为包干到户形式的家庭联产承包责任制。农民以户经营，自负盈亏，全年收获交足国家的，留足集体的，剩余全部归自己。1984 年，贯彻《中共中央关于一九八四年农村工作的通知》，继续稳定和完善家庭联产承包责任制，由土地统一划片分包，调为每户 3～5 块，土地承包期一般延长为十五年，并发“土地使用证”。1985 年后，在农业大包干经营体制的基础上，推行以家庭承包经营为基础，统分结合的双层经营体制。政府对农民的土地经营只进行指导，不再强行干预。

1999 年，中央为鼓励农民对土地进行投资，推行农民承包土地再延长三十年不变的政策，即增人不增地，减人不减地。稳定并完善以家庭承包经营为基础，统分结合的双层经营体制，在有条件的地方按照自愿、有偿的原则，引导农民对承包的土地进行适当流转，严格规定农民对承包的土地有充分的自主经营权，不准强行征用农民承包的土地转作他用。至年底，全县各行政村村委会与农户签订土地延包合同并经司法部门公证，农村土地延长三十年不变的政策在全县普遍实行。

第二节 农村税费改革

2001—2002 年，全县进行农村税费改革，对农村承包土地面积再次丈量核实，重新签订土地承包合同 146078 份，颁发土地承包经营权证书 145440 本。2003 年 3 月 1 日，《中华人民共和国农村土地承包法》颁布实施，各级各部门宣传贯彻落实农村土地承包法，加强农村基层干部培训，宣传发动群众，依法纠正违法违规行为，落实农村土地承包政策，稳定农村土地承包关系。2004 年，实行粮食直补政策，农民每种一亩小麦，国家补贴 13 元，农业税由原来 6% 降为 3% 。2005 年，惠民县成立农村集体经济承包合同仲裁庭，完善土地纠纷调处机制，乡镇成立农村集体经济承包合同调解委员会，在农经站设立调解办公室，依法受理调解、仲裁农村土地承包纠纷案件。同年，农业税率降为 1% 。

第三节 农村经营管理

农村集体经济与财务管理 1986 年后，每年制定农业生产计划和农村经济发展规划，按时完成农村各种统计报表的布置、审核、汇总、上报工作，搞好农村集体经济收益分配统计，对比分析，写出分析报告，为各级领导宏观调控发挥参谋助手作用。同时，不断改革农村财务管理体制，至 1997 年，全县实现农村财务管理“四统一”，即统一账、表、册，统一记账方法，统一记账时间，统一张榜公布制度。全县农村普遍建立固定公开栏，成立议事会和村民理财小组，并定期向群众张榜公布村收支账目。1998 年，全县开展集体资产清理登记工作，95%的村进行清理、登记，并将清理情况张榜公布，确保集体资产的合理利用和保值增值。2001 年，全县农村财务管理实行“双代管”制度，在所有权和受益权不变的前提下，乡镇农经站设立总账，统一管理所辖村队的账目，村集体资金统一交乡镇农村合作基金会代管，每年可节省不必要的非生产性开支 350 万元。2005 年，全县农村财务管理改为会计委托代理体制。

农民负担监督管理　1992 年，设立县农民负担监督管理委员会办公室，其工作职责是：严格执行《农民承担费用预算方案》的审批制度，全面实行“农民负担卡”制度，搞好执法检查，建立专项审计监督制度，认真做好农民来信来访工作。1997 年，共印制“农民负担卡”34 万份，农民承担费用一览表 2000 本，农民负担专用收据 8000 本，并发放到乡镇，做到“表、卡、据”三位一体。是年，全县“三提五统”（“三提”：公积金、公益金、管理费提留；“五统”：乡村两级办学、优抚、计划生育、民兵训练、乡村道路维修统筹费）人均 81.84 元，占上年人均纯收入的 4.93%，人均负担总额 187.51 元。

1998 年，对农村提留方案实行“总量控制、定项限额、凭卡收缴、双向制约”的管理办法；推行农民负担费用预决算制度和农民负担监督卡制度，做到农民负担监督卡、农民承担费用一览表、农民承担费用通知书、全省统一印制的收缴提留使用的专用收据“四位一体”，把提留统筹纳入乡镇农经站统一管理；实行“一个漏斗向下”的管理办法，坚持农民负担专项审计制度；实行 70 岁以上老年人、烈军残和特困户的减免政策。2002 年，按照中央和省、市“减轻、规范、稳定”的基本要求和统一部署，全县农村全面推行以“三取消、两调整、一改革”为主要内容的农村税费改革试点工作，取消乡镇统筹费、农村教育集资等面向农民征收的行政事业性收费和政府性基金、集资，取消屠宰税，取消农村“两工”；调整农业税、农业特产税政策；改革村提留提取办法。实施税费改革后，2002 年比 2001 年减少农民负担总额 1940.55 万元，人均减少 38.35 元，减负率达 23.46%。2004 年，取消农业特产税及其附加。2005 年，取消劳动积累工和农村义务工。

第二章　农业开发

第一节　农业综合开发

1988 年，惠民县农业综合开发项目办公室成立，正科级事业单位，列县政府序列。开始实施地区制定的以强化农业基础设施建设，改善生产条件，扩大灌溉面积，增产粮棉油肉为中心的农业开发战略，并对白龙湾等引黄工程进行全面改造和彻底治理。1991 年起，在加强基础设施建设的同时，坚持综合开发，综合治理，强调质量标准，发挥综合效益。坚持农业开发与农业、农村经济发展相结合，与实现农业产业化相结合，大力提高农业综合生产能力，努力实现农业增产和农民增收。1999 年，农业综合开发由过去以改造中低产田和开垦宜农荒地相结合，转到以改造中低产田为主，尽量少开荒甚至不开荒，把提高农业综合生产能力与保护生态环境有机结合起来。

由以往追求增加主要农产品产量为主，转到积极调整结构，依靠科技进步，努力发展优质高产高效农业上来。着力加强农业基础设施和生态环境建设，提高农业综合生产能力和综合效益，增加农民收入。至 2005 年年底，全县共完成投资 1.52 亿元，其中财政投资 0.75 亿元。共改造中低产田 84.2 万亩，开垦宜农荒地 2.5 万亩，建成农田林网 86 万亩，建成种植、养殖、加工等产业化项目 16 个。全县农业综合开发项目区新增生产能力：粮食 5933 万公斤，棉花 592 万公斤，瓜、菜、果品 1.38 亿公斤，肉、蛋、鱼 396 万公斤，产业化经营项目年创产值 9000 万元，项目区农民年人均可增收 300 余元。

黄淮海平原农业开发 1988 年，惠民县被国家列为黄淮海平原农业综合开发县。6 月，县政府编制《惠民县黄淮海平原农业开发 1988—2000 年规划》，规划全县改造中低产田 130 万亩，开垦宜农荒地 12.2 万亩，发展农田林网 130 万亩。项目三年一期，计划一年一定。第一期（1988—1990 年）开发，以改造中低产田为主攻方向，依靠科技进步，最大限度提高粮棉油肉的产出量。计划投资 1499 万元，实际完成投资 1957.55 万元，其中中央、省财政投资 326 万元，县以下及

砂石路和节水衬砌渠道

群众自筹资金 1192.55 万元。完成农田水利投工 86.8 万个，动土 132.4 万立方米，开挖疏浚沟渠 34.7 公里，修建桥涵闸等各类方田建筑物 320 座。开垦宜农荒地 2.59 万亩，改良盐碱地 1.08 万亩，碱地植棉 1.17 万亩。建成农田林网 17.5 万亩。新建良种基地 1.25 万亩，完成农技项目 8 个。购置大中型拖拉机 4 台，推土机、铲运机、挖掘机 14 台，配套农机具 8 台。建设畜牧项目 3 个，农产品加工项目 1 个，池塘淡水养殖项目 1 个。

1990 年 11 月，编制上报《惠民县黄淮海平原农业开发“八五”前三年（1991—1993 年）实施计划》，即第二期黄淮海平原农业开发计划。计划总投资 1525.11 万元，其中中央、省财政投资 513 万元。第二期开发以开垦宜农荒地为重点，围绕“方田”建设这一核心，采取沟、路、渠、林、桥、涵、闸等工程全面配套，改土、科技、造林等措施综合治理。三年共完成投资 2020.3 万元，改造中低产田 20 万亩，改造荒碱洼地 2 万亩，开挖疏浚沟渠 728 公里，动土 800 万立方米，配套桥涵闸 1216 座。建成农田林网 22 万亩，植树 140 万株。完善农技服务站 5 处，购置仪器设备 78 台，建良种基地 1.3 万亩，建化验室、仓库、晒场 185 平方米，开展技术培训 3.2 万人次。购置大中型农机 12 台，发展淡水养殖鱼池 888 亩，新建贮藏能力 300 吨的冷藏恒温库 1 座。

黄河三角洲农业开发 1994 年，黄淮海平原农业开发并入黄河三角洲农业开发。至 1996 年，完成第三期开发项目，共完成总投资 2656 万元，其中财政资金 1141 万元。第三期开发在坚持以土地治理为重点的同时，加强多种经营和产业化龙头项目建设，三年开挖疏浚沟渠 721 公里，动土 377 万立方米，方田建筑物 869 座，修建扬水站 5 座。整地改土 8 万亩，购置仪器设备 31 台件，建良种基地 0.55 万亩。建成农田林网 8 万亩，植树 50 万株。购置大中型农机 7 台，配套农机具 30 台。建成养殖、加工多种经营和产业化龙头项目 6 个。

1997 年，黄河三角洲农业开发改为“国家立项农业综合开发”。至 2000 年 4 月，圆满完成第

四期（1997—1999年）农业综合开发项目建设任务，三年总投资2856万元，其中财政投资1533万元。共改造中低产田8.1万亩，开挖疏浚沟渠775.5公里，动土516万立方米，配套桥涵闸930座，新建防渗渠道3公里。建良种繁育基地0.56万亩，购置仪器设备19台件，开展技术培训3.11万人次。建设农田林网8.1万亩，植树54万株。购置大中型农机21台套，配套农机具8台。建成多种经营项目4个。

2000—2002年，第五期农业综合开发完成，实现投资3359万元，其中财政投资1516万元。共改造中低产田6.2万亩，开挖疏浚沟渠367.7公里，动土354.9万立方米，配套桥涵闸718座，新建节制闸1座，新建衬砌防渗渠道5.68公里。建良种繁育基地0.7万亩，购置仪器设备10台件，培训农业技术人员0.65万人次。建设农田林网6.2万亩，植树49万株。购置大中型农机10台套。新建桑园0.36万亩，冬枣园0.28万亩，桃园0.1万亩。建成多种经营项目2个。

中低产田改造项目

第六期农业综合开发，计划2006年完成。其重点是针对国家粮食安全问题和农民增收困难现状，加强农业综合生产能力建设，推进农业科技进步，继续调整农业和农村经济结构，努力实现粮食稳定增产、农民持续增收，促进农村社会全面发展。至2005年，县内农业综合开发17年来，全县共开挖疏浚沟渠2842公里，动土2365万立方米，配套桥涵闸4416座，建简易扬水站52座，新增灌溉面积23万亩，改善灌溉面积63.7万亩，新增除涝面积21.7万亩，改善除涝面积65万亩。深耕及整平土地、秸秆还田、配方施肥等改良土壤86.7万亩。项目区进行土地调整，形成250亩左右的方格3468个，达到沟、路、渠、林、桥、涵、闸全配套，旱能浇、涝能排、碱能改的目的。完善农技、畜牧、水利、良种等技术服务站30处，配套各种仪器设备212台件，建成良种基地5万亩，举办技术培训26万人次，印发技术资料90万份。建成农田林网86万亩，林木覆盖率提高13个百分点。购置大中型农用机械68台，配套农机具380台套，新增机耕面积41.8万亩，机播面积33.7万亩，机收面积30.5万亩。扶持多种经营和产业化龙头项目16个。

第二节　扶贫工作

扶贫开发　惠民县经济基础相对薄弱，1993年，全县农民人均纯收入462元，有338个村18.7万人长期生活在贫困线以下。1994年，被确定为全省重点扶持的贫困县。同年4月，县成立扶贫开发领导小组，设立扶贫办公室，为正科级行政单位，后调整为正科级事业单位，主要负责全县扶贫开发规划的制定，扶贫开发项目的申报和管理以及对社会扶贫活动的组织、协调等工作。根据《国家八七扶贫攻坚计划》《山东省四五扶贫攻坚计划》总体要求，按照“前三年主攻大面，后两年攻克难点，全县五年整体脱贫”的工作思路，从改善贫困群众基本生产条件入手，坚持开发式扶贫的原则，着力引导群众发展以“三园一牧”（菜园、果园、桑园、畜牧业，下同）为主的高效农业和多种经营。至1997年年底，共有307个村15.9万人摆脱贫困，其中5.4万人走上致富之路。全县农民人均纯收入达到1700元，提前一年实现全县整体解决贫困人口温饱的目标。

1998年2月17日，县委、县政府印发《关于继续开展副科级以上领导干部与贫困户结对帮扶的意见》，有 892 名干部参与结对帮扶工作，帮扶现金、实物折合人民币 30.11 万元。是年，对全县 14 个乡镇的 18 个特困村，实施重点帮扶。全年开发治理荒碱地 3180 亩，改造中低产田 6200 亩，修筑生产路 10.1 公里；发展优质拱棚西瓜 400 亩、惠民蜜桃 1000 亩、桑园 450 亩；发展畜牧养殖大户 250 户。各类项目覆盖 18 个特困村 3385 户，年增纯收益 594.3 万元，人均增收 459 元。

2000 年，按照省扶贫办“扶贫开发项目建设一年规划，两年实施”的要求，完成计划项目 13 个，扶持贫困村 13 个，改造沙荒地 800 亩，开发低洼荒碱地 1860 亩，挖塘水面面积 610 亩、筑台田 1100 亩；建优质果园 600 亩，黑红提葡萄园 300 亩，冬枣密植园 603 亩，桑园 1320 亩，蔬菜大棚 83 个，食用菌大棚 75 个，项目总投资 431.6 万元。全部项目覆盖 23 个村 1.38 万人，年直接经济效益 499.3 万元，人均增收 179 元。县扶贫办公室被省评为先进单位，荣获二等奖。

2001 年，贯彻落实党中央、国务院制定的《中国农村扶贫开发纲要》，省委、省政府印发的《山东省农村扶贫开发规划（2001—2010）》和市委、市政府《滨州市农村扶贫开发十年规划》。按照省政府确定的“村为基础，整乡推进，区域规划，产业开发”的扶贫开发方式，制定《山东省滨州市惠民县农村扶贫开发规划（2002—2010年）》，确立扶贫开发工作的重点是对全县 6 个乡镇 16 个贫困村的 7 个项目进行重点扶持。全年共争取省、市无偿资金 195 万元，其中省级扶贫资金 180 万元，市级配套资金 15 万元。用于扶持魏集镇发展蚕菌共养项目，发展蚕茧和食用菌双用大棚 1200 个。大年陈乡果园建设项目，引种惠民蜜桃 310 亩。麻店镇高效农业开发项目，发展无公害优质无籽西瓜大棚 250 个。辛店乡两个贫困村菌蚕养殖项目，发展食用菌大棚 240 个，菌蚕双用大棚 30 个。胡集镇桑蚕养殖项目，新建桑园 500 亩，食用菌养殖大棚 100 个。何坊乡冬枣生产项目，新建冬枣密植园 400 亩。项目覆盖贫困户 2859 户，贫困人口 1.1 万人。

2002 年，对全县 4 个乡镇 46 个贫困村的 5 个项目进行重点扶持。全年共争取省、市无偿资金 213.5 万元，其中省级扶贫资金 189 万元，市级配套资金 24.5 万元。用于扶持魏集镇发展高效农业开发项目，发展优质林果 500 亩，黄河故道开发 500 亩。何坊乡蔬菜种植项目，建春暖式蔬菜大棚 278 个。皂户李乡植桑养蚕及食用菌生产项目，发展桑园 2000 亩，养蚕 4000 张，建食用菌大棚 483 个。石庙镇食用菌生产项目，建食用菌大棚 364 个。项目总投资 786 万元，覆盖贫困人口 1.15 万人。

2003 年，对全县 4 个乡镇 62 个贫困村的 7 个项目进行重点扶持。共争取省、市无偿资金 227 万元，其中省级扶贫资金 200 万元，市级配套资金 27 万元。用于扶持魏集镇发展高效农业开发项目，建蚕菌多用大棚 200 个，发展桑园 1000 亩，果园 1000 亩，推广应用增效施肥技术 8000 亩。何坊乡蔬菜果品基地建设项目，建蔬菜大棚 920 个，发展林果面积 1600 亩，建遮雨棚 3000 平方米，推广应用增效施肥技术 8000 亩。皂户李乡蚕禽菌菜项目，发展桑园 3000 亩，建食用菌、蚕禽、蚕菜多用大棚 900 个，推广应用增效施肥技术 4000 亩。项目总投资 1530 万元，覆盖贫困人口 2.32 万人。争取扶贫贴息贷款 100 万元，用于山东中惠食品有限公司蔬菜加工项目。

2004 年，对全县 4 个乡镇 59 个贫困村的 10 个项目进行重点扶持。共争取省市无偿资金 241 万元，其中省级扶贫资金 185 万元，市级配套资金 56 万元。用于扶持魏集镇贫困村发展高效农业示范、黄河故道开发、蚕菌大棚生产及新型肥料应用推广项目，建优质果园 1000 亩，桑园 1000 亩，大棚 200 个，黄河故道开发 1000 亩，蚕菌多用大棚高效示范 50 亩，推广应用增效施肥技术 5000 亩；何坊乡蔬菜果品基地建设项目，建春暖式蔬菜大棚 980 个，栽植林果 1600 亩。皂户李乡蚕菌生产及畜牧养殖项目，建食用菌及养蚕大棚 620 个，建波尔山羊繁育场 1 处，养殖小区 1 处，示范基地1个。石庙镇大棚项目，建蚕菌多用大棚700个。农村劳动力培训转移项目，贫困劳动力职业技能培训及输出500人。项目总投资1025万元，覆盖贫困人口1.89万人。10月，滨州市京平金惠食品有限公司被山东省扶贫开发领导小组办公室确定为“山东省扶贫开发龙头企业”。

2005年，对全县3个乡镇39个贫困村的4个项目进行重点扶持。共争取中央、省、市无偿资金128万元，其中中央级扶贫资金70万元，省级扶贫资金30万元，市级配套资金28万元。用于扶持淄角镇发展菜菌生产项目，建菜菌生产大棚1300个，建设基本农田1000亩。大年陈乡优质果品生产项目，建苹果园500亩，改良老苹果园4000亩，风沙地治理650亩。何坊乡优质菜果项目，建蔬菜大棚1000个，栽植林果1000亩；农村劳动力培训转移项目，贫困劳动力职业技能培训及转移500人。项目总投资1127万元，覆盖贫困人口2.28万人。争取省级小额扶贫贷款担保金200万元，用于重点扶持乡镇贫困村中的贫困户发展种、养、加等小型生产项目，帮助其脱贫致富；争取扶贫贴息贷款300万元，用于山东中惠食品有限公司蔬菜加工项目。1994—2005年，全县共投入扶贫开发资金3142.22万元，其中省财政无偿资金2024.4万元，专项贷款516万元；市财政配套资金190.5万元，周转金53万元，市直部门帮扶资金304.6万元，县直部门干部职工个人投入帮扶资金53.72万元。共建成和实施各类扶贫开发项目119个，新建改造农产品批发市场3处。

结对帮扶 1996年12月，县委、县政府印发《关于一九九七年彻底解决农村贫困人口温饱问题的决定》。翌年2月，印发《关于副科级以上领导干部与贫困户结对帮扶的实施意见》，各乡镇、县直党政群、事业单位及驻惠地直单位的副科级以上领导干部与贫困户结成帮扶对子，全县有958名领导干部参加贫困户结对，累计捐款及实物折款53.72万元。1998年10月，惠民县被列入全省改革开放试点范围，与省民政厅、省人寿保险公司以及荣成市结为友好帮扶对子，副省长黄可华将惠民县作为联系点。同年，地委、行署组织11位地级领导和地区11个部门，对惠民县11个乡镇的18个特困村结对帮扶，共帮扶资金304.6万元。1999年1月，组织召开由120余人参加的改革开放试点县联席会议，县直11个综合部门、6个总公司、5家重点企业和2个油区乡镇，分别与省内29家大专院校、科研单位、大型企业结成友好帮扶对子，成为全省结对子最多的试点县。至2005年，省国土资源厅、肥城市、高密市三个帮扶单位共帮扶新上项目31个，总投资额达7.88亿元，到位资金2.07亿元。市直14个部门对口帮扶全县14个乡镇，共帮助引进项目182个，协议资金30亿元，到位资金15.45亿元。援助无偿资金5542.5万元，无偿援助物资折款48.5万元，培植销售收入300万元以上的企业39家，帮助举办各类实用技术培训班90余期，培训人员3万余人次。

第三节　生态农业开发

2000年4月，惠民县被确定为第二批国家级生态农业示范县，2001年开始建设，主要建设内容为：建设北部粮—棉—渔开发、中部瓜—菜—林—牧开发、东部桑蚕—食用菌开发、南部粮—果—菜—林开发四大生态区，实施水资源开发和高效利用工程、水资源涵养林及绿化工程、种植业生态经济工程、无公害农产品产业化基础建设工程、桑蚕基地建设工程、综合养殖生态工程、农业环境质量综合治理工程和市场体系建设工程八大生态工程。历时四年，全面实施生态农业战略，全县生态农业建设取得显著成效，2004年，通过生态农业示范县省级评审和国家级验收。

“四位一体”生态模式 在600平方米左右的冬暖式大棚内的一端建猪舍一个、厕所一个，猪舍和厕所下面建一个8～10立方米的沼气池，形成一个光照温室、沼气、猪舍、厕所和果（菜）田相结合的生产模式。该生产模式节省能源，所余沼液沼渣作为无菌无毒的纯有机肥料施于菜果，形成产气积肥同步、种植养殖并举的良性循环模式。一个600平方米大棚内建10立方米沼气池，地上养猪10～15头，棚均年生产优质无公害黄瓜7000公斤，较普通大棚增产1200公斤；沼肥、沼渣直接还园，节约成本1000元；棚均年出栏成品猪二次约17头，纯收入750元；年生产沼气300～350立方米，能满足农户一日三餐的燃料和夜晚照明所需，可节约生活费用300～350元左右。

"猪沼果"模式技术 建立一个体积为10立方米全地下式沼气池，地上配建高标准猪舍、厕所，养猪4～8头，沼气引入农户用做燃料和沼气灯照明，沼液喷洒果树，沼肥进果园培肥地力。该技术既解决农村柴草乱堆乱放、牲畜粪便到处可见的脏乱现象，消除病虫滋生繁衍的温床，有效改善农村环境质量，减少化肥、农药用量，提高果品产量和质量。2003年，大年陈乡大邢村示范户实施该技术，果品产量平均亩产3050公斤，收入5790元，比未实施户亩产高出550公斤，而且果品质量提高，优价增收915元；户均年节约生活费用300元，年出栏成品猪10头，纯利润600元；户均年经济收入增加3400元。

生态家园建设 2000年7月至2003年6月实施，在"一池三改"（建一个沼气池，改卫、改灶、改厕）的基础上，通过配套建设沼气池、太阳能暖圈、省柴节煤灶、厕所改造、庭院立体种植等，使庭院内部种养有机结合，形成植物生产、动物转化、微生物还原的良性循环体系，在循环中实现生产和能源的再增值。全县共配套建设沼气池1200个，太阳能暖圈1200个，省柴节煤灶560个，太阳能热水器600台，庭院立体种植1200户，改造厕所1200个，建成生态家园富民计划示范村6个，户均年增收1500元以上，共计年增经济收入180万元。

沼气工程 农村户用沼气综合利用：2003年，按照"一池三改"标准，选择淄角镇西李、小魏、徐家和大年陈乡刘景新、大邢5个村为示范村共1150户，实施农村户用沼气综合利用建设工程。2004年，基本完成项目制定目标，达到农业部《农业基本建设项目竣工验收管理规定》要求。小型沼气工程：2004年实施建设，2005年基本完成。工程以姜楼镇成家村作为项目点，严格按照农业部批复的建设标准和项目可行性报告的规划实施，分别建成福水养猪场160平方米沼气工程、在峰养猪场50平方米沼气工程，并配套建设调节池、预处理池、贮气池、净化处理系统、排放系统、输气管网及灶具等设施，实现供气120户。至2005年年底，全县共建沼气池1500余个，其中100立方米以上的沼气池4个。

无公害农产品开发 2000年，惠民县开发培育的"惠红"牌富士苹果和"惠蜜"牌蜜桃两个品种被省农业厅审定为无公害产品，成为全县首批获此殊荣的农产品。2005年1月，通过国家级"无公害农产品（种植业）生产示范基地县"项目验收。是年，全县有"淄翠"牌芹菜、"淄翠"牌黄瓜、"益健"牌香菇、"世康"牌香菇、"联五"牌西瓜、"万丰"牌西瓜、"申桥"牌圆葱、"香翟"牌西葫、"青河"牌胡萝卜、"惠蜜"牌蜜桃、"惠红"牌苹果、"魁星阁"牌香菇、"天绿宇星"牌香菇13个产品，通过国家无公害农产品产地认定，生产基地总面积达15万亩。

第三章　种植业

1979年，县内农业经济体制改革开始起步，部分社队打破"大集体、大锅饭"格局，实施专业承包到组、责任到人、联产计酬的生产责任制，有的生产队推行口粮田包产到户，激发了农民的生产热情。全县粮食作物播种面积129万亩，总产14.15万吨；棉花播种面积17.5万亩，总产2755吨。农业总产值0.74亿元。农民人均纯收入50元。1983年，全县改为更加完善的包产到户的家庭联产承包责任制，粮棉大幅增产，农民收入有了较大提高。1985年，全县农业资源调整和农业区划工作完成。在兼顾自然条件、生产现状、发展方向、行政区划的前提下，境内划分为四个农业区。全县粮食作物播种面积118万亩，总产28.37万吨；棉花播种面积40.9万亩，总产2.4万吨。农业总产值2.32亿元。1993年，县委、县政府提出稳定粮棉，调整种植结构，发展“三园一牧”（菜园、果园、桑园、畜牧业）和高效经济田的思路。1998年，全县加大高效农业和特色农业的开发力度，优质专用麦、抗虫杂交棉、食用菌、无公害蔬菜的种植规模不断扩大。2005年，全县粮食作物播种面积116.3万亩，总产47.5万吨；棉花播种面积40.6万亩，总产3万吨；蔬菜种植面积29.38万亩，总产104.4万吨；拥有食用菌大棚1.3万个，食用菌总产4.8万吨。农业总产值达19.49亿元。农民人均纯收入3667元。

1979—2005年，惠民县被农业部认定为全国无公害农产品生产基地，全国优质棉基地，全国棉花良种繁育基地，国家和省粮、棉、桑、果、菌生产基地；淄角镇、皂户李乡、大年陈乡、何坊乡分别被命名为中国优质蔬菜第一镇、中国食用菌生产基地、中国蜜桃之乡、中国西葫芦之乡。

1979—2005年惠民县部分年度主要农作物产量表

表5－1　　单位：万亩、公斤/亩、万吨

年份	小麦			玉米			大豆			高粱		
	面积	单产	总产	面积	单产	总产	面积	单产	总产	面积	单产	总产
1979	53.40	101.40	5.40	37.50	133.60	5.00	14.30	62.20	0.90	5.20	36.40	0.20
1981	39.50	118.00	4.70	32.00	229.00	7.30	14.10	79.60	1.10	2.00	56.00	0.11
1983	39.30	239.60	9.40	31.20	298.20	9.30	8.90	94.30	0.80	0.40	91.30	0.04
1985	64.10	256.80	16.50	31.30	277.90	8.70	11.40	104.40	1.20	0.40	86.30	0.03
1990	67.29	296.00	19.90	37.90	208.00	7.90	6.52	83.00	0.50	0.08	55.00	0.01
1994	65.40	360.00	23.50	41.10	365.50	15.00	10.50	142.00	1.50	0.02	55.10	0.01
1998	54.20	375.00	20.30	47.20	367.20	17.30	7.19	128.10	0.90	0.42	233.50	0.10
2000	57.70	351.10	20.20	44.10	408.00	18.00	5.97	123.80	0.70	0.35	252.50	0.09
2001	54.20	375.00	20.30	45.20	406.00	18.30	5.80	156.70	0.90	0.24	219.10	0.05
2002	51.8	345.00	17.90	48.20	347.40	16.70	2.82	115.70	0.30	0.29	234.90	0.07
2003	46.50	556.00	17.20	44.20	371.70	17.00	1.40	360.10	0.50	0.09	300.00	0.03
2004	44.70	418.40	18.60	40.10	440.00	17.70	0.30	120.00	0.04	0.02	310.00	0.01
2005	60.10	416.80	25.10	50.50	500.40	25.30	0.79	203.00	0.16	0.10	400.00	0.04

续表 5-1

年份	地瓜			棉花			花生		
	面积	单产	总产	面积	单产	总产	面积	单产	总产
1979	10.60	168.20	1.78	17.50	15.70	0.30	4.40	40.10	0.20
1981	4.40	202.40	0.89	36.20	39.00	1.40	6.20	93.90	0.60
1983	2.90	291.70	0.80	53.10	61.30	3.30	4.30	155.70	0.67
1985	1.70	287.70	0.49	40.90	59.80	2.40	6.00	145.20	0.87
1990	0.61	148.00	0.09	56.68	38.00	2.20	2.93	45.00	0.13
1994	0.19	261.10	0.05	36.90	40.60	1.50	3.10	147.10	0.46
1998	0.18	346.90	0.06	21.90	73.50	1.60	4.50	153.80	0.70
2000	0.07	526.40	0.04	22.09	78.20	1.70	4.97	260.60	1.30
2001	0.37	245.10	0.09	34.04	76.00	2.60	4.95	177.30	0.88
2002	0.18	263.90	0.05	29.80	76.30	2.30	4.70	142.10	0.67
2003	0.20	279.30	0.06	36.00	70.00	2.52	4.30	150.00	0.60
2004	0.26	355.00	0.09	50.10	79.00	3.95	4.20	184.00	0.80
2005	0.43	279.00	0.12	40.60	75.00	3.00	3.00	133.30	0.40

第一节 机 构

1984 年，县农业局更名为县农牧渔业局。1986 年 3 月，县农牧渔业局改为县农牧业局。1989 年，县农牧业局复称县农业局。2005 年，局内设 5 个行政科室、6 个业务科站，下辖正科级事业单位 3 个、副科级事业单位 2 个、企业化管理事业单位 1 个、企业 3 家。共有干部职工 521 人，其中有推广研究员 3 人、高级职称者 48 人、中级职称者 42 人、初级技术人员 43 人。

县农业局办公楼

第二节 种植结构调整

1979 年，惠民县确立“粮棉一起抓，重点抓棉花，以棉促粮，促进农业全面发展”的指导思想。1980 年，以地区确定的“调减种麦面积，主攻单产，均衡增产，保证总产”为目标，压缩种麦面积，鼓励棉花种植，棉花种植面积大幅提高。1981—1985 年，全县农业资源调查和农业区划工作完成。此举按照相似的自然条件，基本相同的生产现状，相对一致的发展方向，兼顾行政区划的一定完整性，全县划分为四个农业区。①城郊粮、菜、工、副业区：包括惠民镇的全部和香翟乡的部分村庄，以发展粮食、瓜菜和副业为主要目标。②惠北粮、棉、枣区：包括何坊乡、省屯乡、皂户李乡、桑落墅镇的全部和淄角镇、辛店乡、第三堡乡、麻店乡、石庙镇、梁家乡、香翟乡、联五乡、申桥乡、陈集乡的大部分或少数村庄，以发展棉、粮生产和枣棉、枣粮间作为主要目标。③惠中粮、油、林、牧区：包括联五乡、姜楼乡、大年陈乡、申桥乡、陈集乡、梁家乡、石庙镇、辛店乡、第三堡乡、清河镇乡、麻店乡、淄角镇的大部分或少部分村庄，以提高粮、油产量促进农、林、牧全面发展为主要目标。④惠南粮、棉、渔区：包括李庄镇的全部和胡集镇、清河镇乡、申桥乡、姜楼乡、大年陈乡、陈集乡的部分村庄，以发展粮、棉、渔为主要目标。1983年，全县推广棉花地膜覆盖，并进行麦棉两熟栽培试验。1986年，落实地区确立的增产粮食，稳定棉花，扩大经济田，大力发展林、牧、渔和乡镇企业的发展目标，加快种植结构调整步伐，棉花成为全县的主要经济作物之一，惠民县被农业部确定为优质棉生产和出口双基地县。1987—1989年，是全县棉花迅速发展的黄金时期，棉花播种面积稳定在38万亩左右，亩产皮棉平均66公斤上下，年总产皮棉平均2.48万吨。1993年，县委、县政府提出稳定粮棉，发展“三园一牧”（菜园、果园、桑园、畜牧业）和高效经济田的农业结构调整思路，农业经济有了新的转机。1996年，实施“123”工程（发展10万亩桑园、20万亩果园、30万亩蔬菜），进一步深化细化农业产业化结构调整。1998年，根据地区粮食、棉花、蔬菜、食用菌、水果、畜牧、水产和桑蚕八大主导产业协调领导小组关于加快各产业发展的意见，全县加大高效农业和特色农业的开发力度，优质专用麦、抗虫杂交棉、无公害蔬菜、稀有食用菌、冬枣、牧草等产业规模不断扩大。2000年，全县以“三园一菌一牧”为代表的高产、高效、优质农业框架基本形成，粮、棉、桑、果、菜、牧、菌、棉花制种八大主导产业已成为农民收入的主要来源。初步建成“一乡一业一村一品”的农业产业格局，粮经作物比例由1998年的1∶1调整到1∶1.2；在桑蚕、蔬菜、棉花等产业上，探索和建立产加销、贸工农一体化的运营机制，走出了一条市场带基地、龙头企业联农户的产业发展路子。2001年，全县已建立山东中棉棉业有限公司、华鑫丝绸有限公司、惠民良种棉加工厂等农业产业化龙头企业4家。2003年，全县第一家高级农业产业化重点龙头企业——山东中棉有限公司成立。2004年5月27日，县委印发《关于大力发展农业产业化重点龙头企业的意见》，成立农业产业化领导小组，下设办公室。当年认定省级重点龙头企业1家，市级重点龙头企业3家。至2005年年底，全县有省级重点龙头企业2家，市级重点龙头企业6家。

第三节 粮食作物

小麦 县域种植历史悠久，除西南部沙壤地种植较少外，余均普遍种植。1979年，全县小麦种植面积53.4万亩，平均亩产101.4公斤，总产5.4万吨。1980年起，农村经济体制改革普遍展开，小麦生产投入增加，管理水平提高，小麦精播、半精播技术大面积推广，配方施肥、化学除草、节水灌溉、根外施肥等多种实用技术普遍推广应用，小麦产量不断提升。1998年，小麦种植面积54.2万亩，平均亩产375公斤，总产20.3万吨。2004年，国家开始实行种粮农民粮食直补政策。惠民县成立种粮农民粮食直补工作领导小组，制定具体工作方案，于5月10日完成全县121251户农民44.8万亩小麦582.1万元补贴资金的发放工作。是年，小麦平均亩产418.4公斤，总产18.6万吨。2005年，仅用46天时间即完成131094户农民60.1万亩小麦782.6万元的粮食直补工作。同年，实施30万亩优质专用小麦良种推广补贴项目，推广高产优质抗病小麦济麦20和济麦21两个新品种，按照每亩10元的补贴标准，公开招标后确定县种子公司为供种单位，供种量每亩17公斤，每斤精选包衣种子1.44元，中央财政补贴每斤0.59元，种植户负担0.85元，共计发放补贴资金 300 万元。同时，在优质专用小麦生产中推广精播半精播、测土配方施肥和氮肥后移延衰栽培技术，效果良好。是年，全县 60.1 万亩小麦总产 25.1 万吨，平均亩产 416.8 公斤，单产再上新台阶。

人工收割小麦

牲口拉碌碡打场方式

玉米　1979 年，全县种植面积 37.5 万亩，平均亩产 133.6 公斤，总产 5 万吨。1983 年，种植面积 31.2 万亩，亩产 298.2 公斤，总产 9.3 万吨，占粮食总产量的 44.1%，仅次于小麦。1990 年起，大面积推广紧凑型玉米杂交种，提倡扩大套种面积，单产进一步提高。2000 年，种植面积 44.1 万亩，平均亩产 408 公斤，总产 18 万吨。2004 年，推广具有亩产 750 公斤生产潜力的农大 108、郑单 958、登海 11 号、登海 9 号、沈单 16、鲁单 981、金惠 1 号等玉米杂交种，玉米套种面积达到 80% 以上。2005 年，全县玉米种植面积 50.5 万亩，平均亩产 500.4 公斤，总产 25.3 万吨。

大豆　境内普遍种植，历史悠久，曾居粮食作物的第二位。随着高产作物的引进和推广，大豆种植面积大减。1985 年，种植面积 11.4 万亩，占粮食作物播种面积的 9.7%，亩产 104.4 公斤，总产 1.2 万吨，占粮食总产量的 4.2%。1990 年后引进早熟品种，春播大豆逐步更换为夏播大豆。1994 年起，推广的主要品种有鲁豆 4 号、鲁豆 2 号、科丰 6 号、鲁豆 11 号、鲁豆 13 号等。2005 年，全县大豆种植面积为 0.79 万亩，平均亩产 203 公斤，总产 0.16 万吨。

水稻　清光绪年间境内有水稻种植，经历两次绝迹复种的过程后，1979 年，种植面积为 2.1 万亩，亩产 158.5 公斤，总产 0.33 万吨。1980 年后，稻田陆续改为旱田，1985 年停种。

高粱　又名蜀黍，县内普遍种植，历史悠久，为主要粮食作物之一。随着农业的发展，人民生活的提高，高粱不再作为主粮，种植面积减少，春播品种逐步被夏播高粱所代替。1985 年，全县种植面积为 0.38 万亩，亩产 91 公斤，总产 0.03 万吨。养殖业发展对杂粮的需求日益增多，高粱种植面积逐年回升。2005 年，种植面积为 3 万亩，亩产 133.3 公斤，总产 400 万公斤。

地瓜　又名甘薯、红薯。境内种植历史较长，分布较广，西南部沙地种植最多。地瓜因其耐瘠薄、产量高等特点，种植面积不断扩大，成为粮食作物种植中仅次于小麦、玉米的生活主粮之一。改革开放中逐渐富裕起来的惠民人，其膳食结构也在发生着深刻变化，地瓜干已无人食用，鲜地瓜复成为副食品，种植面积大大减少，除沙壤区种植较多外，其他皆系零星种植。1985 年，全县地瓜种植面积 1.7 万亩，占粮食作物播种面积的 1.4%，亩产 287.7 公斤（瓜干），总产 0.49 万吨，占粮食总产量的 1.7%。2005 年，种植面积 0.43 万亩，亩产 279 公斤（瓜干），总产 0.12

万吨。

谷子 境内普遍种植，历史悠久。谷子曾为主要粮食作物之一，后被列为低产作物，种植面积减少，且由春播谷为主逐步更换为夏播谷。1982年，全县年种植面积由1952年的13.38万亩降至3万亩以下。1985年，种植面积回升至7.69万亩，占粮食作物播种面积的6.5%，亩产175公斤，总产1.35万吨，占粮食产量的4.7%。2000年起，种植面积很少。

其他 境内种植杂粮品种较多，主要有绿豆、红小豆、黍子、豇豆、白小豆、大麦、荞麦、蚕豆、豌豆、玉谷等，大都种植面积少，产量不高，多为间作种植。

第四节 经济作物

棉花 中共十一届三中全会后，开始实行经营承包责任制，境内棉花种植面积迅速增加，产量大幅度提高，且开始推广棉麦套种。1981年，分别在梁家公社大霹雳庄生产大队和胡集公社任家生产大队进行良田和碱地棉花地膜覆盖技术试验，并取得成功。1983年，全县推广地膜覆盖植棉技术，地膜覆盖植棉27.1万亩。1984年，惠民县被确定为全国地膜覆盖植棉示范县。全县植棉57.96万亩，其中地膜覆盖植棉32万亩，居全国同级单位之首，棉花总产量81.71万担，创历史最高纪录。1988年12月，经山东省优质棉基地县检查组验收，被省农业厅评为优秀等级优质棉生产基地县。1991年，全县大面积繁育推广中杂028棉花良种，被认定为全国优质棉生产、出口“双基地县”。1994年惠民县跨入全国棉花百强县行列。2003年，全县植棉36万亩，其中，转基因抗虫杂交棉制种面积发展到1.8万亩，常规棉种繁育面积3万亩。2005年，全县植棉面积40.6万亩，其中转基因抗虫杂交棉制种面积3万亩，平均亩产籽棉190公斤，皮棉76公斤，总产皮棉61万担。

花生 俗称长果，主要分布于大年陈、联五、姜楼三乡镇，其他乡镇亦有少量种植。1986年起，国家对花生的收购量减少，花生种植面积逐年回落。1992年，由于棉田面积迅速扩大，花生种植面积降至历史最低水平。2005年，种植面积3万亩，亩产133.3公斤，总产0.4万吨。

其他 主要有芝麻、油菜、蓖麻、向日葵、红麻、青麻、烟草、甜菜、中药材等，均属于零散、稀少种植作物。芝麻系境内传统油料作物，一般与花生、棉花、瓜类作物混种。向日葵，俗称朝阳花，分布全县，种植的品种有大粒型和小粒型，主要种于庭院、宅旁空隙地及菜园边。蓖麻，具有耐碱、耐酸、适应性强的特点，全县均有种植，多种于村边、宅旁闲散薄地及沟、路、渠边，大片种植者甚少，其籽为工业用油原料。

第五节 瓜菜作物

瓜菜 1979年，蔬菜为露地栽培，全县种植面积在1万~2万亩，瓜类种植面积2万余亩。进入20世纪80年代，随着新品种、新技术、新材料的不断应用和栽培技术不断改进，其主要栽培方式可分为保护地、露地栽培两大类。保护地栽培方式又可分为冬暖式塑料大棚、小拱棚、中小拱棚、阳畦等类型；露地栽培方式又可分为纯露地栽培、间作套种两种类型。主要栽培品种有西瓜、甜瓜、脆瓜、黄瓜、冬瓜、南瓜、丝瓜、番茄、茄子、辣椒、马铃薯、萝卜、大葱、韭菜、大蒜、圆葱、菠菜、芹菜、大白菜、小白菜、菜豆、茴香、甘蓝、豇豆、西葫芦等。1993年，引进冬暖式大棚种植瓜菜，且迅速发展起来。是年，淄角镇冬暖式大棚开始应用二氧化碳气肥施用技术，惠民、淄角等乡镇出现了种植瓜菜重点户。1996年，淄角镇冬暖式大棚黄瓜开始应用嫁接育苗技术。全县开始应用马铃薯脱毒技术。1997年，大拱棚开始发展，主要用于早春、秋季的一些蔬菜、瓜类的促进栽培，生产较为集中的有麻店镇的大拱棚无籽西瓜，香翟乡、惠民镇的大拱棚西葫芦、芹菜等。同年，大年陈乡开始用中、小拱棚种植茄子、番茄、辣椒等。1999年，申桥镇的圆葱基地、清河镇的马铃薯基地和联五乡、姜楼镇的西瓜基地已颇具规模，间作套种蔬菜发展较快，类型有粮—菜、粮—棉—菜、棉—菜、果—菜四种类型，间套模式达几十种，其中规模较大的有申桥镇的棉花—圆葱间作，清河镇的棉花—马铃薯间作。2000年，全县有冬暖式大棚13975个，面积11.95万亩；大拱棚15056个，面积11.27万亩；中、小拱棚3.3万亩，露地栽培12.34万亩，间作套种7.65万亩。瓜菜播种总面积30.2万亩，总产100.35万吨。2001年，全县瓜菜播种面积25万亩，总产83万吨。2002年，引进美国F1杂交紫色甜芦笋等20余个新品种。是年，全县瓜菜播种面积26.2万亩，总产87.8万吨。淄角镇、何坊乡分别被命名为“中国优质蔬菜第一镇”“中国西葫芦之乡”。2004年，全县瓜菜播种面积27万亩，其中冬暖大棚1.6万个，拱圆大棚1.4万个，中、小拱棚8.5万亩。总产90万吨。2005年，全县瓜菜播种总面积29.38万亩，瓜菜总产96.5万吨。

无籽西瓜

食用菌 1980年，食用菌产业化生产开始起步，但发展速度较慢。1995年起，产业规模迅速膨胀。2000年，陈集乡、皂户李乡、辛店乡、魏集镇等8个乡镇的香菇投料量共计3万吨，产值8000万元，占全区食用菌产值的22%。2001年，全县食用菌栽培面积300万平方米，总产3.91万吨。2002年，惠民县被命名为“山东食用菌十大生产基地县”之一。是年，食用菌栽培面积320万平方米，总产量4.14万吨。2003年，承担省科技厅、省财政厅、省级食用菌特色科技园区建设项目，惠民县省级食用菌特色科技园区管理委员会成立，并制定出园区建设的总体规划、研究内容、技术措施。当年，全县拥有食用菌大棚13680个，栽培面积达350万平方米，食用菌总产达5万吨。主要栽培种类有平菇、香菇、双孢菇、草菇、鸡腿菇等。至2005年，全县建成食用菌大棚2.4万个，种植面积600万平方米，年生产食用菌鲜品8万吨，产值达2.4亿元，纯收入1.5亿元。项目建设期间，推广菌蚕两用大棚“3+1”模式高产高效栽培技术，引进白灵菇、杏鲍菇、灵芝、阿魏菇等珍稀菇类并进行配套栽培技术研究。以园区为依托成立京平金惠食品有限公司，对蘑菇进行深加工，提高食用菌的附加值。2003—2005年，全县累计种植食用菌1520万平方米，生产食用菌21万吨，总产值6.3亿元，纯收入3.8亿元。培训菇农1万余人次，培养技术骨干1500余人，培育科技示范户400余家，形成10个食用菌生产重点乡镇、350个种植专业村。园区内菌蚕两用大棚高产高效栽培技术得以推广，并带动多种相关产业发展。栽培过食用菌的下脚料都是优良的有机肥料，施之农田，减少环境污染，改善土壤结构，增加土壤肥力，优化生态环境，既取得了经济效益，又获得良好的社会效益和生态效益。惠民县天绿食用菌加工厂生产的“天绿宇星”香菇和惠民县魁星阁酱园生产的“魁星阁”牌香菇通过无公害农产品及基地认证，基地认证总面积为260万平方米。

苜蓿 为优质饲料，多年种植可改良土壤。1979年，全县售出干苜蓿2464.76吨。1981年，种植面积6000亩。此后，种植面积逐年递减，2005年已少有种植。

第六节 良种推广

小麦 1979—1985年，全县以山东辐63、济南13为主要推广品种。山东辐63适应性强，抗倒伏，产量高，年最大种植面积占小麦面积的50%。济南13号穗大粒大，质量好，年最大种植面积占小麦面积的20%。同时种植的品种还有鲁麦1号、泰山4号、昌乐5号、鲁麦5号、丰抗13号、鲁麦3号、晋麦21号、鲁麦8号、鲁麦7号等。1986—1990年，主推品种为鲁麦5号和鲁麦7号，鲁麦8号和晋麦21号为辅助品种。同时种植的品种还有昌乐5号、鲁麦3号、丰抗13号、鲁麦12号、鲁麦13号、鲁麦14号、滨麦4042等。1991—1995年，种植品种以鲁麦14号为主，以215953为辅。同时推广种植的品种还有鲁麦21号、滨麦1号、莱州953、鲁麦18号、鲁麦19号、鲁麦21号、鲁麦23号、淄麦033、烟农15号、济核02、PH85－4、54368等。1996—2000年，以鲁麦23号为当家品种。同时推广种植的有鲁麦21号、滨麦1号、济南16号、济南17号、济麦19号、PH85－16、潍麦8号、烟优361等。2000—2005年，小麦高产田选用淄麦12、鲁麦23，中产田选用济南16、济南17、济麦19（935031）、济麦20，晚茬麦选用鲁麦15、鲁麦20等。2005年，省、市安排惠民县实施优质专用小麦良种推广补贴项目30万亩，推广济麦20和济麦21两个优质专用小麦新品种。

玉米 1981年开始引进玉米良种，主要品种有鲁原单2号、鲁原单4号、京单7号、丰单1号。1984年，引进聊玉5号，年最大种植面积占县内玉米总面积的30%。1986—1989年，以鲁玉3号、烟单14、鲁玉2号、鲁玉5号、掖单4号为主推品种。同时推广的还有鲁原单4号、鲁原单7号、丰单1号、丹玉13号、沈单7号、鲁玉10号、农大60等。1992—1998年，推广的品种以鲁玉10号、鲁玉2号、掖单12号、掖单13号和鲁单50为主。同时推广的品种有掖单51号、西玉3号、掖单19号、掖单20号、鲁原单14号。同期，紧凑型玉米品种也开始推广应用。1999年，以抗病品种鲁单50和农大108为主推品种，同时推广的品种还有掖单22号、鲁玉10号、登海1号、鲁玉16号、沈单10号、豫玉22号等。2000—2005年，引进推广的主要品种有郑单958、农大108、登海11号、登海9号、沈单16号、鲁单981等品种。

早春大棚种子鉴定圃

大豆 1980年，引进齐黄1号、文丰7号等大豆新品种，逐渐取代农家品种。1984年，引进推广早熟、高产、抗病、适宜夏种的鲁豆4号，1985年种植面积占大豆面积的60%，成为当家品种。同时推广的品种还有鲁豆6号、惠豆1号、惠豆2号等。2000—2005年，以鲁豆13号和鲁豆11号为主要推广品种，兼推冀豆4号、鲁豆12号、鲁豆10号等品种。

谷子 1979年，县内以种植早熟、适宜夏种的青到老谷子品种为主，年最大种植面积占谷子面积的30%。1983年引进鲁谷4号、5号，其早熟、宜夏种、产量高、质量好，逐步替代了青到老谷种。1993—1995年，以鲁谷7号为当家品种。1996年起，以鲁谷10号为主推品种。

高粱 自20世纪80年代至2005年，高粱的主要种植品种有渤杂1号、渤杂3号、晋杂4号、晋杂5号等。

地瓜 当地品种原有大红皮和二红皮，适应性强，但产量低。改革开放以来，引进的品种有胜利百号、鲁薯8号、南京92、徐薯18号等，产量高、品质好，当地品种被淘汰。

棉花 1979年，全县春播以鲁棉1号为主推品种，其结铃性强，成熟早，耐蚜害，产量高且稳定。1981年种植面积占棉花总面积的50%，因品质差，1982年停种。1981年，引进推广的鲁棉5号，产量高，衣分高，年最大种植面积占棉花面积的50%。1986—1990年，春棉以纤维品质好的鲁棉6号为当家品种。1991年起，全县大面积繁育推广中杂028棉花良种。1999—2000年，春播推广的品种为抗虫棉新棉33B和抗虫杂交棉中棉所29号，同时推广的品种还有中棉所23号、中棉所38号、中棉所30号等。2001—2005年，主推常规品种有鲁棉研21号、鲁棉研16号、山农丰抗棉6号、鲁棉研18号等，杂交品种有鲁棉研15号、鲁RH－1、鲁棉研20号、鲁棉研23号、鲁棉研24号、惠W8225等。2004年，惠民县被确定为全国棉花良种繁育基地县。同年9月1日，惠民县棉花制种协会成立暨第一届会员代表大会召开，吸收单位团体会员43家、个人会员53人。棉花制种协会的宗旨是协助棉花制种企业和生产经营单位发展，维护协会成员和农民的合法利益，规范棉花制种市场竞争秩序，增强全县棉花杂交制种的整体竞争力，全面提升棉种产业档次，提高棉花制种标准化、产业化、国际化水平。2005年，县内经省级以上部门批准的具有抗虫杂交棉生产资格的企业有中棉棉业、鲁洁棉业、农兴种业、华棉种业、兵圣棉业、博洋种业、地王种业、惠和种业、县种子公司、供销良种厂10家，具有常规棉种生产资格的企业有正和种业、金丰种业、冯氏种业、瑞雪种业4家。全县转基因抗虫棉杂交制种基地发展到3万亩，棉种总产量300万斤。抗虫杂交棉品种主要有鲁棉研15号，鲁棉研20号，鲁RH－1，W8225等，常规抗虫棉品种有山农丰抗6号，鲁棉研16、17号等。

棉花地膜覆盖种植

花生　1980年，引进海花1号大花生，株型直立，结果集中，产量高，抗叶斑病，1985年种植面积占花生总面积的50%。自20世纪90年代起，花生的主推品种有伏花生、白沙1016、花育27号、鲁花14号等。

主要瓜菜　西瓜主推品种为西农8号、西农9号、丰抗8号、鲁青7号等，甜瓜以种植盛开花、八里香、甜掉牙等为主，黄瓜引进推广的品种有津优1号、津优40、津绿3号、冬冠等，西葫芦种植的品种有丰抗早、赛早、京葫1号、京葫3号等，芹菜主要推广的品种是文图拉、加州王、四季西芹等，圆葱推广引进的主品种有淄博红皮、东岳2号、日本泉州黄等，大白菜的主推品种有夏阳、抗热2号、赛热、丰抗78、丰抗70、津育75等。

第七节　肥　料

有机肥　秸秆类：主要包括小麦秸秆和玉米秸秆，用于直接还田或过腹还田、沤制土杂肥还田。圈肥：系畜禽粪便、垃圾污土、碎草烂柴等入圈加土混合，灌水发酵而成，厩肥、栏肥一般皆入圈发酵为圈肥，主要作为基肥。大粪（人粪尿）：多置空场晒干施用，主要作种肥，亦做基肥，有的混入土杂肥施用。饼肥：主要为棉籽饼和豆饼，粉碎施用，民谓“细肥”，多为追肥、种肥，后因化肥施用增多，施用量逐步减少。堆肥：于夏季高温多雨时，用麦糠、麦秸等与土混合，加适量圈肥或人粪尿，以水和匀，堆积，密封，顶面中部不断浇人尿、污水等发酵而成，秋种小麦用做基肥。因化肥施用量增多，施用堆肥量逐步减少。绿肥：于高温多雨的夏季，用麦糠、麦秸、青草和土，加入部分圈肥或畜禽粪便，填入坑中或洼处，灌水和匀，沤制发酵为肥，种麦时做基肥施用。其他土杂肥：草木灰为含钾较高的农家肥，民间习惯与人粪尿混合积肥，影响肥效，后随科技常识的普及而有所改变。炕洞和锅头，扒出捣碎，亦称为肥料，且多为追肥，后扩大到扫碾道、磨道土，挖鸡窝、圈底等为肥料。这些土杂肥，对改良土壤提高地力效果显著。

化学肥 氮肥：主要有尿素、碳铵、氨水、硫酸铵和硝酸铵等，以尿素和碳铵为当家品种。尿素，一般做追肥，也做底肥，近年来亦用作叶面喷肥。1967 年，始用碳酸氢铵，其挥发性强，一般做底肥。1972 年，始用氨水，其挥发性强，多做底肥，亦作追肥。1980 年后，碳酸氢铵施用量一直被作为主要的氮素化肥使用。磷肥：主要用过磷酸钙、钙镁磷肥和重过磷酸钙等，以施用过磷酸钙为主。因钙镁磷难溶于水，肥效慢，施用量减少，过磷酸钙的使用量则占磷肥使用量的 70% 以上。钾肥：主要是硫酸钾和氯化钾。主要用于缺钾高产地，用量较少。复合肥：主要有磷酸铵、磷酸二氢钾、硫酸二胺、氮磷钾复合肥等。复合肥肥效高，施用方便，多为底肥或种肥。微量元素肥：主要有锌肥（硫酸锌）、硼肥（硼砂）、锰肥（硫酸锰）、钼肥（钼酸铵）、光合微肥、稀土微肥等。硫酸锌用做底肥，亩施 1 公斤；也可作喷施，将其兑为 0.1% 水溶液，每亩用量 75～100 公斤，多用于喷洒小麦、棉花、蔬菜等。专用肥：根据作物需肥与土壤供肥状况，按一定氮、磷、钾比例，添加一些微量元素加工而成。境内使用的有小麦专用肥、玉米专用肥、大蒜专用肥、果树专用肥和桑树专用肥等。

生物菌肥 主要有生物磷钾肥和小麦根系联合固氮菌。

施肥方法 基肥：亦称底肥，多以土杂肥充之。耕地前匀撒田间，耕翻地下，为基础肥料。亦有的耕地时撒至沟底，称为“犁底肥”。自 1960 年起，推广使用磷肥、氨水、硫酸胺、尿素等做底肥。

追肥：在作物生长期间，加施肥料。有撒施、穴施、耧串施及冲施等方法。追肥数量及次数，因作物而定，一般 2～5 次。

种肥：播种时施肥。有用肥拌种和播前耧串肥等方法。1980 年后，在以大粪、饼肥、煮熟的大豆、优质圈肥及氮素化肥为种肥的基础上增用氮磷复合肥作种肥。

喷肥：亦称“根外施肥”。多在作物生长后期，对叶面喷施肥料。1970 年后，始用磷酸二氢钾和尿素水溶液进行小麦叶面喷肥，后亦对玉米、棉花等喷施。

平衡施肥：亦称配方施肥，是根据作物需肥规律、土壤供肥性能与肥料效应，在有机肥的基础条件下，产前提出氮、磷、钾和微肥的适宜比例以及相应的施肥技术。1984 年，在全县进行初步试验。2002—2005 年，县农业局与中国农业大学、中国农科院、南京农业大学等单位联合承担了国家“十五”攻关重大专项课题生态农业子课题“控制氮肥污染技术研究”项目，在主试验区淄角镇及辐射区皂户李乡、辛店乡安排“小麦养分实时监控精确化施肥技术示范”千亩方和观察点。2004—2005 年，国家“十五”科技攻关专项“生态农业技术体系研究与示范”项目的子课题“华北平原集约化农区农田源污染控制技术的示范推广”二期项目实施，项目组分别在北京和惠民召开两次研讨会，确定本课题主要内容为相关技术的宣传、培训、技术组装，形成技术规程，并在中心示范区示范，在周边地区辐射推广。示范主要内容包括：区域土壤养分管理和推荐施肥技术，小麦土壤植株快速测试精确化施氮技术，大田蔬菜生产中农药的降解技术。项目组选择生产条件好的李庄镇庞家村，安排 100 亩冬小麦作为高产攻关示范田，示范目标是在合理施肥投入的基础上，提高冬小麦产量到 500～550 公斤/亩。安排周边 4 个村庄，20 个高产示范户，带动 5 个千亩示范方冬小麦生产，示范目标为合理肥料投入的基础上，提高冬小麦产量到 450～500 公斤/亩，辐射带动 5 万亩小麦的生产。对示范方和示范户进行基本肥力调查，分别在秋种和小麦灌浆期取20厘米土层化验土壤中氨态氮、速效磷、速效钾、有机质含量情况，共计取土样300份，根据化验结果，确定施肥方案。严把秋季种植基础关，攻关田全部实行五统一种植，既同一品种，统一深耕整平，统一施肥，统一播期和统一栽培管理。制定《山东省惠民县冬小麦高产栽培技术规程》，印制5000余份发放到示范区各农户手中。举办科学施肥、合理用药、高产栽培管理培训4次，受训农民800人次。2005年6月，中国农业大学组织的由农业部、山东省农业厅、滨州市农业局领导和专家组成的测产验收组，根据农业系统小麦测产要求，对小麦高产攻关田进行测产，产量结果为482公斤/亩，与周边麦田418.9公斤/亩相比，增产15.1%。平均每亩节约氮肥（以尿素计）15.8公斤，实现项目预期目标。该项目的实施，可以减少农产品及土壤的农药残留，有利于环境保护，提高当地农产品质量，适宜在全县大面积推广应用。

第八节 耕作制度

熟制 县内农田普遍实行一年两熟制、一年一熟制或两年三熟制，以一年两熟和一年一熟为主。一年一熟者多为棉花。一年两熟者多为小麦—玉米、小麦—大豆、小麦—花生、小麦—地瓜、小麦—棉花等。两年三熟者多是春播玉米（大豆）—秋播小麦—夏播玉米（大豆）、春播棉花—秋播小麦—夏播玉米（大豆）。高产田多实行一年两熟制，中低产田多实行一年一熟制或两年三熟制。随着农田基本建设的加强和中低产田的改造以及农业新技术的推广应用，尤其是间作套种技术、保护地栽培技术的提高，熟制也发生变化，一年两熟面积逐渐扩大。1992年后，蔬菜种植陆续出现一年三熟和一年四熟制。

种植方式 县内农作物种植采用连作、轮作、间作、混作、套作等方式。连作是一块土地上连年种植同一种作物（俗称重茬），棉花、小麦、玉米多为连作种植。轮作是在一块土地上，每年换种不同的作物（俗称调茬）。轮作甚为普遍，如大豆、花生与高粱、谷子、玉米轮作，高粱、谷子、玉米、地瓜、棉花相互轮作。间作是两种相适宜作物隔行相间种植，如玉米与大豆或绿豆、棉花与西瓜等间作。混作是两种作物混合种植，如玉米与绿豆等混作。套作是在前茬作物生长后期，于行间种植后茬作物。随着一年二熟面积的增加，县内普遍实行麦田套种玉米、花生、棉花等，有效解决了季节倒茬矛盾，复种面积不断扩大。

第九节 栽培技术

小麦精播半精播栽培技术 在中等或中等肥力偏上和排灌条件良好的地块，针对引进推广的具有分蘖力强、成穗率高、株型紧凑特点的品种，为防止后期群体过大，导致倒伏减产，在提高整地质量、适期的基础上，适合精播半精播栽培技术。县域适宜的播期为10月1—10日，用半精播耧播种，做到下种均匀，深浅一致。要求亩基本苗13万～16万株，亩播种量7.5～8.5公斤。10月10日以后，每迟播一天，增加播种量0.5斤。要施足底肥，以有机肥为主，化肥为辅，氮磷钾配合，要将有机肥、磷钾肥的全部及50%的氮素化肥作底肥一次施用，用50%的氮素化肥在起身拔节期一次追施。化肥适宜深施，杜绝地表撒施。

农业专家指导农业生产

氮肥后移延衰高产栽培技术 氮素化肥底施、追肥各占50%，追肥时间由返青起身期后移到拔节期，可有效控制无效分蘖过多增生，提高生育后期根系活力，延缓衰老，改善品质，提高粒重，比传统施肥技术增产10%左右，还可减少氮肥流失，提高肥料利用率，减轻氮素对环境的污染。要求亩施有机肥3000公斤以上，标准氮肥50～60公斤，标准磷肥50公斤，钾肥10～15公斤。有机肥、磷钾肥的全部及50%的氮素化肥用作底肥，在拔节期追施50%的氮素化肥。此技术适宜在正常高产栽培条件下应用。

玉米套种技术 麦田套种玉米始于20世纪70年代。前期发展缓慢，1986年推广紧凑型玉米杂交种后发展较快。技术要点是种麦时预留玉米套种行，选用中晚熟紧凑型玉米杂交种，适期套种，一般在5月下旬到6月初下种。

第十节 农作物保护

病害 境内农作物病害已知有83种。主要病害有22种，其中危害小麦的6种，危害玉米的3种，危害谷子的2种，危害地瓜的2种，危害棉花的8种，危害花生的1种。

惠民县农作物主要病害表

表5－2

病害名称	危害作物	病害名称	危害作物
小麦白粉病	小麦	甘薯软腐病	地瓜
小麦杆锈病	小麦	甘薯黑斑病	地瓜
小麦叶锈病	小麦	棉花黄、枯萎病	棉花
小麦黑穗病	小麦	棉花立枯病	棉花
小麦丛矮病	小麦	棉花红腐病	棉花
小麦根腐病	小麦	炭疽病	棉花
玉米叶斑病	玉米	棉花红粉病	棉花
玉米丝黑矮病	玉米	角斑病	棉花
玉米瘤黑粉病	玉米	棉铃病	棉花
谷锈病	谷子	基枯病	棉花
谷子黑穗病	谷子	花生叶斑病	花生

害虫 境内农作物害虫已知有141种。主要害虫有39种，其中危害小麦的6种，危害玉米的3种，危害谷子的1种，危害大豆的5种，危害地瓜的3种，危害棉花的10种，危害花生的1种，多种作物共害的10种。1979—2005年，多种病虫害常年均有发生，主要有棉蚜、棉铃虫、麦蚜、一代玉米螟、花生蚜虫、棉花枯萎病、小麦白粉病、小麦丝矮病等。

惠民县农作物主要害虫表

表 5-3

害虫名称	危害作物	害虫名称	危害作物
麦蚜	小麦	玉米蚜	玉米
麦红蜘蛛	小麦	秋毛虫	玉米
麦蛾	小麦	谷子蚜	谷子
麦叶蜂	小麦	大豆食心虫	大豆
麦秆蝇	小麦	大豆蚜	大豆
星白灯蛾	小麦	大豆造桥虫	大豆
玉米螟	玉米、二代危害谷子	豆荚螟	大豆
豆天蛾	大豆	棉蚜	棉花
斜纹夜蛾	地瓜	棉铃虫	棉花、小麦、花生
甘薯天蛾	地瓜	棉花红铃虫	棉花
甘薯卷叶蛾	地瓜	棉蓟马	棉花
蝗虫	高粱、谷子、玉米、小麦	棉盲椿象	棉花
黏虫	谷子、高粱、小麦、玉米	棉红蜘蛛	棉花
黏心虫	谷子、高粱、玉米	棉尖象	棉花
暗黑金龟甲	杂粮作物	棉小造桥虫	棉花
铜绿金龟甲	杂粮作物	灰飞虱	棉花
非洲蝼蛄	多种作物	棉叶蝉	棉花
金针虫	杂粮作物	棉金钢虫	棉花
小地老虎	杂粮作物	花生蚜	花生
黄地老虎	杂粮作物		

病虫害防治 1. 病虫测报：1979 年，县内完整的病虫测报程序已经建立起来，短、中期预报准确率达到 80% 以上，长期预报准确率达到 60% 以上。2004 年，对 19 种主要农作物病虫、17 种次主要病虫发布长、中、短期综合预报十八期、印发 2000 余份；完成重大病虫电话汇报 32 次，为省站编发病虫模式电报 9 期 12 次。2005 年，病虫测报每月一次，定期上报。2. 病虫防治：1979 年，在全县范围内开始调查害虫天敌资源，并注意保护和利用。全县已知有害虫天敌 134 种，分属 9 目，51 科。分布广数量多的有 73 种，其中控制害虫效果好，有较高利用价值的有：七星瓢虫、龟纹瓢虫、异色瓢虫、叶色草蛉、中华草蛉、大草蛉、大灰食蚜蝇、黑带食蚜蝇、斜斑鼓额食蚜蝇、四条小食蚜蝇、华姬猪蝽、小花蝽、黑食蚜盲蝽、燕麦蚜茧蜂、烟蚜茧蜂、菜蚜茧蜂、螟蛉悬茧蜂、黏虫白星姬蜂、棉铃虫齿唇姬蜂、螟虫长距茧蜂、黏虫绒茧蜂、螟甲腹茧蜂、白毛长腹土蜂、亚非马蜂、柞蚕马蜂、德国黄胡蜂、玉米螟赤眼蜂、三完花蛛、草间小黑蛛、丁纹豹蛛、黄褐新园蛛、暗色猪蝽，计 32 种。自 20 世纪 80 年代起，普遍使用敌敌畏、久效磷、氧化乐果、呋喃丹、甲基

乙柳磷、高效低毒的菊脂类杀虫剂、氨基酸类杀虫剂、粉锈宁和多菌灵等杀菌农药。使用技术采取喷雾、喷粉、拌种、撒施、毒饵和泼洗等。综合防治采取诱杀害虫和高温杀菌等物理法，并通过改进耕作制度，调整播种期，选用抗病品种等方法防治病虫害，效果良好。

植物检疫 1980年，县植保站恢复建立，按有关法规对农产品进行检疫。检疫对象主要是棉花黄、枯萎病、小麦腥黑穗病、小麦线虫病、小麦全蚀病、玉米秆腐病、花生根结线虫病、美国白蛾、大豆兔丝子等。同时，采取严防危险性病虫害传入传出等措施控制蔓延。

第四章 农业机械

1979年，全县有拖拉机912台25208千瓦，农用汽车16部1400千瓦，汽油机261台1114千瓦，柴油机5720台72272千瓦，电动机1052台15609千瓦。随着农业经济体制改革的不断深化，不少富裕起来的农民购置农机具，参与到农机经营之中，打破了以国营为主的农机体制，逐步形成国营、集体、个体、联合体多种经营形式并存的格局。1985年，全县拥有拖拉机2351台43381千瓦，农用汽车97台9657千瓦，汽油机463台1250千瓦，柴油机8035台95595千瓦，电动机3465台32225千瓦。农业机械的使用、管理、供应、维修、技术推广、油料供应等已初步构建为相对独立的体系。至1997年，全县农机总动力发展到65.4万千瓦，农业机械原值达2.5亿元；有各种拖拉机1.42万台，配套农机具4.23万台(套)；机耕面积96万亩，占耕地总面积的85.7%，机播面积60.15万亩，占播种总面积的60%，机收小麦63万亩，占小麦总面积的90%，机械脱粒35.3万吨，占脱粒总量的85%。在农机事业快速发展的同时，基层农机服务组织不断健全，农机供应、维修、管理、科技推广、教育培训、安全监理和工程开发等形成比较完整的运行机制。2000年，全县农机资产原值达4.83亿元，比1997年增加2.33亿元；农机总动力79.26万千瓦，比1997年增加13.86万千瓦；有农用拖拉机20610台，比1997年增加6418台，其中大型拖拉机1308台，联合收割机498台，分别比1997年增加620台、406台。机耕面积96万亩，占全县耕地面积的83.4%；机播面积110.4万亩，占粮食播种面积的92.8%；小麦机收面积70万亩，其中大型联合收获机作业面积35万亩，占小麦机收面积的50%。在农业生产中，耕耙、浇灌、运输、脱粒、小麦收割等基本实现机械化。全县共有县、乡农业机械化技术服务站22个，农业机械化学校1所、常年培训点7处；有乡镇农机管理服务站21个，农机服务队96个，农机维修网点320处，农机销售公司、农机商店和供应点260个，共有农机从业人员2万余人。2005年，全县拥有农机总动力196.18万千瓦，农机总值13.89亿元，农用拖拉机31370台，农用汽车1895部，计有农用动力机械49992台。玉米收获、棉花机播、机械治虫、机械铺膜等作业项目全面展开，农田运输、灌溉等基本实现机械化。

第一节 农机设备

田间作业机械

旋耕机 1980年引进。主要组成部分有机架、变速箱，旋转轴及在轴上固定的若干刀片，作业时以拖拉机牵引前进，用拖拉机动力输出轴之动力带动旋转轴，以旋转的刀片耕地碎土。用泰山－25拖拉机配套，耕幅100厘米，耕深10～

15 厘米，可用于灭茬、碎土和浅耕。耕后地表平坦，土壤细碎、透过性能好。2005 年，全县共有旋耕机 1260 台。

化肥深施机 1988 年引进。是一种施肥机械，可有效提高肥料的利用率。一般由排肥器、开沟器、覆土器、肥料箱、输肥管、镇压轮、转动机构和机架等部件组成，可一次完成开沟、施肥、镇压等工序。2005 年，全县共有 780 台。

地膜覆盖机 1982 年，县农机科研所与惠民地区农机科研所配合研制、试验地膜覆盖机并取得成功，当年机铺棉花地膜 20 亩，1983 年机铺 550 亩。1984 年，引进推广 2BF－1 型铺膜机 1 台，3DM－120 型人畜两用铺膜机 10 台，作业面积占棉花总铺膜面积的 79%，并机铺小麦地膜 200 亩。根据 567 个点次考察统计结果显示，铺膜平均每亩增产棉花 6.7 公斤，覆盖棉霜前花占 95%，而露地春棉霜前花占 75%。地膜覆盖机能一次完成起垅、成畦等项作业。依靠开沟整型器、膜滚、压膜轮、展膜轮、覆土圆盘等部件，将塑料薄膜铺于已耕作整平的地面。3DM－120 型人畜力铺膜机畜力牵引为 4～5 亩/小时，3 人牵拉为 2～2.5亩/小时，平均比人工铺膜提高工效 8 倍。机械铺膜能较好地适应县域的自然条件，因轮距可自由调整，更能适应土地承包后地界多、地块大小不一的实际情况。2005 年，全县共有 625 台。

深松机 2003 年引进。配备 60 马力以上拖拉机，作业效率为 5～8 亩/小时，是一种旱地耕作保护性技术。有振动深松机 1SZ－3 型和节翼深松机 1LZ－3 型两种，其最大特点是深松动 27 公分以上，只疏松土层而不翻转土壤，既能达到耕松的目的，有利于保墒蓄水，又不改变土壤结构，在干旱区域使用该技术可使农作物增产增值 20% 以上。2005 年，全县共有 36 台。

小麦联合收获机 1995 年开始引进。有自走式、背负式两种。在小麦收获中，可同时完成切割、脱粒、分离和清选等多种作业，颇受麦农欢迎。2005 年，全县共有自走式联合收获机 412 台，背负式联合收获机 209 台。

联合收割机麦收作业

玉米联合收获机 1997 年引进，是一种集玉米摘取果穗、集装和秸秆粉碎还田于一体，一次完成诸项作业的玉米联合收获机械，有背负式和自走式两种，有 4YM—2 和缓 4YM—3 两种型号。由于不断改进，机械性能较好，在县内实施农业部“机械化保护性耕作技术示范项目”中发挥了积极作用。2005 年，全县共有玉米联合收获机 68 台。

玉米秸秆还田机 1997 年开始引进 4JL—1.5 型玉米秸秆还田机。该机由机架、转动齿轮箱、皮带传动系统、滚筒、地轮和悬挂升降等部件组成，可一次性将玉米秸秆粉碎并均匀抛洒在田间。2005 年，全县共有 102 台。

排灌机械

水泵 为县内最主要的排灌机械。普遍应用的是多种型式的离心式、轴流式水泵，以动力带动叶轮而产生的高速旋转作用抽水。尤以离心式应用最多，轴流泵和大型水泵一般都固定在扬水站。拥有量最多的是与 12 马力柴油机或 10 千瓦电动机配套的水泵，另外还有小型油浸式潜水电泵。2005 年，全县共有各种水泵 780 台（套）。

喷灌机械 1981 年引进，大都在县域土地不平整的西南部使用。各种喷灌机械主要由水泵、水管、喷头及配套动力组成，水泵抽水经水管输至喷头，由喷头成雾状喷出。其中 3PG－42 型喷灌机，配套动力为 10 千瓦电动机或 195 柴油机，水泵为 3PB65J 型离心泵，喷头由金属材料零件和部分塑料零件制成，喷水射程 20.7 米，12 个喷头，每小时可浇地 6 亩。2005 年年底，全县共有各种喷灌机械38台。

种子处理机械

种子加工机　1994年引进，是一种将种子中不需要的掺杂物以及未成熟的、破碎的、退化的、遭受病虫害或机械破坏的种子清除掉的机械，有预清选机、风筛清选机、窝眼筒清选机和比重清选机几种。2005年，全县共有38台。

种子包衣机　1994年引进，是将杀虫剂与杀菌剂之类的化学药物施加到种子外表的一种机具，主要工作部件为种子与药剂的混合器。作业过程中，药剂必须适量而均匀的施加到种子身上。主要型号有BL－5型种子包衣机和5BY－3型种子包衣机。2005年，全县共有6台。

工程机械

装载机　1987年引进，是在中小型水利工程和农田基本建设中完成土方装运、沙石料搬移、抓取物料作业的一种机械。装载机由柴油机、底盘、铲运和电器机械系统组成，分履带式和轮胎式两种。2005年，全县共有10台。

推土机　1989年引进，是一种自走式铲运、推土、短距离运土的机械。主要有TY220履带式、T160履带式、东方红－60型、东方红－75型、D85型、湿地－120型等机型。2005年，全县共有100台。

挖掘机　1995年引进，是一种专用水利工程机械。多用来挖掘沟渠、桥涵基坑、河道、水库、池塘、地基以及装载农田、公路、铁路、建筑中所用砂、石等碎料、散料。主要机型有WY80、WY60、H－85、H－55、WY－250等。2005年，全县共有56台。

农用动力机械

拖拉机　以小型拖拉机居多。2005年，全县共有各种拖拉机31370台。

农用汽车　自20世纪90年代起发展较快，多用于运输。2005年，全县共有1895台。

柴油机　2005年，全县共有44458台。

汽油机　2005年，全县共有1013台。

电动机　2005年，全县共有4521台。

1979—2005年惠民县主要动力机械拥有量统计表

表5－4

年度	拖拉机		农用汽车		汽油机		柴油机		电动机	
	台数	千瓦数	台数	千瓦数	台数	千瓦数	台数	千瓦数	台数	千瓦数
1979	912	25208	16	1400	261	1114	5720	72272	1052	15609
1980	1087	26623	24	2160	266	1135	5881	73243	1125	13932
1981	1134	28395	23	2070	273	1165	5892	73448	1812	18489
1982	1349	31442	53	4960	306	1186	5976	69541	1858	22644
1983	1465	32176	73	7270	384	1191	6650	85827	2710	24464
1984	2327	42166	92	8953	439	1229	7384	88131	2952	27454
1985	2351	43381	97	9657	463	1250	8035	95595	3465	32225
1986	2616	30215	102	10155	475	1282	9783	84164	3483	32392
1987	2985	34477	125	11937	490	1323	1032	9288	3531	33191
1988	3560	41352	130	12317	528	1426	12723	108621	3922	36204

续表 5-4

年度	拖拉机		农用汽车		汽油机		柴油机		电动机	
	台数	千瓦数	台数	千瓦数	台数	千瓦数	台数	千瓦数	台数	千瓦数
1989	3977	45934	139	12384	536	1447	12795	108757	3960	36828
1990	4907	46615	145	12832	602	1625	13201	112209	3986	37069
1991	5176	53200	153	13545	630	1701	14151	117266	3998	37981
1992	5413	55019	164	14514	651	1758	14362	119123	4011	38104
1993	5413	55019	172	15222	675	18225	14362	119123	4035	38320
1994	5503	55814	216	19120	711	1919	14388	125078	4082	38653
1995	5703	131169	238	21063	734	1981	18182	145853	4106	38815
1996	5813	63272	404	35754	752	2030	21301	212983	4113	38875
1997	14192	149976	467	41329	799	2169	41941	340398	4228	38988
1998	15300	459000	681	60269	802	2325	41960	356660	4241	39441
1999	18650	559500	796	63680	816	2366	42183	358556	4260	40470
2000	20610	638910	850	74800	839	2433	42201	358708	4310	40514
2001	21109	897133	1042	92217	875	2450	43516	369886	4336	41192
2002	29613	125855	1350	119475	908	2587	43877	394893	4371	41525
2003	30241	1285248	1506	133311	941	2682	44112	401510	4412	42355
2004	30785	1308277	1610	142485	967	2756	44170	406364	4465	42418
2005	31370	1333226	1895	168655	1013	2928	44458	413459	4521	43402

第二节 管理培训

管理 1979年，县农业机械管理局履行全县农业机械的使用、管理、供应、维修、人员培训、技术推广、农用柴油分配等职能，并设有农业机械化学校和农业机械化科学研究所。是年，贯彻落实全国第三次农业机械化工作会议精神，针对农机管理工作中存在的不良现象，整顿农机管理秩序，发挥了各种农业机械在“三夏、三秋”作业中的重大作用。1982年始，国家允许个人经营拖拉机等农机具，私有拖拉机在社会保有量中所占比例越来越大，农机管理工作也随之转向为农机专业户提供技术服务为主，在定期检测的同时，加强对农业机械的调试维修。1984年，县农业机械管理局更名为惠民县农业机械管理总站。总站在“三秋”“三夏”作业前，分别举办农机管理人员培训班，共有参训人员110人。1985年，惠民县农业机械安全监理站建立，隶属于县农机管理总站，负责全县拖拉机牌照和驾驶员证件发放、检测管理工作。同年，省公安厅、交通厅、农机服务公司联合印发《关于贯彻省政府鲁政发〔1985〕51号文件的通知》，明确交通和农机部门的管理职责范围，规定拖拉机统一号牌分段使用。县农机安全监理站据此对25马力以下和25马力以上不常年从事经营性运输的拖拉机，核发由地区统一制作的大拖和小拖号牌，同时将原发各种号牌全部收缴。当年换发大拖号牌120副，小拖号牌826副，换发驾驶证1102本。1988年，县农机总站撤销，恢复县农业机械管理局。同年12月，建立县大型农业机械服务站，隶属于县农机局。1989年，县农机安全监理站根据省公安厅、农业机械局《关于农用拖拉机委托管理问题的通知》精神，接受县公安交警部门委托的拖拉机管理业务，独立承担农业机械验审、牌证换发、各种手续的办理职能。1994年，《山东省农业机械管理条例》《山东省农业机械安全监理办法》《滨州地区农机维修和经营管理办法》《滨州地区农业机械跨区作业暂行管理办法》等法规文件实施，农机管理由此步入法制化、规范化轨道。2001年，建立3个监理中队和1个服务大厅。2004年，《中华人民共和国道路交通安全法》正式颁布实施，进一步强化了农机管理部门的职能，农业机械的事故率逐年下降。2005年，全县共换发拖拉机交通号牌3600副，农田号牌620副，驾驶证3810本。

培训 1980年，为适应农村经济改革的需求，县农业机械化学校在培训拖拉机驾驶员和各项农机专业人员的同时，努力改革创新，加强横向联合，开展多样化的综合培训服务，如开办农机科技培训班、电器维修培训班等。1985年，贯彻落实农牧业部关于农机学校改革的意见，县机校开展评选先进教师活动，推动机校改革，促进了机校建设和培训工作的开展。是年，举办各类培训班6期，培训学员360人。1990年，县机校被农业部农机化司命名为“四有达标”学校。1992年，地区教育局、农机局根据国家教委、农业部联合制定的《农业机械化技术学校纳入成人教育管理渠道的审定标准和办法》，批准惠民县农机化学校纳入成人教育管理。2004年8月，经省农机办组织的全省《农机校教师岗位培训》评审组评审，县农业机械化学校顺利通过验收，被授予“山东省规范化学校”称号。年内，全县培训农机人员1865人次，其中培训农机大户158个，培训拖拉机驾驶员689人次。

第三节 农机科研与推广

1979年，县农业机械化科学研究所有科研人员9名，其中大学本科学历1名，专科1名，助理工程师1人。该所坚持机械化、半机械化、手工工具并举，人畜机电并用，重点研制和推广适合县内生产活动的农机工具。至1985年，研制棉花地膜覆盖机、三行小麦播种耧、玉米（棉花）点播机等机具，提高农业生产的机械化水平，改善了农业生产条件。同年，为促进“高产、优质、高效”农业的发展，开始引进推广节肥、节水、省药、省油的农机化节本增效技术和机具。1986年，县农业机械化科学研究所更名为惠民县农机化技术推广站，开始推广机械深耕、化肥深施、小麦精少量播种、小麦机收与联合收获、玉米机械化套种、棉花机械铺膜、机械化植保、玉米秸秆还田等新技术新农具。主要有泰山－12型拖拉机配套的两铧深耕犁、犁底施肥机具，莱芜生产的3行小麦精少量播种机，龙口生产的单行玉米套播耧，4GL－140型小麦割晒机，县农机技术推广站研制的人、畜力地膜覆盖机，兖州生产的背负式小麦联合收割机，泰山－18机动喷雾器等。1995年起，围绕农业结构调整、加快农村劳动力转移、提高农业生产率和土地产出率，重点推广小麦联合收获机并组织大中型农业机械实施“南征北战、西进东征”跨区作业战略，推广玉米秸秆还田、玉米联合收获和免耕播种机具等。至1997年，累计推广人、畜力铺膜机670台，小麦割晒机4125台，小麦精少量播种机4316台，玉米点播耧8025台，泰山－18机动喷雾器4618台，小麦联合收割机114台，深耕犁1216台。1998年5月，利用本县与外地小麦收割时间差，推广站组织惠民镇、李庄镇、辛店乡等乡镇28台背负式小麦联合收割机，赴安徽实施跨区作业，平均单车作业量达350亩，作业收入1.2万元。之后，每年组织跨区作业，分别到河南省、安徽省、河北省和青岛、烟台等地，进行跨区作业，小麦联合收获单季作业时间由5~7天延长到20~30天，有机户的作业收入翻番。2001年5月25日，全县小麦联合收割机跨区作业首次大规模出征仪式在县农机局举行，组织小麦联合收割机126台，完成作业面积8.1万亩，作业收入达300万元。同年“三秋”期间，全县派出大型机械52台，跨区作业深耕2.6万亩，增加作业收入39万元。2003—2005年，实施“机械化保护性耕作技术示范项目”建设，以推广保护性耕作机械为主，推广北汽福田、清江、天拖、上海等大型拖拉机120台，玉米联合收获机52台，免耕播种机166台，秸秆还田机96台，深松机11台，深松土地1.5万亩，免耕播种面积3.6万亩，玉米联合收获面积2.49万亩，玉米秸秆还田面积4.3万亩。

第四节　农机使用与经营

国营拖拉机站　1979年，县国营拖拉机站固定资产净值61.2万元，有农用拖拉机20台843千瓦，纯收入12万元，农机原值53.8万元。同年，开始实行自主经营、自负盈亏，逐步由农田作业为主转为多种经营。1995年年底，县国营拖拉机站名存实亡。

乡镇农机站　1979年，全县有公社经营的拖拉机站21个，为企业化管理的事业单位，直接为本公社农业生产服务，实行独立核算，自负盈亏。共有拖拉机202台9453千瓦（多为链轨机），固定资产净值350.52万元，纯收入62.5万元。20世纪80年代，户营农机逐步发展，链轨车辆因地块小无法作业，造成许多站无活可干出现亏损，或陷入瘫痪，或被挤占挪用撤并。1984年，公社改建为乡镇，原公社拖拉机站更称乡、镇农机站。1985年，乡镇农机站减到10个，拖拉机减少到61台2855千瓦。部分站以市场为导向，开展场上作业、饲料加工、工程开发、农机具维修、配件供应、粮油加工、农业运输等多方面服务。2005年，全县有乡镇农机站8个，职工42人。共有农机原值638.5万元，农用拖拉机12台562千瓦，纯收入29.61万元。

队营农机作业队　1979年，全县队营农机作业队共有农用拖拉机701台1.26万千瓦，纯收入120.86万元。1985年，户营农机兴起，队营农机作业队逐渐减少，除部分经济较好的队仍以队营形式存在外，基础差的队营作业队大都将机械卖给个体户经营。2005年，全县队营农机原值521万元，共有农用拖拉机29台896千瓦，纯收入86.03万元。

户有户营农业机械　农村推行联产承包责任制初期，部分社队把拖拉机等农用机械卖给或承包给农户经营使用。1983年1月，中共中央《关于当前农村经济政策的若干问题》下发后，农民购置农业机械的积极性增高。2003年，国家开始对购置大型农业机械实施补贴政策，并逐年加大补贴力度，农民购置大型机械的热情更加高涨。至2005年年底，全县户有农机总值9425万元，农机户3.1万个，从业者4.65万人，个体维修网点268个，从业人员428人。

第五章　林　业

1979年，县林业局成立，主要负责编制林业发展规划，发展林业生产，管理森林资源及其产品的运输、经营、加工、开发利用等。是年，全县成片造林1572亩，新建林网4.4万亩，“四旁”

植树431万株，农村房前屋后栽树100万株。1984年，县委、县政府印发《关于进一步放宽林业政策的规定》，将荒地、荒沟、荒路、荒渠和已有树全部实行投标承包，变依靠国家、集体经营林业为千家万户经营林业。1985年，沿黄五公里防护林工程启动，全县2.5万人参加植树，植树6.6万株，被评为全省沿黄五公里防护林建设先进县。是年，全县涌现出林业承包户1.1万个，承包面积7.3万亩。全县林业用地12.25万亩，有林地面积4.96万亩，林木覆盖率为6.1%。1986年，县政府印发《惠民县“七五”林业计划及到本世纪末林业规划方案》，计划到“七五”末，全县林木覆盖率达到15%。同年，重视发展经济林，购进果树苗100万株，建果园2.4万亩。1989年，“短枝红富士”苹果通过省科委鉴定；沿黄五公里绿化工程通过省级验收。1991年，县平原绿化达到国家林业部颁发标准。1990—1992年，全县累计繁育“短枝红富士”苹果1亿株，创全县育苗历史之最。1994年，“短枝红富士”苹果在山东省农业新产品新技术展览会上获银奖，全县绿化在全区率先达到山东省绿化标准，受到省政府表彰。1995年，世行贷款的国家造林项目如期完成并通过省级验收。该项目总投资390万元，造林2400公顷。1996年，“短枝红富士”苹果分别在山东省优质果品评选会上和全国“星火计划”科技成果博览会上获金奖。1999年，县政府印发《关于加快冬枣产业发展的实施意见》，计划发展冬枣1.5万亩，当年栽植5000亩。2001年，建成宽100米、长36公里的黄河防浪林和生态公益林。2002年，“惠民蜜桃”通过国家级新品种审定。“惠民短枝红富士”苹果、“惠民蜜桃”在山东省国际林产品博览会上双获金奖；大年陈乡被定为全省无公害果品标准化示范区。2004年，完成绿色通道建设总里程164.5公里，建设高酸苹果基地1万亩，完成特色林建设0.8万亩。全县农村林地基本拍卖到户。2005年，全县林木覆盖率达到24.4%，林业总产值达4.5亿元。

第一节　林木资源

树木种类　境内属暖温带落叶阔叶林区。黄河沿岸及徒骇河两岸以沙壤土为主，栽植树种较多；北部轻度盐碱地较多，适宜栽植耐盐碱树种。1985年，林业资源调查统计，全县共有木本植物38科57属123种；用于营造用材林、防护林及“四旁”绿化的主栽树种有刺槐、白榆、泡桐、毛白杨、泰山青杨（八里庄杨）、旱柳、紫穗槐、臭椿、绒毛白腊、法桐、侧柏、合欢、苦楝等；营造经济林的主要树种有苹果、梨、桃、葡萄、山楂、桑树等；观赏树种主要有千头柏、园柏、垂柳、紫叶李、黄杨、木槿、冬青、紫薇等。由于不断引进和培育新树种，林木种类渐增。20世纪90年代后期，用于营造用材林、防护林及“四旁”绿化树种有毛白杨、绒毛白腊、172旱柳、中林46杨、107黑杨、三倍体毛白杨、窄冠毛白杨等；营造经济林的主要树种有苹果、桃、梨、葡萄、冬枣、柿子等；主要观赏树种有垂柳、红叶李、大叶黄杨、瓜子黄杨、金叶女贞、红叶小蘗、紫薇、海棠、蜀桧、雪松、水杉等。另外还有杜鹃、夹竹桃、碧桃、茉莉、扶桑、榕树、铁树、鹅掌楸、散尾葵、柑橘、棕榈、栀子、山茶、米兰等上百种盆栽室内越冬的木本花木。

主要栽培树种

杨　主要有毛白杨、欧美杨、小美杨、杂交杨。毛白杨为乡土树种，栽培历史悠久，栽培面积较广。欧美杨和小美杨为20世纪70年代至80年代引进的树种，其中小美类的泰山青杨（八里庄杨）、意大利杨栽植最为普遍。90年代起，因八里庄杨材质差逐步被中林46、107黑杨等取代。90年代中期，引进并推广三倍体毛白杨，该树种既有毛白杨的树干高大通直，树形伟岸的特点，又具有速生的特性，被作为防护林和速生丰产林树种栽植。

白腊　以绒毛白腊为最多，其次有大叶白腊，小叶白腊，河北白腊。绒毛白腊优于其他白腊品种。该树种材质好、速生、耐盐碱、耐水湿，为盐碱地造林首选树种之一，80 年代初从天津引进，90 年代普遍推开，广泛用于城镇绿化和道路绿化。2001 年，从济南市引进绿皮白腊新品种两个，其速生性优于一般绒毛白腊，至 2005 年已繁育苗木 5000 余亩。

柳　主要有旱柳、垂柳、钻天柳、苏柳 172 等。旱柳、垂柳为乡土树种，旱柳主要为用材林、防护林树种，南部大年陈、姜楼两乡镇亦作柳杈栽培树种。垂柳多栽于庭院、街道、堤岸，是园林绿化的主栽树种。钻天柳为 20 世纪 80 年代引进的树种，具有速生、干形通直的特点。90 年代引进并推广种植的苏柳 172，耐盐碱、速生、干形好，用作“四旁”及沟路渠绿化植树。

槐　全县主栽国槐和刺槐。国槐（家槐）为乡土树种，栽植历史悠久，用于村庄和城镇绿化。刺槐又名洋槐、琴树，1902 年，英国人在惠城建基督教堂医院时从青岛引种，2005 年仍存有当年刺槐 13 株，为国内该品种树龄较大树木。刺槐生长快，材质好，易繁殖，80 年代普遍作为“四旁”绿化、用材林、防护林、水土保持林的首选树种。90 年代中期栽植面积渐少，被速生杂交杨替代。

苹果　苹果是境内经济林的主要树种，占经济林面积的 70%。主栽品种为国光、青香蕉、红香蕉、红玉、金帅、秋花皮等。80 年代后期，从胶南县引进红富士，从中选育出短枝型红富士，定名“烟富六号”，为全县的主栽品种。90 年代后又陆续引进了新红星、乔纳金、嘎拉、红将军等品种。

桃　桃树境内栽种广泛，毛桃、白桃为乡土树种。60 年代前为零星庭院栽植，70 年代后期开始形成小型桃园，主栽品种有水蜜桃、雨露、大一生、蟠桃和从章丘引进的青粉蜜、红粉蜜。90 年代引进油桃及新川中岛、中华寿桃、仙桃等，并从青粉蜜、红粉蜜品种中选育出惠民蜜桃等优良品种。

枣　枣树为乡土树种，栽植历史悠久，栽培方式有枣农间作及庭院、房前屋后“四旁”种植。90 年代开始形成枣园，主要栽培品种有金丝小枣、圆铃枣、躺枣、婆枣、冬枣等。制干品种以金丝小枣、长红枣、婆枣、圆铃枣为主。鲜食品种主要是冬枣，该品种 90 年代后期发展较快。

梨　20 世纪 90 年代前主栽品种为鸭梨、白梨、酥梨等，90 年代后期引进水晶梨、丰水梨、黄金梨。21 世纪初，引进爱宕梨、新高梨等品种。

桑树　70 年代前桑树栽植主要是“四旁”零星种植，70 年代后植桑养蚕发展迅速，栽植形式主要以桑园为主。

古树名木

境内百年以上古树较多，其中树龄 300 年以上国槐 13 株，100 余年的刺槐 30 余株，100 年以上皂角树 4 株，500 年以上枣树 1 株，多数古树生长旺盛。

国槐　境内百年、千年树龄国槐共有 13 株，其中县第一实验学校院内一株古槐，树龄 1200 年左右，枝翠叶茂，苍劲挺拔。何坊乡苏家村一株古槐，树龄 1700 年左右，管理较好，生长茂盛。惠民镇高官村、孙子故园、石庙康园村各有古槐一株，树龄均在 800 年以上。

龙爪槐　姜楼镇史官庄堡村有一株龙爪槐，树龄约 1200 年，高 3.8 米，胸径 0.55 米。树干上部呈狮首状，其上眼、鼻、口、耳俱全，形神兼备。下部三条老根裸于地面，形如狮尾及两条后腿。古槐位于一庙宇遗址，20 世纪 50 年代初树势旺盛，树冠很大，枝条下垂触地，故需多根柱子支撑，当时民间流传有“南遮山门，北遮庙；东遮钟楼，西遮道；大柱子七十二，小柱子如牛毛”的歌谣。

胡集镇刘元寺村有一株树龄 600 余年的龙爪槐，冠幅达 16 平方米，枝繁叶茂，村民称之神槐。

刺槐　县城内有百年刺槐 13 株，均生长茂盛。

紫藤　魏氏庄园内有一株 110 年树龄紫藤，

生长旺盛，夏日花开时节，吸引大量游客前来观赏。

林木蓄积

1985年，全县林业区划调查，活立木蓄积量27.78万立方米。其中用材林蓄积量7.66万立方米，防护林蓄积量3.86万立方米，林网、间作、“四旁”树木蓄积量15.73万立方米，其他0.53万立方米。活立木蓄积量中，国营林场蓄积量1.31万立方米。

1990年，全县活立木蓄积量50.89万立方米，其中国营林场蓄积量1.95万立方米，农村私有蓄积量48.94万立方米。1995年，全县活立木蓄积量105.02万立方米，其中国营林场蓄积量2.5万立方米，农村私有蓄积量102.52万立方米。2000年，全县活立木蓄积量120万立方米，其中国营林场蓄积量3.11万立方米，农村私有蓄积量116.89万立方米。2005年，全县活立木蓄积量130万立方米，其中国营林场蓄积量3.6万立方米，农村私有蓄积量126.4万立方米。

第二节　植树造林

育苗　1979年，全县在集体苗圃中推广紫穗槐营养钵育苗和畦床密播育苗技术。是年，共育各类苗0.96万亩，出圃苗500万株。1980年起，随着农村经济体制改革不断深化，集体和个体的育苗积极性提高。至1985年，全县有育苗专业户60个，苗木0.23万亩，苗木生产开始走向商品化经营轨道。

1990年3月，县政府制定关于建立桑蚕基地和短枝红富士苹果基地的八条优惠政策，促进育苗的发展。是年，以苹果为主的育苗面积达9600亩。1992年，新育苗面积1.2万亩，创全县育苗历史高峰。全县累计繁育果树苗1亿株，销售收入超过2亿元。1998年，220国道绿色长廊工程实施，为满足苗木需求，当年育苗2500亩。1999年，县政府制定《关于加快冬枣产业发展的实施意见》，全县掀起冬枣开发热潮，共育冬枣苗2875.7亩。2000年，县林业局在魏集镇与农户联建育苗基地2000亩。全县育苗3830.2亩，其中冬枣苗797.7亩。2001年，育苗8408亩。2003年，基地育苗1.2万亩。2005年，随着县内公路绿色通道建设和农田林网、经济林等造林对苗木需求的不断增加，全年共育各类苗木达到1.2万亩，出圃苗木900余万株。

成片造林　1979年，全县已有林场116个，经营面积达2.47万亩，其中：国营林场7个，公社林场6个，大队林场103个，从业人员达2571人。主要树种有国槐、柳、加拿大杨、八里庄杨等。1980年起，农村经济体制发生变革，林业经营出现多种所有制形式，除国营、公社、村办林场外，又相继出现社村联办、村村联办、户户联办及户办林场。同时，集体林场也实行承包责任制形式，群众造林热情空前高涨。是年，成片造林3425亩。1985年，成片造林7600亩，实有成片林面积2.73万亩。

1986年，县政府印发《惠民县“七五”林业计划及到本世纪末林业规划方案》《关于进一步放宽林业政策的若干规定》，提出以大搞“四旁”绿化、农林间作，建立用材林基地和经济林基地，形成网、带、片、点、间相结合，乔、灌、草齐发展的平原防护体系，促进农村经济的发展为指导思想，制定明确的奋斗目标。是年，全县成片造林面积8.61万亩，其中果园2.69万亩，林农间作3.64万亩。1988年，世界银行贷款的农业综合开发项目枣（果）粮间作子项目立项。是年，全县有成片造林面积8.24万亩，其中果园4.59万亩，林农间作12.19万亩。1991年，贯彻省委、省政府“学习广东，奋战十年，绿化山东”的决议精神，全县层层签定造林绿化责任状。是年，完成造林2.7万亩。1992年，县委、县政府提出“全民动员，大办林业，三年达标，五年绿化惠民”的奋斗目标。是年，成片造林

1.9 万亩。1993 年，通过春冬两次林业大会战，农田林网面积达到 100.6 万亩。1995 年，世行贷款的国家造林项目如期完成并通过省级验收，该项目总投资 390 万元，造林 3.6 万亩。1998 年，世界银行贷款二期项目开始实施，当年完成造林 2 万亩。2000 年，完成全县森林资源调查及“十五”“十一五”林业发展规划。是年，完成造林 0.92 万亩。2001 年，建成用材林和防护林 6356 亩。2002 年，建成用材防护林 6355.9 亩。2003 年，建成用材防护林 5000 亩。2004 年，成片造林 5000 亩。至 2005 年，查实全县林地总量 59.54 万亩，其中有林地 20.13 万亩。

农田林网　1979 年，境内实有林网面积 25 万亩，初步形成乔灌结合的农田防护林网。1980 年，农田林网营造工程出现滑坡，至 1982 年，境内林网面积为 9.3 万亩。1985 年，团中央、林业部部署黄河五公里防护林工程。境内沿黄五乡镇堤外五公里造林 3700 亩，植树 6.6 万株。是年，全县林网面积达 10.9 万亩。1989 年，沿黄五乡镇实施的沿黄五公里绿化工程通过省级验收。是年，全县完成农田林网 8.68 万亩，沟路渠造林总长 3017 公里。1990 年，省林业厅、黄河河务局、水利厅等下达“黄河造林二期工程”任务。1991 年，经省地两级验收，惠民县达到部颁平原绿化标准，受林业部表彰。是年，全县完成农田林网建设 6.1 万亩。1993 年，农田林网面积达到 100.6 万亩，林木覆盖率为 17.6%。1994 年 6 月，通过省、地两级验收，惠民县成为全区第一个“八五”时期省颁绿化达标县。同年，世行贷款的农业综合开发项目果粮间作子项目竣工，该项目总投资 221 万元，由惠民镇、何坊、联五等 10 乡镇承担，建成林网 7.5 万亩。1995 年，县内沿黄绿化二期工程完成并通过团省委和省林业厅等部门验收。1998 年，220 国道绿色长廊工程实施，投资 30 万元，沿 220 国道两侧建成 8 米宽林带，共计 37.24 公里，并通过省级验收。

2001 年，新建农田林网 6.6 万亩，完善补植林网 15 万亩，绿化公路 85.4 公里，新建绿色通道 46 公里。2002 年起，县委、县政府重点抓绿色通道建设，春秋两季共植树 260 万株，绿化通道 322 公里。2003 年，新建农田林网 5 万亩，建设绿色通道 322 公里。2004 年，绿色通道建设升为“一把手工程”，责任层层分解，权责明细，各负其责。全县 4 条省道（大济路、庆淄路、永莘路、乐胡路）和 2 条县乡路（桑王路、解陈路）全部完成绿化，总长 118 公里，植树 86 万株。是年，新建农田林网 5 万亩，完善补植农田林网 15 万亩。2005 年，新建农田林网 7.5 万亩。完成宽 100 米的环城林带建设 22 公里，乡村公路绿化里程 400 公里。全县林业总产值 4.5 亿元。

“四旁”植树　1979 年，全县“四旁”植树 431 万株。是年，农村实行经济体制改革，由于林业政策尚不完善，“四旁”植树量开始下降。1983 年，“四旁”植树 23 万株。1984 年，落实林业“三定”政策，即定林木权属、定社员植树范围、定林业发展规划。全县荒沟路渠 1030 公里，全部投标承包植树。1985 年，“四旁”植树 376 万株，全县实有“四旁”树木 1163 万株。

1986 年，县政府印发《关于进一步放宽林业政策的若干规定》，规定将“四旁”地承包或分配到户植树，谁种谁有。是年，“四旁”植树 532.1 万株，林木覆盖率 6.2%。1988 年，“四旁”植树 350.7 万株。1993 年，县政府组织春冬两季林业会战。是年，“四旁”植树 778.3 万株，林木覆盖率达 17.6%。1997 年，加强达标后的林木保护管理，巩固、完善和提高绿化成果，“四旁”植树 80 万株。2000 年，“四旁”植树 95 万株。2001 年，完成“四旁”植树 161 万株。2002 年，完成“四旁”植树 140 万株。2003 年，完成“四旁”植树 160 万株。2005 年，完成村庄绿化示范点 60 个，学校绿化示范点 30 个，全县“四旁”植树 246.8 万株。林木覆盖率为 24.5%。

第三节　果品生产

果品生产　1979年，境内实有果园1.55万亩，年产果品3.5万公斤。1980年，农村实行联产承包责任制，因政策尚不完善，全县大部果园无人管理，果园面积呈下降趋势，至1984年，苹果由1.05万亩下降为0.35万亩，梨由0.2万亩下降为700亩。1985年，林业确权及“三定”工作逐步落实，果园面积有所回升，是年，果园面积0.97万亩，其中：苹果0.75万亩，梨0.11万亩。1986年，县委、县政府重视发展果品生产，把果树生产任务纳入绿化责任状中，制定一系列政策，扶持鼓励乡镇发展果园。县林业局从莱州、胶南等地调进苹果苗近100万株，建果园2.4万亩。是年年底，全县有果园3.4万亩，其中结果园1万亩，果品总产770万公斤。1987年，建立果农技术研究会，在果农中普及果树生产技术，培养农民技术人才。果树总面积9.1万亩，果品总产971.8万公斤。1988年，缩减新建果园村队的粮棉定购任务，凡用于新建果园的耕地至少保持15年不动。果园面积发展到4.6万亩，果品总产1086万公斤。1989年，林业局选育的苹果优良品种—短枝红富士通过省科委组织的专家鉴定，被认定为当时国内最理想的短枝型晚熟苹果新品种。1990年5月，县政府实施“一手抓育苗，一手建果园，同步建设优质果苗繁育基地和短枝红富士优质苹果生产基地”的方案。1991年，凡新建一亩果园由农行解决50元贴息贷款，新建果园5年内免征农业特产税。同年10月，惠民县果业开发技术服务中心成立。1992年，全县果园发展到10.5万亩，结果面积4万亩，果品总产4500万公斤，总产值1亿元。1993年，县政府将发展果园的任务列为乡镇主要领导任期内的考核内容之一，签定任期目标责任状。1994年，短枝红富士苹果获全省农业新产品新技术展览会银奖。全县共投资20余万元改造低产劣质果园1.2万亩。1995年，县委、县政府决定全县果园开发规模扩大到“九五”计划的20万亩。全县果园面积达16.9万亩，结果面积6万亩，果品总产量6500万公斤，产值1.2亿元。1996年，林果技术培训中心成立，定期培训果农。在全省优质果品评选会和全国“星火计划”科技成果博览会上，短枝红富士苹果均获金奖。1997年，对果园加大科技含量，推广配方施肥、人工授粉、果品套袋等技术。果园面积17.8万亩，惠民蜜桃0.5万亩，果品产量1.5亿公斤。

2000年，先后引进适合县内培植的沾化冬枣、烟富优系、红将军、水晶梨、金太阳杏、中油3号、新川中岛桃等30个水果新品种。对发展前景看好的沾化冬枣、新川中岛桃、水晶梨等进行重点推广。冬枣密植园面积达3000亩。2001年，新建经济林29841.9亩，其中冬枣园7000亩。林果产量1.2亿公斤，林果总产值3.2亿元。2002年9月，在山东省国际林产品博览会上，惠民蜜桃、短枝红富士苹果双双获金奖。大年陈乡被确定为全省无公害果品标准化示范区。是年，新建经济林39841亩，其中冬枣园7100亩，果品总产量1.2亿公斤。2003年，新建高酸苹果基地1万亩，惠民蜜桃5000亩，果品总产1亿公斤，林果总产值3.5亿元。2004年，建设高酸苹果生产基地1万亩，惠民蜜桃5000亩。2005年，新建经济林26600亩，其中高酸苹果1.5万亩，冬枣园3000亩，果品产量1.6亿公斤。林果总产值4.5亿元。

名优产品

短枝红富士苹果　1986年，县林业局从胶南县引进的普通红富士苗中筛选出的短枝型芽变新品种。1989年10月，通过省级鉴定。1990年，被评为山东省优质果品。平均单果重203克，最大单果重457克，果实全面片红，果皮薄而光滑，肉质致密，酸甜适口，11月上旬成熟，耐贮藏；该树适应性强，结果早，丰产性能好。1995年，全县产量6000万公斤。1996年起，在原品种的基础上进行选优，并大力推广种植，提高管理水平，苹果产量和质量不断提高。2005年，全县红富士苹果种植面积4万亩，产量达1.5亿公斤。

惠民蜜桃　20世纪70年代，大年陈乡林业站从引进的青粉蜜桃中选育出来的优质品种。果实圆形或长圆形，平均单果重257克，最大重750克，果底色黄白，覆红色霞彩，外观亮丽。果肉乳白色，近核处有红色放射状条纹，汁多味甘甜，可溶性固形物含量11%～14%。粘核，品质佳，适应范围广，耐旱、搞寒性强，早果丰产性好。1997年，通过省级技术鉴定。1999年，通过省农作物品种审定委员会审定。2002年，通过国家良种审定委员会审定。2004年，全县惠民蜜桃种植面积为8600亩，产量0.1亿公斤。2005年，在省内外大面积栽种。

第四节　观赏花卉

境内属暖温带大陆性季风气候，适宜多种观赏花卉生长。20世纪90年代起，由于冬暖式大棚温室的普及，亚热带观赏花卉种植逐年增多，2005年，栽植的观赏花卉品种计32科600余种。

盆栽花卉

观花类　水仙、杜鹃、山茶、月季、兰花、仙客来、秋海棠、倒挂金钟、菊花（雏菊、独木菊、多头菊、塔菊、悬崖菊等）、天竺葵、令箭荷花、马蹄莲、朱顶兰、君子兰、香雪兰、鹤望兰、米兰、茉莉、扶桑、一品红、花石榴、蟹爪兰、瓜叶菊、姬凤梨、赤凤梨、吊竹梅、虎尾兰、虎刺梅、玉簪等。

观叶类　春芋、海芋、文竹、龟背竹、花叶芋、合果芋、万年青、花叶万年青、紫花草、吊竹梅、虎尾兰、一叶兰、彩叶草、鹅掌柴（发财树）、绿萝、花叶绿萝、贤蕨、贯众、苏铁、吊兰、竹草海棠、铁茉莉、菖蒲、天门冬、橡皮树、棕榈类、芦荟类、巴西木、雀梅、榕树、仙人掌类、仙人球类。

观果类　石榴、金桔、珊瑚珠、观赏辣椒、金银茄、南天竹、佛手、玳玳、金枣、矮化苹果、矮化梨、矮化桃等。

露地草花　三色堇、石竹、雏菊、大丽花（地瓜牡丹）、鸡冠花、蜀葵、玉簪、美人蕉、芍药、一串红、荷花、菊花类、唐昌蒲、波斯菊、睡莲莲花类、虞美人、含羞草、泽兰等。

露地花木　迎春花、连翘、金银花、紫薇、凌霄、木槿、榆叶梅、丁香、玫槐、月季、蔷薇、棣棠、西府海棠、贴梗海棠、桂花、牡丹、夹竹桃、碧桃、无花果、雪松、蜀桧、园柏、翠柏、千头柏、苏铁、黄杨类、冬青类、女贞、合欢、广玉兰、樱花、爬山虎、紫叶李、藤萝、红叶小蘖、紫荆等。

花卉产业　1979年前，一般为家庭栽植观赏，集市偶有销售，以低档草本花为主。1980年起，随着农村产业结构调整，花卉作为一项产业应运而生，并走向市场。境内相继出现一些花卉种植专业户和花卉苗木公司。城关公社后娘娘坟村青年李成江自建大棚种花卉成为全县有名的花卉示范户，被团中央命名为新长征青年突击手。他以乡土树种柽柳制作的盆景参加国家级展览，获得一次金奖，二次银奖。

1990年后，境内花卉市场从小到大，至2005年，县城集日上市花卉摊位40余家，品种达300余种。

第五节　林木管理

林木管护　1979年11月，县林业局恢复成立。1981年，成立县绿化委员会，办公室设在县林业局。1983年，成立林木管理技术顾问小组，县林业局设林政科，负责林业政策贯彻情况的调查研究、审批采伐林木、征收育林基金和调处林木案件等工作。1985年，《中华人民共和国森林法》实施。1986年，县政府印发《关于进一步放宽林业政策的若干规定》，完善落实以承包责任制为主的林业政策，发展林业。1987年，县十一届人大常委会第四次会议通过《惠民县林木采伐和育林费征收实施办法》，规定林木采伐必须严格执行国家下达的标准限额，不准乱采滥伐；凡国家、集体、个人承包经营的木材和经济林产品，均按规定征收育林费。1989年，成立由公、检、法、司、林、水、交通、教育等部门组成的林木管护领导小组，各乡镇成立以乡（镇）长为组长的林木管护领导小组，村村设护林员，全县形成林木管护网络。是年，依法查处盗伐林木案件9起，调解林木纠纷13起。1991年，林业部为县林业局配备护林防火宣传车1部，专用电台2部。1993年，惠民县被林业部授予护林防火先进县。1994年，成立林业公安科，配备公安警车一部，及时查处重大毁林案件。1998年2月，县林业局印发《林政管理工作实施意见》，强化"四证一费一限额"的管理，加大对采伐迹地限期造林工作的管理力度。5月，县委、县政府印发《关于进一步完善、落实林地政策的意见》，要求依法划定林地范围，并核发"林地所有权证"；在林地所有权不变的情况下，推行拍卖、租赁和股份合作制等经济形式，实现林地的"两权"分离；延长林地使用期限，一般30年不变。9月，县政府印发《关于制止乱砍滥伐林木和毁占林地的通知》，要求搞好林地清查，坚决制止退林还耕，依法严厉打击乱砍滥伐、毁林开荒等违法行为。1999年11月，县政府印发《关于林地确权发证工作的若干规定》《林地确权发证工作实施意见》，林地拍卖工作进展顺利。2000年，全县共拍卖林地36248亩，沟路渠3038公里，林网4.17万亩，拍卖金额1576.6万元；填写"林地所有权证"登记卡6400份，"林地使用权证"登记卡12905份，登记林地面积45.4万亩。2001年6月，县林业局出台《全县林政管理工作实施意见》，强化林政管理，切实作好采伐迹地限期造林工作。对未按《采伐迹地造林通知书》要求造林者，依据《中华人民共和国森林法》给予处罚。在充分保护林地、林木资源的基础上，在林地所有权不变的情况下，利用市场手段，大力推行拍卖、租赁和股份合作制等管理模式，实现林地的"两权"分离，林地使用者在法律允许的范围内自主经营。2002年，共发放林地所有权证和林地使用权证500份。至2005年，全县共查处林木案件143起，林业行政处罚216人；查验木材加工经营户273家，取缔非法经营点38个；恢复采伐迹地更新造林3800亩。

病虫害防治 1981年，县林业局设立林木病虫测报站，开展林木病虫害普查，发现白杨透翅蛾、青杨枝天牛、梨园蚧、刺槐谷蛾等12种危险虫害；有杨树根癌病、泡桐丛枝疾、刺槐烂皮病等7种危险病害。采用人工捕捉、药物喷洒、招引天敌等方法综合防治，并做好植物检疫，禁止带病虫的苗、种、条、根及材料出入境。是年，境内榆兰金花虫大发生，有200余万株榆树受害。1982年，林木病虫测报站推广"氧化乐果涂环""呋喃丹根埋"两种防治方法，害虫死亡率平均在95%以上，虫害基本得到控制。1985年，林木病虫测报站依据《植物检疫条例》深入开展检疫工作，对产于县境的0.2万立方米木材，1500吨果品，30万株花草、苗木，95.94万根毛竹进行检疫。

1986年，在麻店、胡集、清河镇等乡镇组织榆兰金花虫防治。至1997年，全县共设林木病虫测报点63个，监测面积21万亩，监测覆盖率达85%；发布林木病虫预报24期，准确率达90%；产地检疫苗木3.1万亩，产地检疫率达95%；林木病虫害发生面积12万亩，防治面积9.6万亩，防治率为80%，通过省、地森林病虫害检查验收。县政府每年部署对美国白蛾进行普查，致使美国白蛾这一危险害虫没有传入县域。

1999年春季，杨尺蠖大发生，发生面积16.8万亩。县政府印发《关于迅速防治杨尺蠖的紧急通知》，制定《杨尺蠖防治工作考核办法》。至2000年，投入人员2.5万人，资金39.8万元，累计防治片林15.8万亩，经济林24.7万亩，林网65万亩，防治率达98.5%。2001年，设立惠民县木材检疫检查站，专司木材进出县境检疫之职。2005年9月，县境首次发现美国白蛾侵入，并快速扩散至全县各处。是年，查处非法收购、运输野生保护动物案件多起，放生青蛙3万余只。

第六章 畜牧业

1979年，全县大牲畜为集体饲养、集体所有，生猪、家禽、兔、羊多为农户分散饲养、户所有。是年，大牲畜存栏2.55万头，猪10.86万头，羊6.61万只，家禽45.6万只，兔11.02万只，肉类总产量0.25万吨。1981年，全县农村实行联产承包责任制，集体所有的牲畜作价到户，户有户养。为鼓励农户发展畜牧业，国家取消大牲畜宰杀逐级上报审批的规定。县政府提供部分平价饲料或分给适当饲料地，鼓励农户饲养畜禽。1985年，国家取消生猪统购统销政策，放开畜产品的经营和价格，鼓励畜牧业向商品化发展，农村开始出现从事养鸡、养羊、养猪等专业户、重点户，畜牧生产出现蓬勃发展的好势头。是年，全县大牲畜存栏5.5万头，猪10.4万头，羊2.93万只，家禽93.1万只，兔8万只。1987年，成立县牧工商委员会办公室，学习诸城经验，组织以发展畜牧业为突破口的农村经济大合唱，制定并印发《关于加快畜牧业商品化生产的意见》。1988年，县委、县政府印发《关于加快畜牧业生产的若干暂行规定》。同年，承担省农业厅“肉牛生产配套技术推广”丰收计划项目，广泛推广大家畜冷配、黄牛肉改、畜禽良种改良、秸秆青储氨化、配合饲料应用、科学免疫等科学技术。至1990年，全县大牲畜存栏达16.52万头，猪14.86万头、羊13.65万只、家禽202万只，兔18.3万只，肉类总产量2.7万吨。1991年，惠民县被列为全省肉牛出口基地。1993年，惠民县氨化饲料获全国第一名。1994年，惠民县被命名为全省“畜牧强县”，全县21个乡（镇）被命名为“畜牧强乡（镇）”，有21个村被命名为“畜牧强村”。1995年，在全县开展“95畜牧年”活动。同年，惠民县被国务院命名为“全国秸秆养牛十佳县”。是年年底，全县大牲畜存栏35.46万头，猪33.22万头，羊36.06万只，家禽790.5万只，兔28.5万只，肉类总产量8.72万吨，禽蛋4.24万吨，奶6吨，畜牧业总产值5.75亿元。

1996年，全县畜牧业生产经营呈现多样化，个体、集体和股份制形式并存。1997年，全县开展“科技推广年”活动，广泛推行作物秸秆青贮氨化技术，牛的冷配技术，肉羊及猪的人工授精技术，肉牛、肉羊育肥、畜禽程序化免疫、暖棚养畜禽等实用技术。2001年，全县确定畜牧业结构调整，重点是“两稳定、三加快、两突出”（稳定生猪和蛋鸡生产，加快牛、羊、兔和肉鸡、肉鸭、肉鹅及特种养殖生产，突出发展奶牛和草业）。在生产结构上重点抓“标准化生产，合同化管理，产业化规划”，大力发展个体、民营规模生产。至2005年年底，全县畜牧业生产基本实现由传统的户有户养，人畜同院，分散粗放经营向专业化、规模化、标准化发展。是年，全县各类畜禽规模饲养户发展到4500户；大牲畜存栏15.56万头，猪存栏15.35万头，羊存栏15.75万只，家禽630万只，兔存栏6.47万只，家禽存栏630万只，肉类总产量4.44万吨，禽蛋产量5.09万吨，奶产量6000吨。

表 5-5

1979—2005 年惠民县畜牧业生产情况表

年份	大牲畜（头）					猪（头）	羊（只）	家禽（万只）	兔（只）
	合计	牛	马	驴	骡				
1979	25506	15267	3035	5827	1377	108600	66100	45.60	110200
1980	24091	13341	2978	6233	1539	105200	89700	55.50	198400
1981	25227	12103	2710	8766	1648	91800	85400	51.50	92400
1982	33594	14735	3430	12476	2953	95700	65400	56.20	80000
1983	41673	18363	4171	13899	5240	85200	46000	58.40	74400
1984	45969	21406	4446	14400	5717	63900	23600	90.00	38000
1985	55298	27036	5274	15306	7682	104000	29300	93.10	80000
1986	73000	39800	5800	19000	8400	119200	43900	103.86	116800
1987	80677	49536	5677	17417	8047	105183	52684	105.20	105700
1988	120500	84500	6300	20600	9100	142200	105900	143.93	147800
1989	132000	95900	6400	21700	8000	163400	133400	180.16	157400
1990	165200	125800	7300	24000	8100	148600	136500	202.00	183000
1991	166900	125600	8500	25400	7400	212400	131700	285.78	117400
1992	214300	169800	9700	25500	9300	219500	168000	224.00	246200
1993	232630	196300	10500	14530	11300	224700	192300	307.40	231200
1994	337600	287000	11300	26500	12800	281000	253600	654.37	214500
1995	354600	291900	13800	34500	14400	332200	360600	790.50	285000
1996	361200	292600	15600	37200	15800	323700	369800	914.93	363300
1997	327700	253700	19500	39900	14600	336100	382700	903.00	639100
1998	161234	128320	8026	17364	7524	160096	104265	261.53	13665
1999	159343	127685	7896	16575	7187	172346	115987	360.00	50000
2000	158846	126516	7546	17692	7092	175587	165342	432.60	58000
2001	146846	115478	7024	18220	6124	155000	148000	435.00	61000
2002	154000	119000	8000	20000	7000	150000	148500	475.00	61000
2003	151500	119900	7800	17000	6800	148000	14900	470.00	61000
2004	153800	120935	8190	17850	6825	147000	151000	472.00	64050
2005	155600	123000	8300	18000	6300	153500	157500	630.00	64700

第一节 机 构

1979—1991 年，惠民县畜牧兽医站隶属于县农业局。1991 年 3 月 18 日，成立惠民县畜牧局，内设牧工商服务中心、畜牧兽医站、家畜改良站、饲料站、综合办公室。1993 年 10 月，县级机构改革，畜牧局成建制转为事业单位。1995 年 2 月，设立“惠民县动物检疫站”“惠民县饲草饲料推广站”，为畜牧局直属股级单位。1997 年 9 月增设科技服务中心。2002 年 11 月，成立“惠民县动物防疫监督站”“惠民县兽药监察所”“惠民县饲料工作办公室”，均为股级单位，隶属畜牧局。2005 年，畜牧局内设办公室、政工科、财务科、动物检疫站、兽药监督所、畜牧兽医站、科技服务中心和家畜改良站，有在职人员 39 人。

第二节 畜禽饲养

大家畜 1979 年，大家畜归集体所有，存栏量较少，多以役用。全县大家畜存栏 2.55 万头（匹），其中牛 1.52 万头，马 0.3 万匹，驴 0.58 万头，骡 0.14 万匹。1981 年起，农村实行联产承包责任制，大家畜作价到户，同时分给农户适当的饲料粮或饲料地鼓励养畜，大家畜逐步发展为千家万户分散饲养，数量得以持续增长。1985 年，全县大牲畜存栏达到 5.5 万头。1988 年，承担了省农业厅下达的“肉牛生产配套技术推广”丰收计划项目，肉牛生产获得大幅度增产增收，至 1991 年，全县大家畜存栏达到 16.69 万头，其中牛 12.56 万头。1993 年，惠民县被农业部列为第二批实施“全国秸秆养牛示范县”重点县，在申桥、李庄、辛店、三堡等 10 个乡（镇）建立万头商品牛生产基地，开发利用青贮氨化秸秆饲料育肥架子牛。1995 年，惠民县荣获国务院“全国秸秆养牛十佳县”并获“金牛奖”。1996 年，大家畜从传统的户有户养、人畜同院、分散粗放经营方式逐步向专业化、规模化、效益型转变。以养牛为主的专业户大批涌现，少则 3 ~5 头，多则上百头。清河镇、李庄建起奶牛小区，省屯建起全天候肉牛交易“天天大市场”。是年，全县实现肉牛生产数量的扩张，存栏大家畜达到 36.12 万头，其中牛 29.26 万头，创历史最高。2000 年，由于养牛业发展潜力大，前景广阔，麻店建起鑫泰千头牛育肥场，桑落墅建起立伟肉牛育肥场，石庙建起史家肉牛育肥场，惠民镇大崔建起 300 头奶牛场。2001 年，全县畜牧生产规模化程度达到 45%。是年，大家畜存栏 14.68 万头，其中牛存栏 11.55 万头。至 2005 年年底，全县大家畜存栏 15.56 万头，其中牛存栏 12.3 万头。

小家畜 1979 年，小家畜的饲养管理以农户传统的饲养为主，在农户中作为家庭副业对待，管理粗放，饲养单一，饲养周期长，经济效益不高。是年，全县猪存栏 10.86 万头，羊存栏 6.61 万头，家兔存栏 11.02 万只。1985 年起，随着市场经济的不断发展，畜牧生产技术的推广应用，全县许多农户开始把畜禽饲养按商品生产运作，当成家庭经济收入的重要项目。1986 年，县政府扶持发展长毛兔饲养，从上海等地调进大批长毛兔供专业户饲养。是年，养兔专业户发展到 46 户。1990 年全县实施肉羊开发项目，至 1993 年，形成三堡、辛店、石庙、皂户李等 10 个万只规模肉羊生产基地乡（镇）万只规模。1996 年，全县养猪 30 头以上的专业户有 4620 个，养羊 30 只以上的专业户有 3147 个，养兔 200 只以上的专业户有 30 个。在饲养管理方式上采用青贮氨化、配合饲料、暖圈养猪、早期断奶、程序化免疫等实用技术，缩短了饲养周期。1998—2000 年，全县在畜牧基地建设过程中，先后在大年陈乡建立猪、沼、果、肥四位一体的绿色环保基地，在何坊乡建立肉食兔基地，在大年陈的北段王村、联五的成家村建立三元良种猪繁育场，年出栏千头猪以上的养殖大户、养殖场达 100 余个。2005 年年底，全县生猪存栏 15.35 万头，羊存栏 15.75 万只，兔存栏 6.47 万只。

在沟坡上放牧羊群

家禽 1979 年，家禽饲养以农户散养为主，全县没有规模养鸡场，饲养管理粗放，饲料单一，产蛋率较低。是年，全县家禽存栏量 45.6 万只。中共十一届三中全会后，国家鼓励和扶持户养家禽，规模饲养开始发展，至 1984 年，全县养蛋鸡专业户达到 1182 户，蛋鸡年产蛋量达到 6 公斤/只。1986 年，县农牧局兽医站引进电器孵化设备，建起全县第一家电动孵化场，主要孵化蛋鸡。县供销合作社在淄角左豹兴建了万只规模种鸡场，在饲养管理方式上采用笼养，选用良种、混合饲料或配合饲料，蛋鸡年产蛋量提高到 10 公斤/只以上。

1990 年，家禽生产开始由散养户转向专业户规模饲养，从养商品蛋鸡转向养肉鸡、杂交肉鸡、蛋鸡并举，至 1998 年，先后在石庙镇建立大棚养鸡基地，县电业局、邮政局分别建立良种鸡、白玉王鸽饲养场，涌现出年出栏万只鸡以上的饲养大户 100 余个。2000 年，家禽生产格局以肉禽为主，以天禧牧业公司的杂交肉鸡生产为龙头，全县发展饲养 2000 只以上“合同鸡”饲养户达 1900 余户，出栏“合同鸡”400 余万只。2005 年，全县建立规模种鸡场 5 处，电动孵化场 31 处，年生产鸡苗能力达 3000 万只。发展“合同鸭”养殖小区 2 个，建养鸭大棚 16 个，年出栏“合同鸭”25 万只。在饲养管理上，采用高产良种、笼养、网上平养、自动饮水、湿帘降温、饲喂全价配合饲料、程序化免疫等饲养管理技术，规模养禽业水平有了显著提高。是年年底，全县存栏家禽 630 万只，出栏 1000 余万只。

第三节　品种改良

家畜

牛 境内养牛以肉用型、肉役兼用型、乳用型为主。品种以本地黄牛为基础，先后引进鲁西黄牛、蒙古牛、渤海黑牛（无棣黑牛）、海福特牛（英国牛）、短角牛（英国牛）、荷兰奶牛，至 1984 年，杂交牛占 71%，当地牛占 29%。1986 年起，全县实施良种产业化工程，实行家畜改良站同个体配种户一起上，引进与繁育推广相结合的原则，以县家畜改良站为龙头，配套建设一处肉牛冻精站，购置了肉牛冻精细管分装机等先进设备。以乡（镇）兽医站为骨干，以个体配种点为补充，建立 97 处人工授精站（点），先后引进法国纯种犁木赞种公牛 10 头，西门塔尔种公牛 2 头，荷斯坦乳用和肉用种公牛 2 头，主要用以制作冻精颗粒细管，改良本地黄牛。1997 年，利用肉牛良种改良本地黄牛 9.45 万头，改良率达 75%。至 2005 年，全县肉牛良种改良覆盖率达到 90% 以上。

猪 1979 年，均为多种杂交猪，主要品种有“内杂”（内江猪杂交品种）和“长杂”（长白猪杂交品种），各占猪总头数的 28% 以上。饲养数量较少的有巴克夏、约克夏、哈白猪、荣昌猪及金约杂交、金安杂交等品种。20 世纪 80 年代起，群众食猪肉习惯由肥肉型向瘦肉型转变，巴克夏等部分产瘦肉率低的品种逐渐被淘汰。1983 年，引进汉普夏、长白、杜洛克、大约克夏等瘦肉型种猪。1990 年，引进迪卡配套系、皮特兰等良种猪。在县第二油棉厂储备库和大年陈北段王先后建起 2 处瘦肉型良种猪繁育场，生产纯种猪和二元、三元杂交猪，至 2005 年，全县良种猪覆盖率达到 95% 以上。

羊 1979 年，境内杂交改良品种主要有新疆细毛羊、白山羊、青山羊及奶山羊。1989 年起，先后从内蒙古、河南、无棣等地引进法国夏洛莱肉羊种公羊10余只、无角多赛特肉羊种公羊2只，利用人工授精技术进行繁育并在全县推广。1991年，县畜牧局承担“八五”期间国家重中之重的星火计划“北方肉羊产业技术开发”项目，获省科委科技星火一等奖。1998年，引进新西兰波尔山羊、梁山小尾塞羊等，与当地山羊、绵羊杂交产生较高的经济效益。至2005年，夏洛莱绵羊因皮张不佳且与当地绵羊杂交产羔率低，基本淘汰。无角多赛特绵羊也没有大面积推广。

畜禽　1985年，境内鸡有莱克航、澳州黑、芦花鸡、东北大骨鸡、九斤黄、北京白鸡、星杂579、S200、尼克、滨白、罗斯、白洛克、伊沙、三黄肉鸡、京黄肉鸡15个良种及杂交种。兔有安哥拉毛兔、比利时、加里福尼亚、青紫蓝等品种肉兔。鸭有微山麻鸭、北京鸭、文登黑鸭、康贝尔鸭和金定鸭等品种，以微山麻鸭为主，其他品种饲养量较少。1990年，引进了新西兰皮肉兼用兔—獭兔。2000年，引进肉鸭—樱桃谷鸭，在全县推广。至2005年，全县引进蛋鸡品种有海兰白、罗曼、海兰褐、伊莎褐等9个，肉鸡品种2个，除去散养户，肉鸡实现良种化生产，蛋鸡良种覆盖率达到90%以上。兔有毛用、皮用、肉用及兼用兔4个类型，10余个品种。

经济动物

鹿　1985年，李庄兽医站引进梅花鹿圈养，后因效益不佳淘汰。

鸵鸟　2000年，县沙窝林场引进80只，后因效益不佳淘汰。

肉鸽　1992年，香翟乡香翟村、头堡村引进美国落地王肉鸽和美国白玉王肉鸽，至2005年，已推广全县。

乌骨鸡　1995年，县邮电局引进乌骨鸡，至2005年，推广到魏集、石庙等乡镇。

第四节　饲草饲料

饲草、饲料资源

天然草场　1979年，全县天然草场面积5万~7万亩，多为盐碱撂荒地，野生饲用植物中主要有芦草、白茅、马齿苋、狗尾草、翅碱蓬、三棱草、野绿豆、野萝卜等，分布面广，适应性好，可直接放牧。代表性的连片草场有八方寺洼、飞机场等。中共十一届三中全会后，随着家庭联产承包责任制的推行，撂荒地部分或全部承包给农户开发种粮棉，天然草场越来越少，至2005年，全县不足千亩。

人工种草　1999年，全县开始推广人工种草，种植美国WL323、324紫花苜蓿百余亩。2000年5月20日，地委、行署提出在农村产业战略性调整中实行退粮种草，加快发展苜蓿生产。惠民县采取送种子、送技术到户，签订保护价收购合同等措施，当年种植紫花苜蓿达4094亩。魏集镇崔杜村村民崔来堂在粮田种植苜蓿创造了亩产干苜蓿2.5吨的单产全国第一的记录。2005年，全县苜蓿种植面积达到6200亩。

农作物秸秆　境内做饲料用的农作物秸秆丰富，有玉米秸、麦秸、花生蔓、豆荚皮、地瓜秧、大豆秸、麦糠、杂粮秸秆等。1984年，产量53万吨，秸秆利用率达到45%。2005年，全县产农作物秸秆40万吨以上，利用率达到75%。

饲料　县境内用作饲料的粮食产品主要有玉米和粮食、棉花加工后的副产品，如：麦麸、豆饼、花生饼、棉籽饼、豆粕、糟渣等，至2005年，用作饲料的达39万吨。

加工利用

饲料加工利用　1983年，开始生产配合饲料，营养全面，育肥猪180天可出栏，料肉比由以前的5.2∶1降为4.1∶1。蛋鸡130~150天可开产，料蛋比由以前的4.5∶1降到3∶1。1988年，小型饲料加工厂发展到13处，年生产能力达到2.8万吨。1991年，县粮食局建成年产万吨饲料厂，产品有预混料、全价料、浓缩料、颗粒料等品种。1994年，国务院印发《1994—2000年全国饲料工业发展纲要》，全县坚持国家、集体、个人并举的原则，加快饲料发展步伐。2000年，全县有中型饲料加工厂5家，小型饲料厂15家，生产能力达 10 万吨以上。2005 年，全县规模较大的饲料生产企业发展到 18 家，年生产能力达到 50 万吨，实际生产 22.5 万吨，总产值 4.6 亿元。主要生产企业有滨州六和、六和科技园、滨州和美、天禧、富辰等，生产饲料品种发展到 10 个系列、100 余个品种。

秸秆加工利用　1987 年，全县开展青储氨化饲料试点工作，在申桥、胡集 2 乡镇 4 个自然村推广青储饲料，收到良好效果。1988 年，推广到 7 个乡镇，完成青储玉米秸 3.2 万吨，氨化麦秸 256 万公斤，达到农业部表彰奖励标准。1989 年，惠民县普及推广氨化饲料获全省第一名，青储饲料获全省第三名。1993 年，氨化饲料获全国第一名。1997 年，全县建青储水泥池 1754 个，青储、氨化饲料双获全省第一名。1998 年，青储氨化量达到最高峰，青储饲料达 32 万吨，氨化麦秸 10 万吨。2005 年，由于牛的饲养量减少，全县加工青储饲料 8 万吨，氨化饲料 2.5 万吨。

第五节　疫病防治

畜禽疫病　1985 年，国务院颁布《家畜家禽防疫条例》，全县开展以查源、灭源、防疫、检疫、消毒等综合性防治措施。1986 年起，畜禽疫病的发生和流行出现新的变化，布氏杆菌病、马鼻疽、猪囊虫等病很少发生，以往发生很少或没有发生的某些病类有新的发生甚至流行。1988 年，在联五、申桥两个乡首次查出牛传染性鼻气管炎 17 例、牛黏膜病 7 例。淄角镇、惠民镇查出鸡传染性法氏囊病 2331 只。1989 年，鸡马立克氏病在境内发生流行。1992 年，全县有 15% 左右的养鸡场发生产蛋下降综合症。1994 年，在陈集乡发生牛猝死症，死亡牛 2 头。1999 年，胡集、李庄的外地调运牛发生口蹄疫，县政府对疫点、疫区迅速进行封锁，并对 12 头病牛进行无害化处理。至 2005 年，全县曾发生的畜禽疫病共有 44 种，其中传染病 17 种，寄生虫病 27 种。国家规定的 19 种动物疫病，县内共发生 7 种，有猪瘟、口蹄疫、猪伪狂犬病、布氏杆菌病、鸡新城疫、鸡传染性法氏囊、鸡白痢。

疫病防治

防疫　1979 年，防疫猪瘟、猪丹毒开始使用二联苗（以往使用的疫苗均为单苗）。1984 年，探索改革防疫体制，实施防疫承包试点，并逐步在全县推广。1986 年，试行科学免疫与驱虫卫生程序（即根据畜禽传染病和寄生虫病发生流行规律及畜禽体内抗体消长规律，确定畜禽最佳免疫注射和驱虫时间，在最佳免疫、驱虫期进行免疫注射和驱虫）获得成功，改变了以往春、秋两季突击防疫注射的免疫办法。1988 年起，试行畜禽防疫双轨目标管理责任制，即从县、乡镇政府到村委会，从县农牧局、乡（镇）兽医站到村级防疫员，逐步落实责任制，双规运行，合力灭病。1997 年，猪瘟、猪丹毒的防疫密度在 95% 以上，鸡新城疫的防疫密度在 90% 以上。1998 年 1 月，实施《中华人民共和国动物防疫法》，国家对严重危害养殖业生产和人民健康的动物疫病实行计划免疫制度，实施强制免疫。在防疫中做到乡不漏村，村不漏户，户不漏畜。举办不同形式的防治技术培训班，组织技术专家到乡镇巡回进行指导。至 2005 年，用疫（菌）苗进行防疫的传染病达 25 种。

治疗　1985 年，县内基本消灭马传染性贫血、马乙脑、马炭疽、牛气肿疽、牛炭疽、牛肺疫、羊痘、羊炭疽、猪红眼病、子猪副伤寒、猪炭疽等 12 种疫疾。基本控制马鼻疽、马传染性淋巴管炎、马媾疫、猪肺疫、猪气喘疾、猪传染性肠胃炎、猪弓型虫、猪水肿疾 8 种疫病。同年，有 4 个乡（镇）畜禽医疗机构购置 6 台瘤胃吸铁器，共为 1000 余头牛进行瘤胃吸铁。1989 年，各乡（镇）兽医站全部配备电冰箱、电疗机、无血去势钳和瘤胃吸铁器。淄角、李庄、桑落墅、联五 4 乡镇购置特定电磁波谱辐射器，惠民镇兽医站配备了金属探测器。是年，大家畜的发病受治率达 100%，治愈率达 98.1%；猪的治愈率达

97.92%；其他畜禽治愈率在85%以上。2001年，县建成面积300平方米的国家级动物疫病测报站，内设7个操作室。2002年，监测畜禽疫病36种，测报各类畜禽33万头（只），发送畜禽疫病信息12期。2004年，县政府制订《惠民县重大动物疫病防控应急预案》，县、乡（镇）成立防控指挥部。2005年，全县测报各类畜禽50余万头（只）。

检疫　1981年，县农牧业局公布吴玉波、刘俊柱、李秀玲、张建勇为县兽医卫生检疫员，并办理检疫证及胸章。1985年5月，县兽医站举办32人的乡（镇）兽医站防检技术培训班，接管由县防疫站负责的肉品卫生检疫工作。1986年，全县有60余人参加兽医卫生监督员、兽医卫生检疫员考试，有5人取得兽医卫生监督员证章、证书，44人取得兽医卫生检疫员证章、证书。当年检疫肉类866.7吨，无害化处理病害肉3.8吨。1988年，开始对冷藏加工厂畜禽实行宰前检疫、宰后检验，对全县19处畜禽交易市场实行检疫。1993年，建立动物卫生检疫站，进一步规范了检疫工作。1999年起，全县开始推行生猪定点屠宰、集中检疫，凡进入定点屠宰场屠宰的生猪全部实施检疫，杜绝了病害肉上市。同年，依据《中华人民共和国动物防疫法》，强化进出境检疫、屠宰检疫和市场监督工作。年检疫活畜12万头，活禽250万只，畜产品1亿公斤。2002年6月，成立“惠民县动物防疫监督所”，至2005年，加强动物产地检疫工作，对证照使用进行规范管理，并对私屠滥宰现象依法进行严查。

第六节　畜牧产品

1988年，县冷藏厂建立。1991年，县供销社成立肉食鸡集团总公司，形成集商品鸡繁育、饲养、屠宰加工、冷藏、销售于一体的实体企业集团。1993年，全县冷藏能力达到2800吨。李庄、申桥、清河镇三个乡镇的畜牧产品专业市场已形成规模。申桥养牛协会、辛店市场经济协会等民间组织，带动大批农民进入流通领域，产、加、销一体化，牧、工、商一条龙的生产体系日趋完善。1994年，李庄镇沙珠邢肉类皮毛公司营销产值达到2000余万元。1999年，全县建立“生猪定点屠宰厂”2家。2000年，加快发展畜禽加工生产和名、优、特畜产品，正确引导魏集烧鸡、驴肉，沙珠邢屠宰、冷贮、熟制加工和惠民镇肉食加工等私营加工企业健康发展。同年，双新公司建成肉食鸡加工车间，产品销往上海、天津等地。2005年，全县畜牧产品加工企业有：日宰杀肉鸡10万只的天禧牧业有限公司，顺风清真肉类有限公司，惠民乐天肉类有限公司，滨州健民禽蛋制品研究院，生猪定点屠宰场等18家。

第七章　水产业

县域南靠黄河，境内有徒骇河、土马沙河和四个引黄灌区及控制流域面积30平方公里以上的排水干沟21条，颇具发展水产业的资源优势。20世纪80年代，全县共有水域面积18万亩（河、沟面积15万亩，坑塘面积3万亩），利用水产养殖面积2500亩。后经废窑坑开发和开挖渔塘，水域面积逐步增加。2005年，境内水域面积达21.5万亩，其中，河、沟面积15万亩，坑塘、渔塘面积6.5万亩，适宜发展水产养殖的水域面积6.5万亩，开发利用水产养殖面积3.2万亩，占宜养面积的50%。

第一节　养　殖

1979—1985年，境内水产养殖逐步实行人工养殖，主要养本地鲤鱼、鲢鱼、草鱼（俗称草包），亩产量不足100公斤。1986年，水产管理工作由县农业局划归水利局。1988年，县水利水产局下设县渔业开发中心，负责全县水产养殖业技术指导及管理工作。

新品种引进　1985年起，县内逐渐引进水产养殖新品种。主要有：

甲鱼。属偏肉食性水生动物，1986年引进试养。1997年，大年陈、省屯等乡镇的养殖面积共计20.4亩，年利润1500元/亩左右。后因管理措施繁杂，推广较难，养殖量逐年减少。

建鲤。具有生长快、产量高、体型好等特点。1990年从江苏无锡引进试养，1992年改从高青大芦湖和济南淡水养殖研究所引进鱼仔，成为县内水产养殖的主要品种之一。2005年，全县养殖面积达万亩，年利润在1200～2000元/亩左右。

罗非鱼。原产于非洲，具有食性广、生长快、养殖周期短、耐密集养殖和肉质鲜美等特点。1986年，香翟农技中学从泰安引进尼罗罗非鱼全雄鱼种500公斤（规格2市两/尾），在5亩池塘中投放试养，配备2.5千瓦增氧机1台，亩产量达到400公斤，亩利润1500元。1992年，辛店窑场养殖罗非鱼7.6亩，亩产700公斤，亩利润2600元。1997年，从淄博引进罗非鱼种400公斤，在惠民镇后王村推广养殖20亩，由于资金紧缺而采取半精养方式，平均亩产250公斤，亩利润600元左右。罗非鱼属热带鱼类，在县内生长季节短，且不能自然越冬，大规模推广尚有一定困难。

乌鳢。俗称黑鱼，是大众喜食的品种，南方更甚，被视为滋补佳品。1997年，何坊乡建立乌鳢养殖基地，养殖面积150亩。从微山县引进鱼种，采用网箱养殖方式，共有105个网箱。每个网箱（4×4×6米）投放鱼种1500尾，投喂野杂鱼等鲜活饵料，平均亩产1250公斤，亩利润3000～5000元，试养成功。

河蟹。学名中华绒螯蟹，具有营养丰富、风味独特等特点。1992年，淄角镇水利站、李庄镇水利站和惠民镇大于村从无棣县第二海水育种场引进蟹苗，共有养殖面积20亩。平均亩投蟹苗0.5公斤，亩产50～75公斤，亩利润5000元左右。嗣后，河蟹市场价格下滑，未得大面积推广。

南美白对虾。2002年，县内首次引进，在惠民镇、何坊乡试养。涉及7个行政村、12个农户，试养水面70亩，投放虾苗100万尾，共收获商品虾7700公斤，亩均165.65公斤，亩均产值3359.4元。试养证明，南美白对虾具有易养殖、劳动强度低、养殖周期短、产量高、肉味鲜美、市场前景广阔、经济效益显著等特点，适应在县内推广养殖。2005年，全县养殖面积达300亩，总产60吨，亩均产虾200公斤，亩均产值6400元，亩均利润3000元以上。

发展与管理　1979年，县内水产养殖利用坑塘223个，共有水面707.8亩，水产品总产量53吨，产值21.2万元。1983年，坑塘普遍实行承包，水产养殖发展速度加快。1985年，全县仅养鱼单位即有317个，养鱼面积2200亩，产各种鲜鱼260吨。1986年，县渔业开发中心制定实施多项发展措施：根据养殖户缺乏专业技术实际，实行划片业务指导责任制，尽快提高养殖人员的技术水平；垫付资金购进常用水产养殖专用药品10余种，为养殖专业户随时提供防疫服务，解决养殖防疫购药难问题；建成渔业养殖专用饲料加工厂，填补县内空白；引进推广优良水产养殖新品种；担保协助养殖户从农行贷款130万元，用于渔塘开发和养殖设备购置。水产养殖业发展步入快车道。1990年，全县水产养殖面积5000余亩，水产品产量超千吨。1999—2001年，县政府决定以“上农下渔”按4:4:2的形式进行低洼荒碱地开发，全县新增水产养殖面积2.4万亩。期间，县渔业开发中心分别在何坊乡菠菜孟村、惠民镇后王村、梁家乡水利站、县良种棉厂（三堡乡）、县窑场（辛店乡）、省屯乡窑场等地建立水产养殖基地，养殖面积均在150～300亩之间，带动了全县水产养殖业的发展。随着人们生活水平的不断提高，市场对观赏鱼的需求量越来越大，成为水产养殖业的新亮点。2001年，县渔业开发中心以麻店镇大班村为示范基地，发展观赏鱼养殖。至2005年，全县观赏鱼养殖户已发展到50余家，养殖品种20余种，年产观赏鱼400余万尾，大多销往大、中城市，总产值300余万元。是年，全县水产养殖面积3.2万亩，水产品总量2.03万吨，产值1.9亿元。

1979—2005年惠民县部分年度水产养殖基本情况表

表5－6

年度	实有坑塘		利用坑塘		水产品总产量（吨）	水产品总产值（万元）
	数量（个）	面积（亩）	数量（个）	面积（亩）		
1979	3481	25916	223	707.8	53	21.20
1985	4147	29874	523	2200	260	196.75
1990	5213	35695	789	4600	1034	434.28
1995	8092	40319	3398	17000	4700	5300.00
2000	10451	52116	4913	24500	11200	9736.00
2005	11544	64674	6206	32000	20300	19000.00

第二节 捕 捞

县内鱼类捕捞场所除人工养殖池塘外，还有黄河、徒骇河和土马沙河，常年积水坑塘及大沟、护城河等处亦常为捕捞者的光顾之地。鱼具有小型铁船、木船、木筏、刺挂网、抡网、鱼杈、钓杆等。人工养殖池塘的捕捞一般在水产品市场价格高扬的中秋节和春节之前进行。河鱼均系客鱼，旺水而来，枯水而去。河、沟、自然坑塘捕捞多从三四月开始，11月结束。捕捞的客鱼及野生鱼种主要有鲤鱼、鲫鱼、鲢鱼、鲶鱼、草鱼、黑鱼，时有甲鱼、鳝鱼等。2005年，全县有从事渔业生产的传统渔民5000人，渔业户4500户，渔业人口2万人，渔业劳动力8000人。水产品捕捞总量20371吨，其中，人口养殖捕捞量20300吨，其他捕捞量71吨。

第八章 蚕 业

第一节 机 构

1982年4月，惠民县丝绸公司成立，隶属于省丝绸总公司，公司内设业务科、财会科、政工科，下设丝绸门市部。1990年增设办公室。1998年被省丝绸总公司批准为中型（二）企业。2001年12月，改制为惠民华鑫丝绸有限责任公司。公司内设经理办公室、办公室、政工、财务、业务、蚕茧、收烘、总务8个科室，下设省屯、石庙、香翟、桑落墅、陈集、何坊、魏集、三堡、辛店、皂户李、胡集11个蚕茧站和申桥、李庄、梁家3个桑蚕生产指导站，有员工196人，固定资产3376万元，净资产1400万元。2005年10月，公司二次改制，成立山东省惠民县恒鑫源丝绸有限责任公司（民营性质），公司内设经理办公室、综合、财务、生产、经营5个部室，下设石庙、梁家、皂户李、清河、魏集、辛店、三堡、胡集、陈集、桑落墅、何坊、省屯、李庄13个蚕茧站。

第二节　桑园建设

1980年，农村实行经济体制改革，林业权属发生混乱，部分桑园被毁坏。是年，全县有桑园0.25万亩。1986年，全县仅剩桑园35亩。1990年，为调整农业种植结构，发展高效农业，县政府印发《关于桑蚕基地建设的意见》，制订一系列扶持桑蚕生产的优惠政策：实行茧棉挂钩统算，蚕农每交售1公斤鲜茧，抵顶1公斤皮棉；每育1亩桑苗，抵顶50公斤皮棉，供应40公斤综合价标准化肥；凡新建1亩桑园，奖给乡镇政府组织费2元，供应20公斤综合价标准化肥；凡建桑园100亩以上的村队，配备1名农民技术员；桑农每交售1斤鲜茧奖售1斤平价标准化肥；凡新建桑园，3年内免征农林特产税；对蚕农所产蚕茧实行合同保护价包购；对桑园用地的承包期，延长至20年左右。是年，全县新建高标准桑园6646亩。1991年，全县桑园面积增至1.13万亩。1992年，县委、县政府提出建成5万亩桑园的奋斗目标，当年建园5975.6亩。1997年，全县桑园面积达3.31万亩，主要分布在桑落墅、陈集、何坊、香翟、省屯、皂户李、三堡、辛店、石庙、魏集、胡集、申桥12个乡镇的398个村，桑农1.77万户、8万余人。1998年，调整充实县桑蚕产业领导小组，强调坚持“三不变”“两加强”“两不准”政策，即全县三园（菜园、果园、桑园）结构调整的决心不变，发展10万亩桑园的计划不变，发展桑蚕生产的优惠政策不变；加强组织领导，加强管理，提高桑园管理水平；不准毁桑，不准弃桑。是年，栽植嫁接体500万株，育苗1200亩，完成建园面积15148亩。1999年，县委、县政府印发《关于加快桑蚕业发展的实施意见》，确定桑蚕生产的指导思想和新的任务、目标及政策措施。是年，栽植嫁接体3150万株，育桑苗460亩，新建桑园12986亩。借鉴外地经验，制定《养蚕大棚建设和验收标准》，出台连续扶持政策。2001年，基地乡镇、专业村、专业户发展迅速，全县新建桑园16909.9亩。2003年，受国家宏观调控、限产压锭和收缩银根等影响，全县桑园面积大幅度萎缩，是年年底，仅存桑园23396亩。2004年，桑园面积持续萎缩。三季蚕饲养试验取得成功。2005年，提出茧丝绸产业化经营思路，新建桑园7626.7亩，桑园总面积22263亩。“四改三”（由年养四季蚕改为年养三季）工程顺利实施，基本实现从家庭副业向主业的转变。

第三节　蚕茧经营

1990年起，全县坚持把植桑养蚕作为一项农业发展战略认真落实，蚕茧产量迅速增长，经济效益显著。1991年，全县养蚕3840张，产茧12.5万公斤，产值130万元。1992年，养蚕1.33万张，产茧48.1万公斤，产值510万元。1993年，养蚕2.85万张，产茧100.6万公斤，产值1040万元。1994年，养蚕5.77万张，产茧181万公斤，产值2550万元，创特产税180万元。1995年，惠民县被省丝绸总公司确定为桑蚕生产基地县和桑蚕出口基地县。产品主要出口日本和韩国。是年，养蚕7.5万张，产茧242万公斤，产值3700万元，创特产税320万元。1997年，养蚕7.45万张，产茧234万公斤，产值3800万元，创特产税318万元。是年，全县平均亩产蚕茧78公斤，纯收入1248元。其中，桑落墅镇农民养蚕人均收入700元以上。1994—1997年，全县桑蚕质量列全省第一，产量列全省第二。1998年，开始探索推广大棚养蚕。至2000年，高标准塑料养蚕大棚发展到434个。2001年，放养蚕种9.08万张，实现蚕茧收购总值4408.3万元。2002年，蚕丝和蚕茧市场持续低迷。放养蚕种9.3万张，实现蚕茧收购总值3648.6万元，县丝绸公司统算亏损177万元。2003年，投养蚕种6.9万张，实现蚕茧收购值3519.6万元。实行茧价补贴，补贴总额达660余万元。2005年，投养蚕种3.6万张，实现蚕茧产值3201.6万元，上缴增值税55.8万元，兑付县、乡、村三级组织费124.9万元，农户桑苗及方格簇补贴48.6万元。

蚕茧收购

第四节 制丝厂

1997年8月，惠民县制丝厂建成投产，总投资1747万元，属省丝绸公司直属企业。厂部下设生产计划、动力设备、原料成品、财务统计4个科室。建有选剥、煮茧、扶摇、缫丝4个车间，120台缫丝机，年生产白厂丝能力100吨，人均产量突破700公斤。在全省同行业中处于领先地位，达到全国一流水平。1999年12月，改建为山东飞虹丝业有限责任公司。2004年1月，制丝厂被南方一经营业主租赁。2005年，山东飞虹丝业公司实施破产拍卖，由山东省惠民县恒鑫源丝绸有限责任公司以758万元购买，在全省率先实现县域茧丝经营一体化。

第六编　水　利

第一章　机　构

第一节　县水利机构

1979年，县设惠民县革命委员会水利局。3月，水利排灌机械管理工作由县农机局移交水利局，水利局增设排灌机械管理组。4月，水利局设人事秘书、工程管理、农田水利、排灌机械、工务、财务6个股。1981年1月，县革委水利局改称惠民县水利局。1984年11月，县水利局内设办公室、政工股、生活服务站、计划财务股、工程管理股、农田水利站、工务站、科技站、水土保持办公室、水利工程材料公司、徒骇河扬水总站、徒骇河管理段、樊桥闸管理所、白龙湾灌区灌溉管理所、沙河管理所、水利工程安装公司。1986年12月，水产管理工作由县农业局划归水利局，县水利局增设水产站。全局共有职工172人。1987年7月，白龙湾灌区灌溉管理所改称惠民县白龙湾引黄灌溉管理处，升格为副科级事业单位。1988年3月，水产站扩建为渔业开发中心。7月，县水利局改称惠民县水利水产局，渔业开发中心改称惠民县渔业开发中心，升格为副科级事业单位。1989年11月，中共惠民县水利水产局委员会建立。1990年5月，县公安局调1名干警、县水利水产局配3名协警成立惠民县公安局水利派出所，业务管理归公安局，行政管理归水利水产局。7月，局内设机构重组为党委办公室、行政科、政工科、老干部科、群工科、财务科、审计科、水政科（含水资源管理）、水土保持办公室、农水科、工程管理科（含防汛、抗旱）、设计室、水利公安派出所、渔业开发中心、农田基本建设服务队、水利工程安装公司、徒骇河管理段、樊桥闸管理所、沙河管理所、张集闸管理所、大崔灌区管理所、白龙湾灌区管理处。1993年11月，县级机构改革。局内设行政机构3个：党委办公室、抗旱防汛办公室、水政水资源管理办公室（含水利公安派出所）；事业单位11个：生活服务站、白龙湾灌区管理处、簸箕李灌区管理处（含农水、水保）、徒骇河管理段、大崔灌区管理所、樊桥闸管理所、沙河管理所、张集闸管理所、渔业开发中心、设计室、农田基本建设服务队；自收自支（事业单位企业化管理）单位1个：水利安装凿井总队。共有工作人员244人。同月，局机关由惠城南门大街迁往车站西路。1996年5月，县水利水产局恢复政工科和计划财务科。1997年，农田基本建设服务队更名为惠民县水利水产局土方公司，为正股级事业单位。1999年1月，土方公司更称惠民县兵圣土方工程有限责任公司。12月，局内设机构调整为办公室、政工人事科、计财科、抗旱防汛办公室、水政水资源管理办公室（含水政监察大队）、水土保持办公室（含水土保持监督检查站）、水产管理办公室（含渔政站）、水利勘测设计室、农水科、工程监理科、节约用水办公室、水利接待处、簸箕李引黄灌溉管理处、白龙湾引黄灌溉管理处（含大崔引黄灌溉管理所）、徒骇河管理段（含樊桥闸管理所）、抗旱服务大队（含土方工程公司）、水利安装凿井总队、水利公安派出所、孟家水库管理处、沙河管理所、张集闸管理所，共有干部职工247人。2001年6月，实施水务改制，成立惠民县水务局，为正科级事业单位，与县水利水产局合署办公。同时，县建委管理的自来水公司划归县水利水产局。2001年7月，土方公司与水利安装凿井总队合并，称惠民县水利安装工程公司，为自收自支（事业单位企业化管理）单位，属国营水利水电工程施工总承包二级企业。2002年8月，县水利水产局改称惠民县水利局。2003年3月，县水利公安派出所撤销，县水利局增设综合治理办公室。2005年，局机关办事机构有办公室、水政水资源管理办公室、防汛抗旱办公室、水土保持办公室、水产管理办公室、综合治理办公室、水利勘测设计室、节约用水办公室、政工科、计划财务科、农水科、工程监理科、水利接待处、簸箕李灌区管理处。下属单位有白龙湾灌区灌溉管理处（含大崔灌区管理所）、徒骇河管理段（含樊桥闸管理所）、水利工程安装公司、自来水公司、孟家水库管理处、沙河管理所、张集闸管理所。共有干部职工364人。

第二节　乡镇水利机构

1979年，全县21个人民公社均设有水利组。1984年4月，人民公社改建为乡镇，水利组改称水利站，列事业编制，隶属县水利局和乡镇双重领导，配置工作人员3～5名。1988年1月，各乡镇水利站下放到乡镇，列乡镇职能部门之一，业务上接受县水利局的指导。11月，由县水利局牵头，通过资格审查、业务考评、提交县劳动局审批等程序，为乡镇水利站录用农民合同制工人41人。2001年3月，全县21个水利站随乡镇合并为14个。2005年，14个乡镇水利站共有员工108人，其中专业技术人员56人。

第二章　河道治理

第一节　黄河治理

河道状况　黄河现行河道上界自济阳县郭家寺进入县境，流经大年陈、李庄、清河镇、魏集4个乡镇，下界至滨州市滨城区兰家险工。河道长44.48公里，两岸堤距一般为1800～2500米，最宽3480米，河道主槽宽350～600米。河道坡降较缓，为1:10200，主槽平均高程高于背河地面1～2米，是典型的地上河。两岸控导工程对峙，河曲不能自由发育，河道演变均在工程控制范围以内，其演变主要表现为河道的纵向冲淤和平面上的摆动。河道在冲淤变化中呈逐步提高趋势，滩槽高差1981年2.6米，1986年3.1米，2001年2.2米。平滩流量1985年6000立方米/秒，2000年不足3000立方米/秒。平面形态在水流和工程的长期共同作用下，局部河段发生较明显的演变。①簸箕李河段：险工溜势处不断下延状态，除原建工程外，1968—1982年向上增建新1号至新5号，2002年增建新6号、新7号，自此险工主溜势一直处于险工的上段。②白龙湾险工段：险工处于大弯道间，控制性较强。1968年险工上首建起长1000米的装卸码头，为装卸方便，位置较为突出，造成上首1000余米滩唇严重坍塌，形成较大“坐弯”，自1982年开始淤出滩地。1995年码头改建为护滩工程，向上接修5段坝以控制河势。1996年洪水直抄护滩后路，说明原码头位置不够合理。1998年，对岸高青县修建北杜护滩工程，此段河势趋于稳定。③2002—2005年，为缓解河道萎缩趋势，塑造有利泄洪排沙主槽，利用干流小浪底水库人造洪峰，连续进行调水调沙4次，惠民河道全线冲刷，深度在0.39～1.1米之间，效果比较明显。总之，惠民河道的演变是在河势“基本稳定—变化—工程调整—再稳定—再变化”中反复进行着，但在上游来水来沙条件变化的影响下，河道还会出现新的变化。

河道工程建设 1979—2005年，黄河治理工程主要以防洪保安全为中心，以消除堤防险点险段为重点，依照先急后缓的原则，安排堤防加固、险工加高改建和河道整治等工程。

堤防加培。1979—1983年是黄河下游第三次大复堤后期。5年间，县境黄河堤防普遍加高2.8～3米，均按1983年设计防洪标准完成，累计完成土方352.81万立方米，投工205.51万个，由本县和非沿黄县出工完成。其中，由惠民修防段土方机械队完成土方64.97万立方米。

堤防加固。①压力灌浆：压力灌浆是消除堤防隐患的重要手段。1979—1983年，主要在虹吸、涵闸渠首进行重复灌浆，重点加固土、石结合部，增加防渗能力。主要以人工锥孔和185型柴油机带动拌浆桶与泥浆泵方式完成，共完成53.2万眼。1989—1995年，进行机械化灌浆加固堤防。县河务局组织20人的灌浆专业队，对一般堤防段实行普遍压灌，险点险段堤段实施密灌和复灌措施，7年间锥孔13万眼，灌入土方2.92万立方米，工程质量合格率达98%以上。②后戗加固：1992年4月，为消除堤上李险点，开工修建堤上李后戗工程。县、乡及河务局组成工程指挥部，县河务局组织26台铲运机施工，完成土方13.9万立方米，占地63亩，投资87.9万元，后戗加固长1160米，戗顶宽4米，边坡1∶1.6。③机淤固堤：以吸泥船抽吸大河泥沙在淤区沉沙的方式加固堤防。1979—2005年，共完成安排机淤固堤段落9处，淤筑土方量2578.33万立方米，连同前期淤筑方量，总淤背长度42.19公里，占规划总长的91.72%。其中达到1983年标准的11.89公里，达到2000年标准的18.33公里，未达标准的11.97公里。至2005年，以上列方式加固堤防，先后消除了国家黄委、山东河务局在册的大年陈、堤上李、刘旺庄、榆林、王枣、归仁、清河镇、堤上刘、薛王邵、五甲杨等险点。

险工加高改建。1979—1995年，县境黄河按1983年设防标准，继续进行险工加高改建，根石加固用石59.29万立方米，动用土方12.79万立方米，投工138.53万个，投资2041.29万元，166段达到标准。1996年洪水过后，工程设防标准由1983年设防标准改为2000年设防标准，相应提高0.7米左右。至2005年，簸箕李、崔常、归仁、王集、白龙湾、五甲杨6处险工65段，按2000年设防标准加高改建，共用石14.73万立方米，动用土方13.19万立方米。

河道整治。县境黄河原有位台、王平口护滩工程。处于薛王邵险工下首的王平口护滩与险工，因1964年后主河槽右移而放弃修守，位台护滩工程保持正常整修和维护。河道治理主要是新建和调整整治工程的不合理布局，使之与河势变化相适应，提高工程的控导能力。1995年，白龙湾卸货码头改为齐口护滩控导工程，由河务局管理。

1997 年，为解决齐口护滩溜势上提坐弯问题，修做上延工程，新建 5 坝段，工程长 480 米。2000 年，齐口护滩 1～8 号按 2000 年设防标准进行加高改建，完成石方 0.6 万立方米，动用土方 1.81 万立方米，投资 70.53 万元。

“三林”建设。2001 年，根据防洪需要和淤背区发展，惠民黄河开始“三林”（行道林、防浪林、生态林）建设。原黄河行道林是在第三次大修堤后的 1981—1984 年完成，多为杨树，共 35.85 万株，经二十余年已经老化，需要更新。到 2005 年，全堤防实有行道林 6.62 万株，其中险工 1.3 万株、涵洞 377 株；防浪林 4 段 19800 米共 867.3 亩，投资 447.76 元，植高柳 10.27 万株；生态林由适生林和经济林组成，分布在 2778 亩淤背区内，以三倍体毛白杨和果树为主，共 12.53 万株，发展苗圃 291 亩。

河道工程管理 1979 年，水利工程管理沿袭计划经济时期的管理体制，采取专职管理与群众管理相结合的管理模式，实行“修、防、管、营”四位一体的运行机制。1994 年，水利部在全国河道管理单位中开展河道目标管理上等级活动。1996 年 11 月，水利部组织水利系统专家一行 20 余人，按照部颁标准，在组织管理、安全管理、运行管理和经济管理等方面对惠民黄河河务局一级河道目标管理工作进行全面考核，通过全国首批一级河道目标管理单位验收。2002 年，国务院批准实施国家黄委制定的《水利工程管理体制改革实施意见》。惠民黄河河务局按照国家黄委《黄河水管单位体制改革方案》要求，编制《惠民县工程管理体制改革方案》，并于 12 月底全面实行管养分离的运行机制，组建工程管理单位，成立山东惠民黄河工程有限责任公司维修养护处，养护处下设四个维修养护队，做到政企分开。2003 年 9 月，县黄河河务局通过水利部一级河道目标管理单位复核。2005 年，调整机构设置，原机构分设为惠民黄河河务局、滨州市惠民黄河水利工程维修养护有限责任公司、山东惠民黄河工程有限责任公司和供水事业单位，实现政、事、企的真正分离。

惠民县黄河抢险队参加黄河抢险演习

第二节 徒骇河治理

徒骇河自 1963—1970 年根治后，已成为行洪安全、排灌两用的利民河，其治理主要是堤防险工工程、排水涵洞重建和堤防红土盖顶。1979 年，郑家至小田黑风口堤防红土盖顶，投资 0.93 万元，完成土方 1.2 万立方米，工日 0.7 万个。1984—2001 年，高唐、赵集、辛庄、夏桥、陶家、包口、杜家桥等险工段进行浆砌石或混凝土板衬砌，共衬砌险工长度 2062 米，完成工程总投资 287.66 万元。同期，根据排水涵洞的老化程度，分期分批对境内 25 处涵洞进行更新重建，综合排水则由老涵洞改建为钢筋混凝土涵闸。1989 年、1997 年、2000 年，部分河道重点淤积段实施清淤开卡，投资 341 万元，完成土方 64 万立方米，工日 12.8 万个。1994 年，为保障堤防完整和河道畅通，县水利局与县国土资源局联合进行堤防及护堤地确权划界工作。确权堤防 86.34 公里（其中：左堤 43.97 公里，右堤 42.37 公里），总面积 326.84 万平方米（其中：左堤 162.53 万平方米，右岸 164.31 万平方米）。

2005年惠民县徒骇河涵闸状况表

表6-1

涵洞名称	结构型式	岸别	排涝面积(万亩)	孔数	孔宽(米)	孔高(米)	涵底高程(米)	设计流量(立方米/秒)
吉林王	浆砌石	右	1.6	2	2.0	2.0	11.0	8.0
小宋家	浆砌石	右	0.9	1	2.5	3.0	9.7	5.0
韩家口	浆砌石	右	0.8	1	2.5	2.7	9.5	5.0
田家道口	钢筋混凝土管	右	2.1	3	1.5	1.5	9.4	8.0
杜家西	浆砌石	右	1.0	1	2.5	3.0	8.5	5.0
杜家东	浆砌石	右	2.0	2	2.5	3.0	10.1	10.0
小桥	钢筋混凝土管	右	0.7	1	1.5	1.5	9.5	3.0
马家口	钢筋混凝土管	右	0.6	1	1.5	1.5	11.2	3.0
杨家集	浆砌石	右	4.4	3	2.5	3.0	8.5	22.0
陶家	浆砌石	右	0.8	1	1.5	2.0	7.6	4.0
翟刘	钢筋混凝土管	右	1.4	2	1.5	1.5	8.8	7.0
林樊	浆砌石	右	1.0	1	2.5	3.0	6.5	5.0
支九排	浆砌石	右	2.0	2	2.0	2.0	7.5	10.0
西屯沟	浆砌石	右	1.0	1	2.5	3.0	7.2	5.0
支十排	浆砌石	右	1.2	1	2.5	3.0	6.9	5.0
支十排加	浆砌石	右	1.2	1	2.0	2.6	6.0	5.0
支十一排	浆砌石	右	1.5	1	2.5	3.0	6.9	6.0
支十二排	浆砌石	右	2.0	2	2.5	3.0	4.3	10.0
郑家	浆砌石	左	1.0	1	2.5	2.7	8.5	5.0
辛庄	浆砌石	左	1.0	1	2.5	2.7	8.5	5.0
湾头孙	浆砌石	左	1.0	2	2.5	2.7	8.7	5.0
杜家桥	浆砌石	左	0.7	1	1.0	1.6	10.8	3.0
靠河李	浆砌石	左	1.0	1	2.5	3.0	7.2	5.0
姜家口西	浆砌石	左	2.0	2	2.5	3.0	5.9	10.0

续表 6-1

涵洞名称	结构型式	岸别	排涝面积(万亩)	孔数	孔宽(米)	孔高(米)	涵底高程(米)	设计流量(立方米/秒)
姜家口东	钢筋混凝土管	左	0.6	1	1.5	1.5	4.2	3.0
综合排	混凝土箱式	右	3.5	2	3.0	3.0	6.3	17.0

第三节　土马沙河治理

土马河、沙河在县内作为一条河管理，故统称土马沙河。境内两河流域面积共507.25平方公里，占全县总面积的37.4%，新中国建立至1976年，历经8次治理，土马河入沙河排涝能力达58.4立方米/秒，防洪能力达113.8立方米/秒；沙河入徒骇河排涝能力达142.2立方米/秒，防洪能力达268立方米/秒。1998年，因两河河床淤积严重，防洪除涝效能降低40%～50%，遇暴雨易造成河水倒灌。同年10月10日至12月10日，按1970年的设计标准进行疏浚治理，完成土方448.1万立方米，工程总投资3200万元，其中，省财政拨款80万元，群众集资3120万元。至2005年，土马沙河排涝行洪功能良好。

水利工程机械作业

2005年惠民县土马沙河涵洞（管）工程统计表

表 6-2

河名	涵洞（管）名称	结构型式	岸别	孔数	孔宽（米）	孔高（米）	函（管）底高程（米）	设计流量（立方米/秒）
沙河	申家庙	浆砌砖墩砖拱	右	1	1.2	1.5	7.1	0.8
	翻身沟	浆砌石墩混凝土拱	左	1	2.0	2.5	6.6	3.4
	李栋沟	浆砌石墩混凝土拱	右	1	2.0	2	7.0	2.0
	胜利沟	浆砌石墩混凝土拱	左	1	2.0	2.5	6.2	3.4
	东截渗沟	浆砌石墩混凝土拱	右	1	2.5	2.85	6.5	4.1
	西截渗沟	浆砌石墩、拱	右	1	2.5	2.5	7.2	2.5
	娘娘坟西	浆砌石墩、拱	右	1	1.2	1.5	7.0	1.0
	石王沟	钢筋混凝土涵管	右	1	1.5	1.5	6.9	1.8
	娘娘坟东	钢筋混凝土涵管	左	1	1.0	1.0	7.3	1.5
	老一干	钢筋混凝土涵管	右	1	1.5	1.5	7.5	1.8
	前屯	浆砌砖墩、拱	右	2	1.2	1.5	5.9	3.6

续表6-2

河名	涵洞（管）名称	结构型式	岸别	孔数	孔宽（米）	孔高（米）	函（管）底高程（米）	设计流量（立方米/秒）
土马河	东寇	混凝土墩、拱	右	1	2.2	3.0	8.4	6.0
	西张六	钢筋混凝土涵管	左	1	1.0	1.0	8.3	0.8
	东马	混凝土墩、拱	右	1	2.0	1.9	8.3	3.7
	马家店	混凝土墩、拱	右	1	2.0	2.5	8.3	3.8
	安家沟	混凝土墩、拱	右	1	1.35	2.0	7.6	2.1
	张尹家	浆砌石墩、拱	右	1	1.5	2.0	7.4	1.8
	大杜家	浆砌石墩、混凝土拱	右	1	1.5	1.5	7.3	2.9

第三章　灌区建设

第一节　引黄工程

簸箕李灌区　为滨州市簸箕李引黄灌溉管理局管理的大型灌区。始建于1959年，涉及惠民、阳信和无棣三县的24个乡镇。经40余年的建设，灌区工程系统初具规模，形成较为完善的引水、输水、蓄水和灌溉示范四大体系。控制面积达3010平方公里，设计灌溉面积163.5万亩，其中惠民县50.42万亩。

1996年9月，滨州地区行政公署在鸳鸯渡槽处建起簸箕李引黄灌区复灌三十周年纪念碑

灌区渠首设于县域簸箕李险工段42号和44号坝之间，建有东西两座引黄闸。东闸于1976年建成，为6孔3×3米箱式涵闸，闸底高程18.6米，设计引水流量75立方米/秒。西闸1989年落成，闸底高程16.5米，设计引水流量50立方米/秒。两闸高低联合高度，为灌区引水提供可靠保证。渠首建有输水渠2条，东渠长22公里，西渠长13公里，两渠于13公里处汇合，下接总干渠16公里，至沙河北分为一、二干渠。一干渠西行至石庙镇王西楼村折向北行在石皮村北入阳信县，二干渠东北行至何坊乡陈谢村北入阳信县。上列各渠流经县域总长77.4公里，建有引水支渠61条，总长265.03公里，配建建筑物443座，徒骇河以北沙河以南可自流灌溉，余为提水灌溉。境内受益的有惠民、何坊、石庙、皂户李、辛店（原三堡乡地片）、淄角、姜楼、大年陈8个乡镇，总面积782平方公里，占全县总面积的57.6%。1986年以来，县内在该灌区年均引水量1.12亿立方米，年均实灌面积49.8万亩。1987

年，为解决沙河以北一、二干渠的支渠引水难问题，惠民县投资119.4万元兴建惠沧沟、齐心沟、白家沟、沙红沟、蔚家沟、刘集沟、何坊南门沟等7处引黄扬水站，总提水量13.8立方米/秒，扩大灌溉面积1.65万亩，改善灌溉面积13.5万亩。1997年，县城供水水源孟家水库建成，二干渠承担该水库调水任务，年均调水355万立方米。2005年，境内实际年引水量9660万立方米，实灌面积46.1万亩、138万亩次。

白龙湾灌区 县建县管的大型灌区。覆盖清河、辛店、麻店、胡集（原陈集乡范围）、申桥、桑落墅6个乡镇，363个自然村，总人口17.3万人，耕地40.13万亩，设计灌溉面积35万亩。始建于1956年，1962年停灌，1966年复灌。1983年，原建虹吸管全部拆除，改建为涵闸。该闸位于黄河白龙湾险工桩号235+016处（原虹吸位置），为钢筋混凝土一联两孔箱式涵闸，每孔净宽2.6米，净高2.8米，洞身长79.4米，设计闸底板高程15.5米，引水位18米，引水流量20立方米/秒。初建框架是以徒骇河为界，河南为东灌区由北干渠送水，河北为西灌区由西干渠送水。1985年，已废弃的徒骇河刘家桥改建为渡槽，清河镇乡北干渠扩建成新东干渠，解决了徒骇河以北的桑落墅镇和陈集乡的送水难题。1988年，搭车黄淮海农业开发项目，兴建原香翟乡钦风村附近的沙河渡槽，实现南水北调跨灌区供水。1989年始，陆续建成单家干沟牟家闸、南北河陈家闸、后王店干沟沈家闸、支二排梁家闸等12座排水沟拦水闸，以沟代库，拦蓄地表径流和灌溉尾水，总设计蓄水能力768万立方米。改建引黄闸至今，年均引水量8700万立方米，年均实灌面积27.4万亩、73.3万亩次。2005年，灌区渠系工程拥有总干渠1条，长4.3公里；东、西干渠各1条，总长21.85公里；支渠13条，总长136.7公里。干、支渠配套建筑物199座。年引水量7700万立方米，实灌25.8万亩、77.8万亩次。

大崔灌区 县建县管的中型灌区。辖魏集、胡集两个乡镇，110个自然村，5.83万人，耕地面积10.3万亩，设计灌溉面积9万亩。始建于1971年，渠首设在黄河左岸244+763号桩处，建单孔钢筋混凝土箱式涵闸一座，设计引水能力5立方米/秒。1987年，因涵闸存有防汛隐患而拆除，在原址重建单孔钢筋混凝土箱式涵闸。新建涵洞孔高2米，孔宽2米，闸底板高程13.79米，设计引水位17米，设计防洪水位26.8米，堤顶高程25.04米，启闭能力63吨，设计引水流量6立方米/秒，设计灌溉面积12万亩。1992—1995年，先后在西屯河沟、支十排、支十一排的下游增建蓄水节制闸，以沟代库，改善灌区用水和蓄水条件。灌区现有灌、排干沟5条，总长16.4公里；支沟5条，总长59.9公里；干、支级配套水工建筑物63座；年均引黄水量2217立方米，年均灌溉面积9万亩、20.5万亩次。2005年，实引黄河水1500万立方米，实灌面积9万亩、20.1万亩次。

归仁灌区 县建小型独立灌区，由李庄镇管理使用。1966年，在黄河左岸33号坝建引黄虹吸2条，设计引水能力2立方米/秒，设计灌溉面积2万亩。1969年，扩建虹吸2条，引水能力及灌溉能力均增加1倍。1997年，虹吸拆除。1998年，在原虹吸旧址建引黄涵闸1座。该闸为一联两孔箱式钢筋混凝土结构，孔高2米，孔宽2米，闸底板高程15.12米，堤顶高程26.82米，启闭能力63吨，设计流量10立方米/秒，设计灌溉面积10.3万亩，设计引水位18.06米，设计防洪水位27.95米，工程总投资565.1万元。灌区引水系统有总干渠一条，长3.3公里；分干渠五条，总长27公里；支渠33条，长72公里；各类渠系建筑物342座。排水系统有县级排水干沟两条（杨集干沟和杜家干沟），流经灌区31公里，深4~5米，宽10~20米；乡镇级排涝支沟五条，总长20公里；各类配套建筑物153座。建闸至2000年，排灌系统年均清淤24.5万立方米，实用效能保持良好，基本达到旱能浇、涝能排，年均引黄水量1173万立方米，实灌面积4.1万亩、12.3万亩次。2001年3月，申桥、李庄两乡镇合并，王集灌区并入该灌区。至2005年，年均引黄水量

1490万立方米，年均实灌面积4.96万亩、15万亩次。

王集灌区　县建小型独立灌区。始建于1976年，在黄河左岸王集险工第47号坝建引黄虹吸两条，设计引水能力2立方米/秒，设计灌溉面积2万亩。受益区域为原申桥乡徒骇河以南新兴办事处各村。灌区建有干渠1条，长1.65公里；支渠两条，总长7.34公里；斗渠14条，总长8.5公里；干排1条，长4.8公里；支排17条，总长10.3公里；灌、排沟渠共配建穿涵2座，渡槽2座，大小桥15座。年均引水量650万立方米，年均实灌面积0.9万亩、2.5万亩次。1997年，为保黄河安全虹吸拆除，同时在徒骇河建电力扬水站一座，安装机、泵两套，提水能力1.2立方米/秒，向原灌区供水。2001年3月，灌区并入李庄镇归仁引黄灌区。

1986—2005年惠民县引黄灌溉情况统计表

表6-3

年度	引黄天数（天）	引水量（万/立方米）	引沙量（万/立方米）	灌溉面积（万亩）	灌溉亩次（万亩次）
1986	196	43092.71	258.13	109.55	300.85
1987	209	45855.76	191.26	88.73	296.10
1988	226	39687.86	255.42	106.48	280.07
1989	271	85191.68	909.38	138.90	586.00
1990	126	40136.80	265.61	151.20	334.07
1991	143	40082.48	247.30	158.40	347.20
1992	170	49984.02	309.93	147.76	378.08
1993	161	53824.90	336.45	160.30	414.20
1994	146	48542.93	409.52	161.61	410.77
1995	142	44069.36	299.60	160.85	340.45
1996	135	40028.60	204.45	122.30	313.84
1997	155	46340.66	263.98	162.38	403.88
1998	208	63100.00	177.82	164.10	510.70
1999	132	61200.00	683.92	171.97	486.34
2000	155	61600.00	267.71	168.86	418.06
2001	161	50823.20	/	154.58	404.48
2002	195	50476.12	/	156.00	403.00
2003	117	28010.99	/	121.07	225.20
2004	91	26873.15	/	161.20	210.20
2005	115	33925.28	/	164.00	280.00

第二节 引河工程

县内引河工程系指通过排水河道拦截蓄水，以补引黄水量不足和时间不济。沿河村可直接提水灌溉，边远村则通过扬水站将河水倒入排水干沟实行二级提水灌溉。20世纪七八十年代，境内旱情频发，引黄能力有限，引河事业发展较快，年均引河实灌面积近30万亩，占全县总耕地面积的25%左右。20世纪末，由于徒骇河、土马沙河上游来水污染日趋严重，引黄事业加速发展，徒骇河三大扬水站相继拆除，引河灌溉面积逐渐减少。2005年，全县引河实灌面积10万亩，占总耕地面积的9%。

引黄供水为工农业生产和城乡居民生活提供了水资源保障

樊家桥拦河闸 1970年10月兴建，翌年7月落成，位于辛店乡樊家桥村东徒骇河上。该闸为钢筋混凝土开敞式，井柱基础总宽118米，分18孔，每孔宽5.8米，高5米，平板钢闸门，闸门顶高程10.6米，闸底高程5.6米，闸前堤顶高程15米，地面高程12.56米，上游排涝水位10.8米，排涝流量817立方米/秒，上游防洪水位12.3米，下游防洪水位12.2米，防洪流量1257立方米/秒，配备手摇、电动卷扬式启闭机18台，闸后附设交通桥1座，桥面宽4.5米，载重量4吨，工程总投资146万元。设计蓄水位10.1米，蓄水量1700万立方米，最高蓄水位10.6米，相应蓄水量1880万立方米，年调节水量3400万立方米，设计灌溉面积10万亩，惠及辛店、清河镇、李庄、姜楼、淄角等乡镇。

幸福拦河闸 1973年建成，位于惠民镇后娘娘坟村前沙河之上，因该村时称幸福村，故名幸福拦河闸。闸址河段河底高程4.9米，河底宽33米，防洪流量160立方米/秒，相应水位10.5米，排涝流量82.9立方米/秒，相应水位8.9米。为钢筋混凝土井柱框架结构开敞式拦河闸，单孔净宽4米，共8孔，闸总宽37.6米，闸底高程4.9米，蓄水深4米，水位8.9米。采用钢丝网水泥平板直升式闸门，附交通桥1座（桥面宽4.5米，载重量4吨）。设计蓄水量219万立方米，设计灌溉面积8万亩。启闭设备为10吨手、电两用丝杠式启闭机，每孔一台共8台。工程总投资36.7万元。蓄水后，沙河上游刘家堡（惠商边界）可回水深1米，土马河可回水马家店桥，除沿河村能直接提水灌溉外，闸上游可利用原石庙乡齐心沟、梁家乡翻身沟、高万沟，城关镇和省屯乡胜利沟输水南支流，各沟沿途均能直接提水灌溉。1980年，闸上游300米处兴建自来水公司，又成为城区工商企业和居民生活用水的主要水源地之一。

湾头孙扬水站 1978年秋兴建，翌年春竣工。位于原申桥乡湾头孙村西徒骇河上，利用徒骇河已建涵洞送水候王店干沟，经辛店、麻店两乡镇直送桑落墅镇东部的常年贫水区，沿候王店干沟两侧均能提水灌溉。初建时安装苏排Ⅱ型圬工水泵两台，配6160型135马力柴油机两台为动力。1980年，增装75千瓦电动机和100千伏变压器各一台为辅助动力。提水扬程2.5米，设计扬水能力5立方米/秒，工程总投资16.9万元。年均提水量906.7万立方米，实灌面积1.9万亩、6.1万亩次。1996年10月停用。

郑家扬水站 1980年10月兴建，1982年2月落成。位于淄角镇郑家村西南徒骇河上，利用徒骇河郑家涵洞送水郑家沟，经土马河输水沙河，是“引徒济沙”的枢纽工程。该站安装苏排Ⅱ型圬工水泵两台，配6160型135马力柴油机两台为动力，提水扬程2.5米，设计扬水能力5立方米/秒，工程总投资11.2万元。年均提水量820万立方米，实灌面积2.85万亩、6万亩次。1997年

11 月停用。

辛庄扬水站 1981 年秋动工修建，翌年春竣工。位于原申桥乡辛庄村西南徒骇河上，利用辛庄涵洞送水单家干沟，经原三堡乡、麻店乡直送桑落墅镇的西部，沿沟两侧均能提水灌溉。该站安装苏排Ⅱ圬工水泵两台，配 6160 型 135 马力柴油机两台为动力，提水扬程 2.5 米，设计扬水能力 5 立方米/秒，工程总投资 15 万元。年均提水量 827.5 万立方米，实灌面积 2.68 万亩、6.03 万亩次。1995 年 10 月停用。

2005 年惠民县 21 条排水干沟基本情况表

表 6－4

水系	沟名	起止村庄	长度（公里）	流域面积（平方公里）	最后治理尺寸				治理标准				首次开挖时间
					底宽（米）	一般挖深（米）	边坡	纵坡	除涝		防洪		
									流量（立方米/秒）	雨型	流量（立方米/秒）	雨型	
徒骇河	吉新沟	新唐—吉林王	12.50	51.50	5～8	4.00	1:2	1/7000	21.70	64 年	42.40	64 年	1965
	杜家沟	扬旺—杜家	21.60	107.25	3～16	3.5～4	1:2.5	1/9000	32.40	〃	65.20	〃	1965
	杨集沟	簸箕李—杨集	25.00	101.75	3～12	4～5	1:2.5	1/6000	31.70	〃	60.00	〃	1965
	支九排	牛王店—金家桥	9.00	53.00	3～10	4	1:2	1/10000	22.30	〃	43.70	〃	1956
	西屯沟	曹吴—西屯	13.00	18.75	3～6	4	1:2	1/8000	9.60	〃	18.60	〃	1967
	支十排	前刘—辛庄	14.90	31.25	3～6	4	1:2	1/8000	12.40	〃	23.80	〃	1956
	支十一排	李家庄—翟家	12.45	75.50	3～7	4	1:2	1/6000	23.50	〃	45.90	〃	1956
沙河	老一分干	小孙—刘家堡	9.15	28.75	4～6	3.5	1:2	1/7000	15.40	〃	29.00	〃	1956
	莱刘沟	秘家—于大夫	11.20	31.00	3～7	4	1:2	1/8000	16.20	〃	31.60	〃	1977
	安家沟	大道王—于大夫	15.22	112.25	7～15	4～5	1:2.5	1/9000	3.60	〃	70.40	〃	1963
	支二排	西沟刘—梁家	16.28	66.25	5～7	4～4.5	1:2.5	1/7000	26.20	〃	51.30	〃	1977
	单家沟	刘辛营—单家	12.00	40.25	3～15	4～5	1:2.5	1/7000	18.70	〃	36.50	〃	1953
	候王店沟	湾头孙—候王店	31.22	165.00	3～14	4～4.5	1:2.5	1/7000	52.30	〃	103.30	〃	1954
	惠清沟	高王庄—碱场王	11.80	68.25	5～7	4	1:2.5	1/9000	27.50	〃	55.80	〃	1977
沟盘河	省屯沟	惠城—韩家桥	16.00	43.75	5～7	3.5～4	1:2	1/8000	19.50	〃	38.80	〃	1964
	大商沟	钦风—王里	12.35	93.75	3～7	4	1:2	1/6000	30.40	〃	58.60	〃	1951
	齐心沟	石庙—香王	7.50	35.50	3～6	3.5～4	1:2	1/10000	20.10	〃	39.10	〃	1973
	翻身沟	朱苏—石头孙	8.50	36.00	3～5	3.5～4	1:2	1/8000	11.30	〃	21.80	〃	1967
	高万沟	于家寨—水波杨	11.30	33.50	5～9	4	1:2	1/10000	17.50	〃	32.30	〃	1952
	胜利沟	大朱—钓马杨	11.60	24.25	5～7	3.5～4	1:2	1/8000	19.00	〃	27.20	〃	1973
	南支流	归化—张博孙	22.20	176.00	4～6	4	1:2.5	1/10000	70.90	〃	38.70	〃	1952

第三节　机井建设

全县宜井面积905.79平方公里，占全县总面积的67%。打井取水自古有之，但多为人畜饮用，用井水浇灌普通农田者寥寥无几。20世纪50年代末，曾以大打人民战争的形式凿砖井，全县砖井拥有量曾达23万眼，后因引黄事业不断发展，逐渐废弃。1976年，开始注重农用机井建设。至1986年，全县实有农用浅机井2468眼，深机井10眼，年实灌面积达6.62万亩。1997—1999年，为农用机井建设高潮期。3年间，全县共凿机井7388眼。2005年，县内实有农用机电井9084眼，配套机电井8834眼，装机8834台（套）、55.43万千瓦。机电井设计灌溉面积31万亩。是年，因引黄浇灌情况较好机井实用量不大，全县机电井实灌面积仅6.96万亩、20.88万亩次。

第四节　蓄水设施

坑塘　1979年，境内有能蓄水浇地的自然坑塘360余个，控制灌溉面积1.2万亩。1958年，兴建八方寺洼、小张家和仇家3座人工蓄水塘，后因多年无人管理，蓄水寥寥无几。20年间，随着引黄和机井灌溉事业的发展，当地群众已基本停用坑塘蓄水灌溉，多数有水坑塘经承包、改造后用于发展渔业养殖。

干沟蓄水工程　1988年，为提高拦蓄地表径流和灌溉尾水的蓄水能力，惠民县确立"以沟代库"的治水方略。1989—2005年，共投资981万元，全县建排水干沟蓄水闸40座，设计总蓄水量2000万立方米，设计灌溉总面积29.4万亩。

水库　1979年，县内有蓄水库两处。徒骇河樊桥闸蓄水库，蓄水量1700万立方米；土马沙河幸福闸蓄水库，蓄水量219万立方米。1994年11月，为解决县城工商企业及居民生活用水动工修建孟家水库，1997年落成，库容190万立方米，以调黄河水充容。1998年始，该水库分三期工程增容，至2005年，设计库容达770万立方米，总投资达4752万元。随着引黄事业的发展，土马沙河幸福闸蓄水亦成为城区用水源地，徒骇河樊桥闸库区虽仍承担着农业灌溉任务，亦因引黄事业的发展而引灌量不大。

孟家水库除险加固工程

第四章　抗旱与防洪排涝

第一节　抗　旱

20世纪80年代，境内黄河出现断流，90年代断流期逐年延长，加之地表客水资源日趋紧缺，给抗旱工作带来很大威胁。面对严峻形势，各灌区把握黄河来水时机，抢引、快蓄、速灌，努力保持引黄灌溉的最佳效果；簸箕李灌区一干渠和二干渠分别新建扬水站八处，采取高引、低提措施，改善引水条件，扩大灌溉面积；加强河道蓄水闸管理，增加内河蓄水量；大打机井，充分利用地下水；排水干沟建闸，以闸蓄水，以沟代库；加强坑塘水库蓄水工程建设。

1986 年，境内降雨 307.5 毫米，仅为常年降雨量的 52%，受旱面积 100 万亩。全县投入抗旱机械 3121 台，劳力 10 万人，资金 3654 万元，引水量达 3.43 亿立方米（引黄 2.82 亿立方米，引河 5600 万立方米，地下水 500 万立方米），灌溉面积达 94.66 万亩、192.33 万亩次，农业生产获得丰收。1992 年，降雨 283 毫米，是县内自 1951 年有降雨统计资料以来降雨最少的年份，有 105 万亩农田受旱。抗旱中，投入机械 4460 台，拖拉机、汽车等运水车 1600 辆，投入资金 4800 万元，引水量 3.74 亿立方米（引黄 3.17 亿立方米，引河 5100 万立方米，地下水 600 万立方米），灌溉面积 105 万亩、200 万亩次，确保农业生产取得较好收成。1998 年 10 月至 1999 年 2 月，全县无有效降雨，1999 年 1—5 月份降雨量仅 65.3 毫米，黄河 2—3 月连续断流 30 多天，旱情严重。全县上下齐心协力，充分调动人力物力，共提、引水 3.31 亿立方米（引黄 3.01 亿立方米，提取河、库、塘 0.2 亿立方米，提取地下水 0.1 亿立方米），春灌面积 245 万亩次、夏灌面积 55 万亩次，使灾情降到最低程度。2000 年，1—6 月降雨总量仅为 98.1 毫米，属严重干旱年。为节约用水，推广利用“小白龙”（软塑管）输水，普及率 90% 以上；推广使用“FA 旱地龙”（国家科委、农业部、水利部在干旱地区推广的一种多功能植物抗旱生长营养剂）5 吨，使用面积近 10 万亩；投入劳力 12 万人，排灌机械 19180 台（套），大中型扬水站 100 余处，机井 5000 余眼；提、引水 3.43 亿立方米（引黄 3.15 亿立方米，内河提水 0.2 亿立方米，提取地下水 800 万立方米）；春灌面积 170 万亩次，小麦普浇两遍以上，夏灌面积 65 万亩次，春秋农作物均取得较好收成。2001 年，降雨 392.3 毫米，属于旱年。全县引、提水 3.18 亿立方米（引黄河水 2.96 亿立方米，提取内河水 1200 万立方米，提取地下水 1000 万立方米），实灌面积 93.3 万亩、250 万亩次，农业生产基本未受旱情影响。2002 年，降雨 284.7 毫米，旱情严重，为多年平均降雨量的 48%。在黄河水情较差的情况下，全县引、提水 2.44 亿立方米（引用黄河水 2.14 亿立方米，提取内河水 0.13 亿立方米，提取地下水 0.17 亿立方米），实灌面积 85 万亩、230 万亩次，农作物基本无恙。2005 年，全年降雨 548.5 毫米，偏旱。年引、提水 2.32 亿立方米（引用黄河水 2.12 亿立方米，提取内河及排水沟蓄水 0.1 亿立方米，提取地下水 0.1 亿立方米），实灌面积 86.5 万亩、225 万亩次，农业丰收。

第二节　防洪排涝

境内有黄河、徒骇河、土马河、沙河 4 条行洪河道，并有大小洼地 85 个，易涝面积 33 万亩，防洪排涝任务艰巨。1979 年，县设惠民县革命委员会抗旱防汛指挥部，各公社均建有相应机构。1981 年，县革委抗旱防汛指挥部改称惠民县抗旱防汛指挥部，下设黄河、内河两个防汛办公室。黄河防汛办公室设在惠民县黄河修防段（惠民黄河河务局），专司黄河防汛。内河防汛办公室设于县水利局，具体负责徒骇河、土马沙河的防洪及排涝工作。1985 年起，县抗旱防汛指挥部下设黄河、内河、城市 3 个专防办公室和 21 个乡镇防汛指挥部，实行领导干部责任制，各司其职，各负其责。每年 4—5 月，专业人员对境内河道的险工险段、大闸及 21 条骨干排水沟逐一检查，各乡镇同时对田间工程检查，并限期在 5 月中旬前将阻水障碍情况逐一登记造册上报，将存在的问题和治理措施写出书面报告。每年 6 月 1 日—9 月 30 日为防汛值班期，坚持 24 小时值班制，确保水情、雨情、险情、灾情信息上下畅通。至 2005

年，县内防汛工作有线、无线通讯设备运转良好，情况联络系统运作无阻，上传下达信息及时、准确，保障全县无重大灾情发生。

第三节　抗灾救灾

1990年7月6—23日，境内连续降雨394.1毫米，其中15日、21日、22日降大暴雨，并伴有7~8级大风，日降雨量均在64毫米以上，石庙、梁家、省屯、惠民、何坊、香翟6乡镇尤甚，有4次降雨在90毫米以上，加之大量客水涌入，造成沙河、东支流（勾盘河支流，在惠民、阳信边界）等排水干流排水沟水位顶托河水倒灌。全县积水面积110万亩，47万亩庄稼绝产，水围村庄157个，冲毁水利工程建筑物188座，毁坏房屋1926间，倒树19.16万棵，伤9人，亡1人，死伤大牲畜163头，1500亩鱼塘被大水漫溢，冲毁鱼塘围堤2.4万米，冲走成鱼75万公斤、鱼苗5000万尾。重灾后，省政府领导及省军区领导亲临灾区视察指导抗灾，全县人民奋起抗涝防洪，加强农作物苗期管理，灾情较重的乡镇则抢种短期作物或萝卜等蔬菜弥补损失，收到良好效果。

1996年7月31日—8月1日，黄河中游降中到大雨局部暴雨。8月5日14时，黄河花园口站出现第一号洪峰，流量为7600立方米/秒，水位94.73米，为历史最高水位。8月8—9日，黄河中游山西、陕西两省间大部地区降中到大雨，局部暴雨，黄河干流龙门站10日13时形成11200立方米/秒的洪峰。经三门峡水库调节后，13日4时，花园口站第二号洪峰，流量5520立方米/秒，黄河一、二号洪峰在孙口站汇合下泄，于18日中午进入县域河段，洪峰流量4780立方米/秒，水位24.81米。洪水期间，县境内46.5公里黄河大堤全部偎水，7处险工、1处护滩工程、各类防洪工程先后出现险情34段200余次，全县黄河河道内21.5平方公里3.1万亩耕地全部淹没，损坏或倒塌房屋0. 2万间，受灾人口3万余人，直接经济损失4000余万元。洪水期间，共调集专、群防汛队伍200人，基干民兵1000余人和大批防汛抢险物资、料物，在全县广大军民的共同努力下，各类险情均及时得到控制，滩区群众得到妥善安置，确保了堤防和人民群众的生命安全。

1998年6—9月，境内降雨623毫米，为常年同期降雨量的两倍。且时空分布不均，仅7月6—14日8天即连续降雨372毫米，占整个汛期降雨量的60%。致使内河河道容水集中，水位急剧上涨。徒骇河樊桥闸最高水位达9.6米，最大泄洪流量550立方米/秒，土马沙河发生罕见大洪水，沙河幸福闸水位一度涨至10.48米，距设计防洪水位仅差0.02米，超过排涝水位1.58米。由于内河水位剧涨，造成境内排水沟水位顶托，导致全县110万亩农田全部受灾，积水面积达60万亩，其中20万亩积水超过300毫米；冲毁渔塘2184亩，死伤牲畜2761头（匹），倒塌房屋3.5万间，毁坏渠道349条、渡槽26座、桥涵闸559座、机井134眼，损坏电力通信线路47.8公里、公路6.36公里；有264家工厂企业进水，部分原材料和产成品报废；直接经济损失超过4亿元。县防汛指挥部紧急调集工程技术人员组成7个防汛指导督查组，分赴21个乡镇检查指导抗洪排涝工作。抗洪抢险中，动用编织袋1万余条，铁丝500公斤，木桩500根，动土1.5万立方米；突击疏挖排水沟75条，总长150公里，动土55万立方米；出动劳力20余万人，动用排灌机械6000余台（套），经全县干部群众日夜奋战，使灾情降到最低限度。反思成灾原因，主要是河道及排水干沟严重淤积造成，尤其是土马沙河20多年未疏浚，泄洪能力降低50%以上。是年10月10日至12月10日，多方筹集资金3200万元，动土448.1万立方米，较彻底疏浚治理了土马沙河。

1979—2005年惠民县降雨及农业灌溉基本情况统计表

表6－5

年份	降雨量（毫米）	取水量（亿立方米）	其中：			灌溉面积（万亩）		粮、棉单产（公斤/亩）	
			引黄	引河	井灌	实灌	亩次	小麦	棉花（皮）
1979	505.10	3.29	3.09	0.10	0.10	63.80	195	/	/
1980	439.90	3.88	3.65	0.11	0.12	66.10	200	/	/
1981	361.20	3.09	2.80	0.12	0.17	67.20	210	/	/
1982	486.00	3.40	2.92	0.29	0.19	67.20	210	/	/
1983	516.80	3.13	2.23	0.30	0.60	67.60	210	/	/
1984	597.60	3.30	2.40	0.40	0.50	76.40	220	/	/
1985	482.50	3.70	3.15	0.37	0.18	77.70	220	/	/
1986	307.50	3.43	2.82	0.56	0.05	95.00	242	220	66.00
1987	658.10	2.43	2.01	0.40	0.02	74.00	200	240	71.00
1988	530.60	3.19	2.87	0.30	0.02	80.00	220	271	64.00
1989	560.10	2.90	2.58	0.30	0.02	80.00	200	297	60.00
1990	925.20	1.13	1.13	/	/	56.00	100	250	47.00
1991	698.30	2.38	2.38	/	/	75.00	190	/	/
1992	283.00	3.74	3.57	0.11	0.06	105.00	310	/	/
1993	604.50	2.78	2.78	/	/	95.00	230	/	/
1994	629.00	2.74	2.68	0.05	0.01	95.00	230	341	41.00
1995	652.00	2.91	2.89	0.05	0.01	95.00	270	361	61.00
1996	793.50	2.45	2.43	0.01	0.01	85.00	200	334	39.10
1997	474.60	2.91	2.88	0.02	0.01	90.00	240	286	68.20
1998	792.30	3.01	2.99	0.01	0.01	95.00	260	351	73.50
1999	401.50	3.31	3.01	0.20	0.01	105.00	300	382	76.40
2000	406.60	3.43	3.15	0.20	0.08	105.00	305	362	78.20
2001	392.30	3.18	2.96	0.12	0.10	93.30	250	375	76.00
2002	284.70	2.44	2.14	0.13	0.17	85.00	230	341	70.30
2003	647.70	1.97	1.81	0.09	0.07	85.00	195	376	70.00
2004	703.20	1.01	0.91	0.08	0.02	68.00	110	423	79
2005	548.50	2.32	2.12	0.10	0.10	86.50	225	437	76.90

第五章 水政管理与水土保持

第一节 水政执法

1988年7月1日，《中华人民共和国水法》实施。1990年，县水利水产局组建水政监察科和水利公安派出所。1991年，惠民县被列为全省第二批水政建设扩大试点县，县水行政执法队伍应时而生，经推荐、考核、培训，全县共任命水政监察员、助理水政监察员60名，水管员102名。水行政执法队伍通过广泛开展水法宣传和调解水事纠纷、查处水事违法案件，维护良好的用水秩序。1996年，鉴于境内淡水养殖事业快速发展，渔业违法案件时有发生，县水利水产局组建渔政监督管理站，负责全县渔业执法工作。该站以宣传有关法律法规为先导，对从事捕捞业的单位和个人依法登记，发放“捕捞许可证”，并没收销毁电捕工具，查处违法捕捞案件多起，全县的渔业生产步入健康有序的发展轨道。1997年，实行行政执法责任制。同年8月1日，成立惠民县水利水产局行政执法责任制领导小组，8日，出台《惠民县水利水产局行政执法责任制实施方案》。行政执法责任制的实行，水事纠纷和水事违法案件处理及时，从未发生行政复议、行政诉讼案件。1998年5月，惠民县水政监察大队建立，统管全县水利、水产行政执法工作。2002—2005年，自来水公司、白龙湾引黄灌区管理处、徒骇河管理段等重点水工程管理单位分别设立水政监察中队，由县水政监察大队统一领导，实行统一培训，统一着装，持证上岗，形成全县上下联动的水行政执法格局。

第二节 水资源管理

1988年，县政府设立水资源管理委员会，办公室设在水利水产局，主要开展有关法律、法规和政策的宣传，油区生产用水调查摸底、取水统计等。1994年7月，县水利资源管委会出台《惠民县水资源管理试行办法》，编制出版《惠民县水资源长期供求计划》。1995年9月，县政府印发《关于在全县开展农村取水登记和发放取水许可证工作的通知》，开始对所有取用水单位和个人实施取水许可制度。1996年4月，县政府下达《关于调整水资源费征收办法和标准的通知》，县水资源管理委员会印发《关于加强取水计量设施装置、管理与保护工作的通知》，开始对所有非农业灌溉用水的单位和个人实行水资源有偿使用制度，实施装表计量，按实际用水量每立方米0.1元的标准征收水资源费。到1997年年底，全县共向农业灌溉取水单位发放取水许可证1258套，达到一村一证，向行政企事业单位发放取水许可证115套，凡拥有自备水源工程的单位一户一证，发证率实现两个百分之百。除农业灌溉用水外，其它取水井及供水泵站装配水表，装表率95%，根据取水量征收水资源费，开征率乡镇企业100%，地直和县直单位90%。1998年，建立和完善年度用水审批和用水月报制度，坚持年初下达取水指标和年终上报总结制度，严格控制取水量。计量取水对用水户取水计量设施进行检修，保持其运转良好。单位凿打新井，必须事先向县水资源管理办公室申报《水资源开发利用审批书》，凿井队必须在施工前到县水资源管理办公室办理“凿井施工许可证”，否则不准施工。是年，惠民县水资源管理办公室连续三年被评为全区水资源管理先进单位。1999年，开展大规模水资源管理法规宣传；开展机井普查和城区地下水调查评价，逐井建档，分类管理；设立节约用水办公室。县水利水产局被评为全区水法宣传工作先进单位，县水资源管理办公室被评为全区取水许可水质监测工作先进单位。2000年，全面完成取水许可证换发工作，共换发新版"中华人民共和国取水许可证"1299套，获地区取水许可证换发工作二等奖。

2001年6月，《惠民县水务改制实施方案》实施。惠民县水务局同时建立，为正科级单位，与县水利局合署办公。原由城建委管理的自来水公司划归县水务局，实现水资源城乡统一管理，结束水资源部门分割、城乡分割的历史。2002年4月1日，《山东省水资源费征收使用管理办法》施行。10月12日，县政府印发《惠民县水资源费征收使用管理办法》。依此，水资源费征收标准调整为：地下取水每立方米0.6元，公共供水每立方米0.55元，疏干排水每立方米0.15元，水库、河道、坑塘公共取水每立方米0.25元，自备水源每立方米0.3元，地下水超采区取地下水的按当地征收标准的2倍征收；建筑施工、砖瓦窑厂生产、禽畜养殖和其他不宜直接计量的用水，按市水行政主管部门发布的相关行业用水定额换算水量计征水资源费；农业灌溉及非经营性用水暂不征收水资源费；水资源费的收缴均实行"票款分离制度"，使用由省财政厅统一印制的《山东省水资源费缴款通知书》，取水单位和个人按通知书规定的期限和数额到指定的银行缴纳水资源费。是年，完成惠民华润纺织有限公司和山东飞虹丝业有限公司两大企业的用水平衡测试工作，装表率、测试方法、测试数据、测试成果经市验收专家组评为优良级，一次通过验收。2003年，县水资源管理办公室完成《惠民县用水定额编制分析报告》的编印工作，在此基础上编制了《2004年度惠民县用水计划》。2004年，"3·22"世界水日暨"中国水周"期间，以强化以法行政、推进节水型社会为主题，召开有关部门领导和30多家取水单位主要负责人参加的水资源管理座谈会，大大提高了全县人民的节水意识，水资源管理工作进一步规范。同年，水资源管理办公室升格为副科级事业单位。2005年，水资源管理重点是加强城区地下水的保护。城区工厂企业集中，发展势头强劲，地下水开采量日趋增加，城区及周围111.1平方公里的区域已成为地下水中型超采区，严重超采面积20.9平方公里。超采区漏斗中心地下水静水位26年下降70米，年均下降2.7米，地下水超采系数140%。县政府印发《关于加强凿井管理的通知》，严格凿井审批管理，禁止城区自来水管网覆盖范围内增打机井，扼制了城区深层地下水的超采。

第三节 水土保持

境内有沙地30余万亩，主要分布在大年陈、姜楼、淄角、辛店、清河镇、魏集等乡镇。其地形随风势而变化，土质脊薄，地势高低不平，灌溉困难，只能种植花生、大豆等抗风沙作物，且产量很低。大年陈、姜楼一带很早就以植树造林防风固沙，涵养水源，颇具规模，效果良好。1958年"大跃进"时期，防风固沙林多被毁坏，中共十一届三中全会后得以恢复，并在全县推广。1985年，惠民县水土保持委员会成立，利用省、地拨专款支持联五乡（现属姜楼镇）搞防风林带12条，农田林网44条，成片造林207亩，育苗80亩，植乔木109607株，植冠木116208墩，总面积4万亩；麻店乡肖万管理区植乔木35650株，新建果园2305亩（其中山楂650亩，葡萄100亩，苹果1545亩），植果树116270株，育果苗8亩，总面积3万亩，经省、地验收合格并由省电视台对其固沙造林成果进行录像广播。同年，惠民县被省水利厅列为全省第二批水土保持监督执法试点县，制定《惠民县实施〈水土保持法〉办法》，转发《山东省物价局、财政厅、水利厅关于颁发〈山东省水土保持设施补偿费、水土流失防治费收取标准使用管理暂行办法〉的通知》。

水利水产局调整充实水土保持监督执法机构，水土保持工作纳入依法管理轨道。至1997年，全县共治理水土流失面积257.3平方公里，总投资431.5万元。其中，省、市（地）投资110.5万元，群众自筹321万元。惠民县两次获全省水土保持先进县称号。1998年，惠民县被列为全国水土保持生态环境建设“十、百、千”〈全国建设水土保持十个示范地（市）、百个示范县（区）、千个示范小流域〉示范县。

林粮间作

1999年，境内被国家列入水土保持专项资金治理的小流域有两个。一是季家庄风沙治理区，总面积15平方公里，治理面积12平方公里。主要工程有植农田林网1000亩，造成片水保林1700亩，新建和改建生产桥25座、节制闸1座，疏挖沟渠49.2公里，整平土地300亩。共用工58700个，投资100万元（中央财政水土保持专项资金40万元，地方配套40万元，群众自筹20万元）。翌年12月，经水利部及省、地水利部门联合验收合格。二是崔寨小流域综合治理试点，治理面积3.13平方公里。主要工程有林粮间作2000亩，水保防护林带2698亩，修建小型水保林带间桥涵15座。共用工15.5万个、投资30万元。同年春，位于姜楼镇面积20平方公里的马家洼小流域动工治理，次年3月完成。工程投资691万元，其中群众自筹338万元，市县投资338万元，省投资15万元。治理后，农田小气候发生根本性变化，土壤侵蚀模数由治理前的每年2922吨/平方公里减少到390吨/平方公里，沙暴日数平均减少8天，蒸发量减少11%，被水利部、财政部命名为全国水土保持生态环境建设示范小流域。12月，惠民县被列为全国水土保持生态环境监督管理规范化建设试点县。面对机遇，调整充实水土保持监督检查站，对该站及全县300名专（兼）职水土保持监督员和工作人员进行集中培训，统一着装、持证上岗。出台《水土保持方案审批管理制度》《水土保持监督检查年检制度》《水土保持“两费”收缴和管理制度》《水土保持监督人员管理制度》《开发建设项目水土保持设施竣工验收制度》《水土保持违法行为举报及查处制度》《惠民县水土保持方案年检制度》《水土保持法律法规学习培训制度》等一系列规章制度。

全国小型农田水利建设重点县工程

2000年11月，经水利部、省水利厅、地区水利局联合验收组实地考察，顺利通过全国水土保持生态环境监督管理规范化建设试点县、全国水土保持生态环境建设“十、百、千”工程示范县及崔寨小流域综合治理验收。至此，全县累计治理水土流失面积350.8平方公里，占全县水土流失总面积的53%；建设成片水保林7.95万亩、农田林网17.61万亩、林粮间作17.4万亩、成片果园7.29万亩；新建水工建筑物582座；新增灌溉面积20万亩；共完成土石方912.9万立方米、工日587.1万个；累计投资1364万元，其中国家及省财政投资59万元，地区财政投资30万元，县财政投资88万元，乡村投资1187万元。2002年，投资25万元，实施辛庄小流域治理工程，治理面积15平方公里，植经济林2平方公里，林网（折实）5平方公里，修建沟渠20公里，修建筑物5座。2003年唐家小流域治理，投资25万元，治理面积15平方公里。植经济林2平方公里，林网（折实）2平方公里，修建沟渠5公里、建筑物5座。2004年十五堂风沙片治理，投资25万元，治理面积15平方公里，经济林3平方公里，修建沟渠10公里、建筑物5座。2005年8—12月，利用国家土地开发整理扶持资金1035万元，动用机械110台，动土721万立方米，开发整理簸箕李引黄灌区东、西沉沙条渠间的1103.43公顷沙化地，并开挖农级排水沟10.8公里，修建地上渠25.6公里，建生产桥7座、扬水站3座、渡槽6座、涵洞75座，植速生杨等抗风沙树种2.3万株。该项目新增耕地549.39公顷，年产效益390万元。

第七编　工　业

第一章　综　述

第一节　概　况

中共十一届三中全会后，全县工作重点转向以经济建设为中心，实行对外开放、对内搞活、计划经济与市场经济相结合的方针政策，县域工业在改革中步入不断发展的轨道。

1979 年，境内有工业企业 131 家，完成工业总产值 8283 万元。其中，国营企业 18 家，总产值 4977 万元；县属集体企业 12 家，总产值 538 万元；公社办企业 101 家，总产值 1246 万元。此外，村及村以下工业总产值 761 万元。1985 年，全县形成国有、集体、个体工业齐头并进同步发展的格局，集体工业在数量及产值上已占主要地位。全县 119 家工业企业，完成工业总产值 2.2 亿元。其中，17 家国有企业完成 6547 万元，15 家县属集体企业完成 1.2 亿元，87 家乡镇办集体企业完成 1785 万元。另有村、个体工业完成总产值 1447 万元。

1986 年，“七五”计划（国民经济发展第七个五年计划）第一年。全县完成工业总产值 2.15 亿元，其中，国有工业 1.2 亿元，县属集体工业 1075 万元，乡镇工业 1851 万元，油棉加工业 6592 万元。1988 年，县委、县政府陆续印发《关于加快和深化改革的实施意见》《关于发展乡镇企业的若干问题》《关于引进技术资金人才和放活科技人员的暂行规定》《关于鼓励支持发展私营经济的暂行规定》。工业企业在推行承包经营责任制的同时，加大技改投资，着力提升企业竞争能力，共计完成工业总产值 2.3 亿元，实现利税 2036 万元。1990 年，县委、县政府印发《关于新一轮企业承包经营责任制实施方案》《关于在治理整顿中促进乡镇企业持续发展的意见及其措施》，有 60 个主要工业企业实现承包经营。在资金、能源、原材料紧张，市场疲软的情况下，全县完成工业总产值 2.88 亿元，比 1986 年增长 33.95%，销售收入 3.48 亿元；实现利税 2441 万元，利润 1411 万元，分别比 1986 年增长 80.8% 和 78.8%。

1991 年，“八五”计划第一年，是国务院提出的“质量品种效益年”。县委、县政府印发《关于加快全县工业发展的意见》，积极开展“质量品种效益年”“工业发展年”活动，克服洪涝灾害带来的困难，工业生产稳定、协调、健康发展，全部工业总产值 5.61 亿元，利税 2729 万元。1993 年，贯彻落实《全民所有制工业企业转换经营机制条例》。县委、县政府制定只管“三个一”（一个法人代表、一个上缴利税、一个资产增值）的意见，提出一年整顿、二年起步、三年改观、五年大见成效的工业发展思路。是年，境内乡及乡以上工业企业发展到 175 家，固定资产原值 3.6 亿元，职工 17774 人。主要生产设备居国内 90 年代一般水平的占 67.6%，先进水平的占 20.6%。完成工业总产值 13.3 亿元，实现利税 4375 万元。1995 年，全县巩固提高农业，大力发展工业、乡镇企业和私营企业，联动第三产业。工业系统以“管理效益年”为主线，抓管理、促营销、重投入、促调整，实现发展速度与经济效益同步增长，完成工业总产值 27.7 亿元，实现利税 2.2 亿元。

1996 年，“九五”计划头一年。县内经济发展围绕经济运行态势，开展争名升位活动，以管理、改革、改造、外向带动促进经济持续发展。工业经济在发展中保持着良好的运行状况，完成工业总产值 36 亿元，销售收入 15.7 亿元，实现利税 3.1 亿元，同比分别增长 22%、21%、

43%。1997年，实施工业兴县战略。以改革为突破口，抓住机遇，扩大开放，调整结构，突出主题，工业经济运行质量保持稳步提高。完成全部工业总产值44.99亿元，实现利税3.96亿元。利税过千万元的企业有县棉纺织厂、地毯厂、第二棉纺织厂。1999年，以国有工业三年改革与脱困为目标，在深化国有企业改革、优化经济结构的同时，兼顾其他工业企业的良性发展，从整体上促进工业企业素质的提升。全县完成工业总产值9.55亿元（新口径，下同），工业增加值2.7亿元，同比分别增长26.2%、21%；完成销售收入10.9亿元，同比增长21.8%；实现利税7718万元，同比增长19.9%。2000年，境内工业在全面完成改制的基础上，建立健全市场营销机制，加大扭亏增盈力度。采取压库促销、核销呆账坏账等措施，克服资金不足及经济指标下滑的困难，努力压缩“两金”占用，成效显著。完成工业总产值11亿元，工业增加值4亿元，同比分别增长24%、19.7%；实现利税9302万元，利润4142万元，同比分别增长37%、78.7%；产销率99.1%。

2001年，“十五”计划头一年。实施“工业兴县”战略，管理与改革并举，调整与创新同步，优化工业经济结构，整顿规范市场秩序，全面提高企业素质和经济运行质量。完成全部工业增加值3.9亿元，同比增长7%，其中，县属工业完成3.1亿元，同比下降3%；乡村工业完成5602万元，同比增长51%。完成销售收入13.2亿元，同比增长8.2%，其中，县属工业完成10.9亿元，同比下降2%；乡村工业完成1.9亿元，同比增长26.3%。实现利税1.15亿元，同比增长15.6%，其中，县属工业实现6350万元，同比下降25%；乡村工业实现2990万元，同比增长81%。实现利润4401万元，同比增长2.2%，其中，县属工业实现1717万元，同比下降52%；乡村工业实现1510万元，同比增长105%。2002年，全县有工业企业150余家。初步形成纺织、地毯加工、机械、食品、油棉加工、绳网制造和生物工程七大支柱产业，骨干企业有惠民华润公司、第二棉纺织厂、彩霞地毯集团、活塞公司、孙武酒业、良种棉加工厂、电力公司及三家油棉加工厂等15家。完成全部工业增加值4.4亿元，同比增长11.2%；销售总收入13.7亿元，同比增长13.2%；实现利税9177万元，同比增长12.4%；实现利润3475万元，同比增长34.6%；产销率98.5%，同比增长2.1%；“两金”占用2.9亿元，同比减少4.2%。2003年，县域经济以结合实际、培植骨干、膨胀总量、招商引资、提高效益为发展目标，全面实施工业兴县战略，取得初步成效。完成工业增加值6.3亿元，同比增长21.4%；完成销售收入16.9亿元，同比增长36.5%；实现利税1.2亿元，同比增长28.5%；实现利润5045万元，同比增长43.9%；“两金”占用2.7亿元，同比减少4138万元；产销率97%，同比减少1.3%。2004年，全党抓经济，重点抓工业，突出抓好“百、千、亿”工程，推进工业经济发展。是年，开工实施工业项目402个，其中，过亿元项目5个，过千万元项目103个，过百万元项目294个。全县完成工业增加值9.4亿元，销售收入25.8亿元，同比分别增长36.1%、45.6%；实现利税1.7亿元，利润7807万元，同比分别增长43.6%、46.9%。惠民华润公司、基德公司、活塞公司、农兴种业公司、六和饲料公司、县供电公司年销售收入均超过亿元。2005年，县内有规模以上工业企业107家，其中，纺织服装企业30家，绳网企业25家，抗虫杂交棉制种企业9家，机械加工企业8家，食品及农副产品深加工企业35家。基本形成以六大优势产业为主、门类较为齐全的工业体系。各类工业企业中，有省级以上高科技企业7家，省级龙头企业1家，市级龙头企业8家，通过ISO 9000质量体系认证的企业18家；销售过亿元的企业7家，利税过千万元的企业3家。完成全部工业增加值12.5亿元，同比增长50.1%；完成销售收入43.7亿元，同比增长62.9%；实现利税2.9亿元，同比增长64.2%；实现利润1.4亿元，同比增长56.7%。

第二节　经营管理

1979年，处于计划经济时期，工业企业的产、供、销、存均按国家下达的计划指标落实，其生产考核的主要指标为产值、产量、产品质量，花色品种、全员劳动生产率、资金周转率、可比成本降低率和利润。企业内部则实行党组织领导下的厂长负责制。1980年，开始简政放权，企业有了一定的经营自主权，可根据自身特点发展生产，开发新产品。1983年，逐步推行经济承包责任制，企业实行经济包干，职工实行责任包干，厂长有权决定企业内部机构设置和干部任免，企业奖罚与经济效益挂钩。1984年，实行利改税，企业在经济管理上有更多主动权。1987年，县毛巾厂试行公开招标承包经营，企业依照所有权和经营权适当分离的原则，通过招标产生经营者，实行承包经营与民主管理相统一的经营方式，继而在全县推广。1989年，县经济委员会印发《规范化工作法》《三大民主工作法》《成本控制工程》，旨在促进企业管理水平的快速提升。翌年，县内工业企业获得区级企业管理现代化成果7个，一等奖3个，三等奖2个。1991年，县经委制定《惠民县企业现场管理达标方案》《工业企业现场管理考核标准》，并以质量品种效益活动为中心，强化企业管理，提升企业竞争力，膨胀企业规模。1992年，惠民棉纺厂晋升为大型（二）企业，第二棉纺厂晋升为中型（一）企业，第一、二油棉加工厂和孙武酒厂晋升为中型（二）企业。1995年，县经委印发《县属企业现场管理实施方案》。开展工业企业管理效益年活动，加强成本目标控制。2000年，历经内部挖潜、降低成本、扭亏增盈、开拓市场等管理措施的工业企业，压缩“两金”占用及核销呆、坏账工作效果显著，全县工业产销率达到99.3%。2001年，以改革、改组、改造为前提，强化人本管理、成本管理、质量管理和营销管理，开展“学邯钢、学海尔、学亚星”活动，全面推进企业的管理创新。华润公司、活塞公司通过ISO 9000质量管理体系认证。2002年，按照“三改一加强”（改制、改组、改造、加强管理）和建立现代化企业管理制度的要求，各企业不断细化基础管理，在成本管理、财务管理、比价管理、物流管理等方面均有所建树。全县工业实现管理增效818万元，降低管理费用132万元。至2005年，境内工业企业“管理出效益”的理念普遍树立，通过现代化管理模式而经营规模不断扩大的企业逐年增多。全县规模以上企业达107家，有18家企业通过ISO 9000认证。

1979—2005年惠民县工业部分经济指标完成情况表

表7－1　　　　单位：万元

年度	工业总产值	工业增加值	利税
1979	8283	/	/
1980	9508	/	/
1981	10321	/	/
1982	13757	/	/
1983	15321	/	/
1984	18578	/	/

续表 7－1

年度	工业总产值	工业增加值	利税
1985	21945	/	/
1986	20600	/	1350
1987	21000	/	1326
1988	23000	/	2035
1989	26000	/	2496
1990	28800	/	2441
1991	56100	/	2729
1992	45000	/	2728
1993	132500	/	4375
1994	206068	/	16555
1995	276852	/	21687
1996	360089	/	31110
1997	449857	/	39753
1998	85440	/	6937
1999	95500	33116	7718
2000	/	36009	9302
2001	/	39524	11438
2002	/	43959	9177
2003	/	62637	12051
2004	/	94279	17317
2005	/	124721	29804

说明：1997 年及以前按 1980 年不变价计算，1998 年始以新口径计算

第二章　国有工业

第一节　管理机构

1979 年，县革命委员会设工业交通办公室，负责工业、邮电、电业、交通事业的组织领导工作。另设县革命委员会工业局，行使国有工业的管理职能。1981 年，县革命委员会工业交通办公室改称惠民县工业交通办公室，县革命委员会工

业局更名为惠民县工业局。1982 年 8 月，县工业交通办公室更称惠民县经济委员会。1984 年 5 月，县工业局易名惠民县工业公司。1987 年，县企业政治工作部、工业公司并入县经济委员会，原工业公司 9 个下属国有工业企业归属县经济委员会。1993 年 10 月，县经济委员会改组为惠民县经济贸易委员会。内设职工教育办公室、财贸办公室、办公室、调度室、企管科、技改科、财审科、政工科、职工培训中心。2002 年 8 月，县经济贸易委员会改建为惠民县经济贸易局，负责全县工业流通、企业经济运行及整顿规范市场秩序等工作。2005 年，县经贸局内设职工教育办公室、财贸办公室、办公室、调度室、财审室、政工室、科技室。

第二节 发展概况

1979 年，县域有国有工业企业 18 家，分别是棉纺织厂、毛巾厂、针织厂、拖拉机厂、汽车修理厂、造纸厂、机械工程材料厂、酿酒厂、印刷厂、电池厂、砖瓦厂、轮胎翻新厂、煤球厂、面粉厂、酱菜厂、电业公司、自来水公司、电厂。工业总产值 4977 万元。1980 年，企业内部开始实行优化劳动组合，加强经济核算，开拓市场，扩大销售，企业活力增加，共完成工业总产值 5242 万元。1986 年，有预算内国有工业企业 12 家，职工 6138 人。主要产品有棉纱、棉布、拖拉机、机制纸、针织品、毛巾、沙发巾、巾被、柔性石墨产品和清河牌系列白酒等。1987 年，深化企业改革，在全区首先引入竞争机制，实行经营承包责任制。惠民县第二棉纺织厂建成投产，成为境内纺织业的新星。1988 年，县棉纺织厂兼并毛巾厂。1990 年，因长期亏损，轮胎翻新厂、砖瓦厂和煤球加工厂关闭。1993 年，国有工业经济效益下滑。电池厂停产，针织厂、机械工程材料厂、酒厂和印刷厂出现亏损。县拖拉机厂与山东活塞厂松散联合，建立山东活塞厂惠民分厂。1995 年，县第二棉纺织厂企业性质由集体改为国有，并以承租形式兼并县针织厂。1997 年，山东活塞集团整体兼并山东活塞厂惠民分厂。1998 年，在计划经济向市场经济转轨，企业发展由生产型向市场营销型转变的过程中，国有工业发展形势严峻，部分骨干企业停产或半停产，大型国企县棉纺织厂也出现亏损。县酿酒厂破产改制，重组为全县第一家股份制企业，即惠民县孙武酒业有限责任公司。1999 年，县棉纺织厂与香港华润纺织品公司合资组建为山东惠民华润纺织有限公司。是年，国有工业有了恢复性发展，逐步走出低谷。2000 年，是国企三年改革脱困的最后一年，国有工业企业建立健全市场营销机制，强化企业管理，生产经营状况良好。高级灯芯绒、武定府系列酱菜、武定府系列白酒、惠人牌面粉、梅花牌白长丝、高支数棉纱等产品在市场热销。2002 年，由于改革不够彻底，遗留问题未能妥善解决，造成国有工业企业包袱沉重，管理较乱，生产经营不善，经济效益下滑。县棉纺织厂将 30% 的股份全部转让给华润纺织有限公司。2003 年，第二棉纺织厂依法破产，由无棣县私营企业基德纺织公司买断，重组为基德棉纺织厂。县良种棉加工厂破产重组，组建鲁洁棉业和中棉棉业两个私营企业。2004 年，武定府酱园实施破产，重组私营性质的武定府酿造有限责任公司。惠民光明实业有限公司、山东沾化电力实业总公司、滨州市东力电气集团总公司三方合营的惠民光明热电厂投产运营。2005 年，县委、县政府印发《关于深化县属国有、集体企业改革的指导意见》。飞虹丝业公司破产，由县恒鑫源丝绸公司出资 70%、青岛海润集团出资 30% 一次性买断，成立民营性质的惠民县恒鑫源股份有限责任公司。是年，全县有国有工业企业 13 家，完成工业增加值 17728 万元。

1979—2005年惠民县国有工业企业经营情况表

表7-2　　单位：万元

年　度	企业个数	工业总产值	工业增加值	利　税
1979	18	4977	/	/
1980	18	5242	/	/
1981	15	4821	/	/
1982	15	5717	/	/
1983	15	5648	/	/
1984	14	6020	/	/
1985	17	6547	/	/
1986	12	6080	/	562
1987	18	7439	/	362
1988	18	9814	/	507
1989	17	10501	/	652
1990	14	10893	/	915
1991	14	19565	/	1141
1992	14	19645	/	1053
1993	14	17851	/	1115
1994	14	21359	/	2261
1995	14	27628	/	3314
1996	14	28282	/	3403
1997	14	28358	/	3142
1998	14	30494	/	23571
1999	16	/	11448	3218
2000	16	/	13935	4339
2001	16	/	13818	3469
2002	16	/	12487	4759

续表 7－2

年　度	企业个数	工业总产值	工业增加值	利　税
2003	14	/	12606	2642
2004	14	/	14448	2018.1
2005	13	/	17728	3647.2

第三节　企业改革

改革开放初期，县内国有工业的改革以资产重组为重点，放开搞活小企业，采取多种形式盘活困难企业资产。1987 年，按照“包死基数，确保上交，超出多留，欠收自补”的原则，县毛巾厂试行招标承包经营，1988 年，潍坊造纸总厂通过投标、评估承包县造纸厂。翌年，因经营不善承包合同中止。1989 年，县棉纺织厂兼并毛巾厂，改建为棉纺织厂第三织布车间，盘活国有资产。1992 年，县政府给予四项优惠政策，县造纸厂由电业局承包经营，更称惠民县孙武纸厂。1994 年，坚持和完善厂长负责制，有条件的企业实行党政主要职务一人兼。完善企业承包制和税制改革，承包到期的企业实行“四定”经营目标责任制，即定年度任务和目标、定上交、定责任、定奖罚，推行税增利减列收列支的办法。1995 年，县第二棉纺厂兼并针织厂，企业性质由集体转变为国有。1998 年，县印刷厂改制，实施承包经营，成立惠民县孙武印刷制品有限责任公司。孙武酒厂依法破产，重组为孙武酒业有限责任公司。1999 年，县棉纺织厂在剥离生产性有效资产的基础上，与香港华润纺织品有限公司合资组建山东惠民华润纺织有限公司，合资期 30 年，注册资金 1005 万美元，香港华润占注册资金的 70%，获得经营权，县棉纺厂占注册资金的 30%，参股经营。孙武纸厂通过招商引资，由外商租赁三条造纸流水线，组建山东省惠民县鲁阳造纸厂。2001 年，国企改革力度加大，盘活企业 11 家，盘活存量资产 1 亿元。县第二棉纺织厂实行国家控股职工参股的内部改革，企业改制为惠民耀升纺织有限责任公司。2002 年，按照县委、县政府从根本上解决长期困扰企业发展的体制问题，尽快使企业走出困境的要求，对重点工业企业进行第二次改制。原惠民棉纺厂在惠民华润公司 30% 的股份全部转让给华润公司。孙武纸厂 1760－200 纸机生产线对外租赁，成立山东滨州万事达纸业有限责任公司。良种棉加工厂顺利完成整体改革，归并山东鲁洁棉业有限公司。2003 年，县政府印发《关于深化县属国有、集体企业改革的指导意见》，意见以国有和集体资本退出企业、劣势企业退出市场、企业转体制职工转身份为核心，坚持因企制宜、一厂一策、稳妥操作的原则，进行企业改革。年内，县第二棉纺织厂破产重组。有效资产由无棣县民营企业山东基德生态科技有限公司全部买断，大部分在册职工得到安置。2004 年，以“能卖不股，能股不租，能租不包，以卖为主”为前提，加快企业改革步伐。孙武纸厂、孙武酒业甘油车间由外商租赁，国有资产得以盘活。武定府酱园依法破产，重组为惠民县武定府酿造有限责任公司，实行股份制。县植物油厂由民营股份制企业新华种业公司整体买断。2005 年，组织专门班子，对孙武纸厂、机材厂、印刷厂和孙武酒业公司进行摸底调查，详细掌握各企业生产经营和资产状况，为深化企业改革奠定基础。同年 7 月，山东飞虹丝业公司破产程序完成，县恒鑫源丝绸公司出资 70%，青岛海润集团出资 30%，共出资 758 万元，一次性买断该企业有效资产，组建为惠民县恒鑫源股份有限责任公司。

第三章　县属集体工业

第一节　管理机构

1979 年，县革命委员会下设二轻工业局，分管县属集体工业。1981 年，县革命委员会二轻工业局改称惠民县二轻工业局。1984 年，县二轻工业局改建为惠民县二轻工业公司。1986 年，二轻工业公司内设人秘科、生产技术科、销售信息科、财物基建科和工艺美术公司、供销经理部。1987 年 8 月，二轻工业公司改组为惠民县二轻集体工业联合社，内设办公室、劳动人事科、生产技术科、财务审计科和工艺美术公司。9 月，二轻集体企业第三届职工代表大会召开，选举产生惠民县二轻工业联合社管理委员会。1989 年 11 月，县二轻集体工业联合社恢复惠民县二轻工业局称谓，列政府序列，管理城镇二轻集体企业。内设办公室、人事劳动科、生产技术科、计划财务科和工艺美术公司。1993 年 10 月，行政机构改革，二轻工业局改建为惠民县二轻工业总公司，对外仍保留原名称。总公司内设行政办公室、政治工作部、劳动人事部、生产科技部、计划财务部。2005 年，总公司内设机构“四部一室”，有 7 名工作人员。

第二节　企业发展

1979 年，县属集体工业企业有鞋厂、工艺美术厂、拔丝厂、地毯厂、农机厂、服装厂、五金制修厂、农具厂、综合修理厂 9 家。共有固定资产原值 306.2 万元，净值 229.5 万元，职工 1052 人，完成工业总产值 600.69 万元，实现利润 26.8 万元。1981 年，农具厂撤销，其职工分别安置于系统内各企业。1984 年，工艺美术厂木器车间及与济南塑料三厂合营的塑料制品车间分出单设，分别成立惠民县木器厂和惠民县塑料厂。塑料厂填补县内塑料薄膜生产空白，当年生产薄膜 158 吨，产值 57.3 万元。1986 年，各企业在理顺管理体系和资产关系的基础上，先后开发养鸡笼、塑料制品、包装箱等新产品，扩增地毯和工艺品生产规模。年总产值完成 1076 万元，销售收入实现 1077 万元，利税实现 79 万元，突破了多年来产值、销售 600 万元，利税 50 万元上下的局面。1987 年，开展“创业立功”“企业升级达标”活动，坚持技改和管理并重，扩增规模，开扩新产品市场，加大产品出口力度。全年完成工业总产值 1385 万元，实现利税 101 万元。1988 年，各企业普遍实行招标承包，亦称第一轮承包。生产经营推行定额管理，企业管理机制发生较大变化。全系统投入技改资金 300 余万元，扩增地毯、艺品、养鸡笼、服装、塑料地膜、镀锌铁丝、布鞋等的生产规模。1989 年，二轻工业企业有鞋厂、艺品厂、拔丝厂、地毯厂、机械厂、服装厂、畜牧机械厂、木器厂、纸箱厂、塑料厂、供销经理部 11 家，已全面实行岗位目标责任制。各企业在开展“双增双节”活动的同时，着力抓好产品创新创优，效果显著。地毯厂生产的 160 道东方地毯被评为省优产品，获省“百花奖”；畜牧机械厂的系列养鸡笼有四种填补省内空白，两种为国内首创。1990 年 4 月，纸箱厂与木器厂合并，成立惠民县包装装璜厂。1991 年，实行第二轮承包，各企业围绕“质量品种效益年”活动，开展劳动竞赛，生产经营较好。全年工业总产值同比增长25.9%，利税同比增长26.6%。县地毯厂成为全省“明星企业”之一，新开发的160道东方地毯获全国轻工博览会银奖和省工艺美术品“百花奖”。1993年10月，二轻工业局成建制转为集团总公司，实行总经理负责制，下属各企业法人代表实行聘任制。1994年，全系统推行全员劳动合同制，企业内部实行劳动、人事、工资分配三项制度改革。同年11月，地毯厂兼并国有工业电池厂，进一步壮大企业规模。1995年，二轻工业总产值首次突破亿元大关，比1990年增长2.6倍；实现利税832万元，比1990年增长27.2%；新产品率达35.5%。畜牧机械厂生产的浓缩饲料获地区科技进步奖，服装厂的厚织物防水棉茄克获省二轻工业优良设计奖，地毯厂被国家经贸委批准为国家大型（二）企业。1996年，地毯厂成功收购兼并申桥镇二轻艺品厂，拓展了地毯加工基地。1997年，县二轻系统在“八五”期间列入全省技改范围的五个项目，通过省地部门检查验收，被省二轻厅表彰为技术改造先进单位。全系统完成工业总产值1.02亿元，实现销售收入6401万元，利税1107万元。7月，地毯厂兼并服装厂，成立惠民县滨霞服装有限公司，成为其二级法人单位，为组建省级集团公司奠定了基础。10月，拔丝厂的钢钉生产分离经营，组建惠民县天工制钉有限公司。1998年，二轻工业在不断改革和发展中，企业管理和经营机制发生深刻变化，企业主体发生较大调整。3月，地毯厂以地毯、服装、鞋业、中美合资公司为紧密层，联合乡镇多家企业建立全县第一家省级企业集团——山东彩霞地毯集团公司。10月，艺品厂进行股份制改造，改建为惠民县宏远工艺品股份公司。至此，二轻总公司下属企业有山东彩霞地毯集团公司、惠民县宏远工艺品有限公司、惠民县惠丰塑料有限公司、惠民县惠兴机械有限公司、惠民县畜牧机械有限公司、惠民县拔丝厂、惠民县包装装潢厂、惠民县二轻供销经理部8家。在亚洲金融危机冲击和国内洪涝灾害影响、工业产品出口受阻、市场不振、价格下滑的情况下，二轻系统各项经济指标较往年仍略有增长，被县委、县政府授予纳税大户称号。2000年，二轻工业企业加大技改资金和开发资金投入，努力提升产品质量和市场占有率，实现工业规模和经济效益同步增长。全年完成工业总产值1.37亿元，销售收入8125万元，实现利税1452万元，三项经济指标均同比增长15%以上。连续6年产值过亿元，连续5年利税过千万元，连续10年在全市二轻系统保持经济指标行评第一名，连续五年被县委、县政府授予全县经济运行先进单位。2001年，二轻系统各项经济指标开始下滑。工业总产值完成9605万元，较上年下降41.8%；销售收入完成6903万元，较上年下降17.7%；实现利税961.8万元，较上年下降50.9%。2002年，二轻工业生产经营形势略有好转，全年完成工业增加值3050万元，同比增长14%；实现利税1184万元，同比增长10%；上缴税金870万元，同比增长4.4%。2003年，彩霞地毯集团在惠民县经济开发区征地300亩，投资5000万元，新上机织地毯项目，其中，投资1800万元，从德国引进具有国际先进水平的剑杆织机2台。年内，突如其来的“非典”疫情给产品销售带来极大困难，特别是地毯、服装、工艺品三大出口产品受到较大影响。全系统各项经济指标均有不同程度下降，工业增加值同比下降8.6%，产品销售收入同比下降13.6%，利润同比下降61.1%，上缴税金580万元，同比下降33.2%。2004年，二轻骨干企业彩霞地毯集团因投资失误造成产品订单和客户稀少，生产经营困难。2005年，是二轻企业生产经营困难的一年。时有二轻企业7家，固定资产原值1.44亿元。除惠丰塑料公司和宏远艺品公司生产较为正常，保持微利经营外，其他企业因受生产资金缺乏等因素制约，生产经营步履维艰，出现较大亏损，面临严峻考验。为摆脱困境，拔丝厂、畜牧机械公司、包装包潢厂、惠兴机械公司实行整体租赁或部分租赁。全系统仅完成工业总产值4325.7万元，销售收入3913万元，工业增加值112万元，实现利润－205.35万元。

1979—2005年惠民县二轻工业主要经济指标完成情况表

表7-3　　　　单位：万元

年度	工业总产值	销售收入	利润总额	税金	出口交货值	固定资产	
						原值	净值
1979	600.69	573.90	26.75	2.46	342.69	306.20	229.50
1980	943.70	/	47.70	22.22	346.91	/	/
1981	912.67	/	37.28	19.95	280.00	344.04	240.36
1982	830.51	728.90	37.50	21.21	140.49	357.58	237.38
1983	672.01	671.00	24.40	22.30	207.01	394.20	248.00
1984	700.56	630.60	19.20	19.70	184.40	412.00	243.90
1985	757.43	693.10	37.00	28.70	363.00	511.00	299.50
1986	1075.64	1077.00	39.90	39.50	/	/	/
1987	1385.28	1411.70	22.00	55.00	468.13	642.24	/
1988	1806.25	1632.30	59.20	72.30	686.79	/	/
1989	2308.64	2225.96	/	/	1135.42	939.30	/
1990	4081.21	2807.28	147.60	112.00	1667.80	1007.10	/
1991	5138.00	3481.29	190.21	144.09	1949.11	1942.44	1452.29
1992	5868.65	5118.14	179.00	/	2163.37	/	/
1993	6573.48	4766.00	/	/	3095.00	/	/
1994	7972.00	5291.00	324.00	246.40	3507.76	2481.00	1788.00
1995	10031.00	6714.00	391.50	380.40	4665.00	/	/
1996	10133.00	6723.00	321.80	516.60	4991.00	4878.00	3819.00
1997	10247.20	6401.00	425.00	567.00	4721.76	/	/
1998	10060.80	5535.00	397.50	620.00	4511.00	/	/
1999	13459.40	6633.00	4132.30	656.30	5733.00	5840.00	4118.00
2000	13252.70	8125.00	363.80	758.90	6911.00	/	/
2001	9625.00	6903.00	147.03	814.48	5868.00	6918.00	6186.00
2002	10134.30	6713.00	206.63	807.74	/	/	/
2003	7399.80	5249.60	26.97	541.92	/	/	/
2004	4282.30	4086.20	27.25	220.45	697.50	1512.10	1288.70
2005	4325.70	3912.60	-205.35	106.70	1064.80	1436.20	1253.10

第三节　企业改革

1979年，县属集体工业开始简政放权，企业在自主权限内，可根据自身特点发展生产，开发新产品。1983年起，推行经济责任制，企业实行经济包干，职工实行任务包干，奖罚与经济效益挂钩。1988年，扩大企业经营自主权，将承包经营引入企业竞争机制。各企业公开向社会招标承包，经法律公证后签订为期三年的承包合同，有10家企业实现招标承包。1991年，实施第二轮承包，在总结第一轮承包经验教训的基础上，招标承包改为企业领导班子集体承包或企业全员承包的企业承包经营制，实行风险抵押和风险金制度，二轻局与各企业签订为期三年的承包合同。1993年10月，二轻局改建为惠民县二轻工业集团公司，企业承包经营制改为企业领导班子聘任制，实行目标管理责任制。企业领导班子实施考评制度，能者上庸者下；经营目标分档分类考评，以绩定酬；企业主要领导人实行年薪制，企业实行工效挂钩工资总额制。企业内部进行劳动、人事、分配三项制度配套改革，开展破“三铁”（铁饭碗、铁交椅、铁工资）试点工作。各企业打破身份界线，普遍建立起全员劳动合同制和优化组合、竞争上岗的风险机制。此后，以探索企业产权制度改革为前提，从优化资产结构、变更组织形式、转换经营机制入手，因企制宜地对部分企业进行系统内外兼并、租赁分离经营和股份合作制改造，加快企业改革步伐。骨干企业地毯厂实施优势膨胀，先后收购兼并鞋厂、二轻艺品厂、服装厂、国有电池厂，盘活四家企业的存量资产1300余万元，使8000平方米厂房和316台设备得以有效利用，396名待业职工得到妥善安置。1997年，畜牧机械厂、塑料厂、机械厂三家“六有”（产品有销路、企业有净资产、职工有基础、班子有能力、经营有效益、企业有后劲）企业，以“买一配一，一次性购买”“买一配一，分次购买”“不配不关，一次性买断”的不同形式，进行股份合作制改造，优化了企业资产，职工真正成为资产的拥有者，从根本上改变产权关系。展销经理部是一家商业企业，因经营机制守旧，跟不上市场竞争的发展变化，连年出现亏损。鉴此，实行分柜组租赁经营，职工收入增加，企业费用减少。拔丝厂是规模较大的企业之一，由于技术改造项目选择有误，投资过大，且产品工艺质量不过关，造成负债经营，亏损累加，被迫停产，成为全县特困企业之一。为盘活有效存量资产，保障职工生计，将拔丝厂效益较好的制钉业分离出来，成立天工制钉有限公司，后因资金短缺、技术不过关等原因停产。1998年，以规范改制企业运行机制为基础，建立现代企业制度为重点，扩大股东及管理层股本份额为动力，深化企业改革。3月，彩霞地毯有限公司作为母公司，惠瑞毛制品公司、缤霞服装有限公司、康力鞋业有限公司为紧密层子公司，清河、申桥、联五三个地毯加工分厂为松散层的县内首家省级企业集团——山东彩霞地毯集团有限公司成立。10月，艺品厂遵循改革企业体制、转换经营机制、优化资本结构、增强责任激励的原则，进行股份制改造，组建了惠民县宏运艺品有限责任公司。11月，已改制的畜牧机械有限公司深化改革，重新选举产生董事会、董事长和监事会，扩大股东尤其是管理层的股本份额。1999年9月，包装包璜厂原厂保留，实行租赁承包，另建惠民县金达包装有限公司。至2000年，县二轻系统连续6年产值过亿元，连续5年利税过千万元，连续10年在全市二轻系统保持经济指标行评第一名。此后，因受国际市场、资金、劳力等多种因素制约，部分企业出现亏损，处于整体租赁或部分租赁、停产或半停产状态。2005年，各企业经济指标全面下滑，出现较大亏损，企业面临严峻考验。

第四章　工业行业

第一节　纺织工业

1979年，县内有棉纺织厂、毛巾厂两家国有纺织工业企业，主要产品有棉纱、棉布、腈纶针织用纱、灯芯绒坯布、纯棉纱、涤棉纱、粘棉纱、漂白毛巾、彩条毛巾、印花面巾、提花毛巾等。共有职工2358人，固定资产1296万元；完成工业总产值3142万元，利税214万元。1981年，县化工机械厂改建为惠民县针织厂，职工133人，织染、缝纫设备配套，产品有棉毛类针织衫裤、腈纶薄绒针织内衣裤，是省纺织品进出口公司腈纶薄绒服装定点生产厂家。1986年，三家纺织企业有职工4118人，固定资产原值2437万元，年总产值4855万元，实现利税858万元。主要生产棉纱、气流纱、腈纶纱、灯芯绒、纱卡、细平布、针织内衣、童装、运动服、印花提花毛巾等。产品畅销国内，远销日本、波兰、加拿大等国。1988年，县办集体企业第二棉纺织厂建成投产，拥有纱锭1万枚，职工762人。1989年，县棉纺织厂兼并毛巾厂，改建为棉纺织厂第三织布车间。1990年，县棉纺织厂被省经济委员会、省统计局公布为中型（一）企业，1992年，晋升为大型（二）企业，并获得地区级企业管理现代化成果一等奖。1995年，第二棉纺织厂以承租形式兼并县针织厂，企业性质由集体转为国有。承租后针织厂实行法人承包，独立核算，自负盈亏。1998年，因受计划经济向市场经济转轨和东南亚金融危机等方面影响，境内纺织企业出现亏损，县棉纺织厂亦未能幸免。年底，国家把纺织行业作为改革突破口，提出利用压锭调整，实现扭亏解困。1999年11月，县棉纺织厂在剥离生产性有效资产的基础上，与香港华润纺织有限公司合资，组建为山东惠民华润纺织有限公司。合资期限30年，注册资金1005万美元，其中，香港华润投资704万美元，占注册资金的70%，实行控股经营，县棉纺织厂占注册资金的30%，予以参股经营。公司拥有环锭纺4.2万枚，线锭6460枚，职工2100人，年产纱可达1万吨。年内，华润纺织公司和第二棉纺织厂，立足县内盛产棉花的优势，进行专业化技术改造，增置自动络筒机、无梭布织机及配套设备，着力提高无结头纱和精梳机性能，提升无梭布比重和增加新产品，增强了企业的市场竞争能力。2000年，纺织工业在改革改制中不断发展，成为县内七大支柱产业之一。全行业完成工业增加值8495万元，实现利税2890万元。10月，华润纺织公司顺利通过ISO 9002质量保证体系认证。2001年，第二棉纺织厂进行股份制改造，以国有资产控股、经营者与管理层持股、职工自愿入股的方式，组建为惠民县耀升纺织品有限责任公司。2003年，耀升纺织公司因经营不善破产。山东基德织业有限责任公司买断其有效资产，成立惠民县基德织业有限责任公司，企业

基德织业有限责任公司精梳机

性质变更为私营。同年，华润纺织公司投资5000万元，新上8台气流纺纱机。基德织业投资2100万元，安装精梳机、细纱机等28台纺织配套设备。2005年，华润和基德两家棉纺织企业共有纱锭13万枚，气流纱7052头，织机945台，职工3700人，完成工业增加值10397万元，利税3828万元。

第二节 机械制造业

1979年，县属机械工业企业7家。县拖拉机厂、机械工程材料厂、汽车修理厂为国有，县农具厂、机械厂、五金制修厂、拔丝厂为集体企业。共有从业人员1000余人，工业总产值500万元。主要产品有柔性石墨密封件、泰山－12四轮拖拉机、195齿轮、玉米淀粉成套设备、水泵、泥浆机、脱粒机、碾米机、饲料粉碎机、电动机、牛头刨床、镀锌铁丝、螺母、钢钉、自行车保险叉等。1981年，农具厂因亏损严重撤销。1988年2月，五金制修厂以生产养鸡笼为主，启用惠民县畜牧机械厂厂名，同时保留原厂名。1990年，畜牧机械厂生产的养鸡笼和拔丝厂生产的钢钉被评为地优产品，机械厂研制成功人力清粪机、电力清粪机、混流泵、粉石机等新产品。1991年，拖拉机修配厂投入技术改造资金26.3万元，与山东活塞厂联合生产活塞毛坯。畜牧机械厂开发5大系列36个养鸡笼新品种，有四种填补省内空白，两种填补国内空白，三种获省二轻厅举办的产品设计大奖赛优良成果奖。1993年，拖拉机制修厂晋升为中型（二）企业，与山东活塞厂建立松散联合，建立山东活塞厂惠民分厂，实行一厂两名。1996年，机械厂投入技改资金33万元，开发生产无井泵、低速泵等新产品。畜牧机械厂投资73.8万元，研制生产兽药、饲料添加剂。拔丝厂新上金钢石项目。1997年，畜牧机械厂、机械厂进行股份制改造，分别改建为惠民县畜牧机械有限公司、惠民县惠兴机械有限公司。汽车修理厂与县交通局大修厂、公安局顺达修理厂实现跨部门联合，建立惠民县汽车大修总厂。畜牧机械有限公司生产的三段式养鸡笼列入国家科委“星火计划”项目进行推广。拔丝厂实施分离经营，成立惠民县天工制钉有限公司。同年10月，山东渤海活塞集团整体兼并山东活塞厂惠民分厂，建立山东渤海活塞惠民渤海活塞有限责任公司。1998年，惠兴机械有限公司开发生产扬场机、切片机、包装机，扬场机获国家专利证书。2000年，天工制钉有限公司因资金短缺等原因被迫停产。2002年，渤海活塞公司投资860万元，新上两条成品活塞生产线，年生产能力达到300万只。同年2月，该公司通过ISO 9001:2000质量管理体系认证年度审核。2004年，惠兴机械有限公司停产。2005年，县二轻系统机械制造企业大都处于停产半停产状态。渤海活塞公司、汽车大修总厂、机械工程材料厂三家国有机械工业企业生产较为正常，主要生产广泛用于汽车、船舶、空压机、冷冻机、工程与农业机械等领域的活塞产品和柔性石墨密封材料。

渤海活塞有限责任公司生产车间

第三节 酿造业

1979年，境内有国营酿酒厂1家，年产白酒600吨。1982年，增建年产1000吨酒精车间。1986年，拥有职工190人，固定资产原值210万元，年产65°白酒1160吨，产值172万元，利税

43万元。1988年，与泸州曲酒厂达成技术合作协议，引进高温酵母新工艺，白酒生产能力提高2倍。其生产的54°清河牌皇冠特曲和武定府特曲双获省首届中国食品博览会铜牌。1991年，更称山东孙武酒厂。年内，改造酒精生产车间，研制开发新产品，开展“质量品种效益年”活动，产品形成高、中、低档齐全，低、中、高度数兼备的合理结构，其中54°武定府特曲获比利时国际金奖。1994年，投资2000万元的1000吨玉米发酵甘油项目竣工投产。1996年，购置催熟器1台，硅藻土处理机1台，玻璃钢储罐3个，使白酒处理达到20世纪90年代先进水平，产品形成A、B、C、D四大系列，年销售收入达2104.6万元。1997年12月，先后投资4800万元的玉米发酵甘油项目，因生产工艺存在先天性缺陷被迫停产，造成全厂负债经营的局面。1998年，酿酒厂宣告破产，重新组建山东惠民孙武酒业有限责任公司。公司占地面积7万余平方米，拥有固定资产1500万元，职工320人，年产粮食白酒2000吨，产品远销天津、北京、青岛、唐山等20余个大中城市。2000年后，由于受粮食价格上涨、资金缺乏、设备落后等因素制约，公司一直处于亏损状态。

第四节　造纸与印刷业

造纸　1979年，县造纸厂机械设备陈旧，生产管理落后，形不成应有的生产能力，处于亏损经营状态。1980年，立足社会需求，加强管理，开始生产部分22克/平方米邮封纸和28克/平方米簿页有光纸，并被滨州地区评为二等优质产品。1985年，购置安装1092双缸双网造纸机1台。1987年，新上1575园网纸机1台、1760园网纸机1台及棉浆配套生产线。企业规模不断扩大，年生产能力增至3000吨。主要生产凸版纸、有光纸和中高档卫生纸。1988年，行署在惠民县组织召开县造纸厂招标承包现场会，潍坊造纸厂中标经营，生产状况较好。翌年，因经营管理及合同纠分问题难以解决，合同中止。1992年，造纸厂亏损严重，成为滨州地区三大亏损企业之一。为救活该厂，县委、县政府出台四项优惠政策，由县电业局承包经营，改称惠民县孙武纸厂。是年，电业局投资750万元，进行设备大修和技术改造，强化内部管理，纸厂起死回生。1995年，造纸厂由小型（一）晋升中型（二）企业。融资140万元，新上快装10吨锅炉1台，维修完善5条生产线，年生产能力增至1万吨。完成生产总值2050万元，实现利税265万元。1996年，投资3200万元，增上具有国内先进水平的1760－200纸机及配套制浆系统和快装10吨锅炉，年生产能力达到2万吨。年产值完成2170万元，实现利税342万元，各项生产指标均创历史最高水平。1997年，造纸原材料价格急剧上涨，加之排污治理不达标等因素，导致企业生产每况愈下。1998年3月，电业局承包合同中止，企业停产。1999年12月，该厂三条生产流水线对外租赁，组建为山东惠民鲁阳造纸厂。2002年，1760－200纸机生产线外租，成立山东滨州万事达纸业有限责任公司。后因鲁阳和万事达经营欠佳而停产或半停产。2005年，处于半停产状态的孙武纸厂占地5万平方米，固定资产净值6950万元，职工584人。设备有1760短长网纸机1台，1760－200长网纸机1台，1575短长网纸机1台，1575园网纸机1台，1092园网纸机2台，10吨蒸汽锅炉2台，造纸供电专线1条。

县造纸厂生产车间

印刷　1979年，县印刷厂生产经营良好，能承印书刊、账簿、表格及彩印业务。1983年，该厂设计承印的“惠民大曲”彩印酒标，色层清晰，套印准确，设计合理，美观大方醒目，被省第一轻工业厅评为优质产品。1985年，投资119万元，兴建2100平方米车间楼1座，购置彩印设备卧扎机、海德堡彩印机、烫金机和整套照像制版设备等18台，并对原有设备进行技术改造，提高生产能力。可承担各种商标、包装盒、精装烫金资料、扑克牌、日历芯等印制业务。1988年，投资40万元，增上01胶印机1台，08胶印机2台。1990年，投资20万元，购置激光照排设备，企业生产能力和技术水平进一步提高。被省出版局指定为书刊印刷定点单位。1995年，印刷厂年生产能力达到印刷品5万令，产值460万元，利税15万元。1997年，随着科学技术的不断发展，办公自动化的逐步普及，社会印刷业务大量减少。原材料价格上涨，管理水平和技术水平跟不上形势发展，企业出现亏损。1999年，印刷厂改制，由厂内职工租赁经营，以股份合作制形式组建惠民县孙武印刷制品有限责任公司。公司投产一年后解体。2000年8月，印刷厂由滨州师专印刷厂租赁经营。2005年，印刷厂有职工130人，固定资产557万元。

县印刷厂

第五节 服装与制鞋业

服装 1979年，惠民县服装厂拥有固定资产原值10.9万元，职工80人，年产值72万元，销售收入47.2万元，利润2.1万元。1980年，职工升至100人，缝纫设备78台，年产服装18.4万件。1989年，服装产品销往国外，出口额19.7万元（人民币）。1994年，生产服装达38.72万件，产值900万元，销售收入349万元，出口交货值658.6万元（人民币），利税36万元，利润10万元，创该厂经济效益之最。1995年，因经营不善效益大幅下滑，被地毯厂兼并。1997年6月，改建为惠民县滨霞服装公司，属地毯厂二级法人单位。1999年，公司以来料加工为主，年产服装20万件，处亏损状态。2005年，公司由潍坊服装一厂租赁经营。

鞋业 1979年，县属集体企业有鞋厂一家，年产值44.5万元，销售收入10.3万元，利润2.9万元。1986年，鞋产量达58.7万双，产值199.6万元，利润11.2万元。1987年，投资15万元，开发生产牛筋橡胶布鞋。1992年，生产经营不佳，年产鞋仅10万双，效益下滑，出现亏损。1993年，地毯厂出资39万元收购该厂净资产，建立康力鞋业公司。2001年，鞋厂停产。

第六节 工艺品制造业

1979年，县内有地毯厂和工艺美术厂两家工艺美术企业。主要生产改良毛地毯、草编、柳编、玉米皮和琅琊草制品。1982年，地毯厂在各公社发展厂外加工点，统一组织地毯加工和销售，管理严谨，质量上乘，地毯成为全县主要出口创汇产品之一。1985年，地毯产量达到15608平方米，产值936.5万元，出口交货值535.4万元，创汇120万美元，实现利润30万元。同年，工艺美术厂生产工艺美术品230余种，产品远销21个国家和地区。1987年，地毯厂投资170万元，进行设备及加工工序改造，年生产能力达到4万平方米；1989年，被评为省级先进企业；1990年，投资220万元，建成毛纺车间，开发生产260道、300道地毯新产品，地毯产量3050平方米，实现利税194万元，生产的160道东方地毯获轻工业部首届全国轻工博览会银奖；1993 年，获得产品出口自检、免检权；1994 年，地毯产量 5 万平方米，产值 4755 万元，利税 405 万元，出口额 2686.5 万元，创汇 640 万美元；1998 年 3 月，改组为山东彩霞地毯集团公司，固定资产达 6450 万元，跨入全国轻工行业 500 强。同年，工艺美术厂进行股份制改造，组建惠民县宏远艺品股份公司。2000 年，彩霞地毯集团生产织机达 6000 台，社会加工从业人员 1.5 万人，年产地毯 10.71 万平方米，产值 1.2 亿元，利税 1403 万元，获县委、县政府效益贡献奖、技改投入奖，被全国轻工业总会评为地毯行业龙头企业。2001 年，工艺美术厂开发生产“大套装”草柳系列产品。总产值突破 500 万元，利税 40 万元。2003 年，彩霞集团投资 5000 万元，引进德国剑杆织机 2 台，改产机织地毯。2004 年，工艺美术厂取得自营出口权。2005 年，工艺美术厂产值、销售均突破千万元，出口创汇 56.5 万元。是年，彩霞地毯集团因投资失误、市场冲击、资金缺乏等影响，生产经营严重亏损，被迫停产。

第七节　塑料制品业

1985 年 2 月，县工艺美术厂与济南塑料三厂合资兴办惠民县塑料厂，拥有固定资金 70 万元，职工 70 人。当年生产薄膜 150 吨，其他制品 8 吨，完成产值 57.3 万元。1986 年，生产宽幅薄膜 400 吨，包装膜 85 吨，完成产值 185 万元。1989 年，开发生产农用地膜和输水带，年产农用地膜 42.9 吨、输水带 69 吨，产值 107.1 万元，利税 6.4 万元。1990 年，农用地膜产量 302 吨，输水带产量 44.1 吨，两产品均评为地优产品。1991 年 5 月，塑料厂与工艺美术厂分离，成为独立经营的一级法人单位。年产塑料制品 624 吨，销售收入 598 万元，利税 24.5 万元。被评为地区级先进企业和全县经济工作先进单位。1993 年，开始生产大棚膜和大蒜膜。1997 年 10 月，进行股份制改造，改建为惠丰塑料股份公司。1998 年，投资 9 万元改造吹塑设备，开发生产 2 米宽单幅宽膜新产品。2000 年，生产蘑菇袋、小包装地膜及包装膜等系列新产品。年产塑料制品 748 吨，产值 613.5 万元，利税 25 万元。2005 年，惠丰塑料公司拥有固定资产原值 266.5 万元，净值 151 万元，职工 38 人。生产塑料制品 895.6 吨、产值 1075 万元，销售收入 1040 万元，产销双过千万元，实现利税 135.2 万元，首次超百万元，成为全县稳定发展的较好企业之一。

第五章　电　力

第一节　机　构

1985 年，惠民县电业公司内设办公室、财供股、生技股、用电股、修造厂，下辖申桥变电站、桑落墅变电站、淄角变电站、刘桥变电站、石庙变电站，乡镇设供电站。1987 年 5 月，恢复电业局称谓。1989 年，建成 110 千伏高王变电站，成立调度室。1992 年 12 月，建成 35 千伏梁家、胡集变电站。1993 年 10 月，建成 35 千伏大年陈、麻店变电站。1997 年 1 月，建成 35 千伏香翟、南关变电站。同年 5 月，220 千伏双庙变电站建成投运。1999 年 4 月，省电力集团公司对惠民县电业局实行代管。2000 年，撤销 21 个乡镇供电站，组建供电所 14 个。同年 12 月，建成 35 千伏省屯变电站。2001 年 1 月，建成 35 千伏皂户李变电站。同年7月，成立实业有限责任公司。2002年1月，成立惠民热电有限责任公司筹建处。同年11月，建成35千伏李庄变电站。2003年，建成35千伏清河、陈集变电站。2004年3月，成立企划部。同年8月，建成35千伏王店变电站。12月，热电厂二期工程投运。2005年12月，建成35千伏魏集、辛店变电站。是年底，县供电公司内设办公室、财务部、企划部、电管部、调度所、安监部、生技部、客户服务中心、工会、实业公司10个部室，下辖城关、石庙、何坊、大桑、麻店、胡集、魏集、清河镇、李庄、辛店、姜楼、大年陈、淄角、皂户李14个供电所。

供电公司办公楼外景

第二节 发 电

惠民县发电厂 该厂最大装机容量为3000千瓦，所发电力主要供惠民县党政机关、化肥厂、棉纺厂等部分企业用电。1979年12月停运。

惠民县光明热电有限公司 位于县城南环东路东首，占地150亩。由惠民光明实业有限公司、山东沾化电力实业总公司、滨州东力电气集团总公司合资建设，注册资金6000万元。2002年1月，成立惠民热电公司筹建处。2003年12月24日，一期工程竣工投运，规模为1炉1机（1台130吨/小时循环流化床锅炉，1台24兆瓦抽凝式汽轮发电机组）。2004年年底，投资8000万元的二期工程投产，规模为2炉2机（2台130t/h循环流化床锅炉，2台24兆瓦抽凝式汽轮发电机组）。最终项目建设规模为3炉3机。2005年1月正式运营，全年上网电量12300万千瓦时，供热5.5万吨。

光明热电有限责任公司热电厂竣工典礼

第三节 电力设施

20世纪80年代末，全县电力设施发展较快，至1986年，先后建成35千伏申桥、刘桥、淄角、大桑、石庙5座变电站，主变容量11400千伏安；35千伏输电线路89.03公里；10千伏配电线路486.87公里。

1990年1月，建成110千伏高王变电站，主变2台，主变容量81500千伏安，为县南部的申桥、姜楼等11个乡镇供电，改善电网布局，优化电网结构。同年，完成35千伏姜楼输变电工程。1993年1月，运用小型化变电站建设技术，建成35千伏胡集和梁家输变电工程，消除了线路的迂回供电和卡脖子现象。1995年，为解决大年陈供电半径过长，建设35千伏大年陈输变电工程。同年搬迁建成35千伏麻店输变电工程。是年底，实现全县户户通电。1997年，为解决县新建制丝厂、水库的供电问题，建设35千伏香翟输变电工程。配合县城城网建设和保障电力大用户供电，建成35千伏南关输变电工程，并为县棉纺织厂、造纸厂架设专线。同年5月，220千伏双庙变电站（滨州市供电公司所属）建成投运，主变容量110000千伏安，并与110千伏东关、高王变电站联网运行。1986—1997年，用于电网建设投资达4260万元。

1998—2000年，累计投资8927万元，完成农网改造一期工程；建成35千伏西关、省屯、皂户李变电站3座，改造35千伏大桑、胡集等变电站6座；建成35千伏输电线路27.2公里，改造35千伏输电线路32.8公里；建设、改造10千伏配电线路348公里；改造0.4千伏用电村1316个，改造低压线路1468.7公里；电力调度实现自动化、实用化，所属110千伏以下变电站全部达到无人值守的县级调度标准。

2002年1月，成立惠民光明热电有限公司筹建处。同年11月，35千伏李庄变电站建成投运。2003年，建成35千伏清河、陈集变电站。同年12月，光明热电厂一期工程竣工投运。2004年8月，建成投运35千伏王店变电站。同年12月，光明热电厂二期工程竣工投运，上网电量12300万千瓦时，对外供热5.5万吨。2005年，35千伏魏集、辛店变电站建成投运。是年年底，境内有县供电公司所属110千伏变电站1座，主变容量100000千伏安；35千伏变电站19座，主变容量189000千伏安；输电线路250.12公里，配电线路1240.52公里；变压器2670台，总容量235000千伏安，年供电量达40951万千瓦时；市属220千伏变电站1座、110千伏变电站1座。全县形成以220千伏为依托、110千伏为骨干、35千伏为主体、10千伏为根系布局合理的供电网络。

220千伏变电站

2005年惠民县35～110千伏输电线路一览表

表7-4

线路名称	起止点	导线型号	线路长度（公里）	备注
110kV双高#1线	220kV双庙站—110kV高王站	LGJ-150	15.81	县公司属
110kV双高#2线	220kV双庙站—110kV高王站	LGJ-185	15.52	县公司属
110kV双惠线	220kV双庙站—110kV惠民站	LGJ-150	7.00	市公司属
35kV双梁线	220kV双庙站—35kV梁家站	LGJ-70	10.06	县公司属
35kV梁石线	35kV梁家站—35kV石庙站	LGJ-70	6.63	县公司属
35kV双西线	220kV双庙站—35kV西关站	LGJ-185	7.00	县公司属
35kV西省线	35kV西关站—35kV省屯站	LGJ-70	5.29	县公司属
35kV南西线	35kV南关站—35kV西关站	LGJ-185	4.94	县公司属

续表 7-4

线路名称	起止点	导线型号	线路长度（公里）	备注
35kV 双李线	220kV 双庙站—35kV 皂户李站	LGJ-95	5.86	县公司属
35kV 淄李线	35kV 皂户李站—35kV 淄角站	LGJ-95	9.83	县公司属
35kV 姜淄线	35kV 淄角站—35kV 姜楼站	LGJ-70	11.37	县公司属
35kV 双麻线	220kV 双庙站—35kV 麻店站	LGJ-120	11.40	县公司属
35kV 双辛线	35kV 双麻线 T 接—35kV 辛店站	LGJ-120	3.29	县公司属
35kV 惠南线	110kV 惠民站—35kV 南关站	LGJ-185	2.94	县公司属
35kV 惠店线	110kV 惠民站—35kV 王店站	LGJ-120	11.95	县公司属
35kV 王麻线	35kV 王店站—35kV 麻店站	LGJ-95	1.92	县公司属
35kV 陈麻线	35kV 麻店站—35kV 陈集站	LGJ-95	9.58	县公司属
35kV 惠翟线	110kV 惠民站—35kV 香翟站	LGJ-70	5.14	县公司属
35kV 翟桑线	35kV 香翟站—35kV 大桑站	LGJ-70	16.32	县公司属
35kV 桑陈线	35kV 大桑站—35kV 陈集站	LGJ-70	9.58	县公司属
35kV 胡陈线	35kV 陈集站—35kV 胡集站	LGJ-70	13.16	县公司属
35kV 高淄线	110kV 高王站—35kV 淄角站	LGJ-50	11.34	县公司属
35kV 高胡线	110kV 高王站—35kV 胡集站	LGJ-70	13.40	县公司属
35kV 胡魏线	35kV 胡集站—35kV 魏集站	LGJ-95	5.86	县公司属
35kV 高清线	110kV 高王站—35kV 清河站	LGJ-95	9.08	县公司属
35kV 清胡线	35kV 高胡线 T 接—35kV 清河站	LGJ-95	2.79	县公司属
35kV 高李线	110kV 高王站—35kV 李庄站	LGJ-95	6.31	县公司属
35kV 李姜线	35kV 高姜线 T 接—35kV 李庄站	LGJ-95	1.10	县公司属
35kV 高姜线	110kV 高王站—35kV 姜楼站	LGJ-70	14.39	县公司属
35kV 姜陈线	35kV 姜楼站—35kV 大年陈站	LGJ-70	8.26	县公司属
小计			257.12	

2005年惠民县变电站一览表

表7-5

变电站名称	变电站容量(台数×单台容量 MVA)	型式	各级出线电压等级	各电压等级主接线方式	各电压等级出线回路	各电压等级备用间隔数	补偿型式及容量(兆乏)高抗、低抗、电容器	备注
220千伏双庙站	1×180+1×12	户外	220/110/35					市属
110千伏高王站	1×31.5+1×50	户外	110/35/10	110千伏母线简单分段接线;35千伏母线两分段接线;10千伏母线两分段接线。	110千伏2路进线;35千伏6路出线;10千伏8路出线。	110千伏1路备用间隔;35千伏1路备用间隔;10千伏1路备用间隔。	集合式自动调容型;容量4.2兆乏。	县属
110千伏惠民站	2×31.5	户外	110/35/10					市属
35千伏南关站	2×10	户外	35/10	35千伏母线不分段;10千伏母线两分段接线。	35千伏进、出线共计3路;10千伏8路出线。	35千伏2路备用间隔;10千伏2路备用间隔。	集合式不可调容型;容量2兆乏。	县属
35千伏麻店站	1×3.15	户外	35/10	35千伏母线不分段;10千伏母线两分段接线。	35千伏进、出线共计3路;10千伏6路出线。	35千伏2路备用间隔;10千伏2路备用间隔。	集合式手动调容型;容量0.8兆乏。	县属
35千伏淄角站	1×2+1×3.15	户外	35/10	35千伏母线不分段;10千伏母线两分段接线。	35千伏进、出线共计3路;10千伏6路出线。	35千伏2路备用间隔;10千伏3路备用间隔。	集合式手动调容型;容量0.8兆乏。	县属
35千伏大桑站	1×2+1×3.15	户外	35/10	35千伏母线不分段;10千伏母线两分段接线。	35千伏进、出线共计2路;10千伏4路出线。	35千伏1路备用间隔;10千伏无备用间隔。	集合式不可调容型;容量0.5兆乏。	县属
35千伏石庙站	1×2+1×3.15	户外	35/10	35千伏母线不分段;10千伏母线两分段接线。	35千伏进计1路;10千伏6路出线。	35千伏无备用间隔;10千伏2路备用间隔。	集合式不可调容型;容量0.5兆乏。	县属
35千伏姜楼站	2×5	户外	35/10	35千伏母线不分段;10千伏母线两分段接线。	35千伏进、出线共计3路;10千伏6路出线。	35千伏1路备用间隔;10千伏无备用间隔。	集合式手动调容型;容量1兆乏。	县属
35千伏梁家站	1×2+1×3.15	户外	35/10	35千伏母线不分段;10千伏母线不分段。	35千伏进、出线共计2路;10千伏5路出线。	35千伏无备用间隔;10千伏1路备用间隔。	集合式手动调容型;容量0.8兆乏。	县属

续表7-5

变电站名称	变电站容量(台数×单台容量 MVA)	型式	各级出线电压等级	各电压等级主接线方式	各电压等级出线回路	各电压等级备用间隔数	补偿型式及容量(兆乏)高抗、低抗、电容器	备注
35千伏清河站	2×3.15	户外	35/10	35千伏母线不分段;10千伏母线两分段接线。	35千伏进、出线共计2路;10千伏6路出线。	35千伏1路备用间隔;10千伏2路备用间隔。	集合式手动调容型;容量0.8兆乏。	县属
35千伏辛店站	1×5	户外	35/10	35千伏母线不分段;10千伏母线两分段接线。	35千伏1路进线;10千伏7路出线。	35千伏无备用间隔;10千伏2路备用间隔。	集合式手动调容型;容量1兆乏。	县属
35千伏魏集站	2×5	户外	35/10	35千伏母线不分段;10千伏母线两分段接线。	35千伏1路进线;10千伏6路出线。	35千伏无备用间隔;10千伏3路备用间隔。	集合式手动调容型;容量1兆乏。	县属
35千伏胡集站	1×5+1×3.15	户外	35/10	35千伏母线不分段;10千伏母线不分段。	35千伏进、出线共计3路;10千伏6路出线。	35千伏1路备用间隔;10千伏2路备用间隔。	集合式手动调容型;容量1兆乏。	县属
35千伏王店站	1×6.3	户外	35/10	35千伏母线不分段;10千伏母线两分段接线。	35千伏进、出线共计2路;10千伏6路出线。	35千伏1路备用间隔;10千伏4路备用间隔。	集合式手动调容型;容量1兆乏。	县属
35千伏大年陈站	2×3.15	户外	35/10	35千伏母线不分段;10千伏母线不分段。	35千伏1路进线;10千伏4路出线。	35千伏无备用间隔;10千伏无备用间隔。	集合式不可调容型;容量0.25兆乏。	县属
35千伏西关站	2×5	户外	35/10	35千伏母线不分段;10千伏母线两分段接线。	35千伏进、出线共计3路;10千伏8路出线。	35千伏1路备用间隔;10千伏3路备用间隔。	集合式不可调容型;容量1兆乏。	县属
35千伏香翟站	2×6.3	户外	35/10	35千伏母线不分段;10千伏母线不分段。	35千伏进、出线共计2路;10千伏6路出线。	35千伏无备用间隔;10千伏1路备用间隔。	集合式手动调容型;容量0.8兆乏。	县属
35千伏皂户李站	1×2+1×3.15	户外	35/10	35千伏母线不分段;10千伏母线不分段。	35千伏进、出线共计2路;10千伏6路出线。	35千伏1路备用间隔;10千伏1路备用间隔。	集合式不可调容型;容量0.8兆乏。	县属
35千伏省屯站	1×2+1×3.15	户外	35/10	35千伏母线不分段;10千伏母线两分段接线。	35千伏1路进线;10千伏6路出线。	35千伏无备用间隔;10千伏2路备用间隔。		县属
35千伏李庄站	2×8	户外	35/10	35千伏母线不分段;10千伏母线不分段。	35千伏进、出线共计2路;10千伏6路出线。	35千伏1路备用间隔;10千伏2路备用间隔。	集合式手动调容型;容量0.8兆乏。	县属
35千伏陈集站	1×2+1×3.15	户外	35/10	35千伏母线不分段;10千伏母线两分段接线。	35千伏进、出线共计3路;10千伏6路出线。	35千伏1路备用间隔;10千伏2路备用间隔。	集合式手动调容型;容量0.8兆乏。	县属

第四节 供 电

电网调度 1979年，惠民县没有专门的电力调度机构，由运行人员自行处理停、送电。1986年12月，成立调度所。主要任务是编制电网调度规程、电网“黑启动”方案、电网运行方式；监视电网负荷，指挥电网运行操作和事故处理；对全县110千伏及以下变电站的电网调度管理。1987年，开始编制电网运行方式，根据年、月、日和重大节日的不同工作内容和电网实际情况，选择最佳方案，保证电网在经济可靠的方式下运行。2000年12月，县供电公司所属110千伏以下变电站全部实现无人值班。电网调度通讯自动化系统逐渐形成。至2005年，县电业局调度所负责惠民电网配电线路或联络线的运行方式编制、继电保护整定计算、电网调度工作；负责所属110千伏以下无人值班变电站的遥测、遥信、遥调、调度自动化检修和运行工作。

电力通讯 1979年起，惠民电力通讯技术发展较快，经历无线通信、音频电缆、电力载波、光纤通讯等阶段。1987年，安装HJD－90纵横制电话交换机90门。同年，安装投运JZD－316，150MHZ特高频无线电通讯网络。石庙变电站和大桑变电站安装WSG－1型无线电数据采集装置。1989年，安装AMTS－5自动拨号系统。同年建成投运RTS－100型电力调度监控系统，实现对110千伏高王变电站，35千伏大桑、石庙、淄角、申桥、肖万、姜楼变电站及2处10千伏开关站的遥测、遥控、遥信。1991年7月，110千伏高王变电站，35千伏淄角、大年陈、麻店变电站安装投运ZBD－2A－2载波机。1993年11月，35千伏胡集变电站安装投运ZBD－2A－2载波机。1998年，35千伏石庙、香翟、大桑变电站安装投运ZBD－2B载波机。1999年，建成投运调度所至35千伏南关、省屯变电站音频电缆。2001年，安装G&GG08－SI调度交换机96门。至此，县供电公司形成辐射状行政内部电话交换网。2003年，建成投运110千伏高王变电站和35千伏大桑、大年陈、陈集、香翟、清河镇、麻店、李庄、皂户李、姜楼、胡集、梁家、淄角、石庙变电站光纤通信设备与安防设备。2004年7月，建成投运王店变电站光纤通信设备。2005年，建成投运35千伏南关、省屯、西关变电站光纤通信设备。是年年底，惠民县电力通信初步建成以光纤通信为主，载波通信备用，各无人值守变电站光缆为主干通道，覆盖全县供电区域的通信网络。

安全监察 1982年起，开始进行安全宣传教育和用户电工的培训管理，采取办学习班，发放宣传材料，定期不定期安全检查等形式，实现安全生产各项目标。1987年，设安全监察科，配备人员4名。坚持“安全第一，预防为主”的方针，先后印发《惠民县供电公司安全生产责任制管理标准》《惠民县供电公司安全培训管理制度》《职工安全教育管理制度及考核规则》《特种作业人员安全教育管理办法》等一系列安全管理措施、制度、标准，规范企业的安全管理工作。至1997年，每年对生产一线部室及供电所开展不定期安全教育培训工作，参训人数每年达1000人次以上；每年在6月开展“安全生产月、安全生产竞赛活动”，年终举办技术大比武和技术练兵活动。根据生产计划安排和季节性特点，开展夏季“四防”（防雷、防风、防汛、防农村触电），冬季“四防”（防火、防冻、防小动物、防污染）安全检查及重大节日的安全供电检查。对查出的问题，做到“三同时”（同时检查、同时处理、同时制定整改措施），使输变电主设备完好率达到100%。是年年底，县电业局实现连续10年无职工人身伤亡和重大设备事故，连续安全生产3893天。

1999年，连续开展3个“百日安全无事故竞赛活动”，在活动中做到“六不发生”。即：不发生人身伤亡事故，不发生重大设备事故，不发生重大政治事故，不发生重大交通事故，不发生重大火灾事故，不发生重大建设事故。2001年8月，贯彻省电业局《反违章管理办法》，开展“反事故安全月”活动。2005年6月，为贯彻落实《中华人民共和国安全生产法》《安全生产监督管理规定》，组织开展“安全生产月”活动，实现安全生产可控、在控。是年年底，供电公司连续安全生产6813天，被省电力集团授于2005年度“无违章县供电企业先进单位”称号。

第五节　用　电

用电水平　1979年，全县工业用电量3365.4万千瓦时，农业用电量2699万千瓦时，生活照明用电较少。随着农村家庭联产承包责任制的推行，相当数量的农户购置小型柴油机，用柴油机替代电机灌溉，农业生产用电量下降。1986年，全县用电量为6326万千瓦时，其中工业用电量3424.2万千瓦时，农业用电量1512.4万千瓦时，居民生活用电1019.9万千瓦时。20世纪90年代，生产用电发展迅速，家庭用电从“点灯照明”的时代，逐步进入电脑、冰箱、空调的电器化时代，全县用电量快速增长。1997年，全县用电量达13969万千瓦时，其中工业用电7829万千瓦时，农业用电1111万千瓦时，居民生活用电4005万千瓦时。2005年，全县完成售电量38879万千瓦时，其中工业用电22877万千瓦时，农业用电3577万千瓦时，居民生活用电12425万千瓦时。

电价　1980—1992年，执行水利电力部颁发的“电热价格”，按照直供形式执行上缴。1993年，执行全省统一的《山东省电网直供趸售电价》。1994年1月，执行国家颁布的《山东省目录电价》。同年4月15日，执行《山东电网峰谷分时电价办法》，规定高峰时段为8∶00～11∶00，18∶00～23∶00；低谷时段为23∶00～7∶00；其余时段为平时段。高峰时段电价按基础电价上浮50%，低谷时段电价按基础电价下浮50%，平段电价按基础电价。1997年7月，执行国家计委、电力部《关于调整山东网电价的通知》中规定的电价标准（用电不满1千伏，居民生活电价0.32元，非居民照明电价0.366元，非工业普通工业电价0.284元，农业生产电价0.213元）。

1998—2000年，执行省政府转发的省计委、物价局、电力局《关于1998年全省电价调整方案的报告》《关于公布全省2000年电价调整方案的通知》。2005年，根据省电力集团公司统一布署，实行全省居民生活用电同网同价，统一执行0.52元/千瓦时。

用电管理　1979年，营业管理工作实行手工抄表、核算、收费的办法。同时，为缓解城乡用电紧张局面，县电业局对用户实行定电力、定电量、定用电单耗和用电时间，发放用电凭证。1983年，全县开展以淘汰高耗能配电变压器为主的节约用电工作。1989年，为增加用电透明度，印发《惠民县电业局关于实行用电业务四公开、一监督的规定》，“四公开、一监督”即：电量公开、电价电费公开、办事程序公开、用电时间公开；接受用户监督。1991年，印发《惠民县电量考核办法》，实施计划内负荷和电量分配，并提出严格按限额用电，谁超限谁，利用现代化技术手段加强用电管理。同年，印发《惠民县节电计划实施方案》，至1993年，由于节电工程方案的全面实施，全县综合线损率由1990年前的11.34%降到8.01%；年均节电1200万千瓦时，电压合格率达到95%；送变电设备、高压配电设备完好率达到100%，低压配电设备完好率达到90%以上。1994年，惠民县被电力部确定为全国十个节能示范县之一。1995年，开始推广节能灯。同年，开始采用微机录入和抄表器，电费计算质量、效率大幅度提高。1996年，印发《惠民县电业局用电检查规定》《关于严禁以电谋私的20条规定》，规范用电检查工作。1997年，开始应用电子表为计量器具，逐步淘汰机械式电度表。2000年4月，根据省电业局用电稽查会议精神，制定“2000年营业普查工作计划”，普查率达100%，追补电费15万元。2005年10月，进行第三次营业大普查，对依法整顿社会用电秩序，提高企业经济效益起到了重要作用。

农电　1982年，全县农业用电量2699万千瓦时，用电乡镇达100%。1991年6月18日，省电力工业局印发《关于开展电力为农业，为农民，为农村经济服务达标竞赛活动的通知》。同年8月，为抓好扶贫用电计划的落实，县电业局推出“五优先、两免交、一缓交”（优先研究批复用电申请、优先勘探设计、优先供应电气原材料、优先施工、优先接火送电；免收设计施工费、免收购买电权资金；缓交贴费）的优惠政策。1993年，全县实现村村通电。1995年，全县实现户户通电。是年年底，全县达到部级电气化县的标准。县电业局获省“三电管理”（计划用电、节约用电、安全用电）先进单位。1998年，全县农电“两改一同价”（改革农村电力管理体制、改造农村电网，实现城乡用电同网同价）工作完成。1999年，依据《山东省农电管理体制改革实施方案》，至2000年年底，共撤销乡镇供电站21个，组建供电所14个，实现县乡电办一体化管理；取消“一村一电工”的模式，全县新设电工组74个。2003年5月，完成农网改造一、二期工程，总投资13.88亿元。2005年，县城电网建设改造工程，总投资6400万元，是年，全县农业用电3577万千瓦时。

1986—2005年惠民县供用电情况表

表7-6

年度	年供电量（万千瓦时）	年售电量（万千瓦时）			
		工业用电	农业用电	居民生活用电	总计
1986	6800	3424	1512	1020	6326
1987	6641	2996	1305	1745	6215
1988	7713	3764	1586	1676	7026
1989	8569	4785	1525	1589	8354
1990	8917	4807	1425	2018	8717
1991	10042	5446	1148	2695	9778
1992	10412	5217	1352	2743	9924
1993	10238	5506	1086	2466	9729
1994	11634	6384	1073	2868	11063
1995	12694	7340	1091	3114	12296
1996	13516	7789	1028	3549	13211
1997	14212	7829	1111	4005	13969
1998	16012	6892	1587	6924	15403
1999	17747	7985	1634	7491	17010
2000	22150	11586	1772	7787	21135
2001	22947	12307	1870	8121	22298
2002	25130	14725	1885	7604	24214
2003	25225	14700	1882	7547	24129
2004	30445	17366	1715	9920	28901
2005	40951	22877	3577	12425	38879

1986—2005年县供电公司部分年度经济指标完成情况表

表7－7

年度	售电量（万千瓦时）	售电收入（万元）	实现利税（万元）	固定资产值（万元）	电费回收率（%）
1986	6326	592.00	60.10	844.00	100
1987	6215	611.00	62.90	991.00	100
1988	7026	753.00	80.60	899.00	100
1989	8354	1017.00	95.40	944.00	100
1990	8717	1171.00	98.80	958.00	100
1991	9778	1206.00	126.30	1037.00	100
1992	9924	1485.00	134.60	2095.00	100
1993	9729	2015.60	135.00	2243.50	100
1994	11063	2854.30	179.70	2516.90	100
1995	12296	3104.90	217.20	2903.00	100
1996	13211	4150.20	239.80	2912.20	100
1997	13969	5149.60	301.10	3038.60	100
2001	22298	10683.40	583.91	15544.94	100
2002	24214	11663.20	637.91	15869.17	100
2003	24129	11623.20	654.15	17955.82	100
2004	28901	13497.90	755.66	22494.40	100
2005	38879	18919.00	966.18	22622.20	100

第八编　民营经济

1979年，县内社队企业除公社办外，不少村办起小型面粉厂、地毯厂、铁丝网厂、轧花厂等。1984年，根据中共中央、国务院《转发农牧渔业部〈关于开创社队企业新局面的报告〉的通知》精神，社队企业改称乡镇企业，县多种经营办公室并入社队企业管理局，更名为乡镇企业局，并明确乡镇企业由原来社队企业的乡、村两个层次扩大为乡镇办、村办、联合办、个体办四个层次。由此，乡镇企业突破原社队企业单一的集体所有制范畴，融入多种合作企业及个体私营企业，且打破比较严格的地域限制，企业可以依法组织跨地域的多种生产要素的联营与合作，步入大发展时期。1986—1990年，惠民县乡镇企业总产值平均增长速度为22.7%。1991年，遵照全区乡镇企业工作会议精神，县委、县政府提出“四个轮子一起转，以壮大集体经济为重点，突破优势行业和骨干企业”的总体思路，以开展“争创明星企业”为动力，促进骨干企业上水平、上档次。全县有37个乡村集体企业年产值超过100万元，惠民镇建筑公司、省屯淀粉厂、姜楼五四丙纶厂等8家企业被评为“明星企业”。1993年，以邓小平视察南方谈话为指针，坚持“三个有利于”（是否有利于发展社会主义社会的生产力、是否有利于增强社会主义国家的综合实力、是否有利于提高人民的生活水平）标准，实施“强强战略”，放手发展乡镇企业和个体私营经济，有3个乡镇、4家企业跨入全区“强乡镇、强企业”行列。1994年，实施优势膨胀和名牌战略，旨在培植一批有带动辐射作用的龙头行业和骨干企业。当年，以姜楼镇、李庄镇为中心的化纤绳网加工业，以清河镇、皂户李乡为中心的地毯加工业初具规模。其中，姜楼镇绳网厂生产的安全网在全国同行业质量评比中获第二名，创出了全国名牌。1995年，贯彻地委、行署倡导的争“三强”创“十佳”活动。“三强”为强乡镇、强村、强企业，“十佳”为最佳位次前移乡镇、最佳经济效益乡镇、最佳规模投入乡镇、最佳科技进步乡镇、最佳外向经济乡镇、最佳发展三产乡镇、最佳民营经济乡镇、最佳专业村庄、最佳个体私营大户、最佳职工教育乡镇。县委、县政府与各乡镇签订发展乡镇企业责任状，年底进行综合考核，排出名次，严格奖惩，并制定奖惩办法和实施细则。是年，全县乡镇企业总产值28.48亿元，完成税收1438.7万元，乡镇企业成为农村经济乃至全县国民经济的重要支柱。有3个乡镇、9家企业跨入地区“三强”行列，有5个乡镇、1个村、1家企业被评为“十佳”，36人被评为先进个人。在国民经济第八个五年发展计划期间，惠民县乡镇企业总产值年平均增长速度超过60%。1997年，县委、县政府印发《关于支持和鼓励发展个体私营经济的若干规定》，把发展个体私营经济作为“兴惠富民”的战略重点，为个体私营经济的发展开辟绿色通道。1998年，贯彻地委、行署提出的以发展个体私营经济为重点，推动乡镇企业二次创业的指导思想。县委、县政府先后印发《关于进一步加快乡镇企业发展的意见》《个体私营经济工作考核奖励办法》《关于进一步加快对外开放的实施意见》，并把发展乡镇企业确定为“乡镇党委书记一把手工程”，与各乡镇党委书记、乡镇长签订乡镇企业工作目标责任书，年终进行全面考核。1999年，发展乡镇企业和个体私营经济坚持“四不限”（不限从业人员，不限经营方式，不限规模，不限比例）和“四先四后”（先开业后办照，先发展后规范，先放开后完善，先扶持后收益），个体私营经济步入发展快车道。2000年，以中共十五届三中全会精神为指导，发展个体私营经济，狠抓工贸园区建设和招商引资。全县个体私营业户发展到21013个，从业人员73632人；乡镇企业实现增加值12.04亿元，其中个体私营企业增加值11.17亿元，同比分别增长44%和63%；营业收入实现47.36亿元，其中个体私营企业营业收入44.19亿元，同比分别增长19%和36%；乡镇企业总产值44.44亿元，利税5.37亿元，同比分别增长27%和31%。2002年，县委、县政府确立“工业兴县”的发展思路，继续实施民营经济优先发展战略，坚持鼓励多种经济成分、多种经营方式、多种经营领域创业的指导方针；印发《关于加快民营经济发展的实施意见》，制定民营经济发展重点：加快10个工贸园区和小城镇建设步伐，重点抓招商引资，以科技进步为重点提高民企竞争能力，培育特色产业为重点壮大绳网、地毯优势产业，以制度创新为重点深化企业改革。2003年，优势产业发展较快。传统的化纤绳网业经过几年的市场整顿和规范运营进一步壮大，原由李庄、姜楼、胡集三乡镇加工为主，辐射到全县8个乡镇，经营企业、个体户达3000余个，从业人员2.3万余人。年产各类化纤绳网10万吨，且由过去的个体手工生产为主，转向以骨干企业为龙头、千家万户为龙身的集团化、机械化、自动化生产为主。产品畅销全国30个省、市、自治区。民营棉纺织企业发展到15家，总生产规模达15万纱锭。2004年8月，为维护全县绳网行业的经营秩序，促进行业自律，惠民县绳网协会成立。同年，实施民营经济“百十强”工程，即在全县范围内筛选出20个有一定实力和潜力的民营企业，100个民营企业基础较好、有专业特色的村街，给予资金扶持、人才支持、挂牌“重点保护”、县级领导联系企业等优惠政策，培植产业层次高、发展后劲足、能支撑和拉动全县经济发展的民营经济增长点。2005年，全县以“工业兴县”为旗帜，大力实施“双百”工程（年内纳税50万元以上的企业达到100家，投资过千万元的项目超100个）和“百十强”工程，膨胀优势产业，加强经济载体建设，提高民营企业管理水平。民营企业发展到39520个，其中，私营企业963家，年营业收入500万元以上的规模企业83家。民营经济实现增加值31亿元，总产值121亿元，实现税收8012万元。其中，83家规模企业实现增加值5.5亿元，产值21亿元，实现税收1865万元。

第一章　综合管理

第一节　行政管理

1979年，全县社队企业基本是公社、大队主办，由县革命委员会社队企业管理局主管，该局与县二轻局一套机构两块牌子。1981年，县革委社队企业管理局更称惠民县社队企业管理局。1984年5月，社队企业管理局与二轻局分设办公。6月，县多种经营办公室并入社队企业管理局，改组为惠民县乡镇企业局，内设办公室、供销股、生产股、会统股。职权范围由乡办企业、村办企业两个层次扩大到乡办、村办、联办和个体四个层次的企业。1987年12月，县委、县政府印发《关于企业招标承包经营中有关问题的暂行规定》（以下简称《规定》）。翌年，全面落实《规定》，在全县150处乡镇企业中，有55处实行厂长责任制，65 处实行招标承包，14 处实行租赁制，实行其他管理形式的 18 家。1990 年，县委、县政府印发《关于在治理整顿中促进乡镇企业持续稳定发展的意见》，加强企业基础管理，提高企业整体素质，促进企业管理水平的提升。年内，有 80 家企业实现基础工作达标，23 家企业实现会计基础工作达标，5 家企业实现安全达标，5 家企业晋升为地区级，4 家企业升为地区乡镇企业系统先进企业，5 家企业升为三级计量企业，1 家为省乡镇企业系统先进企业。1993 年，乡镇企业局内设机构调整为办公室、生产调度室、会统股。1994 年，在县委、县政府《关于在全县乡镇企业中大力推广股份合作试行意见》的推动下，乡镇集体企业实行股份合作制的 104 家，固定资产达 1433 万元，总股金 1477 万元；拍卖 6 家，对外租赁 9 家。1995 年，县委、县政府印发《关于开展乡镇企业争名升位活动的决定》，并制定细则，同时开展“管理效益年”活动。两项举措均以加强质量管理和财务管理为核心内容，旨在探索和建立现代化企业管理制度。1996 年，在“争名升位”“管理效益年”活动中，对年产值 100 万元以上的 124 家企业进行验收，有 19 家企业获优秀管理等次，17 家企业获良好等次，81 家企业获合格等次。县乡镇企业局被评为全省乡镇企业系统先进集体。1997 年，遵照县委、县政府《关于加快国有、集体企业改革的意见》《关于企业改革若干问题的暂行规定》精神，以股份合作制为主，以兼并联合、外贸嫁接、租赁经营、产权出售或有偿转让、分立经营、独自经营等多种形式并举，推进乡镇企业产权制度改革，盘活存量资产 4000 万元，拍卖企业 19 家，组建股份合作制企业 27 家，租赁企业 25 家，兼并企业 4 家，破产企业 2 家，对外挂靠企业 1 家，部分企业实行承包经营，改革改制面占乡镇工业企业总数的 85%。1998 年，县委、县政府印发《重点企业管理达标评比标准》，号召乡镇企业学习海尔管理经验，狠抓提质降耗，压低成本，开拓市场，扩展销售渠道。乡镇企业局内设机构相应调整为办公室、企管科、计财科、资产评估事务所、信息服务中心。1999 年，县及各乡镇均成立个体私营经济领导小组，县领导小组办公室设在乡镇企业局。同年，县委、县政府印发《百万元以上产值工业企业管理达标标准》《关于进一步加强重点企业管理的通知》，加强境内 26 家产值超 500 万元企业的调度管理，并本着因地制宜、一企一策的原则，以优化经济结构为基本目的，通过拍卖、转让、租赁、承包、股份制等形式，全县 98% 的乡镇企业增强了发展活力。2000 年，惠民县地毯产业发展领导小组成立，办公室设在乡镇企业局。领导小组印发《关于加快地毯产业发展的意见》，制定《绳网生产销售管理暂行办法》，协助企业制定《绳网企业产品标准》，组织零散绳网生产业户挂靠于“金冠集团”“安惠集团”两大龙头企业，全县绳网业取得年产值 5 亿元，利税 6000 万元的骄人成绩。2001 年，县政府印发《关于进一步整顿和规范全县绳网行业的实施意见》，对绳网业进行全面检查、整顿和规范，有效遏制了制售假冒伪劣产品行为。2002 年，乡镇企业局更名惠民县中小企业局，内设办公室、企财股、优势产业办公室。主要职能转换为与经济贸易委员会合署，负责研究制定全县中小企业发展战略，按照国家产业政策，会同有关部门对全县中小企业布局和产业结构调整进行指导。年内，对绳网企业相对集中的李庄、姜楼、淄角、胡集等乡镇，在 2001 年全面检查、整顿的基础上，进行深入调查、摸清情况，有的放矢地促进绳网企业提高质量，扩大规模，规范经营。在全县 15 家规模绳网企业中，有 5 家获得 ISO 9001 国际质量体系认证，8 家取得国家劳动部和技术监督总局颁发的全国工业产品生产经营许可证。2003 年，制订“百千亿”活动实施方案，在乡镇企业中开展提升企业信用等级活动。活动中，惠民镇建筑公司和魏集镇中惠食品有限公司获得市级信用等级。2004 年，为壮大传统优势产业，维护全县绳网业经营秩序，促进行业自律，成立惠民县绳网协会，办公室设在中小企业局。是年，在强企业、强村中开展“百十强”活动，有32家民营企业获市级民营企业协会会员单位；在全县首届十大女企业家评选中，民营企业黄河网厂闫永娥、永盛化工有限公司李吉兰、滨州和信集团周忠梅、滨州姐妹服装制衣公司宫洪梅获十大女企业家称号。2005年8月，全县召开会议，重点议题是招商引资、园区建设和民营经济，明确民营经济发展方向，坚定民营企业扩规模、树信誉的信心。全县有80家民营企业获得市级信用等级，位居全市第一；有34名民营企业厂长被评为市企业家，惠民镇建筑工程公司高淑臣被评为省优秀企业家。

第二节　经营管理

乡镇企业在改革开放的大潮中，逐步认识到企业经营管理尤其是科技管理的重要性。1986年起，部分乡镇企业与科研单位和大中型企业建立联系，加大科技投入，调整产业结构，强化企业管理。至1987年，新上或技术改造项目有姜楼镇五四丙纶厂、省屯新华福利淀粉厂、申桥织布厂、联伍津惠食品厂、姜楼化纤一厂等。1988年，全县乡村两级新上项目137个，横向联合引进项目5个，引进技术人才102名，乡镇企业的168名职工进入山东工业大学、山东纺织学院委培深造。1989年，新上村办企业36个，引进技术15项，引进科技人才100名，有80名职工进入山东轻工学院学习深造。陈集乡棉纺厂与青岛国棉六厂、滨州三棉建立技术协作关系，产品由原来的2吨/月提高到7吨/月。县乡镇企业局举办企业会计、统计人员培训班五期，培训400余人。全县有42名技术人员取得中级技术职称，126人取得初级技术职称，99人取得技术员职称。1990年，县乡镇企业局举办各类培训班五期，培训统计员36人、会计97人，厂长经理55人，标准化函授班培训7人，进入省乡镇企业职工中专学习的249人。乡镇企业取得中级专业技术职称的职工37人，取得初级专业技术职称的职工34人。1991年，有6个乡镇企业共投资1180万元进行技术改造。梁家酵母厂通过技改达到年产3000吨的设计能力。乡镇企业聘用各类高级专业人才3名，中级专业人才40名；培训干部职工310人次；有166人取得省乡镇企业职工中专毕业证书，76人取得大专毕业文凭。1995年，全县达百万元以上新建、技改项目25个，共投资4229万元。1996年，乡镇企业开展“争名升位”活动，全县新上或技改百万元以上项目48个，总投资11791万元。县乡镇企业局举办会计培训班一期，培训80人。1997年，乡镇企业改革改制，强化企业管理。完成技改项目15个，其中重点项目5个。省屯淀粉厂投资500万元扩建，年产量扩大到1.5万吨，新增产值2500万元；申桥镇特殊耐火材料厂投资1500万元，完成技改任务，新增产值8000万元。1998年，全县新上或技改项目1205个，其中百万元以上项目42个。1999年，新上或技改项目1494个，其中百万元以上项目66个，总计投资36511万元。经不断改革改制，全县95%的乡镇企业成为个体私营经济。2000—2001年，全县新上或技改5万元以上项目4835个，总投资11.9亿元，其中投资100万元以上项目245个，1000万元以上项目1个。2002年，新上或技改项目2665个，总投资12.1亿元，其中100万元以上项目135个，1000万元以上项目2个。有5家企业获ISO 9001国际质量体系认证，有8家企业取得国家工业产品经营许可证。2003年，新上或技改项目356个，其中500万元以上项目15个，1000万元以上项目2个。是年，全县乡镇集体企业仅剩惠民镇建筑公司，余则全部改制为私营企业。2004年，新上或技改50万元以上项目368个，其中1000万元以上项目3个。全县有7家民营企业获市级信用企业称号。2005年，新上或技改50万元以上项目26个，投资过千万元以上项目11个。全县民营经济从内资企业到外资企业，从股份制企业到个体私营企业，经营环境更加宽松，经营方式更加灵活。

第二章　主要行业

第一节　工　业

1979—1985 年，县内乡镇工业主要有砖瓦窑厂、农机修配厂、面粉加工厂三大类，另有或个体或联营的地毯厂、轧花厂、小型面粉厂等数家。1988 年，乡镇办工业全部实行"一包三改"（厂长经营承包，改厂长任命制为选聘制，改固定工为合同工，改固定工资制为浮动工资制），优化了结构，增强了后劲。1991 年，县委、县政府印发《关于加快全县工业发展的意见》，乡镇工业以"争创明星企业"为动力，有了长足发展，且在企业管理、科技进步、制度改革等方面有新的提高。1995 年，全县经济按照巩固提高农业，重点发展工业和乡镇企业及个体私营企业的思路发展，乡镇工业形成建筑建材、化纤绳网、地毯加工、食品加工、木材加工五大主导行业，年总产值实现 21 亿元，惠民镇、姜楼、李庄、胡集四乡镇年工业产值均超过亿元。1997 年，乡镇工业企业进行股份合作制改革，改革改制面达 85%。1998 年，县委、县政府相继印发《关于进一步加快乡镇企业发展的意见》《个体私营经济工作考核奖励办法》《关于进一步加快对外开放的实施意见》，把加快工业发展作为民营经济的主攻方向，不断加大对个体私营企业的扶持力度。在改革中不断整合的乡镇工业发展到 2487 个，从业人员 34275 人，实现总产值 19 亿元。1999 年，以建设民营经济工业园区和培育民营骨干企业为重点，实施县级领导干部联系园区、帮扶乡镇重点企业工程，有 6 个乡镇工业园区和 21 个乡镇 31 家民营企业被列入帮扶工程。2002 年，作为"工业兴县"重要力量的民营经济，在市场化的推动下，化纤绳网、食品加工、纺织、服装加工、建材五大门类发展为乡镇工业的主导行业。2005 年，全县乡镇工业企业达 16476 个，从业人员 111880 人，实现总产值 93 亿元。其中，年营业收入 500 万元以上的规模工业企业 81 家，从业人员 7240 人，实现产值 21 亿元，实现利润 2.2 亿元。

第二节　建筑业

1979 年，城关公社建筑队是全县唯一的社办（集体）建筑企业，承担着城关公社及县城部分建筑工程的施工任务。其他公社及大队（村）的建筑工程大都以民间技工临时组建施工队完成。随着人民生活水平的不断提高，城乡建设日益兴旺。1986 年，全县有乡、村办建筑企业 13 家，从业人员 1758 人，主要承揽砖木结构的平房建筑。设备虽较简陋，但已从传统的手工操作逐步向半机械化建房过渡。1995 年，乡镇建筑企业发展到 941 家，从业人员 12857 人，实现总产值 3.8 亿元。建筑业的快速发展，带来建筑市场的无序竞争，县有关部门在进行整顿的基础上，加强乡镇建筑企业的资质审查和技术指导，提高其管理水平。是年，乡、村两级建筑企业一半以上资质到位，多数建筑公司拥有大型塔吊、搅拌机、井字架、钢筋切割机、检测仪器等施工机械。1998 年，贯彻《中华人民共和国建筑法》，集体企业改制加快，建筑市场竞争日趋激烈，乡镇建筑企业个数和从业人数有所下降。年底，全县有乡镇建筑企业 351 家，从业人员 5032 人，年总产值

1.6 亿元。2000 年起，乡镇建筑业由单一土建为主逐步向装饰、预制构件、防水等多行业、多门类、高层次发展，出现一批以建筑施工为主、多业并举的跨行业、跨地区综合性公司。同时，随着国家扩大内需政策的实施，建筑业迎来快速发展的新时期。2005 年，全县乡镇建筑企业达 1050 家，从业人员 10729 人，年总产值 13 亿元。其中，资质等级企业 5 家。

第三节　交通运输业

改革开放给交通运输业的发展带来机遇，原被视为禁区的私营运输业逐步放开。20 世纪 80 年代初，即有城关镇程家村和马家堤口村的 3 部个体客车参与运营。1986 年，全县乡、村办交通运输企业发展到 21 家，个体、联户运输业迅速兴起，成为乡镇交通运输业的重要组成部分。1989 年，惠民镇程家村成立惠民县第一联合运输公司，马家堤口村汽车运输队改建为惠民县第二联合运输公司。1995 年，村村通柏油路的实现促进了交通运输业的发展，全县乡镇交通运输企业达到 848 家，其中乡、村办企业 8 家，余则多为个体私营，从业人员共 1696 人。1998 年起，乡镇第三产业实行减免 1～3 年所得税的优惠政策，推动了乡镇交通运输业的发展。是年，交通运输企业及个体户发展到 1836 个，从业人员 4258 人，实现营业收入 1.5 亿元，2000 年，乡镇交通运输业承揽全部乡镇客运和货运业务，市场体系进一步完善和规范。2005 年，全县乡镇交通运输企业及个体户发展到 6107 个，从业人员 14700 人，实现营业收入近 5 亿元。

第四节　商业服务业

中共十一届三中全会后，国民经济在“调整、改革、整顿、提高”中形成国营、集体、个体多种经营成分并举的体制，个体商业服务业得以恢复和发展。至 1985 年，全县个体商业服务业户达 4526 户，从业人员 7108 人。20 世纪 90 年代初，各级党委、政府从搞活商品流通、满足城乡人民需要出发，在政策允许范围内，从资金、能源、税收等方面扶持农村商业服务网点发展。1995 年起，乡镇商业服务业快速发展，各类商业批发网点、贸易货栈、代销点、代营点、综合商店、旅馆、饭店、理发店、照像馆等遍布全县各地。2005 年，全县有个体私营商业服务企业 1.6 万家，从业人员 3 万人，实现营业收入 9.4 亿元。

第五节　农副产品加工业

随着农村联产承包责任制的推行，惠民县粮棉油产量逐年提高，农民收入大幅上升，为农副产品加工业的发展创造了良好的资源条件和更多的社会需求。1986 年，县内有乡镇办农副产品加工企业 10 家，其中面粉加工 6 家，酱菜制作 2 家，油料加工 2 家，从业人员 298 人。1987 年，惠民县新华淀粉厂建成投产，总投资 150 万元，年产玉米淀粉 3000 吨，年产值 500 万元。至 1995 年年底，全县集体农副产品加工业发展到 83 家，其中乡办 42 家、村办 41 家，从业人员 2110 人，实现年产值 2.9 亿元。主要产品有面粉、饲料、植物油、罐头食品、饮料、白酒等。1997 年，乡镇企业改革，集体农副产品加工企业出现滑坡。2000 年，资源优势加社会需求，民营农副产品加工企业迅速发展，且管理水平、产品质量不断提升。2003 年，全县日处理小麦 10 吨以上的民营面粉加工企业达 40 家，其中年营业收入 500 万元以上的规模企业 6 家。2004 年，县委、县政府提出依靠自然资源基础，发挥产业规模优势，大力发展农副产品加工业，努力培植农业龙头产业。2005 年，全县有民营农副产品加工企业 53 家，从业人员 3200 人，实现年总产值 9.3 亿元。

第三章 园区建设

第一节 规划建设

1996年，县内开始筹划园区建设。至1998年，李庄、省屯、胡集、姜楼、淄角、惠民镇6个园区占地总面积4.6平方公里，基础设施累计投资460万元，企业固定资产累计投入3亿元左右，入驻企业960余家，职工总人数2.8万人，年营业收入达9亿元，年利税达1亿元。1999—2002年，石庙、魏集、麻店、大年陈、桑落墅5乡镇陆续建成工贸园区。其间，李庄、胡集、省屯、姜楼4个工贸园区被命名为市级园区，李庄镇私营试验园区被省政府命名为省级园区，姜楼工贸园区被省中小企业办、省建设厅命名为省级园区。至2002年，全县建有园区11个，占地总面积7.8平方公里，基础设施累计投入1100万元，园区企业共有1513家，企业固定资产投入累计13.7亿元，年收入达13亿元，年利税1.5亿元。2003年，辛店乡、皂户李乡借鉴其他园区建设的经验，开始工贸园区建设。2004年，何坊乡利用区位优势，园区建设顺利进行。2005年，各乡镇共建园区15个，占地总面积18平方公里，基础设施累计投入14.4亿元，企业固定资产累计投入37.6亿元，入驻企业3600个，共有职工4.4万人，年营业收入40亿元，年利税达5亿元。

第二节 重点企业

惠民镇建筑工程公司 始建于1961年3月，现发展为集建筑装饰、水电暖安装、建材预制件加工、机械设备租赁于一体的房屋建筑施工二级总承包企业。公司有固定职工2500余人，注册资金2600万元，大中型机械设备150余台；设12个项目部，持证上岗的项目经理33人，取得技术职称的工程人员212人，其中高级工程师5人、工程师26人，管理人员中大、中专毕业生占64%。2003—2005年，公司工程结算年收入均在2500万元以上，年创利税超百万元。先后创建“泰山杯”工程1个，省优良工程6个，省级安全文明工地6个，企业质量安全管理水平保持在全县同行业前列。曾被评为全县明星企业、市级质量管理先进单位、市级文明单位、省级重合同守信用企业、省级安全生产先进单位。

山东惠民华泰纺织有限责任公司 2000年，由刘长杰、刘长亭等四位股东共同兴建。公司现有职工400余人，生产规模3万纱锭，注册资金500万元，固定资产3000万元，建筑总面积2.3万平方米，其中厂房1万平方米，年销售收入3000万元，年利税300万元。主要产品有棉纱、化纤纱等，产品合格率达100%，销路畅通。2005年，公司与青岛海威德进出口有限公司签订纱线出口合同，实现出口贸易的突破。

山东华辰福利工贸有限责任公司 原称省屯镇新华福利淀粉厂，始建于1987年，1988投产，设计生产能力3000吨玉米淀粉，拥有固定资产650万元。1998年，新上5000吨淀粉生产线，当年实现产值1200万元、利税60万元。同年12月，淀粉厂组建为山东滨州新华福利淀粉（集团）有限公司。1999年，投资300万元，兴建日处理污水400吨的污水站。2000年，公司与临沂纺织公司合作建立纺织分公司，与天津客商联合成立面粉分公司，公司更称华辰福利工贸有限责任公司。2005年，公司下设淀粉、纺织、面粉3个分公司，7个驻外办事处，拥有固定资产3000多万元，各类技术人员360人。

山东滨州和信化纤绳网集团有限公司 1993

年建立，坐落于李庄镇政府驻地。2005年，公司有固定资产8000万元，注册资金500万元，生产车间9888平方米，职工578人；拥有国家质量技术监督局颁发的全国工业产品生产许可证，国家安全生产监督局颁发的国家特种劳动防护用品安全生产许可证，是国家特种劳动防护用品定点大型生产企业之一。主要生产安全网、密目式安全立网、安全带、运输网、吊装网、高空软梯及各种绳索等。产品畅销国内，远销俄罗斯、新加坡等国家。生产的“和信”牌安全网、密目式安全立网被列为省“打假保优”重点保护产品、山东省建委建筑施工现场劳动保护准用产品，并由中国人民财产保险公司承保质量保险。

滨州安惠绳网集团有限责任公司 1997年11月，为发挥绳网企业的群体优势，由11家改制企业组建山东省惠民安惠绳网集团有限公司。后更名滨州安惠绳网集团有限责任公司，成员企业增加到18家，成为姜楼镇乃至全县的龙头企业之一。集团有职工1876人，拥有生产车间1.6万平方米，固定资产6800万元，注册资金578万元。年产值1.3亿元，实现利税1300万元。主要产品有安全平立网、密目式安全立网、安全带、运输网、养殖网、阻燃网、色目网、机织土工布、土工格栅等。集团严格遵循“以质量求生存，以管理求效益，以信誉求发展”的经营理念，制定统一的质量标准和质量检测程序，对成员企业从原材料、生产过程到成品实行全程监督的管理模式。其产品先后由国家、省质量监督检验中心抽检96批次，合格率均为100%，被劳动部确定为国家特种劳动保护用品持证重点企业。产品畅销全国各大城市，且出口俄罗斯、泰国、新加坡等国。

山东滨州波涛化纤制品有限公司 始建于1997年，位于李庄镇，是濒临破产的集体企业改制而成的民营企业。在滨州市民营企业家、县政协委员、董事长邢玉平的带领下，开拓创新，敢于争先，企业得以快速发展。曾连续三年被县委、县政府评为先进单位和纳税先进单位，获县骨干项目建设奖及地级重合同守信用企业称号。2005年，公司有职工378人，占地面积4.8万平方米，建筑面积5600平方米，固定资产7000万元，拥有各种检测仪器及织网设备40台套；在国家商标局注册“波涛”牌密目式安全网商标，取得国家颁发的全国工业产品生产许可证及国家安全生产监督管理局颁发的特种劳动防护用品生产许可证，并通过ISO 9001国际质量体系认证。其产品在国家和省质检部门多次抽检中均得到认可，畅销上海、杭州、天津、西安等大中城市。

滨州黄河胶管厂 座落于李庄镇民营经济园区内，占地面积9000平方米，是一家胶管专业生产厂。主要产品是3～20英寸普通、中压、高压耐油酸碱等各种用途的胶管，日产量近4000寸米。总经理李德柱为中国水利疏浚协会会员，中国商会会员。该厂严格质量管理，从原料供给到产品合格入库，坚持下道工序验收上道工序的规程，验收合格后再进入下一道工序的制作，最终产品方可进入市场。产品经营实行严格的“松紧式”管理，即“松紧有序型”。所有营销人员走出去，开拓市场，回访老客户，同时把新的信息和客户建议带回来，且在全国各地设立销售网点130余个，销售队伍的足迹遍布中华大地。该厂生产的“亚翔”牌胶管荣获“马来西亚国际金奖”，“黄河”牌工程专用胶管得到广大用户认可。产品广泛应用于农业灌溉、江河航道的疏浚和淤背、工矿各种介质的疏排等方面。

大丰尼龙化纤制品有限责任公司 1997年建立，位于李庄镇，占地面积12亩，为绳网专业生产厂。持有国家颁发的工业产品生产许可证，是国家特种劳动防护用品定点生产企业。2005年，公司有职工98人，拥有固定资产680万元。生产设备有密目网织机6台套，捻线机3台，合绳机1台，宝塔机1台，工业缝纫机8台，大型丙纶纺丝机2台，牵伸机1台。主要生产安全平网、密目式安全立网、电力安全带、高强丝及各种防护网、丙纶线、施工线、丙纶绳，产品畅销全国各省、市、自治区。在国家和省质检部门多次抽检中，产品质量均顺利通过技术检测。公司曾连续三年被县委、县政府评为民营经济贡献标兵、纳税贡献标兵，并被授予地级重合同守信用企业称号。

惠民县鸿大化纤厂　2000年建立，坐落于李庄镇，占地面积2800平方米，固定资产260万元。该厂引进FDV丙纶纺织机生产线一套和国内最先进生产设备432－B丙纶重担牵伸机，配以合线机5台，年生产量达1000吨。鸿大化纤遵循市场规律，建立健全各项规章制度，强化生产管理和质量检测，加强市场动态预测，其产品以质优价廉取得客户信赖。该厂生产的高强丝产品达到国家颁布的质量标准，成为市场的抢手货。

惠民蝎王酒厂　坐落于石庙镇，占地面积2.3万平方米，拥有固定资产300万元。有职工23人，其中技术人员4人。该厂采用传统的泥地发酵工艺，配有先进的化验和水质净化设备，是目前全国唯一生产蝎王酒的厂家。1997年，引进中科院白泰技术公司蝎毒开发中心先进技术，生产特A型、B型、D型蝎王牌系列酒。产品利用纯高粱酒为酒基，以全蝎为主要原料，辅以蝎毒、蛇毒、蟾素、灵芝、人参、枸杞、黄芩、丹参、土元、何首乌等名贵中药材精酿而成，具有息风镇疼、补气益血、补肾祛风、化瘀散结、扶正祛邪、双向调节人体机能、增强人体免疫力、促进新陈代谢等功效。1999年，产品通过卫生部检测与评审，所有指标全部合格，卫食健字〔1999〕第〔0334〕号文批准为保健食品。同年，蝎王酒厂被国际风筝联合会指定为全国“十大精品生产厂家”之一，产品正式命名为“蝎王酒”，并获得“蓝天杯”世界金奖，被特定为独家经营专利产品。该厂已与新加坡、泰国、印度尼西亚、埃及、越南、俄罗斯等国进行产品论证，取得了对方认可。

滨州市姐妹童装制衣有限公司　2000年，滨州市下岗职工宫洪梅，筹资200万元，以当年建厂当年投产的高速度，在魏集镇办起外向密集型企业—滨州市姐妹童装制衣有限公司，并创出当年产值1000万元，利税45万元的好效益。为使更多下岗姐妹重新走上工作岗位，她以公司为依托，建立“滨州市下岗职工再就业培训基地”，培训下岗职工400多人，安置下岗职工和农村剩余劳动力80多人。其产品全部出口日本、韩国、南非及东南亚国家。

惠民县有机化工有限公司　位于魏集镇政府驻地北首，距220国道200米。1995年5月立项筹建，8月建成试产成功，9月1日正式挂牌运营。公司以玉米芯为原料，生产工业用糠醛。糠醛用于制作糠醇、呋喃树脂、合成塑料、合成橡胶以及石油化工生产助剂等，是一种重要的工业原料。1999年，与山东工业大学自动化控制中心合作，进行技术改造，安装自动化生产设备，单釜产醛由原来的153公斤提高到185公斤，增产21%，企业被山东工业大学确定为教学实验基地。公司拥有固定资产原值716万元，职工80人，其中大中专技术人员15人。年产糠醛1.8万多吨，产值500万元，利税60万元。产品销往淄博、江苏等地，成为该镇乃至全县农副产品深加工龙头企业。

山东中惠食品有限公司　成立于1995年，民营企业，下设中惠酱色厂和中惠酱菜食品厂两个分厂。公司占地2万平方米，拥有固定资产799万元，流动资金260万元，年产值1000余万元，利税80万元。共有职工120余人，其中具有高级职称人员5名，大中专毕业生30名，并特聘中国食品协会常委、著名酿造专家孙恭义先生为常年顾问。曾被县、地区评为“重合同守信用单位”“消费者满意单位”“纳税先进单位”。总经理赵吉星被地委授予“十佳青年私营企业家”称号，被选为滨州市七届、八届人大代表。公司主营产品有焦糖色素、食用菌类、酱菜、调味品、饲料添加剂等五大类；年产焦糖色素5000吨，酱菜、调味品4500吨，饲料添加剂500吨，各种小菜500吨，食用菌200吨，注册商标“中惠”牌。产品销往黑龙江、江苏、山西、天津、南京等15个省、市。

山东滨州裴堂瓶业有限公司　位于清河镇，

以聚脂（PET）、聚乙稀（PE）为主要原料专业生产塑料包装容器的民营企业。拥有固定资产1000多万元，占地3.3万平方米，职工150余人。设备有二步法吹瓶机30台，半自动挤出机7台，全自动中空机1台，可生产从30～5436毫升的各种规格的聚脂瓶，涵盖食用油、啤酒、白酒、酿造调味品等行业的包装领域。且配有新型电脑注塑机20台，实现从原材料到最终产品的一条龙生产。公司凭借自身的五大优势：雄厚的资金技术力量、过硬的产品质量、多元化的产品体系、卓越的企业信誉、快捷的优质服务，产品市场占有率越来越高。2005年，创产值1100万元，实现利税120万元。

滨州昊宇汽车部件有限公司　位于胡集镇，为各种型号刹车毂和刹车盘铸造企业。公司拥有各种型号的模具38台套，可根据用户的需求生产各种型号的产品。其主导产品已通过ISO 9000认证，并被北京紫鑫汽车部件进出口公司指定为生产基地，产品出口美国、德国和韩国。

山东惠民龙凤面粉有限公司　始建于1996年，位于大桑镇，注册资金50万元，固定资产1000万元。2005年，有职工50人，其中管理人员8人，技术人员15人。年产值4000万元，利税380万元。主导产品是特精粉、高盘粉、水饺粉、面条专用粉。2005年，公司与淄博市的业务客户高磊先生共同筹资重建厂区，集生产、办公于一体的4层楼房基本竣工，部分设备已安装调试。日产200吨的面粉机组运营后，年产值可增加800万元。

山东天禧牧业有限公司　成立于1996年，民营企业，注册资金3000万元，固定资产6000万元，职工2000余人。1996年8月，自筹资金300万元，启动饲料加工项目，拉开创业序幕。至2000年，公司相继建立起年产10万吨的饲料厂、年孵化1000万羽的孵化场和年产冻鲜鸡产品3000吨的冷藏厂，成为全县第一家集畜牧养殖、加工、销售为一体的一条龙企业。2003年，自主培育出肉质细嫩、抗病力强的杂交三黄鸡—天禧凤鸡。2005年，投资3000万元扩建饲料厂、冷藏厂，生产规模进一步扩大，成为山东省最大的杂交三黄鸡生产基地。主要产品有鸡苗、饲料、冷鲜鸡肉、熟食鸡肉、种蛋等。年产饲料20余万吨，日宰杀三黄鸡20余万只，年生产鸡苗5000余万只。“天禧”商标，被评为山东省著名品牌。公司被评为省级农业产业化龙头企业。

第四章　特色产业

第一节　绳　网

绳网行业在县域源远流长，最早流行于市的产品是车马鞔具。原主要产地为李庄、申桥、大年陈3个乡镇，李庄镇的南北李村尤为著名，全村95%的户和60%以上的人以此为业。1990年，车马鞔具的经营规模和产品品种有所增加，3乡镇年产车马鞔具达7万余套（件），总产值80万元，远销新疆、内蒙古等地。在民营经济发展中，李庄镇的地毯一厂、地毯二厂、劳保厂，姜楼镇的化纤一厂、化纤二厂、化纤三厂、安全网一厂、安全网二厂等相继投产。到1994年，车马鞔具逐步淡出大市场，仅以零售形式满足部分用户的需求，取而代之的是以聚炳烯、聚乙烯为主要原料的化纤产品。1996年，化纤绳网有了质的突破，李庄、姜楼、联五等乡镇开始试产建筑用密目式安全立网、安全平网等。1998年，密目式安全立网、安全平网、渔网的研制获得成功，李庄镇的和信集团、波涛集团、恒迈集团、姜楼镇的宏大化纤厂、黄河网厂、劳保厂、胡集镇的鲁闽网厂、淄角镇的惠青化纤厂等陆续上马投产，并在国内市场占领一席之地。2002 年，全县绳网经营企业、业户发展到 3000 余个，从业人员 2 万余人，绳网织机达 485 台套，拉丝机 200 余台；年产各类绳网 7 万余吨，产值 10 亿元，年收入达 500 万元的绳网企业 15 家，其中有 5 家企业先后获得 ISO 9001 国际质量体系认证，有 8 家企业取得劳动部和国家技术监督总局颁发的“全国工业品生产许可证”；化纤绳网产品由过去单一结构发展到安全网、安全带、民用网、民用绳、土工格栅等 7 大系列，30 余个品种，50 余种规格。2005 年，绳网产业遍布李庄、姜楼、淄角、胡集、清河、皂户李、惠民等 7 个乡镇，绳网企业和加工户达 3500 个，其中有一定规模的绳网企业 180 家，涌现出波涛、和信、恒迈、大丰、鸿大化纤、巨成、成祥、安惠、黄河、久安、新鑫、永达等多家骨干绳网企业；绳网织机计达 840 余台套，拉丝机 500 余台，从业人员 3 万人，在外销售人员达 4500 人；年产各类绳网 12 万吨，年产值 14 亿元，年利税 1.4 亿元；有 18 家企业获得国家质监总局颁发的安全网生产许可证，8 家企业通过 ISO 9001 国际质量体系认证，18 家企业注册品牌商标。产品形成 10 大系列，50 余个品种，60 余种规格，占国内市场份额的 30% 左右，并出口意大利、法国、阿联酋、美国、日本等国家。

第二节　地　毯

1982 年，县地毯厂在公社发展厂外加工点。至 1986 年，地毯加工点共有织机 120 台，年产 1.5 万平方公尺，产品远销欧美各国，深受外商欢迎。1988 年，县地毯厂通过省外贸、商检部门的检查验收，取得出口产品企业生产许可证。1989 年，地毯厂扩大地毯生产能力，开发 200 道以上高道数东方地毯，各乡镇加工地毯的大户和人数逐渐增多。1994 年，地毯产业进一步膨胀扩张，以清河镇、皂户李乡为中心的地毯加工业初具规模。1998 年 3 月，县地毯厂组建为山东彩霞地毯集团有限公司。2000 年，县政府印发《关于加快地毯产业发展的意见》，强化乡镇党委、政府的组织推动，加强地毯加工市场管理，形成以彩霞集团为“龙头”，以乡镇分厂为“龙身”，以加工点为“龙尾”的上连国际市场，下连千家万户的地毯生产一条龙格局。2001 年，彩霞集团在乡镇组建地毯分厂已达 14 家，加工点 1200 多个，上织机 7500 台，从业人员 1.7 万余人，遍及全县 21 个乡镇，并辐射到邻近的六县一市；完成地毯产量 60 万平方英尺，投放加工费 3371 万元，产销率达 110%。2002 年，国际地毯市场销售量下降，县内地毯产业受到一定影响。在多方努力下，仍实现增加值 7942 万元，销售收入 5311 万元，实现利税 1001 万元，实缴税金 769 万元，向农村职工支付加工费 3380 万元。2003—2004 年，乡镇地毯分厂及大型加工点逐渐减少，产量有所下降，制约着地毯产业进一步做大做强。2005 年，县委、县政府对地毯产业采取措施，加大支持力度，促进了地毯产业发展。

第三节　纺　织

1980—1988 年，惠民镇、申桥乡、何坊乡先后建起 3 处织布厂，安装织布机 152 台，年产白布 80 万公尺。1990 年，李庄镇、陈集乡各办起棉纺厂 1 处，共安装细纱机 18 台，粗纱机 4 台，从业人员 160 人，年产棉纱 400 吨。2000 年，华泰纺织开工建设。2002 年，具有一定规模的 6 家纺织企业陆续上马。2003 年，全县乡镇棉纺业发展到 11 家，纱锭达 12 万支；织布企业发展到 10 家，织布机达 800 台，棉纺织行业成为全县的优势产业。其中华泰纺织、宏泰织业、恒远纺织、信友织业、民杰纺织、九龙毛纺、富东纺织、长明织业颇具规模，何坊乡的德恒制造、惠民镇的昌盛、宏发、鑫成等织布企业织机均超过 100 台。

2004年，纺织业有了突破性发展，新上规模较大的企业有东泰纺织、长明纺织、永泰纺织、明星纺织、福瑞德纺织、安达织业等，环锭纺都在1万支以上。全县乡镇纺织业的生产规模已达20万纱锭，年产值8亿元，年利税1亿元。2005年，民杰纺织、华泰纺织、安达织业、东泰纺织等纷纷扩建、续建，长明纺织新建1.5万支纱锭的分厂一个。新上规模较大的企业有惠民镇华光纺织、辛店乡华泰纺织、何坊乡锦绣纺织，设计纱锭都在5万支以上。惠民镇的昌盛织布、宏发织布、何坊乡的德恒制造共新增织机150台以上。是年，全县乡镇纺织业拥有棉纺纱锭近25万支，年产值达10亿元，年利税达1.2亿元。

第四节　面粉加工

随着经济体制的深化改革，粮食市场逐步放开，粮食加工业在全县发展较快，省屯、李庄、清河、石庙等乡镇相继建起面粉厂。1988年，惠民镇翟家村和申桥的面粉加工厂相继投产。1995年，惠民镇建成较大规模面粉加工企业，部分乡镇出现多家家庭作坊式面粉加工厂。1996年，桑落墅镇的龙凤面粉有限公司投产。1997年，桑落墅镇的渤海面粉厂、皂户李乡的顺康面粉厂、三堡乡的惠丰面粉厂陆续建成，主要生产特精粉，高筋粉，水饺、馒头、面包、面条专用粉，大麸、中麸、细麸和各种次粉，产品销往北京、天津、内蒙、东北3省等地，客户稳定，畅销不衰。2001年，先后投资1300万元的淄角镇永丰面粉有限公司运营，并引进先进的电脑控制120吨大型面粉加工设备，其产品销往黑龙江、大连、北京、上海等省市。2003年，石庙镇的黄河面粉厂投产。2004年，桑落墅镇的龙凤面粉厂投资1000万元在镇工业园区兴建新厂。2005年，石庙镇乾元面粉有限公司建成运营；石庙镇的黄河粮油科技投资5000万元，日产500吨的面粉项目投产。是年，全县有日处理小麦30吨以上的乡镇面粉企业45家，其中石庙镇的黄河粮油科技、乾元面粉，桑落墅镇的龙凤面粉、渤海面粉，惠民镇的巨星面粉已成为面粉骨干企业；共有从业人员1300人，年加工小麦60万吨以上，年产值近10亿元，年利税达1亿元。

第五节　经济专业村

1986年，县内出现具有集体企业性质的经济专业村，如惠民镇的东关（修配）、南关（修配）。1988年，惠民镇的翟家村（面粉）、王范公村（棉油加工），成为全县集体经济专业村的姣姣者。1990年，集体企业较好的经济专业村有惠民镇的贾台村（养殖、予制）、马口村（运输）、程家（运输）、姜楼镇的双井路村（绳网）、胡集镇的路家村（砖瓦）。同年，李庄镇、姜楼镇出现以加工化纤绳网为主的个体私营经济专业村，如李庄镇的南北李、乌家、南孟、潘家、曲张，姜楼的西牛、姜家、彭家、常家等，年产值均在100万元以上，加工户占全村总户的70%左右，加工人数占全村总人口的60%以上。1992年，部分乡镇又出现地毯专业村，如淄角镇的周家、闫河，何坊乡的伏家、大李等村都有地毯加工大户，并辐射到附近村庄。1995年，大年陈乡的刘景新、张美、西榆林三个村，惠民镇的房家、程家、张田等村开始发展运输业。1997年，在南方省市绳网企业的影响下，李庄、姜楼、淄角、胡集等乡镇出现建筑用密目网企业，其产品品种逐年增多，带动发展起大批绳网专业村，如李庄镇的邢西、东牛、刘口村，姜楼镇的常家、兰家、河赵、东王集村，胡集镇的路家、东屯、西屯、齐家、温家村，淄角镇的西李、西孙等村，绳网专业村的不断发展壮大，为当地“三农”建设起到带动辐射作用。绳网专业村年产值都在300万元以上，年产值最大的邢西村达到5000万元以上。2001年，根据市场需求，出现不少传统和新兴行业，魏集镇的双杨、曹家、五甲杨村，重拾木工技艺，成为木器加工专业村；皂户李乡的吴家、张枣棍、皂户李、马家村发展为食用菌专业村；石庙镇的马铁头村形成白酒酿造专业村。2003 年，棉花加工业、棉花育种业蓬勃发展。辛店乡的东肖营、孔家、李宅村，淄角镇的大沙窝村成为以棉花育种业为主的专业村，胡集镇的白桥、东董村和麻店镇的小吴村发展成为棉花加工业专业村。2004 年，惠民镇、石庙镇的商贸专业村，李庄镇、姜楼镇、淄角镇、胡集镇的绳网专业村，淄角镇、皂户李乡、何坊乡、麻店镇的地毯专业村，何坊乡、清河镇的运输专业村，麻店镇、辛店乡、胡集镇的棉花加工专业村，均发展成为区域性、规模性的经济强村。2005 年，全县经济专业强村达 200 个，年产值 20 亿元，年利税 2 亿元，人均纯收入达 4500 元。

2005 年惠民县民营经济专业村

表 8－1

乡　镇	专业村名称及主导行业
李庄镇 18 个	李庄（工贸）、邢西（屠宰）、东牛（绳网）、申桥（机械制修）、东翟（绳网）、刘口（绳网）、南孟（绳网）、曲张（绳网）、大路（绳网）、乌家（绳网）、董集（绳网）、大翟（绳网）、邢东（绳网）、大王东（运输）、蔡家（养鸡）、荆家（地毯）、任家（绳网）
姜楼镇 18 个	季庄（运输）、石仁王（绳网）、马家（绳网）、常家（绳网）、西牛（绳网）、姜楼（绳网）、彭家（绳网）、牛瓦匠（绳网）、东王集（绳网）、王家湾（绳网）、王泗泉（绳网）、兰家（绳网）、王判西街（绳网）、联五于（扫帚加工）、沙赵（绳网加工）、胡王庄（运输）、官道冯（绳网加工）、河西马（运输绳网、加工）
惠民镇 18 个	后娘娘坟（运输）、西门街（商贸）、古楼街（商贸）、南门街（商贸）、南关南街（商贸）、南关中街（商贸）、房家（运输）、南关北街（商贸）、程家（运输）、东关街（商贸）、钓马杨（商贸）、台子陈（建筑）、大朱（木材加工）、闫家堤口（棉花加工）、关帝庙（商贸）、孙庙（餐饮）、张田（运输）、刘玉亭（运输）
胡集镇 18 个	胡集（工业、商贸）、路家（拔丝造粒）、皂户杨（建材）、东刘（建材）、齐家（绳网）、温家（绳网）、南王（食用菌）、八沟张（绳网）、河沟陈（建材）、林家（桑蚕）、白桥（棉花加工）、丁道口（食用菌）、店子街（桑蚕）、东屯（拔丝造粒）、西屯（拔丝造粒）、陈集（商贸）、东董（棉花）、石集（蔬菜大棚）
淄角镇 15 个	西李（工贸）、西孙（密目网）、李安（建材）、周家（地毯）、闫河（地毯）、高家（地毯）、淄角中街（地毯）、踩鼓宋（木器）、西张刘（商贸）、马店村（地毯）、解家（商贸）、北街（商贸）、大沙窝（棉花育种）、左豹村（地毯）、石张（商贸、运输）

续表 8－1

乡　镇	专业村名称及主导行业
魏集镇 14 个	魏集（商贸）、成庙（木器）、东王（商贸）、老官赵（糖色）、张贤臣（劳务输出）、后刘（棉衣加工）、大杨（木器）、双杨（木器加工）、姚家（食品）、曹家（木器加工）、东董口（木器）、杨王（劳务输出）、老君堂（劳务输出、建筑装修）、五甲杨（木器）
皂户李乡 11 个	前找李（苗木）、前屯（运输）、头堡赵（地毯）、河西王（食用菌）、纪家（运输）、张枣棍（食用菌）、吴家（食用菌）、西卢家（运输）、十五堂（苗木）、皂户李（食用菌）、马家（食用菌）
石庙镇 13 个	马铁头（白酒）、御史（木器）、瓜子刘（工贸）、史家（建材）、青阳店（工贸）、梁家（工贸）、西陈（桑蚕、预制）、东高（商贸）、小皮庄（预制）、石头孙（桑蚕）、康家园（水泥预制、桑蚕）、石庙董（商贸）、奎星刘（苇板、预制构件）
麻店镇 12 个	王店（工业）、赵李（工业）、朱坊（工业）、崔杜（大棚蔬菜）、孟家（工业）、曹家（工业）、前屯（工业）、万家（商贸）、肖家（商贸）、麻店（商贸）、盖北赵（地毯）、小吴（棉花加工）
桑落墅镇 12 个	桑西（工贸）、桑北（工贸）、李行头（铁编）、侯家（孵化）、堤口杨（建材）、魏家（建材）、哨马张（餐饮）、河西尹（扎毯）、石贾（养鸡）、梁家（机电维修）、桑中（铁编）、郑家（扎毯）
辛店乡 13 个	黄赵（商贸）、盛家营（食用菌）、油坊张（木器）、堤子赵（畜牧）、三堡（商贸）、碱场王（运输）、陶家坊（养鸡）、东肖营（棉花育种）、孔家（棉花育种）、刘集（商贸）、董家（商贸）、夹河（运输）、李宅村（棉花育种）
大年陈乡 13 个	大年陈（商贸）、刘景新（运输）、斜郭（木器）、张美（运输）、西马（机修）、西榆林（运输商贸）、弭家（商贸）、商家（商贸、木器加工）、逯家（运输）、吕家（木器制造）、孙家（商贸运输）、大邢家（水果加工）、北段王（运输）
清河镇 11 个	香赵（香油）、杜桥（豆腐皮）、堤上李（运输）、清二村（运输）、杜家（运输）、翟刘（木材加工）、北一（运输）、薛家（蔬菜育种）、丁庄（工贸）、牛王店（小麦育种）、富刘（棉花加工）
何坊乡 14 个	何坊（地毯）、刘集（商贸）、前韩（贩煤）、南耿（成衣销售）、香翟（运输）、勃李（运输）、福田（运输）、大李（地毯）、周家（建筑）、前苏（建筑）史马（建筑）、邢何（建筑）、伏家（地毯）、大由（贩煤）

1986—2005 年惠民县乡镇企业基本情况表

表 8－2

项目	1986	1987	1988	1989	1990	1991	1992	1993	1994	1995	1996
乡镇企业个数（个）	13884	15095	15533	15582	15733	14191	17929	19638	21956	18876	18877
乡镇办	152	147	163	168	169	188	193	203	197	188	188
村办	136	152	206	230	243	359	370	439	320	281	304
村以下	13596	14796	15164	15184	15321	13644	17366	18996	21439	18407	18385
乡镇企业人数（人）	36482	42276	46182	46663	47631	43831	57478	72494	82890	81219	87298
乡镇办	5338	4775	6827	6457	7012	9100	10701	12935	14980	12908	12346
村办	1579	1607	3375	3909	4733	4620	4368	5587	5433	5043	4822
村以下	29565	35894	35980	36297	35886	30111	42409	53972	62477	63268	70130
乡镇企业总产值（万元）	11617	15146	18146	21310	26314	37529	73625	127498	213572	284787	284679
乡镇办	2486	2856	4321	5347	6201	12571	19442	33738	56082	61046	84132
村办	938	1138	2777	4889	4844	6741	11239	11818	16546	19521	18075
村以下	8193	11152	11048	11074	15269	18217	42944	81942	140944	204220	182472
乡镇企业利税（万元）	2099	2706	3412	3339	3725	4812	8199	11637	16374	21387	22710
乡镇办	217	226	350	234	348	878	1516	2939	4486	6711	8682
村办	171	136	446	678	574	873	1330	1102	1323	1897	1881
村以下	1711	2344	2616	2427	2803	3061	5353	7596	10565	12779	12147

续表 8－2

项目	1997	1998	1999	2000	2001	2002	2003	2004	2005
乡镇企业个数（个）	556	11702	18375	19535	23966	25831	29559	33881	39520
集体	226	210	149	95	58	38	26	20	16
私营	330	151	207	282	338	427	482	739	963
个体	/	11341	18019	19158	23570	25366	29051	33122	38541
乡镇企业人数（人）	17705	45928	68726	73632	10245	109530	134268	154352	177676
集体	12054	10911	10725	7872	5858	2770	2086	1449	1386
私营	5651	4726	6996	9177	12561	14242	20697	36326	57899
个体	/	30291	51005	56583	84031	92518	111485	116577	118391
乡镇企业总产值（万元）	113102	226868	349984	444400	549211	664207	841421	1047968	1218765
集体	73299	91315	64533	26598	23402	23214	16342	19181	15709
私营	39803	52826	49334	62381	104509	117187	22480	436576	443481
个体	/	82727	236117	355421	421300	523806	802599	592211	759575
乡镇企业利税（万元）	11919	26047	40924	48655	63010	71451	101397	111792	139227
集体	7696	10469	7485	2960	2690	2507	1989	2633	1760
私营	4223	6022	5752	6868	12318	12858	2890	48023	52472
个体	/	9556	27687	38827	48002	56086	96518	61136	84995

第九编　商贸流通

第一章　国有商业

第一节　管理体制

1979年，县商业局主管全县国有商业。局设秘书科、政工科、计划业务科、财务物价科、办公室。在落实中共十一届三中全会精神中，针对商业体制政企不分，商业行政部门集行业管理、行政管理及企业管理于一身，所属企业有责无权的状况，商业系统在调整、改革、整顿、提高和对内搞活经济对外实行开放的方针指导下，逐步进行管理体制改革。1980年，县内集贸市场开始恢复，流通领域城乡分工、工商分工、农商分工等经营方式受到冲击，给商业管理体制改革带来契机。1982年，为解决集体人员混岗问题，惠民县商业综合公司成立，系统内集体人员全部纳入该公司，隶属商业局。1984年，中共惠民县商业局党组建立。同年，按照国务院《批转商业部关于当前城市商业体制改革若干问题的报告的通知》要求，陆续将经营、计划、财务、物价、人事、工资、奖励等权利下放到所属企业，各商业企业初步实行联销计酬、工资浮动、利润包干、超利润分成、岗位责任、计件工资等多种形式的责任制，增强企业活力。1985年，惠民县商业经济学会应时而生，标志着商业经济理论研究步入新阶段。1986年，小商品价格放开，各类小商品由企业自行确定计价方式和各种差价，废止批发公司向零售企业下达统一零售价规定。1987年，县商业局增设审计科、老干部科，负责企业审计监督和老干部工资统酬工作。1990年，增设安全卫生科、基层科、内审科，以适应企业改革的需求。1992年3月，县商业局由管理型行政机关转换为经营型企业，联合所属企业组建一体化的惠民县商业贸易总公司。总公司属全民所有制商业企业，实行总经理负责制，向县政府总承包，与县财政完全脱钩；依法注册登记，独立核算，自负盈亏，照章纳税；下设财务会计科、审计科、计划业务科、人事劳动科、调研室、办公室六科室；取消干部职工界限，除总经理外，副总经理及以下各级负责人均实行聘任制；各成员企业取消固定工与合同工界限，实行全员劳动合同制，竞争上岗，双向选择。成员企业有商业总公司、百货公司、五金公司、食品公司、副食品公司、饮食服务公司、蔬菜公司、百货大楼、酱菜厂、食品加工厂10家；实行两级法人两级核算管理制度，总公司为一级法人，其他成员企业均具法人资格，独立核算。计有职工1004人，固定资产总值1226万元。1993年10月，惠民县商业巡回法庭成立，至年底即受理诉讼案件110起，为企业追回货款42万元。翌年10月撤销。2003年12月，撤销惠民县商业总公司党委，成立惠民县商业外贸总公司党委。总公司有成员企业8家，共有职工786人，固定资产原值3335万元。

百货大楼柜台一角

第二节 经营体制

1979 年，县商业局下属企业有百货公司、五金公司、服务公司、副食品公司、食品公司、蔬菜公司、药材公司、石油公司和酱菜厂 9 家。7 月，副食品公司盐业组移交县供销联社果品公司。1980 年，国有商业批发单位根据商贸市场变化和库存增加、销售迟缓、商品周转次数较慢的被动局面，从适应商贸市场变化着眼，加强三级批发管理，把与基层供销社签订的购销合同落实到组，确保合同的严格执行。疏通商品流通渠道，开展工业品下乡，处理有问题商品，将死商品变为活资金。零售环节则采取走出店门、离开柜台、集市摆摊、流动服务、送货上门等经营方式促销，弥补商业网点不足，扩大销售。国营向阳饭店重组为艺兴园包子铺，恢复地方名吃“广发楼包子”。酱菜厂恢复生产历史名菜酱地环、糖包等。4 月，惠民县百货大楼竣工开业，经营面积 3300 平方米，隶属于百货公司，时为全县最大的购物场所。1981 年，国营商业在购进环节由过去先付款后进货改为先进货后付款，节约了流动资金。年底，百货大楼与百货公司分营，成为独立核算企业，直属商业局领导。1982 年，各类商品从定量分配供应的卖方市场开始转换为敞开销售的买方市场，国营商业独家经营的局面被打破，市场竞争趋向激烈。1983 年，商业系统本着搞活经济、冲破“大锅饭”、克服平均主义的原则，按照行业特点，开始实行不同形式的责、权、利相结合的经济责任制。1984 年，百货大楼实行联销计酬、工资浮动责任制，百货公司、食品公司、服务公司实行利润包干超利分成责任制，副食品公司实行岗位责任制，酱菜厂实行计件工资制。为扩大销售，百货、副食品、五金等公司根据市场变化和季节不同，先后举办多次展销会。百货大楼、综合公司开展有奖购物活动，销售额大增。为适应市场需求，惠民县贸易中心成立，隶属商业局，主要经营百货、文化、纺织、服装、鞋帽、交电、五金、化工、烟酒糖茶等，兼营农副土特产品，采取农商、商商、工商联营联销的经营模式。年底，贸易中心与五金公司合并，其财产划归五金公司；副食品公司下属的蔬菜水产商店移交食品公司，解决了鲜活商品及蔬菜储存难问题。1986 年，商业企业完善内部承包责任制，加强横向经济联系，开拓市场，扩大业务。百货、五金和副食品三个批发公司把经营权下放到部、组、科。食品公司面对肉、禽、蛋价格放开的竞争局面，参与并努力开拓外省市场，购销两旺。1987 年，商业系统普遍推行以“包死基数，确保上交，超收分留，欠收自补”为主要内容的承包经营责任制，实现商业企业的“第一轮承包”。该轮承包破除干部职务终身制和委任制，企业承包人实行评优确定。商业网点允许向个体户出租摊位，国营、集体可同居一室相互竞争，出现商品繁多优势互补的良好局面，成为本轮改革的一大亮点。是年，仅百货、五金、副食品三公司即实现销售额 3964 万元，同期增长 27.9%，实现利润 62.5 万元。全系统库存有效率从不足 70% 提高到近 90%。1988 年，市场偏紧，物价上涨，供求矛盾较为突出。各商业企业加强外采力量，多渠道组织货源，灵活经营，有效平息抢购风。商办厂家努力提高产品质量，争创品牌产品，扩大市场占有率。酱菜厂有五种产品被地区评为优质产品，生产的酱磨茄在省评优会上获第二名。1989 年，在信贷政策变更，市场疲软，商贷资金紧张，竞争对手增加，国有商业经营状况滑坡的情况下，百货公司在竞争中脱颖而出，升级为地级先进企业，经省、地两级验收被评为省级先进企业。1990 年，商业企业集中有限资金狠抓名、优、新、特产品经营，大量购进畅销的电风扇、自行车、电冰箱、洗衣机、电视机、钟表、羽绒服等名优产品，推动了市场繁荣。1991年，商品流通体制改革不断深入，多元化经营格局基本形成，国营商业的主渠道作用明显削弱。为搞活经营，各商企下伸营业网点，多方位占领市场。4月，副食品公司在淄角镇设立全系统第一个农村批发市场。此后，五金公司、百货公司分别在大年陈、李庄、胡集等乡镇设立网点，百货大楼服装市场、综合公司布匹市场和服务公司鞋帽市场三个批发网点相继建立，有效提高国营商企的竞争力。1991年，因孙子故园建设而拆除的艺兴园包子铺恢复建成，地方名吃广发楼包子得以保留。租赁孙子故园地盘设立照相馆，处于困境的国营照相业起死回生。1992年，县商业局由行政主管局改革为企业性质的惠民县商业贸易总公司，原下属企业成为各具法人资格的成员企业。2月，副食品公司因经营范围调整改称糖酒茶副食品公司。是年，各成员企业打破固定工与合同工壁垒，实行全员劳动合同制，竞争上岗，双向选择。总公司成立伊始，突破小百货、小食品的小圈子，树立起大商业观念，拓展新的经营项目，把经营触角渗透到建材、化工、机电等领域。食品公司打破几十年大锅饭成规，将下属食品站全部租赁经营，并取消购销计划，使其真正成为自主经营、自负盈亏的独立经济实体。1993年，总公司在全区率先推行“国有民营”政策，对商品流通企业实行转、包、租、卖并举，一步到位将资产所有权与经营权分离开来。批发行业推行“租皮卖瓤”“抽本经营”，零售行业则实行柜台租赁，所需商品在原库存中挑选。年内，全系统实现该项改革的有126个经营门店和柜组，占门店和柜组总数的92.7%，被民众称之为国营商业的第二轮改革。改革的核心内容和最大特色是“抽本经营”，在固定资产不变的前提下，将经营门店化大为小，分柜承包，实现真正意义上的自主经营、自主用工、自主分配、自负盈亏，使承包者享有充分经营权。改革中，副食品公司以批发业务为主，发展与主营业务有连带性的小型加工项目，商工并举，产销一体，形成一条工商一体化的创新之路；服务公司将浴池转让给五金公司使用，坚持一业为主，多种经营，业务越做越大；五金公司、百货大楼本着“死一块，活一块”的原则，以原企业为主体，通过母体裂变方式，组建多个颇具经济活力的经济实体，效益大幅上升；百货公司以股份制形式组建宏达公司；综合公司撤销，职工分流到各成员企业，固定资产抵顶百货公司债务；南天阁购物中心与百货公司分离，成为独立经济实体；食品公司冷藏厂成为总公司成员企业，独立核算；国营理发、浴池业退出市场。此轮改革，完全取消计划商品，所有商品均由市场调节，结束计划商品长达44年的历史。1994年2月，百货商场从服务公司析出，成为总公司成员企业。年底，该商场因无力偿还农行贷款而解体，商场大楼被法院判决抵顶贷款。1995年，总公司提出“以商养工，以工促商，商工并举”的发展思路，纸箱厂、酒厂、日化厂、海绵厂等小型商办加工企业陆续建成。1999年，总公司立足大商业大流通，深化“国有民营”改革，与承包者签订的经营合同由短期改为长期，并完善承包经营责任制，有效避免因承包者短期经营行为带来的不利影响。2002年，食品厂和蔬菜公司划归糖酒茶副食品公司。2003年，引进滨州福人楼珠宝金行落户县百货大楼。五金公司新建商场引进济南万隆超市，建成万隆超市惠民店。浙江客商租赁新扩建的南天阁购物中心，投资1585万元，建成华美超市。同年，武定府酱菜园依法破产。为延续具有三百年历史的地方名产，重新组建武定府酿造有限责任公司，其组织序列仍归商业总公司。2005年，国有商企的经营体制在改革大潮中发生变化，以商业总公司为核心的新的商业体系趋于成熟。

1979—2005 年惠民县商业贸易总公司购进销售库存情况统计表

表 9－1　　　　单位：万元

年份	购进	销售	库存
1979	3619	3920	902
1980	3281	3596	830
1981	3740	3987	891
1982	4029	4174	1085
1983	3799	4248	1008
1984	3416	3821	929
1985	3707	3848	927
1986	4185	4472	1081
1987	4850	5360	1055
1988	6114	6964	1188
1989	7308	7927	1390
1990	6540	7101	1290
1991	5370	6580	1110
1992	4890	5008	1002
1993	3490	4210	806
1994	3584	3987	491
1995	611	967	246
1996	1995	4196	681
1997	3250	3695	629
1998	1100	2126	2925
1999	3096	3061	2566
2000	4531	4777	562
2001	/	6305	/
2002	/	5780	/
2003	/	375	/
2004	/	445	/
2005	/	685	/

说明：2001 年起，各经营网点均实行租赁经营，只上报销售额

第三节　商品购销

计划商品　1979年，计划管理体制开始松动，先后有普通缝纫机、钟表、暖水瓶、精铝锅等24种商品退出计划管理。此前，商品购销采取国家、省、地计划管理的统购统销模式，计划商品达63种（类），基本包括生产、生活资料的全部。1980年，全国名酒由商业部同酒厂衔接计划，条条落实货源，组织供应。1982年，卫生衫裤、棉毛衫裤、毛巾被、毛毯等针织品退出凭布票供应的范围。1983月12月，纺织品针织品全部退出统购统销计划，结束了凭布票购买纺、针织品的历史。同年，菜牛、菜羊退出二类物资计划。1984年，鲜蛋退出二类物资计划，实行议购议销多渠道经营。1985年，计划商品减少至17种，其中生猪改为指导性计划，汽、柴油分为高、平价计划，自行车、缝纫机、电视机改为名牌产品计划。1986年，取消名牌自行车、缝纫机、电视机、火柴、普通灯泡、硫磺块6个商品计划管理，石油计划移交石油系统管理。1988年，取消洗衣粉分配计划。1989年，市场治理整顿，省计委又将火柴、肥皂、洗衣粉纳入计划管理，实行最高限价供应。2月，彩色电视机实行国营商业专营政策，食糖计划不再分基数内基数外分配。1990年，计划管理的商品有：生猪、铁丝、元钉、食糖、火柴、洗衣粉、肥皂、彩电等。1991年11月，省政府下发《关于进一步搞活流通的意见》，计划调控力度减弱。1993年，省商业厅不再召开每年一度的全省计划会议，商业系统不再自下而上、自上而下地编制上报下达商品流转总值计划，省管计划商品随之退出，消费品完全进入市场调节，商品购销步入多渠道经营。

工业品购进　1979年，国营商业的工业品购进主要按照固定渠道组织货源，计划商品由地区商业局于年初下达各县市，年度计划按省专业公司下达的季度、半年度调拨方案具体下达到各县市，同时通知供货单位，分别由地区内二、三级批发企业具体落实商品调拨事宜。三级批发站一般只能参加省内订货会议，零售企业一般只能在当地三级批发企业进货。1981年，“三多一少”（多种经济成分、多种经营形式、多条流通渠道、少中间环节）流通体制基本形成。县商业系统在抓计划内货源催拨、调运的同时，打破行政区域和站级界限，开展计划外采购，除火柴、缝纫机、手表、卷烟仍为计划内分配货源外，其他工业品全部计划外调入，共调入计划外商品3297个品种，货款773万元，占购进总值的17.8%。1982年，工业品紧缺局面有较大改观，多渠道自行采购商品增多。销地三级批发、零售企业可按不同商品产地和经济区域自由采购，产品批发商和生产商开始送货上门，结算方式也更加灵活。1987年，产供销改革力度加大，工业品自销比例放宽，工业品自销主要按不同销售对象作价，计划外商品按市场需求自由采购，三级批发、零售企业可到一、二级批发企业和生产厂家直接进货，计划经济的进货模式彻底突破。1993年，计划商品完全取消，所有商品全部进入市场调节。

工业品销售　1979年，商品供应原则是城乡都需要的工业品优先供应农村，城乡都需要的农副产品优先供应城市，关系国计民生的计划商品按商品购买力、消费习惯、人口等因素确定分配比例。1981年，多种经济成分的商业活动在县内大批涌现，国营批发行业由过去只限于国营零售、供销社、有营业执照的个体商业批发销售，扩大到不分经济性质、不分区域，只要有营业执照均予批发供应，商品价格一视同仁。1983年3月，贯彻省政府《关于按照国务院部署逐步放开小商品价格实行市场调节的通知》，对季节性商品、滞销商品实行提前下放、代存代销、分期付款，计划外商品全部敞开供应，国营商业独家经营的局面被打破，市场进入全面竞争状态。1984年10月，开征批发毛利税，国营商业销售数额连续下降，与社会增长的购买力形成反差。1986年，国营小门店开始实行国家所有、集体经营、照章纳税，批发企业实行承包经营，由坐门等客改为坐、行商相结合的销售方式。1988 年，市场偏紧，供求矛盾突出，市场出现争抢商品的局面。境内国营商业积极发挥主渠道作用，加大外采力量，严肃物价政策，多渠道组织货源，平息了抢购风。1989 年 5 月，国务院印发《实行彩色电视机专营管理的通知》，对已放开价格的部分商品以不同形式恢复管理。重点商品归口国营商业经营，进口彩电、摩托车、洗衣机等进口商品，由国营商业统一经营。1990 年 2 月，国家物价局印发《关于商品和收费实行明码标价的规定》。商业零售业实行“三色”物价标签（红色为国家定价、蓝色为国家指导价、绿色为企业定价），规范商品销售价格的管理。1992 年起，各地工业自销网络及各类专业批发市场快速形成，其销售占市场份额快速上升。全县国有商业面对批发销售大幅下降的趋势，开始更新改造零售网点。硬件方面加强基础设施建设，软件方面抓店容店貌、优质服务和售后服务，努力扩大市场份额。1993 年，商品销售价格转为由企业以市场为导向自主定价。1994 年，县内国有商企开展争创文明商店、无假冒伪劣商店、重合同守信用企业活动，以信誉促销售，多优专柜、自选商场、总代理、总经销业务蓬勃发展。1994 年，国有商业主渠道作用明显削弱，国有企业网点推行对内、对外承包改革，商品购销由承包人自主经营。2005 年，商业系统实现销售收入 6860 万元，实现利税 164.4 万元。

生猪、禽蛋经营 1979 年，生猪经营实行国家指令性派购计划。县食品公司下设 21 个食品站，有 13 个站建立养猪点，并积极协助社队落实养猪政策。年末，全县生猪存栏量达 76700 头。鲜蛋经营实行计划收购，调拨供应。1980 年，农村政策落实和生猪价格上调，激发了群众养猪积极性，出现外调不出、地销不了、产大于销的矛盾，全县存栏量一度高达 91058 头。食品公司采取降价销售、增设网点、增加花样、流动赶集、外地推销等措施，基本化解生猪产大于销的矛盾。1984 年，鲜蛋退出二类物资计划，国家不再下达收购、调拨计划，国有商业退出经营，全部由市场调节。1985 年 5 月，国家取消生猪指令性派购计划，实行有指导的议购议销，销售价格参照指导性价格自行确定，生猪经营由国营商业“一把刀”转变为国营、集体、个体多渠道经营。1991 年，国有商业基本退出生猪经营市场。

第四节　经营网点

1979 年，全县有国营商业网点 63 个，共有职工 1265 人。1980 年，百货大楼建成开业，营业面积 3300 平方米，时为全县面积最大、商品种类最为齐全的百货商场。1983 年，服务公司投资 25 万元，新建两层浴室楼一座，客容量增多，服务范围扩大。1987 年，食品公司储量 5000 吨的低温库和 300 吨恒温库落成，共投资 190 万元，建筑面积 2000 平方米，增强了鲜活商品储存和服务经济的能力。酱菜厂建筑面积 1588 平方米的酱油车间建成投产，工艺先进，年生产能力达 3000 吨。1988 年，按照旧城改造要求，位于拓宽街道两侧的各商业门点全部拆除。5 月，饮食服务公司投资 130 万元，建成占地面积 3900 平方米的百货商场楼。8 月，副食品公司阁府商场楼落成，投资 260 万元，营业面积 3600 平方米。1989 年，饮食服务公司南关服务综合楼建成开业。百货公司投资 130 万元，建筑面积 2100 平方米，位于南关的南天阁购物中心落成运营。德达鑫服务楼和酱菜食品厂仙泉居酱园楼竣工使用。国营商业网点得到改善。1991 年，酱菜厂投资 17 万元完成锅炉车间改造。1992 年，投资 45 万元，食品厂新上饼干生产线一条。1993 年，武定府酱菜园投资 17 万元改造包装车间，瓶装酱菜年生产规模由 43.6 万瓶增加到 150 万瓶。1994 年，投资 20 万元，服务公司大众旅社餐厅改建为音乐餐厅，成为县内集餐饮和娱乐为一体的餐饮场所。五金公司投资20万元，建成营业面积1200平方米的家具商城。1999年，百货大楼整修营业楼，耗资30万元。2000年，与百货大楼连为一体的百货大楼精品楼建成，营业面积670平方米，投资50万元。2002年，大众旅社拆除，兴建大观园商城。五金公司乐安楼改造完成，投资10万元。百货公司小批发市场建成营业，拥有小门店42间，投资50万元。6月，百货大楼第二次扩建，营业面积达到5000平方米。2003年，大观园商城竣工运营，商城以专卖店、特色店为主，门店错落有致，装修考究，各具风采，为全县规模最大的专卖店区。零售公司与饮食服务公司合资扩建南天阁购物中心，新增营业面积2000平方米。五金公司投资200万元扩建家具商场，营业面积达到2200平方米；投资120万元，开发东关批发部，建二层营业楼34间。2005年，副食品公司投资70万元，扩建蔬菜门市部，营业面积达到600平方米。是年，商业系统累计投资265万元，改扩建商业网点14个。国有商业网点计达37个，共有营业面积23658平方米，固定资产总值3878万元。

百货公司 以批发业务为主，主要经营大小百货、鞋帽、日用工业品、洗涤化妆品、文化用品等。1979年，购进商品额2151万元，销出2278万元，实现利润81万元。1985年，在系统内率先实行经营承包责任制。1988年，实现销售收入2903万元，获利82万元，各项指标均达到或超过省地先进水平。1989年2月，被评为地级先进企业，授予地级文明单位，经省政府评审晋升为省级企业管理先进单位。1990年，投资50万元，建经营楼一座。翌年，更称南天阁购物中心，后扩建为华美超市。2005年，公司有职工145人，销售收入900万元。

百货大楼 1980年4月建成，结构三层，隶属百货公司。分设大百货、小百货、五金交化、文化体育、副食、烟酒、鞋帽、针织、服装等专柜，时为全县最大的综合性商场。1981年10月，与百货公司分营，独立核算，直属商业局。1986年，实行内部承包责任制。1995年，临街橱窗改造为柜组对外出租。1999年，耗资30万元进行全面整修。2000年，百货大楼精品楼建成，主要经营中高档皮鞋、休闲鞋、旅游鞋等。2002年6月，第二次扩建竣工，新增营业面积1000平方米，主营各类品牌羽绒服，被顾客誉称羽绒服商城。2003年，投资30万元内外装修、改造大门及沿街橱窗，中门安装电子显示屏。2005年，租赁县二轻总公司原办公楼、营业楼，经改造与百货大楼形成一体，完成第三次扩建，总营业面积达1万平方米，经营规模跃居全县第一。是年，共有职工131人，固定资产276万元；销售收入2000万元，实现利税20万元。

五金公司 主要经营五金机械、家用电器、化学工业品等，为国家小型（二）企业。1979年，调入商品257万元，销出281万元，实现利润6.8万元。1986年，实行内部承包经营责任制。1994年，投资20万元，建成位于东门大街的家具商场。2002年，投资200万元扩建家具商场，经营面积达到2200平方米，为改造前的2.4倍。开发东关批发部，建二层营业楼34间，投资120万元。2005年，公司共有职工89人，拥有固定资产801万元；下设营业网点2个，营业面积共2400平方米；营业收入1041万元，实现利税10万元。

糖酒茶副食品公司 以批发、零售名优烟酒及副食品为主。1979年，调入商品537万元，销出629万元。1986年，实行内部招标承包合同制或租赁制。1988年，投资260万元建成阁府楼商场，经营面积3600平方米，为县内最大的副食品经营场所。翌年，商场分组为4个零售部。1992年，更名为糖酒茶副食品公司。2002年，扩建蔬菜门市部，新增营业面积600平方米。2005年，共有职工95人，固定资产201万元，营业面积568平方米；实现销售收入900万元，创利税10万元。

武定府酿造有限责任公司 1979年，生产42

个酱菜品种，完成产值33万元，实现利润6.5万元。1990年，其产品被选送至亚运会购物中心供各国体育健儿选购，其中的酱糖包被商业部命名为优质产品，实现惠民县部优产品零突破。1993年，公司更称武定府酱园。1996年，“武定府酱菜”获山东市场畅销产品称号，并与外商签订200吨腌黄瓜出口合同。1997年，进行股份合作制改革，更名武定府酱园有限责任公司。2003年，因改制不彻底等诸多原因导致企业严重亏损，无力维持正常生产经营，经法院核准破产还债。9月，鉴于酱菜是惠民县老字号产品，享有“齐鲁第一菜”美誉，重建武定府酿造有限责任公司。公司为股份制，仍隶属商业总公司，共有职工73人，固定资产178万元。其产品继承传统，风味独特，畅销全省，远销天津、北京、江苏等省市。2005年，以产品质量取得酱菜A级企业卫生许可证，成为全市同行业中唯一获此殊荣的食品加工企业，“武定府”商标被评为滨州市知名商标。

饮食服务公司 1979年，公司设有8个经营网点，其中，饮食业2个，服务业6个。共有职工154人，营业收入683万元，实现利润4.1万元。1991年起，公司各经营网点不断调整、重组、撤并。2005年，公司仅有德达鑫超市和大观园商城两个较大型网点。

第五节 饮食服务业

饮食业 1979年，国营饮食业有位于县城中心的东方红饭店和向阳饭店两家，计有从业者28人。改革开放后，私营饮食业快速发展，两家饭店在市场竞争中逐渐失去优势。1983年，东方红饭店经营6年后改建为惠民县商业综合公司。1989年，向阳饭店经济效益日趋下滑，改建为德达鑫超市，结束经营11年的历史。同年，丽园宾馆餐厅建成，成为新的也是唯一的国营饮食业网点。

旅店业 1979年，国营旅店有大众旅社和工农兵旅馆2处，床位700个，职工9人。大众旅社位于县城中心，拥有床位500个，是全县规模最大的旅店，因城区改造于2002年拆除，按规划退位建为占地面积1万平方米的大观园商城。工农兵旅馆址在南关汽车站西侧，便于来往客商食宿，1987年扩建，建成与华美超市融为一体的华美宾馆，至2005年仍服务于往来客商。

照相业 1979年，县内有国营照相馆一家，从业者13人。随着改革开放的深入发展，人民群众的物质生活水平有了提高，人们对精神生活有了新追求，照相这一特定的消费方式越来越受到人们的青睐。1985年，仅县城照相馆就发展到7家，其中，国营1家，个体6家。1991年，照相业已发展到以彩照为主，拍照布景转为立体，室内照扩展到室外，新兴的彩扩业在县内落地生根。至2002年，县城拥有照相馆达50余家，摄影设备和技艺水平更趋现代化。2005年，境内各乡镇也都有1～2家私营照相馆，国有照相业在全县退出市场。

理发业 1979年，国营理发店3家，从业者20人。20世纪90年代，县内私营理发业迅猛发展，省外个体从业者亦陆续到县内开店。国营从业职工相继退休，后继乏人，理发市场被个体从业者占领，国有理发业退出市场。

浴池业 1979年，国营浴池1家，处于关停状态。1982年，在旧浴池原址重建新浴池1处，从业人员12人。改革开放后，大中型企业和机关团体大都建有内部浴池，居民家庭也陆续安装热水器，国营浴池业渐渐衰落。1998年，引进外资20万美元，改造装修国营浴池，焕发一线生机。2004年，由外商独资改建为澳惠休闲中心，成为全县规模最大设备最全的集美发、洗浴于一体的综合浴池楼。

第二章　供销合作商业

1979年，惠民县供销合作社有县直企业5个，基层供销社21个；有供销门店129处，棉花站19处，采购站21处，饭店22处，酱菜食品加工厂22处，食品采购站12处。共有职工2293人。是年，实现商品销售额5446.9万元，实现利润142.7万元。1985年，县供销合作社联合社有6个专业公司（生产资料公司、土产杂品公司、棉麻公司、废旧物资回收公司、贸易公司、食用菌公司），5个油棉厂，21个基层供销社，供销门店191个，代购代销店612个，职工总人数5565人。商品销售额18107.4万元，实现利润279.7万元。1987年，全供销系统推行以包效益、包服务、奖惩与经济效益挂钩为基本内容的经营承包责任制，实行主任（厂长、经理）任期目标责任制和离任审计制。1990年7月，县联社与所属县直企业、油棉厂、基层供销社签订任期目标责任书。

1991年，省政府印发《关于进一步搞活流通的通知》，全县供销系统实行经营、用工、价格、分配“四放开”，逐步把企业推向市场。1993年，县联社对各企业主要负责人由任期制改为聘任制。对边远亏损门店实行大包干经营或抽本经营。1994年，对基层经营网点推行以“租、包、卖”为主要内容的改革。至年底，实行抽本经营的门店209个，大包干经营的门店90个。1995年，大力发展社员股金，是年，全县入股社员达6.5万户，入股金额1063万元。1996年，全县大力发展各种类型的专业合作社，至年底，共建立棉花、果品等专业合作社16个。

2000年，全县油棉企业改为股份制。2002年，县供销系统所属各企业按区域划分为5个分社，县联社各副主任分别担任分社主任。2005年年底，全县供销系统共有基层社21个，工业企业13个，专业合作社11个，总资产10130万元，职工2900人。是年，实现销售额106238万元，上缴税金227万元。

第一节　机　构

1979年，惠民县供销合作社内设办公室、政工科、组导科、财务会计科、计划统计科、安全保卫科、业务科。下属单位有生产资料公司、土产杂品公司、棉麻公司、果品公司、贸易公司、职工学校、东关油棉厂、南北王油棉厂和21个基层供销社。共有干部职工2293人。1981年5月，建立胡集油棉厂和梁家油棉厂。1983年5月23日，县供销合作社改称惠民县供销合作社联合社，恢复监事会办公室。1984年9月，增设教育科和老干部科。10月，建立县废旧物资回收公司。11月，东关油棉厂更名为惠民县第一油棉厂，南北王油棉厂更名为惠民县第二油棉厂，胡集油棉厂更名为惠民县第三油棉厂，梁家油棉厂更名为惠民县第四油棉厂，皂户李油棉厂更名为惠民县第五油棉厂。1985年，增设纪检组。政工科改称人事科。成立食用菌技术开发公司。1987年增设审计科。1988年增设企业管理科。1990年增设调研科，撤销监事会办公室。1992年，县供销合作社联合社更名为惠民县供销合作总社。1993年，县供销社机关机构改革，县供销总社内设4部2室1委：办公室、财会审计部、综合业务部、劳动人事部、储运保卫部（统筹办公室）、党委办公室、纪委，下设华兴公司、科技服务公司。1995年，内设机构调整为办公室、财务审计科、人事科、业务科、安全统筹办公室、老干部科、科技工业科、农副产品购销办公室、纪委、教育科。下属企业单位37个，其中有21个基层供销社、9个专业公司（棉麻公司、生产资料公司、土产杂品公司、工业品购销公司、再生资源公司、肉食鸡集团公司、建筑公司、鲁北大厦、孙武大酒店）、7个商办工业（6个油棉厂和植物油厂），共有干部职工3027人。1998年，建立蔬菜、果品、食用菌、养兔、养狐等专业合作社11个。2004年3月，成立惠乐金种子集团、县供销总社物业管理公司。5月，成立山东惠民富康食用菌专业合作社。2005年，惠民县供销总社内设机构为2室3科和物业公司，下属企业45个，其中基层社21个、工业企业13个、专业公司11个，共有职工2950人。

第二节　供销体制改革

1979年，县供销合作社按照国家确定的“改革、开放、搞活”方针，扩大供销合作企业自主权，实行经营责任制，供销社逐步成为农村经济服务中心。基层社允许跨地区、跨县自由选择进货点，三级批发可跨省、跨地区自由选择进货点。1983年2月，国务院批转《国家体改委、商业部关于改革农村商品流通体制若干问题的试行规定》，指出县供销社改成县联社，作为基层的经济联合实体，是合作商业。5月23日，县供销社召开社员代表大会，制订新章程，选举产生理事会、监事会，县供销社改为县联合社。1984年8月，按照省政府《关于深入进行供销合作社体制改革的试行规定》，在全县供销企业推行以承包利润为基本内容的经营承包责任制。1987年，根据国务院批转国家体改委、商业部、财政部《关于深化供销社体制改革的意见》，全县供销企业推行以包效益、包服务、奖惩与经济效益挂钩为基本内容的经营承包责任制，实行主任（经理、厂长）任期目标责任制和离任审计制。1988年，按照“公平、平等、民主、择优”的原则，县供销企业均实行招标承包，签定落实了合同，并颁发聘书。企业内部也层层招聘承包，划小核算单位，优化劳动组合，实行企业工资总额同经济效益挂钩。在县直企业推行全员抵押承包，共担风险，收抵押金355万元。1990年7月20日，县联社与各基层社、公司、油棉厂签订任期目标责任书。1991年，实行“集体企业性质、个体经营模式”统分结合的双层经营模式，进行经营放开、价格放开、用工放开、分配放开“四放开”改革。1993年，县联社制定《关于流通企业转换经营机制的实施意见》，对所属企业主要负责人（经理、厂长、主任）由任期制改为聘任制；调整部分企业的隶属关系，对边远亏损门店实行大包干经营或抽本经营。1994年，对基层经营网点推行以“租、包、卖”为主要内容的改革。按照“宜租则租、宜包则包、宜卖则卖”的原则，县联社制定《关于对基层网点推行“租、包、卖”改革的实施意见》，使基层经营网点走上抽本租赁，自筹资金，自负盈亏，自主经营的路子。对较大门店实行风险抵押承包，包死基数，确保上缴的经营方式。是年，全系统实行抽本经营的门店209个，抽回本金128万元，承租费135万元；实行风险抵押利润大包干的门店90个，承包利润169万元。1995年，贯彻落实党中央、国务院《关于深化供销合作社改革的决定》，深化劳动用工制度改革，推行职工全员劳动合同制；坚持供销社民办性质，发展社员入股。是年，全县入股社员达6.5万户，入股金额1063万元。

1996年8月，按照省政府《关于依托供销社发展专业合作社的通知》，全县供销系统大力发展专业合作社。至1998年年底，共兴办棉花、蔬菜、养猪、果品、食用菌、养兔、养狐等各类专业合作社16个，入社农户5008户。其中棉花和蔬菜专业合作社被列为省级示范专业合作社。2000年，全县油棉企业改为股份制，第一至第六油棉厂分别改称为瑞雪、南北王、农兴、兵圣、银花、东方棉业有限责任公司。2002年2月，县供销系统所属各企业按区域划分为5个分社，县社各副主任分别担任分社主任，全权负责各分社范围内的业务指导，将其考核与所属企业的经营情况挂钩。2005年，全县供销系统所属企业划分为7个分社，并任命各分社主任、副主任。是年底，孙武大酒店改制完成。

第三节 农业生产资料经营

1979年，农业生产资料经营由国家统一计划，分级采购，实行三级批发，基层供销社、生产资料销售网点零售。生产资料供应的品种主要有：化肥、农药、农膜、农械等。是年，销售化肥23242吨，农药648吨，中小农具292200件，柴油6034吨，农膜83吨。1989年，农业生产资料实行专营。1993年，农业生产资料市场放开，实行多口经营。是年，农业生产资料供应总值7846万元。1994年，国家恢复农业生产资料专营，全年供应农资总值达8865万元。1995年，供应农资总值创历史最高水平，全年完成8976万元。1997年，生资销售实现1.72亿元。1999年，县供销系统加大农资企业经营体制改革力度，农资市场放开经营。2005年，农业生产资料销售总额为8979万元。

化肥 1979年，化肥的经营方式是：国家统一计划，供销社分级采购，有计划地重点分配和供应，只供应集体，不供应个人，按级批发，生产资料销售网点零售。全县化肥供应的品种有复合肥、尿素、硝酸铵、磷酸铵、氯化铵、碳酸氢铵、氨水、硝酸钠、普通过磷酸钙、钙镁磷、氧化钾、硫酸钾等。是年，全县供销系统供应化肥2.32万吨。1982年，县供销社在抓好计划内化肥催调的同时，狠抓计划外化肥的采购。是年，购进计划外各种化肥4.09万吨，基本满足全县需求。1983年，为方便农户购买化肥，以农户为单位发购肥证，农民凭证购买化肥。1985年，除尿素和进口的多元素复合肥外的化肥敞开供应。是年，销售化肥4.8万吨。1986年，化肥市场活跃，碳铵、磷肥出现热销，尿素供求脱节。县联社广开货源渠道，调入尿素1.19万吨、磷肥1.28万吨，其他优质肥2500吨，保障农业生产的需求。1988年，棉花挂钩化肥、柴油实行票证办法，全县共发放化肥票证2万吨。1989年，国家恢复农资专营，全县计划内供应化肥和“三挂钩”化肥的兑现标准、供应价格一律实行公开。1993年，国家取消粮、油、棉奖售化肥政策，农资市场放开，实行多口经营，市场竞争激烈。全系统大力开展预约销售、下乡送货、服务到村户活动，全年销售化肥7.87万吨。1994年，国家又恢复农资专营，市场渐趋稳定。是年，共销售化肥9.55万吨。1995年，销售化肥12万吨。1999年，县供销系统按照国务院化肥流通体制改革要求，农资市场放开经营，化肥销售量减少。2002年，碳酸氢铵、过磷酸钙等化肥销售减少。优质复合肥销量增加，化肥市场进入有序竞争。2005年，全县供销系统销售化肥总量19.42万吨。

农药 1979年，全县农药的经营品种有：六六六粉、滴滴涕、敌百虫、敌敌畏、乐果、4049、硫酸铜、1059、1605、3911、亚胺硫磷、敌锈钠、久效磷、辛硫磷、呋喃丹等10余个品种。是年，县供销系统销售农药648吨。1980年，开始经营敌杀死、速灭杀丁、溴氰菊酯、百树菊酯等高效低毒农药，粉剂农药逐渐被淘汰。是年，县供销系统销售农药1133吨。1997年，抗虫棉开始推广，用药量锐减。三氯杀螨醇、百菌清、多菌灵等杀螨杀菌剂农药畅销。是年，县供销系统销售农药372吨。2004年，农药价格持续走高，杀虫剂、杀菌剂和除草剂销量增加。2005年，县供销系统销售农药995吨。

农械 1979年，供销社销售的小农具主要有镰刀、铁锨、木杈、木锨、扫帚等。大、中型农机具有脱粒机、步犁、耘锄等，农药械品种主要有喷雾器和喷粉器。是年，全县供销系统共销售中小农具2922万件，药械2376架。1988年，派员深入村、户调查摸底，扩大采购队伍，不误农时送货下乡、到户。全年共销售中小农具9.07万件、农药械1.95万架。1991年，开始推广弥雾器，喷雾器和喷粉器逐步淘汰。是年，共销售中小农具11.20万件。1993年起，中小农具市场大幅度滑坡，销售量逐年减少。

农膜 1979年，农用塑料薄膜主要用于棉花和蔬菜育苗。是年，全县供销系统共销售农膜83吨。1983年春，全县普及地膜覆盖植棉技术。是年，共销售农用地膜1890吨。1985年，销售1295吨。1991年起，全县农村在普及农膜覆盖植棉技术的基础上，又出现蔬菜塑料大棚，农膜的销售量逐年增多。是年，全县销售农膜1085吨。1997年起，由于棉花逐年受灾减产，棉花销售价格下降，农民种棉数量减少，农膜销量减少。是年，销售农膜402吨。2005年，受全县种植业结构调整的影响，蔬菜、西瓜塑料大棚、小弓棚增加。是年，全县共销售农膜2104吨。

第四节　生活资料经营

1979年，生活资料自上而下实行计划收购，分配调拨，二、三级批发，基层供销社、零售门市部、村级分销店零售。基层供销社还组织流动送货队，流动货摊，赶集赶会参与集市贸易。经营品种有日用百货、布匹服装、纺针织品、五金交电、化工陶瓷、副食品、土产杂品等各类商品。是年，全县供销系统供应煤油920吨，火柴16669件，食盐3072吨，白酒1132吨，卷烟9288箱，茶叶84.6吨，食糖255吨，肥皂6532箱，洗衣粉72吨，暖水瓶73800只，手电池129万节。1980年，针对商品供不应求的现状，对城乡都需要的工业品优先供应农村，对货源紧缺的自行车、缝纫机、半导体收音机、木钟、煤油、铁丝、元钉、电灯泡、保温瓶、碱粉等日用工业品，当年货源比上年增加的部分，全部或大部分供应农村。1983年，商业部取消生活资料中棉布、化纤布的计划供应，日用陶瓷也由指令性计划管理改为指导性计划管理。是年，县供销社开展计划外选购，有100余种商品直接从工厂进货，减少中转环节，降低成本费用。1985年，县供销社加强市场预测，建立信息网络，科学开展业务，克服一买一卖的老经营模式，开展联购分销、分购联销经营。是年，全系统实现生活资料销售额2853万元。

1988年，市场出现抢购风，生活日用品价格上涨，供销社加强商品外采力量，大量购进商品，平抑物价，稳定市场。1989年，国家对市场进行治理整顿，对放开价格的商品开始不同形式地恢复管理，对重点商品重新实施归口经营。1991年，省政府印发《关于进一步搞活流通的通知》，全县供销系统经营、用工、价格、分配“四放开”，工业品、日用杂品市场逐步放开。1993年，商品销售价格彻底放开，均由企业以市场为导向自主定价。1995年起，随着买方市场逐渐形成，加上个体工商户的大量涌现，市场竞争日趋激烈，供销社为求生存谋发展，在经营方式上开始大力提倡优质服务，管理上推行承包经营责任制，鼓励职工下乡送货、预约送货等，生活资料销售额随群众消费水平的提高和商品货源不断增加而逐年增长。2005年，全县供销系统生活资料销售额为9001万元。

第五节　农副产品购销

1979年起，县内恢复货栈贸易和城乡集市贸易，开始出现集体商业自购自销、个体商贩长途运销、农林牧等生产单位自销、以及使用单位直接与生产者挂钩采购等多种经营形式。收购的农副产品主要有肉、禽、蛋、茶、麻、烟、果品等。生猪、鲜蛋实行指令性派购计划，养猪户只能把生猪卖给国家，不准私自屠宰和销售。是年，全县供销系统共收购鲜蛋60.49万公斤，生猪4.56万头，小枣25.87万公斤，蜂蜜4.66万公斤，红麻9.57万公斤，辣椒39.68万公斤，苹果38.95万公斤，干鲜菜12.94万公斤。1984年，鲜蛋退出二类物资计划，政府和主管部门不再下达收购、调拨计划，实行随行就市经营；取消生猪指令性派购计划，实行有指导的议购议销。是年，全系统收购生猪3.37万头，鲜蛋44.53万公斤。1985年，生猪市场放开。国家对农副产品收购政策进行调整，在缩小计划管理的基础上，全面实行议购议销，农副产品经营范围扩大到议价粮油等。是年，收购粮食102.98万公斤，食用油32.62万公斤，干鲜菜79.46万公斤，苹果15.09万公斤，蜂蜜2.12万公斤，各种皮张2873千张，生猪4.92万头，鲜蛋1.63万公斤，总购销额达6.58亿元。

1991年，县供销系统建立和完善农村社会化服务体系，发展果品生产基地2处、蔬菜基地5处、食用菌专业户65个、养鸡专业户3万个。1992年，国家提高肉、禽、蛋等8种副食品价格，同时增发给职工副食补贴每人每月5元，鲜蛋供应量有所上升。1995年，围绕农副产品“卖难”问题，积极开展农副产品收购，全年收购推销粮食653万公斤，蔬菜18万公斤、果品89万公斤，收购额1000万元。1997年，按照国家要求，生猪实行“定点宰杀、集中检疫、照章纳税、分散经营”，生猪收购有所回升。是年，推销粮食1620万公斤，蔬菜324万公斤，果品100万公斤。2005年，全县供销系统收购农副产品总额5705万元。

第六节　棉花购销

棉花收购　1979年，国家对棉花生产实行奖励政策，在上年棉花收购牌价的基础上提高15.2%，并实行超购部分加价30%的政策。是年，收购棉花129万公斤。1980年，棉花收购价提高10%，每公斤为3.06元。是年，收购棉花846万公斤。1985年，中共中央、国务院决定，改棉花统购为合同定购，由供销社按国家定购任务同农民签订定购合同。合同定购的棉花，按“倒三七”的比例加价收购（30%按牌价，70%加价），每公斤3.53元。是年，收购棉花2304万公斤。1986年，国家将棉花加价比例调整为“倒四六”（40%按牌价，60%加价），并对定购外的棉花实行限收政策。1987年，国家恢复棉花“倒三七”加价的收购政策，并对定购外的棉花按定购内的相同价格敞开收购。1990年，国家再次提高收购棉花价格，并对新开垦棉田实行免征5年农业税的政策。1993年，棉花市场、价格、经营放开，棉花价格下滑，棉田面积减少，收购量锐减。1995年，国家再次提高收棉价格，取消价外价，强化棉花质量监督管理，棉花收购量有所回升。1999年，国家进一步改革棉花流通体制，不再制定统一的棉花收购价格，具体购销价格由市场调节，取消最低保护价。2002年，供销社在棉花收购中指导棉农搞好“四分”（分摘、分晒、分存、分卖），确保棉花收购质量，保证棉花收购不给棉农打白条。2004年，大量进口棉花冲击国内市场，棉花收购价格出现大幅下滑。2005年，收购棉花886万公斤。

棉花销售　1979年，销售棉花846.8万公斤。1983年，国家对棉布、棉絮敞开供应，进一步拓宽棉花市场。1985年，省政府规定，供应省内纱厂的棉花，在国家规定的选购价标准中，皮辊棉在每吨3440元的基础上下浮10%。是年，惠民县被评为全国优质棉出口基地县，惠民县棉花打入国际市场。1993年，国家取消棉花合同定购和棉花调拨指令性计划，实行棉花市场、价格、经营三放开，棉花购销量减少。1995年，国家恢复调棉奖励政策。1997年，受东南亚金融危机的影响，纺织品出口受阻，纺织企业经营困难，致使棉花调销不畅，库存积压。1998年起，棉花价格全部放开，同时终止合同定购和定购内棉花加价奖售政策的执行。2005年，全县销售棉花927.4万公斤。

第七节　油棉加工

1979年，全县有油棉加工厂5家，属县以上集体所有制企业，分别为惠民县第一油棉厂至第五油棉厂。1980年，5家油棉厂都相继采用“沙克龙”除尘法，回收棉短绒，改善生产条件，提高生产效率，增加经济效益。1985年，5家油棉厂有90片轧花机26台，200型螺旋榨油机18台，年加工皮棉3248.25万公斤，年总产值1.14亿元。1990年，第一油棉厂、第二油棉厂、第三油棉厂晋升为地区级先进企业。第一油棉厂获山东省供销社质量管理奖。其他4家油棉厂在全面质量达标中通过地区级验收，其“QC”小组获地区现代化管理成果奖。

1993年，国家取消棉花合同订购和棉花调拨指令性计划，棉田面积减少，棉花加工企业经营困难，设备闲置，经济效益滑坡。为使企业走出困境，县供销社提出走“一业为主，多种经营”加快发展的新路子。第二油棉厂率先创建“康源食品开发中心”“化工技术开发中心”，主产豆粉和“不冻液”“起动液”“气雾杀虫剂”等，年创利税90万元。第三油棉厂建成织布车间和乳制品厂。2000年，油棉企业转产改制，第一油棉厂至第六油棉厂分别改称为“瑞雪棉业有限责任公司”“南北王有限责任公司”“农兴种业有限责任公司”“兵圣棉业有限责任公司”“银花棉业有限责任公司”“东方棉业有限责任公司”，主产项目有彩钢、纺织、密目网、油脂、棉花制种等。是年，农兴种业公司实现销售收入5602万元，利税503万元。南北王棉业公司创产值6000万元，实现利润200万元。2002年，农兴种业公司制种9750亩，销售收入5688万元，实现利税596万元。2004年6月，农兴种业公司使用的“惠乐”牌商标，被认定为山东省著名商标。2005年，县供销系统大力开展良种棉制种业务，共落实抗虫杂交棉制种面积1.5万亩，常规棉制种2353.8亩，共收购种子棉216.5万公斤。

第八节　废旧物资收购

1979年，废旧物资收购点由公安和工商行政管理部门确定，非指定单位不能收购生产性金属材料。对企业、机关、团体单位的废旧物资，分片包干收购；对城乡居民售卖废旧物资，采取固定与流动相结合的办法收购。收购品种主要有：废钢铁、有色金属、废造纸原料、杂骨、废塑料等。是年，全县收购废铁41.76万公斤，废钢1.18万公斤，废铅1650公斤，废锡500公斤，废铝2950公斤，杂骨5.49万公斤，废橡胶1.28万公斤，造纸原料386公斤，废塑料1.1万公斤。1980年后，成立专门机构，购置加工机械，配备技术人员，采取收购、挑选和加工相结合的办法，形成专业化较强废旧物资回收体制。1984年，惠民县废旧物资回收公司成立，下设行政股、业务股、储运股、财务股、废品收购门市部，共有职工30人。同年，放开废旧物资市场，允许自由购销。1985年，根据商业部、公安部、国家工商行政管理总局印发的《关于城乡个体商业户经营废旧物资的暂行规定》，对收购废旧物资的个体商业户进行登记审批，使废旧物资市场逐步走上正规。是年，实现废旧物资收购额46.4万元，销售额64.8万元。1986年，除废钢铁、废铜、废铝按省规定的价格执行外，其他废旧物资的收购价格由基层社本着有利于收购，有利于经营的原则自行确定。同年，县联社把年度废旧物资收购任务分解到各基层社，计划回收废钢铁440吨。2005年，与青岛客商合作废旧塑料进口加工业务，全年进口废旧塑料300余吨。

第三章　集贸市场

第一节　建设与交易

中共十一届三中全会后，随着经济体制改革的深入，集市贸易得到迅速发展。1980年，全县有集市30个，集市贸易成交额1740万元，占全县社会商品零售额的23.44%。1985年，全县有综合性集市33个，工业品市31个，青菜市33

个，鱼虾禽蛋市25个，肉类市26个，粮食市29个，牲口市11个，木料市12个，杂货市24个，估衣废品市14个。

1986年，县工商局投资51.49万元，在惠城建成大寺玻璃钢瓦顶棚商场，面积为5671平方米。是年，全县共有35处市场，对其中19处大、中集市实行“编号定位，对号入市”管理。全年集贸市场商品成交额达5449万元。1987年，全县市场36处，年成交额达7132万元。评出“五好文明集市”15处。设置市标270个，宣传牌40块，意见箱26个。同年，建成胡集玻璃钢瓦顶棚综合市场，李庄车马挽具专业市场，南关、淄角2个季节性西瓜批发市场。1988年，全县市场39处，年成交额7544万元。工商局投资8万元建成惠城木材、木器专业市场，占地15.25亩，容纳450个货位。工商局与李庄镇联合投资68万元，建成“华龙商场”，可容纳200余个摊位。是年，评出18处“五好集市”。1989年，集贸市场总数42处，成交额8196万元；“五好集市”23处，占总集市的62%。是年，组织召开惠城秋季物资交流大会。1990年，投资30万元重建惠城大寺商场北街货棚，新建集贸市场2处，农副产品专业批发市场1处，全县共有集贸市场46处，年成交额8882万元，文明集贸市场23处。1991年，全县共有各类集市63处，其中，集贸市场51处，专业市场和季节性批发市场9处，初具规模的摊点群3个，日上市人数万人以上的较大集市14处，日成交额万元以上的市场25处。各类市场年成交额达1.1亿元。1992年，用于市场建设资金达2495万元，扩大市场面积11.54万平方米，硬化地面1.31万平方米，建商品房2.45万平方米，有28处集贸市场被评为县级文明集贸市场。是年，全县有集贸市场68处，总成交额达1.14亿元。1993年，投资1372万元用于市场建设，扩大市场面积63427平方米，硬化路面1.46万平方米，建商品房1.1万平方米。1994年，总投资400万元，全部完成对21处乡镇首集的改造任务。是年，全县有集贸市场72处，总成交额1.73亿元；有地级文明集市15处，县级文明集市35处。1995年，投资500万元，改造扩建市场8处。1996年，淄角镇投资320万元，兴建惠民县蔬菜大市场；省屯镇投资1000余万元，建成惠民县工贸小区。是年，全县有各类市场76处，总成交额3.53亿元；有省级文明市场4处，地级文明市场13处，县级文明市场31处。1997年，投资兴建南关蔬菜市场，居民小区菜市场。是年，全县77处集贸市场，总成交额3.96亿元。

1985年，大寺商场改造工程完成。图为商场前街牌坊和玻璃钢瓦拱棚商厦

1998年，新建惠城中心菜市场钢架玻璃瓦货棚2000余平方米。是年，全县共有专业市场、集贸市场73处，市场商品成交额达5亿元，比上年增长14%。2000年，全县77处集贸市场，市场商品成交总额5.3亿元。2001年，全县79处专业、集贸市场，市场商品成交额4.13亿元。2004年，县工商局与辖区内的集贸市场监管人员签订市容市貌、卫生管理责任书，指导开展市场文明创建活动。2005年，全县共有79处专业、集贸市场，其中省级文明市场4处，市级文明市场13处，县级文明市场30处。是年，集市贸易商品成

交额为3.9亿元，占全县商品零售总额的46.8%。

第二节 分布与集期

惠民县集贸市场分布表

表9－2

乡镇	市场名称	集期（农历）
惠民镇	惠城集贸市场	逢五、十
	省屯工贸园区	逢四、九
	钓马杨	逢三、八
	王家集	逢一、六
	堤上李家	逢五、十
	省屯	逢一、六
何坊乡	何坊	逢三、八
	张大官	逢一、六
	香翟	逢二、七
	钦风	逢四、九
石庙镇	石庙董	逢三、八
	于王	逢一、六
	康家园	逢二、七
	陈家集	逢二、七
	青阳店	逢二、七
	大霹雳庄	逢四、九
	刘家堡	逢五、十
桑落墅镇	桑落墅	逢三、八
	苇子高	逢一、六
	石贾	逢四、九
麻店镇	麻店	逢一、六
	肖万	逢三、八
	刘家桥	逢五、十
	岭上孙	逢五、十

续表 9－2

乡镇	市场名称	集期（农历）
皂户李乡	皂户李	逢二、七
	马家集	逢一、六
	火把李	逢一、六
辛店乡	辛店	逢五、十
	黄赵	逢二、七
	刘家集	逢三、八
	大胡营	逢五、十
	碱场王	逢四、九
	第三堡	逢三、八
	生金李	逢一、六
胡集镇	胡集	逢二、七
	成官庄	逢三、八
	八沟张	逢四、九
	张家集	逢一、六
	陈集	逢一、六
	白家桥	逢五、十
	夏家桥	逢四、九
	河套孙	逢五、十
	石家集	逢二、七
	店子街	逢四、九
魏集镇	魏集	逢四、九
	老君堂	逢一、六
	曹贾	逢三、八
	丁河圈	逢五、十
	宫家	逢二、七
	姚家	逢一、六

续表9－2

乡镇	市场名称	集期（农历）
清河镇	清河镇	逢五、十
	牛王店	逢一、六
	丁家庄	逢三、八
	梅集	逢四、九
	林樊	逢一、六
	堤上刘	逢三、八
李庄镇	李庄	逢一、六
	任刘四	逢三、八
	东牛	逢三、八
	华李	逢四、九
	董家集	逢四、九
	杨家集	逢二、七
	新兴街	逢五、十
	聂索	逢三、八
姜楼镇	姜楼	逢五、十
	王判镇	逢四、九
	王家集	逢二、七
	牛瓦匠	逢一、六
	三岔口	逢三、八
	崔寨集	逢一、六
淄角镇	淄角	逢四、九
	西李集	逢一、六
大年陈乡	大年陈	逢二、七
	毛旺庄	逢一、六
	商家	逢五、十
	孙家	逢三、八
	榆林	逢四、九
	大崔	逢一、六

第四章　粮油购销

第一节　机　构

1979年，县粮食局内设秘书、人事、购销、会计、计划、储运6个股。1984年，增设议价股。1985年，议价股改为粮油议价公司。1986年，增设审计股、老干部股。1987年，惠城粮食供应站改为粮油食品中心店，粮油议价公司改为粮油贸易公司；基层粮所，亦称贸易公司，一个单位两块牌子。1992年，组建惠民县粮油贸易总公司，与县粮食局一套班子两块牌子。1993年，县级机构改革，局内设人劳科、业务科、财务科、行政科4个科室。1995年，三得利公司并入劳动服务公司。1996年，饲料厂租赁给六和集团，退出粮办工业。1997年，香翟粮所（粮贸公司）并入何坊粮所，陈集粮所（粮贸公司）并入麻店粮所。同年，粮油贸易公司解体，重新组建三得利宾馆和鼎立饮食服务公司。1998年，将19个基层粮所（粮贸公司）合并为13个。1999年，撤销粮油贸易总公司，组建粮食收储公司。2000年，开始筹建惠民国家粮食储备库。2002年，面粉厂对外租赁，退出粮办工业。2004年5月，注销三得利宾馆和鼎立饮食服务公司，重组惠民县良友宾馆有限责任公司。2005年，惠民国家粮食储备库收归中央储备粮管理总公司济南分公司。组建国有控股企业—惠民县圣鑫粮食购销有限公司。是年年底，县粮食局内设纪委、财务审计科、办公室、人事老干部科、工会5个科室。下属企业有13个粮所（粮贸公司）和良友宾馆有限责任公司、圣鑫粮食购销有限公司。

县粮食局综合楼

第二节　粮食流通体制改革

1979年，全县实行粮食统购、统销政策。1985年，国务院确定取消粮食统购，实行合同定购及粮食收购与奖售化肥、柴油和预购定金挂钩的“三挂钩”政策。1987年，全县粮食企业推行承包经营责任制，按照“包死基数、确保上交、超收多留、欠收自补”的原则签订承包合同。1988年，县粮食局所属24个基层企业，全部实行招标承包经营，承包期3年。1991年5月1日起，按照国务院《关于调查粮食购销政策有关问题的通知》精神，全县将粮食合同定购改为国家定购。1992年，全县放开粮食销售价格，粮食“三放开”（市场、价格、经营）后，食油退出国家定购，放开经营；国家定购粮食实行“三挂钩”政策不变；城镇居民口粮定量不变，保量不保价，继续凭本供应，对居民粮本结余的粮食暂时冻结；放开粮食销价而增加的职工支出由财政、企事业单位给予一定补贴。同年，经县委批准，改革粮食管理体制，组建县粮油贸易总公司，县粮食局名称与职能继续保留，实行一套班子、两块牌子。1995年，国务院下发《关于粮食部门深化改革实行两条线运行的通知》，规定在统一政策、统一市场、统一进出口管理的原则下，中央和地方分级负责、分级管理，政策性业务和商业性经营两条线运行。1997 年，县市间粮食调拨计划取消，实行粮食自产自销管理办法。1998 年 5 月 10 日，国务院印发《关于进一步深化粮食流通体制改革的决定》，决定实行政企分开，中央与地方责任分开，新老财务挂账分开、粮食储备与经营分开，完善粮食价格机制的基本原则。同年 12 月，地委行署先后印发《关于进一步深化粮食流通体制改革通知》《滨州地区粮食企业政企分开的实施意见》。县粮食流通体制改革正式实施，粮食行政管理职能与粮食企业经营分离；粮食收储企业从事的定购粮、议价粮、中央和地方储备粮的收购、储存、调拨、轮换和销售等主营业务与主营业务以外的其他生产经营等附营业务实行分开管理、分开经营、分别独立核算；粮食收储企业的附营业务，成为独立核算、自主经营、自负盈亏、具有独立法人资格的企业。同时，明确县粮食局主要职责、机构设置和人员编制等，将基层 19 个粮所（粮贸公司）合并为 13 个。1999 年起，全县粮食定购价按保护价执行，实行价格并轨。全县粮食购销企业按保护价敞开收购农民余粮，顺价销售粮食，收购资金封闭运行。是年，组建惠民县粮食收储公司，将基层 13 个粮所（粮贸公司）改为收储公司分公司，自上而下转变企业经营机制，实行政企分开。2000 年，国家投资 1553 万元，在惠民县建设 2.5 万吨国家粮食储备库，缓和县粮食存储、运输、销售等矛盾。2004 年 5 月 23 日，国务院印发《关于进一步深化流通体制改革意见》，确定全面放开粮食收购市场，取消保护价定购改为调控粮，以市场调节价收购，粮食价格全部放开。是年，全县粮食系统实现利润 794.04 万元。2005 年，国家储备库收归中央储备粮管理总公司济南分公司。是年，粮食系统经营亏损 874 万元。县政府按照国务院、省政府、市政府文件精神，制订《关于深化国有粮食企业改革的意见》《粮食购销企业改革的实施方案》。是年年底，粮食购销企业分流转换人员 498 人，其中内退 65 人，买断工龄 423 人。并按规定对身份转换职工发放了补偿金。

第三节　生产经营管理

1986 年起，根据“改革购销体制，转换经营机制”的工作思路，确定“一业为主，多种经营”的发展路子。1988 年，推行粮食企业经营责任制，对所属 24 个基层企业，实行招标承包经营，能者上，庸者下，全年实现利润 179.43 万元。1991 年，县粮食企业进行新一轮承包，企业内部层层承包，责任到组、到人。1992 年，组建县粮油贸易总公司，对所属 26 个成员企业，实行“自主经营、自负盈亏、自我约束、自我发展”的新机制。总公司设立统一结算中心，实行“工商、批零、购销”联合经营。1993 年，以转换经营机制为动力，把粮食企业推向市场。按照“小机构，大服务”的原则，精减机构，自我加压，全县设立经营网点 130 个。实行资产重组，多种经营，三得利公司并入劳动服务公司。是年，实现利润 136.59 万元，获“省粮食系统先进单位”“地区粮食系统先进单位”称号，列县属五大流通企业争名光荣榜第一名。1997 年，对 4 个商业公司本着“抽本放权”的原则，实行国有民营；对粮油贸易公司实行租赁制，所属旅馆和门市部组建三得利宾馆，饭店组建为鼎立饮食服务公司，成为独立法人，国有民营，自负盈亏。2002 年，县面粉厂经营艰难，资不抵债，实行租赁兼并，人员分流。2004 年，粮食购销企业加大自身改革，对面临破产的三得利宾馆和鼎力饮食服务公司予以注销，重新组建惠民县良友宾馆有限责任公司，职工入股参与管理。2005 年，遵照国务院、省、市关于深化粮食企业改革的文件精神，分流置换人员 498 人，其中内退 65 人，买断工龄 423 人。对国有资产全部进行评估审计。

1979—2005 年惠民县粮食系统经济效益情况统计表

表 9－3　　　　单位：万元

年度	利润总额	粮食商业企业						粮办工业		
		利润小计	平价利润	议价利润	饲料利润	食品经营利润	多种经营利润	利润小计	面粉工业	饲料工业
1979	－81.63	－83.57	－81.95	1.62	/	/	/	1.94	/	/
1980	11.26	8.16	/	8.16	/	/	/	3.10	/	/
1981	40.76	36.67	9.28	27.39	/	/	/	4.09	/	/
1982	48.39	46.87	25.30	21.57	/	/	/	1.52	/	/
1983	99.83	78.52	32.47	44.05	0.07	1.89	0.04	20.83	/	/
1984	143.49	87.23	－15.47	88.41	6.55	7.44	0.57	56.26	/	/
1985	181.10	121.64	35.28	72.96	2.67	10.35	0.38	59.46	/	/
1986	338.09	262.78	177.82	57.32	2.99	22.52	2.13	75.31	/	/
1987	175.74	86.68	24.49	3.87	11.43	45.60	1.29	89.06	/	/
1988	179.43	81.44	－41.96	32.99	27.15	56.56	6.70	97.99	/	/
1989	216.84	153.36	78.25	14.80	20.70	33.23	6.33	63.48	/	/
1990	35.06	5.80	76.61	－97.48	13.64	10.11	2.92	29.26	/	/
1991	77.80	－4.24	－104.24	49.46	/	/	50.54	82.04	81.8	0.24
1992	－326.57	－427.44	－282.83	－192.72	/	/	48.11	100.87	60.88	39.99
1993	23.42	－38.98	－38.98	/	/	/	/	62.40	80.66	－18.26
1994	107.68	26.49	26.49	/	/	/	/	81.19	71.82	9.37
1995	136.59	51.52	－23.45	74.97	/	/	/	85.19	65.06	20.13
1996	60.58	10.32	10.32	/	/	/	/	50.26	50.26	/
1997	98.63	71.63	71.63	/	/	/	/	20.00	20.00	/
1998	－1496.93	－1500.45	－1703	202.55	/	/	/	3.52	3.52	/
1999	76.49	70.49	/	70.49	/	/	/	6.00	6.00	/
2000	－45.14	6.39	/	6.39	/	/	/	－51.53	－51.53	/
2001	10.52	10.52	/	10.52	/	/	/	/	/	/
2002	16.98	16.98	/	16.98	/	/	/	/	/	/
2003	122.32	122.32	/	122.32	/	/	/	/	/	/
2004	－531.96	－531.96	－1326	794.04	/	/	/	/	/	/
2005	－874.00	－874.00	/	－874.00	/	/	/	/	/	/

第四节　征　购

粮食定购　1979 年，将粮食统购价格提高 20%，超购加价调增为 50%，同时，粮食征购基数由 1400 万公斤减到 1250 万公斤。是年，完成定购任务 772 万公斤。1985 年，国务院取消粮食统购，实行合同定购。合同定购的粮食按“倒三七”比例价收购（30% 按原统购价，70% 按原超购价），并规定每收购 100 元粮食奖售平价标准化肥 40 公斤，柴油 3 公斤，合同定购以外的粮食可以自由购销。是年，完成定购任务 3174 万公斤。1986 年，地区粮食局对合同定购任务作了适当调整，增加国家委托代购任务。对委托代购的粮食，地区按超购价结算，对农民粮食随行就市收购，一般不低于比例价，最高不超过超购价。是年，完成定购 2696 万公斤，委托代购 880 万公斤。1987 年，省粮食局取消国家委托代购，增加粮食议转平任务。1988 年起，省政府确定合同定购任务一包三年不变。1991 年，国务院确定从 5 月 1 日起，将合同定购改为国家定购，不再与农民签定合同，由当地政府向村、户颁发国家粮食定购任务通知单。1993 年，粮食价格全面放开，议转平任务取消，国家将平价供应的化肥、柴油，改为以货币兑付。在收购价格之外，将平、议差价付给农民，即为价外加价。山东省确定除继续奖售部分化肥外，每 50 公斤小麦保护收购价为 32.5 元，价外加价 2.85 元，预购定金利息 0.3 元，共计 35.65 元。1998 年 5 月 10 日，国务院印发《关于进一步深化粮食流通体制改革的决定》，地委行署相继印发《关于进一步深化粮食流通体制改革的通知》《滨州地区粮食企业政企分开的实施意见》。提出“三项政策，一项改革”，即：敞开收购，顺价销售，粮食收购资金封闭运行；加快粮食企业自身改革，提高市场竞争能力，提高经济效益。同年 6 月 15 日，行署印发《关于认真做好 1998 年度夏粮收购工作的通知》，取消定购粮跨县市的粮食调拨计划。1999 年 7 月 26 日，省政府印发《关于贯彻国发〔1999〕11 号文件进一步完善粮食流通体制改革政策措施的通知》，将粮食定购价格调低到保护价格水平，第一次实现定购价与保护价并轨。2004 年，县政府根据市政府要求，把粮食定购价按保护价收购任务改为调控粮，按市场调节价收购。2005 年年底，完成调控粮 2537 万公斤，顺价销售粮食 66969 万公斤。

粮食议购　1979 年，粮油议价经营恢复。1986 年，国家调整购销政策，增加委托代购、增购和议转平任务，全县议购量大幅度增加。1997 年，国务院制定小麦、玉米保护价，议购、议销粮食改为保护价收购粮食和顺价销售粮食。1998 年，国务院颁布收购条例，规定定购的粮食品种小麦、玉米、稻谷只准国有粮食购销企业按定购价收购，不准其他企业、单位、个人收购。1999—2003 年，定购价按保护价执行。县粮食局大力培育和建立粮食市场体系，坚持敞开收购，依法治市，促进市场有序流通。2005 年，全县顺价销售粮食 3074 万公斤。

油脂、油料征购　1979 年，油脂、油料统购价格继续实行全国统一价，统购油脂、油料实行奖化肥、粮食的政策。1985 年，国务院印发的《关于下达调整生猪和农村粮油价格方案的通知》，油脂、油料统购改为合同定购。1988 年，粮油购销实行调拨包干，3 年统算。1990 年，油脂、油料的定购价在 1989 年提高的基础上再次调整，花生仁（50 公斤，下同）由 76.8 元提高到 96.5 元，花生果由 54.1 元提高到 67.8 元，花生油由 183.9 元，提高到 231 元，棉籽油（精炼）由 145.5 元，提高到 190 元。1991 年，省政府调整粮油购销包干计划。花生仁定购任务取消。1992 年 7 月 1 日，全县放开粮油销售价格，食油放开经营。1993 年起，县不再向农村下达棉籽油定购任务。

1979—2005 年惠民县粮食征购及议价经营销售情况统计表

表 9-4 单位：万公斤

年度	国家粮食征购		粮油议价经营		
	征购任务	实际完成	经营总量	其中	
				议购量	议销量
1979	1250	772	160	111	49
1980	1250	263	298	230	68
1981	1250	549	619	397	222
1982	1250	1208	816	466	350
1983	2600	2818	2103	1037	1066
1984	2600	4362	6469	2831	2638
1985	2600	3174	1441	411	1030
1986	2600	2696	3240	1941	1299
1987	2600	3025	4896	2559	2337
1988	2600	2600	4097	2235	1862
1989	2600	2741	3730	2497	1233
1990	2600	2625	2745	1282	1463
1991	2600	3792	7666	3947	3719
1992	2600	3768	5500	2405	3095
1993	2600	3700	13387	5727	7660
1994	2600	3805	12372	7203	5169
1995	2600	3731	11440	6642	4798
1996	2600	4085	8706	4671	4035
1997	2600	4082	9262	5242	4020
1998	1925	1925	14462	6210	8252
1999	1925	1925	19307	8927	10380
2000	1925	1925	24677	10695	13982
2001	1925	1925	17337	8140	9167
2002	1925	1925	17221	7618	9603
2003	1925	1925	15392	5228	10164
2004	1925	1925	5207	2860	2347
2005	1925	190	3264	190	3074

第五节 销 售

城镇粮油供应 1979年，城镇粮油供应实行1955年国务院发布的《市镇粮食定量供应暂行办法》调整后标准供应。是年，全县定量人口粮食供应总量470万公斤。1982年，将国庆节、春节食油补助标准由0.25公斤提高到0.5公斤。1988年，根据省粮食局《关于取消各项补助用粮等几个问题的通知》要求，凡定量外的各项补助用粮一律取消，所需补助粮供应议价粮，对接待、旅游、外事、高级宾馆、饭店，改供议价粮。

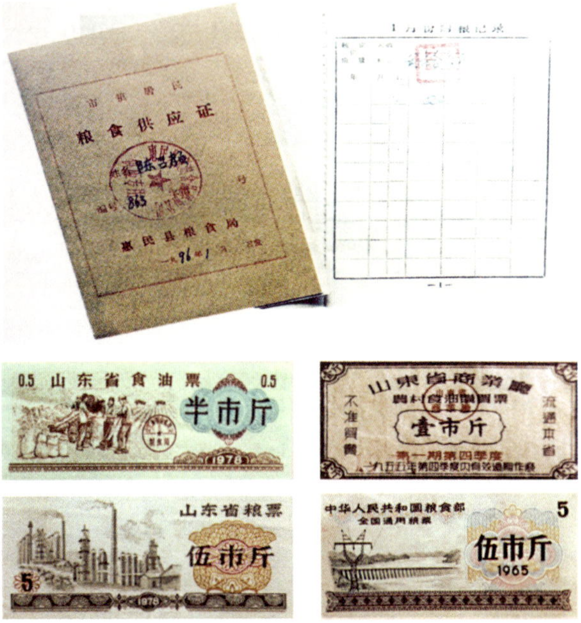

图为县内最后一批市民购粮证和使用过的粮、油票

1991年5月1日起，定量供应城镇居民的标准面粉、标二粳米、中等玉米3种粮食，全省平均统销价格每500克提高0.1元，花生油、精炼棉籽油、豆油、菜籽油4种食用油，实行购销同价，平均每500克提高1.458元。其他粮油品种和粮油副产品的统销价格也相应调整。国务院确定对调价以后进行补偿。1992年7月，地区财政局印发《关于放开粮油销售价格的意见》，确定从7月1日起，放开粮油销售价格实行随行就市，放开粮价，职工增加的支出，按国家、企业、个人共同负担的原则解决。同年9月19日，省政府印发《关于理顺粮油价格深化粮食流通体制改革的通知》，确定在全省范围内放开粮油销售价格。1994年，受外地粮价上涨风的影响，全县出现抢购粮食风，粮价迅速上涨。农民代储粮要求提出或兑换面粉，定量节余粮，争抢购买。县粮食部门抓紧粮食调运和加工，县面粉厂开满机，及时充实各网点面粉库存，对定量人口凭证定量（每人每月10公斤成品粮）、限价供应，涨价、抢购风很快得以平息。1998年，全县销售定量人口粮食690万公斤。1999年，统计报表不再有城镇供应和农村销售内容。

工商行业的粮油销售 1979年，对饮食、糕点行业实行用多少粮食收多少粮票的办法，用油按用粮数量确定比例。1984年7月1日，对酿造业用粮一律改供议价粮。1986年，省粮食局规定：对饮食、酿造、副食用粮油，继续实行计划供应，不足部分酌情增补，对接待、旅游、外事和火车、轮船、飞机等旅客餐厅（车）、站用粮油，改为议价供应。1990年7月起，对酿造、副食、糕点、饮食全部取消平价粮油供应，改按议价供应。1997年，全县工商行业年供应议价粮总量达3106万公斤。1998年起，统计报表不再有对工商行业的粮油销售内容。

农村粮油销售 1979年，继续对全县棉农、粮农、基建占地、菜农等实行粮油统销。是年，全县销售农村口粮1056万公斤。1985年起，全县实现粮食自给有余。同年4月1日，国务院确定对供应农村缺粮人口的口粮、种子、饲料、救灾粮以及农村其他用粮，销售价格都调整到比例收购价，实行购销同价。1990年，省政府确定取消农村经济作物和县城菜农的平价粮供应。1992年7月，行署确定放开粮油销售价格，对农村返销的救灾粮，市场价与定购价差额部分，由地、县财政给予一定补贴，建立地方储备粮和粮食风险基金制度，粮食部门必须保持一定数量的粮食储备。1993年，不再对农村安排统销指标。此后，如遇大的自然灾害，采取先安排地方储备粮或请示上级同意安排省级、中央储备粮，也可请示上级同意由粮食部门开仓借粮。1997 年，全县农村口粮销售 753 万公斤。1998 年起，统计报表不再有农村粮油销售内容。

粮油议价销售　1979 年，议价粮油经营恢复。是年，议价粮油销售 49 万公斤。1981 年，地区与县实行粮食购销差额管理，调拨包干的办法，如出现收支包干逆差，从议价粮食弥补，扩大议价支出的范围。1983 年，县粮食部门在议价粮油经营中，以销促购，以购促销，实行多渠道经营，粮油议价销量有较快增长。是年，议价销售粮食 1066 万公斤。1984 年起，工商行业用粮油，平价供应逐渐改为议价供应。1991 年，行业用粮全部由统销改为议价供应，是年，议价粮油销售 37.9 万公斤。1998 年，国务院确定“三项政策”（敞开收购、顺价销售、收购资金封闭运行），粮油改为顺价销售。2005 年，全县顺价经营粮油总量 3264 万公斤。

1979—2005 年惠民县粮食销售情况统计表

表 9－5　　　　单位：万公斤

年度	合计	城镇供应				农村销售				财政及专项用粮
		小计	定量供应	工商行业用粮	饲料粮	小计	农民口粮	民工补贴	奖售粮	
1979	1980	662	470	183	9	1318	1056	110	152	/
1980	4221	761	586	168	7	3460	3281	162	17	/
1981	4364	812	610	197	5	3552	1508	1989	55	/
1982	4595	878	647	171	10	3717	480	3156	81	/
1983	6452	971	701	253	17	5481	199	100	5185	/
1984	6467	1230	900	253	77	5237	122	30	5085	/
1985	1099	891	616	236	39	208	72	3	37	95
1986	8022	5885	3510	1745	630	463	463	/	/	1674
1987	8298	5878	3616	2062	200	2420	1345	/	/	1075
1988	8912	7005	4318	2606	81	1911	1907	1470	437	/
1989	7569	6143	4779	1346	18	1426	1426	/	/	/
1990	10197	4679	4203	420	56	5518	5396	/	122	/
1991	4935	4419	3929	338	152	516	516	/	/	/
1992	6054	4371	4020	291	60	1683	1683	/	/	/
1993	5541	4414	2858	401	28	1127	1127	/	/	/
1994	5165	3761	2427	575	763	1404	1404	/	/	/
1995	3754	3031	1067	2778	230	723	723	/	/	/
1996	6873	4506	1283	3223	/	857	857	/	/	1510
1997	5112	4359	1065	3106	188	753	753	/	/	/

续表 9－5

年度	合计	城镇供应				农村销售				财政及专项用粮
		小计	定量供应	工商行业用粮	饲料粮	小计	农民口粮	民工补贴	奖售粮	
1998	690	690	690	/	/	/	/	/	/	/
1999	7148	/	/	/	/	/	/	/	/	/
2000	13638	/	/	/	/	/	/	/	/	/
2001	9182	/	/	/	/	/	/	/	/	/
2002	10408	/	/	/	/	/	/	/	/	/
2003	10164	/	/	/	/	/	/	/	/	/
2004	2347	/	/	/	/	/	/	/	/	/
2005	3264	/	/	/	/	/	/	/	/	/

第六节　调运与仓储

调运　1979 年，继续实行中央集中统一，分级管理的粮食管理体制。1981 年，恢复购销差额管理和调拨包干的粮食管理体制，调拨包干一定三年，丰歉年有增有减，统算时调出总数必须如数完成，调入总数不得突破。1984 年 10 月起，实行调拨合同制。在编制粮油调拨时，调出、调入双方签订调拨合同，粮食年度结束后，县与地区核算年度调拨计划执行情况，结转调拨差额。1986 年，粮食调拨包干改为一定一年。1988 年，粮食调拨包干实行一定三年，食油调拨计划仍实行一年一定。1997 年，地区取消县市间调拨计划，实行粮食自产自销。

仓储　1979 年，全县共有储粮点 31 个，储粮仓库 286 座，容量 3142 万公斤，库存储粮 1403 万公斤。全县储粮仓库类型分为苏式仓、基建房式仓、简易仓和民房，仓库全是砖木结构。为实现“四无”（无虫害、无霉变、无鼠雀、无事故）粮仓，粮食入库前清仓消毒，入库后趁热密闭，定期测温探粮，及时出风凉晒、熏蒸。1982 年起，推行塑料薄膜密闭。1984 年，全县推广“三低”（低温、低氧、低剂量）和“双低”（低氧、低剂量）保粮法。“三低”每年储粮 1250 万公斤，“双低”每年储粮 3000 万公斤。1985 年，全县推广外地机械通风储粮经验，在冬季利用机械将外界干冷空气输入粮堆，换出粮堆内的湿热空气，促使粮食降温、降水后及时密闭。2000 年，国家投资 1553 万元，在县城建成 25000 吨的国家储备库。1986—2001 年，新建储粮仓容 3650 万公斤。2005 年底，全县有基层企业 13 个，储粮食房 303 座，容量 5199 万公斤，全部实现“四无”。

第七节　加　工

1979 年，全县粮办工业只有县面粉厂一家，日产面粉 25 吨。是年，总产值 179.7 万元，实现利润 1.94 万元。1982 年，建成日产能力 50 吨的标准粉车间。1984 年，建成食品车间和面条生产线，改装建成生产配合饲料机组。1988 年 10 月 25 日，建成投产日产能力 86.4 吨的特二粉车间，开始为农民代储兑换业务。1991 年 10 月，县饲料加工厂建成投产，年产全价配合饲料 1 万吨，并逐步建起猪舍、鸡舍、鸭舍、鱼池、鸽子舍等，大力发展家畜、家禽养殖经营。1992 年 7 月 1 日，粮油产品价格放开后，粮办工业走上市场化

县面粉厂

经营轨道。是年，总产值达1098万元，实现利润100.87万元。1995年10月，等级粉车间建成投产，日生产能力200吨，通过配粉能生产饼干粉、糕点粉、水饺粉等，生产的面粉远销东北、北京、天津等地。1996年12月，饲料厂受个体饲料业冲击和经营管理问题，租赁给六和集团，饲料企业退出粮办工业。2000年11月，县面粉厂资不抵债，停产整顿。2002年后，面粉厂对外租赁，人员分流，面粉企业退出粮办工业。

1979—2000年惠民县粮办工业情况统计表

表9-6　　单位：万元、万公斤

年度	企业个数	工业总产值	实现利润	实际产量		
				面粉	食品	饲料
1979	1	179.71	1.94	2941	/	/
1980	1	205.18	3.10	3053	/	/
1981	1	226.23	4.09	4148	/	/
1982	1	243.15	1.52	3681	/	/
1983	1	408.34	20.83	7112	/	/
1984	1	552.16	56.26	5515	/	166
1985	1	634.40	59.46	7625	62	1304
1986	1	668.00	75.31	1478	52	301
1987	1	685.00	89.06	1509	62	303
1988	1	713.00	97.99	1531	78	413
1989	1	830.00	63.48	1853	75	348
1990	2	1223.00	29.26	1636	74	207
1991	2	167.00	82.04	161	96	84
1992	2	1098.00	100.87	1830	/	617
1993	2	883.00	62.40	1471	/	237
1994	2	1898.00	81.19	2676	115	380
1995	2	1499.00	85.13	2387	1	569
1996	2	1686.00	50.26	2760	/	237

续表9－6

年度	企业个数	工业总产值	实现利润	实际产量		
				面粉	食品	饲料
1997	1	1561.00	20.00	2501	/	/
1998	1	1597.00	3.52	2612	/	/
1999	1	1884.00	6.00	3054	/	/
2000	1	725.00	－51.53	1162	/	/

第五章　物资经营

第一节　机　构

1979年，县物资局内设政工科、业务科；下设燃料公司。1982年，成立物资公司，隶属物资局管理，原物资局经营的物资划归物资公司经营。1983年4月，撤销物资公司，分设木材公司、建化公司、金属机电公司、物资服务公司，隶属关系不变。1984年1月，县物资局改称惠民县物资综合公司。同年7月，撤销木材公司、建化公司、金属机电公司、物资服务公司，4个公司业务归县物资综合公司业务科；同时，组建农工商联合公司。是年年底，县物资综合公司内设人事科、秘书科、财务科、业务科，下设燃料公司和农工商联合公司。

1986年1月，恢复县物资局，与县物资综合公司一个单位两块牌子。物资局内设政工科、业务科、财务科，下属有金属机电设备公司、燃料公司、物资服务公司、煤球厂、建化木材公司，共有在职干部职工149人。1988年，成立物资联营公司，1990年撤销。1991年，局机关撤销政工科、业务科，设立办公室、财务科、内审科。同时，撤销物资服务公司、煤球厂；原金属机电设备公司分为机电设备公司和金属材料公司；原建材化轻公司分为建材化轻公司和木材公司。同年5月，物资贸易大楼启用，成立物资贸易中心。1992年，县物资局改建为县物资经营总公司，下属机构未变。1993年，燃料公司分为燃料公司、物资协作公司、能源公司；化轻公司分为化轻公司、建材公司；机电设备公司分为机电设备公司和汽车销售公司。同时，成立物资开发公司和有色金属公司。1995年，原建材公司分为建材公司、配套公司、发展公司、振兴公司；物资贸易中心分为物资贸易中心、经贸公司、电镀厂；木材公司分为木材公司、供应公司；机电设备公司分为机电设备公司、摩托车销售公司。1996年，撤销配套公司、发展公司、摩托车销售公司。1997年1月，全县物资企业改制，重新组建8个有限责任公司：兴隆化轻有限责任公司、昌盛物资有限责任公司、金源物资贸易有限责任公司、永昌煤建有限责任公司、顺发物资综合有限责任公司、宏达物资供销有限责任公司、金鑫金属机电有限责任公司、万通汽车贸易有限责任公司。是年底，全系统共有干部职工386人。1999年，总公司内设机构调整为：办公室、政工科、财务审计科、资产管理科。2002年，总公司下属企业有：金鑫金属机电有限责任公司、永昌煤建有限责任公司和万通汽车贸易有限责任公司。全系统共有干部职工86名。2005年年底，物资总公司内设办公室、政工科、财务科，下属有金属机电、煤建、汽车贸易中心3个有限责任公司，共有在职干部职工45人。

第二节　物资体制改革

1980年，物资流通渠道开始实行计划供应与市场调节相结合，允许部分物资进入市场，按市场价格经营。经营的主要品种有：钢材、水泥、木材、煤炭、化工产品、机电设备等。1988年1月，县物资企业实行第一轮承包经营，承包期自1988年1月1日至1990年12月31日，本着“包死基数，确保上交，亏损自负，超收分成”的原则，一定3年不变。在经营方针上以经济效益为中心，外向型经营为突破口，强化管理、强化销售。是年，与之建立紧密型联系的外地大厂家15个，松散型货源渠道16个，全年实现利税均增长60%以上。1990年年底，在巩固、完善第一轮承包经营的基础上，制定物资系统第二轮承包经营责任制实施方案。1991年1月，物资局与所属各公司签订第二轮承包经营合同，顺利完成新的经营承包。1992年，物资局撤销，成立物资经营总公司，总公司从职能上实现转变，由过去单纯的行政管理，转变为管理、服务、经营三位一体的物资企业核心。是年，所属公司划小核算单位，实现销售额比上年增长70.7%。1993年，总公司把经营自主权最大限度地赋予企业，实行经营、价格、分配、用工“四放开”。各公司内部采取多种形式的经营模式，有承包经营、租赁经营和国有民营等。1995年，总公司对所属企业大部分实行资产租赁经营责任制和国有民营。1996年，县物资系统按照《中华人民共和国公司法》的要求，全面实行股份合作制改造，每个职工股金5000元，全系统集股金150万元，使企业完全进入市场。1997年，物资企业开展竞争上岗，下岗人员近百名。总公司采取措施保证养老保险基金上交。同时，沿街门店让下岗职工租赁经营，有能力的党员干部采取“一带五、一带三”的办法，进行承包经营。是年，全系统出现集中与分散相结合，外出做生意与打工相结合，县内经营与返回农村种地相结合的多种经营模式。

1998年，总公司遵循从理顺产权关系入手，以优化经济要素、盘活存量资产为重点，以增强企业活力，提高经济效益为目标，实行一企一策的原则，对已改制企业进行深层次多元化改革，对改造、重组的有限责任公司实行“三定一租”，即：定利润、定上交、定人员，将固定资产有偿租赁给各股份合作公司；将个体私营机制引入企业，先后组建2个私营企业，实行“一定一租”（定上交，定固定资产租赁费）办法；对闲置的沿街门店和场地进行改造、划分，租赁给下岗职工。是年，发展个体门店35个。1999年6月，总公司制定印发《关于进一步深化物资流通体制改革的意见》，大力推行以租赁为特征的经营模式，规定租赁形式可以集体租赁、合伙租赁、个体租赁或社会招租等。各租赁经营者均为自筹资金、自主经营、独立核算、自负盈亏、独立承担民事责任。2002年，总公司共改造修建沿街门店42个，为60名下岗职工提供经营场所；民营业户发展到50余家。至2005年，县物资经营总公司共有在职职工45人，下辖机电有限责任公司、煤建有限责任公司和汽车贸易中心3个直属公司。

第三节　经营管理

中共十一届三中全会后，县物资系统步入经营机制转换和体制改革的历程。此前，物资经营以计划采购、计划供应为主。物资进货渠道为：木材为东北有关林业局，机电产品为惠民地区机电公司，化工产品和建材（水泥除外）为地区轻化公司，水泥为济南水泥厂、济南二钢、五〇一厂、青龙山水泥厂，煤炭按地区燃料公司分配的计划到肥城、新坟、淄博等矿务局所属各矿自提。金属、煤炭、化工材料、建筑材料、机电设备五大类物资实行统一管理。各类物资采取预约订货，计划供应，调剂余缺和日常零售等方式最终到用户手中。其程序一般是用货单位按所需物资名称、规格、型号、数量等提出审请，经县计划管理委员会综合平衡后，由物资部门按计委下达的指标组织货源，安排供应。供应原则是先计划内后计划外，先特殊后一般，先中央后地方，保证重点顾及一般。倘若国家指令性分配物资不足，采取计划外物资补充、统筹调剂、以残次材料或边角料解决等3种办法。计划供应物资要求用户专料专用，不得擅自挪用或处理。煤炭供应为：酿酒、发电、烧砖、化肥生产、工厂锅炉及其他工业性用煤，实行按需供应；机关、团体、学校、饮食服务业用煤，根据用量按季节安排，用户持煤证或煤票购买；城镇居民依粮食供应标准确定供煤数量，凭证或票供应。

1980年，县内物资流通渠道开始实行计划供应与市场调节相结合的经营机制，为适应物资经营新形势，物资采购除前列进货渠道外，新开辟的渠道有：机电产品为栖霞电焊机厂、北京东升电焊机厂、潍坊拖拉机厂、济南电机厂、临沂电机厂、淄博水泵厂；金属材料为抚顺钢铁厂、沧州运输一队、德州中转站；化工轻工产品为兰州石化公司、大庆石化公司、齐鲁石化公司；水泥为博兴水泥厂、桓台水泥厂；煤炭有沧州中转站、开滦煤矿等。为满足全县的物资需求，县物资局在济南、北镇、张店、沧州等地派驻专职采购人员，负责订货和催货。同时，在进行社会调查的基础上，面向农村，立足服务，加强核算；采取直接进货方式减少中间环节，降低成本；除钢材、木材、水泥、砂石外，其他物资开展门市供应和送货上门；狠抓煤炭资源，疏通进货渠道，并转变依赖优质煤观念，以次质煤搞煤球生产，将其纳入市场供应。是年，全系统完成购进额352万元，完成销售额459万元，实现利润16.7万元。1981年，完成购进额403万元，较上年增加53万元；完成销售额510万元，较上年增加52万元。1984年，物资经营打破以计划采购为主、市场调节为辅的传统模式，开始实行以计划外购进为主、计划内购进为辅的经营方式，经营情况良好。完成购进额792万元，较上年增加279万元；完成销售额1140万元，较上年增加225万元，实现利润32.8万元。1986年，物资经营机制开始转换，变重经营轻管理为经营与管理一齐抓，完成销售额1199万元，同比增长16%。1988年，完成销售额3987.7万元，同比增长95.4%，实现利税131.1万元，同比增长51.4%。1991年，全县物资系统在开展升级达标活动的基础上，加强财务审计监督，规章制度不断完善。是年，完成销售额9118万元，同比增长4.5%；实现利税147.4万元，同比增长12.4%。1992年，总公司调整经营方略，严格分级承包和细化奖罚办法，并按月、季、年度分段考核。为增强群众监督效能，物资分配、调拨、供应、仓储、资金实现五公开，即资源资金用途公开、审批程序公开、分配结果公开、价格公开、经费公开。全系统完成销售额15556万元，同比增长70.7%；实现利税135万元，同比减少9%。1993年，是会计制度和税制改革的一年。总公司请财税部门的有关专家，对物资系统的会计人员进行培训，并在企业内部实行技术职务评聘制。年内完成销售额18366万元，同比增长18.1%，实现利税172万元，同比增长27.4%，创历史最好水平。是年，总公司连续两年被评为山东省物资系统先进单位。1995年，实施能人战略，根据贡献大小、业务能力和才能选拔企业法人代表。实行民主管理制度，依据德、能、勤、绩计分考评，充分发挥广大职工对领导干部的监督检查作用。在全地区物资系统效益下滑，出现亏损的情况下，县物资部门销售额仍超过亿元，实现利税141万元，名列全区前茅。1996年，物资经营完全进入市场、竞争异常激烈。由于观念滞后、创新不足、管理较乱、被动经营，县物资系统出现大面积亏损，完成销售额6529万元，同比下降37.5%，利税为负171万元。1997年，总公司重点进行资产清理和财务审计检查等工作，同时，对财产购置、房屋修建及处理依法定程序办理，从而减少国有资产流失。

1999年，针对物资企业的现实，总公司以改革为主线，促经营保稳定，经营状况有所好转，完成销售额3678万元，同比增长20%；实现利税32万元，同比增长68%。2001年，物资系统拓宽经营路子，突破传统经营项目，横向发展跨行业经营，将触角延伸到建筑用模板、架杆、搅拌机等租赁领域。全年完成销售额6101万元，实现利税80万元。2002年，积极发展和支持民营经济，物资经营体制和机制不断改革和转换，一个专业化、民营化并驾齐驱的格局业已形成。民营业户已发展到50余家，其销售总额和实现利税均超过专业化公司的总和。年内，县物资系统完成销售额6450万元，实现利税149万元。2003年，完成销售额8000万元，实现利税100万元。2005年，完成销售额6000万元，实现利税66万元。

1979—1997年惠民县部分物资经营情况统计表

表9－7

年份	钢材（吨）		木材（立方米）		水泥（吨）		轮胎（只）		机电产品（万元）		煤炭（吨）	
	购	销	购	销	购	销	购	销	购	销	购	销
1979	576	546	446	759	4409	4276	256	235	61.5	58.3	71979	70798
1980	619	609	584	228	2436	2695	776	798	106	98.4	45935	46298
1981	1189	1054	607	577	2213	2233	800	858	105	105.6	54647	5427
1982	1730	1785	813	601	3728	3728	758	803	164.2	166.5	56141	57108
1983	1076	1166	1167	1187	5710	1223	1293	1293	131.3	133	76431	74763
1984	706	669	1540	1573	3224	3224	444	434	208.2	206.1	83021	83823
1985	696	760	2314	2263	3544	3507	459	459	216	219	73643	72339
1986	/	1812.6	/	3069	/	7865	/	669	/	346	/	8728.5
1987	/	2134	/	3784	/	9664	/	842	/	464	/	72319
1988	/	2421	/	4243	/	16969	/	1026	/	1724	/	87967
1989	/	4887	/	3269	/	17000	/	1179	/	1035	/	117586
1990	/	5166	/	3744	/	13740	/	1899	/	1024	/	105330
1991	/	4842	/	4245	/	12491	/	928	/	1016	/	158666
1992	/	4607	/	4532	/	8446	/	692	/	2451	/	167854
1993	/	26237	/	1314	/	1301	/	458	/	4033	/	32565
1994	/	23373	/	125	/	1425	/	738	/	1005	/	19228
1995	/	22281	/	223	/	4288	/	508	/	2314	/	20486
1996	/	13626	/	0	/	611	/	530	/	1784	/	18316
1997	/	5678	/	0	/	865	/	510	/	1326	/	16716

说明：1986年始，表列指标只报销售数。1998年起，表列指标不再统计

第六章　石油经营

1979 年，县设立石油站，隶属县商业局，专司境内石油产品供应。1985 年，石油站更称山东省石油公司惠民县支公司，由县商业局直接管理改为代管。1987 年，实行省公司与县双重领导，人、财、物归省石油公司统一管理，业务以上级公司管理为主，县经委代管。1993 年，支公司易名山东省石油集团惠民公司。1998 年，惠民公司撤销，成立惠民县石油经销处。1999 年，经销处劳动、人事、分配制度改革，实行全员合同制和经理聘任制。2000 年，经销处划归中石化，重组为中国石油化工股份有限公司山东滨州惠民零售公司。根据中石化重组改制精神，经销处大部资产由中石化收购，经营权归中石化上市公司；原职工全员协议解除劳动合同，离退休及内退人员由地区石油公司统一管理。2002 年，零售公司撤销，其所属 16 座加油站组建为中石化惠民加油站管理处。2005 年，管理处一分为二，为滨州石油公司零售管理中心的派出机构。

第一节　石油购销

1979 年，石油产品供应严格按照国务院规定，实行统购统销，定量供应。是年，购进石油 4705 吨，销售 4708 吨。供应方式为：县财贸办公室下达供应指标，石油站负责销售。至 1986 年，石油供应整体上仍处于计划经济框架之内，货源属国家配置，销售基本由国有石油公司独家经营，而市场对油品的需求量逐年增大，县石油支公司效益甚佳。是年，支公司调入油品 1.06 万吨，调入总值 612 万元，销售总值 768 万元，上缴利税 36 万元。之后，计划供应渠道的石油逐年减少，石油市场逐渐放开，集体和个体石油经营户日益增多，支公司出现吃不饱状况。为应对石油购销新形势，支公司先后设立第一加油站和颇具多种经营色彩的门市部。1989 年，支公司投资 40 万元，建成 300 立方米立式储油罐 10 个，石油库存总容量达到 3000 立方米。1992 年，境内石油产品购进基本以自行采购为主，价格实行“双规制”（平价、议价）。是年，支公司下属经营站股实行“包死基数，确保上交，独立核算”模式的承包经营。1995 年，县内石油市场完全放开，国有石油公司独家经营的格局被打破，其潜在优势消失，国有石油公司处于前所未有的困境。为改变被动局面，国有公司将工作重心置于保障油源上，充实加强对外采购力量，确保油源稳定，满足客户需求。1997 年，惠民石油公司陆续新建加油站 3 个，有效提升市场占有率，整体经营能力有所提高。全年实现销售收入 1980 万元，利税 25 万元。1998 年，诸多因素造成惠民石油公司出现亏损，几致停业。鉴此，滨州石油总公司撤销惠民公司建制，改组为惠民石油经销处。翌年，滨州石油总公司向经销处注入资金，油品实行统一配制，统一管理，力促扭转亏损局面。2000 年，经销处改建为中石化山东滨州惠民零售公司后，经营管理实行“五统一”，即统一从国家正规炼油厂进货，统一安排油罐车向加油站送货，各加油站统一销售价格，销售收入统一存入市公司指定的银行，进货货款由市公司与炼油厂统一结算。经营规模不断扩大，经济效益与日俱增。2002 年，零售公司改制为中石化惠民加油站管理处，相继收购、新建多处加油站，经营规模进一步扩大。2003 年，因受经济快速发展和国际油价上涨因素影响，柴油货源开始紧张，市场销售出现“批零倒挂”现象，不法商贩趁机牟利。石油站管理处充分发挥市场供应主渠道作用，严格执行国家规定价位，平抑了市场，确保全县工农业用油的正常供应。2005年，管理处改建为两个片区。年购进、调入成品油4.3万吨，销售、调出成品油4.1万吨，零售市场份额占有率达60%。

第二节 网点建设

1988年，惠民石油分公司设立第一加油站。1992年，在车站路贾台村南建成第二加油站。1993年，于省道乐胡路小郭村建设第三加油站。期间，集体、个体加油站从无到有发展到60余处，流动加油车5部。1996年，石油公司租赁县交通局东关转盘加油站（四站）参与经营。1998年，惠民石油经销处投资300万元建加油站1座，改造加油站两座，自行改制流动加油车1部。2000年，中石化惠民零售公司收购集体、个体加油站两处，投资200万元新建加油站1座。至此，零售公司拥有加油站16座，并积极筹建农村经营网点。2002年，零售公司所属加油站组成中石化惠民加油站管理处之后，陆续新建加油站8座，收购社会加油站2处，建成农村网点10处。2005年，加油站管理处改组为两个石油经营片区。是年底，境内共有石油经营网点77处。其中，中石化拥有加油站26处、农村经营网点10处，集体、个体经营网点41处。

第三节 市场管理

1979—1984年，石油产品实行统购统销，定量供应，市场平稳。1985年后，计划外石油产品进入市场的份额逐年扩大，补充计划内油品不足，缓解了市场压力。但乱设摊点，倒买倒卖、掺杂使假的不法之举却日趋严重，造成石油市场混乱。1991年，按照地区清理整顿石油市场领导小组发布的《关于清理整顿石油市场的通知》精神，石油市场开始整顿。其目标是：石油商品除石油支公司、基层供销社和乡镇农机站外，其他单位和个人不准经营；基层供销社只准经营粮棉挂钩柴油和计划内农用柴油、煤油，乡镇农机站只能经营计划内柴油；取缔私人开设的废油加工厂和土炼油炉。此次整顿，石油市场的混乱现象虽有所收敛，但收效甚微。1994年，贯彻落实全区原油、成品油流通体制改革和石油市场整顿工作会议精神，县政府成立石油市场整顿办公室，进一步整顿石油市场。1995年，县工商局严查入境送油的油罐车及从境外进油的加油站，对违反规定者进行严肃处理，并对非法使用中国石化火炬商标的业户进行处罚。1999年，县经委、工商局、公安局、技术监督局联手，对县内从事成品油批发、仓储、零售及外商投资成品油流通企业逐一进行清理整顿，凡不具备经营条件者，一律吊销营业执照。2003年，根据山东省成品油市场相关管理规定，取缔未取得成品油经营资格的销售网点，石油市场得到进一步规范。2005年，全县具有成品油零售资格的经营业主计47家。

第七章 医药经营

第一节 机 构

山东省药材公司惠民县公司为中西药收购、加工、销售于一体的国营单位。1979年，公司内设人秘股、财务股、生产股。下辖2个批发部，胡集、姜楼、申桥3个药材经营组，大寺、东风、胡集3个零售门市部，共有干部职工65人。1990

年 8 月，山东省药材公司惠民县公司更名为惠民地区医药公司惠民分公司，隶属于惠民地区医药管理局，内设机构股改为科，所辖经营组改为经营部。1991 年，设立质检科，同年 7 月，增设桑落墅、南门两个医药批发网点。1993 年 1 月，公司实行大包干经营，设立第一、第二、第三批发部，新药特药商店，南门、桑落墅、胡集、申桥、姜楼等 9 个医药批发组和大寺、东风、第三药店 3 个零售网点。同年 11 月，分散经营改为统一经营，设批发部和胡集、申桥、姜楼、中药材经营组及南门、大寺、东风 3 个零售网点。1996 年 5 月 8 日，由于债务关系，惠民医药公司停止经营。6 月 8 日，滨州医药站组建惠民经营部。内设业务科、仓储科、财务科、中药材经营组。下设申桥、胡集两个经营组。1997 年 9 月，山东滨州医药集团公司成立。惠民经营部更名为山东省滨州地区惠民医药经营部，隶属山东滨州医药集团公司。12 月，惠民医药公司宣布破产。2000 年，惠民医药经营部实行经理负责制，内设办公室、财务科、业务科、仓储科、中药部。下辖申桥、胡集两个批发部，惠民瑞丰中心药店、瑞丰一店、二店、三店四个零售药店，共有职工 45 人。

第二节　药品经营

1979 年，惠民医药公司所经营药品由北镇药材批发站供应。经营方式采取计划收购、计划分配、柜台营业、敛单送货、展销、成药下乡、赶集设摊等多种销售方式。1986 年，全县医药商品的购进渠道主要从国家二级站调进，以滨州、淄博、济南、青岛的医药站、药材站、医疗器械站为主要货源站。自行采购的药品占销售总额的 20% 以下。1997 年 9 月，山东滨州医药集团公司成立后，惠民医药部所经营药品从滨州集团公司调拨，经营药品 1200 个品种、中药材 500 个品种。1986—1997 年，全县医药购进额为 4886.4 万元，销售额为 6511 万元。1997 年销售额比 1986 年增加 288.4 万元，增长率为 185.9%。

1998 年后，惠民医药经营部实行经理负责制和岗位目标责任制，同经济效益挂钩。管理人员执行岗位工资，销售人员执行销售提成费用包干制。干部执行聘任制，职工竞争上岗，执行交纳风险金制度，任务、指标责任到人。1998 年，完成销售额 666 万元，利润 11 万元，上缴税金 28 万元。1999 年，完成销售额 633 万元，利润 4 万元，上缴税金 25 万元。2000 年，完成销售额 675 万元，利润 2 万元，上缴税金 17 万元。2001—2005 年，药品经营一直处于困难之中。

第八章　烟草经营

第一节　机　构

1982 年，根据国务院对烟草实行专营的决定，全省烟草行业实行产供销统一管理。1983 年 8 月 10 日，山东省烟草公司惠民县支公司成立，原由县副食品公司经营的烟草业务同时移交支公司。1984 年 5 月，惠民县烟草专卖局成立，与支公司合署办公，在全县行使烟草专卖行政管理职能。12 月，支公司上划山东省烟草公司惠民分公司，实行地区分公司和县人民政府双重领导，以上级烟草公司领导为主的管理体制，其产供销、人财物由省公司统一管理。1994年4月，支公司加入东方烟草（集团）有限公司。1995年9月，正式定名为东方烟草公司（集团）有限公司惠民分公司。1998年8月，省烟草专卖局推行烟草行业综合配套改革，实行政企相对分开，组建山东烟草购销（集团）有限公司，主要从事专业化卷烟购销业务，总部设于青岛，惠民县烟草支公司相应更称山东烟草购销（集团）有限公司滨州分公司惠民支公司。2000年7月，滨州分公司更名为山东滨州烟草有限公司，县支公司随之改称山东滨州烟草有限公司惠民分公司。2005年7月，烟草系统深化体制改革，县分公司改建为山东滨州烟草有限公司惠民营销部。部下设综合办公室、专卖科、营销科，固定资产3372万元，共有职工85人。

第二节　卷烟购销

烟草实行专卖之前，境内卷烟由县副食品公司统购统销。1983年，烟草专卖机构建立后，按照《烟草专卖条例》规范经营。县烟草公司内设批发部，面向全县各零售网点批发卷烟。其销售的卷烟多从省内青州、济南、青岛、烟台、滕州、荷泽、沂水、临清、德州等地烟厂购进。主要品种有：八喜、青州、贵宾、将军、大鸡、宏图、红金、哈德门、时代、丰收等。从省外购进的卷烟品种有玉溪、中华、红双喜、牡丹、云烟、大重九、红梅、人参、红塔山、石林、茶花、红山茶、阿诗玛等名牌香烟。1994年，公司深化改革，强化企业管理，开拓流通渠道，在全县各乡镇建立卷烟批发网点，投资40余万元，购置多部送货车和卷烟运输车送货上门，改变公司坐门等客，客户往返数十公里提货的局面。1999年，实施“一点两面工程”，重点是以下伸网点为中心，加强网点送货面和市场净化面建设，深化专卖管理与业务经营之间的有机结合，通过固定送货，承诺服务等提高卷烟市场占有率。2000年4月，公司进行人事、用工、分配制度改革，其核心为在全体员工竞争上岗，优化组合的基础上，实行以“六定”（定人、定时、定线、定点、定量、定薪）送货责任制为主的计件工资制，突现按劳取酬的分配原则。继而在销售环节推出“卷烟批发一价制”，即公司与卷烟零售户以签订合同的方式统一全县卷烟销售指导价，零售户严格以指导价进货和销售，然后由公司定期返利。2002年9月，为降低运营成本，撤销基层网点及稽查管理所，公司成立访销中心、配送中心、稽查中心。2003年12月实行电话定货。2004年12月，滨州烟草公司成立物流中心和呼叫中心，实行集中电访、集中配货。2005年，实行电子结算。至此，一个“电话定货、网上配货、电子结算、现代物流”的现代化流通模式基本形成。同时，专卖管理工作也由传统管理模式向现代化社区管理模式转变。是年，全县卷烟销量13714箱，销售额8798万元，实现利税676万元，较2000年分别增长20.4%、228.8%、482.8%。

第三节　烟草市场管理

1984年，县烟草专卖局行使全县烟草市场的专卖管理职能。同年，国家烟草专卖局发布《烟草专卖条例实施细则》，使烟草行业的管理和经营更具可操作性。1991年6月，全国人大常委会通过《中华人民共和国烟草专卖法》，烟草经营纳入法制化轨道。1998年，县烟草专卖局组建专卖管理稽查大队，下设专卖中队。专卖队伍依法打击长途贩运、黑市批发和走私假冒卷烟，从而减少国家利税流失，维护消费者利益，净化卷烟市场。1986—2000年，全县查处各类违法案件

3369 起，查没卷烟 37.6 万条，罚没款 420 余万元。2001 年，在城区、淄角、李庄、胡集、陈集五个基层网点设立专卖稽查管理所，与基层网点实行统一办公，对卷烟零售户实行分片包干，责任到人，有效净化了卷烟市场。2002 年 9 月，专卖稽查管理所与基层网点同时撤销，由县专卖队伍统管全县市场。2001—2005 年，全县共查处各类违法案件 7762 件，查扣卷烟 5078 件，案值 541 万元。

第九章　盐务管理

1979 年，盐业由县供销社果品公司经营管理，设盐业股。1982 年，转交惠民县供销社贸易货栈，设盐业股。1983 年，贸易货栈改为贸易公司。1991 年，贸易公司改为县供销社工业品公司。1994 年，工业品公司设盐政管理办公室。2000 年 3 月，县供销社成立惠民县盐业专营批发部，盐业经营和管理工作从工业品公司转移到盐业专营批发部。2001 年 10 月，县政府印发《惠民县人民政府关于贯彻滨政发〔2001〕99 号文件调整和完善盐业经营管理体制的实施意见》，在县盐业专营批发部的基础上，成立“惠民县盐务局”和“山东省惠民县盐业有限责任公司”，一套人马，两块牌子。盐务局为县盐业行政主管机构和盐业行政执法主体，负责全县盐业行业管理、盐政执法和食盐专营的行政管理工作。盐业有限责任公司为省公司直属的实行独立核算、自负盈亏的企业法人实体组织，依法从事全县盐资源利用和盐产品生产、加工、储运、批发经营业务。2005 年，盐务局（盐业有限责任公司）内设办公室、案审委员会、财务科、稽查大队、销售科、销售中队。

第一节　盐政管理

1982 年，根据省政府《关于加强原盐产销管理和缉私护税的布告》，县贸易公司成立盐业缉私队，进行盐业稽查。1985 年，为强化盐业管理，开始与公安干警联合，配备警用机动三轮摩托车一辆，加强盐业缉私。1990 年 3 月，国务院颁布《盐业管理条例》，对原盐实行严格的计划管理。1993 年 3 月，行署下发《滨州地区盐业管理办法》。1995 年，县供销社设立盐政科。限于人员及装备，盐政科的具体工作仍由工业品公司盐政管理办公室承担。是年，工业品公司选派三人参加省盐务局举办的盐政管理培训班。2000 年 10 月，山东省人大常委会出台《山东省盐业管理条例》，对盐业管理作出更具体的规定。2002 年 3 月，按照省公安厅、省盐务局《关于全省盐政执法部门统一加入 110 社会联动体系的通知》要求，成立“惠民县公安盐政打击涉盐犯罪联合办公室”，并将盐政执法纳入 110 社会联动系统。联合办公室设在盐务局。2002—2005 年，共查获各类涉盐违法案件 1133 起，查获私盐 410 吨，罚款 50 余万元。

第二节　食盐专营

1979 年，县盐业部门批发经营的品种有食盐、畜牧盐、工业盐、消防盐，零售网点遍布全县。1983 年起，增加粉盐品种，并开设零售业务。1994 年 8 月，为保证人民身体健康，强化食盐加碘，国务院颁布《食盐加碘消除碘缺乏危害管理条例》，1996 年 5 月，颁布《食盐专营办法》，对食盐的生产、批发、零售、运输实行许可证制度。1997 年，工业品公司依法申领由省盐务局核发的“食盐批发许可证”。2001 年，县盐业有限责任公司换领新的“食盐批发许可证”。2005 年，按照合理布局的原则，盐务局重新设置食盐零售网点，共发放新的“食盐零售许可证”2000 个。2002—2005 年，食盐年销量分别完成3407 吨、4760 吨、4183 吨和 4660 吨。食盐计划完成率、合格碘盐食用率、碘盐覆盖率全部达到国家标准。

第十编　财税　金融

第一章 财 政

第一节 财政体制

1979年，实行“收支挂钩、增收分成”的财政体制，全县财政收入750.6万元，财政支出1197.8万元。1980年，执行“划分收支、分级包干”的财政体制，采取“分灶吃饭”的办法，各行政单位均实行经费预算大包干。是年，全县实现财政收入924.9万元，财政支出1064.7万元。1985年，全县实行“以收抵支、定额上交、超收分成”的财政体制。1986年，对预算外资金在资金所有权不变的原则下，实行“财政专户储存、集中代管、支出按计划审批、银行监督”的管理办法。同年，在全县21个乡镇建起乡镇财政，并制定全省第一个《惠民县乡镇财政管理暂行办法》。1988年，改革乡镇财政体制，对乡镇实行“定收定支，收支包干，定额上交（或补助），逐年递增（或递减），一定三年不变”的财政管理体制。1989年，各乡镇全部建立金库，进一步完善乡镇财政。1991年起，对乡镇实行“划分收支、收支包干、定额上交（或补助）、一定三年不变”的财政体制，即：划清收入支出范围，收入抵去支出后，超出部分每年定额上交县财政；不足部分，县财政每年给予定额补助。1994年，实行分税制财政体制。1995年，对乡镇实行“下划税种、调整基数、定额包干、分灶吃饭”的财政体制。1996年，在全省率先实行乡镇“财税合一”改革试点，当年乡镇财政收入比上年增长76.3%。1997年，取消全额、差额、自收自支3种预算管理形式，对事业单位实行“核定收支、定额或定项补助、超支不补、结余留用”的预算管理办法。同年，开始实施全县城乡居民最低生活保障制度。1998年，县政府印发《关于进一步完善乡镇财政体制的意见》。同年，建立企业下岗职工生活保障制度。1999年，调整乡镇税收返还办法，将乡镇增值税的25%按月下拨，75%部分的返还执行中央规定，即以1993年为基数，从1994年开始超基数部分按1∶0.3增加返还。2001年起，重新划分收支范围和增值税返还等方面的内容。2004年1月1日起，实行“划分收支、专项补助、定额上解、分灶吃饭”的乡镇财政管理体制。2005年，为加强预算外资金管理，全面实行非税收入收支两条线改革。根据《山东省农业财政专项资金县级报账制管理办法》《滨州市农业财政专项资金县级报账制管理暂行办法》的有关规定，制定《惠民县项目资金报账提款实施办法》，加强项目资金管理。

第二节 财政收入

全县财政收入主要来源是工商税收、农业税收、企业收入、其他收入和专项收入。1979年，贯彻执行中共十一届三中全会精神，各行各业全面发展，财政实力增强，财政收入增加。是年，全县财政收入750.6万元。1983年，实行利改税，全县财政收入1337万元，税收占财政收入的90%。1994年，实行分税制财政体制后，全县财政发展步伐进一步加快。2005年，全县完成财政收入7237万元。

工商税收 1979年，工商税收主要税种有工商税、工商所得税、其他工商税、屠宰税、牲畜交易税、罚款补税等。是年，工商税收为663.5万元，占财政收入的88.4%。1983年，开征增值税、国有企业所得税。是年，工商税收8911万元，其中，国有企业所得税1761万元，增值税55万元。1984年，开征建筑税。1985年，国营企业交纳城市维护建设税，对超计划自筹基建投资的加征建筑税。1986年，对经营金融业务的农信社恢复征收营业税，对纺织产品、日用机械、日用电器、电子产品、搪瓷制品、保温瓶实行增值税。同年，征收国营企业、事业单位奖金税、工资调节税。1994年起，税制改革，增值税的75%、消费税、一些重要行业的营业税划为中央收入，全县工商税收主要来自于增值税的25%、营业税、城市维护建设税等，工商税收在全县财政收入中的比重逐步下降。1998年开始，工商税收逐步回升。2005年，全县工商税收完成5411万元，占地方财政收入的74.77%。

农业税、耕地占用税及契税　1979年，全县农业税完成85.4万元，占财政收入的11.37%。1981年开展契税清理。1982年，随着农村改革的深入和农业产业结构的调整，农业生产和农村经济不断发展，农业税收不断增长，是年，农业税收134.3万元，占预算的129.1%。1984年4月全县开征耕地占用税。1985年，农业税由征收实物为主，改为折征代金为主。1988年，全面征收农林特产农业税，按实征税额的50%留归乡镇。1989年8月16日，召开第二次耕地占用税工作会议，对全县耕地占用税进行调查摸底，打开耕地占用税征收的局面。1994年起，实行分税制财政体制后，农业税收成为地方特别是乡镇地方财政收入的主体，各级进一步加强农业特产税源的培育，农业税收在地方财政收入中的比重逐步提高。2005年，全县农业税收完成1238万元，占地方财政收入的17.11%。

企业收入　1979年，国家对国营企业实行利润上缴制度，不征收所得税。是年，全县企业税收入为3.1万元，占财政收入的0.41%。1983年4月，对全县国营企业实行利改税，把国营企业上缴利润部分改为征收国营企业所得税。是年，企业税收入598万元。1984年10月，实行第二步利改税，对小型企业、饮食服务业按10%～55%的新八级超额累进税率征收。1985年，全县开征国营企业调节税。对城乡集体企业取得的生产经营所得和其他所得，统一征收集体企业所得税，取消工商所得税。是年，企业上缴国家财政利税744万元，占财政收入的52%。1988年，开征私营企业所得税，实行35%的比例税率。1990年，受物资企业效益下滑、粮食部门政策性亏损等影响，企业收入164.6万元，完成任务的58%，比上年减少54%。1994年，国家进行税制改革，将国营企业所得税、集体企业所得税和私营企业所得税合并为企业所得税，统一实行35%的基本税率。2005年，全县企业收入完成333万元，占地方财政收入的4.6%。

专项及其他收入　主要有排污费、城市水资源费、教育费附加、国有土地所有权有偿出让收入、罚没收入、行政事业性收入等。1979年，收入为40万元，占财政收入的5.33%。1990年，全县排污费收入30万元，完成任务的100%，比上年增长38%；其他收入84.4万元，完成任务的192%，比上年增长2.1倍。1996年，将养路费等13项数额较大的政府性基金（收费）及地方财政部门按国家规定收取的各项税费附加纳入财政预算。是年，全县专项及其他收入1316万元，比1995年增长51.75%。2005年，全县专项及其他收入225万元。

1979—2005年惠民县财政收支情况统计表

表10－1　　　　单位：万元

年度	财政收入	财政支出
1979	750.60	1197.80
1980	303.20	1064.70
1981	1210.30	983.80
1982	1280.00	1147.60
1983	1337.00	1262.40
1984	1310.10	1296.90
1985	1459.40	1760.70
1986	1642.00	2658.00
1987	1895.00	2157.00
1988	2432.00	3142.00
1989	3174.60	3885.40
1990	2762.70	4372.00
1991	3400.00	4636.00
1992	3443.00	4971.00
1993	4535.00	6364.00
1994	3187.00	7355.00
1995	3986.00	8028.00
1996	5594.00	10486.00
1997	7174.00	11283.00
1998	8606.00	13095.00
1999	10202.00	15249.00
2000	11818.00	17314.00
2001	12002.00	18123.00
2002	12189.00	22526.00
2003	13903.00	26174.00
2004	6534.00	23649.00
2005	7237.00	30649.00

第三节　财政支出

1979年，全县财政支出1197.8万元。1982年，随着财政收入的增长，财政支出规模不断扩大，对经济建设和各项事业的投入不断加大。财政总支出1147.6万元，较上年增加163.8万元。1986年，财政总支出2658万元。1997年，财政总支出11283万元。2000年，财政总支出达17314万元。2005年，全县财政一般预算支出25563万元，实际支出完成30649万元。

农业和农村经济发展支出　1979年，全县财政支农支出277.9万元，占当年财政总支出的37.02%。1980年，对农业事业费、畜牧事业费、农机事业费等列入包干范围，农业支出略有增长。1982年，支援农村人民公社和各项农业事业经费146.9万元，较1981年增长37.3%。同年，发放支农周转金23万元，扶持建材、地毯、皮毛加工等项目。1986年起，随着财政状况的好转和对农业基础地位认识的提高，预算内支农投入开始稳步增长。是年，共投放省、地、县三级支农周转金145.38万元。1987年，省财政厅要求各级财政支农支出要与财政总支出同步增长，同时调整支农资金结构，增加生产资金。是年，分配财政支农周转金45万元，扶持丙纶丝厂项目、申桥乡织布厂购置设备等。分配县优质棉及基地建设补助费，省补39万元，地补20万元。1988年4月8日，印发《支持农业经济专项基金管理试行办法》的通知，决定从1988年起建立乡（镇）级支持农业经济的专项基金，增加对农业的投入。1993年，加大财政支农投入，在改善农业基础设施的同时，重点支持科教兴农、农业产业化、农村基础财源等。2005年，全县财政支农投入3295万元。

企业挖潜改造资金和科技三项费用支出　1979年，全县企业挖潜改造资金215万元，科技三项费用1.9万元。1990年，科技补助经费11.69万元。同年，列省、地新上计划项目6项，补助经费10.5万元。新上计划项目8项，补助经费0.95万元。至2002年，全县企业挖潜改造及科技三项费用支出1322万元。2005年，全县企业挖潜改造资金和科技三项费用支出490万元。

社会保障支出　1979年，随着社会主义市场经济的建立和发展，全县逐步加大对社会保障事业的投入，财政社会保障支出达111.3万元。1997年，开始实施城乡居民最低生活保障制度，实行社会统筹与个人账户相结合。1998年8月，建立企业下岗职工生活保障制度，下岗职工基本生活和缴纳社会保险费的资金，采取“三三制”的办法解决，即：财政预算安排1/3、企业负担1/3、社会筹集1/3。是年，累计发放生活保障费108.2万元。1999年1月，国务院颁布《失业保险条例》，失业保险制度改革进入完善阶段。全年发放下岗职工生活保障费156万元。2001年，共支付农村养老保险金21万元。2003年，农保共办理退保、转移、死亡及领取人数2073人，共发放农保养老金42.22万元。至2005年年底，全县企业职工基本养老保险参保人数达到21000人，享受养老保险待遇的人数达3800人，年支出1415万元。全县共向748名下岗职工发放基本生活保障金360万元。

事业性支出　1979年，全县文化、体育、广播、教育、卫生事业支出461.8万元。1982年，文教、科技、卫生事业费支出533.3万元，为预算的96.3%，较上年增长7.6%；行政经费支出279.9万元，为预算的90%，较上年增长6.6%。1987年9月29日，印发《关于增核文教事业单位受灾补助费预算的通知》，支出补助费4.7万元。1989年起，不断加大对中小学基础教育、文化设施、体育事业、卫生事业的投入。是年，共投放文教行政事业周转金73.8万元。1993年10月，《中华人民共和国科学技术进步法》实施，要求财政用于科学技术的经费增长幅度高于财政经常性收入的增长幅度。1995年9月，《中华人民共和国教育法》实施，要求各级教育财政拨款的增长应当高于财政经常性收入的增长，并按在校学生人数平均的教育费用逐步增长。2005 年，全县文化、体育、广播、教育、卫生事业费支出 25449 万元。

第四节　第二预算管理

1979 年，全县预算外资金收入 74.6 万元，预算外资金支出 84.4 万元。县办“五小”工业实行利润分成办法，把分成部分纳入预算外。同年，开征城市公用事业附加。1984 年，根据上级规定，凡有预算外资金的单位，必须认真编制预算外资金收支计划，逐级汇总上报财政部门，同时，每季度末编报实际收支季报表。1985 年，纳入预算外资金有：农业税附加、公用事业费附加、集中的企业收入、统管的事业收入和其他收入等。1986 年，开征教育附加费。在坚持预算外资金所有权和使用权不变的原则下，实行“专户储存，计划管理，财政审批，银行监督”的办法。1987 年，为管好用活预算外沉淀资金，对受扶持单位实行“有偿有息、周转使用、到期归还”的管理办法。1988 年，对有关单位预算外资金实行收支两条线等形式管理。对事改企、自收自支单位的预算外资金在原来集中代管的基础上，实行“核定收支、定额上交”的方式管理。县直和省地驻惠民各行政事业单位或企业主管部门的预算外资金继续实行“集中代管”的方法。国营和县以上集体企业单位的预算外资金采取计划管理、政策引导的管理方式。1990 年，改进预算外资金管理方式，对部分事业单位和企业主管部门预算外收入、劳动部门管理的两金和吸收代存各项资金一律纳入财政的预算外资金专户管理。对国营和县以上集体企业大修基金、更新改造资金提取 30%，由财政集中代管。

1992 年，对专户储存实行“收支两条线”管理，每个单位在银行开设收支两个户，收入户只收不支，支出户只支不收。1993 年，预算外资金不再包括国营企业的预算外资金。1995 年 7 月 1 日起，全省范围内统一行政事业性收费票据，强调预算外资金的源头控制。1996 年 1 月 1 日，《滨州地区第二预算管理制度实施办法》实施。2000 年，实行“票款分离”办法：对政策性强，数额大的收费、基金项目，由财政机关的收费管理机构或预算外资金管理机构直接开票征收，资金由财政专户开户银行收取后，直接纳入财政专户。对行业性较强的收费项目，由主管部门开票，资金由财政专户开户银行代为收取，纳入财政专户。对分散而且数额较少的收费项目，由主管部门开票，财政部门在国有商业银行分支机构确定代收点，资金由银行代收后，划交财政专户。2005 年，全县预算外资金收入 9192.8 万元。

1979—2005 年惠民县部分年份预算外资金收支情况统计表

表 10－2　　单位：万元

年度	收入	支出
1979	79.40	84.40
1980	24.00	47.50
1981	64.30	49.30
1982	63.90	59.60
1983	73.70	67.50
1984	71.90	74.20
1985	61.70	61.10

续表 10－2

年度	收入	支出
1996	2514.50	2495.50
1997	3066.30	3048.70
1998	3432.40	3432.00
1999	4890.80	4028.30
2000	5269.00	5263.00
2001	5367.10	5363.10
2002	6080.30	6080.30
2003	11599.60	11599.60
2004	9467.40	9647.40
2005	9192.80	9192.80

第五节　财务监督管理

国有企业财务管理

固定资产管理　1979 年，省规定：县属工业、交通、商业、粮食、供销社、水产的全部企业，通讯企业，物资供销、储运企业，农牧企业，农机供销企业，劳改农场，文化、书店等，提取的折旧基金全部留给企业使用。同年 7 月，国营企业的固定资产实行有偿调拨的办法。1980 年，对地方国营企业和商业开展清产核资，对固定资产和流动资产逐户进行清理，通过清产核资，对固定资产做到账实相符。1982 年，印发《物资企业财务管理暂行规定》，规定固定资产的自然报废，必须经本单位职工、领导和专业人员参加的三结合小组作出技术鉴定，审查同意，按程序报批。是年，县电池厂固定资产报废 1.978 万元，县酒厂报废 8464 元。2005 年，全县共有国有商业企业 8 家，工业企业 9 家，旅游企业 2 家，资产总额达 96498 万元，负债 69167 万元，全年实现各项税收收入 1485 万元，亏损达 7665 万元。

流动资金管理　1982 年，全县流动资金总额 223.387 万元，流动资金占用费 4691.14 元。1983 年，国营企业（含预算外企业）的流动资金，改由人民银行统一管理和供应，国家财政不再拨付流动资金。同年，对全县企业库存质量残次低劣报废的机电产品和金属材料进行清理。凡经批准报废的产品和器材，首先冲减流动资金不足的部分。1993 年，企业财务制度改革，取消企业资金中流动资金的概念，企业货币资金除投资者投入外，主要靠生产经营产生和借入，企业可统筹使用这些资金。

利润分配　1979 年，实行县办工业利润留成和亏损分担的办法。是年，全县实现利润 82 万元。1980 年，根据“分灶吃饭”的办法，对企业财务进行部分改革：利润留成，利润包干超收分成，少部分单位仍实行全收全支的办法。1983 年 4 月，对国营企业实行利改税。工业企业中大中型企业按 55% 的固定税率缴纳所得税，税后利润全部留归企业。其他预算内工业企业均为小型企业，按八级超额累进税率缴纳所得税，税后利润留归企业。1985 年，企业上缴国家财政利税 774 万元，占财政收入的 52%。1988 年，全民所有制工业企业实行承包制后仍按现行税法缴纳产品税、增值税、营业税，对盈利企业完成承包上缴利润目标后的超收分成利润，可不再上缴，抵留转作企业留利。1994—2005年，内资企业所得税实行33%的比例税率，增设27%和18%两档照顾税率，逐步建立国有资产投资受益、按股分红、按资分利或税后利润上交的分配制度。

粮食企业财务管理 1985年，粮食企业财务下放县级管理。2004年，开始建立粮食企业财务信息月报制度，及时报送有关数据信息，准确反映运营状况。同年9月，经对县粮食收储公司企业财务挂账进行清理审计，确定1998年6月1日至2004年5月31日，新增财务挂账932.69万元。2005年，粮食企业进行改制，县面粉厂、劳动服务公司等企业通过拍卖、租赁等形式开始进入市场化运作。是年，县投入粮食企业资金58万元。将县粮食收储公司中央与地方共同贴息新增粮食财务挂帐2164万元、其他政策性亏损挂账932.69万元，剥离到县粮食局，实行停息挂账，集中管理。

行政事业单位财务管理 1979年，实行统收统支的财政管理制度，行政事业单位所需经费基本由财政供给，年终结余缴回财政。1980年起，对不同类型的行政事业单位实行不同的预算包干办法：对全额预算管理单位，实行“预算包干、超支不补、结余留用”的办法；差额预算管理单位实行“定收入、定支出、定补助、超支不补、结余留用”的办法；有稳定的经常性收入，可以解决本单位经常性支出，不具备企业管理条件的单位，实行自收自支管理，采取“核定收支、增收节支留用、减收超支不补”的办法。1985年6月，对有收入条件的事业单位实行企业化管理。1988年起，实行企业化管理的单位，收大于支部分，每年核定一个数额上交财政部门或主管部门，仍用于事业发展。1990年，对实行企业化管理的单位，推行承包责任制，达到经费自给有余，按规定提取固定资产折旧基金，建设发展事业基金、集体福利基金、职工奖励基金和后备基金，职工奖金同“增收减补”挂钩。1997年，取消全额、差额、自收自支3种预算管理形式，国家对事业单位实行“核定收支、定额或定项补助、超支不补、结余留用”的预算管理办法。2003年，根据市政府的统一部署和要求，决定在全县逐步实行财政统一发放工资。2004年，实施全县工资统一发放，统一乡镇工资标准，解决乡镇工资拖欠问题。

财政监督 1979年4月，县配备财政监察员。1980年3—4月，对全县缴纳所得税的单位和部分国营企业进行全面检查，查出有问题的118户，共漏欠税款10.05元，多征税款5321元。同年11月21日—12月26日，在全县范围内检查国合企业、社队工副业共134户，漏欠税款5.03万元，多征税款2176元。1985年，国务院要求每年进行一次税收、财务、物价大检查，检查范围包括国有、集体企业，行政事业单位，个体工商户。1998年起，停止一年一度的税收财务物价大检查，财政监督由原来集中性突击式的事后纠错检查，转向日常财政监督。1999年，县税收财务物价大检查办公室更名为惠民县财政监督局。同年起，财政、国税、地税、审计、物价等五部门实行财经执法检查“一家检查，信息共享”制度，财政系统对外检查实行“统一领导、归口管理、一头对外”的财政监督管理模式。2005年，对县乡两级2003年以来的“两税”征收情况进行清理检查，“两税”税源全部摸清，并收缴入库。同时，对“收支两条线”情况，第二预算单位收费、罚款情况及会计信息质量等进行检查，对查出的问题按照《中华人民共和国会计法》《中华人民共和国税收征收管理法》等有关法律法规进行处理。

会计管理 1985年，县下发《贯彻执行〈中华人民共和国会计法〉的通知》。1986年，将会计专业职称终身制改为任期制和聘任制。1987年，按照地区职改办统一部署，县职改办领导小组经对157个全民事业单位中涉及会计专业的118名技术干部进行审查，同意申报中级会计师职务的3人，初级会计职务的61人。是年，全县国营企业共有会计人员398人。1988年，向全县从事财务会计工作30年以上的52名会计人员颁发“会计人员荣誉证书”。1989年，在国营企业中开展会计工作达标升级活动，全县72家企业通过达标验收。1990年，举办“第七期乡镇财政管理”“预算会计”培训班，受训人数62人。1992年实行会计专业技术资格考试制度。1993年6—10月，对会计人员进行《企业财务通则》《企业会计准则》培训，培训1000余人次。1999年10月，在全市率先成立会计管理工作办公室，实行会计委派制度，对41家行政事业单位的68名会计人员，实行统一管理、统一考核、统一工资奖惩。2000年，完成全县第四次会计人员普查工作，为1023名会计人员建立数据库。2003年9月，惠民县会计核算中心成立，对县直79个全额行政事业单位账务实行集中核算。2005年7月，举办《中华人民共和国会计法》颁布20周年宣传活动。11月25日，惠民县会计学会成立。

控制社会集团购买力 1979年，县计委与财贸办公室下达社会集团购买力控制指标的联合通知，分品种采取分级管理的办法。1980年，取消县以上社会集团购置公用非生产性用品购物证，由国家规定商品目录，经有审批权的控制社会集团购买力办公室（简称“控办”，下同）批准购买，进行专项控制。1981年，改为省、地、县三级分管审批，同时将“凭证购买、定点供应”改为“计划管理、指标控制、专项审批、定额供应”的办法，专控商品增加为32种，部分商品下放县社控办审批。1982年，开展财务大检查，查出未经批准购买专控商品的违纪金额达5.6万元。1985年，专控商品减少为14种，其中由省控办审批商品3种，地区控办审批商品7种，县控办审批商品4种。行政、企事业单位需购买社会集团控制商品时，需按上级分配的年度指标提出申请，报县社控办公室或财政局批准后才能购买。1988年，对社会集团购买力实行直接控制和间接控制两种办法：对县以上党政机关、人民团体、全民和集体企事业、基本建设单位以及职工在200人以上的乡镇企业、城市街道企业的社会集团购买力实行直接管理，逐级分配控制指标，按时考核；对县以下单位，包括职工在200人以下的乡镇企业和城市街道企业，由上级提出压缩要求，实行间接控制。是年，专项控制商品扩大到29种。1989年1月1日起，根据省政府的决定，全县对购买专项控制商品征收附加费，建立教育周转金，除村办企业、城市居委会企业以外的经批准购买专控商品的单位，均须交纳。1996年，对全县行政、事业单位的小汽车实行定编管理。1997年9月，对行政事业单位和国有企业1996年以来购买、使用小汽车的情况进行检查。是年底，对党政、事业单位公费住宅电话、移动电话进行清理检查。1999年11月5日起，放开个体、私营企业购买小汽车的社控审批手续。11月23日，根据上级通知精神，在全县范围内停止征收专控商品附加费。2000年10月1日，全县取消社会集团购买专项商品审批制度。2003年，成立政府采购中心，对全县县直行政、事业单位的公务用车实行定点保险。2004年，公布《惠民县政府集中采购目录及限额标准和公开招标数额标准》，对县直行政事业单位在集中采购目录内的货物、工程、服务类项目纳入采购预算实施政府采购。2005年，制订《关于政府采购统一购车办理程序的意见》，对全县行政事业单位公务用车统一购置提出意见和管理办法，同时，对行政事业单位的公务用车定点统一保险。

国债管理 1981年，开始发行国库券，全县的国库券销售任务40万元，实际完成45.9万元，认购对象主要是国营集体单位。1982年，职工个人及农民也可购买，当年任务85万元，实际完成91.21万元。1989年，经省批准，县财政局设点办理国库券兑付。1990年，为方便群众兑付，维护国债信誉，减轻银行压力，建立国库券服务兑付网点，形成一条龙服务。同年，经研究决定，允许87年、88年国库券上市转让。1995年，国债发行全面实行市场化。1998年起，县加大对国债资金的引进使用力度。至2005年年底，共利用各项国债资金6031.44万元，其中，国债转贷资金4689.44万元，无偿资金1342万元。

1981—1997年惠民县部分年份国债发行情况统计表

表10-3　　单位：万元

年度	任务	完成
1981	40.00	45.90
1982	85.00	91.21
1983	92.00	94.87
1984	92.00	93.42
1985	115.00	162.54
1986	109.00	110.80
1990	190.00	/
1997	1927.00	/

第六节　国有资产管理

20世纪80年代初，国家在国有资产管理上制定一系列扩大企业自主权的政策、法规，通过对国有企业实行利润留成、盈余包干、“利改税”试点等办法，逐步理顺国家和企业之间的关系。1984年，国家对企业采取所有权与经营权分离改革，以“两权”分离为主要特征的租赁承包、承包经营责任制等应运而生。1988年起，企业横向联合、兼并破产等产权流动行为不断涌现，并出现企业集团和股份公司等新的企业组织形式，国有资产的产权问题越来越突出。1991年4月，为适应国有资产管理的需要，县国资办改由县财政局归口管理，副科级规格。1993年，县机构改革，撤销国有资产管理办公室。1994年7月25日，成立惠民县国有资产管理局。1997年，国资局实现职能转变，对全县行政事业单位的资产进行清理。至2005年，全县形成国有资产评价、行政事业单位产权登记、资产评估管理、国有资产保值增值和国有资产流失查处体系。

企业国有资产管理

企业产权管理　1992年，开始实行企业产权登记，对各企业占有、使用的国有资产进行详细登记，并对企业颁发产权登记证。1995年，根据《滨州地区实施〈国有企业财产监督管理条例〉办法》，县人民政府对管辖的企业财产实行分级管理，确定国有资产管理部门为人民政府的国有资产管理行政部门，依法全面行使对国有资产的监督权、国家投资权和收益权。1991—1997年，理顺产权关系，建立起国有资产出资人制度，有效堵塞了国有资产流失漏洞，国有资产总额增长3亿元。2000年，地区制定《企业国有产权转让管理办法》，对企业产权界定、产权纠纷调解、产权转让和产权改革等政策、内容、程序、办法、财务处理及法律责任等均作出明确规定，使国有产权管理逐步走上制度化和正规化轨道。至2005年年底，全县21家非金融企业，登记国有资产总额10.06亿元。其中国有法人资本为9050万元。

1991—2005年惠民县国有企业产权登记情况统计表

表10-4 单位：亿元

年度	1991	1992	1993	1994	1995	1996	1997	1998	1999	2000	2001	2002	2003	2004	2005
户数	22	43	43	50	58	57	57	45	45	43	42	42	42	40	40
国有资产	0.35	1.80	1.01	1.19	3.94	3.73	3.58	3.31	3.56	4.82	4.89	5.26	5.71	5.80	6.02

股份制改造　1997年，县成立企业改革领导小组，开始进行股份制改造工作。根据地区《股份制企业试点办法》，对拟进行股份制改造的10家企业进行摸底调查、论证和审批。按照“谁投资、谁所有”的原则，明确产权关系，对企业整体资产由具有评估资格的中介机构进行评估，确保国有资产不受侵害。对国有股折股比例、股权性质的确认等予以明确界定。在国家授权的投资机构尚不明确的情况下，由国有资产管理部门持有、并行使股东权利和义务，加强国有股权转让和配股管理。1998年，企业改革顺利结束，其中34家企业进行股份合作制改造。

资产重组与企业改造　1989年，惠民棉纺织厂兼并县毛巾厂。1994年5月，行署印发《滨州地区企业产权制度改革实施意见》，要求企业在产权改革、产权转让中以资产评估价值为基本价格，产权转让收入由国家资产管理部门组织收缴、专户存储。1995年起，国有企业改革进一步深化，企业间互相并购异常活跃，跨地区、跨部门、跨行业、跨所有制的资产重组成为改革的重要方式。1997年，县成立企业改革领导小组，至1998年，全县86家县属企业（包括集体企业），136家乡镇企业实行改革改制。其中，34家企业进行股份合作制改造，30家租赁，8家“三资”企业，7家被兼并，2家破产，1家分离经营，2家行政划转，4家被抵押，2家实行挂靠，10家实行其他改制形式。至2005年年底，完成物资系统、一棉、二棉等18家国有企业的改革改制工作，合理安置下岗职工2500余人。新组建的华润纺织、基德织业每年为县贡献税收2000余万元。

国有资产保值增值　1995年，遵照财政部、国家国资局等部门颁发的《国有资产保值增值考核实行办法》，开始进行国有资产保值增值工作。县国资局与58家国有企业签订国有资产保值增值责任书，并于年底进行考核。年初国家所有者权益1.3亿元，年末国家所有者权益3.9亿元，国有资产保值增值率165.98%。1997年，地区把国有资产保值增值率作为一项否定性指标，即未完成国有资产保值增值任务的企业不得提取当年新增效益工资。1998年，为实行厂长（经理）年薪制试点工作，县国资局与经贸委、审计局、劳动局四部门共同制定指标体系，国有资产保值增值指标作为一项否定指标被列入，年底考核国有资产平均保值增值率达到109.8%。至2005年，全县企业经济稳步增长，对国有资产保值增值起到保障和促进作用。

事业单位国有资产管理

行政事业单位产权登记　1993年，开始在行政事业单位进行产权登记，对各行政事业单位占有、使用的国有资产进行全面清查登记，并颁发产权登记证，作为唯一合法凭证，明确单位产权关系。1997年，全县行政事业单位国有资产总额3.79亿元。至2005年年底，全县各行政事业单位国有资产总额达9.014亿元。

行政事业单位国有资产基础管理　1993年2月21日，制订《惠民县行政事业单位财产清查登记工作方案》，对于固定资产的入库验收、保管、领用、检查、维护、损坏、损失、赔偿和闲置资产调剂使用等均作出明确规定。是年，行政事业单位资产账面原值2.6亿元，清查后核定为2.8亿元，净增2078万元。2005年，加强对行政事业单位国有资产的调剂管理，保证财政拨款的合理有效使用，防止了国有资产流失。

资产处置和“非转经”资产管理　1995年，县国资局依据《滨州地区行政事业单位国有资产管理（试行）办法》，在资产实物管理上，以汽车处置为突破口，通过严把审批关、评估关和处置收入的监督关，建立起正常、规范的管理程序。专用仪器设备、房地产等资产出售、转让、报废等均按规定程序办理。1997年，贯彻落实国家国有资产管理局制定的《事业单位非经营性资产转经营性资产管理实施办法》，联合开展行政事业单位“非转经”资产专项检查。是年，“非转经”户数为10户，其中，兴办经济实体的6户，出租、出借、承包的4户，投资总额402万元，收益总额59万元。2005年，对欠缴国有资产占用费、未经审批、评估和公开拍卖，擅自处置资产造成国有资产流失的单位，进行严肃批评，并依据财经法规予以经济处罚。

清产核资

国有企业清产核资　1991年，选择县材料厂进行清产核资试点工作，对固定资产、低值易耗品、原材料、债权、债务、专项资产等进行全面造册登记，汇总核对后，原材料盘盈2万元。1994年，县成立清产核资领导小组及办事机构，制定国有企业清产核资工作方案。3—5月，对42户国有企业进行全面的清产核资，全县国有企业资产总额5.2亿元，所有者权益8420万元；全部资本金损失4471万元，全部资金挂账5119万元；土地账面值为1843亩，清查后为2460亩。1995年3月，清产核资领导小组进行调整，在清产核资工作的基础上，开展全县国有企业占地清查估价工作，土地估价面积为2857亩，价值5.1亿元。

行政事业单位清产核资　1991年10月，对农业系统开展清产核资试点工作。1993年，成立县清产核资领导小组及办事机构，制定行政事业单位财产清查登记工作方案。2—4月，对141户行政事业单位进行清查，原账面资产2.7亿元，核实后2.8亿元，盘盈2172万元。共核实土地14113.5亩，价值1.01亿元，房屋64.3万平方米，价值1.06亿元。其中，小轿车69辆，计800万元。固定资产总值2.51亿元，流动资产2893万元，专项资金796万元，其他资产93万元，国有资金2.59亿元。

集体企业清产核资　1997年，在全县范围内全面推开城镇集体企业清产核资工作。参加清产核资的46家城镇集体企业资产总额6.05亿元，固定资产净增值735万元，净利润402万元，土地面积2218亩。1998年，开展城镇集体企业清产核资的收尾工作，共清理出5家挂靠企业。

第二章　税　务

第一节　机　构

1979年，县设财税局，税务与财政部门一个机构两个牌子。1982年2月，财税局改称财政局，财政与税务合署办公。1983年11月，税务局与财政局分设，税务局内设秘书股、税政股、会计股、监察股、稽征队，下设21个税务所和县直稽征组，共有税务人员105人。1990年，内设机构调整为人监股、办公室、税征股、计会股、征管股、促产办、装具所、稽查队，全系统实有人员173人。1994年7月，县税务局分设为国家税务局（简称国税局）和地方税务局（简称地税局）。

国税机构 1994年，国税局内设办公室、税收管理科、征收管理科、计划财务科、人事科、政工科、监察室7个科室和稽查分局、县直征收分局，下设21个国税所。1996年，撤销21个国税所，建立城关、胡集、麻店、辛店、李庄、淄角和梁家7个直属分局。1997年，麻店分局、辛店分局、县直征收分局、城关分局撤销，税收管理科和征收管理科合并为综合管理科。2001年，机构和人事全面改革，行政科室设办公室、人事教育监察科、综合业务科、税收评估科、税收管理一科和税收管理二科；直属机构设稽查局、计划征收局、信息中心、石庙分局、淄角分局、李庄分局和胡集分局。

地税机构 1994年，地税局内设办公室、计会股、税政股、稽查局及副科级稽征处，全县21个乡镇均设有税务所。1998年9月，全省地税系统实行垂直管理，机构设置、人员编制、干部任免等由省地税局统一调控。1999年，撤销乡镇税务所，全县建立7个征收分局，原稽征处改建为直属分局。设立监察室，负责本系统党风廉政建设工作。2003年，增设征收管理科。2004年，设立人事政工科和信息科。2005年，县地税局内设办公室、人事政工科、会计统计科、税收管理科、法规征管科、信息科、监察室7个科室，直属单位有稽查局、直属分局，下辖石庙、淄角、姜楼、胡集、辛店、麻店、李庄7个基层征收分局。共有税务人员86人，大专以上学历者74人，占总人数的86%。

第二节 税收税制

1979年5月，全国税务会议针对国内经济体制改革和对外经济关系的发展变化，提出税制改革的轮廓设想。1983年，经国务院批准，对国营企业实行第一步利改税。即将企业上缴的利润改征所得税，税后利润一部分上缴国家，一部分按核定的留利水平留给企业。1984年10月，利改税第二步改革启动。主要内容是将国营企业应当上缴国家的财政收入分别按11个税种向国家缴税，且把国家与企业的分配关系固定下来，从根本上改变原税制。是年，全县入库国营企业所得税282万元。1986年4月，《中华人民共和国税收征收管理暂行条例》颁布实施，标志着税收征收管理步入法制轨道。1987年4月，国务院发布《关于严肃税收法纪加强税收工作的决定》，使以法治税有了明确的法制依据。至1990年，县内依法开征的税种共26种，一个以流转税和所得税为主体，以其他税种相配合的社会主义新型复合税制建立并趋于完善。1993年1月，《中华人民共和国税收征收管理法》正式实施。全县上下均建立宣传组织，广泛宣传税法，增强民众以法纳税观念。加强税收队伍建设，实行公开办税，强化监督监察机制。全面实行纳税申报制，对个体工商业户建立纳税手册。1994年，国家实施税制改革。宗旨为：统一税法，公平税负，简化税制，合理分配关系，规范分配方式，保障财政收入，建立符合社会主义市场经济要求的税制体系。同年7月，县税务局分设为惠民县国家税务局和惠民县地方税务局。

国税征收 县国税局负责征收的主要税种有增值税、消费税、营业税、企业所得税和个人所得税。国家税务总局明确国税征税范围的还有城建税、土地使用税、印花税、房产税、投资方向税、税款罚款收入、教育费附加和能源交通重点建设基金收入等11个税收项目。1996年，国税深化征管改革，转换征管模式，转变工作职能，建立以上门申报纳税为主体，以计算机应用为依托，实行集中征收、重点稽查的新的征管机制。并依此搞好内部分工，根据工作需要定人、定岗、定责。同年，各征收单位全部实现微机开票。首次打破传统单一委任制，竞聘选拔分局正、副局长14名。1997年，全面推进委托代征制。即城区个体定额户委托工商银行代征，各农村分局全部委托农村信用社代征，集贸市场委托村街委员会代征。1998年，健全完善国税管理服务、征收监控、税务稽查三大机制，效果显著，个体业户按期申报纳税率达95%，企业达100%。2002年，实行纳税信誉等级管理，全县评出A类企业15户、B类73户、C类68户，申报率达100%。2004—2005年，推行“一窗式”管理，按照“精细分工、细化岗责、紧密联系、有效制约”的原则，完善了税收征稽管理制度。

地税征收　县地方税务系统负责征收的税种有营业税、资源税、企业所得税、个人所得税、土地增值税、车船税、城建税、房产税、土地使用税、固定资产投资方向调节税、印花税、屠宰税、筵席税、证券交易税、遗产和赠予税，共15个。根据有关规定，还负责教育费附加和水利建设专项资金的征收。同时，搞好税源调查，落实收入任务；实行收入目标责任制，将任务完成与奖励直接挂钩，定时考核，奖惩兑现；及时进行收入分析和调度，力促均衡入库；实施集执法、征管、服务、宣传、监督于一体的“111”服务工程，落实“一拨就通、一问就答、一叫就到”的服务承诺。全县地税年收入由1994年的1236万元增加到2005年的6693万元。

第三节　税种税率

增值税　1982年12月29日，财政部正式公布《增值税暂行办法》，省财政厅随之下达执行通知。1983年1月1日，在全县正式开征增值税，实行单位为生产机器、机械、农机器具产品的国营、集体企业。1984年9月13日，国务院发布《增值税条例（草案）》，规定只对生产、委托加工和进口增值税应税产品的单位和个人征收。征收范围划分为甲、乙两类产品，共12个税目，税率为10%～16%。1987年，调整征税范围及税率，设24个税目、11档税率，以14%为基本税率，按“扣除法”计税。1988年，再次扩大增值税征收范围，增设6个税目和一个税率档次。1989年，增设“工业性作业”税目。1994年1月，对商品的生产、批发、零售和进口全面开征增值税，实行不计税价计税，设17%、13%、6%三档税率。县国税、地税分设后，由国税局负责征收。

营业税　1984年9月开征。纳税人为境内提供应税劳务、转让无形资产和不动产的单位和个人。设交通运输业、建筑业、金融保险业、邮电通信业、文化体育业、娱乐业、服务业的转让、无形资产和销售不动产9个税目。1993年12月，税率归并为3%和5%两档。1994年1月，根据国务院《中华人民共和国营业税暂行条例》规定，交通运输、建筑安装、邮电通信、文化体育行业执行3%的税率，娱乐业则根据所从事的娱乐业的性质执行5%～20%的税率，其他行业执行5%的税率。

企业所得税　1994年1月开征。企业所得税（即内资企业所得税）由国营企业所得税、集体企业所得税和私营企业所得税合并演变而来。企业所得税以纳税人取得的生产、经营所得和其他所得为征税对象。1985年，小型企业、饮食服务业按八级超额累进税率征收，税率为10%～55%。1993年12月13日，设33%的基本税率和27%、18%两档照顾税率。对年应纳税所得额在3万元以下（含3万元）的企业，暂减按18%的税率征收。年应纳所得税额在10万元以下（含10万元）至3万元的企业全额减按27%的税率征税。2001年，为落实所得税分享政策方案，国务院办公厅、财政部和国家税务总局就国家税务局和地方税务局征收所得税的征管范围作了调整。

个人所得税　1994年1月开征。该税由城乡个体工商业户所得税、个人收入调节税合并而来。

个人所得税主要对其收入较高者征收，对中低收入少征或不征，对工资薪金所得实行5%～45%的超额累进税率；生产经营所得实行5%～35%的超额累进税率。原由县地税局负责征收。1999年11月，根据国务院《对储蓄存款利息所得征收个人所得税的实施办法》，按20%的比例税率，由县国税局负责征收。

消费税 1994年1月起，对少数消费品征收消费税。纳税人为在境内生产、委托加工和进口烟、酒及酒精、化妆品、护肤护发品、贵重首饰及珠宝玉石、鞭炮烟火、汽油、柴油等消费品的单位和个人。设税目11个，征税项目25个，税率档次14个，最低3%，最高35%。同年8月起，由县国税局负责征收。

资源税 1984年10月开征。纳税人为在境内开采石油、天然气或者生产的单位和个人。从事资源开发的单位或个人因资源差别收入征收资源税，实行从量定额征收。1993年起，设7个税目，规定8个幅度税额税率，最高单位税额为60元/吨，最低单位税额为0.3元/吨。1994年税制改革，除对原油、天然气、煤炭征收资源税外，对金属矿品和其他非金属矿品、盐等均征收资源税。同年起由县地税局征收。

城镇土地使用税 1988年11月开征。纳税人为在县城、建制镇范围内使用土地的单位和个人，税率采用幅度差别定额税率，按不同等级规定不同的年税额。1994年，经山东省人民政府批准，全县执行一等土地年税额0.28元/平方米，二等土地年税额0.25元/平方米，三等土地年税额0.2元/平方米，建制镇年税额0.15元/平方米。是年起，由地税局征收。自1998年起税率多次调整。2002年，一等土地年税额1.6元/平方米，二等土地年税额1元/平方米，建制镇、工矿区年税额1元/平方米。

房产税 1986年10月开征。纳税人为县城、建制镇拥有房产的单位和个人。计税率有两种：一种是以房产原值一次性减去10%～30%后的余值为计税依据，税率1.2%。另一种是房产出租，以租金收入为计税依据，税率1.2%。1994年起，由地税局征收。

城市维护建设税 1985年1月开征。以纳税人实际缴纳的增值税、消费税、营业税税额为计税依据，分别与增值税、消费税、营业税同时缴纳，税率为5%。1994年税制改革，该税种由流转税额附征，改以销售收入为计税依据的税种，并扩大税基，成为地方税体系中骨干税源。

土地增值税 1994年1月，根据国务院《中华人民共和国土地增值税增设暂行条例》规定开征，由地方税务局负责征收。纳税人为有偿转让国有土地使用权、地上建筑物和其他附着物产权取得增值性收入的单位和个人。税率适用四级超率累进税率：增值额未超过扣除项目金额50%的部分，税率为30%；增值额超过扣除项目金额50%未超过扣除项目金额100%的部分，税率为40%；增值税超过扣除项目金额100%未超过扣除项目金额200%的部分，税率为50%；增值额超过扣除项目金额200%的部分，税率为60%。

固定资产投资方向调节税 1991年1月1日开征，同时停征建筑税。纳税人为在境内进行固定资产投资的单位和个人。税率分别为0%、5%、10%、15%、30%五个档次。2001年停征。

车船使用税 1986年10月1日复征。在境内行驶的车船一律征税，对拥有但不使用的车船不征税。1994年起，由县地税局负责征收。1999年，山东省政府适当调高部分类别车辆税额，大型客车300元/辆，小型客车260元/辆，三轮摩托车72元/辆，二轮摩托车56元/辆，载重汽车60元/吨。

印花税 1988年10月1日复征。纳税人为境内书立、使用、领受应税凭证的单位和个人。纳税人根据应税凭证的性质，分别按比例税率或按定额计算应纳税额。1990年7月，对印花税暂行条例举征税的各类保险合同的计税依据进行调整，由投保额改为保险费收入，税率由万分之零点五改为千分之一。1994 年起，由地税局负责征收。

屠宰税　1979 年，只对个人和集体食堂征收。1985 年，国营、集体、个体屠宰、饮食业屠宰的牲畜按收购价支付 3% 的工商税，农村农民及集体伙食单位屠宰的猪每头征收 2 元，大牲畜每头征收 4 元，再按市场价的 3% 征收屠宰税。1994 年税制改革后，屠宰税征税范围为屠宰或收购的生猪、牛、羊、马、驴、骡，在收购环节或屠宰环节征收。税额分别为：生猪每头 10 元，牛、马、骡、驴每头（匹）20 元，羊每只 2 元。凡在收购环节缴纳屠宰税的，屠宰时不再交纳。2000 年，在农村税费改革中逐步取消。

教育费附加　1986 年 7 月 1 日开征。凡缴纳增值税、消费税、营业税的单位和个人，以其实际缴纳的增值税、消费税、营业税额为计征依据，同时缴纳教育费附加，附加率为 3%。

地方教育附加　对缴纳增值税、消费税、营业税的单位和个人，按增值税、消费税、营业税税额的 1% 由地方税务局征收。

文化事业建设费　1997 年 6 月开征。纳税人为缴纳娱乐业、广告业营业税的单位和个人。税率为缴费人缴纳娱乐业、广告业营业税的 3%。与娱乐业、广告业营业税一并缴纳。由地税局征收。

农业税收包括农业税、农（林）业特产税、耕地占用税和契税，由县财政部门征收。

农业税　纳税人为境内从事农业生产、有农业收入的单位和个人。中华人民共和国成立初期，境内沿用解放区农业税征办法，农业税附加正税的 15%。1979 年，全县农业税收入为 85.4 万元，1980 年为 95.8 万元。1982 年，全县粮棉大丰收，不仅当年应征税款全部入库，还还清历年尾欠 3 万余元，共入库 134.3 万元。农业实行联产承包责任制后，农业税负担、征入、减免、结算等都先后进行一系列改革，原则上农业税负担基础（地亩、常产）到队（后改为村委会），征收任务分解落实到户。每年春季对各单位的人口、地亩、常产、税额，做一次增减变动核实，分配夏、秋征收任务。1985 年，全县农业税征收 295 万元。1986 年，征收入库 286.6 万元，占应征任务的 100%。随着农业生产和农村经济不断发展，农业税收不断增长，地方财政收入的比重逐步提高。2005 年，全县农业税收完成 1238 万元，占地方财政收入的 17.1%。

农（林）业特产税　1983 年 11 月 12 日，国务院发布《关于对农林特产收入征收农业税的若干规定》。该规定指出：凡从事农林特产生产并取得其收入的单位和个人，均依法缴纳农林特产税。税率由省政府根据不低于粮田实际负担水平原则下，分别规定不同产品的税率，一般为 5%～10%，最高不超过 15%，县内主要征税品目是水果、水产品。1988 年，全面征收农林特产税，按照《关于农林特产税征收问题的意见》（以下简称《意见》），征收范围扩大到果用瓜类和海水养殖产品等。《意见》列举的应税产品收入，特别是尚未征税的大宗产品收入，均依法征税，并按实征税额 50% 留归乡镇。同时，计算征收标准量价格由原来的每公斤 0.4131 元，调为 0.4257 元。

耕地占用税　1984 年 4 月起开征。纳税人为占用耕地建房或者从事其他非农业建设的单位和个人，就其占用面积一次征收的税。1987 年 4 月 1 日，国务院发布《中华人民共和国耕地占用税暂行条例》，全国普遍开征。以县为单位按人均占有耕地多少，并参照经济发展情况划分不同等级，每级确定每平方米 1～10 元的不等定额，省核定惠民县为每平方米 3.8 元。按条例规定，军用设施、学校、敬老院、医院等以及军、烈属等在规定用地标准以内建房确有困难的，由纳税人申请，经乡镇政府审核，报县政府批准后，可给予减免税款。由于耕地占用税是新税种，群众认识不足，加之措施乏力，是年，分配全县任务 197 万元，完成 20 万元。1988 年，收入 59 万元。1989 年 8 月 16 日，惠民县第二次耕地占用税工作会议召开，会后在全县进行耕地占用情况调查摸底，局面逐步打开。

契税 纳税者为境内转移土地、房屋权属的承受单位和个人，税率为3%～5%。境内契税征收基本上针对农村住房，而农村多为农民自建住房，很少买卖，契税征收长期处于停滞状态。为做好契税征收，惠民县曾在1954年、1965年和1981年进行过较大清理。1985年，全县征收契税额3.3万元。1990年，《中华人民共和国契税暂行条例》颁布实施，契税征收趋于正常。

第四节 税源培植

中共十一届三中全会后，全县调整工业布局，建成一批县、乡、村及个体工副企业。县税务部门依照上级有关规定，采取欲取先予方针，支持中小企业和扶持个体私营经济发展。1981年，对百家纳税困难户和停产企业减税款50万元。1982年，筹资90万元扶持4个项目、8个单位、4家专业户，取得当年投资当年收益的好业绩。1986年，全县发放扶持生产周转金29万元，建立支、帮、扶、促联系点45处，商品生产项目200余个，增强了企业活力，增加税收32万元。1987年，开展“支、帮、促”活动，共建支帮点59个，支帮项目62个，增加经济效益151万元。1988年，扶帮单位85个，拨放扶持资金、生产周转金73万元，新上项目32个，传递信息87条，增加产值786万元，增加税收34万元。同时，正确运用依法减免税政策，支持地方经济发展，减免税款84万元。翌年，减免税款217万元。1990年，税务局建立促产办公室，开展促产增收活动，设立促产点46个，项目65个，帮助推销产品236万元，拨付周转金142万元，帮助贷款102万元，财务核算指导167人次。通过帮扶促产，为企业增加产值1867万元，年增利润41万元，增加税金278万元。1991—1993年，共建促产点54个，项目92个，为企业融资876万元，推销产品1702.73万元，清理三角债873万元，提供信息628条，新增利税1129万元。

国税税源培植 1994年，县国税局在依法治税、为国聚财的同时，积极推进征管改革进程，为纳税业户提供优质服务，培植税源。1996年，撤销21个国税所，建立7个征收分局，设立征收服务厅和征收柜台，委托21家农村信用社设立代征点，办理纳税专用卡，最大限度方便纳税人。同年，进行国税登记换证工作，全县共办登记证2850户，应税业户按期申报率达95%。1997年起，实行税务公开和首问责任制，为纳税人提供优质办税环境。各办税服务大厅实行“一窗式”服务，有关科室进驻大厅现场办公，实现为纳税人从税务登记、发票管理、纳税申报到税款征收的“一条龙”服务。2000年，成功开发运用“5·15”国税信息服务网站，初步实现纳税人网上远程电子申报和国税部门对纳税人的网上服务，全县有121户一般纳税人足不出户就可网上进行远程电子申报。2001年，开展税收秩序整顿，扶持民营经济，引进外资，支持地方经济发展活动。民营经济税收总收入达1455万元，比上年增加450万元。落实出口退税600万元。国税部门引进外资500余万元，成立春华棉纺织厂等3家企业，年利税可达200余万元。2002年，针对重点税源企业减少、农副产品抵扣率上调等政策调整因素，减免税收300万元。2004年，实行“一窗式”管理服务制，增值税一般纳税人完成一次申报时间由原6～10分钟缩减为1～2分钟。注重出口退税、下岗职工再就业政策，年内落实免抵调库指标188万元，退税78万元。税务系统贯彻招商引资优惠政策，完成招商项目7个，到位资金2300万元，列驻惠民27个单位前茅，受到县委、县政府表彰。2005年，国税税源主要为纺织、商业、供电等企业。民营经济增值税大幅度增长。是年，增值税完成6660万元，比上年增长59%，增加绝对额2480万元。

地税税源培植 1994年起，县地税局配合有关部门连续三年参与组织召开全区财源建设工作会议，并根据国家现行税收政策，结合本地经济发展现状，制订《关于大力支持全县经济发展的实施意见》。同时，充分利用地税部门信息灵、接触面广、精通财务知识等优势，帮助企业出主意、想办法、跑原料、找销路、回笼货款、融通资金，为企业发展起到爬坡助力作用。1998—2005年，实行首问负责制和办税“一条龙”服务，即办税服务厅由接待纳税人的第一位税务工作人员负责指导，帮助完成所有纳税项目，为纳税人提供热情、快捷的办税服务。开展帮扶困难企业活动，先后与80家困难企业结成帮扶对子，提供信息服务，制订《解放思想，加快发展的实施意见》《关于支持地方经济建设的实施意见》《提高行政效率优化发展环境的实施意见》《关于支持民营经济发展的实施意见》。

第五节　税收收入

1979年，全县财政收入750.6万元。其中，工商税收完成611.8万元，农业税收完成85.4万元，余为商业、企业、供销企业等完成。1982年，县财政收入1280万元。其中，工商税收完成945.4万元，农业税收完成134.3万元，企业税收完成192.9万元。1983年1月，对国营企业实行第一步利改税。1985年，实行第二步利改税，工商税收完成1284.81万元，首次突破千万元税收大关。1988年，全县共有纳税户4751户。其中国营105户，集体221户，个体4425户。征收税种15种，另有教育费附加等3种。共组织税收1825.12万元。1989年，实现工商各税入库2257.24万元，占年度计划的109.9%，突破税收两千万元大关。1993年，完成各项税收共3606.6万元，占分配任务的115%。其中，完成中央级39.3万元，省级158.1万元，县级3469.2万元。综合分析，产品税、增值税、车船使用税和印花税完成较好，较1992年大幅度增收；白酒、纺织、建材、金融保险、交通运输、公用事业和服务行业运行形势看好，税收增长较快；商业系统销售滑坡，购买力下降，致使营业税较1992年减少收入129.3万元；由于农业连年受灾，棉花减产，造成供销企业大面积亏损，仅集体企业所得税较1992年即减收41万元。

国税收入　1994年，国税收入3235.1万元。其中，完成中央级2509万元，省地级3.5万元，县级722.6万元。1996年，由于骨干企业普遍资金紧张，县内遭数十年不遇暴风雨袭击，以砖瓦业为主的乡镇重点税源普遍损失严重，致使税源紧缺，加之面临税收征管改革，农村税收机构合并等因素，加大了税收工作强度和难度，年组织工商税收入库仅3244.28万元。1998年，完成工商税收3376.6万元。2000年，全县国税重点税源企业为各油棉厂、良种棉厂、面粉厂等，由于对农副产品税收的低扣税率由原来10%上调至13%，进项税额相应增大，减少税额249万元，全年完成税收入库4499.22万元。2004年，因受惠民华润、彩霞地毯、飞虹丝业等骨干企业生产经营滑坡或停产影响，第二产业实现税收严重萎缩，比上年减收绝对额440万元。以六和农牧科技园、惠源冶金炉料为代表的民营企业发展势头较好，1—12月份实现税收2409万元，较2003年增长24%。2005年，完成计划口径税收7636万元，占年计划144.07%。其中，增值税完成6660万元，比2003年增长59.3%；企业所得税完成244万元；外商投资企业所得税完成157万元，较2003年增长185%；个人所得税收入566万元，较2003年增长16.94%。

地税收入　1994—1996年，县地税系统税收基数较小。但全县经济发展较快，尤其是个体经济、私营经济高速发展，所以税源较为充足，地税收入快速增长。1997—1999年，县内国有企业改革进入攻坚阶段，经济增长趋缓。2000—2005年，全县经济形势明显好转，地税收入步入稳定增长的健康轨道。

1979—1993 年惠民县税收收入情况统计表

表10-5　　　　单位：万元

年度	工商所得税	其他工商税	增值税	产品税	消费税	企业所得税	个人所得税	城建费	车船使用税	城镇土地使用税	盐税	房产税	印花税	固定资产投资方向调节税	牲畜交易税	资源税	土地增值税	屠宰税	其它	合计
1979	50.80	611.50	/	/	/	/	/	/	/	/	/	/	/	/	/	/	/	/	/	750.60
1980	80.00	290	/	/	/	/	/	/	/	/	/	/	/	/	0.72	/	/	2.18	/	702.80
1981	104.20	1.92	/	/	/	/	/	/	/	/	/	/	/	/	0.25	/	/	1.67	0.41	825.80
1982	/	/	/	/	/	/	/	/	/	/	/	/	/	/	/	/	/	/	/	945.40
1983	/	/	/	/	/	/	/	/	/	/	/	/	/	/	/	/	/	/	/	890.90
1984	93.72	5.77	8.84	130.85	/	281.55	/	/	/	/	/	/	/	/	/	59.02	/	/	/	901.41
1985	164.78	25.51	11.95	575.01	/	201.82	/	31.26	/	/	/	/	/	/	8.50	56.07	/	/	/	1284.81
1986	/	/	/	/	/	248.00	/	/	/	/	/	/	/	/	/	58.00	/	/	/	1328.00
1987	/	/	/	/	/	357.00	/	/	/	/	/	/	/	/	/	107.00	/	/	/	1452.00
1988	/	/	/	/	/	347.50	/	/	/	/	/	/	/	/	/	103.00	/	/	/	1825.12
1989	/	/	/	/	/	334.86	/	/	/	/	/	/	/	89.38	/	108.68	/	/	35.31	2257.24
1990	/	/	/	/	/	180.00	/	/	/	/	/	/	/	65.00	/	109.00	/	/	35.00	2151.00
1991	875.09	/	677.22	187.13	/	187.80	5.84	62.73	16.11	40.74		84.25	13.96	123.62	48.43	/	51.00	4.45	114.10	2515.20
1992	1007.00	/	785.59	223.93	/	197.20	1.99	67.85	13.29	47.46		79.19	9.25	130.05	6.79	/	/	6.98	149.29	2779.90
1993	/	/	/	/	/	103.10	/	/	/	/	/	/	/	/	/	/	/	/	/	3606.60

1994—2005 年惠民县国税收入情况统计表

表10-6　　单位：万元

项目 数字 年份	增值税	消费税	营业税	企业所得税	个人所得税	合计	占年度计划(%)	实现中央级	实现省地级	实现县级
1994	3151.00	/	/	36.00	/	3235.10	111.00	2509.00	3.50	722.60
1995	2947.70	/	/	5.00	/	3225.60	102.00	2258.10	7.00	960.50
1996	3131.40	103.63	/	9.25	/	3244.28	100.54	2461.44	700.00	775.84
1997	3290.00	10.00	30.00	/	/	3340.00	100.00	2517.00	/	823.00
1998	3376.63	20.02	46.93	4.00	/	3447.58	100.52	2603.42	7.87	836.29
1999	3790.03	/	/	/	/	3855.92	/	/	/	/
2000	4395.65	/	/	/	/	4499.22	106.62	3396.73	11.42	1091.07
2001	4657.00	43.00	83.00	45.00	/	4828.00	106.82	3658.10	14.48	1155.00
2002	/	/	/	/	/	5100.00	/	/	/	/
2003	4213.00	73.00	/	248.00	/	4438.00	117.80	3756.00	252.00	1140.00
2004	4180.00	10.00	/	470.00	484.00	5387.00	122.44	3750.00	236.00	1213.00
2005	6660.00	9.00	/	244.00	566.00	7636.00	144.07	5584.00	118.00	1934.00

1994—2005 年惠民县地税收入情况统计表

表 10－7　　单位：万元

年度	税收收入
1994	1236
1995	1621
1996	2252
1997	2915
1998	3234
1999	3699
2000	4405
2001	5049
2002	5569
2003	5705
2004	6042
2005	6693

第六节　税收征管

1979—1985 年，工商税收征管主要实行税务登记、纳税鉴定、纳税申报、纳税辅导、税务检查、发票管理、违章处理等方法。对国营、集体、个体企业实行查账征收和定期定额征收，集市现场征收，流动个体户和摊贩结合物资登记证征收，各行业个体商贩均实行检验征收。缴纳税额实行民主评议，税收单位审核，按月交纳征收。集体和个体业户到批发单位进货者，批发单位代扣代交零售环节营业税。交纳税款填写三联单专用票证，为征纳税款的凭证。1986 年《中华人民共和国税收征收管理条例》（以下简称《条例》）颁布实施，翌年，国务院发布《关于严肃税收法纪加强税收工作的决定》（以下简称《决定》），使依法治税有了明确的法律依据。1987 年，在加大《条例》《决定》宣传力度的同时，对全县 4694 户工商业户进行纳税登记换证工作。1988 年，县税务系统实行“五公开”办税制，即：税法公开、征管公开、处罚公开、减免公开和税务人员守则公开，并设立群众监督箱和举报电话，建立群众来访接待日。1989 年，改革征管模式，改传统的“上门催税”“三自纳税”方式为自行申报纳税，实行税票安全达标制。1991 年，强化征收管理，坚持实行纳税申报、税前辅导、税后检查、按季定税、按月缴税制。是年，县税务局制定《票征管理制度》，使填用票证更加规范。

国税征管　1995 年 4 月，县国税局在城关国税所推行“纳税申报、税务稽查”两位一体的征管政策试点。取消原有的专管员管户制度，把全部税务人员分为征收和稽查两部分，分别负责受理业户纳税审报、税款征收和对业户纳税情况的稽核检查工作，其侧重点放到税务稽查方面。全面推行纳税人到税务机关申报缴税制度。设立征收大厅，实现微机开票、刷卡征收。1996 年，国税强化征管改革，撤销 21 个国税所，建立 7 个国税征收分局。在县城区及惠民镇实行应税户采用牡丹卡办理有关纳税业务，21 个乡镇农村信用社均设立纳税代征点，7 个分局全部实现开票微机化，8 处征收服务厅建立征收柜台。是年，税务登记、换证 2850 户，全县应税业户按期申报率 95%。1997 年，根据地区国税局《税收征管操作规程》，县国税局制定计算机管理、发票管理、税务登记等 22 项征管制度，各征收单位全部建立办税服务大厅，实现集中征收重点稽查的征管模式。严格一般纳税人的分类管理：全县有 A 类企业 12 家、B 类 81 户、C 类 50 户。全县 60% 以上企业实行“票款、结报、税款、预储”管理办法。1998 年，完善管理服务、征收监控和税务稽查三大系列相结合的征管模式。县国税局成立“信息管理办公室”，在原电话联网的基础上升级到电子信箱联网方式。2000 年，县国税局自行研制开发建立远程电子申报系统，建立全县范围内增值税一般纳税人远程电子申报网络，此举受到省国税局领导好评。2001 年，金税工程及 CATIS 上线运行，全县纳税人得到严密监控。全面推行多元化电子申报，全县实行户 1785 个，征收税款 3824 万元，占税收总收入的 81%。2002 年，对全县 1330 户个体业户进行税额调整，年增税收 29 万元。对加油站行业进行评估后，其税负由原 0.7%，调升为 1.2%。推行信誉等级管理，评出 A 类企业 15 户，B 类 73 户，C 类 68 户，全县纳税申报率达 100%。2004 年，推行“一窗式”管理，按照“精细分工，细化岗责，紧密联系，有效制约”的原则完善税收管理制度。实行国税、地税、工商、电业四方信息交换、数据对比制，有效监测清理漏管户 186 户。针对税源不足现状，县国税局确定税收征管向农村转移、向民营经济转移的思路。是年，实现税收收入 5387 万元，占年度计划的 122.44%。2005 年，积极实施科学化、精细化管理，进一步完善征管制度，促进税收工作，年税收收入 7636 万元，超额完成 6600 万元预算计划。

地税征管　1994 年，县地税局建立健全征管档案管理制度，实行一户一档，将企业的税务登记、纳税申报、税款征收、税务检查、发票领存等资料全部纳入纳税人的户管档案。1995 年，按照地税征管范围，首次进行所辖业户税务登记、发证工作。年内核发税务登记证 338 户，注册税务登记证 64 户。1996 年，在县城建起标准化办税服务厅，把税务登记、纳税核定、纳税申报、税款征收、税务稽查、发票管理、税收会计核算、税源预测分析、税收法规查询等税收征管的各个环节纳入计算机管理，逐步取消专管员管户制度，初步实现城镇征管现代化。乡村征管则推行社会化综合治理，加强零散性、流动性、隐蔽性税收的征管，推行联片管理、协税护税制度，促进农村税收征管。1997 年，重新进行税务登记和换发税务登记证工作，全县共办理税务登记 3947 户。其中，国有企业 184 户，集体企业 251 户，私营企业 27 户，个体经济 3469 户，股份制企业 3 户，涉外企业 9 户，其他企业 4 户。1999 年，撤销基层税务所，全县建立 7 个地税征收分局，理顺和加强征管。至 2005 年，县地税局共管理 3422 户办理税务登记证的固定业户和 6.5 万缴纳车船使用税为主的非固定用户。

第七节　税务稽查

1979 年，县财税局组织进行两次税收大检查。检查纳税企业 315 户，其中有错漏税款者 181 户，偷漏税款 18.1 万元。检查农村应税户 1162 户，查出错漏税款 1.96 万元。1981 年，开展企事业财务大检查和三次税收大检查，共查缴入库欠漏税款 13.83 万元。1982 年，组织两次税收大检查，查缴税款 196 万元。1983 年，县税务局与县财政局分设办公。1985 年，县税务局增设税务稽查队。是年，查出应补税户 6024 户，补充税款 55 万元。查处国合企业违纪金额 339.4 万元。1986 年，县税务局在全县建协税小组 92 个，共有协税员 220 人。年内全县共检查应税户 610 个，补缴税款 101 万元。在公安部门配合下，对三堡乡个体纳税户刘某为逃税辱骂税务人员，砸坏税务所门窗一事，做出拘留 15 天罚款 6000 元的处罚。1988 年，实行征查两条线和“五公开”阳光办税制，开展强化税务干部素质、严明法纪做“四有”税务干部活动。全年检查应税单位 18 个，入库欠漏税款 122.4 万元。1989 年，开展个体税收专项大检查，历时 60 天，共查 4591 户，查补漏税款 167.5 万元。在乡镇建立协税护税网络，设举报员 151 人。1991 年，组织 65 名检查人员，历时 20 天，进行集体企业所得税汇算清缴检查。查企业 218 户，查缴各税、“两金”、教育费附加共 20.4 万元和欠缴税款 31.9 万元。同年，组织纳税大检查，共查国营企业 99 家、集体企业 82 家、乡村企业 97 家、个体工商户 2005 户，计查补税款 231.2 万元。税务稽查队查处 8 起偷税案，补税 19.1 万元。1993 年，组织 21 人分 7 组，历时一个月，分行业有重点的对代扣代缴、建筑安装和无证企业户进行专项检查，查补偷漏税款 196.8 万元。

国税稽查　1994 年，县国税局加大增值税征稽管理。至年底，检查增值税票使用户 101 户，有 9 户违规企业被罚款共 3.01 万元。查处漏征户

167户，除补证外补税3.3万元。与28家欠税企业签订清缴欠税责任书，收欠税款340万元。1995年，稽查纳税对象253户，入库税款144万元。1997年，选配专业稽查人员27名，按专业分工要求，严格选案、稽查、审理和执行四个环节的稽查操作规程，设立选案、审理和稽查执行股，相应设立内审、外审和听证委员会，实行责任追究、集体定案、复审和回访等一系列规范化、法制化制度。至年底，选案51起，有效率90%以上。查处税务违章20余起，查补税款70余万元。开展个体工商业户拉网式大检查，共查1286户，查补入库税款11万元。1998年，规范执法行为，加大稽查力度，查出漏征户498户，漏户178户，查补入库税款420万元，罚款20万元。2001年，稽查体制改革，取消各分局稽查岗位，实行县一级稽查，实现由“收入型”稽查到“执法型”稽查的转变。是年，多管齐下，强化税收征稽管理，组织32名税务人员，分5组赴21个乡镇和6个行业，对384家企业和2100户个体工商业户及18个集贸市场、23个主要街道进行税收调查测算，累计立案检查75起，查处抗税户20余家，共查补税款、罚款和滞纳金60余万元。通过纳税评估，查漏管户498户，补税罚款56.3万元。通过有效评估，全年查补税款194万元。2002年，利用国税、工商基础信息共享系统清查漏税户217户，查补税款30余万元。2004年，实行国税、地税、工商、电业四方信息交换和数据对比，清理出漏管户186户。通过核定电量处理私营加工业户19户，补税罚款180余万元。2005年，通过强化以法治税和电子信息的有效使用，民众纳税意识普遍增强，使税务稽查更加快捷准确，偷漏税现象明显减少。

地税稽查 1994年12月，县地税局成立稽查分局，主要职责是以查促收，以查促管，协助征收机关清缴欠税，打击偷逃抗税。1995年起，每年上半年组织一次汇算清缴工作，对企业上年的纳税、欠税、账目、利润等情况，进行全面检查，查缺补漏，促进税收收入。1999年，地方税收执法检查实行归口管理，全部由稽查局统一计划、统一安排、统一组织、统一实施，其他业务科室不再对业户进行检查。是年，县地税局制订《关于建立新型稽查管理运行机制的实施意见》和9个配套办法，重点解决困扰企业发展的多头管理、重复检查问题。稽查局内部设置综合选案股、检查股、审理股、执行股四个职能股室。成立“惠民县地方税务局违法案件举报中心”，推行《山东省地方税务局收管工作规程》，实现稽查局与征收大厅的微机联网，使稽查工作做到分析正确，选案科学，抓住重点，有效提高稽查效率和质量。2000年，县地税局在全区第一个与县公安局成立“打击涉税犯罪联合办公室”，率先引用公证机制解决执法缺位问题，加大查处力度。县地税局成立至是年，征稽部门共查补入库税款610万元，协助7个征收分局15个乡镇进行农村税收清理，共清理入库税款300余万元。2005年，对县房地产开发行业、餐饮娱乐业、电力系统、金融业等进行专项检查，查补入库税款、加收滞纳金和罚款共计92万元。同时，协助8个征收分局（所）14个乡镇进行农村税收清理，共组织各项税收400余万元。

第三章 金 融

1979年，全县各项存款余额1397万元，各项贷款余额4841万元。金融机构有中国人民银行惠民县支行和中国人民建设银行惠民县支行。1980年6月，复设中国农业银行惠民县支行。1983年，中国人民保险公司惠民分公司成立。1984 年 1 月，根据国务院规定，中国人民银行专门行使中央银行职能，工商信贷职能从人民银行分离，同时新设中国工商银行惠民县支行。1985 年，中央银行体制确立，实行计划性的货币政策，国家对贷款规模进行控制，对利率实行管制。外汇实行汇率双轨制，发行外汇兑换券，实行现汇留成、创汇补贴。1988 年，惠民城市信用社成立。1989 年，惠民县农村信用社成立。1994 年 1 月，中国银行惠民县支行建立。同年，人民银行专门行使中央银行职责，各专业银行全面向商业银行转轨，实现“自主经营、自负盈亏、自担风险、自我约束、自我发展”的经营管理。宣布国家外汇挂牌价和市场外汇调剂价并轨，实现经常项目下人民币有条件可兑换。取消外汇留成，实行银行结汇制和售汇制。取消外汇调剂市场，建立银行间外汇交易市场。汇率并轨，实行单一汇率制，建立以市场供求为基础的单一的有管理的浮动汇率制度。1998 年，国有独资商业银行实行集约化经营管理，信贷权限上收，撤销部分营业网点。1999 年，农村合作基金会全部撤销，原惠民城市信用社并入惠民县农村信用社。2000 年，原中国银行惠民县支行撤销。2003 年，中国银行监督管理委员会成立，中央银行货币政策与银行监管职能分离，国有商业银行进行股份制改革。至 2005 年年底，全县共有政策性银行、大型国有控股商业银行、农村合作金融机构、邮政储蓄 4 大类 6 家银行业金融机构，设有营业网点 58 个，正式员工 630 人。金融机构各项存款余额 28.71 亿元，各项贷款余额 16.87 亿元。全县银行实现中间业务收入 1514 万元，账面盈利 6519 万元。全县共核销不良贷款 1720 万元。

第一节 机 构

管理机构

中国人民银行惠民县支行　中国人民银行惠民县支行成立于 1953 年 1 月。1986 年，人行、工行分家，人民银行正式执行中央银行职能。1995 年 3 月，《中华人民共和国中国人民银行法》颁布实施，人民银行的各项工作开始走上法制化管理的轨道。主要职责转变为贯彻执行国家制定的宏观经济调控政策和货币政策，对辖区金融机构实施有效监管，着重加强对农村金融机构的监督管理，防范和化解金融风险，保持辖区金融稳定，建立和维护辖区良好的金融秩序。2003 年，人民银行惠民县支行作为中央银行在惠民县的派出机构，重点履行货币政策的执行和传导、支付清算、国库管理、货币发行以及外汇管理职责，防范和化解县域金融风险，加强对县域经济金融发展的调研和反应工作。2005 年年底，中国人民银行惠民县支行内设纪检监察室、办公室、货币信贷与统计科、国库会计科、货币金银科、保卫科 6 个科室，员工 39 人。

中国银行业监督管理委员会惠民办事处　2003 年成立，是中国银行业监督管理委员会的派出机构，接受银监会的集中统一管理，在银监会的授权下对辖区内的金融机构行使监督管理职责。

金融机构

中国工商银行惠民县支行　1986 年 5 月 1 日，工商银行与人民银行分离，独立承担专业银行职能。主要办理城镇居民储蓄和城镇各类企业、机关、团体、部队、学校等单位的存款。办理城镇国有企业及个体工商业户的流动资金贷款、技术改造贷款及部分基本建设贷款，办理工商企业的汇兑业务。1987 年，惠民工行电子化建设开始起步，会计对公业务、储蓄事后监督、骨干储蓄所开始应用微机处理业务。至 1992 年，辖区内所有营业机构全部实现微机化操作。1995 年，实现全区活期储蓄通存通兑。同年 5 月，开通全国电子汇兑网络。1996 年 5 月 1 日，开通全区储蓄通存通兑和对公业务计算机联网，转账支票跨城使用。1997 年 12 月，开通省内个人异地结算综合网络，为客户提供全省范围内活期储蓄通存通兑。1999 年 5 月 30 日，开通全国范围内资金实时汇划系统，实现客户在全国范围资金汇划瞬间到账，加速了企业的资金周转。同年 9 月，独家开办教育储蓄业务品种。2001 年 3 月、8 月，会计、储蓄综合业务分别开通，全部实行柜员制。2002 年，原中国银行惠民县支行撤销，其公存、储蓄和结算业务，交由中国工商银行惠民县支行承接。至 2005 年年底，中国工商银行惠民县支行内设办公室、公司业务部、会计结算部，下辖营业室、南关分理处、南门储蓄所、东关储蓄所，正式员工 36 人，劳务用工 12 人。各项存款余额 49822 万元，各项贷款余额 17440 万元。被中国工商银行山东省分行授予“内控管理先进支行”荣誉称号。

县工商银行办公大楼

中国农业银行惠民县支行　1980 年 6 月，中国农业银行惠民县支行恢复成立，下辖 21 个乡镇营业所（信用社）。1982 年，实行“统一规划、分级管理、实贷实存、自主经营”经营体制。1983—1986 年，在稳定和完善农业生产责任制，支持双包户、专业户（重点户）发展商品生产的基础上，加大支持乡镇企业的发展，支持流通领域的改革以及产业结构调整和农业技术改造。1994 年 5 月，根据国务院关于金融体制改革的决定，惠民县农村信用合作联合社从农行惠民县支行分出办公，农行惠民县支行仍负责业务领导。1996 年 11 月，分设中国农业发展银行惠民县支行，专门承担农业政策性资金供应和管理。农业银行惠民县支行划转农发行政策性贷款 13649 万元，存款 1197 万元，人员 21 人。农业银行实行“一分一脱一剥”（政策性业务与商业性业务分离、农行与农信社脱钩、向长城资产管理公司剥离不良资产）后，确立国有商业银行的职能和地位，把支持农业和农村经济全面发展放在信贷工作首位，按照“控制总量、调整结构、优化投向、扶优限劣”的指导思想，为建立大农业、搞活农村大市场和农业商品化生产的需要，加大对农副产品、良种繁育、蔬菜基地建设等项目的扶持力度，以保证信贷资产质量营运效益的改善和提高。1999 年，开始发放个人住房消费贷款。至 2000 年，住房消费贷款余额达到 495 万元。2005 年年底，农行惠民县支行内设综合管理部、财会运营部、信贷管理部、个人金融部、公司业务部，下辖县行营业部、李庄支行、胡集分理处、姜楼分理处、城关分理处、南关分理处、百货商场分理处，员工 112 人。各项存款余额 58380 万元，各项贷款余额 7499 万元。

中国建设银行惠民县支行　1979 年，中国建设银行惠民县支行成立，办理基建拨款、贷款和结算，管理基建支出预决算和财务监督，履行银行和财政双重职责。1986 年，开办现金出纳业务。1987 年，开办储蓄存款业务。1991 年，开办服务于全县的房改金融业务。1993 年，开办龙卡信用卡业务。此后，县建行逐步由国家专业银行向国有商业银行转轨，现代化的商业银行经营管理机制开始建立。建行系统、会计总账传输系统和电子邮箱系统，实现与 SWIFT 系统的联网。至 1997 年完成“城市综合网络系统”的建设，并实现与全行网络系统的连接。2004 年 9 月，中国建设银行由国有独资商业银行改制为国家控股的股份制商业银行。建行惠民支行更名为中国建设银行股份有限公司惠民支行。2005 年，建行惠民支行内设综合部、客户部和营业室，下设城北分理处，员工 40 人。各项存款余额 27193 万元，各项贷款余额 10477 万元。

中国农业发展银行惠民县支行　1996 年 12 月，中国农业发展银行惠民县支行正式成立，是一家国家政策性银行。办理国务院、中国人民银行安排资金并由财政部予以贴息的粮食、棉花、油料、猪肉、食糖等主要农副产品的收购贷款及粮棉油调销、批发贷款；承担国家粮、油等产品政策性加工任务企业的贷款和棉麻系统棉花初加工企业的贷款；办理国务院确定的扶贫贴息贷款、老少边穷地区发展经济贷款、贫困县县办工业贷款、农业综合开发贷款以及其他财政贴息的农业方面的贷款；办理国家确定的小型农、林、牧、水利基本建设和技术改造贷款；办理中央和省级政府的财政支农资金的代理拨付，发行金融债券；办理业务范围内开户企事业单位的存款；办理开户企事业单位的结算，境外筹资。1997 年起，严格按照“收多少粮、贷多少款”的原则，积极支持国有粮食企业按保护价常年常时挂牌收购。同时，信贷人员深入粮食企业收购一线，认真做好收购现场监管，监督好新收粮食及时足额入库。强化对收购环节的结算服务，保证资金结算渠道的畅通和粮油价款的及时兑付。1999 年，认真查找在封闭运行工作中存在的漏洞，严格执行信贷员驻厂、每周查库，销售申报审查等各项制度，切实加强对收购企业购、储、销各个环节的监管，严防收购资金流失。2000 年，贯彻“以销定贷、以效定贷”的精神，向棉花企业做好宣传，帮助企业广开渠道、扩大销售。2004 年，业务范围扩大，开始办理粮棉龙头企业商业性贷款业务。加强贷款使用环节和库存的监管力度，确保收购棉花不亏库，达到银企账务、企业商品账与保管账卡及仓单、账实相符。至 2005 年，中国农业发展银行惠民县支行内设客户部、会计结算部、办公室，员工 19 人。各项存款余额 593 万元，各项贷款余额 30652 万元。

惠民县农村信用合作联社　1979 年，农村信用社与农业银行基层营业所合署办公，接受农业银行的领导和管理。1994 年 5 月，农村信用社与农业银行分门办公。8 月，正式成立“山东省惠民县农村信用合作社联合社”。1996 年 10 月，农村信用社与农业银行脱离行政隶属关系。2001 年，惠民县农村信用合作社接纳管理惠民县城市信用合作社。2002 年开始，惠民县农村信用社充分发挥联系农民的金融纽带和农村金融主力军的作用，在全县范围内开展评定信用户、信用村和信用乡（镇）活动，提高农村信用社的经营效益，搭起信用社与农户合作的桥梁。全县评定信用乡镇 4 个，信用村 496 个，信用户 69141 个，累计发放贷款证 48710 本，贷款证授信金额 32485 万元，建立联保小组 5672 个，建立农户经济档案 88408 个。2004 年 1 月，惠民县联社作为山东省首批组建农村信用合作联社的改革试点社之一，按照国务院《深化农村信用社改革试点方案》要求和银监会《农村信用社以县（市）为单位统一法人工作的指导意见》，开展县一级法人体制改革。2005 年 12 月 30 日，经省银监局批复，惠民县农村信用合作联社正式开业。联社内设人事综合部、个人业务部、业务管理部、公司业务部、审计稽核部、科技开发部、财务会计部、资产管理部、监察保卫部、联社营业部，下辖 14 个独立核算信用社和 13 个信用分社。2005 年年末，各项存款余额 115428 万元，各项贷款余额 102636 万元。

农民喜领粮食直补款

惠民县城市信用社　1988 年，经中国人民银行惠民地区分行批准，惠民县惠城城市信用社成立。其性质是股份制集体金融企业，是银行信用的补充。经营宗旨是积极组织社会闲散资金，为城市集体企业和个体工商户及其他经济组织办理开户结算、现金收付和信贷业务，办理城镇储蓄存款业务。2000 年，各项存款余额达到 12487 万元，发放贷款余额 7726 万元，员工 45 人。2001

年，由于管理措施不规范、内控制度建设不力，存在信贷资产质量差、备付金不足、盈利状况不佳等问题。经中国人民银行济南分行批准，惠民县惠城城市信用社被依法撤销，其业务及员工并入惠民县农村信用社管理。

中国银行惠民县支行　1994年，中国银行惠民县支行成立。内设人秘科、保卫科、财会科、业务科、存汇科、电脑科、稽核科，下设车站路分理处、鼓楼街储蓄所、乐胡路储蓄所、东关储蓄所，员工58人。开办初期业务品种有：居民储蓄、存贷款业务、结算业务、外汇进出口业务，之后发展为综合性国有商业银行。1997年，联行、结算、储蓄、长城信用卡、人事、计统等均已全部实施电脑化管理。1999年年底，各项存款余额7431万元，各项贷款余额4207万元。2000年6月，根据总行“四重”（重点地区、重点行业、重点客户、重点产品）发展战略的要求和省行机构改革方案，中国银行惠民县支行被依法撤销，信贷资产由中国银行滨州地区分行接收，存款由工商银行惠民县支行接收。

第二节　货　币

货币发行　1979年，国家使用1962年4月开始发行的第三套人民币，并与第二套人民币在市场上混合流通。纸币面值为拾圆、伍圆、贰圆、壹圆、伍角、贰角、壹角、伍分、贰分、壹分10种，硬币面值为壹圆、伍角、贰角、壹角、伍分、贰分、壹分7种。1984年7月，国家首次发行流通纪念币。1987年4月27日，国家发行第四套人民币，与第三套人民币在市场上混合流通。至1988年9月22日，陆续发行壹圆、贰圆、伍圆、拾圆、伍拾圆、壹佰圆6种主币和壹角、贰角、伍角3种辅币。1992年6月1日，发行1991年版壹角、伍角、壹圆流通金属币。8月20日，发行1990年版带安全线伍拾圆和壹佰圆券。1995年3月1日起，发行1990年版壹圆券。1998年发行贰拾圆纸币。1999年1月1日，发行第五套人民币，与第三、四套人民币在市场上混合流通。3月1日，发行伍拾圆纸制流通纪念钞1套（张），这是国家首次发行纪念钞。是年，中国人民银行发布公告，决定自2000年7月1日起，停止第三套人民币在市场上流通使用。10月16日，陆续发行第五套人民币纸币贰拾圆和硬币壹圆、壹角券。

货币政策　1979年，中国人民银行惠民县支行作为总行在惠民县的派出机构，承担传达、执行人民银行货币政策的重要职能。通过再贷款、再贴现、存贷款利率管理、窗口指导等货币政策工具，推行稳健的货币政策。1995年，对国有银行的再贷款权限上收至总行一级，人民银行惠民县支行主要为农村信用联社提供再贷款和再贴现服务。1997年，人民银行惠民县支行实行“适度从紧”的货币政策，推进金融体制和信贷资金经营方式转变，改进金融调控手段，强化金融监管，改善金融服务。1998年1月，取消对国有商业银行的贷款限额控制，实现由直接控制向间接调控转变。3月，改革存款准备金制度，将各金融机构法定存款准备金账户和备付金存款账户合并为准备金存款账户，并下调存款准备金率。尝试办理公开市场交易，逐步推进利率市场化改革。2005年，人民银行惠民县支行围绕实施货币信贷政策的各个环节和辖区经济金融发展态势和特点，突出货币信贷工作重点，坚持有保有压、区别对待的政策，有针对性地贯彻落实稳健的货币政策，促进辖区产业结构调整，经济结构优化。积极推动落实中小企业再贷款、支农再贷款、国家助学贷款、下岗失业人员小额担保贷款等涉及民生的专项信贷政策。

第三节　金融管理

金融监管　1979年起，中国人民银行惠民县支行严格按照职责，强化对辖区内金融业的管理。

加强对金融机构的管理。按照金融机构设置的原则，合理增设各专业银行、城乡信用社、保险公司及邮政储蓄网点的分支机构。至2005年，新设各类金融机构累计达150余处，办事处、分理处、营业所、储蓄所遍布城乡，方便了群众存储和结算。同时，按照撤、建结合的原则，对不符合规定的网点实行撤并。工行姜楼储蓄所，建行大年陈、李庄、申桥、胡集、淄角等储蓄所相继撤销，农行乡镇营业机构按照效益原则进行相应撤并。

加强对各金融机构经营金融业务的管理。日常经营中，采用定期、不定期方式对各机构经营情况进行全面检查，对经营违规行为进行严肃查处。1985年起，金融管理、稽查工作逐步实现程序化、多样化、内容全面化的格局。1988年，建行委托信贷稽核。1989年，划转财政性贷款和国库款报解稽核。1990年，专业银行执行利率及储蓄业务稽核。1991年，公款转存储蓄稽核。1992年，邮政储蓄业务稽核。1993年，金融宏观调控政策措施执行情况稽核。1994年，建行房贷部稽核。1995年，对保险公司稽核。1996年，对中行常规稽核。1997年，对城市信用社稽核。至2003年，通过稽核，查出各类违规违纪金额3亿余元。

加强对各金融机构法人、主要负责人的任职资格审查和任职资格档案管理工作。根据“金融系统高级管理人员任职资格管理办法”和干部任命必须事先经人民银行进行任职资格审查，否则不予审批。累计办理任职资格审查及谈话300余人，并及时建立任职资格档案，加强干部考核，确保高级管理人员的素质。

加强金融市场管理。1989年起，为支持企业走向市场，搞好技术改造，批准惠纺、电业局、鲁北大厦、塑料厂、酒厂等企业发行企业债券，累计筹资1500万元，取得较好的经济效益和社会效益，解决了企业当时的资金需求。1999年，按照国务院和国家总行的有关文件精神，会同县政府有关部门，对全县21个农村合作基金会进行全面清产核资，资产质量较好的姜楼镇、魏集镇、惠民镇、三堡乡4个基金会由县农村信用社收购，其他基金会停业关闭。2003年下半年，中国银行业监督管理委员会成立，人民银行惠民县支行对银行金融机构的监管职责划转银监会承担。

利率管理 1979—1989年，随着国民经济的逐步恢复发展，储蓄利率水平长期偏低的现象得到改善，利率呈上调趋势。由于1988年下半年国内出现抢购风潮，为稳定物价，同年9月1日和1989年2月1日，国家连续两次调高利率。1990—1992年，抢购风过后，国内生产出现滑坡，市场疲软，为启动经济，刺激消费，国家先后三次调低利率。1986—1993年，随着经济发展对信贷资金需求的日益增长，金融机构间由储蓄竞争而引发的“利率大战”时有发生。人民银行惠民县支行针对境内金融机构几度出现的乱提利率、乱拉存款现象，及时采取有效措施，防止和纠正擅自提高和变相提高利率行为。注重加强对国家利率政策的宣传，让企事业单位和城乡居民了解国家的利率政策，确保国家利率政策的顺利实施。运用社会力量，强化监督，聘请100名社会监督员，设立举报电话，对举报者给予2000元以上的奖励。运用稽核监察等手段，检查监督各行、社利率执行情况，发现问题及时查处。至2003年，共组织利率稽核、检查100余次，查出违规金额5000余万元，根据不同情况进行处罚。

外汇管理 1986年11月，中国人民银行惠民县支行行使外汇管理职能。1988年，开始办理外汇调剂业务。1992年，国家外汇管理局惠民支局成立，与人民银行惠民县支行“一套人马，两块牌子”。负责办理批汇、用汇核销，外汇留成分配、外汇额度调剂、调拨等。1994年1月，国家改革外汇管理体制，实行银行结汇、售汇制度。取消外汇留成，实行汇率并轨。取消经常项目对外支付用汇的审批，允许人民币在经常项目下有条件兑换，建立银行间外汇市场，改进汇率形成机制。人民币汇率实行以市场供求为基础的单一的、有管理的浮动制。外汇指定银行在保持合理的资产负债结构的同时，按规定办理结汇、售汇、开户及外汇存贷业务。对境外资金的借用和偿还，继续实行计划管理、金融业务审批和外债登记制度。1996年1月，国家实行国际收支审报制度。

4月，实施《中华人民共和国外汇管理条例》，国家外汇管理局惠民县支局的工作职能随之转移为外汇监管、管理、检查、统计等业务。至1997年，共核拨企业外汇留成额度120笔，金额210万美元。共办理企业用汇85笔，金额608万美元。办理企业外债登记3笔，金额225万美元。帮助企业偿还外汇债务2笔，金额20万美元。是年年底，全县外币储蓄达45万美元。2005年，共为8家外商投资企业办理外汇登记手续，为10家企业办理出口核销备案登记，为3家企业办理网上核销开户手续，办理出口核销业务210笔，核销金额870万美元。

第四节 储　蓄

1979年，全县储蓄存款余额1397万元。1986年，增设各专业银行、城乡信用社和邮政储蓄网点分支机构60余处。是年，全县存款余额达9371万元，较1985年年末增长419万元。1988年，县内各家银行采取多种措施积极吸收存款，相继开展定期定额有奖储蓄活动。年末各金融机构储蓄存款余额26276万元。同年9月起，全县金融机构根据国务院的决定，对城乡居民个人三年期以上定期储蓄按现行利率支付利息外，再按照全国统一的保值补贴率支付给补贴利息。1990年，央行两次下调存款利率，全县各银行牢固树立“存款第一”的思想，狠抓宣传创新和服务创新，一手抓存款，一手抓管理。年末各金融机构储蓄存款余额38154万元，较年初增加8413万元。1991年4月，银行存款利率平均下调1.62个百分点。12月，中国人民银行决定取消保值储蓄业务。1992年，中国人民银行总行实行优惠利率政策，增办大额定期存单业务。各金融机构为完成储蓄存款任务，加大考核力度，增加储蓄存款。同年，工商银行惠民支行开办代发工资业务，到年末开办代发工资业务3000余户，月代发金额6万元。农行惠民县支行确定“抓城区、带全县”的存款策略，陆续开办“电话银行”“汽车银行”“预约服务”等文明服务项目。年末城乡储蓄存款余额44335万元，较年初增加4958万元。

1993年，全县各金融机构在执行国家货币政策，支持经济加快发展的同时，出现乱拆借、乱贷款、乱集资等问题，导致金融秩序混乱。中国人民银行针对当时经济过热、市场物价上涨幅度持续攀高的情况，于同年5月和7月两度提高存款利率，同时宣布对城乡居民储蓄存期3年以上的予以保值。全县各金融机构不断完善吸储机制，优化服务，提高广大银行职工的揽储积极性。建行惠民支行实行“存款承包责任制”，收入与任务挂钩。设立流动银行，开办上门收送款业务，注重以贷吸存、以贷养存。实施双干基础工程、细胞工程，开展挎包串门揽储活动。年末，全县储蓄存款余额48148万元，较年初增加3813万元。1996年4月，中国人民银行总行宣布取消保值补贴，同年5月和8月两次降低存款利率。1997年底，工商银行惠民县支行、建设银行惠民县支行实现全省储蓄存款异地通存通兑。1998年、1999年、2000年建行惠民县支行相继推出兔年生肖储蓄卡、龙年生肖卡和蛇年生肖卡，累计发卡4320张。1999年，工商银行惠民县支行率先开办教育储蓄。1997年10月至2002年2月，央行连续8次降低利率。2002年2月21日，央行存款利率降到历史最低点，1年期存款利率仅为1.98%。1999年9月30日，国务院发布《对储蓄存款利息所得税的实施办法》，对储蓄存款利息所得征收20%的所得税。

2000年，中国人民银行印发《教育储蓄管理办法》，规定除邮政储蓄机构外，办理储蓄存款业务的各金融机构均可开办教育储蓄，并实行利率优惠，利息免税。同年4月，按照国务院《个人存款账户实名制规定》，全县各金融机构储蓄网点对居民开立的个人存款账户使用实名制。2002年后，市场物价日趋稳定，供需矛盾得以缓解，全县各金融机构储蓄呈快速增长势头。2002年，储蓄余额较2001年增加24918万元，增长13.9%。2003年，全县储蓄余额达229132万元，较2002

年增加25050万元，增长12.27%。至2005年年底，全县金融机构实现储蓄余额287125万元。

第五节 信 贷

1979年，按照国民经济调整、改革、整顿、提高的方针，全县各专业银行认真落实“区别对待、择优扶持”贷款政策，积极组织资金，做好调节货币流通工作，重点加强对农业和工商企业的资金支持。是年，全县发放农业贷款1367万元，工商业贷款余额3379万元。1980年，国家银行信贷政策向充分发挥信贷经济杠杆作用的方向发展，国家恢复对城镇个体工商户发放贷款。同年4月，经国务院批准，开始恢复贷款差别利率政策，全县各银行对逾期贷款、积压物资贷款、基本建设和财政性占用贷款分别按不同幅度加收利息。1983年，贷款逐步实行按合同办法进行发放，发放贷款优先扶持轻纺工业、电子工业和能源工业发展生产的资金需要，限制长线生产资金。1985年，全县各银行对贷款实行从紧控制。对工商企业贷款，规定优先支持经济效益好的企业，优先支持收购适销对路的工业品、生产资料和农副产品的流动资金需求，优先支持生产适销对路、出口创汇多的商品和增加市场供应、货币回笼的名牌优质产品的资金需要，优先支持国家批准的耐用消费品进口的资金需要。是年，全县各项贷款余额为31405万元。1986年，银行贷款在讲求经济效益的前提下有所松动。对质量好、适销对路的产品，支持企业多生产多销售，保证资金供应。对确属季节性、临时性需要增加库存的产品，在核定的库存限额或限定的销售期限内，给予贷款支持。对亏损企业，适当贷款支持。对质次价高，边产边压的产品和经济效益差、亏损无弥补来源以及挤、占、挪用流动资金的企业，不予贷款。1987年，信贷工作贯彻“紧中有活”的方针，重点支持能源、交通、基础工业、轻纺及深加工企业，支持大中型骨干企业和企业集团，支持优质名牌、适销对路和出口创汇产品，支持符合经济发展和市场需要，经济效益好、贷款风险小、信誉好的企业。对经济效益低、商品积压、长期亏损的企业压缩和停止贷款。1988年，各银行贷款重点支持轻纺、化工、机械等骨干企业的生产及棉花收购、固定资产投资等。年末各项贷款余额31573万元，较年初增加4234万元。

1990年，根据国务院关于“双紧方针不变、适当调整力度”要求，结合生产、流通和市场物价情况，经国务院批准，央行决定对现行存、贷款利率进行适当调整。县内各银行在“择优限劣、保证效益”的前提下适度发放贷款，年末贷款余额为42345万元。1992年，按照总行确定的“五优先、五从紧、八不贷”的信贷政策和优化贷款结构要求，制订“集中资金支持第三产业、对外开放重点企业”等项信贷政策，对促进全县经济信贷结构调整，保证重点资金需要发挥重要作用。年末贷款余额达到50146万元。1993年，中国人民银行针对当时经济过热、市场物价上涨幅度持续攀高的情况，为稳定金融，加强中央银行宏观调控，于5月和7月两度提高存、贷款利率。1998年，为应对亚洲金融危机，国家采取扩大内需、加快基础设施建设的重要决策。中国人民银行在防范金融风险、提高贷款质量的前提下，适当扩大贷款规模和货币供应量，取消对国有商业银行的贷款限额控制。年末各项贷款余额达128470万元。1999年，在居民储蓄居高不下、消费市场启动迟缓的情况下，国家适时推出消费信贷政策，主要包括汽车消费信贷、商品房消费信贷、教育助学消费信贷、大件耐用消费品信贷等种类。

2000年，为提高农村信用社信贷服务水平，增加对农户和农业生产的信贷投入，中国人民银行印发《农村信用合作社农户联保贷款管理指导意见》，大力提倡开展农户联保贷款业务，简化农民贷款手续，方便农民贷款。同年8月，中国人民银行印发《中国人民银行助学贷款管理办法》，各商业银行和城乡信用社均可根据《贷款办法》自主办理助学贷款。2002年开始，惠民县农村信用联社为充分发挥联系农民的金融纽带和农村金融主力军的作用，扎实开展以评定信用户、信用村和信用乡镇为载体，以满足农民发展多种经营资金需求为目标的信用工程创建活动。是年，评定信用乡镇4个，信用村496个，信用户69141个，发放贷款证48710本，贷款证授信金额达32458万元。建立联保小组5672个，发放贷款7215万元。2004年，为扶持发展农村产业化生产，农行惠民县支行开始办理粮棉龙头企业商业性贷款业务。在严格审查担保企业资格的基础上，陆续对山东惠民天元棉业有限责任公司发放棉花贷款1400万元。2005年，人民银行惠民县支行有针对性地贯彻落实稳健的货币政策，积极推动落实中小企业再贷款、支农再贷款、国家助学贷款、下岗失业人员小额担保贷款等涉及民生的专项信贷政策，各项货币信贷指标完成良好。是年末，全县金融机构各项贷款余额达到16.87亿元。

发放小额贷款

1985—2005年惠民县存贷款情况统计表

表10－8　　单位：万元

年份	各项存款	各项贷款
1985	8952	31405
1986	9371	33928
1987	14259	27339
1988	26276	31573
1989	29741	29078
1990	38154	42345
1991	39377	49933
1992	44335	50146
1993	48148	52614
1994	70659	65486
1995	93626	67053
1996	111483	99572
1997	129345	128962
1998	135479	128470
1999	146500	118106
2000	160224	113155
2001	179164	115897
2002	204082	139724
2003	229132	157026
2004	265728	159414
2005	287125	168703

第六节 结 算

1979年，县内各银行使用的结算方式有支票、汇兑、托收承付、限额支票和付款委托书。1980年，为适应国民经济调整和经济管理体制改革的需要，改进托收承付结算方式，增加异地委托收款。1983年，增加特种票汇结算。1989年4月1日，实行中国人民银行颁布的新结算办法，其主体部分为汇票、银行本票、支票、信用卡等四种结算方式，总称为“三票一卡”。是年，境内使用的主要结算方式有：银行汇票、商业汇票、银行本票、支票、汇兑、委托收款、信用卡、异地托收承付等。其中异地托收承付于1989年8月1日取消，1990年4月1日恢复。1993年，中国银行惠民支行在全县率先推出人民币“长城信用卡”结算业务。同年，建设银行开办“龙卡”业务。工商银行开始办理汇款、托收、信用证等国际贸易结算业务。1993年8月、1994年8月，工商银行、农业银行相继开办“牡丹卡”“金穗卡”业务。各行推出的信用卡业务打破以往传统的“一手交钱、一手交货”的结算方式，为企业、客户和消费者提供既快捷又方便安全的结算工具。2001年9月，全国电子联行系统开通，该系统采用卫星传输等先进的联网模式，成为全国金融系统结算史上一个重要里程碑。2004年8月，全省农信社系统的网内联行系统开通，省辖结算更加快捷、方便。2005年5月，全国大额支付系统开通，该系统是电子联行系统的升级、改造，成为各金融机构最基本的结算工具之一。为严格结算管理，确保汇路畅通，组成以县人行为主，由各专业银行参加的结算管理领导小组，建立同城票据交换所，开办同城票据变换业务。为规范票据交换业务，制定比较详细的交换管理办法，解决票据交换中存在的问题，提高票据抵用率。至2005年，银联卡、信用卡在全县普遍使用，同时出现电话银行、网上银行。全县加入跨行网络的成员机构达5家，银联卡特约商户达6家，联网POS机25台、ATM机7台，累计发放各种银行卡超过2万张。

第七节 金融电子化建设

1987年，中国工商银行惠民县支行电子化建设开始起步。至1992年，所辖各营业机构全部实现微机化操作。1995年，所辖营业机构实现全区活期储蓄通存通兑。同年5月，开通全国电子汇兑网络，国内资金汇划24小时到账。1996年5月1日，开通全区储蓄通存通兑，对公业务全区联网，转账支票跨城使用。1997年12月，开通省内个人异地结算综合网络，为客户提供省内活期储蓄通存通兑。1999年5月30日，开通全国范围内资金实时汇划系统，实现国内资金汇划瞬间到账。2001年3月17日和8月26日，会计、储蓄综合业务分别开通，所辖营业机构全部实行柜员制。至2005年，中国工商银行惠民县支行已成为县域内首家完成全行数据和信息处理集约化，拥有统一、标准、规范的核心业务应用平台的商业银行。1990—1994年，中国建设银行惠民县支行基本完成从单机操作向已开发应用的全行性网络，包括电子资金清算系统、龙卡网络化交易的过渡。建设银行系统、会计总账传输系统和电子邮箱系统已实现与SWIFT系统的联网。先后开办信贷资金贷款、居民储蓄存款、外汇业务、信用卡业务，以及政策性房改金融和个人住房抵押贷款等多种业务。至1997年，县建行完成“城市综合网络系统”的建设，并实现与全行网络系统的连接。1986年，人民银行惠民县支行加快金融业务电子化进程，设立微机室，配备微机管理人员。至1997年，全行共有微机21台，各项业务工作均实现电子化操作，建立与地区分行联通的通讯网，各科室与地区分行实现网上传输数据，极大提高了工作效率。全县金融系统全部实现计算机金融业务电子化操作。

第四章　保　险

第一节　财产保险

机构设置　中国人民保险公司惠民支公司，成立于1984年3月。1986年，公司内设经理室、人秘科、计财科、城险科、人险科、农险科。1987年，增设营业室，城险科改称车险科，撤销农险科。1990年，车险科、人险科改称业务一科、业务二科。1991年，业务一科、二科复称车险科、人险科。增设企财科。1993年，车险科、人险科、企财科分别改称业务一科、二科、三科。1994年，业务一、二、三科复改称车险科、人险科、企财科。1995年，撤销营业室，设立计统科。1996年，撤销计统科、人险科，复设营业部。同年，人寿、财产分业经营，公司更名为中保财产保险有限公司惠民县支公司。2000年1月，恢复为中国人民保险公司惠民支公司。11月，为减员增效，公司主动性减员4人，专制性减员4人，有在职职工17人。是年年底，公司内设经理室、办公室、计财科、运输工具险科、财产险科、展业一科、展业二科、展业三科。2003年7月，中国人民保险公司重组改制，成立中国人民财产保险股份有限公司，惠民县支公司随之变更为中国人民财产保险股份有限公司惠民支公司。2005年，公司内设综合部、营业部、营销部、业务一部、业务二部、业务三部，员工18人。

中国人民保险公司惠民支公司办公楼外景

主营业务　1982年，恢复保险事业，由中国人民银行惠民县支行信贷股办理保险业务。是年，开办企业财产保险、运输工具及责任保险，共收保险费18.34万元。1983年，开办家庭财产保险，有7户投保，共收保险费29元。1984年，恢复中国保险公司惠民县支公司，县内增加农业保险、人身意外伤害保险、自行车保险。是年，承保企业61户，占全县企业总数的37%，收保险费36.65万元。棉田地膜覆盖1.99万亩，收保险费1.99万元。家庭财产承保额113.7万元，收保险费0.25万元。人身意外伤害承保额62.5万元，收保险费0.34万元。机动车辆承保额414.6万元，收保险费10.75万元。1985年，全县投保4572户，承保金额2.04亿元，收保险费金额63.14万元。1982—1985年，投保的企业单位和个人发生理赔案件209起，共计赔付金额60.1万元，赔付率为37.6%。其中企业财产险赔付金额42.1万元，赔付率为34.4%。运输工具及责任险赔付金额17.82万元，赔付率为55%。其他险赔付金额0.19万元，赔付率为51.4%。1986年，保费收入77.2万元，储金收入2000元，处理赔案269件，赔50.2万元，赔付率65.03%。1987年，保费收入92.2万元，储金收入8.3万元，处理赔案210件，赔款19万元，赔付率19.1%。1988年，保费收入120.4万元，储金收入43.1万元，处理赔案279件，赔款47.4万元，赔付率39.37%。1989年，保费收入200.6万元，储金收入 89 万元，处理赔案 458 件，赔款 79.8 万元，赔付率 27.56%。1990 年 7 月，全县遭受暴风雨袭击，公司赔付家财赔款 22.78 万元。拖拉机厂获赔款 12.15 万元，棉纺厂获赔款 11.33 万元。全年保费收入 239.1 万元，储金收入 128.6 万元，处理赔案 635 件，赔款 193.7 万元，赔付率 52.68%。1991 年 7 月 13 日，县第二联运公司货车在河北省肇事，公司赔付 12.89 万元。全年保费收入 521.4 万元，储金收入 253 万元，处理赔案 523 件，赔款 308.3 万元，赔付率 59.13%。1992 年 6 月 23 日，民政局桑塔纳轿车发生火灾，公司赔付 10 万元。11 月 22 日，惠民镇政府桑塔纳轿车被盗，公司赔付 16.61 万元。全年保费收入 457.9 万元，储金收入 791.6 万元，处理赔案 546 件，赔款 512.3 万元，赔付率 111.88%。1993 年，保费收入 393.3 万元，储金收入 509.4 万元，处理赔案 593 件，赔款 404.2 万元，赔付率 102.77%。1994 年，保费收入 559.1 万元，储金收入 241.4 万元，处理赔案 662 件，赔款 272.6 万元，赔付率 61.07%。1995 年，保费收入 700.7 万元，储金收入 255.7 万元，处理赔案 686 件，赔款 311.5 万元，赔付率 57.36%。1996 年 8 月 17 日，县肉食鸡公司货车在河北省境内发生车祸，公司赔付 12.18 万元。全年保费收入 1027.9 万元，储金收入 53.9 万元，处理赔案 1004 件，赔款 504.7 万元，赔付率 55.95%。1997 年，保费收入 904.1 万元，储金收入 212.9 万元，处理赔案 597 件，赔付率 36.75%。1998 年 12 月，县电业局桑塔纳轿车发生碰撞事故，赔付 6.8 万元。1999 年 1 月，县医药公司经营部发生盗窃，赔付 4.3 万元。5 月 30 日，县良种棉加工厂桑塔纳轿车被盗，赔付 12 万元。2001 年，保费收入 1001 万元，赔付 609 万元。2002 年，开办汽车消费贷款保证保险，全年保费收入 944 万元，赔付 904 万元。2003 年，开办意外伤害保险业务，全年保费收入 1088 万元，赔付 604 万元。2004 年，保费收入 905 万元，赔付 798 万元。2005 年，保费收入 1009 万元，赔付 704 万元。

第二节　人寿保险

1996 年 9 月，根据《中华人民共和国保险法》规定，产险，寿险分业经营。中保人寿保险有限公司滨州分公司惠民营销部，继承原中国人民保险公司滨州中心支公司惠民支公司所办理的人身险业务，主要有养老保险、意外伤害保险及健康险三大类共 20 余个险种。是年底，惠民营销部营销人员发展到 20 余人，保费收入 36 万元。1997 年，根据《中保人寿山东省分公司劳动合同制度实施细则》的规定，营销部原有职工全部与公司签定合同，完成由固定工制度向合同工制度的转变。同年 10 月，按照“发展城市、延伸农村、抓住难点、逐一攻破”的工作思路，在李庄镇建立李庄分部，在何坊乡建立中心网点。11 月，县内被保险人李某突发脑溢血去世，保险金额 20 万元，受益人为其女儿，此为滨州地区历史上最大的寿险赔案。1998 年，保费收入突破 1000 万元。1999 年 4 月，中保人寿保险有限公司滨州分公司惠民营销部更名为中国人寿保险公司滨州分公司惠民营销部。是年，保费收入达到 1400 万元。2000 年，注重从农村招聘寿险营销员，并在具备条件的乡镇建立服务网点。当年保费突破 2000 万元。2001 年 7 月，惠民营销部迁入县城文安路 158 号办公楼，结束了租赁办公场所的历史。2003 年，中国人寿保险公司重组为中国人寿保险（集团）公司和中国人寿保险股份有限公司。同年 10 月，中国人寿保险公司滨州分公司惠民营销部更名为中国人寿保险股份有限公司滨州分公司惠民县支公司，继续履行原滨州分公司惠民营销部的权利和义务。至 2005 年年底，惠民支公司拥有 360 余人的专业销售队伍、10 余个服务网点和主导市场的 100 余个种类的保险产品。全年保费收入 4124 万元，其中新单保费收入 1458 万元，短险保费收入 148 万元。给付各种保险金 176 万元，赔付率 62%，综合持续率达到 98%。

2000—2005 年中国人寿保险股份有限公司惠民县支公司保费和赔付情况统计表

表 10－9　　　　单位：万元

年度	保费收入	年度增加	增长比例（%）	赔款支出
2000	2305	881	61.86	43.50
2001	2610	305	13.23	74.00
2002	2804	194	7.43	62.80
2003	3736	932	33.23	80.00
2004	4932	1196	32.01	77.00
2005	4124	－808	－16.38	88.20

第十一编　城乡建设

第一章　机　构

惠民县建设局　1975年9月30日，成立惠民县基本建设局。1984年，基本建设局撤销，成立惠民县城乡建设环境保护委员会，内设人秘股、财务股、城建股、农房股、建筑工程总公司5个股室，下设建筑工程公司、自来水公司、设计院、窑厂、建材公司、环境监测站6个企事业单位。1987年，市政管理处由惠民镇划归建委，副科级规格。1990年，撤销人秘股，增设办公室、政工股、工程建设标准定额站、城市建设开发公司（副科级规格）、施工股。1991年3月，县城乡建设环境保护委员会更名为惠民县城乡建设委员会。同年，组建环境保护局，与建委分离。建委增设城市建设房屋拆迁办公室、房地产管理所、建筑装饰服务公司、城市管理监察大队、建设工程招标投标办公室、建设监理事务所。1994年，增设测绘办。1995年6月，由施工股组建建管处（副科级规格），12月，建管处升格为建管局（正科级规格），隶属于城建委。1997年，增设规划设计院、护城河公园管理所。同年，建筑工程管理局与建委分离。1999年，成立民安房地产开发有限公司，建设监理事务所改制为工程建设监理公司。2000年，撤销护城河公园管理所，自来水公司划归县水利局。2001年，建筑设计院改制为建筑设计院有限责任公司。2002年，县城乡建设委员会更名为惠民县建设局。2003年，城市管理监察大队归属城区秩序管理办公室。2004年，县建筑工程管理局归属县建设局，成立城市管理督察大队和城建拆迁安置服务中心，撤销市政管理处所属的园林科和环卫科，成立园林处和环卫处。2005年年底，建设局内设办公室、政工股、财务股、城建股、乡建股、督察大队、基建股、招标办、定额站、交易中心10个股室，下设拆迁办、劳保站、建工局、质监站、开发公司、民安公司、监理公司、市政管理处、园林处、环卫处、设计院、城建拆迁服务中心、建筑公司、装饰公司、太和公司、养殖厂16个企事业单位。

第二章　县城建设

第一节　县城规划

1984年，《惠民县城总体规划》经省政府批准实施。1986年，按县城发展的实际情况，对县城总体规划进行修订、调整。调整后的规划范围是东至幸福河，南至沙河，西至惠（民）沧（州）路，北至北武路（东转盘至惠沧路段），总面积是12平方公里。是年，完成十字街至南门街2.16万平方米的沿街规划，从此县城规划进入小区规划和详细规划阶段。1988—1990年，完成南门街、糖坊街、城隍庙街、西关街的规划设计和东门大街、南门大街沿街建筑物的规划及西关居民区、花园小区、一纺小区、二纺小区、南关居住小区的规划，同时编制完成县城竖向高程规划。1991年，编制东门至高关沿街长度600米的详细规划。同年，聘请曲阜市规划设计院完成古式商业一条街的规划设计。1993年，鉴于黄河三角洲的开发，德烟铁路和滨州港的筹建，对县城规划区面积作了调整，规划控制区由33平方公里调整为48.23平方公里。1994年，聘请潍坊市规划设计院，完成新一轮县城总体规划修编工作。1996年，委托省测绘二院完成县城规划区22.5平方公里地形的航测图。1997年，县建委协助地区规划设计院完成五条街道的详细规划。同年，城建规划部门编制完成县城消防规划。1998年，聘请地区规划设计院编制孙子故园40余亩文化广场的专业性详细规划。1999年，以县城总体规划为指导，由省、地规划院编制完成三大出入口（西南出入口、南关出入口、东关出入口）和县科技园的详细规划，规划面积210余亩。同年，县设计院编制完成"三关一门"（东关、南关、西关、北门）和几条待改造主要街道上的平、立面图。2000年，完成"三路开发"（南环东路、文安西路、糖坊街西首）的详规图和孙子文化村的规划建设图及其剩余街道、重要部位（南天阁、东关三泽服务楼、东站广场等拐弯和转角处）的改造建设方案，参与编制县城抗震减灾以及供水的专业规划和3平方公里工业园区规划。2002年，城区面积为13.36平方公里。是年，由省规划设计院修编完成县城第三轮总体规划，规划区面积190平方公里，县城性质确定为以轻纺商贸、生态农业、农产品加工为重点，集科技、旅游为一体的古文化园林城市。2005年，聘请上海同济大学城乡规划设计院，结合惠（惠民）、阳（阳信）、无（无棣）城市带规划和省道大济路改线，对城区性能、规模、总体布局进行高档次修编。至年底，新一轮总体规划仍在编制中。

第二节　城市建设

惠民县城位于县境北部，地处北纬37°28′～37°29′，东经117°29′～117°30′，城区呈南北向长方形聚落。1979年起，经对城区街道拓宽、取直、铺路、翻新等数次修整改造，至1985年年底，城区内共有街道56条，建成城区总面积5.5平方公里，人口2.7万人、居民5545户，办公楼、教学楼、居民楼等77幢，有供水主管线2500米，日供水能力5000立方米。2005年年底，县城建成区面积13.36平方公里，道路总长度达36公里，路面硬化率98.4%，铺设各类管网140公里，供水管线45公里，日供水能力3万立方米，建成住宅小区和市场20.5万平方米。

道路　1979年，经对县城区街道拓宽、取直、铺路、翻新等数次修整改造，至1985年底，城区内共有街道56条，主要街道有：南门大街、东门大街、西门大街、鼓楼街、府前街。1987年，投资200余万元，建成东环城路、惠沧路（庆淄路城区段）二条沥青路面道路，总长7.65公里。1989年，完成红星街655米的路基工程。1990年，县城道路总投资达338.32万元，拓宽铺设道路3740米，其中拓宽改建东、西门大街1660米，南门大街重新罩面950米，改建北门街750米，翻建人行路（环城东路南段）380米，总计道路面积达7.48万平方米。1991年，投资25万元，新建环城南路680米。1992年，争创卫生县城，拓宽新建东西大街东段（东门—高关）1720米，包括拆迁安置居民、铺设排水管道及设施，总投资273万元。同年，投资684万元，建成包括路侧古式建筑物在内的商业一条街（乐安街），全长258米，建筑面积5684平方米。1994年，完成过境干道工业路1.5万平方米以及东转盘路1.94万平方米的铺装硬化。1995年，完成城区内10条辅路的拓宽与路面铺筑工程。同时完成两条主干道（车站转盘至大于路口、大于路口至西关）的硬化，总铺筑路面17.85万平方米、重新罩面2.89万平方米，累计投资970万元。1996年，新建道路6条：文化街、西南营街、北关街、北门街、府西街、老廒街，完成道路面积2.8万平方米。1998年，实施样板街建设开发。多方融资109万元，打通长600余米的文安路（包括排水、电力、电讯、罩面等）。由县公路局投资48万元，对西关街2.3万平方米的主车道进行罩面。1999年，投资400万元打通、拓宽长1100米的南环西路。2000年，惠民镇、城建委、房管局投资2500万元打通文安西路、南环东路、糖坊街西路，共长2730米，新增道路面积8000平方米。2005年年底，县城区内有道路59条，总面积0.45平方公里，路面硬化率达98.4%。

2005年惠民县城区各街、巷、路简况表

表11-1

道路名称	道路长度（米）	道路主路宽度（米）	路面级别	修建日期	备注
东门大街	750	24	沥青混凝土	2003	
东关大街	1610	18	沥青混凝土	1990	
西门大街	760	24	沥青混凝土	2002	
西关大街	380	18	沥青混凝土	1988	
北门大街	885	10	沥青混凝土	1995	
北关大街	450	7	沥青混凝土	1995	
鼓楼街	573	18	沥青混凝土	1995	
南门大街	950	18	沥青混凝土	1989	
南关大街	1000	18	沥青混凝土	1989	
车站路	4650	18	二灰	2002	县公路局管理
工业路	1528	16	二灰	2001	县公路局管理
环城东路	2000	18	沥青混凝土	2004	
红星街	670	10	沥青混凝土	1989	
糖坊街	1085	10	沥青混凝土	1988	
南环路	670	12	沥青混凝土	1988	
南环西路	1085	15	沥青混凝土	1999	
文庙街	190	13.5	沥青混凝土	1987	
府前街	300	7	沥青混凝土	1995	
新建街	350	7	沥青混凝土	1995	
故园东路	500	10	沥青混凝土	1995	
文化街	254	8	沥青混凝土	1988	
文化东街	308	7	沥青混凝土	1996	
商场街	253	10	沥青混凝土	1986	

续表 11－1

道路名称	道路长度（米）	道路主路宽度（米）	路面级别	修建日期	备注
养兰胡同	146	7	砖砌	1991	
兴隆街	150	7	砖砌	1991	
武德道街	346	6	沥青混凝土	1995	
正北营	167	11	土路	1981	
府西街	218	6	沥青混凝土	1995	
府东街	280	6	沥青混凝土	1995	
宋家营	670	6	沥青混凝土	1997	
关帝庙街	229	6	土路	1971	
吴家胡同	400	5	沥青混凝土	1996	
西南营	500	5	沥青混凝土	1996	
大王营	459	6	沥青混凝土	1992	
胡家街	392	8	砖砌	1997	
察院街	813	6	沥青混凝土	1996	
三皇庙街	300	7	沥青混凝土	1995	
小南关	100	7	土路	1967	
龙王庙街	486	6	沥青混凝土	1996	
所庙街	202	6	土路	1964	
老廒街	270	5	沥青混凝土	1995	
新开街	270	6	沥青混凝土	1996	
吉照街	220	5	土路	1961	
半边店	200	7	土路	1966	
胡姑娘巷	180	5	土路	1972	
马市街	500	6	沥青混凝土	1996	
西北营	468	12	土路	1964	
三义庙街	268	6	土路	1968	
苏家角	564	7	沥青混凝土	1996	
文召街	176	4	土路	1975	
铁匠市	167	7	土路	1971	
骆驼巷	208	7	土路	1975	
武家营	202	8	土路	1964	

续表 11－1

道路名称	道路长度（米）	道路主路宽度（米）	路面级别	修建日期	备注
府后街	235	7	沥青混凝土	1995	
九圣阁	200	8	土路	1975	
南环东路	1300	18	沥青混凝土	1999	
文安东路	1300	18	沥青混凝土	2000	
文安中路	650	15	沥青混凝土	1997	
文安西路	1100	18	沥青混凝土	1999	

排水 1979 年，县城区的污水排放主要采用因地就势加疏导的办法。城区内水塘沟湾较多，遍布各处且自成体系，重要地段修建下水道汇积污水于护城河，经省屯沟向沟盘河排放。1986 年，县城排水泄洪工程按城市建设规划进行实施，首先在南关铺设下水管道，将企业废水排入护城河。1997 年，县城地下共安装排水管道 1.6 万米。1998 年，城区新增排污设施 1.7 公里。东护城河北延 150 米，两侧埋设直径 1000 毫米和直径 1500 毫米的管道共 300 米，保证东护城河免遭污染。由惠民镇政府投资 36 万元，对 2800 米的泄洪主渠—省屯沟进行彻底清挖，解除了防汛的后顾之忧。1999 年，南环西路、文安路、工贸园区等工程相继竣工，新增排污管线 3.63 公里。2000 年，城区“三纵五横”道路格局逐渐成型，文安西路、南环东路、糖坊街西路竣工，新增排污设施 4.04 公里，至 2005 年年底，县城区排污设施达 41.47 公里，密度为 4.15 公里/平方公里。

2005 年惠民县城区排水设施简况表

表 11－2

道路名称	排水管道规格（毫米）	排水长度（米）	修建日期	备注
东门大街	¢800	1400	1990	
东关大街	¢800	6440	1990	
西门大街	¢800	1400	1997	
西关大街	¢400	200	1988	
	¢500	546		
北门大街	¢800	690	1989	
鼓楼街	¢800	295	1995	
	¢500	400		
南门大街	¢500	460	1988	
	¢500	512		
南关大街	¢1000	800	2003	
	¢1500	1000	1989	

续表 11－2

道路名称	排水管道规格（毫米）	排水长度（米）	修建日期	备注
车站路	¢1000	1600	2002	县公路局管理
	¢500	1600		
工业路	¢500	788	2001	县公路局管理
环城东路	¢500	880	1989	
	¢800	840		
红星街	¢800	372	1988	
	¢500	342		
糖坊街	¢800	315	1988	
	¢500	426		
南环路	¢500	230	1988	
南环西路	¢1000	744	1999	
	¢800	650		
文庙街	¢500	320	1986	
府前街	¢450	193	1995	
	¢1500	64		
新建街	¢500	300	1995	
故园东路	¢1000	500	1995	
	¢1000	200		
文化街	¢1000	300	1988	
	¢500	200		
文化东街	¢500	250	1996	
商场街	¢1500	203	1964	
养兰胡同	¢500	140	1991	
武德道街	¢500	420	1995	
正北营	¢800	177	1972	
府西街	¢500	346	1988	
府东街	¢500	200	1995	
宋家营	¢450	372	1997	

续表 11 - 2

道路名称	排水管道规格（毫米）	排水长度（米）	修建日期	备注
察院街	¢500	300	1996	
龙王庙街	¢1000	/	1996	
所庙街	¢500	/	1964	
南环东路	¢1000	1100	1999	
文安东路	¢1000	1100	2000	
文安中路	¢1000	640	1997	
文安西路	¢1000	1000	1999	

供水　1979 年，县城区除县招待所、武装部、电业局、邮电局、水利局和地区结防院、中心医院等单位自打深机井自建自来水设备供水外，其他单位和居民仍沿用肩挑车拉的方式取用砖井水。城区深层水含氟量高，浅层水淡水不多，用水颇为困难。1980 年，基建局接管惠民纺纱厂在沙河幸福闸库区的供水泵站，同时建立惠民县自来水公司，投资 6 万元安装一、二级泵房的全套供水设备，铺设直径 300 毫米的主管线 2500 米，日供水能力 500 立方米，南关及城内部分单位用上自来水。1981—1983 年，投资 28 万元，铺设直径 200 毫米管线 4900 米。1984—1985 年，投资 11 万元，在沙河滩区征地 10 亩，打过滤井 10 眼。至 1986 年，全城有直径 300 毫米的供水主管线 2500 米，直径 200 毫米的支管线 7600 米，直径 100 毫米分管线万余米。日供水能力达 5000 立方米，年供水总量 50 万立方米。1992 年，投资 105 万元，在南门、东门、西门各打 415 米深井一眼，购置大型电力稳压设备，新建 2000 立方米的清水池 1 个，基本解决水源短缺和供水量少、压力低的问题，城区有 5 万人用上自来水，占常住人口的 95%。1994 年，县第二水厂和孟家水库动工兴建。1995 年，城区供水系统主管线总长达 1.69 万米，日供水能力达 1 万立方米，年供水量 162 万立方米。1997 年 4 月，投资 1000 万元，设计日供水能力 1.5 万立方米，具有黄河水净化、消毒、加压供水等功能的县第二水厂落成。年底，投资 1400 万元，占地 964 亩，最大库容量 220 万立方米，利用簸箕李引黄灌区二干渠调蓄黄河水的孟家水库竣工运营，成为城区供水专用水库。由此，城区居民紧靠黄河喝不上黄河水的历史宣告结束，实现遭遇旱情地下水位下降情况下的正常供水。2001 年 6 月，水务改制，县自来水公司由城建委移交水利局管理。2005 年，投资 350 万元，以直径 500 毫米 PVC 管更新第一水厂至城内的输水主管线 5500 余米。按 BOT 运作方式由江苏省泰兴市睿济科技有限公司投资 150 万元，建成第一水厂（沙河供水泵站）高效节能滤水池，解决了供水时有达不到饮用水标准的问题。是年，县自来水公司日供水能力达 3.5 万立方米，城区年供水 240 万立方米，除县热电厂、华润、基德等企业生产用水仍使用自备深井外，余则全部实现自来水供水。

公共交通　2001 年 3 月 8 日，惠民县城市公共汽车公司成立，是城建委由寿光县引进的外资项目，公司共有客运车 40 辆，客运线路 40 条，在城区及沿线设立候车亭、站牌等设施，营运范围北至原省屯乡边沿，东至幸福河，西至原梁家乡边沿，南至伙龙居。为加强对公共交通的管理工作，在城市管理监察大队设立公共汽车管理办公室。2003 年 8 月，城市管理监察大队撤销，公共交通的管理工作移交市政管理处负责。2005 年，城乡客运管理规范，运转有序。

城区绿化

绿化　1979 年，县城区绿化以多年生树木为主，采取线型绿化，种植杨、柳、法桐、国槐、白腊等 10 余类乔木。1980 年起，每年春季由建委统一规划，林业局免费提供树苗，各机关单位、学校统一参加绿化活动，绿化覆盖率在 3% 以上。1987 年，县市政管理处成立，下设园林科，后改为园林处。是年，在南门街栽植白腊树 650 株。1989 年，完成西关街、府前街、糖坊街、东环路及大粪场的绿化配套，共栽植各类花灌乔木 3230 棵，常绿树 2548 株，城区绿化覆盖率为 5.6%。1990 年起，先后在各条街道新栽、补栽国槐、垂柳、刺柏等各种树木 3.93 万株，修建翻新花池 213 个，栽培花木 6.8 万株，育苗 1.2 万株，新增公共绿地 0.5 公顷。1996 年，政府出资 420 万元，对县城东护城河进行改造修建，建成长 1000 米，宽 20 米的绿化长廊，内配置 12 属相石雕，水面 3.5 万平方米，成为惠民县第一个开放式公园。同年，完成除西门、西关外的三门、三关及鼓楼街、东环路、府前街、开源街的高标准绿化，新建混凝土水刷石花池 410 个，沿街人行道绿化覆盖面积 11.46 万平方米。城区绿化覆盖率达到 21%。1998 年，由沿街各单位筹资 65 万元在各街道补栽树木 1000 株，沿护城河公园种植花木 8 万余株，对 112 个花池更新苗木。1999 年，坚持“拆墙透绿、垂直挂绿、平面布绿、见缝插绿”的原则，改革绿化机制。投资 270 万元，完成三关（东关、南关、西关）、四路（车站路、文安路、南环西路、环城东路）、一线（护城河公园）及主街道补植、更新的公共绿化和驻城单位的庭院绿化，新建花池 115 个，铺草皮 1.8 万平方米，栽植树木 2000 余株，苗木 10 万余株，花卉 3800 株。2002 年，投资 50 万元，完成东关转盘改造工程，架设 18 米高架灯，播种 2500 平方米冷季型草坪草。2003 年，投资 100 万元，完成老护城河林带绿化工作，栽植各类落叶乔木 1 万株。同年，完成东关转盘周边绿地建设和“两路一河”的绿化工作，播种冷季型草坪近 1 万平方米，种植法桐、国槐、白腊等落叶乔木 6500 余株，新增绿化面积 6.5 万平方米，绿化率达 21.7%。2005 年，花池绿化面积 1. 1 万平方米，移栽胸径 25 公分以上白蜡 420 株，完成文安路、东环南路行道树栽植，种植各种树木 1800 余株。对东关街 70 余个花池进行改造，栽植各类小灌木 4 万株。在城区主次干道及 12 条背街小巷种植大小树木 8560 余棵，在 13 处“海子”周边，栽植垂柳、黄金柳 3390 余株。投资 80 万元，完成县城东转盘小崔角、大于路口及武定府角的绿化改造工程，播种草坪 1 万平方米，种植乔灌木 8500 株。是年年底，县城区建成绿化总面积达 0.95 万亩，绿化率 27.8%，公共绿地面积 1673.2 亩，人均公共绿地面积 14 平方米。

公园　1992 年 4 月，孙子故园建成开放，位于影剧院对面原孙氏宗祠旧址，总占地 4.3 万平方米，水面 1 万平方米，它具有历史文物性质和纪念性园林的特点。园内以孙子塑像为中心，西侧为孙子书院，东侧为孙子博物馆，塑像背后是《孙子兵法》残简影壁、乐安湖、乐安亭。植物配置有国槐、家槐、法桐、草坪等。2003 年 10 月，中国孙子兵法城第一期工程—武圣府景区建成，位于县城北侧，以宋代古城墙遗址为依托，占地 450 亩，15 大殿、15 进院、224 个厢房和南北广场组成。建筑采用秦汉式风格，古朴典雅，规模庞大，气势宏伟；造景采用古柏、古树桩、景石、植物群落等手法。2005 年，被评定为国家 AAA 级旅游景区。2005 年，武圣园公园开工建设，位于古城墙西侧，占地 200 亩，主要以娱乐、游玩为主，计划 2006 年 5 月建成第一期工程。

苗圃　在县工业园彩霞地毯股份有限公司院

内，租赁闲置土地60亩，种植各类苗木2万余株；在县污水处理厂栽植各类苗木6000余株。

环境卫生

环境卫生监督　1987年，成立市政环卫科，负责管理城区环境卫生，隶属城建委。1992年6月，国务院颁布《城市市容环境卫生管理条例》，对乱搭临时建筑物、乱布摊点、乱堆乱倒垃圾、损坏盗窃环卫设施等行为做出具体管理和处罚规定。1993年，县政府印发《关于对惠城市容市貌环境卫生管理进行整顿的通告》，散发传单1000份，清理违章摊点300余个，查处乱倒垃圾30余起。1995年，制定《惠民县县城城市市容环境卫生管理暂行规定》，对门前卫生代扫、生活垃圾清运、粪便清掏实行有偿服务，环境卫生工作开始步入管理轨道。同年，城市管理委员会与驻城各单位签定“门前五包责任书”，主要内容是环境绿化和环境保洁，并与城管监察大队联合办公，加大管理力度，依法治城。1999—2000年，坚持“以人为本、重点突出、堵疏结合、持之以恒”的原则，继续巩固省级卫生城成果，实施“畅通工程”，狠抓“乱贴乱画、乱拉乱挂、乱占道经营、乱停放、乱摆摊、乱设点”等不良现象的大规模综合治理。2000年，把老城区的布匹、粮食等市场统一迁移至新开发的文安西路和南环路，较好地规范了市场秩序。2004年，惠民县环境卫生管理处成立，隶属建设局。

道路保洁　1987年，市政环卫科负责城区17条道路保洁。1997年，环卫队伍由1987年的12人增加到120人，负责城区21条街道35.6万平方米的全日保洁任务，实行分段专人负责，保洁率在95%以上。2005年，环卫处成立保洁公司，制定六净六无（路面净、墙根净、树根净、路沿石净、花池净、雨水口净、无牲畜粪便、无破砖碎瓦、无瓜果皮、无塑料袋、无纸张纸屑、无污泥杂土）作业制度，做到一日两清，全天保洁，保洁率在98%以上。是年年底，保洁公司清扫队有保洁工200人，人均清扫面积3000余平方米。

垃圾、粪便的清运处理　1985年，市政管理处环卫科负责城区垃圾、粪便清运处理。1997年，垃圾粪便清运队有车辆8部，负责城区150个垃圾箱、25个果皮箱及城区部分单位厕所和所有沿街公厕粪便、垃圾的清运，对单位粪便实行有偿清运服务，消毒处理，处理率达100%。1999年，建成占地30亩的垃圾处理场。是年，购进12马力拖拉机3台，农用翻斗车2台，粪便清运拖拉机3台。2004年，购置东风牌垃圾压缩车2部，解放牌封闭式垃圾车1部，自卸式三轮农用车2台。设置垃圾中转箱20个，围挡式垃圾箱120组，垃圾桶360个。2005年年底，环卫处清运队有环卫专用车5辆，拖拉机13台，日清运生活垃圾70余吨。

公共厕所建设　1985年，县城仅有公厕1座，属简陋旱厕，无专人管理。1998年，结合创建省级卫生城，新建水冲式厕所2处，改造旧公厕5处，并设专人管理，同时制定“五净三无”（地面净、墙根净、墙壁净、蹲位净、房顶净，无虫、无蚊蝇、无恶臭）工作制度。2005年年底，县城区共有水冲式公厕5座。

典型建筑

惠民县汽车站　位于县城南关，1971年建成，占地7200平方米，候车室建筑面积470平方米，砖混结构，可容纳1000余人候车，内设老弱病残、军人、母子等旅客候车区。

惠民影剧院　位于大寺商场内、孙子故园北侧。1978年拆除原“三学寺”大殿后修建，建筑面积4200平方米，内分两层看台，单人座椅1800个，有休息厅、前门厅，是70年代省内较为先进的影剧院之一。

鲁北大厦　位于县城十字街西北侧。1990年开工，1992年竣工，建筑面积8000平方米，地下一层、地上五层，顶楼设置大型报时钟，内装中央空调，整体设计宏伟，装饰美观，是惠民县休闲、购物、消费的中心。

建设银行大厦　位于县城南关，1991 年开工，1993 年竣工，建筑面积 5700 余平方米，整体工程为框架式结构，楼高 49 米，共 12 层，装饰豪华，设计美观，是县城较高的建筑物。

第三章　县城管理

第一节　规划管理

1986 年，县政府成立规划管理领导小组，制定管理条例，严格规划例会和“一书两证”（选址意见书、规划建设许可证、规划用地许可证）制度，做到“规划一张图、审批一支笔、建设一盘棋”。1988 年，县政府贯彻“在治理中发展、在整顿中搞活、在改革开放中加快发展”的精神，成立惠民县城市规划建设指挥部，加强对规划建设、管理工作的指导，落实《惠民县城市管理暂行办法》，使规划建设管理工作更加具体化。1990 年，《中华人民共和国城市规划法》颁布实施，城市规划管理工作开始步入法制化、规范化轨道。城建部门以法治城，严肃查处违法用地和违章建设，把好方案建设关、质量验收关。是年，发放建设工程规划许可证 60 份，建筑面积 5.73 万平方米，查处违章建设 11 起，建筑面积 1.2 万平方米。1991—1997 年，发放规划许可证 407 份，建筑面积 44.76 万平方米，办理建设许可证 59 份，审批建筑面积 2.49 万平方米，规划小区公房发证率达 95%，农房发证率在 60% 以上，“双违”（违规用地、违章建筑）率 1%，处理率 100%。2004 年，城市管理督察大队成立，是年，查处违法建设 46 起，拆除违法违章房屋 6 座，面积达 1200 平方米，违规查处率达 100%。2005 年，县城永久性建筑物查处率 98%，治街巡查率 100%，结案率 100%，“双违”均没有超过省政府规定 5% 的指标。

第二节　城市管理

市政设施管理　1979 年，市政设施管理工作由县基本建设局统一管理。1987 年 5 月，县市政管理处成立，具体负责城区市政设施的建设管理和维护工作。7 月 30 日，县十一届人大常委会第三次会议通过《惠民县惠城建设管理暂行办法》。1990 年，通过开展城市“三上”（规划、建设、管理上台阶）活动，市政设施管理进一步规范。1993 年，在“惠城杯”城市“三上”活动总评和创建文明卫生城市活动中，惠民县城被地区评为地级卫生县城。1995 年，县政府成立城市管理委员会，下设办公室，基本形成综合管理和专项治理相结合的管理体制。1996 年，投资 70 万元，完成国家一级高程控制点保护标志—魁星阁的建

魁星阁

设，起到保护高程点，点缀县城景观的双重作用。1998年7月，县政府印发《惠民县城规划建设管理暂行规定》《惠民县市容和环境卫生管理暂行办法》《惠民县城绿化管理暂行办法》《惠民县市政设施及城区道路管理暂行办法》4个地方性法规。2004年，市政管理处原负责管理园林绿化和环境卫生工作的园林科、环卫科与市政管理处分离，成立惠民县园林绿化管理处和惠民县环境卫生管理处，隶属于县建设局。

城区绿化管理　1988年起，县城区园林绿化管理工作由市政管理处园林科管理，并根据城市总体规划中的园林系统规划制定管理细则，履行管理职能。1992年5月，国务院《城市绿化管理条例》颁布实施。1993年，惠民县园林处成立。2003年9月，滨州市印发《滨州市园林绿化管理办法》，规定城市规划区内公共绿地、生产用地、防护绿地、街道行道树、绿化隔离带、风景名胜区等绿化管理由园林部门负责。2004年3月，惠民县园林处与市政管理处分离，成为具有独立法人资格的事业单位。

城市监察　1990年5月，按建管并重的原则，加强对县城的综合整治和管理，成立惠民县城管科，归市政处领导。1992年3月，城管科更名为城市管理监察大队，隶属建委管理。1995年12月，在城市管理监察大队的基础上组建城市管理巡警大队，隶属公安局管理。1996年，城管监察工作进一步加强，共发放城管服务承诺及有关规定3000余份，签定责任合同785份。1997年6月，城市管理巡警大队改称为城市管理监察大队，职能不变，隶属城建委管理。2003年6月，城市管理监察大队归属县城区环境秩序管理办公室。

环境卫生管理　1985年，市政管理处环卫科负责县城街道清扫保洁工作。1995年，县政府印发《惠民县城市市容环境卫生管理暂行规定》，城市环境卫生管理工作步入依法管理的良性轨道。2004年2月，县建设局成立市容环境卫生管理处。2005年，环卫处拥有压缩车2部，封闭式垃圾车1部，负责城区道路保洁和日产70余吨生活垃圾的清运。

第四章　村镇规划与建设

第一节　村镇规划

1982年，全县公社、农村开始统一制定建设规划，由建设局农房股负责。1983年，地委、行署联合转发地区村镇建设领导小组《关于解决滥占耕地情况和今后意见的报告》，针对村镇建设长期没有规划、滥占耕地、盲目建房等问题，规定控制指标和审批手续，并开始对公社驻地编制“六图一书”（现状图、规划图、近期规划图、分布实施图、道路绿化图、工程管道图、规划说明书）。1984年，全县1322个自然村中有1257个村完成测绘现状图，21个乡镇有5个乡镇完成规划，共绘制规划图纸2640张，为全县村镇的发展进行科学定位。1987年，全县重点抓桑落墅、辛店两乡镇建设规划的试点工作，摸清农村能按规划建设的比率为86.79%。1990年，县政府出台村镇建设管理办法。城建委帮助李庄、淄角、申桥3乡镇成立村镇规划办公室。1992年，全县21个乡镇建立村镇规划管理机构。是年，全县有7个村被省政府命名为“山东省村镇建设明星村”。1993年，全县加强对《村庄和集镇规划建设管理条例》的宣传。建委编制《惠民县2000年小康屋设计图集》，分发各乡镇，加强小康屋建设。是年，全县乡镇驻地建设规划全部编制完成。1994年，对全县15个乡镇调整、修订、完善驻地规划，规划面积12.55万平方米，村庄规划调整率达85%。1995年，贯彻落实地委、行署《关于搞好小城镇建设的实施意见》，加快试点镇的工作进度。1996年，惠民县沿黄滩区被淹，是年底，沿黄滩区共完成搬迁村庄4个、504户。2005年，由省、市级规划设计单位先后完成全县14个乡镇一至三轮总体规划的编制与调整。调整完善村庄建设规划50个，占村庄总数的3.5%。

第二节　村镇建设

1979年，全县公社驻地办公室、学校、医院、商业建筑均以砖木结构平房为主。民用住宅多以土坯平房为主，少数土坯瓦房。1982年起，公社驻地逐步兴建较大的商店、医院、学校和乡镇企业厂房，铺筑柏油路面、安装自来水。农村一些现代住房大量出现，一般主房前出厦檐者为多，厦檐为楼板平顶式，既坚固实用又美观大方，也有个别农户盖起二层楼房。1986年，全县乡镇驻地房屋建筑面积88.41万平方米，农村房屋建筑总面积1382.23万平方米，人均占有建筑面积22.31平方米。1991年，县政府制定村镇建设管理办法，狠抓“一书两图”（说明书、现状图、规划图）管理工作。以李庄、姜楼为试点开展村镇建设“十、百、千”活动（争创省内十个村镇建设先进县、百个先进乡镇、千个先进村），相继在部分乡镇建农贸市场55处。至1994年，村镇建设走向正轨。全县乡镇新修道路231公里，道路面积171.80万平方米，新建住宅面积16.8万平方米。1995年，贯彻地委、行署《关于搞好小城镇建设的实施意见》，抓好小城镇建设“百新工程”（全省百个新型城镇）的实施。1997年，全县乡镇共新建房屋20.97万平方米，总投资6754万元，新修道路180公里，人均居住水平25.8平方米。2001年3月，全县进行乡镇规模调整，由原来的12镇9乡调整合并为10镇4乡，每乡镇人口由平均2.8万增至4.2万。2005年，全县村镇建成区面积13.25平方公里，乡镇累计完成住宅建筑面积129.48万平方米，其中楼房17.29万平方米；公共建筑累计完成86.5万平方米，其中混合结构78.11万平方米；生产性建筑累计完成75.98万平方米，其中混合结构50.8万平方米；乡镇现有道路444公里，其中高级、次高级道路88公里，桥梁78座；全县14个乡镇全部通电，自来水普及率70.8%，主要道路硬化率90%。

第三节　典型村镇建设

李庄镇　位于惠民县境南部，镇政府驻李庄村，距县城26公里。1991年10月，李庄镇被滨州市确定为地级村镇建设试点乡镇。1995年4月，聘请滨州市建委对李庄镇进行新一轮总体规划修编，并通过县政府批复实施。1997年，镇驻地沿220国道两侧建起楼房20余座，高标准商品房100余座，建筑面积达2万平方米。2000年，投资1亿元，建成绳网大世界莆田园、文化路新商业街，老商业街改造建筑面积4万余平方米。全镇有3500户安装程控电话。2001年3月，申桥镇划归李庄镇，合并后人口5.3万人，版图面积101.1平方公里，镇驻地人口1.7万人。2002年，聘请山东省城乡规划设计研究院对城镇总规划进行修编。2003年6月，完成李庄镇总体规划的评审、报批。当年新建村镇道路5条，道路硬化面积2.23万平方米，建成区面积2.40平方公里。2005年，李庄镇政府进行新一轮的城镇总体规划修编。是年，新建商品楼7701平方米，新建企业22家，建成区面积5.62平方公里。

兰家村　位于姜楼镇工业园区西邻，220国道沿线处。人口618人，耕地1195亩。20世纪

80年代，主要以农为主，主产小麦、花生、大豆。进入90年代，该村着力发展绳网业，带动建筑业和养殖业共同发展。1994年，被评为市级文明村。至2005年，村党支部连续10年被市委授予“奔小康红旗党支部”荣誉称号，连续12年被县委评为“五好党支部”。是年，全村实现工农业总产值1859万元，人均纯收入达6200元，村集体经济收入达12万元。

第五章　建筑业

1979年，全县初具规模的建筑企业只有2家，即县建筑公司和城关镇建筑队。至1985年，全县建筑企业发展到12家，其中三级企业2家，四级企业5家，五级企业5家，从业人员5000余人。1986年，全县企业招投标工作开始起步。建筑业内部进一步完善经济责任制，加强对乡镇公司的资质审查和技术指导。1993年5月，根据建设部、国家工商局发布的建筑市场管理规定，县政府出台《惠民县建筑市场管理规定》：抓建筑业各工种人才的培训；抓建筑市场整顿，取缔无证施工队伍，实行质量统一检查的管理体制；抓施工质量管理，每年组织夏、冬季两次拉网式安全大检查，查出问题限期整改。1995年，贯彻落实《山东省招标投标管理条例》，推行工程项目报建制度，加强宏观调控和信息引导，提高企业的经营管理水平。1997年，进一步规范、培育、完善企业内控和公平竞争机制，扩大生产规模，加强队伍素质建设，是年，建筑安装业总产值达9600万元。1999年12月，惠民县建工局成立，为正科级事业单位，下设11个科室，工作人员30余人。2002年，惠民县招标代理中心成立。2005年，全县建筑企业达15家，其中二级企业3家，三级企业12家，实现总产值1.65亿元。

第一节　建筑设计

1979年，全县只有县建筑公司设计室一家设计单位，所设计的代表工程是：县水利局办公楼、大众旅馆、汽修车间、县百货大楼、影剧院、县政府办公楼。1985年，县建筑公司设计室变更为惠民县建筑设计室，成为独立的法人单位，建筑工程丁级资质。1989年，所设计的县阁府楼商场获滨州地区优秀工程设计二等奖，地区中心医院门诊楼获地区优秀工程设计三等奖。1992年，县鲁北大厦、县保险公司住宅楼获地区优秀工程设计三等奖。1993年，主要工程技术人员获地区“无桩靴桩夯桩技术的应用二等奖”，县农行住宅楼获山东省建委住宅设计优秀奖。1994年3月，县建筑设计室更名为“惠民县建筑设计院”，晋升为丙级资质。1996年，完成设计项目39个，其中县外8个，设计项目面积42000平方米。是年，县建委综合楼、县法院办公楼获地区优秀工程设计三等奖。1998年，设计院有三名技术人员取得二级注册建筑工程师资格，一名技术人员取得一级注册结构工程师资格。1999年度，完成县城西门大街、西关大街、东关街、南关街、环城南路、城关科技园区的规划设计。完成施工图纸设计198个，设计建筑面积7万平方米。2001年6月，设计院改制，更名为惠民建筑设计院有限责任公司。至2005年，共完成2000平方米以上建筑项目的施工图纸设计198个，设计建筑面积达60万平方米。

第二节　施工技术

地基基础工程　1979年始，传统的灰土及砖石基础逐渐被桩基础、混凝土及钢筋、混凝土基础所取代。20 世纪 90 年代，钢筋砼预制桩、灌注桩开始在全县公共建筑、工业厂房、地基松软工程中应用。对高层建筑，实施基槽开挖的深度进行伸深，在施工中主要采用集水坑降水技术、土壁支撑技术等。2002 年开工建设的孙子兵法城，其基础就是运用环井点降低地下水位技术、正铲、反铲挖土技术；在基坑围填检查中还采用环刀法取样检测技术。

主体结构工程 20 世纪 80 年代，全县各类建筑，除特定设计外，一般采用砖混结构。90 年代初，随着各类工业建筑的发展及高层建筑的出现，钢筋砼框架结构被普遍采用。砖砌体品种，以普通黏土砖为主，亦少量煤灰砖、空心砖。砖砌体的施工方法，主要采用手工操作，一般墙体多采用“一砌砖”法、“拼浆”法、“三顺一丁”法、“梅花式”法、“二三一”砖砌法，冬季施工以掺盐沙浆法为主。进入 21 世纪，部分非承重框架填充墙开始利用空心粘土砖，加气混凝土砌块，多种新墙墙体材料的应用逐年增加。

屋面工程 20 世纪 80 年代，一般工业及民用建筑开始采用大板屋面、混凝土大板屋面，屋面处理多采用油毡屋面。90 年代，钢性防水屋面（细石混凝土、水泥沙浆）开始使用。2000 年起，开始采用新型防水材料 SBS、APP 等改性沥青卷材、涂料，施工技术从单一的热沥青满粘过渡到冷粘、自粘、热熔、热风焊、机械固定等多种方法。

装饰装修 20 世纪 80 年代初，全县仅有 3 座二层以上的楼房，装饰技术采用抹灰沙浆、水刷面、马赛克做法。80 年代中期，高层建筑增加，外墙装饰多用白色彩色石子作水刷石墙面或用大粒砂做水刷砂墙面。室内地面多采用水泥砂浆抹面，较高档次的采用水磨石地面或铺瓷地面砖；内墙、顶棚逐步采用优质木材、楼板安装，白灰抹平，涂料刮瓷、油漆喷涂技术作罩面。90 年代起，外墙多采用马赛克、釉面砖镶贴或刷漆，内墙贴壁纸、刷漆，卫生间大多贴瓷砖、铺地砖。地面开始使用大理石、木地板，顶棚开始用轻质龙骨吊、钙塑板或石膏板镶贴。

第三节　建筑安装

1979 年，全县仅有县建筑公司和城关镇建筑队两家建筑施工企业。1980 年起，全县多数公社相继成立建筑施工企业，由实行包清工逐渐过渡到包工包料，并逐步走出县境到外地承包工程。至 1985 年，全县有资质的建筑企业达 12 家，其中三级企业 2 家，四级企业 5 家，五级企业 5 家。2001 年，全县有 8 家建筑企业升级，5 家企业被取消资质，仅保留三级以上资质。属二级资质的企业是：惠民县建筑公司、惠民镇建筑公司；属三级资质的企业是：惠民县装饰公司、惠民县鑫诚桩基公司、太和建筑公司、黄河建筑公司、昌盛建筑公司、胡集建筑公司。2005 年，全县共有资质的建筑企业 10 家。在创“无质量通病住宅工程”“市级文明工地”方面进入全市前列，建筑企业在境内建筑市场的占有率稳定到 90% 以上。20 世纪 80 年代，建筑施工由手工操作开始向机械化过渡，木制脚手杆、模板开始由钢架杆、钢模板代替，县建筑公司开始使用塔吊、混凝土搅拌机、小型电锯、电刨等专用设备。进入 90 年代，开始采用铲运机、挖掘机、搅拌机、装载机、蒸汽锤打桩机、静力压桩机等机械工具。2004 年，有些企业购置混凝土泵及泵车、搅拌运输车、冷拉机、冷拨机。2005 年年底，全县有各类施工机械设备 5816 台，总动力达 11.18 万千瓦，技术装备率达 2900 元/人。

第四节　施工管理

施工队伍管理 1979 年，建筑施工企业的管理由县基本建设局建管处负责。1985 年，地区对全县建筑企业进行资质审查，共审批三级企业 2 家，四级企业 5 家，五级企业 5 家。1995 年，建管处升格为建筑工程管理局，负责全县建筑施工队伍的管理。2000年，根据省建设厅《关于全省创无质量通病住宅工程的实施意见》，在全县开展争创无通病住宅工程活动。2001年，依据省、市有关文件精神，全县取消四级、五级建筑企业，保留三级，并对县建筑公司、惠民镇建筑公司资质进行升级报审。至2005年，被评为市级“无质量通病住宅工程”48个，“市级文明工地”69个，省级安全文明工地12个。

劳保费管理　1996年，成立惠民县建筑企业劳保费管理站，劳保费按工程造价的2.6%收取，其中30%上缴市建委。至2005年，全县共收缴养老保障金655万元，上缴市劳保费管理办公室188万元，补贴245万元（含市调剂），拨付243万元，基本解决全县建筑施工企业离退休职工工资等事项的正常发放。

技术培训　1987年，设立县建筑技术培训科。每年举办技术岗位培训2~3期，为建筑企业培养专业人才。至2005年，共培训各类技术管理人员1万余人次，其中培训初级技术管理人员315人次，中级以上技术管理人员286人次，获得项目经理等级证书的387人，培训特种作业人员2000人次，培训职业技能人员100人次。

施工现场安全管理　1979年，施工现场的安全管理由县基本建设局的施工科负责。1999年，成立惠民县安全生产监督管理站，具体负责施工现场的安全管理。2002年，安监站由对施工现场管理转成安全监督管理，负责各建安企业安全责任制、安全目标的落实。从全天候、全方位跟踪检查，到节假日或特殊情况专项检查与不定期督查相结合，各建安企业逐步由被动受检变为主动受查、主动预防，使历年安全事故发生率均控制在万分之一以内。

招标投标　1995年，县建设工程招标投标办公室成立。1996年3月，印发《惠民县建筑市场管理暂行规定的通知》，要求凡在规定范围内的工程项目必须按照有关规定进行招标。1998年3月，印发《惠民县建设工程招标投标管理办法的通知》，将19个建设项目纳入招标管理范围，共计59127.54平方米，招标覆盖率100%，报建率100%，合同备案率95%。1999年3月，建成惠民县建设工程招标、评标、定标、评委专家库，由21人组成，开标时抽签决定评委。7月，建立服务监督功能齐全的建设工程交易中心。2005年3月，重新修订《惠民县建设工程招标投标管理规定》，调整《建设工程评标专家库》，招标投标工作上了一个新台阶。

第五节　重点企业

惠民县建筑安装公司　1956年成立，系国营转集体建筑施工企业。1994年11月，被山东省建筑工程管理局批准为县级以上二级企业。2002年，通过ISO 2000房屋建筑施工标准的国际质量管理体系认证。公司下设8个职能科室、26个土建项目部、6个安装工程部及预制构件厂、铝合金门窗厂。公司承建的山东惠民国家粮食储备库、惠民县工商局住宅楼、惠民县交通局住宅楼、惠民县孙武书城综合楼、惠民县广播电视局住宅楼、惠民县劳动局综合楼等工程，均获得省优工程。2005年，有固定职工1210人，专业技术人员192人，拥有各种设备806台，注册资金2050万元，年利税达112万元。

惠民镇建筑工程公司　1961年3月成立，1994年3月晋升为三级资质企业。2002年，通过ISO 9001质量体系认证，同年7月取得房屋建筑施工总承包二级资质。所承建的惠民县财政局住宅楼，获泰山杯工程奖。承建的惠民县工商银行综合楼、惠民县国税局办公楼、惠民县邮政局生产综合楼等工程均获省优质工程，还赢得市优质工程奖16项。公司拥有固定资产达2298万元，年实现产值8000余万元，利税683万元。

惠民县建筑装饰工程有限公司　1989年3月成立，1999年底改制为有限公司。2005年，批准为房屋建筑工程施工总承包二级企业。公司承建的惠民县法院住宅楼、滨州市中心医院高职楼、惠民县水利局住宅楼、惠民县粮食局住宅楼等工程均获省优工程，其中三项工程获“泰山杯”质量奖。是年底，拥有职工1300余人，企业注册资金2200万元，净资产2500万元，年实现产值8000万元，利税100余万元。

第六章　房地产管理

第一节　机　构

1992年，组建惠民县住房制度改革领导小组。同年5月，住房制度改革领导小组设立办公室（简称“房改办”），其职责是：负责全县住房制度改革，制定实施方案及房改工作的实施。房改办内设办公室、房产管理科、基金管理科。12月，在县供销社、环保局、保险公司开展房改试点工作，对县城区147个单位的公房进行普查、登记，全县住房制度改革工作逐步推开。1993年9月，建立惠民县房地产管理局，为正科级事业单位，列政府序列。负责全县房地产开发、交易、中介服务、房地产管理、住宅建设、产权确认等业务管理。房改办、房管局合署办公，一套机构两块牌子。10月，城镇公有住房开始确权发证，实行提租补贴。1995年，房管局增设房产管理科。1996年，设立档案管理科。1997年，增设安居小区管理办公室。1998年8月，成立惠民县兴达房地产开发有限责任公司，企业性质，隶属房管局。1999年9月，成立惠民县房产纠纷仲裁委员会，隶属房管局。2001年1月，成立惠民县房地产交易中心。2005年，房地产管理局内设办公室、政工科、房地产交易中心、房产纠纷仲裁办公室、房地产开发办公室、财务科、房产管理科、档案室、工会等科室，下设安居小区服务处。

县房管局交易大厅

第二节　住房制度改革

1992年，县政府印发《城镇住房制度改革实施方案》，同年12月，地区住房制度改革领导小组批准执行。确定公有住房实行先卖后租，1992年新建的砖混结构住房，建筑面积标准价每平方米300元，月租金楼房每平方米0.47元，平房每平方米0.37元。为保证房改方案的顺利实施，同时出台《惠民县公有住房出售实施细则》《惠民县公有住房提租补贴实施细则》《惠民县住房基金使用管理暂行规定》，报经地区住房制度改革领导小组批准实行。1993年，以县供销社、县环保局、县保险公司为房改试点单位，经广泛宣传发动，房改工作全面推开。是年，县城和惠民镇机关147个单位的5777户干部职工家庭参加了房改。参改的公有住房总面积为38万平方米，其中买房户有4992户，面积为15万平方米，租赁公有住房785户，共筹集住房资金582.6万元。1993—1995年，房改成本价楼房为每平方米500元，平房为每平方米300元。公有住房月租金楼房为每平方米0.74元，平房为每平方米0.9元。1996年，房改成本价楼房为每平方米560.7元，平房为每平方米446.43元。1997年，公有住房月租金楼房提高到每平方米1.8元，平房每平方米1.48元。是年年底，全县售房5050户，占总户数的75%，住房面积44.1万平方米，租房户1846户，占总户数的25%。筹集住房资金1258万元。1999年12月，县政府印发《加快城镇住房制度改革实施方案》《惠民县职工所购公有住房上市交易管理暂行办法》《惠民县公有住房提租实施办法》《惠民县公有住房出售实施办法》等，提出全面建立公积金制度，提高住房租金，尽快实现成本售房，取消福利分房，实行职工住房货币化分配制度。自2000年1月起，暂按职工月工资基数8%作为住房补贴纳入工资，按月发放。同年，房改成本价楼房为每平方米576元，平房每平方米458.33元。积极推进由部分产权向全部产权过渡。2000年5月，县委印发《关于2000年全县党风廉政建设和反腐败工作实施意见》，房管局根据“实施意见”制定清理多占住房和超标准装修住宅的具体方法、时间、步骤，严格把关，统筹安排，保证了房改工作健康发展。2001年1月，房改成本价楼房提高到每平方米670元，平房每平方米558.33元。至2005年底，全县出售公有住房7908套，面积71万平方米，交易金额6948万元，租赁公有住房425户，筹集住房资金3000万元。

第三节 房地产开发

角楼小区 1991年，根据县政府规划，在惠城建立惠民县第一个综合性住宅小区。小区东至劳动局西侧，南至针织厂北墙，西至建行东邻，北至环城南路。是年，小区建1、2号住宅楼，总建筑面积5900平方米，单元建筑面积分为44、58、59、72、76平方米五个标准，入住60户。1999年，3号楼和2号楼二期工程相继完成，总建筑面积7200平方米，单元建筑面积分为75平方米、94平方米、120平方米3个标准。同年，4号楼竣工，单元建筑面积分为68、71、81、117平方米4个标准，入住40户。小区设物业管理办公室，有管理人员2人。

安居小区 1996年，县政府印发《惠民县安居工程实施方案》。是年，县房管局自筹资金320万元，征用土地51.24亩，建设住宅楼2幢，建筑面积7500平方米，入住80户。1997年，自筹资金330万元，建设住宅楼2幢，建筑面积5000平方米，入住60户。1998年，县政府决定取消一家一户的建房办法，按照统一规划、统一征地、统一建设、统一销售“四统一”建房原则建设职工居住小区，并免除各项税费、规费，以降低造价，让职工买得起、住得下。1999年10月、2000年9月，安居小区5号、6号楼先后交付使用。至2000年年底，共投入资金1420万元，完成建筑面积1.8万平方米，安置居民200户。

世纪花园小区 1998年，成立惠民县兴达房地产开发有限责任公司。是年，建成住宅楼2幢，建筑面积5500平方米，入住60户。1999—2000年，投资350万元，开发建设300米的糖坊街。2001年，开发建设世纪花园住宅小区，征地168亩，修建长500米、宽40米的柏油路一条。至2005年，总投资1.5亿元建设住宅楼28幢，建筑面积13.2万平方米，经美化绿化，成为可容纳5000余人居住的花园式住宅小区。

富河园住宅小区 2005年建成，位于府前街南侧文庙街西侧，占地面积17亩，总建筑面积25105平方米，入住户数160户。

第十二编　交通　邮电

第一章　交通设施

第一节　公　路

1979 年，境内公路建设开始修筑沥青罩面公路。施工程序为先垫平路面，再铺一层含剂量 8% ~10% 的混合石灰土为承重层，夯实后以沥青沙子混合罩面。1983 年，境内公路干线 146.7 公里，其中沥青罩面 143.3 公里。县、乡公路 80.6 公里，其中沥青罩面 23.4 公里。1985 年，有过境国道一条，省道四条，呈三纵两横之势，构成县内主要交通骨架，与县乡公路经脉相通，形成完整的交通网络。1986 年，全县拥有沥青路 216 公里，其中，国省道 179 公里，县道 14 公里，乡道 23 公里。1988 年 10 月，县乡公路建设由公路站移交交通局。1992 年 10 月，大年陈乡在全省黄河以北各县市中率先实现全乡村村通柏油路。随之，全县公路建设开始超常规、跨跃式发展。1995 年，实现全县村村通柏油路。1996 年，按照上级“公路建设重点向管理养护、配套联网转移”的战略部署，狠抓公路的新建和改造，使公路向高等级、网络化方向发展。是年，投资 154 万元，建中型桥 4 座、样板桥 1 座。1998 年，公路建设的重点向高等级公路和高标准管理养护转移。投资 950 万元，按二级路标准完成 28 公里解陈路升级改造及 19 座沿线配套桥涵的建设任务。

道路施工现场

1999 年，投资 236.4 万元，建成桑王路魏集段 9.7 公里二级路；投资 176 万元，修建扶贫公路 18.4 公里。2000 年，投资 130 万元，完成 8.3 公里魏集黄河浮桥配套公路建设任务。2003 年，启动农村公路改造工程。至 2005 年年底，共投资 1.7 亿元，改造农村公路总里程 873.5 公里，全县公路通车总里程达 1778.2 公里，国、省道干线公路 184.5 公里，公路密度达 81 公里/百平方公里。

国道

国道 220 线（东郑路）　东起山东省东营市，西至河南省郑州市。横跨县境南部，呈东西偏南走向，东自胡集镇小马家村南入境，西至姜楼镇马家洼村南出境，境内辖段 37.1 公里，1984 年 10 月建成通车。路基宽 12.5 米，路面宽 11 米，境内沿路有桥梁 26 座，长 553.1 米，涵洞 124 个，截面直径总长 99 米，全线为二级路，次高级路面。2004 年 2 月，惠民段改建工程开工，建设标准为一级路，路基宽 25.5 米，路面宽 24 米，双向四车道，设计通车能力 15000 ~30000 辆，概算投资 3.8 亿元，2005 年 12 月主体工程竣工。

省道

省道 239 线（大济路）　北起滨州市无棣县大口河，南到济南市济阳县。东北从何坊乡邢家入境，西南至姜楼镇，南部与东郑路相接，境内长 47.1 公里，沿路有桥梁 11 座，长 562.5 米，涵洞 63 座，截面长 63 米，为三级路，始建于 1974 年。1995 年起开始进行分段改造，其中，完成何坊至惠城东关转盘段 8.5 公里，路基宽 19 米，路面宽 15 米。完成惠城大于路口至姜楼段改建 31.4 公里，路基宽 14 米，路面宽 12 米。2001—2003 年，改建县城东关转盘至大于路口段 7.2 公里，路基宽 22 ~29 米，路面宽 18 ~25 米。改建均达到二级路标准。

省道246线（庆淄路） 北起德州市庆云县，南至淄博市淄川区。自惠民镇西信村北入县境，东南行至清河镇过黄河入高青，境内长42.4公里。1994年，完成娘娘坟桥至黄河大坝段23.2公里改建，路基宽12米，路面宽10米。2000年，完成黄河大坝至浮桥段4.5公里改建，路基宽7.5米，路面宽5.5米。2001年，完成西信至娘娘坟桥口段拓宽改建14.7公里，路基宽15米，路面宽12米。3次改建均为二级路标准。

省道247线（乐胡路） 呈西北东南走向，境内段北起惠民镇邓家村南，南至胡集镇胡集村东与220国道交汇，全长29.4公里。2002年，完成拓宽改建工程，路基宽21米，路面宽15米，为二级路标准。

省道316线（永莘路） 东起东营市垦利县永安镇，西至聊城市莘县。境内段自桑落墅镇程家口入境，西至石庙镇石庙李村南出境，全长28.5公里。1986年，完成惠城大于路口至石庙段10.9公里改建，路基宽12米，路面宽11米。1992年，完成大桑7.2公里改建，路基宽12米，路面宽10米。2001年，完成头堡段改建工程8.7公里，路基宽12米，路面宽10米。2003年，完成县城区5.1公里取直工程，路基宽27米，路面宽25米。建设标准均为二级路。

惠民县国、省道一览表

表12－1

路线名称	桩号	起止点	里程（公里）	路面宽度（米）	等级
G220东郑路	21k＋455—58k＋603	小马家—马家洼	37.10	24	一级
S239大济路	86k＋098—133k＋182	阳信界—马家洼	47.10	12	二级
S246庆淄路	35k＋389—78k＋921	阳信界—黄河浮桥	42.40	10	二级、三级
S247乐胡路	35k＋981—67k＋503	邓家—胡集	29.40	15	二级
S316永莘路	101k＋017—144k＋473	程家口—棘城	28.50	10	二级
合计			184.50		

惠民县县道一览表

表12－2

路线名称	起止点	长度（公里）	修建年份	线路等级
申崔路	申桥—崔常	9.40	1996	四级
申崔路	申桥—崔常	8.50	1996	三级
刘清路	刘家桥—清河镇	12.20	1991	三级
桑王路	桑落墅—王平口	0.60	2005	一级
桑王路	桑落墅—王平口	29.90	1990	三级
桑王路	桑落墅—王平口	0.50	2002	二级
惠归路	惠民—归化	18.50	1994	三级
淄胡路	胡集—淄角	4.30	1988	四级
淄胡路	胡集—淄角	21.10	1988	三级
商麻路	商店—麻店	3.80	1989	四级
滨石路	滨州—石庙	0.70	1991	四级
滨石路	滨州—石庙	41.30	1991	二级

惠民县县、乡、村路一览表

表 12－3

路线名称	起止点	长度（公里）	修建年份	线路等级
石庙—梁家	石庙—梁家	6.60	1994	四级
巩家—阳信界	巩家—阳信	3.92	1996	四级
惠归路—石头孙	惠归路—石头孙	6.26	1995	四级
大堤—刘家圈	大堤—刘家圈	3.61	2002	四级
郑庙—崔杜	郑庙—崔杜	6.66	1994	四级
龙白—夹河	龙白—夹河	8.12	1994	四级
联五梁—张杠子	联五梁—张杠子	6.12	2004	四级
丁河圈—老君堂	丁河圈—老君堂	12.45	2004	四级
十五里堂—西肖营	十五里堂—西肖营	13.19	1995	四级
李庄—孟家	李庄—孟家	4.95	1995	四级
张旺庄—笹子吴	张旺庄—笹子吴	7.76	1995	四级
菜园刘—草碾郭	菜园刘—草碾郭	10.04	1995	四级
郭马庄—魏皮虎	郭马庄—魏皮虎	3.15	1988	四级
孙家沟—许王	孙家沟—许王	5.85	1991	四级
庆淄路—聂索	庆淄路—聂索	6.39	2004	四级
吕家—常家	吕家—常家	6.31	2004	四级
金家桥—伊封山	金家桥—伊封山	16.07	1996	四级
陈集—北于	陈集—北于	10.25	2003	四级
胡集—谦李	胡集—谦李	2.89	1995	四级
马虎—邓家	马虎—邓家	5.15	1994	四级
李洪—翟家	李洪—翟家	9.12	1992	四级
长宋—庞家	长宋—庞家	2.86	1996	四级
大年陈—梨行宋	大年陈—梨行宋	5.89	2003	四级
大庞—史官庄堡	大庞—史官庄堡	22.17	1989	四级
梁家—万家	梁家—万家	9.63	1990	四级
桑落墅—邓家	桑落墅—邓家	10.18	1994	四级
李茂—土牛张	李茂—土牛张	19.09	1986	四级

续表 12－3

路线名称	起止点	长度（公里）	修建年份	线路等级
沙珠邢—归仁	沙珠邢—归仁	1.24	2003	四级
沙珠邢—归仁	沙珠邢—归仁	7.33	2003	四级
孟家—曹家	孟家—曹家	8.53	1991	四级
碱场王—后王营	碱场王—后王营	11.92	1987	三级
魏集—申桥	魏集—申桥	19.71	1994	四级
后屯—沈家	后屯—沈家	16.16	2004	三级
小政—钓马杨	小政—钓马杨	12.35	1996	四级
杨评事—王皮	杨评事—王皮	10.57	1990	四级
何坊—张振堂	何坊—张振堂	5.11	1994	四级
魏集—老君堂	魏集—老君堂	4.83	2004	四级
辛店—棉花王	辛店—棉花王	10.59	1988	三级
后韩—三堡	后韩—三堡	3.77	2004	四级
史马—何坊	史马—何坊	14.59	1986	四级
何坊—大由	何坊—大由	6.35	1981	四级
解家—大年陈	解家—大年陈	20.54	1998	三级
村路		1256		四级

第二节　公路桥涵

1985年，境内有干线公路桥74座，全长2687.67米。1990年，干线公路有大、中、小桥97座，全长3022.7米，其中大桥4座767.4米，中桥16座721.3米，小桥77座767.4米。随着公路路网不断升级改造和载重车辆的大量增加，桥涵工程为适应公路建设的需要同步进行加宽、接长和新建，普遍采用新工艺、新技术，提高设计标准，增大通过能力。至2005年年底，境内干线公路有大、中、小桥101座，全长3573.9米，其中大桥5座1021.4米，中桥16座837.9米，设计标准为汽－20、挂－100和汽－超20、挂－120，桥面宽度达到10米以上，消灭了设计荷载汽－10级及以下的桥梁和单车道桥。全县县道有桥梁77座，全长1911.5米；乡村道有桥梁61座（不包括小桥），全长3251.5米。

大桥

刘成桥　位于省道大济路刘家和成家之间跨徒骇河。2000年6月建成，为12孔20米空心板梁结构，下部为灌注桩，桥面宽12米，全桥长266.06米，设计荷载为汽－20、挂－100。

娘娘坟桥　位于省道庆淄路娘娘坟村一侧跨沙河。2000年11月建成，为6孔20米空心板梁结构，下部为灌注桩，桥面宽15米，全桥长126.1米，设计荷载为汽－20、挂－100。

申家桥　位于省道庆淄路申桥村北侧跨徒骇河，2000年10月建成，为20孔13米空心板梁结构，下部为灌注桩，桥面宽12米，全桥长265.4米，设计荷载为汽－20、挂－100。

史马桥　位于省道乐胡路史马村一侧跨沙河。1983年10月建成。2001年，乐胡路改建时该桥加宽，为9孔13米空心板梁结构，下部为灌注桩，桥面宽15米，全桥长123.4米，设计荷载为汽－20、挂－100。2005年10月，对旧桥空心板底贴玻璃丝布，盖梁贴钢板进行加固。

刘家桥　位于省道乐胡路刘家村一侧跨徒骇河。1985年10月建成，2001年，乐胡路改建时该桥加宽，为18孔13米空心板梁结构，下部为灌注桩，桥面宽15米，全桥长240.4米，设计荷载为汽－20、挂－100。2005年10月，对旧桥空心板底贴玻璃丝布，盖梁贴钢板进行加固。

惠民县省道大中桥一览表

表12－4

路线名称	桥梁名称	桥类	结构形式	桥跨组合孔＊米	桥长（米）	桥宽（米）	设计标准	改建年份
大济路	小郭桥	中桥	空心板梁灌注桩	3×13	42.6	20	汽－20挂－100	2001
	大朱桥	中桥	空心板梁灌注桩	6×13	81.6	12	汽－20挂－100	1995
	刘成桥	大桥	空心板梁灌注桩	12×20	266.1	12	汽－20挂－100	2000
庆淄路	东信桥	中桥	空心板梁灌注桩	8×10	85	12	汽－20挂－100	2000
	娘娘坟桥	大桥	空心板梁灌注桩	6×20	126.1	15	汽－20挂－100	2000
	申家桥	大桥	空心板梁灌注桩	20×13	265.4	12	汽－20挂－100	2000
乐胡路	史马桥	大桥	空心板梁灌注桩	9×13	123.4	15	汽－20挂－100	2001
	王店子南桥	中桥	空心板梁灌注桩	4×10	43.4	15	汽－20挂－100	2001
	刘家桥	大桥	空心板梁灌注桩	18×13	240.4	15	汽－20挂－100	2001
永莘路	高关桥	中桥	板梁灌注桩	3×13	50.1	10	汽－20挂－100	1982

惠民县县道桥梁一览表

表12－5

所在县道	桥梁名称	类型	桥垮组合孔＊米	桥梁长度（米）	桥面全宽（米）	桥面净宽（米）	上部结构	建成时间（年）	人工评级	备注
惠归路	禹王桥	小桥	2×10	20	9	8	板梁（实心）	2003	2	
惠归路	西陈路	小桥	2×6	24.8	11	10	石拱桥	2002	4	
惠归路	支四沟桥	小桥	1×6	15	8	7	石拱桥	1977	3	
惠归路	小霹雳庄西桥	小桥	1×8	12	7	6	板梁（实心）	1989	4	
惠归路	大霹雳庄桥	小桥	1×8	15	5.5	4.5	板梁（实心）	1978	4	
惠归路	下坡高桥	小桥	3×6	25	6	5	板梁（实心）	1975	2	
惠归路	下坡桥	中桥	3×11	35	9	8	板梁（实心）	2004	2	
惠归路	娄家桥	小桥	3×6	28	8	7	板梁（实心）	1992	3	
惠归路	惠仓沟桥	小桥	1×6	20	8	7	板拱桥	1993	4	危
滨石路	刘家堡东桥	中桥	4×10	40	9	8	板梁（实心）	1979	3	
滨石路	御史桥	小桥	1×8	15	6	5	板拱桥	1979	3	危

续表 12－5

所在县道	桥梁名称	类型	桥垮组合孔＊米	桥梁长度（米）	桥面全宽（米）	桥面净宽（米）	上部结构	建成时间（年）	人工评级	备注
滨石路	土马河桥	小桥	3×10	30	10	9	板梁（实心）	2003	2	
滨石路	铁角李桥	中桥	3×11	35	9	8	板梁（实心）	2005	2	
滨石路	西截渗沟桥	小桥	1×10	15	10.5	10	板梁（实心）	2002	2	
滨石路	幸福河桥	中桥	3×11	35	10.5	10	板梁（实心）	2003	2	
滨石路	东截渗沟桥	小桥	1×10	12	10	9	板梁（实心）	2002	3	
滨石路	安家沟桥	中桥	4×10	40	9	8	板梁（实心）	2004	2	
滨石路	孙家沟桥	小桥	2×10	25	9	8	板梁（实心）	1982	4	
滨石路	岭上刘桥	中桥	1×20	20	9	8	板拱桥	2002	4	
滨石路	龙王庙桥	中桥	3×11	35	9	8	板梁（实心）	2002	2	
滨石路	孟家弯桥	中桥	3×11	35	9	8	板梁（实心）	2002	2	
滨石路	接深沟桥	小桥	2×10	20	5	4	其他	1981	3	
滨石路	陈集西桥	小桥	1×8	15	9	8	板梁（实心）	1992	3	
桑王路	大桑桥	小桥	1×6	16	8	7	板梁（实心）	1975	3	危
桑王路	沙河桥	中桥	10×6.6	90	9	8	板梁（实心）	1970	2	
桑王路	河西尹北桥	小桥	1×10	20	9	8	板梁（实心）	1986	2	
桑王路	河西尹桥	小桥	1×10	15	9	8	石拱桥	1998	2	
桑王路	侯王店干沟桥	中桥	4×8	40	7	6	板梁（实心）	1975	2	
桑王路	河套孙南桥	小桥	1×8	10	9	8	石拱桥	1975	2	
桑王路	杨子学北桥	小桥	2×4	20	9	8	石拱桥	1996	2	
桑王路	杨子学南桥	小桥	2×6	25	9	8	板梁（实心）	1998	3	
桑王路	陈集北桥	小桥	1×6	12	9	8	板梁（实心）	1999	2	
桑王路	陈集桥	小桥	1×6	14	9	8	板梁（实心）	1988	2	
桑王路	白家桥	大桥	24×10	240	11	10	板梁（实心）	1996	3	
桑王路	东屯桥	小桥	1×6	9.3	8.5	7.5	板梁（实心）	1992	3	
桑王路	加斗桥	小桥	1×6	9.3	8.5	7.5	板梁（实心）	1992	2	
桑王路	街北程西桥	小桥	1×6	9.5	8.5	7.5	板梁（实心）	1992	2	
桑王路	路家桥	小桥	1×6	9.5	8.5	7.5	板梁（实心）	1992	3	
桑王路	王惠李桥	小桥	1×6	9.5	8.5	7.5	板梁（实心）	1992	2	
桑王路	张家坊桥	小桥	1×6	9.5	8.5	7.5	板梁（实心）	1992	2	
桑王路	北李桥	小桥	1×6	9.5	8.5	7.5	板梁（实心）	1992	2	
桑王路	老官赵桥	小桥	1×8	15	14	12.8	石拱桥	1997	4	
桑王路	东朱桥	小桥	1×16	9.5	11	10	石拱桥	1988	4	
桑王路	魏集北桥	小桥	1×8	19.5	18	17.2	石拱桥	1997	4	

续表 12－5

所在县道	桥梁名称	类型	桥垮组合孔＊米	桥梁长度（米）	桥面全宽（米）	桥面净宽（米）	上部结构	建成时间（年）	人工评级	备注
桑王路	谭梁许桥	小桥	1×6	18.2	12	11	石拱桥	1993	4	
桑王路	王平口桥	小桥	1×10	20	12	10	板梁（实心）	2002	2	
胡淄路	张六桥	中桥	1×10.1+1×20	40	6	5	T形梁	1970	4	危
胡淄路	李东安桥	小桥	1×6	12	6	5	板梁（实心）	1977	3	危
胡淄路	西杨桥	小桥	1×10	12	5.5	4.5	板梁（实心）	1972	4	危
胡淄路	徐家桥	小桥	1×10	11.6	6	5	Π形梁	1977	3	危
胡淄路	西韩桥	小桥	1×8	12.7	5	4.5	板梁（实心）	1977	3	
胡淄路	东风桥	小桥	2×8	20.6	6	5.7	板拱桥	1973	5	危
胡淄路	李家桥	小桥	3×6	30	10	9	板梁（实心）	2003	5	
胡淄路	幸福周桥	中桥	3×11	35	9	8	板梁（实心）	2004	1	
胡淄路	东截渗沟桥	小桥	1×6	20	6	5	双曲拱	1979	4	危
胡淄路	钟家营桥	小桥	1×8	20	6	5	双曲拱	1969	4	危
胡淄路	中心沟桥	小桥	2×8	18.5	8	7	板梁（实心）	2000	3	
胡淄路	肖营桥	小桥	1×8	16	8	7.5	其他	1982	3	
胡淄路	王营桥2	小桥	1×8	14	7	6	其他	1982	3	
胡淄路	前营桥	小桥	1×5	10	10.5	10	板拱桥	1981	4	危
胡淄路	后王营桥2	小桥	1×5	12	10.5	10	板拱桥	1976	4	危
胡淄路	后王营桥1	小桥	1×5	16	10.5	10	板拱桥	1979	3	危
胡淄路	王营桥1	小桥	1×5	10	10.5	10	板拱桥	1978	4	危
胡淄路	支二桥2	小桥	1×6	10	11	10	板拱桥	1979	4	危
胡淄路	赵马营桥	中桥	1×20	20	9	8	板拱桥	2002	2	
胡淄路	支二桥1	小桥	3×5	16	6	5	双曲拱	1988	4	危
胡淄路	陈洪口桥	中桥	3×11	33	9	8	双曲拱	1997	3	
胡淄路	樊家桥	大桥	20×8	162	7	6.5	板梁（实心）	1976	4	危
胡淄路	翟刘西桥	小桥	3×4	20	7	6	石拱桥	1987	2	
胡淄路	翟刘桥	小桥	2×10	28	7	6	板梁（实心）	1999	4	
刘清路	土马河南桥	小桥	2×4	15	10	9	板梁（实心）	1988	2	
刘清路	丁家庄桥	小桥	1×5	12	11	10	板梁（实心）	1997	2	
申崔路	李庄桥	小桥	1×10	15	5	4	板梁（实心）	1994	3	
申崔路	李庄西桥	小桥	1×10	17	5	4	板梁（实心）	1977	4	
申崔路	朱家桥	小桥	1×5	12	8	7	板梁（实心）	1978	3	
申崔路	王西池桥	小桥	1×10	16	5	4	石拱桥	1978	2	
申崔路	张旺桥	小桥	1×6	8	5	4	石拱桥	1990	2	

第二章　公路管理

第一节　机　构

1979年，惠民县公路管理站，隶属惠民地区公路管理段领导，为正科级事业单位。1986年，公路站内设办公室、路工、财务、机料、行政、路政6个股室，下设大于、白家、邓家、皂户李、淄角、联五、申桥、黄赵、双庙、小田、麻店、头堡、桑落墅13个分站。1992年10月，公路站改称公路管理局，各养护分站更名为公路管理站。1994年10月，增设养路费征收稽查办公室。13处公路站合并为大于、邓家、淄角、李庄、黄赵、麻店、桑落墅7处公路站。1995年7月，干部管理权划归滨州地区公路局。1999年，内部机构改革，撤销行政科，其职能划归办公室。撤销机务科，组建工程处，为副科级直属单位，实行独立核算，承担境内国省道拓宽改建的工程施工任务。组建养护处，为副科级直属单位，实行独立核算，承担境内国省道的养护管理任务，各公路管理站由其管理。路工科的职能转变为监督、协助养护处工作。2002年，工程处和养护处合并，组建养护工程处，履行干线公路的建设和养护职能。2003年，养护职能从养护工程处剥离，交由路工科负责。撤销大于、桑落墅和邓家公路站，大于、桑落墅公路站养护职能划归麻店公路站，邓家公路站养护职能划归黄赵公路站。2005年年底，局机关内设办公室、综合、路工、路政、财务、征稽办、工会7个行政科室和养护工程处，下设麻店、淄角、黄赵、李庄4个公路站。全局在编职工161人，具有中级以上职称的34人，高级职称的3人。

公路局办公大楼

第二节　公路养护

1979年，公路站养护里程259.6公里，其中国道、省道干线公路里程179公里，县公路14公里，乡公路66.6公里（其中土路33.9公里）。干线公路通车率为100%，县乡路通车率为36.1%。1983年，省交通厅制定《山东省公路养护质量实施办法》，县公路站依照地区公路段制定的公路养护质量标准，按照“优、良、次、差”四个等级评定，推行“多刷油、少挖补、薄封面、细贴补”的养护原则，把好雨季关、越冬关、春融

筑路施工装备

关，实行养护领导负责制，签订《路面维护质量责任制》《安全合同》，任务包干、责任到人。1985 年，全县有道班工 45 人，合同制养路工 42 人，技术员 3 人，管理人员及机械工人 45 人，县乡路好路率为 48.7%。

1987 年，推行路基、路面分开计分“养护经济承包责任制”，制定 5 章 32 条实施办法，在惠民县进行试点，然后向全区公路系统推广。1988 年 10 月，县乡村公路养护业务由公路站移交交通局，是年，全县有专业养护人员 375 人。1990 年、1994 年两年，投资 2273 万元，对 265 公里县乡路进行中修罩面，使全县综合好路率达 85%。1996 年，国道 220 线因超载车辆增多，路面沉陷严重，为解决深层路基隐患，对县人民医院段沉陷处路床 1.5 公里范围内钻芯、取样、化验，测得平均含水量在 27.13% 以上，根据生石灰吸水膨胀增压和路床整体强度要求，采用梅花式灰砂桩处理，满足二级路轻度要求，这一质量控制成果被省交通厅评为二等奖。1997 年，针对乐胡路史马段路面网裂、龟裂严重现象，使用特雷维拉土工布，取得明显效果。至 2005 年，县公路局、交通局公路养护公司共拥有推土机 3 台、挖掘机 2 台、压路机 17 台、自卸汽车 19 辆、摊铺机 3 台、沥青混凝土搅拌机 4 台、沥青洒布机 4 台，直接参与公路养护工程和大中修工程。

2000 型沥青拌合站

第三节　公路绿化

1979 年，境内绿化里程 101 公里，干线绿化率达 100%，县路绿化率达 47%。1985 年，境内公路里程 258.4 公里，绿化里程 221.7 公里，绿化率达 85.8%，其中，干线绿化率 91%，县路绿化率 74.2%。

1986 年，遵循“宜乔则乔，宜灌则灌，宜花则花”的原则，突出畅、洁、绿、美的标准，努力搞好干线公路绿化。为保证境内干线公路绿化的需求，联五苗圃先后培养八里庄杨、刺槐、毛白杨、白腊、月季等优质苗木 17.78 万棵。为加强对公路绿化的管理，公路、交通部门与沿路乡镇、村庄和商店等签订护管公约、合同，实行划片包干。争取沿路乡镇和公安部门的支持、配合，对破坏树木的案件及时进行严肃处理，有效地保护公路干线绿化成果。1995 年，开始对县乡公路进行正规化绿化。是年，县乡路绿化里程达 460 公里。1997 年，全县干线公路可绿化里程为 177.8 公里，绿化率达 100%，成活率达 95% 以上。

1998 年，220 国道文明样板路 37.2 公里实施绿化美化工程，新栽植树木 5300 株，美化公路景点 2 处 500 平方米。同年 10 月，县委制订 1998—2000 年路域治理规划及实施方案，规定路边绿化平台宽 2 米。1999 年 3 月，分别完成乐胡路、大济路、解陈路的二期治理工程—绿化、美化任务。2000 年 3 月，完成对国道 220 线 37.2 公里，省道庆淄路惠城至申桥段 25 公里、县道桑王路胡集至王平口段 10 公里、刘清路丁庄至清河镇段 5 公里的绿化美化任务。至 2005 年年底，全县可绿化里程为 1778.2 公里，绿化率达 85%。其中，干线公路绿化里程为 139.6 公里，共有行道树 52530 株，灌木 8430 株，绿化率达 100%。

1996—2005 年惠民县国、省道绿化一览表

表 12－6

年度	路线	栽植乔木品种	数量（百株）	栽植灌木品种	数量（百株）	成活率（%）	投资（万元）	备注
1996	大济路	毛白杨、白蜡	206.41	侧柏	430.00	90	32.50	/
1997	滨郑路、大济路	毛白杨、白蜡	111.12	蜀桧、紫叶李	2.40	90	4.00	/
1998	滨郑路、乐胡路	毛白杨	106.55	蜀桧	9.00	90	11.40	/
1999	大济路、乐胡路	毛白杨	13.93	蜀桧	25.55	90	8.60	苗圃育苗5亩
2000	大济路	/	/	紫叶李、蜀桧	8.00	90	2.00	/
2001	永莘路	毛白杨	30.00	/	/	93	/	/
2002	庆淄路	172 柳树	64.00	蜀桧、剑麻、紫叶李、月季	26.30	99	23.00	申桥景点
2003	乐胡路	毛白杨、柳树	245.00	/	/	98	66.90	/
2004	乐胡路	/	/	蜀桧、小叶女贞	59.70	92	8.70	/
2005	大济路	法桐	12.00	/	/	95	5.00	/
	/	乐胡路	/	/	万寿菊、地肤球、蜀桧	2243.00	95.00	24.00

1995—2005 年惠民县县、乡、村公路绿化一览表

表 12－7　　单位：公里

年度	可绿化里程				已绿化里程						
	合计	县道	乡道	村道	合计	县道	%	乡道	%	村道	%
1995	1003.7	137.3	314.4	552	460	101	73.56	200	63.61	159	28.80
1996	1036.7	137.3	321.4	578	491	103	75.02	210	65.34	178	30.80
1997	1055.1	141.4	321.7	592	512	104	73.55	219	68.08	189	31.93
1998	1077.9	145.8	331.3	600.8	527	106	72.70	225	67.91	196	32.62
1999	1102.9	145.8	331.3	625.8	556	103	70.64	235	70.93	218	34.84
2000	1117.2	145.8	331.3	640.1	587	103	70.64	258	77.88	226	35.31
2001	1230.2	149.2	373	708	647	106	71.05	263	70.51	278	39.27
2002	1311.2	149.2	373	789	682	109	73.06	271	72.65	302	38.28
2003	1367.2	149.2	373	845	695	110	73.73	279	74.8	306	36.21
2004	1487.2	149.2	373	965	756	126	84.45	282	75.6	348	36.06
2005	1778.2	149.2	373	1256	882	129	86.46	268	71.85	485	38.61

第四节　路政管理

1979年，路政管理工作无专门机构和专职人员，由县公路站路工组兼管。1985年，路政管理工作纳入养护范围，路工组配4名专职路政人员。1987年，县公路站成立路政股。1988年，依据《中华人民共和国公路管理条例实施细则》，路政管理工作以维护路产、路权、保障公路完好畅通为重点，依法查处各种违章、侵占、污染、毁坏路产的行为，控制公路两侧建筑红线以及超限运输等。

1992年，县公路局会同县土地管理局和公路沿线各乡镇政府，依据《中华人民共和国土地法》，对公路用地进行地籍调查、确权登记工作，明确用地范围及权属，埋设公路界桩。1997年，结合国道220线样板路的建设，会同工商、城建、公安等部门，对公路两侧尤其是穿越村镇路段的集市贸易脏、乱、差现象实施综合治理，清除各种堆积物3000立方米、非公路标志牌230块，硬化沿路两侧场地1.5万平方米，疏通边沟58公里，沿线店铺门前“一低三化”（店铺门前场地低于路面30厘米，门前场地和边沟硬化、场地绿化、美化）率达95%以上。

1998年，路面工程处成立养护科，路政管理以改善路容、路貌及治理公路脏、乱、差为中心，至2000年，路巡累计里程达12万公里，共查处路政案件220余件，清除路面堆积物2.5万立方米，清理非公路标牌180余块，开挖公路边沟2万余米，实现干线公路的畅、洁、绿、美。2003年4月，随着国家《路政管理规定》的颁布实施，路政管理工作日趋规范。2005年，全县有路政管理人员13人，统一着装。路政专用汽车3部，全部安装GPS卫星定位系统，开通全省“96660”路政服务电话。是年，共查处路政案件141件，结案率100%。

1996—2005年惠民县省道路政巡查、事案处理情况表

表12－8

年度	巡路里程（公里）	发生案件（件）	处理案件（件）	路赔收入（元）	查处率（%）	结案率（%）	回收率（%）
1996	41500	109	105	161965	96.30	100	100
1997	36700	67	64	187040	95.50	100	100
1998	39400	137	133	152470	97.00	100	100
1999	45800	169	161	280660	95.20	100	100
2000	36500	378	359	276590	94.90	100	100
2001	42000	325	311	179530	95.60	100	100
2002	46800	1257	1233	426830	98.00	100	100
2003	51680	69	67	149460	97.10	100	100
2004	63700	141	139	183038	98.50	100	100
2005	74800	67	67	126190	100	100	100

1979—2005年惠民县县乡村道路政巡查、事案处理情况表

表12－9

年度	巡路里程（公里）	发生案件（件）	处理案件（件）	查处率（%）	结案率（%）	回收率（%）
1979	1200	720	718	99.72	100	100
1980	1300	651	648	99.54	100	100
1981	1420	580	579	99.83	100	100
1982	1500	452	446	98.67	100	100
1983	1600	380	376	98.95	100	100
1984	2300	337	334	99.11	100	100
1985	3640	360	321	89.17	100	100
1986	3650	190	182	95.79	100	100
1987	5030	150	149	99.33	100	100
1988	5200	213	209	98.12	100	100
1989	5600	120	115	95.83	100	100
1990	5400	186	176	94.62	100	100
1991	5200	98	91	92.86	100	100
1992	6000	89	87	97.75	100	100
1993	7200	115	105	91.30	100	100
1994	8600	49	49	100	100	100
1995	12000	76	70	92.11	100	100
1996	19830	95	94	98.95	100	100
1997	21400	59	58	98.31	100	100
1998	23600	96	63	65.63	100	100
1999	32600	87	87	100	100	100
2000	26400	49	45	91.84	100	100
2001	28700	78	76	97.44	100	100
2002	32600	59	58	98.31	100	100
2003	21590	49	46	93.88	100	100
2004	34500	65	63	96.92	100	100
2005	33165	78	74	94.87	100	100

第五节　公路规费征收

1979年，按照“以路养路、专款专用”的原则征收养路费，全县养路费征收额为40.12万元。此后，养路费征收逐年增长，由1980年的47.41万元增加到1997年的676万元。1998年起，实行收费标准、内容和监督“三公开”，开展一系列优质服务活动，业内台账坚持规范化管理，使规费征收连年超额完成任务。至2005年，征收额达到1528.8万元。

1995—2005年惠民县养路费征收一览表

表12－10

项目＼年度	1995	1996	1997	1998	1999	2000	2001	2002	2003	2004	2005
年计划征收额（万元）	600.00	622.00	700.00	712.00	628.00	560.00	560.00	830.00	1046.00	1313.00	1900.00
实际完成征收额（万元）	582.10	610.00	676.00	602.30	576.30	599.10	783.70	929.30	1138	1651	1528.80
完成年度计划（%）	97.00	98.10	96.60	84.60	91.80	107.00	139.90	112.00	108.80	125.70	80.50

第三章　运输管理

第一节　机　构

1979年，县交通局负责全县交通运输工作。1986年，局内设秘书科、政工股、财务股、运管股、检查站，下设监理站、交通管理队、公路站、民间渡口管理站、运输公司、船运公司和21处乡镇交通运输管理站。1987年3月，监理站、管理大队移交县公安局。同年8月，乡镇交通运输管理站更名为交通管理所，并由原21处合并为惠城、何坊、桑落墅、胡集、大年陈、姜楼、皂户李、梁家、申桥、辛店交通管理所等10处。1988年，运管股更名为运输管理所。1991年，撤销皂户李、何坊交管所，姜楼交管所迁至联五。1992年10月，公路站改称为公路局，正科级事业单位，单列编制。1994年，建立淄角交管所。1995年，运输管理所改称公路运输管理处，副科级事业单位，隶属关系不变。同年5月，成立县乡公路管理处，副科级事业单位，隶属于交通局。7月，建立东郊汽车站和交通实业开发中心。1996年，建立麻店交管所。1997年7月，县汽车大修厂划归交通局管理，称惠民县汽车大修总厂。2000年6月，撤销麻店交管所。2005年年底，交通局内设办公室、政工科、法制科、财务科、运管处、县乡公路管理处、审计科、交通稽查大队、汽车维修管理所、惠民腾达交通工程有限责任公司、客运站。下属有运输公司、船运公司、交通实业发展中心、汽车大修厂4家企业及9个乡镇交管所。

文明示范岗

第二节　运输工具

1979年，全县运输市场使用的工具单一，客车基本上是“解放”“东风”等老式客车，货运车辆除少量“解放”“跃进”和改装杂牌汽车外，拖拉机运输较为普遍，农村短途运输则多是人、畜力车。是年，全县有人力车10万余辆，畜力车2000余辆，载货汽车82辆，拖拉机1100余台。1985年起，运输工具进入粗放型增长阶段，数量急剧增长，质量有所提高。客车开始向高速度、舒适性方向发展。货运开始由农用汽车取代拖拉机运输。同年，惠民镇马家堤口村汽车运输队率先成立。是年底，全县拥有载货汽车423辆，小型客车80辆，特种车5辆，其他汽车827辆，拖拉机2351辆。1989年，惠民镇程家村成立惠民县第一联合运输公司，马家堤口村汽车运输队改为惠民县第二联合运输公司。1994年，成立惠民县交通战备客货旅游中心。1997年，全县营业性机动车保有量达2029辆，其中客车104辆、货车493辆、运输用拖拉机495辆、其他机动车937辆。2000年，全县道路运输业发展迅速，运力增长较快，形成客运车辆“高、中、低”具备，货运车辆“大、中、小”齐全的格局。是年，全县民用汽车发展到3470辆，其中营业性汽车保有量3044辆。2005年，全县有客车506辆，民用普通货车850辆，农用运输车1160辆，其他机动车1575辆。

第三节　客　运

1979年，全县年客运量为28.8万人次，周转量800万人公里。1985年，惠民汽车站拥有客车29辆，1305个座位，年客运量达83万人次，周转量达2001万人公里。有每日发往济南、德州、沧州、富国、埕口、东营、孤岛、无棣、塘沽、天津、滨州、张店、禹城、乐陵等地的直达车，也有隔日发往北京、潍坊的往返车，还有联五、大年陈发往滨州，沙窝林场发往济南的班车，县城与乡镇间每日有来往客车。全县共有通车线路29条，日发车40次，过路车25次。通往各乡镇的客车线路全部实现晴雨通车，个体客运经营户开始出现，仅惠民镇马家堤口和程家村即有参与营运的个体大客车3辆，计140个座位，年客运量达6.9万人次，占全县总客运量的7.7%。1986年，马家堤口村营运客车增至6辆，计235个座位，是年，完成客运量达9万人次。20世纪80年代末，运输市场出现私拉乱运、欺行霸市、倒客卖客等混乱现象，交通部门对运输市场秩序进行治理整顿，针对靠路停车、零乱经营、无序竞争的现象，设立客运管理站，在县城设立停车标志牌，开通县内公共汽车。1995年，县运输公司停车场改建成客运站，在惠民城东郊设立汽车站，大年陈乡设立客运站，并在国道、省道及部分乡镇驻地设立停车站点，形成城乡联网的客运网络。出租客运从无到有，以国营汽车站为龙头，成立出租车队，带动全县出租客运的发展。是年，全县出租客车达38辆。1996年起，车辆更新速度加快，“金龙”“依维柯”等高档车辆投入营运，北京、石家庄、塘沽等长途客运班车开通，惠民—滨州客运专线形成。1997年，完成客运量93.3万人次，旅客周转量7018万人公里。

1998年，出租客运发展迅速，全县出租车达到150辆。1999年1月，成立出租车管理所，具体负责对出租客运的管理。同年4月，县政府出台《惠民县出租旅游客运管理办法》。2000年，投资50万元建成占地5000平方米的南关客货运输有形市场并投入使用。是年，完成客运量879.1万人次，旅客周转量8266万人公里。至2005年，全县客运市场有营运客车196辆，运行线路63条，乡镇通车率100%，行政村通车率达96%。基本实现长线舒适化、中短线小型化、专线公交化、热线高档化的发展要求。

第四节　货　运

1979年，县内有营运货车77辆，载重480个吨位，年货运量48.88万吨，周转量2292.6万吨公里。运输市场逐步繁荣，拖拉机跻身于运输行列。至1986年，全县拥有运输用拖拉机448辆，年货运量达16.4万吨。1989年，公路货运市场发生重大变化，个体、社会车辆运输逐步超过国有运输企业。是年，经县政府批准，惠民镇程家村成立惠民县第一联合运输公司，马家堤口村汽车运输队改称惠民县第二联合运输公司。1990年起，货运出租发展迅速，以县城为中心，覆盖全县各个乡镇。全面推行合同运输，实行运单制度，统一管理、统一价格、统一结算，进一步规范货运市场。1997年，全县有营业性货运车辆1925辆，其中货车493辆，运输用拖拉机495辆，其他机动车937辆，货运量70.7万吨，货物周转量8676.8万吨公里。

1998年，全县民用汽车发展到3470辆，其中营业性汽车保有量3044辆，完成货运70.4万吨，货物周转量8196.8万吨公里。1999年起，“斯太尔”“解放”等大吨位货车进入运输市场，形成货运车辆全国各地配货运输的局面。是年，完成货运量67.9万吨，货物周转量8062.7万吨公里。至2005年年底，全县有普通货运车辆2999辆，货运量370.81万吨，货运周转量27963.5万吨公里。

第五节　渡口管理

1979年，境内黄河上有清河镇、东榆林、归仁、崔常、刘旺庄、王集、大崔7处渡口。1985年，清河镇渡口有双体渡轮2只540马力，平摆渡4只320吨位，每天可渡运1.4万人次，渡车150辆次。榆林渡口有机动船8只，其中双体船2只，主要渡运三轮车、拖拉机等。1986年，设民间渡口管理站。1988年4月，改为惠民县航运管理所。同年5月，根据《中华人民共和国水路运输管理条例》的规定，对县航运公司5艘渡船和民间渡口的8艘渡船进行登记，核发水路运输经营许可证和船舶营运证，并正式实行营运船舶年度审验制度。1991年11月，清河镇承压舟浮桥建成，取代落后的轮渡。1992年11月，水路运政体制改革，县设黄河港航监督所，与航管所一个机构两块牌子。1993年2月，因黄河枯水，航运业务停止，原省交通厅清河港移交地区交通局并委托县交通局代管。至1997年年底，水路运输市场主要有清河镇黄河浮桥一座，民间渡口6处，渡轮10艘604客位、111.9载重吨，从业人员46人。

1998年11月，大年陈—台子黄河浮桥建成通车，打通惠民县西南部地区与黄河以南地区联系的通道。1999年10月，对清河镇浮桥进行更新改造，桥体采用国内先进水平的97式承压舟，桥面由7米加宽到9米。同年，魏集翟家寺黄河浮桥建成。至2005年，境内有黄河浮桥3座，成为全市乃至全省拥有浮桥最多的县。加强对浮桥营运公司和民间渡口的管理，实行安全生产企业经理责任制。清河镇渡口连续15年、榆林渡口连续17年无沉船、死亡事故。

黄河浮桥

清河镇浮桥　清河镇—高青木李乡，1991年11月1日建成通车，桥宽9米，桥面长535.5米，97式承压舟35对。浮桥由惠民县交通局与高青县交通局联合经营，通行费双方受益。

清河镇浮桥

大年陈—台子浮桥　由惠民、邹平两县交通局、河务局和大年陈乡政府、台子镇政府共同投资600万元，于1998年7月28日建成通车，桥宽7米，桥长420米，97式承压舟28对。

翟家寺浮桥　魏集镇—高青县常家乡，由惠民、高青两县交通局共同投资609.5万元，于1999年10月1日建成通车，桥宽7米，桥长334米，87式承压舟33对，趸船1只。

第四章　邮　政

第一节　机　构

1986年，惠民县邮电局内设政工办公室、行政办公室、业务办公室、营业班、封发邮运班、投递班、报话班、机务班、机线班、计财办公室，下设20个乡镇邮电支局。1987年，内设机构名称由班改为股。1992年7月，设立邮政储蓄所。10月，邮票公司成立。1993年4月，增设东关、东环路两个邮电所。1994年，内设机构名称由股改为科。1995年6月，设立计财供应科、交换科、传输科，撤销经营财务科、物资供应科、交换维护科。10月，设立电信科、市话线路工程公司、市话线路维护中心、农话线路工程公司、农话线路维护中心、装移机经营部，撤销电信经营科。11月，设立邮票报刊零售公司。1997年2月，机构调整，设立计财科、供应科、基建科、网管中心、营业科、速递站、发行投递科、业务档案室，撤销计财供应科、交换科、传输科、第一营销部、市话工程公司、农话工程公司、营业速递科、分发投递科。

县邮政局办公大楼

1998年，惠民县邮电局邮政、电信分营，成立惠民县邮政局。邮政局下设综合办公室、市场部、中心营业厅、十字街营业厅、储蓄所、速递分局、广告分局、封发转运分局、投递分局及18个邮政支局。同年，成立邮政实业总公司，公司下设计算机中心、鸿雁酿造股份有限公司、鸿雁建筑装饰公司、养殖厂、加油站。至2005年，邮政局下设综合办公室、市场部、速递分局、广告分局、封发转运分局、投递分局、储汇分局及20个邮政支局。

第二节　邮政通信

1979年，县邮政局有南京跃进牌邮政专车1部，用于县邮运。1981年，县内投递取消摩托车，全部改用自行车。1982 年，邮政局自办县内汽车邮路。摩托车邮路由县邮政局至汽车站，专门办理委办邮件。自行车邮路共 4 条，全长 244 公里。1985 年，汽车邮路途经 9 个乡镇，总长 109.6 公里。自行车邮路 3 条，总长 52.7 公里。摩托车邮路 3 条，总长 28.7 公里。是年，全县设信箱 35 个，投递里程 1986 公里，函件业务总量为 875321 件，包裹业务总量为 33301 件，办理汇票 22366 张，办理机要业务 782 件，发行报纸 821.8 万份，杂志 76 万份。

1986 年，邮政业务经办的种类：函件有国内国际信函、印刷品、盲人读物；包裹有普通包裹、纸质品和音像制品包裹以及贵重物品包裹；汇兑有普通汇款、邮政快件汇款和电报汇款；发行有各类报刊收订发行以及报刊零售。至 1995 年，相继开办商业信函、集邮业务、特快专递、音像租赁等新业务。1996 年，全县村村建起邮电代办所，行政村通邮率达到 100%。同时加大推行邮政微机化，使邮政业务逐渐从手工劳动向机械化、自动化、电子化方向发展。至 1997 年年底，全县 22 个支局网点全部实现电子化，报刊发行业务实现全省微机联网，邮政通信科技含量、服务水平显著提高。

1998 年，邮政、电信分营后，邮政业务的种类有：函件有国内国际信函、印刷品、盲人读物、商业信函；包裹有普通包裹、快件包裹、速递包裹、纸质品和商品包裹以及贵重物品包裹；汇兑有普通汇款、电子汇兑、邮政快件汇款和电报汇款；发行有全国各类报刊收订发行以及报刊零售。至 2000 年，先后开办同城快递、广告、代办电信、代办保险等中间业务。2001 年，无偿争取到南门大街、东关大街等县城主要繁华街道的独家广告发布权。投资 100 万元，建彩虹桥 40 座，路灯 160 根。集邮业务完成中国惠民专题册的制作发行，开发教师节献爱心明信片，与县旅游局合作开发孙子故园、魏氏庄园门票明信片。2002 年，发行业务在紧抓常年收订不放松的同时，早发动，早动员，提高私费订阅的占有率。广告业务充分发挥中邮专送广告、信报箱等自身媒体优势，与社会知名广告公司联合，扩大邮政广告影响。2003 年，物流业务坚持物流代办点建设，促进物流业务的发展。集邮业务成功开发制作惠民专题册、兵法十三篇明信片等系列邮品。2004 年，代办电信业务与联通公司合作，开展 CDMA 放号活动。广告业务重点发展户外广告、中邮专送广告及条幅广告等新业务。2005 年，打品牌战略，开展预定先行，送货上门一条龙服务。是年，邮政业务量达 1536 万元，报刊、函件业务总量 640.31 万件。

第三节　邮政储蓄

1986 年 8 月，邮政储蓄业务正式开业，全县 20 处乡镇邮电支局、所也相继开办储蓄业务。邮政储蓄认真贯彻“存款自愿、取款自由、存款有息、为储户保密”的原则，从储户的实际需要出发，在办好活期储蓄、定期储蓄、定活两便储蓄、零存整取储蓄的基础上，还开办礼仪储蓄、保值储蓄、代发工资新业务。为加强邮政储蓄基础工作，储蓄营业、事后监督和会计处理都配置微机，实现电脑储蓄。建立健全各项规章制度，完善岗位责任制，配备敛送款车，配齐各种安全防范设备，保证邮储资金安全。至 1997 年年底，邮政储蓄余额达 7800 万元。

1998 年后，邮政储蓄在加快储蓄业务发展的基础上，转变经营思路，调整业务结构，重点发展代收、代发业务。至 2005 年年底，邮政储蓄业务实现较大突破，储蓄余额达到 3.45 亿元。

第五章 通 信

1979 年，惠民县拥有交换机总容量 2600 门，其中，长途交换机容量 204 门，市话交换机容量 946 门，农话交换机容量 1254 门。拥有报话电路 36 条，全县邮电局、所均开办电报、电话业务。1983 年 4 月，建筑面积 2180 平方米的惠民县通信电话大楼竣工并投入使用。1996 年，先后开办 128 汉字寻呼、可视会议电话等业务。1997 年，“9898”寻呼台实现全省联网同播，惠民县计算机互联网通信开通运营，180 客户投诉特殊服务号码启用。7 月 23 日，县邮电局首次开通“16813261”高考查分系统。1998 年，根据信息产业部《邮电分营指导意见》，完成邮政与电信分营工作，成立县电信局。同年，开通模拟移动电话查询系统、高速寻呼台，IC 电话亭开始在县城投入使用。1999 年，按照省邮电管理局《山东电信分营实施方案》，县电信局与移动通信分公司分营。12 月 28 日，实现全县村村通电话。2004 年 3 月，“小灵通”在县城正式登陆。至 2005 年，建成县城、李庄镇“灵通村”工程，建设基站 159 套，网络覆盖 73 个自然村，面积 110.5 平方公里。

第一节 电 报

电报及业务 1979 年，全县共有电报线路 9 条，电报交换总量 17.01 万份，电报业务收入 3.1 万元。1985 年 4 月 1 日，邮电部电信总局重新颁发业务规程，国内电报改称国内公众电报，电报业务种类改为天气、水情、公益、政务、新闻、普通、汇款、公电八种，特别业务有特急、加急、分送、专送、邮送五种。1986 年，有报路 7 条，其中惠民至济南 2 条。惠民电报并入济南 256 自动转报系统。1988 年，开办城市礼仪电报，开放庆贺、吊唁两类。1990 年，惠民县电报实现全国自动转接。共有报路 4 条，其中惠民至济南 1 条。1991 年 12 月，根据邮电部电信总局《关于开放礼仪电报新业务的通知》，开办请柬电报业务。1993 年，惠民至省邮电局电报电路 2 条，至各县及滨城报路 3 条，县区报路 1 条，共 6 条。1995 年，开办鲜花礼仪电报业务。相继开通分组交换数据网，数字数据网电子信箱，无纸贸易电子数据交换，计算机互联网等业务。之后，由于其他通信手段广泛普及，电报业务开始萎缩，电报电路随之减少。2000 年，来报 0.76 万份，去报 0.8 万份，转报 2.6 万份。年底，电报业务交由县邮政局负责。不久，该业务撤销。

设备与投递 1979 年，全县有电传打字机 3 部，传真机 1 部，自动发报机 2 部。电报投递分为电报专送业务和乡村投递员代投业务。全年来报投递 0.6 万份，逾限率为零。1985 年 4 月 1 日起，按照邮电部规定，国内电报传递顺序和时限是：A 级，天气电报，全程最大时限 30 分钟。B 级，水情电报、特级公益电报、特级政务电报、特级业务（纳费业务）公电、特级公务公电，全程最大时限 90 分钟。C 级，加急公益电报、加急政务电报、加急新闻电报、加急普通电报、加急业务（纳费业务）公电、加急公务公电、加急汇款电报（限银行汇款），全程最大时限 240 分钟。H 级，公益电报、政务电报、新闻电报、普通电报、业务（纳费业务）公电、公务公电、汇款电报，全程最大时限 360 分钟。1990 年，全县有 12 路及以上载报机 1 部，电传打字机 6 部，五单位自动发报机（双机头）2 部。1995 年，开办鲜花礼仪电报，由省邮电局配专送小型客车 1 部。县邮电局 16 路公众电报集中器开通。1997 年，有公众电分集器 16 线，电传机 2 部，载波电报终端设备容量30路。2000年，随着电报业务逐渐被固定电话和移动通信等通信手段所代替，全县仅有电报分集器1部，全年来报投递只有0.8万份。县电信局设2人负责电报专送，乡村电报转交当地邮政局，由邮递员代投，出班后的来报次日再投，至各县的电报业务以传真机完成。同年年底，电报业务停止。

第二节　长途电话

业务　1979年，长途电话按服务对象和业务性质分为代号、特种、首长、紧急调度、军政、新闻、普通、公务和业务电话九种，按处理手续分为叫号、叫人、传呼电话，办理的特别业务为预约电话、会议电话。1985年4月1日起，执行邮电部电信总局《国内公众长途电话业务规程》，业务种类分为代号、特种、紧急调度、政务、普通、公务和业务七类，处理手续不变，特别业务改为预告电话、预约电话。是年，全县长途电话业务量为12.5万张，业务收入18.8万元。1988年，惠民县自动电话开通，长途开通200线自动交换。1990年，全县开办长途直拨用户70户，用户可直接拨叫全国乃至世界各大城市电话业务。年内，出口长话22.76万张，进口长话15.82万张，转口长话4.39万张，业务收入55.95万元。1993年，根据邮电部、省邮电管理局规定，长途直拨全面放开，全县直拨用户达771户。1995年，县长途电视电话会议电话开通。2000年，长途电话新业务有电话信息服务业务、语音信箱200业务、300业务、中国国际电话卡业务、600业务、800业务、“108”直拨国外话务员的受话人付费电话业务等。2002年，长途电话业务量为0.15亿张，长话业务总收入739.27万元。2003年，长话业务总收入792.20万元。2004年，长话业务总收入872.47万元。2005年，长话业务总收入1011.97万元。

电路及设备　1979年，全县有长途电路26条（均为人工电路），长途人工电话交换机总容量197门，有三路载波机5端，12路载波机1端，12路增音机1端。1982年，增开东营至惠民一条电路。1985年，随着长话业务的增加，至市内各县均有5～7条长话电路。1988年，县邮电局市话自动化开通，长途电话开通200线自动交换，并开通半自动电路3条，增开滨州至惠民电路48条。1989年，增开滨州至惠民12路载波机，全县自动、半自动长途电路增加到12条，共有自动、半自动人工电路52条。1991年，长途进入国内直拨网，长途电路增加到59条。1993年，实现全县数字微波化，长途电路净增70条，全县长途电路全部自动化，电路达到161条。同年，建微波发射塔1座，安装微波收发端机2端。1994年，全县传输具备微波、光纤两种手段，长途电路达349条。1995年，新增数字长途交换设备1060路端，达到1090路端，增加数字化电路247条。1996年，投资200万元建成境内光缆16.5公里，SDH环网设备投产使用，开通光缆数字化电路116条，净增数字电路72条，用于公众业务的长途自动交换机为1000路端，开办各种新业务的端机有话音信箱1个、数字数据网节点机端口容量69个、分组交换PAD端口20个、分组交换节点机端口110个。1999年，长途传输光缆增加到17.32皮长公里，光纤芯线长度达166.13公里，微波数字线路长度达19.56公里。共有长途电路769条，其中，长话业务电路339条，数据通信网电路309条，长途传输出租电路121条。2000年，全县拥有长途电路1107路，长途电话交换机容量1145路端，数字微波线路长度50.15公里。2001年，县内主传输网全部实现光缆数字化电路。2004年，长途传输光缆增加到60.32皮长公里。2005年，长途传输光缆移交市长途传输局管理建设。

第三节　市　话

业务　1979年，县内有市话用户话机543部。1983年5月1日，邮电部颁发《市内电话使用规则》，增加复用设备（在话机线路上加装的扩音机、录音机、录音电话机等），将租杆挂线和租用管道分列两类。1988年3月1日，实行邮电部颁发的《市内电话业务规程》。业务种类16种：普通电话（正机）、电话副机及附件、同线电话、合用电话、用户交换机、集团电话及互通机、分机、中继线、专线、临时电话、公用电话、无绳电话、复用设备、租杆挂线、租用管道、代维设备。程控电话新服务项目14种：国内国际长途自动直拨、缩位拨号、热线服务、呼叫等待、三方通话、转移呼叫、闹钟服务、遇忙回叫、呼出限制、遇忙记存呼叫、免打扰服务、缺席用户服务、追查恶意呼叫、会议电话。自动交换机开通后，特别业务台号码改为全国统一：盗警“110”、市话障碍测量台“112”、长途电话挂号台“113”、市内电话查号“114”、农话挂号“118”、长话查询“116”、火警“119”。1991年，开通“117”报时台、“123”音乐台。1993年，开通“127”“128”寻呼台，“120”红十字会急救中心及“122”交通肇事特服电话。1994年1月，开通“128”“125”寻呼漫游登记和查询台，开办200、800国际国内长途密码记账、被叫付费业务。同年8月28日，开通“121”天气预报台。12月28日，开通“168”电话信息台。1995年10月，邮电部重新颁布《市话业务规程》，业务种类划为18种，取消同线电话、合用电话、租用管道、互通机，增加电话查号、移机、改名过户、代办工程、选号五项业务。至2000年，先后开办“163”互联网、“180”客户投诉电话业务，“300”“600”“108”及各种卡式电话业务，新增来电显示0.14万余户，市话用户电话2.25万部，市话普及率31%。2001—2002年，市话新增2782部，电话普及率达到20部/百人，交换机实装率79%，来电显示2900户，新增宽带用户250户。2003年，市话新增13850部，全县电话总数达10.5万部，交换机实装率68%，小灵通用户3086户，来电显示0.84万户，新增宽带用户2437户。2004年，电话总数达11.6万部。2005年，全县小灵通用户4853户，来电显示1.1万户，新增宽带用户1350户，电话总数达12.8万部。

线路与设备 1979年，市话杆路长度7.5公里，明线长度13线对公里，电缆4.9皮长公里，磁石、供电人工交换机总容量980门。1988年，县邮电局1000门纵横制自动电话开通，使用几十年的“摇把子”被自动电话取代。是年，市话自动交换机总容量0.22万门，其中程控交换机150门。1990年，通信设施向地下转移，杆线长度增长趋缓，电缆及附属设备增长较快。年底，市话杆路长13.29公里，电缆总长12皮长公里，管道总长2管公里、5.36孔公里，用户交换机中继线243对，用户线1320对。1992年12月26日，县邮电局2000门数字程控电话开通，电话号码由原来的5位升至6位，制式为上海贝尔S1240，同时扩容数字交换机764门，市话数字交换机达到0.18万门，交换机总容量达到0.44万门。1993年，投资100余万元，进行县城电话线路改造。1995年，市话扩容，新增容量0.54万门，总容量达0.95万门。12月7日，电话号码升至7位。1996年，投资千余万元，对主要管线进行整治，完成1300用户一户一线改造。1997年2月，C4电话网建成，装机容量2.1万门的程控交换机开通，数字交换机扩容3.3万门。同年，投资800万元，新建管道1.23管公里，布放电缆77.6皮长公里，改造和暗线敷设户线1.2万户。1998年，共投资966万元，新建地下管道4.65公里，布放电缆83.72皮长公里，架设光缆10.5皮长公里，完成户线改造工程2.44万户。市话数字交换机扩容2万门，交换机总容量突破3万门。2000年，投资9800万元，实施省公司线路“千百万工程”，出局用户线20.69万对，市话户线率98%。电缆长度1.24万皮长公里，接入光缆356.06皮长公里，芯线长度3562.95芯公里。市话农话交换机扩容4.6万门，超过历史总和。新扩DDN数字数据端口300个，完成DDN第三期扩容工程、公用计算机互联网163与公众多媒体通信网169

的合网扩容及 ATM 二期扩容。全县程控电话总容量突破 8.1 万门（包括市话、农话，但其服务功能已无多大区别）。2002 年，线路投资 989 万元，数字交换机扩容 0.5 万门。2004 年，线路投资 2800 万元（含小灵通投资）。2005 年，投资 2280 万元，继续线路建设。电缆长度达 2.84 万皮长公里，接入网光缆 556.06 皮长公里。数字交换机扩容 2 万门，交换总容量突破 12 万门。

第四节　农　话

业务　1979 年，全县农话交换机总容量 1261 门，用户话机 719 部。10 月，邮电部颁发《农村电话业务规程》，农村电话基本营业区以农村交换点为中心，以 0.5 公里为半径，对用户较集中、主干线路设备已达到的地区可适当扩大。农村大队、生产队及所属单位为甲种用户，此外为乙种用户，业务种类为：普通电话、电话副机、同线电话、合用电话、用户小交换机、分机、公用电话、临时电话、用户交换机中继线、专线电话。通话种类分为代号电话、特种电话、紧急调度电话、首长电话、军政电话、普通电话。1986 年 8 月，邮电部电信总局颁发《农村电话业务规程》，将农村电话业务分为区内和区间电话业务两大类，营业区按乡镇行政区域划定。村委会、小学、无营业性质的私人住宅电话为甲种用户，其他为乙种用户。区间业务种类：代号电话、特种电话、紧急调度电话、政务电话、普通电话、公务、业务电话。1989 年 12 月起，执行省邮电管理局修订的《山东省农村电话营业办法》，电话分甲、乙两种，村民委员会、村民小组（不包括所属工厂、商店等经营业务单位）、村办小学和无经营性质的私人住宅电话为甲种用户，其他为乙种用户。业务种类有普通电话（正机）、电话副机及附件、同线电话、合用电话、用户交换机、分机、公用电话、临时电话、专线电话共 9 种。特种业务有租用电路、会议电话、传真业务、特快电话和预告电话 5 种。至 2000 年，农村电话和市话已无大的区别，市话中程控电话新服务项目、特别业务台号码、特种服务电话号码、信息台、卡、号电话业务均通用于农村电话。农话交换机总容量达到 5.2 万门，农话话机达到 2.6 万部，农村电话收入 1388 万元。2003 年，电信企业上市后无农话、市话业务之分。

线路及设备　1979 年，全县农话杆路 445 公里，电缆 8.7 皮长公里，交换机容量 1264 门，三路载波机 36 端，电话会议汇接台 3 部，有 9 个支局安装载波机。1985 年，全县装交换机的乡镇邮电支局（所）12 个，通电话的行政村 83 个，占全县行政村的 10.4%。1988 年，惠民县邮电局自动电话开通使用，农话步入快速发展时期。1992 年，胡集邮电支局开通 256 程控交换机，成为全县第一个程控自动化交换支局。1994 年，李庄、姜楼等邮电支局光缆自动交换机开通。至此，全县有 10 个乡镇邮电支局实现自动化。11 月，有 19 个乡镇实现数字化。1995 年 12 月，C3 本地电话网建成，电话号码升至 7 位，实现全县乡镇电话程控化。是年，完成 56 个光纤接入网点，施放光缆 152 公里、电缆 857 皮长公里、农话交换机 2.9 万门。1997 年 12 月，C4 本地乡镇电话环网建成，全县完成 110 个光纤接入网点，施放光缆 230 公里、电缆 1421 皮长公里，农话交换机 3.8 万门。2001 年 10 月，C5 电话环网建成，完成 141 个光纤接入网点，施放光缆 401 公里、电缆 1714 皮长公里、农话交换机 3.8 万门。2003 年，完成 166 个光纤接入网点，施放光缆 467 公里。2005 年，全县 C5 电话环网进一步优化，完成 185 个光纤接入网点，施放光缆 543 公里。

第五节　移动电话

1999 年 7 月，山东移动通信有限责任公司惠民分公司成立，内设综合部、市场部，有在职员工 12 人。2005 年，增设重客部、渠道部。是年底，公司内设综合部、市场部、重客部、渠道部，下设自办营业厅 15 处，拥有员工 72 人。

设备及业务 1995年3月，县模拟移动基站开通运行，共有移动基站主机柜2个，移动通信信道16个，实现移动电话全国漫游。1996年6月，建成李庄镇和胡集镇模拟移动通信基站，安装移动通信基站主机柜2个，新增信道16个。10月。建成桑落墅镇模拟移动通信基站，安装移动通信基站主机柜1个，新增信道8个。是年底，全县模拟移动通信基站达到4个，信道40个。1997年，在惠城、李庄镇和胡集镇建设3处GSM数字移动通信基站，新增数字通信载频9个，信道72个。是年，移动通信业务拥有“全球通”“动感地带”“神州行”三大业务品牌，客户达102000户。开通国际、国内漫游和企信通、校信通、农信通、平安村村通、短信、彩信、彩铃、无线上网、呼叫转移、语音信箱等业务。开通GPRS“VPMN”移动虚拟网、集团总机、集团彩铃等信息平台。1998年，建成桑落墅、石庙、淄角、辛店、麻店、大年陈6处数字移动通信基站，新增载频18个，信道数量达到216个，实现全县主要乡镇驻地移动通信的畅通。

1999年7月，根据信息产业部《关于组建中国移动通信集团公司指导意见的通知》，山东移动通信有限责任公司惠民分公司正式成立，负责境内中国移动通信网的建设、经营和管理。2000年11月，山东移动通信有限责任公司将资产整体注入中国移动（香港）有限公司，山东移动通信有限责任公司惠民分公司成为外商独资企业。同年，建成何坊、姜楼、陈集、皂户李、梁家5处移动通信数字基站，数字移动基站总数达到9个，载频总数达到42个。2001年，建成数字移动基站14处，载频42个。2002年，建成数字移动基站4处，载频12个。2003年，建成数字移动基站10处，载频30个。2004年，建成数字移动基站14处，载频42个。至2005年年底，经过GSM7—13期基站工程建设，建成360公里长的光缆传输线路，境内基站总数达到59个，载频总数达到206个，无线信道1648个，境内无线地域覆盖率达到99.96%，人口覆盖率达到99.95%，基本实现“村村覆盖”和国道、沿黄乡镇的无缝覆盖。

第六节　无线寻呼

1992年下半年，县邮电局新上摩托罗拉无线寻呼设备。1993年，开通126人工和127自动寻呼台。1995年，无线寻呼业务实现全省联网。1997年，开通“9898”寻呼台并实现全国联网，同时开办“128”汉字寻呼业务，全县用户达0.46万户。由于寻呼机（也称BP机）具有携带方便，漫游全国等特点，一度成为人们的新时尚。1997年，成立滨州国信无线寻呼公司，翌年合并到原联通公司。1999年起，移动通信发展迅猛，通信更为方便的手机取代了还需借助电话机才能完成通信联络的无线寻呼机。至2003年，县内已经没有无线寻呼用户，无线寻呼完成历史使命。

第七节　互联网业务

1998年，惠民县计算机互联网通信开通运营，用户通过调制解调器拨号“163”“169”上因特网浏览信息。同年，7月23日开通169信息港网站。1999年，开通一线通业务，被打电话和上网同时进行网速最高为128比特/秒。至2005年，全县互联网宽带用户达0.59万户。

第十三编　政党群团

第一章 中国共产党惠民县委员会

1979年，惠民县学习贯彻中共十一届三中全会精神。各级党组织遵循党中央重新确立的马克思主义思想路线、政治路线和组织路线，冲破“左”倾错误的束缚，拨乱反正，统一思想，积极慎重进行党建工作，保质保量发展新党员，并重视在知识分子中发展党员，党的战斗力和文化素质得到提高。年底，全县有党委21个，党支部1282个，党员18473名。1980年，县委在党建工作取得突破后，逐步把工作重点转移到改革开放和社会主义经济建设上来，在农村开始推行农业生产责任制。至1983年，全县农村普遍实行家庭联产承包责任制。1984年，根据中共中央关于各级领导班子逐步实现“革命化、年轻化、知识化、专业化”的指示精神，完成县级机关的机构改革和领导班子调整配备工作。县直党政部门由51个减为43个，共配备领导干部125人，平均年龄43.5岁。1985年，部署各级党组织分期分批进行整党，对广大党员深入进行实事求是、解放思想、彻底否定“文化大革命”、清除派性、增强党性、纠正不正之风等方面的教育，党员思想、政治素质有了较大提高，基本达到党中央提出的“统一思想、整顿作风、加强纪律、纯洁组织”的要求。是年，全县共有党员21171人，占总人口的3.7%，其中，正式党员20133名，预备党员1038名，女性党员1999名。党员文化程度大专393人，中专1146人，高中2054人，初中5724人，小学9872人，文盲1982人，分别占党员总数的1.9%、5.4%、9.7%、27%、46.6%、9.4%。1987年，遵照省第四届党代会确定的“促团结、促改革、促建设”的指导思想，重点抓了农村基层党组织的整顿工作。通过村级整党、组织党员大讨论与经常性调整相结合的方式，调整村党支部班子511个，结合村级整党建立健全民主生活会制度、三会一课（支部党员大会、支部委员会、党小组会、党课）制度，与群众直接对话制度，党员联系户制度。全县党员发展到22679名，建有党委29个、党组25个、党总支126个、党支部1697个。1988年，根据中共十三大提出的“从严治党”要求和全国、全省组织工作会议精神，狠抓党建工作。在1239个农村党支部推行任期目标责任制，推行率96%。制订《关于企业招标、租赁承包后加强党组织建设的意见》，为党建工作提出新思路。是年年底至翌年5月，妥善开展处置不合格党员工作。先于农村展开党员的民主评议，评议出合格党员12777名，基本合格党员4328名，不合格党员556名。对不合格党员除名22人，劝退30人，取消预备党员资格19人，党纪处分104人，自愿退党3人，限期改正106人。制定农村党支部考评的二十八条标准和党员的十五条标准。后对县直和企事业单位的党员进行民主评议，处置不合格党员43名，其中除名11人、劝退2人、限期改正20人，给予党纪处分的9人，对107名落后党员进行了政治思想教育。1990年，对农村党支部班子进行综合考评。考评结果为：一类班子456个，占38%；二类班子634个，占52%；三类班子120个，占10%。在此基础上，开展农村党支部达标升级活动，年内有20个村党支部上升为一类班子。继续进行民主评议党员工作，有15387名农村党员参加评议，评出合格党员6376人，基本合格党员8105人，不合格党员906人，其中开除党籍1人，劝退14人、党籍处分39人、限期改正247人。1992年，确立“以增强基层党组织活力为目的，以经济建设为中心，全面加强党的思想、组织、作风、制度建设”的指导思想。开展争创党建先进乡镇活动，惠民镇、皂户李乡被评为地区党建工作先进乡镇。抽调精干人员组成整顿后进支部班子工作队，从建制度、配班子入手，加快后进班子的转化。开展村级党支部班子达标升级活动，年终测评显示，全县1210个农村党支部中，有先进党支部415个、一类党支部500个、二类党支部280个、三类党支部15个。企业党建工作建立常务工作目标责任制，机关党建工作落实党内生活十二项制度。1993年，根据《山东省县级党政机构改革实施方案》，县委工作部门由12个减为办公室、组织部、宣传部、统战部、政法委5个，县政府职能部门由55个减为24个，全县党政群科级、副科级单位由126个减为39个，机关人员由1445人减为626人，机关部门和机关工作人员比改革前分别减少69%和56.9%。同年，完成1210个农村党支部的换届选举工作，共考察调整农村干部5443名。1994年，制订《加强农村基层组织建设的三年规划》，重点抓了思想建设和组织建设。举办农村党支部书记培训班40期，参训1万余人次。调整农村支部班子260个，在村支部书记中有新任支部书记131名，其中科技带头人38名，个体工商户38名。在党员管理方面，探索试行《流动党员活动证》制度。1995年，依据中共十四届四中全会作出的《中共中央关于加强党的建设和几个重大问题的决定》及中共中央《关于抓紧培养选拔优秀年轻干部的通知》精神，县委制订《关于培养选拔优秀年轻干部的三年规划》《关于培养选拔优秀女干部的三年规划》，对选拔年轻干部和女干部的任务目标、原则条件、考察方法、实施措施及选拔任用程序等均作出明确规定。1997年，制订《关于加强农村党组织活动阵地建设的意见》《全县农村基层党组织活动阵地三年规划》，全年共建村支部办公室762处，占村总数的62%。机关党建推行末位淘汰制，加强对党员干部的考核、监督和管理。是年年底，全县有党委49个，党总支120个，党支部1839个，党员26427名。1998年，开展“干部作风建设年”活动，重点搞好党委（党组）中心组学习及党员干部教育培训、监督和管理等工作，并号召以“六个好”为目标，努力把乡镇党委建设好，以此带动农村基层组织建设水平的全面提高。1999年，第六届村委会换届选举，县成立领导小组，制订实施方案，大力推行支部书记“一肩挑”（支部书记兼任村委会主任）。通过选举，全县村委会成员减少256人，支部书记兼村委会主任的92人。2000年，在各级领导班子中开展“讲学习、讲政治、讲正气”为主要内容的党性党风教育及“三讲”教育“回头看”活动，梳理归纳出7个方面39项内容列为整改重点，明确责任，全部进行了落实。以落实中央“八条规定”为重点，县委制订《关于健全完善反腐败工作机制的实施意见》《关于实行党风廉政建设责任制的规定》等文件，并层层分解落实，党风廉政建设走上规范化、制度化轨道。2001年，继续整顿村级领导班子，有30个村经整顿转化升级。着力解决村级班子后继乏人的问题，在后进村、村级班子软弱涣散村和长期不发展党员的村发展党员。2002年，印发《加强党员干部教育的几点措施》，教育和引导党员干部增强法纪意识，切实做到自爱、自重、自律。2003年，制定《惠民县“三级联创”责任制》，明确县、乡、村各级责任，突出乡镇党委在基层组织建设中的龙头作用，强化基层党委的直接责任。2004年，组织党员干部参加全市乡（镇）长培训班、全省“十一五”规划专题培训班、清华大学高级研究班等各种学习班，有14名副县级干部、139名科级干部参加培训。2005年，组织党员读书学习，每位党员都写出1万字以上的读书笔记，有43名县级党员领导干部、89名科级党员干部为基层党员上党课。是年，全县有基层党委42个，党组37个，党支部1857个，其中乡镇党委14个，农村党支部1282个，县直机关党总支8个，党支部84个。全县共有党员28461人，其中女性2952人，少数民族28人，大专以上学历4714人，中专学历3250人。

第一节　重要决策

1979年，县委组织全县人民开展真理标准问题大讨论，在明辨是非的前提下，纠正“文化大革命”及“两个凡是”的错误影响。按照实事求是的原则复查和平反冤假错案，落实党的知识分子、民族、宗教、侨务等方面的政策。妥善处理了一些历史遗留问题，并为已改造成劳动者的地主、富农改订了成分。

1980年，县委按照中共中央《关于进一步加强和完善农业生产责任制的几个问题》的指示，开始在农村推行农业生产责任制。

1981年2月，县委召开全县五级干部大会。部署了摆脱“左”倾思想束缚，落实经济调整的任务和措施。5月，全县有30年教龄的教育工作者会议召开，为从事中、小学教育工作30年以上的148名教育工作者颁发荣誉证书及奖品。8月，县委、县政府印发宣传资料，详细介绍专业承包、联产计酬，统一经营、联产到劳，包产到户，包干到户四种主要农业生产责任制的具体做法。年内，全县有70%的农村实行包产到户或包干到户。

1982年8月起，全面整顿农村党的基层组织，以后进生产大队党支部为重点，分三批进行。整顿期间，对农村党员进行系统的党性、党风、党纪和党的基本知识教育。11月，县委、县政府发布关于执行国家林业政策的规定。

1983年，全县农村普遍实行以户经营、自负盈亏的家庭联产承包责任制，调动广大农民的生产积极性，农业生产发展迅速。全县粮食总产量从1980年的11.3万吨增长为21万吨，棉花总产从1980年的0.87万吨提高到3.26万吨。

1984年4月，县委作出《关于大力发展乡镇企业的决定》，促进乡镇企业发展，改善农村经济结构。

1985年4月，县委部署各级党组织分期分批进行整党，对广大党员进行实事求是、解放思想、彻底否定“文化大革命”、清除派性、增强党性、纠正不正之风等方面的教育。

1986年2月，县委、县政府制订《惠民县基本普及法律常识五年规划》，规划自1985年起以五年左右的时间有计划、较系统地在全体公民中基本普及宪法、刑法、刑事诉讼法、民事诉讼法、继承法、婚姻法、经济合同法、森林法、兵役法、治安管理处罚条例以及部分行业法规等法律常识，并就普法步骤、形式和方法作出具体要求和规定。7月，县委、县政府印发《关于进一步搞活企业的几项暂行规定》，在企业全面推行厂长负责制和任期目标责任制。8月，县委、县政府制订《惠民县综合体制改革方案》，地委、行署批准了这一方案并确定惠民县为综合体制改革试点县。

1987年2月，县委印发《惠民县“七五”期间社会主义精神文明建设规划》，主要内容为：以共同理想动员全县人民团结奋进，加快振兴惠民步伐；适应商品经济发展现状，不断更新观念；加强社会主义道德建设，树立良好社会风尚；加强社会主义民主法制和纪律教育；加强教育、科技事业建设；加快文化、广播、卫生、体育事业发展；搞好城乡环境建设，美化人民生活；加强党的领导，发挥党员在精神文明建设中的先锋模范作用。7月，县委、县政府制订《惠民县党政机关推行岗位目标责任制的实施意见》，要求各乡镇、县直党政单位、行政事业单位全面推行以目标管理为主要内容的岗位责任制，把干部日常工作实绩的考核同管理使用和责、权、利结合起来，奖优罚劣，尽快形成争上游、当先进、创一流的良好风气。12月，县委、县政府制定《关于企业招标承包经营中有关问题的暂行规定》，至1988年3月，县属69家企业全部实行承包经营。

1988年1月，县委印发《惠民县1988—1989年知识分子工作规划》《关于做好1988年知识分子工作的意见》，提高知识分子的政治、业务素质，积极发展优秀知识分子入党，充实各级领导岗位；创造良好的工作和生活环境，促使优秀拔尖人才脱颖而出。4月，县委、县政府印发《关于发展乡镇企业若干问题的暂行规定》，对乡镇企业的管理、企业家的选拔培养、资金投入等方面作出明确规定，推动全县乡镇企业的快速发展。10月，县委、县政府印发《关于鼓励支持发展私营经济的暂行规定》，切实保护私营业户的合法权益，鼓励和保证有条件的个人兴办私营企业。

1989年2月，县委作出《关于从党政机关事业单位选派年轻干部到基层任职锻炼的决定》，要求下放干部参加“四化”建设实践，帮助基层发展商品经济，促进物质文明和精神文明建设；及时反映基层新情况、新问题，为上级机关正确决策、指导工作提供科学依据；虚心向基层干部群众学习，在改革开放的实践中进一步提高思想政治素质和组织领导能力，丰富工作经验。6月，县委、县政府印发《关于政务公开工作的暂行规定》，规定全县各级政府和行政事业单位利用各种形式公开政务、征求意见、接受监督，促进廉政建设。

1990年2月，县委、县政府印发《关于在治理整顿中促进乡镇企业持续稳定发展的意见》，要求继续坚持乡镇党委书记在总揽全局的同时，重点抓好乡镇企业；继续坚持县直机关、企事业单位包村办企业制度；继续坚持乡镇企业现场调度会制度；继续坚持统筹解决乡镇企业能源、原材物料的供给；继续坚持走城乡结合、大厂带小厂的路子；继续完善厂长、经理承包经营责任制；集中力量保护重点企业和重点产品；大力推动技术进步，促进企业上水平、上能力、增效益；努力开拓市场，强化销售，多渠道筹措资金，加强企业资金管理，努力提高资金利用率。12月，县委批转县人大常委会党组《关于在乡镇、村实行代表议事会制度的报告》，督促各乡镇党委逐步把代表议事会制度建立健全起来。

1991年2月，县委、县政府印发《关于依法治县的意见》，要求全县上下贯彻党在社会主义初级阶段的基本路线，以“一手抓建设和政策、一手抓法制”的战略思想为指针，以国家颁布的法律法规为武器，在深化普法教育、层层制定规划和措施的基础上，依法管理政治、经济、文化教育事业和社会事务；依法调整各方面的关系，做到有法可依、有法必依、执法必严、违法必究，严格按法律办事，建立良好的社会秩序、工作秩序、生产秩序、教学科研秩序和人民生活秩序；维护社会稳定，保障治理整顿和深化改革的顺利进行；加快全县两个文明建设进程，创造良好的社会环境和法制环境。

1992年1月，县委作出《关于动员全党全民努力实现小康目标的决定》，号召全县人民针对实现小康的具体标准努力做好如下工作：积极调整和优化产业结构，大力推进科技兴农战略，努力搞活流通，加快农副产品深加工步伐，加强党的建设和精神文明建设。9月，县委、县政府印发《关于对县属大中型企业领导干部管理问题的暂行规定》，明确县属大中型企业领导干部的选拔、任免和管理等有关问题。

1993年3月，县委、县政府印发《关于加强行政事业单位预算外资金、非生产性投资和小汽车专控管理的暂行规定》，要求通过严格行政事业单位预算外资金管理、非生产性投资和小汽车专控管理，加强县财政的宏观控制，进一步做好开源节流、增收节支工作，克服各行其是、乱开滥支现象，集中有限资金用于经济建设。4月，县委、县政府印发《关于鼓励个体私营经济发展的试行规定》《关于在全县乡镇企业中大力推广股份合作制的试行意见》，分别就发展个体私营经济和推进乡镇企业股份制改造制定一系列优惠政策和措施。10月，县委印发《惠民县党政机构改革实施方案》《惠民县事业单位机构改革意见》。主要内容为：转变职能，强化服务；理顺工作关系，完善管理体制；精简调整机构，合理配备领导职数；精简人员编制，搞好人员分流等。并相应出台有关配套政策。11月，县委常委（扩大）会议研究确定了全县经济工作的总体思路，即以中共十四大精神为指针，以市场为导向，以提高经济效益为中心，以改革开放和技术进步为动力，以增加农民收入和财政收入为目标，巩固提高农业，重点发展工业、乡镇企业和个体私营经济，联动第三产业，推动两个文明建设再上新台阶。

1994 年 3 月，县委、县政府印发《关于加强政法工作，维护社会稳定的决定》，要求切实加强对政法工作的领导，明确今后一个时期全县政法工作的基本目标和主要任务，确保社会稳定。4 月，县委、县政府印发《关于国合流通企业加快改革，强化管理的暂行规定》。规定包括全面推行以拍卖和租赁、大包干为主要内容的公有民营和风险抵押承包经营责任制；压缩管理机构，精简非经营人员；严格政企分开，切实保障企业自主权等内容。9 月，县委、县政府印发《关于选调机关干部到后进村任职的意见》，决定从县乡党政机关抽调 100 名左右的优秀中青年干部到贫困村任职三年，加强贫困后进村的党组织建设，增强后进村的综合经济实力，加快奔小康步伐。

1995 年 4 月，县委印发《关于建立局级以上领导干部个人生活重大事项申报制度和礼品登记制度的通知》，责成各乡镇党委、县直各部门及大中型企业党委、党组认真执行。5 月，县委印发《关于开展向孔繁森同志学习的决定》，号召党员干部深入学习宣传孔繁森同志先进事迹，树立新时期的正确世界观、人生观、价值观，树立崇高的理想和信念，积极投身全县改革开放和经济建设的实践之中。9 月，县委、县政府印发《关于鼓励党政机关事业单位兴办劳动就业服务企业的意见》，制定一系列鼓励兴办劳服企业的优惠政策。10 月，县委、县政府印发《关于深化乡镇企业产权制度改革的实施意见》（以下简称《意见》），鼓励乡镇企业采取拍卖、有偿转让、租赁、股份合作制等形式进行产权改革，不断增强企业发展后劲和活力。《意见》还制定了产权改革的配套政策。

1996 年 3 月，县委、县政府印发《关于加强人才工作，促进经济发展的若干规定》，对引进人才、接收大中专毕业生、县直机关干部到企业任职等工作作出明确规定，并出台相应的奖励措施。6 月，全县精神文明建设会议召开。会议宣布了县委、县政府《关于在全县农村开展争创“十星级文明村”“十星级文明户”活动的意见》《关于开展向韩英同志学习活动的决定》。12 月，县委印发《惠民县“九五”期间社会主义精神文明建设规划》。规划要求：认真学习研究宣传邓小平理论，加强思想道德建设，努力提高全县人民思想道德水平；广泛开展群众性精神文明创建活动；发展科技教育事业，提高全县人民的科学文化素质；积极发展卫生、体育、文化等社会事业，倡导健康向上的生活方式；坚持正确的舆论导向，加强舆论阵地建设；加强对文明建设的领导。

1997 年 4 月，全县国有集体企业改革动员大会召开，会议传达县委、县政府《关于加快国有集体企业改革的意见》，明确改革目标、方法步骤、配套措施和相关政策，提倡采取股份制、股份合作制、兼并联合、外资嫁接、租赁经营、独资经营等多种形式进行改革，搞活企业。6 月，县委、县政府印发《关于党政机关厉行节约，制止奢侈浪费行为的若干规定》，要求严格控制新建、装修办公楼和超标准建设、装修住宅；严格控制用公款大吃大喝、挥霍浪费；严格控制用公款安装住宅电话或购买移动电话；严格控制各种检查，禁止形式主义的评比达标活动；严格规定配备和更换小汽车；严禁借考察、学习、培训、研讨、招商、参展等名义用公款出国出境旅游。12 月，县委、县政府印发《关于实行村务公开和村民代表议事会制度的实施意见》。

1998 年 2 月，县委、县政府印发《关于加快工业兴县步伐的决定》，明确全县近期工业发展的指导思想、目标和工作重点，制定相关措施及政策，提出通过改制、改组、改造和加强管理并举，使全县的工业水平一年冲出低谷，二年大踏步前进，三年打赢翻身仗。同时印发《关于进一步加快流通企业改革与发展的意见》，制定配套政策及相关措施。5月，县委、县政府印发《关于鼓励党政机关和事业单位工作人员创建示范服务基地、兴办经济实体的试行意见》，力争三年间有30%以上的在编人员兴办经济实体，各单位50%以上的经费通过兴办经济实体解决。8月，县委、县政府印发《关于进一步加快乡镇企业发展的意见》，要求坚持以发展个体私营经济、农副产品加工业、外向型经济为主，搞好与小城镇建设相结合，加大投入、改革改制和盘活闲置资产、对个体和私营大户扶持的力度，搞好膨胀优势产业和优势企业，加强对乡镇企业和个体私营经济工作领导，加强乡镇企业经营管理队伍建设、人才引进和开发培养，实现优化发展环境，促进乡镇企业持续、健康、快速发展。

1999年2月，县委、县政府印发《关于农村土地延长承包期工作实施方案》，明确土地延包工作的指导思想与工作目标、应把握的原则和有关政策界限、方法和步骤等。3月，县委、县政府印发《关于进一步完善落实林地政策的意见》，要求以充分挖掘林地潜力、加快造林绿化进程、提高林业生态效益和经济效益及社会效益为目标，按照“因地制宜、分类实施”的原则，依法界定林地范围，在充分保护林地、林木资源的基础上，推行拍卖、租赁和股份合作制，实现林地的“两权”分离，搞活经营。翌年，基本完成预期目标。9月，县委、县政府印发《关于大力推进农业产业的实施意见》，重点是调整优化农业结构，形成区域优势和特色优势；突出抓好龙头企业建设；加快市场流通体系建设，发展农村合作经济组织。

2000年2月，县委印发《关于在县级及有关单位领导班子、领导干部中深入开展“讲学习、讲政治、讲正气”为主要内容的党性党风教育活动的实施方案》，决定用三个月的时间，分思想发动、学习提高，自我剖析、听取意见，交流思想、开展批评，认真整改、巩固成果四个阶段，通过学习教育、自查自纠和开展批评与自我批评，有针对性地解决党性党风方面存在的突出问题，使县级及有关单位领导班子和领导干部在思想上有明显提高，政治上有明显进步，作风上有明显转变，纪律上有明显增强。5月，县委、县政府印发《关于整改工作的实施意见》，对“三讲”中反映出来的问题，落实到责任人、部门，明确解决期限。8月，县委、县政府印发《惠民县村级规范化管理试行办法》，核心是加强和改进农村基层组织建设，理顺村级组织之间的关系，实现党对农村工作的有效领导及管理的规范化，促进全县农村经济发展和社会稳定。12月，县委印发《关于开展“三讲”教育“回头看”活动的实施意见》，以20天左右的时间集中开展进一步巩固和扩大“三讲”教育成果的活动。

2001年1月，县委召开“三个代表”重要思想学习教育活动动员大会，部署在全县开展“三个代表”重要思想学习教育活动。2月，县委召开全县农村工作会议。主要内容确定了2001年农村工作的七项重点工作：实施生态农业战略；加快农业产业化进程；提高农产品转化率；推进科技进步；强化农业基础设施建设；优先发展民营经济；深化农村改革。10月，县委召开全县党员领导干部会议。主要内容是要求充分认识加强党的作风建设的极端重要性和紧迫性，深入学习中共十五届六中全会精神，从根本上加强和改进基层党的作风建设。

2002年4月，县委印发《加强干部教育的几点措施》。建立健全由纪检、组织、人事、信访、审计、公检法等部门参加的干部监督联席会议制度，定期联系沟通、交流情况。强化全天候关爱，充分发挥党员干部家属、亲人的监督作用，把干部的监督由八小时之内延伸到八小时之外。研究落实领导干部任职回避的方法措施，实行科级干部任职回避报告登记制度，凡属于《党政领导干部选拔任用工作条例》规定回避范围的科级干部亲属，一律进行报告登记，有效保证了对领导干部的监督。同月，县委、县政府制定印发

《关于争创全国无公害产品生产示范基地县工作的实施意见》。5 月，县委、县政府制定印发《关于全面优化经济发展环境的暂行规定》。8 月，县委、县政府印发《惠民县乡镇党政机构事业单位机构改革实施意见》，并召开全县党政干部会议，就县乡机构改革工作进行部署。

2003 年 1 月，县委印发《惠民县"三级联创"责任制》，把"三级联创""双基工程"分解为 32 个方面的具体工作，逐一明确年终目标、主要措施、责任部门和责任人，全面落实各项任务。2 月，县委、县政府印发《关于在全县开展"解放思想、优化环境、加快发展"大讨论活动的实施意见》，并召开全县领导干部会议进行动员部署。5 月 16 日，县委召开"首次机关提速、优化环境、行风建设工作质询、听证暨现场评议会议"。会议主要内容是县直 15 个职能部门的主要负责人面对全县各界代表的质询，实事求是地现场解答问题。质询结束后，现场对 15 个职能部门的回答和工作情况进行书面无记名评议。6 月 21 日，县委召开全县经济工作会议，提出"一年上台阶，两年大发展，三年打赢翻身仗，五年赶超全市平均水平"的目标。

2004 年 5 月，县委、县政府印发《关于大力发展农业产业化重点龙头企业的意见》。6 月，县委、县政府印发《关于实施科技特派员工程的意见》。7 月，县委、县政府印发《关于在全县开展"解放思想抢机遇，破空排难快发展"大讨论活动的实施意见》。

2005 年 1 月，县委组织开展"千名干部走千户、访贫问苦解民忧"主题实践活动，从捐助、提供信息等方面入手帮助贫困户和下岗职工脱贫致富。同时，广泛征求群众意见 2608 条，整改群众反映强烈的问题 84 个。深入开展"省市帮惠民、党员怎么干"专题讨论和"省市帮扶惠民、基层党员应该如何体现先进性"征文活动，在全市第一批教育活动宣传工作考核中位列第一。同月，县委召开"保持共产党员先进性教育活动"动员大会。主要内容是确定开展先进性教育活动的指导思想和基本原则以及需要解决的突出问题和目标要求。8 月，县委召开"全县干部队伍'三整顿'、招商引资大突破工作会议"。主要内容是部署在全县开展干部队伍思想、作风、纪律三整顿活动和全力突破招商引资工作，并印发《中共惠民县委、惠民县人民政府关于全力突破招商引资工作的意见》。

第二节　代表大会

中共惠民县第五次代表大会　1980 年 10 月 6—10 日在县城召开。出席会议的代表 383 名。代表们学习了《中国共产党章程（修正草案）》《关于党内政治生活的若干准则》；听取并讨论通过胡安夫代表中共惠民县第四届委员会所作的工作报告，听取并讨论通过张恒乐代表中共惠民县纪律检查委员会所作的工作报告；选举产生由 25 名委员、5 名候补委员组成的中共第五届委员会和县纪律检查委员会，选出出席省第四次党代会的代表。中共惠民县第五届一次全委会选举胡安夫为县委书记，选举赵山水、张恒乐、郭毓华、王长梅为副书记。县纪委第一次全体会议选举张恒乐为县纪律检查委员会书记，选举杨乐修、王慈良为副书记。

中共惠民县第六次代表大会　1984 年 12 月 21—23 日在县城召开。出席会议的代表 368 名。代表们学习了中共十二届三中全会通过的《中共中央关于经济体制改革的决定》《中国共产党章程》《关于党内政治生活的若干准则》；审议通过赵山水代表中共惠民县第五届委员会所作的工作报告，审议通过路福增代表中共惠民县纪律检查委员会所作的工作报告；选举产生由 25 名委员和 5 名候补委员组成的中共惠民县第六届委员会，选举产生中共惠民县纪律检查委员会。六届县委第一次全委会选举赵山水为县委书记，选举李正教、路福增、隋福民为副书记。县纪委第一次全体会议选举路福增为县纪律检查委员会书记，选举杨乐修、王慈良、赵培喜为副书记。

中共惠民县第七次代表大会 1987年12月7—10日在县城召开。出席会议的代表374名。代表们学习了《关于党内政治生活的若干准则》和中共十三大有关文件；畅谈了中共十一届三中全会以来全县各条战线出现的大好形势，围绕加快政治体制改革和经济体制改革步伐及全面振兴惠民经济等问题提出宝贵意见；代表们先后审议通过中共惠民县第六届委员会和县纪律检查委员会所作的工作报告；选举产生由29名委员和4名候补委员组成的中共惠民县第七届委员会，选举产生由15人组成的县纪律检查委员会。中共惠民县七届一次全委会选举张俊华为县委书记，选举马东向、张念芝、隋福民、姜正义（省挂职干部）、高日成（省挂职干部）为副书记。在县纪委第一次全体会议上，武宗树当选为县纪律检查委员会书记，宋修纯、赵培喜当选为县纪委副书记。

中共惠民县第八次代表大会 1990年6月25—28日在县城召开。出席会议的代表350名。其中，各级领导干部代表210人，各类专业技术人员代表50人，工人、农民代表90人，分别占代表总数的60%、14%和26%；妇女代表50人，少数民族代表1人；50岁以下代表263人。代表们先后审议通过中共惠民县第七届委员会和县纪律检查委员会所作的工作报告；选举产生中共惠民县第八届委员会，委员会有正式委员31人，候补委员4人；选举产生县纪律检查委员会，由15名委员组成。中共惠民县八届一次全委会选举张俊华为县委书记，选举马东向、李成明、顾峰、王占宝为副书记。县纪委第一次全体会议选举曹洪儒为书记，选举宋修纯、袁炳银为副书记。

中共惠民县第九次代表大会 1995年5月16—18日在县城召开。出席会议的代表350名。其中，各级领导干部代表230人，各类专业技术人员代表68人，工人、农民、解放军和武警代表52人，分别占代表总数的65.7%、19.4%和14.9%；妇女代表47人，占代表总数的13.4%；少数民族代表1人；45岁以下代表259人，占代表总数的74%。会议听取、审议、通过中共惠民县第八届委员会和县纪律检查委员会的工作报告；选举产生中共惠民县第九届委员会和县纪律检查委员会。中共惠民县第九届委员会有正式委员27人，候补委员3人，在第一次全委会上，李成明当选为县委书记，魏艳、王长松、刘启盛当选为副书记。中共惠民县纪律检查委员会由15名委员组成，在县纪委第一次全体会议上，袁炳银当选为纪委书记，宋兴武、孙仲祥、闫仲三当选为副书记。

中共惠民县第十次代表大会 1998年12月16—18日在县城召开。出席会议的代表350名。其中，各级领导干部代表245人，各类专业技术人员代表70人，工人、农民代表35人，分别占代表总数的70%、20%和10%；妇女代表45人，占代表总数的12.9%；少数民族代表2人；45岁以下代表266人，占代表总数的76%。大会听取、审议、通过祁维华代表九届县委所作的工作报告和袁炳银代表县纪委作的工作报告；选举产生中共惠民县第十届委员会和县纪律检查委员会。中共惠民县第十届委员会有正式委员31人，候补委员5人，在一次全委会上，选举祁维华为县委书记，刘启盛、李慎猛、刘长生当选为副书记。中共惠民县纪律检查委员会有委员15名，其中常委9人，在县纪委第一次全体会议上，袁炳银当选为纪委书记，宋兴武、孙仲祥、闫仲三当选为副书记。

中共惠民县第十一次代表大会 2003年2月26—28日在县城召开。出席会议的代表300名。其中，各级领导干部代表207人，各类专业技术人员代表60人，工人、农民代表33人，分别占代表总数的69%、20%和11%；妇女代表42人，占代表总数的14%；少数民族代表1人；45岁以下代表196人，占代表总数的65%。会议先后听取、审议、通过中共惠民县第十届委员会和县纪律检查委员会的工作报告；选举产生中共惠民县第十一届委员会和县纪律检查委员会，选举产生出席中共滨州市第六次代表大会的代表37名。中共惠民县第十一届委员会有正式委员31人，候补委员6人，第一次全委会选举何凤岐为县委书记，选举刘相庆、商玉昌、李树军、康永彬为副书记。中共惠民县纪律检查委员会有委员15人，其中常委9人，在县纪委第一次全体会议上，李树军当选为纪委书记，赵世平、郝永亭、丁长岭当选为副书记。

中共惠民县第四届至第十一届委员会常务委员

表13－1

届次	职务	姓名	性别	任职时间	备注
第四届（1978.12—1980.10）	书记	刘贞云	男	1978.12	
	副书记	赵山水	男	1978.12	
		郭毓华	男	1974.1	
		张恒乐	男	1978.12	
		胡广美	男	1978.12	
		满少卿	男	1974.1	
	常委	翟福海	男	1976.10	
		李正教	男	1978.12	
		李遵和	男	1978.12	
		周增娥	女	1976.6	
		刘广法	男	1976.6	
		王德庆	男	1973.1	
		刘麟经	男	1979.2	
		石玉盛	男	1979.2	
		韩庆云	男	1979.5	
		王观庆	男	1979.11	
第五届（1980.10—1984.12）	书记	胡安夫	男	1980.10	
		赵山水	男	1984.3	
	副书记	赵山水	男	1980.10	1983年10月后主持工作
		张恒乐	男	1980.10	
		郭毓华	男	1980.10	
		胡广美	男	1980.10	
		王长梅	男	1980.10	

续表 13－1

届次	职务	姓名	性别	任职时间	备注
第五届（1980.10—1984.12）	副书记	李正教	男	1984.2	
		路福增	男	1984.2	
		隋福民	男	1984.2	
	常委	郭洪礼	男	1980.11	
		刘麟经	男	1980.10	
		展庆芳	男	1980.10	
		周清利	男	1984.3	
		孙即良	男	1984.3	
		张念芝	男	1984.3	
第六届（1984.12—1987.12）	书记	赵山水	男	1984.12	
		张俊华	男	1987.2	
	副书记	张俊华	男	1986.4	
		李正教	男	1984.12	
		路福增	男	1984.12	
		隋福民	男	1984.12	
		杨智山	男	1985.11	挂职
		姜正义	男	1986.9	挂职
		马东向	男	1987.2	
		张念芝	男	1987.2	
		高日成	男	1987.7	挂职
	常委	张念芝	男	1984.12	
		周清利	男	1984.12	
		郭洪礼	男	1984.12	
		武宗树	男	1985.1	
		李炳众	男	1985.1	
		孙即良	男	1984.12	
		徐立金	男	1986.10	
		王占宝	男	1987.2	
		张建民	男	1987.8	

续表 13－1

届次	职务	姓名	性别	任职时间	备注
第七届（1987. 12—1990. 6）	书记	张俊华	男	1987. 11	
	副书记	马东向	男	1987. 11	
		张念芝	男	1987. 11	
		隋福民	男	1987. 11	
		姜正义	男	1987. 11	挂职
		高日成	男	1987. 11	挂职
		王建邦	男	1989. 5	挂职
		孟晓东	男	1989. 10	挂职
		李成明	男	1989. 12	
		顾　峰	男	1989. 12	
		王占宝	男	1989. 12	
	常委	张建民	男	1987. 11	
		李炳众	男	1987. 11	
		周清利	男	1987. 11	
		徐立金	男	1987. 11	
		成乃长	男	1989. 12	
		董书斌	男	1989. 12	
		牛风云	女	1989. 12	
第八届（1990. 6—1995. 5）	书记	张俊华	男	1990. 6	
		李成明	男	1991. 9	
	副书记	马东向	男	1990. 6	
		李成明	男	1990. 6	
		顾　峰	男	1990. 6	
		王占宝	男	1990. 6	
		王建邦	男	1990. 6	挂职
		孟晓东	男	1990. 6	挂职
		王建国	男	1991. 5	挂职
		王长松	男	1991. 9	
		魏　艳	男	1993. 2	

续表 13-1

届次	职务	姓名	性别	任职时间	备注
第八届（1990.6—1995.5）	副书记	刘启盛	男	1993.2	
		李敬海	男	1994.3	挂职
	常委	曹洪儒	男	1990.6	
		徐立金	男	1990.6	
		牛风云	女	1990.6	
		成乃长	男	1990.6	
		董书斌	男	1990.6	
		梅宝信	男	1990.6	
		袁炳银	男	1991.3	
		张本胜	男	1993.2	
		吴佃军	男	1993.2	
第九届（1995.5—1998.12）	书记	李成明	男	1995.5	
		祁维华	女	1996.11	
	副书记	魏　艳	男	1995.5	
		王长松	男	1995.5	
		刘启盛	男	1995.5	
		李敬海	男	1995.5	挂职
		朱洪星	男	1995.12	挂职
		李慎猛	男	1996.9	
		刘长生	男	1996.11	
		曹洪儒	男	1996.11	
		彭爱田	男	1997.9	挂职
		于国柱	男	1997.9	挂职
	常委	徐立金	男	1995.5	
		牛风云	女	1995.5	
		董书斌	男	1995.5	
		袁炳银	男	1995.5	
		张本胜	男	1995.5	
		吴佃军	男	1995.5	

续表 13－1

届次	职务	姓名	性别	任职时间	备注
第九届（1995. 5—1998. 12）	常委	韩　勇	男	1996. 7	
		刘占勤	男	1996. 11	
		尚洪立	男	1997. 12	
		石淑芬	女	1997. 12	
第十届（1998. 12—2003. 2）	书记	祁维华	女	1998. 12	
		何凤岐	男	2001. 1	
	副书记	刘启盛	男	1998. 12	
		李慎猛	男	1998. 12	
		刘长生	男	1998. 12	
		何凤岐	男	2000. 1	
		李树典	男	2000. 6	挂职
		刘相庆	男	2001. 1	
		尚洪立	男	2001. 3	
		袁炳银	男	2001. 3	
		李树军	男	2001. 3	
		尚玉昌	男	2002. 1	
		刘玉国	男	2002. 6	挂职
	常委	袁炳银	男	1998. 12	
		张本胜	男	1998. 12	
		吴佃军	男	1998. 12	
		韩　勇	男	1998. 12	
		刘占勤	男	1998. 12	
		尚洪立	男	1998. 12	
		石淑芬	女	1998. 12	
		刘秀忠	男	2000. 1	
		侯国芳	男	2000. 8	
		邹斌芳	女	2001. 3	
		康永彬	男	2002. 1	
		张世芳	男	2002. 1	
		蔡银芳	女	2002. 8	

续表 13-1

届次	职务	姓名	性别	任职时间	备注
第十一届（2003. 2—2005. 12）	书记	何凤岐	男	2003. 2	
		何思清	男	2005. 6	
	副书记	刘相庆	男	2003. 2	
		尚玉昌	男	2003. 2	
		李树军	男	2003. 2	
		刘玉国	男	2003. 2	挂职
		康永彬	男	2003. 2	
		曲延波	男	2004. 2	挂职
		单传海	男	2004. 2	挂职
		何思清	男	2004. 12	
		王　瑜	男	2004. 12	
		赵培金	男	2006. 3	挂职
	常委	刘秀忠	男	2003. 2	
		刘泽田	男	2003. 2	
		张世芳	男	2003. 2	
		蔡银芳	女	2003. 2	
		宫会亮	男	2003. 2	
		刘景平	男	2003. 2	
		胡　立	男	2004. 2	
		刘永军	男	2004. 5	
		刘庆祥	男	2005. 6	
		赵燕军	男	2006. 3	挂职
		刘明伦	男	2006. 3	挂职
		张宝亮	男	2006. 6	
		尚鸿鸣	男	2006. 12	
		杨冬梅	女	2006. 12	

第三节　组织工作

机构　1986年，县委组织部内设办公室、干部办公室，县委组织员办公室归口组织部。1992年5月，县下派干部工作办公室建立，为副科级单位，归口组织部。1993年，机构改革，县委组织员办公室和县下派干部工作办公室撤销。1995年1月，恢复县委组织员办公室，为正科级单位。恢复下派干部工作办公室，为副科级单位。1999年2月，设立惠民县委组织部党员电化教育中心，为股级单位。2003年，党员电教中心升格为副科级单位。2004年，成立农村党员干部现代远程教育中心，为正科级全额事业单位。同时撤销党员电教中心。2005年，县委组织部内设办公室、组织员办公室、下派干部工作办公室、农村党员干部现代远程教育中心。共有人员16人。

领导班子建设　1984年，结合县级机构改革和领导班子的调整配备工作，按照干部“四化”要求，为全县43个党政部门配备领导干部125人，平均年龄43.5岁。同年，公社改乡镇，原公社党委改为乡镇党委。1987年，对21个乡镇党政班子进行两次全面考察调整，共涉及干部197人。根据地委意见，为加强基层班子队伍，共设立和配备乡镇长助理16名。根据下管一级主要领导干部的原则，明确划分各部门的管理范围和职责。坚持能上能下的原则，对机构改革以来新提拔的干部进行调整。是年，全县正科级单位的正副职平均年龄44.36岁，比调整前下降3.5岁；具有大专文化的占28.8%，比调整前提高7.2%；具有中专和高中文化的占42.5%，比调整前提高67%。各乡镇党委政府平均职数4.4职，比调整前下降1.9职，正副职平均年龄38.4岁，比调整前下降2岁。1988年，制定全县《小型企业领导干部管理的暂行规定》，在全县69个小型企业和部分事业单位实行领导干部招聘制。在县物资综合公司、粮食局、农牧业局、水利水产局、物价局、农机管理局、外贸公司7个县直科级单位及其下属的5个副科级单位实行领导干部选聘试点，原科级、副科级干部被选聘19人，落聘4人；跨单位选聘3人，有7名一般干部被聘任为副科级领导干部。1989年，组织召开全县乡镇领导班子自身建设座谈会，总结交流加强乡镇领导班子自身建设的经验体会。组织完成县乡级班子换届中领导干部的民主测评、推荐和人事安排工作，涉及调整班子75个，干部396人，新提拔干部125名，其中，提升为正科的44名，副科的50名，一般干部进班子的31名；调整交流干部115名。同年，对岗位目标责任制进行深化完善，县委对26个先进单位、311名先进个人进行表彰。1990年，为21个乡镇配备副乡级信访助理，对52名干部进行岗位交流。拟定《企业干部管理办法》，将惠民棉纺织厂106名中层干部、县属小型（一）企业、小型（二）企业的76名干部纳入县委管理范围。1991年，共考察干部280余名，调整任免干部157人，新提拔副科级以上领导干部77人。同时，降职使用1人，免职1人。1992年9月，为做好县乡两级领导班子换届工作，在清河镇乡组织试行乡镇党委、政府两个班子正职一人兼改革。10月，对全县20个乡镇副乡级以上干部和部分新推荐进班子的535名同志进行考察，完成换届期间干部人事调整安排工作。1993年，结合机构改革，对43个局级单位领导干部重新公布，共调整充实领导班子27个，干部142人。1995年，制订《关于培养选拔优秀年轻干部的三年规划》《关于培养选拔优秀年轻女干部的三年规划》。同年，共调整乡镇党政领导干部261人，其中新提拔干部90人，县乡交流23人，乡镇间交流63人。乡镇党委班子平均年龄37.3岁，比调整前下降3.3岁；政府班子平均年龄39岁，比调整前下降2.3岁。1996年，选派3名优秀领导干部参加地委党校中青年干部培训班。为加快乡镇财税改革，为20个乡镇的财税所配备副科级财税所长。是年，共考察干部65人，提拔干部22人。1997年，按照《党政领导干部选拔任用工作暂行条例》有关规定，对65家县属重点企业领导班子进行全面考察考核，调整国有企业领导班子7个，涉及领导干部24人；调整集体企业领导班子1个，充实领导成员1人。共考察乡镇和县直党政事业单位干部1180人，调整496人，其中提拔141人。1998年，全县共考察干部1208人，调整领导班子2个，领导干部168名。3月，对上年考核不称职票超1/3的10名领导干部和年终考核列后3位的单位领导班子成员进行谈话。11月，对6个存在问题的乡镇和县直单位的领导班子成员进行谈话教育，帮其整改。2002年，结合县机构改革，对乡镇领导班子进行改革调整，减少班子成员职数，设置了特色农业服务中心和经济开发区。班子成员平均年龄为38.7周岁，大专以上文化程度的占93.2%。2003年，对领导班子和领导干部经常性考察实行差额推荐制。为落实好市委组织部《关于加强领导班子和领导干部经常性考察工作的办法》，结合全县实际，提出年度工作考察、县级领导评议、采用其他考核结果、重大事项考察、经济责任审计、干部监督审查联席会议和民主生活会等7项考察措施。同年，为乡镇配备5名女干部，女干部配备率达到100%。2004年，分5批次对乡镇及县直有关单位领导班子进行调整及配备，共涉及干部305人，其中新提拔干部128人，乡镇配备副科级专职信访助理。2005年，全面推行干事创业实绩备案工作，共创建实绩备案88份，对华润、基德工作组领导干部全部进行专项考核。

基层组织建设 1979年，全县共有基层党委24个，党总支94个，党支部1213个。1984年，机构改革，撤销公社设21个乡镇党委会。1985年，全县有基层党委25个，党总支116个，党支部1547个。

1986年，结合整党工作，调整支部144个，其中贫困村党支部15个。1987年，重点抓了农村基层党组织的调整工作。通过采取村级整党、组织党员大讨论与经常性调整相结合的方法，调整村党支部班子511个。1988年，狠抓农村党建工作。在1239个村推行党支部任期目标责任制。1989年，在13个县直单位建立党的基层委员会，配齐党委委员。1990年，对农村党支部班子进行综合考评，其中，一类班子456个，占38%；二类班子634个，占52%；三类班子120个，占10%。在此基础上，开展村党支部班子达标升级活动，有20个村班子上升为一类班子。1991年，抓了农村后进党支部班子的整顿，通过整顿，全县三类支部班子由1990年的103个，减少到28个。1992年，开展争创党建先进乡镇活动，惠民镇、皂户李乡被评为地区党建工作先进乡镇。同年，开展村级支部班子达标升级活动，至年底，全县1210个农村党支部中，先进党支部415个，一类党支部500个，二类党支部280个，三类党支部15个。1993年，完成1210个农村党支部的换届选举工作，共考察调整农村干部5443名。开展评先树优活动，全县评出奔小康红旗党委2个，党建先进乡镇5个，奔小康红旗党支部30个，先进党支部100个。1994年，县委制订《加强农村基层组织建设的三年规划》。是年，举办农村支部书记培训班40余期，参训1万余人次。调整农村支部班子260个。1995年，制定农村后进支部班子十条标准，采取县、乡部门包村和县直干部到村任职或驻村帮助工作的方式进行整顿。全县98个农村后进支部班子中，整顿效果较好的56个、一般的29个、较差的7个，共调整支部班子216个。1996年，共调整支部班子105个，其中新任支部书记105名。是年，评选出奔小康红旗党委2个，党建先进乡镇5个，奔小康红旗党支部30个。1997年，共调整支部书记79名、支部委员140名。印发《关于村务公开和村民代表议事会制度的实施意见》，全县有70%的村建立健全村务公开和民主管理制度。全县评出奔小康红旗党委2个，党建先进乡镇5个，党建先进单位15个，奔小康红旗党支部30个，“五好”党支部124个。1998年，在企业中积极开展以争做“优秀共产党员”“优秀党务工作者”，创“先进企业党组织、党建工作先进企业”的“双争双创”活动，全年县属企业涌现出党建先进单位5个，先进党支部18个。对全县农村57个后进支部班子进行整顿，有56个得到有效转化，其中有26个村已经转化为一类班子。1999年，县委印发《关于进一步加强和改进以党支部为核心的村级组织建设的实施意见》。是年，全县共调整支部班子90个，调整支部委员177个。2000年，注重发挥党员在农村经济建设中的模范带头作用，对党员实行目标管理。全县21个乡镇全部实行党员联系户制度，党员联系户达到19946户。2002年，在全县范围内开展“党员致富能手”“党员致富行业状元”评选活动，共评选出“党员致富能手”140名。2003年，在全县开展以创建农村基层组织先进县、“五个好”乡镇党委、群众满意的县直部门、“五个好”村党支部、群众满意的乡镇站所为主要内容的“三级联创”活动，印发《惠民县“三级联创”责任制》。2004年，在全县各级党组织和广大党员干部中深入开展以创业、创新、创先和争当好班子、好干部、好党员为主要内容的“三创三争”活动，并对活动中涌现出来的18个先进集体、50名好干部、64名好党员进行表彰奖励。同年6月，在全县深入开展以党员集中活动、村务（财务）公开和村民代表议政为主要内容的“民主议政日”活动，并制定《惠民县“民主议政日”活动考核细则》。2005年7月，将全县所有党员和党组织纳入信息化管理，建立了党员和党组织信息管理数据库。

党员发展与教育　1979年，各级党组织依据党中央重新确立的马克思主义思想路线、政治路线和组织路线，进行建党工作，积极慎重、保证质量地发展新党员，吸收在改革开放和两个文明建设中的先进分子入党，并重视在知识分子中发展党员。是年，全县有党员18473人，占总人口的3.36%。1980年，县委党校及公社党委举办党员轮训学习班，学习《关于党内政治生活的若干准则》，11800余人参加，占全县党员总数的70%。1983年8月，县委党校举办《邓小平文选》学习班，培训学习报告员和辅导员。是年年底，全县党员发展到21171人，占总人口的3.7%。

1986年，重点在贫困村、党员数量少的村和知识分子中进行发展，全年共发展党员515人，减少党员空白村10个。1987年，发展新党员631人。1988年，制定发展党员七项制度，恢复组织员谈话制度，严把“手续关、考察关、谈话关”，保证了发展质量。全年共发展党员443人，组织谈话率达100%。1989年，发展党员工作坚持2年培养期制度、手续材料不完备不予发展制度、从填写入党志愿书到审批超过3个月重新考察制度、组织员谈话制度等，全年共发展党员264人，其中妇女党员38人，工人党员29人，农村党员100人。1990年，坚持以党章为准则，把重点放在生产第一线和党的力量比较薄弱的单位，全年共发展党员478人，其中农村党员386人，妇女党员48人，专业技术人员65人。1991年，坚持优先发展贫困落后村积极分子、优先发展党的力量薄弱后继乏人的村和企业一线积极分子、优先发展妇女积极分子入党的“三优先”原则，全年共发展新党员449人，其中大专以上文化程度17人，初中以上文化程度的432人。1993年，在农村实施万名党员科学技术培训工程，采取举办培训班、报告会、现场示教等形式，对全县55岁以下的1.1万名党员进行系统培训。是年，共发展党员476人，其中一线工人、农民、知识分子占76%。1994年，探索并试行“流动党员活动证”

制度，组织开展评先树优和民主评议党员活动。全年发展党员 511 人，其中企业、农村一线的 392 人，35 岁以下的 267 人。1995 年，利用县委党校和乡镇党校举办村支部书记培训班 3 期，举办农村支部委员和党员科技示范户培训班 100 余期，培训 1.8 万人次。1996 年，利用乡镇党校举办培训班 60 期，培训农村党员 1.5 万余人次。全年共发展党员 677 人，其中生产一线的 453 人，妇女 139 人，先进模范人物 61 人。1997 年，采取集中培训与自学相结合的方法，对乡镇党委部分成员进行轮训。全年发展党员 697 人，其中企业、农村生产第一线的 432 人，占 62%。1999 年，县乡共举办党员干部培训班 167 期，培训党员干部 12457 人次，其中村支部书记 2936 人次，村委会主任 3441 人次。2000 年，县委印发《关于在县级及有关单位领导班子、领导干部中深入开展“讲学习、讲政治、讲正气”为主要内容的党性党风教育实施方案》，通过学习教育、自查自纠、开展批评和自我批评，有针对性的解决党性党风方面存在的突出问题。2001 年，全面实行发展党员“五制”管理办法，即发展党员预审制度、发展党员公示制度、党委派员列席支部大会制度、长期不发展党员预警制度、发展党员工作失误追究制度。2002 年，全县党员发展到 28381 人，其中女性党员 3044 人，少数民族党员 28 人，大专以上学历党员 3768 人，中专学历党员 3640 人。2003 年，为提高党支部队伍整体素质，在县委党校举办“三个代表”重要思想理论学习培训班，培训各级党员领导干部 324 人。举办村级班子成员培训班 62 期，培训农村党员干部 6900 人次。2004 年，在全县全面开展农村党员干部现代远程教育，利用现代远程教育平台，加强农村党员干部教育，提高全县农村党员干部的整体素质。2005 年 1 月，开展县、乡、村保持共产党员先进性教育活动，全县 42 个基层党委、37 个党组、1857 个党支部、28461 名党员参加活动。是年，全县党员发展到 28461 人，其中女党员 2952 人，少数民族党员 28 人，大专以上学历党员 4714 人，中专学历党员 3250 人。

惠民县部分年份党组织及党员发展情况表

表 13-2

年份	基层党委数（个）	支部数（个）	党员数（人）
1979	21	1282	18473
1980	21	1383	18831
1981	21	1389	19291
1982	21	1423	19271
1983	21	1490	20019
1984	21	1495	20291
1985	21	1547	21171
1986	25	1686	21953
1987	25	1697	22679
1988	28	1691	23012

续表 13－2

年份	基层党委数（个）	支部数（个）	党员数（人）
1989	41	1685	23205
1990	42	1715	23848
1991	42	1760	24187
1992	42	1771	24488
1993	42	1778	24900
1994	49	1803	25368
1995	50	1822	25845
1996	49	1839	26427
1997	49	1839	27098
2002	43	1773	28381
2005	42	1857	28461

干部培训 1982 年，县委党校举办五期党员领导干部学习班，共有 476 人参加，集中学习《全面开创社会主义现代化建设的新局面》等文件，提高认识，明确任务。1985 年，为提高党员干部文化素质和管理水平，培训社会主义现代化建设所需人才，县委党校分期培训乡镇领导干部 89 名，农村党支部书记和村委会主任 2400 名。1986 年，县委组织部根据上级“控制大专、发展中专、控制脱产、提倡业余”的批示精神，调整干部培训规划。协助有关部门抓干部业余培训和干部正规化理论教育，并选送 8 人到省、地院校学习。1987 年，向地、县委党校选送八七级学员 74 名，754 名干部参加正规化理论教育学习。按照“面向基层、面向企业、人尽其才”的原则，对 100 名八五级毕业生、结业生进行统一分配，有 17 名干部到企业工作、19 名干部到乡镇工作。对 1940 年以后出生的初中以下文化程度的 231 名干部分期进行初中文化补课。制订《乡镇干部岗位职务培训规划》，提高乡村干部业务素质。1988 年，建立《干部脱产参加文化学习审批制度》，在县委党校举办一年制中专专修班一期，招收学员 48 人。办起中央党校三年制大专班，招收学员 75 人。向省、地高等中等专业学校选送学员 35 人。选调 19 名乡（镇）长参加地委党校干部岗位职务培训，选调 9 人到济南、青岛等地学习外向型经济知识。1989 年，招收脱产一年制和半脱产一年半制经济管理、干部中专专业证书班学员 139 人，招收中央党校举办的经济管理专业函授大专班学员 124 人，向省、地大中专学校选送学员 26 人，选调 29 名副乡级领导干部到地委党校参加岗位职务培训。在县委党校举办 2 期中共十三届四中全会精神学习班，培训人员 369 人。1990 年，在全面完成干部统计摸底和培训任务的同时，为全县 600 余名县委管理科级以上干部建立“干部培训情况登记表”“培训卡片”。向地委党校选调学员 12 人、青年干部学院 1 人、中央党校函授大专班 83 人。在县委党校举办哲学理论学习班 3 期，共有 201 名科级干部参加学习。举办正规化理论学习班 2 期，参训人数 258 人。1991 年，起草《惠民县干部教育培训实施意见》《干部教育 1991—1995 年培训规划》。举办哲学理论培训班 2 期，培训干部 250 名，选调 35 名人员到省、地参加学历教育和各类短期培训。1992 年，向省地委党校选送学员 45 人，通过举办“邓小平同志南方谈话”、十四大文件学习班等形式培训干部 537 人。采取下乡巡回讲课方式，对全县

1210个村支部书记、村委会主任进行农村政策、商品经济等知识教育。1993年，围绕领导班子建设，在县委党校举办岗位培训班5期，培训干部345名；业务培训班2期，培训干部140名；特色理论培训班4期，培训干部560名；开设法律、经济管理大学本科（专科）函授3个班次，招收学员250名。选送12名乡镇党委书记、乡镇长和组工干部到清华大学参加经济管理培训。1994年，举办《邓小平文选》第三卷培训班4期，培训科级干部200人；举办市场经济、科技知识培训班3期，培训人数200人。1995年，选派12名领导干部到地委党校进行市场经济理论知识培训；在清华大学举办青年领导干部培训班2期，培训75人；在县委党校举办政治理论培训班和市场经济知识培训班，培训200人。1996年，选调3名优秀领导干部参加地委党校举办的中青年干部培训班，组织选调17名实职科级干部到地委党校参加领导干部进修学习，选调23名组工干部参加全区组工干部培训班；在县委党校举办中青年领导干部培训班2期，培训人数200人；举办县属企业领导干部培训班1期，培训人数70人。1997年，制订《1996—2000年惠民县干部教育培训规划》《关于实行领导干部政治理论培训合格证制度的意见》，选调45名正科级45岁以下的干部参加地委组织部的政治理论培训及考试；在县委党校举办副科级干部政治理论培训班2期，培训200人；选调8名领导干部参加地委党校、组织部组织的领导干部进修班；举办后备干部培训、企业领导干部培训、领导干部进修班，共培训619人次。1998年，共举办科级干部培训班、办事处书记培训班等6期，培训达400余人。全县共配备电教设备103台，科技教育片240部。12月，在全县开展“电教播放月”活动。2003年，培训各级领导干部324人次。组织开展全县科级领导干部“三个代表”重要思想轮训班。2005年10月，举办全县第一届中青年培训班，培养高学历优秀年轻干部。

干部下派　1985年11月，省委组织部从省农业厅、司法厅、劳动局选派14人到县挂职，是新时期惠民县下派干部的开端。1986年9月，省直机关第二批挂职干部2人来县，地委组织部选调1名干部到县挂职。1987年，共有挂职干部51名。其中，省下派10名，地委下派20名，县委下派21名。首次成立挂职干部领导小组，办公室设在组织部。同年7月，召开挂职干部座谈会，县委主要负责人参会并对挂职干部提出的问题进行解答。1988年，下派科技副乡镇长6名、工业助理15名。1989年，对县直党政群机关下派范围干部进行登记摸底，选派133人到乡镇基层任职锻炼。1990年，省下派挂职包村干部经验交流会在惠民县召开。1991年，在县级下派干部管理上实行“五转一留”规定：下派干部随转组织关系、行政关系、户口、粮食关系、工资关系，保留原单位编制。是年，共选派42人到乡镇挂职锻炼。1993年，共从县直机关和经济管理部门抽调58人到乡镇、17人到县属企业挂职锻炼。1994年3月，地直第7批下派干部37人到县挂职。9月2日，县委、县政府印发《关于选调机关干部到贫困后进村任职的意见》，决定从县乡党政机关、事业单位、有行政职能的经济组织中的优秀中青年干部中选调部分干部到贫困后进村任实职。10月，县直选派46名、乡镇选派97名干部进村任职。1995年，干部下派工作坚持“主动协调、搞好服务、加强管理、发挥作用”的指导思想。是年，地直有33名下派干部到县挂职，从县直党政机关、企事业单位选调51名干部到后进村工作。1996年，省委共有19名支教下派干部来惠工作。1997年，接收安置省直挂职干部30名，对地直20名和县直113名挂职干部进行考察。1998年，从县直党政、事业单位选派27名同志到县属企业任职，任职时间3年。1999年，选派2人到信访局工作锻炼。2002年，选派13名干部到省直部门对口挂职。是年，接收选调生11名。其中，省委组织部选调生4名，市委组织部选调生7名。2003年，县委印发《关于选派部分干部赴发达地区挂职锻炼的通知》，从全县范围内选派130名优秀年轻干部赴苏浙沪、京津塘及本省经济发达地区挂职锻炼、招商引资。同年，实行乡镇领导干部跨县区交流，选调2名现职乡镇党委副书记、党委委员，交流到邹平县任乡镇党委副书记。是年，接收省委组织部选调生8名。2004年，接收省委组织部选调生5名。2005年，第二批跨县区交流的3名乡镇党委委员交流到邹平县任乡镇党委副书记职务。接收省委组织部选调生4名。

后备干部队伍建设　1986年春，县委组织部坚持“四化”方针和德才兼备标准，对14个乡镇领导班子进行考察调整，共调整干部50人。年底，组成6个考察组对全县21个乡镇班子及13个县直单位、7个科级企业的班子进行考察，并对县级第三梯队进行考察。对200名科级第三梯队，注重培养，及时纠正工作中存在的问题。是年，县乡两级第三梯队被任用29名，其中县直25名，乡镇4名。1987年，结合对全县县直部委办局班子的考察，对213名科级后备干部、18名县级后备干部建档立卡、分析排队。1988年，根据考察考核结果，县级后备干部补充9名、调出3名，科级后备干部调整10名，选派10名科级后备干部到乡镇挂职锻炼，21名充实到各级领导班子，12名由副职提拔为正职，13名被县第七次党代会选为县委委员、候补委员。1989年，县级后备干部由18人调整为34人，有5人进入县级领导班子，有3人提升为正科级干部。173名科级后备干部中有11人由副科级提为正科级，15人提为副科级。1992年，对县级、科级以及农村后备干部进行调整，结合县乡换届有8名后备干部充实到领导班子中。在全县选拔60名优秀青年在县委党校进行为期一个半月的集中培训。2001年，县委出台《关于深化干部人事制度改革的实施意见》，同年7月，采取公开推荐与考试考核相结合的办法面向全县选拔任用10名优秀年轻领导干部。2003年，印发《关于加强后备干部工作的意见》。至2005年，先后组织青年干部报告会、“爱我惠民、建设惠民、三创三争、巾帼建功”女干部报告会等，助推后备干部成长。

干部监督和知识分子工作　1979年起，县委组织全县开展真理标准问题的大讨论，纠正“文化大革命”“两个凡是”的错误影响，按照实事求是的原则，复查和平反冤假错案，落实党的知识分子、民族、宗教等方面的政策，妥善处理一些历史遗留问题。1986年，按照有关规定，对所有申请要求更改工龄的干部，全部进行了复议，对符合规定的及时办理了更改手续。是年，为20名知识分子落实大中专学历，为13名知识分子办理家属农转非户口。1987年，接待来访58人次，受理人民来信53件，件件得到处置和落实。共推荐知识分子联络员6名，评选知识分子代表7名。对错受处理的40名干部，在复议审查的基础上，工资全部给予调整。复议历史老案24件，纠正17件。1988年，制定《1988—1990年知识分子工作三年规划及1988年知识分子工作意见》。受理来信来访87件；要求更改工龄的125人，对符合条件的98人全部办理有关手续；对错受处理的3名人员按文件规定升、补了工资；召开全县知识分子工作会议，推荐、选拔1名省级专业技术拔尖人才，9名地级专业技术拔尖人才。1989年，对67名要求更改工龄的干部进行复议，对其中13名符合政策规定的进行更改，对错受处理的2人按有关规定进行升、补工资；对地级专业拔尖人才实行目标管理，建立目标实绩档案，对全县5709名知识分子登记建档；推荐选拔3名地级专业技术拔尖人才，对县级拔尖人才进行初评。1990年，按文件规定为5名中华人民共和国成立前参加工作的干部更改了工龄，为129人重新确认参加工作时间，对地级拔尖人才进行目标管理，对全县知识分子工作进行检查。1991年，对地级专业技术拔尖人才进行考察，处理知识分子工作的来信来访。1992年，召开干部联席会议6次，干审联络员会议4次，审查各类干部134人。经过考察、评审，有32人被评为全县首批专业技术拔尖人才。1993年，对35名提出申请更改工龄的人员全部进行复议，为17人符合规定的办理更改手续。对全县5700余名知识分子进行分类管理。1994年，为12名符合更改工龄条件的干部办理更改工龄手续。1995年，共召开联席会议6次，通报干部信息20条，为23名老干部明确职级待遇。印发《惠民县专业技术拔尖人才管理暂行办法》，对全县1100名中级以上专业技术人员进行摸底、登记和建档。1997年，共选拔评出27名县级拔尖人才，推荐地级拔尖人才2名，推荐6个农村科技大户为地级科技大户候选人。1998年，实行干部谈话诫勉制度，共诫勉副科级以上干部10人，科级干部谈话22人，免职1人。全县评选“滨州地区农村科技大王”3人。2000年，对部分领导干部进行离任审计，其中审计县级干部1人，科级干部20人。共诫勉副科级干部8人，科级干部谈话21人。2003年，印发《关于备案管理的干部任免等三项工作的通知》，对县委组织部备案管理的干部任免、调配和出国、出境审查工作实行新规定。2004年，出台《关于进行干事创业实绩备案的通知》，对全县干部进行工作实绩备案。完成《惠民县人才队伍建设状况调研报告》《惠民县专业技术人员队伍基本情况调研报告》。2005年，印发《关于实行重点工作抽调工作组备案制度的通知》，加强对重点工程、重点工作抽调干部的管理。

第四节　宣传工作

机构　1986年，宣传部内设办公室、“五四三”办公室（即“五讲四美三热爱”活动办公室）、社会宣传、党员教育、理论教育、新闻6个科室。1987年9月，“五四三”办公室改为精神文明建设协调委员会办公室，为副科级单位。1989年7月，新闻科升格为副科级单位。1990年3月，精神文明建设协调委员会办公室改称精神文明建设委员会办公室。1991年3月，成立中共惠民县委对外宣传办公室，为副科级单位，与宣传部新闻科一个机构两个牌子。1993年10月，县机构改革，宣传部内设新闻宣传室、政工教育室、办公室。精神文明建设委员会办公室、新闻科及对外宣传办公室同时撤销。1995年4月，恢复精神文明建设委员会办公室、宣传部新闻科，新闻科增挂新闻出版管理办公室牌子。《惠民报》正式创刊，编辑部设在宣传部。1996年6月，精神文明建设委员会办公室升格为正科级单位。1998年6月，成立惠民报社，为副科级事业单位，隶属于县委宣传部。7月，政工教育室更名为党员理论教育室。1999年10月，新闻出版管理办公室移交文化局。2003年6月，惠民报社更名为惠民县新闻中心，为正科级事业单位。2005年，县委宣传部内设办公室、政工教育室、新闻科，下设精神文明建设委员会办公室、新闻中心。

社会宣传　1979年，宣传党的工作重点转移的意义、四项基本原则和调整国民经济“八字方针”（调整、改革、整顿、提高），开展真理标准问题讨论和社会主义民主法制宣传教育活动。1980年10月，宣传全国五届人大三次会议精神，同时加强对农业生产责任制、计划生育、新婚姻法的宣传。1981年，开展“五讲”“四美”为主要内容的社会主义精神文明建设宣传。同年11月，在全县范围内集中开展婚姻法宣传月活动。1982年3月，组织开展第一个“全民文明礼貌月”活动。9月，学习宣传中共十二大精神形成热潮，全县领导干部向群众宣讲1240场，听众达29800余人。1983年1月，开展以中共十二大文件为教材的农村党员冬训活动，轮训17000人。1984年，宣传“两户”（专业户、重点户）典型，撰写“两户”材料22篇，编印成册分发全县。1985年，重点宣传中央关于经济体制改革的决定。同时，在广大党员干部群众中广泛开展以党性、理想教育、形势政策教育和法制教育为主要内容的思想教育活动。1986年5月10日，举行“向一等功臣李丰山烈士学习大会”，开展向李丰山烈士学习活动。1988年，组织开展中共十三大精神宣传活动，作形势报告33场次，受教育者2.8万余人。1989年4月，举办“王法敏烈士事迹展览”。1990年，邀请地委党校副校长刘曰生、地委宣传部部长贾玉忱分别作了“关于国民经济持续稳定、协调发展”“关于苏联东欧形势”

报告，听众达4000余人。举办县直党政机关、企事业单位科级以上领导干部“形势教育骨干培训班”，有150人参加培训。翻印《只有社会主义能够救中国》《必须坚持中国共产党的领导》等5种形势教育材料1000份。1993年，在全县党员干部群众中开展“学理论、换脑筋”大讨论活动。1995年5月15日，组织开展“向李爱文同志学习”活动。7—9月，组织开展“纪念抗日战争和世界反法西斯战争胜利50周年”系列活动。11月，在全县城乡组织开展为期三个月社会主义思想教育活动。1996年4月，组织各乡镇、县直各单位开展“迎接香港回归祖国”读书活动，征订干部和学生读本1.7万余册，收回竞赛答卷1.2万份。

1997年8月，组织开展向郝观美、徐希先、陈美常学习活动。11月，在全县城乡集中开展中共十五大精神教育活动。2000年4月，开展“科普之春”活动，印发宣传材料2000余份。12月，举办“崇尚科学文明、反对迷信愚昧”大型图片展，共制作宣传牌67块，城乡机关干部、群众3.5万人观看了展览。2001年，成立学习江泽民“七一讲话”宣讲团，深入农村、企业宣讲20余场，受教育群众2000余人次。2002年，大力宣传“三个代表”重要思想，广泛开展以江泽民总书记“5·31”重要讲话为中心的宣传教育活动。2003年，开展“三个代表”重要思想理论下基层宣讲，举办“首届全民读书月活动”。2005年，大力实施“党员素质工程”“理论服务工程”，组成“农村奔小康宣讲团”，共宣讲42场次，受教育群众达2600余人。

理论教育　1979年8—10月，全县掀起关于真理标准问题大讨论热潮，通过举办广播讲座教育基层干部群众。1983年，组织全县干部集中学习《邓小平文选》，70%的领导干部参加集中学习。1984年，组织学习十二届三中全会“决定”，在党校举办4期学习班，参加学习人员达418人。12月，开办党员冬训班，15246名党员参加培训，占全县党员总数的87.3%。1985年，组织党员干部群众认真学习《中共中央关于经济体制改革的决定》和《建设有中国特色的社会主义》《有理想、有道德、有文化、有纪律》两本书。1986年，组织学习《邓小平同志建设有中国特色社会主义理论》《政治经济学概论》，有506人参加全省统一组织的4次考核，及格率为99.6%。1987年，组织坚持四项基本原则反对资产阶级自由化理论研讨会，评选出9篇优秀论文，整理编印成3.5万字的《理论研讨会文集》。1988年，举办3期副科级以上干部学习中共十三大文件轮训班，共培训人员286人次。开展党员冬训工作，对1.5万名党员进行培训。1989年，举办2期形势教育培训班，培训骨干250人。召开4次专题讲评会，根据71人的发言整理编印《让党的旗帜永放光辉》文集。1990年，开展基层党校升级达标和党员活动室的创建工作，评选出一级党校14个、二级党校15个，全县有1100个农村支部建立党员活动室。1991年，为迎接建党70周年，组织党建理论研讨会，撰写论文24篇，编印《党建论文汇编》。1992年，在全县开展“解放思想”大讨论。组织乡镇、县直有关单位的主要领导参加中央党校及省、地举办的培训班。是年，乡镇基层党校、党员活动室办班168期，企、事业基层党校、党员活动室办班68期，举办农村支部书记培训班21期。1993年，全县42个党委成立中心组，组织乡镇党委书记、宣传委员、县直政工干部60人参加省、地举办的理论培训班，举办5期科级干部理论培训班，组织党建理论研讨会，收集论文60余篇。1994年，组织2700余人参加全省组织的学习《邓小平文选》竞赛，2人获个人三等奖，宣传部获组织奖。开展“双学”（学理论、学党章）征文活动，收到论文24篇，评选出优秀论文9篇。参加省委宣传部组织的“双学”知识竞赛，答卷6000余份。制作《党员科技大王—李遵成》等3个电视新闻片，分获全区党员先进事迹电视新闻二、三等奖。同年8月，县委中心组举办为期3天的读书会，200余名县、科级党员领导干部参加学习讨论。2000年，开展“致富思源、富而思进”教育活动，县委印发

《关于在全县干部群众中开展“致富思源、富而思进”教育活动的实施方案》。同年7月，组织“粮食杯”“国税杯”双思教育演讲和征文比赛，编辑出版《明天会更好》一书。2001年，采取收看专家录像报告、上党课、外出参观学习、专题座谈讨论等多种形式，形成以县委中心组带动基层理论学习的新路子。2002年，把5·31重要讲话、中共十六大精神以及WTO知识等作为各级党委理论学习中心组学习重点。先后邀请省委党校教授袁永新作了《农村经济改革与发展》、市商检局副局长刘云升作了《商检知识》等专题报告3次，收看有关加入世贸组织的报告录像3次。2003年，提出创建学习型机关的目标，建立每周五学习制度，制订《党的十六大精神学习宣传工作方案》，邀请中央党校教授刘晶芳、吕书正分别作了《继承党的优良传统永远保持艰苦奋斗的作风》和《全面建设小康社会》的报告。在全县范围内开展“解放思想、更新观念促发展”大讨论。2004年，县委中心组集中学习《中国共产党党内监督条例》《中国共产党纪律处分条例》《中华人民共和国宪法修正案》等内容，组织收看《为民书记——郑培民》《李真腐败案》和常修泽关于科学发展观的报告录像。2005年，以县委中心组学习为载体，加强党员领导干部的理论学习，组织收看了录像《慕绥新、马向东等案件透析》《贯彻信访条例，构建和谐社会》等。举办第三届全民读书月活动。全县评选出学习型机关、企业家庭标兵若干名，参与干部群众20万人次。

新闻报道　1982年，宣传部配备专职新闻干事，负责新闻报道工作。是年，全县共被省以上新闻单位采用稿件105篇。1987年，制定《关于试行新闻报道工作责任制的暂行规定》《规范通讯员的评选条件和奖励试行办法》，组建新闻报道网络，全县从事报道工作的专兼职通讯员达136名。是年，全县在地级以上报刊用稿431篇，《人民日报》首次刊登惠民县稿件，县委中心报道组被大众日报社评为先进报道组。1989年，成立县委新闻科，配备专职新闻干事3人，各乡镇均配备专兼职新闻干事，县直单位业余通讯员达25人。全年组织稿件5400篇，地级以上新闻单位用稿566件。1990年，组织对全县遭受特大洪涝灾害的重点报导，并编写宣传简报37期共8万余字。整理典型材料12份，编辑《战天歌》一书。1991年，在《惠民大众》为工厂企业办专版8个。1992年，举办通讯员培训班4期，培训通讯员203人。实行双稿酬制度，调动通讯员积极性。1993年，组织“三园”（果园、菜园、桑园）建设系列报道，分两次在大众日报社培训通讯员14名，组建320人的新闻报道中心组，各乡镇均建立通讯报道网络。是年，被地级以上报刊用稿529篇。1995年，创办《惠民报》，全年编发48期。1996年，举办不同类型培训班5期，培训通讯员200余人次。选送12人到大众日报社培训。是年，重点对工业、乡镇企业进行报道，被地级以上报刊用稿999篇，发稿量和用稿量列全区第一。1999年，新闻宣传围绕企业“三改一加强”、农业产业化、干部素质提高年等重点开展工作。是年，全县地级以上报刊用稿1221篇，新闻科被大众日报社评为新闻报道先进集体。《惠民报》编辑质量在全区5家县报评比中名列第一。

2000年，新闻报道强化上大报、上头条意识。全年在《滨州日报》上发头版头条24件，《大众日报》等省以上报刊发稿件141篇，其中《人民日报》7篇。是年，有12名通讯员分批到大众日报社参加培训班。到乡镇、县直单位等12个部门开展通讯员培训，培训400余人。2001年，组织6名通讯员到大众日报社参加培训班。聘请滨州日报社总编和各部室主任，对乡镇的68名骨干通讯员进行重点培训。是年，在《滨州日报》发头版头条43件，《大众日报》《人民日报》用稿127篇，居全市前列。2002年，新闻报道坚持“团结、稳定、鼓励，正面宣传为主”的方针，围绕农业产业化、干部素质提高年、精神文明建设等重点开展工作。全年在市级党报党刊发表稿件860篇，在省以上党报党刊发表新闻稿件183篇。县新闻科被大众日报社、市委宣传部评为新闻报道先进集体。2003年，邀请滨州日报社等新闻单位的记者、编辑到惠民举办培训班，培训通讯员100余名。在省级以上刊物发表稿件92篇，《滨州日报》发头版头条33件。2004年，强化“上大报、上头条”意识。全年在《滨州日报》上头版头条24个。省以上党报上稿件84篇，其中《人民日报》7篇，重点稿件33篇。在省市电台用稿596件，荣获省电台集体记者一等奖。2005年，在省以上新闻媒体发稿210余篇，其中中央级新闻媒体40篇，在《滨州日报》发稿700余篇。

对外宣传　1991年3月，成立县委对外宣传办公室。是年，在全国各大报刊发表外宣稿件44件，接待各级记者42人。1992年，加大对外宣传力度，在《滨州日报》《大众日报》为企业办专版6个。第三届孙子兵法国际学术研讨会期间，在中外报刊上发表了一批稿件。协助青岛电视台对外宣传部筹拍了《孙子故里风貌》电视片。1993年，先后有十几篇稿件在海外发表，其中发表在马来西亚《兵学世界》的《兵圣故里兴起孙子热》一文，被评为省对外宣传三等奖。1994年，撰写20余篇关于孙子与《孙子兵法》的学术论文，其中11篇被省级以上报刊和电台采用。协助中央电视台拍摄《中国历史名人——孙武》《孙武与孙子兵法》《百家姓系列篇》（孙氏部分）等专题栏目。同年8月，惠民县作为全区唯一代表，参加在烟台市召开的全省对外宣传工作会议，并作典型发言。1998年7月，在香港《大公报》办专版，集中宣传惠民县招商引资的优惠政策、招商项目及部分优势企业。10月，在中国企业报社出版的《走向未来》画册上做彩页两个。1999年，与省有线台联合录制《假日旅游——惠民专辑》，宣传孙子故园、魏氏庄园等旅游资源。与滨州电视台外宣部联合录制电视片《孙子和他的惠民老乡们》。2001年，组织拍摄《惠民崛起生态农业》等专题片，制作《孙子兵法》多媒体光盘，对外宣传惠民的优势和特色。2002年，香港《大公报》刊发了对惠民县长刘相庆的专访报道，并对河南张泥塑、魏氏庄园分别进行专题报道。中央电视台七台播出专题节目《娃娃张传奇》《魏氏庄园·孙子故园》。2003年，在孙子文化旅游节期间，制作《孙子故里惠民》画册、光盘。《经济日报》、《大众日报》、新浪网等100余家新闻媒体先后以大篇幅报道了惠民县举办孙子文化旅游节的情况。2004年，组织宣传了孙子文化旅游节、麻店赛瓜会、大年陈蜜桃采摘节、大众日报记者惠民采风等一些列活动。2005年，先后组织胡集灯节书会、火把李庙会、大年陈桃花节、姜楼劳动防护用品高层论坛、第三届孙子文化旅游节等一系列活动的创新宣传。组织策划了“魅力滨州”惠民采访团、百家旅行社走进孙子故里——惠民旅游推介会、“走进孙子故里、探访百年庄园”摄影展以及“惠民风光”明信片发行等活动。

精神文明建设　1981年，全县开展以“五讲”（讲文明、讲礼貌、讲卫生、讲秩序、讲道德）、“四美”（心灵美、语言美、行为美、环境美）为主要内容的社会主义精神文明建设活动。1982年，中共十二大提出“两个文明一起抓”的战略方针，把建设社会主义精神文明的任务提到战略高度。1983年，县委成立“五讲四美三热爱”（讲文明、讲礼貌、讲卫生、讲秩序、讲道德，心灵美、语言美、行为美、环境美，热爱祖国、热爱社会主义、热爱中国共产党）委员会，办公室设在县委宣传部。

1986年11月，印发《关于社会主义精神文明建设指导方针的决定》的宣传提纲，并培养200名宣传骨干。是年，全县涌现出文明村25个，省、地、县级文明单位共21个。1987年，县“五讲四美三热爱”活动委员会改为精神文明建设协调委员会。9月，制订《惠民县七五期间社会主义精神文明建设规划》，印发《惠民县文明村条件》及“验收细则”。11月，开展以婚丧嫁娶改革为主要内容的农村移风易俗宣传活动，分别召开退娃娃亲和殡葬改革现场会，全县有96.7%的村建立红白理事会。是年，全县评选出文明村24个，省、地、县级文明单位21个和“五好家庭”（遵纪守法好、劳动致富好、道德风尚好、生活方式好、家庭成员素质好）1200户。

整顿文化市场，没收非法出版物34种191册、画片21张、港台不健康挂历41本。1988年3月，县委、县政府印发《关于坚决刹住赌博和封建迷信等歪风陋习的紧急通知》，继续开展移风易俗活动，650余对青年男女退掉10余万元的彩礼，70余对青年参加集体婚礼。加强文化市场的检查管理，进行4次联合大检查，查收禁销图书136册，不健康录像带3盘。是年，评选出文明村35个，文明系统及单位40个，“五好家庭”9716户。1989年3月，多渠道开展形势任务教育，县委宣传部印发《全县形势教育宣传提纲》及各类宣传教育材料4.5万份，编印《惠民县十年改革各条战线取得巨大成就》小册子。5月，开展“精神文明月”活动，组织“五四”青少年火炬接力赛和文艺晚会，清理乱贴乱挂的广告、招牌。7—9月，印发《惠民县关于加强印刷、音像制品和图书文化市场管理的若干规定》，对文化市场进行突击性清理整顿，查收有问题图书2800册，录音带200盒，淫秽录像带1盒。是年，全县新增文明村35个，文明单位39个，推荐并批准省级文明单位1个、“五好家庭”2户。1990年9月，对省、地、县三级文明单位进行达标复查、抽查，撤销4个单位的荣誉称号。继续开展“扫黄”和移风易俗活动，净化文化市场。年底，评选出各级文明单位48个。1991年，制订《惠民县“八五”精神文明建设规划》，开展“学先进、讲奉献、树新风”活动，在全县妇女中开展“双学、双比”(学文化、学技术、比成绩、比贡献)等竞赛活动。开展5次文化市场突击性大检查，侦破较大的贩黄、传播黄货案件4起。年底，评选出县级文明单位、村36个，地级文明单位5个，省级文明单位1个。1992年5月，全县14个系统700余名干部职工参加职业道德教育培训学习。是年，评选出“县级文明户”247户、文明村21个、文明单位7个。1993年，制定《加强精神文明建设的实施意见》《在全县开展争创十佳文明单位活动的实施意见》。创办山东干部函授大学惠民函授站，招收新生127人。同年8月，在县电业局召开全县精神文明建设座谈会，部分省级文明单位介绍创建经验。在纪念毛泽东同志诞辰一百周年的活动中，重点组织副县级以上退离休老同志座谈会和“毛泽东思想与特色理论”研讨会。是年年底，申报省级文明单位2个，地级文明单位52个，审定县“十佳”文明单位10个。1994年，广泛开展爱国主义教育，县委宣传部、县教委组织全县中小学生观看两部爱国主义优秀影片，共放映1000余场，学生收看达3.5万人次。制订全县精神文明建设1995—1997年三年规划。加强文化市场管理，组织5次较大规模的“扫黄打非”活动，查缴黄色书刊及非法出版物5000余册，录像带15盘。1995年年初，对全县的省、地、县三级文明单位进行验收、审批和表彰。第一实验学校等5个单位和县工商行政管理局等32个单位(村)分别获1994—1995年度省、地级文明单位称号。同年5月，开始实行《领导干部及其子女结婚申报制度》，在农村开展“十星家庭”“二大特色家庭”活动，在城区开展“百日优质服务竞赛”“服务行业文明竞赛”活动，组织“百部爱国主义教育优秀影片”展播活动。1996年4月，在全县组织了思想道德、文化建设现状调查，印发问卷2000余份，召开各类座谈会46场次。5月，在继续学习宣传孔繁森等先进人物、先进事迹的同时，宣传了县内模范人物陈美常、韩英的先进事迹。举办全县“爱惠民奉献在岗位”演讲比赛。6月，县委印发《关于在全县农村开展争创“十星级文明村”“十星级文明户”活动的意见》。政府职能部门和“窗口”行业实行社会服务承诺制。10月，结合全县实际制订《全县精神文明建设“九五”规划》，完善规范《文明乡镇》等6项创建标准。继续抓《领导干部及其子女结婚申报制度》的落实，全年有39名领导干部按要求进行申报。是年年底，新增省级文明单位1个，地级文明单位及示范点6个，县级文明单位及示范点88个，评出“十星级文明户”1100户。1997年3月，制定《全县精神文明建设“精品工程”评选意见》，电视理论专题片《坚实的步伐》、外宣画册《山东惠民》《中国新寓言丛书》等获地区“精品工程奖”。围绕香港回归和中共十五大召开，先后4次组织文艺晚会、演唱会和大型书画展。组织开展“讲文明、树新风”活动，组织1万余人参加星期六义务劳动，清理垃圾100余吨。公安、工商、文化等部门联合开展“扫黄打非”活动，查缴非法音像出版物180盘（盒），书刊500本（册）。全面推开“双十星”（十星级文明村、十星级文明户）创建活动，全县总挂牌户5.3万户，十星级文明户6616户。是年年底，评选出地级文明单位27个，县级文明单位61个。

1998年5—6月，在城区开展“净化城区环境活动”。对县城的18条主要街道进行集中清理，沿街的95个单位1万余人参加活动，清理杂草和垃圾100余立方米，清理非法张贴广告600余张，取缔算命摊点3个，收缴内容不健康书刊286册，34家店铺招牌的错别字、繁体字得到纠正。6月，组织开展评选“百名十佳人物”活动。通过层层推荐评选，年底评选出60名“十佳人物”。7月中旬，县文明办、党史委部署征编《光辉里程—惠民县精神文明建设纪实》一书，12月底出版发行。该书25万字，对20余年全县精神文明建设工作进行概括和总结。8月，开展创建“文明街道”活动。印发《文明街道标准》400余份，投资3万余元制作两个“宣传橱窗”和6个“宣传牌”，面向社会聘请30名“督导员”。全县共建成“文明街道”23条。同年，全县有43%的村开展“十星级文明户”评选，挂牌总数达49740个，占全县总户数的36%。在窗口服务行业和执法机关开展创建“文明行业”“文明示范点”活动，共评选出县级文明单位、文明行业、文明示范点分别为100个、1个和21个，地级文明单位32个，省级文明单位6个。1999年4—9月，在全县城乡开展“净化城乡环境，倡导文明新风”活动。在城区卫生整治中，共有2000余名机关干部职工走上街头打扫卫生。在文化环境整治中，查获非法出版物3000余册（盘），取缔无证经营摊点18个，与100余名文化经营户签订“守法经营责任书”。同年，在农村继续开展争创“双十星”活动，全县创“十星级文明村”95个，“十星级文明户”9447个，总挂牌户数达53177个。积极开展群众性文化活动，围绕纪念五四运动八十周年、庆祝中华人民共和国成立五十周年、迎澳门回归分别举办“新华杯”歌咏比赛、知识竞赛、征文比赛和京剧演唱会等活动。利用节假日向农村送电影100余场。是年年底，全县评选出县级文明单位、文明行业、文明示范点分别为126个、2个、22个，地级文明单位32个，省级文明单位5个。

2000年7月，开展创建文明县城活动，组织各单位制作80幅过街横幅，出动宣传车40余辆，发放《文明公民读本》1000册，印发“公民守则”2万余份，12月通过地区文明委的验收。8月，召开城区20个省、地级文明单位与农村县级文明单位“结对共建”动员会。活动期间，共到村举办文艺演出、送电影57场次，举办科技培训38次。赠送电教设备3套，科技图书6700余册，解决支农贷款30余万元。选聘农业、法律、科技专家40余人到村现场指导、咨询。选派高级医师40余人到村送药义诊。同时，各结对单位在路面硬化、上自来水、农电网改造、桥梁建设、文化设施建设等方面投资累计突破50万元。12月，县文明办与科协共同举办“崇尚科学文明、反对迷信愚昧”大型图片巡回展，共制作宣传牌67块，有3.5万人观看展览。是年，共开展“扫黄打非”集中行动18次，取缔非法经营游戏厅、录像厅16家，查封非法书刊500册，光盘320盘。评选出县级文明单位、文明行业、文明示范点分别为149个、4个、31个，地级文明单位22个，省级文明单位4个。

2001年3月，在县城组织开展“创造优美环境，争做文明公民”巡回签名活动，县六大班子领导和4000余干部、群众、学生在签名布幅上签名。4月，组织城区28个省、市、县级文明单位与28个县级文明村结成共建对子，共到村举办文艺演出 17 场，电影专场 9 场，科技培训 16 次，赠送科技图书和录像带 4000 余册，帮助农户解决贷款 35 万余元。5 月，印发《惠民县精神文明建设工作年度考核意见》，采取百分制考核，使精神文明建设管理考核工作基本实现规范化、科学化。10 月，部署开展“文明生活小区”创建活动，在县财政局、县国税局等 10 个单位进行试点。同年，制订《惠民县整顿和规范文化市场秩序工作实施方案》，开展“扫黄打非”集中活动 10 次，开展制止婚丧大操大办宣传活动，印发传单 5000 余份。2002 年 2 月，开展“争做文明公民，建设美好惠民”活动。4 月，组织参加全省“福彩杯”公民道德建设知识竞赛，参赛答卷达 5000 余份，获组织奖。10—11 月，举办“迎十六大书画展”，共展出书画作品 100 余幅。举办迎“十六大”合唱晚会，17 支代表队、700 余人参加。2003 年 3—9 月，开展“建设美好惠民，争做文明公民”签名活动，发放宣传材料 2000 余份。印发《关于在全县开展“建设美好惠民、争做文明公民”评选活动的意见》，评选出首届文明公民 8 名，并组织文明公民到乡镇和县直部门巡回报告 5 次。6 月，与县工商局联合开展“文明诚信经营区”“文明诚信经营户”评选活动，李庄、魏集被表彰为文明诚信经营区。7—8 月，举办 5 场“消夏广场”文化活动，共有 1 万余人观看演出。举办“第一届惠民全民读书月活动”和“爱我惠民”征文、演讲比赛系列活动，评选出“学习型机关”10 个、“学习型家庭”30 户、“学习标兵”30 名、“读书状元”10 个。同年，县文明委追授张新华为“惠民县文明公民标兵”荣誉称号，并大力宣传张新华先进事迹，号召全县向其学习。2004 年 4 月，印发《关于组织全县文明单位、文明村积极参与全县环境卫生综合治理活动的通知》。5 月，组织城区中小学生开展“小手拉大手，文明一起走”活动。6 月，县委、县政府印发《关于建设“文明惠民”的意见》。6—11 月，开展“全县第二届全民读书月活动”，表彰了“学习型机关”10 个、“学习型家庭”30 户、“学习标兵”10 名。县委、县政府印发《中共中央关于进一步加强和改进未成年人思想道德建设实施意见》，县文明委成员单位就加强和改进未成年人思想道德建设作了详细分工。8—11 月，开展第二届“文明公民”评选活动，吴凤仙等 8 人获“文明公民”称号。2005 年，组织全县第三届“文明公民”评选，评出 8 名文明公民，68 名争创文明公民先进个人。开展“文明信用村”“文明信用户”“文明诚信经营区”“文明诚信经营户”评选活动，全县 127 个村挂上信用村的牌匾，54509 名农民获得信用证书。积极开展“文明生活小区”创建活动，建成文明小区 12 个。在农村重点开展“农村文明一条街”的建设，全县有 35 个村率先建立高标准的“文明一条街”，有 12 个村被评为市级文明单位，124 个村被评为县级文明单位。

第五节　统一战线

1982 年 7 月，中共惠民县委对台工作领导小组成立，办公室设统战部，开展对台宣传教育，联系台胞、台属，落实台属政策工作。1988 年 12 月，设立中共惠民县委对台工作办公室（并挂惠民县人民政府台湾事务办公室牌子），与统战部一个机构两块牌子。1989 年，建立惠民县黄埔同学联络小组。同年 12 月，恢复县工商业联合会，发展会员 120 名。1995 年 8 月，惠民县民族宗教办公室成立，与统战部一个机构两块牌子。1996 年，加强培养选拔党外干部工作。党外人士有 1 人担任副县长，1 人担任县人大常委会副主任，2 人担任县政协副主席，4 人担任副科级领导职务。1998 年，在统战系统和统一战线成员中开展以科技、卫生、文化“三下乡”为主要内容的“智力惠民”工程活动。2003 年 5 月，惠民县民族宗教办公室改称“惠民县民族宗教局”，列县政府序列。2005 年，全县有民主党派“九三学社”成员 1 人，工商联会员 686 人；科级以上党外干部 13 人，初级以上职称非党知识分子 6496 人，新的社会阶层人士3973人。

落实统战政策 1979年，县内46名国民党起义投诚人员按有关规定落实政策，同时颁发起义投诚人员证明书。其中摘掉反革命、地主、富农、右派分子“帽子”的7人，纠正错判错划的7人，恢复党籍的1人。1980年7月，把1954年至1956年进行私营工商业社会主义改造时，被定为工商业者的劳动者区别出来的工作全部完成。属于“区别”范围的36人中，有31人恢复劳动者身份，有资本家2人、资方代表3人未予区别。1982年，按照有关规定，对台属在“文化大革命”中被抄家、批斗及房产被占用等问题，全部按有关政策进行妥善处理。至1986年年底，党的各项统战政策得到全面落实，历史遗留问题基本得到解决。

非党知识分子和党外干部工作 1980年，县委统战部首次进行非党知识分子调查摸底。摸清了全县时有获取科技成果的大中专生及特级教师、农艺师等非党知识分子166人，并从改善工作条件、政治生活待遇入手开始落实知识分子政策。1982年，全县非党知识分子中有省人大代表1名，省政协委员3名，县人大常委会副主任1名，副县长1名，县政协副主席3名，政协常委19名。1988年，县委统战部在知识分子较多的5个单位聘请5名非党知识分子任联络员，建立非党知识分子联络员制度，密切了党与非党知识分子的联系。1990年，党外知识分子联络员扩大到13名。1994年5月，聘请7名党外知识分子分别担任特邀检查员、监察员、审计员、教育督导员，发挥了党外知识分子的业务特长和参政议政作用。1996年5月，县委统战部、县委组织部联合印发《关于进一步加强培养、选拔党外干部的意见》，明确培养党外干部的指导思想、工作目标、工作措施。至1997年，全县先后有7名党外干部担任副县级领导职务，6名担任副科级领导职务。2005年，全县有党外科级以上领导干部13人。

对台工作 1982年，根据中共中央《关于进一步落实去台人员和在祖国大陆亲属政策的通知》精神，县委统战部对去台人员进行调查摸底。经调查，全县有去台人员269人，其中有252人与家乡亲属通信、通汇。年内，第一位去台人员到惠民探亲，统战部会同有关乡镇进行接待。1988年，县委设立“中共惠民县委对台工作办公室”。是年，到惠民探亲的台胞达到99人次。1995年5月，李丙显等4位台胞联合到惠民投资25万美元，创办县内首家台湾企业——惠民县华兴汽车修理有限公司。1997年4月，清河镇张标村台胞张东峰向张标村捐款9万元人民币，用于该村学校建设。2001年，接待到惠民探亲、旅游及从事经贸活动的台胞17人次，其中，去台老兵9人次，经济界人士8人次。县内有2名台属赴台探亲探病。至2005年，县委统战部门共接待到惠民探亲、旅游及从事经贸活动的台胞829人次，台胞向家乡捐款物折合人民币32万余元，台商到惠民投资额达150万美元。

民族宗教工作 全县有回、维吾尔、彝、蒙古、壮、朝鲜、满、白等10个少数民族，主要集中在惠民镇和县直单位。1998年，召开全县民族团结进步表彰大会，依法加强对宗教活动场所的年检、登记工作，举办宗教界普法学习班。1991年9月，地委、行署印发《关于加强民族宗教工作的意见》，要求大力发展民族经济、教育、文化等各项事业。积极培养选拔少数民族干部，依法加强对宗教事务管理，积极引导宗教与社会主义社会相适应。2000年10月，召开全县宗教界人士座谈会，学习《外交部声明》《国家宗教局发言人谈话》《中国天主教“一会一团”声明》，维护社会稳定。2004年12月，滨州市结防院与县基督教“三自爱国会”达成宗教房产落实协议，在县城西北的马口村附近新建基督教活动场所1处。2005年，完成县基督教“三自爱国运动委员会”换届工作，组建惠民县基督教“三自爱国运动委员会”第二届委员会。至是年年底，全县共有少数民族群众1200人，信教群众3800人，宗教活动场所21处。

第六节　党校教育

1979年起，县委党校采取多种办学方式，以马克思列宁主义、毛泽东思想的基本理论和急需的各种业务知识武装党员干部，促其解放思想，转变观念，从而适应全党全国以经济建设为中心的重大战略转移的新形势，推动中共十一届三中全会精神的落实。1984年年底—1989年，会同县委组织部、宣传部等有关部门，在党政干部范围内开展干部正规化教育。1990年，遵照全国、全省党校校长会议及《中共中央关于加强党校工作的通知》精神，贯彻落实省委提出的“突出中心（教学这个中心），强化主体（主体班次及其学制要稳定），舒展两翼（多渠道开辟办学门路，大力发展函授业余教育，多开设一些部门班和各种专题性质的研讨班，力争用5年左右的时间，为每个村级班子培养1至2名大专生），两个延伸（干部培训向高层次和基层延伸）”的教育发展战略，党校教育从以国民教育性质的学历教育为主转为培训现职党员干部，尤其是党员领导干部，实现党校办校的转轨定向。1992年7月，省委干部教育领导小组、省委组织部、省编委批准县委党校为中专体制（副县级），其内设机构调整为办公室、总务处、教务处、函授站，均为副科级规格。1995年，中共中央颁布《中国共产党党校工作条例》，县委党校贯彻条例精神，发挥“三个阵地（轮训培训党员领导干部，培养党的理论队伍学习研究马克思列宁主义、毛泽东思想、邓小平建设有中国特色理论的阵地）、一个熔炉（干部增强党性锻炼的熔炉）”的作用，强化主体班次，发展学历班次。同年，县委党校被省委党校命名为先进办学单位，县委批准党校所设中层机构均按副科级配备。1997年4月，惠民县行政干部管理学校成立，与县委党校一个机构、一套班子、两块牌子。是年起，按照地委和县委要求，加大理论培训力度，落实领导干部理论合格证制度。2000年，县委党校被评为全省党校系统先进办学单位。2005年2—7月，配合全县中心工作，深入开展保持共产党员先进性教育活动，被评为全县保持共产党员先进性教育活动先进单位。年底，被评为全市党校系统先进党校和全市党校系统后勤行政管理先进单位。

主体班次 1979年，面对全县进入以经济建设为中心的新的历史发展时期，县委党校采取举办各种培训、轮训班和到各公社及县直单位轮回宣讲等方式，全力搞好中共十一届三中全会精神和十二大精神的宣传教育工作。1984年起，与县委组织部、县委宣传部联手，在全县党政干部范围内开展干部正规化理论教育。1990—1992年，与县委组织部、县委宣传部联合办班，完成全县农村党支部书记的轮训工作。1994—1996年，举办乡镇办事处书记、主任，村党支部书记，科级领导干部培训班23期。1997—1999年，除全面完成乡镇办事处书记、主任和村党支部书记的培训工作外，对全县副科级以上领导干部分期分批进行《基础理论知识读本》和中共十五大精神为主要内容的培训，同时，强化对乡镇办事处领导、村级领导、企业负责人、农村后备干部的培训轮训。其间，针对全县第六届村民委员会直选的实际情况，选派优秀教师，分19期对所有村委会主任进行轮训，其整体素质普遍提高。2000年、2001年，在全市率先开设“三基本”（马克思列宁主义基本问题、毛泽东思想基本问题、邓小平理论基本问题）“五当代”（当代世界经济、当代世界科技、当代世界法制、当代世界军事和中国国防、当代世界思潮）课程。2002年，配合乡镇机构改革，举办优秀乡镇领导干部培训班1期，新任村党支部书记、村委会主任培训班11期，培训总人数539人。2003年，创办首届全县工会主席培训班，完成科级领导干部“三个代表”重要思想轮训班7期，招商引资培训班1期，蔬菜及食用菌技术培训班2期，培训总人数500余人。2004年，开办农村干部、科级干部培训班，举办中共十六届四中全会精神理论骨干培训班2期。2005年，举办全县首届中青年干部培训班，完成全县新任科级干部和部分村级领导的培训工作，举办《党政领导干部选拔任用工作条例》学研骨干培训班，培训总人数800余人。

1979—2005年，县委党校累计举办各类学习班、培训班、轮训班、读书班、研讨班 208 期，参班就读的党员干部 16642 人次。深入各乡镇、县直及驻惠单位做专题辅导宣讲 200 余场次，受教育干部群众 40 万人次。

学历班次 1985 年，县委党校开办第一期学制为 2 年的脱产中专班。此后陆续举办脱产、半脱产，2 年制、1.5 年制、1 年制党政管理、经济管理、农村经济管理、财会等专业的中专班、大专班、大专专修班、辽宁刊授大专班、大专续读班、农干大专班等班次 18 期。1988—1995 年，连续举办 8 届中央党校函授学院大专班。1994 年始，相继举办 10 届省委党校函授学院本科班。1996—2005 年，连续开办省委党校函授学院大专班 13 期。共计培训总人数 4262 人次。

1985—2005 年县委党校学历班次情况表

表 13-3

班次名称	学制	专业	办学形式	人数
1985 中专	二年	党政管理	脱产	47
1987 中专	二年	党政管理	脱产	52
1988 中专	一年半	党政管理	半脱产	48
1988 大专	三年	经济管理	中央党校函授	84
1989 中专	一年半	党政管理	半脱产	100
1989 中专	二年	财会	脱产	14
1989 中专	一年	党政管理	脱产	46
1989 大专	三年	经济管理	中央党校函授	119
1990 中专	一年半	党政管理	半脱产	86
1990 大专	三年	经济管理	中央党校函授	82
1991 大专	三年	经济管理	中央党校函授	66
1991 大专	二年	马克思主义理论	辽宁党校刊授	368
1991 大专	二年	马克思主义理论	辽宁党校刊授	462
1992 大专	三年	经济管理	中央党校函授	41
1992 大专专修	一年	马克思主义理论	半脱产	75
1993 大专	三年	经济管理	中央党校函授	92
1993 大专	二年	马克思主义理论	辽宁党校刊授	275
1993 大专	二年	马克思主义理论	辽宁党校刊授	203
1993 大专续读	一年半	经济管理	省党校函授	40
1994 大专	三年	经济管理	中央党校函授	150
1994 大专续读	一年半	经济管理	省党校函授	141
1994 农干大专	三年	农村经济管理	省党校函授	22
1994 本科	二年半	经济管理	省党校函授	77
1995 大专	三年	经济管理	中央党校函授	95
1995 大专续读	一年半	经济管理	省党校函授	55

续表 13-3

班次名称	学制	专业	办学形式	人数
1995 农干大专	三年	农村经济管理	省党校函授	88
1995 本科	二年半	经济管理	省党校函授	68
1996 农干大专	三年	农村经济管理	脱产	99
1996 大专	三年	经济管理	省党校函授	122
1996 本科	二年半	经济管理	省党校函授	56
1997 农干大专	三年	农村经济管理	脱产	33
1997 大专	三年	经济管理	省党校函授	70
1997 本科	二年半	经济管理	省党校函授	32
1998 省专	三年	经济管理	函授	46
1999 省专	三年	经济管理	函授	34
2000 省专	三年	经济管理	函授	41
2000 省专	三年	法律	函授	32
2000 省本	二年半	法律	函授	74
2001 省专	三年	经济管理	函授	13
2001 省专	三年	法律	函授	36
2001 省本	二年半	法律	函授	40
2002 省专	三年	经济管理	函授	17
2002 省专	三年	法律	函授	30
2002 省本	二年半	法律	函授	56
2003 省专	三年	法律	函授	45
2003 省本	二年半	法律	函授	44
2004 省本	二年半	法律	函授	91
2004 省本	三年	法律	函授	55
2005 省专	三年	法律	函授	58
2005 省本	二年半	法律	函授	71

教学研究与教学质量 1979—2005 年，县委党校共在市（地）级以上报刊发表理论学术文章 60 篇，参编著作 4 部，自行编印教材 1 本，编印论文集 1 本，获市（地）级以上优秀科研成果（论文）奖 50 项。教育教学质量在实践中逐步提高，共获省级优秀教师称号 2 人次，市级优秀教师称号 5 人次；省级优秀教学奖 6 项，市级优秀教学奖 10 项；县级优秀专业技术拔尖人才奖 1 项。

基础设施建设 1994 年，县委党校硬化路面

600平方米。1996年，建设1960平方米教学办公楼1座。1997年，建成2400平方米宿舍楼1幢。至2005年，图书馆藏书增加到1.2万册，陆续购置录放机、电视机、VCD等教学设备，并建成多媒体教室和远程教学C级网站。校内可同时容纳200名学员在校食宿学习。

第七节　党史研究

资料征集与编印　1981年10月，县委党史资料征集研究委员会成立，下设办公室，开展地方党史资料的征集、整理和编撰。1988年，出版《中共惠民县党史大事记》（1926—1949）。编印《惠民党史资料》，共11万字。1989年12月，编辑出版《中国共产党山东省惠民县组织史资料》第一集。该书记述和收录了惠民县1926—1987年党、政、军、群组织发展概况、机构沿革和领导人名录等，荣获山东省党史系统优秀成果二等奖。1992年12月，《中共惠民县党史教材》编写完成并出版发行。该书总结回顾了惠民县地方党组织建立、发展、壮大的历程，叙述了惠民县党政军民在革命战争时期顾全大局、无私奉献的功绩，展现了惠民县共产党人前仆后继、不怕牺牲、勇往直前的精神面貌。1995年4月，《中共惠民历史大事记》由中共党史出版社出版发行。该书记载了中国共产党惠民地方组织在1927—1989年领导人民群众进行新民主主义革命、社会主义革命与建设的战斗历程，共755个条目、22万字，被评为省党史系统优秀成果二等奖。8月，为纪念抗日战争和世界反法西斯战争胜利50周年，编辑出版《血与火的岁月》。该书收录了关于惠民县在抗战时期的历史事件、人物传略和其他方面的资料，共7万字。1998年4月，《中共惠民县组织史资料》第二集出版发行，该书记述和收录了惠民县1988年1月—1998年2月党、政、军、群组织发展概况、机构沿革和领导人名录等，共14万字。同年，与县精神文明办公室联合出版《光辉里程》一书，共25万字。2001年1月，出版发行《惠民五十年》一书，该书记述了惠民县五十年社会主义建设的发展历程及在党的领导下各条战线所取得的成就，同时还收录了县委、县政府一些重大会议上的报告、重要决策，并附有反映五十年发展变化的80余幅珍贵照片，全书90万字。9月，编辑出版《中共惠民地方史》，共45万字，该书被评为全省党史系统优秀成果二等奖。同年，与县史志办、档案局、文物事业管理处联合编辑《惠民县历史图片集》，为图片集提供图片80余幅。至2005年，相继为市党史委编辑出版的《滨州英模谱》《中共渤海地方史》等书稿征集、整理提供资料70余篇。同时，先后完成社会主义时期党史专题资料76份，60余万字。

理论研究与党史宣传教育　1982年起，利用广播、电视、报纸、宣传栏等形式，宣传中共惠民县历史。编辑党史宣传栏20余期，给复转军人上传统教育课10余次。1989年10月，为配合党的四项基本原则教育，抵制资产阶级自由化倾向，组织4人报告团，深入工厂、农村、学校、企事业单位宣传党的历史，听众达2万余人。1990年7月，举办县直机关党员干部党史报告会，受教育群众1200余人。1991年，为《中国风光风物大典》供稿9篇，为地委党史委编印的《清正廉洁风采录》提供资料3篇。1992年，惠民县中共党史研究会成立，选举产生第一届研究会理事会，召开党史党建理论研讨会，使党史征研工作进入新阶段。1994年，为地委党史委出版的《鱼水情深》一书选送文稿1篇。1995年，围绕抗日战争胜利和世界反法西斯战争胜利50周年，为党报党刊撰写纪念文章9篇，与有关部门联合举办爱国主义教育有奖知识竞赛活动。1996年6月，召开第二次党史研究会会员大会，选举产生第二届理事会。1998年，为红旗出版社出版的《鲜红的党旗》供稿20余篇。1999年6月，与有关部门联合举办光辉的五十年党史、党建知识竞赛活动，有8000余名党员干部参加。9月，召开“庆祝建国五十周年理论研讨会及惠民县党史研究第三次会议”，收到论文18篇，会后印发《会刊》。

2000年，为中央党史研究室编写的《人民英雄大典》一书整理提供了吴洪英、李丰山等17名惠民籍英模人物的事迹材料。为山东党史研究室编写的《中共山东党史人物辞典》整理提供13名惠民县的重要领导人、著名战斗英雄、劳动模范材料，以及有较大影响的反面人物情况简介材料。2004年10月，出版发行《惠民史话》一书，该书以惠民县历史上的重大事件、杰出人物、主要运动、珍闻轶事、文化遗产等为主要内容，并附有50余幅史料图片，共39万字，被评为省党史系统优秀成果二等奖。至2005年，共举办革命传统报告会、党史党建理论研讨会10余次，组织会员撰写论文70余篇，50余万字，有46篇论文分别在省、市获奖或在华东6省1市理论研讨会上交流，共编辑党史宣传栏101期。

第八节　老干部工作

机构　1984年10月，中共惠民县委老干部局成立，列事业编制，归口组织部，专司老干部服务工作。1985年1月，惠民县干部休养所成立，事业单位，隶属于县委老干局，1991年3月升格为副科级单位。该所占地0.2公顷，住有老干部及遗属24户。1997年6月，老干部局调整为行政单位。同年，老干部局在孙子故园内设立惠民县老干部活动中心，为副科级事业单位。2002年8月，县机构改革，县老干部局设行政编制3人，离退休干部工作人员编制1人，工勤人员编制1人。下设干部休养所和老干部活动中心。2005年底，全县共有离休干部586人。其中，享受地专级乘车待遇的1人，市委批准为正县级干部的13人，享受县处级待遇的165人（任过县级实职的12人）。

落实离休干部待遇　1984年老干部局成立后，惠民县在财政困难的情况下，坚持老干部“政治待遇基本不变、生活待遇略微从优”的原则，落实离休干部的政治、生活待遇。定期组织老干部学习党中央重大决策和各级政府的政策法规，了解当前形势，掌握时事政治。县委组织部为离休干部订阅了《支部生活》《党员干部之友》等刊物，各单位为老干部订阅《老干部之家》等期刊，拓展老干部的政治视野。各党支部积极开展“自我教育、自我管理、自我服务”活动，既增强老干部的自强能力，也有益于身心健康。对异地安置在惠民县的离休干部本着“高看一眼、厚爱一层”的原则，在政治、生活待遇等同于本地离休干部的前提下，县委老干部局坚持定期走访慰问，每两年组织外出参观旅游一次。1986—1987年，鉴于部分离休老人与亲属分居两地身边无亲人陪伴的困扰，为387名离休干部家属及子女由农业户口转为非农业户口，解除了他们的后顾之忧。1990年起，每年为离休干部查体一次，使其对自身健康状况心中有数，做到无病保健、有病早治。1992年，县干休所筹建较高标准住房，老干部喜迁新居。1996年，开始清欠离休干部“两费”（离休费、医药费）工作。1997年，为235名离休干部批办了护理费，为146名离休干部办理了低工资补助。1999年，县委出台《全县离休干部“两费”清欠工作的情况通报》《关于落实离休干部离休费、医药费及财政保障工作的意见》，促进“两费”清欠工作的顺利开展。2003年，县委办公室、县政府办公室出台《关于落实离休干部离休费、医药费及财政保障工作意见》《惠民县离休干部医疗保障管理暂行办法》《惠民县离休干部医疗保障管理补充意见》等文件，落实离休干部“两费”保障的“三个机制”（离休费保障机制、医药费保障机制、财政支持保障机制），从根本上解决离休干部“两费”前清后欠的问题。2004年1月，县委组织部、县劳动和社会保障局等6部门印发《关于增加企业离休干部有关待遇的通知》。3月，理顺乡镇离休干部离休费发放标准，使乡镇离休干部与县直同级离休干部执行同标准离休费。8月，为全县离休干部提高护理费标准，每人每月增加100元，执行300元标准。同年，各乡镇和企业离休干部的医药费实现社会统筹。在解决生活待遇的同时，老干部的政治待遇得到较好落实。全县各级组织健全完善老干部阅文制度和学习制度，县每年1～2次组织老干部参观考察全县经济发展情况，邀请老干部代表参加有关会议和重大政治活动，通报全县政治、经济、社会等发展建设情况。2005年，全县建有老干部党支部45个，党小组105个，普遍建立健全学习制度和组织生活制度。

发挥老干部作用　1986—1997年，县委、县政府每年组织曾任副县级以上实职的离退休干部对工农业生产和城市建设进行视察，倾听他们的意见和建议。发动老干部从事庭院经济开发，引导他们领办、创办经济实体46个，投身其中的老干部185人。聘请12名老干部为县委、县政府联络员，聘请16位老干部为廉政监督员。参与参政议政、社会治安、民事调解、关心下一代、撰书立说、老年文体活动的老干部占老干部总数的65%以上。1998—2005年，有78名离休干部就企业政策、技术改造、党风建设、组织建设等问题开展调研活动24次，撰写调查报告20余篇，为政府和企业提出建议100余条，其中大部分进入决策领域。老干部积极参加干部考察、信访民调、市场管理等活动，在广大民众中树立了良好形象。

老干部文体活动　1987年，县老年人体育协会成立，给老干部科学合理的健身强体提供了广阔平台。以此为契机，先后成立老年书法美术摄影协会、老年花卉协会、气功研究协会、老年戏剧爱好者协会等，陆续开展门球、台球、太极拳、太极剑、健身秧歌、戏剧、舞蹈、书法、美术等文体活动。门球运动因适宜老年人广泛参与而迅速在全县普及，成为老干部体育活动的重点项目之一，并以此走出国门，为祖国争得荣誉。1994年，县老干部门球队在北京举行的“中日友好门球赛”中获得第一名。1995年3月，应邀出访新加坡、泰国等国家和中国香港地区，以十场比赛九胜一负的战绩摘取“冠军杯”。1997年3月18日山东电视台“正午时光”、6月14日中央电视台《夕阳红》栏目，均以《孙子故里人》为题播出惠民县老干部门球队运用《孙子兵法》开展门球运动的事迹。1998年10月，县委老干部门球队代表地区劳保处参加山东省首届“劳保杯”门球赛，力克群雄，夺得冠军。12月，惠民县老年体育协会被省委、省政府表彰为山东省离退休干部先进集体。1999年5月，滨州地区有史以来第一次承办的全国性最高体育赛事“本草蒜素杯”门球甲乙级比赛在滨州市举行，特聘老干部为教练组和后勤组的惠民县中青年门球队，获得第二名。2005年，县老干部门球队在国内外比赛中，荣获国际邀请赛冠军2次，获全国冠军4次、亚军1次，取得全省冠军2次、亚军3次，在市（地区）组织的14次比赛中夺得冠军8次、亚军4次。在体育活动开展之际，老干部文娱活动也日趋活跃。相继有246名老干部考入惠民县老年大学，均如期结业。县书法协会多次举办老干部书画展，倍受各界欢迎。县老年京剧爱好者联谊会组织以老干部为骨干的代表队赴山东电视台《好戏连台》栏目参赛，有4名老干部获二等奖。在山东省职工京剧名票大赛中，有2名老干部获得二等奖、2人获贡献奖。组织老干部参与文化下乡活动，先后在县城组织演出400余场，到乡镇演出30余场，去外县演出6次，观众10万人次。是年年底，全县建有老干部活动中心1处，活动站点40余处。

第九节　县直机关党的工作

机构　1979年，中共惠民县县直机关工作委员会有干部5人，其中书记1人，副书记1人。1986年，县直机关党委有干部7人，内设县直机关纪律检查委员会、县直机关团委、县直机关人民武装部。县直纪委设书记1人，副书记1人，委员1人，均为兼职。县直团委设书记1人，副书记1人，委员9人，均为兼职，1988年3月并入团县委。县直武装部设部长1人，副部长1人，1993年机构改革，只设部长1人。至2005年，县直机关党委内设办公室、县直机关纪律检查委员会，有在岗人员 4 人，其中书记 1 人，副书记 1 人，纪检书记 1 人，县直人武部长 1 人。

县直机关党代会 中共惠民县县直机关委员会第一次代表大会，于 1987 年 11 月 28 日召开。会议历时一天半，正式代表 127 名。大会听取、审议和通过党委会的工作报告，通过大会决议，选举产生新一届党的机关委员会和县直机关纪律检查委员会。大会提出：县直机关全体党员，要认真学习中共十三大精神，认真宣传贯彻党的基本路线；在改革开放中加强和改善党的领导；进一步端正党风，深入开展党的基本知识教育，全面提高党员素质；继续抓好精神文明建设和普法教育；在广大党员干部中开展创业立功活动。大会号召全体党员要振奋精神、锐意改革、大胆创新、勇于开拓，为开创县直机关工作的新局面而奋斗。大会选出新的党委会共 7 人，曹美祥任书记；县直机关纪律检查委员会共 3 人，黄增友任书记。中共惠民县县直机关委员会第二次代表大会，于 1990 年 7 月 17 日召开，会期两天，正式代表 89 名。大会听取、审议和通过第一届党委会工作报告和纪检工作报告，总结了第一届党委会的工作，提出了本次大会的任务：全面贯彻中共惠民县第八次代表大会精神，执行以经济建设为中心，坚持四项基本原则，坚持改革开放的基本路线，全面贯彻执行实事求是的思想路线和从群众中来、到群众中去的群众路线，在新形势下全面加强党的建设，使全体党员树立坚定信心、务实创业的精神，树立临危不惧、知难而进的精神，树立一心为公、勇于奉献的精神，树立顾全大局、团结协作的精神，努力为人民服务，在各条战线上发挥党组织的核心领导作用、战斗堡垒作用和广大党员的先锋模范作用，为完成 90 年代全县经济发展、政治稳定的战略任务而努力奋斗。大会选举产生第二届县直机关党委会，成员 7 人；第二届县直纪委，成员 3 人。李吉堂当选为机关党委书记，赵国庆为副书记，赵国庆当选为县直机关纪委书记。

党建工作 县直机关党委紧紧围绕经济建设这个中心，以提高党的战斗力，增强党员素质，充分发挥党组织对机关工作的监督职能为目标开展工作，使县直机关的党建工作更加适应发展社会主义市场经济的需要。

思想建设 1985 年起，县直机关党委在思想建设方面，以邓小平建设有中国特色的社会主义理论教育、四项基本原则教育、党的基本知识教育、党风党纪教育、革命传统教育、爱国主义教育为基本内容，结合全县的年度工作重点和城市社教工作，采取办学习班、座谈会、演讲会、读书会、知识竞赛等形式，先后开展党支部“学党章、正党风”、“双三学”（学邓小平建设有中国特色社会主义理论、学社会主义市场经济知识、学现代科学技术知识和学习孔繁森、王廷江、韩素云事迹）、“三讲一创”（讲学习、讲政治、讲正气、争创精神文明单位）等项活动。同时根据党的阶段性工作重心，相继举办“党章专题讲座”“做新时期合格共产党员专题讲座”“社会主义市场经济理论专题报告”“科学技术是第一生产力专题报告”“孔繁森事迹报告”“张家港事迹介绍会”“特色理论知识竞答”“迎香港、庆回归读书活动知识竞赛”等专题性讲座、报告。1987 年，在全体党员中开展“党员在新时期如何发挥先锋模范作用”的大讨论，共有 142 个支部，2330 余名党员参加。同年，组织党员干部学习《坚持四项基本原则，反对资产阶级自由化》《建设有中国特色的社会主义》两本书，开展“市场经济与党风党纪”大讨论活动。在学习和教育过程中，强调理论联系实际，每开展一项活动，力求突出 1～2 个主题，重点解决党员思想和活动中存在的问题。1988 年，对县直机关党的建设活动情况进行调查，共调查支部 91 个，占支部总数的 57%，其中党建活动开展好的有 25 个，占 28%。同时对“三会一课”记录簿进行检查，使用记录簿的支部占 76%。1989 年，县直机关开展群众性文明建设活动取得成效，先后有33个单位被省、地、县命名为文明单位，其中省级文明单位2个，地级15个，县级16个。为纪念中国共产党建党69周年，贯彻落实中共十三届六中全会决议精神和县第八次党代会精神，组织机关党员开展“学习党的基本知识，贯彻落实惠民县第八次党代会精神试题”测试活动，有1130名党员参加，占党员人数的90.4%。9月17—22日，在各党总支、支部中集中学习鞍山市经验，大力开展“马上就办”活动，改进机关工作作风，提高办事效率。1991年，学习贯彻县委《关于开展城市社会主义思想教育的实施意见》，举办社教领导小组成员和社教骨干80余人参加的社会主义理论研讨班和社教骨干培训班，使全县城市社教搞的有声有色。同年12月，按照中央组织部《关于建立民主评议党员制度的意见》，开展民主评议基层党组织和评议党员的“双评”活动，保持党的先进性和纯洁性，把党建设成为更加坚强的工人阶级先锋队，保证了党的基本路线的贯彻落实。1992年，开展“解放思想，扩大开放”大讨论活动，组织收看“跨世纪大决战”等录像教育，学习邓小平南方谈话、江泽民在中央党校的“六九”讲话及各级党委关于深化改革的指示精神，有81个支部参加大讨论活动。通过大讨论，党员进一步解放思想，对改革开放的认识有了新的飞跃。1994年，开展“学党章、讲奉献、做合格党员”活动。1995年，开展“思想、作风、纪律三整顿”活动，开展以学习中国特色社会主义理论及学习孔繁森争当好公仆为主题的“齐鲁公仆征文活动”。1998—1999年，先后开展“解放思想，实事求是”大讨论、社会主义市场经济知识答题竞赛、WTO知识竞赛、“坚定党的信念，崇尚科学，反对邪教”专题讨论和“党旗在我心中”演讲等活动。同时，按照县委提出的关于作风建设年活动的要求，结合机关工作的特点，相继对机关党员进行理想信念教育、党的宗旨教育、爱国主义和集体主义教育以及中国特色社会主义教育。在机关广大党员中倡导“五种精神”，即不计条件，不怕困难，开拓前进的创业精神；忠诚积极，无私奉献的精神；严守职责，优质服务的自觉精神；坚持改革，永不满足，不断学习的进取精神；遵纪守法，齐心奋斗的团结精神。2000年，开展“三个代表”重要思想的学习教育活动，采取上党课、办专栏、召开座谈会、理论座谈等多种学习形式，深化党员干部对“三个代表”重要思想科学内涵和深远意义的认识。同时，利用胡长清、成克杰等反面典型案件对党员干部进行警示教育。2001年，制定《关于对基层党员进行培训的实施意见》，培训内容以十五大报告为主体，学习“三个代表”重要思想以及《中国共产党章程》、社会主义市场经济知识等。至2005年年底，在县直机关各支部中广泛开展“我为党旗添光彩”“爱惠民，讲奉献”“履行义务、服务基层”“精神文明流动红旗”“创优质服务、树行业新风”等活动。组织学习“社会主义荣辱观”“社会主义科学发展观”“党的十六届五中全会精神”等内容。共举办培训班46期，受教育党员1800余名。评选出先进党支部26个，优秀党支部书记160个，优秀党务工作者90名，模范共产党员198名，精神文明单位28个。

组织建设　1979年，县直基层党总支18个，党支部158个，党员2450名。是年，按照县委党建工作“抓根本、抓关键、抓基层”的思路，对基层党支部进行整顿、调整、充实，共改选党总支、党支部37个。1984年，对县直20个党总支、183个党支部换届选举，同时新建23个党支部。1987年，基层组织换届、改选，改选党总支16个。1988年，新建党支部3个。1989年11月，县公安局、卫生局、交通局、城建委、农业局、水利局、农机局、经委、二轻总公司、商业总公司、物资总公司、粮贸总公司、电业局等13个单位和系统，由总支委员会改设党委，不再隶属县直机关党委领导。是年年底，机关党委下属6个总支委员会，74个党支部，1252名党员。

1990年初，机关党委所属75个支部中有53个换届或充实调整，共改选、调整总支和支部61个。1992年7月，县委党校由党总支改为党支部。至年底，机关党委辖5个总支委员会，78个党支部，1376名党员。1994年1月，外贸总公司、县委党校由支部委员会改设党委。7月，县财政局、地税局由支部委员会改设财税党委。1995年3月，惠民师范学校由支部委员会改设党委。4月，县国税局由支部委员会改设党总支委员会。2000年11月，县劳动局行政所属的4个单位，由4个党支部组成党总支委员会。至2005年年底，县直机关党委辖8个党总支、84个党支部，有党员1838名。支部成员全部达到高中、中专以上文化程度，其中35%达到大专以上文化程度，平均年龄由1984年的46岁下降到38岁。

1979—2005年县直机关党员、党组织情况表

表13－4

年度	党员（人）	发展新党员（人）	转正党员（人）	党总支（个）	党支部（个）	改选党总支、支部（个）
1979	2450	15	16	18	158	37
1980	2563	23	34	18	156	3
1981	2365	44	37	18	156	31
1982	2451	30	27	18	156	25
1983	2460	45	65	18	151	36
1984	2465	47	49	18	151	58
1985	2240	46	71	18	157	36
1986	2465	101	147	18	157	25
1987	2709	45	196	18	157	15
1988	2908	74	104	18	160	24
1989	1252	33	84	6	74	13
1990	1256	26	23	6	80	22
1991	1386	17	31	5	80	14
1992	1474	36	32	5	81	6
1993	1493	42	32	5	80	22
1994	1487	46	35	5	80	16
1995	1530	31	49	6	84	15
1996	1617	48	56	6	85	20
1997	1653	45	46	7	89	9

续表 13-4

年度	党员（人）	发展新党员（人）	转正党员（人）	党总支（个）	党支部（个）	改选党总支、支部（个）
1998	1562	36	57	8	84	23
1999	1636	34	39	8	86	16
2000	1667	35	32	8	86	11
2001	1787	31	21	8	86	11
2002	1804	42	23	9	86	17
2003	1864	58	44	9	83	9
2004	1864	34	53	8	78	4
2005	1838	43	43	8	84	20

党风党纪建设　1986—1997 年，针对在发展社会主义市场经济条件下部分党员存在享乐主义、拜金主义的倾向，每年都结合正反两方面的典型事迹对党员进行党风党纪教育、“三观”教育，开展“为谁掌权、为谁服务”“权力与义务”“市场经济条件下怎样实现共产党员的价值”等大讨论。同时，为严肃党纪、挽救本人、教育大多数，共查处违纪违法党员 36 人。

1998—2000 年，县直机关党委强化党员队伍作风建设。每年结合正反两方面的典型，对党员进行党风党纪教育。每年利用 1～2 个月的时间，在所属支部和党员中开展思想、作风、纪律“三整顿”工作。采取查问题、论危害、定措施、重改进的方法，每个季度召开一次民主生活会，开展批评与自我批评。在加强对党员进行正面教育的同时，注重发挥纪检工作职能，3 年共查处违法违纪党员 4 名。改进和完善政治理论学习制度、“三会一课”（定期召开支部党员大会、党支部委员会和党小组会，按时上好党课）制度、民主议事制度和党务工作制度，制定党员廉政建设守则，做好建章立制工作。2001—2005 年，重点对所属支部的思想、作风、纪律进行“三整顿”活动。集中学习马列主义、毛泽东思想、邓小平理论和“三个代表”重要思想，对广大党员进行理想信念教育，党的宗旨教育，爱国主义、集体主义和社会主义教育。2005 年，对做出优异成绩和突出贡献的 16 个先进党支部、87 名模范党员进行表彰，推报受县委表彰的先进党支部 7 个，模范党员 13 人。同时强化对党员的监督管理，严格执行党的纪律，对个别违纪党员进行教育处理，至 2005 年年底，共查处违纪违法党员 37 人。

发展党员工作　1979 年，县直机关发展新党员 15 名，转正党员 16 名。是年年底，县直机关党员总数为 2450 名。1980 年起，县直机关党委按照“坚持标准、保证质量、改善机构、慎重发展”的十六字方针，积极慎重地发展党员。具体做法是：根据党的工作重点，对发展党员的数量、行业分布、年龄、文化、职业结构等，制定详尽的发展计划。加大教育引导力度，健全学习培训制度。各党支部通过各种形式的思想政治工作，积极宣传党的主张，不断扩大党的影响，使党外群众不断加深了解党的纲领、宗旨和任务，激发他们向党靠拢的积极性和自觉性。机关党委把侧重点放在对入党积极分子的培养教育上，历年结合党的工作重点，采取上党课、看录像、演讲会、报告会等形式，举办 3～4 期入党积极分子培训班，对其进行党的基本知识教育、基本路线教育、优良传统教育、党风党纪教育等。培训结束组织考试，对达不到要求的，进行补课。落实“三定”制度：指定正式党员负责对入党积极分子的培养教育；定期吸收入党积极分子听党课，以及参加党内组织的有教育意义的其他活动；定期对积极分子的思想、工作情况进行考察。在发展过程中，注意把好“三关”（质量关、手续关、审批关）。同时，采取“两会”（党内外群众座谈会和新党员座谈会）、“一测”（民主测评）、“一训”（发展对象、预备党员培训班）等办法，定期搞好对发展对象、预备党员的跟踪教育和考察，确保党员质量。1989年，严格实行《发展党员工作程序图》《培养对象考察实绩簿》，使发展党员工作做到“五公开”：发展程序公开、发展计划公开、申请入党名单公开、发展对象公开、组织考察公开。1997年，发展党员工作实行“七不批”：对党的基本知识不了解，入党目的不明确的不批；材料不齐全，手续不完备的不批；问题不清楚，没有正式结论的不批；在本单位不被评为先进工作（生产）者的不批；培养时间不到两年的不批；未经严格考察，组织员谈话谈不住的不批；不进行党内外群众评议，投票表决达不到多数票的不批。2005年，根据地委组织部《关于对发展党员工作实行“五制”管理的通知》要求，对发展党员工作程序，从个人申请到预备党员转正等确定为15项。是年年底，县直机关党员总数为1838名。

民兵预备役工作　1979年，县直机关武装部出台《县直机关民兵战备训练工作意见》，举办民兵排长和连管副职训练班，上半年一次，下半年一次，共集训200人左右，训练内容主要是射击、投弹、地雷爆破、打坦克、战术。加强城市中抢救、抢修、抢运等专业分队训练，并抓好各类骨干的培训。1980年，贯彻执行总参谋部“关于加强民兵军事训练的指示”，制定民兵军事训练计划，民兵的军事训练从现代战争的特点出发，根据民兵担负的任务、现有武器装备和民兵的实际技术战术水平，重点抓好三个课目的训练：单兵到班战术（进攻）、应用射击、“三打”“三防”。至1990年，县直机关武装部共整编19个民兵连，在编民兵1365人，训练民兵120人。1991年起，县直机关武装部先后在13个县直单位中组建民兵组织，充分发挥民兵预备役人员在生产和工作中的主力军作用。积极带领和发动民兵预备役人员在战备执勤、维护社会治安、抢险救灾、生产攻坚等急、难、险、重任务中打头阵，做贡献。完成历年的民兵组织整顿、民兵训练、兵役登记、国防教育、征送新兵等任务，保证了民兵预备役建设的三落实。至2005年，共组织训练骨干民兵4700人次，为部队输送新兵389人，全部合格。

第十节　档案工作

机构　1979年，县革命委员会设立档案科。1980年改称档案局，恢复档案馆。1984年，县机构改革，档案局复改为档案科。1985年，更改为档案局，局、馆合署办公。1986年，档案局定为县政府职能部门，档案馆为县委、县政府直属的全额事业单位，列县政府序列。1988年1月1日，《中华人民共和国档案法》颁布实施，档案工作纳入法制化轨道。1992年，县档案馆在达标升级中达到省三级标准。1993年10月，档案局在机构改革中撤销，保留档案馆，定为科级事业单位，列县委序列。1994年10月，恢复档案局，实行局、馆合一，一个机构两块牌子，行使行政和档案管理职能。11月，晋升为省二级档案馆。1997年12月，晋升为省一级档案馆。2001年，在全省档案工作规范化目标管理认定中，达省二级先进。2002年8月，机构再次改革，档案馆定为县委办公室领导下的正科级全额事业单位，挂档案局牌子，授权行使行政职能。2004年，在全省档案业务考核中，进入省一级先进档案馆行列。

馆藏档案　1979年，档案库房随档案科由县委院内迁入县革委办公大楼，面积180平方米。1980年，存有28个全宗单位，包括生产、科研、基建、设备、水文、气象档案5330卷，资料6100卷册（本）。1986年7月，由省、县共同投资20万元档案楼投入使用，有库房面积200平方米，馆藏档案31个全宗，7854卷。1990年和

1997年两次集中接收社会档案进馆，馆藏档案增加到85个全宗，30647卷。2000年和2004年，各进行档案入馆一次。2005年，馆藏全宗单位96个，档案45482卷，资料6771册本。除文书档案外，还有科技声像、会计、工业普查、人口普查、“文化大革命”档案、纪检处分和名人档案等。

档案设备　随着进馆档案资料的不断增加，库房紧张状况日益突出。1998年，县财政局和档案进馆单位共同出资9.9万元，为档案馆一楼库房安装密集型档案橱90节，使其库容量增加5倍以上。2003年，省、县投资33万元扩建档案楼，库房面积增加到420平方米。2005年，县政府拨款1.5万元，改造和更新了库房及橱具。在扩建与增容中，馆内陆续配备微机3台、电视机、DVD放像机、照像机、去湿机、空调机、吸尘器、温湿度自动记录仪、防火防盗电视监控设备、灭火器等。

档案管理

机关档案　主要包括县直党政事业单位和地直驻惠单位以及乡（镇）机关档案。根据《山东省机关档案工作规范化目标管理认定办法》，重点开展机关档案规范化目标管理认证活动。2002年，创省一级先进的单位3个，省二级先进的单位8个，省三级先进的单位12个。2003年起，按照《山东省档案工作考核办法》，每年对各有关单位进行档案工作考核。到2005年，创省特级的单位3个，省一级的单位14个，省三级的单位17个。

企业档案　根据《企业档案管理升级试行办法》，开展企业档案管理达标升级工作，经考核认证，惠民镇建筑公司、惠民渤海活塞公司档案管理达省二级标准。1999年，对重点乡镇进行调查摸底，帮助三堡乡面粉厂等4家企业建立档案室，实现各种档案统一管理。指导县人寿保险公司完成档案综合管理。2004年，对县劳务输出公司、县农兴种业公司进行档案规范整理，指导县宾馆完成整体改制后破产档案处置工作。

重要项目和活动档案　依据《山东省重点项目档案管理登记办法》，及时指导县内重要项目、活动的归档资料的收集整理。2001年，指导县环保局完成“县长目标责任制”专业档案的整理归档。2002年，完成县一中50年校庆的档案整理和进馆。是年，指导整理国家非物质遗产“胡集书会”的档案资料。2003年，县热电厂开工建设，对其档案进行登记，项目竣工后及时收集资料，做好归档整理。11月，对惠青黄河公路大桥建设、220国道改造、大济路改线等工程资料进行登记。2003—2005年，系统整理每年举办的“孙子国际文化旅游节”资料收集归档工作。

乡村档案　20世纪70年代末，地区档案局在惠民县开展大队（村）建档，规模很小，不久中断。1995年7月，农村建档全面铺开。是年，有125个村建档，占行政村总数的10%。1998年，农村档案基本普及，21个乡镇均建立档案管理站。2000年，各乡镇综合档案室达到省级先进标准。2001年6月，指导县农村税费改革办公室完成税费改革档案整理归档。2002年10月，召开会议部署对全县土地延包、村委会换届选举、农村税费改革、乡镇合并等档案材料的收集、整理与管理工作。2005年，在麻店镇进行村档乡（镇）管试点，对全镇72个村的档案进行集中整理，共整理文书档案366卷，由镇综合档案室统一保存和管理。

档案利用　1986年起，对查询率高且颇费时力的档案资料加以梳理，采取自编或合编的方式，先后编写《惠民县地方组织史资料》《惠民县历届党代会简介》《惠民县历届人代会简介》《惠民县历届政协会简介》《惠民县抗日战争时期战斗纪实》《惠民县土地改革简况》《惠民县自然灾害大事记》《惠民县古今名人轶事录》《惠民县历届团代会简介》《惠民县历届工代会简介》《惠民县历届妇代会简介》《惠民县档案工作大事记》《中共惠民地方史》《古邑沧桑—惠民县历史图片集》等史料，为社会各界利用档案资料提供了一个便捷的平台。自1988年以来，专门组织力量对应开放档案进行开放鉴定。1992年，先后分四批对馆藏满30年的52个全宗档案进行鉴定，共向社会开放档案5405卷。1998年，部分档案对社会开放，其信息资源得以较好开发，资料利用率不断提升，年利用档案资料在1400人次、5000卷左右。2002年12月，建立现行文件服务中心。每年底，对县直单位形成的现行文件进行收集，区分密级对社会开放，提供查阅服务。截至2005年，有全宗55个，共开放档案6292卷，且全部编制案卷目录和全引目录。进一步简便查档手续，加大档案信息资源开发力度，档案资料利用率不断提高。年平均接待查阅者360余人次，利用档案资料1500卷册。

第十一节　老龄工作

机构　1987年8月，惠民县老龄问题委员会成立，设老龄问题委员会办公室于县劳动局。翌年，各乡镇相继建立老龄问题委员会及办公室。1990年3月，老龄问题委员会更名为惠民县老龄委员会，由主任1名、副主任3名、委员24名组成，办公室更称老龄委员会办公室并移迁县委，升格为正科级事业单位，列党群系列。各乡镇老龄问题委员会及办公室随之更称老龄委员会、老龄委员会办公室。2001年8月，老龄委员会更名为县老龄工作委员会（简称老龄委），由主任1人、副主任8人、28个成员单位组成，成为全县老龄工作的综合协调机构，办公室相应更称老龄工作委员会办公室（简称老龄办）。各乡镇老龄委员会及下设办公室继而更称老龄工作委员会、老龄工作委员会办公室。

贯彻落实老龄法规　1988年7月，《山东省保护老年人合法权益的若干规定》颁布实施，惠民县利用电视、报纸、广播、黑板报等形式广泛宣传。1990年12月，老龄办在惠民镇大于家村进行签订赡养协议书试点工作，为改变农村老人吃、穿、住、医、用等方面普遍低于家庭其他成员的状况作出有益探索，并取得较为成功的经验，翌年在全县铺开。1992年，全县已签订赡养协议书15490份。1996年，《中华人民共和国老年人权益保障法》实施。同年，地区制定老年人优待规定，老年人持优待证可享受10余项优待政策。1997年12月，省政府出台老年优待规定。据此，县老龄委于1998年制订《老年优待规定实施细则》《办理老年优待证具体操作程序》，并通过召开乡镇调度会、传真、电话、下乡督查等方式促进落实。同时，县法院相应制定涉老案件实行优先立案、优先审理、优先执行制度，县司法局启动及时为老年人提供法律援助的措施，年审理涉老案件均在30件以上，县普法办将老年法规列入“三五”普法内容和全县副科级以上干部的普法考试内容。自1999年1月起，全县百岁老人每人每月发放100元长寿补贴金，资金由县财政列支。2002年10月，省政府修订《山东省优待老年人规定》。2003年3月，县政府提出贯彻落实省优待规定的意见，老龄办下发“山东省老年优待证登记表”，提出规范乡镇优待证发放的具体意见。至2005年，全县累计办理老年优待证3.8万本，共为23万人次减免经济负担总额1634万余元，每人次年均减负71.25元。

村级老龄组织建设　1988年年底，惠民镇翟家村建立全县第一个老年协会。此后，在全县陆续展开老年协会创建工作。村级老年协会一般由5～7人组成，由一名德高望众者任会长。1990年，全县已有1159个行政村建立老年协会，38个县直部门建起离退休干部职工老年协会。1998年，开展创建百个老年协会示范村活动，县老龄委印发《老年协会示范标准》。2000年，全县95%的村建立老年协会，有三分之一的老年协会在老年人维权、尊老敬老、参政议政、民事调解、移风易俗等工作中发挥了重要作用，涌现出一批埋身于老龄事业的村老年协会会长。如姜楼镇兰家村村民朱安邦，1991年担任村老年协会会长，不惜一切投入老龄工作，事迹突出，被省政府授予模范老人荣誉称号。2001年，全县开展以规范老年协会职责、章程为主要内容的老年协会规范化建设年活动。该活动受到市委关注并予以肯定，且在全市推广，走在全省前列。2002年，重点开展村老龄协会“三统一、四上墙”工作，即名称统一、制度统一、标准统一，章程上墙、职责上墙、例会活动制度上墙、班子成员名单上墙。是年，全县1243个老年协会中，有302个达到“三统一、四上墙”要求，356个挂老年协会牌子，373个有固定老年活动场所，有14个村老年协会受县表彰。2004年4月，村老年协会调整为村民委员会的下设组织，更名为老年人工作委员会，县老龄委修订出台《村老年人工作委员会职责》《村老年人工作委员会制度》。2005年7月，《山东省先进村居老年人工作委员条件》颁发，明确了基层先进老龄组织标准。是年，姜楼镇联五于村老年人工作委员会受省老龄委表彰，1个老龄工作先进村受市老龄委表彰，24个老龄工作先进村受县老龄委表彰。

尊老敬老活动　1990年起，利用媒体和黑板报、宣传牌、老龄标语等宣传老年法规和老龄先进典型、经验做法，每年县及县以上新闻用稿均达40余篇。2002年，县城竖起老龄长久宣传牌2块，全县有老龄标语一条街的村177个，有老龄内容一面墙的村191个。同年，县老龄委向老年人赠送《生活方式与健康老龄化和心血管病》保健资料2000份。2004年，县老龄委印发《老龄法律文件选编》2000份。历年来，每逢老人节、春节等重大节日，全县广泛开展以座谈会、茶话会、走访慰问、就近参观、健康查体、老年文体活动、电视讲话等形式的尊老敬老活动，社会各界以为老年人办好事、实事的方式，开展送温暖献爱心活动，县老年体协、太极拳研究会、京剧票友联谊会、书法协会、夕阳红艺术团等群众组织开展丰富多彩的活动以示庆祝。至2005年，受县级表彰的敬老典型370个，受市表彰的85个，受省表彰的26个，受国家表彰的2个。

老年文体活动　1987年7月，惠民县成立老年门球队。10月20日，惠民县老年体协建立。翌年，县老年体协陆续设立门球研究会、太极拳剑研究会、象棋研究会、麻将研究会、台球研究会、京剧联谊会、科学健身研究会、乒乓球研究会、地掷球研究会。1991年5月，县老年门球队获山东省第六届“长寿杯”门球赛第一名，1992年9月在武汉夺得全国老年门球赛第三名，1994年10月在北京获得中日门球友谊赛第一名，1995年3月应邀赴新加坡、泰国、中国香港地区比赛荣获冠军杯。1996年10月，县军干所门球队在北京获第七届“体旅杯”门球邀请赛冠军。1997年，全县各乡镇均成立老年体协并建立门球场，有6个村建有门球场。同年，县电业局门球队在北京获第八届“体旅杯”门球邀请赛冠军。1999年9月，县老年体育代表队参加首届全区老年人运动会获团体总分第一名。2002年，惠民县“夕阳红”艺术团成立，有团员80余人。2005年，胡集镇投资16万元建老年活动室8间，购置老年健身器材8台套，走在全县前列。同年9月，县老年体育代表队参加全市老年人体育大会，团体总分、奖牌总数均取得第四名的好成绩。是年年底，全县有老年文体组织20个，门球场29个，门球队32支，参加文体活动的老年人5500余人。老年文体活动的项目有门球、台球、乒乓球、地掷球、扇子舞、太极拳剑、棋类、京剧、书法、根艺等。

百岁老人

赵韩氏，女，1888年10月生，辛店乡堤子赵村人。1996年6月县老龄办慰问时，已108周岁，仍能用手掰玉米粒，有时饮酒一两杯。不久去世。

崔陈氏，女，1890年8月生，魏集镇双庙崔人。1996年5月县老龄办走访慰问时106岁，能走路，不用拐棍，能切韭菜、包饺子、扫地等。不久去世。

杨振英，女，1896年生，何坊乡钦风街人。1998年去世，亨年102岁。

王兰英，女，1898年7月30日生，何坊乡董家堂人，有子董道仁。2000年6月去世，享年102岁。

耿朝云，女，1898年9月22日生，皂户李乡十五里堂人，有长子潘殿俊、次子潘殿玉。1998年10月县老龄办走访时，身体良好，能自理。同年去世，享年100岁。

杨明英，女，1900年8月5日生，胡集镇苑家村人。有长子刘建文、次子刘建武。过百岁生日后去世。

李学荣，女，1900年8月11日生，李庄镇董家集村人，有子董振宾。2001年6月19日去世，享年101岁。

赵玉枝，女，1900年11月2日生，桑落墅镇苇子高村人，105岁，住阳信县水落坡镇小王村女儿高荣家。县老龄办连续多年走访，老人脑子清楚，能扶墙到户外晒太阳。

邢王氏，女，1900年11月3日生，李庄镇南肖村。有女儿邢佃华。平时生活由侄子邢宝钧照顾。2002年老人节后去世，享年102岁

闫孙氏，女，1900年11月10日生，皂户李乡闫曹村人。过百岁生日后去世。

陈德荣，女，1900年11月12日生，姜楼镇兰家村人。有长子杨国成、次子杨国德、三子杨国明，三人对母极孝顺，俱被该村老年协会评为敬老模范。2001年老人节后去世，享年101岁。

周立秀，女，1901年8月10日生，李庄镇高唐村人。有子高丰杰、高丰连。2005年去世，享年104岁。

俎氏，女，1901年生，胡集镇于桥村人，有子有女。2005年春病逝，享年104岁。

王连芳，女，1902年3月6日生，淄角镇人，教师。有女儿马绪霞。2002年老人节后去世，享年100岁。

王耿氏，女，1903年10月10日生，淄角镇东张六村人。有子王金明、王金尧、王金荣。2005年2月去世，享年102岁

成延英，女，1905年2月8日生，惠民镇小吴家人。有女李秀英，子李秀才、李玉平、李玉德。100岁，住县外贸公司，身体硬朗。

刘登花，女，汉族，1904年12月10日生，石庙镇郭家梨行人。有子郭治坤。101岁，身体健康，能自理。

第二章　中国共产党惠民县纪律检查委员会

第一节　机　构

1979年，中共惠民县委纪律检查委员会恢复工作，为科级工作部门，开始在全县范围内复查和平反冤假错案。1984年9月，根据中共中央组织部指示，中共惠民县委纪律检查委员会改为中共惠民县纪律检查委员会，升格为副县级单位，设书记1人、副书记3人、常委5人、委员15人，下设办公室、纪检科、案审科和信访科。全县21个乡镇党委均设纪检委员，金融系统及县财政局、税务局、工商局、外贸局、法院设纪检组。1987年，中共惠民县第十届党代会选举产生新一届县纪委班子，21个乡镇通过选举产生乡镇纪委，配备了专职书记和部分纪检干事或兼职委员，在县直机关建立纪委5个、纪检组13个。1993年，县纪委与县监察局合署办公，一个机构两个牌子，履行两种工作职能。

第二节　信访举报

1979年，县委纪检委恢复工作后，即有不少有关左倾错误和“文化大革命”造成的冤假错案为内容的来信来访涌向案头。1981年，受理来信来访99起，查办33起，转办66起。1985—1987年，共受理来信来访337件，结案311件，结案率92.3%。其间，县纪委根据1984年中纪委召开的加强县一级纪检信访工作座谈会精神，着重

抓信访达标工作，21个乡镇全部达标，66个县直单位有63个达标，其中3个乡镇、55个县直单位无上访案件。1988年，贯彻中央《关于加强党同人民群众联系的决定》和第二次全国纪检信访工作会议精神，严厉查处党员领导干部在“三招一转”（招工、招干、招生和农转非）中以权谋私等不正之风，全县共受理来信来访103件次，其中属于纪检部门查处的69件次，结案率100%。通过检查评比，有20个乡镇达到无重信重访、无越级上访、无信访积案的“三无”指标。1989年，县纪委信访科撤销，建立纪检信访室。1990年，纪检信访开始实行《信访反映通知书》《限期纠正错误通知单》制度。开展基层纪委规范化建设，做到“六有四上墙”，六有：有房子，有牌子，有必要的办公用具，有各种登记和记录，有各项制度和比较规范的档案材料，有人员、组织落实的信访网络；四上墙：信访工作制度上墙，信访网络名单上墙，领导接访安排情况上墙，信访案件分布及查处情况上墙。把基层纪委、纪检组的工作纳入百分考核制度，实行量化管理，将信访助理纳入纪委，加强信访力量。是年，县纪委信访室受理来信来访75件，其中属纪检业务范围的55件，查结55件。1992年，纪检监察信访工作按照统一机构设置，统一受理范围、统一内部工作制度、统一办理信访问题的原则，受理群众来信来访196件次，其中县纪委直接受理88件次，按期结案率和优质结案率均达100%。1993年，县纪委和县监察局合署办公，建立健全县、乡、村三级信访组织网络，全县共受理来信来访218件次，查结214件。2005年，县纪委建立“惠民县纪委监察局信访举报网站”。1995—2005年，全县纪检监察信访共受理群众信访举报2415件次，结案率99.1%。

第三节　案件查办

1979年，根据中央有关指示精神，本着实事求是、有错必纠的原则，全面复议了反右派、反右倾、“四清”运动和“文化大革命”中的案件，审理历史陈案，开始在全县进行平反冤假错案工作。1980年，按照中央关于处理林彪、江青两个反革命集团和清理“三种人”（追随林彪、江青反革命集团造反起家的人，帮派思想严重的人，打砸抢分子）的指示，县纪委会同有关部门，对全县被列入“两案”“三种人”的人员逐个进行审查。1981年，深入学习《关于党内政治生活的若干准则》和中共十届六中全会精神，严肃党纪，平反冤假错案，落实党的政策。全县查处党员违纪案件29起，开除党籍1人，留党察看9人，撤销党内职务5人，严重警告5人，警告5人。同时，对历史遗留案件和党员申诉案件复议19起，改变原结论9起，维持原结论10起。1982—1986年，重点查处党员干部违纪建房、超标准建房、多占住房和借用公款、公款大吃大喝等问题，累计立案查处103起，开除党籍9人，留党察看20人，严重警告13人，警告13人，撤职6人。复查历史案件26起，改变原结论16人，恢复党籍13人，维持原处分10人。1987—1988年，以纠正党内不正之风和查处党员违纪案件为主线，检查纠正领导干部利用公款请客送礼和以权谋私、官僚主义、失职渎职、行贿受贿等歪风，查处各类案件126起，查结125起，结案率99.2%。1989—1991年，以查处违反政治纪律的案件为重点，查处党内违纪案件257起，处分党员干部232人，其中开除党籍15人、留党察看46人、撤职1人、严重警告或警告170人。1992年，按照省纪委提出的突出查违纪案件，全面履行纪检职能的要求，突出解决群众反映强烈的热点问题。清查计划生育中有法不依、执法不严、弄虚作假、超生不报等问题，清查单位112个，清查登记干部职工8758人，处罚违纪人员1030人，收缴罚金55.7万元，有240人受到党纪政纪处分。立案查处党内违纪案件70起，处分党员68人，其中开除党籍11人、留党察看17人、撤销党内职务3人、党内严重警告18人、党内警告

19人，涉及副科级干部3人。同年，各基层纪委建立健全案件审理小组，共配备审理人员135名。1993年，县纪委和监察局合署办公，设立案件监察室和案件审理室，以反腐败为重点，着重查处领导机关、领导干部和经济管理、执法监督部门及其工作人员的以权谋私、贪污受贿、走私贩私、腐化堕落等行为。全年查处案件76起，处分党员57人，开除党籍4人，留党察看16人，撤销党内职务5人，严重警告21人，警告11人，行政处分10人，免于党纪处分9起，涉及科级干部2人，为国家挽回经济损失22.6万元。1994年，根据全国纪检监察系统电话会议要求，县纪检监察系统把主要力量放在查处贪污、贿赂、金融诈骗、走私、严重违反财经纪律等大案要案上。共查处各类党纪、政纪案件67起，处分党员45人，其中开除党籍11人，留党察看14人，撤销党内职务2人，党内严重警告7人，党内警告11人，免于党籍处分12人。受行政处分10人，其中开除留用2人，降级1人，记大过1人，记过4人，行政警告2人，涉及科级干部4人。查办万元以上案件7起，重点案件14起。1995—2000年，查处各类违纪违法案件447起，处分党员、干部331人，涉及科级党员干部32人，为国家挽回经济损失240.9万元。2001—2005年，查处各类违纪违法案件400起，为国家挽回经济损失235.2万元。查处的典型案件有辛店乡信用社科员胡波职务侵占案等。

第四节　领导干部廉洁自律

1993年，按照中央、省委、地委部署，县领导班子每年召开两次专题民主生活会，围绕领导干部廉洁自律问题进行自查自纠，并形成惯例。县委印发《关于落实中央、省、地近期反腐败斗争的实施意见》，意见要求重点解决领导干部在经济实体中兼职、购买股票和接受信用卡问题，对全县党员干部提出“18个不准”的具体要求。是年，全县各级党委党组成员拒收现金50起，总金额6.77万元，拒受礼品200余人次。1994年，把违控购买更换进口豪华轿车、借房改之际以权谋私、借婚丧嫁娶等挥霍浪费大操大办敛取钱财列为领导干部廉洁自律的重要内容，推进四项廉洁自律制度建设，即廉洁自律申报制度、礼品登记制度、民主评议领导干部清正廉洁制度、领导干部抓党风廉政建设责任制。年内，全县有131名副科级以上干部住房超标。清查123个单位的财务况状，查处借钱或挪用公款者54人，借款总额88.5万元，归还59.1万元，余均作出还款计划。开展党政机关事业单位借占企业人财物的归还工作，当年归还185万元。在农村建立民主理财小组及财务管理制度，普遍实行钱账分管。1995年，实施廉洁自律六项制度：领导干部及其子女从业申报制度、领导干部收入申报制度、礼品登记制度、党政机关配备小汽车的暂行规定、严禁用公款吃喝玩乐的规定、乡镇领导干部及基层站所负责人廉洁自律十条规定。1996年，印发《关于进一步加强领导干部廉洁自律的意见》，对领导干部实行任职、诫勉、例行谈话三项制度，建立实行纪委书记参加同级党委书记办公会制度。1997年，落实中央《关于党政机关厉行节约制止奢侈浪费行为的若干规定》《中国共产党党员领导干部廉洁从政若干规定（试行）》，集中登记自1996年以来副科级以上领导干部收受礼品的情况，有1014人参加登记，有51人登记缴公或退还现金4.9万元、礼物折款7.1万元。全面清理党政机关、企事业单位1995年4月至1997年2月购置的小汽车，查处违控违规汽车49辆，收缴罚款61.5万元。清理党政机关、企事业单位公费大哥大（移动电话）290部，保留使用209部，封存75部，退还原单位6部。全县原有公费车载大哥大（移动电话）9部，保留2部，拆除7部。原有公费住宅电话622部，保留293部，转私费329部，对保留使用的公费大哥大（移动电话）和住宅电话实行话费包干制度。清理正科级以上领导干部住房情况，对超标准的81人按房改政策进行处理。1998年，强化礼品登记制度的落实，对副科级以上领导干部1997年1月—1998年3月收受礼品情况进行集中登记，有889人参加登记，有33人缴公、拒收退还礼金礼品计6.4万元。清理公费住宅电话509部，其中329部转为私费电话，清理公费移动电话206部，收缴拍卖94部，收回现金4.5万元，为符合配备规定的112部移动电话和180部公费住宅电话建立档案，制定话费包干限额标准。严格控制会议，全县减少大型会议13次，节约经费5万元。实行乡镇廉政灶、县直单位定点接待、招待费用月报和招待费开支由单位主要负责人与纪委书记共同签字报销等制度，全县同比减少招待开支10余万元。集中清理党政机关、事业单位工作人员多占住房问题，有31人退交多占住房，有473人申报待集资房建成后退交现住房，有2人被举报多占住房，由职能部门监督退房。1999年，地委印发《关于狠刹用公款大吃大喝送礼歪风的决定》，县纪委采取有力措施，狠刹公款吃喝风。各级党委和政府层层签订责任状，县纪委领导亲自带队明察暗访，公款吃喝歪风大大收敛，全县党政机关招待费较上年下降34.5%，节省开支110万元。集中登记了党政机关、事业单位的科级领导干部和县属国有、集体企业负责人自1998年4月—1999年6月的礼品收受情况，有986名干部参加登记，有36人登记缴公或拒收礼金、礼物折款6.4万元。对县直党政事业单位工作人员多占住房进行清理，清理出多占住房的98人，退交多占住房100套。按照地区纪委、监察局《关于建立全区县级领导干部廉政档案的决定》，为县处级和副科级以上领导干部建立廉政档案。档案主要包括个人履历、公务用车情况、住房情况、通信工具配备使用情况、礼品登记情况、个人重大事项报告、民主评议等10余项内容。同年，依据地委行署印发的《滨州地区党风廉政建设责任制考核办法（试行）》，制定《惠民县反腐败工作机制》《惠民县党风廉政建设责任制规定》两个规范性文件，配套制定《责任制实施办法》《考核办法》等四个配套文件，并认真抓落实，有6名责任人受到责任追究。2000—2004年，出台《惠民县关于加强国有企业领导干部廉洁自律工作的实施意见》《惠民县加强乡镇机关、基层站所和农村干部廉洁自律工作的实施办法》，建立县纪委领导同乡镇及县直部门党政主要负责人谈话制度，加大领导干部收受礼品登记制度、重大事项报告制度和个人收入申报制度的落实。清理领导干部收受现金、有价证券、公款借用等问题，并进行专项处理，有46人登记拒收现金、有价证券、支付凭证共计23.8万元，对20个单位83名基层干部借用的13万元公款按规定进行处理。对县处级领导干部配偶及子女从业情况和领导干部出国出境情况进行专项治理。继续进行清房、清车、制止用公款大吃大喝等工作，查处公款吃喝15人，13人受到党纪政纪处分，收缴罚款1.3万元。2005年，制定《惠民县党政领导干部效能效率廉洁从政暂行规定》《惠民县领导干部工作日晚间岗位管理暂行办法》，落实领导干部述职述廉制度，全县85名党政“一把手”公开进行述职述廉，并实行党政领导干部经济责任审计制度。坚决查处党员干部参与赌博行为，有2名党员干部因参与赌博被移送司法机关。对全县107个单位的5545人进行住房情况登记，建立领导干部住房情况档案。对干部拖欠的2.6万元公款进行清理，全部按规定归还。

第五节 党风党纪教育

1979—1984年，全县各级纪检监察机关开展以学习《关于党内政治生活的若干准则》（以下简称《准则》）、《中国共产党章程》（以下简称《章程》）为主要内容的党性党风、党规党纪教育，有效提高了党员干部的自身素质，增强了廉政意识。采取上党课、办学习班、进党校轮训以及运用正反典型等形式对党员干部进行党风党纪教育。建立党风责任制，各单位主要领导为党风责任制的第一责任人。1985—1986年，组织广大党员干部学习贯彻《关于解决当前机关作风中几个严重问题的通知》和中央领导的重要讲话。建立由一名县委副书记任组长，一名副县长、一名纪委副书记任副组长，县委办公室、县政府办公室、组织部、人事局、审计局、企政部、机关党委的主要负责人为成员的端正党风工作领导小组，办公室设在机关党委。在党校举办端正党风党训班1期，干训班5期，共有360人参训。1987年，进行党的宗旨、理想、纪律、优良传统和法制教育，进行坚持四项基本原则，旗帜鲜明地反对资产阶级自由化教育，通过解剖典型案例对党员干部进行警示教育，联系实际进行有针对性地教育。坚持“三会一课”进行党的基础知识教育，树立典型进行榜样教育。是年，编印纪检简报9期、党风党纪5期，表扬正面典型15个，曝光反面典型5个。1988年，围绕改革开放、治理经济环境、整顿经济秩序这一中心抓党风党纪教育。历时20天，播放《没有硝烟的战场》等6部教育片，共放映30场次，有9000余名党员干部收看。联合县委组织部、县委宣传部编写《维护党的纪律十二讲》等党课教材。1989—1990年，重点抓政治纪律教育、民主集中制原则教育、廉洁从政和反腐蚀教育。1991年，开展以学习党内条规为主要内容的党性党风、党规党纪教育。进行案例教育24期，召开报告会8场，组织录像教育20场次，进行专题教育44次，上党课24次，党规党纪讲座21次，全县参加教育活动的党员占党员总数的80%以上。1992年，根据省市纪委的要求，开展以反腐败、防演变为主要内容的党风党纪教育。同年4月起，以2个月的时间开展解放思想大讨论。其间，召开动员会23场次，各级领导作报告74场次，撰写理论研讨文章160余篇，召开座谈会43次，参加讨论的党员占党员总数的98%以上。开展“反腐防变”教育学习活动，受教育党员占全县党员总数的95%。1994年，组织全县党员干部学习《党章》《准则》以及有关的党纪条规和行政法规，受教育面达80%。举办各类培训班26期，在基层党校上党风党纪课95场次，县纪委领导作巡回党课讲座18场次，组织知识竞赛2次，购买发放教材1000余册，集体播放教育录像143场次。利用“七一”“十一”在县电视台播放党纪教育录像《蜕变与升华》《起飞》等片，表彰先进集体及个人8个，宣传正面典型6个，剖析典型案例8个。向上级纪委报送信息101篇，采用27篇，其中被省委采用1篇，省纪委采用8篇，地纪委采用18篇。全年撰写各类新闻稿件58篇，被各级报刊采用46篇，其中地纪委《党风与廉政》采用16篇，《滨州日报》采用10篇，省纪委采用4篇，其他省市报刊用稿14篇。是年，县纪委被省纪委确定为信访信息及综合信息联系点。1996—1997年，深入开展以“讲学习、讲政治、讲正气”为主要内容的党性党风党纪教育和“学条规、守纪律、做表率”教育活动，组织全县纪检监察专职干部参加省纪委举办的党纪政纪条规知识竞赛，组织一万余名党员参加中纪委、监察部举办的党纪政纪条规知识竞赛，获得地区组织二等奖。举办全县副科级以上领导干部参加的为期3天的党建理论学习会。纪委领导外出上党课7场次。向上级纪委报送信息168篇，被采用70篇，其中省纪委13篇，地纪委57篇，县级报刊4篇。撰写新闻稿件82篇，被各级报刊采用63篇，其中中央1篇，省8篇，地级40篇，县级14篇。1998—1999年，组织党员干部参加《中华人民共和国行政监察法》知识竞赛，组织全县副县级以上领导干部和800余名科级党员干部进行党风廉政法律法规知识考试，组织全县纪检监察干部参加《明镜》月刊知识竞赛，组织人员到乡镇和县直单位进行党课教育。是年，向上级报送各种信息224条，省纪委采用13条，地纪委采用50条。在各级新闻媒体发表稿件156篇，其中国家级3篇，省级15篇，地级68篇，县级70篇。2000年，开展以成克杰、胡长清等典型案列为教材的警示教育活动，组织党员干部、职工观看《生死抉择》《胡长清案件警示录》和反腐倡廉题材的现代京剧《红梅》，在全县建立党风廉政宣传教育领导体制、工作机制和联席会议制度。2001 年，开展“学党章、守纪律、正党风”活动。组织全县副科级以上党员干部进行“学党章、学条规”知识答卷活动。2002—2004 年，坚持教育为主的原则，开展“理想信念、廉政纪律”“艰苦奋斗、廉洁从政”“为民、务实、清廉”教育活动，组织党员干部观看《为民书记郑培民》《忠诚卫士》等正反典型影片，促使领导干部保持正确的政治方向和清醒的头脑。组织党员干部认真学习“三个代表”重要思想和党纪法规，两次组织全县 800 余名副科级以上领导干部进行党纪法规知识考试。2005 年，建立党风廉政宣传教育联席会议制度，开展“廉洁奉公、执政为民”教育活动。全县党员干部认真学习中共中央颁布的《建立健全教育、制度、监督并重的惩治和预防腐败体系实施纲要》（以下简称《实施纲要》）。制定《关于加强全县廉政文化建设的实施意见》，开展丰富多彩的廉政文化活动，《实施纲要》反腐倡廉演讲比赛，征集廉政歌曲 49 首，举办廉政歌曲演唱比赛，举办廉政书画大赛和 120 件廉政书画作品展览，开展廉政警句格言征集活动，在县电视台开辟“党风廉政之窗”栏目，在城乡集中开展反腐倡廉形势政策宣传月活动，对党员干部进行正反典型教育等。

第六节 优化发展环境

1997 年，县纪委制定《解放思想，更新观念，为经济的快速健康发展营造宽松环境的意见》，抓收费许可证、检查证和挂牌保护企业三项制度落实，有效遏制名目繁多的检查评比和达标升级活动。开展农民负担、物价、统计执法检查，对公路“三乱”和涉企“三乱”问题进行检查和收费项目清理，废止涉及收费文件 13 个，取消收费项目 18 个。1998—2005 年，先后成立优化经济发展环境 110、优化经济发展环境办公室等机构，做到机构健全、人员到位。制定出台《“三乱”行为处理规定》《关于实行检查收费处罚登记备案制度的实施办法》《惠民县优化发展环境民主评议制度》《惠民县优化发展环境投诉举报案件调查处理办法》等制度规定，督促各职能部门完善首问负责、一次告知、限时办结、超时默许、责任追究等五项制度。畅通监督渠道，面向社会公开电子信箱，运用网络科技手段受理投诉举报和征求意见、建议，聘请 100 名优化发展环境特邀监察员。建立优化发展环境绿色通道，实行 24 小时昼夜值班制度，全天候受理各类投诉举报，及时查处破坏发展环境的案件。

第三章 群众团体

第一节 工 会

机构 1979 年，全县有基层工会 57 个，1981 年增至 123 个。1986 年，县总工会内设办公室、组织部、宣教部、财务部、生产生活部，下辖职工俱乐部和职工业校。1989 年，县总工会女职工委员会成立。是年，工会组织发展到 163 个，共有会员 20483 名。1993 年，县机构改革，县总工会内设机构调整为办公室、文化宫、业校和女工委 4 个，有职工 13 人。1997 年，县总工会、县委组织部、县经委等有关部门联合印发《关于加快新经济组织工会组建步伐和加强工会工作的意见》。是年，组建外资企业工会 4 家，私营企业工会3家，乡镇企业工会14家。建立健全局工委9个，乡镇工委21个，女职工委员会68个。2001年，开展基层工会组织建设规范年活动，外资、私营、乡镇企业建会率分别达到95%、80%、95%。同年，县内乡镇规模调整，原21个乡镇工委相应调整为14个，工委主任由各乡镇分管党务的副书记兼任。2002年，机关事业单位工会建设工作全面展开，38个符合建会条件的机关事业单位有36个建立工会组织。2003年，县总工会以学习贯彻《中华人民共和国工会法》《中华人民共和国劳动法》为契机，切实履行教育、维护、建设、参与四项职能，有效促进了工会组织的发展壮大。至2005年，县总工会内设办公室、组织建设部、法律保障部、群众生产部、宣传教育部、财务部、女职工委员会，下辖工人文化宫。全县有基层工会192个，共有会员28830人。

代表大会 1980年4月8—10日，召开惠民县第八次工会会员代表大会。孙风耀代表第七届委员会作工作报告，7个基层工会代表作典型发言，选举产生县工会第八届委员会，孙风耀当选为主席。1985年3月25—27日，召开惠民县第九次工会会员代表大会。大会听取县委副书记隋福民所作的工作报告，讨论审议县总工会第八届委员会工作报告和财务工作报告，选举产生县总工会第九届委员会，宋焕芝当选为主席。1992年1月21—22日，惠民县总工会第十次代表大会在惠民城召开。出席大会的正式代表222名。县委、县人大、县政府、县政协及地区工会办事处领导出席开幕式。大会审议通过《惠民县工会第九届委员会工作报告》《惠民县工会第九届经费审查委员会工作报告》，选举产生县总工会第十届工作委员会，宋焕芝当选为第十届委员会主席，徐有美、马成岭当选为副主席。1998年5月18日，县总工会第十一次代表大会在惠民城召开。出席会议的正式代表223名。县委、县人大、县政府、县政协及地区总工会的领导出席开幕式。大会审议通过县总工会第十届委员会工作报告和财务报告，选举产生县总工会第十一届委员会及经费审查委员会，钟达新当选为第十一届委员会主席，李邦贵、张金英（女）、谭德胜当选为副主席，谭德胜当选经费审查委员会主任，张金英当选女职工委员会主任。

维护职工合法权益 1979年，境内企业仍处于计划生产、计划分配、职工收入统一、职工生活必需品计划供应的计划经济时期，职工权益问题表现不突出，维护职工权益主要体现在职工福利方面的监督检查。1986年，县总工会在企业中组织开展“五小”（小食堂，托儿所，医务室，浴池，宿舍）建设竞赛活动。活动期间，增设企业托儿所21处、医务室5处、浴池2处、职工宿舍13处，职工住房紧张和就餐难、喝水难、就医难、子女入托难等问题得到一定缓解。1989年，县总工会印发《关于工会参与企业经营承包的几点意见》，并派员参加县直企业承包评审委员会，较好维护了广大职工在经济体制改革中的合法权益。1992年，县总工会、县经委联合推行企业内部分配公开制度，要求企业将生产过程中的当班量、产值、提取工资额和月收入报表、分配等事项公开，做到职工明白、干部清白。1996年，工会系统以推行劳资双方平等协商签订集体合同为突破口，加大维护力度，有49家企业签订集体合同。同年，县总工会通过开展《中华人民共和国企业法》《中华人民共和国工会法》《中华人民共和国劳动法》的学习宣传和举办培训班、知识竞赛等活动，有效提高了职工学法、懂法、用法的自觉性。1998年，各级工会组织围绕改革、发展、稳定大局，推动企业建立完善“三个机制”（民主管理、集体合同、职工自我保障）。为确保广大职工的参政议政地位，倡导企业吸纳工会主席进入管理层，是年，3家企业的工会主席进入董事会，9家企业的工会主席（副主席）进入监事会，23家企业的工会主席兼任企业的其他领导职务，3个基层工会取得企业法人资格。2000年，境内企业集体合同签订率达98%，其中，私营企业签订率75%，合资企业签订率95%。2001年，工会组织从维护职能出发，着眼于劳动关系协调。有65家企业建立劳动争议调解委员会和劳动法律监督检查委员会。全年共调处劳动争议案件68件。2003年，调整充实企业劳动保护监督委员会78个，完善车间工会劳动保护监督检查委员会143个。2004年，推进平等协商和签订集体合同，落实下岗职工再就业优惠政策，为404名下岗职工建立档案，实行动态管理、动态服务。兴办职工就业训练中心，开展专业技能培训，有2500余人参加培训并取得资格证书，再就业成功率达80%以上。同年5月，县总工会成立困难职工帮扶中心，聘请县司法局、县人民法院的律师为法律顾问，接受职工法律咨询，依照法律为职工排忧解难。2005年，省总工会授予惠民县总工会“困难职工帮扶中心建设先进单位”称号。

民主管理 1981年7月，县工会系统认真学习贯彻落实全国总工会、国家经委、中央组织部联合制定的《国营企业职工代表大会暂行条例》，并在加大民主管理力度和实现职代会制度规范化方面展开工作。1986年，全县有61个国有企业建立职代会，三级（厂级、车间级、班组级）民主管理网络基本形成。1990年，各级党委重视工会参政议政作用，吸纳工会组织的主要负责人进入党政领导班子。3月，县总工会主席宋焕芝当选为县人大常委会副主任。是年，工会组织负责人参加政府及十几个有关部门的领导机构，从组织上基本解决了“参得进，议得上”的问题。1992年，县总工会、县经委联合印发《关于推行企业民主管理的实施意见》，开展企业实行“三大民主”（民主监督、民主参与、民主协商）工作法和企业内部分配试点工作。县棉纺织厂等4个单位被评为全区民主管理先进单位。1995年，在新经济组织工会建设中，要求外资企业、改制企业和乡镇企业加强职工代表大会制度建设和建立职工董事、职工监事制度。1999年，县委办公室、县政府办公室转发县总工会《关于在全县国有、集体企业推行厂务公开、民主管理、民主监督制度的意见》。2001年，各级工会组织坚持和完善以职代会为基本形式的民主管理制度，继续推行、完善厂务公开制度，全县有60家企事业单位推行完善厂务公开制度。至2005年，全县国有、集体及其控股企业实行厂务公开、民主管理的企业25家，占该类企业总数的90%；非公有制企业实行厂务公开、民主管理的企业35家，占该类企业的71%；事业单位实行事务公开、民主管理的56家，其中教育系统41家，卫生系统7家，分别占其总数的98%、35%。

劳动竞赛 1987年，地区工会在全区发起“振兴惠民，建功立业”活动，县总工会结合县内实际，要求全县职工投身于以“双增双节”（增产节约，增收节支）为具体内容的活动之中。1989年，各级工会组织号召广大职工发扬主人翁精神，围绕降低物资消耗，提高经济效益，继续开展“双增双节”活动。是年，全县职工每人增收节支468元，超过预计指标100元的4倍。1991年，开展“质量、品种、效益年”活动，县总工会制定《关于在全县职工中开展我怎样为“质量、品种、效益年”做贡献大讨论的实施意见》，全县有47个单位1.6万名职工参加活动。1995年，开展“生产企业抓管理出经济效益，窗口行业抓管理出社会效益”活动，有1万余名职工参加。1999年，开展创新、创汇、创优、创效、创双杯（安康杯、技术创新杯）、争“双十”（在职工和管理人员中分别开展争创十大技术创新英杰、十大红管家）活动。2001年，开始实施“经济技术创新”工程，大力开展群众性标兵、技术比武竞赛活动。全县有2万余名职工参赛，参赛率达95%。2003年，继续开展以“加强宣传培训，促进安全生产”为主题的“安康杯”竞赛活动，企业参赛率达100%，职工参赛率达98%。山东惠民华润纺织有限公司被评为全省“安康杯”竞赛先进单位，县总工会获省“安康杯”竞赛优秀组织奖。2005年，开展以“学赶超、练绝活、强素质、创一流”为主要内容的“争创”活动，举办技术比武12场，2303名职工参加比赛。

送温暖工程 20世纪80年代至90年代初，全县经济处于调整时期，市场疲软，企业开工不足，出现生活困难的下岗职工。县总工会高度重视困难企业的特困职工，连年开展“送温暖活动”，筹集资金60万元，设立送温暖基金。对达不到最低生活保障线的职工，建立档案，定期统计，实行动态管理。1993—1997年，共救济困难职工1560户，发放救济金36.5万元。同时，各级工会组织开展扶贫救助活动，累计募集资金8万元，用于残疾职工的救助。1999年，援助9名特困职工子女上大学。推荐2名省级劳动模范进入山东省工会管理干部学院深造。2000年，在工会组织的协调下，地区中心医院和地区结防院为98名省、地级劳动模范免费查体，为1000名困难职工办理半价收费的“医疗优惠证”。县邮政局为劳动模范和基层工会主席优惠安装电话。2001年元旦、春节期间，县六大班子领导走访慰问9家企业的18户特困职工。工会系统与劳动局联合深入102个单位开展“访谈帮”活动，向1660名困难职工发放慰问金45.6万元。同年，建立职工消费合作社7个，成立县职工消费合作社配送中心，为全县职工节省资金180万元。2002年，特困职工档案实行全省联网。县总工会与县民政局联合入户调查后，为991户特困职工发放了基本生活保障金。2003年，筹措资金2.2万元，资助10名特困职工子女上大学。2004年，各级工会对所属单位的困难职工进行摸底调查，实行一人一事一表，实施“送温暖工程”，救助下岗职工156人，发放救济金5万元、面粉50袋。2005年元旦、春节期间，各级工会组织走访慰问506户特困职工，县六大班子领导对12家企业的18户特困职工进行走访，发放救助金8.5万元，面粉80袋。

职工教育和文体活动 1979年起，县工会系统充分发挥职工业余学校和职工俱乐部的作用，积极开展读书演讲、文化补习、图片展览和篮球、乒乓球等文体活动，丰富了职工业余文化生活。1985年，组织职工学文化3368人次，学技术1674人次，培训企业干部431人次，组织职工体育队伍97个，共有队员1033人。1988年，在职工俱乐部原址兴建全区第一家县级工人文化宫，建筑面积2554平方米，内设教室、图书室、阅览室、舞厅等设施，基本满足职工文化生活需求。1989年，惠民县职工业余中学成立。学校设初、高中文化补习班6个，接收职工学员325人，配备教职员工3名，并聘请惠师资深教师授课，深受社会好评。同年，在职工中开展“忆十年、话改革”自我教育活动，37个单位的15200人参加，8900人参加知识竞赛，54人对十年改革成就和存在的问题进行口头答辩，37人登台讲演。1990年，与济南市总工会成人中专学校联合，举办《中华人民共和国工会学》中专函授班，有225人取得国家承认的中专学历证书。同年，开展“90年代第一春”演讲比赛、百题知识竞赛和读书征文活动。张金英荣获全省职工读书活动积极分子称号。1994年，《中华人民共和国劳动法》颁布实施。为保障《中华人民共和国劳动法》的顺利贯彻与落实，县总工会与劳动局联合开展有关劳动法规的咨询日活动7次。1996年，工人文化宫举办交谊舞培训班二期，102名职工参加培训。2001年，举办“我为党旗添光彩”职工演讲比赛，12个单位的16名选手参赛。举办“建行杯”职工乒乓球比赛，有15个单位参赛。2002年，举办“活塞杯”职工钓鱼比赛，25个单位的37名选手参加比赛。开展首届职工足球、篮球赛。2003年，工会组织配合落实《公民道德建设实施纲要》，协助企业开展创建学习型企业和塑造知识型职工活动，举办报告会12场、培训班32期、知识竞赛6场、技术讲座8场。同年，举办16个单位参加的全县职工篮球赛，华润公司代表队参加滨州市第十五届运动会拔河比赛，获第三名。2004年5月，孙武酒厂代表队参加滨州市职工乒乓球比赛，获团体第三名。8 月，教育、结防院代表队参加滨州市工会法知识竞赛，分获二等奖。10 月，举办全县职工“国土杯”篮球赛。是年，县总工会被省体委、省总工会命名为职工文体活动先进单位。2005 年，“五一”劳动节期间，举办 16 名省、市劳模事迹图片展览，县电视台连续报道了 8 名劳模的先进事迹。县总工会与县委宣传部联合举办企业职工“新时期惠民精神”演讲比赛，获市二等奖。

1995 年，惠民棉纺织厂准备车间女工韩英（右一）被全国总工会授予“全国五一劳动奖章获得者”荣誉称号，图为厂工会领导送韩英进京受奖的情景

第二节　共青团

机构　1979 年，中国共产主义青年团惠民县委员会内设组织部、宣传部、青工青农部、学少部、办公室、机关团委，编制 9 人，其中书记 1 人，副书记 2 人。下设基层团委 27 个，共有专职团干部 30 人。全县有共青团员 26462 人。1993 年，县级机构改革，团县委编制缩减为 6 人，其中书记、副书记各 1 人。增设权益部，人员内部调剂。1994 年，增设希望工程办公室。1998 年，团县委印发《关于在全县农村团组织中推行“三位一体”配备方式的意见》。是年，全县农村团支部书记“三位一体”（村团支部书记、村青年星火带头人、村科技副主任由一人担任）配置率达 80% 以上。1999 年，组织基层团委开展创建“五四红旗团委”活动，荣获省级优秀共青团委 1 个和十佳乡镇团委书记、新长征突击手各 1 名。2001 年，1 个基层团委被团中央确定为全国五四红旗创建单位，3 个基层团委被团省委确定为全省五四红旗创建单位。同年，团县委实行与非公有制经济组织老板恳谈制度，新建天禧牧业集团等 4 个非公有制经济组织团委，全县新型经济组织建团率达 92%。与肥城团市委结成友好关系团委，两地的第一实验学校亦结为友好关系学校，并就两地团干部、教师、学生进行联谊活动、结对帮扶、项目开发等事宜达成协议。2005 年，共青团惠民县委内设组织部、宣传部、青工青农部、权益部、学少部、办公室和机关团委，有编制 6 人。全县共有基层团委 63 个，专职基层团干部 63 人，团员 25300 名。

团员代表大会　1979 年 2 月 27 日—3 月 3 日，共青团惠民县第七次代表大会在惠民城召开。会议听取和讨论第六届团县委的工作报告、科学技术专题报告和教育事业发展情况专题报告，选举产生共青团惠民县第七届委员会。张清友任团县委书记。

1982 年 3 月 28—30 日，共青团惠民县第八次代表大会在惠民城召开。出席会议的正式代表 351 人，列席代表 45 人。会议听取团县委的工作报告，确定了今后团的工作任务，选举产生共青团惠民县第八届委员会，表彰了 10 个先进单位和 40 名新长征突击手。孙继先任团县委书记。

1986 年 1 月 26—28 日，共青团惠民县第九次代表大会在惠民城召开。出席会议的代表 431 人。大会审议并通过共青团第八届委员会工作报告，选举产生共青团惠民县第九届委员会。刘鲁生任团县委书记，李福友、姚合民任副书记。

1989 年 2 月 21—23 日，共青团惠民县第十次代表大会在惠民城召开。出席会议的代表 253 人。大会审议通过共青团惠民县第九届委员会工作报告，选举产生共青团惠民县第十届委员会。姚合民任团县委书记，王连刚任副书记。

1992年3月1—3日，共青团惠民县第十一次代表大会在惠民城召开。大会审议通过共青团惠民县第十届委员会工作报告，选举产生共青团惠民县第十一届委员会。王连刚任团县委书记，赵永晖任副书记。

青工青农“争先创优”活动 1986年，团县委在全县青工中开展争夺“七五功勋杯”活动。惠纺工人程金陵研制的DFO型清花防堵装置和DA－1型梳棉安全装置，填补了全国纺织行业的一项空白，被团省委授予“五小成果奖”。1987年，争夺“七五功勋杯”活动深入开展，举办青工技术培训班24期，培训青工4500余人。建立“五小”协会51处，取得“五小”成果126项，增产节约值达193.8万元。有15人获省地“七五勋章”，40人获县级功勋杯先进个人。组织全县农村青年开展“十大致富技术推广”和“争当十大致富能手”活动，举办实用技术培训班168期，培训农村青年2万人，评选出县级致富能手42名，地级致富能手26名。胡集镇农民李太亮成为鲁西北十大致富能手之一，获1987年全区唯一的新长征突击手荣誉称号。1988年，在农村青年中开展“为发展畜牧业生产献青春”活动，各乡镇共办畜牧业培训班35期，培训5000人，发展饲养大户336户。1989年，开展“为黄淮海平原建头功”“青年星火带头人”活动，有100位农村青年被评为青年饲养能手和青年科技示范带头人。1990年，开展以推广果树栽培技术和植桑养蚕技术为主的“科技星火工程”和争当“棉花生物治虫带头人”活动，团县委和团地委在申桥乡进行棉花生物治虫试点。1997年，团县委会同县劳动局、县经贸委开展评选首届“十佳青年岗位能手标兵”活动，有1名青工被地区评为全区青年岗位能手标兵，5名青工被评为全区优秀青年岗位能手。团县委联合县农业局、县畜牧局在农村青年中评选出“十大青年科技致富能手”。1998年，为引导全县青年创建致富项目，团县委率先成立惠青绿色兔业推广中心，结合跨世纪青年农民科技培训工程的深入实施，开始举办青年科技培训班。至2000年，共举办50余期，有5500名团员青年接受科技培训。是年，在以“五小”活动为主题的群众性技术创新行动中，曾四次被评为地区“青年岗位能手”和“科技星火优秀青年”、县第二棉纺织厂前纺车间王传江的攻关课题《运用QC手法，提高40支纯粗纱条线质量》在省、地获奖。2001年，辛店乡团委示范种植橘梗取得成功，经济效益甚佳。在全县农村青年中开展发展食用菌生产竞赛活动。同年，团县委举行“青年文明号”授牌仪式，对“青年文明号”创建达标单位进行授牌。2003年，团县委、县广播电视局、惠民大众报社联合开展第三届惠民县“十大杰出青年”评选活动。同年，实施“青春创业行动”，为外出务工青年提供就业岗位1200余个。开展“青春抗非典，爱心献百姓”活动，成立200支青年爱心服务队，与376户农户结成帮扶对子。2004年，以“号手”活动和“五小”活动为载体，深入开展青年科技创新行动。县基德纺织公司王传江发明了“环绕纱锭”技术，纺纱质量提高，节约能源，年创造经济效益200余万元。2005年，团县委、县劳动和社会保障局、县广播电视局共同开展“惠民县青春创业十佳青年”评选活动，马振英等10人被授予“惠民县青春创业十佳青年”荣誉称号，程国明等10人获得提名奖。

保护母亲河行动 1986年，团县委组织团员青年实施沿黄防护林工程，建成植树与育人相结合的青字号工程10项，大堤植树147万株，育苗225万株。1987年，沿黄5乡镇6000余名青少年主动到大堤植树6万余株。建成大年陈青年路、李庄镇万亩青年方等青字号工程15项。1990年，团县委、县林业局、县水利局、黄河修防段联合制订《惠民县黄河防护林二期工程规划实施方案》。一期工程通过团中央、林业部和团省委、林业厅验收，团县委被评为“青年黄河防护林工程建设先进单位”。1991年，黄河防护林二期绿化工程实施，绿化工程由原来的沿黄5公里扩展到沿黄所有乡镇。省屯乡团委与全乡58个村团支部签订“三包”合同，完成全乡34条沟渠的绿化任务。1993年，清河镇团委组织800余名团员青年建成一条10公里的青年路。1994年，团县委组织11个乡镇1万余名青年绿化惠申路30公里，植树2万余株。至1995年，全县共有10万余名团员青年参与黄河防护林二期工程建设，计绿化青年路400余公里，营造万亩以上青年林20余处，建成大型青字号工程37个。2000年，团县委印发《关于在全县深入实施保护母亲河行动的意见》，在广大青少年中开展“捐献一元零钱，绿化一米河岸”活动。全县共建青年林10处200余亩，绿化沟、路1万米。2001年，开展“绿化母亲河”植树造林活动，社会各界捐款1.6万余元，共植树8万株。2005年，开展“与绿色相伴，与文明同行”志愿者护绿活动，巩固造绿成果。

希望工程 1994年6月，惠民县希望工程领导小组成立，办公室设在团县委。其宗旨是实施希望工程，救助因家庭贫困而失学的儿童重返校园和濒临失学的孩子继续上学，资助乡村小学改造危旧校舍。是年，全县开展“希望工程爱心储蓄”活动，共完成爱心储蓄50.3万元，县希望工程办公室行文表彰活动中做出显著成绩的9个先进单位和陈美常、武洪军2名先进个人。1995年，印发《关于深入开展希望工程工作意见》，广泛开展“党团员献爱心，失学孩子返校园”活动和“领导干部结对救助”活动，同时举办希望工程培训班。全县有221名科级干部结对救助贫困学生222人。1996年，援建联五乡杨柳庄希望小学1所。1997年，接受地区交通局等单位捐赠的希望书库5套，接受县内捐款24万余元，救助因贫困失学或即将失学的学生1400余人。1998年，开展“希望工程志愿者劝募行动”，收到捐款7000元。1999年，接受地区交通局、烟台大学团委和团地委捐助7000余元，价值5000元的三辰影库一套。2000年，团省委、山东鲁能电力集团公司投资20万元在香翟乡建立鲁能惠民希望小学。2001年，鲁能集团为希望小学捐献价值10余万元的教育设备和学生用品。2002年，市长安世银救助辛店乡贫困学生王锋500元，团市委为王锋所在学校辛店一中捐送价值1000元的学习用品。团省委、团市委各救助贫困高考生1名，分别获得助学金7000元、2000元。团县委筹集资金8000元，救助县一中、县二中8名高考贫困生，每人获得助学金1000元。2003年，鲁能惠民希望小学网校单点站建成并投入使用。5月29日，县第一实验学校初一学生刘云因父母同时下岗，家境贫困，面临辍学，市长安世银委托团市委专程到惠民看望刘云，并为其带来500元助学金。9月，实施“呼唤真挚爱心、探访寒门学子”贫困高考生救助行动，帮27名寒门学子实现大学梦，为100名贫困高考生购买人身意外伤害保险。2004年，何坊鲁能希望小学、麻店逸夫希望小学、皂户李十五里堂希望小学和惠民镇利民希望小学相继建成并投入使用。2005年，团省委、团市委下拨惠民县助学金25300元，救助贫困学生97人次。

思想教育 1983年，团县委在全县青少年中开展向张海迪学习活动，同时开展“青年读书活动”和“清除精神污染，净化青年心灵”的教育活动。1987年，加强对团员青年进行坚持四项基本原则，反对资产阶级自由化教育。同年7月，举办以坚持四项基本原则为主体的演讲比赛活动，惠纺团支部书记徐延丽获全省演讲比赛二等奖。1989年，在庆祝五四运动70周年、中华人民共和国成立40周年、“六一”儿童节和少先队建队40周年活动期间，穿插开展形势教育和思想教育。1991年，为庆祝建党70周年，团县委依据团地委“七一”活动方案，设计开展7项活动，其中“党爱青年，青年爱党，爱社会主义”征文比赛活动，收到征文200篇，有一篇获地区一等奖，4篇获地区二等奖。1996年，围绕“一个基础，三大工程”（加强团组织基础建设，跨世纪青年文明工程、人才工程、致富工程），树立了一批能反映时代精神、体现当代青年发展方向的先进典型。2000年，香翟中学团委创办《进步报》。2001年，举办全县青年“学党章、知党史、颂党情”大型党建知识竞赛。以五四运动82周年和建党80周年为契机开展“党在我心中”教育活动。2002年，举办“国税之光”演讲比赛、庆祝建团80周年大型青年文艺晚会和“我为惠民经济发展做贡献”联欢晚会。2003年，与宣传部联合举办“庆七一青年歌手大赛”“青少年百科知识竞赛”。开展向吴长勇学习活动，激发了广大青少年奋发有为、建设美好惠民的历史使命感。2004年，开展向拾金不昧的何坊一中学生牛勇和花费万余元悉心照顾孤寡老人的辛店乡三堡办事处书记徐芬的学习活动。同年，团县委实施新世纪青少年读书计划，依托新闻媒体和“读书时空”网站，开展“读精品书、上健康网”的读书节活动，并与县委宣传部等有关部门联合开展惠民县全民读书月活动。2005年，实施“惠民青年网络工程”。惠民共青团网站与滨州共青团网站建立链接，全县各乡镇团委及30个县直团委均配置微机与团县委网站建立链接。同年，认真开展保持共产党员先进性教育活动，组织收看“郑培民先进事迹”“李真贪污受贿剖析”等录像片，组织参观孔繁森纪念馆、聊城市东昌区检察院白云先进事迹展览。

少年先锋队活动　1979年，为庆祝中国少年先锋队建队30周年，全县各级团组织、少先队组织结合“六一”庆祝活动，动员社会各界关心少年儿童的成长成才，发扬党和政府关怀少年儿童的优良传统。1983年，在全县青少年中开展“义务采集草种树种，支援甘肃改变面貌”活动，采集5000斤草种树种的目标。各乡镇中学陆续开展“争当合格中学生”活动，活动普及率100%。在少先队中进行“人民利益高于一切”教育活动，开展丰富多彩的活动，有15项活动获省少工委“人民利益高于一切”活动奖。1986年，开展“万枚四有小金星”（有理想、有道德、有文化、有纪律）和“奋飞之鹰”活动，有6项活动受到省表彰，受省表彰的最佳辅导员2名。1990年，各乡镇中学开展“学雷锋、学赖宁、学做优秀少先队员”活动，并组织“三学”征文活动，从中评选出一等奖5名，二等奖10名，三等奖30名和部分鼓励奖。1991年，开展争创“自主中队”活动。1992年，在争创自主中队活动中，麻店镇中心小学5（2）班中队被省少工委授予省级“自主中队”荣誉称号。1995年，开展争创“国旗中队”活动和少先队员技能达标活动。有34个少先队被省少工委授予“国旗中队”荣誉称号，5名少先队员被省少工委授予“山东省少先队技能达标小能手”荣誉称号，1名少先队员参加山东省第三次少代会。1996年，配合“跨世纪中国少先队雏鹰行动”，团县委与教委联合，开展爱国主义教育和“五自”（自理、自学、自护、自律、自强）活动及争创“国旗中队”活动。1997年，举办1000余名少先队员参加的“百部爱国歌曲歌咏比赛”，巩固和延续“手拉手”活动。1998年，全县结成“手拉手”联谊学校44所，共有“手拉手”对子2416个。1999年3月，团县委发动团员青年及少先队员自愿从零花钱中每人捐5角钱支援植树造林活动。县直青少年以捐款购买1万余株树苗，在惠民镇刘云亭村建立2处青少年示范方。是年，全县青少年共捐栽青年少先树5万余株，绿化路4.5万米，建立青少年林6处。2001年，开展“少先队工作规范化学校”创建活动和“新世纪我能行”体验教育活动。2002年，开展中学生“三下乡”社会实践教育活动和“十佳少先队员”评选活动。县第一实验学校的田新宇等10名小学生被评为全县“十佳少先队员”。2003年，开展“十佳少先队辅导员”评选活动，于丙阳等10人当选县“十佳少先队辅导员”。是年，县第一实验学校被团省委评为“山东省少先队工作规范化学校”。2004年，举办“民族精神月”集中宣传活动和“平安校园”创建活动，县第二中学、皂户李中心小学被授予“平安校园”

称号。2005年，开展“惠民县红领巾示范化学校”评选活动，李庄镇华李小学、魏集镇第三小学、皂户乡中心小学、辛店乡姜郭小学被评为“惠民县红领巾示范化学校”。同年，邀请县永光事务所律师在全县各中学作法制教育巡回报告，邀请滨州市中心医院心理门诊医师作心理健康咨询报告，受众达3000人。

青年志愿者活动　1990年3月，县委宣传部、团县委、县教育局、县广播局、县总工会、县妇联联合组织以青少年为主体的全民参加的“学雷锋活动月”。成立学雷锋活动领导小组，在团县委设立办公室。7月，建立学雷锋责任区，开展为分散五保老人送温暖活动，各乡镇团委确立一个学雷锋示范村。1991年“五四”青年节期间，驻城500余名团员青年到孙子故园建设工地参加义务劳动，1000余名少先队员在惠城各主要街道清理垃圾和废旧广告。1993年，团县委印发《惠民县学雷锋活动实施意见》，组织驻城各单位团员开展两次学雷锋奉献日活动，各乡镇利用集市组织“奉献日”活动。1994年，全县各级团组织开展“为贡献者做奉献”为主题的学雷锋青年志愿者活动。1995年，团县委、民政局、残联决定在全县实施“青年志愿者一助一助残活动”。3月4日，全县百支青年志愿者服务队参加“一助一”助残活动誓师大会。3月5日和5月21日，全县开展两次学雷锋“青年志愿者奉献日”活动。1996年，团县委印发《惠民县进一步深化青年志愿者活动的实施意见》。全县200余支青年志愿者服务队1000余人，采取集中活动与分散活动相结合的方式，进行科技、医疗、文化“三下乡”服务。1997年，全县青年志愿者，开展以爱心助残、尊老敬老、扶贫帮困、维护社会治安为主要内容的青年志愿者一助一系列服务活动。组织有专业技术人才参加的青年志愿者服务队深入基层，重点开展科技、文化、医疗下乡等专业性服务活动。1998年2月，团县委印发《关于进一步推进青年志愿者活动的实施意见》。8月，印发《关于进一步落实青年志愿者活动有关问题的通知》，对招募志愿者、建立规章制度、开展好集中性活动作出具体要求。是年年底，全县共结服务对子452对，选定服务项目200余个，成立青年志愿者服务队200支3000余人。2001年，通过组织发动，全县有6000余名青年志愿者在各自的工作战线上，通过落实服务对象和服务项目，为人民群众提供各种志愿服务。“七一”期间，开展“为老党员献爱心”志愿者服务活动。2002年“老人节”期间，惠民镇一中、县第二实验学校和红星、蓝天、县实验幼儿园的志愿者到县老年人公寓进行慰问演出。2004年，组织驻县城24个单位的1000余名青年志愿者打着团旗、青年志愿者旗、横幅走上街头，举行“为惠民发展增靓添彩，青年志愿者在行动”游行活动。2005年3月，开展以建设系统“九州”青年志愿者在行动为主题的“集中奉献日活动”。

1979—2005年惠民县共青团组织情况统计表

表13－5　　　　单位：个、人

年度	团组织数			团员	当年发展新团员	超龄离团	入党	专职团干部
	基层团组织	团总支	支部					
1979	27	116	1449	26462	3229	1955	60	30
1980	28	105	1550	24598	3511	1869	65	32
1981	30	128	1415	27419	2618	3098	67	37
1982	28	120	1560	25463	3125	2546	75	30

续表 13－5

年度	团组织数			团员	当年发展新团员	超龄离团	入党	专职团干部
	基层团组织	团总支	支部					
1983	30	123	1236	26489	3225	2010	73	31
1984	28	113	1468	23650	3029	2871	86	28
1985	31	128	1608	24324	2544	2016	126	45
1986	32	130	1706	24831	7676	4274	271	46
1987	52	118	1726	26949	6693	4305	476	26
1988	54	116	1767	20368	6163	6426	286	63
1989	56	122	1768	22263	5811	2163	212	61
1990	57	112	1822	23342	4354	3085	148	64
1991	56	108	1904	27528	5505	1879	191	75
1992	63	105	1900	26948	6104	2765	246	77
1993	62	204	2433	26135	6500	4415	114	48
1994	64	211	2681	28608	5957	4126	141	47
1995	66	217	2610	34266	10281	4783	156	49
1996	66	220	2644	33811	9442	9554	128	54
1997	65	210	2621	36668	8862	6228	147	57
1998	67	210	2757	35322	7744	8530	198	48
1999	67	220	3303	33013	7140	6872	548	67
2000	63	210	2656	35565	8664	6542	520	65
2001	62	217	3252	30820	6230	6388	532	62
2002	62	217	3002	28795	6300	6450	138	63
2003	65	217	3002	26607	5095	5563	124	65
2004	63	214	2832	24330	4568	5537	173	63
2005	63	216	2845	25300	4689	5462	163	63

第三节　妇女联合会

机构　1982 年，惠民县妇联为正科级单位，编制 8 人，内设 4 部 1 室：办公室、组织部、宣传部、权益部、少儿工作部。1993 年 10 月，县级机构改革，编制 6 人，内设农工部、办公室、组织部、宣传部、权益部、儿童部。1996 年，农工部改为城乡妇女工作部。2003 年 12 月，成立县妇女儿童工作委员会办公室，正科级事业单位，办公室主任由县妇联主席兼任。2005年，县妇联内设5部2室：发展部、组织部、宣传部、儿童部、权益部、办公室、妇女儿童工作委员会办公室。行政编制6人，事业编制4人。全县有乡镇妇联组织14个，农村妇代会1265个，县直妇委会54个，乡镇企业妇代会206个，企业妇女小组113个，市场妇代会32个。

惠民县妇女代表大会 1979年3月7—11日，惠民县第九届妇女代表大会在惠民城召开。出席会议的正式代表755名，列席代表10名，特邀代表4名。会议决定，把妇女工作的重点转移到社会主义现代化建设上来。会议选出29名执行委员，5名常务委员，李秀英当选为县妇联主任。

1985年3月28—30日，惠民县第十届妇女代表大会在惠民城召开。出席会议的正式代表400名，列席代表9名，特邀代表5名。会议听取并审议县妇联作的《解放思想，锐意改革，全面开创我县妇女工作的新局面》的报告。会议选出执行委员25人，常务委员8人，王桂芹当选为县妇联主任。

1997年3月5—6日，惠民县第十一届妇女代表大会在惠民城召开。参加大会的正式代表235名。大会审议通过惠民县第十届妇女执行委员会的工作报告。会议选举产生执行委员会，选举产生常务委员11人，康秀云当选为县妇联主席。

组织工作 1979年，充实整顿各级妇代会班子。全县927个妇代会有888个健全组织并发挥作用，县直各单位配备妇女干部。1984年，农村基层妇代会成员8487人，其中正副主任1552人。机关学校等妇女工作委员会共有成员184人，其中正副主任67人。1985年，85%的村建立妇代会，县直各单位建立妇女领导小组。1988年，全县有1196个行政村建起妇代会，占行政村总数的98%。以选聘招聘方式续选、补选乡镇妇联干部8名，21个乡镇全部配齐妇女干部。1989年，有15个乡镇妇联顺利换届，共选出妇女代表1152人，委员145人，主任15人，副主任26人。有5名先进妇女代表出席山东省妇女第八次代表大会。1991年，县妇联与县委组织部联合印发《关于进一步加强培养选拔女干部的工作意见》，建立妇女人才档案，69名妇女进入人才库，提拔副科级以上女领导干部17名。县妇联被省妇联命名为基层组织建设先进单位。1993年，撤换70余个软、散、瘫妇代会主任，全县1240名妇代会主任，平均年龄30岁左右。有18个乡镇统筹解决了村妇代会主任报酬，19个乡镇的村妇代会主任兼任村计划生育干部。1994年，县妇联、县工商局、县个体劳协联合印发《关于在市场中建立妇女组织的意见》，建立4个市场妇女组织，对当选的妇委会主任进行上岗培训。1995年，全县21个乡镇党政班子中全部配备女领导干部，有11名女同志担任乡镇副书记或副乡镇长。1996年，《惠民县妇女发展纲要（1996—2010年）》颁布实施。全县有1265个行政村建立健全了妇代会，其中，一类妇代会911个，二类316个，三类38个。村妇代会主任中，中共党员404人，占31.9%；共青团员602人，占47.6%；高、初中文化程度的1015人，占98.5%。建乡镇直妇委会56个，县直妇委会54个，并有51个乡镇企业建立了妇女组织。1997年，21个乡镇妇联顺利换届，82个办事处配备了妇女干部。2001年，乡镇合并调整，调整后的14个乡镇明确了乡镇妇联主席职位及人员，确保乡镇妇女工作的连续性。针对村妇代会主任进“两委”比例下滑的问题，聘任村妇代会主任为科技副主任，使妇代会进“两委”比例达到100%。同年7月，县妇联印发《1999—2003年惠民县基层妇女组织建设规划》，对基层妇女组织网络建设、干部队伍建设目标作了明确规定。2002年，县委印发《中共惠民县委关于认真做好培养选拔女干部工作的意见》。同年9月，举办法律知识培训班，参加妇女456人。2003年，有8名妇女干部升职为副科级。县人大女代表比例为25.9%，县政协女委员为20%，分别比上年提高0.9和7个百分点。2004年10月，县妇联印发《关于进一步做好村级换届选举中女性进

“两委”工作的通知》。村委会换届后，全县村级妇女干部中有71人经直选进“两委”，占5.5%，其中进党支部的33人，进村委会的38人。2005年，全县14个乡镇均配有女领导干部。

宣传工作　1986年，县妇联宣传“自尊、自信、自立、自强”四自精神，组织了“四自”典型人物报告会。1987年，宣传移风易俗、倡导文明、进步新风。全县有760对青年节俭办婚事，节约资金45.6万元。县、乡妇联共举办“四自”教育讲座355场次、“四自”报告会98场次，有1.5万余名妇女受到教育。1990年，学习贯彻《中共中央关于加强和改善党对工会、共青团、妇联工作领导的通知》精神，举办学习班19次，受教育妇女2500人。1991年，县、乡举办十年规划和“八五”计划建设妇女基本知识学习班20期，培训妇女骨干1850人。1994年，宣传'95世界妇女大会知识，县、乡共举办知识培训班60场次，3700余人参加培训。1995年，以迎接和庆祝第四次世界妇女大会召开为契机，加强妇女思想政治教育，县妇联6名人员自备讲稿，分赴全县各乡镇进行宣传演讲，培训妇女6000余人。1996年，开展学习《中华人民共和国妇女权益保障法》《妇女发展纲要》为主的宣传活动。1500人参加了《中华人民共和国妇女权益保障法》知识答卷，印发《妇女发展纲要》知识答卷1万份。1997年，开展“四有”“四自”系列教育，县妇联与县电台联合对评选的“岗位明星”、优秀妇女干部的典型事迹进行系列报道，宣传妇女典型20人次。2002年5月，县妇联印发《惠民县妇女发展纲要（2001—2010年）》。9月，举办法律知识培训和“四自”精神报告会，456名妇女参加。2003年5月，县妇联开展“解放思想见行动，更新观念促发展”大讨论。全县各级妇女组织建立起卫生、法律、科普、文艺等巾帼文明队61支。2005年，县妇联组织开展以实践“三个代表”重要思想、深化马克思主义妇女观为主要内容的保持共产党员先进性教育活动。

生产活动　1979年，全县有3216名妇女在社办企业就职，参加多种经营生产的妇女31298人。1981年，县妇联举办棉花技术培训班，培养了一批妇女植棉技术骨干。1983年，在生产活动中事迹突出的辛店公社堤子赵大队党支部书记、妇代会副主任潘金凤，代表全县妇女出席全国妇女第五次代表大会。1986年，发动妇女投入商品生产。全县从事草柳编的妇女达万名，人均收入千元以上。1988年，县妇联先后两次派出80余名妇女干部到牟平、掖县、诸城等地参观学习，及时推广外地经验，推动全县多种经营生产的快速发展。是年，草编、绳经、地毯等妇女从事的传统项目创汇2000万元，养鸡200只以上的妇女养殖户750户。1989年，在农村妇女中开展“双学双比”（学文化、学技术，比成绩、比贡献）竞赛活动，提出争创“四个一万”的口号，即万名妇女搞饲养，万名妇女种棉花，万名妇女搞编织，万名妇女从事流通服务业。是年年底，全县参加编织的妇女2.29万人，参加流通服务业的1.16万人，参加养殖的1.9万人，参加棉花生产的2.5万人。1990年，惠民镇养鸡大户杭瑞风被评为省“双学双比”女能手。1991年3月，制订妇联工作“2345”工程方案：“2”是妇女工作分为农村和城镇两大片；“3”是三条线，即农村抓“双学双比”、城镇抓“巾帼建功”、组织建设抓“达标升级”；“4”是四个一，即一根针、一把草、一朵花、一个杯；“5”是5种类型的竞赛评比表彰。同时，县妇联把巾帼建功活动引入城镇妇女工作之中，成立“巾帼建功”活动领导小组。年底，全县首次评出10名“兴惠女杰”。1992年，开展有10万名妇女参加的“种粮女状元”“饲养女状元”“巾帼扫盲女状元”等十项百个女状元竞赛活动，有100名女能手受表彰。1996年，在农村开展“银花赛”“银茧赛”“锦毯加工创汇赛”“畜牧四金女状元赛”“巾帼扶贫”五大竞赛，评出200名女能手、50个先进组织。在城镇协调有关部门安置下岗女工，有260人实现再就业。1998年，全县建起“巾帼号”示范基地48处。大年陈乡妇联的蜜桃示范基地被省农业局、省妇联授予“三八绿色工程”基地。1987—2000年，全县举办各类实用技术培训班2645期，培训妇女26.1万人次，有2619名妇女获绿色证书，有1080名农村妇女获得技术员职称，有5200名妇女参加农函大、农广校学习。2001年，成立惠民县妇联科技培训中心（设在县良种棉厂），聘请11名科技顾问，并在惠民电视台开辟《田园来风》栏目，提高了广大妇女的科技水平。2002年，在农村妇女中开展“织好一尺毯、养好一张蚕、种好一种果、育好一种菌”的“四个一”竞赛活动，有8万名妇女从事竞赛活动。2003年，开展科技大篷车活动，邀请科技顾问团送科技下乡29次，县妇联与县广播局联合在中棉棉花公司举办“中棉杯”巾帼百佳评选活动，25名选手被评为“巾帼百佳”，3名选手被授予市“双十佳枣妹”荣誉称号。2004年，惠民县供电公司光明物资销售公司示范岗被评为省“巾帼文明岗”，惠民县农村信用联社人事综合部经理孙卫萍被评为省“巾帼建功”竞赛活动先进个人。2005年，县妇联联合县中小企业局举办惠民县首届十大优秀女企业家表彰暨事迹报告会，在社会上引起很大反响。组织开展“百名巾帼搞经营上项目”“千名巾帼闯市场”活动，发动妇女投身民营经济。

维护权益工作　1979年，县妇联接待妇女来信来访案件11起，均得到妥善处理，保护了妇女儿童的合法权益。1980年始，全县各级妇女组织把接待妇女来信来访列入议事日程。至1984年，共接待来信来访290起，并配合有关部门予以查处，结案率达92%。1986年，县妇联法律顾问组成立，为广大妇女提供无偿法律援助。是年，为妇女代写起诉书27份，刑事辨护2件，非诉讼代理1件。1987年，县及各乡镇均成立普法领导小组，共印发省《关于保护妇女儿童合法权益的若干规定》2500份。各乡镇妇联围绕保护妇女儿童合法权益等问题举办培训班54期，有2751人参加培训。举办广播讲座495次，参加学习的妇女9650人。1989年，县妇联配合县政法部门严厉打击拐卖妇女儿童犯罪活动。至1993年，共破获拐卖妇女儿童团伙4个，逮捕人贩子17人，解救妇女61人，查出外地流入县境妇女99人，均作出妥善处理。1994年，开展《中华人民共和国妇女权益保障法》及其“实施办法”宣传活动，出动车辆25车次，悬挂横幅30余条，张贴标语2万余幅，发放宣传材料2万份。组织《中华人民共和国妇女权益保障法》知识竞赛，发放试卷3万份，播放录像170场。1996年9月，组织万名妇女参加全国、省、地、县四级《妇女发展纲要》知识竞赛，收回试卷9450份。1998年，联合县法院在妇女干部中选拔女陪审员15名，参加15起涉及妇女儿童案件的审理。2001年，与县公安局联合成立妇女维权110，与县司法局联合成立妇女儿童法律援助服务站和“148”维权热线，聘任8名法律顾问，建立健全了维权网络。2002年6月，县妇联在调查研究的基础上，形成《关于企业女职工劳动权益情况的调查与思考》《全县女领导干部情况及建议》两篇调研报告，并呈交县委。是年，全县依托有关部门成立妇女维权岗17处。2003年，建立由14个单位组成的县维护妇女儿童权益协调组。2004年，在县劳动、司法、公安等系统开展“优秀妇女维权岗”争创活动，掀起维权活动热潮。全年共接待妇女来信来访案件64件，处结率达92%。至2005年，县、乡两级共举办妇女法律知识培训班94期，受训妇女达8000余人。

文明建设　1979年，全县开展“五好家庭”“三八”红旗手（集体）评选活动，有3名“三八”红旗手受到全国妇联表彰。1991年起，各级妇女组织坚持以家庭为依托、以活动为载体、以崇尚科学文明为重点，广泛开展“五好文明家庭”评选活动。至1996年年底，全县评选出“五好文明家庭”5000户，其中，淄角公社湾西大队妇代会主任周道兰一家、惠民棉纺厂段剑秋一家，被评为全国“五好家庭”。1997年，组织广大妇女开展迎香港回归知识竞赛、文艺联欢会、座谈会、革命历史图片展等一系列活动22场次。

1998 年，县妇联在惠民镇贾台村进行“美在家庭”活动试点，取得经验后在全县推广。至 2000 年，全县涌现出“美在家庭”一类户 4.65 万个、二类户 6 万个，三类户 3.1 万个，分别占总户数的 30%、40%、20%。2001 年，开展“世纪父母读书活动”，引导家庭藏好书、读好书、用好书，营造良好的家庭文化氛围。县教育局妇委会利用家长学校，举办知识讲座、事迹报告会，受益妇女 2000 余人。2003 年，组织 350 名妇女在孙子兵法城开城庆典上进行大型秧歌方队表演，组织 33 支巾帼文明队在县城主要街道开展历时一个月的卫生清扫活动。同年，继续开展“美在家庭”活动。全县共评出“五好文明家庭”200 户，“文明楼栋”20 栋，“文明示范村”10 个。2005 年，县妇联联合团委、工会等单位组织开展“爱我惠民、靓化惠民，共建卫生惠民”活动，组织动员驻城广大干部职工、团员青年、妇女广泛参与城区环境综合整治，并两次组织 1 万余名工青妇成员上街开展大规模的集中卫生清扫活动。同年，以大年陈乡大邢村、李庄镇潘家村为试点，逐步在全县农村广泛开展“好媳妇，好婆婆”评选表彰暨签订赡养协议书活动。年内，有 2460 户子女与老人签订赡养协议。

儿童工作 1979 年，县内儿童工作以托幼事业为主。是年，惠民县托幼领导小组成立，办公室设在县妇联。1981 年，举办首次幼儿教师培训班，参训幼师 58 人，时间 7 天，带动全县幼师队伍业务水平的提高。1986 年，实行幼儿教师工资统酬制，各乡镇配备专（兼）职幼教辅导员，全县新招聘幼师 568 名。举办培训班 6 期，培训幼师 400 余人次。1990 年，全县有托幼园（所）678 处，幼师 836 人，学历达标率 45%。县托幼办公室被评为山东省托幼工作先进集体。1991 年，制订《惠民县关于儿童少年工作五年发展规划（1991—1995 年）》，开展争创“优秀家长”活动，有 1 人、8 人、10 人分别获省、地、县“优秀家长”称号。1994 年，县妇女儿童工作委员会成立，各乡镇成立相应机构。1995 年，惠民县成立两纲监测评估领导小组，对儿童少年事业发展“八五”规划的 8 个领域、58 项目标、145 个指标进行全面监测评估。是年，大力开展“实施春蕾计划，救助贫困女童”活动。1996 年，《惠民县儿童少年事业发展“九五”规划》颁布实施。2000 年，县妇联、县教委、县卫生局、县广播电视局联合举办第二届“惠民新苗”评选活动，共评选出“惠民新苗”49 名。2001 年，制定实施《2001—2010 年妇女儿童发展纲要》。在全县开展“好家长、好儿童”评选活动，有 3 人获“齐鲁好家长、好儿童”称号。2002 年 5 月，县妇联、团县委联合制订中国“小公民”道德建设计划方案，成立道德建设活动计划组委会，举办“小公民”道德建设计划启动仪式。2003 年 7 月，县委办公室转发县妇联等 6 部门的《关于贯彻实施中国“小公民”道德建设计划的通知》。9 月，在全县开展以争当小帮手、小标兵、小伙伴、小卫士、小主人为主要内容的“五小”行动，并组织“我做合格小公民”征文活动，共收到征文 212 篇。2004 年 5 月，县妇联、县教育局联合开展“一助一”春蕾女童助学活动启动仪式，资助首批“春蕾女童”105 名，资助金 1.5 万元。2005 年，县妇联在县国税局召开巾帼文明岗现场会暨“爱心手牵手”春蕾女童结对仪式，12 个市级“巾帼文明岗”与 12 名“春蕾女童”结成助学对子，签订责任书，每年资助 500 元。是年，“春蕾计划”实施已逾十年，累计筹资 10 万余元，救助 400 余名春蕾女童继续学业。

第四节　科学技术协会

机构 1981 年 3 月，惠民县科学技术协会恢复成立，围绕团结动员全县科技工作者开展学术交流、宣传普及科学技术和科技咨询等工作。1984 年 11 月，惠民县科技咨询服务中心成立。是年年底，全县建有乡镇科协 21 个，村科协 1259 个，县级学会 8 个，农村专业技术研究会 16 个。1987 年 7 月，县科协并入县科委，1991 年 8

月，县科协恢复独立建制，为正科级单位。至2005年底，全县有乡镇科协14个，县级学会9个、专业技术协会20个，农村专业技术协会（研究会）65个。共组织“科普宣传月”活动14届，“科普之春”活动8届，举办农函大11期，培训学员1.2万人次，推广种养新技术21项，年增经济效益6500万元。

科普宣传 1982年，县科协编辑出版《惠民科技资料》，创办《惠民科普》小报，印刷2万余份，发至县直单位和各乡镇。同年，购置照相机、收录机、幻灯机等科普宣传器材，与全国1000余家科技单位建立科技信息交流联系。1983年8月，成立县科学电影协会，至年底，到农村放映科教影片60余场次。1985年2月，在县城和各乡镇举办“破除迷信”科普展览，展出展板60块，张贴挂图600张，收到良好效果。1987年，在全国“农村科教电影汇映月”活动中，县科协和电影协会受到文化部、广播电视部、国家科委等六部委联名表彰。1992年起，在全县实施《科普宣传月计划》，县、乡科协每年开展1～3次科普宣传周或宣传月活动，并形成制度化。1998年，组织实施“科普之春”活动，开办报纸、电台、电视专题节目3个，发放科技资料10万余份。是年，县科协被评为全省科普宣传活动先进单位，2人被评为先进个人。

2000年12月，举办“崇尚科学文明，反对迷信愚昧”大型巡回科普展览，展出展板68块，张贴科普图片900张，受教育群众达2.5万人次。2001年，制订《惠民县青少年科学传播活动实施方案》，并确定六和科技园、县气象局、县环保局等7家单位为青少年科普教育基地。2003年5月，县委、县政府转发县科协制定的预防“非典”实施方案，在为期3个月的活动中，共播放防治“非典”专题节目90次，印发防治“非典”科普资料5万份，展出防治“非典”科普挂图120幅。2004年3月，举办第七届“科普之春”大型科普宣传活动，聘请由12位农牧业专家组成的讲师团，在全县巡回讲座56场。制作防治禽流感科普展板80幅，展出28场，受益群众达1万人。同年，组织实施“科普村村通”工程，建成“科普村村通”宣传栏30个。至2005年，县科协共组织举办“科普宣传月”活动14届，“科普之春”活动8届，送科技下乡23次，其他大型科普活动6次，在县城和1282个行政村安装高标准铝合金科普宣传栏1300余块，共放映科教影片2100余场次，受益群众达100万人次。县科协被省科协评为“科普村村通工作先进单位”。

科技培训与咨询 1982年起，全县把农村干部、农业技术员和青壮年农民作为重点教育对象，通过举办各种技术培训班和广泛开展科技咨询活动，全面提高农民致富本领。1984年，县科协、科委联合举办日语、英语培训班，共培训中级以上技术人员1500名。同年11月，县科技咨询服务中心成立，联系专家12名，建立科技服务站8处。各学会相继成立农业、水利、林果、畜牧、机械、建筑、医学等8处科技咨询服务点。1985年，科协举办系统工程学习班，培训企事业单位副科级以上干部80人。1988年，县蔬菜协会举办蔬菜技术培训班22期，培训菜农3500人，推广良种蔬菜种植面积8000亩。1990年，县林学会组织100名国内外专家到惠民举办果树栽培技术培训班12期，讲座100场，培训果农1000人，发展优质果树栽培面积20万亩。1992年，县农业局、林业局、水利局、畜牧局等单位的80名专家和技术员参加“科普宣传月”活动，为群众解答疑难问题700余条，提供科技咨询1100余次。

1993年8月，中国农村致富技术函授大学惠民分校成立，第一期招收学员660人，开设果树、蔬菜2个专业共16个班。1994年，第二期农函大招收学员1850人，开设林果、蔬菜、桑蚕、畜牧和养鸡5个专业41个学习班。1998年，举办首期“科普之春”大型送科技下乡活动，组织参加专家160人，举办培训班10期，讲座50场，现场提供咨询5000人次。同年，邀请省科协“老专家服务团”“小麦顾问团”到县进行科技服务，接受咨询1200人次。2000年6月，建立“农业科技咨询服务热线”，至年底，共收到热线电话3528次，出动车辆513次，上门现场解决问题837人次。2003年，在防治“非典”科普宣传月活动中，组织专家21人次，举办讲座7场，接受群众咨询1200人次。2004年，举办大棚食用菌和高酸苹果2个专业培训班，培训学员800人，发展食用菌大棚60个，高酸苹果50万亩。2005年，组织31名种养技术专家组成讲师团，到全县特色农业村开办讲座23场次，培训科学养殖人员2500人，接受现场、电话咨询1200人次，成功推广4项科学种养新技术。

学会（协会、农技协）工作 1982年5月，县农学会、水利学会和中华医学会惠民县分会成立。1983年，县电影协会成立，同年，开展送科教电影下乡活动，放映《地膜覆盖》《科学种树》《计划生育》等科教影片60余场。1984年，成立县林学会、机械工程学会、建筑工程学会、工业工程学会、二轻工业学会，各学会在各学科领域为全县经济发展提供科技咨询和指导服务。1985年，县蔬菜协会、申桥养牛协会、花卉盆景协会、食用菌协会等17个专业技术协会相继成立。同年，群众自发组织成立大年陈林果研究会、姜楼林果研究会、淄角蔬菜协会等64个农民专业技术协会。1990年，县林学会选育的“短枝红富士”苹果，被评为山东省优质果品，向全国推广种植160万亩。县林学会被省科协评为“先进学会”。1991年，县蔬菜协会被省科协评为先进农技协会。1993年，组织成立县桑蚕学会，推广桑园8000亩，亩均增收1200元。1997年，申桥养牛协会被省科协评为先进农技协会。1999年，陈集乡食用菌协会被评为地区先进农村专业技术协会。2002年，县苗木协会成立。至2005年，全县各级学会、协会、研究会共举办中、小型学术会议200余次，撰写论文220余篇，有40余篇论文获省、地学会二、三等优秀论文奖。有13人获地区青年科技奖，有11人被评为省级以上优秀科技工作者，有20余人被评为地区级先进科技工作者。

科普示范基地建设 1994年，县科协建立鲁棉13号种植示范基地，推广种植20万亩，创收2400万元。1996年，从省农科院引进优质小麦良种916，在省屯乡建立繁育示范基地，推广优质小麦种植面积3万亩。1997年，在淄角镇建立蔬菜种植示范基地，在陈集乡和皂户李乡建立食用菌培育示范基地，发挥示范和辐射带动作用。2001年，县科协积极创办优势产业科普示范基地，引进农业高效致富项目3项。在桑落墅镇胡家村、何坊乡大李村、淄角镇小魏村建设优质桃生产示范基地，示范面积800亩，辐射带动产业发展1.6万亩。在李庄镇建立珍稀果品良种繁育示范基地，引进培育珍稀果品19种，成功推广种植11种。2002年，建立山东农兴抗虫杂交棉繁育示范基地200亩，推广种植抗虫棉良种面积7万亩。至2005年，先后成立冬枣、西梅、紫芦笋3个水果繁育示范基地，推广种植1万亩，年均增收2000元/亩。其中西梅繁育示范基地被省科协评为省级科普示范基地。是年，大年陈林果研究会建设的万亩高酸苹果示范基地，产出高标准高酸苹果2万吨，被省科协授予“全省优秀农村专业技术协会”称号。

第五节 工商业联合会

机构 1989年12月，惠民县工商业联合会恢复成立，正科级单位，编制5人。1993年10月，县级机构改革，县工商联挂靠县委统战部，定编3人。1996年，县委办公室转发县工商联关于在各乡镇成立商会的报告。1997年，在姜楼镇进行试点，成立第一个乡镇商会。魏集镇借鉴经验，继姜楼之后成立商会。是年，全县实有工商联会员486名，其中团体会员18个、企业会员68个、个人会员400个。1998年，设立中国共产党惠民县工商业联合会党组，加强县工商联为党和政府联系、管理非公有经济的桥梁纽带作用。2000年，县委办公室再次转发县工商联等三部门关于成立乡镇商会的报告，各乡镇陆续成立商会。2001年，全县21个乡镇撤并为14个，李庄、姜楼、胡集、清河镇、魏集、淄角、惠民镇、石庙重组了8个乡镇商会，天狮保健行业组建一个同行业商会。2005年，全县有工商联会员686名，其中团体会员18个、企业会员168个、个人会员500个。

惠民县工商业联合会会员代表大会　1989年12月28日，召开惠民县工商业联合会第四届会员代表大会。大会选举产生以高法铭为主任委员，郭永海为副主任委员以及17位执行委员组成的执行委员会。1993年4月27日，召开惠民县工商业联合会第五届会员代表大会。大会选举产生以张罡为会长，郭永海为副会长和19名执行委员组成的第五届执行委员会。1998年5月28日，召开惠民县工商业联合会第六届会员代表大会。大会选举产生以李洪喜为会长，孙思国、郭永海、高洪田、马希冉、王延民、李炳海、刘洪生、赵吉星、张建民、董培堂为副会长以及19位执行委员组成的惠民县工商业联合会第六届执行委员会。2000年9月25日召开县工商联六届三次会议，增选郭方亮、邢大章为副会长。2002年4月28日，召开惠民县工商业联合会第七届会员代表大会。大会选举产生以路好林为会长，韩风成为秘书长以及25位执行委员组成的惠民县工商业联合会第七届执行委员会。

融资服务　1993—1997年，共为会员筹集资金120余万元。1998年，县工商联和工商银行惠民县支行、滨州众诚担保有限责任公司、滨州环宇担保公司合作，开展为企业会员融资服务。2004年，为会员企业培堂瓶业有限公司及油脂有限公司分别贷款110万元和130万元，为姜楼福利厂、鑫海包装有限公司共融资120余万元。至2005年，县工商联共为会员企业融资3000万元，缓解了部分非公有制企业资金短缺的困难。

法律服务　1996年，县工商联成立法律咨询站，聘请县司法局的两名律师常年开展为会员“三优”（优先服务、优质服务、优惠服务）服务工作，并向会员发放咨询卡，明确服务项目。咨询站挂牌服务前两年，即在依法帮助会员解决民事纠纷、代理案件辩护、保护会员合法权益等方面，为会员追回经济损失320万元。2002年4月，建立惠民县工商联综合服务站，为会员提供法律服务和市场、技术、资金信息，维护会员合法权益，反映会员意见、建议和要求。2003年，建立县工商联法律服务站，为会员提供法律宣传、培训、咨询等服务。2004年，县工商联创办“惠民县民营企业维权中心”，旨在扩大服务范围，确保民营企业依法受到保护。当年为会员李丙海追回汽车1部、资金20万元。至2005年，维权中心共受理会员企业及个人各类案件89起，其中代理诉讼37起、诉外调解29起、代理签订企业合同23件，共挽回经济损失3000余万元。

维护会员合法权益　1993年开始，县工商联聘请县法院、检查院、公安局、工商局、国税局、地税局、技术监督局、交通局、物价局、土管局、环保局、建设局、劳动仲裁委员会13个职能部门主管业务的负责人为顾问，为非公有制经济保驾护航，优化企业会员的生产经营环境。1994年，围绕企业会员办骨胶厂污染问题，县工商联10余次与县环保、税务、土管、城建等部门及有关乡镇进行协商，达成利用已倒闭的县窑厂为场地的协议，骨胶厂当年投产。1996年，先后为董培堂、邢大章、李丙海等会员企业扩大再生产，依法新征土地52亩，并协调解决财政贷款270万元，免征所得税2年。1997年，县工商联会同县纪委、县监察局对大丰尼龙化纤制品有限公司、山东中惠食品有限公司等11家私营企业进行挂牌重点保护，签发以制止“三乱”（乱收费、乱罚款、乱检查）为主要内容的文件，维护了会员企业的合法权益。至2005年，共为企业会员协调关系60余次，解决了企业在发展中的诸多问题。

参政议政　1990年起，县工商联坚持参加县委各民主党派、党外人士“双月座谈会”，积极为惠民县的大政方针和热点难点问题出计献策。1997年，配合县委、县政府制定《关于鼓励发展个体私营经济的若干规定》，促进了全县非公有制经济的发展。2000年8月，组织9名民营企业家参加全县优化发展经济环境大讨论，针对经济发展环境及制约因素陈述见解和建议。撰写的《对个体私营企业不要另眼看待》《要放水养鱼，不要杀鸡取卵》《要给私营企业发展宽松环境》等文章，引起县委、县政府的高度重视。2005年，全县有82名工商联会员位列市、县、乡人大代表和政协委员。其中，市人大代表、市政协委员8名，县人大代表、县政协委员25名，县人大常委2名，县政协常委1名。

光彩事业活动　1995年，建立惠民县光彩事业委员会，各乡镇成立光彩事业领导小组。光彩事业是一项以非公有制经济人士为主体，以捐款、捐物等形式帮助贫困地区培训人才、兴办企业、开发资源、发展贸易的功德活动，有不少个体业主、工商联会员致富不忘回报社会，或转让技术项目，或扶危济困，或捐助公益事业。如年过七旬的工商联会员陈美常，坚持每年资助敬老院赡养老人，为村镇修路架桥、学校修缮捐款捐物，并救助7名失学儿童完成从小学到初中的学业。至2005年，全县工商联会员共向公益事业、抗洪救灾、扶贫、救助失学儿童等捐款1200万元，安置下岗职工再就业398人，安置大中专毕业生就业45人。赵吉星、翟洪庆等21位企业会员先后被市评为光彩之星。

第六节　残疾人联合会

机构　1989年，惠民县残疾人联合会成立（简称县残联），正科级事业单位，编制4人，设理事长、副理事长各1人，办事员2人，与县民政局合署办公。1990年4月3日，全县第一届残疾人代表大会召开，共有代表61人。1991年，结合贯彻落实《中华人民共和国残疾人保障法》，全县21个乡镇先后组建残疾人联合会，形成残疾人工作的组织网络。1994年，残疾人基层组织建设取得突破，县、乡、村及企事业单位均成立残疾人协调委员会，各乡镇相继出台残疾人优惠政策。1999年10月，县残联改由县政府直接领导与管理。

残疾人康复　县残联从残疾人的调查登记入手，全面掌握全县残疾人的类别、人数等基本情况，开展“三项康复”（白内障复明、聋儿语训、小儿麻痹后遗症矫治）工作。1990—1992年，治疗白内障62人，手术治疗白内障144人，手术治疗儿麻患者48名，建立2处语训点，语训聋儿17名，为残疾职工义务查体77人。1992年，惠民县被地区三项康复工作办公室列为儿麻后遗症患者手术试点县，并邀请国家暨省儿麻专家医疗队对儿麻患者实施矫治手术。筛选儿麻患者300人，对其中的39例实施矫治手术，有效率100%。1993年，实施儿麻矫治手术56例，白内障复明93例，为患者解决医疗手术补助费2.8万元，有5名聋儿参加语言训练班。1994年，为156名“三康”对象实施治疗。1995年，为加快残疾人康复工作进程，筹建残疾人康复站和残疾人康复中心，投资1.8万元购置康复医疗器械，发放“三康”医疗补助费1.2万元。是年，采取“二补一负”（县、乡补助一部分，个人负担一部分）的办法，完成儿麻矫治22例，白内障复明106例，聋儿语训7名，培训弱智儿童家长18人，低视力康复11人。1996年、1997年，为33名儿麻患者实施矫治手术，完成白内障复明179例，语训聋儿3人，并发放“三康”医疗补助费5.1万元。结合世界爱眼日活动向白内障患者发放义诊、扶贫卡180份。1999年、2000年，共完成儿麻矫治手术44例，实施白内障复明手术290例，语训聋儿11人，培训弱智儿童家长7人，低视力康复5人。2002年，县残联成立残疾人用品用具供应站，免费为残疾人提供12种康复辅助器具。助残日期间，与台湾曹氏基金会合作，免费为残疾人发放轮椅130辆，手摇三轮45辆。2004年，惠民县精神病预防康复工作领导小组成立。领导小组在县中医院组建精防康复技术指导中心，依托各乡镇卫生院建立精防康复工作指导站，各行政村设立精防监护小组，覆盖全县的精防康复三级服务网络基本形成。同年，县精防康复技术指导中心在县中医院建立精神病专科门诊，有4个乡镇100名贫困精神病患者接受“中国残联专项彩票公益贫困精神病患者医疗救助项目”的救助治疗。依靠社会力量，在滨州市中心医院设立惠民县白内障扶贫定点医院，委托济南眼镜城成立惠民县低视力康复配镜中心。是年，对全县精神病患者进行调查、登记和填卡建档。全县共有精神病患者3889人，受监护者3810人，监护率90%以上。至2005年，全县共有10498名各类残疾人得以不同程度的康复。

残疾人就业 1979年6月1日，县民政局在惠民城鼓楼街建立社会福利厂，安置非农业户口聋哑残疾青年15人。1985年，姜楼乡、李庄镇、皂户李乡各建社会福利厂一处，共吸收22名残疾青年就业。同时，县民政局、桑落墅镇、石庙镇、大年陈乡兴办福利公司或福利门市部，共安置残疾人11名。同年，县民政局社会福利厂改建为社会福利公司，成为县内第一家社会福利企业。其后，各乡镇陆续开办社会福利公司或工厂，安置具有一定劳动能力的残疾人就业。省屯镇新华福利淀粉厂安置残疾人35人，是全县安置残疾人最多、福利待遇较高的企业之一。县残联建立后，县政府制定分散按比例安置残疾人的就业办法，鼓励和推动企事业单位、机关团体安置残疾人，对没有按规定安置残疾人的单位征收残疾人就业保障金。1995年，县民政局、县国税局、县工商局、县地税局、县残联和城建委六部门联合发出《关于对残疾人就业实行优惠待遇的通知》，对从事个体经营的残疾人减免工商管理费和营业税、所得税、增殖税等，并为65名残疾人个体户颁发了优惠证书。1996年，继续推行残疾人按比例就业政策，安排有劳动能力的残疾人就业215人，为28名残疾人办理了优惠证书，减免各种税费1.2万元。2001年4月19日，全县按比例安排残疾人就业工作会议召开，县委、县人大、县政府、县政协、县纪委及152个单位的主要负责人参加会议。是年，有20个单位安排残疾人就业69人，收缴残疾人就业保障金14.9万元。2002年，县残联在县教育中心举办第一届残疾人职业培训班，开办家电维修、计算机、缝纫三个专业，共有35名残疾人参加培训。2003年始，每年输送残疾人去济南大三元培训中心参加多种类型的技能培训。2004年，县残联在县城扬子裤行建立惠民县残疾人缝纫专业培训基地，年内培训残疾人69人。至2005年，共为残疾人提供资金3万元，交流致富信息326条，联系致富项目121个，争取扶贫贷款160万元。同时，为特别困难的168名残疾人办理最低生活保障，年发放最低生活保障金18万元。

残疾人文体活动 2000年5月，县残联与惠民镇新华福利淀粉厂联合举办残疾人文体活动比赛。设立象棋、扑克、乒乓球等比赛项目，共有40余名残疾人参加比赛，有10余人在比赛中取得好成绩。此后，多次组织残疾人去县内旅游景点和县属重点企业参观游览，坚定了他（她）们自强自立的创业信念。鼓励、资助有爱好特长的残疾人参加全国及省内外大赛，推荐残疾人体育人才参加残疾人运动会和各项体育比赛。残疾人巩晓勇、刘路栾多次参加残疾人运动会和县残联举办的乒乓球比赛。残疾女青年常青身残志坚，创作并出版了20余万字的长篇小说《记忆的天堂》。2001年4月，县残联资助残疾人刘清才前往河南郑州参加全国小小说颁奖暨创作笔会。2003年5月，帮助摄影爱好者残疾女青年李丙云参加省残联举办的残疾人摄影大赛。同年，在市残联和市广播电台联合举办的残疾人新闻写作比赛中，中心医院的王强荣获2等奖。2004年，残疾青年张继良在全县青年书画作品大赛中获得优秀奖。

第七节 个体私营劳动者协会

1983年8月，惠民县个体劳动者协会成立，办公室设在县工商行政管理局。1985年，惠民县第一届个体劳动者协会代表大会召开，大会选出个协领导班子，吴玉森任个协主任，赵玉祯、张同禄、陈观颜、密士胜任副主任。1987年4月22日，惠民县个体劳动者协会第二届会员代表大会召开，参加会议的代表149人。大会选举产生第二届理事会，郭洪礼当选为名誉会长，赵连仲当选为会长。1988年，开展会员教育培训工作，广大会员文明经营、守法经营。是年，全县个体会员共缴纳税金96.7万元，比上年增缴30万元，并带头认购国库券45万元，有510户个体户为红十字会募捐3786元。1989年6月4日，惠民县个体劳动者协会第三次会员代表大会召开，大会选举产生第三届理事会，毛玉武为名誉会长，王合金任会长。年内，有7个基层分会、21个先进小组、127名个体劳动者受到表彰奖励。推荐8家私营企业和个体户生产的9个品种150件商品参加省个协举办的名、优、特、新产品展销会。选送7名个体摄影、美术、书法爱好者的21件作品参加全国个体劳动者首届书画、摄影“光彩杯”竞赛活动。1990年，全县22个个协基层分会均建立会员培训领导小组，制订培训计划，对分会副主任、秘书44人进行为期5天的集中培训。向各分会发放《个体工商户须知80题》100册，《个体工商户私营企业者法律职业道德知识问答》1000册，印发问答试卷2050份。同年，南关、城关分会的314名个体户向县内遭受严重洪涝灾害的群众捐款5152元。1991年，组织3120名个体会员参加法律、法规知识考试，成绩90分以上的占90%。同年，发动全县个体户为孙子故园建设捐款8.84万元，为省残疾人康复学校捐款1.25万元。1994年，县个协先后三次组织个体、私营经济发展情况调查，发现并解决了一些有碍个体、私营经济发展的问题。是年，为65名会员办理了地方城镇户口手续，在4个专业市场建立了妇女组织。全县个协会员为希望工程捐款8560元，县个协和19名会员受县委、县政府表彰。1995年5月31日，惠民县个体劳动者协会第四次代表大会召开，参会代表144人。大会选举房加福任会长，齐文长为名誉会长。1998年5月11日，“惠民县个体劳动者协会”更名为“惠民县个体私营劳动者协会”。同年，发动全县个体、私营业户踊跃捐款2.26万元，支援部分省区抗洪救灾。2000年，县个私协会为个体私营业户提供各类法律咨询服务296人次，调解经济纠纷78起，进行法律法规和政策教育500余人次。2001年，为个体私营业户提供各类法律、法规咨询服务196次，调解经济纠纷140余起，发放普法学习材料4000份。2003年，组织个私协会会员学习宣传抗击“非典”常识，配合卫生防疫部门做好门店消毒、员工防护等工作，发放宣传材料8000余份。同年，协会为企业联系贷款500余万元，为821名下岗失业人员办理营业执照，为1833名失业人员在民营企业中谋职。2004年，实行“红盾帮扶助月调度”“现场办公”办法。走访企业58人次，为企业协调资金170万元，提供生产销售和供求信息230条，与帮扶企业联手打假护优5次，挽回经济损失54.7万元。

第八节　消费者协会

1989年10月，惠民县消费者协会成立。同年，开展《中华人民共和国消费者权益保护法》《山东省实施〈消费者权益保护法〉办法》《山东省消费纠纷仲裁办法》和国家有关政策、法规的宣传活动，印发宣传材料1800余份，接待咨询服务500余人次。1990年，在“3·15”宣传日中，发放各种宣传材料5000余份。是年，共受理消费者投诉61起，为消费者挽回经济损失29.8万元，避免经济损失120万元。1991年，成立全县各乡镇和南关共22个消协分会，在县城5个大商店设立“消费监督站”，受理消费者投诉36起。评出县级“无假冒伪劣商店”22个，地级“无假冒伪劣商店”3个。1992年，受理消费者投诉180起，为消费者挽回经济损失5552元，分别评出地级、县级“无假冒伪劣商店”5个和93个。1993年，在全县建立消费者指导站、联络站、监督站183个。是年，受理消费者投诉204起，为消费者挽回经济损失2.3万元。1994年，举办消费者权益保护法培训班1期，培训人员80人。受理消费者投诉257件，为消费者避免经济损失49501元。1995—1996年，共受理消费者投诉731件，挽回经济损失17万元。1997年，在“3·15”宣传日中，发放各类宣传材料8000份，现场受理投诉20余起，为消费者挽回经济损失15.4万元。1998年5月，全县建立电话投诉举报网络，县工商局基层工商所和有关科股的电话尾数统一为“315”号。1999年，围绕“明明白白消费”这一主题，用3个月的时间开展“3·15”宣传活动，印发各类宣传材料3.2万份。2000年，在“3·15”宣传活动中，组织40余人的宣传队伍，在全县各乡镇进行为期一周的巡回宣传，受教育群众达20余万人。1998—2000年，全县发展消费者协会团体会员215户，私营会员64个，个人会员11250个。成立专业投诉站4个，消协会员优惠单位4个，消协会员优惠医疗单位1个。共受理消费者投诉1451件，处结率99.6%，为消费者直接或间接挽回经济损失164.3万元。2001—2002年，全县发展消协团体会员795户，个人会员8200个。受理消费者投诉714件，为消费者挽回经济损失60万元。2003年3月12日，由中国消费者协会和山东省工商局组织的“3·15”大型宣传活动在惠民县举行，大众日报社等10余家新闻媒体和海尔集团等30余家企业参加宣传活动。2004年，受理消费者投诉123起，为群众挽回经济损失10余万元。2005年，受理消费者投诉179件，为消费者挽回经济损失8.2万元。

第十四编　政权　政协

第一章　惠民县人民代表大会

第一节　县人民代表大会

惠民县第九届人民代表大会第一次会议　1981年1月8—13日召开，380名代表出席大会，县政协四届全体委员和县直各部、委、办、局负责人列席会议。会议听取并审议县革委副主任赵山水作的《县革委工作报告》，审议1979年、1980年国民经济计划安排意见的书面报告；会议选举胡广美为人大常委会主任，曹维新、李遵和、韩庆云、赵学诚为副主任；选举赵山水为县长，王长梅、李正教、马克、刘传安、李永光为副县长；选举蔡佃元为县法院院长，赵芳桐为县检察院检察长。

惠民县第九届人民代表大会第二次会议　1982年1月4—8日召开，到会代表379人，县政协四届二次会议的委员和县直部、委、办、局负责人列席会议。会议听取并审议县长赵山水作的《政府工作报告》，副县长王长梅作的《关于1981年国民经济计划执行情况和1982年国民经济计划安排意见的报告》，县财政局局长张桂武作的《关于1981年财政决算和1982年财政预算初步安排意见的报告》，县人大常委会主任胡广美作的《县人大常委会工作报告》，县人民法院院长作的《县人民法院工作报告》和县人民检察院检察长作的《县人民检察院工作报告》；通过《〈关于开展全民义务植树运动的决议〉的决议》；增选赵洪瑞为县九届人代会常委会副主任，张长风、李益年为常务委员；冯俊玲（女）为县人民政府副县长。

惠民县第九届人民代表大会第三次会议　1983年1月16—22日召开，应到代表374人，实到310人，县政协四届三次会议的委员和县直部、委、办、局负责人列席会议。会议听取并审议县长赵山水作的《政府工作报告》，副县长王长梅作的《关于1982年国民经济计划执行情况和1983年国民经济计划安排意见的报告》，人大常委会主任胡广美作的《县人大常委会工作报告》和县法院院长、县检察院检察长分别作的工作报告，县财政局局长作的《关于1982年财政决算和1983年财政预算初步安排意见的报告》。会议还听取了县人大常委会副主任曹维新作的《关于惠民县第十届人民代表大会名额和选举问题的说明》。会议选举于华春、冯俊玲（女）、田次元、朱爱芹、李华英、彭梅羹为出席省六届人代会代表。

惠民县第十届人民代表大会第一次会议　1984年5月26—30日召开，会议应到代表380人，实到364人，县政协五届一次会议的委员和县直部、委、办、局负责人列席会议。会议听取副县长李正教作的《政府工作报告》和人大常委会副主任曹维新作的《人大常委会工作报告》，听取赵维新、孙全祥分别作的《县人民法院工作报告》和《县人民检察院工作报告》。大会选举郭毓华为人大常委会主任，曹维新、韩庆云、赵洪瑞为副主任；选举李正教为县人民政府县长，周清利、曲振水、马先乐、毛玉武、司金英（女）为县人民政府副县长。

惠民县第十届人民代表大会第二次会议　1985年4月24—27日召开，到会代表325人，县政协五届二次会议的全体委员和县直部、委、办、局负责人列席会议。会议听取并审议副县长周清利受县长李正教委托所作的《政府工作报告》，审议《惠民县1984年国民经济计划执行情况和1985年国民经济计划安排意见的报告》，听取并审议《县人大常委会工作报告》和县法院、县检察院的有关报告，并对以上报告作出相应的决议。会议期间，代表们提出136件提案，会后分类整理，交有关部门处理。

惠民县第十届人民代表大会第三次会议 1986年5月2—5日召开，会议听取并审议县长李正教作的《政府工作报告》，副县长兼县计委主任周清利作的《惠民县1985年国民经济和社会发展计划执行情况与1986年国民经济和社会发展计划安排意见的报告》，听取并审议《惠民县1985年财政决算和1986年财政预算的报告》《县人大常委会工作报告》和县法院、县检察院的有关报告，并对上述报告通过决议。会议决定接受韩庆云辞去县人大常委会副主任职务的请求。决定罢免沈玉堂县人大常委会委员职务。会议还通过关于《惠民县第十一届人民代表大会代表名额和选举问题的决议》。

惠民县第十一届人民代表大会第一次会议 1987年3月24—28日召开，会议听取并审议县长李正教作的《政府工作报告》，县计委主任仇长清作的《惠民县1986年国民经济和社会发展计划执行情况及1987年国民经济和社会发展计划安排意见的报告》、县财政局局长张富隆作的《惠民县1986年财政决算和1987年财政预算的报告》和县人大常委会主任郭毓华作的《县人大常委会工作报告》、县法院院长崔国明作的《县法院工作报告》、县检察院检察长孙全祥作的《县人民检察院工作报告》，并对上述报告通过决议。会议还通过《关于大力开展增产节约、增收节支运动的决议》。会议选举赵山水为惠民县人大常委会主任，李树林、郭洪礼、赵洪瑞为惠民县人大常委会副主任；选举马东向为惠民县人民政府县长，周清利、毛玉武、司金英（女）、赵秉耕、李宝清、张型鲁为县人民政府副县长；选举崔国明为县人民法院院长；选举孙全祥为县人民检察院检察长。

惠民县第十一届人民代表大会第二次会议 1988年1月4—7日召开，会议听取并审议县长马东向作的《政府工作报告》、县计委主任张吉普作的《惠民县1987年国民经济和社会发展计划执行情况与1988年国民经济和社会发展计划安排意见的报告》、县人大主任郭毓华作的《县人大常委会工作报告》和县财政局、县法院、县检察院的有关报告，并对上述报告通过决议。会议选举马东向、李华英、胡安夫、赵洪瑞为山东省第七届人民代表大会代表。会议罢免丁洪德的县第十一届人民代表大会代表资格。

惠民县第十一届人民代表大会第三次会议 1989年3月11—13日召开，会议听取并审议县长马东向作的《政府工作报告》、副县长毛玉武作的《惠民县1988年国民经济和社会发展计划执行情况及1989年国民经济和社会发展计划安排意见的报告》、县人大常委会主任赵山水作的《县人大常委会工作报告》和县财政局、县法院、县检察院的有关报告，并对上述报告通过决议。

惠民县第十二届人民代表大会第一次会议 1990年3月16—20日召开，会议听取并审议县长马东向所作的《政府工作报告》、县计委主任王延明作的关于《惠民县1989年国民经济和社会发展计划执行情况与1990年国民经济和社会发展计划安排意见的报告》、县人大常委会主任赵山水作的《县人大常委会工作报告》和县财政局、县法院、县检察院的有关报告，并对上述报告通过决议。会议选举李正教为县人大常委会主任，司金英、郭洪礼、王国平、陈培成、宋焕芝为县人大常委会副主任；选举马东向为县人民政府县长，顾峰、李炳众、毛玉武、李宝清、孙工、高炉、季洪钦为县人民政府副县长；选举崔国明为县法院院长；选举孙全祥为县检察院检察长。

惠民县第十二届人民代表大会第二次会议 1991年3月11—15日召开，会议听取并审议代县长顾峰作的《政府工作报告》、县计委主任王延明作的《惠民县1990年国民经济和社会发展计划执行情况与1991年国民经济和社会发展计划安排意见的报告》、县人大常委会主任李正教作的《县人大常委会工作报告》和县财政局、县法院、县检察院的有关报告，并对上述报告通过决议。会议审议批准《惠民县国民经济和社会发展第八个五年计划》《依法治县总体规划》《孙子故园建设规划》《村民代表议事会暂行办法》。会议补选顾峰为县人民政府县长。

惠民县第十二届人民代表大会第三次会议

1992年3月16—19日召开，会议听取并审议县长顾峰作的《政府工作报告》、县计委主任王延明作的《惠民县1991年国民经济和社会发展计划执行情况与1992年国民经济和社会发展计划安排意见的报告》、县人大常委会主任李正教作的《县人大常委会工作报告》和县财政局、县法院、县检察院的有关报告，并对上述报告通过决议。会议审议通过《关于贯彻落实〈中共中央关于进一步加强农业和农村工作的决定〉动员全县人民齐心协力奔小康的决议》和《关于贯彻落实〈山东省农民负担条例〉切实减轻农民负担的决议》。会议补选冯俊玲为县人大常委会副主任。

惠民县第十三届人民代表大会第一次会议

1993年2月15—19日召开，会议听取并审议代县长魏艳作的《政府工作报告》、县计委主任齐文长作的《惠民县1992年国民经济和社会发展计划执行情况与1993年国民经济和社会发展计划安排意见的报告》、县人大常委会主任李正教作的《县人大常委会工作报告》和县财政局、县法院、县检察院的有关报告，并对上述报告通过决议。会议选举路福增为县人大常委会主任，司金英、李宝清、王国平、陈培成、宋焕芝、冯俊玲为县人大常委会副主任，选举魏艳为县人民政府县长，曹洪儒、张德新、张玉标、王悦华、齐文长、田有增为县人民政府副县长，选举张彪为县人民法院院长；选举孙全祥为县人民检察院检察长；选举黄可华、赵延孝、张玉标、朱文友、王玉凤为山东省第八届人民代表大会代表。

惠民县第十三届人民代表大会第二次会议

1994年1月29—31日召开，会议应到代表320人，出席会议的代表291人。会议听取并审议县长魏艳作的《政府工作报告》、县计委主任宋春亭作的《惠民县1993年国民经济和社会发展计划执行情况与1994年国民经济和社会发展计划安排意见的报告》、县人大常委会主任路福增作的《县人大常委会工作报告》和县财政局、县法院、县检察院的有关报告，并对上述报告通过决议。会议补选苗万东为县十三届人大常委会委员。

惠民县第十三届人民代表大会第三次会议

1995年3月25—27日召开，会议应到代表320人，出席会议的代表288人。会议听取并审议县长魏艳作的《政府工作报告》、县计委主任宋春亭作的《惠民县1994年国民经济和社会发展计划执行情况与1995年国民经济和社会发展计划安排意见的报告》、县人大常委会主任路福增作的《县人大常委会工作报告》和县财政局、县法院、县检察院的有关报告，并对上述报告通过决议。

惠民县第十三届人民代表大会第四次会议

1996年2月5—8日召开，会议应到代表320人，出席会议的代表275人。会议听取并审议县长魏艳作的《政府工作报告》、县计委主任宋春亭作的《惠民县1995年国民经济和社会发展计划执行情况与1996年国民经济和社会发展计划安排意见的报告》、县人大常委会主任路福增作的《县人大常委会工作报告》、县教委主任李执雁作的《全县教育工作报告》和县财政局、县法院、县检察院的有关报告。会议补选陈光远、张新华为县十三届人大常委会委员。

惠民县第十三届人民代表大会第五次会议

1997年1月25—28日召开，会议应到代表320人，出席会议的代表295人。会议听取并审议代县长刘启盛作的《政府工作报告》、县计委主任宋春亭作的《惠民县1996年国民经济和社会发展计划执行情况与1997年国民经济和社会发展计划安排意见的报告》、县人大常委会主任路福增作的《县人大常委会工作报告》和县教委、县财政局、县法院、县检察院的有关报告，并对上述报告通过决议。会议补选刘启盛为县人民政府县长。

惠民县第十四届人民代表大会第一次会议

1998 年 1 月 18—21 日召开，会议听取并审议县长刘启盛作的《政府工作报告》、县计委主任宋春亭作的《惠民县 1997 年国民经济和社会发展计划执行情况与 1998 年国民经济和社会发展计划安排意见的报告》、县人大常委会主任路福增作的《县人大常委会工作报告》和县财政局、县教委、县法院、县检察院的有关报告，并对上述报告通过决议。会议选举曹洪儒为县人大常委会主任，司金英、李宝清、孙全祥、田有增、徐廷荣、袁海芳为县人大常委会副主任；选举刘启盛为县人民政府县长，尚洪立、齐文长、步兵、崔明月、康永彬、刘希安为县人民政府副县长；选举张彪为县法院院长；选举张新华为县人民检察院检察长；选举吴官正、王宗廉、祁维华、王玉凤、郭长江为山东省第九届人民代表大会代表。

惠民县第十四届人民代表大会第二次会议

1999 年 1 月 22—24 日召开，会议听取并审议县长刘启盛作的《政府工作报告》、县计委主任宋春亭作的《惠民县 1998 年国民经济和社会发展计划执行情况与 1999 年国民经济和社会发展计划安排意见的报告》、县人大常委会主任曹洪儒作的《县人大常委会工作报告》和县财政局、县教委、县法院、县检察院的有关报告，并对上述报告通过决议。

惠民县第十四届人民代表大会第三次会议

2000 年 1 月 17—20 日召开，会议听取并审议代县长何凤岐作的《政府工作报告》、县计委主任宋春亭作的《惠民县 1999 年国民经济和社会发展计划执行情况与 2000 年国民经济和社会发展计划安排意见的报告》、县人大常委会主任曹洪儒作的《县人大常委会工作报告》和县财政局、县教委、县法院、县检察院的有关报告，并对上述报告通过决议。会议选举卞成杰、韩长胜为惠民县第十四届人大常委会委员；会议补选何凤岐为县人民政府县长，袁海芳为县人民政府副县长；选举李成友为县检察院检察长。会议决定接受袁海芳辞去县人大常委会副主任职务的请求。

惠民县第十四届人民代表大会第四次会议

2000 年 12 月 8—10 日召开，会议听取并审议县长何凤岐作的《关于民营经济发展情况的报告》，并通过《关于解放思想、优化环境、加快民营经济发展的决议》。会议选举王乃信、王宗廉、何凤岐、祁维华、曹洪儒等 57 人为滨州市第七届人民代表大会代表。

惠民县第十四届人民代表大会第五次会议

2001 年 2 月 20—23 日召开，会议应到代表 244 人，出席会议的代表 228 人。会议听取并审议代县长刘相庆作的《政府工作报告》、县计委主任宋春亭作的《惠民县国民经济和社会发展第十个五年计划纲要的编制说明》；县人民政府提交的《惠民县国民经济和社会发展第十个五年计划纲要和惠民县 2000 年国民经济和社会发展计划执行情况与 2001 年国民经济和社会发展计划安排意见的报告》、县人大常委会主任曹洪儒作的《县人大常委会工作报告》和县财政局、县法院、县检察院的有关报告，并对上述报告通过决议。会议决定接受何凤岐辞去惠民县人民政府县长职务的请求。会议补选刘相庆为县人民政府县长。

惠民县第十四届人民代表大会第六次会议

2002 年 1 月 22—25 日召开，会议应到代表 240 人，出席会议的代表 225 人。会议听取并审议县长刘相庆作的《政府工作报告》、县计委主任宋春亭作的《惠民县 2001 年国民经济和社会发展计划执行情况与 2002 年国民经济和社会发展计划安排意见的报告》、县人大常委会主任曹洪儒作的《县人大常委会工作报告》和县财政局、县法院、县检察院的有关报告，并对上述报告通过决议。会议决定接受尚洪立、齐文长、康永彬辞去惠民县人民政府副县长职务的请求。会议补选商玉昌、高月华为县人民政府副县长。

惠民县第十五届人民代表大会第一次会议

2003 年 1 月 18—21 日召开，会议应到代表 243 人，出席会议的代表 239 人。会议听取并审议县长刘相庆作的《政府工作报告》、县发展计划局局长宋春亭作的《惠民县2002年国民经济和社会发展计划执行情况与2003年国民经济和社会发展计划安排意见的报告》、县人大常委会主任曹洪儒作的《县人大常委会工作报告》和县财政局、县法院、县检察院的有关报告，并对上述报告通过决议。会议选举曹洪儒为县人大常委会主任，张延才、袁海芳、李清森、宋兴武、史新民、李英俊为县人大常委会副主任；选举刘相庆为县人民政府县长，商玉昌、高月华、万永格、李子超、李勇、郑玉梅为县人民政府副县长；选举张礁为县法院院长；选举刘宝昌为县检察院检察长；选举于佃海、王乃信、王世明等56人为滨州市第八届人民代表大会代表。

惠民县第十五届人民代表大会第二次会议 2004年1月2—4日召开，会议应到代表243人，出席会议的代表239人。会议听取并审议县长刘相庆作的《政府工作报告》、县发展计划局局长刘登林作的《惠民县2003年国民经济和社会发展计划执行情况与2004年国民经济和社会发展计划安排意见的报告》、县人大常委会副主任张延才作的《县人大常委会工作报告》和县财政局、县法院、县检察院的有关报告，并对上述报告通过决议。

惠民县第十五届人民代表大会第三次会议 2005年1月29日—2月1日召开，会议应到代表241人，出席会议的代表231人。会议听取并审议代县长何思清作的《政府工作报告》、县发展计划局局长刘登林作的《惠民县2004年国民经济和社会发展计划执行情况与2005年国民经济和社会发展计划安排意见的报告》、县人大常委会副主任张延才作的《县人大常委会工作报告》和县财政局、县法院、县检察院的有关报告，并对上述报告通过决议。会议补选何思清为县人民政府县长、王瑜为县人民政府副县长。

第二节　县人民代表大会常务委员会

惠民县第九届人大常务委员会 经1981年1月九届一次人代会选举产生。至1984年5月共举行17次会议，先后作出《关于组织全县人民讨论中华人民共和国宪法（修改草案）的决议》《关于搞好工交生产的决议》《关于加强全县教育工作的决议》《关于作好计划生育和卫生工作的决议》《关于进一步加强政法工作的决议》。县人大常委会先后组织6次视察，9次调查，联系代表730人次，召开代表座谈会99次，任免干部109名。

惠民县第十届人大常务委员会 经1984年5月换届选举产生。至1987年3月共举行15次常务委员会会议，先后通过《关于进一步加强全县经济体制改革和搞好校舍改造的决议》《关于加强县人民法院工作的决议》《关于加强县检察院工作的决议》《关于加强审计工作的决议》《关于进一步加强建立村民委员会工作的决议》《关于加强法制宣传教育及法律常识的决议》《关于在全县广泛开展体育活动的决议》《关于进一步加强税收工作的决议》《关于进一步贯彻执行刑法、刑事诉讼法的决议》《关于贯彻实施药品管理法，加强药品管理工作的决议》《关于贯彻实施计量法，加强标准计量工作的决议》《关于进一步贯彻森林法、实施惠民县“七五”林业计划和到本世纪末林业规划方案的决议》；审议批准《惠民县选举委员会关于县、乡（镇）两级人民代表大会换届选举工作实施方案》《惠民县“七五”林业计划和到本世纪末林业规划方案》。

惠民县第十一届人大常务委员会 经1987年3月十一届一次人代会选举产生。至1990年3月共举行21次会议，先后审议通过《关于贯彻执行〈全国人大常委会关于加强法制教育维护安定团结的决定〉的决议》《惠民县九年制义务教育规划》《关于设立乡镇人大主席的决定》《惠民县人民代表大会常务委员会议事规则》《关于加强廉政建设的决议》；审议通过《惠民县乡镇财政管理暂行办法》《惠民县县城建设管理暂行办法》《惠民县地名管理实施细则》《惠民县林木采伐和育林费征收实施办法》《惠民县乡镇建设管理暂行办法》等。

惠民县第十二届人大常委会 经1990年3月十二届一次人代会选举产生。至1993年2月共举行22次会议，先后审议通过《关于认真贯彻党的十三届三中全会精神，密切联系群众的决议》《惠民县实施〈山东省计划生育条例〉办法》《关于深入开展生产救灾运动的决议》《关于坚决制止乱收费乱罚款和各种摊派的决议》《关于深化企业改革扩大对外开放加速全县经济发展的决议》；审议批准《惠民县在公民中开展法制宣传教育的第二个五年计划》；作出《关于贯彻执行〈山东省保护老年人合法权益的若干规定〉的决定》等。

惠民县第十三届人大常委会 经1993年2月十三届一次人代会选举产生。至1998年1月共举行了33次会议，先后审议通过《关于组织人大代表对县人民政府及其所属工作部门和县人民法院、县人民检察院开展评议工作的决定》《关于深入开展反腐败斗争加强廉政建设的决议》《关于惠民县城总体规划的决议》《关于对选举、任命的国家机关工作人员进行法律知识培训、考核的决定》《关于县级国家机关实行执法责任制的决定》《关于强化监督、优化环境、保障个体私营经济加快发展的决定》；审议批准《惠民县科学技术发展第九个五年计划及2010年规划纲要》。

惠民县第十四届人大常委会 经1998年1月十四届一次人代会选举产生。至2003年1月共举行36次会议，先后通过《惠民县人大常委会人事任免暂行办法》《关于惠民县“九五”计划主要指标调整意见》《惠民县2001—2005年依法治县规划》《关于在全县公民中开展第四个五年法制宣传教育的决议》《关于惠民县护城河与省屯沟流域环境综合治理实施规划的决议》；审议批准《关于授予史新民同志“人民好公仆”荣誉称号的决定》《对任命“一府两院”工作人员进行述职评议的实施方案》《关于授予郭玉水同志“人民好公仆”荣誉称号的决定》《关于授予于松利、桑立谦同志“人民好公仆”荣誉称号的决定》；废止《惠民县乡（镇）村建设管理暂行规定》。

惠民县第十五届人大常委会 经2003年1月十五届一次人代会选举产生。至2005年12月共举行23次会议，先后审议通过《关于在县级国家行政机关中继续实行和深化执法责任制的决定》《关于深入开展城乡环境卫生综合治理的决定》《惠民县人大常委会个案监督暂行办法》等。

惠民县第九届至第十五届人大常委会主任、副主任

表14－1

届次	职务	姓名	性别	任职时间	备注
第九届（1981.1—1984.5）	主任	胡广美	男	1981.1	
	副主任	曹维新	男	1981.1	
		韩庆云	男	1981.1	
		赵学诚	男	1981.1	
		赵洪瑞	男	1981.1	非党
		李遵和	男	1981.1	

续表 14-1

届次	职务	姓名	性别	任职时间	备注
第十届（1984.5—1987.3）	主任	郭毓华	男	1984.5	
	副主任	曹维新	男	1984.5	
		韩庆云	男	1984.5	
		赵洪瑞	男	1984.5	非党
第十一届（1987.2—1990.3）	主任	赵山水	男	1987.3	
	副主任	李树林	男	1987.3	
		郭洪礼	男	1987.3	
		赵洪瑞	男	1987.3	非党
第十二届（1990.3—1993.2）	主任	李正教	男	1990.3	
	副主任	司金英	女	1990.3	
		郭洪礼	男	1990.3	
		王国平	男	1990.3	非党
		陈培成	男	1990.3	
		宋焕芝	男	1990.3	
		冯俊玲	女	1992.3	
第十三届（1993.2—1997.12）	主任	路福增	男	1993.2	
	副主任	司金英	女	1993.2	
		李宝清	男	1993.2	
		王国平	男	1993.2	非党
		陈培成	男	1993.2	
		宋焕芝	男	1993.2	
		冯俊玲	女	1993.2	
第十四届（1998.1—2003.1）	主任	曹洪儒	男	1998.1	
	副主任	司金英	女	1998.1	
		李宝清	男	1998.1	
		孙全祥	男	1998.1	
		田有增	男	1998.1	
		徐廷荣	男	1998.1	
		袁海芳	女	1998.1	非党

续表 14－1

届次	职务	姓名	性别	任职时间	备注
第十五届 （2003.1—2005.12）	主任	曹洪儒	男	2003.1	
	副主任	张延才	男	2003.1	
		袁海芳	女	2003.1	非党
		李清森	男	2003.1	
		宋兴武	男	2003.1	
		史新民	男	2003.1	
		李英俊	男	2003.1	

第三节　工作机构

1981 年，召开惠民县第九届人民代表大会第一次会议，依据《中华人民共和国地方各级人民代表大会和地方各级人民政府组织法》，选举产生县人民代表大会常务委员会为人代会常设机关。县人大常委会由主任、副主任、委员组成，设立办公室。1986 年，县人大常委会下设办公室、代表联络科、调研科、法制科。1987 年 9 月，设立各乡镇人大工作联络办公室。1988 年，撤销县人大常委会调研科，增设财贸经济科、教科文卫科。同年 11 月，乡镇人大工作联络办公室改为乡镇人民代表大会主席团办公室，所设专职常务主席（正乡级）和主席团办公室在同级党委领导下，主持乡镇人大的日常工作。1990 年 4 月，撤销县人大常委会法制科，设立法制工作委员会，将原有的“一室四科”调整为“两室三委”，即：办公室、人事代表工作室、法制工作委员会、财贸经济工作委员会、教科文卫工作委员会。1996 年 1 月，设立县人大常委会信访科。9 月，根据滨州地区人大工委的要求，乡镇人大统一挂牌、统一印章，乡镇人民代表大会的牌子挂党委牌子之后，政府牌子之前。1998 年 1 月，县人大常委会内设机构由“两室、三委、一科”调整为“四室两科”（办公室、法制工作室、人事代表工作室、调查研究室、信访工作科、老干部管理工作科）。2005 年，县人大常委会下设办公室、法制工作室、人事代表工作室、调查研究室、信访工作科、老干部管理工作科。

第四节　监督工作

工作视察　1981 年，县人大常委会组织部分委员对农业生产、农业内部结构调整、各项经济政策的落实、生产责任制的实行等进行视察。1984 年 1 月，对毛刘、淄角、麻店 3 乡镇 9 个村的农民负担情况进行视察。1986 年 3 月，对全县贯彻执行婚姻法、森林法情况和 1985 年惠民县国民经济和社会发展计划执行情况及财政决算进行视察。同年 6 月，视察部分乡镇和县直单位贯彻实施土地管理法情况。1987 年 5 月、7 月、9 月、10 月，对县属企业开展“双增双节”运动、推行经营承包责任制、贯彻执行食品卫生法、企业法情况进行视察。1992 年 5 月、6 月，视察部分乡镇学校、幼儿园贯彻执行《中华人民共和国未成年人保护法》情况。1993 年 7 月，对全县贯彻实施国务院《农民承担费用和劳务管理条例》《山东省农民负担管理条例》的情况进行视察。1995 年 6 月，组织视察皂户李乡等 15 个乡镇实施农业法、农业技术推广法的情况。1996 年 7 月，视察大年陈、魏集、何坊、陈集、联五、清河镇等乡镇卫生院的深化改革情况。1999 年 4 月，对姜楼、省屯、桑落墅、联五、三堡、辛店 6 乡镇的土地延包、林地拍卖和村民委员会组织法贯彻实施情况进行视察。8 月，视察李庄、清河镇、魏集等乡镇农机站、农机销售网点贯彻实施《山东省农业机械管理条例》情况。2001 年 10 月，视察县十四届人大四次会议《关于解放思想、优化环境、加快民营经济发展的决议》贯彻落实情况。2002 年 8 月，对社会治安和交通管理等工作进行视察。2003 年 8 月，视察华润技改、华泰纺织、永莘路改造、光明热电、城市供气、彩霞机织地毯等重点项目建设运行及效益情况。2004 年 8 月，视察惠青黄河大桥、220 国道建设、世纪花园小区、孙子兵法城等“八大工程”建设进展情况。至 2005 年，县人大常委会共组织开展检查、视察 46 次，使一些社会难点、热点问题得到有效解决。

社会调查　1982 年 3 月，县人大常委会组织有关人员到毛刘、李庄、麻店、魏集 4 个公社的 6 个管理区、8 个大队、9 个生产队就落实棉花面积情况进行调查。1989 年 3 月，调查了全县 2 所高中、4 所初中、1 所小学的收费标准情况。根据调查，向省人大教科文卫委员会递交《关于解决中小学收费标准问题的专题报告》。1992 年 4 月，组织有关人员 32 人，深入全县不同类型的 100 个村、1000 个户，对农民群众奔小康的情况进行调查。1993 年 12 月，对全县村民议事会制度情况进行调查。据调查了解，全县 1268 个行政村，已建村民议事会的 1107 个，其中活动好的 382 个，一般的 569 个，较差的 156 个。同年，调查了联五、皂户李、李庄等乡镇执行《山东省计划生育条例》《惠民县执行〈山东省计划生育条例〉的办法》的情况。1997 年 10 月，先后到惠民镇、香翟、麻店等 12 个乡镇对农民收入情况和秋季提留的承担能力进行调查。调查结束后，提出合理化建议：1997 年秋季提留要坚决遵循“四严一扩大”的原则（严格政策、严格标准、严格管理、严格纪律、适当扩大困难户的减免比例）；在具体操作上坚持“四统一、一加强”（统一认识、统一布置、统一时间、统一减免比例，要切实加强对秋季提留工作的领导与监督）。1999 年 8 月，对全县部分乡镇和村贯彻落实《中华人民共和国村民委员会组织法》《山东省村民委员会选举办法》情况进行调查。9 月，调查县法院、县检察院分别贯彻实施《中华人民共和国法官法》《中华人民共和国检察官法》的情况。2000 年 8 月，到县城建委、建工局、质监站和 3 处建筑工地就贯彻落实《中华人民共和国建筑法》《山东省建筑市场管理条例》情况进行调查。2003 年 6 月，对全县劳动和社会保障工作进行调查。至 2005 年，共组织开展社会调查 29 次，形成调查报告 29 篇。

执法检查　主要围绕涉及全县改革、发展稳定大局，促进司法公正和社会关注的热点、难点问题的法律法规实施情况进行执法检查。1992 年 10 月，检查联五、李庄、陈集、香翟、皂户李、梁家 6 个乡镇的农民负担情况。1994 年 5 月，组织检查姜楼、香翟等乡镇执行土地管理法情况。9 月，组织检查陈集、申桥、辛店、何坊等 6 个乡镇和一棉、二棉宣传执行妇女权益保障法情况。1995 年 11 月，对全县用人单位遵守劳动法情况进行检查。1996 年 11 月，对县二轻系统的展销楼、县生产资料公司和商业系统的百货店、副食品公司执行产品质量法的情况进行检查。1999 年 3 月，对全县贯彻实施《中华人民共和国文物保护法》《山东省文物保护管理条例》情况进行检查。4 月，对全县文化市场和贯彻实施《山东省文化市场管理条例》情况进行检查。9 月，组织检查全县贯彻实施《中华人民共和国专利法》《山东省专利保护条例》情况。2000 年 5 月，组织卫生、防疫、工商、技术监督等部门，到乡镇和县城饭店、副食店、食品生产企业就贯彻实施食品卫生法情况进行检查。8月，对全县21个乡镇人大贯彻执行《中华人民共和国全国人民代表大会的地方各级人民代表大会代表法》情况进行检查。2001年6月，对惠城、梁家、李庄法庭公正司法情况进行检查。10月，对全县贯彻落实《山东省文化市场管理条例》情况进行检查。2003年5月，组织检查全县贯彻实施《中华人民共和国工会法》《山东省实施工会法办法》情况。同年，对县直有关单位、学校贯彻执行《滨州市2001—2005年依法治市规划》的决议执行情况进行检查。2005年3月，对全县贯彻落实村民委员会组织法进行检查。是年底，县人大常委会共组织开展执法检查28次，促进有关法律法规的正确实施。

实行执法责任制 1997年3月21日，惠民县十三届人大常委会第28次会议决定：自1997年3月起，在全县国家机关中实行执法责任制。实行执法责任制的国家机关是：县人民政府及其行政执法部门、县人民法院、县人民检察院，以上国家机关的主要负责人为本机关实行执法责任制的责任人。执法的主要内容是：全国人大及其常委会和国务院颁布实施的国家法律、法规，山东省人大及其常委会颁布实施的地方性法规。实行执法责任制的基本要求是：切实做到有法必依、执法必严、违法必究。

1998年10月，县人大常委会组织全县222名县人大代表对县公安局、检察院、法院、工商局、交通局、土管局、技术监督局、物价局8个单位实行执法责任制情况进行民主评议，共收到建议115条，意见169条，各单位根据代表建议意见进行认真整改。1999年4月，对县公安局、检察院、法院、工商局、交通局、土管局、技术监督局、物价局实行执法责任制民主评议的整改情况进行检查。2002年8月，对县技术监督局、工商局两部门的执法责任制实施情况进行检查。2003年4月，对县交通局、卫生局、交警大队的执法责任制实施情况进行检查。2004年4月，检查农业局、劳动和社会保障局、审计局、科技局的执法责任制实施情况。至2005年年底，县人大常委会对实行执法责任制的机关，共检查7次，取得良好效果。

评议“一府两院”工作 1993年，在全县组织开展人大代表评议“一府两院”（政府、法院、检察院）及其职能部门工作的活动。同年11月，县人大常委会组织791名县、乡（镇）人大代表对县直14个系统下属的266个站、所、院、社、庭、支局的工作进行民主评议。评议结果：获信任票的152个，基本信任票的110个，不信任票的4个。根据县人大常委会的有关规定，对综合评议前4名的单位给予通报表扬。1994年11月，组织县人大代表对县政府所属13个部门及下属单位和县法院、县检察院的工作进行评议。参加这次评议的315名县人大代表，分为27个评议组和78个调查组，共调查1776个单位，召集座谈会234次，走访联系选民2995人，收集群众意见1635条。12月24日，召开评议“一府两院”工作大会，对被评议部门的工作进行面对面评议。1999年11月，在县十四届人大常委会第12次会议上，对县农业局、财政局、民政局、劳动和社会保障局、城建委、乡企局、计生委、县政府办公室8部门主要负责人进行述职评议。2004年11月，县第十五届人大常委会第14次会议，对县国税局、药品监督管理局的执法情况进行评议。2005年，经县委同意制定《述职评议和执法评议工作实施方案》。同年9月21日，在县十五届人大常委会第21次会议上，对县人民法院、县人民检察院进行述职评议。至是年年底，先后对任命的“一府两院”工作人员进行6次述职评议，共有4人被授予“人民好公仆”荣誉称号。

社情民意反映　2000年8月8日，县人大常委会根据代表们反映的关于加强黄河水调度、加大农村信访案件处理力度、打击偷盗犯罪等方面的热点难点问题，形成书面材料，以《社情民意反映》的形式向县委书记、副书记反映，引起县委主要领导的重视，促进了问题的解决。2002年6月21日，根据走访联系代表情况形成的《社情民意反映》，反映重点企业运行质量、企业改制、农业产业化、经济发展环境与执法环境协调等问题。2003年3月6日，召开企业界委员座谈会，形成的《社情民意反映》提出发展环境、民企引进人才、城区环境、信贷服务等方面的建议。8月18日，根据走访联系代表情况形成《社情民意反映》，反映了基层政权建设、社会治安、优化经济发展环境、加大招商引资力度、农村卫生等方面的问题。2004年2月19日，召开企业界委员座谈会形成的《社情民意反映》，提出规范棉花制种产业、保护良种品牌、加大社会治安整治力度、协调解决企业用工短缺、动员全县振奋精神转变作风等方面的建议。8月24日，《社情民意反映》就全县经济发展的有关问题、发展环境方面的问题提出建议。至2005年，县人大常委会根据走访联系代表、召开各界委员座谈会，共形成《社情民意反映》8期，内容涉及路域治理、城区排水设施建设、疏通省屯沟、企业改制、农业产业化、优化经济发展环境、基层政权建设、加大招商引资力度、农村医疗卫生、规范棉花制种产业、协调解决劳动密集性企业用工问题、教育工作、信贷服务、农田水利基础设施等诸多方面，促进了社会热点难点问题的解决。

第五节　代表选举工作

1979年7月1日，第五届全国人民代表大会第二次会议通过《中华人民共和国地方各级人民代表大会组织法》《中华人民共和国全国人民代表大会和地方各级人民代表大会代表选举法》，规定县级以下人大代表由选民直接差额选举产生，全国、省人大代表由下一级人民代表大会差额选举产生。

1980年11—12月，县先后建立选举委员会，成立选举工作机构，组织领导县第九届人民代表的选举，确定选举日，进行选民登记，划分选区，设立投票站，依法进行选举。全县328700名选民，共选举出县九届人民代表大会代表380名，公社人民代表大会代表1451名，参选率达97.1%。县人大代表中，农民代表214名，占代表总数的56.3%；工人代表35名，占代表总数的9.2%；干部代表59名，占代表总数的15.5%；文教卫生科技代表40名，占代表总数的10.5%；财贸职工代表16名，占代表总数的4.2%；解放军代表3名，占代表总数的0.8%；爱国民主人士代表13名，占代表总数的3.4%。在人大代表中，非党群众代表146名，占代表总数的38.4%；妇女代表77名，占代表总数的20.2%；另外还有适当数量的少数民族代表、华侨家属和宗教代表。各公社人民代表大会代表中，均有适当数量的农民、工人、干部、科技、财贸职工等方面的代表。

1984年4—5月，进行县第十届人大代表的选举工作，全县358589名选民参加选举的选民346038人，参选率达96.5%，选出县十届人民代表大会代表380名，乡镇人民代表大会代表1437名。县人大代表中，农民代表171名，占代表总数的45%；工人代表38名，占代表总数的10%；干部代表76名，占代表总数的20%；文教卫生科技代表56名，占代表总数的15%；财贸职工代表22名，占代表总数的6%；其他17名，占代表总数的4%。在人大代表中，非党群众代表192名，占代表总数的50.3%；妇女代表80名，占代表总数的21.1%；另外还有适当数量的少数民族代表、华侨家属和宗教代表。各乡镇人民代表大会代表中，均有适当数量的农民、工人、干部、科技、财贸职工等方面的代表。

1987年1月，进行县第十一届人大代表选举工作，选出县人民代表大会代表326名。其中：农民代表150名，占代表总数的46%；工人代表23名，占代表总数的7.1%；干部代表78名，占代表总数的23.9%。在人大代表中，非党群众代表151名，占代表总数的46.3%；妇女代表66名，占代表总数的20.2%；另外还有适当数量的少数民族代表、华侨家属和宗教代表。

1990年2月，进行县第十二届人大代表的选举工作，共选出县人大代表304名，其中：干部代表69名，占代表总数的22.7%；知识分子代表48名，占代表总数的15.8%；少数民族代表2名，占代表总数的0.7%。在代表中，中共党员代表177名，占代表总数的58.2%；妇女代表60名，占代表总数的19.7%。此次选出的代表，平均年龄较上届有所下降，文化程度比上届有所提高，大专以上文化程度的36名，占11.8%；中专文化程度的207名，占68.1%；初中以下文化程度的61名，占20.1%。

1992年11月—1993年2月，进行县第十三届人大代表选举工作，参加选举的选民402479人，参选率为97.3%。共选举出人大代表320名，其中，工人代表32名，占代表总数的10%；农民代表150名，占代表总数的47%；干部代表71名，占代表总数的22%；知识分子代表49名，占代表总数的15.3%；其他方面代表（包括少数民族、离退休干部、武警）18名，占代表总数的5.7%。在320名代表中，中共党员代表201名，占代表总数的62.8%，比上届增加4.6个百分点；妇女代表74名，占代表总数的23%，比上届增加3.3个百分点。此次选出的代表，大专以上文化程度的占14%，中专高中文化程度的占48%，初中文化程度的占25%，初中以下文化程度的占13%。

1997年11月—1998年1月，进行县第十四届人大代表选举工作，参加选举的选民414378人，参选率为99.23%。共选出人大代表244名。其中：农民代表121名，占代表总数的49.6%；工人代表25名，占代表总数的10.3%；干部代表55名，占代表总数的22.5%；知识分子代表35名，占代表总数的14.3%；其他方面代表8名，占代表总数的3.3%。在人大代表中，中共党员代表157名，占代表总数的64.3%；妇女代表64名，占代表总数的26.2%。此次选出的代表，大专以上文化程度的占30.7%，中专文化程度的占42.2%，初中文化程度的占25.8%，初中以下文化程度的占1.3%。

2002年11月—2003年1月，完成县第十五届人大代表的选举任务。参加选举的选民427808人，参选率为94.26%。共选举产生人大代表243名，其中，工农代表144名，占代表总数的59.3%；干部代表55名，占代表总数的22.6%；知识分子代表32名，占代表总数的13.2%；其他方面代表12名，占代表总数的4.9%。在代表中，中共党员代表166名，占代表总数的68.3%；妇女代表63名，占代表总数的25.9%。此次选出的代表，大专以上文化程度的121人，占49.8%；中专文化程度的69人，占28.4%；中专以下文化程度的53人，占21.8%。

第二章 惠民县人民政府

县政府实行县长负责制。县长全面领导县政府工作，代表县政府对县人大及其常委会负责。县政府工作中的重大问题，县长具有最后决策权。县政府发布的决定、命令和规范性文件，向县人大及其常委会提出的议案，任免行政人员，须由县长签署，才具法律效力。县政府组成人员对分管的系统、部门或单位承担双重责任，既抓主管或分管的业务工作，又抓政治思想教育、廉政建设、安全生产、社会稳定等工作。县政府实行全体会议、县政府常务会议和县政府专题会议制度。县政府视情召开全县性会议部署工作。至2005年底，县政府历经第九届、第十届、第十一届、第十二届各任期3年，第十三届、第十四届、第十五届各任期5年。

第八届惠民县革命委员会主任、副主任

表14－2

届次	职务	姓名	性别	任职时间	备注
第八届（1978.11—1981.1）	主任	满少卿	男	1978.11	
	副主任	郭毓华	男	1978.11	
		赵山水	男	1978.11	
		胡广美	男	1978.11	
		曹维新	男	1978.11	
		李遵和	男	1978.11	
		宋焕之	男	1978.11	
		赵恒贞	男	1978.11	
		丁汝山	男	1979.5	
		马　克	男	1979.5	
		韩庆云	男	1979.5	
		刘传安	男	1980.2	

第九届至第十五届惠民县人民政府县长、副县长

表 14－3

届次	职务	姓名	性别	任职时间	备注
第九届（1981.1—1984.5）	县长	赵山水	男	1981.1	
	副县长	李正教	男	1981.1	
		王长梅	男	1981.1	
		马　克	男	1981.1	
		刘传安	男	1981.1	
		李永光	男	1981.1	
		宋焕之	男	1981.1	
		冯俊岭	女	1982.1	
第十届（1984.5—1987.3）	县长	李正教	男	1984.5	
	副县长	周清利	男	1984.5	
		曲振水	男	1984.5	
		毛玉武	男	1984.5	
		司金英	女	1984.5	
		马先乐	男	1984.5	
		赵炳耕	男	1984.12	非党
		宫秀村	男	1985.8	
		李鲁生	男	1985.12	挂职
		张型鲁	男	1986.9	挂职
第十一届（1987.3—1990.3）	县长	马东向	男	1987.3	
	副县长	周清利	男	1987.3	
		毛玉武	男	1987.3	
		司金英	女	1987.3	
		李宝清	男	1987.3	
		赵炳耕	男	1987.3	非党
		张型鲁	男	1987.3	挂职
		李鲁生	男	1987.3	挂职
		杨位礼	男	1987.6	挂职
		刘鲁生	男	1989.9	

续表 14－3

届次	职务	姓名	性别	任职时间	备注
第十一届（1987.3—1990.3）	副县长	高　炉	男	1989.11	挂职
		季洪钦	男	1989.11	聘任
		顾　峰	男	1990.1	
		李炳众	男	1990.1	
第十二届（1990.3—1993.2）	县长	马东向	男	1990.3	
		顾　峰	男	1991.2	1991.2—1991.3 代理
		魏　艳	男	1993.2	1993.2.1—1993.2.18 代理
	副县长	顾　峰	男	1990.3	
		李炳众	男	1990.3	
		毛玉武	男	1990.3	
		李宝清	男	1990.3	
		孙　工	男	1990.3	
		高　炉	男	1990.3	挂职
		季洪钦	男	1990.3	聘任
		徐向东	男	1990.12	挂职
		曹洪儒	男	1991.3	
		张德新	男	1991.3	
		张智慧	男	1991.5	挂职
		张玉标	男	1991.7	非党
		胡希德	男	1991.7	挂职
		闫增龙	男	1992.3	援藏干部
		魏　艳	男	1993.2	
第十三届（1993.2—1997.12）	县长	魏　艳	男	1993.2	
		刘启盛	男	1996.11	1996.11—1997.1 代理
	副县长	曹洪儒	男	1993.2	
		张德新	男	1993.2	
		张玉标	男	1993.2	非党
		闫增龙	男	1993.2	
		王悦华	女	1993.2	

续表 14－3

届次	职务	姓名	性别	任职时间	备注
第十三届（1993.2—1997.12）	副县长	齐文长	男	1993.2	
		田有增	男	1993.2	
		王万良	男	1993.9	挂职
		宋守松	男	1994.3	挂职
		朱　伟	男	1994.3	挂职
		安振文	男	1996.1	挂职
		刘启盛	男	1996.11	
		步　兵	男	1996.11	
		张永光	男	1997.1	挂职
		何德全	男	1997.3	聘任
		谭少杰	男	1997.9	挂职
		王安德	男	1997.9	挂职
		李　军	男	1997.9	挂职
第十四届（1998.1—2003.1）	县长	刘启盛	男	1998.1	
		何凤岐	男	2000.1	
		刘相庆	男	2001.1	2001.1—2001.2 代理
	副县长	尚洪立	男	1998.1	
		齐文长	男	1998.1	
		步　兵	男	1998.1	
		崔明月	男	1998.1	
		康永彬	男	1998.1	
		刘希安	男	1998.1	
		谭少杰	男	1998.1	挂职
		王安德	男	1998.1	挂职
		李　军	男	1998.1	挂职
		袁海芳	女	2000.1	非党
		刘泽田	男	2001.5	
		商玉昌	男	2002.1	
		高月华	男	2002.1	

续表 14－3

届次	职务	姓名	性别	任职时间	备注
第十五届（2003.1—2005.12）	县长	刘相庆	男	2003.1	
		何思清	男	2004.12	2004.12—2005.1 代理
	副县长	商玉昌	男	2003.1	
		高月华	男	2003.1	
		万永格	男	2003.1	非党
		李　勇	男	2003.1	
		李子超	男	2003.1	
		郑玉梅	女	2003.1	
		王　瑜	男	2004.12	
		李玉会	男	2005.9	

第一节　施政纪要

1986年5月11日，召开县政府常务会议，会议讨论议定杜家干沟清淤工程方案、研究审批乡镇提留方案。

1986年11月20日，召开县政府常务会议，会议研究了部分知识分子家属及子女农转非的问题。

1987年2月13日，召开县政府常务会议，会议研究校舍改造、林业管理等工作。

1987年4月13日，召开县政府常务会议，会议听取张富隆关于财政预决算安排情况和第一季度收支情况的汇报、李景林关于地区国库券推销和预算外资金管理会议精神的汇报、田振平关于地区税务会议精神的汇报。

1987年5月3日，召开县政府常务会议，会议研究农村提留、乡镇卫生院管理体制等工作。

1987年7月30日，召开县政府常务会议，会议听取王合金关于化肥价格问题的调查报告，研究了土地承包试点等工作。

1988年2月21日，召开县政府常务会议，会议研究关于召开全县农村经济工作会议的有关事项和1988年的主要经济目标等。

1988年6月8日，召开县政府常务会议，会议研究夏粮征购、住房改革等工作。

1988年8月6日，召开县政府常务会议，会议研究《惠民县国民经济和社会发展“八五”计划（草案）》。

1988年11月10日，召开县政府常务会议，会议研究在县直机关实行领导聘任制和“一把手”提名配副职的办法及县政府领导班子变动情况。

1989年1月24日，召开县政府常务会议，会议讨论政府工作报告提纲以及1988年乡镇考核工作。

1989年6月11日，召开县政府常务会议，会议研究夏粮征购、黄淮海平原农业开发项目、地毯生产等工作。

1990年7月28日，召开县政府常务会议，会议专题研究全县抗洪救灾工作。

1990年11月20日，召开县政府常务会议，会议研究创建初级卫生保健试点县、创建模范乡镇政府工作。

1991年1月28日，召开县政府常务会议，会议研究“八五”规划、工业发展、百分考核等工作。

1991年3月19日，召开县政府常务会议，会议研究棉花生产、粮棉高产开发、工业发展、教育基金、城市建设、孙子故园建设等工作。

1991年4月4日，召开县政府常务会议，会议研究关于设立县政府参议室、进一步放开搞活市场、繁荣地方经济的政策规定、减轻农民负担、乡镇百分考核、建立四级农业科技网络的意见等工作。

1991年5月29日，召开县政府常务会议，会议听取财政局关于公费医疗改革方案、城建委关于城市建设和管理、副县长毛玉武关于全区粮油价格放开会议精神、林业局关于果园建设情况的汇报。

1993年4月28日，召开县政府常务会议，会议研究关于鼓励外商投资的优惠政策、林业达标检查验收、修改惠民城建设总体规划、召开全县第二届残疾人会议、教育督导机构设置、政府督查机构设置、电力建设等工作。

1993年10月28日，召开县政府常务会议，会议研究关于乡村公路建设、计划生育工作管理配套办法、房改等工作。

1994年2月15—19日，召开县政府常务会议，会议研究关于加大措施限期完成第二期黄淮海平原农业开发项目建设任务、公路交通建设、城市建设等工作。

1994年5月4日，召开县政府常务会议，会议研究有关集资建房、购置三七高炮、东关转盘改建、推行企业全员劳动合同制、水资源管理、城镇房屋拆迁、上报历史文化名城等工作。

1994年7月18日，召开县政府常务会议，会议研究乡镇卫生院改革、水费的清缴与管理及物价大检查等工作。

1995年7月17日，召开县政府常务会议，会议研究大中专毕业生分配、小城镇建设、孙武纸厂扩大生产等工作。

1995年9月17日，召开县政府常务会议，会议研究全县“九五”规划、第三次工业普查等工作。

1995年12月18日，召开县政府常务会议，会议研究1996年全县国民经济计划及近期工作安排。

1996年4月1—2日，召开县政府常务会议，会议研究全县水利建设、二水厂建设、争创省级卫生县城、争创全国科技先进县、争创全省农村社会保障先进县、全县法制等工作。

1997年3月1日，召开县政府常务会议，会议研究1996年县政府部门争名升位考核、县属工业流通企业争名升位考核、1997年财政预算安排、超标违控小汽车的处理、1997年城建规划安排、安居小区有关政策、大济路和乐胡路建设、县乡干线公路建设、县委县政府办公楼维修和拆迁部分宿舍等工作。

1997年7月10日，召开县政府常务会议，会议研究1997年度大中专毕业生分配、落实全区兵役工作会议和全省油区治理工作会议、筹措财源建设基金、全区有线广播电视光缆工程建设以及县政府执法目标责任制实施方案。

1998年3月6日，召开县长办公会议，会议就1998年全县民政工作、城市建设、县城消防规划、安居工程、全县电视光缆工程、农业工作考核和全县的重点工程、重点项目等工作进行研究。

1998年4月11日，召开县政府常务会议，会议就城市建设配套政策及1998年应急工程、在县城规划区为个体私营户统一安排经营场所、党政机关和事业单位兴办经济实体、县属流通企业经营者实行年薪办法、下岗职工分流安置和再就业工作、建立乡镇统计站和小康监测网点等工作进行研究。

1998年4月25日，召开县政府常务会议，会议就工业兴县两个配套文件的实施、企业解困、全区财源建设会议精神的传达贯彻、第二预算、小开河和归仁引黄闸工程建设以及第一油棉厂与中外合资汇力公司矛盾纠纷等问题进行研究。

1998年8月7日，召开县政府常务会议，会议就1998年大中专毕业生就业办法、下岗职工基本生活保障及再就业工作、加强110建设、邮电广播“三网合一”和加强道路运输市场管理等工作进行研究。

1998年10月9日、12日，召开县政府常务会议，会议就棉花收购、今冬明春路域治理、孙子故园文化广场建设、南关大转盘建设、争创省级卫生县城、“大哥大”使用管理、加强县直党政机关事业单位财会管理等工作进行研究。

1998年11月19日，召开县政府常务会议，会议就惠民县建设工业园的有关问题进行研究。

1999年3月19日、22日，召开县政府常务会议，会议就1999年财政预算安排、城市基础设施重点工程建设、优抚对象优待金社会统筹、县级边界勘定以及消防等工作进行研究。

1999年11月25日，召开县政府常务会议，会议就副县长崔明月离职后调整部分县长分工、加强社会保险费征缴工作、开展“助功臣、献爱心”捐款活动和实施“一助一”社会救助工程等工作进行研究。

2000年7月10日，召开县政府常务会议，会议就上半年经济运行情况和下半年的工作措施以及强化地毯生产管理、加快地毯产业膨胀等工作进行分析讨论。

2000年9月1日，召开县政府常务会议，会议就当前重点工作及发展桑蚕生产、食用菌生产、生态农业等工作进行研究讨论。

2000年11月6日，召开县政府常务会议，会议就县计划委员会提报的《惠民县国民经济和社会发展第十个五年计划纲要〈草案〉》和各有关部门提报的明年主要经济工作的打算及措施进行讨论，会议还对当前工作作出安排部署。

2000年12月1日，召开县政府常务会议，会议就惠民县第十届人民代表大会第四次会议县政府《关于民营经济发展情况的报告》草稿进行讨论。会议还分别就县乡镇企业局提报的《关于进一步加快全县民营经济发展的暂行规定》、县外经办提报的《招商引资责任制办法》《关于奖励招商引荐人的暂行规定》、县土管局提报的《关于实施以地生财战略的意见》、县城建委提报的《关于加快城镇建设的有关规定》、县劳动保障局提报的全县事业单位推行基本养老保险和失业保险制度改革及全县医疗保险制度改革的方案建议、县财政局提报的下岗职工基本生活保障与失业保险并轨、县计划委提报的2001年主要指标及重点项目安排等进行讨论。

2001年2月5日，召开县政府常务会议，会议就2001年政府工作报告、孙子故园二期工程、乡镇规模调整等事项进行研究。

2001年5月15日，县人民政府印发《关于进一步整顿和规范全县绳网行业的实施意见》。

2001年12月10日，县人民政府印发《惠民县城乡居民最低生活保障暂行办法》。

2002年5月23日，县人民政府印发《惠民县农村村民住宅建设用地管理暂行规定》。

2002年7月20日，召开县政府常务会议，会议就县乡机构改革工作、乐胡路建设、大济路东转盘接线工程建设工作进行研究。

2002年11月4日，县人民政府印发《惠民县城镇职工基本医疗保险实施办法》。

2003年4月28日，召开县政府常务会议，会议就全县“非典”防治工作作出部署。

2003年8月13日，县人民政府印发《惠民县教育系统引进人才和留住人才的暂行规定》。

2003年9月10日，召开县政府常务会议，会议就首届中国（惠民）孙子文化旅游节相关工作进行研究。

2003年11月16日，县人民政府印发《进一步做好就业再就业工作的实施意见》。

2004年2月25日，召开县政府常务会议，会议就与肥城市对接、惠青黄河大桥建设相关工作进行研究。

2004年3月4日，县人民政府印发《2004年桑蚕生产产业化建设任务目标暨奖励办法》。

2004年3月30日，县人民政府印发《实施民营经济“百十强”工程的意见》。

2004年4月15日，县人民政府印发《实施工业经济百千亿工程的意见》。

2005年1月18日，召开县政府常务会议，会议就2005年政府工作报告、经济开发区建设、省国土资源厅帮扶工作进行研究。

2005年2月28日，县人民政府印发《关于设立贫困学生救助基金和对残疾儿童少年实行免费义务教育的通知》。

2005年11月3日，县人民政府印发《惠民县乡财乡用县管改革实施方案》。

2005年11月10日，县人民政府印发《关于深化国有粮食企业改革的意见》。

第二节　机构改革

1985年，全县有县直机关单位52个，事业单位392个，企业单位657个。1993年，县、乡机构改革，县委印发《惠民县党政机构改革实施方案》《惠民县事业单位机构改革意见》，按照政企分开和精简、统一、效能的原则，全县设党政机构29个，其中县委工作部门5个，县政府工作部门24个。农业局、林业局、畜牧局、农机局成建制转为事业局，技术监督局、环保局、项目办公室成建制转为科级事业单位，县二轻工业局成建制转为企业集团，保留原局牌子。设置县直属机关党委、纪委、人民法院、人民检察院、人民武装部、人大、政协、总工会、团县委、妇联、科协等组织机构。核定全额拨款单位22个，差额补助单位31个，自收自支单位13个。

1998年1月，恢复农广校，为副科级事业单位。5月，县劳动服务公司更名为县劳动就业管理处，成立县再就业中心。6月，成立惠民县检察院渎职犯罪侦察局。1999年1月，县爱国卫生运动委员会升格为副科级单位。3月，县税收财务物价大检查办公室更名为惠民县财政监督局。5月，县社保机构划归县劳动和社会保障局统一领导和管理。2000年3月，成立县人民法院执行局。4月，成立县广播电视台、县土管局土地整理开发中心和土地储备中心。2001年3月，成立县医疗保险处。4月，成立县农业税收管理局和县招商局。6月，成立县委防范和处理邪教问题办公室和县经济责任审计办公室，均为正科级行政单位。7月，成立县水务局，为正科级财政拨款事业单位。8月，成立县生态农业科技开发中心，为正科级财政补贴事业单位。9月，成立县安全生产监督管理局，为正科级行政单位，隶属县经贸局管理。10月，成立县政府采购中心。2002年4月，成立县委、县政府督查考核办公室。7月，成立乡镇农业税收管理所。11月，恢复建立农业技术推广中心。是年，县级机构改革，经市批准，全县设党委机构7个，政府工作机构23个，部门管理机构2个，合署部门3个。

2003年5月，县农业机械管理局纳入全额事业单位。6月，成立县会计核算中心，为正科级事业单位，隶属财政局管理。8月，县党员电教中心由副科级升格为正科级事业单位。9月，成立县果树新品种开发公司，为自收自支事业单位。12月，设立县妇女儿童工作委员会办公室，为正科级事业单位，隶属妇联管理。2004年4月，成立县机关行政事务管理局，为正科级财政拨款事业单位，隶属县政府办公室管理。9月，成立县农村党员现代远程教育中心，为正科级事业单位。11月，成立县城市管理行政执法局，与建设局合署办公，为正科级行政单位。2005年4月，县农业广播电视学校加挂县农村科技教育培训中心的牌子。6月，县预算管理局更名为惠民县非税收入管理局。9月，成立县行政审批服务中心，为正科级财政拨款事业单位，隶属县政府办公室管理。10月，成立县慈善总会办公室和城市最低生活保障办公室。成立县安全生产监察大队，为副科级财政拨款事业单位，隶属县安监局管理。12月，成立县古城管理开发办公室，为副科级事业单位，隶属县建设局管理。是年，按照市编委文件精神，增设了开发区管理委员会。

第三节　政府法制

1991年1月，惠民县法制局成立，为正科级行政部门。1993年，县级机构改革，县法制局改为法制室，归口县政府办公室。1997年6月，恢复县法制局，主要开展行政执法队伍培训发证、政府规范性文件审核、行政复议应诉、处理久拖未决的行政争议等工作。

领导干部学法用法　1991年起，领导干部集体学法形成制度。县政府每年制定领导干部学法计划，建立配档表，明确规定学习的内容、重点掌握的问题和学习的具体要求。按县政府领导和各部门的领导每2个月集中学法一次，各乡镇每月集中学法一次的要求，至1997年，共举办学法讲座10期，参加2000余人次。“八五”期间，领导干部先后学完《中华人民共和国宪法》《全民所有制工业企业转换经营机制条例》《中华人民共和国行政诉讼法》《中华人民共和国行政复议条例》《中华人民共和国担保法》等40余个法律条规。

1998年后，领导干部学法坚持每季度一次，并形成制度，雷打不动。至2005年，每年组织学法4次，先后学习《中华人民共和国行政处罚法》《中华人民共和国行政复议法》《中华人民共和国国家赔偿法》等10余部法律法规，领导干部学法用法的气氛逐步形成，依法决策、依法办事的意识逐步增强。

行政执法规范化建设　1991年，制定《惠民县依法治县五年规划》。同年起，每年都制定具体实施方案。县政府成立依法行政、依法治县领导小组，各行政执法部门结合工作实际，采取多种形式，认真进行对口法律法规的法制学习宣传活动。至1997年，召开4次全县政府法制工作会议，举办各类专业法规培训班200期，培训科级干部600人次，执法人员5000人次。在法制部门的组织、协调、监管下，全县上下齐抓共管，“五年规划”各项任务基本完成。

1998年，在充分摸清全县行政执法队伍的基础上，制定切实可行的培训计划，分期分批进行培训，至2005年，共培训行政执法人员2000余人次，经省政府统一考试后，全部取得省政府发放的行政执法证件。同时，先后出台《惠民县行政执法责任制实施办法》等政府文件30余件，与全县60个行政执法主体、14个乡镇签订行政执法责任书，修订政府法制工作考核细则，对县级行政处罚主体进行重新审核认定公布，规范行政执法文书，推动全县行政执法水平的提高。

审查规范性文件　1991年，县政府印发《惠民县规范性文件备案管理办法》，要求各乡镇政府、县政府各部门起草制定的规范性文件报法制局审查把关，然后由政府发布。法制局在审查规范性文件过程中，深入调查研究，从法律依据、协调会签、文字结构上严格审查把关，使出台的规范性文件既体现依法原则，又突出地方特色，在实践中切实可行。是年，共清理1984年后形成的规范性文件360件，其中，46件该废止的明令废止，3件与现行法律、法规、规章有抵触的，进行修改。从1991年起，将当年形成的规范性文件汇编成册，印发至各乡镇、村及执法部门，使规范性文件的制定、审查、管理工作走上规范化道路。1991—2005年，共审核政府规范性文件及其他文件材料83件，审核合同245件，召集有关部门参加的讨论会20余次，保证规范性文件和合同合法有效，从源头上规范政府的行政行为。

行政执法监督检查　1991年起，针对行政执法中滥用处罚权的问题，进行重点监督检查。全县各乡镇和县直各部门，在认真学习行政诉讼法的基础上，把行政执法和行政执法监督检查结合起来，层层建立执法目标责任制。在自觉接受县委的政治监督、人大的权力监督、政协的民主监督、“两院”的司法监督、新闻的舆论监督、社会的群众监督的同时，紧紧围绕经济建设和发展的需要，把握行政执法的实际情况，积极开展政府内部的监督检查活动，有效地促进和改善行政执法。至2005年，每年根据群众反映的热点、难点问题，及时进行检查，发现问题，及时处理。通过对“三乱”、农民负担、行业不正之风等问题的检查，基本改变随意执法、乱执法的现象，改善了党群、政群关系。同时，对教育法、教师法、环保法、城市规划法、《全民所有制工业企业转换经营机制条例》等20余部法律法规的贯彻实施情况进行检查。

行政复议应诉 1991年，成立县政府行政复议委员会，下设办公室，与法制局合署办公。1994年，根据行政复议条例规定和行政复议工作的实际需要，法制局工作人员先后参加国务院及省政府法制办举办的行政复议法知识培训，有3人取得复议应诉资格证书。1999年4月29日，九届全国人大常委会第九次会议通过《中华人民共和国行政复议法》，对行政复议的范围、申请、受理、决定和法律责任及行政复议机关应履行的行政复议职责作出明确规定。县行政复议机关遵循合法、公正、公开、及时、便民的原则履行行政复议职责，坚持有错必纠，保障法律、法规的正确实施。办结的案件以事实为依据，以法律为准绳，证据确凿、事实清楚、法律依据充分、程序符合法律规定。至2005年，共收到复议申请案件32件，立案32件。被申请人中有乡镇政府和县政府工作部门，共代县政府出庭应诉10人，其中一件经济案件经过法制局艰苦细致的工作，最终达成庭外和解，为县政府节约资金8000余元。

第四节　调研信息

调研工作 县政府调研工作坚持为领导科学决策提供依据为目的，针对全县不同时期的工作重点，积极有效地开展调查研究，为领导指导基层工作和科学决策提供翔实的第一手材料。1986—1996年，围绕棉花生产、“三园一牧”、县属企业、乡镇企业、个体私营经济、滩区建设、科技兴农、减轻农民负担等中心工作组织各类调研活动130次，共写出调研报告150篇。同时，立足于惠民县经济发展和改革开放的好经验、好做法，积极向上级刊物投稿，有30篇调研文章被省级刊物采用，98篇被地级刊物采用。1997—2000年，先后组织企业改革改制、绳网业发展、经济发展思路、农业结构调整、发展个体私营经济等较大规模调研活动40余次，形成重要的调研文章20余篇，提出的农业实施四个放大工程、城市经济突出六个发展、经济依托园区抓膨胀上档次等建设性调研成果，均得到县委、县政府领导充分肯定。其中，《关于土马沙河污染状况的调查》《对惠民县供销社机关改革的调查》《看“龙头”是怎样昂的——惠民县良种棉加工厂的调查》等5篇调研文章被《山东经济战略研究》等省级刊物采用，18篇被行署《调研与综合》采用。2001—2005年，完成《工业兴县》《农业产业化》《关于绳网产业发展的几点思考》《关于土地集约节约利用问题研究》《沂水县税收征管情况的调查》等100余篇调查报告和署名文章，其中，《沂水县税收征管情况的调查》获全省政府系统优秀调研成果三等奖。

信息工作 信息工作坚持以经济建设为中心和“快、实、深”的原则，把工作重点放在为政府当好参谋上。注重突出反映加大改革力度的新举措，增强信息的针对性。抓住领导关心的重要问题，实行跟踪采写，形成反馈的连续性。积极反映经济工作中遇到的新矛盾、新问题，以及基层急需解决的困难，提高信息的有效性。至2005年，上报了一大批经济建设、深化改革、对外开放、招商引资、社会稳定等方面的信息，其中《当前棉农植棉意愿减弱出现预留棉田减少改种小麦现象》等信息被国务院、省、市领导批示。编辑印发各类刊物1000余期，印发撰制各类文件6000余件，起草综合材料2000余篇。信息采用率列全市第一位。同时，信息网络建设得到进一步加强，信息触角不断延伸，实现与省政府办公厅、市政府办公室及各县市的计算机信息远程联网，使信息传递更加快速及时。

第五节　行政监察

1987年12月，惠民县监察局设立，为正科级行政单位，列县政府序列，内设办公室、信访室、检查室和审理室。1988 年，全县 21 个乡镇、42 个科级行政事业单位配备兼职行政监察干部，初步建成覆盖全县的监察网络。1989 年，落实全国全省全区监察工作会议精神。在全县推行政务公开，实行廉洁责任制。建立惠民县行政监察举报中心，制定《公民举报国家行政机关工作人员贪污受贿暂行办法》。1990 年，县政府成立纠正不正之风工作领导小组，下设惠民县纠风办公室，挂靠监察局。按照监察举报信访工作目标管理要求，各行政部门配备专职信访干部，建立工作制度，初步实现信访工作的制度化、规范化。1992 年，县监察局内设机构调整为 5 个：审理室、信访室、执法监察室、检查室、办公室。

1993 年，县纪委、县监察局合署办公，一套机构，两块牌子，职能不变。内设 8 个科室：办公室、监察综合室、纪检监察室、案件审理室、信访室、党风廉政建设室、执法监察室和宣传教育室。全县各行政部门先后建立监察室，基本形成全方位、多层次的监察网络体系。1995—1999 年，以落实《中共中央、国务院关于切实做好减轻农民负担工作的决定》为重点，多次进行农民负担专项检查。2000—2005 年，狠刹党政部门及事业单位的奢侈之风，大力推行政府采购。建立有形建筑市场，设立交易大厅，完善投标机制，规范建筑工程招投标工作。制定《惠民县纪委监察局为全县招商引资、优化经济环境服务的意见》，成立由监察局牵头，财政、物价等部门参加的惠民县行政效能、优化环境、投诉举报中心，进一步确立为经济建设服务的指导思想。

信访举报　1988 年，受理信访举报 70 件次，行政处分 5 人。1989 年，依据地区监察局制定的《信访工作办法》，监察信访实行分级负责、以受理和督办为主、归口管理、对信访人负责到底的工作办法，全年受理来信来访 93 件次。1990 年，遵照地区监察局制定的《信访举报工作目标管理试行方案和考核细则》《关于受理公民对政府人员的违法违纪行为举报的暂行规定》《举报信访信息综合分析制度》，对经办信访案件年查结率要达到 95% 以上、落实上级要结果的举报信访案件年终结案率要达到 95% 以上、匿名举报信访以一定形式将查处结果予以反馈的要求，县监察局采取措施确保目标实现，初信初访结案率达到 100%。1991 年，按照目标管理要求，县监察系统配齐专职信访干部，建立簿卡表册、设立领导接访日、领导阅信等 5 项工作制度，基本实现监察信访工作的制度化、规范化。全年受理信访、举报 60 件次，属监察范围的 49 件次，有 12 人受到行政处分。1992 年，受理来信来访 115 件次，从中理出有价值案件线索 100 件。1993 年，县纪委与监察局合署办公，信访室合二为一。2005 年，建立惠民县纪委监察局举报网站。

案件查处　1987 年 12 月—1989 年，受理案件 87 起，查结 80 起，结案率 92%。行政处分 11 人，涉及副科级以上领导干部 16 人，一般干部 38 人。其中，贪污受贿案 17 起，以权谋私案 16 起，腐化堕落案 3 起，违犯行政纪律案 2 起，其他 13 起。1990 年，立案 54 起，查结 52 起，结案率 96%，有 23 人受到政纪处分。1991 年，实行分级办案制度、领导包案制度、局务会研究案件制度，对副科级以上领导干部行政违纪案件、一般干部违纪案件和上级监察机关、县委、县政府领导交办的要结果的重大案件，由局领导为主调查处理。年内立案 45 件，查结 42 件，结案率 93%。行政处分 12 人，其中开除 1 人，开除留用 1 人，降级 6 人，记大过 3 人，记过 1 人。局务会研究案件 13 次，局领导查办案件 18 起，占查处案件的 39%。1992 年，查处案件 100 件，有 10 人受到行政处分。查处的案件中，有关计划生育的案件 68 件，占全部案件的 61.8%。1993 年，以查办行政机关及其工作人员违法违纪案件作为严肃党纪、惩治腐败的中心内容，实行定任务、定人员、定责任和领导包案的“三定一包”办案责任制，加强与纪检、司法和经济部门的联系、沟通、协调、配合，保证案件的查办质量和迅速查结。

1993年3月，县监察局与县纪委合署办公后，查办案件按照抓重点、打硬仗、数量不减少、质量有提高、查案领域要拓宽、大案要案有新突破的要求，重点仍为党政机关、行政执法机关、经济主管部门和科级以上领导干部的违纪违法案件，集中力量查处贪污贿赂、挪用公款、骗税、走私贩私、贪脏枉法、失职渎职、虚报浮夸案件和国有企业领导干部违法违纪、吏治腐败和司法腐败等案件。1994—2005年，共查处各类党纪、政纪案件914起，为国家挽回经济损失476.1万元。

执法监察 1988年，主要清查对外经济合同，涉及金额181万美元。狠刹公款吃喝风，查处公款请客单位22个。清退擅自统一着装，清查单位14个1026人，查处兽医站、农机局、环保办、市政、林业局5家擅自着装人员103人，涉及费用7.3万元。1989年，清理县城双职工多占住房，清查单位108个，查处多占住房户242家346间，涉及副科级以上领导干部23人34间。执法检查支农资金安排使用情况，涉及资金170.6万元，责其全部按规定发放。1990年，会同物价、财政、税务等部门进行农用专项水利资金、棉花专项资金、救灾款物的安排使用情况的执法监察，对县土管局擅自统一着装、技术监督局和防疫站乱收费乱发福利、侵占公款供子女上学等问题进行查处。共查检行政、事业单位85个，查处违纪资金30余万元。1991年，继续开展农用专项水利资金、棉花专项资金安排使用情况等7项检查，检查单位120个，查处违纪金额313万元，为国家挽回经济损失103万元，收缴6.9万元，提出监察建议15条，下发监察决定17份。清查统一着装单位24个，查处违纪单位17个535人，涉费34.2万元。1992年，执法检查“三挂钩”农用物资兑现、棉花收购政策执行、乡镇统筹费管理使用情况，查处违纪挪用统筹费123.5万元。会同计生委检查计划外生育费管理使用问题，查处违纪资金33.9万元。会同县财政局、交通局、交警队查处27个单位违控购买小汽车32辆，违控金额341.3万元，收缴19.8万元。1993年，监督检查农民负担，查出涉农负担54项，停止执行50项。清理涉农负担文件44个，查出“三提五统”和法外收费项目5个，清理取消各种集资项目16个，提出整改意见和措施19条。1994年，重点清查1993年度行政性、事业性收费和罚没收入的征收、管理、使用情况。全县查有收费职能单位47个、收费项目77个，共收费1889.2万元。有罚没职能的单位13个，计罚没款254.4万元。查处违纪资金109.3万元，追缴入库16万元。1995年，专项检查行政性收费、事业性收费、罚款及其他预算外资金。检查单位23个，查处违纪资金1150万元，为国家挽回经济损失80余万元。1996年，检查清理1993年以来涉及农民负担的文件，压缩农民负担收费项目2个，取消集资项目5种，废止收费4种。抽查大中专毕业生分配安置收费情况，检查单位40个，对违规收费单位通报全县并限期退还。1997—1999年，查处党政机关、企事业单位违控违规购置小汽车、公费配置“大哥大”及住宅电话、领导干部住房等问题，执法检查粮食流通体制改革情况，检查单位49个，提出监察建议45件，协助建章立制3项。专项治理医药市场，查检医药诊所40余处，查封取缔无证经营药品点3处，没收药品251种，价值1万元。2000—2001年，专项检查中小学收费、农民负担、企业负担、社会保障资金、建筑市场、环境保护等社会关注问题。2002年，执法检查党政机关工作人员借用公款、公款吃喝问题，全面检查了交通、交警、农机、工商等18个部门2001年以来的收费、罚款、财务管理情况，共涉及资金1614万元，查处违纪金额48.4万元。监督检查国债资金项目7个，涉及资金1.1亿元。2003年，会同财政、农业等部门进行农村税费改革和农民负担检查，监督检查公路建设质量情况，专项检查经营性土地使用权招标拍卖出让和防止非典性肺炎社会捐赠款物管理使用情况。2004年，专项检查群众普遍关心的农业税费征管问题，涉及资金7015.5万元，查处违纪违规资金530.6万元。2005年，执法检查工业项目供地开发使用情况，涉及7宗56.7万平方米，查无违纪违法行为。开展《中华人民共和国行政许可法》贯彻执行情况执法检查，监督检查了以惠民县人民政府及其办公室名义制发的210件规范性文件、776项其他政策措施，废止文件35个。全面审查清理收费部门2004年度的收费罚款，拉网式执法检查33个在建工程项目，下发整改通知书23份，提出整改意见58条。

纠正部门和行业不正之风　1990年8月，以县政府分管领导为组长的惠民县纠正不正之风领导小组成立，下设惠民县纠风办公室，挂靠县监察局。至1991年年底，县纠风办深入调查研究，查处各行各业滥用职权、以权谋私、服务质量低劣等案件25起，行政处分25人。配合县人大进行重点行业和部门“三乱”问题调查，废止乱收费乱罚款项目31个，协助20余个单位修正、建立廉政制度。落实国务院《关于打破地区间市场封锁，进一步搞活商品流通的通知》精神，监督检查了14个有关系统和单位。1992年，选定11个重点纠风单位和行业，先后召开6次纠风会议，加强督促指导。开展民主评议工商、财政、税务、物价、土管、技术监督、城建、环保八部门行风活动，发放调查问卷95份，收回87份。检查纠正计划生育工作有法不依、执法不严、弄虚作假、超生不报等不正之风，清查单位112个，清查登记干部职工8758人，处罚违纪人员1030人，收缴罚金55.7万元，有240人受到党纪政纪处分。1993年，制定《关于对到企业进行检查、收费、登记、集资、评比活动实行许可证制度的暂行规定》，在全县实施“一证、一评、一清”计划，开展企业评议政府职能部门活动。1995年，按照“标本兼治、综合治理、重在治本”的要求开展纠风工作，把清理小汽车、治理公路“三乱”、治理中小学乱收费、减轻农民负担、清理公费出国（境）旅游、清理行政性事业性收费及罚款作为重点，制定收费、罚款、集资许可证制度，对县属12家重点企业实行挂牌保护。1996年，开展对11个重点纠风单位民主评议行风活动，企业检查收费实行检查许可证和收费许可证制度，为8家乡镇企业和个体私营企业实行挂牌保护。1997年，确定教育、卫生、工商、公安、建委、环保、技术监督、交通、邮电、地税、财政、人事、劳动、金融14个行业的22个单位为重点纠风单位。在上两年挂牌保护20家企业的基础上，又有11家个体私营企业实行挂牌保护，并为企业颁发保护牌和监督举报卡。开展公路“三乱”和企业“三乱”检查，废止收费文件13个，取消收费项目18个。1998年，开展以减轻农民负担、企业负担和制止企业“三乱”为重点的专项治理工作，推行农民负担费用管理制度、劳务合同制度、专用票据制度、一个漏斗向下管理制度和专项审计制度。是年，县监察局成立治理经济发展环境稽查中心，当年受理举报27起，查处17起，交有关部门处理10起。1999年，加大“三乱”监督检查力度，全年受理和查处各种“三乱”案件25起，依法处理6人。深入开展“干部素质提高年”活动，民主评议480个基层单位。2000年，重点治理奢侈之风，全县党政机关公务接待费同比下降14%。组建经济“110”热线，优化发展环境，先后两次开展民主评议行风活动。2001年，纠风工作以政府采购为重点，全年政府采购额400余万元，节约资金65万元。2002—2003年，坚持标本兼治、纠建并举的方针和谁主管、谁负责的原则，从维护群众根本利益、加强部门行业作风建设出发，针对群众反映强烈的农村税费改革、农民负担、公路“三乱”、医疗行业的不正之风进行检查，同时开展“行风建设示范窗口”创建活动，对全县5家县级以上医院开展民主评议调查问卷活动，发放问卷1200份。建立惠民县行政效能投诉举报中心，研究制定工作程序，对重点问题、来信来访和电话举报，逐一分为咨询、移交、转办、立案、督查、督办六类予以受理和查处，共收受举报22起，涉及职能部门10个。2004—2005年，组织社会各界民主测评89个单位，对57个重点职能部门进行行风建设“万人评”活动。实行《检查收费活动审批制度》《涉企检查收费登记制度》，批准检查项目28个、收费项目24个、罚款项目25个，否决检查项目16个、收费项目7个、罚款项目15个。配套下发《到企业检查收费实行登记制度的通知》，要求涉及检查收费必须及时、全面、真实、准确地在企业《涉企检查收费登记簿》上进行登记，否则，企业可拒绝交费。

第六节　信　访

1979年，惠民县委办公室和县革命委员会办公室均设有信访科，负责接待和处理来信来访事宜。1981年，县革命委员会办公室信访科改称县政府办公室信访科。1987年7月24日，县委办公室信访科和县政府办公室信访科合并，成立惠民县信访局，列县政府编制序列，正科级单位，接受县委、县政府双重领导。1990年2月22日，惠民县信访局改为惠民县委、县政府信访局。1991年，惠民县信访、档案领导小组成立，由16人组成。各乡镇配齐副科级专职信访助理，并成立5～7人信访工作领导小组。全县1203个村（街）均设兼职信访调解员。1993年，县机构改革，撤销信访局，设立信访室，正科级规格，归口县委办公室，信访室主任兼任县委办公室副主任。1996年，各乡镇增设专职信访工作人员，每乡镇配至2～3人，形成县、乡、村三级信访组织网络。1997年1月19日，县委信访室复称惠民县委、县政府信访局，规格及人员编制不变，由县委办公室、县政府办公室共同管理，信访局局长仍兼任县委办公室副主任。此后，信访组织的自身建设重点有三个方面：健全信访网络建设，做到小事能处理，大事报得出；采取党校学习、以会代训、外出交流等方式，加强信访干部培训工作，提高政治素质和业务水平；强化制度建设，并做到各乡镇及县直部门的信访室制度上墙，挂牌接访。

来信来访受理　中共十一届三中全会后，在纠正冤假错案、落实政策等方面做了艰苦细致的工作，处理方法由转办型变为查办型。1978—1985年，共受理信访案件9838件，其中平反冤假错案820件，解决历史遗留问题893件，落实房产政策案112件，甄别地、富成分案27件，处理“文化大革命”抄家案11件。

1986—1997年，全县共发生来信来访7062件起，其中，来信4078件，来访2984起。年处结率均达到95%以上。1986年到县信访量为762件起，之后逐年减少，至1997年，到县信访量下降为320件（起）。来信来访反映的主要问题为基层干部作风、经济不清、农村财务管理、农民负担、土地宅基纠纷、企业职工工资、退休金发放等问题。

1998年，全县发生到县以上群众信访795件起、1831人次，其中来信164件，来访631起。1999年，发生到县以上群众信访681件起、2524人次，其中来信160件，来访521起。2000年起，来信来访量呈逐年下降趋势。是年，发生到县以上群众信访490件起，其中来信150件，来访340起。

2001年，县委办公室印发《关于认真贯彻〈山东省信访规定〉通知》。是年，全县共发生到县访321起2849人次，其中集体访101起2474人次，按期结案率为95%。2002年，共受理来信来访434件起，其中来信132件，来访302起3344人次。2003年，县委、县政府印发《关于建设“平安惠民”的决定》，来信来访大幅下降，全年共受理信访264件起，其中来信145件，来访119起1542人次。2004年，县委办公室印发

《关于建立县处理信访突出问题及群体性事件联席会议制度的通知》。2005年，共受理来信来访355件起，其中来信87件，来访268起721人次。

县级领导公开接访制度　1979年，县委、县革委建立县级领导接待来访日制度。每月5日、20日为领导接访日。县委书记、副书记和县革委主任、副主任等领导轮流值班，接待来访人员、处理有关信件。1981年，成立有县委副书记、县革委副主任任正副组长的5人领导小组。农历每月5日、10日（县城集日）为接访日。县委书记、县长及人大常委会主任、政协主席两人一组轮流接访，并定期研究信访工作。遇大案要案，领导小组牵头处理。

1999年5月，县委、县政府印发《关于实行领导公开集中接待群众来访的实施意见》。同月起，县级领导每月26日、乡镇及县直部门领导每月16日实行一次定时、定点、公开、集中接待来访群众活动，且提前在电台、电视台、报纸等媒体进行宣传，取得良好社会效果。2001年，县委办公室印发《关于对重点信访案件实行领导包案及单位承办的通知》。全年县级领导公开接访10次，接待群众上访27起68人次。县委书记、县长处理信访问题20件。2002年，县委、县政府领导批阅人民来信62件，接待群众来访85起1591人次。2004年，县委印发《关于调整部分上访老户包案领导和落实重点案件县级领导责任制的通知》。是年，县级领导共接待群众上访130起620人次。2005年，县委、县政府印发《关于在全县开展联合大接访的实施意见》，确定县级领导每月3日、乡镇及县直部门领导每月26日实行定时、定点、公开、集中接待来访群众活动。是年，县级领导共接待群众来访112起356人次。

法规落实与制度建设　1987年设立县信访局后，逐步建立来信来访登记、转办、催办、处理结果报告等一系列信访工作制度。1990年，根据《山东省地县党政机关工作目标管理试行办法》，县委、县政府印发《关于进一步加强信访工作的意见》，同时建立信访工作监督制度，实行一级抓一级、一级向一级负责的责任制，将目标任务及奖惩措施落实到乡镇党委书记、乡镇长、分管领导和信访助理4人身上，年终全面考评，按责任状要求兑现奖惩。1992年2月，县委办公室、县政府办公室印发《关于落实信访工作“十项制度”的通知》，对县乡领导接访、集体上访、进京上访、联名信上访等问题提出明确的接待要求。5月，县委、县政府印发《关于强化领导责任，进一步做好维护稳定工作的通知》，通知强调了信访工作在维护社会稳定工作中的重要作用，并就强化信访工作责任制，推行信访工作“双向承诺”（信访工作人员承诺在规定时间内给予明确答复，上访人员承诺在未答复前不再越级上访）制，实行处理集体上访案件责任制，实行重大事项报告制等问题作出严格要求，对违背信访制度造成不良后果的单位，提出惩罚措施。1995年10月，为贯彻落实国务院《信访条例》《山东省处理信访问题暂行规定》，使信访工作逐步走上制度化、法制化轨道，县乡两级政府利用广播、宣传车、墙报等形式宣传信访法规，信访部门发放《信访手册》百余册，张贴布告2000余份。2005年5月1日，国务院新修订的《信访条例》颁布，惠民县通过举办培训班、发放明白纸、张贴“通告”等形式贯彻实施。全县信访系统进一步完善办理来信、接待来访、督查督办三项规程，信访渠道更加畅通，信访秩序明显好转。7月，全县开通群众来信“绿色邮政”，即群众寄往市、县、乡（镇）三级党政机关及有关部门的平信，只要在信封右上角注明“群众来信”，一律免贴邮票。

1979—2005 年惠民县受理人民来信来访情况表

表 14－4

年度	信访总数	其中	
		来信（件）	来访（起）
1979	365	206	159
1980	388	187	201
1981	514	277	237
1982	621	340	281
1983	529	297	232
1984	590	287	303
1985	708	327	381
1986	762	410	352
1987	912	521	391
1988	671	496	175
1989	533	408	125
1990	507	287	220
1991	432	281	151
1992	868	449	419
1993	930	519	411
1994	460	223	237
1995	293	117	176
1996	374	208	166
1997	320	159	161
1998	795	164	631
1999	681	160	521
2000	490	150	340
2001	386	65	321
2002	434	132	302
2003	264	145	119
2004	622	158	464
2005	355	87	268

第七节　地方史志

1982 年 1 月，惠民县地方史志编纂委员会成立，翌年春下设史志办公室，编制 8 人，社会主义新方志的编纂事业正式纳入政府工作日程。此后，各乡镇及县直部门陆续组建编志领导小组 70 余个，选调编志人员 420 名，特聘顾问 90 名。

1993年机构改革，县史志办归口县政府办公室，定为副科级事业单位，编制6人，后缩编为5人。1997年4月，第一部社会主义新方志《惠民县志（1840—1985）》定稿，7月出版发行。1999年7月，首卷《惠民年鉴（1986—1997）》付梓出版。2004年7月，第二卷《惠民年鉴（1998—2000）》出版。2004年10月，续修惠民县志工作正式启动。至是年年底，惠民县共编纂出版县志1部、政府综合年鉴2卷、部门志和行业志9部、惠民县史志资料5辑，另有成稿待版的《惠民县风物录》和部门志、行业志40部，并向各级志类丛书累计提供有关惠民县情的文稿13万字。

史志成果

志书纂修

第一轮修志 1983年5月，惠民县人大常委会作出决议，县政府下发通知，要求各级政府、各个部门和全县人民为县志编纂积极收集和提供资料。7月，县政府印发《关于搞好社会调查的通知》，县地方史志编纂委员会召开第一次全县地方志工作会议，具体部署开展社会调查和编修社会主义新方志工作。1983—1989年，新县志编纂历经广泛宣传、组建修志班子、征集资料、内查外调、编写志稿等阶段，各供稿单位基本完成供稿任务，并有11个乡镇编写了乡镇志初稿，50余个单位完成部门志或专业志初稿。其间，县地方史志编纂委员会召开全县地方志工作会议6次，举办修志人员培训班5期，县史志办公室搜集、整理各类资料3000万字。1990年，县史志办全力以赴进入志稿的编写阶段，1992年春初稿完成。1993年3月18日，惠民地区史志编纂委员会在惠民举行《惠民县志》志稿评审会。1997年4月，《惠民县志》在五订篇目六易其稿后，经省、地审批获准出版。10月23日，中华人民共和国建立后的第一部《惠民县志》首发式在惠民宾馆举行。

第二轮修志 1996年11月9日，国务院办公厅下发《关于进一步加强地方志编纂工作的通知》，要求每20年左右续修地方志一次。1998年12月25日，滨州行署印发《关于续修新方志有关问题的通知》，并于同日召开全区续修新方志动员大会。2004年10月28日，惠民县人民政府办公室转发县史志办《续修惠民县志工作实施方案》，方案就续志的指导思想、断限、框架设计、修志体制及时限等作出明确要求。29日，全县续修惠民县志工作会议召开。会议要求各乡镇、县直各部门明确任务，健全机制，加强领导，切实做好新一轮县志编修工作。2005年9月15日，县人民政府第二次召开全县续修县志工作会议。会议印发了由县史志办编制的“续修惠民县志辅导材料”“续修惠民县志编目”和典型志稿范本，并聘请市史志办两位专业人员到会就续修新县志的有关问题进行具体指导。是年年底，各供稿单位的修志班子已全部建立，编目设计中大事记、人物两部分的供稿任务已按要求基本完成。

年鉴编纂 1996年5月20日，滨州行署在《滨州地区志》首发式上部署全区年鉴编纂工作。1997年《惠民县志》付梓以后，根据行署对年鉴由政府主办、县史志办承编的批示精神，县史志办公室立即着手惠民县历史上首卷政府综合年鉴的编纂工作。1999年7月，《惠民年鉴（1986—1997）》出版。该年鉴112万字，浓缩了惠民县12年间政治、经济、文教、卫生等社会各项事业的发展历程，较为详尽的记述了惠民县由计划经济向社会主义市场经济演变的过程。1999年12月，在山东省年鉴学会主办的全省年鉴评比中，荣获“山东省年鉴优秀成果一等奖”。2004年7

月，第二卷《惠民年鉴（1998—2000）》问世。此鉴81万字，全方位记载了1997年之后的三年间，惠民县在改革开放的大潮中社会各方面的深刻变化及取得的可喜成果，较为客观的反映了三年来的发展轨迹。

孙子故里考证 1987年，遵照惠民地区史志办和县政府的安排，以县史志办为主成立惠民县孙子研究筹备小组，重点开展孙子故里的考证工作。研究组吸纳县内20余名有志于孙子研究的人士，多次召开座谈会、论证会，收集和查阅大量有关孙子的历史文献及其身世、轶闻、传说等资料，印证了孙子兵法的思想理论价值、军事学术价值和对世界各国军事、政治、经济、外交等方面的重大影响，形成孙子故里在惠民的共识。1988年，县史志办派员分赴南京、郑州、临沂、阳谷等地，就孙子故里等问题拜访、请教历史学者，获得颇具价值的资料与线索。后赴北京求助于中国人民解放军军事科学院战略部、北京大学等权威部门的专家学者予以考证。战略部及北大专家遍查正史及相关史科，得出“孙子故里确系惠民无可置疑”的结论。1989年5月22—25日，由惠民县人民政府、军事科学院、解放军总后勤部共同召开的首届《孙子兵法》国际学术讨论会在惠民宾馆隆重举行，致力于《孙子兵法》研究并颇有成果的80余位中外专家学者和新闻出版工作者汇聚一堂交流学术，成为《孙子兵法》研究史上亘古未有的盛事，更是惠民县历史上承办如此高规格学术讨论会的空前盛举。会后，解放军出版社汇集研讨会的论文出版《孙子新探》一书，其中收入惠民县学者的论文3篇。1991年，惠民县孙子研究会成立，县史志办将孙子研究及其故里考证的所有资料移交研究会，由此基本退出这一研究领域。

修志新探 2000年，惠民县史志办以探求地方志纂修新途径为宗旨，意在突破以文字为主的传统编修方式，试以图片为基础资料，佐以少量文字释解，从而展现惠民县有史以来的发展与变革，会同县党史委、县文物事业管理处、县档案馆合力编纂惠民县历史图片集。2001年10月，定名为《古邑沧桑》的“惠民县历史图片集”出版发行。该书共收入图片749幅，搜集范围涉及十几个省、市、自治区，直观形象地反映了惠民县的历史进程，也为新县志的编修方式作出有益尝试。

贯彻落实地方史志工作条例 2005年9月29日，《山东省地方史志工作条例》（以下简称《条例》），经山东省第十届人民代表大会常务委员会第十次会议通过。11月29日，惠民县人大常委会、县人民政府召开各乡镇人大主席、分管史志工作的领导及人大法制科、县史志办公室人员参加的座谈会。与会人员在认真学习、领会《条例》的基本内容和精神实质后一致认为，《条例》的颁布标志着地方史志工作步入法制化、规范化轨道，是全省地方史志工作史上的重要里程碑，并就如何宣传、贯彻《条例》，依照《条例》规定的权限和程序开展行政执法、强化法制观念、加强史志队伍建设、提高人员素质、发挥地方史志作用等方面形成共识。会后，分管史志工作的副县长郑玉梅发表庆祝《条例》颁布的电视讲话，且于《今日惠民》刊登署名文章。文章指出：各乡镇、县直各部门要认真学习、宣传、落实《条例》，让社会各界了解、熟悉、执行《条例》，形成全社会关心支持地方史志工作的氛围。县史志办公室要在县人大常务委员会的监督指导下，认真履行《条例》赋与的使命和职责，行使行政和业务双重职能，规划、协调、管理好地方史志工作，规范、组织、检查、指导地方志工作的开展和地方志、年鉴及相关地情文献的编纂、审查、出版工作，征集、整理、保存地方史志文献，开展地方史志学术研究和地情研究，推广地方志成果，服务经济社会发展。12月1日，县城及各乡镇驻地主要街道均悬挂宣传《条例》的横幅，庆祝《条例》正式实施。县史志办公室组织全体工作人员在重新学习《条例》的前提下，围绕《条例》赋与的职责，展开系统研讨，制订了严遵《条例》做好地方史志工作的初步方案。

第八节 油区工作

机构 1984年8月1日，根据省经济委员会、省编制委员会关于建立油区机构的通知精神，县政府印发《关于建立惠民县油区工作办公室的通知》。8月5日，惠民县油区工作办公室正式挂牌办公，主要职责是维护油区秩序，协调工农关系，保证油田开发，促进地方经济发展，有工作人员4名。1989年，县公安局设立惠民县油区治安联防办公室，负责油区治安，为油田开发保驾护航。1992年，惠民县公安局油区派出所成立，联防队纳入派出所。1999年，成立惠民县公安局油区治安办公室，原油区派出所同时并入。2005年，县油区办公室由副科级事业单位升格为正科级事业单位，内设办公室、财务科、工农科、能源科、综合治理办公室，有工作人员13人。

油气井开发和油区治理 县域油田称林樊油田，因县内所打第一口油井位于清河镇林樊村而得名。1988年、1989年，打新井65口，架设高低压线路7800米，铺设地下油气、水管线9800米。2001年，胜利油田在县城进行二维深层地震勘探试验，投放400余炮，涉及7个乡镇，有2口油井开钻运转。2002年，进行大面积、高精度、高分辩率的三维、二维勘探，涉及10个乡镇，投放15000余炮。2003年，进行高维度勘探面积100平方公里，新打油井21口、试验井2口。2004年，新打石油生产井13口。至2005年年底，县域共打油气井310眼，其中油井305眼，气井5眼，绝大部分位于胡集镇境内，麻店镇、辛店乡、魏集镇、惠民镇、何坊乡、李庄镇也有零星分布。在油区秩序综合治理中，累计出动车辆1398台次，出动警员3425人次；印发宣传材料3万余份，受教育人数45万人次；查获各类盗窃车辆520部，查获原油398吨、钢材10吨；取缔原油非法收购点85处，抓获不法分子500余人。

境内地下石油资源丰富，胡集等东部乡镇为胜利油田采油区

支援油田建设 林樊油田开发后，胜利油田年年在县域勘探作业，至2005年，累计施放10万余炮，钻打各类油气井310眼，试验井遍布全县。东临管线、东临复线、沧淄线等重大输油、气工程，及鞠家泵站输电工程相继实施，穿越县内160公里，涉及全县所有乡镇，占压土地5000余亩，砍伐果园、林木和拆除蔬菜、食用菌大棚等难以计数；境内输油管道几次破裂，原油泄漏，造成大面积农田减产或绝产。对此，当地政府与民众顾全大局，不计得失，倾力支援油田建设。

征占地 1987—2005年，油田在县内打井累计征地1227亩，临时占地万余亩；油气管道及潍坊输油鞠家泵站输电工程计占压土地5000余亩。油田的开发，使工农之间在征占地、赔偿、修路、建桥、用电等方面，曾发生过矛盾和纠纷。惠民县按照国家有关政策和规定，坚持妥善处理工农关系，致力为油田建设提供全方位服务的基本出发点，在协商、调解和服务中克服种种困难，保证了油田建设的顺利开展。

东临复线输油管道改造工程 东临输油管道是国务院批准建设的重点工程之一。管线东起东营市，途经滨州、济南境域，西至德州市临邑县，全长159公里。惠民县境设计长度34.92公里，占全长的1/5强，东西横贯6个乡镇48个村庄。1996年4月，省油区办召开东临复线输油管线工程协调会。8月，惠民县政府印发《关于东营—临邑输油管道改造工程（惠民段）建设有关问题的通知》，对工程的组织、协调、配合工作进行部署，对施工带的长宽度、征占地标准和赔偿、税收、管理费作出明确规定。并由常务副县长主持召开涉及工程的6个乡镇和县直有关部门会议，对工程建设的协调服务等问题提出具体要求。10月，工程正式动工。因工程牵扯乡镇和村庄较多，协调任务面广量大，且事关群众切身利益。县油区办会同有关部门组织协调队伍随施工队跟班作业，沿线民众顾全大局、积极配合，确保工程的如期完成。

沧淄天然气管道工程　沧州至淄博天然气管道是国家重点工程之一。2001年10月开工，2002年2月竣工。途经县内6个乡镇，总长40余公里。该工程涉及面广，工作量大且内容复杂。县委、县政府成立沧淄输气管道工程惠民段指挥部，县油区办联合县公路、交通、水利、公安等职能部门配合施工单位进行协调服务工作，精心丈量管道所经地段，妥善处理土地纠纷和工农关系，管道工程顺利完成。

沧淄天然气管道滨州支线、商河支线工程　2002年3月，沧淄天然气管道工程滨州支线工程动工建设。支线途经魏集镇，长10余公里，占压土地10万平方米。在施工单位及镇政府和沿线民众的共同努力下，于2002年7月竣工。商河支线工程，途经惠民镇、何坊乡、石庙镇，全长20余公里，2003年12月完工。惠民县视工程为己任，不讲条件配合工程建设，保证了工程的顺利完成。

潍坊输油鞠家泵站输电工程　2002年3月动工，同年10月竣工。该工程途经皂户李、辛店、淄角3个乡镇，长20公里，安装架线杆、架线铁塔130基。工程战线较长，占压土地面大，加之施工单位配合不力，造成群众损失增加，给工程进展带来较大难度。为此，县主要领导靠上解决重点、难点问题，县油区办及时调整工作部署，加大工作力度，排除重重干扰，取得沿线群众的谅解和支持，确保工程顺利竣工。

服务企业发展　1998年，胜利油田提供位于麻店镇的林气4井和辛店乡的林气1井、林气3井、林气6井为滨州市万隆集团化肥生产的4口专供气井，并由万隆集团组织供气管线的施工。该管线惠民段长20公里，经辛店、麻店、胡集镇入滨州市境，有关单位和乡镇对市属企业到惠民开发气井，思想阻力颇大，难以接受。县油区办组织人员深入调查，沟通思想，理顺各方关系，管线顺利施工与接通。管线投入使用后，惠民段井场和管线的治安保卫工作由县油区办和县公安局负责。经双方协商，县公安局驻油区治安机构组建巡逻中队，监护管线。至2005年，共查处盗气案件20余起，取缔乱接天然气点80余处，确保供气管线安全。

第三章　中国人民政治协商会议惠民县委员会

第一节　机　构

1981年1月，县政协恢复活动，设立综合办公室为办事机构。1986年，县政协机关内设办公室、文史资料科、联络科。1987年6月，在全县21个乡镇和政协委员集中的地直、县直单位建立政协联络组31个。1989年，政协机关增设调研科、经济科技科，均为正科级单位。同年8月，乡镇配备专职政协联络组长。1990年，全县各乡镇联络组改为“政协惠民县委员会××乡（镇）工作委员会。”1992年年底，全县设乡镇工委正副主任27人，1995年达到48人。1997年，县政协机关内设四科一室（办公室、调研科、联络科、文史资料科、经济科技科），定编18人。1998年，全县共有乡镇工委主任、副主任50人。2000年，乡镇政协工委撤销，设立政协联络组，组长由乡镇一名副书记兼任。2004年，政协机关增设老干部科，为正科级单位。2005年，政协机关内设办公室、调研科、联络科、文史资料科、经济科技科、老干部科。有在职人员14人。

第二节 历届政协委员会

1981年1月8—14日，召开政协惠民县第四届委员会第一次会议。本届委员155人。会议听取县政协第三届常委会的工作报告和提案审查处理意见的报告，通过县政协四届一次会议的决议，选举曹胜云为县政协主席，翟福海、丁汝山、王长恒、魏汝壁、张子箴、贾跃南为副主席，选出常务委员24人。与会委员列席县人大九届一次会议。

1982年1月3—9日，召开县政协四届二次会议。会议听取政协惠民县第四届委员会常委会工作报告和提案审查处理意见的报告，增选田次元为政协四届委员会副主席，通过政治决议、常委会工作报告的决议、政协惠民县四届二次会议提案审查处理意见报告的决议。与会委员列席县人大九届二次会议。

1983年1月16—22日，召开县政协四届三次会议。会议听取政协常委会的工作报告和关于提案审查处理意见的报告，增选李树林为政协常委会副主席，通过政治决议、常委会工作报告的决议、四届二次会议提案处理情况的决议和四届三次会议提案审查处理意见报告的决议。与会委员列席县人大九届三次会议。

1984年5月25—30日，召开政协惠民县第五届委员会第一次会议。本届委员165人。会议听取政协常委会的工作报告及提案处理情况的书面报告，通过本次会议的提案审查报告的决议。与会委员列席县人大十届一次会议。会议选举孙秀德为县政协主席，马克、田次元、侯建瑞（女）为副主席，会议选出常务委员25人。

1985年4月23—28日，召开县政协五届二次会议。会议听取政协常委会的工作报告、统战政策落实情况的报告和提案审查情况的报告，通过政协常委会工作报告的决议和五届二次会议的政治决议。会议增选李树林、王国平为县政协副主席。

1986年5月1—5日，召开县政协五届三次会议。会议听取政协常委会工作报告和提案审查情况的报告，通过常委会工作报告的决议、五届三次会议的政治决议和提案审查情况的决议。与会委员列席县人大十届三次会议。

1987年3月23—28日，召开政协惠民县第六届委员会第一次会议，本届委员180人。会议听取政协常委会工作报告及提案处理情况的报告，通过常委会工作报告的决议、六届一次会议的政治决议和提案审查情况的决议。与会委员列席县人大十一届一次会议。会议选举李正教为政协主席，王德庆、侯建瑞（女）、王国平为副主席，会议选出常务委员25人。

1988年1月3—6日，召开县政协六届二次会议。会议听取政协常委会工作报告，通过六届二次会议的政治决议和其他决议。与会委员列席县人大十一届二次会议。会议增选杨乐修、高法铭、林青夫为政协副主席，增补李执雁、马汉卿、杨乐修为常务委员。

1989年3月10—21日，召开县政协六届三次会议。会议听取政协常委会工作报告，通过政治决议和其他决议。与会委员列席县人大十一届三次会议。

1990年3月15—21日，召开政协惠民县第七届委员会第一次会议。本届委员196人。会议听取政协常委会工作报告，通过政治决议和提案处理情况的书面报告。与会委员列席县人大十二届一次会议。会议选举李成明为县政协主席，武宗树、刘克亭、赵秉耕、高法铭、林青夫为副主席，会议选出常务委员28人。

1991年3月10—14日，召开县政协七届二次会议。会议听取政协常委会工作报告和提案工作情况报告，通过政协七届二次会议提案审查情况的决议。与会委员列席县人大十二届二次会议。

1992年3月11—18日，召开县政协七届三次会议。会议听取政协常委会工作报告、提案工作报告和提案审查情况的报告，通过七届三次会议政治决议和其他决议。与会委员列席县人大十二届三次会议。

1993年2月14—18日，召开政协惠民县第八届委员会第一次会议，本届委员198名。会议听取政协常委会的工作报告、提案审查情况报告及八届一次会议换届筹备工作情况报告，通过政协常委会工作报告的决议和其他决议。选举王占宝为县政协主席，武宗树、高法铭、林青夫、崔国明、李洪喜为副主席，选出常务委员32人。

1994年1月28—31日，召开县政协八届二次会议。会议听取政协常委会工作报告和提案工作情况报告，通过八届二次会议有关决议，选举焦希山、王启程为常务委员会专职常委。与会委员列席县人大十三届二次会议。

1995年3月24—27日，召开县政协八届三次会议。会议听取政协常委会工作报告、提案工作情况报告及提案审查情况报告，通过八届三次会议决议和其他决议。与会委员列席县人大十三届三次会议。

1996年2月29日—3月1日，召开县政协八届四次会议。会议听取政协常务委员会工作报告、提案工作情况报告及提案审查情况报告，通过八届四次会议决议与其他决议。会议增选王合金、李寿星、王洪昌、邱立为县政协副主席。

1997年1月22—24日，召开县政协八届五次会议。会议听取政协常委会工作报告、提案工作情况及提案审查情况的报告，审议通过政协八届五次会议决议及有关事项。

1998年1月17—20日，召开政协惠民县第九届委员会第一次会议，本届委员163人。会议听取政协常务委员会工作报告、提案审查情况报告和九届一次会议筹备工作情况的报告，通过各项决议并列席县人大十四届一次会议。会议选举王占宝为政协主席，张德新、成功文、宫洪利、李洪喜、李寿星、王洪昌、邱立为副主席，选出常务委员25人。

1999年1月22—24日，召开县政协九届二次会议。会议听取政协常委会工作报告和提案审查情况报告，通过九届二次会议决议。与会委员列席县人大十四届二次会议。

2000年1月16—20日，召开县政协九届三次会议。会议听取政协常委会工作报告和提案工作情况及提案审查情况的报告，通过九届三次会议决议。与会委员列席县人大十四届三次会议。

2001年2月20—23日，召开县政协九届四次会议。会议听取政协常委会工作报告和提案工作情况报告，通过九届四次会议决议。与会委员列席县人大十四届四次会议。

2002年1月22—25日，召开县政协第九届五次会议。会议听取政协常委会工作报告和提案情况及提案审查情况的报告，通过九届五次会议决议。与会委员列席县人大十四届五次会议。会议增选张玉标（市政协副主席）为九届政协副主席。

2003年1月20—24日，召开政协惠民县第十届委员会第一次会议，本届委员173人。会议听取政协常委会工作报告、十届一次会议筹备工作报告和提案工作情况的报告，通过十届一次会议决议和其他决议，会议选举袁炳银为政协主席，张玉标、宫洪利、李洪喜、王洪昌、宋春亭、张秀葵（女）为副主席，选出常务委员27人。与会委员列席县人大十五届一次会议。

2004年1月2—4日，召开县政协第十届二次会议。会议听取政协常委会工作报告和提案工作情况报告，通过十届二次会议决议。与会委员列席县人大十五届二次会议。会议增选桑立谦为十届政协副主席。

2005年1月29—31日，召开县政协第十届三次会议。会议听取政协常委会工作报告和提案工作情况报告及提案审查情况报告，通过十届三次会议决议。与会委员列席县人大十五届三次会议。

政协第四届至第十届惠民县委员会主席、副主席

表 14－5

届次	职务	姓名	性别	籍贯	党派	任职时间
第四届	主席	曹胜云	男	山东新泰	中国共产党	1981.1
	副主席	丁汝山	男	山东招远	中国共产党	1981.1
		翟福海	男	山东惠民	中国共产党	1981.1
		王长恒	男	山东惠民	中国共产党	1981.1
		魏汝璧	男	山东惠民	中国共产党	1981.1
		张子箴	男	山东文登	中国共产党	1981.1
		贾跃南	男	山东沾化	中国共产党	1981.1
		田次元	男	山东惠民	非党	1982.1
		李树林	男	山东沾化	中国共产党	1983.1
第五届	主席	孙秀德	男	山东惠民	中国共产党	1984.5
	副主席	马　克	男	山东海阳	中国共产党	1984.5
		田次元	男	山东惠民	非党	1982.1
		侯健瑞	女	山东章丘	中国共产党	1984.5
		李树林	男	山东沾化	中国共产党	1983.1
		王国平	男	山东平原	非党	1985.4
第六届	主席	李正教	男	山东昌乐	中国共产党	1987.3
	副主席	王德庆	男	山东惠民	中国共产党	1984.3
		侯健瑞	女	山东章丘	中国共产党	1984.5
		王国平	男	山东平原	非党	1985.4
		杨乐修	男	山东广饶	中国共产党	1988.1
		高法铭	男	山东惠民	非党	1988.1
		林青夫	男	福建福州	非党	1988.1
第七届	主席	李成明	男	山东沂源	中国共产党	1990.3
	副主席	武宗树	男	山东惠民	中国共产党	1990.1
		刘克亭	男	山东惠民	中国共产党	1990.3
		赵秉耕	男	山东阳信	非党	1990.3
		高法铭	男	山东惠民	非党	1988.1
		林青夫	男	福建福州	非党	1988.1

续表 14－5

届次	职务	姓名	性别	籍贯	党派	任职时间
第八届	主席	王占宝	男	山东惠民	中国共产党	1993.2
	副主席	武宗树	男	山东惠民	中国共产党	1990.1
		高法铭	男	山东惠民	非党	1988.1
		林青夫	男	福建福州	非党	1988.1
		崔国明	男	山东滨州	中国共产党	1993.2
		李洪喜	男	山东惠民	非党	1993.2
		王合金	男	山东莱西	中国共产党	1996.3
		李寿星	男	山东惠民	中国共产党	1996.3
		王洪昌	男	山东惠民	非党	1996.3
		邱　立	男	湖北黄岗	非党	1996.3
第九届	主席	王占宝	男	山东惠民	中国共产党	1993.2
	副主席	张德新	男	山东惠民	中国共产党	1998.1
		成功文	男	山东惠民	中国共产党	1998.1
		宫洪利	男	山东惠民	中国共产党	1998.1
		李洪喜	男	山东惠民	非党	1993.2
		李寿星	男	山东惠民	中国共产党	1996.3
		王洪昌	男	山东惠民	非党	1996.3
		邱　立	男	湖北黄岗	非党	1996.3
第十届	主席	袁炳银	男	山东惠民	中国共产党	2003.1
	副主席	张玉栎	男	山东惠民	非党	2002.1
		宫洪利	男	山东惠民	中国共产党	1998.1
		李洪喜	男	山东惠民	非党	1993.2
		王洪昌	男	山东惠民	非党	1996.3
		桑立谦	男	山东惠民	中国共产党	2004.1
		宋春亭	男	山东惠民	中国共产党	2003.1
		张秀葵	女	山东商河	中国共产党	2003.1

第三节　历届政协常务委员会

县政协第四届常务委员会　经1981年1月四届一次会议选举产生。至1984年5月共举行7次常务委员会会议，重点研究县政协常委会的思想建设和组织建设，就如何落实知识分子政策问题提出建议和意见。

县政协第五届常务委员会　经1984年5月五届一次会议选举产生。至1987年3月共举行16次常务委员会会议，会议内容涉及政协机关向常委会汇报工作、传达学习全国政协、省政协会议精神、座谈落实知识分子政策及每年一次的政协全委会筹备安排等事宜。

县政协第六届常务委员会　经1987年3月六届一次会议选举产生。至1990年3月共举行13次常务委员会会议。会议研究制定《关于加强政协机关与政协委员联系的办法》，听取全县校舍改造、林业发展、水利建设等情况的通报，研究政协工作、学习等有关事宜。

县政协第七届常务委员会　经1990年3月七届一次会议选举产生。至1993年2月共举行12次常务委员会会议。会议听取县委、县政府及有关部门的工作情况通报，组织安排委员学习、视察、调查及研究人事任免等工作。

县政协第八届常务委员会　经1993年2月八届一次会议选举产生。至1998年1月共举行20次常务委员会会议，内容涉及听取有关部门情况通报、安排委员学习，组织委员视察、调查以及部署全委会会议等事宜。

县政协第九届常务委员会　经1998年1月九届一次会议选举产生。至2003年1月共举行常委会会议20次，其中，听取县委、县政府党风廉政建设和经济工作运行情况通报7次，提出意见和建议4条。

县政协第十届常务委员会　经2003年1月十届一次会议选举产生。至2005年12月共举行12次常委会会议，内容涉及组织学习、全委会安排，听取有关部门情况通报、全县党风廉政建设和经济运行情况通报，组织委员视察、调查等事宜。

第四节　主要活动

政治协商和民主监督　1981年，县政协恢复活动后，在政治协商与民主监督方面，执行“重大问题协调在党委决策之前、人大通过之前、政府实施之前”的原则。制定经济建设和社会发展规划，决定有关人民生活的重要问题，先协商后决策；制定关系“全局的政策和法规，先协商后通过”的“三在前，三在先”原则。监督内容：国家宪法、法律及地方性法规的实施情况，党委政府重要方针、政策的贯彻执行情况，国民经济和社会发展计划及财政预算的执行情况，精神文明建设和民主法制建设情况，人民生活中的“热点”“难点”问题的解决情况，政协建议案、提案的办理情况及需要民主监督的其他重要问题。1985年9月，县政协与统战部召开各界人士为四化服务经验交流会，倡导大家同心同德为四化建设贡献力量。1989年，县委制定《关于政治协商、民主监督的八项规定》，就协商监督的原则、目的、内容、形式和程序分别作了说明。1994年，县委印发《关于认真贯彻落实进一步加强人民政协工作的意见的通知》，进一步提出重大问题协商在前，决策在后的原则。1995年，县委转发县政协《关于政治协商、民主监督、参政议政进一步规范化、制度化的意见》。1997年8月，县委印发《关于进一步加强和改善党对政协工作领导的意见》。1998年1月，“建议县委、县政府把再就业工程列入议程，尽快制定出政策措施”的委员提案，引起县委、县政府领导的重视，印发《关于进一步做好下岗职工分流安置和再就业工作的试行意见》，制定下岗职工凭“待岗证”经营的38条优惠政策，落实再就业目标责任书，切实把再就业工程列入党委政府的重要议事日程。通过企业改革、改制、兼并联合、分流安置、自谋职业、劳务输出等措施，全县2347名下岗职工分流安置1410人，再就业率达到66%，该项提案也被省政协选为优秀提案。1999年“关于下岗职工基本生活保障”的委员提案，劳动部门十分重视，及时给予答复。2000年，县政协根据委员提案对全县绳网生产销售情况进行视察，发现制约绳网业发展的5个问题，提出5条建设性意见。对此，县委、县政府高度重视，出台《惠民县绳网生产销售管理暂行办法》，制定统一生产标准，整顿绳网生产和市场秩序，促进了绳网业的有序发展。至2005年年底，政协委员向县委、县政府提出各种提案和意见、建议共3120条，被立案、采纳3096条，立案采纳率达96%。

提案工作 政协六届委员会任职期间，共收到委员提案501件，立案495件，立案率达99%。其中，有关经济建设方面的217件，占43.8%；科技教育方面的96件，占19%；环境保护、群众生活、计划生育方面的70件，占14.2%；其他方面的29件，占6%。

政协七届委员会任职期间，共收到委员提案649件，立案639件。其中经济建设方面的186件，占29%；劳动人事、统战方面的90件，占14%；精神文明、群众生活方面的84件，占13%；其他11件，占2%。

政协八届委员会任职期间，共收到委员提案1119件，立案1111件。其中经济建设方面的489件，占45%；科学文化、卫生体育方面的350件，占31%；民主法制建设、劳动人事、统战政协、廉政方面164件，占14%；减轻农民负担、计划生育、环境保护方面65件，占6%；其他方面43件，占4%。

政协九届委员会任职期间，共收到委员提案619件，立案619件，其中重点提案118件。涉及经济建设、科教卫生、民主法制、劳动人事、统战政协、廉洁勤政等方面。

政协十届委员会任职期间，共收到委员提案232件，立案232件。其中以界别提案6件，委员联名提案58件。内容涉及精神文明建设、经济建设、产业结构、科教文卫等十余个方面。历届委员提案均受到县委、县政府的高度重视，提案办理上立足于事事有答复、件件有着落，做到委员、领导和承办单位三满意。

调查、视察工作 政协四届委员会任期的三年中，围绕工农业生产、经济建设、落实政策等问题，组织政协常委开展视察、调查工作10余次。1981年5月，政协常委参观视察惠民棉纺织厂、地毯厂等8个单位，提出意见、建议4条。1982年5—6月，组织政协主席、副主席、部分常委分别到皂户李等7个公社、8个生产队、县林场等单位进行调查、视察，发现一些亟待解决的问题，提出相应解决问题的意见和建议。1983年4月27日，组织部分政协常委和委员对一中、惠民中心医院、县医院进行视察，提出大力宣传党的知识分子政策，营造尊重知识、尊重人才的社会风气的建议，为落实知识分子政策做出了贡献。

政协五届委员会围绕教育、卫生、城建等方面，组织常委和委员开展调查、视察工作。1984年11月，部分政协常委对大年陈、何坊大商管区的教育改革情况进行视察，总结全县教育改革试点的经验，提出如何推广经验、搞好教师整顿工作的意见和建议。

政协六届委员会围绕全县中心工作，组织委员进行39次调查、视察活动。1988年，对全县农业生产情况进行一系列调查视察活动，写出《关于全县实现8亿斤粮食、80万担棉花产量的论证及主要措施的专题报告》，县委、县政府据此做出关于强化以粮棉生产为重点的农业开发的决定，促进全县方田建设发展。

政协七届委员会组织委员开展调查、视察活动21次。1990年，组织有关部门和政协科技委员到栖霞、招远、邹平、阳信等地进行调查和考察，向县委写出《关于加速实现十万亩优质苹果基地的建议的报告》，县委采纳政协的建议，做出加强“两园”建设规定，并采取措施组织实施，加快全县种植业结构调整的步伐。

政协八届委员会任期的五年中，分别对全县农业生产、医疗卫生、教育改革、乡镇企业、畜牧业、城镇建设、棉花收购、个体私营经济发展等进行调查、视察，共写出调查报告22篇。1995年8月，部分政协常委、委员对县城污染状况进行视察，提出加快护城河污染治理步伐的建议。县委、县政府采纳此项建议，把治理护城河污染列入“九五”规划。1996年4月，政协常委在调查、视察的基础上，写出《关于蔬菜生产情况的调查报告》，县委、县政府召开专题会议研究，印发《关于大力发展蔬菜生产的意见》，全县蔬菜生产很快形成高潮。1997年5月，县政协针对全县个体私营经济发展迟缓、活力不足的问题，经多方面考察，写出《促进全县个体私营经济发展的建议》，县委书记祁维华加批按语将《建议》转发县直部门和乡镇。

政协九届委员会在五年任期中组织政协委员进行调查、视察24次，写出调查报告24篇。1998年7月，开展“全县个体私营经济百人千户调查”。1999年5月，在调研的基础上，向县委写出《全县个体私营经济建设发展情况的调查报告》，县委以正式文件转发全县。2000年7月，对全县的六大工贸园区进行考察，发现制约园区建设的5个问题，提出了解决问题的5条建议。

政协十届委员会任职后，至2005年年底，组织委员视察、调查7次，写出调查报告7篇。2003年6月，对城区环境卫生整治情况开展视察，指出存在的5大突出问题，提出4条合理化建议，推动城区卫生环境治理工作的深入开展。2005年6月，针对全县出现群众集体上访、越级访问题，组织4位政协主席和部分科室负责人分组深入6个乡镇、10余个企业进行调研，撰写了《与时俱进抓信访，化解矛盾促发展的调查报告》，县委书记何思清加注批示转发全县。

文史资料征集　1981年，县政协开始文史资料征集工作。同年4月，召开第一次县文史资料工作会议，至1985年，共召开7次文史资料征集工作会议，征集稿件200余篇，120万字，分别选编出版《惠民县文史资料》第一至第四辑。1988年3月，第五辑《惠民县文史资料》出版，稿件15篇，5万字。1990年4月，第六辑《惠民县文史资料》发行，稿件22篇，5.5万字。1992年5月，第七辑《惠民县文史资料》面世，稿件13篇，6万字。1996年12月，第八辑《惠民名人专辑》付梓，稿件22篇，7.5万字。1998年1月，第九辑《委员风采》出版，稿件22篇，11.5万字。2002年1月，第十辑《孙子故里文化旅游》发行，稿件82篇，获省政协文史资料评选三等奖。2003年，抗日战争纪实小说《孽海雄鹰》出版，20余万字。至2005年，县政协召开文史资料工作会议15次，专题座谈会、经验交流会、报告会46次，编撰出版文史资料11辑，收录稿件260余篇，120余万字，先后5人被省政协评为全省文史工作先进个人，文史科连续3年被评为全省文史工作先进集体。1988年9月，惠民县诗词学会成立，办事机构设在县政协文史科，至2005年，召开诗词交流会、朗诵会等21次，在县以上报刊发表诗词600余首，编印《惠民诗词》4辑。

对外联谊和民族宗教工作　1981—2005年，县政协以多种形式宣传“和平统一”“一国两制”的方针政策，以振兴惠民广交朋友促进祖国统一为己任，以台胞、侨胞工作为重点，积极配合县委统战侨务部门，热情接待回乡探亲的台胞、侨胞和港澳同胞。每年中秋节召开一次台胞、台属茶话会，广泛听取意见，积极开展给台湾同胞一封信活动。并及时总结交流台胞、台属发展经济、勤劳致富和爱国爱家的典型事迹。惠民县在海外的华侨、华人和港澳台同胞千余人，其中经商与科技人员占相当比例，做好联谊工作，对促进

“三引进”（引进资金、引进技术、引进人才）有着重要的作用。在四届至十届政协任职期间，广大政协委员充分发挥联系广泛的优势，为外引内联穿针引线铺路搭桥，为祖国统一大业和全县经济发展做出贡献。在民族宗教工作中，县政协认真贯彻党的民族、宗教工作精神，每年召开一次民族、宗教工作座谈会，听取少数民族和宗教界人士的意见，宣传党的民族宗教政策，尊重信仰自由，加强民族团结，搞好少数民族、宗教人士及眷属的联谊工作。积极协助党和政府落实有关政策，维护他们的合法权益，发挥了民族、宗教界人士在稳定社会发展经济中的作用。

第十五编　政　法

第一章 政法工作

第一节 机 构

1984年12月，恢复成立中共惠民县政法委员会。1986年，政法委员会下设办公室。1989年3月，打击经济犯罪活动办公室由县纪委划出，与政法委合署办公。1991年5月，县社会治安综合治理领导小组改为社会治安综合治理委员会，下设办公室，与县委政法委合署办公。1993年10月，撤销综合治理办公室和打击经济犯罪活动办公室。1994年3月，恢复综合治理办公室，为正科级单位。同年，各乡镇配副乡级综治办主任。1995年，乡镇党委成立综合治理领导小组。1996年，乡镇综治办配备1～2名专职工作人员。2005年，政法委内设办公室，定编7人。各乡镇综治办配备专职人员3～5人，综治委主任由乡镇党政主要负责人担任。全县1282个行政村全部建立综治办，综治办主任由村党支部书记或村委会主任兼任。

第二节 社会治安综合治理

1984年，全县社会治安综合治理工作，贯彻“打防并举，标本兼治”的方针，坚持打、防、建、教、管、改齐抓共管。是年，开展3次严打行动，破获各类案件957起，缴获赃款赃物折款9.2万元。1985年，制订全县社会治安综合治理规划，把综合治理工作纳入精神文明建设轨道。1988年，将社会治安综合治理工作纳入岗位目标责任制，县委、县政府与乡镇党委政府、县直各大系统签订《社会治安综合治理责任书》。乡镇党委政府与行政村，县直各大系统与直属机关、单位，层层签订责任书，并实行抵押金制度。是年，全县1252个行政村中有1244个村建立治安调解组织。1993年起，在年终考评中，推行一票否决和重大案件防范责任查究通报制度，对各乡镇、县直及驻惠民单位实行百分或千分制考核验收，实施“一把手”工程，建立党政“一把手”抓社会治安综合治理档案。1994年，配齐配强乡镇副乡级综治办主任。同年，建立县社会治安见义勇为基金会，制定社会治安见义勇为奖励基金会章程。1995年，在乡镇设立综治委，建立政法党支部。1996年，乡镇综治办配备1～2名专职人员，达到人员、场所、职责、装备四落实。1998年，在全县开展民主与法制、权利与义务集中教育活动，印发宣传材料13万份，粉刷永久性标语口号4.5万幅，张贴临时性标语4万幅，出动宣传车26辆。是年，惠民县被地委、行署命名为“全区社会治安综合治理先进县”。1999年，在全县实施“双六双基工程”，即加强乡镇综治办、派出所、司法所、法庭、法律服务站、联防队和村级综治办、治保会、调委会、普法小组、帮教小组、巡逻队“双六个一”规范化建设。乡镇治安联防队达到8人以上，多数村建立了综治办。在城区，建立以110为纽带，以巡警、刑警、派出所为骨干，以联防队和内保组为依托的上下贯通、横向联动的治安防范网络。2000年，加强综合治理工作“五大工程”，即强基固本的核心工程、齐抓共管的群防工程、标本兼治的法治工程、化解矛盾的鱼水工程、强化基础的细胞工程。

1999—2000年，全县有5个乡镇、1个县直单位、1个村被省综治委命名为全省创建安全工作先进乡镇、单位、村，有11个乡镇、9个单位被地委、行署命名为全区安全乡镇、单位，有14人被地委、行署授予全区社会治安综合治理先进个人荣誉称号。惠民县连续两年被地委行署命名为“全区社会治安综合治理模范县”。

2001年，实施社会治安综合治理“网底工程”，开展创建文明校园活动。共清理整顿学校周边场所23处，查禁取缔放映厅、游戏厅、网吧及无照摊点19个，抓获违法犯罪分子17人，在学校设立治安信息员50余人。2002年，县综治委印发《关于加强群防群治、搞好治安防范工作的实施意见》。在城区、各单位因地制宜建立健全治安、调解、帮教、普法、巡逻“五位一体”的群防群治组织，配强配齐内保人员，加大技术监控、自动报警等技防设施建设。各乡镇成立10～20人的治安联防队伍，按照《山东省治安联防队管理暂行规定》，落实有关待遇。各村不同形式地建立治安联防队伍，并坚持夜间巡逻执勤。2003年，启动创建“平安惠民”活动，县委、县政府印发《关于建设“平安惠民”的决定》，成立创建活动领导小组，制订创建“平安惠民”实施方案，各乡镇、各部门成立“创建”工作机构，有效推动活动开展。是年，将矛盾纠纷排查化解工作纳入社会治安综合治理目标管理责任制，全县推广报警器8000余套，县内耕牛、机动车被盗案件同期下降46%。2004年，调整各乡镇综治委和综治办，全县乡镇综治委主任全部由乡镇党政主要负责人担任，综治办主任由乡镇党委副书记担任，综治办专职人员达到3～5人。2005年，印发《关于进一步加强乡镇调解中心建设的意见》，在原有调解中心的基础上，健全以乡镇党委分管副书记为主任，纪检、信访、派出所、司法所等有关部门主要负责人为成员的调解中心，并按照调解中心规范化建设标准，加强软硬件建设。全年基础调解组织共受理各类矛盾纠纷1397件，调处1391件，调处成功率达99.7%。受理涉法涉诉信访案件78起，处结77起，处结率达98.7%。同年，县委、县政府把安全生产、信访工作列入“平安惠民”建设和乡镇“双基”工作10项考核内容之一，定期调度、通报。

第三节　政法队伍建设

1985年起，结合实施《中华人民共和国人民警察法》《中华人民共和国法官法》《中华人民共和国律师法》《国家公务员暂行条例》，突出抓人事制度改革，完善竞争机制、奖惩机制和监督制约机制，开展严格执法、无违纪、无违法“一严两无”活动。1993年，组织开展争创“十佳”干警活动，评选出地区级“十佳”干警1人，优秀干警19人；县级“十佳”干警10人，优秀干警64人。1997年，坚持公平竞争的原则，实行“中层干部竞争上岗，一般干警优化组合，热点岗位轮岗换岗”，有66人作了岗位交流，5名中层副职升为正职，10名一般干警走上中层领导岗位，19名中层正、副职下岗、落聘。1998年，依照“立足岗位，贴近实践，注重实效”的思路，强化在职培训。通过各种形式培训干警538人，占应培训人数的98%。至2005年，全县政法队伍中涌现出全国先进集体3个，先进个人4人；全省先进集体23个，先进个人22人；全市先进集体83个，先进个人13人。

第二章　公　安

第一节　机　构

1980年，县公安局设刑警队。1982年，设姜楼、李庄、陈集、申桥、省屯、何坊、淄角、联五、魏集9个派出所。1984年，设大年陈、辛店、第三堡、皂户李、麻店、香翟、梁家7个派出所。1985年，局机关内设政保科、治安科、秘书科、保卫科、预审科、刑警队，下设看守所和21个派出所。1986年，设消防中队。1987年，县交通局监理站职能划归公安局，增设交警大队。1990年，设惠民镇派出所。1992年，消防中队扩编为消防大队，正营级单位。1994年，刑警大队、交警大队升为副科级规格。1995年，设保安大队。1997年，“110”报警服务台开通运行。同年，撤销预审科，将预审职能并入刑警大队，实行侦审合一。同年，撤销惠民镇派出所和城关派出所，设公安局城关分局，副科级规格。1998年，政保科更名为国内安全保卫科。1999年，撤销内保科，设经济犯罪侦查大队。2001年，撤销梁家、香翟、省屯、第三堡、陈集、联五、申桥7处派出所，设反邪教侦查大队，治安科、国内安全保卫科、看守所实行队建制，分别更名为治安大队、国内安全保卫大队、监管大队。2003年，治安大队、经侦大队、监管大队升为副科级规格。2005年，城关分局更名为城关派出所，规格不变。国内安全保卫大队和石庙、何坊、辛店、胡集、李庄、姜楼6个派出所升为副科级规格，增设开发区治安派出所。是年底，公安局内设机构有：指挥中心、国内安全保卫大队、经侦大队、治安大队、刑警大队、交警大队、监管大队、政工科、法制科、督察大队、信访科、办公室、财务装备科、户政科、出入境管理科、反邪教侦查大队、巡警大队、老干科、保安大队。下设城关、石庙、何坊、辛店、胡集、李庄、姜楼、桑落墅、皂户李、淄角、清河镇、大年陈、魏集、麻店和开发区15处派出所。

干警集训

第二节　治安管理

娱乐场所管理　1979年，全县有文化娱乐、饮食服务场所31处。1980年起，境内饭店、旅馆和饮食服务行业迅速发展。治安管理部门认真贯彻“管理从严”的方针，加强对娱乐场所的整顿治理，尤其对寻衅滋事、打架斗殴、卖淫嫖娼等治安案件，做到发生一起查处一起。1985年，对全县录像放映点进行清查，查封营业性放映点19处，行政拘留复制传播淫秽物品分子3人，罚款3人，收缴淫秽录像带200余盘，淫秽书籍5本。1992年，组织开展清理整顿路边店、惩治卖淫嫖娼活动，共挖出卖淫窝点13个，审查卖淫妇女21名，查处嫖客及违法犯罪人员230人。摧毁传播淫秽录像窝点6个，收缴淫秽录像带27盘、非法出版物9万余册，查处传播淫秽录像人员87名。1998年，加大“扫黄打非”力度，查获盗版和淫秽光盘218盘，收缴非法书刊11400余册，取缔卖淫嫖娼窝点3处，查处卖淫妇女11人、嫖客30余人。至2005年，共查获盗版和淫秽光盘

1733盘，收缴非法书刊400余册，捣毁卖淫嫖娼窝点27处，取缔非法放映厅8家、电子游戏室7家、台球室4家、网吧11家，查处违法人员389人。

枪支管理 1979年，对自卫枪支施行登记、签证制度。1981年，根据地区公安处下发的《自卫枪支验审制度》，做到人、枪、证三对照，全县登记颁证的枪支共2328支。1982年，县政府批转公安局《关于清缴散失枪支弹药爆炸物品的意见》，成立清缴指挥部，层层设立组织，共收缴流散在社会上的各类枪支70支，子弹120发。1983年，对全县政法系统的业务专用枪支全部进行登记并颁发持枪证，对散布在社会上的小口径运动枪、猎枪、汽枪绝大部分收缴，对符合规定要求的枪支使用者进行登记发证。1990年，公安机关与用枪单位和持枪人签订责任合同书，并统一换发新持枪证。同年，对汽枪，国产、进口猎枪，体育运动用枪进行登记、签证，并严格控制民用枪支购买证的审核签发。1994年，收缴1684支非法枪支，查处涉枪案件30起，处理违法人员41人，为1483支未办证的民用枪支补办了证件。1996年，组织开展收枪治爆专项斗争，打掉造枪窝点21处，处理非法制造枪支的违法犯罪分子13人，收缴非法枪支6000余支。2001年，收缴各类枪支255支、子弹25发。2005年，缴获非法枪支16支。

爆炸物品管理 1979年，对制造、储存、运输、使用民用爆炸物品的单位实行审批登记和许可证制度，对爆炸物品设立专库、专人保管看押，雷管炸药实行分存。1987年，根据国务院颁发的《中华人民共和国民用爆炸物品管理条例》，全县集中开展清理收缴民间爆炸物品专项工作，收缴雷管21枚，妥善处理炸药1000余公斤。1988年，对鞭炮生产进行引导生产，严格各项管理制度，并在梁家乡设置鞭炮生产示范点。1993年，对有鞭炮生产的7个乡镇、22个村庄、234个业户，逐一签订安全合同，落实安全措施。1994年，对全县7个乡镇的248个鞭炮生产业户全部制定安全生产责任制。1997年，收缴流散在社会上的炸药30公斤、雷管23枚、手榴弹1枚以及非法生产的鞭炮5万余头。2001年，收缴雷管1100枚、爆炸物品原料3.5吨、鞭炮半成品8.2万头，查处非法买卖、储存爆炸物品窝点一处。2005年，打掉非法买卖、储存爆炸物品窝点18处，收缴非法爆竹22万余头，打击处理违法人员21人。

1986—2005年惠民县治安案件统计表

表15－1

年度	查处治安案件（起）	拘留（人）	罚款（人）
1986	98	133	50
1987	153	138	100
1988	176	207	414
1989	144	189	82
1990	966	211	221
1991	1065	132	351
1992	1312	102	370
1993	1043	79	371
1994	1127	79	448
1995	1182	93	454

续表 15－1

年度	查处治安案件（起）	拘留（人）	罚款（人）
1996	835	37	763
1997	893	33	228
1998	1179	98	296
1999	1308	110	313
2000	1593	67	121
2001	1033	255	345
2002	1332	378	480
2003	1538	339	456
2004	1660	340	412
2005	1730	356	420

第三节　户口管理

户口登记　1979 年，执行 1958 年全国人大常委会通过的《中华人民共和国户口登记条例》，登记的项目为出生、死亡、迁出、迁入 4 项。是年，全县登记人数为 548706 人。1980 年，全县推行家庭户口簿制度，在户口登记的基础上，将分散的户口按家庭立户，给每个家庭发放由公安机关核实签发的户口簿。至 1983 年，共发放户口簿 131894 册，登记在册人口 562248 人。2005 年，全县登记人数为 626829 人，发放户口簿 161762 册。

城镇居民户口管理　1982 年，实行《常住人口登记簿》制度，取代人口卡片制。1990 年，按照《中华人民共和国居民身份证条例》，对 16 周岁以上城镇常住人口实行居民身份证管理。1996 年 7 月 1 日，根据公安部规定，实行新《常住人口登记簿》制度。2003 年，开展人口基本信息清理纠错工作，补漏缺项 51025 人，更换缺损表 3682 份，清理重错证号人员 2864 人，重户 132 户，姓名、出生日期不符合的 8976 人。至 2005 年年底，全县城镇常住人口共填写常住人口登记表 626829 份，登记率为 100%。

人口统计　1979 年，全县统计总户数 128546 户，总人口为 548706 人。1980 年起，增加人口职业、文化程度及高龄老年人口等统计内容。在人口统计中实行月报、季报和年报制度，保证全县人口统计的准确性。至 2005 年年底，全县统计总户数为 161762 户，总人口 626829 人，其中男性 315819 人，女性 311010 人。

居民身份证管理　1987 年，按照省政府、省公安厅和地区公安处的统一部署，全县开展居民身份证颁发工作，县及各乡镇均成立颁发居民身份证办事机构，共填制常住人口登记表 577246 份。至 1988 年年底，颁证工作基本结束，共颁发居民身份证 317923 张，发证率为 98%。1989 年后，居民身份证列入正常管理，每年按管理秩序做好办证、补证、换证和查验工作。2005 年 8 月，开始制发第二代居民身份证，至是年年底，共发放“二代证”26235 张。

第四节　刑事侦查

1979 年 4 月，大年陈公社七岁男孩任会军被人杀死并焚尸，县公安局组成专案组，连续奋战两昼夜，将杀人犯刘先英抓获。1980年9月，侦破14岁少女李某被奸杀一案，抓获罪犯李宗谦。1982年4月，城关公社闫程大队园地井内发现一具高度腐败的无名尸体，经侦查，抓获杀人犯路中华、李文玉夫妻。1983年8月—1987年2月，全县公安机关开展“严打”斗争，从重、从快、从严惩处了一大批严重危害社会治安的犯罪分子。1988年，各类刑事犯罪有上升趋势，在“严打”的基础上，把杀人、抢劫等重大恶性案件作为侦破重点。同年5月，侦破三堡乡刘庙村李宗章被杀一案，抓获杀人犯李文岭。1995年4月，打掉在滨州、东营、阳信等地公共汽车上作案11次，持刀抢劫乘客现金5万余元，并砍伤致残数人的以王荣华、王黎明为首的6人抢劫团伙。1996年，先后侦破省屯镇冯玉华“9·14”奸杀幼女案、陈集乡“11·18”贾宝泉杀死5人案、惠民镇“12·23”孔凡成杀死3人案等14起重特大杀人案。1997年，全县公安机关进行刑侦改革，实行侦审合一，形成以刑侦队伍为骨干、派出所为依托、各部门和各警种齐抓共管的刑侦格局。同年10月，侦破在姜楼、辛店、李庄接连发生的3起恶性杀人案，抓获樊光爱、李敬东和彭义军3名犯罪嫌疑人。1998年8月，抓获两个流窜于河北、山东10余县市，作案60余起，案值10余万元的13人犯罪团伙。1999年3月，侦破皂户李乡张树海被绑架案，成功解救人质，将4名犯罪嫌疑人当场抓获。2003年，侦破“4·01”皂户李乡杀死三人案、“4·26”辛店乡后王营村强奸杀害幼女案、“9·16”城关西北营杀人放火案、“9·17”石庙邮政支局40万元现金被盗案、“12·13”麻店镇街北赵村抢劫杀害出租汽车司机案，并协助济南警方侦破“4·02”济南军区装甲兵原副政委张俊西夫妇被抢劫杀害案。2005年，全县发生的10起杀人案件全部侦破。

严打专项斗争 1983年8月，贯彻中共中央关于严厉打击严重刑事犯罪活动的指示精神，遵照“依法从重从快，一网打尽”的方针，在全县开展为期三年的“严打”斗争。1983年8月—1984年7月，着重打击浮在面上的犯罪分子。1984年8月—1985年年底，重点打击隐藏较深和现行的严重刑事犯罪分子。两次战役集中统一行动15次，收捕刑事犯罪分子490人，侦破各类刑事案件330起，挖出犯罪团伙17个。1986年，开展“严打”第三次战役，共集中统一行动4次，收捕各类犯罪分子76人，其中提请逮捕43人，刑拘6人，收审27人，摧毁团伙4个，破获刑事案件214起。

1987年，根据省公安厅关于“打现行、破案件、挖团伙、抓流窜”的部署，组织开展以惩治盗窃为重点内容的专项斗争，挖出盗窃团伙2个，抓获外地流窜犯41人。1989年，面对流窜犯罪和团伙犯罪的日益猖獗，开展“打流窜、挖团伙”的专项斗争，先后进行5次集中行动，抓获各类犯罪分子63人，摧毁团伙12人，抓获人贩子9人，解救受害妇女11人。1994年，针对盗窃摩托车案件突出的特点，在城区周围开展惩治盗窃摩托车专项斗争，打掉两个盗窃摩托车犯罪团伙，缴获摩托车12辆。同年，组织开展打击走私犯罪专项斗争，查获走私猎枪400支、子弹500发，查处一批私贩食盐和废旧金属案件。1996年，组织开展深挖团伙犯罪、追捕重大逃犯专项斗争，共摧毁犯罪团伙38个，处理犯罪团伙成员229人，缴获赃款赃物折价80余万元，将38名逃犯缉拿归案。1997年，针对县城南部乡镇被盗耕牛案开展专项会战，摧毁以王某某为首的由河北、天津、山东“两劳”人员组成的13人盗牛团伙，破获各类刑事案件103起，其中盗牛案73起、盗车案2起，价值达24万余元。1998年，在城区开展打击盗抢机动车专项斗争，抓获盗抢机动车犯罪嫌疑人19人，缴获汽车4部、摩托车27辆。1999年1—3月，集中开展惩治破坏报复犯罪专项斗争，破获纵火、爆炸、投毒、破坏生产案件26起，查获犯罪嫌疑人13人。

2001年，开展以打黑除恶为重点的严打整治斗争，破获各类刑事案件393起，打掉犯罪团伙15个，抓获犯罪嫌疑人210人，网上逃犯17人。2002年，继续开展打击盗抢耕牛、机动车专项行动，侦破盗抢耕牛案件213起、盗抢机动车案件242起，打掉盗抢耕牛、机动车团伙7个，抓获犯罪分子125人，追缴被盗摩托车85辆、汽车10辆、耕牛20头。2003年2月，抽调刑警大队、城关分局与巡警大队民警组成联合专案组，破获一涉案30余人的特大盗窃机动车犯罪团伙，涉案金额40余万元。同年，开展打击破坏易燃易爆设备犯罪专项行动，接连侦破两起破坏输油管道盗窃原油案，抓获犯罪分子7人。2005年，开展为期7个月的打击“两抢一盗”犯罪专项斗争，共破获盗抢刑事案件323起，打掉盗抢犯罪团伙16个，抓获犯罪嫌疑人187人。同年，开展“打霸治痞”专项行动，至年底，打掉痞霸团伙15个，破获痞霸案件74起，惩治痞霸人员98人。

重大典型案例

抓捕昌乐特大盗枪案主犯陈某某　1986年3月2日，昌乐县驻军某部弹药库被盗，丢失“五四”式手枪7支、冲锋枪1支、信号枪8支，子弹3000余发。3月3日，惠民地区公安处成功侦破该案，抓获盗枪犯罪分子丁某某、马某某、卢某某、徐某某、卢某，但主犯陈某某携两支“五四”式手枪、50余发子弹逃跑。3月4日，李庄镇李庄村党支部书记高庆新遵照上级指示带领4名民兵在北郑路巡查时，发现一可疑人立即报警。经盘查确认该可疑人员就是陈某某。陈犯见身份暴露，边逃跑边开枪。民兵徐庆汤用猎枪击中陈犯头部，公安干警将陈犯擒获。当场收缴“五四”式手枪两支、子弹35发、反革命“自由主义联盟会纲领”及组织成员名单各一份。

特大系列抢劫摩托车案　1996年5—7月，惠民县城西部公路上接连发生抢劫摩托车案件10余起，犯罪分子3~4人结伙，以木棍、匕首等对骑车人进行威胁或殴打，实施抢劫，十分猖狂。公安局成立以刑警大队副大队长为组长的16人专案组，配备二轮摩托车6辆、警车1辆，采取堵截、守候等措施，抓捕案犯。8月3日，巡逻干警骑摩托车沿惠石公路行驶时，遭遇4名犯罪分子抢劫，在鸣枪警告无效的情况下，果断开枪射击，当场击毙1人，击伤1人（送医院后死亡），生擒1人，系列摩托车抢劫案胜利告破。

“11·18”特大杀人案　1996年11月18日晚，陈集乡贾家村发生一起特大杀人纵火案，该村党支部书记高秀元一家五口被人杀害，其家中3间瓦房及房内所有物品被纵火烧毁，公安机关立即组织警力开展侦破，很快锁定该村已经不知去向的村民贾某某有重大嫌疑，在其家中搜出沾满鲜血和毛发的斧头等作案物品。干警采取多种措施展开抓捕工作，并深入发动群众配合侦破。11月24日晚，贾某某在外逃7天7夜之后，准备潜回本村。他刚刚进入惠民县境，就被何坊乡一高度警惕的群众发现并立即报警，何坊派出所干警快速行动，将贾某某抓获。

城市信用社460万元贷款诈骗案　2002年，经侦大队侦破了1996年发生在惠民县的特大贷款诈骗案和特大违法发放贷款案，抓获张某、张某某等6名涉案人员。经查，1996年，张某、张某某与淄博市人赵某、焦某某、郑某某和济南市人王某某等人勾结在一起，以高息为诱饵，先后在济南联系到200万元和260万元两笔存款，分别于1996年5月16日、8月8日将该钱存入惠民县城市信用社。然后采取“以存定贷”的办法，冒用他人名义，编造虚假理由，在存款人不在场也不知情的情况下，使用私刻的存款人印章与信用社签定协议作虚假担保，分两次在该信用社骗取贷款人民币共计460万元，后将贷款私分、挥霍。

1986—2005 年惠民县刑事案件统计表

表 15－2

年度	发案数（起）	破案数（起）	抓获犯罪嫌疑人（人）
1986	82	58	86
1987	114	87	96
1988	132	112	236
1989	113	94	227
1990	301	181	279
1991	671	415	450
1992	468	297	514
1993	366	224	395
1994	356	246	475
1995	218	132	536
1996	298	225	397
1997	318	108	160
1998	457	379	210
1999	540	776	280
2000	500	410	236
2001	980	1013	392
2002	1113	995	378
2003	1157	930	360
2004	1097	1005	352
2005	1443	1013	491

第五节　经济侦查

1999 年，县公安局设立经济犯罪侦查大队，履行经济犯罪侦查职能。同年 4 月，侦破辛店化工厂被诈骗案，将 20 万元货款全部追回。是年，共侦破各类经济犯罪案件 11 起，处理各类违法犯罪人员 24 人，挽回经济损失 50 余万元。2001 年，开展打击涉税和扰乱金融秩序犯罪专项斗争，抓获涉嫌金融诈骗 22 万元的犯罪嫌疑人郭德全。严查公司企业和农村基层组织人员的职务犯罪案件，受理案件 14 起，接待群众来访 110 次。是年，共受理经济犯罪案件 15 起，处理犯罪嫌疑人 15 人，挽回经济损失 60 万元。2002 年，受理案件 110 起，处理犯罪嫌疑人 51 人，挽回经济损失 138 万余元。2003 年，参与整顿和规范市场经济秩序，打击各类经济犯罪，共受理案件63起，挽回经济损失120余万元，处理违法犯罪人员35人。2005年，共侦破经济犯罪案件13起，打掉犯罪团伙3个，处理违法犯罪人员36人，避免或挽回经济损失150余万元。

第六节　110报警服务

1996年，县公安局开始建设全县“110”报警服务系统，将原有的“110”报警电话改为“110”报警服务台。1997年3月，“110”报警服务台开通运行，组建巡警、刑警、交警、消防、武警、派出所6个警种26支“110”机动队，设值班室，实行24小时值班备勤。同年，印发《惠民县公安局指挥中心“110”报警服务台运作规程》，规定接处警城区5分钟，边远乡镇、农村不超过20分钟。是年，共接受群众报警和求助850余次，查处违法人员近300人，及时救助伤、病、危群众60余人。1998年，两个联动（公安机关内部诸警种联动和与社会有关部门联动）运行机制取得明显进展，工商、卫生、交通、邮电、电业等11个部门结合自身行业特点，分别建立“110”机动队与公安“110”配套联动。1999年5月，印发《惠民县公安局110机动队工作指导规范》，对各“110”机动队的工作进行考评。2005年，建成并启用惠民县道路交通治安防控系统，对重点路口、路段实行治安监控，进一步提高了“110”报警服务系统的快速反应能力。至是年底，全县公安110共接处警13.8万次，救助群众2127人。

指挥中心

第七节　看守羁押

监所管理　1979年，县看守所位于县城药王庙内，有监室12间，面积300平方米，主要羁押本地办理的案犯。1982年，看守所迁至县城西公安局办公区南侧。1992年，迁至公安局办公楼北侧。2003年，扩建新监室5间，占地面积4000平方米，建筑面积1500平方米，共有监室、提审室、会见室、办公室25间。2005年，投资20余万元，对监管大队门前空地进行硬化、绿化，对监室内老化的线路进行检修，对锈蚀的监室门进行维修、加固，对巡视道护栏加固和除锈刷漆。

在押人员管理　1980年，地区公安处预审科先后印发《看守所人犯收押制度》《看守所值班制度》《在押人员提讯押解制度》《看守所安全检查制度》。看守所对在押人员坚持依法、严格、安全、文明管理，严禁对人犯打骂、体罚、虐待。1991年，制定落实看守所所长、看守员内勤岗位目标责任制，整顿监所秩序，加强对在押人员的管理，保证监所安全。在生活卫生管理上，保证在押人员饭菜热、熟、卫生、足量，定时给在押人员理发、晒被褥，监室内每周消毒一次。2004年，制定《留所服刑人员考核办法》《在押人员监室评定标准》，对在押人员实行等级化管理。2005年7月，组织开展打击“牢头狱霸”专项斗争，惩治有“牢头狱霸”倾向的12人，对6人采取严管措施。接受人大、政协视察和监督，聘请执法监督员5名，定期组织有关部门进行评议，落实首问负责制。是年，召开狱情分析会52次，联席会议24次，安全大检查52次，清除不安全因素74条，接受各级领导视察22次，并对提出的16条建议进行整改。1991—2005年，县看守所实现连续15年安全无事故，被公安部评定为三级看守所。

教育案犯　1979年，按照《看守所工作制度》《看守工作条例》的要求，在了解掌握在押人犯思想情况基础上，有针对性对在押人员进行思想教育。教育内容主要有监规教育、法律教育、政策教育和形势教育。教育方法主要有集体教育，每月由看守所、检察院和法院领导深入监区对在押人员进行1~2次大课教育；看守民警根据在押人员的思想、心理状态进行谈话教育，每周至少谈话一次；对新入所人员坚持入所7日跟踪谈话教育，羁押环节变动时随时谈话。2004年起，对在押人员推行亲情教育，适时进行社会帮教。2005年，开展监所管理整顿工作，狱内秩序得到根本性好转。

狱内侦查 2001年，成立监管大队，负责在监管场所深挖犯罪工作，及时传递在押人员的检举、揭发线索。2003年8月，监管大队设立狱侦中队，制定线索传递、政策兑现、信息交流和考核激励四项工作机制，狱侦中队收集检举揭发犯罪线索76条，经破案单位查实26条，独立侦破刑事案件33起，抓获犯罪嫌疑人7人，收缴赃款赃物7万余元。2004年，监管大队将深挖犯罪工作列入《监管民警岗位目标考核标准》，以机制促深挖，共收集线索89条，侦破刑事案件54起，抓获犯罪嫌疑人18人，缴获被盗面包车1辆、土枪两支、淫秽光盘80余盘，为群众挽回经济损失50余万元。2005年，监管大队收集各类违法犯罪线索130余条，侦破案件20余起。狱侦中队自行侦破案件103起，摧毁重大犯罪团伙4个、一般犯罪团伙8个，抓获违法犯罪嫌疑人51人，其他处理12人，追缴赃款赃物折合人民币100余万元。被公安部评为全国监管系统深挖犯罪先进集体。

第八节 消 防

机构装备 1981年，组建县第一油棉厂消防队，设专职消防员20人。1986年，公安局设消防中队，编制4个班，28人。1992年，消防中队扩编为消防大队，正营级单位，下辖1个中队3个班，共计30人，有消防车3辆。2005年，消防大队有干警28人，消防执勤车辆4部，防火监督检查车辆2部，消防空气呼吸器（碳纤维）25套，消防员呼救器、方位灯、照明灯、个人防护器材25套。

消防监督 1979年，全县消防工作继续坚持“预防为主，防消结合”的方针，强化防火检查监督工作。1983年，消防监督实行分级管理，消防中队负责县级消防重点单位，不列入重点单位的由乡镇派出所负责。1987年，消防中队对新建扩建工程项目实行审查制，严格把好图纸审核、施工检查、消防设备安装、施工验收四关。1992年，组织7次消防安全检查，排查隐患80条，省级重大火灾隐患1处。1996年7月，县政府召开消防工作会议，部署专项治理工作。通过治理，全县新增灭火器1200具，沙箱250个，消防桶300个，铁锨1200张。新组建义务消防队21个，查处不安全因素158处。1998年，注重全县消防网络建设，大中型企业建立专职消防队和义务消防队，配备专职人员和消防器材，农村成立联防组织，制定灭火预案。是年，全县有义务消防队80个，义务消防队员3000余人，专职消防队9个180人，执勤消防车2辆。2000年，排查火灾隐患650处，查处各类违法案件26起，其中罚款19起，警告7起。2001年，共检查单位300余家，查处火灾隐患480处，开展消防宣传6次，培训人员3000余人。2002年，检查单位255家，督促整改火灾隐患375处，开展消防宣传8次，培训人员2300人。2003年，检查单位102家，督促整改火灾隐患276处，开展消防宣传5次，培训人员3200人。2004年，检查单位196家，督促整改火灾隐患201处，开展消防宣传4次，培训人员2000人。2005年，加大消防安全专项治理活动力度，全县新增灭火器3600具，沙箱750个，消防桶600个，铁锨4200张，查处不安全因素687处，开展消防宣传6次，培训3000人。至是年年底，全县有义务消防队150个，义务消防队员4100个，专职消防队9个，专职消防队员180人，消防车2辆。

火灾扑救 1979年，惠民消防中队承担全县的防火灭火救援任务。2002年，配备350兆无线通讯系统，增设一条“119”火警专线，使火警专线增至3条，同年，投资6万元购置微机接处警设备，实现“网通”。2005年，出动警力4800余人次，出动车辆620余辆次，灭火331起，保护财产价值2000余万元。至是年年底，共扑救火灾9000余起，救助被困、遇险群众4800余人，保护财产价值4.7亿元。

1986—2005年惠民县火灾事故统计表

表15－3

年度	火灾起数	死亡人数	受伤人数	经济损失（万元）
1986	20	0	0	13.50
1987	32	0	0	15.00
1988	27	0	0	10.80
1989	40	0	0	28.00
1990	45	0	0	25.60
1991	38	0	0	17.80
1992	42	0	0	20.30
1993	41	0	0	18.40
1994	45	0	0	27.60
1995	48	0	0	24.20
1996	50	0	0	31.00
1997	57	0	0	36.00
1998	62	0	0	39.00
1999	74	0	0	43.00
2000	98	0	0	58.00
2001	140	0	0	74.00
2002	201	0	0	86.00
2003	198	0	0	70.00
2004	261	0	0	86.00
2005	331	0	0	143.00

第九节　交通管理

1987年，根据国务院《关于改革道路管理体制的通知》，全县交通管理机构、人员编制由县交通局划归公安机关统一管理。1988年5月，公安局设置交通警察大队，下设车辆管理所、事故处理科、办公室、宣传科、交通管理科，全县公安交通管理工作全面启动。至2005年，县交警大队设有一中队、二中队、三中队等业务科室。

交通秩序治理　1986年起，为提高公民的交通安全意识，每年均开展交通安全宣传月活动，利用墙报、标语、彩车、电视讲话、图片展览等形式宣传交通安全知识。1988年3月，地区公安处印发《认真贯彻落实〈中华人民共和国道路交通管理条例〉的通知》，县交警大队广泛开展学习宣传活动，全县举办培训班7起，其中交通民警培训班2起、驾驶员培训班5起，制作安装宣传牌40余块。同年11月，道路交通实行县、乡、村三级管理体制，县成立交通安全委员会，乡镇成立公安交通管理站，村委成立交通安全领导小组。1990年，开展交通法规宣传活动，共发放交通安全手册5万余册，张贴宣传标语2万余张，出动宣传车10余台次。1992年起，每年举办一次“交通安全保险杯”演讲知识竞赛活动。1997年，交警大队与县电视台联合开播“红、黄、绿的呼唤”交通安全电视专题节目。同年11月，全县公路巡警正式挂牌上路，加强对公路“三乱”（乱查车、乱收费、乱罚款）和违章的治理。是年，治理“三乱”15人次，查扣违章机动车266部，查处公路治安案件5起。1998年，全县共建立交通安全村16个，交通安全学校16所，交通安全示范学校1所，交通安全示范村3个。1999年12月—2000年3月，开展交通秩序百日安全治理整顿活动，共纠正各类违章3000余起，查扣无牌无证机动车1800余部，吊销驾驶证93本，行政拘留3人。2001—2005年，开展创建“平安大道”、实施“畅通工程”活动，严查公路打场晒粮、马路集市、车辆乱调头、乱停乱放、乱闯红灯及车辆无牌无证、假牌假证、超员超载、酒后驾驶、报废车上路等各类交通违法行为。

车辆、驾驶员管理　1988年5月，县交警大队设车辆管理所，负责机动车挂牌、年审、驾驶员培训考试工作。1990年，全县拥有各类机动车2700辆。1995年，为适应新形势下的车管工作，车管所建筑面积扩为150平方米，训练场地2000平方米。1997年，各类机动车增至万余辆，驾驶员1.2万余人，培训8900人。1999年，投资40万元建成全区一流的车管业务服务大厅，实行挂牌办证、年检年审、缴费等一条龙服务，并大力推行“延时服务”“限时服务”“上门服务”和“首问负责制”，被公安厅评为“县级规范化车管所”。2000年，机动车达到3.2万部，驾驶员1.8万人。2005年，全县各类机动车增至4.5万辆，各类驾驶员增至5万余人。

交通事故处理　1988年5月起，交通事故由公安交警勘查现场、调查取证、查明事故原因与责任，依法公正处理。1999年，“122”接警服务台24小时值班备勤，并与“110”指挥中心、“120”救护中心配套联动，履行“四有四必”（有警必接、有难必帮、有险必救、有求必应）承诺。2000年，建立透明式事故处理大厅，每一起事故处理都做到手续齐全、档案规范、证据确凿、量刑准确、程序合法，依法、公正、文明办案。至2005年年底，共受理交通事故9781起，死亡1051人，受伤4527人，直接经济损失1577.04万元。案件查结率达95%，肇事逃逸案件侦破率达90%以上。

1986—2005年惠民县交通事故四项指标统计表

表15-4

年度	事故起数	死亡人数	受伤人数	直接经济损失（万元）
1986	210	19	72	4.80
1987	252	27	121	5.70
1988	280	36	219	6.50
1989	296	23	173	5.70
1990	264	23	141	5.30
1991	310	27	246	6.20
1992	538	46	325	7.00
1993	364	41	184	9.00
1994	497	44	257	9.94
1995	322	51	93	37.50
1996	158	26	81	33.50
1997	518	55	298	157.00
1998	571	59	289	163.00
1999	594	67	303	169.00
2000	567	83	311	165.00
2001	713	87	309	165.00
2002	856	76	327	159.00
2003	947	83	257	147.50
2004	891	87	259	159.00
2005	838	91	263	165.40

第三章 检 察

1980年1月1日，《中华人民共和国刑法》《中华人民共和国刑事诉讼法》全面实施。在刑事检察中，通过审查批捕、审查起诉、出庭支持公诉等工作，依法打击犯罪，对侦察、审判活动是否合法进行监督。1982 年 3 月，贯彻全国人大常委会和中共中央、国务院《关于打击经济领域中严重犯罪活动的决定》《关于严惩严重破坏经济犯罪的决定》，检察院对经济领域违法犯罪情况进行普遍调查，依法立案调查一批贪污受贿、挪用公款等经济犯罪案件。1983 年 8 月起，检察院与公安、法院、司法等部门统一行动，通力协作，开展严厉打击严重刑事犯罪的“三大战役”。1985 年，根据中央和上级检察机关深入开展反腐败斗争的部署，加大经济检察工作力度，先从棉花收购单位入手，查处一批经济犯罪案件，又在银行、建筑、流通等行业集中力量打击经济犯罪活动。1993 年 8 月，贯彻中央关于进一步加强党风廉政建设，深入开展反腐败斗争的部署，检察院把查办的重点放在党政机关、司法机关、行政执法机关和经济管理部门的贪污受贿案件，特别是领导干部犯罪大要案上，办理一批贪污受贿、挪用公款等经济犯罪案件。1993 年 9 月，成立民事行政检察科，开始对已经发生法律效力的民事行政判决、裁决实行监督。1994 年 8 月，经检科撤销，反贪局成立。1998 年，突出反腐败查办大案要案、严厉打击严重刑事犯罪和执法监督三项重点工作，带动其他各项检察工作的顺利开展。2000 年，坚持“公正执法，加强监督，依法办案，从严治检，服务大局”的工作方针，推进严打整治斗争，加强查办和预防职务犯罪工作，抓好诉讼监督。至 2005 年，共批准逮捕各类犯罪嫌疑人 864 起 1312 人，提起公诉案件 1062 起 1751 人，自行立案侦查职务犯罪案件 146 起 187 人，为国家挽回直接经济损失 1383 万元。

第一节　机　构

1979 年，县检察院内设批捕股、起诉股、经济检察股、法纪检察股和办公室。1980 年 3 月，增设监所检察股。1988 年，增设法律政策研究室和税务检察室。1993 年 9 月，增设民事行政检察科。1994 年 8 月，撤销经济检察科，成立反贪污贿赂工作局，正科级规格，隶属检察院。1997 年 2 月，撤销税务检察室、法律政策研究室。7 月，增设司法警察大队。1998 年 6 月，撤销法纪检察科，成立渎职犯罪侦查局，正科级规格，隶属检察院。2001 年 3 月，审查批捕科改称侦查监督科，审查起诉科改称公诉科。2004 年，增设预防科。2005 年，县检察院内设办公室、侦监科、法警队、技术科、起诉科、政工科、监所科、控申科、民行科、调研室、预防科 11 个科室，辖反贪污贿赂工作局和渎职犯罪侦查局。

县检察院办公楼

第二节　刑事检察

审查批捕　1979 年，按照中央实行分级批捕的要求，检察院设立批捕股。1980 年，贯彻全国城市治安会议精神，执行依法从重从快的方针，对杀人、放火、强奸、抢劫及其他严重危害社会治安秩序的“五类”犯罪分子，采取主动参与公安侦查预审、快审、快结的办法，是年，批捕 48 人。1981—1982 年，重点是从重从快打击杀人、放火、抢劫、强奸、爆炸和其他严重危害社会治安秩序的犯罪分子，两年共受理案件 97 起 108 人，审查批捕 95 人。1983 年 8 月，全国人大常委会作出严惩严重危害社会治安的犯罪分子的决定，检察院干警积极参加“严打”斗争，坚持对重大案犯提前介入，实行办案责任制，做到“三定一包”（定人员、定时间、定责任、包质量），严格按照法律程序办事，努力提高办案质量。至 1985 年，共受理案件 188 起 246 人，审查批捕 176 起 203 人。1991 年，重点打击杀人、抢劫、盗窃枪支、持枪作案、破坏电力、通信设备等严重扰乱社会治安的犯罪团伙，参加“打拐”“反盗窃”等专项斗争。全年受理案件 66 起 109 人，批捕 58 起 88 人。1994 年，认真贯彻“从重从快”的严打方针，批捕阶段平均每案审结为 1.5 天，批捕准确率达 100%。1999 年，刑事犯罪突出，刑检干警出现场 76 次，重、特大案件提前介入率达 98%，突出打击涉枪犯罪、流氓恶势力和带有黑社会性质的犯罪团伙，共打掉犯罪团伙 3 个。2000 年，把惩治犯罪与服务大局相结合，稳定社会和经济发展相统一。把多办案、办好案放在审查批捕工作的首位。2002 年，把黑社会性质犯罪和流氓恶势力犯罪，爆破、杀人、抢劫、绑架等严重暴力犯罪，盗窃等严重影响群众财产安全的多发性犯罪作为打击重点，全年共受理提请逮捕和移送审查逮捕 121 起 167 人，经审查批捕 101 起 134 人。2003 年，把维护稳定作为首要政治任务，充分发挥审查批捕职能作用，适时介入重特大、疑难案件侦查活动，依法快审快结快捕，共受理提请逮捕和移送审查逮捕 128 起 214 人，经审查批捕 108 起 194 人。2005 年，积极参与打霸治痞专项行动，对“路霸、街霸、村霸、市霸”和寻衅滋事扰乱社会公共秩序的犯罪案件，依法严惩。全年共受理案件 181 起 304 人，审查批捕 148 起 243 人。

审查起诉 1979 年，设立审查起诉股。1980 年，《中华人民共和国刑法》《中华人民共和国刑事诉讼法》全面实施。审查起诉工作的重点是对杀人、抢劫、强奸、放火及其他严重危害社会治安的“五类”犯罪，进行快审、快查、快起诉，及时交付法院审判。是年，受理“五类案件”21 起 27 人，全部予以起诉。1981 年，加快办案速度，起诉时间平均 17.7 天，“五类”案件缩短到 16 天，最短的只用 8 天，案件的准确率达 98% 以上。1983 年，为加快起诉时间，主动提前介入现场勘查和预审活动，审查起诉结案时间平均 5.2 天，“严打”后为 3.5 天。1985 年，建立岗位目标责任制，定人员、定时间、定数量、包质量，免诉和不起诉率大大降低，起诉率达 90% 以上，全年起诉 27 起 36 人。1986 年，突出“扫黄”等专项斗争，积极参与社会治安综合治理。全年受理案件 37 起 43 人，起诉 31 起 37 人。

1993 年，审查起诉工作把降低贪污受贿案件的免诉率作为首要任务，严把审批关，对 5000 元以上的案件一般坚持起诉，不到 5000 元的报分院审批，作免诉处理，可诉可免的坚持起诉，是年，免诉率下降 25%，出庭支持公诉达 100%。1996 年，受理起（免）诉案件 94 起 156 人，经审查向法院起诉 74 起 122 人。

1997 年 1 月，新《中华人民共和国刑事诉讼法》实施，审查起诉严把证据关。同年，停止使用免诉权。1999 年，根据滨州分院的工作部署，主诉检察官办案责任制试点工作在县检察院展开，3 名检察官经过竞争成为首批主诉检察官。2000 年，在推行主诉检察官办案责任制的同时，开始实行庭前证据开示和普通程序、简易程序相结合的做法。至 2005 年，全县审查起诉各类刑事案件 1195 起 1980 人，出庭支持公诉 962 起 1575 人。

1979—2005年惠民县审查批捕情况表

表15－5

年度	受理		批捕		不捕		退补		追捕
	起	人	起	人	起	人	起	人	人
1979	23	35	21	28	2	7	/	5	/
1980	34	56	32	50	2	6	/	5	/
1981	45	52	39	45	6	7	/	1	/
1982	52	56	49	50	3	6	/	1	/
1983	40	46	35	41	5	5	/	5	/
1984	34	43	30	32	4	11	/	6	/
1985	36	49	32	44	4	5	/	3	/
1986	40	50	36	42	6	8	/	4	/
1987	38	49	36	44	2	5	/	1	1
1988	84	90	76	77	8	13	/	2	/
1989	72	96	67	85	5	11	/	6	/
1990	58	86	55	74	3	11	/	5	/
1991	66	109	58	89	8	20	/	15	3
1992	80	143	71	133	9	10	/	6	4
1993	94	138	75	110	19	28	/	14	3
1994	86	141	74	106	12	35	/	8	1
1995	91	143	84	133	7	10	/	6	3
1996	101	183	88	156	13	27	/	9	/
1997	80	111	61	84	21	27	/	5	/
1998	100	157	81	116	19	41	/	9	1
1999	120	163	95	123	25	40	/	3	1
2000	103	150	80	108	23	42	/	5	4
2001	116	132	90	111	5	21	/	3	3
2002	121	167	101	134	23	33	/	6	/
2003	128	215	113	193	15	22	/	7	1
2004	129	212	106	170	23	42	/	11	5
2005	188	322	148	253	40	59	/	8	11

1979—2005 惠民县审查起诉情况表

表 15－6

年度	受理		起诉		免诉		不起诉		退查		出庭公诉		移送市院		追诉
	起	人	起	人	起	人	起	人	起	人	起	人	起	人	人
1979	19	24	15	20	2	2	2	2	/	/	/	/	/	/	/
1980	30	39	27	36	1	1	2	2	/	/	/	/	/	/	/
1981	34	48	33	47	/	/	1	1	/	/	/	/	/	/	/
1982	55	70	51	64	2	3	2	3	/	/	/	/	/	/	/
1983	34	45	30	41	2	3	6	9	/	/	/	/	/	/	/
1984	40	50	36	42	7	9	5	8	/	/	/	/	2	2	/
1985	45	52	37	42	4	7	2	3	/	/	/	/	2	2	/
1986	37	43	31	37	2	3	1	4	7	23	25	25	/	/	1
1987	37	46	33	40	/	/	/	/	/	/	36	39	5	18	1
1988	57	74	53	70	/	3	/	/	4	9	40	64	1	1	2
1989	85	117	53	75	1	5	1	1	6	30	40	51	9	27	1
1990	70	90	52	60	11	17	13	35	5	11	62	68	13	42	2
1991	65	103	54	72	8	14	5	6	14	26	56	98	10	25	1
1992	65	116	58	98	6	8	1	1	20	35	62	97	7	19	2
1993	85	115	66	119	1	8	1	4	17	31	36	51	7	20	1
1994	85	137	73	111	6	11	/	/	20	42	57	88	8	27	2
1995	93	145	77	116	8	17	/	/	5	19	84	120	15	39	2
1996	94	156	74	122	23	37	/	/	9	21	126	168	10	39	2
1997	75	103	50	60	5	5	4	4	14	21	85	126	6	10	2
1998	89	135	78	106	/	/	1	1	23	35	67	157	9	21	3
1999	99	127	76	98	1	1	1	1	19	25	87	112	6	17	2
2000	120	166	105	143	/	/	2	3	19	59	112	145	11	30	2
2001	126	189	110	178	/	/	1	1	20	38	121	164	7	26	16
2002	156	234	124	167	/	/	/	/	/	/	134	167	4	8	13
2003	184	361	178	345	/	/	/	/	/	/	148	261	/	/	/
2004	177	335	146	287	/	/	/	/	/	/	141	245	/	/	/
2005	223	402	202	398	/	/	/	/	/	/	198	328	/	/	/

第三节　反贪污贿赂检察

1979年，设立经济检察股，重点检察经济领域的犯罪活动。1980年，根据《中华人民共和国刑事诉讼法》规定的案件管辖范围，开始受理贪污受贿案件，立案标准一般在1000元以上。1981年，查处贪污案件4起，同时对企业财务进行检查，追回借用、流失的公款9400元。1983年，贯彻中纪委关于严厉打击经济犯罪活动工作会议精神，查处大案要案，依法从重从快惩处严重经济犯罪分子。至1985年，共查处贪污案件31起，行贿受贿5起。1988年，把反贪污贿赂斗争列为检察机关的首要工作，强化对国家工作人员贪污贿赂职务犯罪的监督，采取正面突破的方法，狠抓大案要案的查处，是年，查处案件84起。1993年，贯彻中纪委第二次反腐败工作会议精神，突出查办发生在党政机关、司法机关、行政执法机关和经济管理部门中的经济犯罪，共立查案件29起，为国家、集体挽回直接经济损失300余万元。

1994年8月，反贪污贿赂工作局成立后，加大经济检查工作力度，至1997年，共立查经济犯罪案件60起86人，移送起诉31起50人，移送免诉17起24人。1998—2000年，突出查办群众反映强烈的热点行业、热点部门的犯罪案件，共立案侦查贪污贿赂犯罪案32起，并全部移送审查起诉，法院均作了有罪判决，为国家、集体挽回经济损失500万元。如1999年，在全县群众集资兴建的土马河等水利工程中，挖出4起特大受贿窝案，涉案金额高达70万元。在县农行基层网点挖出3起贪污受贿、私分国有资产窝案，涉案金额50万元，涉案人员11人。2001年，突出查办“三机关一部门”和社会关注、群众反映强烈及影响企业、农村稳定的经济犯罪案件。至2005年，共立查贪污贿赂案件94起114人，其中科级干部16人，党员干部40人，大案率达57%，为国家挽回直接经济损失800余万元。

第四节　渎职侵权犯罪检察

1979年11月，成立法纪检察股。1980年，法纪检察建立健全个人审查、集体讨论、检察长决定、重大疑难案件提交检委会讨论的办案制度，采取下乡复核、备案审查的方法审查案件。1983年，根据“严打”斗争的需要，重点查处政法干警违法违纪侵犯人身权利和民主权利、非法拘禁、刑讯逼供等案件。是年，共立查5起8人。1985年，查处法纪案件6起9人。1990年，为扩大案源，加强“侵权”“渎职”案件立案标准的宣传，印发《人民检察院直接受理的侵犯公民民主权利、人身权利和渎职案件立案标准的规定》3000份，宣传走访10个乡镇、35个县直单位。1993年，重点查办刑讯逼供、非法拘禁、徇私舞弊、玩忽职守、重大责任事故等犯罪案件，共立查案件6起10人。1998年6月，成立渎职犯罪侦查局，加大了监督力度。至2000年，共受理案件线索17起20人，立查6起8人，移送起诉5起5人。2001—2005年，重点打击侵犯民主权利、人身权利的职务犯罪，共立查案件33起42人。

第五节　预防职务犯罪

1999年，设专人负责预防职务犯罪工作。是年，到重点企业、重点部门和县直学校上法制课12场次，播放录像片6场次，受教育人数达6000余人，提检察建议10余条，签订《预防职务犯罪协议书》11份。2000年，重点加强建筑行业职务犯罪预防工作，共监督招投标工程36个，建筑面积10余万平方米，签订《标的编制人员廉洁保证书》《建筑负责人廉洁保证书》各16份。2001年，把金融系统预防职务犯罪作为重点，到各大银行讲解《金融犯罪的特点、原因及对策》，受教育人数达500余人。组织金融系统中层以上领导干部参观羁押场所，进行警示教育，受教育人数80余人。2002年，成立惠民县检察院预防职务犯罪领导小组，设立办公室。是年，到企业、机关、学校上法制课21场次，受教育人数2500余人。播放警示录像片5场次，受教育人数600余人。组织有关人员到鲁中监狱听取服刑人员现身悔罪警示教育2次，受教育人数160余人。聘请预防职务犯罪联络员12人，监督建筑领域招投标工程31个，签订《建筑施工廉洁保证书》31份。2003年，本着标本兼治，惩防结合，加大系统预防、专项预防、个案预防的原则，建立从源头上防范和减少犯罪的长效机制。至2005年，共向有关部门提出建议100余条，到机关、企业上法制教育课50余场次，受教育人数达3万余人次。

第六节　监所检察

1979年，恢复监所检察工作。负责对刑事案件判决裁定的执行是否合法实行监督，对监狱、看守所、劳动改造机关的活动是否合法实行监督。1980年，监所检察以“五字法”（学、听、查、改、订）进行看守所检查。1982年，制定每月两次清狱、平时监所值班等制度，并建立监所检察日记、收押处理人犯登记卡。1983年，为预防“严打”斗争中监所人员逃跑、自杀事故发生，多次对监所进行联合检查，落实安全措施12条，堵塞漏洞6个，清除隐患5处。1987年，驻所检察285人次，检察长检察6次，召开联席会议8次，联合清监6次，清除隐患2处，平均月驻所25天。1990年，县看守所处在超负荷羁押状态。监所检察工作以确保监所安全为重点，加强对在押人犯的教育和科学管理。是年，驻所检察309人次，检察长检察8次，召开联席会议14次，联合清监16次，纠正违法4次，提监察建议3条，上法制课11场次，对人犯个别谈话教育60人次，消除隐患3处，防止重大事故1次。1993年，把对看守所执行政策法律的监督放在首位，积极配合有关部门打击“牢头狱霸”。同年11月，成立驻所检察室，实现驻看守所检察办公的要求。1997年，对监外执行的罪犯监察，实现“三个转变”：在监察内容上，由帮教为主向执法监督为主转变；监察对象由监外执行罪犯为主向执行机关为主转变；检察形式由检察院自行检察向公、检、法联合检察转变。2000年，自行检察10次，联合检察20次，上法制课45场，对个别人犯教育400余人次，对164名外执罪犯联合检察2次，专项检察4次，提检察建议20余条。审查减轻、假释、暂予监外执行报告3件，审查减、保、裁定、决定6件6人。受理申诉案件1起1人，立案监督1起1人。2001年，提出检察建议56件，消除看守场所事故隐患2起，纠正违法关押1起。通过对监外罪犯执行情况检查，批捕、起诉1起监外罪犯又犯罪案件。2002年，上法制课15场次，对164名外执罪犯联合检察2次，专项检察4次，提检察建议20余份。审查减轻、假释、暂予监外执行报告3起。2003年，提出检察建议16份，建议收监4人次，批捕、起诉监外罪犯又犯罪案件2起。2004年，开展超期羁押专项检查，确保无超期羁押情况出现。共提检察建议7条，消除事故隐患1起。2005年，通过驻所检察，提检察建议30余条，消除重大事故隐患3起，建议公安机关受监7人次，办理又犯罪案件6起7人。

第七节　民事行政检察

1993年，成立民事行政检察科，对人民法院已经发生法律效力的民事、行政判决裁定，发现确有错误或者违反法定程序、可能影响案件正确判决、裁定的，依法提出抗诉。是年，共受理民事申诉案件17起，立案查处5起，提请抗诉1起。1996年，加大宣传力度，拓宽案源，集中力量查办案件，共受理民事行政案件34起，立案侦查9起，提请抗诉建议2份。1997年，贯彻地区分院确定的抓办案效率、抗诉案件质量、抗诉效率三个基本环节的工作思路，案件数、质量得到提高，共受理案件40起，立案侦查21起，提请抗诉21起，向法院提检察建议3份。1999年，推行“律师代理申诉制度”“案件公开审查制度”“民行检察主办检察官制度”，与县司法局联合设立“148联动制度”。2000年，按照市分院制定的《主诉检察官制度实施方案》《民行检察办案规则》《民行检察干警守则》等制度，完善可量化管理办法，至2002年，共受理民行案件114起，立案侦查72起，提请抗诉24起，建议提抗6起，改判15起。2003年，受理申请抗诉案件43起，立案审查14起，提请、建议提请抗诉14起，检察建议启动再审案件2起，处理息诉服判案件27起。2004年，受理申请抗诉案件58起，立案审查29起，提请抗诉17起，再审改判5起。2005年，坚持“敢抗、会抗、抗准”原则，开展民事行政检察监督。共受理民事行政申诉案件77起，立案审查36起，提请抗诉8起，建议提请抗诉6起，再审改判10起，办理支持起诉案件3起，向有关部门提出检察建议16份。

第八节　控告申诉检察

1979年，控告申诉检察工作主要承办受理、接待报案、控告和举报、接受犯罪人的自首；受理不服人民检察院不批准逮捕、不起诉、撤销案件及其他处理决定的申诉；受理不服人民法院已经发生法律效力的刑事判决、裁定的申诉；受理人民检察院负有赔偿义务的刑事赔偿案件等工作。至1980年，共受理来信来访414件次，查处率达100%。1981年，建立检察长接待日制度，并设立信访股专做信访工作。当年受理来信来访68件次，转有关部门处理26件次，其余均由纪检、公安部门处理。1982年，信访股改为控告申诉科。1985年，建立健全控告申诉备案审查上报制度，规定备案范围。是年，查处控告、检举、申诉案件和犯罪分子投案自首案件329起。其中，直接审理106起，转有关部门处理193起。1988年，改变由原来办案部门复查案件的做法，检察机关直接受理复查“两不一免”（不捕、不诉、免诉）案件17起。同年9月，成立举报中心，实行人民检察院举报制度。至1989年，共受理举报线索326件，其中贪污贿赂线索占70%以上。立查职务犯罪案件49起，其案源80%以上来自群众举报，举报中心初查26起。1995年，狠抓文明接待室规范化建设和制度落实，接待室被省检察院授予全省文明接待室。

1998年，举报中心加强与新闻媒体和信访部门的联系，形成宣传、受理、移送（分流）、管理、查处、督办、反馈、保护、奖励于一体，手段齐全，措施和制度完善的举报工作体系。同年11月，成立举报线索审查协调小组。1999年5月，开展举报宣传周活动，共制作大型宣传挂图4套，宣传照片280张，印刷宣传材料5000份，宣传小册子3000本，出动宣传车3辆，出动干警80余人次，深入到乡镇、集市和县直单位进行宣传，接受举报教育的群众达8000余人，现场受理法律咨询100余人次。2001年，结合群众举报，通过驻村查实，与纪检、信访等部门一起建立完善相关村的财务管理制度。全年受理来信来访82件，初查案件33起。2002年，主要受理不服判决而申诉的案件、刑事赔偿请求案件和举报、接待来信来访、初查案件。共受理举报线索46起，群众来访36件603人次，自行查办237件，处理集体访25件1064人次，告急访21件38人次，复查刑事申诉案件2件，受理刑事赔偿请求案件1件，全部进行立案审查。2003年，积极开展文明接待活动，严格落实“四定一包”责任制，推行“公开听证、公开答询”制度，妥善处理集体上访、告急信访14件，协助乡镇处置群体性突发事件5起。2004年，认真落实检察长接待日制度，实行控申首办责任制，共接待和处理各类信访案件137件。2005年，严格落实定领导、定人员、定措施、定期限、包处理的“四定一包”责任制，实行“阳光执法”，设立听证室，全年共接待和处理各类信访案件67起。

第四章 法 院

第一节 机 构

1986年，县法院内设办公室、刑事审判庭、民事审判庭、经济审判庭、执行庭、信访接待室、政研室、政工科。下设城关、胡集、辛店、李庄、香翟、梁家6处基层法庭。1988年，设立基层法庭21处，达到一乡（镇）一庭。1989年9月，设行政庭。1990年2月，撤销信访接待室，设告诉审诉室。1991年6月，城关、胡集、香翟、申桥、淄角、姜楼6处基层法庭改为中心法庭。1993年2月，设经济纠纷调解中心。1994年，设财务科、技术室、法警队。1995年，全县6处中心法庭合并为5处：城关、梁家、胡集、姜楼、辛店法庭。1996年，撤销经济纠纷调解中心。1999年1月，设立惠城、胡集、姜楼、李庄、辛店、梁家6处人民法庭，原中心法庭和基层法庭撤销。2000年12月，设执行局，为副科级规格，内设执行一庭、执行二庭。2004年7月，设监察室。同年9月，民事审判庭改称民事审判一庭，内设交通巡回法庭，经济审判庭改称民事审判二庭。2005年，县法院内设刑事审判庭、民事审判一庭、民事审判二庭、行政审判庭、审判监督庭、执行局、立案庭、技术室、法警大队、政工科、政研室、纪检组、监察室、办公室、财务科15个庭室，下设惠城、胡集、姜楼、李庄、辛店、梁家6处人民法庭。

法院办公大楼

第二节 刑事审判

1979年，对“文化大革命”开展以来判处的各类刑事案件进行复查，共复查案件537起，冤假错案得到平反、纠正。1980年，《中华人民共和国刑法》《中华人民共和国刑事诉讼法》颁布，开始实行以公开审判为重点的陪审、合议、回避、辩护、上诉等审判制度，县法院独立行使审判权。是年，共受理刑事案件22件，案犯25人，审结19件。1981年，按照中共中央依法从重从快打击杀人、抢劫、爆炸和其他严重危害社会治安的犯罪分子的批示，审结50起普通刑事案件。1983年8月，贯彻中共中央开展“三年为期，三个战役”的严打运动，重点打击流氓团伙、流窜作案、杀人、放火、爆炸、强奸、抢劫和重大盗窃等8个方面的犯罪分子。是年，集中宣判犯罪分子175名。1984年，开展严打斗争第二次战役，从重从快审结刑事案件108起146人。1986年，开展严打斗争第三次战役，新受理刑事案件35件，审结31件，刑事犯罪案大幅度下降。

1988年，继续贯彻“依法从重从快”的方针，全年召开宣判大会5次，审结各类刑事犯罪案件62件、经济犯罪案件5件，判处人犯80人。1990年，贯彻“稳定压倒一切”的方针，围绕保障促进社会稳定和经济发展这一任务，把严重刑事犯罪分子和严重经济犯罪活动作为打击重点，全年审结各类刑事案件59件，其中盗窃21件，强奸17件，判处人犯67人。1991年，按照省、地委的部署，全县开展“打击拐卖妇女儿童”专项斗争。是年，共审结各类刑事案件71件，判处罪犯93名，召开宣判大会7次，旁听群众达7万余人。1993年，重视对青少年罪犯的教育改造工作，成立少年审判庭，专门审理未成年人的犯罪案件。是年，共审结各类刑事案件95件，判处犯罪分子140余人。1994年，发扬严谨的审批作风，严把证据关，对证据不足的案件，坚持退回检察院补充侦查。是年，退补侦查的案件19件。1996年，贯彻中央“全国农村社会治安综合治理”的部署，参与农村社会治安综合治理工作，全年共审结刑事案件125件，判处杀人、抢劫、强奸以及在农村横行霸道、危害百姓的地痞、流氓168人。1997年1月，新的《中华人民共和国刑事诉讼法》颁布实行，刑事审判由纠问式向控辩式、由法官包揽庭审活动向在法官主持下控辩双方举证质证转变。10月1日，新的《中华人民共和国刑法》正式施行。是年，审结刑事案件62件，判处罪犯61人。

1998年，认真执行新《中华人民共和国刑法》《中华人民共和国刑事诉讼法》，突出打击盗窃交通工具及生产资料的犯罪案件，受理票据诈骗、传授犯罪方法、私藏枪支等新型犯罪。严格落实宽严相济的刑事政策，正确使用缓刑，并强化对缓刑犯的跟踪帮教。是年，共审结刑事案件104件，判处人犯124人。2000年，严格区分罪与非罪的界限，严把证据关、事实关，对不构成犯罪的14名被告人宣告无罪。2002年，带有黑社会性质的犯罪不断增多，对以张涛为首的19人打、砸、抢犯罪案件，经审理，判处张涛有期徒刑8年零6个月，其余18人判处有期徒刑7年至4年不等。是年，共审结各类2人以上共同犯罪案件38件，判处犯罪分子110人。2003年，重点对盗窃国家原油、破坏易燃易爆设备等方面的犯罪进行专项打击，共审结各类刑事案件145件，判处犯罪分子239人。2004年，推进刑事审判工作方式改革，加大罚金刑的适用力度。针对认罪案件与不认罪案件，难易程度，采取普通程序一般审理和简化审理，简易程序一般审理和简化审理4种不同的庭审方式，加快庭审节奏，缩短办案时间。至2005年，两年共审结各类刑事案件338件，判处犯罪分子600人。

第三节　民事审判

1979年，按照“依靠群众，调查研究，就地解决，调解为主”的方针，依法审理民事案件。是年，受理各类民事案件156起，审结117起，其中调解处理110起。1981年，随着农村联产承包责任制的实行，民事案件增多，突击审理婚姻、房产、赔偿等方面积压案件209起，实现“收结平衡，随收随结”的工作要求。1982年，《中华人民共和国民事诉讼法（试行）》颁布施行，民事审判活动进入严格按照诉讼程序办案的新阶段。1984年，最高人民法院颁发《关于贯彻执行民事政策法律若干问题的意见》，县法院据此审理民事案件。1985年，办案人员以便民为先，忧民为念，坚持携卷下乡，就地巡回办案，办案效率提高。是年，共审结民事纠纷案件267件。1987年7月1日，《中华人民共和国民法通则》颁布实施，民事诉讼受案范围不断扩大。是年，共审结各类民事纠纷案件271件，其中调解结案193起，判决结案48起。1989年，采取审委会成员分片包干指导和民庭巡回传帮带的方法，大大提高办案效率。全年共受理民事案件513件，其中调解304件，判决83件。1991年，改革原有的审判方式，推行“一个公开、三个为主”的办案方式：以公开审判为中心，以当事人举证为主，以庭审调查为主，以发挥合议庭的作用为主。同时，成立基层法庭工作指导小组，建立法院—民庭—中心法庭—法庭的新格局，形成法庭工作纵向指导网络。1992年，严格遵循案件审限要求，制定“简易案件不跨月，一般案件不跨季，疑难案件不跨年”的标准。是年，共审结各类民事案件541件。1993年，贯彻省《交通道路事故处理办法》，开始受理交通事故造成的损害赔偿案件。1994年，全面推行民事审判方式改革，实行一步到庭、当庭举证、当庭质证为主要内容的审判方式，加快办案节奏。是年，共审结各类民事案件1318件。1996年，全县5处标准化中心法庭全面投入使用，各辖区的案件基本做到自审自执。1998年，审理一批新类型案件，如知识产权案、精神赔偿案、相邻关系案等。同时，围绕社会稳定，妥善处理一批热点、难点案件，优先审理老年人权益案、下岗职工诉讼的案件，如皂户李法庭6天审结3起赡养纠纷案件。是年，共审结民事案件280件。2000年，民事审判以审理涉农案件为重点，切实保护农民的合法权益。如李庄镇刘某等36户村民诉被告山东惠民县和信建材有限公司环境污染损害赔偿纠纷一案，法院判决和信公司赔偿36户村民经济损失54516元。2001年，深化民事审判方式改革，实现由纠问式向控辩式，由单纯靠法官取证向由当事人举证与法官取证相结合的改革，积极稳妥审理破产案件、果园承包纠纷、土地承包纠纷等关系社会稳定与经济发展的案件。是年，共审结民事案件1981件，经济案件726件。2002年4月，《民事诉讼证据若干规定》实施，明确当事人举证责任的分担，规范各类案件举证内容的具体范围及证据的交换、质证、认证等。是年，共审结各类民事案件1702件，审结争议标的额3340万元。2003年起，全面推行并扩大简易程序的适用，深化民事裁判文书改革，加大调解力度。同时，强化便民诉讼措施，民事审判一庭在县交警大队事故科成立道路交通事故巡回法庭。2004年，县法院总结的“调解16法”在全市法院系统推广，全年共审结民商事案件1707件。2005年，在全县范围内建立便民诉讼网，即：在没有法庭的乡镇设立便民诉讼服务站，在重点村、企业设立便民诉讼服务点，并聘请便民诉讼联络员。是年，共受理各类民事案件2167件，审结1977件。

巡回法庭下乡

第四节　经济审判

1979年，经济案件由民事审判庭兼理。1980年，设立经济审判庭，根据最高人民法院经济审判庭收案范围的意见及县内实际情况，决定经济审判庭只审理经济纠纷案件，经济犯罪案件仍由刑事审判庭审理。并规定不属于法人的经济纠纷案件不予受理。1981年，共受理经济纠纷案件13起，审结10起，诉讼标的额16.07万元。1982年7月1日，《中华人民共和国经济合同法》实施，经济庭据此依法审理各类经济纠纷案件。1984年，经济纠纷受理范围扩大到法人之间的合同纠纷，以及个体经营户、专业户、农村社员之间的合同纠纷。全年审结经济纠纷案21起，诉讼标的额15.87万元。1985年，经济纠纷案件激增，是年，共审结经济纠纷案件300件，诉讼标的额达5780万元。1987年，审理了一批购销、承包、信贷合同纠纷案件。是年，共审结各类经济纠纷案件758件，为国家、集体和个人挽回经济损失139.71万元。1988年，坚持“审判就是服务”的指导思想，开展以理顺经济关系为主要内容的法律服务工作。全年共受理各类经济纠纷案件664件，审结650件，诉讼标的额508万元。1989年，按照上级法院“多收案、多办案、办好案”的要求，组成巡回法庭，深入乡镇、村庄、工商企业就地办案。协助指导乡镇、村委会调处纠纷，帮助和指导企业修订完善经济合同。是年，共审结各类经济纠纷案 307 件，诉讼标的额 26.98 万元，追缴收回各种逾期贷款、货款 88 万元。1990 年，对果园承包纠纷案件，开展专项审判，维护了农村承包制度。全年共审结经济纠纷案件 652 件，诉讼标的额 327.41 万元。1991 年，开展司法建议活动和依法清债、依法清贷等专项活动。是年，共审结各类经济纠纷案件 1621 件，结案标的额 683 万元，帮助企业修订完善合同 1000 余份，向有关部门提司法建议 85 条。1993 年 2 月，成立经济调解中心，并在县社、商业系统及工商银行设立 3 个固定经济巡回法庭。1994 年，经济审判实行岗位目标责任制。全年共审结各类经济纠纷案 1943 件，结案标的额 1561.82 万元，帮助企业审查经济合同 800 份，提司法建议 100 条，解答法律咨询 300 人次，培训司法联络员 250 余人次。1998 年，深化审判方式改革，实行立案、审理、执行三分离，“陈述、举证、质证、辩论、认证、说理”六公开。是年，重点审理五荒承包、林场承包、果园承包等案件，理顺了承包合同。全年共审理各类涉农经济纠纷案 959 件，结案标的额 2 亿元。1999 年，开展“审判质量年”“执法形象年”活动，全年共审结各类经济纠纷案 1363 件，结案标的额 4761 万元。2000 年，成功审理惠民县肉类联合加工厂破产案，积极妥善安置闲置资金的变现，帮助重新组建为惠民好当家食品有限公司。2003 年，先后受理工艺品公司、冷藏厂、第一、二、六油棉厂、第二棉纺厂、武定府酱园等 7 家企业的申请破产案件。全年共审理涉及私营企业的案件 164 件，解决争议标的额 681.6 万元。2005 年，成功审理魏集镇 94 户棉农诉惠民县金谷棉绒加工厂返还棉籽案、山东飞虹丝业有限公司破产案等。

第五节　行政审判

1987 年，确定由民庭负责，依据《中华人民共和国民事诉讼法》审理行政案件。是年，共受理和审判各类行政诉讼案件 12 起。1989 年，设立行政审判庭。是年，受理行政诉讼案件 26 件，审结 25 件。1993 年，审理首例由于行政管理机关不作为的行为引起的行政诉讼案件，原告石庙镇石庙赵第四生产组诉被告惠民县土地管理局不履行法定职责案。原告为灌溉农田留用一块集体公用耕地，该村副主任未经群众同意，私自将该地块承包给本村村民，收取承包费 1500 元。该村民在公用土地上建房 2 间搞经营。原告多次请求土管局处理，被告不予答复，法院经审理，认为被告本应依法对上述案件进行处理，而被告拒不履行其法定的义务，系一种行政不作为行为，依法判决土管局在 30 日内对原告的请求作出处理决定。是年，共审结行政诉讼案 14 件，执行非诉案件 5 件。1996 年，加大行政审判工作力度，充实审判力量，购买了工作用车。是年，受理行政诉讼案件 46 件，执行非诉讼案件 67 件。1997 年，依法审理桑落墅镇 29 户群众诉县公安局的集团诉讼案件，依法执行了有 16 个乡镇申请执行的关于夏征和“三提五统”非诉讼行政执行案件 386 件。1998 年，将“官”民纠纷纳入法律轨道，妥善化解、防止和减少了集体上访、越级上访等信访案件。依法开展非诉行政案件的执行工作，全年共受理非诉案件 1002 件。1999 年，是《中华人民共和国行政诉讼法》颁布实施十周年，利用各种形式，组织开展宣传普法活动。是年，共审结行政诉讼案件 85 件，执行非诉行政案件 726 件。2000 年，深入开展“司法公正年”活动，全年审结行政案件 72 件，执行非诉行政案件 1280 件。2001 年，行政审判贯彻“积极收案、慎重审理”的办案指导思想，审结各类行政案件 85 件。2003 年，行政审判人员多次深入乡镇、行政执法机关宣传依法行政知识，培训行政执法人员 40 人，全年审结行政案件 56 件。2004 年，行政审判确立新的工作思路：既维护行政相对人的权益，又与被诉行政机关积极沟通，化解官民矛盾，维护社会稳定。全年审结行政案件 20 件，执结非诉执行案件 125 件。2005 年，依法审理县质量技术监督局等11个行政单位的非诉执行案件。是年，共审结行政案件18件，执结行政非诉案件150件。

第六节 审判监督

1979年，依照“有反必肃，有错必纠”“全错全纠、部分错部分纠、不错不平”的方针，对“文化大革命”期间判处的案件进行复查。至1983年，共复查判处的各类案件688件760人，其中：改判无罪的140人，改判免刑的19人，改判减刑的78人，维持原判的523人。共接待群众来访2万人次，处理人民来信3000余件。1986年，设立信访接待室。至1989年，共接待群众来访8669人次，处理人民来信2226件，调处简易纠纷224起。1990年，撤销信访接待室，设立告诉申诉庭。是年，共处理人民来信23封，调处简易纠纷75起，审理申诉案件1件。1991年起，告申工作以解决上访老户为重点，对上访老户采取院长包案，分工负责，专人管理等措施，对提出申诉的采取分级管理，该立案的立案，及时审理。1997年，成立立案庭，使立案、审理、执行等各环节走向规范化管理轨道。制定立案规则，明确职权范围，实行统一收费、统一移送，建立统管型告申体制。是年，共审结申诉案件10件。1998年，通过再审程序，使终审有错误或偏差的案件得到及时纠正。是年，共审结再审案件14件，其中检察机关抗诉的8件，处理人民来信30封，接待群众来访479人次。

2000年，撤销告诉申诉庭，设立审判监督庭。是年，共审结再审案件10件，处理人民来信60封，接待群众来访3900人次。2002年，共审结再审案件66件，其中：维持原判14件，改判14件，驳回申请8件，调解4件，撤诉2件，其他方式处理24件。2003年，立案庭内设信访接待室，有专人负责信访工作，并定于每月10日为院长接访日。2005年，由每月1次接访改为每月10日、20日两次接访，院长、副院长轮流值班，建立涉诉信访案件档案。是年，审结再审案件16件，详查案卷2000余卷，接待来访群众1000人次，处理来信30件。

第七节 执 行

1986年，设立执行庭。是年，执结已发生法律效力的民事判决裁定15件，执行率达到90%。1988—1989年，共执行案件1292件，执行率达95%。1992年，集中时间、警力、物力，开展执行大会战，共执结案件2351件，执行标的额1766.53万元。1993年，落实审执分离制度，各业务庭室所审结的案件限期移交执行庭、法警队执行，并定期开展执行会战，突击执行积案、骨头案、老大难案。1998年，执行案件与维护社会稳定、企业改革有机结合起来，执结一批涉及企业的案件。是年，共执结案件709件，执行标的额1195万元。1999年，开展执行年活动，全年共执结案件1393件，标的额3443万元。2000年，设立执行局，内设执行一庭和执行二庭。是年，共执结案件1325件，执结标的额4012万元。2001年，把解决“执行难”当作扭转执行工作被动局面的突破口，开展集中执行活动。2002年，推行开庭执行、执行举证、委托执行和执行工作“阳光工程”，先后开展2次清理积案活动。至2003年，两年共执结案件296件，执结标的额4336万元。2004年，对执行体制进行改革，设立执行局综合办公室，法警大队与执行局合署办公。对执行工作实行警务化管理，实行执行裁决权和执行权分离，推行超期执行易人易庭制度。全年共执结案件702件。2005年，实行执行案件中止审批、中止案件恢复执行审批和案件三个月催办、五个月督办等制度，同时，开展异地执行工作。是年，共执结案件783件，其中异地执行4件，执行案款18万元。

1979—2005 年惠民县法院刑事民事经济行政案件情况表

表 15－7

年度	刑事案件			民事案件		经济案件		行政案件	
	收案（件）	结案（件）	判处有罪人数	收案（件）	结案（件）	收案（件）	结案（件）	收案（件）	结案（件）
1979	21	18	/	156	117	/	/	/	/
1980	22	19	22	113	88	/	/	/	/
1981	52	50	/	132	209	13	10	/	/
1982	/	/	/	/	158	8	10	/	/
1983	151	146	175	203	219	4	4	/	/
1984	102	108	146	232	242	28	21	/	/
1985	36	31	/	271	267	324	300	/	/
1986	/	45	/	/	250	/	524	/	/
1987	/	62	71	/	271	/	758	12	12
1988	/	67	80	380	385	664	650	/	13
1989	/	64	89	513	435	894	845	26	25
1990	/	59	62	497	439	698	652	/	9
1991	/	71	93	/	537	/	1621	/	6
1992	/	80	133	/	541	/	1621	12	11
1993	/	95	140	/	575	/	2963	/	19
1994	/	104	140	/	1318	/	1943	/	6
1995	132	122	156	/	2407	/	1047	/	33
1996	127	125	168	/	2276	/	1438	46	21
1997	/	62	61	/	2349	/	1285	80	36
1998	/	104	124	/	2804	/	959	/	53
1999	/	111	104	/	2386	/	1363	/	95
2000	/	137	184	/	2618	/	1032	72	72
2001	/	157	206	/	1981	/	/	/	85
2002	/	145	239	/	1702	/	251	109	70
2003	/	189	359	/	1965	/	252	8	56
2004	181	173	259	/	1866	/	/	20	20
2005	233	214	341	2167	1977	/	/	19	18

说明：结案均含旧存

第五章 司法行政

1980年10月19日，成立县司法局，主要职责是开展法制宣传、管理律师、公证、人民调解等工作。1981年，除分期分批组织在职司法干部到省、地司法训练班学习业务外，还采取以老带新、互教互学等方式培训各类司法干部和公证人员。1982年，局设立秘书股、宣教股、基层调解股。1985年，司法局内设办公室、宣传股、调解股、公证处、法律顾问处。全县21个乡（镇）配备司法助理员计24人。1986年，全县开始实施第一个全民普法五年规划，法制宣传工作由过去一法一规的宣传形式向规模化、系统化、正规化转变。1987年，全县各乡（镇）均建立法律服务站。

1991年，实施第二个全民普法五年规划。“一五”普法启动之时，首次制定依法治县五年规划，因此，“二五”普法规划和“一五”依法治县规划同步实施。1992年，公证工作由传统的只办理公民权利义务民事公证向为工农业生产和经济建设提供中介服务延伸，由办理农村土地、林果业承包合同公证扩大到工程发包、金融借贷、房地产开发等事项的公证。1993年，法律顾问处改称律师事务所。1994年，律师事务所改为自收自支事业单位，组建了“惠民县经济事务所”。1996年，司法行政机关增加指导刑释解教人员的安置帮教和管理法律援助职能。1998年，“148”法律服务专线开通。下属单位有公证处、永光律师事务所。1999年，增设兵圣律师事务所。2000年，永光律师事务所和兵圣律师事务所实行脱钩改制，由国资所改为合作制所。2005年年底，县司法局内设办公室、法制宣传股、基层调解股、“148”法律服务协调指挥中心、公证处，下辖14个乡（镇）司法所。全县共有司法行政工作人员58人，公证人员2人，执业律师22人，完成四个五年普法规划和三个依法治县五年规划，为有关单位和当事人挽回和避免经济损失达1.2亿元，共办理民事、经济和涉外、涉港澳台公证事项3.56万件。是年，县司法局被省司法厅评为“全省司法行政系统基层工作先进单位”。

第一节 普法宣传

1981—1982年，法制宣传工作重点宣传《中华人民共和国刑法》《中华人民共和国刑事诉讼法》《中华人民共和国婚姻法》和中共中央国务院《关于打击经济领域中严重犯罪活动的决定》。在打击经济犯罪的强大宣传攻势下，有11人投案自首，群众揭发出犯罪分子48人。在以贯彻《中华人民共和国婚姻法》为主要内容的移风易俗宣传月活动中，共组成宣讲团34个，培训宣讲员0.92万人，出动宣传车25辆，印发宣传材料208万份，举办图片展览76场次，电影、幻灯宣传936场，张贴宣传画0.8万张，办宣传栏、黑板报445期。1983年，重点宣传新宪法及中共中央《关于严厉打击刑事犯罪活动的决定》。是年，编制印发新《中华人民共和国宪法》宣传材料2400份，举办讲座10讲30场，出动宣传车38辆次。1985年，为落实中共中央关于在全体公民中普及法律常识的指示，县普及法律常识教育领导小组建立，制订《惠民县基本普及法律常识五年规划》。县乡两级均办普法试点，建法律夜校，共培训普法宣传骨干1439人，发放干部、职工、农民法律知识读本5.5万册。

1986—1990年，为惠民县普及法律知识第一个五年规划（简称“一五”普法规划）时期。在准备阶段，成立惠民县普法领导小组，建立健全乡村普法领导机构，制定惠民县五年普法规划和年度实施方案，搞了试点。在实施阶段，突出抓了“两个重点”（干部和青少年）及农村的普法学习。“一五”期间，全县干部学完“十法一条例”，即《中华人民共和国宪法》《中华人民共和国刑法》《中华人民共和国民法通则》《中华人民共和国刑事诉讼法》《中华人民共和国民事诉讼法（试行）》《中华人民共和国婚姻法》《中华人民共和国继承法》《中华人民共和国经济合同法》《中华人民共和国兵役法》《中华人民共和国民族区域自治法》《中华人民共和国治安管理处罚条例》。县级领导干部37人，科级干部305人，一般干部5900人参加普法考试，合格率达100%。在农村实行乡镇干部包村、党员包户、学生包家长、建立联户学法小组和“三员十户一承包”（即治安员、调解员、学法辅导员组织10～20户为一普法学习小组）等形式组织普法学习。五年共举办普法骨干和辅导员培训班765期，受培训人数达7.6万人，发行法律教材8万余册，编印各种辅导材料9万份。举办干部法律知识讲座73场次，受教育人数达1万人次。全县39.3万普法对象完成规划所规定的内容。通过省、地“一五”普法验收，县司法局被评为省、地普法先进单位。

1991—1995年，实施全县第二个五年普法规划。普法的内容为十三法二条例，即：《中华人民共和国宪法》《中华人民共和国行政诉讼法》《中华人民共和国国旗法》《中华人民共和国集会游行示威法》《中华人民共和国义务教育法》《中华人民共和国土地管理法》《中华人民共和国森林法》《中华人民共和国环境保护法》《中华人民共和国水法》《中华人民共和国矿产资源法》《中华人民共和国文物保护法》《中华人民共和国食品卫生法》《中华人民共和国军事设施保护法》《中华人民共和国人口与计划生育条例》《未成年人保护条例》。1991年，“二五”普法规划和第一个依法治县五年规划同步启动。同年4月，全县开展宪法宣传月活动，举办宪法报告会、演讲会和法律咨询活动，印发宣传材料7万份，有5000名干部参加宪法知识竞赛。1995年3月，对全县科级以上干部进行普法考试，参考人员608名，参考率97.4%，及格率100%。同年11月，通过省、地“二五”普法验收。5年间，各级领导班子集体学法460次，参加人数1.9万人次。举办普法宣讲员轮训班百余期，受训人数达5万人次。举办行政诉讼法培训班63期，培训3000人次。举办法制讲座376次，听讲人数4.5万人次。

1996—2000年，组织实施全县第三个五年普法规划。普法的主要内容是“二十二法和一书、一条例”，即：《中华人民共和国宪法》《中华人民共和国刑法》《中华人民共和国刑事诉讼法》《中华人民共和国行政处罚法》《中华人民共和国国家赔偿法》《中华人民共和国农业法》《中华人民共和国公司法》《中华人民共和国反不正当竞争法》《中华人民共和国合同法》《中华人民共和国劳动法》《中华人民共和国消费者权益保护法》《中华人民共和国妇女权益保障法》《香港特别行政区基本法》《澳门特别行政区基本法》《中华人民共和国村民委员会组织法》《中华人民共和国消防法》《中华人民共和国工会法》《中华人民共和国老年权益保障法》《中华人民共和国保密法》《中华人民共和国审计法》《中华人民共和国行政复议法》《中华人民共和国预防未成年人犯罪法》和《社会主义法制建设基本知识》《国家公务员暂行条例》。1996年9月23—29日，全县开展大规模宣传周活动，设立宣传站27个，出动宣传车35辆，散发宣传材料6万份。全县4所高中、23所中学和16所小学全部开设法制课，选配法制副校长，配备专（兼）职法制课教师90名。1998年，建立由公检法司等9部门组成的“讲师团”，举办法制讲座100余场，受教育近10万人，占应教育的80%。2000年，全县有65%的乡镇和60%的村建起“法制宣传一条街”。组织全县914

名副科级以上领导干部参加普法考试，平均成绩90分以上。同年7月，通过全区“三五”普法验收。

2001—2005年，组织实施全县第四个五年普法规划和第二个依法治县规划。普法的内容：《中华人民共和国税收征收管理法》《中华人民共和国合同法》《中华人民共和国反不正当竞争法》《中华人民共和国产品质量法》《中华人民共和国安全生产法》《中华人民共和国代表法》《中华人民共和国村民委员会组织法》《中华人民共和国劳动法》《中华人民共和国治安管理处罚条例》《中华人民共和国刑法》《中华人民共和国婚姻法》《中华人民共和国环境保护法》《中华人民共和国世界贸易组织基本法律制度》《中华人民共和国宪法》《中华人民共和国行政许可法》《中华人民共和国价格法》《中华人民共和国仪器卫生法》。2001年，编发法制宣传简报、信息10余件，上街宣传24次，解答法律咨询5000余人次，印发宣传材料2万余份。2002年，开展依法行政、执法为民法制教育巡回报告，全县有3000余名乡镇、村干部参加。2003年，成立普法“讲师团”，到农村、学校、机关宣讲，受教育人数万余人。2004年，与宣传部联合举办“孙武酒业杯”宪法知识竞赛，掀起学习宪法的高潮。2005年，“12·4”法制宣传日，设置宣传点76个，发放宣传材料5万份，提供法律咨询2000人次。同年，通过全市“四五”普法检查验收。

第二节 公 证

1981年，成立县公证处。1982年，国务院颁布《公证暂行条例》，境内申请办理公证事项的日渐增多。1985年，办理各类公证3093件，其中“五荒”承包合同公证2505件。是年，公证处被中华人民共和国司法部记集体一等功。1986年，公证工作以经济合同公证为重点，全年共办理各类公证事项305件。1987年，省政府授予公证处“先进集体”荣誉称号，县委、县政府办公室向全县作出向公证处学习的决定。1988年，积极为企业租赁办理公证，公证业务有较大发展，全年办理各类公证事项1366件。1991年，公证处主动联系证源，全年办理各类公证事项1486件。1992年，公证工作以服务农村和稳定农村工作为重点，同时试办房屋产权、租赁和土地有偿使用公证，全年办证1199件。1994年，公证工作涉足金融、房地产、计划生育等领域，办理各类公证事项2402件。通过涉台公证有6人获准探家，调回遗产15万余元。1996年，办理各类公证事项3385件，其中民事类公证619件，涉外涉台公证45件。1997年，进一步拓宽公证领域，为企业改制、建筑工程招标投标、公务员招考录用等方面办理公证6015件，总件数及人均办证数均列全区之首。2000年，在公证市场疲软的情况下，开拓个人住房抵押贷款和安全用电合同公证等证源，全年共办理民事公证430件，经济公证2540件，涉外公证62件。2001年，克服“一切向钱看，只求数量，不讲质量的倾向”，全年共办理民事公证374件，经济公证502件，涉外公证10件，涉台公证30件，涉及金额8000余万元。2002年，公证处充分发挥“服务、沟通、公正、监督”的职能作用，积极拓宽证源，全年共办理民事公证290件，经济公证204件，涉外、涉台公证54件。至2005年年底，共办理公证事项4万余件，经济类合同公证主要涉及资金借贷、技术转让、工程招标投标、加工承揽、货物运输、财产租赁、财产保险、合伙经营、劳务输出等；涉外公证主要涉及证明出生、学历、经历、死亡、亲属关系、婚姻关系、继承权、签字印鉴、委托书、赠与书、声明书等民事事项。

1983—2005 年惠民县办理公证业务情况表

表 15－8

年度	民事公证（件）	经济公证（件）	涉外公证（件）	涉港澳台公证（件）
1983	42	442	/	/
1984	213	792	/	/
1985	289	2804	/	/
1986	77	228	/	/
1987	110	282	/	/
1988	190	1176	/	/
1989	90	1172	/	/
1990	121	1001	4	/
1991	613	851	22	/
1992	494	719	14	/
1993	279	886	23	/
1994	1943	439	/	20
1995	327	446	16	/
1996	619	3385	45	/
1997	1610	4380	25	/
1998	303	3980	28	/
1999	350	3650	30	/
2000	430	2540	62	/
2001	374	502	10	30
2002	290	204	40	14
2003	73	143	7	20
2004	287	199	40	14
2005	199	161	21	10

第三节　律　师

1980 年，组建法律顾问处，有工作人员 4 人，其中律师 3 人。1981 年起，按照《中华人民共和国刑事诉讼法》的规定，接受刑事案件被告人委托或法院指定，担任辩护人参加诉讼。至 1985 年，办理刑事辩护案 39 件，办理民事代理 10 件，避免经济损失 9.8 万元，办理非诉讼案代理 21 件，避免经济损失 20.7 万元。律师开展代写法律文书、接待来访、解答法律询问等业务工作，共代写法律文书881件，接待来访416次，解答法律询问375次。

1986年，法律顾问处为6家企事业单位担任常年法律顾问。是年，代理经济和非诉讼案件21起，挽回经济损失14.18万元。刑事辩护6起，代写法律文书173份，解答法律询问和接待群众来访328人次。1988年，律师应聘担任县人民政府的常年法律顾问，常年法律顾问增加到17家。是年，共办理经济案件42起，刑事辩护4起，民事代理和非诉讼案件38件，代写法律事务文书136份，解答法律询问293人次，避免和挽回经济损失70余万元。1991年，法律顾问处改称律师事务所。律师工作坚持“巩固、发展、提高”的方针，律师业务有了较大发展，常年法律顾问增加到30家，办理民事案件44起，非诉讼案件143起，刑事辩护16起。1992年，律师工作以“效益、质量”为重点，积极开拓法律服务新领域，共办理民事案件78件，代写法律事务文书204份，解答法律咨询425人次，挽回经济损失185万元。1993年，律师工作实行岗位目标责任制，共受聘担任41家单位的法律顾问。1994年，行署批转地区司法局《滨州地区律师改革的意见》，改革的重点是：不再使用全民、集体等所有制模式和行政管理模式界定律师机构的性质，大力发展不要国家编制和经费的自律性律师事务所。同年，建立县经济律师事务所。1995年，开展律师职业道德和职业纪律教育整顿，促进了各项业务开展，全年代理民事、经济案件114件，刑事辩护27件，办理其他法律事务702件，为38家单位担任常年法律顾问。1996年3月15日，《中华人民共和国律师法》颁布，明确律师是社会法律工作者，律师事务所属社会中介服务组织，不再是政府行为。1997年，律师事务所从抓宣传、促发展、强管理、增效益入手，采取多种形式宣传律师业务，积极为企业改组、兼并、租赁等方面提供服务。全年共为26家机关、企事业单位担任常年法律顾问，办理刑事案件21起，代理民事、经济案件118起，代理行政诉讼案件8起，办理非诉法律事务15件，索回赔欠款160余万元。

1998年，县永光律师事务所坚持以“效益、质量”为重点，在为35家企事业单位担任法律顾问的同时，代理各类案件815件，办理非诉讼事务232件，解答法律咨询1万余人次。1999年8月，山东兵圣律师事务所建立。2000年10月，律师事务所脱钩改制，永光、兵圣两个律师事务所由原来的国资所改制成为自主经营、自担风险、自我约束、自我发展、平等竞争的合作律师事务所。2001年，律师事务所注重宗旨教育、职业道德和职业纪律的强化，建立健全各项制度。全年为76家企事业单位担任常年法律顾问，代理刑事辩护64件，代理民事案件380件，代理经济纠纷36件，涉案金额1520万元。2002年，推行“五公开”制度，提高执行律师的服务水平和办案效率。全年担任法律顾问75家，刑事辩护68件，民事诉讼代理380件，经济诉讼代理48件，挽回经济损失1360万元。2003年，开展创建“行风建设示范窗口”活动，是年，共担任法律顾问150家，刑事辩护89起，民事代理580件，经济诉讼代理40件，挽回经济损失2180万元。2004年，狠抓“四项教育”（职务宗旨、形势任务、法制诚信、执业纪律），营造“五种环境”（平等创业、公平竞争、有效监督、舆论、外部），实现“五个规范”（律师与司法人员、事务所内部管理、律师执业行为、法律服务市场、行政与行业管理），推进了律师事业的健康、文明发展。全年共担任法律顾问78家，代理刑事辩护75起，民事诉讼386件，经济诉讼48件，避免经济损失1480万元。2005年，开展“规范执法行为，促进执法公正”专项整改活动。全年共为86家企事业单位担任法律顾问，代理刑事辩护82起，民事诉讼416件，经济诉讼53件，解答咨询4000余人次，代写法律文书770余份。是年年底，全县共有各类律师事务所3个，有执业律师22人。

1981—2005 年惠民县律师业务开展情况表

表 15－9

年度	刑事辩护及代理（件）	民事代理（件）	经济代理（件）	法律顾问（家）	非诉讼法律事务（件）	解答法律咨询（次）	代写法律文书（件）	法律援助（件）
1981	/	1	/	/	2	33	4	/
1982	15	6	/	/	/	41	22	/
1983	9	3	/	/	2	110	86	/
1984	10	8	3	/	31	108	92	/
1985	6	14	5	/	26	90	165	/
1986	6	20	4	6	21	328	173	/
1987	8	34	27	10	32	467	125	/
1988	4	38	30	17	40	293	136	/
1989	9	47	36	22	51	733	120	/
1990	2	38	40	19	58	709	105	/
1991	16	44	42	30	143	935	150	/
1992	9	78	60	30	105	425	204	/
1993	15	45	56	41	197	500	200	/
1994	17	18	74	34	126	524	206	/
1995	20	38	85	39	140	580	273	/
1996	21	262	30	68	269	1000	350	/
1997	21	280	118	26	235	2068	468	/
1998	37	336	142	35	257	3000	600	/
1999	40	370	116	50	270	3700	850	/
2000	48	424	132	62	265	2390	400	18
2001	64	360	36	76	150	4260	760	19
2002	68	380	48	75	137	3650	640	19
2003	89	580	40	150	140	2420	700	22
2004	75	386	48	78	128	3500	800	17
2005	82	416	53	86	130	4000	770	16

第四节　基层司法行政

1980年，全国人大常委会重新颁布《人民调解委员会暂行组织条例》。同年，开始在全县各公社配备司法助理员。1981年，全县配备司法助理员22人，主要负责管理法律服务站的工作，参加社会治安综合治理，代表政府处理疑难民间纠纷。是年，调解各类民事纠纷5115件。1986年，基层建立法律服务站19处，调解各类民事纠纷1436件，开展法制宣传558场，受教育人数21.21万人，解答法律询问1183人次。1987年，全县21个乡镇均建立法律服务站，调处民间纠纷6209件，调解成功率达86%。1988年，乡镇法律服务向制度化、规范化发展，基层调解工作进一步加强。是年，受理民间纠纷5192件，调解成功4849件，成功率92.5%。1989年，重点加强基层法律服务站和基层调解组织建设，对基层人员分别采取送校培训或以会代训的方法进行培训。乡镇法律服务站为56家乡镇企业担任常年法律顾问，居全区之首。1991年，全县21个乡镇全部建立司法所，加挂法律服务站牌子，“一套人马”、两块牌子，既负责管理，又开展法律服务业务。1992年，基层调解工作贯彻“巩固、提高、完善、发展”的方针，主抓司法所规范化建设和调解组织网络化建设，全县的调委会基本达到“四落实”（组织、人员、工作、报酬）。是年，共受理民间纠纷2995起，调解成功率93.6%。1994年，调解工作坚持“调防结合、以防为主”的方针，深入第一线调解农村发生的各类纠纷，较好地发挥第一道防线的作用。是年，共调处民间纠纷2729起，调解成功率92%。1996年，建立健全县、乡、村三级调解网络，各级调委会均实行调解工作责任制和纠纷排查制度。同年，加强乡镇司法所建设，有7处司法所达到省级规范化标准。1997年，司法所增加安置帮教刑释、解教人员工作。1998年，全县有70%的行政村建立村民议事会制度，共有村民代表10824人，为村民调解各类纠纷6116件，避免民转刑215件。为275个乡镇企业、村委会担任法律顾问，代理各类案件3000余件，避免经济损失200余万元。同年8月16日，“148”法律服务专线开通，司法所担负乡镇法律服务值班任务。1999年，开始进行基层法律服务工作试点改革，实行“两所”（司法所、法律服务所）分离。在全县招聘法律工作者36人，成立5个法律服务事务所。2000年，借鉴陵县经验，在全县21个乡镇成立司法调解中心，配备专职调解员71人，兼职调解员201人，是年，共受理各类案件684起，调处成功682件。法律服务所共代理各类案件100余件，代写法律文书200余份，解答咨询1200余人次。2001年，司法所开展矛盾纠纷大排查，及时化解不安定因素，全年受理矛盾纠纷3124件，调处成功3035件，成功率98%，避免民转刑35起42人。2002年，司法所、调解中心加强网络化建设，全年共受理各类纠纷9949起，成功调处8816起，防止群体上访4起840人次。2005年，乡镇调解中心充分发挥“第一道防线”作用，努力化解矛盾纠纷，维护社会稳定。全年共受理民间纠纷1667件，调处1657件，成功率达99%。

1981—2005年惠民县调解工作情况表

表15-10

年度	调处纠纷案（件）	调处成功案（件）	防止民事转刑事		防止自杀	
			件	人	件	人
1981	5115	5078	/	/	/	/
1982	5035	4004	/	/	/	/
1983	2105	1874	9	9	1	1
1984	1363	1187	1	1	/	/
1985	1448	1265	4	4	/	/
1986	5349	5078	/	/	3	3
1987	6294	6209	2	2	8	8
1988	5192	5075	/	/	1	1
1989	4594	4449	3	3	1	1
1990	2850	2753	1	1	/	/
1991	3266	3032	1	1	1	1
1992	2650	2543	2	2	1	1
1993	2489	2412	5	5	3	3
1994	2842	2729	4	4	1	1
1995	3068	2974	7	7	4	4
1996	11796	11342	9	9	5	5
1997	12728	12265	12	26	9	9
1998	6116	5973	11	30	10	27
1999	4580	4467	14	22	8	8
2000	2460	2390	10	25	9	9
2001	3124	3035	35	42	7	7
2002	9946	8816	14	40	10	10
2003	937	896	10	10	12	12
2004	1141	1121	18	26	6	6
2005	1167	1657	15	19	8	10

第五节　法律援助

1999 年，县法律援助中心成立，负责管理、指导、协调、监督并组织实施本辖区的法律援助工作，统一受理并指导法律援助案件，管理、筹集法律援助资金，承办县内有重大影响、复杂的法律援助案件。2000 年，法律援助中心共办理法律援助事务 18 件。2001 年，强化法律援助机构建设，建立完善法律援助社会网络。全年共办理法律援助案件 56 件。2002 年，法律援助工作开展“三化四统一”。全年共办理法律援助事务 19 件。2003 年，组织协调公证员和律师，为符合援助条件人员及时提供援助，关注弱势群体，全年办理法律援助 22 件。2005 年，共承办法律援助案件 16 件，为受援人免除和挽回经济损失 12 万元，维护了社会弱者、贫者、残者困难群众的合法权益。

第十六编　武　装

1979年，县内驻军主要有惠民县人民武装部、55518部队。同年3月，恢复惠民县委人民武装委员会。1980年，调整改革民兵训练，实行民兵训练两年周期制。响应中共中央、中央军委关于“人民解放军建设社会主义精神文明、积极和驻地人民群众一起共建文明活动”和《中华人民共和国兵役法》中民兵“积极参加社会主义现代化建设，带头完成生产和各项任务”的号召，积极开展民兵带建和军民共建活动。1981年，县人武部内设作动、政工、供管三个科。民兵组织调整，确定“缩小组建范围、减少数量、提高质量、实行民兵与预备役相结合”的制度，境内民兵数量大幅度减少。1983年1月1日，县公安局建制领导的消防、武装民警合并，成立中国人民武装警察部队惠民县中队。1985年，随着国防建设指导思想的转变，基干民兵规模进一步压缩。民兵军事训练由县集中训练取代乡镇集中训练，县建立民兵训练基地，基地化训练初具规模。

1986年，县人武部由部队编制改归地方建制，为副县级单位，实行以地方为主的军地双重领导制度。人武部内设军事科、政工科、办公室、民兵训练基地和民兵武器装备仓库。1988年10月，增设以劳养武办公室。1990年5月，民兵训练基地和民兵武装装备仓库列为副科级事业单位。1991年7月，军分区制订《民兵基层建设“五年规划”》，进行民兵组织整顿工作，使民兵编组更加科学合理。1996年4月1日，县人武部由地方建制改为军队建制，为正团级，接受滨州军分区和县委、县政府的双重领导。1997年8月8日，县国防动员委员会成立，与县人民武装委员会一个机构，两块牌子。1998年，新的《民兵军事训练大纲》规定：民兵应急分队每年训练一次，时间为15天。同年3月，55518部队撤销，营房交滨州军分区代管。2004年12月，县人武部整编。至2005年年底，境内驻军有县人民武装部、武警中队和武警消防大队。

第一章　兵　役

第一节　征　兵

1979年，实行义务兵和志愿兵相结合的兵役制度。年度征兵，按国务院、中央军委下达的征兵命令，以及省分配的征兵任务实施。1984年5月，《中华人民共和国兵役法》重新公布，实行以义务兵为主体、义务兵与志愿兵相结合、民兵与预备役相结合的兵役制度。1987年，全县征兵工作坚持做好“四个杜绝”和“一个尽量多征”，即“杜绝把那些对党和社会主义不满的，以及有流氓盗窃和打架斗殴行为，思想品质不好的青年征集入伍；杜绝征集传染病、慢性病、遗尿症、癫痫病、痴呆等疾病患者；杜绝把初小文化程度或文盲的青年征集入伍；杜绝征集年龄太小，或超过年龄的青年；尽量多征一些高中毕业生”。是年，征集新兵352人，其中高中毕业以上文化程度的103人，占新兵总数的29.3%。1988年，根据总参谋部电话会议精神，每年征兵时间由10月改为3月。1989年，改地方送兵为部队接兵，兵役机关和接兵部队共同签订《征兵、接兵工作协议》。1990年8月4日，国防部在北京召开全国征兵工作会议，确定每年的征兵、退伍工作改在冬季进行。同年，公安部、总参谋部、总政治部颁发《关于征集公民服现役政治条件的规定》，对征兵年龄、文化程度、城镇征集比例做出新的规定。男青年年满18~20岁，企事业单位的青年职工可以放宽到21岁；女青年为18~19岁，只限当年的应届高中毕业生；应届高中毕业生17岁本人自愿也可以征集。城镇非农业户口征集比例不得超过总数的25%，并使用专用的《非农业户口应征公民入伍批准书》，是年，全县非农业户口征集数占10.3%。1993年，适当放宽高中生的征集年龄，规定：具有高中以上文化程度的年龄放宽到21岁；中专、技校毕业的学生和企业单位具有高中以上文化程度担任干部的青年也可征集。是年，全县完成384名新兵的征集任务，其中政治条件兵20人。1997年，征兵年龄又有新规定：原应届高中毕业生年满17周岁本人自愿也可以征集，改为年满18周岁征集。1999年，体检标准进行修改，高中应届毕业生两眼裸视视力由左眼4.8改为4.6，右眼4.9改为4.8。2000年，境内担负40名进藏兵的征集任务，行署与军分区专门制定优惠政策，规定进西藏服现役义务兵的优待金，均不低于当地优待金的2倍，增加部分由县人民政府解决；农业户口的兵员在部队服役期间获得优秀士兵以上荣誉的，退伍时由农业户口转为非农业户口，并安排就业，荣立三等功以上者优待安置。2005年，新兵体检项目中增加吸毒和艾滋病查检两个项目。

第二节　预备役

1980年，恢复预备役登记。1981年，执行民兵制度与预备役制度相结合的新规定。年龄18~28岁的退伍军人和经过训练合格的基干民兵为第一类预备役，年龄29~35岁的普通民兵为第二类预备役，均由县人武部登记造册，分类存档。1986年，根据国务院、中央军委《关于退伍军人预备役登记统计暂行规定》的要求，县人武部重新整理退伍军人档案，建立退伍军人预备役文字材料。1990年，建立动员资料和预备役登记工作制度，对退伍军人、未服过现役的基干民兵和未服过现役的普通民兵、地方与军队专业技术对口人员、转业军官进行预备役登记，建立登记卡片，按专业进行预编。1992年，开始对军队转业干部进行预备役军官的登记和统计工作。1997年，根据总参、总政和省政府、省军区的要求，在全县范围内调整基干民兵发展规模，压缩基干民兵数量，合理调整组织布局。同时重点组建民兵应急分队和专业技术分队，分为防空、地炮、交通运输、通信支援、医疗救护、卫生防疫、抢险救灾、装备技术保障等。至2005年，全县登记在册服预备役士兵若干人，其中各种专业人员若干人。全县登记在册的服预备役军官若干人，地方与军事专业对口技术人员成建制编入预备役的若干人。

第二章 民 兵

第一节 民兵组织

1981年3月，调整简化民兵组织，缩小组建范围。组建重点在人民公社、厂矿企业；压缩年龄，男性民兵年龄为18～35岁，基干民兵年龄为18～28岁。女性民兵参照基干民兵年龄选编，不编普通民兵；简化组织层次，由原普通、基干、武装三种民兵，改为基干、普通两种，凡符合条件的28岁以下的退伍军人和经过训练的人员编入基干民兵，其余编入普通民兵；取消县编师、公社编团的建制，改为以厂矿企业、生产大队为单位，根据民兵多少编团、营、连、排；实施民兵制度与预备役相结合，基干民兵为一类预备役，普通民兵为二类预备役。是年，全县共编民兵团1个，营23个，连1061个。1984年，贯彻改革精神，按数量要少、质量要高、组织要巩固的要求，对全县民兵进行整组。农村取消专职民兵连长，改为兼职。1985年11月，总参谋部、总政治部就民兵和预备役工作提出“减少数量、提高质量、抓好重点、打好基础”的16字方针。省军区制定了“八五”民兵组织调减规划。据此，境内基干民兵规模再次进行压缩。1986年，按照便于领导、便于活动、便于执行任务的原则，全县民兵的编组与社会生产、行政组织相适应。在农村以行政村为单位编民兵连或排；在城镇按企业事业单位编民兵营、连、排或班。在基干民兵队伍中，专业技术分队有侦察分队、通信分队、军械修理分队等。1988年10月，全县各乡镇普遍建立民兵重点分队，制订应急方案，在县城附近抽调一个连的兵力，作为县的重点分队，直属人民武装部指挥。1990年8月，全县组建6个应急分队，统称民兵应急分队。

1994年，为贯彻军分区“两个转移”（向城市民兵工作转移，向乡镇企业转移）的指导思想，县委、县政府批准人民武装部的关于增设企业武装部的计划，将原来属于县直武装部管理的五个大中型企业和有下属企业的职能部门，单独设立武装部，并组建相应的民兵组织。1997年，对全县民兵应急分队的编组进行较大调整，由原6个应急分队，调整为2个应急连，2个应急排，13个应急小分队。是年年底，共编基干民兵营31个，基干民兵连111个。1998年，县组建汽车运输、道桥抢修、通信支援、医疗救护、卫生防疫、电路抢修、油料保障、装备维修8个对口专业技术分队，编制131人。2000年10月，成立黄河河务局武装部，统一调度和指挥沿黄四乡镇的民兵应急连担负黄河防汛、抢险救灾的应急任务。2001年，全县乡镇规模调整，由原12镇9乡调整合并为10镇4乡，乡镇武装部相应地由21个缩减为14个，各乡镇仍编组为1个民兵营，下设基干民兵连。至2005年年底，全县有民兵营15个，其中基干民兵营10个，基干民兵连47个。

第二节 装备管理

1979年，全县配发给民兵的武器装备和弹药大部分由各民兵连集中保管，部分由武装基干民兵个人保管。1980年6月，县革命委员会、县人民武装部下发《关于加强民兵武器弹药管理的通知》，民兵配发的手榴弹、子弹交由公社统一保管。是年，全县共有356个武装单位，各种轻重武器共计3028件，民兵连集中保管的有221个单位，分散保管的有135个单位。1982年，配发给各民兵连的武器交由公社武装部统一保管。公社建立武器和弹药库房，配备专职武器保管员，并逐步建立完善武器保管制度。1983年9月，在全县各公社开展“民兵武器管理百日无事故活动”，各公社民兵武器库室除保存一定的民兵装备用弹外，不再保存训练用弹，训练弹药交由县武装部保存。民兵武器器材的动用，需按审批权限逐级请示。1985年，民兵武器由公社集中保管改为县集中保管。1986年，对部分需要长期保存的武器进行封存。1994年，县财政拨款25万元，新建民兵武器装备和战备物资综合性仓库12间，建筑面积440平方米。按标准配齐通信、消防、避雷、气象、安全防爆、办公、生产、生活等设施，设立了武器保养维修间。1997年，在仓库安装高压脉冲电网。2000年，在仓库设立红外电视监控装置，将原红外微波自动报警系统更换为多维报警系统，实现装备仓库、人民武装部、分区值班室、公安110联警联动。至2005年年底，装备仓库实现连续28年安全无事故，先后被军分区、省政府、省军区、总参谋部授予“先进装备仓库和先进达标单位”“全省民兵装备仓库建设、安全工作先进单位”“民兵预备役部队装备管理工作先进单位”“民兵武器装备管理工作先进单位”等荣誉称号。

第三节　民兵训练

1979年，县内农村的民兵训练由县武装部下达训练任务，各公社武装部组织以连为单位分散训练为主，公社武装部巡回检查，集中考核。县城的民兵训练由县直武装部和第一纺织厂武装部分别组织，主要采取短期轮训形式，每期7天左右。1981年，民兵训练实行两年周期制，训练方法由分散改为以公社为单位集中训练。每年训练应受训人员的一半，每期30个训练日。参训民兵合格者予以登记，列为第一预备役。1983年，全县共训练基干民兵1679人，占周期训练任务的54.2%。经过考核，合格率达到96.9%。

1985年，民兵训练贯彻“减少数量、提高质量、抓好重点、打好基础”的方针，训练形式由县武装部集中训练替代乡镇训练，民兵训练数量缩减为每年700人左右。是年，县财政拨款60万元，开始筹建民兵训练基地。1987年，训练基地竣工，建筑面积3991.11平方米，基地设有电教室、专修室、教室、训练场、宿舍、食堂，一次可解决300名参训民兵食宿。1997年7月，军分区在滨州举行全区民兵分队军事比武大会。县人民武装部组织民兵应急一连120人，经过40天的强化训练，在这次比武大会中获得总评成绩第二名，硬气功第一名。1998年8月，新的《民兵军事训练大纲》颁布，县人民武装部对民兵训练作出相应调整。基干民兵和民兵应急分队由县人武部组织实施，每年训练一次，训练时间为15天（含2天政治教育）。专职武装干部和基干民兵连、排长，每年的训练时间必须包含3天的政治教育时间。专业技术兵的训练比例不少于年度训练人数的60%。1999年7月，县应急二连的42名民兵，代表山东省黄河抢险队参加在河南郑州的抢险救灾演习，夺得金杯。同年9月，县人武部部长张兴堂带民兵杨孝斌、彭泽猛参加全区科技练兵比武大会，张兴堂获得微机拟制战斗命令第二名，杨孝斌获得抗干扰收报第三名，彭泽猛获得轻武器分解结合第二名。2001年，组织机关人员岗位科技练兵，进行为期3个月的微机业务培训，基本掌握了微机操作使用，并能处理办公业务。2004年起，结合落实新训练大纲，组织机关干部广泛开展按纲施训达标竞赛活动，积极参与上级组织的参谋“六会”“五通”考核。在民兵训练中大力开展实战化训练，结合未来战争所担任的遂行任务进行训练，提高民兵干部业务和管理水平。同年7月，军分区副司令员肖培忠对全县14个乡镇的14支民兵应急分队，进行应付突发事件和抢险救灾应急拉动演练。

1989—2005 年惠民县民兵训练情况表

表 16－1

年度	民兵干部训练人数	基干民兵训练人数	步兵分队		专业技术分队		应急分队
			实训人数	合格人数	实训人数	合格人数	
1989	388	514	280	280	234	234	/
1990	470	550	307	307	243	243	/
1991	472	550	307	307	243	243	/
1992	470	550	307	307	243	243	/
1993	450	620	350	350	270	270	/
1994	380	620	350	350	270	270	/
1995	380	620	350	350	270	270	/
1996	110	713	400	400	313	313	/
1997	110	554	200	200	114	114	240
1998	105	397	85	85	72	72	240
1999	110	570	245	245	85	85	240
2000	86	560	110	110	150	150	300
2001	89	630	150	150	180	180	300
2002	89	743	105	105	338	338	300
2003	89	698	170	170	268	268	260
2004	145	780	150	150	300	300	330
2005	126	1160	276	276	418	418	466

第四节　政治教育

1981 年，全县民兵政治教育建立一月一堂政治课、培训一支教育骨干队伍、建设一块教育阵地的“三个一”制度。人武、宣传、工、青、妇等部门齐抓共管，建立民兵连有专职副指导员、排有辅导员、班有宣传员的“三员”队伍。教育内容以“五讲四美”（讲文明、讲礼貌、讲卫生、讲秩序、讲道德；心灵美、语言美、行为美、环境美）和“四有三讲两不怕”（有理想、有道德、有知识、有体力；讲军容、讲礼貌、讲纪律；不怕艰难困苦、不怕流血牺牲）为主。同年 7 月，全县民兵响应县委号召，开展“向为保护群众生命财产安全，奋不顾身拦惊马的民兵吕秀华学习”的活动。1983 年，民兵的思想教育侧重于带头勤劳致富、改变村容村貌，积极建设社会主义物质文明和精神文明方面。并大力开展“军民共建”“民兵带建”（民兵带头创建“两个文明”村〈单位〉）和建立“民兵青年之家”等活动。1985 年，县人民武装部制定民兵政治教育意见，要求把“兵”的教育（即：《中华人民共和国兵役法》、形势战备、人民战争思想、光荣传统等）同“民”的教育有机结合，缩短民兵教育制度全程的时间和次数。除了继续坚持年度训练中每期不少于5天政治教育外，将基干民兵每月一堂政治课缩为每年不少于4次教育；普通民兵结合征兵、整组和重大节日，每年不少于2次教育。1987年，县人武部下发《全县民兵政治教育实施细则》，从教育内容、形式、方法到组织领导都做了详细规定。此外，在民兵中普及刊授教育，每个民兵连至少订阅一份《中国民兵》和《黄河民兵》，县建立刊授辅导中心，乡镇建立刊授辅导站，组织民兵学习国防知识，加强国防教育。1989年4月，宣传部、人武部联合印发《关于在全县民兵预备役人员中加强国防教育的实施意见》，确定每年8月的第一周为全县国防教育周，每年10月为全县国防宣传教育月。1998年，新的《民兵军事训练大纲》颁布试行，规定每期民兵训练，政治教育时间不少于3天。1999年，针对国家和军队改革的任务和形势，结合实际进行“四大教育”（爱国奉献、革命人生观、尊干爱兵和艰苦奋斗），人武和专武干部重点落实“三讲”（讲学习、讲政治、讲正气）教育。2000年，对民兵进行“三个代表”重要思想教育、反对“法轮功”邪教组织教育。2004年，在全国开展的“国防教育”系列活动中，组织2万余名民兵、机关干部和中小学师生参加国防知识竞赛活动。2005年，结合保持共产党员先进性教育活动，对民兵中党员进行党的宗旨、科学发展观、构建和谐社会等内容的社会主义新农村教育。

第五节 重大活动

活动与救助 1982年3月，县人武部发动全县各行各业民兵，开展以“五讲四美”为主要内容的“全民文明礼貌月活动”。活动中，参加大扫除民兵达16687人次，清除垃圾1451立方米，植树98080株，育树苗23亩，建立学雷锋小组160余个，做好人好事8802件，有22个先进集体、42名先进个人受到表彰。4月24日，县百货大楼民兵副班长吕秀华，勇拦惊马，舍己救人，身负重伤，荣立二等功。5月27日，人武部发出《关于开展向吕秀华同志学习》的通知，号召全县民兵学习吕秀华舍己救人高尚品德，并组成吕秀华先进事迹报告团在全县做巡回报告。1987年2月，为振兴惠民经济，组织全县农村广大民兵、团员、青年广泛开展“十大致富技术推广”和“争当十大致富能手”的“双十”活动。全县共建各种协会、基地68个，举办实用技术培训班168期，培训2万余人。涌现出县级致富能手42名，地级致富能手26名。胡集镇农场退伍军人李太亮成为鲁西北十大致富能手之一，获1987年全国新长征突击手称号。

带建工作 1983年，全县响应中共中央“民兵要积极参加社会主义现代化建设，带头完成生产和各项任务”的要求，开展民兵带建活动，利用兵役登记、基干民兵点验、评比表彰等机会，依托民兵活动阵地，组织学习科学技术，宣扬先进典型，开办科技夜校，带头发展个体私营经济，维护社会稳定，建设文明村，并积极参与地方重大工程建设。1986年起，人武部选择惠民镇大孙村、清河镇樊北村作为带建点，各乡镇选择2～5个行政村作为实验田，发挥民兵组织的重要作用，组织民兵完成黄河防汛、抗洪救灾、公路桥梁修筑、万亩方田改造、维护社会治安与稳定等重大任务。1987年，开展民兵争创经济开发红旗单位、红旗手活动，在设有武装部的厂企单位开展“双增双节杯”竞赛活动，全县有5个先进单位和7名先进个人受表彰。1988年，制定1988—1990年民兵“带建”三年规划，至1990年全县共抓文明示范点36个，建立民兵经济联合体115个，举办各种技术培训班25期，涌现经济重点户、种养殖大户436个，10万元以上的村办企业16个。成立学雷锋小组50个，“助民小分队”70个，“助耕服务组”163个。1994年，开展“四个一百”活动，即“百名十好民兵”“百名优秀民兵干部”“百个先进民兵巡逻队”“百连民兵奔小康”。1995 年，贯彻军分区《关于深入开展民兵带建活动在全区搞好“五个一千”工程的通知》精神要求，在全县培养 140 名农业技术骨干，发展 140 个带头奔小康民兵连，树 140 个万元以上的民兵个体劳动致富典型，建设 140 支战斗力强的民兵巡逻队伍，组建 140 个文明服务小组。1996 年，开展创建“民兵富民工程”“千名民兵达小康”和争创“十星级文明户”活动。2000 年 3 月，县人武部进行民兵基层大调查，围绕“专武干部队伍建设、民兵干部建设、民兵应急分队建设、民兵带建”等问题进行调查与研究，写成 1 万余字的调查报告，受到军分区的充分肯定。2001 年 9 月，县委组织部、县人武部联合下发《关于在全县武装系统开展帮扶后进村组织建设活动的通知》，至 2005 年年底，投资 3 万余元，帮扶后进村 65 个，扶贫 148 户；参与县乡（镇）重点工程指挥、建设的人武干部 11 人，专武干部 212 人，民兵连 450 个，民兵 5.1 万人次；发展资产 5 万元以上的民兵个体私营业户 2038 户、10 万元以上的 390 户，50 万元以上的 51 户，百万元以上的 17 户，千万元以上的 1 户；创建精神文明示范点（村）216 个，富民工程 78 项，“青年民兵之家”356 个。

第三章 拥政爱民

第一节 支援地方建设

1984 年 3 月 20 日，梁家油棉厂发生火灾。人武部机关干部、55518 部队的一个连队和县消防队及时赶赴现场，全力扑救，保护了国家财产，受到县委、县政府表彰。1979—2005 年，人武部机关支持地方绿化工程，每年利用春季造林时机，累计植树 1.6 万余株。为协助地方创建文明城市，治理城区脏、乱、差现象，定期参加县城环境治理、清扫、美化绿化工作，共出动人力 260 余人次，支持资金 2.1 万余元。每年夏收季节，人武部机关全体人员支持地方抢收抢种，共抢收小麦 500 余亩、夏玉米 150 余亩。在维护社会治安和安全稳定工作中，共组织出动民兵应急分队 16750 余人次。为支援灾区人民重建家园，人武部共捐款 1.8 万元，衣物 300 余件。在孙子兵法城建设后期，组织民兵应急分队一连参战，奋战 13 天，搬运土方 350 立方米，平整工区 2000 余平方米，植树 400 余株。

第二节 军民共建

1983 年，人武部为帮助梁家乡老观赵村搞好“两个文明”（精神文明和物质文明）建设，派人同村干部一起制订脱贫致富规划，以“青年民兵之家”为阵地，进行共产主义教育，发展健康有益的体育活动。当年，该村被县委、县政府命名为文明村。55518 部队与驻地附近臧家村和县第一棉纺厂开展“共建”活动。派干部向群众、职工进行革命传统教育，开展劳动竞赛，帮助一棉跨入地区文明先进企业行列。1999 年，人武部与惠民镇大孙村结对帮扶，帮助该村亏损停产的窑厂重新开工，并当年实现利润 20 万元。大孙村连续五年被镇评为先进单位。2002年，人武部与县地税局建立军民共建单位，双方制定活动计划，互帮互学，取长补短，活动开展的有声有色。至2005年，先后与县地税局、工商局、广播局，皂户李乡幸福郑村、十五里堂村，淄角镇西李村等建立各种结对挂钩点20余个，并取得显著成效。

第四章　人民防空

1983年，县人民防空办公室归属基本建设局管理。1997年8月，成立县国防动员委员会。2005年，人民防空办公室归属县政府办公室直接管理。

第一节　工程建设

1979年，人防工程建设贯彻“平战结合、缩短战线、突出重点、质量第一”的方针，工作重点转向工程维护管理和少量工程续建收尾上来。1980年，对境内人防工程进行改造、开发利用，先后开设地下餐厅、地下仓库、地下商场和食用菌养殖场，使其为经济建设和人民生活服务。1991年7月，根据国家人民防空委员会提出的“长期坚持、平战结合、全面规划、重点建设”的人民防空建设方针，本着平时为经济建设、人民生产生活服务，战时保障人民防空指挥通信、隐蔽人员物资的指导思想，县规划设计管理处完成《惠民县城区人防建设规划（1991—2010）》的编制工作。该规划对城区建设、人防建设、人防建设资金、人防工程开发利用等问题，作出明确要求和具体规定。至2005年年底，投资645万元，共建防空地下室若干平方米，用于生产、生活服务的人防工程面积占总工程面积的90%以上。

第二节　宣传教育

1979年，主要利用广播、电视、电影、报纸等新闻媒介宣传人防知识。1983年起，每年12月，对全县广大人员群众进行一次防空和“三防”（防原子、防化学、防细菌）基本常识教育。1987年，县一中、二中、三中把防空和“三防”知识教育纳入教学计划，并采取多种形式进行直观教学。期末由人防部门会同地、县教育局统一命题，统一考试时间，统一检查验收。1994年7月，为庆祝《人民防空条例》发布10周年，县举办宣传月活动，除利用报纸、电视台进行宣传外，发放宣传材料2000余份。1996年10月，《中华人民共和国人民防空法》颁布实施，举行“人防法”宣传周活动，设宣传站3个，发放宣传品3000余份，参加宣传人员80余人。1997年10月，组织县一中、二中、三中、教育中心1500余名学生参加“人民防空法知识竞赛”活动。2000年10月，举办庆祝人民防空建设50周年宣传活动，设宣传站6个，发放宣传品4000余份，受教育群众达10万余人。2005年，全县5所中学开展人民防空知识教育，受教育学生25397人，普及率100%，及格率达93%以上。

第三节　组织与演习

20世纪60年代，县相继拟制防空袭预案，建立报警系统，组建防空专业队伍，多次进行模拟性报警信号传递演练。1976年，在县城区安装防空警报器2台。至1981年，多次修改完善防空袭预案，建立观察网，保证5分钟内县与地区防空报警信号畅通。1986年、1993年、1998年，分别对防空预案进行修订。1998 年 6 月，建立防空警报试鸣日制度，确定每年 6 月 30 日为城区防空警报试鸣日。音响警报信号分为预先警报、空袭警报、解除警报 3 种。2005 年，县投资 30 万元，购置 5 部新的防空报警系统，城区音响覆盖率达到 95% 以上。建立健全防空警报社会化管理机制，定期对警报设施进行检修、维护和保养，保证了人防警报随时都能拉得响、用得上。至年底，全县共组建通信、救护、防疫、运输、抢险救灾 5 个防空专业队伍，先后培训技术骨干 200 名，组织 3 次防空警报试鸣。

第五章　国防教育

1987 年 8 月，惠民县国防教育领导小组建立。根据《中华人民共和国国防教育法》的规定，对公民进行国防教育的主要内容是：国防精神、国防知识、国防科技、国防法制、国防形势战备五项教育。1991 年 4 月 5 日，根据《山东省国防教育条例》规定，撤销国防教育领导小组，成立惠民县国防教育委员会，下设办公室，正科级规格。1998 年，撰写惠民县十年国防教育大事记和十年国防教育总结报告。同年 5—6 月，组织开展《中华人民共和国国防法》颁布一周年纪念活动，制作“十周年国防教育成果展板”；开展《中华人民共和国国防法》知识竞赛答题活动，共完成答题 1.4 万余份。1999 年 12 月，参加地区党政军干部国防知识百题竞赛活动，获组织奖。2000 年 10 月，开展“国防教育宣传月”活动，出动宣传车 21 辆，在城乡巡回宣传《中华人民共和国兵役法》。2003 年，县国防教育委员会办公室与国防动员委员会政治动员办公室合并。至 2005 年，全县形成县、乡（镇）、村三级国防教育网络，各级共建立国防教育领导小组 48 个，村（街）和企事业单位均设立国防教育辅导中心（小组）。全县共建立以民兵之家为主体的国防教育基地 990 个，有 152 个单位分别被省、市、县授予文明单位。在广播电台、电视台共举办国防知识专题讲座 500 余次，在市级以上报刊刊登退伍转业军人典型事迹 200 余篇。开展“百名爱国拥军家属、百名爱国拥军个人、百名爱国拥军集体”评选活动，全县受市级以上表彰的先进集体 157 个，先进个人 305 名。在民兵连建立学雷锋小组 965 个，开展国防知识竞赛 250 余场次，完成各类答卷 10 万余份。共印发国防教育辅导材料 16500 份，上国防教育课 1500 节次，受教育者达 40 万人次。

第十七编　民　政

1979年，民政局内设办公室、优抚组、安置组、社会组4个组室，有火葬场、福利厂两个下属事业单位。1985年4月，成立惠民县社会福利事业综合公司，隶属于民政局管理。7月，成立惠民县军队离退休干部休养所，隶属于民政局。是年，全县各乡镇设民政助理员和民政会计。1988年8月，局机关设基层政权办公室。1989年，地名管理工作移交民政局，增设地名管理办公室。1990年4月，成立惠民县残疾人联合会，正科级事业单位，与民政局合署办公。1991年，设立社会团体管理办公室。1992年，设立农村社会养老保险事业处。1993年11月，县机构改革，民政局内设机构有：办公室、社会保障股、福利企业股、社团办公室、婚姻登记处、农村社会养老保险事业处，编制52人；下属单位有军干所、福利厂、殡仪馆、烈士陵园。乡镇民政归入政法办或计生委。1994年，乡镇恢复设立民政办公室。1997年，成立惠民县婚姻登记处，股级事业单位，隶属于民政局。1999年5月，农村社会养老保险工作移交县劳动和社会保障局。同年10月，残疾人联合会独立办公。2005年10月，增设城镇居民最低生活保障办公室。是年年底，民政局内设办公室、优抚安置办公室、救灾救济股、基层政权股、社会事务股、低保办公室、婚姻登记处、地名办公室8个股室，共有干部职工58人，下属单位有军干所、福利厂、烈士陵园、社会服务中心4个事业单位。

第一章　基层政权

1980年11月，惠民县选举委员会成立，基层同时建立选举机构，全县普遍开展选举工作。基层选举从12月1日开始，月底结束。选举产生人民公社管理委员会，同时选出第九届人民代表大会代表380人。1984年4月，县建立选举委员会，基层成立选举机构，全县开展普选工作。基层普选自4月1日起，至5月23日结束，全县114个乡（镇）代表选区中，选出乡（镇）代表1437人，分别参加各乡（镇）级人代会，并选出各乡（镇）人民政府成员。全县128个选区中，选出出席县第十届人代会代表380人。是年年底，全县完成队改村，1167个大队改建为1166个村民委员会，全县选出村民委员会成员3927名（其中妇女294名）。

1986年，中共中央下发22号文件，规定民政部门负责城乡基层政权建设日常工作。1987年5月，全县1223个村民委员会进行第二届换届选举，占村委会总数的99.4%。1988年，民政局建立基层政权建设办公室，大力开展简政放权工作，将县直部门设在乡镇的11个分支机构下放到乡镇管理。同年12月，对全县村委会干部进行岗位职责培训，受训人员1231人。1990年，认真贯彻落实《中华人民共和国村民委员会组织法》，并依法对全县1236个村（居）民委员会进行第三届换届选举。根据省、地要求，起草《关于开展创建模范乡镇和模范村（居）民委员会活动意见的报告》，制定相关实施细则。1991年，进一步推广莱芜经验，对村级班子进行调整，二、三类班子明显好转。是年，评选出模范乡镇政府3个。

1993年，对全县1238个村委会和17个居委会主任、副主任进行改选，调整村（居）委会主任308名，撤换不称职干部27名，治理瘫痪、半瘫痪村班子7个。同时，积极开展村民自治达标活动和争创模范乡镇政府、模范村（居）民委员会活动，全县有80%的村达到村民自治标准，有2个乡镇政府被评为模范乡镇政府，128个村（居）委会被评为模范村（居）委会。1994年，推广莱西村民自治经验，开展村民自治示范活动，全县80%的村建立村民代表议事会制度。同年8月，举办村民委员会主任培训班，对全县1267名村主任进行培训、考核、颁证，培训合格率达到95%以上。1995年，全县85%以上的村委会做到组织、制度、职责、场所四落实。是年，评选出模范乡镇政府4个，模范村（居）民委员会106个，姜楼镇被省民政厅评为村民自治模范乡镇。积极开展小城镇建设，全县共有6个乡撤乡建镇。

1996年，依法对全县第五届村民委员会进行换届选举，有5个乡镇和106个村（居）民委员会被评为模范乡镇和模范村（居）委会。1998年，开展模范村民委员会评选推荐工作，大年陈乡刘景新村村委会主任和惠民镇大孙村村委会分别被省民政厅授予“模范村主任”和“模范村委会”。1999年，依法对全县第六届村民委员会进行换届选举，有1259个村委会成功换届，选举村委会主任1259人，村委会成员3938人，其中具备高中文化程度的分别占30.7%和39%。选举成功率为98.6%。同年，举办村主任培训班9期，培训村主任1051人；举办村委会成员培训班21期，培训村委会成员2946人。2000年，按照山东省村民委员会选举办法，对上年选举不成功的村进行重新选举，对完成选举的村进行抽样调查，群众满意度66.02%。

2001年，全县21个乡镇合并为10镇4乡（惠民镇、石庙镇、桑落墅镇、胡集镇、魏集镇、麻店镇、清河镇、李庄镇、姜楼镇、淄角镇、何坊乡、皂户李乡、辛店乡、大年陈乡），每乡镇人口平均由2.8万人增至4.2万人。同年，印发《关于设立居委会的实施方案》。2002年，依法对全县第七届村民委员会进行换届选举，全县1282个行政村，换届选举的1261个，占98%。2005年，广泛开展民主议政日活动，县成立协调领导机构，各乡镇、村均建立村务公开和民主管理制度。

第二章　优　抚

第一节　优　待

1982年9月15日，省政府公布《山东省优待烈属、军属和残废军人暂行办法》，全县开始实行现金定额优待：烈属每户每年250元，军属每户每年200元，双人优待均为400元；二、三等残废军人80～100元。1985年，全县优待5671户，其中烈属905户，军属263户，残废军人523户，复员退伍军人1595户，发放优待金85.7万元。全县21个乡镇优待金均统筹解决。1994年，提高义务兵家属优待标准，由1990年的每年每户300元提高到420元。1996年，地区行署决定，凡滨州籍义务兵在服役期间被评为优秀士兵的，增发当年优待金的5%，连续两年的增发6%，连续三年的增发8%。1999年，县政府出台《城乡义务兵家属优待办法》，义务兵家属优待金实行县级统筹，优待标准由1998年的700元提高到1000元。是年，按照省政府文件规定，为全县3423名重点优抚对象颁发“优待证”。2000年，先后起草《义务兵家属优待统筹抚恤补助标准落实情况的报告》《关于对义务兵家属优待统筹补助落实进行督查的通知》，落实“三属”和伤残军人的抚恤标准和在乡老复员军人补助标准。2001年4月，按照市民政局、市财政局的统一部署，对全县优抚安置对象和优抚安置事业单位进行普查登记。全县共有各类优抚对象2.6万人，重点优抚对象5573人，其中烈属594人，革命伤残军人896人，在乡复员军人2953人，带病回乡退伍军人1026人。2002年，县委、县政府出台《惠民县优抚对象优待办法》，规范优抚对象各种税费减免标准，年人均减免90元，全年共为各类优抚对象减免税费42万元。2004年，积极开展为“三老”（老烈属、老复员军人、老伤残军人）送医送药活动，共为3880名优抚对象进行义诊、查体、赠送药品，并为之建立健康档案。2005年，为全县3821名优抚对象提高了抚恤补助标准。

1995—2005年惠民县优待情况统计表

表17－1

年度	发放人数	发放金额（万元）
1995	4098	201.76
1996	4007	193.65
1997	4118	203.87
1998	4134	212.43
1999	4222	222.91
2000	4235	188.30
2001	4228	187.98
2002	3564	143.07
2003	3684	136.39
2004	3775	139.61
2005	3871	141.34

第二节 拥军 优属

中共十一届三中全会后，县委、县政府重视“双拥活动”的宣传工作，定期举办双拥知识竞赛，宣传双拥典型事迹。每年“八一”和元旦、春节等重大节日，慰问中国人民解放军驻惠部队、县人武部、县武警中队、消防队指战员，召开拥军优属座谈会、报告会，举办文艺演出。1979年7月21日，县召开中越边境自卫还击作战立功人员庆功大会，分别为60名参战立功人员家属披红挂花。1986年，以李丰山为榜样，以争做“四有”（有文化、有理想、有道德、有纪律）新人为中心，全县上下掀起拥军优属热潮。同年5月10日，县委、县政府在影剧院召开中越边境自卫还击作战庆功大会。会上做出“关于开展向李丰山同志学习活动的决定”。是年，共优待烈军属等优抚对象5102户，发放优待金99.76万元，为3536名在乡复退军人发放定期补助款62万元。1989年，开展为模范军属挂红花活动，组织走访慰问80余名战士家属，并向战士发去慰问信。1991年，结合“双拥活动月”“双拥活动日”活动，为部队和优抚对象做好事3200余件，发放政策问答卷2510份。惠民县被地委、行署、滨州军分区授予“双拥模范县”称号，皂户李乡、李庄镇政府被命名为拥军优属模范乡镇。1992年，全县成立各种拥军优属组织30余个，为驻军和优抚对象做好事1700余件。1993年，为793名“三属”办理换证手续，与458名新入伍战士家属签订了优待合同。2002年，积极开展双拥共建活动，发放慰问金5万余元。2004年，为进一步加强“双拥”工作的组织领导，县“双拥”办公室升格为正科级单位。2005年，为做好涉军人员稳定工作，成立涉军稳定办公室，解除军人后顾之忧。

第三节 抚恤

“三属”抚恤 1980年8月，经国务院批准，对1979年中越边境自卫还击作战牺牲的现役军人、支前民兵、民工等人员家属，均增加抚恤金300元。同时决定：自国务院发布《革命烈士褒扬条例》之日起，经批准为革命烈士的，其抚恤金标准均增加300元；因战牺牲的民兵、民工和为革命牺牲的人民群众，被批准为革命烈士的，其家属的抚恤金均按革命烈士抚恤金发给。1985年1月1日起，根据民政部、财政部的联合通知，将烈属、因公牺牲军人家属、病故军人家属（简称“三属”）原享受的定期定量生活补助，改为中央拨专款补助和地方财政相结合的国家定期抚恤，标准随城乡人民生活水平的提高而逐步提高，并对抚恤标准适当调整：革命烈士家属、因公牺牲军人家属，居住农村的每人每月20～25元，居住小城镇的每人每月30～35元，居住大、中城市的每人每月35～40元；病故军人家属，居住农村的每人每月15～20元，居住小城镇的每人每月25～30元，居住在大、中城市的每人每月30～35元。是年年底，全县共有烈士1908人，其中：抗日战争时期牺牲的111人，解放战争时期牺牲的986人，抗美援朝时期牺牲的567人，社会主义建设时期牺牲的244人。对上述烈士家属，均按抚恤标准按时发放抚恤金。1989年1月1日，民政部、财政部决定调整提高“三属”定期抚恤金标准，在原补助标准的基础上，平均每人每月增加15元。是年，全县发放抚恤金77.8万元。1993年，为793名“三属”办理换证手续，发放抚恤金98.4万元。

1995年1月1日，省民政厅、财政厅决定调整提高“三属”抚恤金标准，在原补助标准的基础上，每人每月增加10元。2000年1月1日，省民政厅、财政厅再次提高“三属”定期抚恤金，革命烈士家属、因公牺牲军人家属，居住农村的每人每月125～130元，居住小城镇的每人每月135～140元，居住大、中城市的每人每月140～150元。病故军人家属，居住农村的每人每月120～125元，居住小城镇的每人每月130～135元，居住大、中城市的每人每月135～140元。2002年，按照上级部署，对符合条件的失业伤残军人改发在乡抚恤金。对全县4067名抚恤对象换发领取证。2005年，为全县3821名优抚对象提高抚恤标准，共发放优抚金168.5元。

1999—2005年惠民县“三属”定期优抚金发放情况表

表17－2

年度	发放人数	发放金额（万元）
1999	712	90.09
2000	698	104.86
2001	691	103.96
2002	690	141.42
2003	690	166.99
2004	690	166.99
2005	688	168.50

伤残抚恤 1982年，民政部、财政部决定调整在职残废抚恤金标准，特等伤残军人每人每年分别为90元（因战）、78元（因公），一等伤残军人每人每年分别为76元（因战）、66元（因公）。二等甲、二等乙、三等甲、三等乙等不同类别都有提高。1984年7月1日起，民政部、财政部联合下文，调整提高革命残废人员的抚恤标准。在乡残废抚恤金为特等的每人每年分别为570元（因战）、518元（因公），一等分别为498元（因战）、460元（因公），二等甲、二等乙、三等甲、三等乙也相应予以调整提高。在职残废抚恤金为特等的每人每年分别为130元（因战）、120元（因公），一等的分别为118元（因战）、108元（因公），二等甲、二等乙、三等甲、三等乙也相应调整提高。2000年1月1日起，在乡伤残军人抚恤金调整为特等每人每年分别为6000元（因战）、5840元（因公），一等分别为4600元（因战）、4470元（因公）。二等甲、二等乙、三等甲、三等乙也相应调整提高。2002年，按照上级部署，对符合条件的在职失业伤残军人改发在乡抚恤金。2005年，为全县796名伤残军人更换新版伤残证。

第四节 救 助

1992年，为解决优抚对象吃饭难、住房难、看病难（简称“三难”）的实际问题，全县开展扶持优抚对象“解三难、奔小康”活动。当年筹集优待金12.3万元，签订优待合同78份。1995年，采取县扶持与乡镇统筹相结合的办法，探索解“三难”工作的新路子。为解决治病难，各乡镇普遍建立“康复门诊部”，当年减免优抚对象医疗费用8万元；对生活难的优抚对象全部实行定期救济；对住房难的一是安排在敬老院居住，二是采取多方筹资、义务帮工等形式修建住房。1997年，加强了“四个一”（各乡镇建立一个优抚储金会、一个优抚医疗中心、一个退伍军人劳务介绍所、一个拥军优属指导站）网络建设，帮助各类优抚对象办实事、做好事1580余件。1999年，在全县倡导开展“爱心献功臣行动”，下发了《关于在全县开展“爱心献功臣行动”的实施意见》，成立志愿者队伍、送温暖小组291个，筹措资金75万元，为重点优抚对象办实事、解难题1028件。2000年，筹措资金20万元，建立优抚医疗保障金制度，为210名“三老”（老烈属、老复员军人、老伤残军人）解决治病难。投资50万元，为“三老”修缮房屋50间，在敬老院新建“光荣间”63间。2005年，建立以财政、民政投入为主体、社会捐助为补充的优抚医疗经费投入机制，在全县实施以医疗补助、住院费按比例报销和大病救助为主要内容的优抚医疗保障制度。

第五节　烈士褒扬

至2005年年底，在革命战争和社会主义建设中，县境内共有1915名革命志士献出宝贵生命。其中，抗日战争时期牺牲的111人，解放战争时期牺牲的986人，抗美援朝时期牺牲的567人，社会主义建设时期牺牲的251人。为使革命烈士英名永载史册，铭于金石，千古不朽，全县先后修建县烈士陵园、淄角镇烈士陵园和石庙镇归化烈士墓、李庄镇归仁烈士墓，并编写“惠民县革命烈士英名录”，以弘扬英烈革命精神。

惠民县烈士陵园　位于县城西南郊、庆淄路东侧，陵园占地面积22.7亩，建筑面积536平方米，烈士墓占地面积1887平方米，墓碑187座，烈士墓192座。陵园内共有松柏树1000余株，其他树木1300余株。1988年，对烈士事迹展览馆进行维修，增建了革命烈士纪念堂。1991年，投资15万元，在陵园门前修建柏油路，对烈士事迹室内容进行充实更新。1992年，扩建院墙151米，陵园面积增加1100平方米。1999年，整理搜集了在边防缉私斗争中牺牲的王祖春、周汉刚两烈士的事迹材料。2002年，投资28万元对烈士纪念馆和烈士事迹室进行改造整修。同年，利用两个月时间，多方收集资料、图片，制作惠民县革命斗争史展板44块，历史图片、资料300余份。2003年，对40位革命烈士遗骨进行重新安放。2005年，投资30万元完成烈士墓迁移，修建了陵园大门、烈士纪念碑，硬化、绿化了广场。是年年底，陵园占地面积24亩，安葬烈士遗骨204具，烈士骨灰42个，珍藏烈士遗物80余件。

淄角镇烈士陵园　位于淄角镇淄角街西南，建于1945年抗日战争胜利后，占地面积10亩，园内安葬着抗日战争时期牺牲的90名烈士遗骨。1972年，建砖瓦房5间，占地面积75平方米。园内植有松柏300株，挺拔苍劲，庄严肃穆。

石庙镇归化烈士墓　位于归化村北学校院内，安葬烈士遗骨48具，均属1941年12月25日在商河、惠民两县交界处与日军的一次战斗中牺牲的外籍人。战斗结束的当天夜里，中共归化街地下党组织，组织200余人将烈士遗体就地埋葬。1942年春，将烈士遗体起出用棺材装殓，集中安葬于庄南。1965年，县民政局拨款400元，将烈士遗骨迁至村北古寺院遗址土台上，占地面积1.68亩。1966年春，栽树200株。1985年，县民政局拨款3500元整修烈士陵墓。陵墓由归化村管理。

李庄镇归仁烈士墓　位于李庄镇归仁村南，大年陈乡闫家村北。1944年春，八路军某独立营（济阳县大队）在闫家村北，与日军遭遇。日军千余人占据了闫家村北面的交通沟，并在黄河大堤上居高临下设立火力点。独立营指战员在兵力少、地形条件差的情况下浴血奋战，与日军激战两小时后转移。此战中，有十余名指战员为国捐躯。部队转移后，当地群众在夜间把烈士的遗体埋葬于现址。中华人民共和国成立后，有关部门将烈士遗骨迁走一部分。

第三章 安 置

第一节 复员退伍军人安置

中共十一届三中全会后，安置农村退伍军人的重点转向开发使用军地两用人才、扶持退伍军人劳动致富和伤、病、残退伍军人安置。1980年，全县共有复员军人4039人，其中享受定期定量补助的692人；退伍军人8403人，享受定期定量补助的97人。全县共安置到企事业单位或政府机关的退伍军人500人。1982年5月，“惠民县退伍军人领导小组”改称“惠民县退伍军人和军队退休干部安置工作领导小组”。1986年，配合部队精简整编，接收安置退伍军人486人，两用人才开发使用率达80%以上。1987年，为中越边境自卫还击作战荣立三等功的40名退伍战士办理“农转非”户口，并妥善安排工作。是年，接收退伍军人480人，开发使用390人。1988年10月，分配各乡镇退伍军人建房款5000元，木材指标16立方米。是年，为6名参战退伍军人办理农转非户口，安置工作。1990年，为全县老复员军人全部办理了定期定量补助，发放定补款94.3万元。是年，接收退伍军人915人，按政策为88人安置工作，开发使用军地两用人才653人。1992年，接收退伍军人326人，两用人才开发使用85%以上；对功、残、非农业户口义务兵、转业志愿兵进行岗前培训。1996年，接收退伍军人252名，建立两用人才档案，开发利用率90%。1998年，面对安置工作新形势，在“双向选择、包底安置”的基础上，实行考试考核、择优安置，至2000年年底，三年共接受退伍军人1097人，对符合安置条件的321人进行岗前培训，妥善安排工作。2005年，对城镇退伍士兵进行量化考核打分，根据服役特点，采取不同办法安置。同时，为搞好安置工作改革，积极推行退役士兵自谋职业，是年，有12名转退士兵自谋职业，共发放一次性经济补助16.8万元。

1995－2005年惠民县在乡复退军人定补情况统计表

表17－3

年度	发放人数	发放金额（万元）
1995	3918	308.23
1996	3926	309.71
1997	3911	307.53
1998	3905	306.42
1999	3891	305.38
2000	3951	304.45
2001	3949	303.28
2002	3936	407.40
2003	3976	408.08
2004	3973	407.77
2005	3967	407.16

第二节　军队离退休干部安置

1981年，县开始筹建军队离退休干部休养所，至1985年年底，建独立院10个，房屋34间，使用面积632平方米，伙房100平方米；配备服务人员4名，汽车1部。1986年，配合部队精简整编，妥善安置军队离退休干部14人。1991年，军干所建起水塔、门球场，老干部各项待遇得到落实。1992年，军干所走以实业养事业的路子，建起机制腐皮加工厂，年创收3.3万元。1994年，军干所经营创收实现利润6.2万元，被省民政厅评为“先进军休所”。1996年5月，全省军队离退休干部工作会议在惠民县召开，县军休所被省政府、省军区授予“先进军休所”，被民政部、解放军总政治部授予“全国军队离退休干部安置先进单位”。同年8月16日，地委、行署下发《滨州地区拥军优属若干规定》，规定军队干部移交地方安置后，应享受当地国家机关同职级离退休干部的政治待遇，重大节日期间，当地政府应组织对军休所干部走访慰问。1998年，筹措资金30万元，为军休所改建房屋24间。同年5月4日，13名军休干部组成门球队，出访马来西亚、新加坡、泰国和中国香港地区。2002年，为进一步改善军休所环境，投资6万元，重修门前沥青路，安装标准路灯，修建花池、院墙。2005年，军休所共居有军队离退休干部13人，其中离休干部5人，退休干部8人。

第四章　救济救灾扶贫

第一节　救　济

1982年，对于人口多、无劳力或遭天灾人祸的特殊困难户，给予临时救济，全县享受此类救济的共有53户、107人。城镇的孤寡幼残居民，生活无来源的给予定量补助，每人每月10～12元。是年，领取此项补助的85户、85人，发放款1.2万元。1983年起，对贫困村中无力照顾及无自救能力的傻、呆、残、老、盲人实行定期定量救济。1985年4月9日起，凡原属本县全民所有制单位的，中华人民共和国成立前参加工作的精减老职工每人每月补助20元，中华人民共和国成立后参加工作的每人每月补助15元。1990年4月，全县推广麻店乡对特困户实行粮食定期救济现金补助办法的经验。麻店乡对全乡特困户38户、55人实行粮食定期救济和现金补助，每人每月补助粮食20公斤，补助现金5元，粮食由全乡统筹，资金由乡财政拨付。1993年10月1日，省民政厅、财政厅调整企业精减老职工生活困难补助费标准，中华人民共和国成立前参加工作的每人每月50元，中华人民共和国成立后参加工作的每人每月40元。1998年，城乡居民最低生活保障标准由1997年的100元/月提高到120元/月。是年，全县有3050名城乡居民得到救助保障，其中，农村居民2866人。1999年，扩大救助保障面，农村增加到3432人，城镇增加到282人，年发放救助粮118万斤，款6.5万元。2000年，根据全区民政会议要求，城镇居民低保提高到130元/月，保障人数374人，农村居民低保标准提高到650元/年，保障人数达4120人，发放救济粮160万斤，款30万元。2002年，对实际收入低于低保标准的企业困难职工全部纳入保障网，新增低保对象1312人。是年，全县城镇低保对象达989户、3034人，共发放低保金158万元。2003年，认真落实农村低保政策，对年人均收入不足650元的特困户，全部纳入最低生活保障。是年，全县特困户5514户、11178人，其中纳入农村低保的887户、1381人。2004年，加大救济力度，发放帮困救助卡2351个，受助群众2351户，发放粮食15.59万斤。2005年，全县农村最低生活保障标准为年人均收入低于700元，符合最低标准的年人均补助粮食500斤，不足部分现金补齐。是年，全县农村共有低保户2212户、3372人，全年补助粮食24万斤，现金64万元。共有城镇低保对象1834户、2670人，月人均补助56元，年发放低保金175.2万元。

第二节　救　灾

1980年，境内遭受旱灾和风雹灾害，成灾面积63万亩，其中旱灾50万亩，风雹灾13万亩，粮食减产4000万公斤，棉花减产150万公斤，国家拨发救济粮、款赈济受灾人民。1983年，全国民政工作会议召开，确定救灾方针为“依靠群众、依靠集体、生产自救、互助互救，辅之以国家必要的救济和扶持”。1987年，全县21个乡镇建起扶贫救灾基金会，筹集资金38.3万元。同年5—7月，18万亩农作物遭受风雹涝灾，发放救灾款22万元。1990年7月，县内遭受历史上罕见的特大洪涝灾害，有157个村庄被洪水围困，47万亩秋作物绝产。县城13家工业企业停工，造成经济损失2.96亿元。灾情发生后，对住在危房的2377户居民全部进行搬迁，对房屋倒塌的4888户居民全部进行转移安置。发放救济款135.1万元，救济粮850万公斤、煤炭250吨、棉衣被1800件，帮助2588户无房户建房7764间，将54户五保老人搬进敬老院居住。1991年夏，县内26万亩农作物遭受风雹灾害，发放救灾款87.3万元。1992年，全县遭受特大旱灾、虫灾，农作物大面积减产，农业损失达2.23亿元，年内发放救灾款150万元。1994年，狠抓救灾网络建设，筹集资金42万元，年内发放救灾救济款60万元，救济粮40万公斤。1995年，建立健全救灾预备金制度，筹集救灾预备金33万元，并纳入财政专户管理。1996年8月，县内遭受特大暴雨和黄河洪峰袭击，147个村庄被水包围，70万亩农作物成灾，黄河滩区3.2万亩农作物全部被洪水淹没。为灾区群众发放面粉3万公斤，煤炭62吨，救灾款159万元。为帮助黄河滩区群众重建家园，筹集资金1432万元，征用土地310亩，新建房屋1641间，安置灾民362户、1421人。1998年6月，县内遭受大风冰雹袭击，倒伏小麦10万亩。3500亩西瓜严重受灾，其中石庙镇11个村庄2000亩西瓜绝产，4000亩棉花减产五成，造成经济损失3246万元，同年7月6—14日，县内连续普降大雨，最大降雨量205毫米，造成110万亩农田严重受灾，倒塌房屋3.5万间。县城35家企业被迫停产，直接经济损失1.85亿元。是年，县民政局下拨救灾款61万元。同时，全县开展支援受灾群众捐赠活动，募集捐款68.68万元，衣被38321件。

2000年，为使全县社会捐赠工作规范化，成立“惠民县捐赠救助中心”，全年共接收社会捐赠救灾物资折款20万元。2001年6月8日，石庙镇遭受冰雹袭击，直接经济损失7000余万元，全县共发放救灾款46万元，救济灾民7000余人。2004年，制定救灾应急预案，对灾害发生后灾民的及时疏散、安置和救助、灾情上报、灾后重建等做出详细规定。2005年，全县共发放救灾款180万元，面粉100吨，棉衣1000件。

第三节　扶　贫

1979年，全县扶贫工作进入有计划扶持贫困户脱贫致富时期，对有劳动能力的贫困户，采取

“造血”办法，扶持其发展生产脱贫致富，把治标与治本结合起来。是年，全县扶贫1016户，其中，226户养猪357头，156户养羊295只，372户养家禽1856只，131户搞编织业，都不同程度地脱贫。1980年，全县共有困难户7067户、31712人，其中，常年困难户2187户、9842人，全县拨付扶贫款3.5万元，扶持困难户搞饲养业、小型副业等，当年有639户初步改变贫困面貌。1981年，国家拨发扶贫款5.5万元，扶持1806户搞家庭副业，当年副业总收入22440元。1985年，全县扶贫工作纳入农村经济和社会生产发展规划。在扶贫形式上，打破单一扶持种植或养殖的局面，改扶持自给性生产为大力发展商品生产，同时组织生产自救性的劳务输出，扶贫工作实现根本性转变。1986年，全县扶持贫困户2666户，当年有1912户脱贫。1987年，全县各乡镇都建起扶贫基金会，筹集资金38.3万元，扶持贫困户2000户，当年有1890户脱贫。1989年，发放扶贫周转金33.6万元，扶贫款18万元，扶持贫困户1120户。1991年，制定扶贫周转金使用制度，成立救灾扶贫储金会231个，投放扶贫资金215万元，扶持贫困户3250户，当年脱贫率达65%。1992年，发放资金150万元，扶持贫困户1850户，当年脱贫1430户，脱贫率达77%。

1994年，惠民县被列为国家和省重点扶持县。同年，狠抓扶贫工作网络建设，筹集资金42万元，落实扶贫对象1721户。1997年4月1日，地委、行署下发《关于加快贫困县、特困村脱贫步伐的实施意见》，决定采取倒排工期的办法，对特困户进行重点扶持，扶持标准按人均800元计算。1998年，惠民县宣告整体脱贫。

第五章　社会福利

第一节　孤寡老人供养

1979年，全县有五保（保吃、保穿、保住、保医、保葬）对象882户、995人。1980年，为适应农村体制改革的新形势，何坊、胡集、梁家、皂户李、石庙、桑落墅、魏集、三堡8个乡镇各兴办1所敬老院，共收养70岁以上孤寡老人65人。1981年，农村实行联产承包责任制，“五保”户的供给改为定期发放五保金。是年，全县共有“五保”户1197户、1933人，年支五保金48万元。1983年，对孤寡老人实行供给制，人均口粮450斤，对困难较大的五保户实行定期补助。是年，享受补助的559人，年补助款20124元。1985年，五保户的供养开始由各村供给向乡镇提留统一供给发展。1986年，乡镇敬老院达到19所，有15所收养孤寡老人157人。1987年，全县敬老院发展到20所，收养孤寡老人218人。1988年，全县分散居住的五保老人1036人，实施以乡镇为单位统筹供养，每人每月发放25斤面粉和5～10元钱，并分别签定五保供养合同。1989年，全县21个乡镇均建起敬老院，收养孤寡老人285人。是年，加强敬老院管理工作，开展争创文明敬老院活动，有2所敬老院被评为省级文明敬老院，3所被评为地级文明敬老院。各敬老院积极开展以副养院工作，年创收2.9万元。1990年，全县有16所敬老院发展经济作物种植和家禽养殖等创收项目，年创收入达20万元。

1991年，全县投资100万元，新建敬老院房屋301间，增加供养老人156人。以副补院年创收入11.65万元。1992年，全县投资6万元，对21处敬老院美化院容院貌。麻店、辛店、惠民、皂户李4乡镇敬老院被评为省级文明敬老院。1994年，全县集中供养老年人达到627人，年人均生活费提高到860元。分散供养的五保户生活费增加到每人每年750元。1995年，新增入敬老院人数120人，年人均生活费提高到1160元。1996年，全县投资25万元，建设房屋95间，改建85间，新增入敬老院人数182人，集中供养面达到51%。1997年，县、乡筹资65万元，统一为敬老院配备服务专用车，安装了电话，基本达到敬老院“三通、一车、六化”（通电、通水、通路；专车；住房单间化、设施配套化、管理制度化、服务优质化、生活多样化、卫生经常化）的标准。是年，新增集中供养人数79人、分散供养101人。1999年，筹集资金30万元，对麻店、香翟、石庙、桑落墅等乡镇8所敬老院进行改建扩建，新增老人52人，全县五保集中供养率达到57%。是年，有8所敬老院被评定为省三级敬老院。

2000年，总投资80万元，新建敬老院高标准光荣间52间，安置“三老”对象42人。是年，全县五保对象集中供养率达61%。2004年，按照五保供养由省、市、县、乡四级财政分担的原则，对符合五保条件的全部纳入五保供养。是年，全县共有敬老院14所（一乡镇一所），床位758张，年人均生活费提高到1500元。2005年，在对全县“五保”对象进行普查的基础上，建立了“五保”对象档案。是年，全县共有“五保”对象2187人，集中供养691人，分散供养1496人。

第二节 福利彩票

1991年，开展社会福利有奖募捐工作。是年，销售福利奖券10万元。1995年10月，举办400万元大奖组社会福利彩票销售活动。销售社会福利彩票460万元，筹集社会福利基金87.4万元，创下全省县级日单点销售量130万元的最高纪录。1998年，为支援北方灾民安全过冬，发行赈灾福利彩票工作，销售彩票126万元，取得全地区社会福利彩票2000万元大奖组分点销售第一名。2000年，根据省、地要求，对福利彩票的发行工作进行公开征集和考察，在鲁北大厦、乐安街、棉纺织厂等地设立9处投注点，建立“齐鲁福彩”发行宣传队，深入全县各乡镇进行发动宣传。同年5月1日，电脑福利彩票在全县正式发行，至年底，共发行59期，销售额101万元，筹集福利基金17.17万元。2001年，在李庄、清河、姜楼镇建立3处销售网点，在销售方法上增加“复式”及“胆拖”2种选法，激发了彩民的购买欲望。是年，共发行福利彩票105期，销售额290万元，销售即开型福利彩票21万元，筹集福利基金32万元。2002年，新上电脑投注站9个。是年，全县共有电脑投注站27个，销售彩票670.9万元，其中，电脑福利彩票650.9万元，即开型彩票20万元。2003年，共销售电脑福利彩票706万元。8月，拨付福彩金2万元，资助贫困大学生20名。2004年，销售福利彩票700万元，资助30名特困大学生，每人资助1000元。2005年，销售福利彩票1400余万元，发放救助金2万元，救助优抚对象、残疾人、贫困大学生20人。

慈善公益文化活动

第六章　社会组织管理

第一节　社团组织管理

1990年，根据中华人民共和国国务院令《社会团体登记管理条例》和省、地有关文件精神要求，成立惠民县社会团体登记办公室，负责对全县163个社团组织进行调查、摸底和登记工作。1991年，县、乡镇分别成立社团清理整顿工作领导小组，并举办40人参加的业务骨干培训班。全年依法核准登记73个，延缓登记22个，撤销不予登记的25个，均按规定办理相关手续。1992年，对上年度清理整顿审批登记的社团组织复查整理，对全县2437个村（居）级社团组织进行调查摸底，并在5个乡镇开展村级社团组织登记试点。对县、乡两级审批公布的87个社团组织统一建档。1993年，开展“三表、一册、一证”（法人社团负责人登记表、社团负责人登记表、会员登记表，会员花名册，社团登记证）村（居）级社团组织备案登记，其做法得到省民政厅的肯定。是年，全县共办理村（居）级社团组织2521个，审批登记并纳入正常管理的2395个，延缓登记的126个，审批新的社团组织2240个。对91个县直社团组织进行年检，撤销非法社团组织6个。同年，以县长令形式颁布《惠民县社团登记管理办法》，引导36个社团组织创收32万元。1994年，对延缓登记的126个村级社团进行审批登记，对91个县直社团和2521个村级社团进行年检。1995年，加强社团组织登记管理的宣传，提高群众依法结社的意识，建立社团联络员制度，有65个社团组织配备联络员。是年，取缔非法社团组织1个。1996—1997年，对15个先进社团进行表彰。开展全县清理整顿社团工作，清理核查95个社团组织。1998年，依法保留社团88个，撤销社团7个，查处非法组织7个，调整社团班子12个。为67个社团配备专职负责人和建立工作联络点，为88个社团注册并充实活动资金。1999年，对36个资料不全的社团进行完善。2004年，县苗木协会和皂户李食用菌协会被评为全省先进单位。2005年11月，县民政局被授予“全省民间组织先进登记管理机关”称号。至2005年，全县有注册登记的社团221个。

第二节　民办非企业单位登记管理

1999年，对全县3106个民办非企业单位进行调查摸底，民办非企业单位从业人数48132人。2000年，开展民办非企业单位登记工作，成立惠民县民间组织管理领导小组，印发《惠民县复查登记民办非企业单位工作实施方案》《惠民县民办非企业单位管理规定》，制订“双重管理体制”和“三重视标准”“两看登记方式”工作方案，按照国务院《民办非企业单位登记管理暂行条例》，对民办非企业单位进行依法登记，其做法得到省民政厅的肯定，并作为经验在全省推广。至2005年，全县有登记民办非企业单位179个。

第七章　社会事务

第一节　婚姻管理

1979年，婚姻登记由各人民公社秘书办理。1980年，国家对原《中华人民共和国婚姻法》进行修改，结婚年龄男年满22周岁，女年满20周岁。婚姻登记当事人到一方户口所在地人民公社办理结婚登记或离婚登记。1984年，社改乡后，婚姻登记由各乡镇民政办理。针对个别早婚和私婚现象，县政府制定《关于对非法婚姻的处理办法（暂行）》，使早婚、私婚现象得到控制，保证了婚姻登记工作顺利开展及《中华人民共和国婚姻法》的贯彻执行。是年，全县共受理登记8000对。

1986年，按照省、地要求，全县21个乡镇均配备婚姻登记员，建立婚姻档案制度，改革完善有关细则。1989年，依法办理结婚登记手续4007对，并在全县开展先进婚姻登记处评选活动。1990年5月，开展《中华人民共和国婚姻法》宣传月活动，并针对农村早婚现象严重和非法婚姻开展宣传、清理和查处。是年，全县依法婚姻登记率98%以上，晚婚率超过60%。辛店、胡集、惠民镇被省评为先进婚姻登记处。1991年，为提倡文明节俭办喜事的新风尚，为342对青年举行集体婚礼。是年，共办理结婚登记4318对，合格率98%以上，晚婚率达65%。1992年，为严格婚姻登记审批手续，杜绝非法婚姻，提倡晚婚，县政府颁布《惠民县晚婚登记暂行办法》。是年，依法办理结婚登记2857对，登记合格率达到100%，晚婚率80.3%。1993年，举办各乡镇婚姻登记员培训班，颁发婚姻登记员证章和胸章，实行挂牌服务。是年，全县办理结婚登记2674对，合格率100%，晚婚率98%。1994年，按照县政府《关于依法加强婚姻登记管理暂行规定》，实行结婚登记全县集中审批在乡镇领证的办法，杜绝违法、违纪登记结婚现象。是年，全县办理结婚登记4251对，合格率100%，晚婚率达99.9%。1996年，建立惠民县婚姻登记处，狠抓借结婚登记搭车收费的清查工作，实行婚姻当事人凭证直接到县婚姻登记处办理结婚登记的办法，严格婚姻登记收费标准。是年，全县共办理结婚登记5250对，合格率100%，晚婚率99.7%。1999年，开展婚前教育、照相影印等系列服务。是年，办理结婚登记4086对，离婚登记45对，合格率100%，晚婚率99.8%。

2000年，加强婚姻登记处规范化建设，投资2.8万元，购置空调、微机，实现婚姻档案现代化管理。联合计生、监察等部门对全县“婚姻状况证明”搭车收费问题进行专项检查，对6处婚介机构进行清理整顿。2005年，按照《山东省婚姻登记管理办法》，加强对婚姻登记执法人员的培训学习，坚持持证上岗，挂牌服务。落实“提速措施”，加快办证速度，严格收费标准。是年，共办理结婚登记2108对，离婚登记115对。

第二节　丧葬管理

1970—1985年，共火化尸体29635具。由于推行火葬，开展破除迷信宣传，全县共平坟50余万个，拆改棺材1万余口，扩大耕地面积1.5万余亩。

1986年，狠抓旧葬习俗的改革，全年火化尸体2919具，完成指标管理的81.65%。1987年，把丧葬改革工作纳入全县精神文明建设规划，严厉打击土葬回潮歪风，巩固火葬成果，全年火化尸体2513具。1988年，推广魏集乡搞好火化、消灭土葬的典型经验，组织宣传车，分组分片进行宣传，对各乡镇进行检查督促，全年火化尸体2648具，完成任务指标105%。1990年，全年火化尸体2921具，火化率达到90.15%。1993年，颁布《惠民县殡葬管理试行条例》，9月，全县组织18个殡改突击队，深入各乡镇土葬严重的村庄，平整坟头1900余座，节约土地95亩，清理丧葬迷信用品30余宗。1996年，投资75万元，对殡仪馆进行内部改造，成为全区首家三级殡仪馆。加强殡葬网络建设，21个乡镇均建起殡仪服务站。是年，全县平掉坟头763座，火化尸体2858具，火化率达99%。

2000年，开展清理土葬、平坟还耕活动，平坟头698座，取缔封建迷信业户33家，销毁封建迷信用品10余宗，对14处公墓中的2983座坟头和超标准墓碑进行整治。2005年，投资8万元，对纪念堂进行大型改造，加大绿化区种植面积，实现三季有花，四季常青，美化环境，提升殡葬行业文明窗口形象。全年火化尸体2863具，火化率99%。

第八章　地名管理

1979年，成立惠民县地名管理委员会，下设办公室，具体负责地名普查和地名管理工作。1980年，地名普查全面展开，至1983年11月，查清全县2475条地名的形成、现状及部分地名存在的问题。其中，有公社行政区划名称21条，大队行政区划名称926条，自然村名称1322条，自然地理名称4条，名胜古迹名称13条，各专业部门名称33条，其他名称155条。以姓氏和人名命名的802条，以山水、地势命名的87条，以古城、故州命名的3条，以当地土产命名的26条，因事件或奇闻命名的365条，以吉祥嘉言命名的27条。1985年8月，县政府公布1228个村民委员会标准名称，其中有262个村民委员会因重名而更名。1987年9月29日，县第十一届人大常委会第四次会议审议并通过《惠民县地名管理实施细则》，其内容包括：地名命名（或更名）、整顿和完善城区地名标志，沿国道、省道两侧设置村镇地名标志，地名学研究、地名档案管理和编辑各类地名书、图等。同年12月，县政府公布县域内54条路、街、巷、胡同名称。1993年3月，公布县城区内故园路、乐安街、故园南路、故园东路、文台胡同、师范巷共6条路、街、巷名称。1994年5月，县政府批转地名办公室关于在城区内整顿和完善城区地名标志的报告。同年，地名办公室在大年陈、魏集、淄角、胡集4乡镇开展农村地名城市化管理试点工作。1995年12月，县政府公布试点4乡镇81条路、街、巷名称，制挂地名标牌1400余个。1996年，县政府办公室批转地名委员会《关于在国道、省道两侧设置地名标志的意见》，并在梁家乡试点。1997年，全县在沿国道、省道两侧203个自然村设置石质标志，非沿国、省道两侧自然村亦设置957个石质标志，实现全县村村有标志。同年，陈集、梁家、申桥、何坊、香翟、麻店、惠民、姜楼、第三堡、皂户李、辛店、省屯、石庙、联五、清河等乡镇相继完成路、街、巷的命名和挂牌任务。1996—1997年，县政府共公布75条路、街、巷名称。县城区内共制作和悬挂1300余个搪瓷质料的路牌和门牌，还试制了部分铜质门牌。

1998年1月，县政府公布县城内文安路、文安前街2条路街。同年，完成联五、清河、桑落墅、淄角、胡集等乡镇政府驻地的8条路、街命名。在桑落墅、淄角等镇政府驻地设置路标门牌92个。1999年11月，县政府公布了城坤桥。同年，在县城区主要干路设置一批高质量的路标广告牌。对县直二十余个行政企事业单位分批分期制作楼（平）房、门、户号牌共 1321 块。2000 年 11 月，对糖坊街西护城河新建双曲三孔拱桥命名为花园桥。同年，对县直单位楼（平）房、门、单元、户号牌按国标统一设置 1585 块。2001 年，对乡镇规模调整后，乡镇、乡村公路变更的地名、村庄的位置名称进行调查。2005 年，印发《关于在全县乡村设置标准地名标志的通知》，各乡镇对本辖区主要干道进行命名，安装沿街门牌 1140 块，道路标牌 58 块。

第十八编　人事　劳动和社会保障

第一章　人　事

第一节　机　构

1984年，惠民县编制委员会与人事局合署办公。负责全县干部的录用、调配、任免、考核、奖惩、工资福利、人才交流、干部统计、军转干部安置及编制管理等工作，共有工作人员14人。1993年，县级机构改革，人事局内设办公室、人才交流服务中心、工资福利科、职称改革办公室、机关事业单位劳动保险事业处等机构。1994年4月，机关事业单位劳动保险事业处升格为副科级事业单位。1997年6月，人才交流服务中心升格为副科级事业单位。成立县年度考核委员会办公室，隶属人事局管理，为正科级事业单位。是年底，人事局有编制23人（其中事业编制5人），实有人员17人。

1999年5月，根据《关于社保机构归劳动和社会保障局统一领导和管理的通知》要求，机关事业单位劳动保险事业处整建制移交县劳动和社会保障局。县人事局编制缩减为21人（其中事业编制6人），实有人员16人。至2005年年底，县人事局内设办公室（加挂干部室牌子）、工资福利室、奖惩考核办公室（加挂毕业生就业指导办公室牌子）及职称政策办公室等机构。实有人员14人，其中干部12人，工人1人，离退休干部1人。

第二节　机构编制管理

1985年，全县共有党政机关单位52个，事业单位392个，企业单位657个，实有干部6069人，其中县直机关行政干部1681人，企事业单位（含教师）3761人，乡镇干部627人。1993年，省委、省政府共核定全县县级机关编制650人，其中县委110人，县政府406人，人大、政协、人民团体机构编制46人，核定事业总编制1971人，其中全额拨款565人，差额补助989人，自收自支208人，企业化经营209人。1999年，全县乡镇开展“双清”工作，对人员进行定编，部分富余人员进行分流。2004年1月，出台《关于贯彻落实省政府152号令，做好事业单位机构编制管理工作的意见》。2005年8月，转发市编委《关于乡镇机关事业单位实行编制实名制管理的通知》。是年年底，滨州市编制委员会累计分配惠民县县直党政机关行政编制520人，工勤编制61人，政法专项编制472人，乡镇行政编制620人，县向各党政机关分配行政编制510人，工勤编制53人，待分配行政编制10人。向公安局、检察院、法院分配政法专项编制424人，工勤编制7人，向司法局分配行政编制48人，工勤编制1人。向乡镇分配行政编制535人，待分配行政编制85人。全县县直共有财政拨款事业编制3146人，财政补贴事业编制278人，经费自理事业编制268人。乡镇财政拨款事业编制465人，经费自理事业编制630人。

第三节　干部来源

干部吸收录用　1980—1981年，从农村青年中选拔122人，从工人中选拔84人转为国家干部。1984年，为963名“以工代干”人员办理转干手续。1985年，通过考试、政审、体检，从工人和企事业单位职工中选拔65人转为国家干部，充实到党政机关。

1986年起，按照政治体制改革的要求，积极推进干部人事制度改革：补充机关干部实行考选制。1986—1997 年，共招考录用干部 89 人。在招干过程中，坚持面向社会、公开报名、统一考试、平等竞争、择优录用的原则。所录用干部，主要充实到党政机关及公检法、税务等部门。企事业单位补充干部实行聘用制。根据地区行署要求全县在企事业单位和乡镇机关补充干部实行聘用制，制定《惠民县企事业单位聘用制干部管理暂行办法》。1991—1997 年，全县共招考聘用制干部 4265 人，其中在乡镇机关担任副科级以上职务满三年的聘用制干部共 58 人，转为国家正式干部。

1997 年 6 月，县乡党政群机关工作人员向国家公务员和机关工作者过渡工作结束。同年起，按照《国家公务员暂行条例》及单项政策规定，实行面向社会公开招考的办法录用国家公务员和机关工作者。

军转干部安置 1980 年，中共中央、国务院、中央军委批转总政治部、民政部、国家劳动总局《关于将一九六九年至一九七五年期间军队复员干部改办转业的请示报告》下发，规定对一九六九年至一九七五年七月期间这批军队复员干部中符合转业条件的，应当改办转业手续，恢复在部队的工资级别，享受地方同等级别干部的工资待遇。是年，全县办理复改转 203 人，其中团职 10 人，营职 103 人，连排职 90 人。1985 年，中共中央办公厅、国务院办公厅、中央军委办公厅下发《转发〈关于认真做好一九八五年军队转业干部安置工作的意见〉的通知》。是年，全县接收安置军转干部 57 人，其中团职 3 人，营职 22 人，连排职 26 人，专业技术干部 6 人。1979—1985 年，全县共接收安置军转干部 359 人，其中团职 18 人，营职 109 人，连排职 195 人，专业技术干部 37 人。

1986—1997 年，全县共接收安置军转干部 260 人，其中团职 11 人，营职 92 人，连排职 109 人，专业技术干部 48 人。1998 年，中共中央、国务院、中央军委下发《关于做好 1998 年和军队裁减员额期间转业干部安置工作的通知》，军队在 80 年代裁减员额 100 万的基础上，将在今后 3 年内再裁减员额 50 万，3 年内军队将有一批干部退出现役转业地方工作。是年，全县接收安置军转干部 13 人，其中团职 1 人，营职 7 人，连排职 3 人，专业技术干部 2 人。2000 年，是完成 3 年裁减军队员额 50 万任务的最后一年，全县接收安置军转干部 9 人，其中团职 1 人，营职 3 人，连排职 2 人，专业技术干部 3 人。1998—2000 年，全县共接收安置军转干部 49 人，其中团职 2 人，营职 29 人，连排职 13 人，专业技术干部 5 人。

2001 年，中共中央、国务院、中央军委下发《军队转业干部暂行办法》。是年，全县接收安置军转干部 6 人，其中团职 1 人，营职 3 人，连排职 2 人。2001—2005 年，全县共接收安置军转干部 20 人，其中团职 2 人，营职 13 人，连排职 5 人。

大中专毕业生分配就业 1981—1985 年，全县共接收大中专毕业生 991 人。1986 年，为做好大中专毕业生及委培生接收安排工作，县政府成立由计划、教育、公安、粮食、劳动、人事等部门参加的毕业生分配领导小组。至 1996 年，全县共接收分配各类大中专毕业生 3500 人，其中本科 100 人，专科 1500 人。由计委直接安排非师范类大中专毕业生 2600 人，由教育局录用分配师范类大中专毕业生 900 人。

1997 年开始，根据省政府办公厅《关于明确大中专毕业生和毕业研究生就业分配管理工作分工的通知》要求，人事部门负责研究编制非师范毕业生的就业分配计划并组织实施。县人事局在调查研究的基础上，确定“实行计划指导下的自主择业，举办双向选择洽谈会”的就业办法。县政府向各乡镇、各部门下达就业计划，召开双向选择洽谈会。是年，全县共接收非师范类大中专毕业生 594 人，有 542 名毕业生落实了工作单位，其中县直机关 5 人，县属企事业单位 319 人，乡镇企业 205 人，改派 13 人。1998 年，非师范类大中专毕业生就业的原则是：计划指导与自主择业相结合，面向基层、面向企业，充实安全生产第一线，优生优分。是年，计划安置大中专毕业生544人，实际安置395人，完成安置计划的73%。1999年，对本科毕业生实行指令性分配，对专科毕业生实行计划指导性择业，对省优秀毕业生按照专业对口的原则，指令性分配到用人单位。是年，安置毕业生就业147人，就业率36.6%。2000年，乡镇、县直行政事业单位面临机构改革、定岗定编，企业面临减人增效，毕业生就业安置不再实行计划指导。除本科以上毕业生实行指令性分配外，其余毕业生全部进入人才市场。是年，安置就业毕业生91人，就业率为26%。

2001—2005年，实施各项政策促进毕业生就业，多次举办针对大中专毕业生的专场招聘会，按照双向选择的原则，解决了大学生就业难、单位找人才难的问题，特别是技能型大中专毕业生找到适合发挥自己才能的有利场所。2005年，全县共接收大中专毕业生118人，其中本科以上毕业生65人，专科42人，中专11人。安置就业95人，就业率达80.5%。

第四节　干部管理

干部调配　1979年，人事局成立后，干部调配工作恢复正常。1980年，县人事局根据中央组织部、民政部、公安部、国家劳动总局联合发出的《关于逐步解决职工夫妻长期分居问题的通知》，对干部进行协商调配，全年调出214人，调入59人。1984年11月10日，省委组织部、省人事局制定《关于改革干部调配制度若干问题的规定》，规定调配干部主要是从大中城市到小城市或乡镇，从内地到边远地区，从全民所有制单位到集体所有制单位，从科技人员富余的部门和单位到科技力量薄弱而又急需加强的部门和单位，从上层单位到基层单位。凡逆向调动的，要严格控制。夫妻在一地工作需异地调动的，根据同去同留的原则，尽可能一起调动。夫妻两地分居的，要积极帮助解决。1979—1985年，全县共调配干部1056人。

1988年起，在干部调配工作中，坚持公开、公正、公平、竞争、择优选调的原则，采用笔试和面试、答辩和考察相结合的办法选调干部。1989年，深化人事制度改革，把竞争机制引入干部管理中，坚持国家机关补充工作人员实行公开考选的办法。1991年2月，人事部下发《干部调配工作规定》，规定干部调配必须按照国家规定的编制总额和干部人数计划进行，坚持以工作需要为主，注意发挥干部的专业特长，适当照顾干部的实际困难，鼓励和支持干部到基层单位、艰苦行业和边远贫困地区工作。1986—1997年，县人事局共调配干部75人，调出干部31人，县内调整干部591人。

2000—2005年，调出和调入的干部，主要是解决夫妻分居和其他家庭困难。县内调整的干部主要是工作需要。2004年，全县共调配干部56人，其中调出县外11人，县外调入5人，县内及乡镇调动40人。2005年，全县共调配干部46人，其中聘干12人，干部34人。调出县外13人，县内及乡镇调动33人。

干部任免　1984年，机构改革后，县长、副县长仍由县人民代表大会选举产生。科级由县人民代表大会常务委员会任免；副科级由县人民政府任免；公司、厂（场）、站的领导干部及中层负责人，由主管科局任免。1986年，行政干部任免依据《山东省县级以上各级人民政府任免工作人员办法》的规定实行。实行按照干部分级管理的原则，政府序列内的副职由人事局提交县政府任命。1992年，中央组织部、人事部下发《关于加强国家行政机关工作人员晋升行政职务管理工作的通知》，要求晋升工作人员行政职务必须全面贯彻执行干部队伍革命化、年轻化、知识化、专业化的方针，坚持德才兼备的原则，实行任职资格审查制度。1998年，中央组织部、人事部下发《关于党政机关推行竞争上岗的意见》，对竞争上岗的适用范围、基本条件和资格、程序、方法均作了规定。1986—1997年，共任命政府序列副科级干部321人（次），免职151人（次）。1998—2000年，全县新提拔任命副科级干部70人。

干部退（离）休 1979年年底，全县共办理干部退休1080人。1982年，国务院颁发《关于老干部离职休养制度的几项规定》，扩大了离休范围。对中华人民共和国成立前参加革命工作并脱产享受供给制待遇的和从事地下工作的老干部，达到离休年龄，均实行离休。已退休的，符合离休条件，改办为离休。干部离休后，工资照发，基本政治待遇不变，生活待遇略为从优。是年底，依据文件规定全县由退休改办离休的老干部544人。1985年，全县共有离休干部871人，退休干部870人，退职干部13人。

1991年，按照省委组织部、省人事局《关于进一步做好干部退（离）休工作有关问题的通知》，为退（离）休干部落实两项待遇（政治、生活待遇），对年内达到退（离）休年龄的干部逐人进行登记，一经达到退（离）休年龄，及时办理退（离）休手续。1993年，《国家公务员暂行条例》颁布实施，规定公务员男年满60周岁、女年满55周岁退休；丧失工作能力者，男年满55周岁、女年满50周岁，且工作年限满20年的，本人提出要求，可以提前退休；工作年限满30年的，本人提出要求，可以提前退休。1986—1997年，共办理离退休手续1637人。

1998年，地委、行署印发《关于进一步加快发展个体私营经济的试行意见》，鼓励机关、事业单位干部提前退休，从事个体私营经济。2000年，全县基本完成退（离）休人员生活待遇项目再次简化归类管理的审批工作。是年，在对全县行政事业单位达到退休年龄人员进行摸底统计的基础上，为符合条件的98名干部、15名工人办理退休手续。2001—2005年，共办理退休手续605人。至2005年年底，全县共办理干部退（离）休3375人。

干部考核 中共十一届三中全会后，县人事局负责干部的考核，主要考核干部的“德、能、勤、绩”四个方面。科局级干部由县委组织部门管理考核。1984年，受到县委、县政府表彰的干部50人，其中科级干部13人，其他工作人员37人。受处分的6人，其中受开除处分的3人。

1987年开始，全县实行岗位目标责任制。每年年初，召开专题会议进行部署，并指导各单位和个人制定年度目标，集体和个人分别填写《机关岗位责任制年度主要目标审批考核表》《领导干部主要目标审批考核表》《机关工作人员实绩考核表》。每半年进行检查、初评，年终总结评比，奖惩兑现。至1993年，县委、县政府共对落实机关岗位责任制贡献突出的86个先进集体、265名先进个人进行表彰奖励。

1994年起，按照人事部《事业单位工作人员考核暂行规定》《国家公务员考核暂行规定》，对全县党政机关和事业单位的工作人员进行考核。考核内容主要包括德、能、勤、绩四个方面。考核结果暂划定优秀、称职两个等次。是年，全县参加考核8523人，其中优秀838人，占考核人数9.8%；称职等次7661人，占90%。1998年，按照《山东省国家公务员考核实施办法》，对1997年度工作人员进行考核。考核结果，国家公务员分为优秀、称职、不称职，事业单位工作人员分为优秀、合格、不合格三个等次。是年，全县党政群机关、事业单位参加考核人数9675人，其中优秀1406人，称职（合格）7792人，不称职（不合格）1人，未定等次476人。2005年，全县党政群机关、事业单位参加考核人员11180人，其中优秀1145人，称职（合格）10005人，未定等次30人。

专业技术人员管理 1987年，为贯彻落实中共中央〔1986〕3号和国务院〔1986〕27号文件精神，成立县职称改革领导小组，办公室设在县科委，恢复了技术职务评聘晋升工作，在全县组建工程、经济、农业、医药卫生、教师、文档、会计、统计等8个技术职务初级评审委员会，对全民事业单位的科技人员的专业技术职称进行评审和聘任。1989年，重点对乡镇企业、集体企业、民办教师、农民技术员、全民企事业单位的以工代技人员、农民合同工等进行职称评聘工作。1990—1991 年，对当年大、中专毕业生进行技术职务套改，并对全县专业技术人员实行全面考核。1992 年，对职称晋升评聘实行改革，评定和晋升转入年度经常化。同年 7 月，专业技术职务的评聘、管理工作由县科委转交人事局。移交时全县有初级以上专业技术职务的 8206 人，其中高级 73 人，中级 1761 人，初级 6372 人。1995 年 7 月，组织全县机关事业单位工人技术等级考核申报工作，并制定印发《关于安排机关事业单位工人思想政治表现和工作成绩考核的通知》，全县共申报高、中、初级工考核 127 个工种 1298 人，1050 名技术工人通过考试，取得技术等级证书。至 1997 年年底，全县取得任职资格的专业技术人员达到 9486 人，其中高级 370 人，中级 3701 人，初级 5415 人。

2004 年，对在职专业技术人员加大供需科目继续教育培训，年培训在职专业技术人员达 5000 人次。同年，惠民县有 3 人（次）被评选为滨州市有突出贡献的专业技术人员。2005 年，对全县专业技术人员进行调查摸底，通过竞争聘任，兑现职称工资，改善事业技术人员的待遇，提高了专业技术人员干事创业的积极性。至是年年底，全县具有初级以上专业技术职务的达 1 万人，其中高级 720 人，中级 3719 人，初级 5561 人。

人事考试　1992 年 7 月，专业技术职务的评聘、管理工作由县科委移交人事局。同年，对已聘任的专业技术人员进行全面考核。1994 年，经济、审计、统计等系列由评审更改为考试。1997 年，组织晋升中、高级专业技术职务外语（古汉语）水平、经济专业、国际商务专业、统计专业、审计专业、计算机程序员及执业药师资格等 432 人参加的考试。2000 年，参加晋升中、高级专业技术职务外语（古汉语）水平考试的达 2600 人。2002 年，外语取消免试，增加专业技术人员计算机考试。是年，参加外语考试的 190 人，计算机考试的 261 人。2005 年，全县报名职称考试人数达 1000 余人。1994—2005 年，全县参加专业技术任职资格和执业资格考试的人员达到 1.13 万人。

第五节　人才交流与培训

人才交流　1979 年，县委党校恢复干部轮训工作，培训科局级干部和企业管理干部。1984 年，举办技术人员培训班 2 期培训 78 人。不少干部通过电大、函大、高教自学考试等形式的学习，获得文凭。至 1985 年，县委党校共举办干部培训班 25 期，培训干部达 2822 人。1987 年开始，采取联合办班、委托培养等形式，培养人事管理、国际经济、企业管理、畜牧、林业、水利、土管等较高层次的专业管理技术人才 545 名，缓解了人才供需矛盾。同时，联合有关大专院校和有关专家，共举办农经、林果、蔬菜、工业、自动化、土壤等专业培训班 30 余期，培训 6000 人次。

1992 年 6 月，惠民县建起全区第一家人才市场，并制定《惠民县人才流动争议仲裁暂行规定》《惠民县人才市场暂行管理办法》。先后为 522 人推荐就业岗位并办理有关手续。1993 年，参加西安山东滨州地区经济技术洽谈会、北京全国人才市场首届人才技术交流会、北京惠民农业开发新闻发布会，共引进专业技术人才 65 人。1996 年 3 月，县委、县政府制定《关于加强人才工作、促进经济发展的若干规定》。1997 年 6 月，成立惠民县人才服务中心，为副科级事业单位，主要是掌握和传递人才信息、沟通人才流通渠道、开发人才资源、组织人才合理流动。同年，利用电视、广播、报纸等新闻媒体广泛宣传《山东省人才市场管理条例》及人才工作的其他有关政策规定，使人才市场的影响日趋扩大。是年，共接待咨询和登记求职人员 120 余人次，为 25 名国家不包分配的大中专毕业生办理了就业手续。

1998 年，为适应新形势的需要，切实发挥市场在人才资源配置中的作用，投资万余元重建人才市场。市场内设立柜台，配备微机、档案及其他办公用品。创建人才资源管理系统，实现微机化管理。同时，重点加强引进人才、国外智力、输出人才和人才培训工作。多次组织参加省地举办的人才交流洽谈会，引进10余名本科生到惠民工作。在省外专家局的支持下，先后邀请日本专家龟田郎、熊谷俊一到县对纺织、果树种植进行技术指导，提高了生产效益和经济收入。至2000年，共向中国科技大学、中国农业大学、山东大学、山东工业大学送培本科生65人，专科生74人。

2001年起，县人才服务中心推进人才培训与交流，至2005年年底，共计培训在职专业技术人员1.3万余人次。同时，加快网上人才市场建设，实现与市人才服务中心的联网。2005年，全县有30人考入公务员和选调生队伍，75人安置到县事业单位工作。共举办人才招聘洽谈会3场，进场招聘单位15家。

人事代理 2000年，依据《山东省人事代理暂行办法》，全县正式开展人事代理工作，主要是接受用人单位或个人委托，提供人事方面的系列服务。同年，在《惠民大众》发布《惠民县人事局关于推行人事代理制度的通告》，就人事代理的范围、内容、意义、具体办理程序等进行宣传。先后转发省人事厅《关于做好外商投资企业、乡镇企业、民营机构等单位接收国家计划内应届大中专毕业生有关工作的通知》《关于非国有单位接收国家计划内应届大中专毕业生落户问题的通知》《关于做好派遣期满后未就业大中专毕业生和人事代理工作的通知》等相关文件，使人事代理工作逐步开展起来。是年，共与20个单位签订人事代理协议，代理人数160人。至2005年年底，全县人事代理单位有28家，代理人数共759人。

第六节　工资福利

1980年12月16日，省人事局、财政厅下发《关于国家机关工作人员福利费掌握使用的通知》，规定国家机关工作人员福利费按月工资总额的2.5%提取，包干使用。1985年，对国家机关、企事业单位工资制度进行改革，建立以职务工资为主要内容的结构工资制。全县参加工资改革的国家机关和事业单位人员5972人，人均月增资17元左右。企业职工实行统一的级别工资制。此后，全县企业职工工资与国家机关、事业单位工资制度脱钩，国家不再统一安排企业职工工资升级。1986年，根据上级统一部署，为全县国家机关、事业单位的2542人调整工资，为机关事业单位的5561名职工兑现奖励工资，为113名军转干部处理工资。1987年，重点解决部分工资平台、专业技术职务晋档及其他突出问题，共有372人增加工资。调整了公安干警的津贴标准。1988年，为9825人次调整工资，为107名病故人员办理遗属补助，为45名企业中专毕业生办理浮动工资审批手续。1989年，为2753人办理工资升级手续，为270名职工办理进档、定级手续，为136名科技人员办理岗位津贴、工资浮动手续。1990年，按照人事部和省人事局的要求，为全县国家机关、事业单位的7627名工作人员普调一级工资，在普调的基础上为4288人增加一级工资，为2822名离退人员增加离退休费，为1459名离退人员提高生活待遇，为41名农林水一线科技人员办理浮动工资手续，为1989年12月留转合同制工人办理定级手续。1992年，为6478名工作人员办理工资升级手续，为8600名机关事业单位工作人员办理了职务岗位补贴审批手续和提高工龄津贴审批手续。

1993年，国务院决定从10月1日起，对机关和事业单位工作人员现行工资制度进行改革。1994年起，机关、事业单位工作人员福利费标准为每人每月8元，随个人工资发放。同年1月25日，省政府下发《贯彻〈国务院关于机关和事业单位工作人员工资制度改革问题的通知〉的通知》，规定机关工作人员实行职级工资制，分为职务工资、级别工资、基础工资和工龄工资四个部分；技术工人实行岗位技术等级工资制，工资由岗位工资、技术等级工资和奖金三部分构成；普通工人实行岗位工资制，工资由岗位工资和奖金两部分构成。事业单位对全额拨款、差额拨款、自收自支三种不同类型的单位实行分类管理。专业技术人员分别实行五种不同类型的工资制度：专业技术职务等级工资制，专业技术职务岗位工资制，艺术结构工资制，体育津贴、奖金制，行员等级工资制；事业单位的管理人员，在建立职员职务序列的基础上，实行职员职务等级工资制；事业单位的技术工人实行技术等级工资制，普通工人实行等级工资制。是年，为全县列入这次工资改革范围的10233名工作人员办理了调资手续。工资改革后，人均月工资达到418.5元，人均月增资105.3元。1995年，全县共审批晋升职务工资132人，晋升级别工资418人，晋升专业技术工资569人，全年共办理各类工资手续3176人。1996年，为全县12342名机关事业单位干部职工晋升了工资档次，人均增资20元。1997年7月，为全县12521人调整工资标准，人均增资20元。同年10月，为全县12630人根据年度考核增加工资档次，人均增资20元。1998年1月，为全县1757名机关事业单位干部职工晋升级别工资，人均增资22元。1999年7月，为全县13911名机关事业单位人员调整工资标准，人均增资120元。同年10月，为全县13922人正常晋升工资档次，人均增资20元。

2001年1月，为全县13956名机关事业单位人员和离退休人员调整工资标准、增加离退休费，人均增资100元。同年10月，为全县13977人调整工资标准，人均增资80元。全县13982人正常晋升工资档次，人均增资35元。2003年1月，为全县1765名执行职级工资人员晋升级别增加工资，人均增资50元。7月，为全县14102人调整工资标准，人均增资50元。10月，全县14210人正常晋升工资档次，人均增资35元。2005年10月，全县14562人正常晋升工资档次，人均增资35元。

第七节　国家公务员管理

国家公务员过渡　1993年8月14日，国务院发布《国家公务员暂行条例》，自10月1日起实施。1996年8月，成立惠民县推行国家公务员制度领导小组，组织协调、领导全县推行公务员制度工作。领导小组下设办公室，由县委组织部、县人事局、县编办等部门工作人员组成。同年9月3日，县政府下发《惠民县国家公务员制度实施方案》《关于惠民县机关部门单位实施国家公务员制度和参照管理范围的通知》，规定实施国家公务员制度的部门和单位是：县政府办公室、体改委办公室、计委、科委、公安局、监察局、民政局、劳动局、交通局、水利局、文化局、卫生局、体委、计生委、审计局、统计局、工商局、农委、乡企局、土管局、地税局、经委、城建委、教委、教育督导室、棉花办公室、扶贫办公室及各乡镇政府行政机关。参照试行的部门和单位是县委办公室、县委研究室、保密局、信访办公室、组织部、组织员办公室、宣传部、精神文明建设委员会办公室、统战部、政法委、综治委办公室、机关党委、纪委、总工会、妇联、团委、人大机关、政协机关、各乡镇党委（包括内部行政机构）。在机构改革中确定为事业单位、并经法定机关批准行使行政职能的单位，列入参照国家公务员制度管理的范围，具体单位是：工商联、老干部局、老龄委办公室、党史办、档案局、科协、残联、第二预算局、农机局、畜牧局、民族宗教事务办公室、项目办公室、史志办公室、地名办公室、油区办公室、环保局、房管局、蔬菜总公司、广播电视中心、农业局、林业局、技术监督局。人员过渡范围是：凡列入实施和参照实行国家公务员制度的部门和单位中行政在编人员（含乡镇国家行政机关中按照国家和省有关规定经地区人事局批准实行聘用制的工作人员）或经县委、县政府任命的副科级以上非干部身份的工作人员。在县乡机构改革“三定”（定人员编制、定内设机构、定主要职责）的基础上，按照职位分类办法，以事设位，以编控位，主任科员、副主任科员由组织部门实行全员总量控制，不搞平均设置，科员、办事员职位在比例上不作统一规定，但要求每个单位必须设有办事员职位。乡镇机关本着党政统一的原则设置职位。过渡考试由地区组织，在县城设置考场。各部门、单位正职，参加地区以上组织、人事部门举办的公务员知识培训班并取得合格证书的人员免于考试，各部门的副职，乡镇党委、政府的副职，46 周岁以上的人员实行开卷考试，其他人员参加闭卷考试。9 月 22 日，全地区统一进行公务员过渡考试，全县 1264 人参加过渡考试，1253 人成绩合格，不合格 3 人，因病因事未参加考试的 8 人。政府序列单位共设职位 616 个，其中领导职位 133 个，主任科员、副主任科员 92 个，股长、副股长 189 个，科员、办事员 202 个；参照试行的 16 个党群部门共设职位 131 个，其中领导职位 55 个，主任科员、副主任科员 25 个，股长、副股长 12 个，科员、办事员 39 个；乡镇党委及政府机关共设职位 572 个，其中领导职位 227 个，副乡级职位 168 个，股长、副股长 57 个，科员、办事员 120 个。至 1997 年 6 月，县乡党政群机关工作人员向国家公务员和机关工作人员过渡工作全部结束，共有 1607 人过渡为国家公务员或机关工作者，有 156 名不符合过渡条件或不合格人员分流出党政群机关。同年，按照地区人事局《关于地直机关工作人员职位轮换的通知》要求，县委组织部、县人事局下发《关于县直机关工作人员职位轮换的通知》，全县符合轮岗条件的 214 人，轮岗 79 人，占应轮岗人数的 36.9%。

公务员考录 1997 年起，按照《国家公务员暂行条例》及政策规定，面向社会公开招考录用公务员。除调入党政群机关担任科级以上领导职务的和按政策安置进入行政机关的军转干部以外，录用主任科员以下非领导职务的公务员，必须面向社会公开招考。是年，全县公开择优招考录用公务员 4 人。1998 年，对全县原事业单位改行政的 40 名工作人员，经培训考试录用为公务员。至 2000 年，对全县 70 名新提拔任命的副科级（含副乡）干部，报请地区人事局调任为公务员。对新录用的公安院校 8 名学生和 3 名军转干部经培训考试录用为国家公务员。2001—2005 年，通过考试、面试、考核、体检等程序，全县共面向社会公开招考录用公务员 70 人，其中，公安局录用 30 人，其他部门和单位录用 40 人。

公务员培训 1996 年起，按照《国家公务员暂行条例》要求和社会发展需求，有计划地对国家公务员进行培训。主要是新录用国家公务员培训，晋升领导职务任职培训，根据专项工作需要进行的专门培训，在职国家公务员更新知识培训等。新录用的国家公务员初任培训，由地区人事局组织实施；晋升领导职务的任职培训，由地区人事局和县人事局联合组织实施；更新知识培训，根据经济和社会发展的需要，全地区（市）统一确定培训内容，由县人事局组织实施。2003 年 9 月，组织全县科级以下公务员进行依法行政知识读本学习，参加培训人数 820 余人。10 月 12 日，进行集中考试，参考率 100%，合格率 100%。2005 年 8 月，对全县公务员进行《中华人民共和国公务员法》知识培训与考试，考试合格率 100%。至 2005 年年底，对全县新招考录用的 70 名公务员均进行初任培训，每年组织公务员更新知识培训 800 余人次。

第二章　劳动和社会保障

第一节　机　构

1979年，县劳动局设办公室，实施劳动就业、劳动调配、劳动工资、劳动保护等职能。1981年8月，惠民县劳动服务公司成立，为劳动局下属事业单位，具体负责劳动就业事宜。1986年，惠民县安全生产委员会、社会劳动保险事业处、劳动争议仲裁委员会各设办公室于劳动局。1988年，劳动局增设劳务市场办公室、劳动就业训练中心。1991年，各乡镇设立劳动服务站，履行本乡镇劳动管理职能。1992年，劳动局内设机构调整，局机关设办公室、工资计划科、调配科、培训科，仲裁办内设合同管理科、劳动争议处理科，劳保处内设财务科。1993年，国务院决定劳动部门代表各地政府管理本地区的安全生产工作，县安全生产办公室转为劳动局下属机构。10月，县编委批准劳动局人员编制方案，设编46人，其中行政编制16人，事业编制30人。同年，惠民县劳务输出公司建立。翌年，县委确定其为副科级自收自支事业单位，直属劳动局。1996年，惠民县技工学校由县教委移交劳动局主办，正科级单位，编制20人。1997年5月，劳动局设立职业技术职能鉴定所、劳动监察室。1998年5月，劳动服务公司改建为劳动就业管理处。1999年5月26日，根据地区编委《关于调整劳动和社会保障机构有关问题的通知》精神，县劳动局更名惠民县劳动和社会保障局。同时，机关事业单位保险和农村社会保险、城镇职工医疗保险及部分统筹的社会保险，整体划归劳动和社会保障局管理。社会保险事业由此结束了多部门管理的历史，形成统一管理的社会保障格局。10月26日，惠民县劳动保障监察大队成立，并举行着装揭牌仪式。至此，县劳动和社会保障局成为县政府行使劳动和社会保障职能的综合管理部门。局机关内设办公室、工资计划科、劳动争议仲裁办公室、劳动保障监察室（劳动保障监察大队）、安全生产办公室、锅炉压力容器检验所6个科室，下设1个正科级、5个副科级事业单位：技工学校（正科级）、劳动就业处、社会劳动保险事业处、机关事业单位社会保险事业处、农村社会养老保险事业处、劳务合作公司。2001年3月，安全生产管理职能按管理权属由劳动保障局移交给县经贸委和质量技术监督局。随着经济体制改革的不断深入，县劳动和社会保障局的管理职能几经调整，内设机构也不断变化，发展为负责劳动法律法规贯彻实施、为劳动者提供社会保障服务、促进社会和经济发展的行政部门。2005年，局机关内设办公室、工资社保科、宣教督察室、劳动监察室、劳动监察大队、劳动争议仲裁办公室，下

县劳动局办公大楼

设劳动就业管理处、社会劳动保险事业处、农村社会保险事业处、机关事业单位保险事业处、医疗保险事业处、劳务输出公司6个副科级事业单位，另有正科级事业单位技工学校1处。

第二节　劳动就业

1979年，非农业人口就业实行统一报名、统一考核、统一政审、统一分配的“统包统配”政策，由县劳动部门具体负责。是年，中共中央决定停止知识青年上山下乡，知青陆续返城，县内就业工作主要是知青安置和企业自然减员由其子女补充。1980年3月，应由县内安置的知青安置完毕。1981年8月，县劳动服务公司成立，主要负责城镇待业青年管理、实施就业服务、指导待业青年组织起来就业。1982年7月，全县劳动就业工作会议召开，会议就贯彻落实中央提出的实行“三结合”（劳动部门介绍就业、组织起来就业和自谋职业相结合）就业方针和转变传统就业观念等进行深入探讨，确立强化劳动管理、清理计划外用工、严控招工计划等缓解社会就业压力的应对措施。1984年，在落实知识分子政策中，“农转非”（农业户口转为非农业户口）人员骤增，给政府带来前所未有的就业安置压力。同年，根据地区劳动就业会议精神，企业用工开始由“一次分配定终身”的固定工制度，转为通过法定程序由劳资双方签定劳动合同实现招工、就业，合同期满双方均可自主选择去留的新型用工制度。1986年，两次召开县直单位劳动制度改革会议，县政府批转劳动局《关于广开就业门路安置城镇待业人员的报告》，劳动局制订《关于改革全县用工制度的几点意见》，鼓励全民、集体、个人共同挖掘就业岗位，加大安置力度，缓解就业压力。1988年，县劳务市场办公室成立。10月，县政府发布《惠民县劳务市场暂行办法》，劳动局制定招工、乡镇企业安置待业青年、职业技术培训、技术工人交流、招收临时工五个试行办法，形成全县劳动力市场的基本框架和运作模式。但因劳动制度改革的复杂性和艰巨性所致，上述用工制度的改革处于停滞不前的状况，使1989—1991年的招工仍由劳动部门统一招收，统一分配。1992年，国务院《全民所有制工业企业转换经营机制条例》颁布实施，企业用工自主权始得落实，劳动部门的职能开始由指令性计划管理转为指导、监督、服务。同年，根据劳动部《职业介绍所暂行规定》《山东省〈职业介绍所暂行规定〉实施细则》精神，县职业介绍所、县劳务输出公司相继建立。县内就业由职业介绍所管理，实行求职登记、职业培训、技术鉴定、职业介绍、失业保险、劳动保障代理等一条龙服务。求职、招工无需行政命令和审批，只遵循市场需求和规则，劳资双方通过职业介绍所登记备案、签订鉴证劳动合同即可。县外就业则是劳务输出公司的职责，求职者在输出公司可享受全国劳动力市场供求信息和务工全程服务。至1995年，全县通过新的用工制度安置就业4576人，其中城镇合同制2044人，农民合同制902人，技校毕业生779人，富余职工分流就业407人，其他就业444人。1996年始，劳动就业实行在国家政策指导下劳动者自主择业、市场调节就业和政府促进就业的方针。政府劳动部门仅限于为市场就业和国家指令性安置人员办理安置手续和提供社会保障服务，其工作重点转向统筹城乡劳动力就业、多方开发就业岗位、为下岗职工实现再就业等方面。2005年，全县有在职职工26314人。

下岗失业职工再就业　1995年7月，下岗职工再就业工程开始启动。县委、县政府多次专题研究，成立领导小组，制定优惠政策，组织有关单位对下岗职工进行救助。1998年年初，全县下岗职工达2188名，占职工总数的12%，且有不断增长的趋势。为此，县委、县政府制订《关于进一步做好下岗职工分流安置和再就业工作试行意见》《关于加强下岗职工管理和再就业服务中心建设试行办法》，出台再就业优惠政策38条。

同时，惠民县下岗职工再就业服务中心建立，各单位相继建立再就业服务中心16个、服务站34个。年内，有637名下岗职工实现再就业或与企业“剥离”。县技工学校及就业训练中心举办培训班5期，免费培训下岗职工1276人。至2000年，全县建有再就业服务中心55个，下岗职工进中心接受服务的共3864人，实现再就业2608人，再就业率67.5%。为下岗职工发放基本生活费536.2万元，代缴失业保险费68.1万元，代缴养老保险费293.5万元，协调再就业贷款1032笔991万元。2001年，企业新增下岗职工不再进入再就业服务中心，未就业者一律按失业处理。此时，失业人员形成三部分：下岗未进服务中心人员，未就业出服务中心且未兑现相关待遇人员，新增失业人员。县劳动部门通过政策落实、重点帮扶和就业服务等综合措施，扩大就业渠道，缓解了就业压力。是年，对女年龄达到40岁，男50岁（“4050人员”）且有劳动能力和就业愿望者，可享受政府岗位补贴待遇3年，用人单位用政府岗位补贴为劳动者缴纳养老保险，待符合退休条件时办理退休手续。2003年，以发放“再就业优惠证”为突破口，协调落实各项优惠政策。全年共发“再就业优惠证”875个，免费办理地方税务登记证231户，为下岗失业人员发放岗位补贴和社保补贴79万元，开发公益性岗位410个。下岗失业人员再就业2436人，其中安置“4050”人员254人。是年，在实施的《再就业伙伴计划》活动中，有260人实现再就业。2004年，全县下岗失业人员共计3800余人。全年核发“再就业优惠证”1377个，协调工商、税务部门为下岗失业人员减免税费13万元，为“4050”人员发放社保补贴、岗位补贴156万元，为下岗失业人员提供求职登记1576人次，托管档案3500份，实施技能鉴定160人，共安置下岗失业人员再就业2205人。2005年，县乡（镇）政府把再就业工程列为重点工作之一，全县安置下岗失业人员再就业1732人，其中安置“4050”等困难群体再就业234人。城镇登记失业率为3.2%，低于4%的任务目标。

一站式服务大厅

劳动服务公司及劳动服务企业 1981年8月，惠民县劳动服务公司（1984年升格为副科级，1998年改建为劳动就业管理处）成立，隶属于劳动局。主要职责是：社会劳动力资源调查，组织城镇待业青年从事服务生产，推荐招工对象，按计划调派临时工、季节工，城镇待业人员建卡登记，掌握待业人员变化情况，待业人员的组织管理和教育。因就业工作的需要，其工作职能不断延伸，逐渐成为各级政府对劳动者在劳动过程中实施管理和服务的职能部门。1982年，全县劳动就业工作会议提出：积极鼓励和大力支持待业人员举办各种类型的集体经济和从事政策允许的个体劳动，并号召有条件的单位建立劳动服务企业，安置待业青年。1983年，县劳动服务公司建立直属网点4处，安置待业人员45人，从事百货、饮食服务和服装加工等。至1994年，全县通过举办劳服企业安置待业、富余人员380人。县劳动服务公司建立的直属劳服企业——工业设备安装公司，从业人员85人，形成集制造、安装、维修于一体的生产服务企业，年实现利润10万元。1995年，县政府制定兴办劳服企业的优惠政策。1996年，全县有29个单位兴办劳服企业，共上项目44个，总投资1599.7万元，安置待业人员474人，年实现利税共947.9万元。

劳务输出 农村经济体制改革使农村生产力得以解放，越来越多的剩余劳动力冲破旧观念，涌入城镇务工。因户籍及用工等制度相对滞后，农村剩余劳动力的转移受到诸多限制，县内非农业用工仍禁止使用农村劳动力，并延续到80年代末。且每年进行计划外用工清理，仅1989年全县即清理计划外用工2169人，缓退320人。1990年，地区行署下达《惠民地区劳动力管理暂行规定》，规定农村劳动力进城务工实行许可证制度，给农民进城务工赋予制度保证，成为劳动力市场开放的破冰之举。1992年，县政府发出兴办经济实体的号召，惠民县职业介绍所应时而生，促进了劳动力合理流动。1993年4月，惠民县劳务输出公司成立，同时挂靠山东省劳务合作公司，成立山东省劳务合作公司惠民县分公司，当年向发达地区输出劳动力253人。此后，劳务输出在改革中逐步形成政府引导、市场化运作、规模化经营、一条龙服务的合理有序的工作机制。至2000年，全县累计输出务工人员7358人，人均年收入4500～15000元。是年，惠民县被省政府命名为农村就业工作先进县。2002年，公共就业服务体系进一步完善，职业介绍采集用工信息2352人，涉及46家企业，较上年增长242%。接受咨询3168人次，求职登记596人，介绍成功298人，较上年分别增长19%、33%。2003年，克服“非典”疫情带来的困难，开展“订单”劳务派遣，创立“惠民劳务”品牌，并与全国各大劳务市场联手，共同促进劳动力资源开发向产业化经营发展，劳务输出数量、质量和效益稳步提高，报名输出率达80%～90%，人均年收入万元以上，部分工种年收入3万元～5万元。同年，在新办公楼设立功能齐全、设施先进的职业介绍大厅。开通计算机网站，建立高效的劳动力市场信息网络系统，实行职业指导、职业介绍、技能鉴定、劳动用工“一站式”服务。2005年，把扶贫政策引入劳务输出，1500名农家子弟走上就业岗位。其间，着力打造“滨州船员”品牌，招收派遣普、高级船员348名。是年，有组织输出劳动力1.5万人。《中国劳动》杂志第四期、《人民日报》新闻信息中心出版发行的《学习与实践》大型丛书，相继刊载《招工面对面资源联成片—惠民县依靠创新再破招工难题》一文，并有二十余家国家级报刊争相转载。

第三节　劳动管理

1984年以前，劳动管理延续着计划经济时期的管理模式。劳动就业、劳动力调配由县劳动部门“统包统配”，劳动工资实行指令性计划管理，劳动保护、劳动奖励执行统一规定标准，劳动安全处于经验管理状态。是年，国务院颁布《企业职工奖惩条例》和改革劳动制度的四个“暂行规定”，劳动管理开始步入法制化轨道。县劳动局设立劳动服务公司，统筹管理劳动就业工作。县内企业用工由招收固定工改为招收合同制工人，即劳资双方签订以权利、义务、责任为核心内容的劳动合同确立劳动关系，从而取代一次分配定终身、能进不能出的固定工制度。1986年，为解决新型用工制度下发生的劳资矛盾，引进国际通行的劳动争议仲裁制度，成立由劳动、工会、企业三部门组成的劳动争议仲裁委员会，办公室设劳动局，行使劳动争议仲裁职能。在企业用工推行劳动合同制的同时，进行搞活固定工制度试点。主要做法：企业干部实行选聘和任期目标责任制，任期3～5年，任期届满由主管部门考核，依考核结果施以奖罚并记入个人档案。固定工实行企业内层层招聘、择优上岗、选兵点将、自由结合的劳动组合形式，努力挖掘企业潜力和调动职工的积极性。1988年，建立惠民县劳务市场办公室，制定《惠民县劳务市场暂行办法》，允许技术工人以调剂、借用、兼职、招聘等方式进行余缺调剂，企业富余职工、计划内临时工、家庭服务工可进入市场交流，旨在深化劳动制度改革，推进劳动力管理的社会化。1989年，遵照《惠民地区劳动合同鉴证办法》的规定，县劳动争议仲裁委员会开始实行劳动合同鉴证管理，并逐步向乡镇企业、个体工商户延伸，凡违反劳动法规的合同均予以纠正，有效防止了劳动争议的发生。1991

年，全县21个乡镇均建立劳动服务站，成为乡镇政府行使劳动管理的职能部门。1997年5月，县劳动局设立劳动监察室，依法对用工单位的劳动法规执行、劳动保障落实等情况进行监督、检查。1999年10月，县劳动保障监察大队成立，劳动部门的综合行政管理职能得以加强。是年，机关事业单位社会保险和农村社会养老保险划归县劳动和社会保障局管理，劳动保障进入独立于企事业单位之外的社会保障体系和依法监督监察时期。至2005年，县内劳动管理的机构和职能未作新的调整。

第四节　用工制度

用工形式　中华人民共和国建立至2005年，县内用工制度大体经历了三个阶段：1949—1983年以固定工为主的“统包统配”阶段，1984—1994年固定工和合同制工人为主多种用工形式并存阶段，1995—2005年全员劳动合同制阶段。主要用工形式有：

固定工　计划经济时期的企业用工主体，稳定性强，工作单位变动均由行政部门统一调配。1984年用工制度改革，除国家政策安置的技校毕业生、复退军人外，新招收工人一律实行合同制。1995年，县属企业全面推行劳动合同制，全县94家企业12541人与企业签订劳动合同，合同制工人替代了固定工。

临时工　计划经济时期辅助用工形式之一。企业（单位）根据生产（工作）需要，招用临时工人承担临时性工作，任务完成后辞退。1979年，全县有计划内临时工370人，计划外用工2270人，其中来自农村的1885人。1989年，县劳动局成立清理计划外用工办公室，对用工单位自行招用的农村劳动力进行全面清理，全民单位清退计划外用工888人，集体单位清退1281人。1990年，农民工进城务工实行许可证制度。1995年，企业用工实行全员合同制，职工招用完全由企业自主决定，无论何种身份统称企业职工，临时用工形式不复存在。

轮换工　不改变农民身份，不改变户口粮食关系，按照合同定期轮换的用工形式。1984—1987年，惠民县为胜利油田井下作业公司招收农民轮换工686人，1987年有90人轮换回家务农，其余被用工单位转招为合同制工人。此后未再招用。

合同制工　劳资双方以签订劳动合同确定劳动关系的用工形式。1984年，县内开始在新招工人中实行劳动合同制，当年招收136名合同制工人。至1994年，共招收合同制工人6886人。1995年，全县完成由固定工向合同制过渡的用工制度改革。2005年，县内劳动用工形成用工自主，双向选择，合同管理，市场调节，依法监督，全程服务的市场运作模式。

职工招收　1979—1983年，国营、集体单位和其他有用工资格的经济组织招收职工，仅限于招收非农业户口中符合招工条件的人员，并控制在当年国家招工计划之内，招工对象一般为16～25周岁的未婚青年。职工招用由县劳动部门全面考核，择优录用，统一分配。其间，共招收固定工4389人。1984年，开始实行劳动合同制，县劳动局遵循“面向社会，公开招收，全面复核，择优录用”的原则为企业招收职工，但仍严格控制在国家招工计划之内。1993年起，实行市场就业，凡是本县非农业户口，年龄在法定范围之内，个人自愿，企业同意，均可招聘为合同制工人。1995年1月1日，《中华人民共和国劳动法》实施。县内职工招收开始以具有用工主体资格的组织和个人与具备法定劳动权利和行为能力的人，在平等自愿的基础上双向选择，通过县职业介绍中心签定劳动合同，形成劳动关系，并受法律保护的法定程序进行。县职业介绍中心从招聘（求职）登记到档案管理进行一条龙服务。

劳动调配　1979—1983年，劳动调配是劳动部门一项政策性较强的管理职能。调配原则一是夫妻长期分居或家庭有实际困难，二是生产经营确实需要的技术及管理人才。调配方向一般是由大中城市调往县城，或由县城调往农村，或由内地调往边疆，逆向调动从严掌握且受企业所有制和职工身份限制。4年间，全县调入职工885人，其中省外调入234人；调出职工1445人，其中调出省外74人。1984年，本着“管而不死，活而不乱”的原则，下放职工调动权限，扩大企业自主权，县内同性质企业职工调动，可由其主管部门办理，至1986年共调配职工674人。1989年，遵照山东省《关于严格控制省外工人调入的通知》精神，暂停办理省外调入人员，并收回下放给企业主管部门的县内调动权。1992年，根据国务院《全民所有制工业企业转换经营机制条例》和劳动力发展状况，县内企业之间职工流动遵从市场规则，县外调入虽仍采用商调方式，但在审批和管理上更多是体现为企业发展和当地经济建设服务的原则行事。2001年，随着用工制度的改革，原调配方式停止使用，劳动用工一般采用用工自主、双向选择的市场运作模式。

第五节　技术培训

就业前培训　1982—1988年，劳动就业先后实行“先培训后就业”和“先招生后招工”制度。待业青年由劳动部门集中培训或企业代培专业技能，经考试合格择优录用，未经培训不准就业；或招入劳动技校进行技术学习，后由企业招用。其间，共培训待业青年2884人。1992—1997年，就业前培训2829人。1998年，根据劳动人事部《关于就业培训若干问题的暂行办法》和有关文件精神，县劳动局制定《惠民县劳务市场职业技术培训试用办法》，办法规定技术岗位需要补充人员时，必须从经过技术培训并取得合格证书的人员中择优录用。时逢各类技工学校学生毕业高峰、企业转型改制、用人自主权放开之际，就业前培训已不适应企业用工制度的需求，转而成为培训下岗失业人员取得一技之长的培训形式。

职业技术培训　1988年，惠民县劳动就业培训中心成立。同年，经省劳动局批准筹建山东省惠民县技工学校。技工学校由县教委负责建校和管理，劳动局负责招生和分配。1989年开始招生，1996年管理权移交给县劳动局。劳动局接管后，筹资兴建2036平方米教学楼一座，配备必要教学设备，使县技校成为集职业技能培训、就业前培训和特殊工种培训于一体的培训基地。1998年停止招生。其间，县技校共招生1614人，为县以上技校招生439人。2000年，技校教学楼及土地一并售予人寿保险公司惠民县分公司。2001年，技校与劳动就业培训中心合并。至2005年，县劳动就业培训中心共培训待业青年1086人，培训农民合同制工人451人，并先后与县教育中心、县职业中专、县经贸委和烟台职业中专联合举办服装、保安、汽修、电子、统计、文秘、微机等专业培训班，共招生培养学生507人。

特殊工种培训　1984年，县内特殊工种的培训由县劳动部门自主进行，当年培训司炉工180人次。此前，其培训主要依靠国家技工学校和有关专业院校或地区培训班。1990年，举办建筑、起重机工培训班，培训学员58名。1991年，举办司炉工培训班，有70人参加，经过理论和实践测试、考核，为60名成绩合格者颁发司炉工操作证书。与城建委联合举办司炉、电焊工培训班，有107人培训合格并取得操作证书。1994—1999年，共培训电工、司炉工232人，验审从业证书467件。2000年起，国家对关系国计民生的90个专业工种实行就业准入制度，按社会需求继续加大特殊工种和准入行业的培训考核工作。2001—2002年，共完成对县技工学校1996级、1997级毕业考试和技能鉴定470人，其中12人通过家电、计算机操作技能鉴定，换发证书364本。2003—2005年，维修电工、导游、美容美发等工种通过初、中级鉴定的698人。

再就业培训　1996年，再就业工程启动。县内职业培训的重点转向指导、帮助下岗失业人员再就业，一个旨在使下岗失业人员尽快获取一技之长的短训、速成的培训机制应运而生，形成以培训促就业，以就业促培训的职业培训新格局。至2000年，共举办各种类型培训班55期，培训各类求职、转岗人员2439人。2001—2003年，拓宽培训渠道，采取校校联合、校企联合等形式，选设面点制作、艺术摄影、美容美发、制电制冷等简单易学、投资少、见效快、风险小、社会需求大的专业，培训1705人，其中免费培训再就业和社会救助对象1238人。2004—2005年，通过各种形式培训下岗失业人员1376人。

创业培训　2004年，为适应产业结构调整的需求，县劳动部门及时调整职业培训思路和模式，在抓好就业培训的同时，积极探索创业式培训，帮助有创业意向和能力的人走出传统的思维模式，敢于创建现代科技产业，为推动县域经济的超常规、跨越式发展多作贡献。至2005年，举办创业培训班7期，聘请工商、税务、金融等领域的专家系统地授以现代企业经营管理、运营模式、创业思维的理论知识，共培训210人，其中60%的参训人员创业成功。

第六节　劳动工资

工资调整　1979年，全县职工年平均工资597元。1980年，根据《全国物价工资会议纪要》《关于职工升级的几项具体规定》，通过技术考核和民主评议，为4817名职工办理工资升级手续。1983年，县内党政机关、科技、教育、文化、卫生部门的106个全民单位、17个集体单位的2493人增加工资，月增资总额16255元，人均月增资7元。1986年，全县职工月平均工资由1983年的60元增至90以上，增长50%。1987—1989年，有98个全民企业、集体企业的673名干部实行职务工资，月增资总额7138元。为27名大中专毕业生浮动了工资，61名调动职工套改了工资，落实政策职工升级7人。有582名专业技术人员落实聘任工资，月增资总额6771元，其中高级职称123人，助理职称156人，员级职称303人。有32个单位的4100名企业职工实行浮动工资标准。1990年，企业职工工资普调，增资职工共计12289人，月增资总额21.2万元，人均月增资17.25元。落实1989年年底考工晋级方案，57个企业的2223人晋级，月增资总额13359元，人均月增资6元。1991年，以1989年和1990年两年在职职工3%的比例，为87个企业1320名职工晋级，月增资总额11196元。1992—1996年，企业工资总额与实现利税、销售收入双基数挂钩，职工工资实行浮动、滚动固定升级管理。县劳动部门的工作重点转为企业工资、奖金发放审计审查，运用经济、法律、行政等综合手段管理工资关系，加强企业工资额的宏观调控。1997年，全县企业推行岗位技能工资制，有90家企业的15359名职工经审批执行岗位技能工资，人均月增资64.02元。此后，岗位技能工资成为企业内部分配的主体形式，职工工资逐年递增。2005年，全县职工年平均工资9433元。

工资改革　1985年7月，根据《山东省企业工资改革实施方案的通知》精神，县内全民企业、集体企业、国家机关、事业单位职工进行工资改革。国家机关、事业单位实行结构工资制，企业职工则以新的工资标准套入新的工资等级。由此，企业职工工资同机关事业单位工资制度脱钩，国家不再统一安排企业职工工资升级，企业实行工资总额与经济效益挂钩，职工工资的增长依本企业的经营状况而定。1989年，在省政府《关于进一步搞活企业内部分配的意见》的推动下，县内企业出现包干、承包等适合企业管理实际的多种分配形式。一些未实行工资总额与上缴利税挂钩的企业，实行工资总额包干制度，只包工资、津贴，不包奖金，奖金仍在企业留利的奖励基金中列支。1993年，根据省劳动厅《关于适当解决职工工资问题的通知》要求，在企业中进行岗位技能工资试点，企业职工的等级工资套改为岗位技能工资。1997年，全县基本完成职工工资由等级制转为岗位技能工资的套改工作。实行岗位技能工资的职工范围：国有企业和集体企业的固定职工、合同制工人，1983年以前参加工作的计划内临时工，经劳动部门批准的劳动服务企业从业人员、“三资”企业中的中方职工、股份制企业职工。2005年，企业职工仍以岗位技能工资为主体。

工资形式 1979年，国家机关、企事业单位干部执行行政29级工资标准和津贴标准，技术人员执行8种暂时工资标准，工人执行8级工资制。企业职工以计时工资为主要计发形式，部分企业采用计件工资制。1985年工资改革，企业职工工资与机关事业单位工资制度脱钩，企业职工工资的增长依企业经济效益高低确定。1997年起，县内企业普遍实行岗位技能工资制。

计时工资 按照职工的技术熟练程度、劳动繁重程度和工作时间长短支付报酬。工资数额由职工工资标准和劳动时间确定，分为小时工资、日工资、月工资和年工资等。县内企业的固定工及合同制工人的劳动报酬基本上采用月工资形式发放，缺勤或加班按日工资或小时工资扣发或加发。1997—2005年，企业多采用岗位技能工资和效益工资，仍实行计时工资的企业为数很少。

计件工资 按照职工在一定时间内生产合格产品的数量计算和支付劳动报酬。1979年，部分有条件的企业实行计件工资制，有直接计件、超额计件、包干计件等形式。1981年，根据国家计划委员会等五部门联合下发的《国营企业计件工资暂行办法（草案）》精神，对全县实行计件工资制的企业进行整顿，凡不符合条件或限期整顿不合格的企业停止执行计件工资。整顿后仍有部分企业实行计件工资，直至1997年方被岗位技能工资替代。

奖金 1979年，县内企业多实行计时工资加奖励的分配制度。企业全面完成任务后，每月按标准总额的6%～10%提取奖励基金，超额完成任务的企业可提取12%。奖励项目除常年性生产奖外，还有原材料节约奖、质量奖、先进工作者奖等，饮食服务业实行提成工资奖。后因奖金发放机制不完备，奖金发放面逐渐扩大，奖金数额逐年增加，一度出现滥发奖金和实物现象。国务院下发《关于控制奖金发放问题的通知》，滥发奖金之风得以纠正。1984年，经济体制改革，企业奖金改为“上不封顶、下不保底”。党政机关及事业单位实行增收节支奖，并列入基础工资内予以体现。奖金制度因其灵活性高、适应性强等特点，逐渐成为各单位建立激励机制的重要形式。

津贴 从20世纪60年代起至2005年，全县实行的津贴主要有两大类，一类是保障职工身体健康的高温、卫生防疫等津贴，一类是补偿特殊劳动消耗的野外工作、班主任、繁重劳动、特殊工程、交通运输车、环卫工人等津贴。津贴一般以货币形式发放，津贴标准通常为每天0.6～3元。因行业和企业效益不同，全县发放各种津贴的标准和具体数额无确切统计。

补贴 1979年前，粮价补贴每位职工每月1.9元。是年起，新参加工作的职工不再发放粮价补贴，原享受的职工仍然执行。10月，实行副食品补贴，全民、集体所有制企业和国家机关、事业单位的职工每人每月5元（1988年改发8元）。1984年11月，行政、事业单位的工作人员开始发放图书补助费，中级知识分子每人每月5元，其他在职人员每人每月4元，企业职工于次年开始以上述标准发放。1985年，县乡固定职工、合同制工人、退离休人员、退职人员开始发放肉价补贴，每人每月4元（回民5元）。1988年7月，调整行政、事业工作人员图书补助费，中级知识分子调整为每人每月8元，其他职工调整为每人每月7元。

福利性补贴 ①防寒防暑补贴。1978年开始实行。防寒补贴每位职工每年12元，1989年调整为每人每年24元。防暑补贴按不同工种每人每年2～9元，1985年调整为6～12元，1989年机关科室人员调整为12元、露天作业人员调整为18元、高温作业人员调整为24元。②洗理费补贴。1980年11月开始实行。补贴范围为国家机关、群众团体及未实行劳保条例的事业单位，男、女职工每人每月分别补贴2元、2.5元，1984年调为男、女职工每人每月4元、5元，1988年调整为男、女职工每人每月7元、8元。1981年7月，全民所有制企业和已实行劳保条例的事业单位的职工开始享受洗理费，男、女职工每人每月分别补贴1.6元、2.4元。

2005年，随着企业内部分配制度的放开搞活，上述津贴、补贴有的与工资捆绑使用，有的因经济效益或内部管理因素不再执行。

工资管理　1979—1987年，县劳动行政部门每年定期向企业下达职工人数和工资总额计划，企业临时用工和所需其他人员的工资额由劳动部门进行计划审批。1988年，根据国务院《关于劳动制度改革暂行规定》和省政府《关于劳动制度改革的实施细则》要求，企业劳动工资的管理，开始改变为企业工资总额与经济效益挂钩的管理形式。是年，地区劳动局、财政局、税务局联合下发《关于企业工资总额同经济效益挂钩的实施意见》，遵照文件要求，县劳动、财政、税务三部门成立联合办公机构，对具备条件的企业规定工资总额基数和经济效益基数，审批了挂钩方案。全县实行挂钩的企业36家，占应挂钩企业的58%，涉及职工5905人，占应挂钩企业总人数的75%。当年新增效益工资218.8万元，人均年增加效益工资376元。此后，挂钩企业时增时减，其工资形式有单一与实现利润挂钩的，也有与实现利润和工业产值复合挂钩的。1995年，建立企业最低工资保障制度，根据经济发展水平，惠民县最低工资标准确定为150元。2005年，最低工资标准调整为380元。

1979—2005年惠民县部分年度全民单位劳动工资情况表

表18－1

年度	职工平均人数	职工工资总额（万元）	职工平均工资（元）	年度	职工平均人数	职工工资总额（万元）	职工平均工资（元）
1979	15455	922.89	597	1992	5950	2190.00	2190
1980	16335	1100.20	674	1994	29921	9918.70	3315
1981	16349	1127.84	690	1995	31196	12231.60	3921
1982	18319	1312.80	717	1996	34465	14438.20	4361
1983	19618	1412.50	720	1997	35199	15773.50	4612
1984	14722	1246.90	847	1998	32479	16732.60	5151
1985	15186	1462.10	963	1999	30617	18619.90	6082
1986	15895	1871.20	1177	2000	30368	20069.00	6609
1987	16287	2039.10	1252	2001	29231	1953.10	6683
1988	17873	2815.80	1575	2002	28355	20211.60	7128
1989	3215.7	1778.00	1778	2003	27568	21276.00	7717
1990	5167.2	1939.00	1939	2004	26834	22463.10	8371
1991	5611.7	2001.00	2001	2005	26314	24823.10	9433

第七节　劳动仲裁

1986年12月6日，县劳动局设立惠民县劳动争议仲裁办公室，副科级行政单位，编制3人。1988年3月21日，成立惠民县第一届劳动争议仲裁委员会，县劳动局主要负责人任主任，县总工会、经济贸易委员会各一名负责人任委员。由此，县仲裁办在县仲裁委员会的领导下，依照规定处理全县的劳动争议案件，接待处理劳动来信来访，帮助企业根据国家劳动法律法规制定和完善各项规章制度。5月6日，县总工会、劳动局、经贸委联合下发《关于建立劳动争议调解委员会的通知》，要求各企业成立劳动争议调解委员会（小组）。年内，全县成立劳动争议调解委员会（小组）80个，建立调委会的企业占企业总数的90%以上，成为预防和调解劳动争议的第一道防线。1989年，根据地区劳动工作会议精神，遵照《惠民地区劳动合同鉴证办法》，县仲裁办对168个单位3513名合同制工人、101名农民轮换工、69名农民合同工进行鉴证工作。深入5个部门53个基层企业，通过征求意见、发放《劳动制度改革政策汇编》、举行集体鉴证等形式，帮助25个单位完善厂规厂纪、修改劳动合同附加条款96条、修订劳动合同321份。对全县5349份合法有效劳动合同登记建卡，立案归档，设立专柜。在有关部门配合下，深入15个乡镇，对16家私营企业的357名工人和124家个体工商户的313名雇工实行劳动管理。是年，县仲裁办被评为全省劳动仲裁先进单位。1990—1992年，继续巩固县属企业劳动合同管理成果，鉴证县属企业劳动合同10217份，其中合同制工人合同5688份、计划内临时工和季节工合同3444份、农民轮换工合同23份、私人雇工合同997份，纠正不合格合同65份。接待来访131人次，培训基层调解员157人，基层调解委员会调处案件50起。通过执法检查和调查摸底，为216名在乡镇企业工作一年以上的工人建立花名册。制定《关于加强乡镇企业劳动管理的意见》，在城关镇推行劳动合同管理试点并向全县推广取得的经验，在乡镇企业签订、鉴证劳动合同997份，劳动合同管理工作在全区前列，再次被评为全省劳动仲裁先进单位。1993—2000年，结合《中华人民共和国劳动争议处理条例》《劳动监察规定》的贯彻实施，加大执法力度，开展以贯彻劳动法为主要内容的检查20余次。以到期劳动合同和推行全员劳动合同制合同鉴证为重点，鉴证劳动合同17325份，接待来访686人次，调处投诉21起，处理劳动争议案件13起，纠正违法解除、终止劳动合同27起。2001—2005年，鉴证劳动合同16304份，受理劳动争议案件80件，立案查处75处，案外调解5起，受理信访79起。

第八节　劳动保护

劳动保护　1979年，惠民地区行署部署对在贯彻“调整、改革、整顿、提高”方针中防尘、防毒、治理尘毒危害调整情况、抓好“五小”工业劳动保护和工业卫生工作、保障职工安全和身体健康以及职业病防治情况进行普查。是年，给予县纺织厂、拖拉机配件厂等8个生产企业的237名从事翻砂作业的工人每人每月0.2元保健食品供应补贴。1986年，卫生部、劳动人事部、全国总工会、全国妇联联合印发《女职工保健工作暂行规定》，以法律、法规的形式保障女职工参加社会活动和管理的权力，规定凡适合妇女从事的劳动和社会管理活动，实行男女平等，同工同酬的法律制度，对允许和禁止及因女职工生理特点给予的劳动保护措施做了详细规定。同时，界定未成年工的年龄，并严格禁止使用范围，严格审批特定行业、工种使用未成年工，规定必须采取相应的保护措施。1987年12月3日，《中华人民共和国尘肺病防治条例》发布实施，省卫生厅、省劳动厅等十二部门联合提出贯彻意见。1988年，由于企业实行承包经营，扩大企业自主权，中央对各地不按标准发放劳动保护用品，随意提高发放标准，甚至把发放劳动保护用品作为福利待遇等问题提出批评。按照上级部署，对全县劳动防护用品发放情况进行全面检查。是年，县广播电视局为统一全县广播电视系统职工劳动防护用品标准，报经县政府批准，执行广播电影电视部《关于山东等七省（市）广播电视单位部分专业技术工种劳动保护用品发放标准和管理制度》。1989 年 5 月，县劳动部门根据地区劳动局等五部门《关于转发劳动部等五部门〈关于严禁使用童工的通知〉的通知》精神，对全县使用童工现象进行全面检查，对查出的问题及时按国家规定进行严肃处理。

1995 年 1 月，《中华人民共和国劳动法》颁布实施。劳动者每周工作时间由 48 小时缩短为 44 小时。同年 5 月 1 日，国务院《关于职工工作时间的规定》，将国家机关、社会团体、企业事业单位以及其他组织的职工每周工作时间调整为 40 小时，成为全国现行的法定工作时间。同时规定，随着经济的发展和劳动生产率的提高，不同行业根据生产特点，报经劳动行政部门同意，在不超过上述法定工作时间的前提下，实行其他工时制，但应当保证劳动者每周至少休息一日。除法律规定的特殊情况外，用人单位由于生产经营需要，经与工会和劳动者协商可以延长工作时间，一般每日不得超过 1 小时。延长工作时间需支付劳动者不低于本人工资 150% 的工资报酬。休息日安排劳动者工作，又不能安排补休的，支付不低于本人工资 200% 的工资报酬。法定休假日（元旦、春节、劳动节、国庆节）安排劳动者工作的，支付不低于本人工资 300% 的工资报酬。机关团体、事业单位一般实行每周双休的“公休假日”，企业或不宜实行“双休日”单位每周一次连续休息时间不少于 32 小时。1999 年 9 月 18 日，国务院 270 号令将法定假日 7 天调整为 10 天，全民假日如适逢星期日，在次日补假。国家实行带薪年休假制度，劳动者连续工作一年以上的，享受带薪年休假。

劳动监察　1997 年 5 月，设置惠民县劳动局劳动监察室。主要是对用人单位遵守劳动法律、法规和社会保险费征缴等劳动保障情况依法监督。劳动保护及劳动保护用品生产、经营、使用情况列入劳动监察综合执法监督范围。是年，结合“三五”普法教育和第四个《中华人民共和国劳动法》宣传周活动，开展以规范用人单位依法实施劳动管理为出发点，以招工用工、劳动合同、工资分配、工时制度、休息休假、劳动保护等为主要内容的检查。1998—1999 年，随着国有企业减员增效的实施，企业下岗职工增多，重点对社会保险和国有企业下岗职工基本生活保障及劳动用工进行检查。全县共受理劳动争议案件、来信来访 224 起，鉴证劳动合同 2425 份，查处非法劳务中介 6 处。认真开展劳动保障年检工作，年检单位 85 个，涉及职工 16838 人。纠正违约劳动合同 27 起，为务工者挽回经济损失 1 万元。2000 年，对 83 家企业执行劳动合同情况进行检查，检查合同 13861 份，对 6 家未与职工签订劳动合同的企业发出警告并纠正。开展社会保险费征缴大检查，共检查单位 113 家，重点检查 55 家，依法促缴社会保险费 7 万元。2001—2004 年，在大力宣传劳动保障法律、法规和规章的同时，结合贯彻实施《劳动监察规定》，认真开展清理整顿劳动力市场秩序专项行动，不断规范职业中介和用人单位的用工行为。积极处理劳动保障举报投诉案件，维护劳动者合法权益。切实做好企业劳动保障诚信摸底调查工作和劳动保障年度审查工作。以到期劳动合同和推行全员劳动合同制合同鉴证为重点，开展以贯彻《中华人民共和国劳动法》为主要内容的检查。4 年共受理各类案件 80 起，立案处理 75 起。2005 年，劳动争议处理工作采取提前介入、跟进处理、综合预防多种方式，积极开展劳动保障法律法规监督检查、集中治理拖欠农民工工资、整顿劳动力市场等活动，通过采用“部分裁决”“小访小议、大访大议、特访特议”及深入企业解决争议的难点和遗留问题，积极参与县委、县政府集中大接访等方式，扩大执法范围，提高办案效率，有效减少了劳动争议的发生。

第九节 社会保障

养老保险

企业养老保险 1986 年 12 月，成立惠民县社会劳动保险事业处，负责全县企业社会养老保险基金的征缴、发放和管理工作。1987 年 1 月 1 日起，全县实行劳动合同制的职工开始缴纳退休养老金。缴纳比例，企业为工资总额的 18%，个人为标准工资的 2%。是年，共征缴养老金 25 万元。1988 年 4 月起，全县实行全民企业和县以上城镇集体企业固定职工退休费用社会统筹，至 1989 年 3 月底，全县 44 家全民企业有 41 家参加统筹，统筹率为 93.2%。同年 7 月，县以上 48 户集体企业全部实行固定职工退休费用社会统筹。是年，全县参加统筹的固定职工达 9424 人，其中全民 6178 人、集体 3246 人，离退休、退职职工 1682 人，其中全民 751 人、集体 931 人，退休费用统筹项目共 14 个，全民企业统筹比例 14%，集体企业统筹比例为 24%。全年共收缴统筹金 207.1 万元，支付退休费用 179.9 万元。1990 年 1 月 1 日起，全县实行临时工养老保险制度，缴纳养老金与享受养老待遇和劳动合同制工人相同。是年，全县 4486 名合同制工人共收缴养老基金 115 万元，收取统筹基金 372.3 万元，支付退休费用 366.3 万元。1992 年 1 月 1 日起，实行全县固定职工退休费用社会统筹。统筹金提取比例，全民企业为工资总额的 16%，集体企业为工资总额与离退休之和的 25%。1994 年，推行企业职工养老金新计发办法。基本养老金实行国家、企业和个人共同负担，按照以支定收，留有部分积累的原则统一筹集。新办法实施的覆盖面积达 95 家企业，参保职工 1.6 万人。1996 年 1 月，建立企业职工养老金个人账户，实行社会统筹与个人账户相结合的养老保险制度。是年，全县 1.5 万名职工建立个人账户。1998 年，企业离退休人员养老金全部实行社会化发放。1999 年 1 月起，实行全省社会统筹，统筹金提取比例，企业为缴费工资基数的 20%，个人为缴费工资基数的 5%。个人缴费比例每两年提高 1 个百分点，最终达到 8%。2001 年，将职工个人缴费由 5% 提高到 6%。6 月，将离退休人员的护理费纳入社会统筹。2002 年 4 月起，根据省劳动和社会保障厅、财政厅《关于统一企业离休干部离休费统筹项目的通知》，将企业离休干部死亡后的遗属抚恤待遇纳入社会统筹。2003 年 1 月 1 日起，企业基本养老保险职工个人缴费比例由 6% 调整为 7%。2005 年，全县企业离、退休人数达到 3444 人，征缴社会保险费 2832 万元，支付养老金 2988 万元。

机关事业单位养老保险 1993 年 10 月，成立县机关事业单位社会保险事业处，机构设在县人事局。同时对全县及县直、地直驻惠机关事业单位合同制工人和聘用制干部实行养老保险制度。是年，全县合同制工人、聘用制干部投保人数 685 人。1994 年，按照省政府《山东省机关事业单位保险试行办法》要求，个人缴纳标准按个人工资总额的 2% 缴纳，其他部分由所在单位负责缴纳。1997 年，全县合同制工人、聘用制干部投保人数达到 1849 人，并有 11 人开始领取养老金。

1999 年 6 月，县机关事业单位社会养老保险事业处划归县劳动和社会保障局管理。是年，机关事业单位聘任制干部、合同制工人缴纳养老保险费 136.6 万元。2001 年 1 月 1 日起，根据《关于贯彻“惠民县事业单位工作人员社会基本养老保险暂行办法”的通知》精神，全县县直行政单位事业人员自 2001 年 1 月开始缴纳养老和失业保险，范围涵盖除国家公务员以外的所有工作人员。同年 7 月 1 日起，行政事业单位部分离退休、退职、遗属补助人员养老金由财政直接转入统筹发放。是年，全县机关事业单位缴纳养老保险费 507 万元，发放 334 万元。至 2005 年，全县参保单位达 142 个，参保人员 4250 人，874 名离退休人员全部通过社会化发放。是年，全县机关事业单位缴纳养老保险费 933 万元，发放 911 万元。

农村养老保险　1992年，民政部、省政府批准惠民县为农村社会养老保险试点县。成立惠民县农村社会养老保险事业处，隶属县民政局领导。是年，全县有19.3万人参加投保，收取保费403万元。1993年，地区行署下发《关于认真组织好农村社会养老保险第二轮投保工作的通知》。是年，全县收取保费110万元。1994年，地区行署制定《滨州地区农村社会养老保险暂行办法》。是年，全县有20.49万人投保，收取保费430万元。1995年，全县投保人数为19.5万人，收取保费460万元。1996年，投保人数为18万人，收取保费463万元，并为按期提取养老金的76名群众发放养老金1876.22元。1997年，全县组织开展"百村千户"调查活动，走访调查19个乡镇、157个村、3100余人，收回问卷2901份。县民政局将全县21万投保对象的投保数额及基金积累情况逐人核算，并给每一个投保对象填写一份明白信。是年，全县投保人数达20.8万人，保险基金累计达2300万元。

1999年6月，全县农村社会养老保险工作移交县劳动和社会保障局管理。2001年，重点开展档案移交、资产清理回收工作，共整理核对档案273卷，新建档案40卷，清理追回纳入财政管理的资金655.7万元，办理固定资产移交130万元，收取保险金50.6万元。2002年，集中开展对全县农村养老保险基金的清查核对工作，共查阅缴费明细表6300卷，补记缴费记录3000余人，清查核对投保对象20万人。至2005年，全县参保人数达20.5万人，累计收缴保费3287.9万元，共为1.75万人发放基本养老金343.16万元。

医疗保险

1979年，按照《劳动保险条例》的规定，企业职工患病所需医疗费用全部由企业负担。1982年后，全县医疗开支过大，随着经济体制改革的深入，不少企业对医疗保险进行改革。至1985年年底，全县进行医疗制度改革的企业达70%以上。有的把部分医疗费定额发给个人，节约归己；有的把医疗费拨给指定医院，由医院承担。是年，全县机关、事业单位职工医疗开始实行全额报销。1988年，实行定点划片医疗，门诊费包干管理，住院费由公费医疗办公室统一管理。门诊费每人每年42元，超支部分事业单位自己解决，机关单位财政补贴50%，单位负担50%。住院费每人每年40元，超支部分医疗单位负担20%。1992年，全县制定"一定、一包、四挂钩"的公费医疗管理办法。1993年，县政府印发《关于改革公费医疗管理制度的暂行规定》。1995年，县政府印发《关于行政事业单位工作人员实行定点公费医疗的通知》，实行定点就诊、按年报销药费、发放定额补助、公费医疗包干，并与个人利益挂钩的办法。1997年，针对离休人员药费管理漏洞多、数额居高不下的实际，县政府印发《关于进一步加强公费医疗管理的意见》，对县直离休老干部实行"定点医疗、指标控制、据实报销、跟踪服务"的管理办法。当年节约公费医疗开支50万元。

2001年8月，建立惠民县医疗保险事业处，城镇职工医疗保险整体划归劳动和社会保障局管理。2002年，县政府印发《惠民县城镇职工基本医疗保险实施办法》及相关配套文件，全县企业职工医疗保险制度改革正式启动。2003年，全县参保单位111个，参保人数9882人，其中在职人员8271人，退休人员1611人。征缴基本医疗保险费737万元，其中单位缴纳579万元，个人缴纳158万元。基本医疗保险费划入个人账户320万元，进入统筹账户418.88万元。大额医疗救助金征缴48万元。是年，参保职工住院487人次，统筹金支付医疗费111.9万元，个人账户支付药费129万元。办理特种慢性病门诊医疗证13人，办理异地居住登记手续29人。2004年，全县参保单位161个，参保人数13225人，特种慢性病医疗门诊治疗由4种增至14种，办理特种慢性病门诊医疗证170人。2005年，全县参保人数达1.4万人，征缴医疗保险费1688万元，统筹金支付医疗费663万元。将14种特种慢性病纳入医疗门诊治疗，640名离休人员医疗费用纳入统筹。

失业保险

1988年起，全县实行职工待业保险基金制度。由原劳动服务公司负责待业保险业务。参加待业保险的范围是国有、集体企业职工，实行企业化管理的事业单位职工，其他企业中经劳动部门办理手续的职工。待业保险金由企业按单位职工标准工资额的1%缴纳，主要用于待业职工的待业救济金、医疗补助费、转业训练和生产自救费。国家机关、团体、事业单位按合同制工人标准工资的1%在事业费中列支。1992年，失业保险金收缴比例由按单位职工标准工资总额的1%缴纳，调整为按单位职工工资总额的1%缴纳。按照省政府《山东省职工待业保险办法》规定发放失业救济金：工作时间满半年不足2年的，发6个月失业救济金，每月50元；工作2年以上不足5年的，发12个月失业救济金，每月60元；工作5年以上不足10年的，发18个月失业救济金，每月70元；工作10年以上的，最多发24个月失业救济金，每月80元。1996年，按照省劳动厅《关于调整失业救济金发放标准的通知》要求，将失业救济金发放标准调整为按当地最低工资标准的75%计发，救济期限不变，每月不足120元的按120元发放。1997年7月1日起，按照地区劳动局《转发省劳动和社会保障厅、财政厅〈关于提高下岗职工和失业人员保障水平的通知〉的通知》要求，失业人员失业保险费每人每月提高到165元。1998年7月1日，按照山东省《关于做好下岗职工基本生活和再就业工作的通知》要求，将失业保险金缴费比例由全部职工工资总额的1%提高到3%，由企业单方负担改为企业和职工个人共同负担，其中，用人单位交纳2%，职工个人交纳1%。1999年1月，国务院发布《失业保险条例》，失业保险工作纳入法制管理轨道。

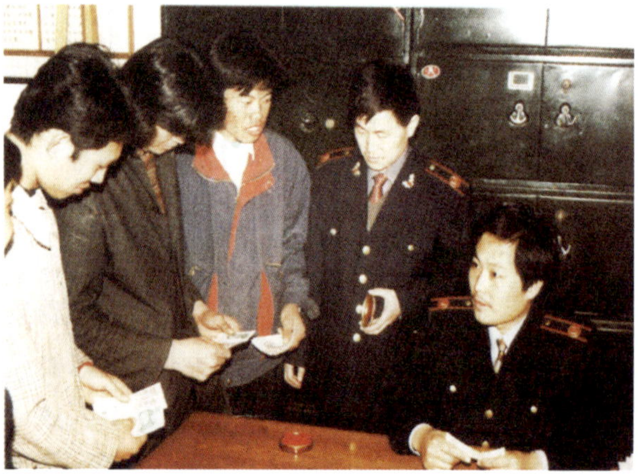

为职工办理社会保险

2000年，征缴失业保险金90万元。2001年，全县参加失业保险人数16478人，征缴失业保险金117万元，领取失业金人数6592人，支出失业金60万元。2002年，参加失业保险人数13717人，征缴失业保险金153万元，领取失业金人数1336人，支出失业金218万元。2003年，参加失业保险人数13717人，征缴失业保险金228万元，其中从企业征缴120.42万元，从机关事业单位征缴104万元。领取失业金人数705人，发放失业救济金233万元。2004年，参加失业保险人数15103人，征缴失业保险金196万元，领取失业金人数1471人，发放失业救济金210万元。2005年，全县参加失业保险人数15108人，征缴失业保险金271万元，领取失业金人数1282人，发放失业救济金251万元。

工伤保险

1985年起，全县企业职工工伤由所在单位负担费用，医疗费全额报销，工伤期间原工资照发，医疗终结，完全丧失劳动能力的办理退休手续。1996年8月起，执行劳动部制定的《企业职工工伤保险试行办法》，职工工伤待遇有较大提高。根据伤残程度划分为10个等级，1～4级为完全丧失劳动能力，与企业终止劳动关系，按月领取伤残补助金，其标准为受伤前12个月平均工资的75%～90%；5～6级为部分丧失劳动能力，企业不得解除劳动合同，如工伤职工同意，企业可按受伤前12个月平均工资的70%领取伤残补助金；7～10级为没有丧失劳动能力，工伤职工医疗费全额报销，根据伤残等级发放一次性伤残补助金。2000年7月，按照关于印发《惠民县企业职工工伤保险试行办法》的通知要求，开始实行工伤保险社会统筹。工伤基金以企业工伤事故的发生频率分别按职工工资总额的1.2%、1%、0.8%的比例缴纳，职工发生工伤事故按照规定从工伤基金中支付各项费用。2001年，征缴工伤保险费19.54万元，认定工伤20人，实施劳动能力鉴定99人。2004年1月1日起，全面实施新的工伤保险制度。是年，全县工伤保险参保人数达到7900人。2005年7月1日起，根据《工伤保险条例》《山东省贯彻〈工伤保险条例〉试行办法》的通知，调整企业工伤全残人员伤残津贴、生活护理费和供养亲属抚恤金。

生育保险

1989年年底前，全县企业女职工生育期间的医疗费和产假工资由所在单位负担。1992年4月，实施企业女职工生育基金社会统筹，全县69个县属统筹企业按女职工每人每月16元缴纳生育基金，女职工生育后，凭准生证、出生证拨付生育费600元。至2005年年底，全县参加生育基金统筹企业共112家，参保职工16313人。累计征缴生育保险费115万元，支付生育保险费用113万元。

第十九编　教　育

1979年，全县有幼儿园106所，在园幼儿3102人；小学753所，在校学生51067人；初中176所，在校学生21619人；普通高中22所，在校学生5613人；普通中等专业学校1所，在校学生300人。共有教师2775人，其中幼儿教师118人，小学教师1652人，初中教师765人，高中教师187人，中专教师53人。是年，开始落实知识分子政策，尊师重教氛围初步形成，教师待遇相应提高。1981年12月，惠民县聋哑儿童教育学校创立，校址设县第二农技中学，为全区第一所特殊教育学校。1987年，全县95%的农村中小学实现校舍、院墙、大门、操场、厕所、课桌凳六配套。1988年，进行以双向选择为核心内容的农村中小学“三制”（校长选聘负责制、教师聘任制、教育岗位目标责任制）改革。1989年，依法实施普及九年制义务教育。1990—1993年，全县筹集资金3000余万元，完成农村中小学校舍改造，80%的学校实现规模、校舍、课桌、操场、校园环境五达标，并通过省政府验收，成为全省率先完成农村中小学校舍改造任务的县（市）之一。1994年，完善和深化学校内部管理体制改革，实行“五定”（定规模、定编制、定经费、定岗位、定工作量）基础上的“四制”（校长负责制、教职工聘任制、岗位目标责任制、校内结构工资制）改革；开始实施“两基”（基本普及九年制义务教育、基本扫除青壮年文盲）工程。1997年，全县完成扫除青壮年文盲任务。1998年，“两基”工作通过省教委验收，在鲁北地区率先实现九年制义务教育，被国家教委表彰为全国“两基”工作先进县。同年，进行教师聘用改革，实行以综合考核决定教师任免评聘的教育内部管理体制，在全省引起较大反响。2000年，在全国著名经济学家、教育学家于光远先生的关怀支持下，创办了国办民助性质的寄宿学校——山东光远中学，一个以政府办学为主体、社会各界共同参与、公办与民办学校共同发展的办学新格局初步建立。2002年，县属一中和四中、二中和三中实施整体合并，高中教育在调整中发展，教育资源得到进一步整合。义务教育完成“五四”学制向“六三”学制转变的学制改革，实现了真正意义上的“普九”。2003年，县政府出台《关于加强教育系统人员县内流动管理的暂行规定》《关于教育系统留住人才、引进人才的暂行规定》，决定每年由县财政拨付50万元资金，对做出突出贡献的专任教师发放政府津贴，同时授予“惠民县优秀园丁”称号。2004年，在公正、公平的原则下，通过公开招考的形式为县直学校增编125名教师，既满足了师资需求，也稳定了教师队伍。2005年，全县开展“课堂教学效益年”活动，推广富有实效的课堂教学方法，从而促进教育教学质量的提高。是年年底，全县有幼儿园308所，在园幼儿18906人；完全小学124所，小学教学点18个，在校学生40364人；初中23所，在校学生20735人；普通高中2所，在校学生8349人；聋哑学校1所，在校学生33人；普通中专学校1所，在校学生424人；国办民助学校1所，在校学生972人。共有在编教育职工5248人，其中专任教师小学2430人、中学1823人。

第一章　基础教育

第一节　学前教育

1979年，惠民县托幼领导小组成立，于县妇联设幼教工作办公室，各公社相应设立托幼领导小组。全县有幼儿园（所）106处，收托幼儿3102名，入园率10.3%。1981年，根据中共中央书记处把抚育、培养、教育儿童少年的牵头工作交给妇联的决定，县妇联全面接过幼儿教育的管理工作。随着农村联产承包责任制的实行，人民生活水平有了较大提高，让子女尽早接受教育的观念逐步深入人心，大力兴办幼儿园势在必行。1984年8月，全县农村托幼工作现场会在申桥乡大王幼儿园召开，推广该乡大面积兴办村幼儿园（所）的经验。1986年起，贯彻落实省托幼工作会议精神和省政府《关于加强托幼工作的意见》，确定一手抓发展，一手抓提高的方针，幼教事业得以稳步发展。1990年12月，幼教工作由县妇联移交教育部门主管。1992年，县政府下发《关于加强托幼工作的通知》，明确教育、卫生、财政等部门对幼教事业的职责，并就建立健全县、乡、村三级幼教管理机构和托幼经费、保教队伍建设、创办县乡示范园（所）等做出明确规定。1993年，贯彻《滨州地区托幼工作管理规定》，制定惠民县幼教事业“八五”发展规划，层层抓落实，幼教事业有了较快发展。1996年，县教委下发《关于加强学前教育工作的意见》，确立多渠道办园，让更多孩子接受学前教育。1997年，针对部分乡镇幼教改革走弯路，许多村办园（所）纷纷停办的状况，在石庙镇召开全县农村学前教育工作现场会，使幼教事业下滑势头得到有效遏制。此后，幼教事业在健康有序地稳步发展。2005年，全县有幼儿园（所）308处，收托幼儿18906人，入园率达72.9%。

幼教师资建设　1979年，全县共有幼儿教师118人，其中幼师毕业者仅8人，学历达标率11.3%。且多为办园单位自行聘用，年龄偏大，文化水平较低。1980年，博兴师范幼师专业开始招生，1985年，县职业高中开设幼师专业，1987年，地区电大中专部设幼儿教育专业，均为县内幼教师资的充实和提高提供了保障。至1990年，全县幼儿教师836人，学历达标率45%。1992年，《惠民县幼儿园园长、教师资格审定暂行办法》出台，该办法不仅对园长、教师资格提出明确要求，还对教师制定竞争、考核、择优的聘用原则，并鼓励幼儿教师利用函授、自考、夜大等形式在职进修。1993—1995年，县教委委托博兴师范培训300余名幼儿教师，使全县幼儿教师的整体素质有了较大提高。1998年起，县教委对幼儿教师进行专业考试、面试，合格者发放任职资格证书，通过考核择优竞争上岗。2005年，全县有幼儿教师809人，其中具有大专以上学历者297人，学历合格率达74%。

教学及其研究　县内幼儿园（所）的班级设置，均执行国家教育部发布的《幼儿园工作规程》标准。一般幼儿园设有小班（3～4周岁幼儿25人）、中班（4～5周岁幼儿30人）、大班（5～6周岁幼儿35人）；规模较大的幼儿园除小、中、大班外，还设有托儿班（招收3周岁以下的幼儿）；规模较小的幼儿园一般只设混合班（3～6周岁幼儿30人）。有些小学或幼儿园招收的学前一年（6～7周岁）的幼儿班为学前班。幼儿园一般开设健康、语言、计算、社会、科学、美术、音乐、体育等课程，个别幼儿园还增开英语、计算机、学具等课程。1981年，因发展需要，县、乡两级教育行政部门配备专（兼）职幼教教研员。1985年，惠民县幼教研究会成立。1990年，县、乡建立二级教研网络，均配有专人负责幼教教研工作，定期开展教研活动。至2005年，先后承担《全国贫困农村学前教育现状的调查与研究》《幼儿园整体优化课程实验》《幼儿园双语教学研究》《幼儿园民间艺术》等多项国家级和省级实验课题，并通过验收。在省幼教教学能手评选中，有1名教师获省教学能手称号。在省优质课评选中，有2名教师分获二、三等奖。在省幼教论文评选中获一等奖6篇，二等奖23篇，三等奖131篇。在国家级刊物发表教研文章17篇，省级刊物发表教研文章211篇。

设施与园（所）分类 1979年，县内幼教事业处于起步阶段，农村园（所）十分简陋，“黑屋子、土台子”非常普遍，有的甚至以大树下当教室，桌椅等教学设备更无从谈起。城镇园（所）规模较小，只有教室和简易桌凳等设施。1985年，全县幼儿园（所）实行分类管理。具体操作为制定一、二、三类园（所）标准，定期对园（所）进行检查验收，评定类别，一类园（所）挂牌表彰。1988年，全县幼儿园（所）基本实现教室、桌凳配套，部分园（所）配备标准桌椅，有2所幼儿园达到活动室、游艺室、办公室三配套。1991年，县教育局印发《幼儿园、学前班设置办法》，要求幼儿园、学前班须有独立院落，村办的要设幼儿活动室、教师办公室、厕所、室外活动场地和绿化地，乡镇中心幼儿园和城区一般幼儿园需增设游艺室、寝室、盥洗室、伙房、贮藏室、园长办公室等，城区示范园还要增设音体室、资料室、保健室、隔离室、值班室等。并要求各园（所）参照国家教委印发的《幼儿园教玩具配备目录》配备教具、玩具。1993年，县教育局下发《关于对幼儿园（所）实行分类管理的通知》，重新制定《幼儿园（所）分类标准》，决定一类园由地区验收认证，二、三类园由县验收认证，并对各类幼儿园在房舍设置、活动场地、玩教具配备等提出更高要求。1997年，农村幼儿园布局调整，规模小不能分班教学的园（所）合并，扩大办园规模，实现分班教学。合理配置幼教资源，改善办园条件。2000年，地区教委、物价局、财政局联合下发《关于公布滨州地区示范幼儿园（规范化乡镇中心幼儿园）、地级一类幼儿园办园标准的通知》，惠民县开始依此标准创建示范幼儿园。2005年，全县创建省级实验幼儿园1所，市级示范园4所，规范化乡镇中心园1所，十佳园1所，地级一类园28所。

1979—2005年惠民县幼儿教育情况表

表19－1

年度	幼儿园数（所）	入园率（%）	幼儿教师数（人）	教师学历达标率（%）
1979	106	10.3	118	11.3
1980	131	18.1	156	11.8
1981	160	19.3	190	19.0
1982	173	21.2	203	18.6
1983	181	20.4	231	10.3
1984	301	22.3	361	17.6
1985	421	28.9	472	19.0
1986	517	36.0	539	13.1

续表 19－1

年度	幼儿园数（所）	入园率（%）	幼儿教师数（人）	教师学历达标率（%）
1987	603	42.8	637	18
1988	609	45.8	692	29
1989	700	37.3	739	41
1990	801	53.6	836	45
1991	832	60.4	866	57
1992	836	73.00	873	61
1993	841	74.00	891	67
1994	853	77.00	903	72
1995	870	74.7	906	73
1996	873	77.9	977	76
1997	341	74.3	331	53
1998	320	63.1	361	42
1999	329	65.1	390	47
2000	278	68.1	427	56
2001	270	69.7	560	61
2002	206	71.1	563	62
2003	273	72.3	573	66
2004	278	73.1	783	73
2005	308	72.9	809	74

第二节　义务教育

普及初等教育　1979 年，全县计有小学、初中 929 所，在校学生共 72686 人。1981 年，省委、省政府下发《贯彻执行中共中央、国务院关于普及小学教育若干问题的决定的通知》。通知要求全省大部分地区 1985 年前要基本普及小学教育，有条件的县市还要逐步普及初中教育。县政府制定普及初等教育规划和措施，除财政投资外，还以集资、捐款、献工献料等方式筹资进行农村中小学校舍改造。1987 年，全县基本实现“校校无危房，班班有教室，学生人人有课桌凳”的目标，95%的中小学达到校舍、院墙、大门、操场、厕所、课桌凳“六配套”。1988 年，初等教育在县内基本普及，学龄儿童入学率 98.5%，巩固率 99%，毕业率 97.9%，普及率 97%。

实施九年制义务教育　1990 年，惠民县开始实施九年制义务教育，县教育局每年组织义务教育宣传月活动，逐步形成全社会依法治教、依法施教、依法兴教的共识。出台《关于制止学生流失的通知》，每年组织两次中小学入学大检查。1994 年，全县实施“两基”工程，加大教育投入，调整学校布局，改善办学条件。1997 年，县教委建立行政执法责任制，把制止学生流失、普及九年制义务教育列为乡镇教委、中小学考核的重要指标，各乡镇均对学校、政府、社会、家庭依法保障少年儿童接受义务教育制定硬性规定。1998年，全县实现普及九年制义务教育目标，通过省政府验收，成为惠民县教育发展史上的重要里程碑。“普九”程度为：适龄儿童入学率99.7%，小学毕业生升入初中的比率97.7%，毕业班学生毕业率小学98.9%、初中98.4%；小学、初中专任教师学历合格率分别为99.4%、86%；小学、初中生均校舍面积分别为5.9平方米、6.3平方米，实验室及其他设施均符合山东省学校校舍改造及验收暂行标准，教学仪器配备达国家II类标准，音体美器材均符合国家教委配备目录要求，生均可借阅图书完全小学11册、其他小学5册、初中15.6册。2002年，义务教育阶段实现由“五三学制”（小学五年、初中三年）向“六三”学制（小学六年、初中三年）的转变。2004年，中小学开始实施新课改，逐步统一使用新课程改革教材。实现7周岁入学向6周岁入学平稳过渡。2005年，义务教育阶段课程改革全面铺开，新课改向纵深发展。

调整中小学布局 1980年，鉴于县内小学、中学布点分散、规模小、班额少、办学效益低、教学质量难以提高的状况，调整小学、中学布局。全县22所高中保留3所，余则改为公社初中，165所联办中学（初中）改为小学高级班。1994年年初，为优化教育结构，发挥整体办学效益，调整农村小学布局，全县撤并小学250所，穿插编班325个，杜绝三级复式教学。同年，实施“两基”工程，再次撤并农村小学249所，全县调整为144所完全小学、444个教学点，70%以上的小学生纳入定点学校学习，改变了农村小学布点分散、规模小、效益低的局面。24所初中合并为21所，扩大了办学规模，改善了办学条件。1998年，全县学校布局调整现场会在何坊、魏集两乡镇召开，推广先进经验。2000年，全县撤并教学点276个，农村学校布局得到进一步优化。2005年，全县完全小学、初中分别调整到124所、21所，95%的农村中小学集中在乡镇政府和办事处驻地。

小学教育 1979年，全县有小学753所，在校学生51067人。1981年，县建立实验小学，公社建立中心小学。1985年，县内小学增至1110所，在校学生73592人，学龄儿童入学率97.18%。学龄儿童入学率、普及率、巩固率、毕业合格率均达国家教育部规定的初等教育标准。1989年，开展复式教学教研活动，全县小学总班数2546个，其中复式班337个。1990年，县内教育确立以实现“两基”为重中之重的发展战略，遵循“分乡镇规划，分类指导”的原则，有步骤地实施九年义务教育，小学教育的改革与发展首当其冲。至1997年，全县小学适龄儿童入学率达100%，小学毕业生升入初中的比率为97%。1998—2001年，教育改革逐步深化并不断取得新进展，小学教育分级办学、分级管理的体制得以确立和初步完善，办学规模明显扩大，教学质量和办学效益有所提高。2002年，义务教育阶段完成“五三”学制向“六三”学制的改革，小学教育更加规范与有序。2005年，全县有完全小学124所，教学点18个，在校学生40364人。

初中教育 1979年，全县有初级中学176所，在校学生21619人。1980年，县内中小学布局调整，通过撤销、合并、停办、改办等形式，有165所联办初中改为小学高级班，初级中学全县减少到21所，小学附设初中班的减少到2所。1991年，初级中学开始推行资源共享提高使用效益，转换学校运行机制提高管理效益，深化教学改革提高育人效益，加大教育投入提高办学效益等措施，落实中学教育即提高国民素质的宗旨，从而使基础教育从“应试教育”逐步转向“素质教育”。2005年，全县有初中23所，其中13所被评为省、市规范化学校。

民办基础教育 2000年，县职教中心在全国著名经济学家、教育学家于光远的关怀和支持下，采取边建设、边招生、边引资的办法，投资200

余万元，创建了国办民助性质的寄宿学校——山东光远中学，民办教育在县内经济欠发达的情况下开始破题，标志着惠民县的教育事业步入了新的发展时期。2003年，惠民县天使学校创建，民办教育进入新的发展阶段。

第三节　高中教育

1979年，全县有高中22所。1980年，针对高中师资分散、财力不足、教学质量编低的状况，高中学校进行调整，全县保留惠民一中、二中、三中3所高中，其余均改为公社初中。1986年，3所高中共有在校学生2328人，教职工240人，高考本科录取15人，万人比0.284人。1992年，根据省会考办的要求成立县高中会考办公室。1993年，进一步加强高中教育教学管理与改革，对各高中实施目标管理，实行高中招生预选截留，保证生源质量。1994年10月，县一中升格为副县级事业单位。1995年起，全县高中招生采取统一命题、统一阅卷、统一划定分数线录取。1996年，在学校布局调整中恢复原惠民四中，原二中由桑落墅镇暂迁县教育中心，并开始在县城建设规模为36个教学班的第二中学新校园。1997年，新建二中招生600人，并成为地级规范化学校。是年，全县高中招生3332人，比1986年增加1004人。高中教学质量取得突破性成果，高考本科录取158人，为历史最高水平，录取率高出全区14.6个百分点，万人比2.56人，位次由原来全区倒数第一上升到全区第四位。1986—1997年，高考本科录取共1020人，专科录取共3258人。1999年，高等学校大规模扩招，促进了高中教育的发展。县职业中专开始试办综合高中班。各高中均扩大招生规模，全县招生达3200人，在校学生达16121人，创历史新高。2000年，本科上线考生327人，有3名学生考入清华大学。2002年8月，实行高中联办，四中合并到一中，三中合并到二中，优化了高中教育资源，提高了整体办学水平。2003年，县一中并购原惠民师范学校，教育资源得到进一步整合。是年，高考本科录取人数860人，比2002年增加255人，其中县二中考入复旦大学5人；县一中升入本科院校495人，在全市高中学校中列第三位。2004年，高一实施学业水平考试。2005年，全县普通高中招生2800人，在校学生万余人，高考本科上线819人。2003—2005年，全县共有2412名高中毕业生被本科院校录取，超过之前10年总和。

1956年建于李庄村北的惠民县第三中学

第四节　特殊教育

1982年12月27日，县文教局在县第二农技中学（校址在原香翟乡驻地）创办惠民县聋哑儿童学校，为全区第一所特殊教育学校。学校有教师5人，面向全区招生，当年招生14人。实施小学教育，学制六年，设语文、数学、体育和职业劳动四门课程。经费、教师工资均由县财政拨付。1997年，聋哑学校迁至县城第三实验学校。2005年，学校建筑面积630平方米，生均建筑面积20平方米。教学设备有微机10台，自然仪器178件，教学仪器39件，律动器材2件，体育器材57件，美术器材17件，语文教具和通讯器材一部分，总价值6万余元。有教职工12人，其中专职教师6人，特师毕业生6人，学历全部达标。开设语文、思品、数学、常识、美工、体育、律动、劳动八门课程。有三个教学班，共有学生31人，其中二年级12人，四年级10人，五年级9人，大部分学生在校住宿。另有随班就读残疾儿童53人。建校23年间，为社会培养了一批残而志坚的有用人才。

第五节　重点学校

惠民县实验幼儿园　始建于1954年，为惠民地区最早的寄宿制幼儿园。原由县委办公室主管，1991年移交教育局管辖。1999年，县财政投资250万元，建成面积2736平方米的幼儿综合教学大楼。大楼设置合理，安全、无污染、无噪音，是一座融教室、活动室、寝室、盥洗、阅览室、备课室、档案室、保健室于一体的较为现代化的幼儿教育园地。2002年，该园严格落实园长、教师、后勤人员岗位责任制，实行以“决策发挥民主职能，善纳各方意见，工作集思广益，同心争创佳绩”为核心理念的管理制度。2003年，多方筹资为每个班级购置了钢琴、VCD、电视机，配备了多媒体，建起微机室。同年，通过省级实验幼儿园达标验收。2004年，被评为滨州市十佳幼儿园。2005年，全园有教职工30人，教师学历全部达标并持证上岗。其中本科学历4人，专科学历18人。

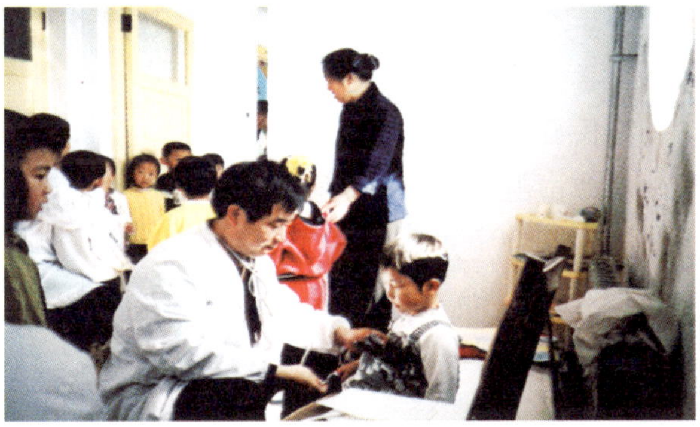

定期对幼儿健康查体

县实验幼儿园坚持“一切为了孩子”的办园方针，以“科研兴园”为目标，先后承担和完成国家级实验课题《幼儿智力学具研究》《幼儿民间艺术教育系统工程研究》，省级实验课题《幼儿民间艺术教育理论与实践研究》《幼儿科学与艺术启蒙教育整合实验研究》。曾荣获省实验课题先进科研单位、滨州市学前教育先进集体、滨州市优秀家长学校等称号。

文艺演出

惠民县第一实验学校　位于县城鼓楼街19号，创立于1940年，历经沧桑60余载，发展为集中学、小学、幼教为一体的现代化综合学校。2005年，有教学班54个，其中初中班16个、小学班32个、幼儿园大班6个，在校学生共2900余人。有教职员工177人，其中特级教师2人，高级教师27人，中级教师44人，省级教学能手2人，市级教学能手及学科带头人45人，80%以上专任教师达到市县级教学能手和优质课水平，教师学历全部达标。

县第一实验学校

学校占地面积2.6万平方米，建筑面积14084平方米，生均教学用房面积5.03平方米。伴随着信息实验楼的建成，高标准的理化生实验室、微机室、语音室、电子阅览室、电子备课室、会议室、音体美活动室、劳技活动室等均达到一类标准，且大部分教室配备了网络化多媒体设施。实践中，学校形成“精神感召人、制度规范人、情感感动人、实践锻炼人、活动引导人、评价激励人”的办学思路，确立“踏实、敬思、尚真、创新”的学风。立足自身实际，相继出台50余项制度规定，确定“三级考核、分层管理”的管理模式，使学校走上“以德治校”“依法治校”的良性发展轨道。被表彰为省级文明单位、省艺术教育示范学校、省雏鹰行动示范学校、市规范化学校、市教育信息示范化学校、市教学示范学校、市体育传统项目学校、市普通话示范学校、市教科研先进单位、市团队工作先进单位、市综合治理先进单位等，被确定为山东省教育科学“十五”规划重大课题《研究性学习理论与实践》《欺负性行为研究与干预》重点实验基地。

惠民县第三实验学校 位于县城车站路245号，占地面积19376平方米，建有教学楼两幢，建筑面积5000平方米，总资产350余万元。2005年，有21个教学班，学生1238人。教职工63人，其中本科学历的9人，大专学历的35人，中专学历的19人，具有中教高级职称的6人，具有中级职称的22人。学校以“严谨治校、规范管理、面向全体、五育并举”为治学方针，以“拼搏、奉献、求实、奋进”为校训，树立“团结、进步、求实、创新”的校风，在内部管理、素质教育、教改教研等方面均有所突破。1995—2005年，学校有3人次获得国家级奖励，有35人次获得省级奖励，80人次获得市级奖励，170人次获得县级奖励。获得山东省工会工作先进单位、山东省女职工工作先进单位、滨州市校产管理优秀单位、滨州市普法工作先进单位、滨州市思想政治工作先进单位、滨州市校务公开先进单位、滨州市民主管理先进单位、滨州市综合治理先进单位、滨州市绿色学校、惠民县文明单位、惠民县教育教学优胜单位等称号，《大众日报》《滨州日报》多次刊登该校有关文章和照片。

惠民镇中学 位于惠民镇政府办公楼东侧，占地面积62479.5平方米，总建筑面积31053平方米。2005年，学校拥有26个教学班，在校生1205人，教职工112人，其中高、中级教师88人，县级以上教学能手、学科带头人50人，本科学历76人，学历达标率100%。

1996年，建成面积为4280平方米的教学大楼，实现“两基”达标。2002—2003年，投资16万元建成多媒体教室两间；投资10万元新建微机教室一间；投资14万元对校园环境进行美化、绿化和知识化建设；投资40万元建设校园网，补充完善音美教室、劳技教室等各类专用教室，在教学区域设置科普文化长廊，形成良好的文化氛围和育人环境。2005年，多方筹资400余万元，建成3800平方米的公寓餐厅和1600平方米的实验中心楼。

惠民镇中学以“让学生成才，让家长放心，让社会满意”为己任，全力打造农村初中教育品牌，先后获得省级规范化学校、省级绿色学校、市级示范学校、市教学示范学校、市德育工作示范学校、市十佳节约型学校、市实验室及实验教学管理示范学校、市教育信息化示范学校、市教科研工作先进单位、市校舍设施维护管理优秀学校、市文明单位、市交通安全示范学校、市校舍设施维护管理和校园园林绿化工作先进单位、市学校卫生综合管理先进单位、市义务教育十佳学校、市学校民主管理先进集体等称号。

惠民县第一中学 创建于1952年，座落于惠民县城西南隅，占地面积300亩，建筑面积9.2万平方米。2002年，县第四中学并入该校，拓展了学校发展空间，增强了学校整体实力和规模优势。2005年，有教学班82个，教职工350人，在校学生5000余人。

1990年前的惠民一中校园

县第一中学是一所拥有现代化教学设施、办学水平一流的市级重点中学和省级规范学校。建校54年来，以全面贯彻党的教育方针、培养学生全面发展为办学宗旨，开拓创新，锐意进取，形成一支素质优良的教师队伍，教育教学质量居全市前列，为高等院校和社会各行业输送了大批优秀人才。获得山东省省级规范化学校、山东省教书育人先进单位、山东省教育先进集体、山东省体育传统项目优秀学校、滨州市教育工作先进集体、滨州市文明单位、滨州市普法工作先进集体等称号。

1991年，惠民一中完成校舍改造任务，跻身全省校改“十佳学校”。图为一中校景

惠民县第二中学　位于县城文安路，占地120亩，为1996年新建的国办高级中学。2005年，有59个教学班，在校生3900余人。有教职工300余人，其中高级教师60人，中级教师120人，全国优秀教师5人，省级优秀教师和先进教育工作者20人。

县第二中学教学楼

坚持高标准现代化办学，教学设施完备齐全，闭路、双控多媒体系统与各教室联网，多媒体教室、微机室、实验室、图书阅览室容量大、标准高，音乐室、美术室、训练房、体育场设备齐全且量多。建校9年来，在生源基础较差的情况下，本科上线人数连年飙升，向清华、北大、南开等名牌大学输送30余名学子，2002年美术本科上线人数名列全市第一名，2003年高考音乐单科成绩列全市第三名。为支援中国西部开发，为西藏自治区培养学生两批，大部分考入全国名牌大学。已挂牌成为国际学联留学俄罗斯人才培训基地，培养的学生开始走出国门。学校先后荣获山东省学校民主管理先进单位，滨州市现代教育技术示范学校、规范化学校、社会治安综合治理先进单位、五四红旗团委、节约用水示范单位、卫生先进单位等称号，曾获得滨州市艺体教学质量优胜奖、教育教学质量优秀奖。2004年、2005年连续两年被评为市级文明单位。

第二章　职业教育

第一节　师范教育

1979年，是山东省惠民师范学校（以下简称“惠民师范”）恢复招生考试择优录取制度的第三年，其教学逐渐步入正规。1981年，惠民县文教局创办教师进修学校，学制两年半，主要对在职中小学教师进行政治、文化、教育理论、教学方法和小学行政工作等脱产培训，使未达中师程度的青年教师达到合格学历（中师），成为师范教育的补充。

1986年始，惠民师范进行校舍改造，1992年，基本完成校改任务，1994年，通过国家教委暨12省市联合检查，1997年，通过省级规范化验收。12年间，共为全区中小学输送合格教师3620人。1998年，全面启动学校现代化建设工程，鼓励支持教师提高学历层次，攻读研究课程。1999年，经山东省教育厅批准，招收五年制小教大专班，开始由三年制中师向五年制大专师范教育体制过渡。2000年，开展师范教育现代化研究，组织全体教师学习现代化教育教学理论，转变观念，更新思想，深化教育教学改革，全面实施素质教育。并投资100余万元购买现代化教学设备，举办以使用多媒体电化教育手段辅助教学为主要内容的培训班。是年年底，有22位教师完成研究生课程进修班的学习。2001年，扩大招生规模，继续完善五年一贯制大专专业的设置，在校生达到1500人。学校被评为地级文明单位、师范建设先进集体。2003年，滨州市调整中师布局，惠民师范整体性并入滨州学院，闲置资产全部转让给惠民县第一中学。

惠民师范

校舍改造 1986年，惠民师范建教工宿舍850平方米，男生宿舍楼2763平方米。1987年，建教工宿舍845平方米。1988年，建实验办公楼2130平方米。1989年，建教工宿舍942平方米，图书办公楼2615平方米。1991年，建音美教学楼2242平方米，扩建教学楼562平方米，新建女生宿舍2282平方米。1992年，新建教职工宿舍楼1394平方米，扩建餐厅460平方米，改建400米炉渣跑道体育场，砖铺篮球场6个，足球场1个，美化学校景点4处，绿化面积达4995平方米。至2003年，共投资600余万元，高质量完成校改任务，实现规模、校舍、桌凳、操场、校园环境“五达标”，曾连续三年在全区校产设施维护维修工作检查验收中被评为优秀等级。

管理体制改革 1993年9月，根据滨州地委、行署印发的《关于加快教育改革和发展的若干规定》，制定《惠民师范关于学校内部管理体制改革的实施意见》，并经四届三次教代会讨论通过。意见以人事制度改革和分配制度改革为重点，以全面转换学校内部运行机制和提高办学水平为核心，实行校长负责制、岗位责任制、教职工聘任制和结构工资制，把竞争机制引入人事管理，对教职工队伍进行优化组合。根据学校设定的岗位，校长本着公开、平等、竞争、择优和双向选择的原则聘任教职工，领导、教师、职工层层设置岗位目标和职责，把教职工的职责履行和目标完成情况及工作量大小同工资挂钩，拉开分配档次。建立学校考评领导小组，实行定性与定量相结合、工作质与量相结合、教育与教学相结合、教师与学生相结合、领导与群众相结合的评价体制，对教职工的劳动成果进行客观公正的评价，评价结果与报酬、评优、职称评定挂钩，并作为续聘和解聘的重要依据。管理体制的改革，调动了教职工的积极性和主动性，使学校充满生机与活力。

教学常规建设 1986年7月，惠民师范制定《教学常规》，分13个问题56条明确规定教育教学各个环节的基本要求。1991年，根据地区教委颁布的《滨州地区教学常规基本要求》对《教学常规》进行修改，在全校教师中开展“四达标”（学历、教育理论、教材教法、教学基本功）、“五创优”（优质教案、优质课、优质作业批改、优质课外活动、优秀教研成果）和评选青年教学能手活动。1993 年，省教委颁布《山东省中等师范学校教学常规》《山东省中等师范学校课堂教学评价方案》，学校制定相应的具体落实意见。教学常规的规范化建设，促进了教师教学水平的提高。

规范化学校建设　1995 年 6 月，山东省中师规范化建设现场会在淄博和东营召开后，滨州地委、行署确立 1996 年惠民师范达到省规范化标准的目标，并加大资金投入，用于硬件建设。是年投资 67 万元，1996 年，投资 268 万元，用于购买音、体、美和电教、实验器材及图书资料，建起微机室、演播室，安装了闭路电视系统，实现硬件建设完全达标。按照《山东省中等师范省规范化学校评定细则》，强化教师队伍建设、德育管理、教学教研及后勤服务等工作的规范管理，使“软件”建设基本达标。1997 年 5 月，省中师规范化建设领导小组对学校进行全面验收，认为惠民师范在创建省级规范化学校的过程中，做到了软件硬化、硬件强化、管理实化、质量优化，达到山东省中师规范化学校标准，顺利通过验收，成为山东省第 12 所鲁北第一所省级中师规范化学校。

德育管理　1986 年，惠民师范成立以党支部书记为组长的德育领导小组，全面负责学生德育工作。1992 年，健全德育机构，建立由政教处、教务处、团委、班主任组成的相对稳定的德育管理队伍。并搭建学校、家庭、社会三位一体的德育网络，形成坚持课堂教育和课外教育相结合、以课堂教学为主渠道、辅以丰富多彩的实践和社会活动、把正面教育和严格管理相结合的德育模式。同时，把竞争机制引入德育工作，制定以德、智、体、美、劳为内容，以落实《中师生守则》《中师生行为规范》为重点的《班级量化管理暂行规定》，把量化成绩与班主任津贴和班级管理等级、学生奖学金和操行等级挂钩，充分调动了班主任和学生的积极性，增强了上进心和荣誉感。

校产管理　1992 年，惠民师范成立校产管理委员会，设置总管理员和部门管理员。1993 年暑假，管委会对学校校舍和其他设施重新进行登记、编号、设卡、建账，做到账物相符，账账相符、账卡相符。制定《学校校产管理办法》《校产设施使用量化管理实施细则》《总管理员职责》等管理制度。工作中，严格按岗位目标要求，责任到人，形成校产设施的购置、登记、使用、检查、奖惩一条龙管理机制，保证了校产设施管理的规范化。1997 年，微机管理引入校产管理，管理水平显著提高。至 2003 年，该校校产管理井井有条，深得社会各界广泛赞誉。

第二节　职业技术教育

1986 年，全县有县办农业技术学校 2 所（职业中专和职业高中），共有 16 个教学班，在校生 665 人，主设农业、林果两种专业。同年，开始筹建第三职业中学，由教育局与劳动部门合办，主要用于培训待业青年。1988 年，成立县教育中心。是年，县政府就职业学校毕业生就业安排出台 11 项优惠政策。各学校面向社会经济需求设置专业：教育中心开办纺织大专班；职业中专增设幼师班 50 人，并与卫生局联合增设医士专业，招生 100 人；职业高中与劳动局合办，增加烹饪、保全两个专业。1990 年，职业教育由原来的上挂下联、依靠高等学校联合办学、部门单独办学改革为集中办学、综合办学，各部门根据人才培训计划与职业学校签订培训合同。教育中心共开设棉纺、机织、食品加工、建筑、烹饪、商经等主要专业 6 个；职业中专和职业高中开设农林牧、机电维修、幼师等 5 个专业。全县推进初中段职业技术教育，实行初三分流和“双证书制”，在职业学校办起“3＋1”（三年初中文化知识学习，一年职业技术培训）职教培训班，全县职业学校在校生达到 1402 人。1992 年，职业教育走社会办学、行业办学、部门办学多方联合的路子。是年，职业中专经地区教育局批准增设林果两年制专业。全县职业教育专业达 15 个。1996 年 3 月，县职业高中与职业中专并于县教育中心，并将县教育中心改建成为集职业中专、职业高中、成人中专、教师进修学校于一体的职业教育中心。原职业高中改为实验实习基地。劳动技校与职教中心分离，改由县政府领导、劳动部门主办。改革职业学校招生办法，与普通高中招生并轨，分报志愿同时录取，并将职业教育列入对各初中教育工作考核的任务目标。1997 年，县职教中心开设职业教育专业 6 个，在校生 450 人。

1998 年 5 月，县职教中心进行内部体制改革，在校生总数 1071 人。1999 年 11 月，全县对高三、初三学生实行职业教育分流，县职教中心在校生达到 840 人。同年 12 月，县职教中心通过“省重点职业中等专业学校”验收。2000 年 2 月，县职教中心继续深化以人事制度为重点的内部管理体制改革，学校内部活力得到激发。2001 年 3 月，县职教中心与青岛海龙职业学校签订联合办学协议。2005 年，县职教中心实行毕业证和职业资格证书制度。开设专业有机电、焊接技术、钳工、数控技术、制冷、计算机应用、财会、服装设计与制作、学前教育等，其中机电和计算机应用专业为市级骨干专业。同年，县职教中心被省政府批准为滨州市唯一一家外派劳务服务中心。

第三节　劳动技校

1988 年，经省劳动局、省编委批准，成立惠民县技工学校，与县教育中心合署办学，劳动局负责招生、毕业分配，教育中心负责教学指导。当年开设纺织保全和砖瓦抹灰 2 个专业，招生 100 人。1989 年，开设纺织保全、商品经营、砖瓦抹灰和烹饪 4 个专业，共招收学生 350 人。对农业户口中招收的学生采取定向招生、定向培训、定向分配的形式。1990 年 7 月，技工学校被县政府确定为正科级单位，隶属县劳动局领导。是年，开设 3 个专业，招生 140 人。1991 年，开设 3 个专业，招生 120 人。1992 年，开设 2 个专业，招生 91 人。1993 年，开设 3 个专业，招生 116 人。1994 年，开设 2 个专业，招生 78 人。1995 年，开设 1 个专业，招生 40 人。

1996 年 3 月，县政府将技工学校划归劳动局独立办学。当年开设微机文秘、会计统计、外经外贸、服装制作 4 个专业，招收学生 240 人。1997 年，建成 2306 平方米的教学楼，购置微机、缝纫机等教学器材。开设专业 4 个，招收学生 200 人，安置就业 110 余人。

1998 年，劳动技校组建培训开发处，根据市场需求进行人才短期培训。1999 年，技校与劳动就业训练中心合署办公，大力开展下岗职工职业技能培训，共培训 717 人，涉及 5 个专业。同年，举办中专函授班一期，招生 50 人；举办制丝班一期，培养 50 人；与山东大学联合举办外经贸大专班，培训 50 人；与县财政局联合举办会计电算化培训班，培训 145 人；与县农业局、团县委联合举办跨世纪青年农民培训班 2 期，培训 500 余人；与县劳务合作公司联合举办输出前培训，培训 300 余人。1999—2000 年，劳动技校被确定为计算机能力等级培训点，共培训 27 期 724 人。对计算机文字录入、家电维修、服装设计与制作、美容美发、发电等专业的 500 余人进行初、中级职业技能鉴定，并颁发相应的技术等级证书。

2001 年，加大对特殊工种和准入行业的培训、考核、管理工作力度，培训专项技能中级工 120 人。2002 年，完成对县技工学校 96、97 级毕业考试和技能鉴定 470 人。是年，培训专项技能中级工 150 人。2004 年，惠民县被省劳动和社会保障厅确定为全省十大劳务培训基地。2003—2005 年，县技工学校举办各种类型培训班 55 期，培训各类求职、转岗人员 2439 人。采取校校联合、校企联合等形式，选择增设面点制作、艺术摄影、美容美发、机电制冷等社会需求大的专业，共培训 1705 人，其中免费培训再就业困难人员和社会救助对象 1238 人。

第四节　卫生学校

1986 年，惠民县卫生学校举办心电图班 1

期。1988年9月，县卫生学校与县职业中专（校址在三堡乡）合办医士中专班，招生82名。1991年8月，县卫生学校迁至县城，在防疫站院内建教室5间。1992年4月，在防疫站路西征地8.36亩，建校舍83间，其中教室21间，实验室3间，购置生理挂图、人体生理模型、真人骨骼4具，尸体解剖模型4具，并设有影像室，进行电视录像、录音、幻灯等系列电化教学。各种教学器材总计价值达5万余元。同年，县卫校与滨州卫校联合办学，学生毕业时由滨州卫校颁发毕业证书。同时，县卫校与滨州医学院联办夜大临床医学班、高等教育临床医学、护理专业班，并常年举办乡村医生培训班。1995年，县卫校与济南卫校、潍坊卫校联合举办中专医士班，取得良好效果。1997年，县卫校有职工28人，其中教师18名，在校生257人。2003年，滨州医学院成人教育惠民教学基地在县卫校落成，使该校成为本科、专科、中专等多层次卫生人员的培训基地。2005年10月，县卫校在全市率先开展乡村医生正规化培训工作，覆盖全县14个乡镇，培训乡医1000余人，并将此项培训常规化。是年年底，县卫生学校共有专兼职教师36人，其中高级职称23人，中级职称7人。

第三章　成人教育

第一节　农民教育

1979年，全县1.15万名青少年脱盲，非盲率（即在应脱盲对象总数中的比率）达87%。1986年，全县农民教育成果显著，共扫盲3万人，其中包教2.87万人，举办扫盲班63个，脱盲1.46万人，文盲率下降到5.1%，经地区验收实现无盲县。是年，各乡镇办起农民文化技术学校20处，办事处及村办农技班292个，农民教育由过去的扫盲为主，向以文化教育为基础、以职业技术教育为重点转换，并坚持面向生产、面向社会、面向未来，围绕农村产业结构调整和致富需要，向深层次发展。1988—1990年，成人教育以实用技术教育培训为重点，搞好缝纫、食用菌种植、家禽养殖技术教育，走农科教结合的路子，并大力加强乡镇农民文化技校建设，配备了专兼职成教干部。1990年年底，全县通过实用技术教育培训农民9万人。1992年，成立县成人中专，进一步健全完善乡镇成人教育中心学校，开展对青壮年农民，尤其是回乡高、初中毕业生的短期实用技术培训。1995年，在实施“两基”中，加快成人教育建设步伐，乡镇成人中心学校改善办学条件，配备了内部设施，村办农民文化技校办学面达100%。是年年底，完成扫除青壮年文盲任务并通过省政府验收，有7处乡镇成教中心达到省定标准。1996年，创建省级成人中专。1997年，开展送科技下乡活动，培训科技骨干120人，使2200余名农村中小学教师掌握了1～2门致富专长。农村中小学坚持“一校两用、一师两教”，为全县农村脱贫致富做出积极贡献。

1998年起，全县成人教育的工作重点是发展乡镇成教中心。是年，石庙、淄角等10乡镇成教中心获得“全省成人教育规范化学校”称号。1999年6月，惠民县被省财政厅、农业厅、共青团山东省委确定为第一批省级11个跨世纪青年农民培训工程试点县之一。7月，县政府制订下发《惠民县跨世纪青年农民培训工程试点县工作实施方案》，确定魏集、皂户李、淄角、姜楼、石庙、大年陈6个乡镇为试点乡镇。胡集镇成教中心受到地区教委表彰。2000年，惠民县被确定为第二批省级13个试点县之一。县教学基地设立培训教室、档案室、微机室、教材库，配套微机教学设备，为试点乡镇教学基地购置电视机、放像机、教学光盘等电教设备。全县16～35周岁的青年农民中选出4200人进行短期培训，其中县级班600人，乡级班3600人，并建立健全学籍档案。培训基地设有蔬菜、果树、植保、兽医、桑蚕等10个专业，84个教学班，为学员免费提供学习教材和学习用品，集中学习期间提供生活补助。至2005年，全县成人教育农村实用技术年均培训能力达10万人次。择优选送50名学员进入农业中等院校系统培训，3个重点乡镇的120余名优秀青年被推荐接受中专学历教育，3000名学员获得绿色证书。建立县培训基地1处，实习基地1处。乡镇培训基地14处，实习基地3处，扶持发展专业村105个，科技示范户2.1万户，辐射带动全县14万青年农民掌握2～3门农业实用技术。

农业广播学校 1986年，中央农业广播学校惠民分校坚持“面向农村，面向基层，面向农业生产，为农村经济建设服务”的办学方针，开设农学、果树、蔬菜、畜牧兽医、经济管理、植保等专业。至1997年，共招收大中专生3331人，其中中专生1880人，大专函授生146人，本科函授生57人，为山农大招收专科委培生212人，初级技术培训及“绿色证书”教育1036人。各类学员已毕业3159人，其中中专生1836人，大专函授生131人，本科函授生48人，山东农大专科委培生108人，绿证教育1036人。2005年，农业广播学校惠民分校设有教务、学籍、教材、声像教学、大专及绿证教育、学用结合6个管理处，专职办学人员5人，兼职教师15名，在校生172人。

农函大惠民分校 1993年8月31日，中国农村致富技术函授大学（简称“农函大”）正式成立。当年招收学员660人，分林果、蔬菜2个专业，共13个教学班，学员分布13个乡镇，780个行政村，党员干部占73%，由受聘教师巡回授课辅导，结业率达90%以上。1995年开始，分校在办学方法上突出学用结合，努力提高培训质量。紧紧围绕全县“三园一牧”产业的发展建班，并抓好教学和辅导两个关键环节，选聘好专、兼职教师。是年，招收学员1085人。1996年，招收981人，1997年，招收400人，共涉及蔬菜、林果、畜牧、食用菌、桑蚕等五个专业，聘任具有中高级职称、富有实践经验的专兼职教师16名。经过培训，90%以上的学员参加结业考试取得结业证书，掌握了1～2门实用技术。至2005年，县农函大由于以学校为依托，在农村党员干部实用技术培训方面取得重大成绩，被市农函大命名为“办学先进分校”；中国科学技术协会命名惠民县为“农村党员基层干部实用技术培训示范基地”。

第二节　干部职工教育

惠民县干部职工业余教育，从县内实际出发，采取多种办学形式，有长期班、短期班、专职班、业余班、学习班、专题讲座等。1980年，县职工业余学校办起初中、高中、中专共8个班，学员450人。开设政治、语文、数学、物理、化学、制图、机械基础等课程。教育局举办业余大学，学员140人。各公社办起职工夜校。是年，全县有学员3427人。1981年7月，贯彻执行中共中央、国务院《关于加强职工教育工作的决定》，建立县职工教育管理委员会，下设办公室。各系统也成立由主要负责人为首的领导小组。1983年，县干部职工业余学校建起教学楼。教育重点是文化和技术补习。高初中文化补习班主要对象是“文化大革命”期间的高初中毕业生。至1985年，全县有400余人参加了干部职工业余学校举办的文化补习班和技术补习班。

1986—1987年，地区统一组织全区厂长、经理进行生产、管理、经营等基本业务知识的培训，脱产学习3个月，全国统一组织考试、发证。全县有56人参加统考，并取得任职资格证书。1987—1989年，县职教办对全县企业班、组长进行轮训，学习企业班组管理知识，有666名班、组长参加培训。省职教办在《山东职工教育》杂志上推广了惠民县的经验。1989年，结合鸦片战争150周年，组织全县青年职工学习中国近代史、现代史，深入进行爱国主义教育，全县8000余名青工参加学习。1990年6月，对企业职工进行系统的基本国情和基本路线教育，有1.5万名职工参加学习。1989—1992年，对全县企业厂长、经理、车间主任和中层以上干部进行轮训，共有465人参加学习企业管理知识，其中有152名厂长、经理以及总工程师、总经济师、总会计师参加了岗位职务培训。1993年，对广大职工进行社会主义市场经济教育，全县有1.6万名职工参加学习。

1994—1995年，对全县企业管理干部普遍进行建立现代企业制度和财税、金融、投资、外贸、体制改革为内容和“两法”（企业法、公司法）“两条例”（全民所有制工业企业转换经营机制条例、国有企业财产监督管理条例）培训。全县有50名大、中型企业领导干部和经委主任参加了省组织的岗位职务培训，有121名县属以上小型企业领导干部参加了地区组织的岗位职务培训，有432名小型企业经济管理干部参加了县组织的岗位职务培训。1996年开始，按国家经贸委和中央组织部《“九五”期间全国企业管理人员培训纲要》要求，对全县1250名企业管理干部进行高、中、初级工商管理培训。1997年，全县共有116名企业管理干部分别参加了省、地、县组织的工商管理培训，并取得工商管理培训证书。至2005年，针对技术工人技术水平偏低的现状，县职工培训中心对全县技术工人进行技术等级培训，有9600名工人经过培训达到中级以上水平。与新项目、新设备、新技术的引进同步，有2万人次参加了适应性短期培训。

职工培训中心 1992年9月，惠民县职工培训中心建成并投入使用。该中心共投资44万元、占地540平方米，建筑面积1056平方米。职工培训中心与职工教育办公室合署办公。至2000年，共举办学历中专班4期，培养学生143名；举办涉外经济大专班1期，学员93名；业余财会大专班1期，学员31名；高中班3期，学员126名；工商管理培训班3期，学员116名；短期培训班11期，培训人员411人次。购买专题报告录像带30套，供各单位轮流组织收看。

在学历教育方面，共举办职工初、高中班50期，其中有750名职工参加初中文化学习，1200名职工参加高中文化学习，有280人参加大专学习，有5150人参加职工中专学习。职工教育办公室多次被地区评为职工教育先进单位。

第四章 教 师

第一节 师 资

教师队伍建设 1979年，遵循优化教育资源的原则，民办教师进行统考，一些不能胜任的民办教师离开教师队伍。同时，通过考试择优录用部分民办教师。1980年，中小学布局调整，在基本保持教师队伍稳定的前提下，调整部分教师的工作岗位。1986年，全县有专任教师4098人，其中小学教师3194人（含民办1901人），初中教师708人（含民办62人），高中教师196人，学历达标率分别为30.5%、17.9%、16.8%。1987年，为1985年10月以前任教的民办教师建立个人档案，颁发了任教证书。20世纪90年代初，《惠民县中小学教师管理条理》《中小学教师行为规范》《关于建设高素质教师队伍的意见》先后出台实施，对全县教育干部、教职工实行目标责任制考核，其工作情况进行全面量化考评。同期开展师德建设征文、评选双文明教师等活动，不断提高教师的职业道德和政治理论水平。1995年，地区教育局下发《滨州地区学科带头人队伍建设“1215”工程实施方案》（“1215”工程为：到2000年全区树立起小学1000名、初中200名、高中100名、中专50名学科带头人），县教育局随即跟进落实，加强教育干部的岗位培训和教师学历培训，开展大练基本功和上好研讨课、公开课、示范课活动，促进教师业务素质的提高。1997年，全县有专任教师4736人（含民办1190人），其中小学教师3104人、初中教师1336人、高中教师296人，学历达标率分别为99%、94%、53%。有49名教师被评为地级教学能手和学科带头人，有178篇教学论文、教案获县级以上奖励。1998年，县教委推出三项措施启动“名师工程”。即加强师德建设、强化教师基本功训练、健全教科研网络。1999年，国家教委重新颁布《教师职业道德规范》，县教委翻印下发到每一位教职工手中，推动了师德建设。2000—2002年，全县教师以学习营新刚的模范事迹为契机，开展“师德标兵”评选活动。先后举办爱岗敬业师德建设报告会38场，三年共选出师德标兵131人。结合“1215”工程的实施，开展技能比赛、基本功大比武及优质课、论文评选等活动，促进了教师素质的提高。开展教学能手送课下乡、优质评选、学科研讨会、教师综合能力训练、教学视导检查等系列教研活动，提高了教师的业务水平。有93名教师获地级学科带头人称号，有17人获省优质课奖。其间，根据省市有关政策，有835名民办教师转为公办教师。2002年，按照市《关于解决全市民办教师问题的实施意见》，有282名民办教师转为公办教师。至此，全县已有1117名民办教师陆续转为公办教师，从而结束了民办教师的历史使命。2003年，为控制骨干教师外流，稳定教师队伍，县政府制定《惠民县引进人才，留住人才暂行规定》，规定每年评选“惠民县优秀园丁”180人，县财政斥资50万元发放园丁津贴。其中高中教师40人，每人每月400元；初中教师100人，每人每月200元；小学教师40人，每人每月100元。同时，开展骨干教师“农村支教”活动，通过“拜师收徒”“集中讲学”“结对支教”等传帮带形式，催生新的骨干教师。2005年，全县已有13名教师获市优秀园丁称号，4名教师获市名师称号，58名教师获市级学科带头人称号，97名教师获市级以上教学能手称号。

教师聘任 1988年，县教育系统在学习阳信经验及江苏省建湖县钟庄乡经验的基础上，一改过去教职员工干好干坏一个样的僵化机制，开始推行以校长选聘负责制、教师聘请制、教育岗位目标责任制为主要内容的“三制”改革。1989年，完成第一轮改革任务。1992年，在巩固、完善的基础上，进行以学校工资总额包干和校内结构工资为内容的第二轮改革。1994年，进一步完善和深化学校内部管理体制改革，首先实行“五定”：定规模、定编制、定经费、定岗位、定工作量。再推行“四制”改革：改革领导体制，实行竞争上岗、能上能下的校长负责制；改革人事制度，实行双向选择、能进能出的教职工聘任制；改革管理体制，实行目标管理、强化职责的岗位责任制；改革分配制度，实行劳酬挂钩、能多能少的校内结构工资制。2001—2005年，在合理定编、定岗、定责的基础上，实施以综合考核评聘教职工的教育内部管理体制改革，校长和教职工实行竞争上岗、全员聘（任）用，学校富余人员进行精减和分流，打破教职工职务终身制和分配上的平均主义，逐步建立教师队伍的公平竞争机制、有序流动机制和有效激励机制。

第二节　教师培训

1984年，根据省教育厅“培训中小学教师要采用多种形式进修提高”和地区教育局“坚持在职为主、业余为主、自学为主的原则，采用多种形式，抓教师培训工作”的批示精神，县教育局组织全县中小学、幼儿园教师参加教材教法过关培训，参训人员5288人次，考试过关率100%。1987年，遵照省教育厅《关于贯彻国家教委中小学教师和幼儿教师考核合格证书实行办法的实施意见》的要求，组织中小学和幼儿教师进行专业合格考试，全县有425人获得教师专业合格证书，其中高中8人，初中10人，小学327人，幼儿园80人。1990年，地区教育局制定《中小学校长岗位职务试点培训意见》，按照地区教育局的统一安排，惠民县采取多元培训的方法，积极组织开展“十五”期间中小学校长的任职资格培训及校长提高培训。参加任职资格培训的校长859人，其中高中28人，初中217人，小学614人；参加提高培训的校长772人，其中高中13人，初中186人，小学573人。凡参加任职资格的校长一律持证上岗，对参加提高培训的校长进行绩效考核，完善能者上、庸者让的干部管理制度。1992年，举办具有高中学历的小学教师中师学历培训班，全县有1829名小学教师参加培训，以短期面授、集中辅导和业余自学相结合的方式进行，培训时间为一年半。1995年，制定对拟转正的614名民办教师分四期进行系统培训的计划并付诸实施。1996年，全县有4594名中小学教师进行基本功训练，主要内容是教师口语、三字（粉笔字、钢笔字和毛笔字）、一画（简笔画）、教具制作和使用。1997年，对全县小学教师及事业、行政人员进行计算机培训，达初级水平的5400人，达中级水平的400人。同年，组织教师外出培训，参加省级培训1640人次，市级培训4800人次。2000年，全县选派514名骨干教师外出培训，其中国家级4人，省级43人，市级467人。2001年，全县有4940名中小学教师办理了继续教育证书，其中中学教师2265人，小学教师2675人。2002年，为解决小学英语教师紧缺的问题，先后培训英语教师141人。2003年，选派12名教师参加省级英特尔未来教育骨干教师培训两期，并举办4期英特尔未来教育主讲教师培训班，培训主讲教师200名。同年，加大以校为本的培训力度，共有4874名专任教师参加培训，总投资18.5万元，统一购买学习书籍等用品。2004年，为适应新课改的需要，加大新课程改革培训力度，共有2846人参加培训，其中高中教师284人，初中教师980人，小学教师1582人，并选派110余名初中骨干教师赴新课改试验区博兴县进行为期三周的培训学习。2005年，英特尔未来教育由点带面全面铺开，有1800名教师参加英特尔未来教育培训。7月，8名清华大学博士生来惠民县参加社会实践活动，用40天的时间对110名中学教师进行美术、计算机课件制作、电子档案建设培训。同年，选派71名中学骨干教师赴新课改试验区博兴县进行为期20天的培训学习，组织部分校长赴上海参加校长培训研修班，参训人员在理论和实践层面上得到较大程度的提高。至年底，全县先后举办高中和初中校长岗位培训班245期，培训中小学校长614人次，培训中小学教师6059人次，幼儿教师5441人次。有2453名小学教师、1427名初中教师、284名幼儿教师参加中小学教师基本功训练。

教师进行岗前宣誓　（2004年　摄）

普通话培训 1996年，在进行小学教师基本功训练的同时，将普通话和规范字训练纳入教师继续教育体系，作为教师必备的基本功进行训练、考核。县教委从教师进修学校遴选出具有普通话和规范字特长的教师任辅导教师，为乡镇培训骨干教师，并担任学校的辅导员，形成县、乡、校三级辅导网络。1997年，国家语言文字工作委员会决定每年9月第二个星期为全国推广普通话活动周，惠民县成立以副县长为主任的语言文字工作委员会。活动中，县领导作电视讲话，散发宣传材料31500份，悬挂横幅500余条。1999年，地区教委下发《关于开展普通话示范学校创建活动的通知》，全县掀起创建普通话示范学校的热潮。2000年12月，县语言文字工作委员会成立，各学校均成立推广普通话工作领导小组。2001年4月，县语委选派8人到省参加第11期普通话测试员培训班，结业后会同惠民师范的两名普通话教师对胡集中心小学和县第一实验学校的教师进行普通话测试。12月，对乡镇教委分管师训的人员和中学教导主任进行为期一周的培训，发放培训材料100余册。2002年，为加快推广普通话进度，全县中小学教师的普通话测试全面铺开，以县教育局师训科牵头，县8名测试员分成两组进行测试，当年测试教师2370人。同年，县教育局投资3000元，购置录音笔、电脑，举办全县普通话比赛5期，师生普通话诗歌朗诵多期，且选拔出6名选手准备参加市普通话大赛。2004年9月，在市普通话大赛中，惠民县选手李赛男同学获得一等奖并代表全市参加在北京举行的全国比赛。至2005年年底，全县共有5500人参加推广普通话训练，有2907名小学教师、1427名初中教师、260名幼儿教师参加口语和钢笔字、粉笔字、毛笔字训练，有2370名教师取得普通话等级证书，其中高中教师167人、初中教师871人、小学教师1245人、幼儿教师87人。有8所学校成为市级普通话示范学校，有2所申报省级普通话示范学校。

第三节 教师待遇

中共十一届三中全会后，随着知识分子政策的落实，一个重视教育尊重教师的社会环境初步形成。1981年5月1日，全县三十年教育工作者会议召开，会议向148名老教师颁发了纪念奖章。1983年，全县248名1949年10月1日前参加工作的退休教师改办了离休手续。1985年，各乡镇教育组和中学均建立教师代表会议制度，教师们通过教代会参与学校的决策和各项重要工作。9月，在惠民县城隆重召开大会庆祝第一个教师节，表彰250名优秀教师和优秀教育工作者，推选出出席省教师节大会和地区教师节大会的优秀教师代表。是年，离休教师开始享受原工资待遇，抗日战争期间参加工作的教师除享受原工资外，每年加发一个月的工资。1986年，民办教师的工资待遇，从每月2元相继上升到8元、13元、19元、21元、35元。1987年，教育体制改革，民办教师工资由乡镇、管理区发放，每月40～50元，最高65元，与公办教师收入基本持平。1988年，首次对教师进行职称评定，1990年步入正常化，每年评聘一次。1997年，全县有高级职称教师124人，中级职称教师1548人，初级职称教师3164人。同年，实行教师工资发放月报制度，制定民师工资标准，民师工资基本达到上年农民人均收入的1.8倍。针对乡镇教师工资发放不及时的状况，积极敦促各乡镇加大措施，解决好教师工资拖欠问题。2003年，实施县财政代发教师工资。2004年3月，县财政由代发教师工资转为统发教师工资，解决了教师工资拖欠问题。至2005年，全县共有11名教师获得市级以上劳动模范称号，125名教师获得市级优秀教师称号，60名教师获得市以上优秀教育工作者称号，4名教师获得省特级教师称号，1000名教师获县优秀教师、优秀教育工作者称号。23个单位在教书育人、尊师重教、精神文明建设等方面成绩突出，受到省、市表彰。

第五章　教育行政

第一节　机　构

1980年1月，县教育局改称县文教局，1982年2月复称教育局。1986年，局机关内设办公室、人事股、业务股、计财股、仪器管理站、招生办公室、校舍改造办公室，共有机关干部30人，其中正副局长4人。撤销乡镇文教助理建制，成立乡镇文教委员会，由乡镇分管领导任主任，原文教助理任常务副主任兼小学总校长。1987年4月，局机关增设师训股。8月，教研室从进修学校分离出来，直属教育局领导。1988年9月，业务股撤销，分建普教股、职教股，增设规范化学校建设办公室，12月，建立勤工俭学管理站。1989年4月，建立成人教育股。1991年5月，设立托幼办公室，正股级单位，撤销师训股，师训工作归普教股。1993年10月，成立惠民县关心下一代工作委员会，挂靠人事股。同月，县教育局更名为县教育委员会，有机关干部48人，其中正副主任4人，设党委行政综合办公室、人事股、计财股、督导业务股和教研室5个股室。1994年5月，教研室升格为正科级事业单位，属县教委管理。县直学校一律升格为正科级，乡中学升格为副科级。10月，惠民一中升格为副县级事业单位。1995年6月，成立县政府教育督导室，正科级单位，驻县教委，撤销教委督导业务股。乡镇教委升格为副科级事业单位。1996年1月，县教委建立教育财务结算中心，正股级单位。1997年，县教委设有党委行政综合办公室、纪律检查委员会、督导室（下设办公室）、教研室（下设办公室、高中部、初中部、小学部、信息资料室）、人事股、计财股、招生办公室、普教股、职教股（含师训）、勤工俭学管理站、仪器站、教育财务结算中心、校产维护管理办公室，共有干部职工62人。1999年3月，撤销人事股、计财股、普教股、职教股、成教股，分建人事科、计财科、普教科、职成教科，增设信息调研室、幼教科、师训科。2002年，县教育委员会复称教育局，内设机构延续1999年的设置。2004年，增设招商引资办公室，正股级单位。2005年，县教育局内设党委行政综合办公室、信息调研室、督导室（下设办公室）、计财科、人事科、普教科、幼教科、师训科、职成教科、教研室（下设办公室、高中部、初中部、小学部、信息资料室）、仪器站、勤工俭学管理办公室、教育财务结算中心、教育工会办公室、招商引资办公室、校产管理办公室，共有干部职工66人，其中正副局长7人。

第二节　教育管理

管理体制　1979年，县内中小学教育延续着1969年实行的管理体制。即：农村小学村办村管，实行教育行政部门与公社管委会双重领导，以县教育行政部门为主。初级小学实行大队党支部领导下的中心校长（又称学区组长）负责制，学校事务由大队党支部负责管理，教学业务由中心校长负责领导。完全小学为学校党支部领导下的校长分工负责制。初中由几个村联办，联办单位共管。高中由公社办学，县、公社两级共同管理。县直属中小学由县文教局统一管理。1980年，落实全国、全省教育工作会议精神，调整中小学布局，确立高中由县统一管理、初级中学由公社管理、小学谁办谁管的管理模式。1984年，公社改称乡镇，各乡镇设教育助理，负责乡镇教育工作。遵照《中共中央关于教育体制改革的决定》精神，中等学校的内部管理，实行校内事务校长负责制。1986年，县政府从实际出发，建立“分级办学、分工管理”的办学体制：农村小学村办或联办，乡镇主管；农村初中乡镇举办，县乡共管；高中、职业高中、职业中学、聋哑学校由县举办，县政府主管。1988年，实行“三制”（校长招聘制、教师定编聘任制、岗位目标责任制）改革，教师、校长公开招聘，竞争上岗。1994年，推行“五定四制”（定经费、定规模、定编制、定工作量、定岗位；校长负责制、教职工聘任制、岗位目标责任制、校内结构工资制）改革，健全乡镇教育机构，理顺干部管理渠道。乡镇中学校长、教委主任升格为副科级，县直学校校长升格为正科级，县直学校的中层领导与副职、乡镇中学副职、学区小学正职纳入县教委管理。县教委学习和借鉴外地经验，制定教育教学评估标准，建立与之相配套的激励机制，逐步推行对各级各类学校实施目标管理。1995年，县教委出台乡镇教委实施目标管理的意见。1997年，出台健全和完善乡镇教委、各级各类学校的目标管理方案。2001年，中共中央、国务院提出实行农村中小学“以县为主”的管理体制，把教师的人事管理权、调配权、工资发放权实质性上划到县管理。7月，县委、县政府发出《认真贯彻执行〈中共中央、国务院关于实行农村中小学“以县为主”管理决定〉的通知》。2002年，农村中小学教师工资实现由县财政统一发放。2005年，全县教师的人事管理权、调配权实现由县统一管理。

德育教育　1981年7月，省委、省政府下发《关于贯彻执行〈中共中央、国务院关于普及小学教育若干问题的决定〉的通知》，要求努力使学生在德育、智育、体育、美育等方面都得到发展。同年，团县委和县文教局联合下发《关于在全县少年儿童中开展“我爱红五星”活动的通知》，要求学生学讲一个解放军战斗英雄故事，学唱一首歌颂解放军的歌曲，为烈军属做一件好事，每人制作一件慰问品。1982年，全县各类学校大规模开展学雷锋、树新风活动，深入开展“创三好”活动。1983年，县教育局下发《关于进行中学思想政治工作情况调查的通知》，要求各乡镇对中学思想政治工作的现状、存在的问题、取得的经验、课程设置及今后打算进行调查研究。1987年，县教育局下发《关于评选三好学生、优秀学生干部和先进班集体的通知》。1990年，县教育局出台《惠民县中小学常规管理基本要求》，要求中小学建立由校长负责、党支部充分发挥政治核心和保证监督作用的德育工作领导体制，实行德育工作量化考评办法，建立和完善德育教育的常规制度。同年，国家教委下发《关于进一步加强中小学德育工作的几点意见》，首次提出“把德育放在学校教育工作的首要地位”。县教育局制定《惠民县中小学德育工作试行条例》，条例包括总则、组织领导、德育目标、德育内容、德育渠道、德育活动、德育考核、德育评估、附则等9章41条。1992年，县教育局成立德育工作领导小组，各学校相继建立德育机构，形成自上而下的德育工作网络。建立以孙子故园、魏集庄园、烈士陵园为主体的德育基地，并陆续建成学校德育展室，每逢“五一”“五四”“六一”“七一”“十一”等节日均组织有关活动。1993年，制订《惠民县中小学德育工作十项制度、五个阵地、一个网络建设的意见》。1994年10月，县教委下发《关于加强和改进学校德育工作的意见》《关于贯彻落实〈爱国主义教育实施纲要〉的意见》《关于进一步加强青少年工作的意见》，县第一实验学校、第二实验学校、申桥中学被滨州地委命名为中小学德育基地。1995年，举办中小学爱国影片百部展播。1996年，举办迎香港回归读书活动和爱国主义歌曲演唱赛。1997年，举办庆回归、庆“十五大”召开演讲、演唱、征文大赛，强化中小学生爱国主义教育。1998年，全县启动“教育形象工程”，要求弘扬高尚师德，树立教师为人师表形象；规范学校管理，树立学校文明示范形象；强化宗旨观念，树立教育工作者从教为民形象。1999 年，县教委印发《关于加强中小学德育工作的意见》《关于在全县中小学开展理想信念科学教育的通知》，并在全县中小学开展“理想信念科学教育”读书征文活动。2000 年，县教委和县公安局社会治安综合治理办公室联合下发《关于在县中小学实行选聘法制副校长和法制辅导员制度的意见》，要求全县所有中学聘请法制副校长、所有小学选聘法制辅导员。2002 年，贯彻落实《中共中央国务院关于深化教育改革全面推进素质教育的决定》和省市有关实施素质教育的指示精神，加强未成年人思想道德建设。2004 年，全县中小学开展学雷锋活动，走向社会、服务社区、完善自我、传播文明活动，绿色环保活动，诚信教育、弘扬民族精神及“我做合格小公民”活动，引导广大青少年进一步树立正确的世界观、人生观、价值观，增强民族自信心、自尊心、自豪感，提高道德思想水平。2005 年，各中小学基本聘齐司法干部或派出所长担任的法制副校长。

体育及卫生教育　1984 年起，县教育局通过滨州教育学院和滨州师专主办的中小学体育和卫生保健人员培训班、自学考试、函授、电大、脱产进修、外地参观等渠道，组织学校体育、卫生保健人员的业务进修和培训，有效提高体育、卫生教育的水平。1988 年，贯彻《学校卫生工作条例》，进行学校卫生调查，对学生的生长发育指标、健康状况及常见病发病情况进行统计分析，把各项结果写进学校卫生档案。同年，根据《中华人民共和国兵役法》关于高级中学的学生在就学期间，必须接受基本军事训练的规定，确定惠民一中为军训试点学校。1990 年，国务院颁布《学校体育工作条例》。县教育局制定下发《全县中学生体育合格标准实施细则》和《关于推行国家体育锻炼标准的实施意见》。并在抓好试点的基础上，对全县中小学新入学的学生进行军事训练，增强学生的国防观念。1991 年起，按照省教委要求，全县连续 5 年实行初中毕业生升普通高中加试体育制度，报考中等专业学校、师范学校、职业中专的初中毕业生的体育成绩及格者方可报名。2000 年 7 月，各乡镇中学、县直初中、县直小学的教师和校长 100 余人，参加地区教委举办的全区中小学青春期教育培训班。同年，县教委在小学高年级进行青春期教育试点，逐步在全县推开。2005 年，全县中小学生《体育合格标准》实施率 100%，小学生《体育合格标准》合格率 85% 以上，中学生《体育合格标准》合格率 95% 以上。实施《国家体育锻炼标准》小学生及格率 87%，优秀率 16.1%；中学生及格率 88.2%，优秀率 17.1%。全县有小学专职体育教师 71 人，校医 7 人；初中体育教师 61 人，校医 6 人；高中体育教师 19 人，校医 4 人。全县 95% 的中小学建立学生健康档案，80% 的中小学建立了学校卫生档案。

艺术教育　1989 年，国家教委颁发《全国学校艺术教育总体规划》。为落实规划，县教育行政部门召开全县学校艺术教育工作座谈会，成立学校艺术教育委员会。县教研室配备专、兼职艺术教学研究人员，加强艺术教育的课堂教学研究和教学评估。1990 年，地区教委制定《滨州地区中小学艺术教育基本要求》，对学校艺术教育的领导管理、教学安排、教师配备、教学研究、艺教设备及学生素质等作了明确规定，并将其列为学校评估考核内容，使中小学按教学大纲和教学计划开全开足音、美课程，开展各类艺术活动，努力提高学生的文化艺术素质。同年，县职教中心开办 2 个音乐班。县教委通过进修、自学考试、卫星电视教育、函大、夜大短训、教学研究等方式培训师资，缓解艺术教师严重缺乏的状况，促使各学校的艺术课开课率、教学质量逐年提高。1992 年始，每年举办艺术节活动。2000 年，城区中小学艺术课开课率音乐达 95%、美术达 90% 以上；普通高中艺术欣赏课开课率音乐达 92%、美术达 95% 以上；有 2 所学校成为省级艺术教育示范学校。2002 年，在全市艺术节活动中惠民县获优秀组织奖，第三实验学校创演的《京韵》获市教育局第九届艺术节一等奖。2004 年，县第三实验学校演出的《龙抬头》《巧婆婆》获市教育局第十届艺术节一等奖。

第三节　教育督导

督政　1994 年 11 月，惠民县教育督导室成立。督导室要求各乡镇政府及办学单位在实施“两基”（基本普及九年制义务教育，基本扫除青壮年文盲）工程中，依法加大教育投入，努力实现财政拨款“三个增长”（政府教育拨款的增长要高于财政经常性收入的增长，按在校人数平均的教育费用逐步增长，保证教师工资和生均公用经费逐年有新增长）；改善办学条件，定额征收教育费附加并专款专用，按时定额发放教师工资，创建优良的办学环境，提高办学规模和办学水平。且在督导中重视评估结果的运用，促进“两基”发展。1997 年 1 月，全县“两基”工作通过省政府验收。至此，全县用于“两基”的建设资金共计 7520 万元，基本实现了教育设施配套。3 ~ 6 岁幼儿入园率达 74.3%，小学适龄儿童入学率达 100%，小学毕业生升入初中的比率达 97.8%，青壮年非文盲率达 99%。教师学历合格率小学教师达 100%，中学教师达 95.9%。1998 年，县教育督导室制定下发《惠民县乡镇政府教育工作督导评估标准及实施细则》，各乡镇均建立教育工作评估制度，每年由县教育督导室牵头组织综合评估，县政府依据评估结果表彰先进，督促后进。1999 年，为加强“两基”管理和调控，巩固“两基”成果，县教育督导室开始对全县“两基”实施状况进行一年一次监测，并建立《“两基”实施状况监测档案》。档案有 6 项监测指标：自然状况及社会、经济发展水平、义务教育普及程度、教育经费及办学条件、师资水平及教学质量和扫除青壮年文盲。2000 年，全县“两基”工作通过省政府复查验收。2003 年，县教育督导室充分利用督政职能，为教育事业创设优良育人环境，通过省政府“两基”复评检查。2004 年、2005 年连续两年均以优异成绩通过省市教育综合督导检查。

督学　1997 年，县教育督导室的工作重心转移到强化学校管理、推进素质教育，努力促进“两全”（全面贯彻教育方针，全面提高教育质量）的落实和办学水平的提高上来。1998 年，《惠民县普通中小学幼儿园督导评估工作制度》《惠民县中小学教育教学工作督导评估标准及实施细则》制定实施。每年年底，由专业人员组成的评估组，采取听（听取单位负责人的工作汇报，听教师讲课）、问（学生问卷，教职工问卷，学生家长问卷，召开不同层次的座谈会）、看（看学校一年的素质教育成果及校风校貌）、查（查有关档案资料）、议（较难量化的项目评估组评议）的方法，对中小学幼儿园进行评估。其评估结果作为评先进树典型的主要依据，从而遏制片面追求升学率现象，推动素质教育的发展。是年起，县教育督导室每年会同县教育局的人事、普教、计财、勤管等科室，围绕收费、安全、工资、辍学等热点、难点问题开展专项督查，促进教育内外环境的优化。1999 年，县教委下发《关于对全县教育工作实行归口检查评估的通知》，实行检查评估“五个一”（一个单位，一支队伍，一个标准，一个方案，一个结果）制度，凡以县教委名义进行的检查评估均由县教育督导室立项并组织实施，各级政府和教育行政部门奖惩学校及幼儿园，考核校长及园长，分配招生指标等，都以县教育督导室的检查评估结果为主要依据。2004 年，县教育督导室在全县开展小学教师队伍建设调研活动，为政府决策提供科学依据。2005 年，县教育督导室组织并参与全市学校管理观摩现场会，石庙镇梁家小学以优秀的校园文化建设赢得与会人员的赞扬。

第四节　教学研究

1979年，全县统一改用人民教育出版社编写的《全日制十年制学校课本》，教学研究工作主要围绕提高教师的教学水平开展活动。1982年，中学改为“三三”学制（高初中各三年），高中从二年级起实行文理分科。县教研室就执行教学计划、教学大纲、吃透教材及教学基本要求等提出切实可行、可查、可测的要求。1983年，随着过渡性教学大纲的颁发和中小学教材的逐步更换，中小学各学科普遍召开新大纲和新教材备课会，并制定《中小学教学工作常规基本要求》，就教学计划、教学研究、备课、课堂教学、课外辅导、作业批改、成绩考核、课外活动八个方面提出具体要求。县教研室在进行教材分析、召开备课会的同时，成立校级教研组分组教研，每年进行一次大型的中小学教学工作视导，实施教学质量和课堂教学评估办法及细则。1987年，县教育局业务股和教研室组成联合调查组，围绕教师队伍现状与提高教学质量的措施及九年义务教育的实施情况，对6个乡镇的12所学校进行抽样调研，写出调研报告，促进了教学质量的普遍提升。1989年，举办惠民县小学教育教学成果展览，展出全县小学在教学管理、教学研究、课堂教学、复式教学等方面的成果，是几年来小学教研工作的集中展现。1990年，开展首批教学能手评选活动。其程序是自下而上层层选拔，采取教学考核与直接听课相结合，汇报教学成绩与考查教学基本功相结合，听取个人汇报与调查了解相结合选定教学能手。评选活动每四年进行一次，这些教学能手在教学工作中起到示范带头作用，成为全县教师队伍的核心力量。1991年，县教研室印发《惠民县教学常规基本要求》《课堂教学评估意见》。1992年，惠民县小学复式教学成效显著，被批准建立省复式教学研究基地。1993年，县教研室下发《关于加强初中教育教学的意见》《关于认真开展教改实验，向科研要质量的意见》。是年起，对全县初、高中进行一年一次的教学质量评比奖励。1994年，小学开展“三二一”系列教研活动，即每位小学教师每学期上好一节最佳课、一节研讨课、一节评价课，写好一篇教学经验总结、一篇论文，参加一次教学基本功比赛。1995年，惠民县初中、小学“目标教学”指导小组和学科中心研究组成立，制订《关于在全县中小学进行“单元目标教学、大面积提高教学质量”改革的实施方案》，“目标教学”教研活动在全县展开。县教研室先后出台《惠民县中小学教师教学行为规范》《教学管理规范》等文件，建立教师教学档案，开展教学管理质量年活动，教学质量不断上升。1997年，县教研室与乡镇教委密切协调，选拔任命乡镇教研室主任、小学教研员，制订《惠民县乡镇小学教研员目标管理方案》《小学教育工作目标管理评价方案》，成立县、乡、校三级教研机构，为教研活动的开展提供了条件。1998年，县教研室建立教研员业务档案，教研工作向纵深推进，先后出台《惠民县关于加强教科研工作的实施意见》《关于实行超两周单元集体备课制度的意见》《教学过程量化管理标准》《班级学习量化考核细则》《学生学习行为规范》等文件。开展中学生冬学竞赛，进一步加强学校、班级、学生管理，向管理要质量。1999年，学校教科研管理已较为规范，县教研室在完成教研任务的同时，每年开展两次教研活动：年初在全县中小学开展“教学常规月”活动，每年确定一个主题，加强教学的某个方面；开展创建教学示范学校工作。2000年，县教研室下发《关于开展中小学教师系列达标活动的实施意见》《关于开展中小学教师教育教学综合能力训练的实施意见》，制定考核评估细则，加强对中青年教师的培养，相应开展教学能手送教下乡活动。2001年，县教研室制定《关于进一步加强教科研工作的意见》《惠民教育科研工作暂行方案》，创办《惠民教科研》期刊，以科研促教研，树立“教研兴师，科研兴教”的理念，把教学中存在的问题升华为教科研课题研究，提升教师科研水平，促使教师由“教书匠”走向“科研专家”。2002年，县教研室制定《关于在全县中小学开展争创教科研“三优”活动的实施意见》，并落实省《关于加强教学视导、健全完善查学听课制度的意见》。同年，为推进学制改革和课程改革，制定《关于推进“六三”学制改革的实施意见》《关于在小学开设“英语、科学、信息技术课”的实施意见》。2003年，县教研室制定《关于开展“以校为本”教学研究工作的实施意见》《惠民县中小学关于课堂教学改革的实施意见》《关于加强“教风、学风、考风”建设的实施意见》，为新课程的实施创造了条件。是年秋，全县小学均开设英语、科学、信息技术三门新课程。2004年，全县小学、初中、高中三学段的起始年级进入新课程实验，县教研室制订《惠民县基础教育课程改革实验方案》《关于加强中小学教学工作的意见》，以新的教学理念指导新课程实施。开展“新课程教学实施”教研论文评选活动，运用《惠民教科研》指导教师学理论、换脑筋。印发《关于加强和落实“单元过关”的意见》，要求教师加强集体备课，尽快熟悉新教材，科学把握新教材。开展中小学生科技创新作品大赛及展评活动，获市优秀组织奖。是年，县教研室被评为山东省先进教研室。2005年，围绕新课程的实施，着重抓好校本教研、校本培训，创建省级校本研究实验学校，建立教育科研课题数字化档案，做好教育科学“十五”规划立项课题结题验收工作，并在全县初、高中开展关于“学生学习活动规范”“韩忠玉信心教育法”的学习活动。结合“课堂教学效益年”活动，出台《新课改课堂教学评估标准》，推进学生学习活动规范化，大面积提高教育教学质量。

第五节　教育经费

1979年，教育经费管理实行依年度预算由上级财政逐级拨付的“条条管理”方式。1981年，教育经费由“条条”改为“块块”管理，预算内经费由县财政拨给教育行政部门，教育行政部门再下拨给各公社及县直各学校，实行“经费包干，分灶吃饭，节约留用”的管理办法。1984年，全县预算内教育经费开始以“基数加发展”安排，即在上年度预算安排数的基础上，每年适当增加一定的百分比。1985年，各乡镇学校的教育经费改由县财政直拨乡镇财政列支，农村或城镇集体办学的经费，本着“个人负担，国家扶持”的精神筹集。同年，开始征收农村教育附加，用于民办教师工资待遇、农村中小学公用经费和职业学校的办学经费。1993年，义务教育阶段和非义务教育阶段的学生杂费收取标准均有提高。提倡和扶持学校开展勤工俭学，借以改善办学条件和弥补经费不足。开展社会各界捐资助学、集资办学活动。1994年，县财政采取“零基预算法”安排预算内教育经费，即根据上年末各乡镇学校和县直各学校的实际人数核算教育经费，公用经费按职工数或学生定额安排。1995年，按照《山东省实施〈中国教育改革和发展纲要〉的意见》要求，开征职工义务教育费、职业教育费、宾馆旅社招待所教育费、水产品教育费等四项教育费。1996年，遵照国务院《关于发布〈征收教育费附加的暂行规定〉的通知》精神，开征城市教育费附加，主要用于公办中、小学和职业中学的教学图书、仪器设备和校舍维修等开支。2003年，根据省、市有关减轻农民负担的指示精神，取消农村教育费附加，同时停止了教育集资。2004年，随着“以县为主”教育管理体制的逐步落实，县直学校的财务纳入县财政会计核算中心统一管理。2005年，财政管理体制改革，实行“乡财乡用县管”，全县学校财务由县财政会计核算中心统一管理。是年，县内学校公用经费有所增长，总计8753万元。

1979—2005 年惠民县教育经费情况一览表

表 19－2　　　　单位：万元

年度	合计	预算内教育经费			政府用于教育的税费				勤工俭学收入	社会捐集资收入	杂费收入	其他
		小计	教育事业收入	基建拨款	城市教育附加	农村教育附加	地方教育附加	小计				
1979	20.8	/	/	/	/	/	/	/	/	/	/	/
1980	24.5	/	/	/	/	/	/	/	/	/	/	/
1981	30.6	/	/	/	/	/	/	/	/	/	/	/
1982	36.0	/	/	/	/	/	/	/	/	/	/	/
1983	40.1	/	/	/	/	/	/	/	/	/	/	/
1984	42.6	42.6	42.6	/	/	/	/	/	/	/	/	/
1985	68.6	50.3	50.3	/	/	18.3	/	18.3	/	/	/	/
1986	93.6	59.5	59.5	/	0.1	24.0	/	24.1	1.4	/	6.9	1.7
1987	106.3	53.9	53.9	/	0.5	35.8	/	36.3	1.4	7.1	2.9	4.8
1988	134.6	79.3	79.3	/	1.1	37.2	/	38.3	4.6	/	12.4	/
1989	237.8	121.1	121.1	/	3.5	54.6	/	58.1	6	36.5	12.7	3.5
1990	164.4	102.4	102.4	/	4.9	46.4	/	51.2	10.7	/	/	/
1991	279.7	120.4	120.4	/	/	55.1	/	55.1	6.9	82.2	13.7	1.3
1992	223.0	149.0	149.0	/	2.9	50.7	/	53.6	3.8	1.4	13.6	1.5
1993	283.0	162.3	162.3	/	2	40.0	/	42.0	10.8	42.2	21.4	4.1
1994	446.0	258.1	258.1	/	2	67.3	/	693.9	8.4	70.2	27.7	12.1
1995	720.9	287.4	287.4	/	5	72.1	/	77.2	12.0	267.2	55.8	21.0
1996	964.8	345.0	345.0	/	2.6	147.0	32.6	185.9	8.7	386.0	36.3	2.9
1997	592.4	387.9	387.9	/	3	102.5	/	105.4	6.9	55.8	35.9	0.4
1998	589.7	366.5	365.5	1	6.3	72.6	25.6	104.5	0.7	19.9	93.2	4.6
1999	638.5	438.9	438.9	/	10.6	60.7	8.3	79.6	1.2	/	112.7	6.2
2000	583.7	380.9	380.9	/	/	27.2	21.8	49.0	1.9	10.4	132.5	9.9
2001	665.8	406.0	403.0	3	/	46.9	18.3	65.2	5.6	14.5	165.6	9.9
2002	686.8	435.0	434.3	0.7	/	12.7	12.6	25.3	1.2	9.9	201.8	13.5
2003	824.9	537.0	535.3	1.7	14.5	0	17.6	32.2	2.7	17.7	224.6	10.6
2004	854.7	570.7	566.7	4	10.5	0	18.4	28.9	2.5	10.3	231.7	10.4
2005	875.3	/	/	/	/	/	/	/	/	/	/	/

第六节　教育设施

校舍建设　1979年，全县开始以消灭“黑屋子”“土台子”，实现“一无两有”（校校无危房，班班有教室，学生人人有课桌凳）为核心的中小学校舍改造。县委、县政府多次召开专题会议，研究校改决策，制定具体措施，成立校改工作领导小组，提出“两条腿走路”的校改筹资措施：一是政府财政拨款，二是社会集资和捐款。截至1985年年底，全县共筹资1896万元，其中群众集资1876.4万元。到1987年，全县校改总投资2972万元，新建和改造校舍1.16万间，新建大门939个、院墙9.99万米，购置单人课桌6.21万张、双人课桌1000张。95.8%的学校实现“一无两有”和“六配套”（校舍、院墙、大门、操场、厕所、课桌凳配套），结束了“黑屋子、土台子”的历史。1988年，开展创建农村中小学规范化活动，农村中小学必须达到5个教学班以上的规模，而县内1018所农村中小学，有355所只有3个教学班，663所仅2个教学班，差距大任务重。鉴此，县委、县政府制定“四年完成，分步实施”计划（1988年完成4所初中、63所小学，1989年完成19所初中、全县三分之一的小学，1990年初中全部达标、三分之二的小学达标，1991年扫尾）。同时成立学校规范化建设办公室，负责检查督导全县的创建工作，帮助解决实际问题。是年，全县有4所初中，67所小学完成规范化建设，涌现出麻店、李庄、皂户李等典型乡镇，其中麻店乡在资金筹措上采取财政拨一点、乡镇企业和个体户捐一点、干部拿一点、群众教育附加费外挤一点“四个一点”的做法，为其他乡镇提供了经验。至1991年6月，全县建成规范化农村中学12所，小学142所，购置仪器、器材、图书及桌凳总价值112.3万元，总投资达599.87万元。其间，在落实省委、省政府关于“加快中小学建设步伐，争取3～5年内使全省公办学校面貌得到根本改善”的指示方面取得可喜进展。有6所公办学校累计投资2200万元，新建校舍4.65万平方米，其中楼房17幢4.16万平方米，新建大门7个、围墙31866米、操场6.25万平方米，通过省政府验收。其中5所学校获优良改造学校称号，惠民一中荣获全省校改“十佳学校”称号。1998年，全县建立校舍档案、固定资产建账设卡等基础工作完成，有24所学校达到地级优秀学校标准。1999年，有22所学校被评为地级优秀管理学校，魏集镇被评为地级校舍设施维护管理“优秀乡镇”。2000年，在地区教委只考评乡镇中心小学以上学校和创优乡镇的情况下，仍有28所学校达到地级优秀等级，魏集镇、何坊乡2个乡镇被评为地级校舍设施维护管理“优秀乡镇”。2001年，社会发展，现实需要，学校危房改造再次成为全县的重点工作之一。至2004年，累计新建改建校舍9.5万平方米。石庙、胡集、大年陈三乡镇完成危房改造任务。2005年，全县完成改造面积8664平方米，有26个单位完成危改任务，为历年来完成改造面积最多的一年。累计完成此次危房改造任务的88.15%。

教育现代化工程　1979—1984年，地区教育局生产科研管理站每年为县内学校无偿配备10余万元的教学仪器。同时，学校普遍开展自制教具活动，基本满足教学需要。1984年，结合全县校舍改造工作，部分学校建设了低标准仪器室、实验室，配备必要的教学仪器。1985年，按照省教委《印发〈山东省中学教学实验室管理工作暂行条例〉的通知》精神，教学实验室建设工作在全县展开。电化教学工作同时启动，县第一实验学校的电化教学工作经验在全区推广。1991年，地区教学仪器站开始为全县中小学提供教学器材。1994年，遵照地区教委《关于开展实验室管理、实验教学评估活动的意见》，县教委制定详细的评估内容、标准、方法及要求，指导中学实验室管理及实验教学工作。同年，地区教学仪器站与地区教学研究室联合出台《滨州地区小学教师实验教学基本功培训工作意见》（试行）。此后三年为惠民县培训中小学实验人员100人，经考核全部合格，并颁发实验人员合格证书，县内教学实验室实现管理人员持证上岗。至1995年，全县累计投资1100万元，新建或改建中小学实验室203间，仪器室211间，配备教学仪器价值302万元，购置音、体、美器材价值187万元，配备教学器材价值21万元。1998年，教育技术现代化建设列入议事日程，以微机室、语音室建设为重点的教育现代化工程启动。当年，建设微机室1个，配备微机27台，建设语音室2个，配备语音座94座。1999年，根据关于加快全县中小学微机、语音等现代化教学设施设备暨计算机教育发展意见的通知，三年内县直各学校、乡镇中学、中心小学和部分完全小学建设并配好微机室、语音室，五年内全县基本普及计算机教育。是年，全县建成微机室6个，配备微机198台，建成语音室5个，配备语音座290座。县第一中学投资50万元，建成全县第一个双向闭路电视教学控制系统。2000年，教育信息化建设进一步发展，全县共投资257万元，新建微机室9个，配备微机253台，建设语音室5个，配备语音座288个，建设多媒体教室4个，装备“四机一幕”216套，教育现代化水平大幅提高，有9处学校荣获地级“现代化教育技术示范学校”称号。2001年，县财政投资80余万元，为县直学校配备微机室和语音室，解决了国办学校配备不如农村学校的状况。2002年，惠民镇中学建成全县第一个校园网，拉开校园网建设的序幕。2003年，县第一实验学校筹资180余万元，建成高标准校园网，配备高标准实验设备4套、微机176台，建多媒体语音室1个，通过市教育信息化示范学校验收。2004年，实施农村中小学现代远程教育工程，全县共配备微机343台、卫星天线138座、电视机217台、DVD153台、激光打印机153台，教育信息化的整体水平进一步提高。同年，胡集二中成为市教育信息化示范学校。2005年，惠民县教育信息中心建成并开通，有20所学校建立自己的网站，11所学校建设了校园网。全县中、小学的微机室和多媒体教室都能与远程教育资源联通，实现天网、地网的联通。首次参加全市机器人比赛，取得较好成绩。

图书室建设　1995年3月，市教委下发《关于加强中小学图书室建设的通知》，对图书室的管理，图书管理员的配备及管理，中小学图书室的装备、评估均作出详细规定。据此，县教委制定《全县学校图书室建设实施意见》，要求中小学图书室分类达标：完全中学、重点高中、职业学校、城区初中和小学按一类标准达标，一般高中、乡镇初中和小学按二类标准达标。是年，全县中小学共有图书54.46万册，小学生人均7.1册，中学生人均9.35册，高中生人均9.49册。1996年，全县95%的学校图书室达标验收合格。2000年，全县中小学共藏书75.99万册，小学生人均9.3册，初中生人均12.3册，高中生人均12.1册。2001年起，实施新课程改革，图书室建设逐年加强。至2005年，全县中小学共藏书108.56万册，小学生人均11册，中学生人均15.6册，高中生人均17.8册。

第二十编　科学技术

第一章　科技组织

第一节　管理机构

1981年1月，县科委列县政府序列。1985年4月，21个乡镇均配备科技助理，成立乡镇科委组织。1986年，科委内设办公室、业务科，编制12人。1987年，成立县职称改革领导小组，办公室设在科委。同年7月，县科学技术协会并入科委。1991年8月，职称改革工作及办事机构划归县人事局。1993年，县级机构改革，科委定编12人。2002年7月，县科委更名为惠民县科学技术局。是年，组建惠民县地震局，为副科级全额事业单位，隶属科技局。2005年，成立惠民县科技特派员工作领导小组，办公室设在科技局。是年，科技局内设办公室、综合发展计划股、高新技术发展及成果股，下辖地震局，编制11人。

第二节　科研机构

惠民县农业科学研究所　1959年成立，为副科级事业单位，隶属于县农业局，编制10人，其中技术人员4人。1962年停办，1976年3月复建，至2005年年底，共有职工34人，其中高级科技人员2人，中级科技人员5人，初级科技人员10人。共完成科研课题4项，取得科技成果3项，获得地区级以上奖励成果2项。

惠民县农业机械科学研究所　1971年成立，隶属县农业局。1986年2月，改称惠民县农业机械技术推广站，划归县农机局。至2005年，有职工5人，其中科技人员4人，获中级科技人员2人，初级科技人员2人。共完成科研项目2项，其中小麦联合收割机械化技术推广项目，获市级科技进步二等奖。

山东省抗虫杂交棉技术研究推广中心　2002年7月成立，有技术人员15人，其中高级职称13人，中级职称2人。至2005年，共选育抗虫杂交棉新品种、新组合3个（惠W8225、H308、H313），其中惠W8225通过山东省农业品种认定委员会审定，并搭载神舟6号飞船成功进行太空育种试验。

山东中农生物科技研究开发中心　2005年12月成立，属民办科研机构。有科技人员38人，其中高级科技人员7人，中级科技人员5人，初级科技人员26人。开展“海岛AT7基因分离及转基因陆地棉下一代抗黄萎病”等3项科研课题。

惠民鲁优棉花研究所　2003年7月成立，属民营科研机构。有科技人员3人，其中高级科技人员1人，中级科技人员2人。至2005年，共开展科研课题2项，所选育的RH－1、RH－2抗虫杂交棉品种，分别通过国家审定和山东棉花专业组评审。

第三节　科技队伍

专业科技队伍　1979年，全县有全民所有制单位科技人员784人（不含教学人员），其中工程技术人员165人，农村畜牧技术人员155人，卫生技术人员457人，科学研究人员7人。集体所有制单位科技人员120人，其中工程技术人员14人，农村畜牧技术人员50人，卫生技术人员56人。1980年9月，对科技人员进行科技职称套改、确定、晋升和评定工作，至1983年，先后评定中、初级技术职称任职资格人员764人，其中中级职称62人，助理级职称209人，技术员493人。1988年，县委、县政府按照地委、行署《关于进一步放活科技人员促进商品经济发展的补充规定》，鼓励科技人员在促进全县商品经济发展的同时依靠诚实劳动和合法经营先富起来，对科技人员职称评审、工资定级、住房分配、子女求学、停薪留职等方面作出一系列优惠的补充规定。1991年，各类科技人员发展到3298人，其中高级职称25人，中级职称410人，初级职称2863人。1996年，县政府印发《关于加快科学技术进步的实施意见》，制定《关于加强人才工作，促进经济发展的若干规定》《惠民县科学技术奖励办法》等套改政策，就科技进步中做出贡献的单位和个人奖励做出明确规定。至2005年年底，各类科技人员发展到15825人，其中高级职称511人，中级职称3550人，初级职称11764人。科技人员中，有研究生学历的47人，本科学历763人。享受国务院特殊津贴的专家1人，市突出贡献专家2人。省级专业技术类人才1人，市级专业技术类人才6人，县级专业技术类人才20人。

群众科技队伍 1979年，有公社农技站21处，309人（其中技术干部27人，农民技术员70人）；大队农科队356个，占大队总数的38%，计2209人；生产队农科组643个，占生产队总数的20%，计2117人。中共十一届三中全会后，农村科学试验活动进入一个新时期，乡镇建立农技服务机构，村队出现科技示范户。1981年3月，顺应科技户的发展，组建了联产农科网。1982年8月，开展考核评定农民技术员工作。1983年，有农技服务公司22个，技术网长104人。1986年，注重农村科技体系建设，各乡镇均建立科委，选配科技副乡（镇）长，每管区配备科技网长，行政村选配科技村长或科技副主任。是年，发展农村科技示范户1716户。1988年，县委、县政府确定“科教兴惠”战略，掀起“科技兴县”热潮，通过农业函授大学、农业广播学校等形式，加大对农村科技人员的培训力度，群众科技队伍不断壮大。1990年，农村科技示范户发展到2124户。2000年，农村科技示范户增到5329户，至2005年年底，农村科技示范户达到21386户。形成以示范户为科技试验基地、农民技术员为主力、专业技术人员为骨干的现代农科网。

第四节　科技开发企业

高新技术产业 1996年，根据科技部1996年颁布的《国家高新技术产业开发区对高新技术企业认定条件的办法》和省科委1993年下发的《关于高新技术企业及高新技术产业生长点认定工作中有关问题的补充通知》的认定标准，县委、县政府制定《关于加快高新技术产业发展的实施意见》，开始认定高新技术企业工作。2001年，组织实施“高效动物微生态制品研究与产业化开发”“两系转基因抗虫杂交棉中38中试”“转双抗基因741毛白杨快繁技术研究及大面积开发利用”等5个高新技术项目，项目的技术水平达国内领先水平。2003年，高新技术产业实现产值21380万元，利税928万元。至2005年，有山东中棉棉业等6家企业被山东省科技厅认定为高新技术企业，高新技术产业总产值达到15968万元，占规模以上工业比重的2.64%。

民营科技企业 1985年，国家允许科研单位、大专院校和企、事业单位科技人员自愿组合、自筹资金、自主经营、自负盈亏创办科技开发企业。民营科技企业作为新生事物在全县迅速发展。1999年11月，县委、县政府召开全县科技大会，进一步明确民营企业发展的总体思路和工作重点，以及促进发展的优惠政策，为加快民营企业的发展创造了宽松的环境。至2005年年底，民营企业类型涉及集体、个体、私营、股份制等形式，经营范围几乎覆盖国民经济所有行业，主要集中在生物技术、机电一体化、电子信息、新材料等高新技术领域。经科技部门审批认定的各类民营科技企业发展到12家，其中省级民营科技企业7家，从业人员3674人，共有科技人员308人。

第二章　科技活动

第一节　科技培训

1979年，县科委与科协联合，配合农学会、农机学会、畜牧学会等举办小麦浸种及合理施肥、棉花栽培、植保及农机使用维修、畜牧兽医等各种技术培训班，至1981年，共办班500期，培训技术骨干6.5万人次。开办农工业余技校3所，7个班，学员424人。1983年，采取长短结合、以会代训等形式，举办农牧、水利、水产、林业、病虫害防治等各类技术培训班703期，培训人员16万人次。1984年，县科委与科协联合举办日语培训班，为中级以上科技人员补习外语知识。

1985年，为深入贯彻"科学技术是第一生产力"的思想和坚持"科学技术工作必须面向经济建设，经济建设必须依靠科学技术"的方针，加强培训基地建设。建有职业教育中心、劳动技校、卫生学校、农广校、农函大及乡镇成人教育中心、科技培训中心等培训基地26处，90%以上行政村建有农民夜校。农村基层干部、农村劳动力受培训面分别达到90%、80%以上。同年7月，举办系统工程补习班，培训副科级以上科技人员80人。1988年，团县委与山东农业大学团委结为友好团委，委托山农大培训青年学员1.5万人。

1992年，由科委牵头，9个部门联合实施《惠民县培训〈十万技术大军〉工程》，针对小麦、玉米、棉花、林果、桑蚕、畜牧、蔬菜等七大领域，聘请高级农艺师组成七个讲师团，深入乡镇、田间，采取多种形式对干部群众进行全面系统技术培训。是年，培训人员达18.2万人。1996年，农村基层干部接受培训的4197人，培训率达95.6%；农村劳动力中接受培训的23.92万人，培训率达87.8%；青壮年劳动力中接受培训的3.20万人，培训率达21.48%；取得技术人员资格的3267人，占培训人数的10.2%。是年，实施"万人脱贫科技培训项目"，县属企业职工培训面达到90%以上。

1998年，围绕产业结构调整和提高公众科技文化素质，开展科技培训与教育，向全社会广泛宣传科学思想、科学精神、科学方法和科学知识，倡导科学文明健康的生活方式，使科学技术真正成为现实生产力，至2000年，共举办技术培训班150期，接受培训的农民2万人次。2005年，有农业技术学校6所，农民业余技校21所，星火学校1所。举办农作物高产栽培技术、养鱼、养蚕、畜牧兽医、果蔬、食用菌、机械植保等17个学科的技术培训班22期，培训技术人员1508人次。

第二节　科技咨询

1979年，科技咨询工作主要是以无偿的技术问答、技术服务、技术承包等形式为农业生产服务。全年举办小麦、棉花、农机、畜牧等技术讲座100场，1万余人参加。1982年，科技人员以帮助农民致富为重点，广泛开展咨询服务。推广地膜覆盖植棉、粮棉套种技术和优良品种，兴办乡镇企业和家庭副业，拓宽了农民致富的路子。科委创办《惠民科技资料》，印发11期，共1万册，编印《惠民县棉花试验资料汇编》4000册，指导广大棉农科学植棉。科协编印《惠民科普》小报8期2.6万份。各公社编印科技小报等科普资料179期，印发17万份。组织科教片放映小组，先后放映《巧用化肥》《选用棉花良种》等影片10余部，共计放映500场次，观众达50万人次。科协制作《地膜覆盖晚茬小麦，一膜两用麦棉双丰收》幻灯片1套，发至21个公社，为全县麦棉增产起到积极作用。1984 年，县科技咨询服务中心成立，医学、电力、水利、林业、建筑等咨询服务站相继建立。咨询站科技人员利用节假日、农村集日为群众开展咨询服务。中医刘洪儒等 5 人，提供咨询服务 3000 人次，解决了一些疑难病症。各咨询站在农村集市服务 200 场次，接待群众 1.8 万人次。同年 4 月，科委召集有关农艺师和专业技术人员组成植棉报告团，在姜楼、何坊、大年陈等公社举办技术讲座 7 期，听众达 1000 人次。

1985 年，发挥各级科协组织和专业学会作用，先后组织科技报告团巡回集市、田间地头，开展关于小麦、棉花、玉米等作物的栽培技术、化肥的合理使用、防虫治病技术、农药安全使用以及地膜的应用方法的科技咨询 220 场，接受咨询 2 万人次；出墙报专栏 130 期，放科教电影 86 场，观众 8 万人；在农村建立农情联络户 1600 户，进行技术性的生产调查 1100 人次，积累数据 20 万个，撰写调查报告 220 篇；向农民提供技术资料、技术意见、商品信息 275 条；选聘农民科技信息员 200 余名，逐步形成农村科技情报网络。1986 年，开展科技扶贫，对 407 户贫困户进行技术扶持，使他们掌握使用良种、科学施肥、防虫治病等技术，并辅以良种、农药、化肥的支持。1986—1997 年，共举办科普集市 2520 次，科普展览 508 次，科普技术讲座 500 余场，发放各类科普资料 60 种，受教育群众达到 50 余万人次。

1998 年，成立科技信息服务中心，广泛收集、筛选科技信息，开展科技下乡活动，至 2000 年，共编发《惠民科技信息》30 期，发布科技信息 400 条，编印“农禽的饲养与疾病的防治”“苹果病虫害防治”“食用菌栽培技术”等科技资料 4 万份，购买科技书籍 5000 本，采取赶科技大集、科技宣传园、建科技书店等活动发放到群众手中，并现场接受咨询 3 万人次，解决技术难题 600 余个。2002 年，组建生产力促进中心，引进人才 25 名，项目 19 个。至 2005 年，共完成咨询调研 100 项，为企业、个人的项目考察、立项论证、专利检索、成果鉴定等提供了丰富的信息。免费发送科技信息 5 万余条，接受信息咨询 3 万余人次。

第三节　科技推广

1979—1985 年，农业科技主要是引进推广优良品种、改革耕作制度、病虫害防治、推广栽培技术；改革小麦播种方式，调整氮磷肥的使用配比，对晚茬麦实行地膜覆盖，使全县三分之一的麦田实现中产变高产；对玉米进行杂交制种，合理密植，科学施肥，亩产达千斤；对棉花进行良种繁育和引进，合理使用生长激素，巧施化肥，重施花铃肥，补施盖顶肥，亩产增长 60% 以上；碱地植棉则采取开沟躲碱，营养钵育苗移栽，地膜覆盖等措施。1984 年，推广地膜覆盖面积达 60 万亩。改革农作物耕作制度，推广一年两作，间作套种，扩大复种指数，提高土地利用率，通过建立种子田、试验田、样板田和发展示范户，推广先进的耕作制度和种植技术。水利科技，对排气真空器（又名引射器）进行研制和推广应用，既节约劳力又提高工效；对钢带组合油环推广应用，节油 50% 左右；深井钻头改革，浅机井吸浆钻的改进，分别获得县科技成果二等奖、三等奖。工业科技，县第一油绵厂对 141 型棉花剥绒改制成功；五金厂技术人员自行设计和制造出电子捕蝇器；县拖修厂制成泰山 -12 拖拉机变速箱体两侧 36 穿孔专用机床和泰山 -12 拖拉机差速器壳 12 -12.5 孔专用机床。沼气利用，1985 年，农村建造大小沼气池 3016 个，容积 23163 立方米，分布在 146 个村，957 个生产队，沼气利用率达 71.8%。

1986 年起，组织实施“中杂 028 棉花优良品种大面积技术开发试验”，效果显著，良种覆盖 11 个省、59 个县市。引进的抗虫杂交棉中杂 29 号属国内领先水平，至 1997 年，常规制种面积达到1500亩，抗虫杂交棉制种面积2500亩，被国家定为制种基地县。实施的“三〇工程七万亩玉米高产开发”项目，实现高产、低耗、高效，平均玉米单产达614.65公斤。1997年10月，选育的短枝红富士苹果新品种在全省果品鉴评会上以单项最高分获得金奖，是年，全县短枝红富士种植面积达到18万亩。“地毯产业化技术研究与开发”由初期的160道、180道发展到300道，由一般品种发展到高档丝毛合织地毯和名景名画挂毯，其名景名画挂毯居国内先进水平。“9LJ系列养鸡笼具的研究与开发”项目，与山东家禽研究所协作，先后开发出育雏笼、育成笼、鸡蛋笼、涂塑肉鸡笼、肉种鸡笼等6大系列产品、49个规格品种，其中4种鸡笼填补省内空白，有两种鸡笼属国家首创产品，1997年实现产值1376万元，利税310万元。

1998年，县科技服务示范推广体系基本健全。建立3个示范乡镇、263个科技示范村、3400个科技示范户，引进、繁育、推广农作物新品种30余个，农业先进技术覆盖率达到90%以上，形成果品、瓜菜、蚕茧、棉花、畜牧、食用菌、粮食七大生产基地。转基因抗虫杂交棉制种技术国内领先，棉种推广面积40万亩以上，新增经济、社会效益1亿元以上。选育的短枝红富士苹果获得全国农业科技优秀成果奖，在全省名优特果品鉴定会上获10项金奖。培育的具有自主知识产权品牌的青粉蜜桃被省科技厅命名为“惠民蜜桃”，全县果品面积达20万亩，年增长经济效益1亿元以上。实施的桑蚕养殖等新技术，每年以30%的比例膨胀，至2000年发展到10万亩，蚕茧产量、质量均列全省第一，年产量3148吨，产值1.8亿元。

2001年起，围绕工业、农业特别是在生物技术、电子信息等领域组织实施科技计划项目，在攻关研究上实现向主导产品与支柱产业倾斜，在高新技术产业化发展上加大集成，至2005年，共组织实施市以上各类计划项目27项，其中国家级2项、省级21项、市级4项。如“两系转基因抗虫杂交棉中38中试”“中棉所38”分别被国家列为科技成果转化项目和火炬计划项目，森茂实业责任有限公司实施的“新型多功能生物有机肥的研究与开发”被列入国家863计划项目。“高效生物仿生农药”“转基因抗虫杂交棉鲁棉研15生产与推广”分别列入省科技厅重大项目和火炬计划项目。沿黄地区风沙综合防治技术的研究与示范项目被列入省可持续发展十大科技示范工程。食用菌生产由于注重新品种的培育和引进，膨胀迅速，建成食用菌大棚2.1万个，种植面积500万平方米，食用菌产量达1.8亿斤，产值2.1亿元，纯收入1.26亿元。县内建有食用菌加工企业6家，年加工能力达5000吨，建有食用菌菌场6处，年产食用菌菌种50万袋，惠民县被中国食用菌协会列为“中国食用菌标准化生产示范县”，被省农业厅命名为“山东省食用菌生产先进县”。

第三章　科技成果

第一节　获奖项目

1979—2005年，惠民县各类获奖科技成果共226项，其中省级科技成果4项；地（市）级科技成果5项，一等奖8项，二等奖32项，三等奖42项；县级科技成果135项。

1979—2005 年惠民县获省、地（市）级奖科技成果情况表

表 20－1

成果名称	完成单位	获奖时间（年）	奖励等级
盐碱地植棉综合技术开发	县人民政府	1983	山东省科技成果三等奖
黄淮海中低产地区夏秋粮综合增产栽培技术研究	县人民政府	1985	山东省科技进步一等奖
惠民县农村产业结构调整的研究兼决策科学化探讨	县区划办	1988	山东省科技成果三等奖
短枝红富士苹果开发利用及丰产技术推广	县林业局	1996	山东省科技进步三等奖
盐碱地棉田灌溉保苗技术	县农技站、县农科所等	1980	惠民地区科技成果二等奖
盐碱地植棉技术推广	县农业技术推广站	1981	惠民地区科技成果二等奖
二尖瓣分离技术	惠民中心医院	1981	惠民地区科技成果二等奖
棉花杂交优势利用推广	县农技推广站	1981	惠民地区科技成果二等奖
棉花早熟品种“惠 24”推广	县农科所	1981	惠民地区科技成果二等奖
盐碱地棉花低产变中产施肥技术	县农科所、县农技站	1981	惠民地区科技成果二等奖
盐碱地棉花早熟品种晚播试验	县农科所	1981	惠民地区科技成果二等奖
棉花乙烯利催熟试验	县农技站	1981	惠民地区科技成果二等奖
棉花营养钵育苗移栽技术与盐碱地植棉	县农技站	1981	惠民地区科技成果二等奖
开沟躲碱植棉	县农机站等	1981	惠民地区科技成果二等奖
白平菇繁育技术推广	县生产资料公司菌种厂	1981	惠民地区科技成果二等奖
远红外线技术应用	县鞋厂	1981	惠民地区科技成果三等奖
141 型棉花剥绒机的改革	县第一油棉厂	1981	惠民地区科技成果三等奖
花生高产攻关试验	县农机站等	1981	惠民地区科技成果三等奖
多菌灵防止花生叶斑病试验	县农机站	1981	惠民地区科技成果三等奖
棉籽皮培植蘑菇、木耳	县生产资料公司食用菌厂	1981	惠民地区科技成果三等奖
盐碱地植棉综合开发	县农业局	1983	惠民地区科技成果一等奖
渤海一号品种开发试验	县人民政府	1983	惠民地区科技成果二等奖
棉花地膜覆盖技术推广	县棉花办公室	1983	惠民地区科技成果二等奖
毛木耳新菌种的培育	县生产资料公司	1983	惠民地区科技成果二等奖
玉米增产技术开发试验	县农业局	1983	惠民地区科技成果三等奖
池塘养鲤鱼成鱼试验	县水利水产局	1987	惠民地区科技成果一等奖
惠民县“七五”林业计划及到本世纪末林业规划方案	县林业局	1987	惠民地区科技成果三等奖
花生综合丰产栽培技术开发试验研究	县农业局	1987	惠民地区科技成果三等奖
地膜覆盖机械化技术示范推广	县农机局、县农机所	1987	惠民地区科技成果三等奖
利用普通石膏生产建筑装饰板的研究	县建筑材料厂	1987	惠民地区科技成果三等奖
短枝红富士引选试验	县林业局	1989	惠民地区科技成果二等奖
吨粮优化栽培技术开发	县农业局	1989	惠民地区科技成果二等奖
苹果地产园开发试验	县林业局	1989	惠民地区科技成果三等奖

续表 20－1

成果名称	完成单位	获奖时间（年）	奖励等级
LHTK－88 型蓄水闸遥控自动启闭装置	县水利局	1989	惠民地区科技成果三等奖
JDH－AB 型电机综合保护器	县电业局电器修造厂	1989	惠民地区科技成果三等奖
9LJ 系列养鸡笼具		1989	惠民地区科技成果三等奖
利用黄河淤砂试制蒸压灰沙砖	县魏集镇砖厂	1989	惠民地区科技成果三等奖
巨峰葡萄高产试验	惠民镇林业站	1989	惠民地区科技成果三等奖
杨潜叶叶蜂生物学特性幼虫空间格局及其抽样技术和药剂防治试验的研究	县林业局	1991	滨州地区科技成果二等奖
惠民县吨粮田科技开发	县农机推广中心	1991	滨州地区科技成果三等奖
棉花高产优质栽培技术开发	县棉花办公室	1991	滨州地区科技成果三等奖
棉花脱绒包衣防菌病虫研究	县良种棉繁育加工	1991	滨州地区科技成果三等奖
麦套花生高产技术开发	县农机站	1991	滨州地区科技成果三等奖
多效唑在幼龄苹果上应用技术研究与开发	县林业局果树站	1991	滨州地区科技成果三等奖
窄冠白杨杨粮间作效益研究	县林业局	1991	滨州地区科技成果三等奖
武定府酱菜系列产品开发	县酱菜食品厂	1991	滨州地区科技成果三等奖
6TF－20 型家用万能粉碎机	县机械厂	1991	滨州地区科技成果三等奖
棉花杂交优势利用技术开发研究	县农业局棉花站、县良种棉加工厂	1992	滨州地区科技成果一等奖
何坊乡冬暖式大棚开发与推广	县何坊乡农机站	1992	滨州地区科技成果二等奖
NPJ－85 型酿造膨化设备	县淀粉设备厂	1992	滨州地区科技成果三等奖
试析科技情报的利用	县科委	1992	滨州地区科技成果三等奖
LSH 型生活锅炉研制	县工业设备安装公司	1993	滨州地区科技成果一等奖
滨州地区杂交棉开发	县农业局	1993	滨州地区科技成果二等奖
无桩靴夯扩桩技术的应用研究	县建筑设计院	1993	滨州地区科技成果二等奖
研制生产 200 道，240 道丝毛合织新型东方地毯	县地毯厂	1993	滨州地区科技成果三等奖
小切口腰椎板开窗髓核摘除术	县中医院	1993	滨州地区科技成果三等奖
多功能电能表及 DC－1 型电场测试器	县电业局电子仪器设备厂	1994	滨州地区科技成果二等奖
菌毒畏研究应用及强力多菌灵生产工艺研究和应用	县农药厂	1994	滨州地区科技成果二等奖
短枝红富士苹果技术推广	县林业局	1994	滨州地区科技成果二等奖
蔬菜大棚内白粉虱防治技术开发应用	县蔬菜站	1994	滨州地区科技成果三等奖
惠杂一号棉花盐碱地高产栽培攻关配套技术试验研究	县良种棉加工厂	1994	滨州地区科技成果三等奖
中杂 028 高产技术开发及高产优质早熟棉花新品种选育	县农业局	1995	滨州地区科技成果二等奖
黄河三角洲三大果树资源开发策略研究及沼肥在果树上的应用技术开发研究	县农村能源工作站	1995	滨州地区科技成果二等奖
抗性棉铃虫综合治理优化配套技术研究	县植保站	1995	滨州地区科技成果三等奖
旱型病毒性肝炎血清学调查研究及感染性腹泻病原学防治与检测	县防疫站	1995	滨州地区科技成果三等奖

续表 20－1

成果名称	完成单位	获奖时间（年）	奖励等级
棉花去雄杂交优势利用配套技术研究与开发	县科委、县农业局	1996	滨州地区科技成果一等奖
40%果菜宁悬浮剂研究	县农药厂	1996	滨州地区科技成果二等奖
盐碱地棉花优质高产栽培技术研究与开发	县农业局 县良种棉加工厂	1996	滨州地区科技成果三等奖
生态农业村建设配套技术研究	县农村能源站	1996	滨州地区科技成果三等奖
40%草净津悬浮剂研究	县农药厂	1996	滨州地区科技成果三等奖
三万亩棉花瓜菜间套技术推广	县棉办	1997	滨州地区科技成果二等奖
经济欠发达地区农民负担额度与提取方法的研究及县籍调查成果应用研究	县土管局	1997	滨州地区科技成果二等奖
惠桃及桑蚕优质高产高效综合技术开发	县大年陈乡人民政府 县丝绸公司	1997	滨州地区科技成果三等奖
惠民短枝红富士高密度丰产技术研究	惠民镇林业站	1997	滨州地区科技成果三等奖
冬小麦新品种（系）大面积高产开发	惠民县陈集乡农技站	1997	滨州地区科技成果三等奖
惠桃综合技术开发	县大年陈乡人民政府	1998	滨州地区科技成果一等奖
元胡直流电导入与紫外线照射充氧自血回输联用治疗消化性溃疡临床研究	滨州市中心医院	2001	滨州市科技进步一等奖
前臂皮瓣联合硬腭粘膜移植眼见睑再造	滨州市中心医院	2001	滨州市科技进步二等奖
纯中药浓煎剂离子导入与高级电脑中频联用治疗骨质增生症的临床研究	滨州市中心医院	2001	滨州市科技进步二等奖
2 型糖尿病舌脉规律临床研究	滨州市中心医院	2001	滨州市科技进步二等奖
逆转离子导入治疗视网膜震荡伤	滨州市中心医院	2001	滨州市科技进步二等奖
呼吸衰竭病人早期机械呼吸的治疗研究	滨州市中心医院	2001	滨州市科技进步二等奖
孕母产前应用地塞米松对早儿免疫功能的影响及孕产妇保健研究	滨州市中心医院	2001	滨州市科技进步二等奖
低分子肝素治疗急性缺铁性脑血管病的治疗及安全性研究	滨州市中心医院	2001	滨州市科技进步二等奖
关节镜辅助下手术治疗踝部骨折	滨州市中心医院	2001	滨州市科技进步二等奖
监测大隐静脉与股深静脉吻合术治疗下肢深静脉血栓形成的解剖与临床	滨州市中心医院	2001	滨州市科技进步二等奖
戊二醛与过氧乙酸在手术间程序化消毒中的应用研究	滨州市中心医院	2001	滨州市科技进步二等奖
甘油布比卡因用于硬膜外腔术后镇痛的研究	滨州市中心医院	2001	滨州市科技进步三等奖
美乐心对肺心病难治性心衰的临床研究	滨州市中心医院	2001	滨州市科技进步三等奖
幽门螺旋杆菌致胃癌机理的相关研究	滨州市中心医院	2001	滨州市科技进步三等奖
高频超声显像与彩色及能量多普勒对下肢深静脉瓣功能不全的应用研究	滨州市中心医院	2001	滨州市科技进步三等奖
玻璃酸酶复合液硬膜外冲击治疗腰椎间盘突出症的研究	滨州市中心医院	2001	滨州市科技进步三等奖
心室晚电位阳性与阴性患者 QT 离散度的对比研究	滨州市中心医院	2001	滨州市科技进步三等奖
抗虫棉新品种高产栽培技术开发	惠民县棉办、良种棉加工厂	2001	滨州市科技进步一等奖
胡萝卜鲜榨汁研究与开发	惠民县清河镇蔬菜 专业合作社	2001	滨州市科技进步二等奖

续表 20－1

成果名称	完成单位	获奖时间（年）	奖励等级
豆田国产新型除草剂“精克草能”大面积开发	惠民县植保站	2001	滨州市科技进步三等奖
芦荟、万寿菊、蜜桃高产栽培技术开发	惠民县林业局、大年陈乡政府	2001	滨州市星火科技一等奖
气囊助产促进产程的研究应用	滨州市中心医院	2001	滨州市星火科技二等奖
新式剖宫产术研究与应用	惠民县妇幼保健院、机关医院	2001	滨州市星火科技二等奖
一次性腹腔治疗器临床研究与应用	滨州市结核肿瘤医院	2001	滨州市星火科技二等奖
抗虫杂交棉优质高产栽培技术示范与推广	中棉棉业有限责任公司	2002	滨州市科技进步一等奖
踝关节骨折伴距骨软骨损伤规律及治疗的研究	滨州市中心医院	2002	滨州市科技进步一等奖
泪囊鼻腔吻合术失败的显微手术治疗及鼻敏合剂的毒理学研究和治疗变应性鼻炎的临床应用	滨州市中心医院	2002	滨州市科技进步一等奖
320 例住院手术患者应用抗菌药费用及疗效研究分析	滨州市中心医院	2002	滨州市科技进步一等奖
疏血通治疗脑梗死及其对血液流变、血凝及纤钎溶系统影响的临床研究	滨州市中心医院	2002	滨州市科技进步一等奖
新鲜羊膜移植治疗难治性角膜溃疡	滨州市中心医院	2002	滨州市科技进步一等奖
有限内固定结合动力外固定治疗桡骨远端粉碎骨折及脊柱 CD 固定技术推广应用	滨州市中心医院	2002	滨州市科技进步一等奖
钙剂持续静滴与钙剂间断静滴治疗婴儿手足 45 例临床研究	滨州市中心医院	2002	滨州市科技进步二等奖
抗虫杂交棉鲁棉研 15 号超高产栽培技术攻关试验	惠民农兴种业有限责任公司	2002	滨州市科技进步二等奖
柯萨奇 B 组病毒感染对上呼吸道感染患儿病程的影响	滨州市中心医院	2002	滨州市科技进步二等奖
腭咽瓣对于腭裂患者术后发音的影响	滨州市中心医院	2002	滨州市科技进步二等奖
连接包皮外板的带血管蒂包皮内板皮瓣治疗尿道下裂	滨州市中心医院	2002	滨州市科技进步二等奖
超声定位实时检测在体外震波碎石中的应用研究	滨州市中心医院	2002	滨州市科技进步二等奖
对剖宫术及可能发生产后出血倾向经阴分娩产妇口服 Cytotec 预防产后出血研究	滨州市中心医院	2002	滨州市科技进步二等奖
HA—IDAra—C 方案急性髓系白血病缓解后治疗的追踪研究	滨州市中心医院	2002	滨州市科技进步二等奖
角膜缘重建术治疗中、重度翼状胬肉	滨州市中心医院	2002	滨州市科技进步二等奖
针对术前病人心理需求进行相关心理干预效果的研究	滨州市中心医院	2002	滨州市科技进步二等奖
糖皮质激素及钙离子拮抗剂与国内镜下扩张联合治疗食管狭窄的研究	滨州市中心医院	2002	滨州市科技进步二等奖
内镜下扩张加微波治疗食管狭窄的研究	滨州市中心医院	2002	滨州市科技进步二等奖
雷米普利联合缬沙坦治疗充血性心力衰竭的疗效及安全性研究	滨州市中心医院	2002	滨州市科技进步二等奖
非诺贝特对高甘油三脂血症患者血管内皮功能及胰岛素抵抗和血液流变学的影响	滨州市中心医院	2002	滨州市科技进步二等奖
联合疗法治疗尖锐湿疣临床研究	滨州市中心医院	2002	滨州市科技进步三等奖

续表 20－1

成果名称	完成单位	获奖时间（年）	奖励等级
吸入糖皮质激素治疗儿童哮喘的疗效观察及影响吸入疗法的因素的防止对策	滨州市中心医院	2002	滨州市科技进步三等奖
抗虫棉杂交及新品种引进高产栽培技术推广	惠民县良种棉加工厂、农业局、中棉棉业有限公司	2002	滨州星火科技一等奖
搞好星火计划管理，促进科技经济发展	惠民县科委	2002	滨州星火科技一等奖
搞好基层配种员培训，推广家畜胚胎移植技术	惠民县畜牧局	2002	滨州星火科技一等奖
颅内脑池显微解剖学研究	滨州市中心医院	2004	滨州市科技进步一等奖
术前淋巴管内化疗药物灌注对子宫颈癌预后及放射治疗加中药扶正消瘤汤在中晚期食管癌治疗中的应用研究	滨州市结核防治医院	2004	滨州市科技进步一等奖
炎症和C—反应蛋白与缺血性脑血管病及蛋白C蛋白S活化C抵抗与缺血性脑血管病的相关性研究	滨州市中心医院	2004	滨州市科技进步一等奖
吸氧对降低食管镜检查术中不良反应及超声波快速石蜡切片诊断应用于内窥镜活检50例研究	滨州市中心医院	2004	滨州市科技进步一等奖
天普洛安联合应用TPN对胃肠癌病人术后蛋白代谢影响的研究	滨州市中心医院	2004	滨州市科技进步一等奖
左氧氟沙星联合力克肺疾治疗耐多病结核及消结汤加维生素E治疗乳腺增生病的临床研究	滨州市中心医院、滨州市结核防治院	2004	滨州市科技进步一等奖
晶胶体液联合扩容治疗肝硬化难治性肝腹水及肾和治疗难治性肾病综合症临床研究	滨州市中心医院	2004	滨州市科技进步一等奖
缬沙坦联合依那普利对充血性心力衰竭患者促炎细胞因子的影响及复方氢氯噻嗪利血平片的研制与临床研究	滨州市结核防治医院	2004	滨州市科技进步一等奖
术前访视对全麻病人焦虑和苏醒期兴奋的影响及整体护理对心内科护患关系信任度影响的研究	滨州市中心医院	2004	滨州市科技进步一等奖
一侧入路显露两侧动脉瘤的显微解剖学研究	滨州市中心医院	2004	滨州市科技进步二等奖
术前放疗化疗直肠前切除吻合器超低位吻合治疗低位直肠癌	滨州市中心医院	2004	滨州市科技进步二等奖
健乳消癖口服液治疗乳腺增生病临床研究	滨州市中心医院	2004	滨州市科技进步二等奖
艾恒联合方克/亚叶酸钙治疗晚期消化道肿瘤临床研究	滨州市中心医院	2004	滨州市科技进步二等奖
烧伤病人行暴露疗法时血压测量方法研究	滨州市中心医院	2004	滨州市科技进步二等奖
肺痈汤治疗肺化脓症的临床研究	滨州市结核防病防治院	2004	滨州市科技进步二等奖
黄河淤沙蒸压加气砼砌砖	滨州黄河新型建材有限公司	2004	滨州市科技进步二等奖
信息钮扣型预付费控制器及管理软件技术开发	县鲁瑞监控技术发展有限公司	2004	滨州市科技进步三等奖
保留乳头改良乳癌根治术后同期假体置埋隆技术	县人民医院	2004	滨州市科技进步三等奖
启闭式盒盛装油纱类消毒灭菌效果观察的临床研究	滨州市中心医院	2004	滨州市科技进步三等奖
痹宁胶囊治疗类风湿关节炎临床研究	滨州市中心医院	2004	滨州市科技进步三等奖

续表 20－1

成果名称	完成单位	获奖时间（年）	奖励等级
带状肌肌筋膜瓣修复舌根在水平半喉切除术中的应用	滨州市中心医院	2004	滨州市科技进步三等奖
专用玉米深加工技术、百万亩玉米新品种的引选及优质小麦生产技术推广	惠民县农业局	2004	滨州市星火科技一等奖
皇冠梨引进及早期丰产、无公害果品生产技术规程及邹平杏品种优系筛选及丰产栽培技术研究	惠民县林业局	2004	滨州市星火科技一等奖
针刺治疗外伤性眼肌麻痹临床研究、自动韧带悬吊尿道中段治疗女性压力性尿失禁的应用研究及宫颈横 U 字缝合治疗宫颈机能不全	惠民县李庄卫生院	2004	滨州市星火科技一等奖
中小学人文与科学教育地域性课程开发研究、环境调查法提高学生环保意识的研究及科技兴农现状与对策的调查研究	惠民二中	2004	滨州市星火科技一等奖
经济欠发达地区培养技能人才的对策与应用研究及实施农民培训工程、促进农村劳动力转移	惠民县农业局	2004	滨州市星火科技一等奖
联五风沙片综合治理模式及效益浅析	惠民县水利局	2004	滨州市星火科技二等奖
温室番茄施用沼肥研究与应用	惠民县农业局	2004	滨州市星火科技二等奖
循环经济在污染控制中的应用	惠民县环保局	2004	滨州市星火科技二等奖
优质抗虫棉引选与开发	惠民县农业局	2004	滨州市星火科技二等奖
饲用玉米种植与综合利用技术推广	惠民县畜牧兽医站	2004	滨州市星火科技二等奖
抗虫棉技术规程的制定与推广	惠民县农业局	2004	滨州市星火科技二等奖
无农药残毒蔬菜病虫害防治技术推广	惠民县植保站	2004	滨州市星火科技二等奖
纸浆原料林建基地建设研究	惠民县林业局	2004	滨州市星火科技二等奖
鱼藕混养技术推广	惠民县水利局	2004	滨州市星火科技三等奖
高血压脑出血患者血小板 CD62p 和 CD62b 的表达及其与脑水肿形成的关系及声导抗无创监测颅内压变化可行性的初步研究	滨州市中心医院	2005	滨州市科技进步一等奖
ET 拮抗剂在胆石症和 ACST 患者中保肝作用及高胆红素血症患儿心肝脑肾损害的临床研究	滨州市中心医院	2005	滨州市科技进步一等奖
白细胞介素－2 与多巴胺联合胸腔内注射治疗结核性胸膜炎及夜间哮喘发作患者血 GM－CSF 和皮质醇含量动态变化意义	滨州市结核防治医院	2005	滨州市科技进步一等奖
简单认知治疗在治疗肠易激综合症及应用树脂灌流器灌流联合换血治疗重度有机磷农药中毒的临床研究	滨州市中心医院	2005	滨州市科技进步一等奖
应用乙状结肠系膜行直肠悬吊固定术治疗完全性直肠脱垂的临床研究	滨州市中心医院	2005	滨州市科技进步一等奖
经皮切口鼻泪管内置入自制硅胶管支架治疗鼻泪管阻塞	滨州市中心医院	2005	滨州市科技进步一等奖
硬膜内外重合性血肿的 CT 诊断及院前置胃管负压冲洗对口服农药中毒病人影响的研究	滨州市中心医院	2005	滨州市科技进步一等奖
体表心电图诊断室性心动过速的价值及高频超声显像与彩色能量多普勒对不育症亚临床型精索静脉曲张的检测研究	滨州市中心医院	2005	滨州市科技进步一等奖

续表 20－1

成果名称	完成单位	获奖时间（年）	奖励等级
血浆神经肽 Y 水平与垂体腺瘤相关性及 12 种肿瘤标记物和肿瘤相关物质群联合检测恶性肿瘤的研究	滨州市中心医院	2005	滨州市科技进步一等奖
中药离子导入治疗输卵管阻塞性不孕症及自拟中药肝胆排石汤治疗肝胆结石的临床观察	滨州市中心医院、滨州市结核防治医院	2005	滨州市科技进步一等奖
吡格列酮治疗 2 型糖尿病人对胰岛素抵抗和血的影响及骨磷脂质体的制备和诱导巨噬细胞凋亡研究	滨州市中心医院	2005	滨州市科技进步一等奖
经胸高频彩色多普勒超声对冠状动脉结构和血流储备及动态心电图在纤支镜检查中的监测分析	滨州市结核防治医院	2005	滨州市科技进步一等奖
股肌皮瓣游离移植修复下颌复合组织缺损	滨州市中心医院	2005	滨州市科技进步一等奖
小剂量氯胺酮、异内酚静脉全麻在婴幼儿颅内血肿清除术中的应用研究	滨州市中心医院	2005	滨州市科技进步一等奖
WORLD 模式在护生临床实习管理中的应用及剖宫产术后腹胀的原因及预防效果研究	县人民医院	2005	滨州市科技进步一等奖
两系抗虫杂交棉的最佳制种方法	中棉棉业有限责任公司	2005	滨州市科技进步二等奖
葎草煎液浸足治疗非感染性婴儿腹泻 100 例	县人民医院	2005	滨州市科技进步二等奖
气管切开致下呼吸道感染危险因素调查与对策研究	滨州市中心医院	2005	滨州市科技进步二等奖
胰岛素溶液喷洒加中西药糊剂外敷治疗 2 型糖尿病并发溃疡期压疮及餐后 2 小时胰岛素与血糖乘积的倒数评价胰岛素抵抗的初步研究的临床研究	滨州市中心医院	2005	滨州市科技进步二等奖
门诊手术室健康教育满意度的调查分析及人性化全方位跟踪护理模式对糖尿病患者康复的影响	滨州市中心医院	2005	滨州市科技进步二等奖
卡莫氟加放疗在局部晚期贲门癌介入化疗及护理干预对喉癌术后患者生存质量的影响	滨州市中心医院	2005	滨州市科技进步二等奖
血液透析治疗 28 例慢性呼吸衰竭合并电解质紊乱的临床研究	滨州市中心医院	2005	滨州市科技进步二等奖
喘息样支气管炎的高凝状态及肝素与舒喘灵联合治疗的研究	滨州市中心医院	2005	滨州市科技进步二等奖
个体化原则加纤支镜局部灌注治疗耐多药肺结核的临床研究	滨州市结核病防治院	2005	滨州市科技进步二等奖
PEI 模式在 CHF 患者社区干预中的应用及 PC－8000 产科专用监护在分娩过程中的应用研究	滨州市中心医院	2005	滨州市科技进步二等奖
脑血管患者的述情障碍及惠民县社区人群心血管病主要危险因素变化趋势分析	滨州市中心医院	2005	滨州市科技进步二等奖
湿润烧伤膏与甲硝唑注射液联合包裹疗法治疗烧伤的研究	滨州市中心医院	2005	滨州市科技进步二等奖
银杏叶提取物对大鼠心脏移植心肌细胞凋亡和 BAX，Bcl－2 表达影响的实验研究	滨州市结核病防治院	2005	滨州市科技进步二等奖
实施医学健康行为干预对哮喘病人自我功效评定的影响及系统健康教育对股骨颈骨折术后病人康复的影响	滨州市中心医院	2005	滨州市科技进步二等奖

续表 20－1

成果名称	完成单位	获奖时间（年）	奖励等级
护士针刺伤后压力源与应对方式的调查研究	滨州市中心医院	2005	滨州市科技进步二等奖
自膨式带膜支架并导管灌注在治疗食管恶性狭窄和预防再狭窄中的应用	滨州市中心医院	2005	滨州市科技进步二等奖
笑气吸入和安定静推联合应用分娩镇痛及笑气联合普鲁卡因在人工流产术中的应用	滨州市中心医院	2005	滨州市科技进步二等奖
低分子肝素钙雾化吸入联用如意定喘丸佐治支气管哮喘临床观察	滨州市结核病防治院	2005	滨州市科技进步二等奖
局部麻醉对动脉穿刺成功的影响	滨州市中心医院	2005	滨州市科技进步二等奖
尿激酶加山莨菪碱胸腔介入治疗结核性包裹性胸腔积液的临床研究	滨州市结核病防治院	2005	滨州市科技进步三等奖
单腔锁穿管引流法治疗肝硬化顽固性腹水的临床研究	滨州市结核病防治院	2005	滨州市科技进步三等奖
抗虫杂交棉鲁棉研 15 号大面积开发与示范	山东农兴种业有限责任公司	2005	滨州市科技进步三等奖
两用系制种生产技术规程和质量控制规程	中棉棉业有限责任公司	2005	滨州市科技进步三等奖

第二节　成果选介

黄淮海中低产地区夏粮综合增产栽培技术研究　1985 年，获山东省科技进步一等奖。该成果是国家科委攻关计划课题，由惠民县人民政府承担完成。1983—1985 年，在皂户李乡建立中低产田夏秋粮开发试验田 11685 亩，并带动全县十万亩中低产田秋粮增产增收。项目主要在培肥地力、适时浇水、加强病虫害防治、合理密植、玉米麦田套种、粮粮间作上进行技术研究，总结出夏秋粮增产规律，逐步形成和推广“一换、二增、三早、四改”为中心的新的栽培技术体系，促使夏秋粮大幅度增产。经过科技人员 3 年的努力，小麦平均亩产 616.5 斤，较开发前三年平均亩产提高 193.1%，秋粮平均亩产 562.8 斤，比开发前三年平均亩增 259.8 斤，提高 85.7%。

惠桃综合技术开发　1998 年，获滨州地区科技进步一等奖。该成果来源山东省科技计划项目，由大年陈乡政府张秀葵、马惠青、刘志杰、张连路、陈香研究完成。通过 7 年努力，根据《果树研究法》有关桃子植物学、生物学特性的观察记载标准，在搞好惠桃主要经济调查的同时，采取试验对比的方法，搞好综合配套技术研究和开发工作。优选出中熟蜜桃新品种—惠民蜜桃。该品种早实、丰产优质，平均单果重 240 克，最大单果重 750 克，外观艳丽，肉质细腻，甜酸适口，品质佳，含可容性固性物 10%～13%，常温下可贮藏 10～14 天。1998 年，在惠民及周边省市建基地 1.5 万亩，增加经济效益亿元。

棉花去雄杂交优势利用研究与开发　1996 年，获滨州地区科技成果一等奖。由县科委、农业局、棉办、良种棉加工厂技术人员经过 4 年努力完成。按《棉花去雄杂交优势利用技术规程》，采取适当稀植、摘早蕾、去晚蕾，利用正反交，全株杂交，总结出中杂 028 棉花去雄杂交制种成功技术。该品种的特点是：棉花去雄杂交主优势组合多，棉花现有品种资源利用方便，挖掘充分，解决了制种技术性弱、工序复杂、劳动密集、制种产量低、纯度差的技术难题。1996 年，制种面积达 3103 亩，生产 F1 棉种计 31.26 万公斤，远销山东、河北、河南、安徽、江苏等 11 省 56 个县市，推广面积达 556 万亩，增加经济效益 7.5 亿元。

中棉所 38 示范与推广　2002 年，由山东中棉棉业有限责任公司承担完成，该推广项目实施三年制种面积达 2.05 万亩，总产 F1 种 180 万公斤，产品指标均超过国家标准。2004 年，全县棉花统一供种30万亩，单产皮棉100公斤；其中高产示范区12万亩，单产皮棉125公斤；带动区120万亩，单产皮棉达90公斤；辐射区300万亩，单产皮棉较对照增产10公斤以上，直接销售收入4000万元，创利税1300万元，年增社会效益6000万元。项目整体达国内先进水平，其中抗虫杂交棉制种规模在国内领先。该项目获滨州市科技进步三等奖。

乳腺癌术后引流包扎方式改进及护理干预 2004年2月，惠民县县直机关医院针对传统的乳腺癌改良根治术后"单管引流加压包扎"方式存在的缺陷，采用了"双管引流持续负压吸引去除加压包扎"法。对92例该手术患者进行对照研究，结果表明：应用双管引流持续负压吸引去除加压包扎法，可使皮瓣下积液更充分引流，使积液发生率显著降低，并减少对皮瓣的压迫，使皮瓣坏死几近消失。另外，免除了胸部绷带束缚的苦痛，便于对刀口皮瓣的护理，省时、省力、省材料，缩短住院天数，减轻了患者身心痛苦和经济负担，该技术在滨州市人民医院常规应用，具有推广应用价值。

第四章　气象　地震

第一节　气象测报

气象观测　气象观测是气象工作的基础，地面气象观测是气象观测的重要组成部分，可为天气预报、气象信息、气候分析、科学研究和气象服务提供重要依据。地面测报分人工观测和自动观测两种方式，基本任务是观测、记录处理和编发气象报告。2002年之前，县气象站地面测报采用人工观测方式。主要观测设备有：干湿球温度表、最高最低温度表、地面最高最低温度表、地面温度表、5～20厘米曲管地温表、（40厘米、80厘米、160厘米、320厘米）直管地温表、动槽式水银气压表、空盒气压计、温度计、毛发湿度计、雨量筒、虹吸雨量计、冻土器、暗筒式日照计、电接风向风速计、蒸发皿等。观测项目：云、能见度、天气现象、气压、空气温度湿度、风向风速、降水、日照、蒸发、地面温度、雪深、浅层深层地温、冻土、电线积冰、雪压等。人工观测程序一般为：正点前30分钟左右巡视观测场和仪器设备；45～60分钟观测各个发报项目，连续观测天气现象；日照在日落时换纸；全站的观测程序严格统一，每个观测员严格按照程序进行观测。自2002年1月1日起，县气象局自动观测站正式投入运行，实施人工和自动双规并行观测，大多数气象要素实现自动观测，通过微机将气象资料自动上传，最大限度保证资料的代表性、准确性、比较性，有效提高了观测水平。

气象报告　惠民气象站是国家基准站。担负的发报任务有02时、08时、14时、20时四个时次的地面天气报，05时、11时、17时三个时次的补充地面报，这7份报要在正点后及时上传到省和国家气象局；航空天气报告，每小时进行特定的气象要素观测，按要求编成航空电码，发往指定用户；当境内出现大雾、大风、雷暴、冰雹等危险天气时，及时向用报单位发送航空险报，当危险天气达到解除标准，且持续20分钟后，在5分钟内及时将解除报发送给指定用户；每个月的1日、11日、21日定时编发气象旬月报；观测员在值班过程中，如发现有重要天气达到发报标准，及时发送重要天气报。

惠民县气象站

天气预报　1958 年始，县气象站编制天气预报，通过县广播站向全县播出。1980 年，配备气象图片传真机，接收北京、东京的气象传真图，结合气象要素变化制作短期天气预报。建成天气预报制作平面，通过卫星接收实时气象资料，运用微机查阅国家省市的天气预报，再结合天气气象云图，制作惠民县的短期气象预报。通过气候分析，结合气象要素历史资料，编制长期气象预报，指导工农业生产。遇有重大活动和农事关键时期，及时发布专业气象预报，提供专门服务。

第二节　防灾减灾

气象服务　把为农业服务放在首位，严密观测暴雨、寒潮、大风等转折天气，为重大灾害性天气作好预报工作。农业气象服务主要在春播、秋播、三夏等农时关键季节作好预报；对小麦、棉花等农作物从播种、治虫、收获进行全程系列化服务，并围绕农业生产中的气象问题，定期编发农业气象旬月报、墒情报、主要农作物适宜播种期及收获期预报，提出田间管理意见发送各个乡镇。进行小麦、玉米两种农作物的发育期观测，参与小麦卫星遥感科学实验，坚持定期测试各种不同土壤、不同地块墒情，形成完整的农业服务体系。

人工增雨防雹　县人工增雨防雹系统筹建于 1994 年，指挥中心设在气象局。至 1996 年 5 月，在全县布成西、北两条防线。西路防线南起淄角、皂户李、梁家，北至石庙大田村；北路防线东起桑落墅、何坊、省屯，西至石庙大田村与西路防线相连。两条防线向着冰雹天气的主要来向西北方组成人字形编队，加之麻店、胡集多雹区的炮点，形成合理配套的防护体系。2000 年，启用新一代多普雷达，人工增雨防雹工作成效显著。2005 年，增设人工影响天气流动火箭发射系统，防护体系更加合理。2001—2005 年，共组织增雨防雹作业 47 次，发射炮弹 554 发，火箭弹 33 枚，估算增加雨量约 2338 万立方米，消雹防护面积 3122 平方公里，减少雹灾损失 4400 余万元。

第三节　地震监测

1979 年，开展地震测防，县地震办公室在境内设三个地震宏观观察点，一个微观观察点。观察点通过地震前异常现象，进行分析汇总，呈报上一级地震部门，为地震测报提供参考资料。高王庄农场宏观观察点，通过饲养大牲畜、家禽等动物，观察掌握震前的异常现象。水利局宏观观察点，主要观察地下水异常现象。气象站宏观观察点，主要观察震前大气气象宏观异常现象。县第一中学微观观察点，配备地倾斜仪和地电、地磁、电位测试设备，分三组昼夜值班，观察记录大地电流、磁场、电位和地倾斜等情况，以及观察微观异常变化，每天将数据表上报惠民地区地震办公室。

1983 年，县政府按照惠民地区地震办公室的要求，组成各公社地震宏观观察网，由公社文书担任网长，水利组、农机站、兽医站、林业站、邮电所、科协等单位，以及科技助理、村干部、饲养专业户等 100 余人入网。观察网负责向群众宣传防震、抗震的科学知识，收集本地范围内与地震有关的宏观异常现象，增强识别地震前异常现象的能力。1986 年，县设立防震减灾领导小组，办公室设在县科委。同年，县水文地质站加入地区地震办为主的地震前兆研讨组，定期向地震办报告异常情况，参加震情分析会，捕捉震情信息。1989年，县水文地质站为地区地震学会成员单位。1995年，对县防震减灾领导小组调整充实，补充完善各乡镇宏观网。同年12月，制定《惠民县破坏性地震应急方案》。2000年，地区地震局在香翟乡建立动物观察点。2002年，组建惠民县地震局。2003年，县地震局相继出台《关于印发惠民县地震安全性评价实施细则的通知》《进一步加强工程建设烈度复核工作的通知》，使地震工作逐步走向正规化、科学化。

惠民申桥无线遥测台 1992年，为填补鲁北地震监测的空白，补充地面测震仪的不足，利用申桥乡西沟刘村的油田预探井（深2499米），安装深井摆（仪器下井542米），地震信号被调制后，无线传送到滨州市纪录室，再经解调后，输入地震记录仪。昼夜运转，24小时值班，每天两次换纸。由此，鲁北发生地震的定位，由3.0级提高到2.5级。1995年9月20日，清楚记录了山东苍山5.2级地震。1998年4月2日，记录的阳信3.8级有感地震，为震中的确定提高了精度。

第四节 地震知识宣传

1984年起，县地震办公室连续三年共领取、购买、翻印各种地震知识材料2万份，发放《地震报》《山东省地震科普报》1.2万份，宣传扇1000把。1986年，在县城及部分乡镇中学，开展地震知识第二课堂活动，逐步将中等学校“三土”（土地电、土倾斜、土地磁）仪器地震测报点改为地震知识宣传点。1987年、1992年，按地区地震办和地区教育局文件要求，学校开办地震知识第二课堂，按照《地震知识通俗讲义》系统讲授地震方面的知识，并发放地震知识宣传册1500份，起到“教育一个人，带动一群人”的作用。1997年暑假期间，组织1万中学生，参加“中保人寿杯”地震知识竞赛问卷活动。1998年3月1日，《中华人民共和国防震减灾法》颁布实施，县地震办采用宣传车、广播、过街横幅、发放传单等形式，开展防震减灾法宣传活动，使广大群众了解防震减灾知识。2004年，重点加强地震安全性评价和防震减灾宣传，悬挂防震减灾横幅标语8条，张贴挂图28张。2002—2005年，每年利用《中华人民共和国防震减灾法》颁布实施日和7·28唐山地震纪念日，在县城主要街道悬挂横幅，在县电台、《惠民报》播发文章，宣传防震减灾知识。在省地震科普学校（惠民第一实验学校），开展防震减灾法律法规及应急避难、自救互救知识宣传，并张贴挂图、图片，举办科普讲座，使广大师生防震减灾知识、自救互救能力明显增强。采用赶科普大集的形式，向群众介绍防震抗震知识，发放《农村住宅抗震防震知识指南》和“明白纸”，使防震减灾知识深入农村。

第二十一编　文　化

1981 年，设立县文化局，负责全县文化工作。20 世纪 80 年代至 21 世纪初，文学创作、文化表演、民间文化活动日益活跃，《大鼓子秧歌》《花篮秧歌》收录于《中国民族民间舞蹈集成》，张红霞表演的评书《血浓于水》获文化部颁发的优秀奖，河南张泥塑、清河镇木板年画重焕生机，崔建忠、刘书才创作的小品《兰兰》获全国儿童剧比赛二等奖，杨绍军的寓言集获中国寓言文化研究会“金骆驼奖”，书画作品参加全国展出。吕剧团演出剧目有《小姑贤》《借年》等 100 余场，创建民间艺术团体“百花吕剧艺术团”。申报胡集灯节书会、河南张泥塑为首批国家级非物质文化遗产。文物保护取得新进展，《惠民报》创刊，惠民电视台开播，有线电视开通，图书发行档案管理全面提升。1993 年 10 月，文化局和体育委员会合并为县文化体育局，翌年 3 月复分设；1995 年设立县旅游局，2004 年，文化局和旅游局合并为县旅游局。

第一章 文化艺术

第一节 文学创作

中共十一届三中全会后，文艺创作进入一个新的时期，文艺工作者深入生活，扎根人民，积极探索、创新，创作出一批贴近生活、贴近时代、思想健康向上的文学作品，至 1985 年，在省级以上刊物发表小说、诗歌、散文、寓言、电视剧本等 300 余篇。其中董丹弟创作的 4 集电视连续剧《蛤蟆湾》在中央电视台播放。

1987 年，发掘整理编辑《惠民县民间故事》《惠民县民间歌谣》《惠民县民间谚语》三套民间文学集成，15 万余字。同年，张红霞创作演出的评书《时迁外传》，在全国地（市）级广播电台、文艺广播电台、文艺广播协作年会评比中获长书三等奖。1988 年，惠民县诗词学会成立。同年，张红霞参加晋、冀、鲁、豫“山河杯”曲艺大赛，获演出二等奖。1990 年，张红霞参加省文化厅、省文联举办的“榴花杯”大奖赛，获创作二等奖。1991 年，张红霞获省文艺宣传汇演银奖。1992 年，崔建忠创作的小品《山丹丹》获华东业余小品大赛三等奖。同年 10 月，崔建忠、刘书才创作的小品《兰兰》获全国儿童剧比赛二等奖。1993 年，杨绍军的《知识寓言》获第一届冰心儿童图书新作奖。1994 年，杨绍军的寓言集《灰蚂蚱和绿蚂蚱》获中国寓言文学研究会第一届“金骆驼奖”。1995 年，杨绍军的《小点点寓言》获第三届冰心儿童图书新作奖。同年 7 月，崔建忠的小品《蒲公英花开的时候》在山东省小品比赛中获二等奖。1996 年，刘书才的小品《两把小雨伞》获首届山东省农民文化艺术节银奖。杨绍军的《微型寓言一束》获第二届“金江寓言文学奖”。1997 年，刘清才的散文《一张没有括号的地图》获中国报纸副刊研究会和国务院港澳办联合举办的“'97 香港百年沧桑话回归”全国征文二等奖。1998 年，杨绍军的寓言集《小点点寓言》获中国寓言文学研究会第二届“金骆驼奖”。1999年，杨绍军寓言集《少军寓言选》获省庆祝中国成立五十周年优秀儿童文学奖。2000年12月，在省艺术馆、曲协举办的曲艺汇演中，张红霞的评书《瓜棚记》获演出二等奖。2001年，张红霞的评书《期盼》在省“群星奖”选拔赛中获二等奖。同年7月，成立惠民县作家协会。至2005年，文艺创作的质量和数量都有新的突破。刘清海的诗歌《徒河行》获第二届全国文学大赛二等奖；《庄户日子》在省作家协会主办的文学比赛中获一等奖；《苹果》《冰霜花》《月亮妹妹》等30余首诗歌在《中国青年千家诗》《当代新人新诗选》《青年文学》等国家、省级刊物上发表。常增文获《散文诗》月刊奖。刘德垠的寓言集《吃饼比赛》《养蛇者与眼睛蛇》获中国寓言文学研究会“金骆驼”奖。杨绍军先后在《人民文学》《文学故事报》《儿童文学》《澳门日报》等全国100余家报刊发表寓言、诗歌1000余篇（首），英、法两种文版的《中国文学》相继译发了他的寓言。赵书林的长篇武侠小说《枕月听刀》、宋文泉的长篇小说《风雨无名河》、陈为微的散文集《独步人生》、常青的长篇小说《记忆的天堂》等相继出版发行。

第二节　艺术创作

书画　1984年8月，县书法、美术、摄影协会成立，郭毓华当选主席，该协会有省级会员13人，地级会员26人。至1985年，共举办书画展览7次，参展作品680件，其中高钟亭、徐铁民、高冠英、孙立泉、王德庆、石雨田、刘风岐、李执雁、李文曾、陈文图等人的作品，被选入山东省书画展中展出。1993年11月，“双艺斋”创建，内设兵圣画廊、书画用品销售部、书画装裱部和书画俱乐部，发展县“美协”会员26人，发展中国农民书画研究会会员30人。1997年，惠民县美术书法教育研究会成立，有会员80余人。同年6月30日，“美协”协办庆香港回归祖国大型书法、美术、摄影作品展览，参观人数达6000人。7月，“花协”选送作品参加中国第二届根艺美术作品展，1件获金奖，2件获银奖，2件获铜奖，8件获优秀奖。1998年8月，“古韵斋”创建，是鲁北地区首家集书画、古玩、装裱、培训于一体的文化艺术收藏品开发中心，它设计制作的孙子系列纪念品被国家政府机关、中国军事科学院及中外友人收藏。1999年5月，举办全县青年书画展和滨州地区著名山水画家陈军书画回乡汇报展。9月，举办“庆国庆书法、美术、摄影、根艺、盆景展览”。2001年，在“书美影协会”内建立“惠民县老年人书画研究会”。2002年8月，由书美影协会与文化局主编的《孙子故里惠民县书画集》问世，收书法、美术等作品219幅。2003年8月，姜楼镇成立“惠南翰墨缘书画协会”，辐射周边8个乡镇，会员近百人。2004年11月，书法、美术、摄影协会召开第四次会员大会，协会更名为惠民县书画协会，杨光忠当选为主席，会员达170余人。其中省、市级书画组织的成员有50余人。至2005年，全县书法、美术爱好者的作品参加市以上书画展览活动近30次，入选作品达200件，入编典籍近20人。其中书画新秀孙长军、杨光忠、杨波、苗建新、张家敏、吕春雨、田野、张家杰、李开舜、邢书田、常春辉等人的作品，曾参加国家、省、市举办的书画展，并取得好成绩。

摄影　1981年、1983年，举办2次摄影学习班，参加者35人。1979—1985年，共举办影展5次，展出照片386幅，其中有180幅新闻和艺术摄影作品参加国家、省、地举办的展览；张斌拍摄的一组“农村新貌”照片在北京北海公园展出并获二等奖。1985年，惠民县摄影协会成立，有会员18名，其中张斌被吸收为中国摄影家协会山东分会会员。同年，摄影作品《勇拦惊马》《英雄赞》，被《山东民兵》选用。1996年，宋全成的《喜上眉梢》、王晓玲的《政协委员慰问灾民》在滨州地区“财险杯”新闻摄影比赛中获奖。1998年，沈晓勇的《田间地头抢专家》、宋全成的两幅《国防教育进课堂》在滨州地区“财险杯”新闻摄影比赛中获奖。刘秀刚的《幼儿乔丹》获滨州好新闻二等奖。2003年，耿志强当选为县摄影家协会主席。2005年，摄影协会多次组织会员到乡镇采风。

第三节　戏剧演出

吕剧团　1982年12月，惠民县文工团组建为惠民县吕剧团。剧团有演员职工30多人，主要演员有吴会香、李明、尹铁成等，李智彦任团长。剧团的主要剧目有《粉妆楼》《小姑贤》《姊妹易嫁》《王小赶脚》《借年》《双借亲》《凤凰坠》等。1985年，樊洪来任团长，上演剧目有《回龙传》《状元与乞丐》《柜中缘》《三滴血》《根深叶茂》《巧配鸳鸯》《三不愿意》等100余场，其中《根深叶茂》等10余场小戏参加惠民地区调演。吕剧团除在县内大村镇进行演出外，还到商河、庆云、盐山、海兴等县外、省外演出。在庆云县、商河县常庄剧场演出时，日演三场，场场爆满，出现购票困难的情况。随着电影、电视艺术的普及与发展，吕剧团演出市场萎缩，入不敷出。1987年12月，吕剧团撤销，职工分流安置。

百花吕剧艺术团　1998年10月1日，惠民县民间艺术团体百花吕剧艺术团创建，团长王儒强。剧团演员由15~21岁的青少年组成，大部分来自滨州和惠民县陈集乡农村，个个酷爱文艺，且有一技之长。该团团址在陈集乡北于村。演出剧目有《李二嫂改嫁》《双借亲》《逼婚记》《三喜》等50余个。除在本地演出外，还到阳信、无棣、邹平、滨州、淄博及河北等地演出，并多次参加地、县级文艺会演且多次获奖。至2005年，剧团有演员25名，有先进的流动舞台，能适应复杂环境下的演出。除演出传统剧目外，还配合县委、县政府的中心工作自编自演计划生育、揭批法轮功邪教组织、产业结构调整等节目，深受群众喜爱，地、县领导曾多次到剧团进行慰问。

戏剧爱好者联谊会　1994年7月1日，惠民县戏剧爱好者联谊会成立，杨乐修当选为会长。1995年9月，联谊会应邀参加山东省京剧票友演唱会，荣获团体奖和组织奖。1996年，参加山东省首届京剧票友节，徐芳秋获“优秀票友奖”；李鹏、路福增、杨思训、吴俊玲、杨洪琴、杨光忠、巩凤训、常建华等人分获“金奖”“银奖”“铜奖”。1999年12月，山东省电视台综艺台《好戏连台》栏目为惠民县戏剧爱好者联谊会承制两期节目。会员巩凤训、魏兆亮参加该栏目的擂台赛，魏兆亮荣膺“擂主”。2000年12月，联谊会参加滨州电视台举办的滨州市京剧票友电视大赛，路福增、杨洪琴获得“优秀奖”。2003年，“五一”期间，联谊会参加省总工会、省戏剧家协会、山东侨报社主办的山东省职工京剧大赛，李鹏、路福增获二等奖，领队杨乐修、剧务张斌获“贡献奖”。至2005年，联谊会多次组织会员参加县文化部门组织的群众文化活动，深受群众喜爱。

第四节　民间文化

民间文艺

1986年起，每年在惠民城举办元宵节传统民间艺术表演，艺术形式有大鼓子秧歌、花篮秧歌、落子、高跷、龙灯、芯子、竹马、旱船、马叉、花棍等。在以上艺术形式中，大鼓子秧歌是民间舞蹈中的珍品，为山东三大秧歌之一。皂户李乡菜园刘村的花篮秧歌绚丽多彩，舒步曼舞，蔚为壮观。民间艺术进城，带动了城镇文化活动，县城一些企事业单位组建了秧歌队、夕阳红艺术团、威风锣鼓队等。1994年，《大鼓子秧歌》《花篮秧歌》收录于《中国民族民间舞蹈集成》。1995年2月14日，姜楼镇大赵村大鼓子秧歌代表队参加地区会演，获二等奖。1996年，文化馆职工徐丽娜指导的群舞《春雨情丝》《村妞妞变了》，刘春荣说唱的西河大鼓《送子复学》，杨波的二胡独奏《一枝花》，分别获首届山东省农民文化艺术节银奖和铜奖。1997年6月27日，在影剧院举办庆“七一”迎香港回归大型文艺晚会，300余名演员登台献艺。1998年，元宵节期间，8支民间艺术代表队进城表演，大型烟火灯会，趣味运动会别开生面。同年，国庆期间，惠民县作为全省唯一的县级代表队参加“山东省第二届京剧票友节”活动，获2个金奖、4个银奖、1个贡献奖和1个蓓蕾奖。张红霞的评书《血浓于水》在文化部举办的群星奖评奖中获优秀奖。“三夏”期间，文化局组织20人的“三夏文化服务小分队”，行程700公里，在田间地头组织文艺演出15场次。1999年2月，组织梁家乡秧歌队赴滨州会演，获“99”滨州地区奔向新世纪文艺调演优秀表演奖。2000年，为转变人们的婚育观念，建设社会主义新型生育文化，陈集乡小百花吕剧团，排演《李二嫂改嫁》《双玉蝉》等群众喜闻乐见的传统剧目，创作上演《苦果相亲》《三喜》《带母上门当女婿》等剧目，剧情幽默滑稽、通俗易懂，深受广大农民群众喜欢。同年，淄角镇政府组织秧歌擂台赛，12支镇代表队与4支兄弟乡镇代表队同台竞技，观众达万余人。至2005年，在县城共举办元宵节传统民间艺术表演15次，元宵灯会、大型焰火晚会7次，农村文艺调演、会演6次。

民间艺术

泥塑　皂户李乡河南张泥塑，种类繁多，有《白蛇传》《西游记》《水浒传》和民间传说故事中的人物，有莲座上抱鲤鱼、石榴、桃杏之类的坐娃和卧姿的躺娃，有带哨的响娃和有竹片惯性敲击的叭嗒娃，有虎、狮、猴、鱼、鸡、桃、杏、葡萄等动植物。这些泥塑品，以红粘泥为原料，运用双手揉捏成形体，而后涂以颜料即成。泥塑做工精细、形态逼真、线条简练、色彩鲜艳，反映了劳动者的审美乐趣和对未来的向往，具有浓厚的地方特点。1996年，泥塑专家李寸松到河南张村指导泥塑生产，使生产数量和艺术质量均有所提高，并不定时举办各种展览，吸引中外游客参观、购买。随着人民群众生活的提高，文化生活的多样化，民俗逐渐为人们所淡化，由于泥塑对民俗具有很强的依赖性，因而受到很大冲击，至2005年，河南张村做泥塑的不足10户，且手工艺人均50至60岁以上。

木版年画　清河镇木版年画始于清康熙五十一年（1712年），已有300余年的历史。清道光二十年（1840年），清河镇木版年画大小画店有30余家，到光绪年间（1875—1908年）发展到65家，当时有名的画店字号有：四合永、福合顺、东普、福泉、福顺星、福星、福利、广顺祥、兴和成、永兴、永盛、同盛、协盛、德盛恒、德盛兴、广盛、天增、万昌、福兴、福泰等。清河镇木版年画是按照当时农民的思想追求、风俗信仰、审美观念、生产和生活需求来表现内容的，其题材内容广泛，可归纳为：辟邪纳福、瑞祥吉利、历史人物、神话传说、小说戏曲等，具体内容有：《种荼郁垒》《武门神》《秦琼敬德》《文财神比干丞相》《武财神关公》《天地全神》《老头山》《增财神大灶王》《麒麟送子》《福寿双全》《炮打日本国》《慈禧出宫图》《空城计》《挑滑车》等。1991年，清河镇木版年画与滨州剪纸、博兴柳编联合在上海市举办民间艺术展览，赢得很高声誉。1997年，年画传人王圣亮与日本专家进行文化交流，对于清河镇木版年画的搜集整理起到很大的推动作用。至2005年，清河镇木版年画仅有艺人王圣亮在研究和制作。同年6月，王圣亮创作的木版年画《孙子圣迹图》被滨州市文化艺术评审委员会评为三等奖。

莲花灯　1993年，淄角镇屠户王村王相华扎的莲花灯，被山东省美术馆举办的山东民间工艺美术品展销会收藏。王相华扎莲花灯是祖上传承下来的手艺，他扎的花灯最小的直径10厘米，最大的150厘米。品种有八卦莲花灯、鱼灯、元宝灯、风灯、水灯、滚灯等10余个品种，且各具特色，风灯可以随风升空，水灯可以在水中行走，滚灯可以在地上来回翻滚，但灯里的蜡烛照常燃烧。莲花灯远销北京和日本，趵突泉灯会、牟氏庄园均邀请王相华参加献艺。2005 年，王相华制作各式莲花灯 300 余个，部分在魏氏庄园展出。

第五节　胡集灯节书会

胡集灯节书会、石家庄书会和河南马街书会被称为中国三大书会。

胡集灯节书会分前节、正节、偏节三个阶段。正月十二以前是前节，省内各地区和江苏、安徽、河南、河北等地的艺人为不误正节，提前赶来，或事休憩，或卖场说书，此时价格偏低。十二至十六是正节，这是书会的高潮期。街头巷尾，人头攒踊，艺人们当众设场说唱表演。方圆几十里甚至数百里内，有许多村民代表前来请书，双方达成协议，即进村为群众演唱。十七至二十一日是偏节，此时艺人多被聘往各村演出。偏节过后，书会散场。

胡集灯节书会艺人多的年份达 200 余档、400 余人，少时 50 余档、100 余人；听众多时达 10 余万人，少时也在 3 万人以上。书会期间，艺人之间开展多种多样的活动，如相互拜年，畅谈友谊；交换书目，取长补短；将新招徒弟介绍给大家以示后继有人并希图照应；望空祭祀先师名辈；制定规章、消除纠葛等等。

“文化大革命”期间，书会几近夭折。中共十一届三中全会后，书会重新恢复起来。恢复后的书会得到各级曲艺界领导的重视和支持，山东省曲艺家协会副主席张军和秘书长石永灿曾亲临胡集书会指导。1983 年，山东省文化厅、北京市曲协、省曲协及全省各地、市的曲艺工作者 60 余人于正月十二日莅临胡集书会，举行了隆重开幕式。山东快书著名表演艺术家孙镇业出席开幕式，并现场献艺。1985 年，胡集曲艺厅兴建，厅名由中国曲艺家协会主席陶纯题写。1987 年 1 月 9 日，全国曲协副主席高元均、刘兰芳，著名相声表演艺术家郝爱民到胡集书会献艺。1995 年 3 月，惠民县胡集镇被省文化厅命名为“山东省民间曲艺艺术之乡”。至 2005 年，胡集书会先后有山东省曲协、中国曲协、新华社、人民日报、中央电视台、中央电台等新闻单位与会并报道，曲艺家协会副主席、著名曲艺表演艺术家高元钧、刘兰芳、相声表演艺术家郝爱民、郭全宝、姜昆、唐杰忠、冯巩、刘伟以及著名单弦演唱家马增蕙等先后到书会献艺。书会期间表演的曲艺项目有西河大鼓、渤海大鼓、木板大鼓、山东快书、渔鼓、评书、相声、沧州大鼓、山东琴书等，并伴有跑龙灯、扭秧歌、踩高跷、抬芯子等项目为书会助兴。

第二章　图书　报刊

第一节　图书发行

1979 年，图书发行开展以提高发行质量为中心的“优良服务活动”，图书实行卡片管理，门市推行开架售书，组织流动供应人员送书下乡和图书展销活动。同年，县新华书店的财产和资金收归省新华书店统一管理。1983 年，贯彻中共中央、国务院《关于加强出版工作的决定》和全国新华书店工作会议精神，书店实行责任制，疏通图书流通渠道，进一步开展文明礼貌优质服务活动，图书品种和数量显著增加，多年的“书荒”现象得以缓解。发行渠道出现多元化，集体或个体书摊、书亭和书贩增多，全县达 30 余家。1984

年12月，惠民地委宣传部、组织部和地区编委联合下发《关于地县新华书店规格问题的通知》，明确县级新华书店为县属副科级单位，业务、财务由地县书店管理，人事、党务由当地党委宣传部负责。1985年，鲁版图书除中小学课本、大中专教材和租型图书外，其余均由过去的征订包销改为分配寄销或征订寄销。1987年，县新华书店新建三层图书营业大楼一座，改善了经营和办公条件。1988年，贯彻省《关于搞活新华书店若干问题的意见》和省店《关于实行承包经营责任制的意见》，县新华书店深化企业改革，推行经理负责制和任期目标责任制，与地区书店签订第一期承包经营合同，内容包括各项经济指标和奖罚条款。

新华书店营业厅

1990年，图书市场全面放开。中小学辅导用书和大中专教材成为市场竞争的重点。为保证正常的教学秩序，防止盗版书进入学校，国家新闻出版署和省人大先后颁发关于图书市场管理的文件，明确提出“中小学教学用书及辅导读物和国家规定的包销类大中专教材，一律由新华书店统一征订发行，其他任何单位和个人不得征订、发行和销售”，县政府出台《关于中小学教学用书征订发行工作的暂行规定》。中小学课本及辅导读物自此由县新华书店分春秋两季会同县教育行政部门统一征订，汇总上报省新华书店。届时，县新华书店负责派车送达各乡镇教委、中学及县直各学校，并认真做好学校的余缺调剂工作，确保课前到书，人手一册。1991年，国家新闻出版署和国家工商行政管理局发布《关于加强集体、个体、私营书店（摊）管理的暂行规定》，要求新华书店要关心和扶持集体、个体、私营书店（摊）的发展，尽量满足其货源需求。规定集体、个体、私营书店（摊）不得以任何形式批发由新华书店包销的政治理论书籍、中小学课本和大中专教材。同年7月，《毛泽东选集》1～4卷第二版出版发行，全县共征订发行《毛泽东选集》1.1万套。1993年，发行《邓小平文选》《邓小平传》等9000册。配合农村科技致富奔小康，组织流动供应人员深入乡镇农村，服务“三农”，送书下乡，发行“农民科技丛书”等5.2万册。帮助5个乡镇和两个村建立图书发行站和图书室，并捐赠了价值10万元的图书和音像制品。1995年，经省图书音像发行总公司批准，惠民县图书音像发行公司成立，与县新华书店两块牌子一套班子。1997年，年图书发行额超过千万元，县新华书店由小型（一）企业晋升为中型（二）企业。7月，车站路图书音像发行中心大楼落成。同年，为迎接香港回归，征订发行《迎接香港回归祖国》读本1.7万册。1999年，在庆祝中华人民共和国成立50周年之际，县新华书店参与组织开展全民读书活动，征订发行《光辉50年》读本等2.6万册，《爱祖国讲文明》读本4.3万册，《走向新世纪》8万多册，并向4处学校捐赠了图书。2001年，为庆祝建党80周年，征订发行《光辉八十年》《科技创新》等书籍6.4万册。2002年8月，位于县城南关大街东侧，融图书、音像经营为一体的孙武书城落成并投入使用。书城投资800万元，高五层，营业面积4360平方米。其营业大厅宽敞明亮、布局高雅、图书明细分类，陈列井然，图书音像品种达到1.6万个，且设有图书预订、电话购书、送书上门等服务项目。开业期间，山东省第二届服务“三农”全国农村图书大联展活动启动仪式在书城举行。省新闻出版局、省出版总社、省出版发行协会、省新华书店和市、县领导出席，并向农村捐赠一批农村科技图书，参观了乡镇农村的图书室和营销网点。是年，国家新闻出版总署、中国书刊发行协会授予惠民县新华书店“第二届中国书刊发行行业双优单位”荣誉称号。2003年，在中共十六大召开前后，征订发行十六大文件、文件汇编和“三个代表”重要思想学习纲要5000册。2005年，县新华书店完成与省新华书店连锁经营的微机管理系统建设，向图书信息化管理迈出第一步。在省新华书店组织的星级营业员评比中，县新华书店有14人被评为星级营业员。

1979—2005年惠民县图书销售情况表

表21－1　　单位：万册、万元

年度	册数	金额	年度	册数	金额
1979	149.2	37.1	1993	363.6	330.5
1980	177.7	47.9	1994	352.5	470.1
1981	264.8	67.4	1995	376.1	695.3
1982	266.5	68.5	1996	406.2	1100.5
1983	263.5	76.7	1997	420.5	1456.2
1984	219.0	53.3	1998	431.7	1500.0
1985	274.4	112.4	1999	426.3	1450.0
1986	267.5	119.8	2000	420.8	1430.0
1987	276.7	135.4	2001	407.6	1400.0
1988	280.4	186.0	2002	382.4	1363.0
1989	283.9	254.2	2003	318.2	1280.0
1990	297.3	284.3	2004	327.5	1300.0
1991	310.8	332.9	2005	350.0	1300.0
1992	323.2	339.8	合计	8603.3	16072.4

第二节　图书馆藏与服务

1979年，县图书馆有藏书10万余册，地方文献1000余册，古籍书善本2084册。设采编、外借、报刊、阅览、业务辅导四个服务窗口，形成自己的办馆特点。图书馆发挥其教育职能和信息功能，主办《信息报》，对科研项目、科技专业户主动上门服务；利用图书资源优势，开展读书活动。1987年，举办县直各学校2000余人参加的“爱科学读书智力竞赛”。1988年，举办县直中学生千余人参加的“爱祖国诗歌朗诵会”；开展送书下乡、送知识下乡活动。1994年，被文化部定为三级图书馆。1997年，图书管理人员在全区业务竞赛中，获两个单项第一，一个单项第二，团体第一名。1998年，组织发动全县党政机关干部和科技工作者参加捐献图书活动，共收集图书6.3万册。2004年，图书新馆建成启用。新馆位于孙子故园东北角，占地面积300平方米。县图书馆根据馆藏特点和读者需要，确立以政治、经济、文学为主体的藏书体系，设置目录4套；并按《普通图书著录规则》标引和著录图书，对读者实行半开架借阅方式；馆内制定书库保管制度和藏书保护制度，读者借阅室制度，规范书刊出入手续。至2005年，县图书馆先后向14个乡镇，1261个自然村和38个科研单位658名科技工作者推荐科技图书36.8万册，提供科技信息2.4万条。除县图书馆以外，还建有县直机关、驻惠民单位和乡镇中学图书馆（室）36处，村级图书馆112处，家庭图书室78处，共有馆藏图书66万余册。

第三节　报　刊

1995年4月，《惠民报》正式创刊。该报为县委机关报，编辑部设在县委宣传部，具体工作由新闻科负责，每周一期，4开4版，周一出版。设总编辑1人，责任编辑4人，摄影1人，通联1人。至1997年，《惠民报》发行量达8400余份。

1998年，《惠民报》坚持“围绕中心、贴近群众、贴近实际”的原则，围绕县委、县政府的重大工作部署，相继开辟《再就业工程》《发展个体私营经济》《忆二十年历程，话改革开放》等系列报道、重点报道栏目16个。以《惠民报》为阵地，开展“学理论兴惠民隆中对”活动，共收集关于振兴惠民的评论、侧记、建议等文章63篇，刊发20篇。不断开拓新思路，与县计生委联合开办《计生园地》栏目。同年6月，惠民报社升格为副科级全额事业单位。

1999年，《惠民报》及时宣传全县两个文明建设的新成就、新经验，涌现出的新人、新事，先后开辟《岁末年初话增收》《乡企名牌之路》《我身边的公仆》《精神文明建设巡礼》等系列报道、重点报道专题栏目30个。与县建工局联合举办“建工杯”新闻摄影比赛。同年4月8日，成功举办《惠民报》创刊四周年座谈会。是年，编辑出版《惠民报》50余期，编发消息、通讯、图片及文艺类作品3000篇，总字数100余万字。《惠民报》编辑质量在地区出版局组织的五家县报评审中名列第一。2000年1月1日起，《惠民报》改为周二报。年内推出“加快膨胀地毯产业”的系列报道，以文字、图片的形式对地毯集团进行重点宣传，共刊发9篇有一定思想深度、针对性和指导性较强的系列文章；开辟《“三讲”整改专栏》《社教专题》《强化思想政治工作系列报道》《企业天地》《世纪回眸》《故里风情》《优化发展环境大讨论》等专题栏目、系列报道、重点报道38个。3月，报社应邀出席全省第四届县报协会年会，并作典型发言。是年，《惠民报》共编发报纸100期，编发新闻、文艺类稿件280余万字。

2001年，《惠民报》定向服务与突出重点相结合，创新栏目，开辟天南地北惠民人等众多地方特色板块。2002年，加大对民营经济、招商引资、重大项目建设等重点经济建设项目的宣传报道，宣传中棉棉业公司、飞虹丝业公司、农兴种业公司、六和科技园等企业，深入挖掘李庄镇民营经济、绳网产业等一批民营经济典型。推出《新开年、新气象》栏目，对14个乡镇党委书记进行专访。全年编辑出版《惠民报》90余期，刊发稿件4000篇。2003年，《惠民报》更名为《惠民大众》，全新改版，由原先的四开四版改为对开彩印大报，著名书法家欧阳中石为《惠民大众》报头题字。改版后的《惠民大众》，继续围绕中心，突出重点，坚持“三个贴近”（贴近实际、贴近生活、贴近群众），先后推出《解放思想、优化环境、加快发展大讨论》《重点工程建设巡礼》《举县大招商、推动大发展》《域外采风》等专栏。“非典”期间，先后开展4次“抗击非典、从我做起”为主题的宣传咨询活动，开辟“非典”防治专题栏目20期，刊登新闻60篇。2004年，编辑出版《惠民大众》29期，编发消息、通讯、图片及文艺类作品2000篇。2005年，结合县委开展的保持共产党员先进性教育活动，开辟《先进性教育活动专栏》。在城区环境综合整治、“三整顿一突破”会议、中共十六届五中全会精神宣传及防控禽流感等重大活动中，加大新闻舆论引导力度。同年7月，跟随县联合采访团，赴德州市进行域外采风，开设《域外采风》栏目，为“跳出惠民看惠民”打开一扇有形窗口。

第三章　广播　电视　电影

第一节　广　播

机构　1979年，县广播事业管理局内设办公室、财务股、编播股（广播站）、机线股，有工作人员24人；辖21处公社广播站，有工作人员55人。1984年5月，县广播事业管理局改称广播电视管理站。1987年5月，县广播电视管理站改称广播电视局，列县政府序列。同年，县广播站改为县人民广播电台，电视差转台、卫星地面接收站一并兴建，12月31日举行试播开通仪式。1988年3月，乡镇广播站移交乡镇党委、政府管理。1991年，县广播电视局内设办公室、广播电视台、电视差转台、财务科、技术事业科、广播电视实业公司、器材供应站和音像管理站。1993年，县广播电视局改称惠民县广播电视中心，增设广播电视技术研究所。同年，县广播电台、电视台升格为副科级单位。1994年，广电中心增设广播电视经济技术开发办公室。1995年，撤销技术科、经济技术开发办公室和器材供应站，组建有线电视台。1997年，县广播电视中心复称广播电视局。2000年3月，县人民广播电台、电视台、有线电视台“三台合一”，成立惠民县广播电视台，为正科级差额事业单位，与广播电视局一个机构两块牌子。2002年3月，成立惠民县广播电视有线网络公司。2005年，县广播电视局内设办公室、财务部、总编室、新闻部、专题部、录制部、播出部、广告部8个部室，下辖有线电视网络公司。共有工作人员64人。

设施　1979年，县广播站设备主要有500瓦扩大机两台，每日早、中、晚三次开机播出。县城至公社广播讯号专线120公里，地下讯号线41公里。21个公社广播站有18个用上广播讯号专线，有648个生产大队813个自然村通广播，普及率分别为70%和63%。共有小广播喇叭8.07万只，占全县总户数的66%。1980年，因公路建设，地下广播讯号线陆续拆除。是年，21个公社全部实现广播专线化。1985年，县广播站设备有500瓦扩大机两台，每日早、晚两次开机，开机时间4个半小时，以传送上级台节目信号为主。21个乡镇广播放大站有扩音机28部，总功率1.72万瓦。并设有自备电源发动机21台，总功率304千瓦。乡至村的有线广播专用明线杆路698.9杆公里，双线178.3对公里，单线632.7条公里。通广播的村681个，占自然村总数的53%。1986年，筹措资金15万元用于农村广播网的恢复与发展。是年年底，21个乡镇、1303个村中有18个乡镇、814个村通上水泥杆专线化高质量的广播网。1987年，调频广播电台发射功率为50瓦，频率为106.3兆赫。自此，境内广播由原单一有线传输进入有线与无线并存传输时代。是年，筹资55万元，发展提高乡村广播网，架设乡村广播线路1144公里，有15个乡镇实现村村通广播，村通播率为85%，安高音喇叭1280只。

1988年，乡镇全部通广播，入村率为93%。乡镇广播站有广播扩大机43部，总功率2.41万瓦。

1989年，投资12万元建设农村广播网。是年，农村广播入村率达95%，为全区通播率最高县。1993年，淄角、申桥、李庄、魏集、皂户李等6个乡镇安装无线调频广播台，村安自动接收机376部。是年，县广播电台投资80余万元建立电子办公大楼1幢，增加一台300瓦发射机，频率为100.4兆赫。1994年，乡镇广播站中有10个站安装调频广播。1995年，投资13万元将原发射铁塔由75米增高到100米。是年，农村共有高音喇叭4000只。1998年，在县城主要街道安装有线广播音柱25只，分早、晚两次向居民提供新闻等信息。投资172万元，征地7亩，用于事业设施和职工宿舍楼建设。1999年，投资80万元新建办公综合楼。2003年1月，县广播电台停播，工作人员分流。

宣传 1979年，县广播站每天开机4个半小时，其中自办节目时间45分钟，节目有《惠民新闻》《理论学习讲座》《法制教育讲座》《计划生育讲座》《农业技术讲座》等；服务性节目有《儿童园地》《天气预报》；文艺节目录制复制《呼家将》《杨家将》等评书连播。是年，收到通讯员来稿2401件，采用647件。

1985年，县广播站全天开机时间5小时，其中自办节目1小时。全年通讯员来稿2500篇，采用1800篇。同年，在县城、李庄、胡集举办4期通讯员学习班，培训通讯员80名，并签发通讯员证。1986年，与县委宣传部、人武部联合举办通讯员培训班5期，培训通讯员130人。1987年12月，县广播站改为调频广播电台，由原有线传输变为无线电波发射。是年，来稿3200件，用稿2000件，被省电台用稿60篇。

1989年，围绕经济建设，精办新闻节目，办活专题节目。开设有《惠民新闻》《科技之窗》《听众园地》《理论学习》《气象服务》等固定节目。在新闻节目中举办《法律讲座》《民兵与政治》《计划生育》《三夏生产》《经济大合唱》等10余个专栏节目。全年共收到来稿5100件，采用3024件，被省电台用稿75件。有8组（件）节目分别获地、省好新闻奖。指导13个乡镇站开办自办节目。1990年，开辟《改革之声》《抗涝救灾》《农村社教》等专栏，全年共办287期。是年，收到来稿5050件，用稿4392件，为历年来用稿之最。举办通讯员培训班2期，培训骨干通讯员60人。指导惠民镇、何坊、淄角、申桥4乡镇站的自办节目在全区“黛溪杯”大奖赛中，分别获一、二、三等奖，惠民镇站一组新闻节目荣获全省第二届乡镇优秀广播节目一等奖。县电台分别获省广电厅、省电台“全省广播宣传先进台”和“先进集体记者一等奖”。1991年，《惠民新闻》改两天一套为一天一套。在胡集、何坊等乡镇办通讯员培训班3期，培训骨干通讯员126人。

1993年7月，县电台加入“沿海沿江沿边”广播经济协作集团，与三沿地区70家县市电台联网协作传播经济信息。是年，收到来稿2747件，用稿2265件，播发经济信息200条。1994年，开辟《走向辉煌》《巾帼风采》《乡镇领导话改革》《法制讲座》等专栏，全年举办350期。1995年，围绕全县中心工作开办《管理效益年》等专栏11个，播发210期。评论《莫把管理效益当年过》分别获省广电学会、新闻学会一等奖。1999年，全年共播出新闻稿2133件，专题稿1600件，省电台用稿620条，获得省电台集体记者一等奖，列全区用稿第二位。2000年，向省电台供稿得954分，其中“特色大棚火惠民”“结构调整产业兴”“惠民面对入世调整畜牧结构”等新闻在省电台新闻联播播出。县台荣获省电台集体记者一等奖，6名工作人员有5人获“模范通讯员”称号。2001年，省台用稿得577分，获集体记者一等奖。推省参评的《惠民养殖户瞄准国际市场调整产业结构》，获省新闻学会三等奖。2003年1月，县电台停播。

第二节 电 视

机构 1987年5月，同时建设县电视差转台和卫星地面接收站。12月31日，惠民电视差转台试播开通，设立惠民电视台，隶属于广播电视局。1988年，县电视台与广播电台合属办公。1993年，县电视台升格为副科级单位。1998年3月，县广播电视播出机构实行“三台（广播电台、电视台、有线电视台）合一”、局台合一体制。2000年3月，县人民广播电台、电视台、有限电视台合并为一个播出实体，成立惠民县广播电视台，为正科级差额事业单位，与县广播电视局一个机构两块牌子。2005年，县广播电视台内设新闻部、专题部、录制部、播出部、广告部。

电视发射塔

设施 1987年，投资41万元，进行电视发射台、卫星地面接收站、广播电台“两台一站”建设。自立式发射铁塔高75米，自身重量为25吨，电视发射功率50瓦。7月，“两台一站”发射楼动工建设，总面积为210平方米。12月31日，电视差转台开通试播。1989年，投资35万元，购置电视摄、录、编设备，投资30万元完成电视第二差转台安装任务。1991年，购摄像机1部及维修设备，电视发射功率扩为100瓦。1993年，购置电视采访专用车1部。1995年，投资108万元，实施电视扩大覆盖工程。电视发射塔由原高75米改装增至100米，设四方双层固定拉线。购置21频道IKW分米波电视发射机一台，配置JVC编录设备，改造了双线供电设备，电视发射覆盖面由原半径10公里扩至40公里。1997年，为解决县城南部乡村电视信号不清问题，在李庄镇建立100瓦电视发射台1座。1998年，投资80万元，安装MMDS微波发射前端，全县能收看10套清晰节目。是年，境内设有卫星地面电视接收站17个。2005年1月，电视播录室发生火灾，设备被毁，投资40余万元更新完善设备。6月，投资11万元的电视台影视综艺频道开通试播，并实行硬盘自动播出。

宣传 1988年1月，县电视转播台在按时收转中央、省电视台节目的前提下，开设《惠民新闻》《武定风采》《经济信息》等自办节目，均为每周一期，一期10分钟，重播一次。1989年，在《武定风采》专题中举办“建国40周年成就展播”16组。编发的《青贮氨化饲料》专题片等4件作品被中央、省电视台采用。1990年，县内发生特大洪涝灾害，及时采编抗洪救灾典型32个。1991年，开办《历史的丰碑》《天下第一兵书》《孙子塑像揭幕典礼》《苹果品种介绍——短枝红富士》等专题片，其中《天下第一兵书》荣获中央电视台一等奖。

1995年10月1日起，《惠民新闻》由原每周编排一组改为三组，每组播出时间10分钟。开设自办节目有《科技之窗》《七十二行》《武定风采》《热线访谈》等。全年共播发新闻47期，专题16期，被地区电视台用稿101件，省台用稿6件。1997年，播出《惠民新闻》162组980件，文艺片1200集，被滨州电视台用稿316件，省台用稿20件，《活力来源机制》等6件作品分获地区一、二等奖。1998年，开辟《迈入虎年》《发展个体私营经济系列报道》《今日再就业》《创建卫生城》等专栏。是年，在省电视台用稿25条，省有线电视台用稿27条，列全区六县一市第一名。2000年，采写的报告文学《常胜将军韩长胜》获人民日报世纪之光征文评选一等奖，特写《孙子故里的男子汉》获中国作家协会二等奖，《搭起致富桥》《北孟村六月起秧歌》等6件作品分别获地区一、二等奖。

2001年，围绕县委、县政府确定的“一项活动”“四大战略”“两项改革”“两大新兴产业”以及十个重点项目建设等中心工作加大宣传力度。是年，编播新闻156组1309件。2003年9月，首届中国滨州惠民孙子故里文化旅游节举行，电视台人员全力以赴进行宣传报道，并对大型文艺晚会全程录像，在县电视台连续播放。2004年7月1日，《惠民新闻》由原每周3组改为每周6组，全年共播出220期1548条。播出专栏、专题144期，计5000分钟。2005年，共播出《惠民新闻》275期1844条，开办专栏、专题110期，被市台用稿147条，省台用稿29条。

有线电视 1991年6月，在广电局机关和县委招待所进行有线电视试点工作，是年，安装用户100余户。1992年，县广电局制定关于有线电视建设和管理的意见，与县公安局联合发布《关于加强卫星地面接收设施，共用天线安装工程管理的通告》。在县委、县政府、法院、税务局、中心医院、惠民师范等10个单位发展有线电视用户500余户。1994年，投资120万元，在县城区建立具有当代先进技术水平的有线电视网，并配备微机等设备。是年，入网达3000户。1995年，县有线电视台建立。县城有线电视用户发展到4500户，节目由原8套增加到14套，并建起14套电视节目监视墙。21个乡镇有12个建立有线电视收转系统，用户能收看5～8套节目。1997年，投资94.65万元，架通惠民至滨州的有线电视光缆，实现全省有线电视光缆联网。是年，有线电视用户达8832户，能收看24套电视节目。有19个乡镇建立卫星地面接收站，发展电视村2个，有2000农户能收看9套清晰电视节目。1998年，地区电视光缆环网工程正式接通，县城电视用户能收看到26套清晰电视节目。投资80万元，发展农村MMDS电视多路微波传输网，使农村能看上10套高清晰度电视节目。完成县城光缆建设和光缆并网工程，城内布光点9处，架光缆16.5公里，光缆入户达2743户。全县拥有电缆100公里，光缆148公里，卫星地面接收站17个。1999年4月，投资180万元，架通10个乡镇驻地的电视光缆网，完成92.2公里的竖杆任务，并接通9个乡镇驻地的联通光缆12公里。是年，发展农村MMDS多路微波传输网并网有线电视用户760户，县城的4015户有线电视用户入光缆网。2002年3月24日，县广电局与浙江广电科技公司合资发展惠民有线电视网络“村村通工程”正式签约，成立广电有线网络公司，注册资金500万元，经营期限至2020年底。2003年，全县有线电视入户达35000户，建立13个乡镇网络工作站和机房。2004年，实现架设光缆干线1100公里，分配网1000公里，入网户7万户，占全县户数的65%以上，入村率占90%以上。2005年，有线电视用户达8万户，能收看28套清晰电视节目。

第三节　电　影

电影 1979年，有队办电影队19个。1980年，县影剧院建成营业，建筑面积1884.3平方米，分上下两层，内安观众座椅1880个，是当时全省最大的县级影剧院。1982年，县电影发行放映管理站升格为惠民县电影公司。1984年，电影公司有三套流动式16毫米放映设备，光源电碳棒改为氙灯。1985年，各乡镇均建立电影管理

1980年11月建成启用的惠民影剧院

站。1986 年，农村电影队发展到 105 个，固定影院发展到 4 个，从业人员达 300 人，农村年放映 1.59 万场，发行收入（片租）17 万元，县影剧院（片租）达 14 万元。1989 年，县电影公司负责全县 16 毫米影片的发行和 35 毫米队的放映管理工作，并直接经营影剧院，全年放映 2 万余场次，发行收入 20 万元，被评为省发行放映先进单位。1996 年，电影事业严重下滑。电影公司贷款 5 万元，在影剧院改建放映小厅。1997 年，撤销 8 个农村发行点，新建 3 个发行站。是年，有电影放映队 42 个，乡镇电影发行站 5 个（桑落墅、麻店、淄角、姜楼、石庙），农村电影放映 3000 场次。2005 年，有农村电影队 10 个，从业人员不足 100 人，固定式电影院仅有县影剧院 1 处。

1990 年，全县有电影放映队 100 余个，为广大农村群众巡回放映。

第四章　文物古迹

第一节　古遗址

路家遗址　位于胡集镇路家村东 200 米处，面积 5 万余平方米，文化层 3～5 米，主要为龙山文化时期的遗存，出土有黑陶盆、鼎足、器盖、石锛等，商周时期的有鬲、罐、陶豆等。为省级文物保护单位。

大商遗址　位于何坊乡大商村南，面积达 1 万平方米，文化层厚约 2 米，发现有夹砂陶和泥质陶器物残片及石器、骨器。采集文物标本有白陶鬶、黑陶鼎、夹砂陶鬲、灰陶罐、盆等。属龙山文化晚期至商代人类居住遗址。为省级文物保护单位。

大郭（盖）遗址　位于麻店镇大郭村东南 200 米处，面积 3.5 万平方米，文化层厚度在 0.5～5米左右。出土器物有石斧、磨石、骨锥、蚌镰、陶鬲等。1973 年，发现一座商代晚期墓葬，出土石鼎、方彝、觚、铙、戈、矛、刀、钺等青铜器和石锛、石铲、玉环等，墓室有二层台，台上殉葬六人，墓室东、西、北侧均有一耳室，各殉葬一人一狗。属岳石至商周时期文化遗址。为省级文物保护单位。

古城墙遗址　位于惠民县城东北、西北两隅，属宋、明、清文化遗址。东北角残垣南北长 425 米，东西长 179 米，顶部宽度不一，高度为 12.50 米。西北角残垣南北长 490 米，东西长 190 米，顶部宽度不一，高度为 12.5 米。为省级文物保护单位。

先棣州古城遗址　位于辛店乡先棣州村东南，民国以前曾称陷棣州。公元 581 年（隋开皇元年）置棣州。此处先后为棣州、乐安郡及厌次县治所。公元 828 年（唐太和二年）大水淹州城，为避水患，迁新城。出土文物有铜剑、铁器、擂石等。为县级文物保护单位。

于大夫遗址　位于皂户李乡于大夫村南，曾出土鹿角、陶纺轮、蚌器、商夹砂陶鬲等器物残片，是一处商周时期人类居住的遗址。为县级文物保护单位。

张坊遗址　位于胡集镇张坊村西南，东西 30

米，南北50米，出土有商代夹砂红陶鬲、东周陶豆残片和汉代灰陶俑、陶马。此遗址为商周至秦汉时期遗址，为县级文物保护单位。

淄角遗址 位于淄角镇南，面积1.2万平方米，出土有商夹砂陶、灰陶器残片，属商周文化遗址。为县级文物保护单位。

刘黄遗址 位于何坊乡刘黄村北，出土文物有石器、蚌器、陶器、青铜器、曾发现战国时墓葬。属商周至战国遗址，为县级文物保护单位。

大李遗址 位于何坊乡大李村南，高台遗址，又称“廉颇冢”。曾出土卢胶、陶罐、豆、方砖等器物，系商周至战国遗址，为县级文物保护单位。

肖家遗址 位于惠民镇肖家村南200米处。出土有石器、蚌器、陶鼎、鬲、豆器物等，属商周时代遗址。

石庙赵遗址 位于石庙镇南500米处。地表0.5米以下是文化层，厚约2米，采集有夹砂陶鼎、鬲、簋、豆器物残片，面积25万余平方米。属商周时代遗址。

小吴家遗址 位于何坊乡小吴村。遗址四周平坦，上层为淤泥，采集标本有夹砂陶鬲、灰陶罐器物残片。属周代遗址。

郝家遗址 位于惠民镇郝家村南。文化层厚约2米，土呈灰黑色。采集标本有商代红夹砂绳纹陶鬲，周汉陶罐、豆等。属周代遗址。

孙家沟遗址 位于麻店镇孙家沟村北100米处。此处为台形遗址，面积达1.6万平方米，文化层厚约0.5～2米，出土器物有夹砂陶、泥质灰陶残片。属商周时代遗址。

朱家遗址 位于何坊乡朱家村东250米处。呈慢坡形高台遗址，地面暴露有商夹砂绳纹陶鬲残片，周、汉灰陶罐口沿和鬲足。属商周时代遗址。

水波杨遗址 位于惠民镇水波杨村东。遗址平坦，地表暴露出文化层，采集标本有泥质陶簋、罐残片。属周代遗址。

高家遗址 位于惠民镇高家村北500米处。遗址平坦，暴露器物有泥质陶瓮、陶罐、盆、豆残片。属周代遗址。

王角遗址 位于石庙镇王角村南1华里处。遗址呈慢坡形，出土有泥质灰陶豆、盆、罐等。属汉代遗址。

魁星刘遗址 位于石庙镇魁星刘村南。暴露有红烧土，泥质陶盆、板瓦罐等器物残片。属汉代遗址。

小马家遗址 位于石庙镇小马村南350米处。遗址呈慢坡形，地表1米以下是文化层，暴露有泥质灰陶盆、罐、砖、瓦残片等。属汉代遗址。

张上梁遗址 位于石庙镇张上梁村北800米处。遗址呈慢坡形，地表0.5米以下是文化层。采集标本有泥质灰陶罐、盆、板瓦残片等。属汉代遗址。

大朱家遗址 位于惠民镇大朱家村南200米处。遗址呈斜坡形，地表1.5米以下是文化层。暴露有泥质灰陶罐、豆等瓷物残片。属汉代遗址。

苏家堡遗址 位于桑落墅镇苏家堡村东北100米处。遗址东高西低，采集标本有泥质灰陶盆、罐；宋白釉碗残片等。属秦汉、宋代遗址。

归化遗址 位于石庙镇归化村北。高台遗址，采集标本有泥质陶罐、盆、宋白釉碗等，1973年3月还出土过晋代舍利石棺。属汉、宋时代遗址。

张龙泉遗址 位于大年陈乡张龙泉村西北250米处。遗址平坦，地表1.5米以下是文化层，暴露有泥质灰、红陶盆、罐和宋白釉瓷器残片等。属汉、宋代遗址。

端张遗址 位于石庙镇端张村北。遗址平坦，地表0.5米以下是文化层，暴露有泥质灰陶盆、罐；宋白瓷碗残片等。属汉、宋代遗址。

刘德元遗址 位于大年陈乡刘德元村南。遗址四周平坦，地表0.5米以下是文化层，出土有泥质灰陶、板瓦、宋白瓷残片等。属汉、宋时代遗址。

谷马遗址 位于石庙镇谷马村西。遗址平坦，出土有汉陶豆、盆、瓦和宋白瓷残片。属汉、宋时代遗址。

大马遗址　位于石庙镇大马村东250米处。地势平坦，文化层在地表0.5米以下，暴露有泥质灰陶盆、罐、板瓦和宋白瓷残片。属汉、宋时代遗址。

老观赵遗址　位于石庙镇老观赵村东500米处。高台遗址，暴露有泥质灰陶罐、盆、板瓦和白釉瓷器残片。属唐宋遗址。

小新城遗址　位于清河镇乡古城李村东500米处。又称旧州、新城，五代两朝所建，曾出土铁器、石器。

杀猪徐遗址　位于何坊乡杀猪徐村西南。出土有红泥质、灰泥质陶罐、盆、白釉瓷残片。属宋代遗址。

堤口杨遗址　位于桑落墅镇堤口杨村南。遗址四周平坦，出土有灰陶盆、罐、白釉瓷残片。属宋代遗址。

打泊路遗址　位于皂户李乡打泊路村西南500米处。遗址文化层露于地表，出土有泥质灰陶罐、白釉碗等。属宋代遗址。

邓家遗址　位于姜楼镇邓家村西南。遗址四周平坦，暴露有泥质红陶盆、罐、白釉瓷片等。属宋代遗址。

南孟遗址　位于石庙镇南孟村东南500米处。高台遗址，采集标本有白釉瓷、龙泉窑盘等。属宋代遗址。

三堡遗址　位于辛店乡三堡村西300米处。采集标本有泥质陶钵、灰陶罐、白釉瓷残片等。属宋代遗址。

苑家遗址　位于何坊乡苑家村东北300米处。遗址大部保存良好，采集标本有灰陶盆，白釉瓷残片。属元代遗址。

孟家遗址　位于淄角镇孟家村东500米处。台形遗址，采集标本有泥质灰陶盆、罐、白釉碗。属元代遗址。

郭家遗址　位于淄角镇郭家村东北500米处。台形遗址，采集标本有泥质灰陶盆、罐、白釉瓷残片。属元代遗址。

翟家遗址　位于惠民镇翟家西北。遗址为斜坡，采集标本有泥质陶盆、罐、白釉瓷残片。属元代遗址。

后谢遗址　位于何坊乡后谢村东北。为台形遗址，采集标本有泥质陶盆、罐、白釉瓷等残片。属元代遗址。

常家遗址　位于石庙镇常家村南。采集标本有灰陶瓮、白釉盘、建筑构件。属元代遗址。

驻跸台遗址　位于惠民镇台子崔村西南150米处，台高5米，南北长50米，东西宽25米。系明朝宣德皇帝亲自督建，为宣德帝平叛汉王朱高煦的胜利象征。为县级文物保护单位。

第二节　古墓葬

牛保冢　县级文物保护单位。位于石庙镇境内。北宋崇宁元年（1102），工部尚书牛保督修棣州城病死于此地，军民为纪念他的功德，筑衣冠冢以示纪念。

娘娘坟　县级文物保护单位。位于何坊乡前娘娘坟村西北。墓现高2米，唐朝中期先后有李氏皇族四个皇子封在棣州，有两个皇子的嫔妃死后葬于此，故名。

袁化忠墓　县级文物保护单位。位于清河镇袁家村东南500米处。袁化忠，明代万历御史，著名文学家，著有《袁化忠集》，因与权臣魏忠贤斗争被陷害致死，死后钦赐归葬故里。

第三节　古建筑

魏氏庄园　魏氏庄园系国家级文物保护单位，位于魏集镇魏集村，建于清光绪十九年（1893年）。系晚清户部郎中魏毓炳四世孙、布政司理问魏肇庆的住宅。庄园主体由城堡、广场、水塘、花园四部分组成，呈长方形，南北84米，东西46米，占地5.7亩。城墙为砖墙，高10米，底宽3米，顶宽1.5米，内砌立墙，外垒垛口，四面临街，为封闭式宅院。院内东南、西北转角处建圆形碉堡，墙内侧上部及碉堡内遍布射击孔。

围墙内以南北轴线，分三进六院，共有房屋256间，现存48间，均为砖木结构；前、中、后院，各为厅厢回廊组成的四合院。正厅为二层楼，山墙辟门，设翻板吊桥与围墙连通。庄园布局严谨，房屋画梁雕栋，脊顶房檐有陶禽陶兽，颇具中国北方传统建筑特色。1994年4月，开始维修倒座房、客厅前后院、东西厢房和复原倒座，总造价200余万元。至2005年，已三次维修，累计投资达500余万元。

泰山行宫 泰山行宫又称泰山庙，位于惠民镇省屯街。为明代建筑，原有前后两殿，现存前殿。此殿坐北朝南，东西长11.5米，南北深8米，总建筑面积92平方米，为民族传统建筑风格。此殿为砖木结构，青砖砌墙，黄绿琉璃瓦覆盖，飞檐翅角，脊顶饰以二龙戏珠，两山饰以吻兽；东西两山墙外部上端用方瓷砖砌成，上有戏曲、人物、神话、山水等浮雕图案，画面布局严谨，人物神态各异，栩栩如生。行宫的四扇门庄重伟严；两厢格窗，雕刻细腻，古朴大方；室内雕梁画栋，颇为壮观。该建筑为鲁北地区仅存的明代建筑珍品。1985年省政府拨款5万元维修。为省级文物保护单位。

双忠祠 在敬业书院内，祀明都御史李浚、御史赠太仆卿袁化中。清乾隆三年（1738年），武定府知府姚兴滇主持、乡民绅士捐资兴建。

祠堂三间，坐北朝南，硬山小太梁式砖木结构，青砖砌墙，带厦。镏金匾联，明柱：海绕其北岱峙其南贤哲挺生天与英灵重正气；甫开於先申继於后明社荐享人从庙貌仰双忠。厦柱：同抱铁钢肠一代名臣双不愧；共标金石操千秋祀典永无穷。大门：共植纲常垂宇宙；双悬日月照乾坤。煖阁：严风同节。正堂立李袁二公祠碑文，两厢房书有双忠祠怀古和二公祭文。庙宇如新，春秋典祀，平日供人瞻拜。清末以后，“双忠祠”历经战火，面目全非。建国后成了县委招待所的伙房，后因年久失修坍塌。招待所在“双忠祠”旧址新建了“双忠餐厅”。2005年，被富河园小区取代。

天主教堂 位于姜楼镇政府驻地。是晚清法国在鲁北修建的较大天主教堂，总面积25亩。主体建筑有教堂、神甫楼、修女楼，全部是硬山式石木砖结构。为省级文物保护单位。

英国教会医院 位于惠民县城南关滨州结核病防治院内。清光绪二十八年（1902年），英国基督教循道公会在惠城建基督教堂一座，内设医院。总面积47736平方米，均为西式建筑，平房174间，楼7幢，全为砖石木结构，有教堂、礼拜堂、院长楼、病房楼、护士楼、食堂浴池等。为省级文物保护单位。

相国第 坐落于惠民城南门大街北首路西，北至仁义胡同，南至苏家角街，西至龙王庙街，周二百有六丈，占地二十七又六亩，是清朝康熙间文华殿大学士兼吏部尚书李之芳宅邸。相国第是清朝廷按一品大员之规制而建。大门坐西朝东，门额为“相国第”，门前有四柱三门冲天式石坊，额为“四世一品坊”。整个大院分北、中、南三院，李之芳住北院。中院由李之芳舍弟之庄居住，南院辟为“进士院”，由首中进士的之庄子甡（音申，众生）麟居住。李之芳居处为五进院，房一百六十八。一院为过院，进院后经仪门曰李家祠堂，堂阔五楹，进深三间九架，雕梁画栋，宏丽壮阔，为李宅之最。西为相国私邸院，坐北朝南，五楹，进深与祠堂同，配有东西两庑。再南有两院，西为花园，有小亭绿树，鱼池藕榭，是主人休闲游之处。东为家仆居住。

第四节　革命纪念地

沙窝翟战斗纪念地 位于淄角镇沙窝翟村西。1940年2月11日（古历正月初四），八路军抗日挺进纵队政治部机关和五支队二营及商河县大队在此处与日军遭遇。二营七连主动承担阻敌任务，掩护部队转移。激战一天一夜，歼灭日伪军500余名，七连50名勇士光荣牺牲，葬于沙窝村西。

烈士墓封土高约5米，直径约50米，占地1970平方米。县委、县政府在墓前立纪念碑1座。为县级文物保护单位。

夹河战斗纪念地　位于辛店乡夹河村，为县级文物保护单位。1941年9月4日，八路军一一五师教导六旅政治部主任杨忠所率部队在此遭日军重兵突然袭击，激战中杨忠与10余名战士壮烈牺牲。

李毛战斗纪念地　位于皂户李乡李毛村。1945年2月2日，日军“三角部队”化装到李毛村一带活动。惠济商三边县大队误认为是伪军抢粮，迎战失利，县委书记丁润生（化名赵元明）、县大队副大队长陈立民等壮烈牺牲。此地为县级文物保护单位。

第五节　馆藏文物

全县馆藏文物896件（套），文物标本4500余件。其中定为国家一、二、三级珍贵文物262件。

石器　以新石器时代的器物为主。有石斧、石锛、石刀、石耳坠等。

陶器　以龙山文化时期至汉代时期的陶器为主。有龙山文化时期的黑陶盆、纺轮；商周时期的陶鬲、陶尊、陶簋、陶豆等；汉代的陶罐、陶壶、陶仓、陶俑、陶马等。

铜器　商代后期的铜鼎、铜爵、铜彝、铜铙等；秦汉以前的铜刀、铜矛等；秦汉以后的铜镜、铜熏炉、宣德炉、铜造像等。

瓷器　瓷器600件（套），文物108件，年代自隋朝至民国各个时期，有白瓷、青瓷、钧瓷、哥瓷、祭红、祭蓝、青花、五彩、粉彩等品种。较珍贵的有宋、辽、金、元时期的瓷枕；元代的搅胎瓶；明代的宣德红釉盘；清代的祭蓝描金花鸟纹葫芦瓶、粉彩百鹿尊、青花赏瓶、贯耳瓶等。

字画　字画收藏数量居全市文管所之首，达219件（套），以明、清时期为主。绘画有谢彬的《阁老行乐图》、王宸的《山水图》手卷、张宗苍的《山水图》、任薰的《雄鸡花卉图》、齐白石的《花卉图》等。书法有董其昌的行书手卷、李之芳的行书、伊炳绶的隶书、刘春霖的楷书等。

石刻　汉代画像石“车马出行图”“青龙图”、铺首衔环等；宋代吴尧墓志、吴鼎臣墓志、董氏墓志；元代陀罗尼经幢；明代傅氏墓志；清代田氏墓志、沈世铨竹子图等。

玉器　岳石文化时期的玉钺，一级文物；其它为清代玉器。

石造像　东魏、北齐时期，青石、汉白玉佛像、菩萨像、太子思惟像、供养人像等。

木器　大型漆雕屏风，木刻郑板桥竹子、对联等。

第六节　文物保护

1986年，山东省文物局专家组对惠民县馆藏文物进行鉴定，定出一、二、三级文物200余件。同年，对明代建筑省屯“泰山行宫”三间大殿进行全面维修。1988年，惠民县文物管理所成立。全省第二次文物普查，试点工作在惠民县进行，并将调查资料编入省文物地图集。同时，完成重点文物保护单位的“四有”（有保护标志、有保护范围、有保护档案、有保护组织）工作。1989年3月，发现并清理钦风元代佛教地宫，抢救铁函一尊。7月，发现并清理省屯农场汉墓群30余座，抢救挖掘文物100余件。1990年7月，发现胡集镇路家龙山文化遗址，采集的标本有石器、陶器、骨器。1991年，县文化局办公楼建成，文物库房迁至三楼，并安装保险门窗、报警器，管理人员昼夜值班看守。1992年，县政府公布第二批县级文物保护单位36处。路家遗址、郝家遗址被列为省级文物保护单位。1994年，完成山东省历史文化名城的申报工作。加强对古建筑、古遗址及流散文物的管理，建立县、乡、村三级保护网络。征集了一系列稀世文物，如瓷器、书画、铜器、石器等。1995年，县文物管理所更名为惠民县文物事业管理处，升格为副科级事业单位。1997年，征集收缴一批北朝佛教石造像，对佐证历史具有重要价值。同年，文物事业管理处与公安部门配合，破获文物盗卖案一起，追缴文物17件。1998年，开展以“宣传文物法，打击文物违法犯罪活动”为主题的“国际博物馆日”宣传活动。2000年，对魏氏庄园进行维修和环境治理，编制魏氏庄园宣传小册子5000本，制做文物保护标志44块，《关于拯救魏氏庄园》专题电视节目在省电视台播放。协助淄角镇对文昌阁遗址进行设计、修复。2003年，县博物馆建成并对外开放。博物馆为仿汉代建筑群风格，占地面积3600平方米，建筑面积1000平方米，总投资320万元，至2005年，多次举办展览，展出文物1000余件。

第五章　旅　游

第一节　旅游资源

惠民县北依京津，南望泰岳，距渤海百余公里，地处黄河三角洲腹地，古为州、府驻地，素有“鲁北首邑”“燕齐门户”“京津锁钥”之称，曾是鲁北的政治、经济、文化中心。旅游资源丰富，交通便利，有220国道以及永莘路、庆淄路、乐胡路、大济路四条省道沟通境内外，宽敞平坦的乡村柏油路连接各乡镇、村庄、景点景区。早在5000多年前的新石器时代即有先民在境内繁衍生息，创造了璀璨的史前农耕文化。最早的考古发现有龙山文化遗址、岳石文化遗址等60余处。现存有宋城墙、牛保冢、驻跸台、泰山行宫和清代城堡式民居建筑群魏氏庄园等众多珍贵历史文化遗产。县博物馆馆藏文物数量达3000件，其中国家级珍品300余件。水城风光有簸箕李黄河灌渠，生物景观有沙窝林场森林公园，民俗文化有国家级非物质文化遗产胡集灯节书会。旅游商品有清河镇木版年画、河南张泥塑。人物有春秋时期著名军事思想家兵圣孙武，西汉太中大夫文学家智圣东方朔、隋代著名画家展子虔、元代杰出剧作家康进之、明代御史袁化中、清代文华殿大学士兼吏部尚书李之芳，以及早期铁路专家陈西林、四小名旦之一的著名京剧表演艺术家陈永玲等圣贤名士。中华人民共和国建立前后曾为华东局、渤海区的党政机关驻地，被誉为“华东西柏坡”。共和国的开国元帅陈毅及粟裕、肖华、张云逸、魏文伯、舒同等革命老前辈曾在此留下战斗的足迹；曾任共和国总理的李鹏、全国人大常委会副委员长何鲁丽、全国政协副主席钱正英、毛岸英等曾在这片热土上生活、工作过。境内旅游开发潜力巨大、前景广阔。

表 21－2

惠民县旅游资源详细情况表

类别			名称与位置	资源等级	开发现状	备注
水域风光	湖泊与池沼	湖泊	乐安湖	四级	初步开发	
生物景观	树木	树（森）林	沙窝林场的槐树和杨树林	三级	尚未开发	
遗址遗物	史前人类活动遗址	文化层	路家遗址（龙山文化遗存）	四级	尚未开发	省级文物保护单位
			大郭（盖）遗址（岳石文化遗存）	等外		
			大商遗址（龙山文化遗存）	等外		
			郝家遗址	等外		
	军事遗址	城（堡）遗址	惠民古城墙及护城河	二级	部分护城河已整治	省级文物保护单位
建筑与设施	宗教与礼制活动场所	寺院	泰山行宫	四级	尚未开发	
			姜楼天主教堂	四级		
			南关基督教堂	四级		
		坛	驻跸台	等外	尚未开发	县级文物保护单位
	艺术与附属景观建筑	楼阁	文昌阁	四级	初步开发	
			魁星阁	四级	初步开发	
	归葬地	墓	牛保冢	等外	尚未开发	县级文物保护单位
	水工设施	水利枢纽	白龙湾黄河水利险工、惠青黄河大桥	二级	尚未开发，进行了环境建设，正在建设之中	
		渠道	沙河引黄灌溉渠道	四级	初步开发	
	传统乡土建筑	民居	魏氏庄园	二级	开发早，1996 年正式开始	国家文物保护单位
	科学教育文化艺术场所	博物馆	惠民县博物馆		初步开发	
		纪念性建筑和纪念地	孙子书院	二级	初步开发	
			孙子兵法城	二级		
			武圣园	二级		
	厂矿	林场	沙窝林场	三级	尚未开发	
		果园	大年陈乡生态果园	三级	初步开发	
		苗圃	中棉育种基地	三级	初步开发，限行业内开放	
旅游商品	地方旅游商品	菜系肴馔	魏集全驴宴、魏集烧鸡、杜家桥豆腐皮、武定府酱菜、火烧、锅饼、孙武家酒、清河镇香赵小磨香油	四级	初步开发	
		美术作品	清河镇木版年画		初步开发	
			河南张泥塑	四级		
			手工地毯	二级		
人文现象	人事纪录	人物	孙武	三级	初步开发	
			赵耆	三级		
			东方朔	三级		
			展子虔	二级		
			康进之	三级		
			李之芳	三级		
		事件	渤海区活动地	四级	尚未开发	
	民间习俗	民间集会（集市）	胡集灯节书会	四级	初步开发	国家级非物质文化遗产
			火把李庙会	三级	初步开发	
	现代活动	文化活动	孙子文化旅游节	二级	初步开发	

第二节　重点旅游景区景点

孙子故园　位于县城红星街西首北侧，由孙子书院、孙子石雕像、故园北门广场、乐安湖、孙府等部分组成，占地4.3万平方米。1990年动工兴建。1992年4月，孙子书院竣工并对外开放。书院正殿名兵圣殿，内置高2.3米、重2.5吨的孙子坐式铜像；殿内北墙及左右两壁置有高

1991年5月5日，兵圣孙武塑像落成典礼在县影剧院广场隆重举行

3米、长33.47米、总面积达100.41平方米的木质浮雕《孙子圣迹图》大型壁画，是反映孙氏家族和兵圣孙武辉煌历史的精彩画面，为中国同类木雕之最。中院两侧回廊内置有原国家主席杨尚昆、国务院总理李鹏、元帅聂荣臻等15位国家和军队高级领导人亲笔题词的有关兵圣孙武、《孙子兵法》和孙子故里的题词碑刻。中院正殿前，立有状如中国古代吉祥鸟孔雀开屏、古代兵器组成的孙子书院铜制院标，集中反映了兵圣孙武酷爱和平、崇武但不黩武的基本战略思想。孙子石雕像，由灰红色花岗岩雕刻而成，位于故园北门广场南侧，高8米，重30余吨，身着常服，腰束丝带，头戴小冠、足登履屐，右手抚剑。1995年，孙子故园被命名为“山东省爱国主义教学基地”。1996年，被命名为“山东省国防教育基地”和“滨州地区德育教育基地”。2000年，被确定为中国人民解放军国防大学教学基地。2001年，孙子故园被评为国家AA级旅游景点。2003年，孙子故园重要组成部分孙府竣工并对外开放。

孙子故园鸟瞰

魏氏庄园　位于魏集镇魏集村，原占地面积24613平方米，由城堡式住宅区、场院、池塘、花园等部分组成。布局严谨，结构合理，是一组独具特色的城堡式建筑群落，以其显著的军事防御性建筑特征而与烟台的牟氏庄园、四川的刘文彩地主庄园齐名，并称“中国三大地主庄园”。庄园始建于清光绪十六年（1890年），建成于光绪十九年（1893年），系晚清户部郎中魏毓炳之四世孙、布政司理问魏肇庆的宅第。1977年，被省政府公布为省级重点文物保护单位。1996年，被国务院公布为国家级重点文物保护单位。1999年，按照国家文物局批复的《魏氏庄园总体发展规划》和《魏氏庄园整体维修方案》，对魏氏庄园进行全面维修和环境治理。至2005年，共投资500余万元，修复院墙46米，维修房屋52间，完成庄园路的拓宽改造和庄园内部陈设，治理了庄园内外环境。2005年7月，被评定为国家AAA级旅游景区。

魏氏庄园

魏氏庄园城堡

魏氏庄园园景

孙子兵法城　位于县城西北角古城墙北 1.5 华里处，是县政府兴建的国内兵学园林第一景观。于 2002 年 10 月破土动工，总规划面积 7200 亩，共有武圣府、演兵场、八阵园、中外兵器大观、朝圣祭祀区等五大景区。2004 年 10 月，武圣府景区竣工并对外开放。该景区是中国孙子兵法城的第一期工程，由 15 座殿院和府前广场、德胜门广场组成，占地面积 450 亩，南北长 999 米，东西宽 88.8 米，大殿间隔 66.6 米，呈南北纵向一字形，寓率然长蛇阵之意。气势磅礴，雄伟壮观。整个景区为秦汉建筑风格，集宫殿、园林建筑于一体，楼台亭轩，古井涌泉，交相辉映；曲径翠竹，古柏垂柳，摇曳生姿。前为序殿，最后为德胜门，中间《孙子兵法》13 篇各占一殿，还有东西厢房 224 间，主要展示 36 计。内部陈列以《孙子兵法》为核心内容，综合运用文字、图片、雕塑、影视等形式，借助声、光、电现代科技手段，集知识性、艺术性、娱乐性于一体，风格独特，素朴庄重。2005 年 7 月被评定为国家 AAA 级旅游景区。

孙子兵法城南大门

孙子兵法城鸟瞰

武圣园　位于县城西北角古城墙西侧。2004 年 3 月，由聊城江堤乐园有限公司动工兴建，是一处集朝拜、祭祀、娱乐于一体的大型生态游乐场所。2005 年 5 月，武圣园一期工程竣工并对外开放。工程投资 2000 万元，占地 405 亩。园内有玉皇庙、城隍庙、得水园、武圣湖、兵器展、中心广场、游乐园。庙宇内有崂山道士住持，娱乐区设有雪山、滑索、铁索桥、步云桥、休闲游艇、水上步行球等项目。定于每年正月初九在园内举行大型庙会。

武圣园

武圣园内景

火把李庙会与河南张泥塑　每年农历二月初二，是皂户李乡火把李庙会。此时，河南张村村民纷纷到集上出售自制的工艺品——“泥娃娃”，十里八乡的人们到此购买。河南张泥塑，已有600余年的历史，在明宣德年间，民间就有制作泥人的传统，祖辈沿袭至今。河南张泥塑，品种繁多，造型古朴，传统题材中有“牛郎织女”“白蛇传”“梁祝”等神话戏剧人物，还有多种姿式、各具特点的“娃娃”和不少动物形态造型，概括夸张，色彩鲜艳火爆，内容喜庆吉利，既是儿童玩具，又是可供欣赏的民间艺术品，更是人们喜爱的吉祥物。

河南张泥塑

第三节　旅游管理

1989年5月，首届中国国际孙子兵法研究会在惠民宾馆召开。会议明确定位惠民县是兵家创始者、《孙子兵法》作者孙武的故里。根据与会专家的建议，县委、县政府决定在县城区内建纪念性建筑孙子故园。1991年，孙子故园、魏氏庄园，被列入省“千里民俗旅游线”。1992年，孙子故园管理处成立，负责孙子故园的经营管理、开发建设。同年4月，孙子故园建成开放。1995年，惠民县旅游局成立，挂靠孙子故园管理处，一个机构两个牌子。同年，魏氏庄园管理所成立，隶属县文物管理处。1997年9月，魏氏庄园管理所升格为魏氏庄园管理处，副科级全额事业单位。1994—1998年，孙子故园连续5年被命名为地级文明单位。1998年11月，魏氏庄园保护管理领导小组成立，下设办公室。主要负责对魏氏庄园进行抢救性保护。1999年，孙子故园、魏氏庄园被列为省重点旅游景点。皂户李河南张泥娃娃等民俗旅游产品、大鼓子秧歌等民俗旅游活动蓬勃发展。生态旅游发展态势良好，并初具规模。年旅游人数达20万人次，旅游收入300余万元。以孙子文化为主的各类旅游资源开发渐入佳境。同年，从国家财政争取资金40万元，配套地方自筹资金，对魏氏庄园进行整修。淄角镇自筹资金100余万元，重修古迹“文昌阁”。2000年，孙子文化旅游开发经世界旅游组织专家的考察论证得以确定。1月，惠民宾馆成立具有独立法人资格的旅行社，开发30余个城市景区的旅游线路。

是年，从省财政为孙子故园争取 100 万元专项规划资金。

2003 年 1 月，孙子兵法城旅游开发有限公司成立，为文化旅游局下属企业。同月，惠民县被定为省级历史文化名城。3 月，县政府出台《惠民县鼓励在孙子兵法园投资发展的暂行规定》。6 月，设立孙子文化旅游经济开发区。11 月，举行孙子兵法城门票价格听证会，门票价格 35 元/人次。2004 年，武圣园旅游有限责任公司成立，注册资金 920 万元，主要从事旅游服务，兼营餐饮娱乐等项目。至 2005 年，成功举办三届中国滨州（惠民）国际孙子文化旅游节，促进了惠民旅游事业的发展。孙子故园、魏氏庄园、孙子兵法城、武圣园共分别接待游客 60 万人次、30 万人次、20 万人次、10 万次。

第六章　文化市场管理

1992 年 8 月，县文化局成立文化市场管理办公室，负责全县文化市场管理。是年，县内有文化经营单位 300 余家，其中艺术表演团体 2 个、台球厅 37 个、电子游戏厅 14 个、音像制品零售放映单位 13 个、艺术摄影 13 家、书画专卖店 2 个、书画装裱店 4 个、其它农村文化经营户 218 家。1993 年，编印《文化市场管理法规》1000 册，举办文化经营户法规培训学习班 12 期，培训 1000 人。制定《惠民县电子游戏和录像放映活动管理规定》《惠民县农村电影市场稽查条例》《行政执法人员廉政守则》《文化市场管理法规》。1996 年，21 个乡镇文化站站长为文化稽查队队员，统一颁发省统一编号的《文化市场稽查证》。至 1997 年，与公安、工商部门配合，组织“扫黄打非”集中行动 17 次，共没收非法出版物 2 万余册、音像制品 621 盘、电子游戏电路板 23 块、电子算命仪器 1 套、取缔算命摊点 15 个。

1998 年 4 月，组织 70 余人参与文化市场法制宣传日活动。同年 5 月、9 月，对文化市场进行清理排查，查获非法、黄色录像带、激光视盘 30 余盘，黄色淫秽书刊 4400 册。1999 年，县内文化业户发展到 436 家，形成集歌舞厅、卡拉 OK 厅、音像、电子游戏等门类齐全、文化消费活跃的市场体系。是年，文化稽查活动共收缴非法书刊及宣传品 6391 件，录像录音带 4344 盘。2000 年 8 月，惠民县文化稽查大队成立，有执法人员 13 人。至 2005 年，与公安、工商部门配合，共组织“扫黄打非”集中行动 20 余次，查获一批非法出版物、音像制品。

第二十二编　孙子文化

孙武，字长卿，齐国乐安（今山东惠民）人，春秋时期著名的军事家、政治家，后人尊称其“兵圣”。公元前512年（吴王阖闾三年），吴国重臣伍子胥将孙武推荐给吴王，孙武以兵法十三篇晋见，被任命为将军。孙武辅佐吴王西破强楚，北威齐晋。公元前482年，诸侯黄池会盟，确立吴国新霸主的地位。孙武所著《孙子兵法》是中国最早、最完整的军事著作，被历代誉为“兵学圣典”，置《武经七书》之首，后被译成英、法、德、日、俄等20余种文字，广泛应用于军事、政治、外交、经济、经营管理、市场竞争、体育竞赛等诸多领域。20世纪90年代以来，孙武故里惠民县先后建设孙子故园、兵法城等军事教学基地和旅游景点，以纪念这位伟大的军事家、政治家。

第一章　兵圣孙武

第一节　家　世

兵圣孙武出身于贵族之家，其祖先可上溯至商周时代的陈国贵族陈胡公满。陈满是虞帝舜的后代，系舜帝之子商均的32世孙。舜为平民的时候，尧把他的两个女儿娥皇和女英嫁给舜，用以考察舜生活的能力及与人处事的交际水平和道德品质。因他们居住在妫汭地区，故其后代以居住地为姓。商朝末年，舜帝的第32代孙遏父（又称阏父）投附周国，担任陶正一职，其精湛的制陶技艺，博得周文王的赞许。公元前1046年，周武王灭商建周，追封先贤遗民时，把遏父的儿子妫满封於陈，国号为陈，封为侯爵。按照宗法制度和胙土命氏的惯例，赐命之为陈氏，遂称陈满，谥胡公，史称陈胡公，为陈氏的得姓始祖。周武王将长女太姬嫁给他，备以三恪，奉祀舜帝。陈满为陈国的第一代国君，从胡公开始，经过十代十二个国君的世袭传授，到陈桓公时，陈国发生的宫廷内乱改变了孙武祖上的命运。公元前707年，当陈国君位传至陈桓公时宫廷发生内乱。陈桓公的弟弟弑兄篡位，史称陈厉公。7年后，陈桓公的儿子陈林又杀死陈厉公自立为陈庄公。庄公在位7年，死后由其弟弟接位为陈宣公，陈宣公立长子御寇为太子。公元前672年，陈宣公的宠妃生儿子名款。陈宣公为讨好宠妃，废嫡立庶，杀死太子御寇，另立宠妃的儿子款为太子。陈厉公的长子陈完与太子御寇的关系十分密切，他预感大祸即将殃及自己，在万不得已甚至有生命危险的情况下，携带家眷逃奔齐国。

陈完到达齐国后，齐桓公非常器重他，欲封他为正卿，陈完说；“羁旅之臣，幸得免负檐君之惠也，不敢当高位”。于是齐桓公让陈完担任工正一职，掌管百工和官营手工业。陈完在齐国，讲仁守义，办事得体，表现出很高的道德修养。陈完在担任“工正”期间，帮助齐国完成了“工盖天下”、“器盖天下”的争霸目标，组织编定《考工记》一书。陈完出色的工作业绩，得到齐桓公肯定，便赐给他一些田庄。陈完为隐姓避难和表达对齐桓公的知遇之恩（当时陈、田二字也是音同义通），故改陈完为田完。此后，陈完的后代以“田”为姓，陈完就是田姓始祖。田完后来娶齐大夫懿仲之女为妻，家世逐渐兴旺起来，富贵盈门，成为齐国的望族。田完死后，谥号敬仲。

田完后人人才辈出，之子田稚孟夷，官至大夫。田稚生湣孟庄，也官至大夫。田湣生文子须无，事齐庄公。田文子生桓子无宇，亦事齐庄公。田无宇承田氏家族尚武遗风，以勇武著称，力大无比，受到齐庄公的宠爱和器重，官至将军。田无宇有三个儿子：田开、田乞和田书。田开是齐国有名的“乐师”，曾为齐景公登台而鼓琴。田乞为齐国大夫，先事齐景公，后为齐悼公之相。其在政期间，在民众借贷粮食时，采用“大斗出，小斗进”的做法，深得民心。从此，田氏深得民众爱戴，“归之如流水”，田氏家族日益强盛。田书（孙武的祖父）在景公朝时官至大夫，他的儿子田凭（孙武的父亲），也在景公朝中为卿。田无宇、田书、田凭，祖孙三代同在朝中为官，地位显赫，权倾一时。昭公十九年（公元前523年），田书奉齐景公之命讨伐莒国有功，被齐景公赐姓孙氏，田书故又称孙书，食采乐安（今惠民县域），是妫姓孙氏的得姓始祖。公元前515年，高昭子联合栾、鲍、田三家反晏婴，孙书参与其中，恐遭败后株连，孙书奔吴，隐居于穹窿山中。孙武就出生在一个祖辈精通军事的世袭贵族家庭里。

第二节　生　平

孙武，字长卿，生活于公元前6世纪末至公元前5世纪初，齐国人（今惠民县人），杰出的军事家，后人尊称为“兵圣”孙武。

孙武少年时代，齐国发生内乱，几大家族争权夺利、纷争不断。孙武为避内乱奔吴，在吴国的都城西（今苏州城西），躬耕隐居、潜心著述。此间，孙武结识了吴王阖闾的重臣伍子胥并成为好朋友。公元前512年（鲁昭公三十年，吴王阖闾三年），经伍子胥的多次极力推荐，孙武以兵法十三篇晋见吴王，引起了吴王阖闾的重视。为察其军事才能，吴王以180名宫女交其操演阵法。宫女开始难受约束，孙武按军法处斩吴王两位宠姬，以儆军中戏者，致使操练有序。不久，吴王任命孙武为将军，命他负责操练军队。针对吴国的强大邻国楚国，孙武参与制定并组织实施扰楚疲楚之计，消弱了楚军的战斗力。同时，与伍子胥等人倾力辅佐吴王阖闾推行了一系列行之有效的鼓励政策，施恩行惠，大力发展农业生产，使吴国的政治、经济和军事力量逐渐强大。公元前506年，孙武审时度势，为吴王制定了联合唐、蔡，西破强楚的作战方案，并指挥3万吴军，采用造势、诱敌、误敌、避实击虚、因敌制胜等谋略和战术，千里远袭，五战五捷，大败20万楚军，一举攻占了楚国都城郢都，楚王仓皇南逃，楚国几乎亡国。吴楚之战是春秋时期规模最大的战争之一，在孙武的指挥下，吴国以3万精兵击败楚国20万大军，成为中国战争史上“以少胜多”的光辉战例。战国时期军事家尉缭子赞道“有提3万之众，而天下莫当者谁？曰武子也”。

公元前484年，孙武辅佐吴王夫差在艾陵之战中重创齐军，斩杀齐军甲士3000多人，俘虏齐军主帅，此役奠定了吴国的霸主地位。公元前482年，吴王夫差与晋定公等诸侯在黄池会盟，吴国成了新的霸主。司马迁在《史记》里指出：吴国“西破强楚，入郢；北威齐、晋，显名诸侯，孙子与有力焉！”

夫差取得霸主地位后，骄奢淫逸，目空一切，特别是他又重用奸臣，疏远贤臣。孙武同夫差产生分歧，遂隐退而去。此后，孙武隐居，不知所终。

孙武所著《孙子兵法》，是我国最早的军事著作，被历代誉为“兵学圣典”，置《武经七书》之首。因此，孙子被尊为“东方兵学鼻祖”。1972

年，临沂银雀山汉墓出土的孙子竹书，除《孙子兵法》十三篇外，还有《吴问》《四变》《黄帝伐赤帝》《地形二》《见吴王》等佚文残简。

第二章　兵学圣典——《孙子兵法》

《孙子兵法》是中国现存唯一的最古老的兵书。以其博大精深的丰富内涵，被誉为“兵学圣典”，列为《武经七书》之首。《孙子兵法》共分十三篇，即《计篇》《作战篇》《谋攻篇》《形篇》《势篇》《虚实篇》《军争篇》《九变篇》《行军篇》《地形篇》《九地篇》《火攻篇》《用间篇》，共5000余字。《孙子兵法》集多家思想文化之大成，它的“不战而屈人之兵”的全胜思想，是人类战略目标追求的最高境界，其“重战”“慎战”“备战”思想是人类对和平、人道、理性的共同追求。它蕴涵的哲学思想，无论从中国古代哲学的道论出发来分析研究，还是用马克思主义的现代哲学框架矛盾论去分析研究，都达到了超凡脱俗的哲学境界。《孙子兵法》余韵流泽蜚声中外，8世纪传入日本，18世纪传入欧洲，被译成日、英、法、德、俄等20余种文字，780余种版本，播扬世界各地，广泛应用于军事、政治、外交、经济、哲学、经营管理、市场竞争、体育竞技等各个领域，荣膺“世界古代第一兵书”的赞誉。世界各国、各民族都在日益接受其理论体系中所内含的共同的价值、信仰、方向、实践操作和运行机制，使其成为全人类的文化瑰宝。

第一节　《孙子兵法》的军事思想

《孙子兵法》是世界存世最古的古代兵书。英国战略学家利德尔·哈特在《战略论》中说：“《孙子兵法》是世界上最早的兵法著作，但其内容之全面，与理论之深刻，迄今还无人超过”。

在《孙子兵法》的思想价值的体系中，最光彩夺目的就是它的战略思想，它集中体现了中国战略文化的精髓。近代著名军事理论家柯林斯说：“孙子是古代第一个形成战略思想的伟大人物，他对战略相互关系、应考虑的问题和所受的限制”都有“深刻的认识”“他的大部分观点，在我们当前环境中仍然具有和当时同样重大的意义”。如何正确地认识和对待战争是对每位军事家和政治家的考验。孙子身处战争频仍的春秋时代和齐国北鄙这一兵家必争的多战地域，出身于将军世家，对战争有着深刻的切身体验，因而他能从战略高度在《孙子兵法》中提出“重战”“慎战”“备战”思想，以警示世人：“兵者，国之大事也，生死之地，存亡之道，不可不察也”“明君慎之，良将警之，此安国全军之道也”。

孙子反对唯心的认识论，主张“不可取之于鬼神，不可象于事，不可验于度，必取之于人”，运用科学分析的方法去探讨、研究、发现决定战争胜负的规律性的要素，进而去指导战争。他在《孙子兵法》中通过对大量战争实践的对比分析，用归纳推理的方式找出其规律，而后又用演绎推理的方式提出指导战争的规律性的卓见。内里采用了大量的数字进行量化分析，归纳出诸如“用兵八戒”“五事七计”“九地六形”“十围五攻”等规律性的战略战术原则，用以指导战争。据统计，《孙子兵法》中运用数字论述之处计有150余处，可见其数字意识之强和量化分析之重。

《孙子兵法》的魅力之所以历千年而不衰，其根本原因在于孙子是以中国古典哲学思想为指导，在总结以往兵学成果的基础上，结合当时的战争实践，创造性地建立了一个精美恢弘的兵学

体系。这一体系涵盖了中国传统兵学的主要内容，框定了后世兵学的发展方向。《孙子兵法》体大思精，它观察世界，分析事物的总原则归纳为“知己知彼”四个字，它是人类认识的起源，也是一切有效决策的依据。人类文明之所以有今天，完全是从“知己知彼”正确认识中走出来的。孙子把“知己知彼”做为观察世界、分析事物达到“百战不殆”的总原则，站在哲学的高度来思考战争问题，并以战争问题反过来丰富和论证了哲学理论，从而把哲学、军事融为一体。

孙子的哲学思想一方面表现为朴素的唯物论，反对“取之于鬼神”，用祭祀、占卜来预测和指挥战争的唯心主义认识论，主张“必取之于人”，从实际出发，实事求是，注重调查研究，即“经之以五，校之以计，而索其情”。另一方面，孙子的哲学思想表现为朴素的辩证法思想。有学者称《孙子兵法》为“比较成熟的军事辩证法专著”。有人统计，《孙子兵法》全书运用了100余个对偶性范畴作辩证的判断与论述多达200余次，足以证明《孙子兵法》中的辩证思维已发展到了相当成熟的阶段。

第二节 《孙子兵法》的文化与社会价值

一、《孙子兵法》集古代思想文化之大成

《孙子兵法》是在继承姜子牙、管仲、司马穰苴等前人战争理论和经验的基础上创作而成的。其内容同时也吸收和融入了《尚书》《军志》《周易》《老子》等书的思想精髓。

引用了《军政》 《军争篇》说：“《军政》曰：‘言不相闻，故为之金鼓；视不相见，故为之旌旂。’”这是《孙子兵法》最明确的对古兵书的引用。

吸收了《尚书》的民本思想 《尚书》是现存最早的关于上古时期典章文献的汇编，其中也保存了商及西周初期的一些重要史料，其《五子之歌》说：“民惟邦本，本固邦宁。”这一以民为本的思想，反映在《孙子兵法·地形篇》中：“进不求名，退不避罪，唯民是保，而利于主，国之宝也。”“视卒如婴儿”“视卒如爱子”等。《孙子兵法》受到《尚书》影响地方还有如“有备无患”、讲攻击对象等思想内容。

吸收和发展了《军志》主动进攻思想 《军志》是春秋时期的一部重要军事著作，当时人们就用它来指导战争。《左传》记录《军志》中关于先发制人、主动进攻的军事原则说：“先人有夺人之心，军之善谋也”。《孙子兵法·谋攻篇》说：“是故百战百胜，非善之善者也；不战而屈人之兵，善之善者也。故上兵伐谋，其次伐交，其次伐兵，其下攻城。”伐谋、伐交都在战争爆发前，把战争问题的解决大大提前，使战争问题的解决发生了本质的变化，不等战争形成就先把它解决了，这是孙子对“先人有夺人之心”的主动进攻思想的重要发展。《孙子兵法·军争篇》说：“后人发，先人至，此知迂直之计者也。”显然是对《军志》先人后人思想的继承和发展。

吸纳《周易》军事思想 《周易》是一部总结天下万物发生发展变化规律，指导世人根据不断发展变化的客观实际决定自己的行动，“与世谐行”，趋吉避凶，争取事业成功之书。《孙子兵法》中有不少与《周易》相同和相通的军事思想。如：《周易》从俘获者的角度说：“罔俘，裕无咎”，说有战俘而宽容之，对己方无咎。《孙子兵法》吸纳了《周易》优待俘虏的思想，在《作战篇》中从减少战争之害的角度说：“故车战，得车十乘以上，赏其先得者，而更其旌旂，车杂而用之，卒善而养之，是谓胜敌而益强。”孙子的办法是把敌对的力量变为自己的力量，直接运用于战场。把缴获的敌方战车换上我方的旗帜，“车杂而用之”，与我方的战车混合编队，继续作战。对俘获的战俘，要善待和供养他们，甚至任用他们。孙子这一优待俘虏和利用俘虏的思想，在中国解放战争中得到了最充分地发挥和运用。

与《老子》战略思想有相同之处 《老子》

是一部哲学著作，但其中有不少有关军事的内容，以至有人又把它看做是一部军事著作。老子认为："兵者不祥之器也，不得已而用之"，他认为战争是凶险的事情，无论对军队、对国家，只要进行战争，就有凶险。所以，对战争只能是："不得已用之。"《孙子兵法》说："非利不动，非得不用，非危不战。""非危不战"，基本上排除了主动进行战争的可能，说只有在危机国家和人民的安全时才去进行战争，否则就不要进行战争。孙子和老子都是被动的同意进行战争的。

老子说："以正治邦，以奇用兵。"他把治理国家和用兵相对比，提出了治邦和用兵要采取完全相反的方法，治理国家，管理民众要"正"，要讲诚信，要公正，要公道正派。而对敌用兵则要"奇"，要让敌人意想不到，要人为的从正面做出一些假象，造成敌人的错觉，这就是所谓诡诈。《孙子兵法》发挥了老子"以奇用兵"的思想，提出"兵者诡道也""兵以诈立""以正合，以奇胜"。孙子认为：在战争中要重视与敌人斗谋，要在谋上先战胜敌人，要"先胜而后求战"；在斗谋上必须使敌人意想不到，也就是用"奇"。《孙子兵法》与《老子》战略思想的相同之处，还有"胜于易胜"与"图难乎其易也"等等。

二、《孙子兵法》的社会价值

《孙子兵法》的社会价值主要表现在对战争决策者的影响上，表现在战场上。"运筹帷幄，决胜千里"，它不但能指导将帅在战场上夺取胜利，还能令一些所谓"辩士"凭自己的政治、军事才能去游说君王放弃战争行为，从而带来对战争的和平解决。汉朝韩信以《孙子兵法》作为将帅学习和遵循的唯一法则。把《孙子兵法》称为《兵法》，后世都沿袭了汉朝的做法。

抗日战争和解放战争期间，国民党和共产党的军队都注重运用《孙子兵法》排兵布阵。毛泽东是运用《孙子兵法》最成功的天才统帅。《孙子兵法》为打败日本侵略者，推翻蒋家王朝，建设新中国发挥了巨大作用。

直到社会快速发展的今天，《孙子兵法》不仅已成为世界各国战略决策者的必读之书，而且在政治、经济、外交、体育、商业等各个方面都得到了广泛的运用。《孙子兵法》"不战""非战""非攻"的"谋攻"思想，为人类和平解决争端提供了思路和办法。用和平的方法解决战争问题是孙子军事思想最为精彩的部分，对当今世界具有重大现实意义。

第三章　孙子文化研究与孙子文化旅游节

第一节　孙子文化研究

惠民县孙子研究会与研究成果　1987年，成立以县史志办为主的孙子研究筹备小组，并吸收县内爱好孙子研究的20余名积极分子，开始对孙子兵法研究。1988年，县史志办的人员分赴南京大学、南京师范大学、南京图书馆、山东阳谷孙膑博物馆等单位，向历史学者请教，获得直接考证线索，后经军事科学院战略部、北大专家查阅有关史料，撰写论文，最终确认孙子故里系今山东惠民县。1991年8月，惠民县孙子研究会正式成立，共有会员46人，县长顾峰任会长，县人大常委会主任李正教为名誉会长，曹洪儒、梅宝信为副会长，李象丰为秘书长。同年，编辑《孙子故里》一书。在孙子研究会的指导下，刘向荣编写了《惠民人说"孙子"》一书。两部书共收录论文20篇。1992年2月，县人民政府、上海社科院、山东社科院、北京航空学院合编的《孙子兵法大全·兵圣孙武》一书，由北京军事科学出版社出版发行。同年，孙子研究会的部分成员参与山东省《孙子集成》一书的编纂工作，为南京大学编写《孙子评传》一书提供了部分珍贵资料，为开展学术交流，编印了两期《孙子研究通讯》。1993年6月，孙子研究会召开《孙子兵法》应用研究专题会议。会后，县各界人士先后写了多篇研究《孙子兵法》和孙武故里考证文章。其中卜宪东写的《浅淡孙子兵法对门球比赛的指导作用》、步兵和路公的《弘扬孙子兵法辅国智民之道》；吴名岗在《大众日报》发表的《把孙子故园华不注山齐长城开辟为兵家文化旅游线》；孙兵与常建华在《历史文化研究》刊物上发表的《孙子故里考证回顾》；刘沛然写的《孙子故里考疑》《孙子故里考证古今谈》；郭克勤、邢光彦等合写的《孙武故里考》；路公与孙兵写的《孙子故里为乐安的历史定论不可改变》和《调整孙子研究会，设立“孙子基金”》等文章都有较高的水平。1997年，为山东省地方史志办公室编写《孙子志》一书，提供5万余字的资料，纠正了上海百家出版社出版的由华东师范大学黄秀文主编的《中国年谱辞典》把孙子故里定为高唐的错误。2000年9月，吴学文编著的《孙子兵法的奥秘》一书，由山东友谊出版社出版，中国《孙子兵法》研究会副会长吴如嵩和县长何凤岐分别为此书写了序言。2003年10月，山东孙子研究会成立大会暨第三届孙子兵法国际应用论坛在济南珍珠泉召开。全国政协常委、省人大常委会原主任韩喜凯当选会长。同年，张建国、郭克勤、周增金、陈光远编著的《武圣·武圣府》，由黄河出版社出版。2004年10月，在苏州召开第二届《孙子兵法》国际学术研讨会，县孙子研究会向大会提交了宫会亮、吴名岗写的《论孙武在吴国的地位和作用》《论孙子的民本思想》两篇论文。2005年9月，张建国、孙兵合编的《孙子故里研究集粹》由军事科学院出版。同月25日，中国孙子兵法研究会理事暨孙子兵法应用高层论坛在滨州举行，来自国内的200余位专家、学者到会。10月26—30日，中央电视台军事频道《军事科技》摄制组来惠民县摄制《孙子故里寻踪》节目，在央视第7频道播出。12月5日，南京陆军指挥学院副院长柴宇球少将率领外训系20余名外籍学员到孙子兵法城举行教学基地挂牌仪式。

《孙子兵法》国际学术研讨会 1989年5月22—25日，由中国人民解放军军事科学院、总后勤部编审办公室、惠民县人民政府共同发起，在孙子故里惠民县举办首届《孙子兵法》国际学术研讨会。来自美国、法国、日本、马来西亚以及国内解放军单位的50余名专家学者出席了这次盛会，共提交学术论文40余篇，并汇集成书，由解放军出版社出版《孙子新探》一书。会间成立中国《孙子兵法》研究会和惠民县《孙子兵法》研究会。中外30余家报刊、杂志、电台、电视台报导了这次大会的消息。

1990年10月16—19日，第二届《孙子兵法》国际学术研讨会在北京召开，惠民县代表马东向、李正教、李宝清、刘向荣和张立泉出席大会。县长马东向代表孙子故里向大会致贺词，在人民大会堂受到国务院总理李鹏的接见并合影留念。会议期间，惠民县代表向出席会议的中外学者专家介绍了建设孙子故园的规划，广泛征求意见。李正教和霍印章写的论文《孙子故里“惠民说”新证》被收入了第二届孙子兵法国际学术研讨会文选《“孙子”新论集粹》。

1992年4月8—9日，第三届《孙子兵法》国际研讨会在山东临沂市召开。惠民县县长顾峰、副县长曹洪儒、孙子故园管理处副主任张立泉、离休干部卜宪东、地毯厂厂长郝观美出席会议。会议期间，全体与会人员专程来惠民参观了孙子故园。郝观美和赵爱国的论文《用孙子兵法指导东方地毯生产经营管理》被收入大会论文集《孙子探胜》。

1998年10月19日，第四届孙子兵法国际研讨会在北京召开，惠民县副县长步兵、县政府办公室主任吴学文和孙子故园管理处副主任、旅游局副局长常建华出席会议。步兵代表孙子故里在开幕式上致辞，吴学文向大会提交了题为《孙子兵法的时代价值》的论文。

2000 年 10 月 2—5 日，第五届《孙子兵法》国际研讨会在江苏省吴县市召开。惠民县副县长步兵、旅游局副局长常建华和地区行署调研室副主任吴学文出席会议，并向大会提交了《再论孙子故里在惠民》和《关于加快孙子文化旅游资源开发建设的探讨》两篇论文。

2004 年 11 月，第六届国际《孙子兵法》学术研讨会在深圳召开。惠民县县委书记何凤岐、县委常委宫会亮、县孙子文化研究学者吴名岗作为代表应邀参加。此次会议主题是“中国的和平与崛起”。惠民代表向会议提交论文 4 篇：宫会亮、成印强的《孙子故里建设孙子兵法城》、孙兵的《实现“3 + 1”区域旅游合作，打造孙子兵法军事文化走廊》、吴名岗的《孙子积极防御战略思想探析》和《孙子和老子战略思想之契合》。

第二节　孙子文化旅游节

第一届中国（滨州惠民）孙子文化旅游节

2003 年 10 月 7—8 日，首届中国（滨州惠民）孙子文化旅游节暨孙子兵法城开城庆典在惠民城隆重举行。山东省副省长孙守璞，国防大学副教授毕泗振，滨州市委副书记、市长安世银等党、政、军界的领导及 300 余名旅游界、商业界、新闻界人士参加庆典。惠民县委书记何凤岐主持庆典并致辞，县长刘相庆介绍了孙子兵法诚工程建设及首届孙子文化旅游节筹备安排情况，市长安世银致欢迎词，安世银、孙守璞等领导为兵法城开城剪彩，为兵圣孙子塑像揭幕。各界来客游览了孙子兵法城。晚上，在孙子兵法城广场举行以“弘扬孙子兵学文化，打造孙子文化品牌，展示孙子故里形象”为主题的晚会，殷秀梅、马玉涛、李维康、耿其昌等登台献艺。

第二届中国（滨州惠民）孙子文化旅游节

2004 年 9 月 29 日—10 月 7 日，第二届中国（滨州惠民）孙子文化旅游节庆典仪式在孙子兵法城北广场隆重举行。出席庆典仪式的领导及外国友人有：中国人民解放军军事科学院世界军事研究部部长、中国孙子兵法研究会副会长傅立群少将，中国人民解放军军事科学院博士生导师、中国孙子兵法研究会副会长吴如嵩少将、于汝波少将，省国土资源厅副厅长张庆坤，军分区司令员高全福，滨州市副市长燕钦国，上海亚视中心总裁路文化，中国新闻社山东分社社长王鲁平，天津孙子兵法与古文化研究会副会长张景贤，日本东京都株式会社社长服部千春等党、政、军、商、新闻、孙子研究界人士共计 300 余人。文化旅游节期间，先后举办中国孙子兵法研究会基地揭牌仪式、孙子兵法研究与应用国际论坛和“相约惠民·兵圣雄风”“走进孙子兵法城，引吭高歌新滨州”大型文艺演出活动。

第三届中国（滨州惠民）孙子文化旅游节

2005 年 9 月 25 日—10 月 7 日，第三届中国滨州惠民国际孙子文化旅游节在惠民县及滨州市举行。开幕式暨“相约惠民·兵圣雄风”大型文艺演出在孙子兵法城广场举行。出席开幕式的领导和专家有：军事科学院战争理论和战略研究部部长姚有志将军，中国旅游协会副会长林山，军事科学院战争理论和战略研究部研究员吴如嵩将军，国防大学研究生院院长刘春志将军，南京陆军指挥学院副院长柴宇球将军，空军指挥学院副院长张治平将军，济南军区装备部副部长王长根将军，《解放军报》军事部主任记者李炳炎将军，军事科学院世界军事研究部主任王保存将军，军事科学院战争理论和战略研究部研究员于汝波将军，山东省孙子研究会副会长、山东省军区原副司令员张明友将军，国防大学防务学院高兵群将军，解放军总参记者站编导史希珍将军，台湾孙子兵法研究专家杨开煌先生，省政协副主席王宗廉等。本届孙子文化旅游节期间，先后举办了“惠兴杯”民间艺术会演、“孙武杯”迎国庆歌咏比赛、“希望杯”少儿舞蹈大赛、“长寿杯”中老年健身大赛、“古城杯”万人长跑活动、“兵圣杯”书画摄影展及闭幕式焰火晚会等活动。文化旅游节还吸引了100余名外商参加，签约项目12个，其中境外项目2个，签约资金共4.8亿元。9月26日，在滨州国际会展中心举行“中国孙子兵法研究会理事会暨孙子兵法应用高层论坛”，30余名军界将领和军事专家出席论坛，对“孙子兵法的现代应用”进行了广泛深入的探讨。

第二十三编　卫　生

1981年，县革命委员会卫生局更称为县卫生局，负责全县的卫生工作。1985年12月，设立惠民县中医院。1994年10月，设立县直机关医院、县妇幼保健院（两院合署办公）。1995年6月，联合国儿童基金会、世界卫生组织、卫生部共同为县妇幼保健院颁发“爱婴医院”牌匾。1997年5月，县人民医院由偏僻的申桥乡董家村迁入交通便利的李庄镇驻地。县内各个生产大队办的卫生室逐步由集体办转为个体办，“赤脚医生”改称为乡村医生。驻惠民县城的市中心医院科研成果5项达国际先进水平，10项达国内先进水平；市结核病防治院的防治达省内一类水平；县人民医院能开展颅脑、腹腔镜等手术；县防疫系统成功防治霍乱、非典型肺炎等恶性传染病在全县的暴发流行；乡镇卫生院发挥着农村三级医疗卫生网络枢纽和防疫保健作用。1987—1988年，21处乡镇卫生院（中心卫生院）由县卫生局移交当地乡镇政府管理，1998年10月，惠民县城被命名为省级卫生县城。2002年6月，设立县药品监督管理局。

第一章　机　构

第一节　行政机构

1979年称惠民县革命委员会卫生局，1981年更称惠民县卫生局。1986年，县卫生局内设办公室、人秘股、财务股，人员编制14名。下辖县人民医院、县中医院、县卫生防疫站、县妇幼保健站、县直机关门诊所、县卫生学校、县药品检验所及7所县分院、14所乡镇卫生院。1987—1988年，县分院和乡镇卫生院陆续交由当地乡镇政府管理。1990年卫生局增设药政股、医政股，1993年增设行政股。2002年，其承担的药政、药检职能移交县药品监督管理局。2005年，局内设办公室、业务股、政工股、财务股、行管股，人员编制13名。下属单位有县人民医院、县直机关医院、县中医院、县妇幼保健院、县卫生防疫站、县卫生监督所、县卫生学校。

1979年，县爱委会有成员27人，均为兼职，办公室设在县防疫站。1981年，办公室由县防疫站迁至县卫生局。办公室设专职人员3名，列行政编制，主要工作是开展爱国卫生运动。

2002年6月，惠民县药品监督管理局成立，承担原由卫生行政部门行使的药政、药检职能。2004年11月22日，更称为惠民县食品药品监督管理局，在承担药品监管职能的基础上，增加食品、保健品、化妆品安全管理的综合监督、组织协调和依法组织开展重大事故查处职能。

第二节　专业机构

县卫生防疫站　1980年7月，县防疫站由县城文庙街迁往东关外交叉路口以北。1985年，站内设办公室、食品卫生组、防疫组、化验组、门诊部、总务股，下设结核病防治所，共有工作人员34名。1989年，站内机构调整，设食品卫生科、卫生监测科、计划免疫科、结核病防治所、后勤科、办公室、门诊部等。1995年，全站职工增至51人。其中，业务技术人员40名，具有中级职称的15人。2005年，内设机构调整，成立卫生监督一、二、三、四科，质控科，检验科，法制科，后勤科，结核病防治所，县一站式服务大厅办事处，共有工作人员48人，其中监督技术人员26人。

县妇幼保健院 1979年，县妇幼保健站位于县委东院，有工作人员7人。1984年，迁址到县城文庙街南首路东，设有妇幼保健门诊部。1989年，因旧城改造迁址到县防疫站院内，内设办公室、妇保科、儿保科、宣教室、社会卫生科、儿童计划免疫门诊、儿保门诊、妇保门诊、化验室、B超室等。1994年，经省卫生厅核准，改称为惠民县妇幼保健院，院址迁县卫生大厦。1995年6月，经地区评估组验审，报经省卫生厅批准，县妇幼保健院创设爱婴医院，卫生部、联合国儿童基金会、世界卫生组织共同颁发了“爱婴医院”牌匾。2005年，保健院有工作人员40名。其中，副主任医师2人，主治医（护）师8人，医（护、技、药）师18人。年门诊量9100人次，年住院1800人次。

县结核病防治所 1985年10月成立，隶属县卫生防疫站。从防疫站调剂8名业务骨干为该所工作人员，承担结核病防治、技术指导和业务培训任务。是年，在防疫站院内建办公用房240平方米，配置X光机、A超、显微镜、心电图等设备，并在胡集镇、三堡乡各设业务技术培训点1个。1989年11月，经省卫生厅考核，被评为乙级结核病防治所。1994年11月，各乡镇均配备了防疫医生，在业务上受县结防所领导，形成覆盖全县的防疫网。2004年，惠民县结核病防治工作领导小组建立，强化结核病防治机构的职能，加大了防治工作力度。

县药品检验所 1985年成立，所址在县防疫站院内，设所长1人、药剂师1人。各医药单位设有兼职药品监督员，共30人，其中西医士26人、中医师4人。县乡两级医疗单位均建有药事委员会（组），除负责本单位药事外，还对当地医药市场进行监督管理。因人员少经费不足等原因，检验所一直与县卫生局药政股合署办公，行使药品质量监督管理职能。2002年，县药检所撤销，其药检职能移交县药品监督管理局。

县药材公司 1979年11月，县药材公司改属省医药公司领导，由地方政府代管，更名为山东省药材公司惠民县公司。公司下设申桥、胡集、姜楼3个药材经营组，共有职工43人。1986年，公司内设人秘股、财务股、生产股，下辖中药西药两个批发部，申桥、胡集、姜楼3个药材经营组，大寺、东风、胡集3个零售门市部，共有职工65人。1990年8月，县公司更名为惠民地区医药公司惠民分公司，隶属惠民地区医药管理局。1991年，分公司增设质检科和桑落墅、南门两个医药批发点。1993年1月，分公司实行大包干经营，分设第一、第二、第三批发部，新药特药商店，南门、桑落墅、胡集、申桥、姜楼等9个医药批发组，大寺、东风、第三药店三个零售网点。1995年7月，地区医药局派员组建新领导班子并进行经营体制改革。1996年5月8日，分公司因经营不善由地区中级法院对其债务裁定后停业。1997年12月，依法宣告破产。

滨州医药集团公司惠民经营部 1996年6月8日，滨州医药公司惠民分公司因债务问题面临破产，滨州医药公司在原址组建惠民经营部。内设业务科、仓储科、财务科、中药材经营部，下设申桥、胡集两个经营组。1997年9月，更名为滨州医药集团公司惠民经营部，隶属于山东滨州医药集团公司，实行经理负责制。翌年，增设惠民瑞丰中心药店和瑞丰一店、二店、三店4个零售药店，共有职工45人。

第三节　医疗机构

县人民医院 1979年，院址位于申桥乡董家集村西，占地 3.6 万平方米，设有内科、外科、妇产科、小儿科、五官科、中医科等医疗科室，医技科室有药剂科、放射科、检验科、理疗科、

县人民医院申桥原址病房楼

超声波室、心电图室等，设病床 112 张，共有职工 159 人。1995 年，在李庄镇 220 国道南侧兴建新的院址。1997 年，新院址落成，占地 40 亩，建筑面积 1 万平方米，拥有医疗用房 5690 平方米，医院由申桥董家集迁入。时设内科、外科、儿科、妇科等 9 个临床科室，医技科室设有影像、检验、放射等 10 个科室，设病床 100 张。有职工 172 人，其中各类专业技术人员 162 人。拥有 CT 诊断机、新型救护车等大中型医疗设备。除治疗常见病、多发病外，能处理内、外、妇、儿科危重病人和重度外伤及疑难病症。2005 年，医院总建筑面积增至 2.7 万平方米，拥有病床 120 张。职工增至 228 人，其中专业技术人员 191 人，具有高、中级职称的 45 人。全年门诊量 3.6 万人次，急救接诊 3608 人次，住院 5177 人次。

惠民县人民医院

县中医院　1985 年 12 月建立，位于县城东转盘东路北。1986 年 3 月正式开诊，时有房屋 20 余间，工作人员 16 人。1989 年，综合门诊大楼落成（带病房），常用必备医疗器械基本齐全。设内、外、妇、药、医技等 10 个业务科室，设病床 30 张。有职工 36 人，其中副主任医师 1 人、主治中医师 3 人、主治医师 3 人。2005 年，医院占地 1.2 万平方米，建筑面积 0.4 万平方米，其中医疗用房 0.3 万平方米。共有职工 85 人，其中高级专业技术人员 4 人，中级专业技术人员 28 人。设病床 80 张，年门诊量近 2 万人次，年住院量 451 人次，病床利用率 8%。

惠民县中医院

县直机关医院　1994 年，在原机关门诊所的基础上组建而成，与县妇幼保健院同时入驻县卫生大厦。临床科室设有内科、外科、妇产科、小儿科等，医技科室设药剂科、放射科、检验科、理疗科、超声波室、心电图室、高压氧室，设病床 60 张。共有职工 73 人，其中副主任医师 3 人、主治医师 18 人、医师 20 人、放射医师 1 人、医士 32 人。1998 年，医疗科室发展到 18 个，下设 2 所 1 分院（县干休所卫生所、机关门诊所、梁家乡小霹庄分院），共有职工 133 人。2001 年，城关镇卫生院并入该院并增设淄角分院。2005 年，医院设内科、外科、妇产科、五官科、急症科、疼痛科、检验科、功能科、放射科、计免科、药房等；医疗建筑面积达 1 万平方米，设病床 150 张；共有职工 216 人，其中主任医师 1 人、

副主任医师 13 人、主治医师 68 人、医师 58 人、医士 65 人。

惠民县县直机关医院大楼

县直机关门诊所 1982 年 10 月恢复建立，隶属于县卫生局，驻县委院内，承担县直机关事业单位工作人员及其家属的医疗任务。时有医务用房 5 间，医务人员 6 人。1994 年，所址迁县政府院内，工作人员增至 11 人，其中主治医师 2 人，医师 3 人，护士 1 人，医士 2 人，药剂士 2 人，会计 1 人。10 月，该所并入县直机关医院，驻县政府诊所保留。2005 年，门诊所拥有医务用楼房 5 间，设观察病床 6 张，有医护人员 7 人。

乡镇卫生院 1979 年，有城关、陈集、香翟、省屯、梁家、皂户李、三堡、辛店、李庄、魏集、清河镇、申桥、联五、大年陈 14 个公社卫生院，石庙、何坊、桑落墅、麻店、胡集、淄角、姜楼 7 个县分院，辖属县卫生局。1984 年，各公社改称乡镇，14 所公社卫生院更名为乡镇卫生院。1987—1988 年，21 所乡镇卫生院、县分院均下放乡镇政府管理。1993 年，经地区卫生局评审，石庙分院、陈集卫生院被评为一级甲等医院。1995 年，各县分院更名为中心卫生院。魏集、清河镇卫生院和何坊、姜楼中心卫生院被评为一级甲等医院。2001 年，各乡镇卫生院、中心卫生院随乡镇撤并调整为 14 个乡镇卫生院：惠民镇卫生院（原省屯镇卫生院）、石庙镇卫生院、淄角镇卫生院、皂户李乡卫生院、姜楼镇卫生院、李庄镇卫生院、大年陈乡卫生院、清河镇卫生院、辛店乡卫生院、麻店卫生院、胡集镇卫生院、魏集镇卫生院、桑落墅镇卫生院、何坊乡卫生院。原惠民镇卫生院并入县直机关医院，余则改制为所在乡镇卫生院分院。2005 年，李庄镇、麻店镇、淄角镇、辛店乡 4 所卫生院，以公共服务为主，综合提供预防、保健服务。惠民镇卫生院以妇科为主开展医疗服务，其他乡镇卫生院发挥着农村三级医疗卫生网络的枢纽作用。

乡村卫生室 1979 年，县内生产大队基本建有卫生室，其医务人员称“赤脚医生”。1981 年，赤脚医生改称乡村医生。有大队卫生室 1190 个，有乡村医生 1023 人，其中女乡村医生 165 人。1989 年，首次评定乡村医生技术职称，994 名乡村医生获得职称，其中乡村医师 509 人，乡村医士 375 人，卫生员 110 人。1992 年，开展乡村主治医师评审工作，137 名乡村医师晋升为乡村主治医师。2004 年，惠民县乡村医生执业注册考试工作领导小组成立，各乡镇均设考点 1 个，统一考试，封闭阅卷，794 名乡村医生考试考核合格，375 名乡村医生参加市级考试考核合格。2004—2005 年，县卫生局组成医疗机构评审小组，对乡村卫生室进行评审和医疗机构执业许可证验审，共办理“医疗机构职业许可证”1800 个，全县乡村卫生室基本达到标准化、规范化、合法化。

滨州市结核病防治院 1984 年，原山东省惠民结核病防治所更名为惠民地区结核病防治院，隶属地区卫生局，位于惠民县惠民镇环城南路 108 号，占地面积 98.34 亩，建筑面积 23186 平方米。该院是一所集结核和肿瘤防治、科研于一体，兼顾综合服务功能的地级全民所有制专科医院。1986 年，有职工 277 人，其中专业技术人员 169 人，副高级以上专家 4 人，中级专业技术人员 4 人。设临床科室 15 个，行政科室 10 个。病床 300 张，配有 500MAX 光机 1 台，200MAX 光机 3 台，50MAX 光机 5 台，瑞士产血气分析仪 1 台，国产纤维支气管镜一具，心电图机、超生诊断仪、麻醉机等医疗器械，固定资产 127.8 万元。1987 年 11 月，投资 70 万元，修建门诊楼 1 座，建筑面积 2221 平方米。1993 年，经上级批准加挂“滨州地区肿瘤医院”牌子，实行两个牌子一个机构，成为全区唯一的肿瘤专科医院。1996年，修建病房楼1座，建筑面积3000平方米。投资40万元建设变压器增容项目，投资12万元建成医院污水处理项目。至1997年，投资80余万元建成集中取暖锅炉工程。先后购置了300MAX光机，日本产纤维支气管镜、胃镜、B超、肺功能仪、远红外乳腺诊断仪、心电监护仪、动态心电图机、超前心电监护仪、快速病理、生化及免疫设备、FCC－7000钴60放射治疗机、德国产西门子DRH全身CT机、高剂量率后装机等医疗器械。是年年底，共有职工388人，其中卫生技术人员245人，副高级以上专家28人，中级专业技术人员85人，病床300张，固定资产达到560.7万元。

1998年，开展新项目18项，做新手术52例。同年，贯彻中央关于科技、文化、卫生三下乡的精神，为县以上劳模、烈军属、残疾人、下岗职工、教师及60岁以上老人发放就医优惠证3813册，到企业事业单位、学校、敬老院义务查体13765人，为育龄妇女查体2万余人次。1999年6月，经地区卫生局批准，与河南濮阳慢性支气管炎研究所联合成立滨州地区慢性支气管炎、哮喘防治协作中心。7月，成立体外碎石中心，采用体外冲击波碎石治疗各种结石病。8月，开展肿瘤介入治疗，成功完成第一例肝癌患者介入治疗。是年，获地区第四届青年科技奖1项，地区第四届自然科学优秀成果奖一等奖1项、二等奖1项、三等奖4项。2000年，投资新建3700平方米职工宿舍楼1栋，新上200门内部程控电话，投资20余万元建成计算机局域网，实行门诊收费、划价、住院查询、药品自动化管理。是年底，共有在职职工256人，其中副主任医师8人，中级专业技术人员77人。新购置模拟定位机、300MAX光机、麻醉机、体外碎石机、自动洗胃机、心电工作站及进口医用直线加速器（X－刀）等医疗器械。固定资产增加到1500万元。

2001年，滨州市结核病防治院被定为滨州市职工医疗保险定点医院。同年7月11日，先后实施了第一例肝动脉灌注十栓塞术和第一例食管支架置入术重大手术。2003年，新内科病房楼建成并投入使用，总建筑面积65393平方米。同年8月，滨州市政府决定在结防院扩建滨州市传染病医院。至2005年年底，医院先后新购进日立全身螺旋CT机、CR，CT机、电子内镜等医疗器械。滨州市传染病医院病房楼建成，传染病医院共占地65亩。

滨州市中心医院 该院归滨州地区卫生局管辖，位于惠民县城内，是一所集医疗、教学、科研为一体的综合性地级医院，并为滨州医学院教学医院。1979年，共有职工136人。1985年，医院建筑面积2.03万平方米。设有内科、外科、妇产科、小儿科、传染病科、中医科、口腔科、预防保健科、急症室、手术室、麻醉室、药械科、检验科、放射科、功能检查科、病理室等30余个医疗科室。拥有病床260张。共有职工413人，其中具有中级以上技术职称的医护人员27名。

滨州市中心医院门诊大楼

1986年，医院卫生技术人员达271人，其中主治医（护）师27人，医（护）师88人，医（护）士156人。一级专业科室16个，医技科室11个。万元以上医疗设备10台件，价值200余万元。1991年1月，内科病房楼建成投入使用，建筑面积5100平方米，设病床400张。1995年，医院被批准为三级乙等医院。至1997年，有开放床位500张，有卫生技术人员434人，正、副主任医师40人，主治医师107人，护理人员198

人。一级专业科室16个，二级专业科室18个，医技科室11个。拥有较先进的彩色多普勒、全身CT、心脏活动平板、遥控摇篮X光机、自动生化分析仪等医院器械100余台件，总值1600万元。医院有80余项科研成果获得省地科研成果奖，其中5项达国际先进水平，10项达国内领先水平。

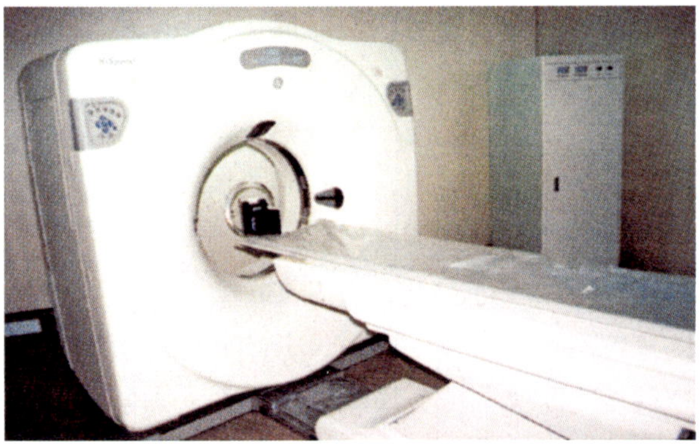

滨州市中心医院美国GE公司螺旋CT

1999年8月，手术外科病房楼建成投入使用，建筑面积3000平方米。同年，国内首例四件套组织瓣联合移植全手再造术在该院获得成功；腓动脉穿支为蒂的小腿运端骨皮瓣临床应用研究获山东省科技进步一等奖。2000年，带血管蒂的骨瓣及骨垢移植的基础与临床研究获山东省科技进步二等奖。2004年11月，以全市第一名的成绩通过医保评审，荣获省级A类医保定点医院称号。至2005年年底，总投资1.5亿元，先后引进世界顶端德国西门子64排螺旋CT、数字摄影系统、磁共振成像系统、大型遥控摇篮X光机、数字减影血管造影系统、彩色超声诊断仪、X-刀放疗系统、超声刀、血液透析仪、全自动生化仪、碎石机、电子内窥镜、血凝仪、中央监护系统、多功能呼吸机麻醉机等医疗器械。开展各种内窥镜技术、心血管疾病介入治疗技术、小儿先心介入封堵术、白内障超声乳化人工晶体植入术、神经移植、断肢再植和再造、同种异体肾移植、肝脏移植、肿瘤介入治疗、粒子植入术、脐血干细胞移植术、等离子热疗术等高科技疑难手术。全院有副高级以上专业技术人员80人。有150余项科研成果通过省级以上鉴定，其中15项达国际先进水平，50项达国内领先水平，获省科技进步奖4项、市科技进步奖178项。

第二章　医　疗

第一节　医疗技术

内科　1979年，县人民医院对循环系统的冠状动脉供血不足、心肌病、肺心病及各种原因引起的心力衰竭重症，均能做出正确诊断和处理。对心肌梗塞患者进行心电监护，能有效降低死亡率。使用纤维胃镜和纤维结肠镜诊断消化道疑难病症，在X光透视检查排除的病例中，可检查出大小不等的肿瘤。通过十二指肠引流能查检出不典型胆道感染病人，防止误诊漏诊。对慢性肺心病感染菌种和药敏试验进行系统观察、总结，指导临床治疗。采用电解质检查，结合临床参考阳离子隙综合判断治疗肺心病呼吸衰竭时体内酸碱平衡，效果明显。进行胸膜活验，采用胸膜粘连疗法治疗多发性气胸和胸水病人，疗效甚佳。1987年，该院开始采用可控性同步呼吸机抢救停止呼吸病人，效果良好。1995年，通过检查周围血象和骨髓象，严格分型诊断，进行系统化疗治疗白血病，患者存活时间均有不同程度的延长。是年，各县分院、乡镇卫生院在收治呼吸系统、消化系统常见病的基础上，已能正确诊断处理心肌梗塞、脑血管意外、中毒性休克、感染性休克等病，并掌握了胸穿、腹穿、腰穿技术。部分县分院能进行肝穿刺，借以诊断一些疑难病症。2000年，县人民医院在巩固常见病、多发病、危重病的抢救与治疗的基础上，向高新医术领域开拓发展。开展食道调搏，用于心律失常尤其是室上心律失常的诊断和治疗，取得理想疗效。建立心电工作站，对全导心电图、心室晚电位、心律变异性分析、动态心电图的检测，达到或超过同级医院水平。同年，县直机关医院利用微创抽洗术加血肿液化剂，治疗中、重度高血压性脑出血患者获得成功，治疗300余例，有效率88.9%。其特点是创伤轻，疗效好，费用低，恢复快，属国内领先水平。2001年，县人民医院临床应用电子胃镜检查治疗3800人次，对消化道疾病的诊治和上消化道肿瘤的早期发现颇具重要意义。2002年，建立血液净化中心，开展血液透析、血液灌流、腹水浓缩回输治疗。2003年，开展卫生部推广项目颅脑血肿微创治疗，以最小创伤进行血肿引流，促进血肿吸收消散，减轻病变损伤，促进神经系统功能恢复和重建，减少后遗症。建成惠民县糖尿病治疗中心，对糖尿病患者进行健康指导和规范治疗。开展血管介入治疗，包括肝癌的局部化疗加栓塞治疗、中心性肺癌支气管动脉栓塞治疗、脾动脉栓塞治疗门脉高压症、脑血管造影加局部溶栓治疗、胃癌及血管病等介入治疗，同时开展非血管介入治疗食道支架置入，经皮穿刺胆管造影、引流、支架，经皮穿刺肝、肺癌活检和消融治疗等。2005年，开展心血管介入治疗、冠脉造影、支架治疗。1998—2005年，县人民医院在农药中毒的血液净化方面，特别是除草剂中毒的治疗积累了丰富的临床经验，摸索出一套有效的治疗方案，施治520例，无一失误，开展数量及治疗效果全国领先。

外科 1979年，县人民医院能处理诸如肺破裂修补、食道癌切除、肾切除、肾盂切开取石、脑外伤头内肿清除等手术，向上级医院转治的现象大为减少。1980年后，各乡镇卫生院、县分院能做疝修补、计划生育四种手术，能协助妇产科处理难产，部分县分院能做胃大部切除和部分骨外手术。1985年，县人民医院外科分为普通外科、小儿外科、骨外科三个专业组。1987年，普外科开展甲状腺切除、乳腺癌根治术、胆道手术、全胃切除术、门脉高压症分流及断流术、胰十二指肠切除术、胆囊切除术等，小儿外科开展幽门痉挛环切术、先天性巨结肠环切术、先天性髋关节脱臼成形术、尿道下裂及直肠肛门管闭锁成形术，骨外科开展骨关节结核病灶清除术、椎根减压及脊椎柱固定术、三关节固定和肌腱移植术、髋关节置换术，泌尿外科开展膀胱检查及逆行造影术、肾切除、肾及输尿管取石术、前列腺切除术、输尿管吻合术、膀胱切除术、尿屡修补术。2000年，开展开颅治疗颅内骨折、颅内血肿清除、开胸治疗肺部积血、肺癌根治、食道癌根治等大型手术。2001年，开展椎体爆裂AE椎亏丁内固定术、股骨干骨折带所髓内针固定术、面部疤痕水囊扩张整容术等新技术项目。2004年，开展股骨头坏死全髋关置换术、颈椎手术、腰椎手术，腹腔镜下胆囊切除术、子宫肿瘤切除、阑尾炎切除、卵巢囊肿切除等手术。2005年，做腹腔镜手术131例。

儿科 1979年，县人民医院小儿科治疗小儿佝偻病、小儿肺炎、中毒性痢疾、脱水性酸中毒等症。1984年，使用早产儿保育器治疗新生儿硬肿，救治早产儿均获成功。1986年，采用654－2腹泻穴位注射治疗婴儿腹泻。1987年，对小儿急性心衰、肝昏迷、脑水肿、脑疝、新生儿颅内出血、有机磷农药中毒，和一些非常见呆小症、肝糖元累积症、黏多糖病，能够做出正确诊断和治疗。同期，乡镇卫生院、县分院设儿科门诊（或选配儿科医生），能处理婴儿腹泻、小儿支气管炎、小儿肺炎等儿科常见病。2002年，县人民医院儿科开展新生儿气管插管、蓝光照射、新生儿洗胃、鼻饲、前囟穿刺引流治疗硬膜下积液等新技术。2005年，中西医结合治疗儿科疾病，开展按摩理疗治疗婴幼儿腹泻，取得良好临床效果。

妇产科 1979年，各乡镇卫生院、县分院妇产科的技术力量、医疗器械基本适应需求，能够进行妇产科疾病的诊断和治疗。1985年后，县人民医院把古典式剖腹产改为宫下段进行，对疑有感染病例改为腹膜外剖腹产，从而起到减轻产妇创痛和创伤、减少出血、提早康复的作用。采用新技术进行子宫全切、子宫肌瘤切除、恶性葡萄胎切除等，一般不用输血。B超的使用，提高了早期子宫痉挛的诊断符合率。乡镇卫生院、县分院对平产、难产、死胎断头、胎位检查、人工流产等均能诊断处理，条件较好的县分院能开展子宫肌瘤切除手术。1998—2005年，县人民医院妇产科先后引进先进的宫腔镜和电子阴道镜，子宫病症及宫颈癌得以早期发现诊疗。开展胎心监护无痛分娩和术后镇痛等技术，并为产妇及家属提供育婴常识。开展无创性无痛分娩（笑气吸入法）、新式剖腹产、Ⅲ期卵巢癌手术、子宫内膜癌广泛子宫切除术、阴道前后壁膨出并膀胱膨出阴道前后壁修补术。成功开展腹腔镜手术，腹腔镜下完成子宫肌瘤、卵巢囊肿等切除手术。

第二节　医疗设备

1979年，县内各医疗机构的医疗设备由上级主管部门配备，有救护车、透照机、心电图机、发电机等大、中、小型医疗设备百余台（件）。在医疗体制改革中，各医疗机构融资购置各类医疗器械。1986—1997年，共投资781万元，购置大、中型设备320件，病床增至589张。2000年，县人民医院引进价值83万元的美国产惠普尖端影像三代彩超，投资35万元购置日本产欧林巴斯电子内窥镜等。县中医院融资18万元引进大型设备B超机。县直机关医院投资126万元购置大型设备CT机，投资35万元购置眼科显微镜及半自动生化仪。2001年，县人民医院以67万元购置奥林巴斯电子胃镜，县直机关医院耗资200万元购置日本彩超、美国GE500A胃肠机各一架，县中医院购置心电监护仪一台。2002年，县人民医院融资400万元，引进东欧500毫安遥控摇篮数字胃肠机一台，东欧CT－C3000型全身螺旋CT机一台，血液透析机一台。县直机关医院投资40万元，购置美国魅丽2000全自动生化仪一台，病房楼安装中心吸氧、中心呼叫等新型设备。2005年，县人民医院引进日本奥林巴斯AU－400全自动生化分析仪、美国通用CR、尿沉渣分析仪、5分类血球计数仪、呼吸机、动态心电监护机、西门子大型C臂、奥林巴斯腹腔镜、宫腔镜、阴道镜等设备，为内科、外科引进中心监护系统，建成ICU重病监护病房。

第三节　医疗队伍

1979年，全县共有卫生技术人员896人。同年，实行职称任命制。至1981年，共任命西医主治（主管）医、药、护、技师64人，医、药、护、技士216人。其中，主治医师内科19人、妇科7人、儿科5人、五官科2人、放射科1人，主管药师4人，主管护师3人，主管医师11人。1987年，根据国务院《关于实行专业技术职务聘任制度的规定》，各医疗单位开始以职称聘任相应职务。1998年，在987名卫生专业技术人员中，被聘为相应职务的副高级31人、中级159人、助级385人、员级335人。2005年，县卫生系统共聘任主任医师2人，副主任医师32人，主治医师（主管）286人，医士672人。

第三章　防疫保健

第一节　疾病防治

霍乱、副霍乱　县内重点防治疾病之一。1979年，采取“三管一灭”（管水、管粪、管饮食，消灭苍蝇）为主的预防措施。1984年8月8日，惠民镇袁侯大队检出小川EitOr弧菌引起的霍乱患者，成为县域有史以来首次由弧菌引起的霍乱流行。县委、县政府成立防疫指挥部，采取紧急措施救治，至9月30日流行终止。翌年8月，先后在城关镇西关街、后娘娘坟村，石庙乡石庙李、坡李、庞家、西张、陈集等村发生霍乱患者30例，经省防疫站鉴定仍为小川型EitOr弧菌引发，防疫医生日夜奋战，9月底疫情得以控制。1986年7月，省屯乡赵奢孟村检出霍乱患者1例，惠民、梁家、淄角、三堡、何坊、香翟、魏集、麻店、皂户李等乡镇的43个村及两个县直机关单位陆续发生霍乱流行，同为小川型EitOr弧菌，共检出患者95例，带菌者46例。县乡（镇）防疫队伍联合救治，至9月底控制流行。1987年，梁家乡发生霍乱患者2例，疫情迅速扑灭。1988—1993年，防疫机构加强疫源检索，强化防治措施，历经几年的疫情进入流行休止期。1994年9月，霍乱疫情再次在省屯乡西信村发生，2名患者1名带菌者确诊为小川型EitOr弧菌所致。在严密监控和救治下，未造成流行。1999年，发生霍乱6例，涉及5个乡镇。县防疫部门组织病例所在村民众预防性服药，检测所在村及邻村饮用水源并消毒，开展灭菌杀蝇消灭传染源，采取就地诊断治疗等措施，控制了疫情流行。至2005年，县内未发生新病例。

流行性脑脊髓膜炎　简称流脑。20世纪70年代在县内散发流行，由于防治措施得力病死率逐年下降。进入80年代后，流脑疫苗广泛应用，该病得以控制。

麻疹　1979年，适令易感儿童普遍接种麻疹减毒疫苗，麻疹发病率逐年减低。1983年后，发病率控制在10.2/10万以下。

病毒性肝炎　1979年，该病的防治措施主要是开展预防知识宣传，加强“三管一灭”和隔离治疗。1980年，县防疫站进行的乙型肝炎表面抗原调查显示，HBSAg携带率为6.4%，惠民县为乙型肝炎中度感染区，是重要的公共卫生问题。1981年起，县防疫部门每年组织饮食行业、公共场所服务人员和托幼工作人员健康查体，每年检出HBSAg阳性者150人左右，凡乙肝表面抗原1:128以上者均调做其他工作。1986—1997年，县防疫部门为部分群众注射乙肝疫苗预防乙型肝炎，为部分儿童注射丙种球蛋白预防甲型肝炎，肝炎发病率仍在28.32/10万～115.61/10万之间。肝炎防治依然是传染病的防治重点之一。

伤寒、副伤寒　1979—1987年，县内每年都有该病疫情报告，发病率在1.2/10万～9.3/10万之间，呈散发流行。随着爱国卫生运动的深入开展和伤寒三联疫苗的广泛应用，发病率呈下降趋势。1988—1991年无伤寒病情发生。1993年、1994年各发生一例患者。历年检测结果表明，至2005年县域仍有乙型副伤寒流行的潜在因素。

细菌性痢疾　该病发病率历年为各种传染病之首。1986—1988年，县防疫站根据世界卫生组织的实施方案，对麻店乡的麻店、朱坊、西刘、曹家、刘桥5个村1112户15310人进行调查检测，痢疾发病262人，发病率1.71%。对76株痢疾志贺氏菌作了菌群分布调查，其结果以B群（福氏）志贺氏菌为主，共70株，占92.1%。该病预防一直以管理传染源和切断传播途径为主，重点是改良水井，开展预防性饮水消毒，加强粪便无害处理。但因措施落实困难，发病率依然较高。改革开放以来，随着经济水平大幅提高，人民物质生活不断改善，民众的防病意识大大提升，痢疾发病率明显下降。由于此病没有好的预防措施，年发病率仍在42/10万左右。

流行性出血热 1984年，该病传入县境，共发病4例，分布于清河镇的4个自然村。1985年发病7例，分布在3个乡镇5个自然村。是年，全县开展两次大规模灭鼠活动，共消灭老鼠180万只，有效控制了疫情蔓延和流行。1987年，该病在县内形成大流行，发病555例，死亡7人，病死率1.26%。鉴此，一方面开展以灭鼠为主要内容的爱国卫生运动，共灭鼠200万只。另一方面加强防治队伍的技术力量，密切关注该病的流行动态，发现病人迅速救治。1988年后，虽时有个例发生，但未造成疫情流行和死亡。至2005年，该病被基本控制。

布氏杆菌病 俗称波浪热，为人畜共患传染病。1971—1982年，进行过7次大规模调查检测，共查1115个自然村27920人。检出菌素阳性324人，阳性率0.075%。患者除1人因其他疾病死亡外，其余全部治愈。此后，未发现新病人。1992年，经山东省卫生厅、畜牧局验收，惠民县达到控制区标准。

狂犬病 为人畜共患地方性传染病。一旦发病，目前尚无有效治疗方法，死亡率100%。1987—1994年，全县被狂犬、野犬、恶犬咬伤1.4万余人，发病死亡34人。为此，县人民政府发布《惠民县家犬管理通告》，县防疫站制订《狂犬病防治工作意见》，卫生、农业、工商、公安等部门密切配合，分工协作，开展消灭狂犬病工作，狂犬病被有效控制。至2005年，无狂犬和狂犬病人报告。

麻风病 1979年，县防疫站历时四年的麻风病普查普治工作结束。普查结果显示，1946—1979年，全县累计有88人患该病，分布于20个公社77个村庄，发病年龄最小14岁，最大73岁。防疫站建立88名患者档案，对生存者进行隔离治疗，并定期走访，按时送药，1991年，治愈最后一例病人。后经五年监测未发现新病人，患病率达到卫生部制定的标准，麻风病在县域基本消灭。

头癣 1977—1979年，县卫生局、县防疫站、惠民中心医院、县人民医院联合组成头癣防治小组，累计线索调查15.8万人，确诊头癣患者465例。其中，黄癣451例，白癣14例。多发年龄在15岁以下，尤以5岁以下较多。防治小组携带药品逐户逐人免费治疗，治愈率达90.1%。1981年，经省卫生厅考核验收，达到卫生部规定的基本消灭标准，并颁发“惠民县基本消灭头癣病合格证书”。

结核病 1979年，结核病是县内常见和多发慢性传染病。1985年11月，惠民县结核防治所成立，主要开展卡介苗接种、查治结核病病人工作。具体防治措施为检菌阳性病人发现后登记病例报告卡，建立病历档案，与患者订立合同，一年内前9个月每3个月复查一次，后3个月每月查痰一次。同时建立报病有奖制、家访制、药费减免制和病人转诊制。1995年6月始，利用世界银行贷款和地方配套资金，对传染性结核病人及农村自费病人实行免费检查、治疗和管理。2004年，县政府办公室下发《关于进一步加强结核病防治工作的通知》，成立县结核病防治工作领导小组，严格执行《山东省结核病人归口管理暂行规定》，各医疗单位接诊的结核病人均转市结核病防治院或县结防机构诊治，并由县结防机构统一登记和管理，凡符合条件的结核病人实行免费治疗。

疟疾 1979年，县内疟疾发病率呈下降趋势。1980年始，对疟疾现症病人一律进行全程正规药物治疗，疑似病人则采用假定性药物治疗。同时，防疫部门把疟史病人休止期抗复发治疗作为防疟工作的重点来抓，每年3月、6月对上年病例进行休止期根治，根治率100%，有效控制了该病复发。并分别举办病学、昆虫学、原虫学学习班8期，提升了疟疾预防水平和质量。1983—1987年，加强病灶点的防疫处理，组织疟疾病人周围人群预防性服药261人，灭蚊87户、房屋720间，控制了该病蔓延。1984年，县防疫站设立中心镜检站，有条件的医疗单位设镜检站，共设15处，计血检病例9831人，检出阳性病人1例、阳性率0.01%。1998年，经地区行署检查验收，惠民县达到基本消灭疟疾标准，省政府颁发“基本消灭疟疾县”奖牌。

艾滋病　1995年，县内发现艾滋病病毒感染者1例，经省疾病控制中心确认，系经血液途径传播，确定由市疾控中心管理。2004年转由县防疫站对该感染者定期随访、监测。是年，惠民县防治艾滋病工作委员会成立，出台《关于加强艾滋病防治工作的意见》，开展艾滋病宣传和安全套推广工作，发放宣传品2万份，免费发放安全套3000个，对自愿接受艾滋病咨询、检测的人员实行免费，并相应成立艾滋病高危人群干预工作队和艾滋病抗病毒治疗专家组。2005年3月，开展1998年前有偿供血人员艾滋病抗体筛查工作，采集标本36份，未发现艾滋病病毒抗体阳性者。5—10月，开展艾滋病综合监测和结核病人哨点监测，监测85例，未发现阳性人员。11月，开展被监管人员艾滋病病毒抗体检测，采集标本172份，均无阳性。

非典型肺炎（SARS）　2003年4月，开展SARS防控。同月11日，县防疫站成立防非典应急处置小组，21日建立防非典防治领导小组，22日防疫站非典防治机动队组建。各乡镇每天下午4点前将疫情动态、人群流动情况报防疫站SARS值班室，汇总后快速向市疾控中心报告。同时做好消毒药品应急储备，采购隔离服装及防护器材，培训人员，出台防治规范，制定防治措施。5月1日，全县18处防治发热门诊进入工作状态，返乡人员发热医学观察登记工作开始。2日，县传染性非典型肺炎防治重点区域隔离控制应急处理方案公布实施，县防疫站SARS疑似确诊病例流行病学调查程序开始施行。6月1日，与防非典相关的配套规定、程序等由防疫站编制完成。2日，县域内设公路交通监测点四处，凡入境的外来人员一律进行监测，过往车辆进行消毒。各乡镇、村实行24小时监控制度，外来人员实行登记制度，人群动态管理实行严格责任制。同月20日，陆续设立公共卫生综合监测点10类54个，全天侯监测疫情。7月，疫情基本解除，未出现1例“非典”患者。

第二节　计划免疫

1979—1985年，疫苗接种由县防疫站向各乡镇卫生院下达接种任务指标，按季节和条块人数分发疫（菌）苗。主要接种麻疹、乙脑、伤寒、炭疽、霍乱等，用于儿童免疫的有百日咳、麻疹、脊髓灰质炎丸、流脑、乙脑、卡介苗等。1986年，根据卫生部《关于开展计划免疫的两个办法》精神，实施计划免疫。其重点是白喉、麻疹、脊髓灰质炎、百日咳、结核病、破伤风6种传染病。县政府成立冷链工作领导小组，并建立以防疫站为中心、各乡镇卫生院为纽带、农村卫生室为基础的三级预防接种网。同年11月，运用上级投资和地方筹集资金，装备电冰箱23台、速冻器6个、冷藏箱7个、冷藏包2802个、冰排1650个、专用汽车一部的冷链正式运转。1989年，对0～7岁儿童实行免疫保偿责任制，即该年龄段儿童交纳一定入保费，由防疫部门按所签合同进行防疫和全程服务，出现意外由防疫部门依规定予以赔偿，入保儿童5.1万人，入保率85%以上。县防疫部门严格执行计划免疫保偿合同，冷链运转6次，麻疹疫苗接种23021人次，接种率92%；卡介苗接种23096人次，接种率98.2%；脊髓灰质炎糖丸送服69007人次，接种率98.57%；百日咳三联疫苗接种31164人次，接种率90.5%；乙脑疫苗接种82830人次，接种率72.03%；流脑疫苗接种90400人次，接种率57.65%。是年，淄角、联五两乡镇发生脊灰患儿两例，防疫人员组织发病乡镇及周围6个乡镇的4岁以下儿童进行脊灰糖丸应急服苗，共服丸1.2万人次。1993年起，每年1月、12月进行两次脊灰强化免疫服苗，年服苗4万人次以上，占应服人数的95%以上。1995年开始实行接种证制度，对0~4岁儿童进行全面摸底和上卡、建证，补种疫苗。经省、地考核验审，全县儿童计划免疫上卡率100%，建证率100%，“四苗”接种率100%，实现了世界卫生组织规定的目标。1998—2000年，接种卡介苗、脊灰苗和三联、麻疹苗等生物制品24万人次。AFP报告及时率、病例个案调查准确及时率、采便合格率均达100%。2000年4月，县卫生局出台《惠民县计划免疫集中式接种门诊管理办法》，成立计划免疫领导小组，办公室设县防疫站。同年，县卫生局下发《关于加强预防用生物制品管理的通知》，按照省、市、县、乡的统一供应渠道，加大监督检查力度。年内，淄角卫生院和县直机关医院预防接种门诊通过省级示范预防接种门诊验收，魏集镇、胡集镇、陈集乡卫生院预防接种门诊通过市级验收。2003年，乙肝疫苗纳入计划免疫。2005年，《疫苗流通和预防接种管理条例》颁布实施。实行第一类疫苗免费供应，麻疹疫苗应急接种9.3万人次，乙肝疫苗免疫接种累计达5.4万人次，始于1999年的“七苗”基础免疫接种累计近49万人次。

第三节　食品卫生

1979年，县卫生局组织食品从业人员健康查体，并分期分批进行培训，重点学习《食品卫生管理条例》。至1982年，食品从业人员每年健康查体200人，查体项目为一般检查和胸部透视。1983年，《中华人民共和国食品卫生法（试行）》颁布实施。县食品卫生领导小组进行调整并任命5名食品卫生监督员，依法监督食品卫生。是年，食品从业人员健康查体项目增加大便培养、HBSAg测定。1984年，开展打击假冒伪劣食品，销毁超期变质啤酒、饮料8236瓶和糕点、肉类524公斤，责令停业厂、店36家，罚款13家。1983—1984年，食品从业人员健康查体44326人，查出“五病”（皮肤病、肝炎、结核病、伤寒、痢疾）患者和带菌者1032人，均依法调离食品工作岗位。1986—1988年，依据食品卫生法，责成县、乡镇驻地的饭店、冷饮厂、食品加工厂进行基本卫生设施改造，要求餐具实行一洗二涮三冲四消毒，对不具备消毒设备的不予发放卫生许可证。在饭店、旅馆、招待所推行一次性卫生筷、消毒套筷，从而减少肠道病发生。1988年，县食品卫生领导小组制定《惠民县办理食品卫生许可证程序》，严格发证管理。1993年，开始启用全国统一的二十七种卫生监督文书，卫生监督更加规范化、程序化。1995年，综合十年间食品卫生监督管理的数字显示，共进行行政处罚1538户次，其中限期改进939户次，责令停业整顿153户次，罚款243户次，没收和销毁变质食品1.8万公斤。1998—2000年，为食品从业人员及公共场所工作人员健康查体12758人次，查出“五病”87人，“五病”调离率100%。监测餐具486份，餐具消毒合格率81%。举办冷饮厂长、冷饮化验员、饮食业及宾馆经理培训班各3期，受训人数460名。2003年，对全县中小学、托幼机构负责安全的人员，进行以食物中毒、食堂卫生及卫生管理为主要内容的培训，受训人数100名。2004—2005年，开展食品安全专项整治，检查与群众生活密切相关的粮油、肉类、冷饮、奶制品等经销单位400户次，销毁不合格饮料1000千克。对有食堂的学校和托幼机构进行专项检查80户次，对存在安全隐患的食堂提出整改意见。对500余家食品经营单位进行卫生许可证专项检查，责令不符合卫生条件的3家企业停业，32家经营单位限期整改。加强城区70余家餐饮单位和百余个食品摊点及小食品加工点的卫生监管。对300余家餐饮业、集体食堂进行专项卫生整治，推进食品卫生监督量化分级管理。开展瓶（桶）装饮用水生产企业卫生许可情况监督检查，抽检生产企业18家，责令2家不符合卫生标准的企业停业，向6家企业下达了卫生监督意见书。

第四节　妇女保健

1979年，妇女保健主要通过县保健组织的指导实现。1980，县妇幼保健站设立妇幼保健门诊部。“五期”（经期、孕期、产期、哺乳期、更年期）保健多由保健组织以宣传教育、保健指导、家庭访视、自身监护等方式进行。1985年，基层妇幼保健工作人员实行招聘制。翌年，县政府下达《关于做好妇幼保健程序化管理工作的通知》，试行妇幼保健程序化管理。即对适龄青年从婚前婚后保健指导，到妊娠、分娩、产后至儿童7岁期间，采取系统的连续性保健措施和管理规程，并有计划有针对性地进行咨询、随访，从而达到“四个降低、两个提高”（降低难产发生率、孕妇死亡率、婴儿死亡率、小儿患病率，提高住院分娩率、提高母婴健康水平）。1987年，县、乡、村三级妇幼保健网络基本形成。培训新法接生员1582名。新法接生员基本达到十会：会产前检查和产后访视，会视别高危妊娠，会消毒灭菌，会缝合会阴破裂伤，会预防产后出血和出血处理，会处理臀足位等一般难产，会简单急救，会处理残留胎盘，会抢救新生儿窒息，会填写妇幼保健各种表格。1989年，围绕妇幼保健系统化管理，县分院和部分乡镇卫生院建立“孕产妇保健手册”，从孕产妇初孕开始建册，定期检查，对高危孕妇实行专案管理，并帮其安排分娩地点。1987—1989年，孕妇3个月初查率91.3%，新法接生率82.24%。1991年，各乡镇卫生院、县分院充实妇保医生，乡镇办事处、行政村配齐妇幼保健员、女乡医。同年，麻店乡进行妇幼保健保偿制试点，即从持有出生证开始入保，到儿童7岁期间，妇幼保健部门施行全程保偿，收费100元。1992年，县卫生局印发《妇幼保健实施细则》，在麻店进行试点的基础上，胡集、清河镇、大年陈、姜楼、申桥、陈集六乡镇先后实行妇幼保健保偿制，孕妇入保人数达73.2%。1995年，贯彻落实《中华人民共和国母婴保健法》，统一使用卫生部印制的“出生医学证明”，有效限制了不准接生的单位和个人接生。翌年，针对出生医学证明填写不规范等问题，县卫生局、公安局联合印发《关于加强〈出生医学证明管理，提高产科质量〉的通知》，提出整改意见。2004—2005年，产妇新法接生率100%，住院分娩率99.5%，产前医学检查率99.8%，孕产妇保健率100%，孕产妇死亡率20/10万，新生儿死亡率7.8‰。

第五节　儿童保健

1984年起，县妇幼保健站每年组织儿童健康查体，测量小儿体重、坐高、胸围、头围等项指标，并与开展营养性贫血、佝偻病防治相结合。1986年，实施计划免疫，凡12岁以下儿童均建立预防接种卡。是年，在县托儿所为121名儿童义务查体的数据显示：患病人数14名，患病率11.57%；身体有缺点的111人，缺点率91.74%；身高、体重超出均值的分别为62人和110人，分别占总人数的51.24%和90.91%；身高达到均值的59人，占总人数的48.7%；体重低于均值的11人，占总人数的9.09%。1987年，依照全国九省一市儿童营养发育评价标准，对全县儿童进行检查：农村儿童身长达均值52.3%，体重达均值54.2%；县城儿童身长达均值62.4%，体重达均值65.6%。1988年，对0～7岁儿童逐步实行一次性办理计划免疫程序化管理卡。1992年，《惠民县妇幼保健保偿实施细则》出台，0～7岁儿童为保偿对象之一。其保偿内容为：新生儿期加强访视，指导产妇做好新生儿护理和科学喂养；婴儿期3个月、6个月、9个月、1周岁各查体一次；体弱儿及有传染病儿进行专案管理和治疗；幼儿期每年查体2次，重点做好儿童“四病”（营养不良性贫血、佝偻病、肺炎、腹泻）防治，提高儿童健康水平。1993年，贯彻落实国务院《90年代中国儿童发展钢要》，推动妇幼保健程序化管理。对3.5万名0～7岁儿童实行程序化管理，管理率66.16%。1995年，开始实行母婴保健专项技术服务，对符合从事该项服务的医务人员进行考试，合格者颁发证书。是年，惠民县爱婴医院创立。2002年，开展4～12个月婴儿喂养情况调查。在被调查的55名婴儿中，4个月纯母乳喂养率91.4%，产后24小时母婴同室率100%，按需哺乳率98.2%。2004年，启动新生儿听力筛查，初筛6026人次，复筛1585人，筛查出听力异常新生儿75例。是年，开展母婴保健执法证件校验，对取得母婴保健执业许可证的11个医疗单位的执业资格、房屋设备和取得母婴保健专项技术合格证的人员，进行审查、考核、登记和认定，重新颁发执业许可证10份、专项技术合格证69人份。2005年，继续落实《中华人民共和国母婴保健法》，加强出生医学证明的监管，儿童健康水平有所提升。

第六节　婚　检

1986年6月，县卫生局、民政局联合下发《开展婚前健康检查的通知》。10月，婚检首先在桑落墅镇和县直有关单位试行。是年底，桑落墅镇接受婚检的人数172对，县直单位592对，查出病人2名。1987年，实行婚检的乡镇扩大到胡集、麻店、淄角、何坊、石庙、姜楼。同年6月，县妇幼保健站制定《婚前保健检查试行办法》。至1989年，累计应检人数7979名，实检6683人。检出病人28名，其中外阴疾病18人，子宫发育不良5人，智力低下3人，包皮过长2人。1999年，婚检普及全县。到2002年，四年间婚检18120对，婚检查体率100%。建议暂缓结婚者292对，占检查人数的1.55%。2003年，实行自愿婚检，婚检率明显下降。2004年，婚检率为33%，2005年上升为38%。

第四章　爱国卫生

第一节　城镇卫生

县爱国卫生运动委员会统一组织实施县城道路整修、城区保洁、违章建筑处置等事宜。沿街卫生按照爱委会划分给各机关、企事业单位和学校等部门所担负的卫生区，实行门前“三包”（包绿化、包卫生、包秩序）制，各卫生区每日一清扫，星期六大扫除。粪便及垃圾处理由城镇卫生队负责。1982年，南门街、北门街、东门街、西门街、文化街、商场街、东关街、南关街铺设沥青路，全长8公里。整修公共厕所6座，增设垃圾箱36个，疏通下水道26公里。1988年，原宽15米的南门街拓宽为30米，沿街植树400株，增设果皮箱20个。车站路拓宽为40米，东环路拓宽为30米，沿路共植树1200株。1990年，展宽东门街、西门街，路宽30米，沿街植树600株、花木120株。1992年，惠民县城被地区爱委会评为卫生先进县城。1993年，经地区爱卫会检查验收，惠民县城被列为地级卫生县城，陈集乡列为地级卫生乡镇。1994年，东关街展宽为30米，长1.5公里，沿街植树600株、花木1200株。1995年，鼓楼街拓宽，路宽30米。至此，县城主要街道整修一新，并配有粪便、垃圾处理专用车6部，选聘清洁工50名，专司33万平方米街道路面的清扫保洁，县城卫生基本达到规范化、经常化、制度化。是年，县城通过地级卫生县城复查，陈集乡通过地级卫生乡镇复查，大年陈乡创建地级卫生乡镇通过考核评审。1998—2000 年，淄角、李庄、魏集 3 乡镇先后创建为地级卫生乡镇。2005 年，惠民县城区环境秩序综合治理指挥部成立，将县城环境治理与招商引资列为同等地位。治理中，清理店外店、店外摊、店外加工点和维修点 1000 余个，拆除乱搭、乱建房屋 121 处，清拆不规范广告牌匾 300 余块，清除墙面广告和乱贴乱画，消灭各街巷、海子及其周围的垃圾死角。

第二节　创建省级卫生县城

1998 年，惠民县创建省级卫生县城指挥部成立。县长、常务副县长分别担任政委、总指挥，21 个有关部门的主要负责人为指挥部成员。指挥部办公室设县卫生局，卫生局局长任办公室主任。下设四个分部，分部各领责任区，包干到底。县直 10 个主要部门和惠民镇政府的主要负责人与总指挥签订创建省级卫生县城责任状，确保创建成功。创建中，融资 2440 万元，完成城区主干道 4.4 万平方米机动车道的罩面和维修。新增下水管道 2715 米，排水管道普及率达 94%。建成第二自来水厂，全城居民用上卫生洁净的黄河水。投资 95 万元，补栽沿街 112 个花池观赏花木 8 万余株，为护城河公园种植花木 8 万余株，城区绿化覆盖率达 32%，人均占有绿地 11 平方米。新建水冲式厕所 7 处，添置垃圾箱 130 个、果皮箱 40 个，新增清运垃圾粪便机动车 8 部，征地 40 亩新建垃圾处理厂一处。是年 11 月 19 日，经省爱委会评审验收，惠民县城被命名为省级卫生县城。

第三节　农村卫生

农村“两管五改”　1979 年，贯彻落实国家爱委会召开的烟台会议精神，以农村“两管五改”（管水、管粪，改造鸡窝、改造栏圈、改造厕所、改造炉灶、改造环境）为重点开展工作。1982 年，县委、县政府决定把农村爱国卫生运动与农村精神文明建设结合起来，把搞好“两管五改”实现村容村貌整洁美丽作为创建文明村庄的条件之一。至 1989 年，有 136 个村庄按照统一规划共整修拓宽街道 2130 条，改造、新建房舍 12 万间，改建厕所 3260 个。有 369 个村庄经检查验收被命名为文明村庄，占行政村的 36%。1992 年，惠民镇朱老虎村有 20 个厕所改造为双瓮漏斗式卫生厕所，成为厕改典范。推广完成各类沼气池 2000 个。2005 年，按照《滨州市农村改厕项目实施方案》的要求，利用国家改厕项目经费 4.5 万元，改造大年陈乡大邢村、刘景新村等 10 个村庄的 300 座三连式沼气池厕所。

灭鼠、灭蚊、灭蝇　1980 年 3 月，县爱委会、团县委、卫生局、文教局联合印发《开展挖蛹灭蝇活动的通知》。至 4 月底，共挖蛹 102.5 公斤，烟熏消毒房屋 4484 间、仓库 1008 间、伙房 2233 间、涵洞 29 条、枯井 361 眼、厕所 2243 座、牲口棚 1680 间、羊栏 385 间、鸡舍 5439 个，共投放“六六六”粉烟熏剂 70 万包、敌敌畏 420 斤。1981 年，县爱委会、卫生局、文教局共同印发《关于大力开展挖蛹、灭蝇、灭鼠活动的通知》，促进了灭蝇、灭鼠活动的深入开展。1984 年，结合创建文明村，对所有蚊蝇孳生处进行药物喷洒，效果好于往年。1987 年，经省、地检查验收，惠民县已达无鼠害县标准，省爱委会颁发了“无鼠害县”牌匾。为巩固无鼠害成果，县政府决定：灭鼠经费实行民筹公助，每年一次筹集集中使用。全县所有人口一律按每人一元由乡镇筹集，其中 0.6 元留乡镇灭鼠办公室使用，0.4 元交县爱委会用于拌制灭鼠毒饵。1992 年，县政府确定各乡镇初级卫生保健基金的 33% 用于灭鼠。1993 年，春秋两季各灭鼠一次，各乡镇统一到县爱委会购药，全县同一时间投饵灭鼠。1997 年，县政府印发《关于紧急动员起来，做好全县统一灭鼠工作的通知》。农民人均一年交纳 1 斤小麦、干部职工每人每年交现金 1 元作为灭鼠经费，由县爱委会统一购粮、拌药、下发毒饵。1998—2005 年，坚持春秋两季开展统一灭鼠活动各一次。各乡镇一般采取教师包村、学生包户、农户收到毒饵签字的方式进行，有效提高了毒饵到位率和灭鼠效果，鼠害被基本控制。

第五章 药 政

第一节 药品质量监督

1979年，国务院批转卫生部颁发《药政管理条例（试行）》，医药管理进入法制时期。1982年，销毁卫生部公布的127种淘汰药品。年底，组织淘汰药品销毁检查，凡继续使用的淘汰药品一律就地销毁，并予以处罚，共监督销毁淘汰药品价值达4万余元。1985年，惠民县药检所成立，隶属于县卫生局。7月，《中华人民共和国药品管理法》正式施行，为广大患者的用药安全提供了法律保证。是年，举办60人参加的药品管理法学习班，印发宣传材料2万份，通过报纸、广播、电视等媒体进行宣传，受教育人数达20万人。针对医疗处方不规范的状况，抽调3名资深专业人员，组成药方抽查小组，深入22个医疗单位检查处方6932张，发现问题当场解决，并请有关专家作了处方书写规则讲座。是年，实行统一的麻醉药品专用处方和晚期癌症病人麻醉药品专用卡制度。1986年，县乡两级药事委员会先后成立。县药委会抽调9名专业人员组成3个检查小组，分赴医院、药材公司、村卫生室进行药材药品检查。共查73个单位，查出伪劣药材药品433种，价值3.2万元，另有价值1.8万元的药品因技术原因封存待检。1987年，县内各医疗单位、个体行医、村卫生室、工厂学校卫生室普遍按要求建立药品管理档案。年内，县药委会组织药品检查4次，共查出伪劣药品20种，价值3.3万元。1988年，县药检所、工商局、公安局联手加强医药市场管理，打击游医药贩不法行为，查处游医药贩16起，没收伪劣药品11种，价值1455元。同年，全面检查9个乡镇436处村卫生室的药品质量，查出伪劣药品375种，价值3383元。1990年，组织药品质量大检查，对21处医院药房、210个村卫生室和部分个体行医者、药材公司门市部进行检查，查验药品45902种次，查出过期失效、霉变、虫蛀药品495种，总价值达2.1万元，在公安、工商、司法部门的监督下全部销毁。1993年，整顿医药市场。强化药品生产、经营、使用环节的监督管理，药品经营单位进行登记核证。打击制售伪劣药品和游医药贩活动，取缔游医药贩60余起，立案2起，没收销毁伪劣、过期失效药品4065种次。对个体诊所进行资格审查，依法停业17家。组织从药人员健康查体，查体率75%。1994年，县卫生局印发《关于医药市场管理工作的实施意见》，有857个村卫生室换发了药品使用许可证、输液许可证、从药人员许可证和159种静脉输液药物配伍禁忌挂图。1995年，加强药品管理，涉药单位设专、兼职药品监督员84人，报告员90人。1998年，县卫生局成立执法业务股，与县药检所联合执法。5月、10月，赴乡镇进行卫生法规宣传，发放宣传材料2万份，受教育人数达8万人次。同时，依法验发行医执照850个，取缔非法行医点8个，查获过期、失效、假劣药品800余种，价值达17万元。2000年，重点整顿医药市场，严格村卫生室核实登记，组织从医人员进行卫生法规、实践技能、综合业务素质考试，重新认定有执业资格的卫生室778个，合格从医人员957人，重新换发医疗机构执业许可证和行医执照，依法停业村卫生室 125 个，取消无行医资格人员 259 人。

2002 年 6 月，惠民县药品监督管理局成立，承担原由卫生行政部门行使的药政、药检职能。9—10 月，县药监、工商、公安、卫生、技术监督部门组成联合执法组，开展药品大检查。共检查医院、村卫生室、药店 100 余家，查获过期失效药品 30 批次，价值万余元。2003 年，开展以打击制售假劣防“非典”药品和医疗器械为主的集中行动。共出动执法人员 172 人次，监督检查医疗机构和药店 267 家，检查防护服 140 套、医用帽及口罩 3000 余套、一次性使用手术衣 340 套。配合滨州市药品稽查大队，对两家驻惠市属医院和县内部分诊所、药店进行执法检查，共查获过期失效、进货渠道不规范等药品 58 批次，查获一次性医疗器具 500 套，总价值达 3.5 万元。查处非法经营药品、医疗器械 8 家，取缔无证经营药店 1 处。同年 12 月，县药监局、卫生局组成药品不良反应协调工作领导小组，两年间协调不良反映病例 86 件，无一重大群体性药害事件发生。2004 年，检查涉药单位 452 家，查获过期失效药品 220 种次，价值 5 万元。2005 年，检查涉药单位 780 家，办案 346 起，立案 196 起，无一案件引起行政复议或诉讼。9 月，举办打假成果展览，967 个品种总货值 13 万元的伪劣药品、药械于展览后焚之一炬。是年，建设农村药品“两网”（监督网络和供应网络），适当发展药店和建立药品代购分发点，形成覆盖全县药品供应网络。聘请药品监督协管员 14 名、信息员 1282 人，形成县、乡、村三级药品监督网络。

第二节 特种药品管理

麻醉药品 1979 年，麻醉药品使用范围由县卫生行政部门控制到乡镇卫生院以上医疗单位，根据《麻醉药品管理办法》的规定，实行“五专”（专人、专柜、专锁、专账、专卡）管理使用。县级医院实行三级限量供应，7 个县分院为二级限量供应，14 处公社医院为一级限量供应，经县卫生局批准备案的专职医师行使麻醉药品的处方权。1980 年，统一实行“晚期癌症病人麻醉药品专用卡”制度，患者用药由指定医师开方配药，病人死亡后即缴销用药卡。1987 年 11 月，“晚期癌症病人镇痛药品供应卡”由县卫生局批准发放，指定县人民医院、县中医院及乡镇卫生院配药。1995 年，对各个医疗单位的麻醉药品管理和使用情况进行监督检查，规范该类药品的使用和管理。至 2005 年，麻醉药品的管理和使用未发生失误和纰漏。

剧毒药品 1980 年 12 月，举办全县药剂人员培训班，学习剧毒药品管理知识和常用制剂调配方法，对一、二类剧毒药品做到专人、专柜加锁管理，建立消耗登记，严格控制处方限量。至 2005 年，剧毒药品的管理使用未发生失误和纰漏。

精神药品 1985 年，召开各医疗单位药剂科（药房）负责人会议，落实安钠咖的使用管理办法。会后，组织 6 人检查小组，对 22 处医疗单位、3 处药材经营组、5 个药材零售门市部，进行安钠咖使用管理检查。1988 年 12 月，国务院发布《精神药品管理办法》。根据办法规定，对各医疗单位统一发放“精神药品购用印鉴卡”，持卡到指定供应点按季度限量购买，除特殊需要外，医生处方不超过 3 日常用量，氨酚得因片每次处方可增加到 5 日常用量，处方存留 2 年备查。

第二十四编　体　育

1979年，惠民县城乡有常年开展群众性体育活动的习惯，各级学校执行国家体委颁布的《学校体育工作条例》。开展的项目有篮球、乒乓球、门球、中国象棋、举重、摔跤、越野长跑、柔道、射击、跆拳道、拔河、投弹、游泳、信鸽放飞、广播操等。1987年，成立县体育总会、老年人体育协会。1990年，相继成立县农民体协、田径协会、篮球协会、棋类协会、武术协会、摔跤协会、乒乓球协会、元极功法研究会。1992年，成立县业余体校，后改名为惠民县体育中学。同年12月，惠民县被国家体委命名为“全国体育先进县”。1993年，县体委与县文化局合并为县文化体育委员会，翌年，复分为县体委和县文化局。2000年，撤销县体委，成立县体育运动办公室。1975—1998年，县田径代表队参加地（市）级比赛中，取得了“十五连冠”的优异成绩。1994年，县老年门球队获北京中日友好邀请赛冠军。1995年，县老年门球队获国际门球交流赛冠军。1999年，县老年门球队获全国门球甲级队亚军。2004年，柔道运动员毛静静获澳大利亚青年节女子柔道公开赛冠军，同年获世界青年柔道锦标赛亚军。1979—2005年，惠民县运动员在国际、全国、省、市体育比赛中多次获得优异成绩。在国际比赛中，获金牌1枚、银牌1枚；在国家级比赛中，获金牌12枚、银牌5枚、铜牌4枚；在省级比赛中，获金牌32枚、银牌35枚、铜牌34枚；在地（市）级比赛中，获金牌635枚、银牌363枚、铜牌282枚。

第一章　学校体育

1979年，各级各类学校认真执行《学校体育工作条例》，推行国家体育锻炼标准，至1986年，学校体育达标人数7560人，占适龄学生总数的70%。1991年，学校体育达标人数2.17万人，占应测试人数的81%。1997年，推行《国家体育锻炼标准》的学校数136所（不含村小学），达标学生5.05万人，占适龄学生总数的88%。有体育传统项目学校13所，分别承担着田径、篮球、乒乓球、举重、摔跤、武术等项目的训练及人才输送任务。乡镇中心小学以上的各级各类学校，每年至少举办春秋两次运动会。田径、篮球、乒乓球、越野长跑等项目的比赛在大部分学校已形成传统，70%以上学校的体育比赛每年达6～8次。1994—1997年，惠民县田径项目连续4年蝉联全区团体总分及金牌数第一名。1996年、1997年，男、女举重连续2年居全区榜首。1998年，中心小学以上的学校均建立田径场、篮球场、乒乓球室，按国家教委的统一要求，配齐了体育器材。至2005年，惠民县中小学生在参加的滨州市中小学田径运动会和冬季场地长跑比赛中，年年成绩名列前茅。

第一节　体育队伍

1979年，全县体育教师（包括民办、代课）共87人，主要在初中以上学校及部分县直小学任教。至2005年，县内有3所高中（一中、二中、光远中学）、1所技校（教育中心）、24所初中、25所中心小学（含一、二、三实验学校和光远中学小教部），按《中小学体育工作暂行规定》的标准要求，这些学校配备专职体育教师，体育教师总数达到137人，其中本科学历59人，专科学历72人，中专学历6人；高级职称27人，中级职称63人，初级职称47人。

第二节　体育教学

1979年，初中以上学校贯彻《中小学体育工作暂行规定》，推行国家体育锻炼标准。年内两次举办初中体育教师业余培训班，时间半月，87名体育教师参加培训。1980年，一中增设体育班，招生30名，一年后结业，有16人升入体育专科学校。1981年，县第三中学体育教师赵风达被评为“全国优秀体育教师”。1983年，在各中小学普遍开展体育达标锻炼活动，经“达标测试”，中小学生“达标”合格率在70%以上。1999年，申桥镇中学、胡集镇中学、淄角镇中学通过地级传统项目学校达标验收，惠民镇中学、县第一实验学校、姜楼镇中学“地级传统项目学校”复查合格，地级传统项目学校达到16所。同年，惠民一中被省体委、省教委联合授予“体育传统项目学校先进单位”“推行国家体育锻炼标准先进单位”称号，惠民县被命名为“山东省推行国家体育锻炼标准先进县”。至2005年，各级各类学校的体育教学按照《教学大纲》制定的教学计划进行，常年坚持“两操、两课、一活动”（早操、课间操、每周2节体育课，每天下午一节课外活动）。体育教学内容和活动项目以队列、队形、田径、球类、武术、游戏为主。在日常教学过程中和课外活动时，有体育教师指导学生进行锻炼。

第三节　体育学校

1992年3月，县业余体校建立，由体委和教育局联合办学，文化课教学由教育局负责，专项训练由体委负责。是年，以县直机关和驻城学生为主，招收初中一年级学生23名，开设训练项目有田径、篮球、武术、摔跤等。1994年9月，业余体校更名为“惠民县体育中学”，纳入县直普通教育序列，隶属县体委、教委双重管理。1997年6月，体育中学升格为副科级全额事业单位，核定编制12人。2001年1月，调增编制为14人，开设的训练项目有田径（跑、跳、投各一个训练队）、摔跤（古典、自由）、柔道、举重、射击、篮球、跆拳道7个大项10个训练队。2002年9月，体育中学办学规模扩大，有小学五、六年级和初中一、二、三年级各一个教学班，在校学生227人。2005年，体育中学有教职工19人，其中专职文化课教师9人，专职教练员8人。在校学生只保留初中一、二、三年级各一个教学班，不足100人。1992—2005年，县体育中学向省体工队、北京体院、八一体工队、上海体院、天津体院、青岛海洋大学、省体校、市体校等各级体育专业队和体育院校输送优秀运动员217名。

第二章　群众体育

1979年，经常参加体育活动的人口约为7.9万人，至1986年，增加到12.73万人。1987年，成立惠民县体育总会、老年人体育协会。1990年，相继成立县农民体协、田径协会、篮球协会、棋类协会、武术协会、摔跤协会、乒乓球协会、元极功法研究会。同年，北京亚洲运动会期间举行声势浩大的宣传、庆典活动，有2.3万人为亚运会捐资6.07万元。1992年，惠民县被国家体委命名为“全国体育先进县”。1997年，群众体育工作在全区综合评比中获得第一名。至2005年，以各种形式组织举办的运动会和单项比赛达497项次，参赛运动员达3万人次。

第一节　农民体育

1979年，农村开展的运动项目主要有篮球、武术、摔跤、拔河、投弹、射击、田径、游泳等。1980年，随着农村经济的发展和广大农民、城镇居民物质生活水平的提高，以乡镇文化中心、“青年之家”、中小学为主要活动阵地的农村体育活动蓬勃发展。至1991年，出现了遍布城乡的晨练点、晚练点、活动室、辅导站，有组织的或自发的多种形式且内容丰富的体育竞赛活动常年不断。活动项目在原有篮球、长跑、拔河、乒乓球、门球等的基础上，增加了太极拳、太极剑、健身舞等。是年，经常参加体育活动的人数为11万人，占农村人口的23.2%。1997年，经常参加体育活动的人数增加到12万人，占全县农村人口的25%。是年，申桥镇被国家体委评为“全国群众体育先进集体”。2001年，李庄镇被国家体委授予“全国群众体育先进乡镇”称号。2005年，经常参加健身锻炼的人数达到13.8万人，占农村人口的28.7%。1991—2005年，姜楼、申桥、胡集、辛店、桑落墅、石庙、李庄、大年陈8个乡镇先后被省体委评为“全省体育先进乡镇”。

第二节　职工体育

1979年，职工体育主要活动项目有篮球、足球、乒乓球、羽毛球、中国象棋、田径等。县体委与工会、妇联、团委联合制定竞赛计划，组织一系列体育活动。平时职工以自发活动为主。1991年起，各大系统和单位都相继建立体育代表队，常年坚持业余训练，定期开展竞赛活动。特别是在“三八”、“五一”、“五四”、“七一”、“十一”、元旦等节日前后，篮球、羽毛球、乒乓球、中国象棋、信鸽放飞、广播操、门球、健身舞等项目赛事频繁，各种比赛接连不断。1995年、1996年，县职工篮球代表队连夺全区“篮协杯”“财源杯”篮球赛冠军。县中国象棋代表队在全区比赛中包揽团体和个人第一名，并代表地区出席省级大赛夺得好成绩。1997年，李元明的信鸽参加2000公里放飞以绝对优势夺得全区第一名。同年7月，为庆祝香港回归，县篮协与城信社联合组织举办“城信杯男子职工篮球赛”，邀请山东省男子篮球鞠维松、徐长索、杨文海等明星加盟。1998年11月，承办山东省体育总会“孙武杯”男子篮球运动会，由临沂、日照、济南等省内篮坛劲旅加盟，共9支代表队参赛，惠民县财政代表队获得第二名。

第三节　老年体育

1979年，老年人体育活动项目主要有：中国象棋、跳棋、围棋、扑克、麻将、门球、台球、乒乓球、太极拳、太极剑、健身舞、气功等。1987年10月，成立惠民县老年人体育协会，老年人体育由零散、自发的活动向着有组织、有计划、有领导的规范化活动发展。1988年7月，县老年人门球队成立。1994年，县老年门球队参加北京中日友好邀请赛获得冠军。1995年，赴东南亚参加国际门球交流赛，以九胜一负的战绩，捧回“冠军杯”。1998年4月，应邀赴泰国参赛，获冠军。1999年5月，在滨州举行的'99“本草蒜素杯”全国门球甲级队比赛，获得第二名。2000年，老年门球队取得全区第一、全省第二、“亚洲杯”第三的成绩。至2005年，门球队发展到50余支，活动人数达1200余人，建有标准门球场地43处，常年坚持训练，每年至少组织3次以上县级比赛。

第三章 体育竞赛及设施

1979年，随着群众性体育活动的普及，业余训练体系的逐步健全和训练手段的更新，以及物质条件的不断改善，竞技运动水平得到迅速提高。增强金牌意识，抓好拳头项目，加速尖子人才培养，提高竞技体育水平，成为体育工作的战略重点。1986年，成立惠民县学校体育工作中心教研组，并于1990年进行充实调整，在直接掌管13所体育传统项目学校的基础上，根据行政区域划分设立6处教研网点，使全县的体育教学和业余训练上下成线，左右成片，上层有人抓，基层有人管，形成齐抓共管的局面。尤其自1992年建立县业余体校后，优秀体育后备人才的培养输送逐年递增，参加上级比赛摘金夺银，取得前所未有的好成绩。1979—2005年，有1520人次分别代表省、地、县出席国家、省、地级体育比赛，在国家级比赛中获得金牌12枚、银牌5枚、铜牌4枚；在省级比赛中获金牌32枚、银牌35枚、铜牌34枚；参加地区（市）比赛，获金牌635枚、银牌363枚、铜牌282枚。

第一节 国家级比赛

1979—2005年，惠民县运动员在全国各级各类比赛中获得金牌12枚、银牌5枚、铜牌4枚，4～8名16个。

惠民县运动员参加国际比赛成绩表

表24－1

姓名	性别	项目	（组别、级别）	成绩（名次）	运动会名称	时间	地点
毛静静	女	柔道	（60公斤）	2	世界青年柔道锦标赛	2004.9	匈牙利
毛静静	女	柔道	（63公斤）	1	澳大利亚青年节女子柔道公开赛	2004.11	澳大利亚

惠民县运动员参加全国比赛成绩表

表24－2

姓名	性别	项目（组别、级别）	名次（成绩）	运动会名称	时间	地点
张俊杰	男	十项全能	5	全国青少年田径运动会	1996.10	南京
卞兴勇	男	标枪	1	全国农校系统田径运动会	1997.8	上海
张俊杰	男	十项全能	分站第1名（7228）	全国田径冠军赛	1999.5	济南
张俊杰	男	十项全能	1	全国大学生运动会	2000.8	上海
张俊杰	男	十项全能	2	全国青少年田径锦标赛	2000.9	成都

续表 24－2

姓名	性别	项目（组别、级别）	成绩（名次）	运动会名称	时间	地点
王芹芹	女	射击（40 发汽步）	2（388）	苏鲁豫皖射击比赛	2001.3	徐州
王芹芹	女	射击（40 发汽步团体）	2	苏鲁豫皖射击比赛	2001.3	徐州
王芹芹	女	射击（60 发卧团体）	4	苏鲁豫皖射击比赛	2001.3	徐州
李丽华	女	举重	8	全国青年女子举重锦标赛	2001.7	湖北
王芹芹	女	射击（40 发汽步）	1（390）	全国职工射击比赛	2001.10	济南
王芹芹	女	射击（40 发汽步团体）	1	全国职工射击比赛	2001.10	济南
王立磊	男	射击（60 发汽步团体）	1	全国职工射击比赛	2001.10	济南
张俊杰	男	十项全能	1（7180）	全国田径冠军赛	2001.10	济南
张俊杰	男	十项全能	5（7290）	全国第九届运动会	2001.11	广州
商希静	女	举重（抓）	6	全国青年举重锦标赛	2002.7	江西
商希静	女	举重（挺）	8	全国青年举重锦标赛	2002.7	江西
商希静	女	举重（总）	6	全国青年举重锦标赛	2002.7	江西
宋　倩	女	自由跤（72kg）	4	全国第五届城市运动会	2003.4	济南
宋　倩	女	自由跤（72kg）	8	全国女子自由式摔跤比赛	2003.4	广东
王芹芹	女	射击（小口径 3×20）	6	全国射击锦标赛	2003.4	南昌
王芹芹	女	射击（40 发汽步）	6	全国射击锦标赛	2003.4	南昌
周鹏飞	男	古典跤（55kg）	3	全国男子青年摔跤锦标赛	2003.6	安徽
王兴云	女	自由跤（48kg）	4	全国女子青年摔跤锦标赛	2003.6	安徽
李　芹	女	自由跤（48kg）	2	全国女子青年摔跤锦标赛	2003.6	安徽
王芹芹	女	射击（40 发汽步）	1（399）	全国第五届城市运动会（预赛）	2003.8	西安
李　芹	女	自由跤（48kg）	4	全国女子青年摔跤比赛	2003.9	上海
李　芹	女	自由跤（48kg）	7	全国女子自由式摔跤比赛	2003.10	长沙
王芹芹	女	射击（小口径 3×20）	3（580）	全国第五届城市运动会（决赛）	2003.10	长沙
商希静	女	举重（75kg）总 245kg	8	全国女子举重锦标赛	2004.4	长沙
王芹芹	女	射击	1	全国射击系列比赛	2004.5	杭州
王立磊	男	射击	4	全国射击系列比赛	2004.5	杭州
毛静静	女	柔道（63kg）	1	全国女子青年柔道锦标赛	2004.6	南昌
毛静静	女	中国式摔跤（62kg）	1	中国式摔跤全国锦标赛	2004.6	济南
毛静静	女	柔道（60kg）	3	全国女子柔道冠军赛	2004.10	淮安
毛静静	女	柔道（63kg）	3	全国第十届运动会	2005.10	南京

第二节　省级比赛

1979—2005 年，惠民县运动员在省级比赛中共获金牌 32 枚、银牌 35 枚、铜牌 34 枚，4 ~6 名 179 个。

表 24 -3

惠民县运动员参加省级比赛前三名情况表

姓名	性别	项目（组别、级别）	名次（成绩）	运动会名称	时间	地点
李曙光	男	乒乓球（2）	3	山东省业余体校乒乓球比赛	1979.9	青岛
刘克利	男	1500m	1（4′9″4）	山东省中学生田径运动会	1979.10	济南
邢振信	男	标枪（600g）	3（64.72m）	山东省中学生田径运动会	1980.9	潍坊
赵佃海	男	铅球（7.26kg）	3（12.26m）	山东省田径分区对抗赛	1984.9	淄博
邢振信	男	武术（传统拳）	2	山东省第二届职工武术比赛	1984.10	张店
李学民	男	中国跤	3	山东省农民运动会	1985.10	枣庄
组　霞	女	标枪	3	山东省传统项目学校田径运动会	1991.6	诸城
赵爱平	男	中国跤	2	山东省农民运动会	1991.10	威海
李友华	男	国际跤	2	山东省青少年摔跤比赛	1992.5	威海
刘增三	男	国际跤	2	山东省十六届运动会	1992.9	淄博
李　娟	女	5 公里竞走	3	山东省青少年竞走比赛	1993.8	平度
李友华	男	国际跤	2	山东省青少年摔跤比赛	1994.5	潍坊
王红云	女	100m	3	山东省“希望杯”田径比赛	1994.5	枣庄
翟佃强	男	国际跤	2	山东省青少年摔跤比赛	1995.9	枣庄
卞兴勇	男	标枪	3	山东省“希望杯”田径比赛	1995.10	蓬莱
王红云	女	200m	3	山东省“希望杯”田径比赛	1995.10	蓬莱
高学鹏	男	标枪	1	山东省“希望杯”运动会	1996.9	潍坊
王海英	女	400m	3	山东省“希望杯”运动会	1996.9	潍坊
李小霞	女	举重	1	山东省“希望杯”运动会	1996.9	潍坊
贾书敏	男	举重	1	山东省“希望杯”运动会	1996.9	潍坊
王红云	女	100m	2	山东省“希望杯”运动会	1996.9	潍坊
王红云	女	200m	2	山东省“希望杯”运动会	1996.9	潍坊
李小霞	女	举重（抓）	1	山东省“希望杯”举重比赛	1997.6	泰安
李小霞	女	举重（挺）	2	山东省“希望杯”举重比赛	1997.6	泰安
李小霞	女	举重（总）	2	山东省“希望杯”举重比赛	1997.6	泰安
王海英	女	400m	1	山东省“希望杯”田径运动会	1997.9	淄博

续表 24-3

姓名	性别	项目（组别、级别）	成绩（名次）	运动会名称	时间	地点
高学鹏	男	标枪	3	山东省“希望杯”田径运动会	1997.9	淄博
王洪泉	男	100m	3	山东省“希望杯”田径运动会	1997.9	淄博
闫绍静	女	跆拳道	2	山东省“希望杯”跆拳道比赛	1997.12	青岛
李小霞	女	举重	1	山东省十九届运动会	1998.10	潍坊
张俊杰	男	十项全能	1	山东省十九届运动会	1998.10	潍坊
王海英	女	4×100m 接力	1	山东省十九届运动会	1998.10	潍坊
王海英	女	4×400m 接力	1	山东省十九届运动会	1998.10	潍坊
张俊杰	男	撑杆跳高	2	山东省十九届运动会	1998.10	潍坊
王海英	女	400m	2	山东省十九届运动会	1998.10	潍坊
高学鹏	男	标枪（乙）	2	山东省十九届运动会	1998.10	潍坊
卞兴勇	男	标枪（甲）	2	山东省十九届运动会	1998.10	潍坊
王洪云	女	4×400m 接力	2	山东省十九届运动会	1998.10	潍坊
孙　波	男	国际跤	2	山东省十九届运动会	1998.10	潍坊
王海英	女	200m（甲）	3	山东省十九届运动会	1998.10	潍坊
王洪云	女	200m（乙）	3	山东省十九届运动会	1998.10	潍坊
王洪云	女	4×100m 接力	3	山东省十九届运动会	1998.10	潍坊
王洪泉	男	400m	3	山东省十九届运动会	1998.10	潍坊
王洪泉	男	4×400m 接力	3	山东省十九届运动会	1998.10	潍坊
李丽华	女	举重	3	山东省十九届运动会	1998.10	潍坊
李丽华	女	举重	2	山东省青少年举重锦标赛	1999.6	淄博
张俊杰	男	十项全能	1	山东省青少年田径锦标赛	1999.9	济南
高学鹏	男	标枪	2	山东省青少年田径锦标赛	1999.9	莱阳
王海英	女	400m	2	山东省青少年田径锦标赛	1999.9	莱阳
宋　倩	女	国际跤（70kg）	3	山东省古典式摔跤锦标赛	2000.4	滨州
李　冉	女	国际跤（48kg）	3	山东省古典式摔跤锦标赛	2000.4	滨州
孙　波	男	国际跤（45kg）	1	山东省古典式摔跤锦标赛	2000.5	德州
周鹏飞	男	国际跤（48kg）	1	山东省古典式摔跤锦标赛	2000.5	德州
李　伟	男	跆拳道	2	山东省青少年跆拳道锦标赛	2000.5	烟台
郭　敬	女	4×400m 接力	2	山东省青少年田径锦标赛	2000.5	荣城
吴广贞	男	国际跤（82kg）	2	山东省古典式摔跤锦标赛	2000.5	德州

续表 24－3

姓名	性别	项目（组别、级别）	成绩（名次）	运动会名称	时间	地点
谷家伟	男	举重	3	山东省青少年举重锦标赛	2000. 6	莱芜
王芹芹	女	射击（40 发汽步）	1	山东省青少年射击锦标赛	2000. 7	青岛
王芹芹	女	射击	3	山东省青少年射击锦标赛	2000. 7	青岛
商希静	女	举重	3	山东省青少年举重锦标赛	2000. 9	潍坊
宋宗盼	女	10000m 竞走（甲）	1	山东省青少年田径锦标赛	2001. 3	潍坊
宋宗盼	女	5000m 竞走（甲）	3	山东省青少年田径锦标赛	2001. 3	潍坊
刘　松	男	举重（52kg）	3（总成绩）	山东省青少年男子举重锦标赛	2001. 4	泰安
谷家伟	男	举重（56kg）	3（总成绩）	山东省青少年男子举重锦标赛	2001. 4	泰安
毛静静	女	柔道（48kg）	1	山东省青少年女子柔道锦标赛	2001. 6	威海
王芹芹	女	射击（10m 汽步团体）	3	山东省青少年射击锦标赛	2001. 7	济南
李福华	女	举重（44kg）	2（总成绩）	山东省青少年女子举重锦标赛	2001. 7	烟台
李丽华	女	举重（48kg）	2（总成绩）	山东省青少年女子举重锦标赛	2001. 7	烟台
孙　波	男	国际跤（45kg）	1	山东省青少年古典式摔跤锦标赛	2001. 9	淄博
周鹏飞	男	国际跤（48kg）	2	山东省青少年古典式摔跤锦标赛	2001. 9	淄博
亓　磊	男	国际跤（57kg）	2	山东省青少年古典式摔跤锦标赛	2001. 9	淄博
宋　倩	女	国际跤（76kg）	1	山东省青少年自由式摔跤锦标赛	2001. 9	莱芜
李　冉	女	国际跤（46kg）	2	山东省青少年自由式摔跤锦标赛	2001. 9	莱芜
孟令燕	女	国际跤（62kg）	2	山东省青少年自由式摔跤锦标赛	2001. 9	莱芜
王兴云	女	国际跤（46kg）	3	山东省青少年自由式摔跤锦标赛	2001. 9	莱芜
胡玉燕	女	国际跤（46kg）	1	山东省少年自由式摔跤锦标赛	2002. 4	威海
李　冉	女	国际跤（51kg）	1	山东省少年自由式摔跤锦标赛	2002. 4	威海
王兴云	女	国际跤（51kg）	2	山东省少年自由式摔跤锦标赛	2002. 4	威海
张　岩	女	柔道（57kg）	1	山东省少年柔道锦标赛	2002. 5	济南
毛静静	女	柔道（52kg）	3	山东省少年柔道锦标赛	2002. 5	济南
张　露	女	举重（44kg）	1（总成绩）	山东省少年举重锦标赛	2002. 5	淄博
赵　勇	男	举重（56kg）	2（总成绩）	山东省少年举重锦标赛	2002. 5	淄博
郭燕燕	女	自由跤（45kg）	1	山东省青少年国际式摔跤锦标赛	2003. 9	泰安
李　冉	女	自由跤（51kg）	1	山东省青少年国际式摔跤锦标赛	2003. 9	泰安

续表 24－3

姓名	性别	项目（组别、级别）	成绩（名次）	运动会名称	时间	地点
亓 磊	男	古典跤（63kg）	3	山东省青少年国际式摔跤锦标赛	2003.9	泰安
范言聪	女	自由跤（45kg）	3	山东省青少年国际式摔跤锦标赛	2003.9	泰安
孙 峰	男	跆拳道（58kg）	3	山东省青少年跆拳道锦标赛	2003.9	枣庄
王 燕	女	举重（48kg）	1	山东省青少年举重锦标赛	2003.9	淄博
李富华	女	举重（53kg）	2	山东省青少年举重锦标赛	2003.9	淄博
赵 勇	男	举重（62kg）	3	山东省青少年举重锦标赛	2003.9	淄博
齐金元	男	400m	1（50″7）	山东省青少年田径锦标赛	2003.9	威海
毛静静	女	柔道（63kg）	1	山东省青少年柔道锦标赛	2003.9	淄博
李 芹	女	自由跤（48kg）	1	山东省女子自由式摔跤锦标赛	2004.4	滨州
张 婷	女	自由跤（45kg）	1	山东省女子自由式摔跤锦标赛	2004.4	滨州
李 冉	女	自由跤（51kg）	2	山东省女子自由式摔跤锦标赛	2004.4	滨州
李富华	女	举重（53kg）	1	山东省青少年女子举重锦标赛	2004.5	泰安
毛静静	女	柔道（63kg）	1	山东省女子柔道锦标赛	2004.5	潍坊
程国伟	男	举重（56kg）	2	山东省青少年男子举重锦标赛	2004.5	青岛
齐金元	男	800m	1（1′53″47）	山东省青少年田径锦标赛	2004.6	青岛
李 莹	女	400m	3（58″43）	山东省青少年田径锦标赛	2004.6	青岛
齐金元	男	400m	2	山东省“希望杯”田径运动会	2005.7	滨州

第三节 地区（市）级比赛

1979—2005 年，惠民县运动员在地（市）级比赛中共获金牌 635 枚、银牌 363 枚、铜牌 282 枚，4～6 名奖牌 1198 枚。其中，在田径、举重、射击等项目的比赛中，先后有 88 人次创破地区（市）最高纪录。县田径代表队，自 1975—1989 年，年年获得团体总分第一，取得了“十五连冠”的优异成绩。

惠民县各项目代表队参加地区比赛团体成绩

表 24－4

项 目	团体总分	名次	运动会名称	时间	地点
田径	227	3	滨州地区田径运动会	1993.5	滨州
国际跤	45	1	滨州地区摔跤比赛	1993.6	滨州
田径	228	3	滨州地区田径运动会	1994.5	滨州
国际跤	28	3	滨州地区摔跤比赛	1994.5	滨州

续表 24－4

项　目	团体总分	名次	运动会名称	时间	地点
柔道	14	6	滨州地区柔道比赛	1994.6	滨州
射击	29	5	滨州地区十三届运动会	1995.6	滨州
举重	129	2	滨州地区十三届运动会	1995.7	滨州
古典跤	28	4	滨州地区十三届运动会	1995.8	博兴
自由跤	12	5	滨州地区十三届运动会	1995.8	博兴
柔道	41	5	滨州地区十三届运动会	1995.8	博兴
篮球		女 2 男 4	滨州地区十三届运动会	1995.8	滨州
田径	345	2	滨州地区十三届运动会	1995.10	滨州
田径	227	1	滨州地区田径运动会	1996.5	滨州
国际跤	36	古 2 自 6	滨州地区摔跤比赛	1996.9	滨州
举重	77	1	滨州地区举重比赛	1996.7	滨州
武术	126	2	滨州地区武术比赛	1997.8	滨州
举重	111	1	滨州地区举重比赛	1997.8	滨州
田径	251	1	滨州地区田径运动会	1997.9	滨州
摔跤	24	2	滨州地区摔跤比赛	1997.10	无棣
柔道	5	6	滨州地区柔道比赛	1997.10	滨州

惠民县运动员参加地区比赛成绩

表 24－5

姓名	性别	项目	名次	运动会名称	时间	地点
惠民队		女子篮球	1	滨州地区青少年篮球比赛	1998.8	惠民
霍希燕	女	标枪	1	滨州地区青少年田径比赛	1998.9	滨州
霍希燕	女	铅球	1	滨州地区青少年田径比赛	1998.9	滨州
牛光成	男	跳高（甲组）	1	滨州地区青少年田径比赛	1998.9	滨州
王　庄	男	400m	1	滨州地区青少年田径比赛	1998.9	滨州
王希华	男	标枪	1	滨州地区青少年田径比赛	1998.9	滨州
张甲波	男	3000m 竞走	1	滨州地区青少年田径比赛	1998.9	滨州
高永亮	男	跳远	1	滨州地区青少年田径比赛	1998.9	滨州
郭廷伟	男	跳高（乙组）	1	滨州地区青少年田径比赛	1998.9	滨州
杜明国	男	110m 栏	1	滨州地区青少年田径比赛	1998.9	滨州

续表 24-5

姓名	性别	项目	名次	运动会名称	时间	地点
张云星	男	400m	1	滨州地区青少年田径比赛	1998.9	滨州
张云星	男	800m	1	滨州地区青少年田径比赛	1998.9	滨州
王　晶	女	400m（甲组）	1	滨州地区青少年田径比赛	1998.9	滨州
张宗燕	女	跳远（甲组）	1	滨州地区青少年田径比赛	1998.9	滨州
兖国华	女	400m（乙组）	1	滨州地区青少年田径比赛	1998.9	滨州
王洪泉	男	100m	1	滨州地区青少年田径比赛	1998.9	滨州
王洪泉	男	200m	1	滨州地区青少年田径比赛	1998.9	滨州
孙　峰	女	100m（甲组）	1	滨州地区青少年田径比赛	1998.9	滨州
王艳艳	女	800m	1	滨州地区青少年田径比赛	1998.9	滨州
魏林艳	女	跳远（乙组）	1	滨州地区青少年田径比赛	1998.9	滨州
曹其兵	男	铅球	1	滨州地区青少年田径比赛	1998.9	滨州
樊建建	女	100m（乙组）	1	滨州地区青少年田径比赛	1998.9	滨州
樊建建	女	200m（乙组）	1	滨州地区青少年田径比赛	1998.9	滨州
张少伟	男	跳远	1	滨州地区青少年田径比赛	1998.9	滨州
钟　超	男	400m	1	滨州地区青少年田径比赛	1998.9	滨州
董中华	男	铅球	2	滨州地区青少年田径比赛	1998.9	滨州
董中华	男	标枪	2	滨州地区青少年田径比赛	1998.9	滨州
王　晶	女	800m	2	滨州地区青少年田径比赛	1998.9	滨州
许真真	女	跳远	2	滨州地区青少年田径比赛	1998.9	滨州
侯　超	男	铅球	2	滨州地区青少年田径比赛	1998.9	滨州
周纯香	女	200m	3	滨州地区青少年田径比赛	1998.9	滨州
丁安珍	女	1500m	3	滨州地区青少年田径比赛	1998.9	滨州
毛静静	女	柔道	1	滨州地区青少年柔道比赛	1998.11	滨州
于化金	男	柔道	1	滨州地区青少年柔道比赛	1998.11	滨州
孙　波	男	国际跤	1	滨州地区青少年国际跤比赛	1998.11	滨州
周鹏飞	男	国际跤	1	滨州地区青少年国际跤比赛	1998.11	滨州
王汝朋	男	国际跤	2	滨州地区青少年国际跤比赛	1998.11	滨州
盖　星	男	国际跤	2	滨州地区青少年国际跤比赛	1998.11	滨州

续表 24－5

姓名	性别	项目	名次	运动会名称	时间	地点
陈家亮	男	国际跤	2	滨州地区青少年国际跤比赛	1998.11	滨州
薛　伟	男	国际跤	3	滨州地区青少年国际跤比赛	1998.11	滨州
赵洪举	男	国际跤	3	滨州地区青少年国际跤比赛	1998.11	滨州
翟　明	男	国际跤	3	滨州地区青少年国际跤比赛	1998.11	滨州
吴春燕	女	举重	1	滨州地区青少年举重比赛	1998.12	滨州
隋　燕	女	举重	1	滨州地区青少年举重比赛	1998.12	滨州
孙吉昌	男	举重	1	滨州地区青少年举重比赛	1998.12	滨州
谷家伟	男	举重	1	滨州地区青少年举重比赛	1998.12	滨州
商希静	女	举重	1	滨州地区青少年举重比赛	1998.12	滨州
刘　涛	男	举重	1	滨州地区青少年举重比赛	1998.12	滨州
冯　涛	男	举重	1	滨州地区第十四届运动会举重比赛	1999.7	博兴
李丽华	女	举重	1	滨州地区第十四届运动会举重比赛	1999.7	博兴
隋小燕	女	举重	1	滨州地区第十四届运动会举重比赛	1999.7	博兴
商希静	女	举重	1	滨州地区第十四届运动会举重比赛	1999.7	博兴
董　杰	男	举重	1	滨州地区第十四届运动会举重比赛	1999.7	博兴
郭　勇	男	举重	1	滨州地区第十四届运动会举重比赛	1999.7	博兴
刘　涛	男	举重	1	滨州地区第十四届运动会举重比赛	1999.7	博兴
张卫东	男	举重	2	滨州地区第十四届运动会举重比赛	1999.7	博兴
李福华	女	举重	2	滨州地区第十四届运动会举重比赛	1999.7	博兴
赵　静	女	举重	2	滨州地区第十四届运动会举重比赛	1999.7	博兴
刘　松	男	举重	2	滨州地区第十四届运动会举重比赛	1999.7	博兴
惠民队		女子篮球	1	滨州地区第十四届运动会篮球比赛	1999.8	惠民
王芹芹	女	射击	2	滨州地区第十四届运动会射击比赛	1999.8	滨州
孙　义	男	射击（小口径）	2	滨州地区第十四届运动会射击比赛	1999.8	滨州
孙　义	男	射击（汽步枪）	3	滨州地区第十四届运动会射击比赛	1999.8	滨州
许　雷	男	国际跤	1	滨州地区第十四届运动会摔跤比赛	1999.8	无棣
张　超	男	国际跤	1	滨州地区第十四届运动会摔跤比赛	1999.8	无棣
邓国良	男	国际跤	1	滨州地区第十四届运动会摔跤比赛	1999.8	无棣
孙国强	男	国际跤	1	滨州地区第十四届运动会摔跤比赛	1999.8	无棣

续表 24－5

姓名	性别	项目	名次	运动会名称	时间	地点
张晓光	男	国际跤	1	滨州地区第十四届运动会摔跤比赛	1999.8	无棣
周鹏飞	男	国际跤	1	滨州地区第十四届运动会摔跤比赛	1999.8	无棣
盖 星	男	国际跤	1	滨州地区第十四届运动会摔跤比赛	1999.8	无棣
吕 壮	男	国际跤	2	滨州地区第十四届运动会摔跤比赛	1999.8	无棣
周 凯	男	国际跤	2	滨州地区第十四届运动会摔跤比赛	1999.8	无棣
孙振国	男	国际跤	2	滨州地区第十四届运动会摔跤比赛	1999.8	无棣
高 扬	男	国际跤	2	滨州地区第十四届运动会摔跤比赛	1999.8	无棣
薛 伟	男	国际跤	2	滨州地区第十四届运动会摔跤比赛	1999.8	无棣
王志涛	男	国际跤	2	滨州地区第十四届运动会摔跤比赛	1999.8	无棣
吴 宾	男	国际跤	3	滨州地区第十四届运动会摔跤比赛	1999.8	无棣
刘 强	男	国际跤	3	滨州地区第十四届运动会摔跤比赛	1999.8	无棣
田成涛	男	国际跤	3	滨州地区第十四届运动会摔跤比赛	1999.8	无棣
李 广	男	国际跤	3	滨州地区第十四届运动会摔跤比赛	1999.8	无棣
孙 波	男	国际跤	3	滨州地区第十四届运动会摔跤比赛	1999.8	无棣
成汝群	男	国际跤	3	滨州地区第十四届运动会摔跤比赛	1999.8	无棣
亓 磊	男	国际跤	3	滨州地区第十四届运动会摔跤比赛	1999.8	无棣
吴广贞	男	国际跤	1	滨州地区第十四届运动会摔跤比赛	1999.8	无棣
陈宗亮	男	国际跤	3	滨州地区第十四届运动会摔跤比赛	1999.8	无棣
毛静静	女	柔道	1	滨州地区第十四届运动会柔道比赛	1999.9	邹平
毛静静	女	柔道（无差）	1	滨州地区第十四届运动会柔道比赛	1999.9	邹平
王新磊	男	柔道	1	滨州地区第十四届运动会柔道比赛	1999.9	邹平
张鹏鹏	男	柔道	2	滨州地区第十四届运动会柔道比赛	1999.9	邹平
李 鹏	男	柔道	2	滨州地区第十四届运动会柔道比赛	1999.9	邹平
宋 倩	女	柔道	2	滨州地区第十四届运动会柔道比赛	1999.9	邹平
于化金	男	柔道	2	滨州地区第十四届运动会柔道比赛	1999.9	邹平
孟 燕	女	柔道	2	滨州地区第十四届运动会柔道比赛	1999.9	邹平
王信磊	男	柔道	3	滨州地区第十四届运动会柔道比赛	1999.9	邹平
朱立强	男	柔道	3	滨州地区第十四届运动会柔道比赛	1999.9	邹平

续表 24－5

姓名	性别	项目	名次	运动会名称	时间	地点
赵桂燕	女	柔道	3	滨州地区第十四届运动会柔道比赛	1999.9	邹平
张　玲	女	柔道	3	滨州地区第十四届运动会柔道比赛	1999.9	邹平
王新强	男	柔道	3	滨州地区第十四届运动会柔道比赛	1999.9	邹平
李　冉	女	柔道	3	滨州地区第十四届运动会柔道比赛	1999.9	邹平
宋成刚	男	柔道	3	滨州地区第十四届运动会柔道比赛	1999.9	邹平
赵　伟	男	铅球	1	滨州地区第十四届运动会田径比赛	1999.10	滨州
牛光成	男	跳高	1	滨州地区第十四届运动会田径比赛	1999.10	滨州
王希华	男	标枪	1	滨州地区第十四届运动会田径比赛	1999.10	滨州
马红岩	女	铅球	1	滨州地区第十四届运动会田径比赛	1999.10	滨州
马红岩	女	标枪	1	滨州地区第十四届运动会田径比赛	1999.10	滨州
吴海强	男	铅球	1	滨州地区第十四届运动会田径比赛	1999.10	滨州
吴海强	男	铁饼	1	滨州地区第十四届运动会田径比赛	1999.10	滨州
张海勇	男	标枪	1	滨州地区第十四届运动会田径比赛	1999.10	滨州
霍希艳	女	标枪	1	滨州地区第十四届运动会田径比赛	1999.10	滨州
张永强	男	铁饼	1	滨州地区第十四届运动会田径比赛	1999.10	滨州
林　建	男	标枪	1	滨州地区第十四届运动会田径比赛	1999.10	滨州
孙　峰	女	100m（甲组）	1	滨州地区第十四届运动会田径比赛	1999.10	滨州
王　庄	男	400m	1	滨州地区第十四届运动会田径比赛	1999.10	滨州
樊建建	女	100m（乙组）	1	滨州地区第十四届运动会田径比赛	1999.10	滨州
丁安珍	女	1500m	1	滨州地区第十四届运动会田径比赛	1999.10	滨州
张少伟	男	跳高（甲组）	1	滨州地区第十四届运动会田径比赛	1999.10	滨州
王新娥	女	跳高（甲组）	1	滨州地区第十四届运动会田径比赛	1999.10	滨州
张宗燕	女	跳远（甲组）	1	滨州地区第十四届运动会田径比赛	1999.10	滨州
巩秀亮	男	跳高（乙组）	1	滨州地区第十四届运动会田径比赛	1999.10	滨州
位林燕	女	跳远（乙组）	1	滨州地区第十四届运动会田径比赛	1999.10	滨州
位林华	女	跳高（乙组）	1	滨州地区第十四届运动会田径比赛	1999.10	滨州
王　真	女	100m（丙组）	1	滨州地区第十四届运动会田径比赛	1999.10	滨州
赵　伟	男	标枪	2	滨州地区第十四届运动会田径比赛	1999.10	滨州

续表 24－5

姓名	性别	项目	名次	运动会名称	时间	地点
王希华	男	铅球	2	滨州地区第十四届运动会田径比赛	1999.10	滨州
霍希艳	女	铅球	2	滨州地区第十四届运动会田径比赛	1999.10	滨州
侯 超	男	铅球	2	滨州地区第十四届运动会田径比赛	1999.10	滨州
侯 超	男	铁饼	2	滨州地区第十四届运动会田径比赛	1999.10	滨州
张永强	男	铅球	2	滨州地区第十四届运动会田径比赛	1999.10	滨州
王 真	女	200m	2	滨州地区第十四届运动会田径比赛	1999.10	滨州
丁安珍	女	800m	2	滨州地区第十四届运动会田径比赛	1999.10	滨州
樊建建	女	200m	2	滨州地区第十四届运动会田径比赛	1999.10	滨州
许真真	女	400m	2	滨州地区第十四届运动会田径比赛	1999.10	滨州
牛光成	男	跳远	2	滨州地区第十四届运动会田径比赛	1999.10	滨州
林 建	男	铁饼	3	滨州地区第十四届运动会田径比赛	1999.10	滨州
王汝敏	女	100m	3	滨州地区第十四届运动会田径比赛	1999.10	滨州
张宗燕	女	跳高	3	滨州地区第十四届运动会田径比赛	1999.10	滨州
王新娥	女	跳远	3	滨州地区第十四届运动会田径比赛	1999.10	滨州
董中华	男	标枪	3	滨州地区第十四届运动会田径比赛	1999.10	滨州
周纯香	女	800m	3	滨州地区第十四届运动会田径比赛	1999.10	滨州
刘丽丽	女	400m	3	滨州地区第十四届运动会田径比赛	1999.10	滨州
刘小勇	男	举重	1	滨州地区青少年举重比赛	2000.6	滨州
李敬林	男	举重	1	滨州地区青少年举重比赛	2000.6	滨州
郭 勇	男	举重	1	滨州地区青少年举重比赛	2000.6	滨州
王 伟	男	举重	1	滨州地区青少年举重比赛	2000.6	滨州
孙吉昌	男	举重	1	滨州地区青少年举重比赛	2000.6	滨州
董 杰	男	举重	1	滨州地区青少年举重比赛	2000.6	滨州
王 艳	女	举重	1	滨州地区青少年举重比赛	2000.6	滨州
张秋月	女	举重	1	滨州地区青少年举重比赛	2000.6	滨州
王 芹	女	举重	1	滨州地区青少年举重比赛	2000.6	滨州
冯 惠	女	举重	1	滨州地区青少年举重比赛	2000.6	滨州
李福华	女	举重	1	滨州地区青少年举重比赛	2000.6	滨州

续表24－5

姓名	性别	项目	名次	运动会名称	时间	地点
隋小燕	女	举重	1	滨州地区青少年举重比赛	2000.6	滨州
商希静	女	举重	1	滨州地区青少年举重比赛	2000.6	滨州
刘　猛	男	举重	2	滨州地区青少年举重比赛	2000.6	滨州
苏学超	男	举重	2	滨州地区青少年举重比赛	2000.6	滨州
董　虎	男	举重	2	滨州地区青少年举重比赛	2000.6	滨州
程　田	男	举重	1	滨州地区青少年举重比赛	2000.6	滨州
王立磊	男	射击	2	滨州地区青少年射击比赛	2000.7	滨州
王芹芹	女	射击	1	滨州地区青少年射击比赛	2000.7	滨州
李　冉	女	自由跤	1	滨州地区青少年摔跤比赛	2000.7	滨州
赵洪举	男	自由跤	1	滨州地区青少年摔跤比赛	2000.7	滨州
王兴云	女	自由跤	2	滨州地区青少年摔跤比赛	2000.7	滨州
张　梁	男	自由跤	3	滨州地区青少年摔跤比赛	2000.7	滨州
薛　伟	男	古典跤	1	滨州地区青少年摔跤比赛	2000.7	滨州
孙国强	男	古典跤	1	滨州地区青少年摔跤比赛	2000.7	滨州
亓　磊	男	古典跤	1	滨州地区青少年摔跤比赛	2000.7	滨州
陈宗亮	男	古典跤	1	滨州地区青少年摔跤比赛	2000.7	滨州
周　凯	男	古典跤	1	滨州地区青少年摔跤比赛	2000.7	滨州
朱凤会	男	古典跤	1	滨州地区青少年摔跤比赛	2000.7	滨州
吕　壮	男	古典跤	2	滨州地区青少年摔跤比赛	2000.7	滨州
孙　波	男	古典跤	2	滨州地区青少年摔跤比赛	2000.7	滨州
闫俊松	男	古典跤	3	滨州地区青少年摔跤比赛	2000.7	滨州
张鹏鹏	男	柔道	1	滨州地区青少年柔道比赛	2000.8	滨州
赵桂艳	女	柔道	1	滨州地区青少年柔道比赛	2000.8	滨州
毛静静	女	柔道	1	滨州地区青少年柔道比赛	2000.8	滨州
付永霞	女	柔道	1	滨州地区青少年柔道比赛	2000.8	滨州
王信磊	男	柔道	2	滨州地区青少年柔道比赛	2000.8	滨州
林东英	女	柔道	2	滨州地区青少年柔道比赛	2000.8	滨州
王振竞	女	柔道	2	滨州地区青少年柔道比赛	2000.8	滨州

续表 24 - 5

姓名	性别	项目	名次	运动会名称	时间	地点
马红燕	女	柔道	2	滨州地区青少年柔道比赛	2000.8	滨州
赵桂艳	女	柔道（无差别）	3	滨州地区青少年柔道比赛	2000.8	滨州
付永霞	女	柔道（无差别）	3	滨州地区青少年柔道比赛	2000.8	滨州
俎　倩	女	柔道	3	滨州地区青少年柔道比赛	2000.8	滨州
王希华	男	标枪（丙组）	1	滨州地区青少年田径比赛	2000.9	滨州
王希华	男	铅球	1	滨州地区青少年田径比赛	2000.9	滨州
牛光诚	男	跳高（丙组）	1	滨州地区青少年田径比赛	2000.9	滨州
牛光诚	男	跳远	1	滨州地区青少年田径比赛	2000.9	滨州
冯廷光	男	铅球（乙组）	1	滨州地区青少年田径比赛	2000.9	滨州
林　健	男	标枪（乙组）	1	滨州地区青少年田径比赛	2000.9	滨州
尹俊民	男	跳远（乙组）	1	滨州地区青少年田径比赛	2000.9	滨州
尹俊民	男	三级跳远	1	滨州地区青少年田径比赛	2000.9	滨州
郭　靖	男	200m（甲组）	1	滨州地区青少年田径比赛	2000.9	滨州
郭　靖	男	400m	1	滨州地区青少年田径比赛	2000.9	滨州
赵欣欣	男	跳远（甲组）	1	滨州地区青少年田径比赛	2000.9	滨州
位尊勇	男	标枪	2	滨州地区青少年田径比赛	2000.9	滨州
王　强	男	跳远	2	滨州地区青少年田径比赛	2000.9	滨州
耿香亮	男	1500m	2	滨州地区青少年田径比赛	2000.9	滨州
林　健	男	铁饼	3	滨州地区青少年田径比赛	2000.9	滨州
李珍珍	女	100m（丙组）	1	滨州地区青少年田径比赛	2000.9	滨州
李珍珍	女	200m	1	滨州地区青少年田径比赛	2000.9	滨州
王　丽	女	400m	2	滨州地区青少年田径比赛	2000.9	滨州
史玉静	女	1500m	3	滨州地区青少年田径比赛	2000.9	滨州
张玉燕	女	跳远	1	滨州地区青少年田径比赛	2000.9	滨州
徐真真	女	跳远	2	滨州地区青少年田径比赛	2000.9	滨州
徐真真	女	跳高	1	滨州地区青少年田径比赛	2000.9	滨州
张玉燕	女	跳高	2	滨州地区青少年田径比赛	2000.9	滨州

续表 24-5

姓名	性别	项目	名次	运动会名称	时间	地点
孙　峰	女	100m（乙组）	1	滨州地区青少年田径比赛	2000.9	滨州
孙　峰	女	200m	1	滨州地区青少年田径比赛	2000.9	滨州
郭守菊	女	跳远	2	滨州地区青少年田径比赛	2000.9	滨州
杜莹莹	女	100m（甲组）	1	滨州地区青少年田径比赛	2000.9	滨州
杜莹莹	女	200m	2	滨州地区青少年田径比赛	2000.9	滨州
孙玉梅	女	铅球	2	滨州地区青少年田径比赛	2000.9	滨州
孙玉梅	女	铁饼	2	滨州地区青少年田径比赛	2000.9	滨州

第四节　县级比赛

1979—2005 年，共举办青少年儿童单项竞赛 73 次，参赛人数达 3.1 万余人。

惠民县男子田径最高纪录

表 24-6

项目	成绩	创造者（单位）	运动会名称	时间	地点
5000m	16′22″	刘克利（三中）	惠民地区田径运动会	1978	北镇
10000m	33′17″	刘克利（三中）	惠民地区越野运动会	1978	北镇
（600g）	64.97m	邢振信（三中）	惠民地区省级传统项目学校田径对抗赛	1980	北镇
（500g）	74.26m	邢振信（三中）	惠民地区省级传统项目学校田径对抗赛	1980	北镇
五项全能	2454 分	邢振信（三中）	惠民县田径运动会	1981	县体育场
15000m	56′58″	路宗庆（三中）	惠民地区越野运动会	1985	滨州
110m 高栏	17″70	任林松（惠师）	惠民地区田径运动会	1985	邹平
撑杆跳高	3.00m	王哲东（一中）	惠民地区田径运动会	1985	邹平
（3kg）	13.17m	尚长青（一实）	惠民县田径运动会	1985	县体育场
（1kg）	49.90m	杨恒民（何坊）	惠民地区田径运动会	1985	滨州
三项全能	1466 分	闫丙贞（一实）	惠民地区田径运动会	1985	滨州
60m	7″30	李宗柱（姜楼）	惠民地区田径运动会	1987	滨州
（5kg）	14.50m	尚长青（惠民镇）	惠民县田径运动会	1988	县体育场
3000m	9′14″1	刘军（李庄）	惠民地区田径运动会	1989	滨州
4×1600m 接力	21′3″0	县代表队	惠民地区越野运动会	1990	滨州

续表 24－6

项目	成绩	创造者（单位）	运动会名称	时间	地点
1500m	4′8″ 7	刘军（李庄）	惠民地区十二届运动会	1991	滨州
铁饼（2kg）	37.22m	尚长青（惠民镇）	惠民地区十二届运动会	1991	滨州
链球（7、26kg）	20.74m	吴清国（梁家）	惠民地区十二届运动会	1991	滨州
十项全能	4973 分	关天平（一实）	惠民地区十二届运动会	1991	滨州
（1、5kg）	40.94m	李连明（一中）	惠民县田径运动会	1992	县体育场
跳高	1.94m	张俊杰（一中）	山东省十七届运动会	1994	济南
垒球	66.96m	袁奎波（梁家）	惠民县田径运动会	1995	县体育场
（700g）	67.04m	高学鹏（申桥）	山东省“希望杯”田径比赛	1997	济南
标枪（800g）	68.30m	卞兴勇（麻店）	山东省十九届运动会	1998	潍坊
（6kg）	14.43m	韩双喜（四中）	惠民县田径运动会	1999	县体育场
200m	22″ 86	张辉（一中）	惠民县田径运动会	2000	县体育场
（竹）	63.50m	宋荣刚（二中）	惠民县田径运动会	2000	县体育场
跳远	6.47m	纪宗涛（二中）	惠民县田径运动会	2001	县体育场
铅球（7.26kg）	12.94m	田小伟（一中）	惠民县田径运动会	2002	县体育场
100m	11″ 02	彭涛（二中）	滨州市十五届运动会	2003	滨州
400m 中栏	59″ 20	叶建强（一中）	滨州市十五届运动会	2003	滨州
4×100m 接力	44″ 90	县代表队	滨州市十五届运动会	2003	滨州
4×400m 接力	3′32″ 5	县代表队	滨州市十五届运动会	2003	滨州
三级跳远	14.28m	崔学刚（一中）	滨州市十五届运动会	2003	滨州
400m	50″ 50	齐金元（李庄）	滨州市田径运动会	2004	滨州
800m	1′53″ 4	齐金元（李庄）	山东省“希望杯“田径比赛	2004	青岛

惠民县女子田径最高记录

表 24－7

项目	成绩	创造者（单位）	运动会名称	时间	地点
4×1600M 接力	26′37″	县代表队	惠民地区越野运动会	1980	北镇
手榴弹（500g）	43.80M	张秀娥（三中）	惠民地区田径运动会	1980	北镇
（300g）	40.76M	成良荣（胡集）	惠民县田径运动会	1980	惠民一中
1500M	4′55″ 6	邢光秀（三中）	惠民地区田径运动会	1981	北镇
4×100M 接力	51″ 80	县代表队	惠民地区田径运动会	1982	滨州

续表 24－7

项目	成绩	创造者（单位）	运动会名称	时间	地点
5000M	19′00	许立珍（车站）	惠民地区越野运动会	1983	滨州
16" 70	袁光明（省屯）	惠民地区田径运动会	1985	邹平	滨州 100M 栏
400M 栏	1′7" 1	张惠丽（一中）	惠民地区田径运动会	1985	邹平
跳远	5. 30M	魏林霞（魏集）	惠民地区田径达标赛	1990	滨州
垒球	39. 94M	王建英（辛店）	惠民县田径运动会	1991	县体育场
跳高	1. 52M	张永群（麻店）	滨州地区田径运动会	1993	滨州
三级跳远	11. 02M	魏书霞（魏集）	滨州地区田径运动会	1994	滨州
800M	2′23" 8	李英（惠民镇）	惠民县田径运动会	1995	县体育场
100M	11" 68	王洪云（陈集）	山东省十九届运动会	1998	潍坊
200M	24" 09	王洪云（陈集）	山东省十九届运动会	1998	潍坊
400M	55" 14	王海英（辛店）	山东省十九届运动会	1998	潍坊
（3kg）	11. 26M	马红岩（何坊）	惠民县田径运动会	1999	县体育场
（竹）	42. 41M	张海英（三中）	惠民县田径运动会	1999	县体育场
铁饼（1kg）	33. 39M	李萍（陈集）	惠民县田径运动会	2000	县体育场
3000M	10′52" 99	徐爱华（姜楼）	惠民县田径运动会	2002	县体育场
4×400M 接力	4′10" 4	县代表队	滨州市十五届运动会	2003	滨州
铅球（4kg）	11. 74M	马红岩（何坊）	滨州市十五届运动会	2003	滨州
标枪（600g）	44. 90M	马红岩（何坊）	滨州市十五届运动会	2003	滨州

第五节　体育设施

1979 年，县体委建有 1 个 400 米普通田径场和 1 个砖铺地面灯光篮球场。1987 年，投资 38 万元建成带固定看台、可容纳 3000 名观众、附设两个小型专项训练房的灯光篮球场。1991 年，投资 40 万元，建成 36 米×20 米×8. 3 米的综合训练房和内含足球场的 400 米标准炉渣跑道田径场。1996—1997 年，投资 20 万元，先后硬化室内训练房和露天灯光篮球场地，铺装了塑胶，购置了高标准玻璃钢篮球架。2001 年，投资 100 万元，建成集教学、办公、训练为一体、建筑面积 1700 平方米的综合楼。2005 年年底，县内拥有 200 米以上田径场 52 个（其中 400 米炉渣跑道田径场 3 个、300 米炉渣跑道田径场 1 个）、篮球场 732 个、乒乓球活动室 796 个、门球场 43 个。

第六节　创建全国体育先进县

1990 年，开始创建第四批全国体育先进县，同年 12 月 24 日，成立惠民县争创全国体育先进县筹备领导小组。1991 年 1 月 5 日，县委、县政府印发《关于创建全国体育先进县的决定》。3 月 24 日，召开争创全国体育先进县工作动员会。会后，各乡镇、各单位按照县争创领导小组制定的

《实施方案》，对照全国体育先进县标准细则研究措施，开展工作。为保证工作质量，加快创建步伐，在县争创领导小组指导下，推出乡镇、机关、学校三大序列的创建模式，供各乡镇和县直单位借鉴学习。为使创建全国体育先进县顺利开展，县争创领导小组先后 3 次带领有关部门到全国体育先进县博兴县考察学习，分管县领导召开 5 次争创工作专题会，两次召开县直机关和乡镇的争创工作现场会，总结经验，研制措施，推动创建进度。11 月下旬，省检查团到惠民督查创建工作，以抽签方式分别对学校机关、乡镇按照标准进行严格检查，促进了“争创”进程。1992 年 6 月 17—18 日，国家验收团到惠民县进行检查验收。检查团通过抽签方式对乡镇（第三堡乡、何坊乡、石庙镇）、学校（惠民三中、一实验、惠民镇中学）、机关、工厂（二棉、结防院、第一油棉厂）进行书面和现场检查，认定惠民县争创工作，领导重视，措施得力，发动广泛，准备充分，工作扎实，富有成效，基本达到验收标准。是年 12 月 4 日，国家体委授予惠民县为第四批全国体育先进县。

第二十五编　社会生活

县境内居民世代以务农为主，男事耕耘，日出而作，日落而息；女事纺织，料理家务。居民习惯于固守家园，安分守业，勤劳俭朴，敦厚善良，民风淳朴，崇文教，尚礼仪。1979—1985年，农村家庭联产承包改变了农业经营形式，开放性商品经济步入发展轨道，城乡居民生活总体处在温饱阶段。1986—2000年，工业、农业、第三产业发展迅速，综合经济实力不断增强，城乡居民生活水平不断提高。2001—2005年，全县文化、教育、卫生、社会保障等各项社会事业蓬勃发展，数字信息技术广泛普及，城乡居民精神文化生活日益丰富，思想观念、生活方式随时代变化而不断更新和进步，逐步形成崇尚科学、摒弃陋习、勤劳互助、尊老爱幼的文明新风。随着城镇居民工资收入的不断增长和国家全面取消农业税等诸多惠农政策的实施，城乡居民物质生活日趋殷实富足。

第一章　农村居民生活

第一节　收　入

1979年，根据中共十一届三中全会制定的路线、方针、政策，境内农村经济体制改革开始起步，有的社队开始实行专业承包到组，责任到人，联产计酬的生产责任制；部分生产队实行口粮田包产到户。全年农业人口每人平均占有粮食269公斤，农民人均纯收入50元，农村居民几无储蓄存款。

1980—1985年，大力推行家庭联产承包经营责任制，放宽各项经济政策，调整产业结构，改变传统耕作方式，推广集约经营和先进技术，从根本上改变了农业封闭守旧的落后面貌，进而步入开放性商品经济的发展轨道，形成农、林、牧、副、渔全面发展的崭新局面。1985年，全县粮食总产28366.6万公斤，农民人均占有粮食531公斤，实现自给有余。棉花总产24445.8万公斤，农民发了“棉花财”，农民人均纯收入379元，基本解决温饱问题。

1986—1990年，把发展乡镇企业、多种经营作为战略任务来抓，加大农业种植结构调整力度，完善农村承包责任制，推进科技服务体系建设，建立和发展商品粮基地，农村经济协调发展，农村居民家庭收入稳步增加。1990年，农民人均纯收入535元。据650户农民家庭抽样调查，农民人均总收入974元，其中，家庭经营收入899元。家庭经营收入中，农业收入668元，林业收入16元，牧业收入131元，第二产业收入28元，第三产业收入56元。

1991—1995年，坚持科技兴农战略，发挥资源优势，大抓中低产田开发。调整和优化农村经济结构，大力发展“三园一牧”（果园、菜园、桑园、畜牧业）高产优质高效农业，农村经济向多元化的现代农业结构转变，农民收入逐年增长。1995年，农民人均纯收入1263元。据百户农民家庭抽样调查，农民人均总收入2258元，其中，家庭经营收入2098元，财产性收入29元，转移性收入31元。家庭经营收入中，农业收入1609元，牧业收入189元。农业收入来源以棉花、粮食、果菜为主。

1996—2000年，以致富奔小康总揽农村工作全局，以增加农民收入为根本出发点，针对农产品市场的供求变化，加大特色产业培育力度，全面提高农业质量和效益。推进乡镇企业实现二次、三次创业，放手发展个体私营经济，农民收入大幅增长。2000年，农民人均总收入3642元，较1995年增加1384元，实现年均增长率12.3%，其中，工资性收入328元，外出务工收入逐年增加。农业收入2079元，牧业收入390元，实现稳步增长。第二产业收入（包括工业、建筑业）为272元，较1995年的82元增加2.32倍。第三产业收入达到445元，实现大幅增长。农民人均纯收入为2378元，农村基本实现小康目标。

2001—2005年，国家稳步实施农村税费改革，出台一系列惠农政策，减轻农民负担，农民生产积极性高涨。农业结构调整步伐加快，产业结构进一步优化，产业优化水平提高，粮经作物比例调整为1∶1.2，形成粮食、棉花、桑蚕、蔬菜、林果、畜牧、食用菌、杂交棉制种八大主导产业，农民收入水平出现质的飞跃。2005年，人均纯收入提高到3667元，年递增15.3%；人均总收入达到5096元，年递增8%。农民人均第一产业（农、林、牧、渔）收入增加到3010元。随着县域村镇工业企业的发展，农村居民县内从业机会大大增加，就业再就业人口明显增多，农民工资性收入大幅增长，达到1253元，比2000年增长3.82倍。农村第三产业稳步发展，人均收入509元。

第二节　消　费

1979年，农村居民储蓄存款极少，消费水平低下，食品消费以粗粮为主。衣着色彩单调、款式单一，不少人仍以自纺自织的粗布为主。极少数家庭有自行车、缝纫机等日用耐用消费品。住房多为土坯结构。基本没有家庭经营性收入。

纺车纺线

木织机织布

1980—1985年，全面推行农村家庭联产承包经营责任制后，农业生产得到快速发展，农民增收较快，消费水平增长。食品消费逐步实现细粮化。自纺自织的粗布衣逐渐减少，开始购进化纤衣料。自行车、收音机、手表及大型家具（沙发、写字台、大立橱）等日用耐用消费品开始进入普通家庭。不少农民开始修建砖瓦房，并购置大牲畜、农机具。

1986年，据百户农民家庭抽样调查，农村人均家庭经营费用支出169元。人均生活消费支出350元，其中食品、衣着、居住消费支出分别为171元、40元、67元。百户拥有小型和手扶拖拉机1.3台，胶轮大车28辆，胶轮手推车107.5

辆，抽水机3台。至1990年，这一阶段，农民的食品消费开始由“吃饱”向“吃好”转变，食品消费支出结构有明显改善。衣着改变色彩单调、款式单一的状况。自行车、收音机、缝纫机、钟表等日用耐用消费品已普及，黑白电视机、电风扇等进入农村家庭。居住支出增长迅速，新建、翻新住房多为砖瓦结构。家庭经营支出增加，役用大牲畜增幅较大，农业机械、农村用电量、化肥使用量保持较快增长。1990年，据650户农民家庭抽样调查，农村人均家庭经营费用支出336元，人均生活消费支出509元，其中食品消费支出271元，衣着消费支出57元，居住消费支出55元，家庭设备、用品消费支出33元。每百户拥有自行车166辆，缝纫机80架、手表146只、电风扇68台、收音机95台、黑白电视机46台、彩色电视机3台。人均住房面积25.22平方米。

1991—1995年，这一阶段，农民生产、生活消费进一步增加。农村在全面解决温饱的基础上，部分地开始向小康生活迈进，食品消费结构进一步优化。彩电、电冰箱、洗衣机等日用耐用消费品开始进入农村家庭。居住条件明显改善，砖瓦结构、钢筋混凝土结构房屋比例增大。农业生产经营投入进一步加大，大型工业机械、运输机械、生产用房大幅增加。1995年，农村居民每百户拥有役畜及产品畜、大中型铁木农具、农林牧渔业机械、工业机械、运输机械、生产用房等生产性固定资产原值3771.42元，人均家庭经营费用支出659元。农村居民人均生活消费支出1055元，其中食品支出655元，衣着支出77元，居住支出145元，家庭设备、用品支出39元，交通通讯支出20元，文化教育、娱乐支出71元，医疗保健支出40元。每百户拥有自行车183辆、缝纫机78架、钟表86只、手表106只、电风扇106台、洗衣机2台、电冰箱3台、摩托车2辆、大型家具587件。人均住房面积21.42平方米。

1996—2000年，农民的消费观念不断改变，消费需求持续升级，消费水平大幅提高，生活环境和社会保障得到明显改善。彩电、冰箱、洗衣机、摩托车成为农村新“四大件”，部分乡镇建立差转台和闭路电视系统。高品质食品消费增加，膳食营养改善，食品性消费开始追求口味、营养。2000年，农村人均家庭经营费用支出870元，人均生活消费支出1513元，其中食品消费支出577元，恩格尔系数降低到38.19%。衣着支出78元，居住支出378元，家庭设备、用品支出61元，文化教育、娱乐支出增加到136元，较1995年增加了91.5%，医疗保健支出180元。农村居民人均拥有役畜及产品畜、大中型铁木农具、农林牧渔业机械、工业机械、运输机械、生产用房等生产性固定资产原值2057.58元。每百户农村居民家庭拥有彩电41台、洗衣机6台、电冰箱2台、摩托车32辆、大型家具719件、电话机19部。98%的行政村通柏油路，自来水受益率达到91.7%。人均住房面积21.68平方米。

2001—2005年，随着农民收入稳定增长，农村居民生活水平进一步提高，消费结构进一步优化，空调、家用电脑、轿车等高档、现代消费品逐渐进入农民家庭。居住状况明显改善，砖瓦房和二层小楼逐年增多。有线电视实现村村通，农民的文体、精神生活更加丰富多彩。2005年，农村居民人均总支出为3912元，家庭经营性费用支出1103元，生活消费支出2525元，其中食品消费支出839元，恩格尔系数降低到33.2%。衣着支出124元，居住支出603元，家庭设备、用品支出162元，交通和通信支出320元，文化教育、娱乐支出216元，医疗保健支出235元。每百户农民家庭拥有日用耐用消费品为：大型家具383件、洗衣机40台、电冰箱11台、空调10台、热水器15台、摩托车74台、汽车（生活用）1台、电话机86部、移动电话35部、彩电87台、影碟机30台、组合音响7台、照像机6架、家用计算机1台。农村居民生活质量明显提高，生活方式向城市化转移。

1986—2005年惠民县农村居民收入情况表

表25－1　　　　单位：元/人

指标名称	1986	1987	1988	1989	1990	1991	1992	1993	1994	1995	1996
总收入	644.00	706.00	867.00	970.00	974.00	1075.00	945.00	1174.00	1992.00	2258.00	3155.00
一、基本收入	621.00	676.00	831.00	929.00	936.00	1031.00	908.00	1142.00	1937.00	2197.00	3101.00
（一）工资性收入	18.00	17.00	28.00	28.00	37.00	35.00	36.00	51.00	87.00	99.00	73.00
1. 在非企业组织中劳动得到收入	15.00	15.00	13.00	11.00	/	/	/	6.00	10.00	11.00	20.00
2. 在本乡地域内劳动得到收入	3.00	2.00	15.00	17.00	/	/	/	46.00	78.00	88.00	46.00
3. 外出从业得到收入	/	/	/	/	/	/	/	/	/	/	7.00
（二）家庭经营收入	603.00	659.00	803.00	901.00	899.00	996.00	872.00	1091.00	1850.00	2098.00	3028.00
1. 第一产业收入	554.00	579.00	713.00	822.00	815.00	910.00	791.00	940.00	1594.00	1807.00	2910.00
（1）农业收入	477.00	498.00	563.00	675.00	668.00	764.00	648.00	837.00	1419.00	1609.00	2471.00
（2）林业收入	24.00	7.00	11.00	10.00	16.00	22.00	16.00	5.00	8.00	9.00	48.00
（3）牧业收入	51.00	72.00	137.00	135.00	131.00	124.00	127.00	98.00	167.00	189.00	391.00
（4）渔业收入	2.00	2.00	2.00	1.00	/	/	/	/	/	/	/
2. 第二产业收入	25.00	31.00	42.00	30.00	28.00	41.00	27.00	43.00	72.00	82.00	94.00
（1）工业收入	24.00	24.00	33.00	21.00	18.00	28.00	17.00	32.00	54.00	61.00	52.00
（2）建筑业收入	1.00	7.00	9.00	9.00	10.00	13.00	10.00	11.00	19.00	21.00	42.00
3. 第三产业收入	23.00	49.00	48.00	50.00	56.00	45.00	54.00	107.00	182.00	206.00	25.00
（1）其他产品收入	/	/	/	/	/	/	/	53.00	90.00	102.00	1.00
（2）第三产业服务性收入	23.00	49.00	48.00	50.00	56.00	45.00	54.00	54.00	92.00	104.00	24.00
①交通·运输·邮电业收入	1.00	6.00	8.00	9.00	14.00	10.00	14.00	7.00	12.00	14.00	2.00
②批零贸易业·饮食业收入	4.00	6.00	3.00	4.00	6.00	6.00	6.00	21.00	35.00	40.00	7.00
③社会服务业收入	2.00	7.00	7.00	5.00	8.00	6.00	7.00	5.00	9.00	10.00	5.00
④文教卫生业收入	/	/	/	/	/	/	/	/	/	/	/
⑤其他行业收入	16.00	29.00	30.00	32.00	27.00	23.00	26.00	21.00	35.00	40.00	10.00
（三）财产性收入	/	/	/	/	/	/	/	15.00	26.00	29.00	35.00
（四）转移性收入	23.00	30.00	36.00	40.00	38.00	43.00	36.00	16.00	27.00	31.00	19.00
二、全年纯收入	419.00	460.00	513.00	567.00	535.00	616.00	462.00	657.00	1114.00	1263.00	1682.00

续表 25-1　　单位：元/人

指标名称	1997	1998	1999	2000	2001	2002	2003	2004	2005
总收入	2927.00	3659.00	3865.00	3642.00	4062.00	4141.00	4527.00	4782.00	5096.00
一、基本收入	2870.00	3614.00	3834.00	3558.00	3899.00	4011.00	4399.00	4656.00	4790.00
(一) 工资性收入	88.00	293.00	321.00	328.00	479.00	507.00	670.00	664.00	1253.00
1. 在非企业组织中劳动得到收入	22.00	69.00	69.00	84.00	106.00	104.00	91.00	116.00	59.00
2. 在本乡地域内劳动得到收入	44.00	126.00	176.00	156.00	51.00	51.00	384.00	379.00	508.00
3. 外出从业得到收入	22.00	98.00	76.00	89.00	150.00	152.00	195.00	170.00	685.00
(二) 家庭经营收入	2782.00	3321.00	3513.00	3229.00	3420.00	3504.00	3729.00	3992.00	3537.00
1. 第一产业收入	2597.00	3007.00	3152.00	2510.00	2911.00	2988.00	3463.00	3632.00	3010.00
(1) 农业收入	2064.00	2468.00	2693.00	2079.00	2344.00	2444.00	2775.00	2817.00	2510.00
(2) 林业收入	29.00	75.00	50.00	41.00	51.00	34.00	32.00	81.00	41.00
(3) 牧业收入	494.00	464.00	409.00	390.00	514.00	509.00	656.00	735.00	459.00
(4) 渔业收入	10.00	/	/	/	2.00	1.00	/	/	/
2. 第二产业收入	119.00	210.00	200.00	272.00	136.00	165.00	32.00	22.00	18.00
(1) 工业收入	87.00	84.00	68.00	216.00	125.00	111.00	20.00	/	/
(2) 建筑业收入	32.00	126.00	132.00	56.00	11.00	54.00	12.00	/	/
3. 第三产业收入	67.00	104.00	161.00	445.00	369.00	351.00	234.00	338.00	509.00
(1) 其他产品收入	9.00	/	/	/	/	/	/	4.00	6.00
(2) 第三产业服务性收入	58.00	104.00	161.00	445.00	369.00	351.00	234.00	334.00	503.00
①交通·运输·邮电业收入	8.00	17.00	64.00	46.00	70.00	58.00	16.00	/	356.00
②批零贸易业·饮食业收入	19.00	31.00	38.00	213.00	257.00	206.00	145.00	279.00	104.00
③社会服务业收入	12.00	10.00	24.00	25.00	6.00	13.00	12.00	47.00	43.00
④文教卫生业收入	/	/	/	/	/	4.00	/	/	/
⑤其他行业收入	19.00	46.00	35.00	161.00	36.00	70.00	61.00	8.00	/
(三) 财产性收入	24.00	4.00	9.00	36.00	33.00	30.00	64.00	82.00	181.00
(四) 转移性收入	34.00	41.00	25.00	49.00	129.00	100.00	64.00	43.00	125.00
二、全年纯收入	1880.00	2150.00	2288.00	2378.00	2550.00	2654.00	2879.00	3325.00	3667.00

1986—2005 年惠民县农村居民支出情况表

表 25 - 2　　　　单位：元/人

指标名称	1986	1987	1988	1989	1990	1991	1992	1993	1994	1995	1996
二、总支出	578.00	609.00	778.00	882.00	972.00	1027.00	1099.00	1500.00	1950.00	2196.00	2898.00
（一）家庭经营费用支出	169.00	185.00	278.00	306.00	336.00	316.00	338.00	461.00	599.00	659.00	1106.00
1. 第一产业生产费用支出	152.00	166.00	254.00	287.00	318.00	299.00	320.00	437.00	568.00	647.00	1040.00
（1）农业生产费用支出	113.00	132.00	176.00	204.00	239.00	215.00	230.00	314.00	408.00	504.00	874.00
（2）林业生产费用支出	3.00	2.00	2.00	1.00	3.00	6.00	6.00	8.00	10.00	2.00	14.00
（3）牧业生产费用支出	36.00	32.00	74.00	81.00	76.00	78.00	83.00	113.00	147.00	141.00	152.00
（4）渔业生产费用支出	/	/	2.00	1.00	/	/	/	/	/	/	/
2. 第二产业生产费用支出	13.00	9.00	11.00	9.00	3.00	6.00	6.00	8.00	10.00	9.00	4.00
（1）工业生产费用支出	13.00	8.00	5.00	5.00	3.00	4.00	4.00	5.00	7.00	4.00	3.00
（2）建筑业生产费用支出	/	1.00	6.00	3.00	/	2.00	2.00	3.00	4.00	5.00	1.00
3. 第三产业生产费用支出	5.00	8.00	13.00	11.00	15.00	13.00	14.00	19.00	25.00	2.00	62.00
（1）交通运输邮电业生产费用支出	/	2.00	3.00	2.00	2.00	4.00	4.00	5.00	7.00	/	1.00
（2）批零贸易餐饮业生产费用支出	3.00	2.00	/	1.00	2.00	2.00	2.00	3.00	4.00	1.00	1.00
（3）社会服务业生产费用支出	/	1.00	2.00	1.00	/	/	/	/	/	1.00	1.00
（4）文教卫生业生产费用支出	/	/	/	/	/	/	/	/	/	/	/
（5）其他行业生产费用支出	2.00	3.00	7.00	7.00	11.00	7.00	7.00	10.00	13.00	/	59.00
（二）购置生产性固定资产支出	17.00	29.00	37.00	25.00	32.00	20.00	21.00	29.00	38.00	155.00	150.00
（三）建造生产性固定资产雇工支出	/	/	/	/	/	/	/	/	/	/	/
（四）税费支出	34.00	39.00	53.00	73.00	77.00	114.00	122.00	167.00	217.00	271.00	296.00
（五）生活消费支出	350.00	334.00	391.00	457.00	509.00	553.00	592.00	808.00	1050.00	1055.00	1315.00
1. 食品消费支出	171.00	169.00	198.00	427.00	271.00	285.00	305.00	416.00	541.00	655.00	741.00
2. 衣着消费支出	40.00	36.00	42.00	48.00	57.00	58.00	62.00	85.00	111.00	77.00	78.00
3. 居住消费支出	67.00	63.00	60.00	72.00	55.00	63.00	68.00	93.00	121.00	145.00	281.00
4. 家庭设备·用品消费支出	33.00	24.00	26.00	27.00	33.00	26.00	28.00	38.00	49.00	39.00	55.00
5. 交通和通讯消费支出	/	/	15.00	16.00	15.00	20.00	21.00	29.00	38.00	20.00	19.00
6. 文化教育·娱乐消费支出	15.00	17.00	13.00	14.00	24.00	21.00	22.00	30.00	39.00	71.00	71.00
7. 医疗保健消费支出	4.00	/	/	/	/	/	/	/	/	40.00	52.00
8. 其他商品和服务消费支出	1.00	2.00	/	/	/	/	/	/	/	8.00	18.00
（六）财产性支出	/	/	/	/	/	/	/	/	/	/	/
（七）转移性支出	8.00	22.00	19.00	20.00	18.00	25.00	27.00	37.00	48.00	56.00	/

续表 25－2　　单位：元/人

指标名称	1997	1998	1999	2000	2001	2002	2003	2004	2005
二、总支出	2629.00	2906.00	2959.00	3164.00	3441.00	3159.00	3519.00	3701.00	3912.00
(一) 家庭经营费用支出	700.00	1061.00	1107.00	870.00	1025.00	1045.00	1144.00	1146.00	1103.00
1. 第一产业生产费用支出	689.00	1005.00	1033.00	811.00	978.00	1025.00	1123.00	1129.00	1070.00
(1) 农业生产费用支出	540.00	763.00	808.00	574.00	655.00	725.00	712.00	803.00	927.00
(2) 林业生产费用支出	6.00	3.00	2.00	2.00	8.00	3.00	4.00	6.00	14.00
(3) 牧业生产费用支出	136.00	239.00	221.00	234.00	313.00	297.00	406.00	313.00	128.00
(4) 渔业生产费用支出	7.00	/	2.00	1.00	2.00	/	1.00	6.00	/
2. 第二产业生产费用支出	2.00	12.00	3.00	10.00	30.00	2.00	3.00	8.00	8.00
(1) 工业生产费用支出	1.00	2.00	1.00	5.00	5.00	/	1.00	/	/
(2) 建筑业生产费用支出	1.00	10.00	2.00	5.00	25.00	2.00	2.00	8.00	8.00
3. 第三产业生产费用支出	8.00	44.00	71.00	48.00	16.00	20.00	18.00	9.00	25.00
(1) 交通运输邮电业生产费用支出	/	1.00	2.00	8.00	3.00	1.00	8.00	/	1.00
(2) 批零贸易餐饮业生产费用支出	7.00	4.00	1.00	30.00	6.00	10.00	6.00	6.00	3.00
(3) 社会服务业生产费用支出	/	/	3.00	/	2.00	1.00	/	1.00	16.00
(4) 文教卫生业生产费用支出	/	/	/	/	1.00	1.00	/	1.00	/
(5) 其他行业生产费用支出	1.00	39.00	65.00	10.00	4.00	7.00	3.00	1.00	5.00
(二) 购置生产性固定资产支出	240.00	305.00	256.00	136.00	187.00	229.00	154.00	119.00	141.00
(三) 建造生产性固定资产雇工支出	/	/	/	/	/	/	/	/	24.00
(四) 税费支出	248.00	314.00	307.00	234.00	255.00	144.00	274.00	149.00	55.00
(五) 生活消费支出	1409.00	1217.00	1249.00	1513.00	1878.00	1591.00	1845.00	2139.00	2525.00
1. 食品消费支出	701.00	661.00	669.00	577.00	689.00	653.00	719.00	871.00	839.00
2. 衣着消费支出	76.00	85.00	87.00	78.00	89.00	86.00	93.00	95.00	124.00
3. 居住消费支出	379.00	252.00	172.00	378.00	627.00	299.00	470.00	342.00	603.00
4. 家庭设备·用品消费支出	58.00	50.00	66.00	61.00	79.00	106.00	84.00	83.00	162.00
5. 交通和通讯消费支出	28.00	42.00	55.00	77.00	97.00	118.00	120.00	236.00	320.00
6. 文化教育·娱乐消费支出	83.00	73.00	132.00	136.00	140.00	147.00	190.00	224.00	216.00
7. 医疗保健消费支出	72.00	44.00	64.00	180.00	130.00	149.00	136.00	168.00	235.00
8. 其他商品和服务消费支出	11.00	9.00	5.00	27.00	27.00	33.00	31.00	20.00	27.00
(六) 财产性支出	/	/	/	/	4.00	4.00	14.00	52.00	7.00
(七) 转移性支出	32.00	8.00	39.00	411.00	92.00	146.00	86.00	97.00	57.00

第二章　城镇居民生活

第一节　收　入

1979年，在国家传统财政体制、劳动人事制度、收入分配制度等计划经济体制影响下，境内城镇居民收入结构单一，主要是从事国有和集体单位职工工资性收入。工资水平低，年末全县在岗职工1.8万人，职工年平均工资597元。部门、行业及不同所有制单位之间个人收入差别不大，居民储蓄存款为0.03亿元。

进入20世纪80年代，随着财政体制、工资制度、劳动人事制度的初步改革，城镇居民收入处于小幅增长阶段。1980年，职工年平均工资为667元。是年起，实行“划分收支，分级包干”的财政体制，由财政统收统支、吃“大锅饭”改为“分灶吃饭”。1983年，根据国务院批转劳动人事部《关于1983年企业调整工资和改革工资制度问题的报告》，企业调资开始同经济效益挂钩，同职工个人劳动成果挂钩，调资的资金由企业与财政共同负担。1984年，开始从供销社系统进行劳动人事、财务管理、工资分配制度改革，推行城镇劳动合同制。是年，全县在岗职工年平均工资升至873元。

1985年，国家对工资制度进行改革，机关、事业单位开始实行以职务工资为主要内容的结构工资制，全县机关、事业单位人均月增资17元。企业职工实行统一的级别工资制，在岗职工年平均工资为924元。此后，企业职工工资与国家机关、事业单位工资制度脱钩，国家不再统一安排企业职工工资升级。1986年，按省工资制度改革领导小组要求，对国家机关、事业单位部分人员工资进行套改，有2542人调整工资，为机关事业单位的5561名职工兑现了奖励工资。企业套改新工资标准，平均每人每月增资8.83元。1987年，进一步推行劳动合同制，并开始按规定缴纳合同制工人养老保险基金和国营企业职工待业保险金。1988年，全县国家机关、事业单位改按六类区工资标准执行，为9825人次调整了工资。1990年，为国家机关、事业单位工作人员普调一级工资。企业在普调升级范围的人员，人月均增资17.08元。全民挂钩企业按实现利税基数核定的工资总额基数较上年增长5.8%，集体挂钩企业按实现的利税基数核定的工资总额比上年增长4.8%。是年，全县在岗职工年平均工资为1939元，居民储蓄存款达到2.48亿元。

90年代，随着社会主义市场经济体制的逐步确立、完善及工资制度、财政体制改革的进一步深化，城镇居民除工资性收入外，开始出现其他劳动收入和财产性收入，城镇居民收入进入快速增长阶段。1991年，职工年平均工资为2001元，首次突破2000元，居民储蓄存款余额增长到3.08亿元。1993年起，机关工作人员实行职级工资制，事业单位分全额拨款、差额拨款、自收自支3种类型，实行分类管理。工资制度改革后，机关和事业单位人均月工资达到418.5元，人均月增资105.3元。企业在岗职工年平均工资为2246元。居民储蓄存款达4.43亿元。1994年，实行分税制财政体制，部门、行业、县乡（镇）之间财政供养人员工资收入开始有差距。是年，企业在岗职工年平均工资增至3310元。1999年，调整机关、事业单位工作人员工资标准，人均增资120元。企业在岗职工年平均工资6141元，国有单位在岗职工年均工资6676元，城镇居民人均可支配收入4200元，居民储蓄存款达到12.32亿元。

2000年，在岗职工年平均工资6670元。国有单位在岗职工年平均工资为7230元，比上年增加554元，城镇集体单位在岗职工年均4562元，比上年增加362元。2001年1月，为机关、事业单位及离退休人员调整工资标准，人均月增资100元。同年10月，为机关、事业单位及离退休人员调整工资标准，人均月增资80元。是年，企业在岗职工年平均工资为6762元。居民储蓄存款余款15.31亿元。至2005年，在岗职工年平均工资为9435元，较上年增长12.7%，城镇居民人均可支配收入6915元，居民储蓄存款余额22.80亿元。

第二节　消　费

1979年，城镇居民的购买力及消费水平较低。食品消费采用票证式的“供给制”，主食以细粮为主。衣着颜色单调、款式单一、质地不高，自行车、手表、缝纫机等日用耐用消费品拥有量不多，住房为砖木结构平房，人均居住面积5平方米左右。在国家机关、企事业单位工作者，享受公费医疗。

1980年后，随着农村联产承包责任制的推行，粮食生产自给有余，城镇居民生活改善，消费水平提高。城镇居民收入增加，购买力提高，饮食结构开始变化，肉、蛋、菜消费量增加。至1985年，自行车、收音机、缝纫机、手表开始普及，电视机、洗衣机、电冰箱等高档耐用消费品进入普通居民家庭。1986年，农副产品有效供给增加，职工工资连续增长，为城镇居民消费水平提高奠定基础。食品消费中副食品消费增大，衣着改变了颜色单调、款式单一、质地差的状况，彩电、冰箱、洗衣机等高档耐用消费品明显增多。1987年，城镇居民消费水平为736.8元，其中商品性消费665元，文化娱乐服务性消费37.4元，住房及水电消费34.4元。1990年，城镇居民人均消费支出994.8元，其中商品性消费868.8元，文化娱乐服务性消费85元，住房及水电消费41元。

1991—1995年，城镇居民食品消费中肉、蛋、奶、水产品的消费量大幅增加，衣着消费开始追求美观、舒适、新潮，以彩色电视机、电冰箱、洗衣机和电风扇为代表的大件耐用消费品已基本普及，移动电话、互联网进入普通居民家庭，现代化的交通、通信服务性消费支出的比重逐渐增大，城镇居民文化生活丰富多彩，休闲娱乐方式异彩纷呈，旅游、娱乐消费支出大幅上升。1995年，城镇居民人均消费支出达1704元，其中商品性消费1086.9元，文化娱乐服务性消费373.7元，住房及水电消费支出149.7元。

1996—2000年，随着社会主义市场经济体制的进一步完善，城镇居民收入稳定增长，居民消费水平显著提高。饮食消费更加注重营养、讲究科学，以奶及奶制品的消费支出增长最快。随着教育、医疗、养老、住房体制改革的进一步深化，用于这些方面的支出增幅较大。由于交通、通信业的发展和消费观念的变化，用于交通通讯、文化娱乐的支出增速较快。2000年，城镇居民消费支出达3135元，是1999年的107.6%，其中商品性消费1766.4元，文化娱乐服务性消费729.4元，住房和水电消费支出639.2元。

进入21世纪，随着社会经济的快速发展，城镇居民收入持续不断增长，生活质量进一步改善。随着住房制度的改革，商品房迅速发展，住房面积不断扩大，居住条件明显改善。家用小汽车逐年增多，移动电话、互联网已基本普及，城镇居民整体消费水平大幅提高。2005年，在岗职工年平均工资9435元，城镇居民人均可支配收入6915元，居民消费价格指数为102.2。

第三章　风　俗

第一节　节日习俗

传统节日

春节　农历（下同）岁首第一天，俗称“过年”。此节是民间、官方最重视的节日。节前腊月初八日后，人们便开始“忙年”，买新衣，购置鸡、鱼、肉、酒、糖果、糕点、蔬菜及烟花、鞭炮、灯笼、蜡烛等年货。下旬，煎炸菜肴，蒸制馍馍、年糕、折饼、包子等，备足节日期间全家和待客所需的熟食。正月初一日，举家早起，穿戴新装，燃放鞭炮辞旧迎新，子孙给长辈磕头拜年，长辈为子孙分发“压岁钱”，阖家围坐吃团圆饺子，且有吃素饺子之俗，寓意一年“素静”，平安无恙。黎明，串户拜年，祝福问安，恭贺发财。早饭后，大街上万象更新，锣鼓喧天，整个村落沉浸在浓郁的节日氛围之中。初二日，外甥到姥娘家拜年。初三、初四日，表姻亲相互拜年。初五被视为忌日，亲友忌往来。初六为双日，女婿去岳父家拜年，取“成双成对”之意，有些地方老女婿初四日、新女婿初六日至岳父家拜年，还有的地方初四、初六日均可。拜亲会友一直持续到十四日。

中华人民共和国成立后，破除迷信，移风易俗，拜年免去了磕头，敬神祭祖淡薄了许多。机关、企事业单位初一至初三日放假三天，或举行团拜会、茶话会共庆，或互相拜访恭祝事业有成。1999 年始，国务院确定将春节前后两个双休日延后提前至法定假日，放假七天，为人们拜亲访友提供了较大空间，誉称为“长假”。进入 21 世纪，城镇居民拜年大多变为“电话拜年”“短信拜年”。随着商品经济的快速发展，人们的工作、生活节奏加快，思想观念发生很大变化，商业店铺正月初六、初八便开门营业，农村剩余劳动力纷纷外出务工经商。

元宵节　正月十五日。俗称“灯节”。境内民众历有正月十五过三天之习，即十四至十六日。节日里，秧歌、旱船、高跷、龙灯等民间文艺队伍走村串街，各展艺技，盛妆男女纷纷围观。晚间，万家灯火，鞭炮齐鸣，儿童挑灯沿街游耍，各式灯笼与皎月交相辉映，犹入仙境。十五日，人们多以面条和饺子混煮替代元宵食用，称“龙拿珠”。20 世纪 90 年代，各副食店届时出售元宵，吃者渐多。昔日，县城居民元宵节过五天，俗呼“十五日上灯十九日止”。沿街搭扎彩棚、牌楼，各家门前彩灯高悬，说书的唱戏的各献其能，民间艺术争奇斗妍，美不胜收。21 世纪开始，每年，县政府拨专款举办焰火晚会和元宵灯会，县城机关和乡镇党委、政府制作各式花灯参加灯展。灯会上观者如潮，欢声笑语，热闹非凡。白天，许多村镇组织高跷、旱船、秧歌、舞狮子等多种民间传统艺术，进城表演，或走村串街演出。

春龙节　二月初二日。民间历有“二月二，龙抬头”之说。清晨，家家以炉灶灰围房宅撒“龙”形线，取“神龙保护，财源茂盛”之意。户户炒蝎豆（以豆子炒制），传有吃后可免受蛇、蝎、蚰蜒咬蜇之灾，有“二月二，炒豆蝎，孩子吃了不受蜇”的民谣流传。时下，撒龙线之俗已废，而炒蝎豆之举仍盛行乡里。

清明节　公历四月四日前后，因与寒食节相连，有些地方也称“寒食节”。为民间重要的祭祖之日，在外游子多如期返乡。家长率众子孙携丰盛供品，赴祖坟扫墓添土，上香烧纸，坟头压纸钱，祭奠先祖。境内素有清明节过三天之习俗，人们穿戴整洁，荡秋千，放风筝，吹柳哨（将嫩柳枝拧脱其皮制作)，野外踏青，尽兴游玩。随着社会发展，此类活动多被现代娱乐方式替代。城镇党政机关、企事业单位的干部职工和学校师生集体到烈士陵园祭扫烈士墓，缅怀革命先烈，进行革命传统教育。

端午节　五月初五日。又称“端阳节”。相传为战国时期楚国爱国诗人、政治家屈原，因遭谗去职，屡被逐放，自沉汨罗江而死之日。逢是日，人们包粽子，煮鸡，喝雄黄酒，门插艾枝，以表悼念缅怀之情。民间还有用艾叶、香附等缝制香荷包之习，据称老人孩子身佩此包，有祛除蛇、蝎、蚰蜒、蜈蚣、壁虎五毒的功能。

乞巧节　七月初七日。源于牛郎织女相恋而被强行拆散的神话故事，传为牛郎织女一年一度相会之日。少妇少女多于此日晚面向织女星座跪拜，乞求织女给予“智巧”，故为“乞巧日”。当今，极少有人持守此俗，而未婚男女于此日月下相会者越来越多。

中元节　七月十五日。也称“鬼节”。境内有“七月十五过十四”之俗。十四日，各家男女赴祖坟焚香烧纸，祭拜先人，出嫁女也回娘家同祭。

中秋节　八月十五日。民间除春节外最重要的节日，在外谋职的人们大都返乡与家人团聚，共度佳节，因而亦称“团圆节”。此日，家家烹制菜肴，蒸做面食，举家共享，并有邻里乡亲互送月饼与自制面食之习。晚间，院内案置月饼、糕点、水果等敬天供月，称“祭月”；阖家围坐，饮酒赏月，称“圆月”。进入21世纪，祭月已废，圆月依然盛行。

重阳节　九月九日。早在战国时期重阳节已经形成，到唐代正式定为民间节日，老年人有是日登高望远以达健身祛病的习俗。因“高”与“糕”谐音，境内部分地方取步步登高之意，形成以米、枣蒸制“重阳糕”食用之俗。因“九九”与“久久”同音，又赋于重阳节以生命长久的内涵。1989年，国家确定重阳节为中国老人节。每年重阳节，社会各界均开展“敬老爱老”服务活动，组织老年人游览观赏，走访慰问离退休老干部、老职工。

寒衣节　十月初一日。旧日，人们去先祖墓地上香跪拜，焚烧用纸糊制的御寒衣物，俗称“送寒衣”。今人已少有此举，多代之以烧纸钱拜嘱先人自行购置挡风御寒物品。

腊八节　十二月初八日。据传为佛祖成道之日。各庙宇香烟缭绕，念经诵佛声不绝于耳，佛门弟子共食五味粥。民众为求佛祖保佑，参照佛门规矩，用黍米、红枣、红豆、花生仁、绿豆等熬制粥饭食用，俗谓“腊八粥”。妙龄女子于此日清晨穿耳孔，以备佩带耳环，亦称“扎耳朵眼”。近年来，人们多在这天用醋淹制大蒜，称为“腊八蒜”。据说腊八日淹制的蒜特别味美可口，健身祛病。

辞灶节　腊月二十三日。又叫“小年”。传为灶王爷赴天庭朝拜玉皇大帝並汇报人间之事的日子。上午，家家大扫除，晾晒被褥，室内外整洁如新。下午，张贴新灶君画像，院设供案，上香烧纸，连同旧灶王像焚化，跪送灶君升天，祈祷灶王“上天去多言好事，下界来广带金银”，俗称“辞灶”。21世纪初，辞灶已不多见，大扫除的习俗一直沿袭。

除夕　腊月最后一天。民间称为“年三十”。家家搭扎天地棚，内置供案，案置“天地三界之神位”牌位和香炉、供品、碗筷，祭神敬天；门贴对联，室内张挂年画，柜橱贴“福”字，也有将“福”字倒贴者，寓福到之意；大门首挂彩灯，门前放秸秆一束；正房内专设桌椅，置供品、酒具、碗筷等，安放上写“三代宗亲之灵位”牌位，男主人持香到村口朝祖坟方向燃香跪拜，恭请先人回家过年，回来时目不斜视头不回，沿途插香引领先祖入家就座，俗呼“请老的”。傍晚，各家门前彩灯高照，点燃预置的秸秆，放鞭炮，称之为“照庭”。整个村落灯火通明，爆竹声响彻夜空，不时有五彩烟花腾空，一派喜庆祥和情景。入夜，举家团坐，饮酒谈心，迎候新春来临，直至深夜方稍事休息，有的则彻夜不眠，俗称

"守岁"。20世纪80年代中期后，"守岁"渐被围坐在电视机前，边饮酒边观赏中央电视台的春节文艺晚会所替代。

新兴节日

元旦　公历（下同）元月1日。民间称"阳历年"。1949年9月，中国人民政治协商会议第一届全体会议通过《公历纪年法》，规定是日为一年之始，称"元旦"。新中国成立后，公职人员元旦放假一天，人们或亲友相聚或互致庆贺，有的单位举办茶话会，共度佳节。21世纪初，人们喜欢以贺年卡、电子邮件、手机短信等时尚方式恭贺新年。

国际劳动妇女节　3月8日。习称"三八节"。1910年，在丹麦召开的国际第二次社会主义者妇女代表大会，为促进国际劳动妇女的团结和解放，规定了此节。中华人民共和国成立后成为中国妇女的法定节日，放假半天。各单位多以组织她们看电影、参观、开展文体娱乐活动或短程游览等度假。

植树节　1979年2月23日，第五届全国人大常委会决定，每年3月12日为中国植树节。历年来，境内民众在节日里结合当地绿化实际，因地制宜开展义务植树活动。

国际劳动节　为纪念1886年5月1日美国各大城市十余万工人举行总示威大罢工，争取劳工权益终获胜利的正义之举，第二国际于1889年7月在巴黎召开的代表大会上通过决议，将5月1日定为国际劳动节。1949年12月，中央人民政府政务院正式确立为中国劳动者的节日，并规定放假一天。1999年国务院决定放假三天，并将节前后两个双休日纳入假日，计七天，俗称"五一"长假。人们多选择旅游、沙龙、文体活动、探亲访友等方式度假，有些未婚男女于期间举行婚礼。

青年节　1919年5月4日发生在北京的学生运动，很快扩大到全国各阶层。为继承发扬"五四"运动的光荣传统，中央人民政府于1949年12月正式宣布5月4日为中国青年节。广大青年多于是日举办报告会、座谈会、联欢会、文体比赛等活动。

国际儿童节　6月1日。1949年12月23日，中央人民政府政务院发布通令，规定"六一"国际儿童节为中国儿童节。节日里，各小学、幼儿园多举行游艺会、联欢会，教师、家长与孩子们欢聚一堂，载歌载舞，共庆祖国花朵茁壮成长。

中国共产党诞生纪念日　1921年7月1日，中国共产党在上海宣告成立，成为国民永久的纪念日。逢是日，中共党员与社会各界人士纷纷举办报告会、座谈会、展览会、文艺晚会等活动，纪念中国共产党的生日，彰显在党的领导下取得的伟大成就，表达发扬党的光荣传统实现党的远大目标的意愿。各种活动多持续数日。

中国人民解放军建军节　1927年8月1日，在周恩来、朱德等指挥下，成功举行南昌武装起义。1937年7月13日，中华苏维埃共和国临时中央政府决定，8月1日为中国工农红军成立纪念日。中华人民共和国成立后改称中国人民解放军建军节。机关团体及社会各界多举办军民联谊会，开展拥军优属和拥政爱民活动，传承军民鱼水之情。

教师节　1985年1月21日，第六届全国人大常委会第九次会议决定，每年9月10日为教师节。历年来，县乡多于是日举行庆祝会，表彰、奖励优秀教育工作者，党政领导走访慰问模范教师，学生给教师送鲜花、贺卡等。

中华人民共和国国庆节　10月1日。1949年，毛泽东主席在北京天安门城楼向全世界宣布中华人民共和国成立之日。届时，举国放假两天。境内党、政、军、民及社会各界纷纷组织各种活动，庆祝新中国生日。1999年，国务院确定国庆假日改放三天，并将节日前后两个双休日纳入国庆假期，共七天，俗称"国庆长假"。人们利用长假外出旅游、探亲访友，许多未婚男女择此佳期举办婚礼。

舶来节日

情人节　2月14日。过此节者多为青年人，一般为男青年向相恋情人赠送鲜花或约会，以示情思。

愚人节　4 月 1 日。此节期间，相识相知的人们开愚弄人的玩笑，或搞一些善意的恶作剧，但只在青少年中流行。

母亲节　5 月的第二个星期日。此日子女为母亲摆酒宴或送礼物，以表示对母亲的尊敬热爱。

父亲节　6 月的第三个星期日。父亲节由美国人首倡设立，20 世纪 90 年代后期在中国流行开来。此节期间儿女多为父亲买礼物敬送。

圣诞节　12 月 25 日是耶稣诞生日，即圣诞日。基督徒过此节守平安夜，唱歌，听道，文艺演出，领圣诞果并集体就餐。非信徒过圣诞节的形式有：守平安夜，扎圣诞树，贴圣诞画，带圣诞老人帽，互赠圣诞贺卡等。

第二节　礼仪习俗

礼节　邻里相见，互致问候。熟人相逢，握手致意。师生相遇，学生给教师敬礼或行少先队礼。串门，先敲门或呼唤，得到回应后进门。途中问路，以“请问”“劳驾”等谦词搭话，以“谢谢”“麻烦您了”告别。对面路遇行人，靠右边行走。乘人力车路遇熟人，先下车再说话，驾机动车则鸣笛或摆手示意。行路不慎，有失于人，诚恳道歉，待对方释怀后离开。接送物品用双手，以示敬重。

待客　客人来访，主动出迎，礼让入室，请客人上首落座，先递烟，后沏茶，下首入座叙话。家中筵客，尽所能置办酒菜，主人斟酒，客人欠身手着器皿以示谢意，主人敬酒，客人起立回应，酒过三巡，转入正常。酒足饭饱，品茶聊天。客人留宿，尽力使其舒适顺意。客去，请客先行，主人随后或并肩送至大门外或村头，挥手道别。

婚嫁　旧时，男婚女嫁遵从“父母之命”“媒妁之言”，是否投缘听天由命，被称之为“包办婚姻”。谈婚论嫁历经提亲、换贴、定亲、送婚帖、迎娶、婚礼等一系列程序，始得完成终身大事。1950 年，《中华人民共和国婚姻法》颁布实施，包办婚姻被废除，实行婚姻自由。凡符合法定年龄双方自愿结婚者，到民政部门领取结婚证书后即为合法夫妻，结婚程序随社会进步变得简约易行。20 世纪五六十年代，定亲彩礼多为衣巾之类，原为花轿迎娶新娘代之以畜力车、自行车、马匹，拜罢天地送入洞房婚礼基本告成。80 年代，民众生活水平普遍提高，彩礼时兴“三转一响”，即自行车、缝纫机、手表、收音机，娶新娘用拖拉机、汽车，众亲友持礼金到场恭贺，称之为“拿喜钱”“送份子”。90 年代后，人们生活更加富足殷实，定亲男方送女方金项链、金耳环、金戒指，时称“三金”，结婚男方备有宽敞明亮的三至五间砖瓦房及现代化家具。迎娶前晚，张灯结彩，门贴喜联，聘请鼓乐队及艺人于大门前吹拉弹唱，俗称“吹门”；迎亲时鼓乐车先行，紧随扎彩轿车三至六辆，嫁妆车殿后；新娘下车放鞭炮，扔糖果、花生等吉祥食品，在迎婚人的簇拥下新郎新娘步入家门，拜天地，入洞房，盛宴女方来宾和各路亲朋。城里人结婚较乡间略显豪华，迎亲队伍少者七八辆轿车，多则十余辆；婚礼聘请专业礼仪公司操办，一对新人在鼓乐、礼炮、烟花爆竹声和糖果、彩纸彩带的撒落中度拱门、行红地毯，步入婚礼平台。接待宾客大都在大中型餐饮场所，饭菜时尚丰盛，来宾礼金也出手大方。从迎亲、婚礼到宴客均由摄影师、录像师摄制成像，长期保存。进入 21 世纪，城乡居民在沿袭传统娶亲习俗的基础上，又融入许多新的元素，新娘的嫁妆不少已由“三大件”（洗衣机、彩电、冰箱）换成小轿车。

生育　20 世纪 80 年代，人们婚后生育必须遵守国家计划生育规定，办理准生证。城镇居民不论生男生女，只生一个孩子；农村居民一胎是女孩的，间隔 8 年后经批准可生育二胎，杜绝三胎。怀孕后经常到医院查体，临产大都去医院生产。婴儿出生 3 天后，娘家人携带礼金和营养食品、婴儿衣服前来看望；出生 12 天，至亲好友都来祝贺，谓“看月子”，也叫“做十二日”；出生

1个月，俗称“满月”，娘家接母子去住一段时间，谓“住满月”，给婴儿“铰头”（去胎毛）；出生100天，俗称“百岁日”，为婴儿挂长命锁，照“百日像”留念；周岁日，亲朋好友都来祝贺，主人举行家宴或到餐馆招待。

寿诞 人们成家立业后，逢诞辰日改善生活，谓之“过生日”。年过六十岁，即步入老年人之列，寿诞日众亲友带寿糕、寿酒、寿幛、寿联等登堂祝贺，称“做寿”。20世纪80年代后，随着城乡人民生活水平的提高，大人小孩开始过生日。儿童过生日只是送礼物、买蛋糕、改善生活。老人“做寿”有的则较为隆重，除沿袭旧俗外，还请摄影师拍录祝寿场景，照“全家福”，放电影或在电视台点播歌曲为老人庆寿。

开业 俗称店铺开业为“开张”。开业前，门贴“生意兴隆通四海，财源茂盛达三江”等内容的对联，横联常写“开业大吉”等词语。派员专程送发大红请柬，敬邀当地名流及友人光临捧场。随着国民经济的发展，各类商铺雨后春笋般开张经营，庆典活动也赋予时代新风。一般商店开业，张灯结彩，悬挂横标，请文艺团体门前献艺。较大商场开业则广邀社会各界知名人士及四方亲朋参加庆典，门墙高挂各友情单位恭送的五彩竖幅，鸣礼炮、放烟花、播放音乐，请名流剪彩、致贺词，在较高档餐厅宴请来宾。同时，精心设计的彩车沿各大街道巡回宣传，开展“优惠大酬宾”等招徕顾客的活动。

称谓 曾祖父称老爷爷，曾祖母称老奶奶；祖父称爷爷，祖母称奶奶；父亲称爹、爸爸，母亲称娘、妈妈。父之兄称大爷、大伯，其妻称大娘；父之弟称叔、叔叔，其妻称婶子、婶婶；父之姐、妹称姑，姑之夫称姑夫，有的地方称大爷、叔叔。母之父亲称姥爷，母之母亲称姥娘；母之兄、弟称舅，舅之妻称妗子；母之姐妹称姨，姨之夫称姨夫，有的地方称大爷、叔叔。父之姑称老姑，其夫称老姑夫，有的地方称爷爷；母之姑称姑老娘，其夫称姑老爷。父母之舅统称舅老爷，其妻称舅老娘；父母之姨统称姨老娘，其夫称姨老爷。胞兄称哥、哥哥，其妻称嫂子；胞弟称兄弟、弟弟，其妻称弟妹、弟媳；胞姐称姐、姐姐，其夫称哥、姐夫；胞妹称妹妹，其夫称兄弟、妹夫。父之兄、弟之子女称堂哥、堂弟、堂姐、堂妹，母之兄、弟、姐、妹及姑之子女统称表哥、表弟、表姐、表妹。夫之亲属，妻与其同称；妻之亲属，夫与其同称。同辈或下辈人之子女，直呼其名。

同村人按父辈对其称谓高低依次推称，如父称大爷、叔者称爷爷，父称大哥者称大爷，父之侄辈者称哥、弟、姐、妹。新中国成立后，在外谋职人员互称同志，或姓氏前冠以“老”“小”相称，如老李、小赵，有职位的人多在姓氏后加官职称呼，如某局长、某经理。改革开放以来，除公务活动外，“同志”称谓渐少，师傅、先生、女士、老板、老总、某兄、某姐等称呼广为流行，对专业技术人员则姓氏后加职称呼之，如某工程师、某教授，餐饮、宾馆、商场的服务人员称呼服务员、小姐。

丧葬 旧时，人死土葬，丧事程序繁杂，一般从去世到出殡历时三至五天，方能基本办妥，富有人家可长半月到一个月。中华人民共和国成立后，移风易俗，丧事从简，丧期缩短为一至三天。20世纪70年代，废除土葬，推行火葬，尸体火化后其骨灰深埋或寄存在纪念堂。农村因传统习俗根深蒂固，火化新风仍未被民众完全接受，旧的丧葬习俗甚至有抬头之势。城镇机关干部、居民丧事较简，多在家中或殡仪馆举行遗体告别仪式，摆放花圈，子女守孝，戴白花、黑纱，亲朋好友吊唁，献花圈、挽幛，行鞠躬礼，表达对死者的哀悼。遗体火化后，骨灰送回老家埋葬，有的骨灰送殡仪馆纪念堂存放。90年代后，政府提倡殡葬改革，实施安息工程，部分村庄设立公墓，大部分村庄成立红白理事会，按照勤俭节约、丧事简办的原则，主持民间殡葬事务。

第三节　生活习俗

服饰 境内民众的穿着历来讲究夏着单、冬穿棉，春秋有夹衣，多以自家纺线织布缝制而成。20 世纪七八十年代，制衣面料一改过去以土布为主而多为化纤、混纺、的确良等机制布，自织土布逐渐退出，花色品种也由单调的黑、白、蓝、灰变得五彩纷呈。昔日的对襟上衣直档裤已不多见，中山装、国防服、西装、茄克、筒裤、喇叭裤、面包服、风衣、呢子大衣等成为主流。人们足穿五眼布鞋、松紧口布鞋、皮鞋、胶鞋、球鞋、棉鞋、皮棉鞋。男戴鸭舌帽、遮沿帽、三大扇绒帽，女戴花方巾，使用发卡、头绳、彩绸等固发。90 年代，盛行休闲服、连衣裙、套裙、羊毛衫、T 恤衫、牛仔裤、健美裤、旅游鞋、运动鞋、休闲鞋、皮鞋。男性饰品主要有领带、领结、领带夹，女性有金银项链、珍珠项链、金银手镯、玉手镯等。进入 21 世纪，人们穿着追求个性和时尚，纯棉、毛料、丝织、真皮及高革制品倍受青睐，各式短裤、短裙、紧身背心、圆领大背心、连帽羽绒服、唐装、厚底鞋、爬山鞋、高跟火箭式皮鞋大行其道。女性染指甲、抹口红、烫发染发渐成风尚，男性戴耳坠、挂玉佩、戴项链、烫染发者也不乏其人。儿童服装更是式样翻新，品种繁多，且多饰有卡通形象、花卉等图案。乡村居民紧跟时代潮流，不少年青人的衣饰不亚于城里人。

饮食　旧时，民众以玉米、高粱、地瓜为主粮，辅以大豆、谷子、黍稷等杂粮，统称“粗粮”。农忙时一日三餐，冬闲时每日二餐。家常食品有窝头、饼子、菜团等，菜肴以自家腌制的萝卜、豆酱为主，间食豆角、南瓜、冬瓜、茄子、白菜、菠菜、韭菜、葱、蒜等，且多自种自食。小麦称“细粮”，只有逢年过节、待客、老人、小孩食用。早晚两餐习惯喝粥，一般用玉米面、小米熬制，有的还加入绿豆、红豆。20 世纪 80 年代始，小麦渐成主粮，面粉制品有馍馍、面条、大饼、包子、水饺等，吃五谷杂粮称为“吃稀口”“改善”。蔬菜除原有品种外，还有土豆、西红柿、芹菜、圆葱、莴苣、藕、山药等。肉蛋类多吃猪肉、鸡蛋，牛肉、羊肉、禽肉、鸭蛋、鹅蛋次之。水产品有各种鱼、虾、海带等。豆制品主要有豆腐、豆芽、豆腐皮等。城镇居民早饭多外买或在小吃部就餐，食物有烧饼、油条、包子、馅饼、豆浆、米饭之类。90 年代后期，城里人更加重视科学饮食，崇尚绿色、低脂肪食品，野菜、杂粮成为餐桌珍品。乡村居民在面食坊买馒头者渐多，早餐买油条、豆浆、牛奶、蒸包、火烧的也为数不少。蔬菜品种大量增加，一年四季皆能吃上各种新鲜蔬菜。境内素有喝茶、饮酒的习俗，几乎家家备有茶具、酒具。多数人喜欢喝茉莉花茶，有些地方喝生匹茶，近些年绿茶成为人们的首选。不少人平日里习惯自饮，来客或邻里相聚先沏茶后聊天。酒在待客、逢年过节时必备，部分人也常自饮。冬春以饮白酒为主，夏秋以饮啤酒为主。

居住　昔日，民众多住青砖砌基，土坯垒墙，梁檩搭制顶架，上覆柴草、苇箔，泥土封顶的平房，仅少数人住砖瓦房。砖基层数为单数，有 5、7、9、11、13 层不等，房门木质双扇，窗户木质多棂。院落成三合院或四合院，北屋称“正房”“上房”，多由长辈居住，其他为“偏房”，供晚辈居住或贮藏物品，排水阳沟在大门一侧，寓“流水门前过，幸福长长存”之意。人们睡土炕，炕与锅灶连为一体，便于冬季睡炕头取暖。室内家具有桌、椅、箱、柜、板凳、马扎等。20 世纪 80 年代，土房土屋陆续被淘汰，人们普遍建起砖石混凝土结构的瓦房。瓦房石基、砖墙、瓦顶，木质或铝合金玻璃门窗，水泥地面，宽敞明亮。有些人家的正房为五间、三间居中，出厦，两根顶柱，两头各一间耳房，正中门前有台阶，两旁垒有矮花墙，室内铺陶瓷地板砖，屋檐用瓷瓦装饰，称之为“锁皮屋”；院落砖石垒墙，过道大门，迎门墙绘有壁画或者“福”字。较富裕的家庭建起两层楼房，上层居住，下层会客或经营生意。土炕基本消失，代之以木床、铁床、弹簧床。家家电灯照明，不少人家用电饭锅或液化气炉灶做饭。组合柜、沙发、茶几、电视机、电冰箱、冷柜等进入普通百姓家。城镇居民则多居住楼房，有的盖起沿街商、居两用楼，大都拥有彩色电视机、液晶电视机、影碟机、组合音响、电冰箱、空调、壁橱、博古架、书架、餐桌、石料或有机玻璃茶几、组合布艺或真皮沙发等现代家用器具。90年代后期，随着住房制度改革的深化和房地产开发业、住房商品化的发展，城镇一幢幢住宅楼拔地而起，建起一批环境优美、功能齐全、管理规范的住宅小区。城镇居民以商品房为主，居住面积一般都在80～130平方米之间。

出行 境内有农历初一和十五日不出行的习俗，随着社会文明的进步，今人已不再讳忌。20世纪70年代，人们外出多步行或乘畜力车，少数人骑自行车，远途乘坐公共汽车。80年代，家家拥有自行车，有的多达几辆，成为主要代步工具，乘汽车外出的人越来越多。90年代始，柏油路四通八达，基本实现“村村通”。客运事业发展较快，各乡镇都设有公共汽车站（点），乘班车出行渐成自然。出租车行业同步发展，许多人租乘外出，既方便又快捷。摩托车、电动车、农用汽车遍及城乡，为人们出行带来多种选择。进入21世纪，私人小汽车渐多，成为代步工具的“新家族”。

第四节 生产习俗

农耕 县域地处鲁西北冲积平原，民众向以务农为本，日出而作，日落而息，以种植粮食作物为主。20世纪70年代末，陆续推行家庭联产承包生产责任制，各家各户自行安排生产，早出晚归，精耕细作。农忙时节，亲朋好友、村民之间相互帮忙、协作，农具、牲畜互通有无。农民种植观念发生变化，既种粮食作物，亦种经济作物。80年代中期，棉花种植面积大增，出现“种棉热”。各级政府积极引导调整种植业结构，瓜果、蔬菜种植面积和植桑养蚕业迅猛发展。90年代起，农业逐步实现机械化，拖拉机、收割机、脱粒机、旋耕犁、农用机动三轮、农用汽车普遍应用于农业，传统的农具锄、镰、犁、耙、耧、砘、小推车、地排车等逐渐淘汰。农民种田不再凭经验，科学种田观念深入人心，开始注重种植技术，耕种、施肥、用药等各生产环节更科学、合理，生产效率、效益大幅提高。进入21世纪，农民市场经济意识增强，按照市场需求灵活调整种植结构，优质苹果、蜜桃、冬枣、绿色无公害蔬菜，大棚无籽西瓜等种植面积逐年增多，特色产业村、种植专业大户不断涌现。

植树 境内居民有“四旁”（田旁、村旁、路旁、宅旁）植树传统。院内多种枣、石榴、葡萄、香椿等树种。房前屋后、沟畔、路边、地头多种柳树、杨树、榆树、槐树等，主要用以生长木材和美化、绿化为目的。20世纪80年代中期，随着商品经济的发展，农民注重种植产量高、销路好的果树，有的将责任田辟为苹果园、桃园和桑园。至90年代中期，全县有林地面积24.8万亩，其中经济林达17万亩。

畜牧业 20世纪70年代，大牲畜为集体饲养，猪、羊、家禽多为家庭分散饲养。80年代初，大牲畜陆续分配到户。随着家庭联产承包责任制的推行，以牛为主的大牲畜用途大增，家家户户开始饲养。由于饲料、饲草充足，养猪、养羊、养鸡、养兔者增多，并且逐渐由圈养、散养向集中养、专业养发展。90年代，畜牧业已发展成为农业的主导产业之一，饲养大户、畜牧专业村、养殖场数量大增。饲养品种也呈多样化，优良品种、杂交品种占主导地位，饲养管理更加规范、科学，科技储量和经济效益愈来愈高。

家庭手工业 20世纪70年代末，家庭手工业受到限制，从业人员很少。80年代初，国家实施改革开放政策，鼓励、支持家庭手工业发展，从业人员大增。传统手工业如柳编、铁编、木瓦工、修鞋、镶牙、绳网、车马挽具、磨豆腐、轧油、风味食品、传统小吃等逐步恢复起来。80年代后期，随着商品经济发展和社会需求，手工门类不断扩展，如照相、电汽焊、家电维修、机动车辆修理、房屋装修、牌匾制作等新兴手工业日益增多。90年代起，一些手工业逐步向机电化发展，如机织绳网、机织地毯、机织毛衣、机织手套等。生产经营方式逐步由个体、小型、分散经营向规模化、专业化发展。至2005年，全县仅建筑企业就发展到1050家，用工50人以上的化纤绳网加工企业达460余家。

经商　20世纪70年代末，商业经营者主要有国营商业系统和集体供销系统，个人不允许经商。80年代起，国家逐步放开对个体经商的限制，个体经商户逐年增多，或开店铺经营，或到集市摆摊出售。个体经商者承袭旧时商人“灵活、热情”的传统习俗，诚实守信，生意兴隆。80年代后期，各级政府出台一系列优惠政策，大力发展个体经济，个体经商户快速发展。国营商业与供销系统经营的商店陷入困境，国营商业实行改制，以承包、租赁、股份制等方式进入市场竞争，农村商品市场日趋繁荣活跃。90年代，随着城镇下岗职工和农村剩余劳力的日益增加，个体商户的经营范围、门类和规模逐渐扩大。进入21世纪，商品专业化、超市连锁店等成为新兴商业经营模式，各类名牌商品专卖店，高档饭店、宾馆，洗浴中心，美容美发中心，大、中型超市开始崭露头角。农村集贸市场越来越密集，百货商店、百货商场、饭店、宾馆遍布乡镇，到处一派欣欣向荣的新气象。

第五节　陋习与禁忌

迷信　20世纪80年代初，乡村中封建迷信活动有所抬头。如崇神信鬼、拜佛求巫、烧香烧纸、占卦问卜、看风水、选坟地、找阴亲等。进入21世纪，上述陋习有所减少，但仍然存在。

赌博　中华人民共和国成立前，境内城乡赌博盛行。中华人民共和国成立后，政府严禁赌博，此风基本绝迹。20世纪80年代后期，聚赌现象时有发生，赌具多为扑克、麻将、牌九等。21世纪初，出现有用游戏机行赌者，赌者多为外地客商。

禁忌　县内禁忌主要有：除夕夜禁忌大声喧哗；拜年和探望病人忌在下午或晚上；新婚妇女禁忌在娘家过春节；妇女忌在娘家生小孩；正月里忌剃头；禁忌“黑道日”出远门；忌说活到一百岁，称“九十九”；婚配忌属相相克；借药锅忌送还，等物主来取等等。

第四章　宗　教

1979年，宗教事务管理工作由县委统战部负责，主要宣传贯彻宗教信仰自由政策，落实宗教界人士、宗教团体的房地产政策，保护宗教界的合法权益。1983年，政府拨款修复姜家天主教堂。1984年12月，县人民政府民族宗教办公室成立。1985年，县境内有伊斯兰教、天主教、基督教三种宗教，信教群众2500余人，其中伊斯兰教200余人，天主教800余人，基督教1400余人；宗教职业者2人，其中神甫1人；宗教活动场所14处。

1986年，县民族宗教办公室印发《关于落实宗教团体房产政策的意见》，并于1987年6月召开落实宗教房地产工作会议，对全县历史上38处宗教教堂、清真寺进行调查核实。至1995年，落实宗教房地产4处，共计房屋110间，其中，姜家85间，南孟3间，王家店子19间，盛家营3间。同年，按照国务院《宗教活动场所管理条例》和国务院宗教局《宗教活动场所登记办法》，对宗教活动场所依法进行登记。至年底，登记工作圆满完成，正式登记宗教活动场所18处，其中，天主教13处，基督教4处，伊斯兰教清真寺1处。临时登记的2处（均系基督教活动场所）。通过登记，建立县、乡、村三级宗教管理网络和爱国宗教团体、宗教活动场所、家庭聚会三级宗教内部管理网络。

1996年起，每年对宗教活动场所进行年度检查，加大对各种非法宗教活动的治理力度，对出现的天主教地下势力、基督教私设聚会点和各种邪教组织及时依法处理，保持全县宗教领域的稳定。同年，会同有关部门对李仲条基督教非法活动进行专题调查，依法进行治理整顿。1997年，依法取缔外地传入县境的“门徒会”邪教组织。同宗教界开展爱国爱教和精神文明创建活动，评出4个先进集体和15名先进个人，姜家天主教管理委员会被评为全省宗教界爱国爱教先进集体。

1999年，按照全国、全省天主教工作会议部署，在全县天主教界进行爱国主义教育，加强天主教爱国组织建设。同年11月，惠民县天主教爱国会正式成立。2000年6月，正式成立“惠民县基督教三自（自治、自传、自养）爱国运动委员会”。2003年5月，县民族宗教办公室更名为县民族宗教事务局，列县政府序列，为正科级行政单位。至2005年年底，全县有伊斯兰教、天主教、基督教三种宗教，信教群众4000余人，分布在14个乡镇、105个行政村（居），其中伊斯兰教（回族群众）800余人，天主教1300余人，基督教1700余人。全县正式登记的宗教活动场所21处，其中基督教12处，天主教8处，伊斯兰教1处。宗教职业者4人，其中神甫1人，长老1人，神学生1人，阿訇1人。

第一节　伊斯兰教

伊斯兰教，亦称“清真教”“回教”，由公元七世纪阿拉伯人穆罕默德创立。伊斯兰教的信仰者称“穆斯林”。元朝初期，始有回族穆斯林迁入惠民城。1920年，有5户伊斯兰教徒迁入惠民城定居，秘密地过宗教生活。其间，又有20余户教徒迁居惠民城。

中华人民共和国成立后，惠民城鼓楼街的清真寺得到维修。1985年，惠民镇回族管委会在三义庙街新建清真寺一座。是年，有伊斯兰教徒253人。1995年，对县内清真寺进行依法登记，有回族穆斯林400人，阿訇1人，清真寺1处。清真寺成立民主管理委员会，制定“爱国公约”“民主管理”“财务管理”“教务管理”等制度。至2005年，有穆斯林800余人，阿訇1人。穆斯林中1人被选为市人大代表，2人被选为市政协委员；2人被选为县政协常委，1人被选为县政协委员，1人被选为县人大代表。

第二节　天主教

中共十一届三中全会后，宗教活动得到恢复，姜家天主教堂经政府拨款维修后，于1983年6月7日正式开放。1985年，全县有天主教徒800余人，分布在11个乡镇的27个自然村，共有宗教活动场所6处。1996年，姜家天主教管理委员会将原13间大教堂拆除，多方筹资82万元，在原址新建“天主堂”1座，为滨州地区最大最豪华的天主教堂。1997年，南孟、后河沟崔信教群众以集资、捐资方式先后建起砖木结构的新式教堂。是年，正式登记的天主教活动场所达13处。1999年11月，“惠民县天主教爱国会”正式建立，选举李传安为县天主教爱国会主任，杨永强、姜连学为副主任。2000年，梁家乡陈集天主教堂管理委员会新建天主堂1座，建筑面积129.5平方米。三堡乡盛家营村在天主教堂原址上翻盖教堂1座，建筑面积115.5平方米。至2005年底，县内有天主教徒1300余人，依法正式登记的宗教活动场所8处；有2名天主教徒被选为县政协委员，1名被选为县政协常委。

姜楼教堂 姜家教堂位于姜楼镇姜家村，1878—1931年期间分别由意、德、美三国教会分三期建成。教堂区分教堂、神甫楼、修女楼、学校、医院、伙房六部分，占地面积10318平方米，建筑面积3208平方米，房屋近200间。1993—1996年，姜家天主教管理委员会将原大教堂拆除，多方筹资82万元，在原址新建“天主堂”一座，建筑面积780平方米，附属房建筑面积3273平方米。2005年，在教堂南面修建钟楼1座，高30米，占地面积100平方米。

第三节 基督教

基督教亦称“耶稣教”。1866年（清同治五年），英国基督教圣道堂（循道公会）传教士始在县内借赈灾传教。1902年，在惠民城南关建基督教堂及牧师楼。1920年，基督教徒发展到729人，1930年后盛行。1941年，侵惠日军强占南关教堂，自此基督教逐步衰败。“文化大革命”期间，基督教销声匿迹。

1985年，基督教徒在家中活动，没有固定场所。1995年，对宗教活动场所进行登记和年检，全县基督教徒700人，分布在20个乡镇，135个村（居），正式登记的活动场所4处。各场所均成立民主管理委员会或民主管理小组，制定“爱国公约”“民主管理”“财务管理”“教务管理”制度。2002年6月，正式建立“惠民县基督教‘三自’爱国运动委员会”，张学海被选为县基督教“三自”爱国会主任，孙文章、张洪兰为副主任，巩曰水为秘书长。2003年，魏集孙家圈村基督教管理委员会筹资修建教堂一座，建筑面积200平方米，信教人数300余人。2004年，市县两级通过落实宗教房地产政策，妥善解决了惠民城南关基督教堂房产问题，在惠民镇马口村新建一座建筑面积2000平方米的教堂。至2005年，县境内有基督教徒1700余人，长老1人，神学生1人，依法登记宗教活动场所12处；有2名基督教徒被选为县政协委员，1名基督教徒被选为市政协委员。

第二十六编　方　言

惠民方言隶属北方方言区的冀鲁方言。具体说，是齐东方言片的西北隅。

由于地理位置及传统交往的影响，境内方言也有明显差异。徒骇河以北至北县界为惠民城方言片，是惠民方言的代表。其特点是降调较多，去声和很多阳平字都读为31。徒骇河以南至黄河岸及西部属大年陈方言片。其特点是鼻音较重，“安”“恩”不分。徒骇河以南的东部属胡集方言片，包括胡集、陈集等地。其特点是吐字较轻，尾音上挑。另外，还有个“方言岛”：淄角以南、姜楼以北，申桥以西，约有十几个村庄。其特点是把“走”“坐”读成“陡”“垛”。

第一章 语 音

惠民方言虽属普通话基础方言，但在语音方面，尤其是声调，与北京语音音系差异明显。

第一节 声 母

辅音声母

p、p‘、m、f、v、t、t‘、n、l、k、k‘、ŋ、x、tɕ、tɕ‘、ȵ、ɕ、tʂ、ts‘、ʂ、ʐ、ts、ts‘、s

与北京语音的差异

声母的发音与北京语音非常相似，塞音组也同样没有浊音。只是多出了［v］、［ȵ］、［ŋ］三个声母。

1. 零声母中合口呼韵母自成音节，则加上［v］。如乌［Vu］、挖［vuA］、歪［vai］、威［vei］、完［van］、温［vən］、汪［vaŋ］等。

2. n声母与齐齿呼、撮口呼韵母拼合时，以舌面鼻辅音［ȵ］为声母。如泥［ȵi］、捏［ȵiɛ］、鸟［ȵiə］、牛［ȵiou］、年［ȵiaŋ］、娘［ȵiaŋ］、女［ȵy］等。

3. 零声母中开口呼韵母自成音节，则加上后鼻辅音［ŋ］。如讹［ŋæ］、藕［ȵou］、袄［ŋə］、安［ŋan］、恩［ŋən］等。

4. 惠民方言能把ts、tʂ两组声母分得很清楚，只有个别字音有异。

（1）把个别ts组辅音声母的字读成tʂ组辅音。如淄［tʂʅ］、邹［tʂou］、踩［tʂ‘æ］、策［tʂ‘æ］、所［ʂuo］、森［ʂən］等。

（2）把个别ʈs组辅音声母字读成tɕ组辅音。如足［tɕy］、皴［tɕ‘ən］、宿［ɕy］、肃［ɕy］、笋［ɕyn］、损［ɕyn］等。

（3）tʂ组辅音声母有混用现象。如伫、贮［tʂ‘u］、触［tʂu］、售［tʂ‘ou］、奢［tʂ‘ə］、殊［tʂ‘u］等。

（4）前所提及的“方言岛”将ʈʂ、ts‘读成t、t‘。如走［tou］、坐［tuo］、早［tɔ］、擦［t‘A］、菜［t‘æ］、葱［tuŋ］、崔［t‘uei］等。

（5）有将ʐ声母代之l和y的现象。如褥、入［lu］、绒、容、荣［luŋ］、蕊［luei］等。润、闰［yn］、软［yan］，却把“用”读作［ʐuŋ］。

5. 惠民方言一般不分尖团音，只有东部与滨州相邻的几个村庄有尖音现象，但不十分明显。少女青春尖音当属别论。

惠民方言声母表

表 26－1

发音部位			塞音 清音 不送气音	塞音 清音 送气音	塞擦音 清音 不送气音	塞擦音 清音 送气音	擦音 清音	擦音 浊音	鼻音 浊音	边音 浊音
唇音	双唇音	上唇 下唇	b [p]	p [P‘]					m [m]	
唇音	唇齿音	上唇 下唇					f [f]	v [v]		
舌尖前音		舌尖上齿音			z [ts]	c [ts‘]	s [s]			
舌尖中音		舌尖上齿龈	d [t]	t [t‘]					n [n]	l [l]
舌尖后音		舌尖硬腭前			zh [tʂ]	ch [tʂ]	Sh [ʂ]	r [ʐ]		
舌面音		舌面硬腭			j [tɕ]	q [tɕ]	x [ɕ]		* [ŋ]	
舌根音		舌根软腭	g [k]	k [k‘]			h [x]		ng [ŋ]	

第二节　韵　母

与北京语音的差异

1. 惠民方言里没有［ai］、［au］两个复韵母，而读成单元音［æ］、［ə］。如拜［pæ］、开［k‘æ］、海［Xæ］、柴［tʂ‘æ］、包［pə］、帽［mə］、道［ʈə］、老［lə］、赵［tʂə］等。

2. 惠民方言里没有［yɛ］韵母，而是代之以［yo］或［iɔ］。如决［tyo］、缺［tɕ‘yo］、雪［ɕyo］、月［yo］，自觉［tɕiə］、上学［ɕiə］、音乐［iə］等。

3. 惠民方言依然保留古［iæ］韵母。如街、阶、皆、介、界、届、戒、解［tɕɩæ］，鞋、谐、懈、械［ɕiæ］，崖、挨［iæ］等。

4. 古韵母［ei］在北京语言中已分化为［e］、［o］、［ai］、［i］四组。如得、德、隔、格、刻、客，墨、默，百、脉、窄、拆，笔、彼、披、坯。而惠民方言依然保留［ei］韵母。

5. 惠民方言与北京语音在韵头方面也有差异。如过、果［k］，扩、阔［k‘］，暖［nan］，乱［lan］，津［tɕyn］，迅、汛［ɕin］，雷、累、美［luei］等。

6. 惠民方言发音前鼻韵母舌头不到位，有鼻化元音现象。大年陈方言发［ən］韵母开口度大，介乎［ən］、［an］之间。

惠民方言韵母表

表 26－2

韵母结构 ＼ 四呼	开口呼		齐齿呼		合口呼		撮口呼	
单韵母	－i	[ɿ] [ʅ]	i	[i]	u	[u]	ü	[y]
	a	[A]	ia	[ia]	ua	[ua]		
	o	[o]			uo	[uo]		[yo]
	e	[e]						
	ê	[ɛ]	ie	[iɛ]				
	er	[ə]						
		[æ]		[iæ]		[uæ]		
		[ɔ]		[iə]				
复韵母	ie	[ei]			uei	[uei]		
	ou	[ou]	iou	[iou]				
鼻韵母	an	[an]	ian	[iɑn]	uan	[uan]	üan	[yɑn]
	en	[ən]	in	[in]	uen	[uən]	ün	[yn]
	ang	[aŋ]	iang	[iaŋ]	uang	[uaŋ]		
	eng	[əŋ]	ing	[iŋ]	uang	[uəŋ]		
					ong	[uŋ]	iong	[yŋ]

第三节　声　调

惠民方言与北京语音在声调方面差异比较明显。下面从调类、调值两个方面加以表述。

调类

惠民方言和北京语音一样，有四个声调：阴平、阳平、上声、去声。古入声调已经消失，入声字分别派入阴阳上去中。但派入的情况与北京语音并不完全一致。北京语音的入声字有一半左右归入去声，三分之一归阳平。惠民方言的入声字有一半左右归入阴平，只有不到三分之一的归入去声。

其他，绝大部分的调类是一致的，仅有个别字调不同。如奖、左（上声），方言归至去声。

惠民方言声调表

表 26－3

惠民 例字 北京	阴　平	阳　平	去　声
阴平	出、秃、七、黑、桌、吃、喝、拍		压
阳平	菊、桔、博、格、福、竹、职、识、吉、节、足		涤
上声	铁、尺、塔、角、雪、笔、甲、乙、百、北、谷、法		
下声	质、赤、式、复、腹、迫、各、客、刻、祝、设、确、宿、肃、册、涉、束		入、纳、麦、落、立、木、密、物、腊、业、叶、月、药、岳、辣、列、务、灭、袜、剧、阔、译、玉、育、术、泄

调值

惠民方言的调值分别为213、53、55、31，与北京语音差异明显。

惠城方言片还无端地把阳平（53）读作去声（31）。如娘、牛、驴、人、盐、油等。

惠民方言调值表

表 26－4

	阴平	阳平	上声	下声
惠民	213	53	55	51
北京	55	35	214	31

第四节　音　节

惠民方言与北京语音的拼合规律基本一致，只有个别的音节略有差异。

惠民方言音节

表26-5

例字 声母	韵母	开口呼													齐齿呼										合口呼										撮口呼				
		-i	a	o	e	[æ]	ei	[ə]	ou	an	en	ang	eng	er	i	ia	ie	[iæ]	[iə]	iu	ian	in	iang	ing	u	ua	uo	[uæ]	ui	uan	un	uang	ueng	ong	ü	[yo]	[üan]	ün	iong
b	[p]	/	巴	玻	/	白	杯	包	/	般	奔	帮	崩	/	逼	+	别	/	标	/	边	滨	/	冰	不	/	/	/	/	/	/	/	/	/	/	/	/	/	/
p	[pʻ]	/	趴	坡	/	排	胚	抛	/	潘	喷	旁	烹	/	批	+	撇	/	飘	/	篇	拼	/	乒	铺	/	/	/	/	/	/	/	/	/	/	/	/	/	/
m	[m]	/	妈	模	么	埋	眉	猫	-	蛮	闷	忙	盟	/	迷	/	灭	/	苗	—	棉	民	/	明	木	/	/	/	/	/	/	/	/	/	/	/	/	/	/
f	[f]	/	发	佛	/	/	飞	(否)	-	翻	分	方	风	/	/	/	/	/	/	/	/	/	/	/	夫	/	/	/	/	/	/	/	/	/	/	/	/	/	/
v	[v]	/	/	/	/	/	/	/	/	/	/	/	/	/	/	/	/	/	/	/	/	/	/	/	(乌	袜	窝	歪	威	弯	温	汪	翁)	/	/	/	/	/	/
d	[t]	/	搭	/	得	呆	得	刀	兜	单	屯	当	登	/	低	/	爹	/	雕	丢	颠	/	/	丁	都	/	多	/	对	端	蹲	/	/	东	/	/	/	/	/
t	[tʻ]	/	他	/	特	胎	/	滔	偷	摊	/	汤	疼	/	梯	/	贴	/	挑	/	天	/	/	听	秃	/	脱	推	团	吞	/	/	通	/	/	/	/	/	/
n	[n]	/	拿	/	讷	奶	内	恼	/	南	—	囊	能	/	—	/	—	/	—	—	—	—	—	—	奴	/	挪	/	/	暖	/	/	/	农	—	—	/	/	/
l	[l]	/	拉	/	—	来	—	劳	楼	兰	/	郎	冷	(儿)	利	俩	列	/	了	流	连	林	凉	零	炉	/	锣	/	(雷)	滦	轮	/	/	笼	驴	(掠)	/	/	(龙)
g	[k]	/	嘎	/	哥	该	隔	高	沟	干	根	刚	更	/	/	/	/	/	/	/	/	/	/	/	姑	瓜	锅	拐	规	关	滚	光	/	工	/	/	/	/	/
k	[kʻ]	/	咖	/	科	开	克	考	口	看	肯	康	坑	/	/	/	/	/	/	/	/	/	/	/	枯	夸	/	阔	快	亏	宽	昆	/	筐	空	/	/	/	/
ng	[ŋ]	/	/	/	(鹅	哀	/	熬	欧	安	恩	昂)	/	/	/	/	/	/	/	/	/	/	/	/	/	/	/	/	/	/	/	/	/	/	/	/	/	/	/
h	[x]	/	哈	/	喝	海	黑	好	猴	寒	痕	杭	哼	/	/	/	/	/	/	/	/	/	/	/	呼	花	火	怀	灰	欢	婚	荒	/	轰	/	/	/	/	/
j	[tɕ]	/	/	/	/	/	/	/	/	/	/	/	/	/	基	家	结	(街)	交	究	坚	今	江	京	/	/	/	/	/	/	/	/	/	/	居	(决)	捐	军	窘
q	[tɕʻ]	/	/	/	/	/	/	/	/	/	/	/	/	/	欺	恰	茄	/	敲	丘	牵	琴	腔	轻	/	/	/	/	/	/	/	/	/	/	区	(缺)	圈	群	穷
*	[ȵ]	/	/	/	/	/	/	/	/	/	/	/	/	/	(泥	娘	捏	/	鸟	妞	年	您	娘	宁)	/	/	/	/	/	/	/	/	/	/	(女)	/	/	/	(浓)
x	[ɕ]	/	/	/	/	/	/	/	/	/	/	/	/	/	希	瞎	歇	(鞋)	骁	休	掀	欣	香	兴	/	/	/	/	/	/	/	/	/	/	虚	(靴)	轩	勋	兄
zh	[tʂ]	知	渣	/	遮	/	斋	摘	招	周	毡	真	张	争	/	/	/	/	/	/	/	/	/	/	珠	抓	桌	拽	追	专	准	庄	/	中	/	/	/	/	/
ch	[tʂʻ]	吃	插	/	车	差	(拆)	超	抽	搀	陈	昌	称	/	/	/	/	/	/	/	/	/	/	/	初	/	戳	揣	吹	川	春	窗	/	充	/	/	/	/	/
sh	[ʂ]	诗	沙	/	奢	筛	谁	烧	收	山	伸	伤	生	/	/	/	/	/	/	/	/	/	/	/	书	刷	说	衰	水	拴	顺	双	/	/	/	/	/	/	/
r	[ʐ]	日	/	/	热	/	/	饶	柔	然	人	让	扔	/	/	/	/	/	/	/	/	/	/	/	如	/	若	—	瑞	软	—	/	/	荣	/	/	/	/	/
z	[ts]	资	杂	/	啧	灾	贼	遭	走	咱	怎	脏	增	/	/	/	/	/	/	/	/	/	/	/	租	/	昨	/	最	钻	尊	/	/	宗	/	/	/	/	/
c	[ts]	雌	擦	/	侧	猜	/	曹	凑	参	岑	仓	层	/	/	/	/	/	/	/	/	/	/	/	粗	/	错	/	催	蹿	村	/	/	聪	/	/	/	/	/
s	[s]	私	撒	/	瑟	腮	(塞)	搔	搜	三	—	桑	僧	/	/	/	/	/	/	/	/	/	/	/	苏	/	索	/	虽	酸	孙	/	/	松	/	/	/	/	/
o	/	/	啊	/	-	-	/	-	-	-	-	-	/	/	衣	呀	耶	(挨)	腰	忧	烟	因	央	英	—	—	—	—	—	—	—	/	—	—	/	迂	(月)	冤	晕

说明：*：表示汉语拼音方案中没有相应的符号；+：表示惠民话里有这个音节，但没有合适的汉字表示它；—：表示普通话里有这个音节，而惠民话里无此音节；带括号者表示惠民话里有此音节，而普通话里无此音节

第五节　音变现象

惠民方言也有音变现象，与北京语音大体相当，也有轻声、变调、儿化，但音变情况不同。分述如下。

轻声

惠民方言也有轻声，同样也有区别词性词义的作用，但与北京语音略有差异。

1. 在音质上，方言轻声不够轻短。如桌子、木头、看着［tʂuo］、你的［ti］等。

2. 在数量上，方言轻声音节比北京语音数量多。

（1）一部分量词读轻声。如三根、四对、六张、二斤、八两、五尺、四里、三趟等。

（2）某些双音节词语，后一个读轻声。如：张店、周村、沾化、山羊、公鸡、菊花、青豆、捂怪、扎裹、干渴、粘缠。

（3）三音节词语后两个音节读轻声。如：臭大姐、吊南瓜、酒布袋、裤荷包、跽坐着、遥哪里等。

儿化

惠民方言也有音节儿化现象。但发音有明显差异。

1. 后鼻辅音韵母儿化时，丢掉后鼻辅音［ŋ］，不鼻化，加卷舌动作。如：疮儿［tʂ‘uar］、绳儿［ʂer］、空儿［k‘uor］、杏儿［xiər］等。

2. 齐齿呼韵母儿化时，有丢掉介音［i］的现象。例如：点儿［tair］、条儿［tər］、边儿［pair］、溜儿［lour］等。

变调

惠民方言的变调现象较有规律。

1. 阴平的变调。阴平字单会为213，在词尾不变调。

（1）在阴平、阳平、上声、去声前都变为23。例如：飞机、春天，方圆、风琴，花朵、风险、东部、风气。

（2）在轻声前变为31。例如：刀子、窗户、关上、干渴等。

2. 阳平的变调。阳平字单念为53。

（1）在上声前，在词尾变31。例如：牛奶、民主、人口、凉水、黄牛、苹果皮、小毛驴、小勺、弹簧等。

（2）在轻声前变为35。例如：人家、甜头、朋友、明白等。

3. 上声（55）的变调。

（1）在上声前变为42（或31）。例如：海米、草稿、产品、表演等。

（2）在轻声前为21。例如：椅子、走啦、想头、奶奶等。

4. 去声（31）的变调。

（1）在去声前变为23。例如：大树、电视、部队、胜利等。

（2）在轻声前变为55（或44）。例如：麦子、木头、快了、进来、骆驼等

特殊音变

1. 前后音节相互影响发生音变。例如：后晌［xuŋ xaŋ］、那么［nin mə 鹊］、言语［ian i］等。

2. 双音节词音节拼合。例如：做啥［tsA］、估摸［kuŋ］等。

3. 单音节词音节分解。例如：圈—缺连［tɕ‘y lian］、球—其溜［tɕ‘i liou］、环—滑兰［xua lan］、卷—撅连［tɕyo lian］等。

惠民方言中儿化韵母部分例字表

表 26－6

原韵母	儿化音	例字	原韵母	儿化音	例字
ar	a	渣儿	(yõr)	yŋ	蛹儿
	aŋ	汤儿	ər	ɿ	字儿
iar	la	架儿		ʅ	事儿
	iaŋ	样儿		ei	辈儿
uar	ua	画儿		ẽ	针儿
	uaŋ	庄儿	uor	ou	错儿
ər	ə	小灯、顶儿		uŋ	空儿
	əŋ		ər	ə	桃儿
iɛr	iɛ	老爷儿		iə	调儿
	iŋ	影儿	iər	iə	苗儿
ær	æ	牌儿	our	ou	豆儿
	ã	班儿		iou	袖儿、酒儿
	iã	点儿	iour	iou	油儿
lar	iã	小辫儿	ier	i	泥儿
ur	u	数		iẽ	信儿
uær	uæ	筷儿	uer	uei	锤儿
	uã	罐儿		uẽ	轮儿
yær	yã	院儿	yer	y	鱼儿
yor	yo	靴儿		yẽ	群儿

第二章　词　汇

惠民方言隶属北方方言，在词汇方面有很大的一致性。除了没有地域之分的基本词汇之外，另有很多方言词语。

第一节　方言词语

义同形异的方言词语

如名词中对同一事物，都有它的方言名称，动词也有不同的说法。例如玉米—棒子、昨天晚上—夜来后晌、蹲—跽坐、笑—欢气、饿—饥困等。也有颠倒序的。如：诚实—实诚、颠倒—倒颠。蹊跷—跷蹊、刚才—才刚。

同形异义的方言词语

例如鼻子—有时指鼻涕，打仗—兼指吵架、打架。炭—兼指煤，荷包—专指衣袋。馃子—多指油条。拾掇—多指修理等。

第二节　方言词语例释

惠民方言	普通话
年时	去年
顶上	上面
着实	很
掩着	巧合
老么	很
了不的	不得了
饥困	饿
干渴	渴
使的	累得
道浓	道路泥泞
使的慌	累得很
念书	读书
夜来	昨天
也里	指近处
夜来后晌	昨天晚上
白夜	白天
麦秋	麦收时节
年下	春节
伯	父亲
娘娘	伯母
小子	男孩
妮子	女孩
姥爷	外祖父
兄弟	弟弟
囊瓜	南瓜
长果	花生
家猫	家兔
糖不嚼儿	山楂粘
干粉	粉条
萝贝	萝卜
头牯	牲口
氏牛	母牛
犍子	公牛
凿打木子	啄木鸟
老鸹	乌鸦
蝎虎溜子	壁虎
皮猴子	狐狸
米羊	蚂蚁
消息牛儿	蝉的幼虫
蚂楞	蜻蜓
坷垃	干土块
营生	东西
心门儿	菜心、花心
邪邪	垂涎
鼓捣	做
扎裹	打扮、修理
着上	传染
值过	合算
二五眼	水平低
二乎	没把握
二崩	莽撞人
不地道	不可靠、不正派
不咋的	可以、一般化
坐窝	一开始
崩没根儿	说话没准
埝儿	地方
离把了	厉害了
猛个丁地	突然
乍毛毛地	初次无准备
海子	湾
捅了	倒了
真格的	真的
胡扯扯	胡说
胡旁	无根据乱说

惠民方言	普通话	惠民方言	普通话
咋嗬	怎么样	吃冒儿	吃奶
作姑得	编谎话	瞎作鼓	盲干
雀瞽	夜盲	拉饥荒	欠账
脚盆	尿盆	护驹子	偏袒自己的孩子
撞客	精神失常	下面	吃喝不文明
刺挠	痒痒	随葫芦打趟趟	随大溜
过来天气	风雨来临	酸	轻飘做作
不容过	没有空	瓷实	结实
踢蹬	胡闹	柱壮	踏实
混子	不务正业的人	乍前	现在
瞎三烂	品质差	丧门	脸色难看话难听
讨换	寻借	粘糊	不清楚
半吊子	不懂事	迭不当的	来不及
穿钱	换零钱	泥腿	无赖
丝囊	食物发霉	跑茅子	拉肚子
圆成	劝说	寒贱	瘦弱
奶活	养活	不耳觑、没过觑	没注意

第三章 语 法

惠民方言在语法方面和北方方言有很大的一致性。下面从词法和句法方面列举些差异。

第一节 词 法

词缀

1. 惠民方言中后缀“巴”偏多。除了哑巴、结巴、干巴之外，还有瘦巴、瘫巴、瘸巴，紧巴、皱巴、挤巴，打巴、洗巴、撕巴等。动词形容词的“巴”缀还可以重叠。如撕巴撕巴、撕撕巴巴。

2. 方言中后缀“乎”偏多。除了近乎、热乎之外，还有面乎、游乎、玄乎、虚乎等。

3. 后缀“由”其他方言中较少。如转由、团由、搓由、逛由、蔫由、磨由等。

4. 后缀“查”其他方言中更少。如抠查、刮查、扒查、糊查、掋查等。

重叠方式

1. 量词三重叠，有强调“每”的意思。如家家家、个个个、户户户等。数量不是太多。

2. 方位词重叠，有“些”或“点”的意思。例如朝前前、靠后后、往里里等。

3. 形容词重叠 ABB 式，表示程度加深。如大胖胖、楞粗粗、精窄窄、精瘦瘦、精细细、焦黄黄、挑白白、稀烂烂、乔苦苦等。

助词

1. “的”的特殊用法，作语尾助词。如：“你做啥的？”“我赶集的”。

2. 特殊助词“开”，表示动作的完成。如：“吃完饭开”。相当于“的时候”。

3. 助词“价”，用语偏多。如：不会价、不是价、成天价、“成天怪忙的价”等。

第二节 句 法

语序颠倒。

例如：知不道、值不当的、老么肚子疼、着实味大了、冻我坏了、问他问、说不听他等。

特殊句式

1. 比较句：你不胖得我、他胖起你、我不跟他胖、他伴你胖。

2. 疑问句：你去啊不？你去了不？

第四章 语料记音

第一节 谚 语

tA$^{55}_{21}$lə · tʂʻən^{213}piɛ^{53}xuan$^{213}_{31}$ɕi ·
打 了 春， 别 欢 喜，
xan^{53}iou^{55}si^{55}sʅ · tʻian$^{213}_{31}$ti · ləŋ^{55}tian$^{213}_{31}$tɕʻi ·
还 有 四十 天 的 冷 天 气。

iou^{55}tɕʻian^{53}nan$^{53}_{31}$mæ^{55}u$^{55}_{21}$yo · xan^{31}
有 钱 难 买 五月 旱，
liou$^{31}_{55}$yo · lian$^{53}_{35}$in · tʂʻʅ$^{123}_{23}$pə^{55}fan^{31}
六 月 连 阴 吃 饱 饭。

ɕin$^{213}_{21}$tɕi^{213}$^{213}_{31}$pu · liə · ʐə^{31}ŋian$^{53}_{35}$tʂu：
心 急 喝不 了 热 粘 粥。

第二节 歇后语

lə$^{55}_{21}$kua · fei$^{213}_{31}$tɔ · tʂʻu$^{213}_{23}$tiŋ$^{31}_{55}$ʂaŋ · ——
老 鸹 飞 到 猪 腚 上 ——
kʻan$^{31}_{55}$tɕiən · ʐən$^{53}_{35}$tɕiæ · xei^{213}kʻan^{31}pu$^{213}_{21}$
看 见 人 家 黑 看 不
tɕian^{31}tsl$^{31}_{55}$tɕia · xei^{213}
见 自 家 黑。

tsɔ^{55}xu^{53}tɕɛ$^{55}_{53}$pan^{55}——pu^{23}kou^{31}i^{23}tɕy ·
枣 核 解 饭 ——不 够 一 句。
tʻu^{55}ti^{31}iɛ^{53}faŋ$^{31}_{23}$pʻ^{31}——ʂən$^{53}_{35}$tɕʻ ·
土 地 爷 放 屁 —— 神 气。

第三节 歌 谣

ʂaŋ^{31}pʻɔ^{213}i$^{213}_{22}$liou^{31}ɕian^{31}
上 坡 一 溜 线，
kan^{31}xuo$^{53}_{31}$i$^{213}_{22}$tA^{31}pʻian
干 活 一 大 片。
tA^{55}liaŋ^{53}pu$^{213}_{23}$Ta^{55}liaŋ^{53}
打 粮 不 打 粮，
tsan^{55}iɛ^{55}kʻan^{31}pu$^{213}_{23}$tɕian^{31}
咱 也 看 不 见。

kʻun^{31}nan$^{53}_{31}$ɕiaŋ^{31} tʻan$^{53}_{35}$xuaŋ$^{53}_{31}$
困 难 象 弹 簧，
kʻan$^{31}_{55}$ȵi$^{55}_{55}$tɕʻiaŋ$^{53}_{31}$pu$^{213}_{23}$tɕiaŋ
看 你 强 不 强。
ȵi^{55}tɕʻiaŋ$^{53}_{31}$tʻA$^{213}_{23}$tɕiou^{31}ʐɔ^{31}
你 强 它 就 弱，
ȵi^{55}ʐɔ^{31}tʻA$^{213}_{23}$tɕiou^{31} tɕʻiaŋ
你 弱 它 就 强。

人 物

第一章 人物传略

一

韩星五（1915.6—1986.5） 邹平县人，1930年就读于周村高小，毕业后在本村任教。七七事变后投身抗日救亡活动，任村自卫团团长。1938年10月加入中国共产党，1939年8月参加工作，历任长山县八区由家乡乡队长、邹平县委组织部干事、县委民运部部长、清河地委办公室主任等职。1950年任张周市委副书记。1952年任邹平县委书记。1954年10月调惠民地委工作，历任地委宣传部副部长，生产合作部副部长、部长，地委常委、生产合作部部长。1961年5月任地委常委、惠民县委书记兼政协主席。1965年6月调任泰安专署副专员、地委常委，1983年12月离休。1986年5月24日病逝。

刘贞云（1922—1989） 东营市人，1943年3月加入中国共产党，同年10月任村党支部书记。1945年参加反奸诉苦、减租减息工作队。1952年任广饶县三柳区区长。1954年始，先后任广饶县副县长、县委副书记、县长，邹平县委副书记、书记，惠民县委副书记，桓台县委书记，广饶县委副书记。1978年12月任惠民县委书记，1980年10月调任惠民地区农委主任，1984年离职休养。1989年病逝。

魏汝璧（1916.9—1991.4） 东营市利津县人，1944年6月在本村任村长。1945年1月参加工作，任利津县东堤区公所财粮股长，12月加入中国共产党。1947年2月，在渤海公校学习并参加土改任副队长，12月始先后任利津县宁家区区长、区委书记。1950年5月调惠民专署先后任建设科科员、科长。1952年6月始，历任惠民县示范农场场长，县拖拉机站站长，县人民委员会副县长，皂户李乡工作委员会副书记、书记，复任县拖拉机站书记、站长。1964年2月任齐河县社教队组长，1965年6月任垦利县社教队分队长。1966年6月起，先后任惠民县革委农办主任，县革委会信访接待室主任，县信访科科长，1979年9月任惠民县政协副主席，1985年4月离休。1991年4月26日病逝。

曹胜云（1921.8—1994.10） 曾用名曹茂先，新泰市人，1938年秋参加共产党领导的抗日自卫队，1940年3月任新泰县各救会干事、队长，1941年1月在中共泰山专署学习，1942年1月起，先后任新泰县政府统计干事，文书，科员。1944年2月在泰宁县石莱仲村完小任校长。1946年9月加入中国共产党。1947年5月始，历任省粮食局秘书，省财政厅秘书兼任厅机关总支委员。1954年3月，任省财政厅公社财务处处长、厅党组委员，1961年3月，任省财政厅副厅长、厅党组成员。1962年，响应山东省委号召支援鲁北三区，任中共滨县县委副书记。1964年4月任中共无棣县委副书记。1972年8月，任惠民县棉纺织厂党委书记。1981年2月，任惠民县第四届政协主席，1985年4月离休，行政十三级，享受地专级政治生活待遇。1994年10月13日病逝。

王长恒（1918.3—1995.2） 皂户李乡人，1946年参加工作，1947年4月加入中国共产党，先后任大杜乡联防队大队长、火把李乡各救会副主任；皂户李区委组织科科长、宣传科科长，石庙区委副书记。1954年任惠民县委组织部副部长。1957年，历任西藏自治区吉隆县副县长、县委书记。1973年任惠民地区贫下中农协会副主任。1980年5月调任惠民县政协副主席，1985年离休。1995年2月9日病逝。

贾耀南（1917.12—1995.3） 沾化县人，

1938年加入中国共产党，1944年8月参加工作，历任渤海军区四地委训练班学员、滨县城关完小训导主任、滨县支前指挥部秘书兼人事科长。1947年6月起，先后任滨县李杨区区长、县政府文教科员、滨县城关完小校长、县教育科副科长等职务。1952年任惠民专区行政干部学校副校长，1954年6月任北镇中学副校长，1959年6月任惠民一中副校长，1972年4月任惠民四中校长，1979年6月任县教育局副局长、惠民一中校长，1981年1月任县政协副主席，1983年5月离职休养，享受地专级政治生活待遇。1995年3月15日病逝。

丁汝山（1922.1—1996.12） 曾用名何文同，烟台蓬莱市人。1941年9月加入中国共产党，随母姓化名丁汝山。1941年9月始，先后任本村青年救国会会长、乡民兵联防队队长、胶东二专署实验区工作员、蓬莱六区武装部干事、副部长、部长，县民兵训练队队长。1946年12月，在华东野战军六纵队连队任副指导员、指导员，渤海四军分区教导营三连任指导员。1948年4月后，历任埕口贸易分公司指导员、渤海进出口局干部科员、渤海直属商店监委、惠民县粮食公司副经理、惠民专区建筑委员会秘书、惠民地委统战部秘书。1956年10月，任惠民县委统战部副部长，1959年12月，任县政协副主席兼任县委统战部部长；1965年10月，兼任惠民中心医院党总支书记；1972年5月，兼任县手工业管理局局长；1975年10月，兼任县工交办公室主任。1979年5月，任县革委会副主任兼计划委员会主任。1981年4月，再次当选为县政协副主席。1985年6月离休，享受厅局级待遇，1996年12月23日病逝。

满少卿（1926.8—1998.2） 济南市商河县人，1947年8月参加革命工作，先后任杨忠县肖圣庙区农会干事、副科长、宣传委员。1948年8月加入中国共产党。1950年11月起，历任惠民县十四区区委副书记、书记，县委宣传部副部长，县政府副县长，胡集区委书记，1962年6月复任副县长。1965年7月任惠民县县长，1974年1月任惠民县委副书记、县革委会主任。1980年10月任惠民地区农业局局长，1985年6月离休。1998年2月25日病逝。

王合金（1938.12—1998.9） 青岛市莱西县人，中共党员。1957年参加解放军，历任战士、班长、副排长等职。1963年转业到惠民县工作，先后任麻店区人民武装部部长，公社革命委员会副主任、党委副书记，石庙公社管委会主任；1981年任县工商局副局长、局长；1996年3月任县政协副主席。1998年9月12日病逝。

翟福海（1925.10—1999.5） 惠民镇人，1946年加入中国共产党，1947年4月参加工作，先后任城郊区和胡集区宣传干事、农会主任、组织委员、区委副书记；1951年，任县委组织部干事、副部长；1957年，任李庄公社党委书记；1960年，调山东省渤海农垦区党委任常委、组织部部长；1965年，在山东省农科院历任场长、科研组组长、党的核心小组组长；1976年，任惠民县委常委、县革委副主任；1978年10月，任县委常委、组织部部长；1981年1月，任县政协副主席，同年10月离职休养。1999年5月13日病逝。

赵山水（1931.8—2000.5） 字清溪，德州市乐陵县人，1947年3月参加革命工作，1956年6月加入中国共产党。1947年3月始，先后任德平县奎台区政府通讯员，渤海行署农科所技术推广员，惠民县棉产区技术推广员，惠民县建设科、林业科科员；1954年6月，任县农业科副科长，县农业局副局长，县农林局副局长；1959年3月起，先后任大年陈公社副社长、党委副书记、副社长，大年陈区大崔公社党委书记；1963年12月任大年陈区区长，1965年3月，任李庄区党委副书记、代理书记、区革命委员会主任，党委书记、公社革委主任；1978年12月，任中共惠民县委副书记、县革命委员会副主任兼任毛刘公社党委书记；1981年1月，任惠民县县长；1984年5月，任中共惠民县委书记；1987年3月，任惠民县人大常委会主任，1990年4月离休。2000年5月31日病逝。

孙秀德（1927.1—2000.10）　清河镇四村人，1946年1月在本村任教师，4月加入中国共产党，6月后，先后任清河镇区党委委员、宣传科科长、组织科科长；1949年4月，任惠民县委组织部干事，1950年5月起，历任清河镇区党委副书记、书记，胡集区委书记；1953年6月始，先后任惠民县委宣传部部长、县委委员；惠民地委宣传部教育科副科长；长山县委常委、合作部部长；邹平县委常委、合作部部长、西董区委书记。1963年2月后，历任无棣县委农工部部长、水利局局长、县革委常委、生产指挥部副主任、县委副书记兼任无棣县革委副主任。1984年4月，任惠民县政协主席，1987年5月离休。2000年10月20日病逝。

胡广美（1924—2002）　滨城区人，1946年3月加入中国共产党，1948年8月后，历任淮海战役担架连副连长、滨县县委组织部干事、副部长；1962年7月始，先后任惠民县委常委、组织部部长，县委副书记、革委会副主任；1981年1月任惠民县第九届人大常委会主任，1984年5月离职休养。2002年3月25日病逝。

路福增（1938.8—2005.6）　李庄镇人，中共党员。1955年1月起，历任河北省新城县手工业联社会计、科员；县工业局财务科科员，县人民委员会工交科科员，县人委办公室科员、县革委办公室科员、县革委办公室秘书。1971年8月调惠民县工业局任秘书，1972年12月起，先后任县革命委员会生产指挥部办公室秘书、副主任，县革委办公室副主任；1980年11月任县委常委、县委办公室主任；1984年3月任县委副书记兼县纪律检查委员会书记；1986年6月任惠民棉纺织厂党委书记、厂长；1993年2月任惠民县人大常委会主任，1998年5月退休。2005年6月病逝。

二

李丰山（1966—1986）　桑落墅镇人。自幼见义勇为，1980年夏，冒死救起一名落水小学生。1983年入伍，两年内受嘉奖3次。1985年5月加入中国共产党。7月，赴老山作战，被编入某部四连。1986年1月28日，在攻打无名高地战斗中英勇牺牲，前线部队党委为他追记一等功。1986年5月10日，惠民县举行“向一等功臣李丰山烈士学习大会”，号召全县人民以实际行动向战斗英雄学习。

张家恕（1912—1987）　曾用名孙殿卿，淄角镇人。1941年参加革命，同年加入中国共产党。1942年冬，受党组织派遣在淄角、皂户李一带秘密组织武装力量，进行抗日活动。1943年，任中共惠民县工委委员兼武工队队长；1945年9月后，历任排长、连长、营教导员、副团长、团政委、副师长、师长。中华人民共和国成立后任青岛高干疗养院党委书记、院长；“文化大革命”中蒙冤遭整，中共十一届三中全会后复职，1973年离休。1987年病逝。

程九龄（1930—1989）　原名程振龙，胡集镇人。1948年12月参加中国人民解放军，1950年初赴朝作战，1951年6月6日在明胜洞阻击战中，英勇作战，表现突出，被中国人民志愿军司令部、政治部授予“孤胆英雄”称号。同年8月，加入中国共产党，历任副班长、班长。1955年1月参加解放一江山岛战斗，任排长，1956年1月授少尉军衔，10月复员回乡。1957年3月任王惠理信用社主任，1959年4月回村务农，先后任生产大队长、党支部书记等职。1989年11月病逝。

任传典（1922—1990）　大年陈乡人，出生于贫苦家庭。1946年加入中国共产党，任村基干民兵队长，参加减租减息运动，成立了大年陈一带第一个农救会，担任农救会会长；1953年任孙家高级农业生产合作社社长，1956年被评为县劳动模范、省劳动模范，出席全省劳模大会。1958年任孙家人民公社党委副书记，被评为全国劳动模范，出席全国劳模大会。1963年出席华东局劳模大会。“文化大革命”初期受迫害，1969年回村任党支部书记，1978年离职务农。1990年12月病逝。

苏亦农（1904—1993）　原名苏登元，号连三，石庙镇人。1921年考入山东省立第一师范学校，1925年6月参加中国共产主义青年团，1926年5月加入中国共产党，时值国共两党合作，按组织指示又参加了中国国民党。省立一师毕业后任教于惠民师范讲习所，一面讲学，一面开展党的工作，并参加了惠民县国民党领导小组，在省立惠民四中发展学生邵之镜加入共青团，与邵一起创办不定期刊物《红光》，传播革命思想。1927年国共合作破裂，苏亦农被国民党惠民县当局驱逐。1928年到第三堡小学任教，受到严密监视，中断了与中共党组织联系，遂流亡东北。1929年4月辗转到北平，与中共党组织接上关系。1930年3月考入北平大学商法学院学习，8月1日在反战纪念日游行示威时被捕，9月保释出狱。1931年11月，参加北平进步学生组织的“赴京请愿示威团”。作为商法学院主席团成员、学生纠察队员，在南京参加了捣毁“中央日报社”和到国民党中央党部要求出兵抗日的活动。1934年北平白色恐怖加剧，再次与组织中断联系，自此脱离中国共产党。1936年夏商法学院毕业，就职于山东省建设厅合作事业处。抗日战争爆发后，南下河南郏县师中任教半年。1938年8月到四川，1939年先在重庆市中国工业合作协会产品经营部任会计主任，后在四川省银行任职。1950年从事教育工作，先后任教于重庆的铜梁中学、铜梁师范、江津一中，1975年9月退休。1993年9月病逝。

高广海（1912.3—1994.2）　淄角镇人。中共党员，1938年参加工作，历任华北财经学校总务科科长、抗战学院总务科科长、边区一中总务处主任等职。解放战争时期，先后任冀鲁地区电话二分局副局长、地委秘书，郓城县民政科科长、秘书科长。中华人民共和国成立后，曾任平原省荷泽县政府秘书、民政科长、副县长。1952年调中央党校学习，毕业后到天津市工作，历任天津丝绸公司、油脂公司、粮油食品进出口公司主要领导及中国粮油公司天津公司总经理、党委副书记、书记等职，1983年离休。1994年病逝。

张万福（1911—1994）　四川省阆中县马安乡二郎山村人。1933年参加中国工农红军第四方面军，1934年加入中国共产党，先后任三十军八十九师二六九团通讯连战士、班长。抗日战争时期历任八路军一一五师教导大队排长、通讯队队长、六旅政治部指导员、河南省军区政治部指导员。参加战斗150余次，5次负伤。1946年因伤残安置在惠民，为三等甲级革命伤残军人。1994年3月4日病逝。

王均合（1920.9—1995.12）　曾用名王涛、王展浩、鲁飙，清河镇人。1937年考入平原师范学校，1939年奔赴延安，1940年进入陕北公学学习。1941年3月加入中国共产党，同年7月在陕西省志丹县实习干部教育工作，9月调入中央军委二局做机要工作。1945年10月，任热河省文工团指导员，1946年11月调任辽西支队一团政治处宣传股股长，因战斗负伤定为二等二级革命残废军人。1948年4月调入热河荣军学校，历任政治处副主任、主任、副校长。1951年起，先后任热河省民政厅荣军管理处副处长兼荣校校长、副厅长、党组副书记、党组书记。热河省撤销后，任辽宁省人委办公厅主任、省委办公厅副主任、省档案局局长。“文化大革命”中受迫害。1972年8月任省民政局副局长、党委副书记。1977年7月后，历任省政府副秘书长、省委办公厅副主任兼省政府机关管理局局长，1983年12月离休。1995年12月12日病逝。

张德安（1910—1996）　四川省苍溪县岩丰乡子童庙村人。1933年10月参加中国工农红军第四方面军，1934年加入中国共产党。历任红四方面军三十军八十八师二六八团二营五连战士、班长、排长。抗日战争期间任八路军一一五师六旅十七团副连长、渤海军区十七团连长。先后参加战斗300余次，9次负伤，屡立战功。1946年转业后安置于惠民县城关镇东门街，曾任大队党支部书记、东联社社长。1963年被评为二等乙革命伤残军人。1996年12月11日病逝。

魏德俊（1933—2005） 魏集镇人，中共党员。1955年考入北京俄语学院留苏预备部学习，次年转入北京师范大学政教系学习。1960年毕业后留校任教，主讲中国哲学史，历任学生党支部书记、教研室党支部书记、政教系及哲学系党总支副书记、校党委委员、校总务处处长。1987年4月调入北京舞蹈学院工作，先后任校党委副书记、书记（正厅级），1996年退休。2005年病逝。

三

郭传璋（1912—1990） 大年陈乡人。当代著名国画家，中国美术协会会员，北京画院一级美术师。15岁师从著名画家祁井西、李鹤筹潜心研习山水、花鸟画技法，1937年加入中国画学研究会。中华人民共和国成立后，深入生活，在长期实践和不断改进中逐渐形成自己的独特风格，成为掌握“北宗”传统技法功力最为深厚的少数画家之一。1956年与中国画院画家合作的《岱宗旭日》巨幅中国画，国家以礼品赠送苏联。1959年与颜地合作的《漓江山水》，参加出国展览。1962年应聘为中央戏剧学院、北京师范学院兼职教授，培养了大批国画人材。“文化大革命”中，曾回惠民老家劳动7年。1976年后重返画坛，古稀之年多次深入西岳、峨嵋等名山大川写生，尤其倾心于黄山的奇峰、劲松、流云、飞瀑之神韵，被誉为黄山画派大师。1983年为北京画院和日本南画院联展绘制丈六巨幅《黄山云海》；1989年11月，与田世光、卢光照、白雪石等18位著名老画家合作巨画《群芳竞艳》。逝世前几天，应卫生部要求，完成巨幅《黄山烟云图》，作为国家礼品赠送日本友人。1990年3月23日在北京病逝。

胡可心（1963.10—2001.12） 惠民县人。1983年毕业于山东大学，同年9月考取中国科学院声学研究所硕士研究生。1986年8月获硕士学位后留所工作，1996年12月任声学所第二研究室副主任，1997年1月任副研究员，1998年12月被特聘为研究员。1999年任国家重大基础研究项目首席科学家助理。2000年3月任声学所数字信号处理与系统集成技术部代理主任、主任研究员、博士生导师。2001年12月19日病逝。2002年4月1日，中国科学院京区党委追认胡可心为中国共产党优秀党员。

高英培（1928—2002） 相声表演艺术家，祖籍大年陈乡人。1928年生于天津市，少年时曾在家乡生活过，1948年拜赵佩茹为师，学说相声。1951年满师后开始撂地演出，老艺人周德山、吉评三等都给他捧过哏。1954年参加天津市和平区曲艺团，同范振钰结成对子。1958年和1962年，与范振钰两次赴福建前线演出。“文化大革命”中，被下放到天津纸制品厂蹬过三轮，1976年后重返舞台。1979年调到全总文工团，1985年被评为全国十大笑星之一。其艺术功底扎实，表演风格火爆，擅长表现天津市民生活，语言节奏和舞台气氛与观众心理相吻合。代表作品有《钓鱼》《八扇屏》等。2002年病逝。

高传馨（1918—2003） 字仲亭，惠民镇东关街人。幼年丧父，受祖母垂训教养，先后就读于惠民县岱北公学、山东省第六乡村师范。1937年日军侵占县城后辍学务农，在名医李和斋指导下，研读《内经》《金匮要略》《伤寒论》《本草纲目》等医学名著，后学医案、医话等临症书籍，遂悬壶行医。1953年，进入惠民地区结防院工作。高传馨不仅是一位出色的中医师，还是当地乃至鲁北一带享誉甚高的书法家，为省书法协会会员，市、县书协顾问。2003年病逝。

董希文（1919—2005） 字欣武，大年陈乡人。著名书法家，室号梦梅馆，曾为天津市文史馆馆员，中国翰墨文化促进会会员，中国书法协会、天津书法协会会员。董希文自幼负笈津门，二十岁即以书写牌匾著称，人称其书为“董体”，戏谓“牌匾专业户”。各大企业、商场和各类商店以得他题写匾额为荣，多次应邀到外地寺庙题写楹联、匾额，北京、广州、深圳、香港等地不乏他的墨迹，有四帧巨幅力作被毛主席纪念堂、人民大会堂、国家博物馆、天津市博物馆珍藏。作品远销海外，尤在日本、韩国、东南亚诸国倍受青睐，视为珍贵礼品。天津杨柳青画社曾出版发行《董欣武书春夜宴桃李园序》，不少书法家索求收藏，众多书法爱好者购之临摹。天津市、区电视台多次采访，录制专题报导。其艺术成就入选《中国当代书法家辞典》《津门当代书法家传略》。1997 年，县“孙子故园”特请名家撰写楹联，其挥毫泼墨相赠。1998 年，天津市文史馆出版《书画作品选集》，其中他的书作原稿有人出巨资购买收藏，被婉言谢绝，转而赠予县档案馆。2005 年 9 月 12 日病逝。

第二章　人物简介

一

刘传经　河南省范县人。1922 年 10 月出生，1936 年范县县立第一高小毕业，1942 年 3 月任本村小学教师，同年参加青年抗日先锋队，1944 年 2 月加入中国共产党。1946 年始，历任冀鲁豫边区濮阳县一区区委土改试点工作组组长、宣传委员、保卫委员、公安助理员、代区长，寿张县八区区委副书记、县委办公室副主任、六区区委副书记、四区区委副书记及书记、县委组织部副部长和部长。1952 年 8 月起，先后任聊城地委组织部组织科科长、地委办公室主任、地委合作部合作科长、莘县县委第三书记、范县县委第二书记、齐河县委第二书记、第一书记。1965 年调任中共惠民县委书记兼任县政协主席。“文化大革命”初期受冲击，任县革命委员会副主任、党的核心小组组长。1971 年 5 月调任邹平县委书记、县革委主任。1977 年 1 月后，历任惠民地区基本建设委员会主任、惠民地区革委副主任兼建委主任、惠民地区行署副专员。1984 年 2 月离职休养。

郭毓华　东营市垦利县人。1928 年 9 月出生，1947 年 8 月加入中国共产党并参加工作。1954 年 10 月后，历任蒲台县史口区党委宣传科科长、县委宣传部干事、龙居区党委副书记。1956 年 3 月起，先后任博兴县城关镇党委书记、湖滨公社党委副书记、县团委书记兼小营公社党委书记、吕艺区党委副书记、龙居区党委副书记。1966 年 6 月任中共桓台县委常委、唐山公社党委书记、县革委会副主任。1973 年 11 月调任中共惠民县委常委、县革委会副主任，县委副书记、县革委会副主任，1984 年 5 月任惠民县人大常委会主任。1987 年 4 月离职休养。

胡安夫　博兴县人。1931 年 11 月出生，1947 年 12 月任小学教员，1949 年 4 月加入中国共产党，同月起先后任博兴县城关区委宣传干事、县委宣传部宣传干事、阎坊区委副书记、惠民地委整党办公室检查组副组长、地委组织部党员管理科干事。1956 年 5 月起，历任阳信县委组织部副部长、无棣县委组织部副部长、县委农村工作部副部长和部长、县委常委、组织部部长；阳信县委常委、组织部部长；沾化县委农村工作部部长。“文化大革命”中受冲击。1969年9月任沾化县革命委员会生产指挥负责人，1970年5月任沾化县下河公社党委书记，1974年1月任沾化县委副书记，1976年11月任桓台县委书记、革委会主任，1980年10月任中共惠民县委书记。1983年10月升任惠民地区行署副专员。1992年7月离职休养。

李正教 潍坊市昌乐县人。1932年9月出生，1950年2月毕业于潍坊师范，分配到惠民县城关区任小学教师。历任城关区公所民校辅导员，何坊区二郎堂完全小学教导主任，辛店区何李完小副校长、校长，县教研室副主任，县科委副主任，县革命委员会生产指挥部农业组工作，县广播站革命领导小组组长，县委办公室副主任，胡集公社党委书记。1978年12月任县委常委、县委办公室主任，1981年任县委常委、副县长，1984年任县委副书记、县长，1987年4月任县政协主席，1990年3月任县人大常委会主任。1993年退休。

王占宝 清河镇人，1942年8月出生。1966年3月加入中国共产党，同年9月山东农业大学毕业后分配到惠民县工作，历任县农业局技术员，县公安局办公室主任，县政府办公室副主任兼县史志办公室副主任。1984年6月任胡集镇镇长，1985年12月任胡集镇党委书记，1987年2月任中共惠民县委常委、组织部部长，1989年12月任中共惠民县委副书记，1993年3月任惠民县政协主席、党组书记。2003年1月退休。

张玉标 何坊乡人，1944年7月出生，1969年8月山东大学生物系毕业后到解放军9512部队锻炼。1971年12月始，先后任惠民县化肥厂生产科副科长、科长，县酿酒厂生产设备科科长，县经济委员会科长、副主任，县政协科长。1991年3月任县经委主任，同年6月任县政府副县长，1997年调任滨州地区工商业联合会会长，2001年1月任政协滨州市委员会副主席。是山东省第八届人民代表大会代表。

张俊华 东营市利津县人。1945年6月出生，1968年8月毕业于海军潜水艇学院，同年在海军4116部队服役。1970年12月转业到惠民地区广播局工作，1972年6月加入中国共产党。1979年4月始，历任惠民地区科委办公室副主任、科委党组书记兼科委副主任。1986年4月任中共惠民县委副书记，1987年2月任中共惠民县委书记。1991年9月调惠民地区经济委员会任职。

马东向 博兴县人，1947年4月出生。1968年济南一中高中毕业，回乡后历任生产队现金保管、初中代课教师、村拖拉机站驾驶员和会计。1972年4月始，先后任博兴县纯化公社窝刘管理区秘书、纯化公社团委副书记、书记，1972年8月加入中国共产党，1975年4月任博兴县纯化公社党委副书记，1976年6月任龙居公社党委书记，后被选为县委委员。1982年7月任博兴县副县长，1984年9月任中共沾化县委副书记。1987年2月任中共惠民县委副书记、县长，1990年9月主持县委、县政府全面工作。1991年2月调往省棉麻公司任职。

曹洪儒 魏集镇人。1948年2月出生，大专文化。1968年9月任小学教师，1974年4月加入中国共产党，1976年1月后，历任魏集公社曹贾管区党总支副书记、书记，魏集公社革命委员会副主任，魏集公社党委副书记、管委会主任，麻店镇党委书记，胡集镇党委副书记、镇长、书记，申桥乡党委书记。1989年11月任县供销合作联社党委书记，1989年12月任中共惠民县纪律检查委员会书记，1991年3月任县委常委、副县长，1996年12月任县委副书记、副县长，1998年1月任县人大常委会主任。

李成明 临沂市沂水县人，1949年8月出生，1972年加入中国共产党。1970年1月始，历任博兴县粮食局会计、所长、副局长，曹王公社副书记，曹王公社党委书记。1984年4月起，先后任中共博兴县委常委、农村工作部部长、组织部部长、县委副书记兼组织部部长。1989年12月任中共惠民县委副书记，1990年3月兼任惠民县政协主席，1991年8月任中共惠民县委书记，1996年6月任中共滨州地委委员、中共惠民县委书记。1997年6月，任滨州地委委员、地区纪律检查委员会书记，2000年11月，任滨州市委常委、市纪律检查委员会书记，2002年5月，任山东省纪律检查委员会委员、滨州市委副书记、市纪律检查委员会书记，2003年2月，任山东省纪律检查委员会委员、滨州市人大常委会第一副主任、党组副书记（正厅）。

魏艳 青岛市沧口区人。1949年4月出生，中共党员，1968年11月毕业于山东省劳动厅机械学校青岛分校，1968年12月后，历任惠民地区北镇柴油机厂工人、统计员、政工科干事、工会办事员；地区经济委员会办事员、生产计划科副科长、综合信息科科长、生产计划科科长、工交生产总调度室总调度长、副主任、党委委员兼总调度长、党委副书记、副主任兼总调度长。1993年2月任中共惠民县委副书记、县长。1996年11月，调滨州地区任职。

袁炳银 惠民镇人。1950年10月出生，大专文化。1975年5月加入中国共产党，6月参加工作，历任惠民县省屯公社堤上李管区副书记，第三堡公社大吴管区书记、公社党委委员、管委会副主任，辛店公社党委副书记、管委会主任，清河镇乡党委副书记、乡长，书记。1989年12月，任县纪律检查委员会副书记，1991年任县委常委、纪委书记，2001年3月任县委副书记、县纪律检查委员会书记，2003年1月，任县政协主席。

刘启盛 博兴县人。1951年8月出生，中共党员。1972年12月在北京卫戍区4513部队服役，1976年转业到博兴县纯化公社工作，历任博兴县曹王公社后唐管理区党总支副书记，曹王公社党委秘书、党委委员兼东鲁管理区党总支书记，曹王镇党委书记，县委委员、曹王镇党委书记。1989年2月任沾化县副县长。1993年2月任中共惠民县委副书记，1997年1月任中共惠民县县委副书记、县长。2001年1月，调往滨州市工作。

顾峰 淄博市桓台县人。1954年8月出生，中共党员。1973年任中学教师，1978年毕业于山东省师范学院中文系。1979年始，历任滨州地区教育局教研室中学语文教研员，行署文教办公室秘书、调研科长、办公室副主任、副秘书长。1989年12月任中共惠民县委副书记，1990年1月任惠民县副县长，1991年3月任惠民县县长。1993年2月调滨州地区任职。

何凤岐 沾化县人。1954年11月出生，中共党员。1972年11月参军入伍，历任国防科工委汽车第四十一团战士、班长、排长、副连长、副连职参谋。1981年12月转业，先后任沾化县供销车队副队长、人事科副科长，下洼镇挂职副镇长，县供销社副主任兼棉麻公司经理，县供销社党委书记、主任。1993年1月任沾化县副县长，1997年12月任沾化县委副书记、副县长。2000年1月任惠民县委副书记、县长；2001年1月任惠民县委书记，兼县委党校校长。2005年6月调往滨州市工作。

祁维华 女，博兴县人。1957年5月出生，中共党员。1975年11月始，历任博兴县农业学大寨工作队组员、副组长、组长，庞家公社团委副书记、书记，党委宣传委员、党委副书记。1985年7月任县经委党组书记、副主任，1987年4月任博兴县副县长，1993年1月任中共博兴县县委副书记、县长。1996年11月任中共惠民县委书记，1997年12月任中共滨州地委委员、惠民县委书记。2001年1月任滨州市副市长。

刘相庆 滨城区人。1958年7月17日出生，中共党员。1976年11月至1978年12月任滨县农业学大寨工作队工作员；1978年12月至1983年3月历任滨县杨集公社杨集管区副组长、组长，滨县杨集公社党委宣传委员、组织委员；1983年3月任滨县团县委书记；1984年9月至1986年6月在山东农业大学干部专修科农学专业学习；1986年6月任滨县县委宣传部副部长兼“五四三”办公室主任；1987年2月任滨州市（县级）文化局局长；1988年3月任滨州市（县级）市中办事处党委书记；1992年8月任滨州市（县级）委常委、办公室主任；1995年4月任滨州市（县级）委副书记兼办公室主任；1997年12月任滨州市滨城区委副书记；2001年1月至2004年12月任惠民县委副书记、县长。2004年12月调往滨州市工作。

王瑜　烟台市龙口市人。1964年出生，中共党员。1981年12月起，先后在博兴县电影公司和县工商局庞家工商所工作，1984年4月调入邹平县广电局后，历任县广电局编播股副股长，好生乡挂职副乡长，县委宣传部新闻科科长，县委宣传部副部长兼新闻科科长，县委宣传部副部长、广电中心主任。2000年1月任邹平县委常委、宣传部部长、广电中心主任，县委常委、副县长。2004年12月调任惠民县委副书记，2005年2月任惠民县委副书记、副县长，2005年11月任惠民县代县长。

何思清　潍坊市寿光市人。1966年3月出生，中共党员，主任编辑。1982年8月就读于山东大学中文系汉语言文学专业，1986年7月毕业后留校任中文系政治辅导员。1989年1月调任山东省政协联合周报社编辑，1991年1月起，历任山东省政协联合周报社副主任科员，山东省政协联合报社综合部主任，山东省政协联合报社总编辑助理，山东省政协联合报社副总编辑（聘任）。2000年6月任山东省政协联合报社副总编辑（聘任）、阳信县委挂职副书记，2000年12月任山东省政协联合报社副总编辑、阳信县委挂职副书记，2001年11月调任滨州市委组织部副部长，2003年8月任滨州市委组织部副部长、滨州市老年大学常务副校长（正县）。2004年12月任惠民县委副书记、惠民县县长，2005年6月任惠民县委书记、县长、县委党校校长。

二

冯象秦　淄博市临淄区人。1943年11月出生。1968年毕业于中国农业大学，在校期间加入中国共产党。历任惠民县棉花站长，县棉办副主任，县农业局副局长，县农技推广中心主任。曾获地区以上科技成果20余项，在国家级刊物发表学术文章20余篇。是山东省劳动模范、农业技术推广研究员，享受国务院特殊津贴。

韩英　惠民镇人。1963年4月出生。1979年分配到惠民县棉纺织厂任值车工。1985年起，连年创产品无疵点，千轴无疵轴，产品合格率100%，先后被评为全县新长征突击手、巾帼英雄、十大女杰、十佳职工、优秀共产党员；获地区劳动模范、纺织系统标兵、滨州青年生产能手等称号，1993年在“为山东经济腾飞青春立功活动”中荣记二等功，1994年获富民兴鲁劳动奖章，同年获全国纺织系统劳动模范称号，1996年获全国五一劳动奖章，1997年获山东省优秀共产党员称号。

王圣亮　字晨曦，号白龙居士，清河镇三村人。1954年5月出生，中共党员，书画师，当代木板年画名家，现任清河镇乡文化站站长。为中国国学研究会研究员，中国书画家协会会员，中国中外名人文化艺术研究会会员，中国农民书画研究会会员，山东省书画协会会员，滨州市农民书画研究会理事，中国滨州惠民清圣堂书店21代传人，当代掌门人。其作品曾获天津大学举办的“二王杯”全国书法篆刻大展二等奖，第二届“红军杯”全国书画艺术展二等奖，“明星杯”全国书画展铜奖；参加中国农民书画展获创作奖，且在中国美术馆展出，多幅作品被新加坡、日本等国家和中国台湾、香港地区收藏。创作的木板年画相继参加滨州市民间艺术展、山东省民间艺术展、上海山东民间艺术展、滨州市首届民间美术展，孙子系列木板年画之《孙子圣迹图》有300套被市委领导带往德国、法国、荷兰、马来西亚、意大利等国赠予外国友人。

第三章　人物表

表人物－1　惠民籍在外地工作的部分厅（师）级以上部分领导干部及知名人士人员名单

姓名	性别	出生年月	工作单位	职务	籍贯
孙方圃	男	1917	济南军区第26集团军	副政委	何坊乡孙顶村
李云河	男	1930	浙江省委农村政策研究室	副主任	惠民镇李封侯村
杨本贞	男	1933	山东渤海活塞集团	董事长	桑落墅镇桑落墅街
梅恒起	男	1937.9	山东大学	副校长	清河镇梅家村
马　钊	男	1939	山东省教育厅	副厅长	石庙镇马铁头村
常秀泽	男	1945.8	国家计委经济研究所	常务副所长	姜楼镇常家村
朱相旭	男	1947.3	滨州市人大常委会	副主任	胡集镇翟家村
王家利	男	1948.6	山东省科技厅	副厅长	魏集镇老君堂村
康风仁	男	1948.9	山东省军区青岛警备区	副司令	皂户李乡康堡村
李炳众	男	1948.12	中共滨州市委党校	常务副校长	惠民镇苏家角街
王家顺	男	1949.12	武警部队黄金指挥部	副主任	魏集镇老君堂村
吕学刚	男	1950.2	总参兵种部第一管理处	副处长	惠民镇小屯村
刘孟泉	男	1950.5	空军十三飞行学院	副参谋长	桑落墅镇刘增村
刘宝芝	男	1951.8	兰州军区后勤部分部	部长	石庙镇刘家堡村
王观庆	男	1951.9	滨州职业学院	书记	麻店镇许王村
韩春来	男	1951.9	东海舰队企业管理局	局长	何坊乡展家村
纪宗刚	男	1951.10	大连海军舰艇学院	主任	清河镇四村
许安武	男	1952.7	山西省阳泉市军分区	政委	姜楼镇南头王村
马登雨	男	1952.7	中共山东省纪律检查委员会	主任	清河镇古城马村
邢加顺	男	1952.8	南疆军区后勤部	部长	姜楼镇胡王庄
张广宁	男	1953.8	广东省人大常委会	副主任	淄角镇宁解村
李法泉	男	1953.9	中共山东省纪律检查委员会	书记	大年陈乡
周洪涛	男	1954.3	兰州军区司令部	副参谋长	胡集镇陈集村

续表人物－1

姓名	性别	出生年月	工作单位	职务	籍贯
孙所义	男	1954.5	海军航空工程学院	主任	石庙镇孙天吴村
耿宪友	男	1954.7	海南武警总队	副总队长	淄角镇淄角中街
周清利	男	1954.10	中共淄博市委	书记	李庄镇李庄街
韩增金	男	1955.2	滨州市人大常委会	副主任	辛店乡赵马营村
王荣青	男	1955.8	海军航空学院青岛分院	主任	魏集镇后王寺村
钟可儒	男	1955.9	空军某飞行学院	副参谋长	辛店乡钟家营村
王宝国	男	1955.10	山东省建材办公室	党委书记	何坊乡河坊街
王　俭	男	1955.11	总参谋部作战部港澳驻军办公室	副主任	辛店乡前王寺村
徐广福	男	1956.1	广州军区42军司令部	副参谋长	惠民镇文化街
陈喜庆	男	1956.4	中共中央统战部	副部长	麻店镇曹家村
王良友	男	1957.6	总后勤部营房基建局	局长	大年陈乡北段王村
王　伟	男	1959.1	北方战区	副司令员	惠民镇十里堡村
李学辉	男	1959.11	中国国家画院·画展美术中心	签约艺术家	惠民镇北关街
刘　东	男	1960.9	国家开发银行山东分行	副行长	辛店乡刘营村
刘鲁生	男	1963.3	山东省南水北调工程建设管理局	副局长	河北省南皮县
信长星	男	1963.12	人力资源和社会保障部	副部长	惠民镇东信村
魏炳波	男	1964.4	西北工业大学	副校长、中国科学院院士	魏集镇魏集街

获省部级以上荣誉称号者

表人物－2

姓名	性别	出生年月	工作单位	荣誉称号	授予机关	获奖时间（年）	籍贯
李华英	女	1953.5	惠民棉纺织厂	省劳动模范	山东省人民政府	1980	惠民镇
				全国纺织工业劳动模范	人事部 全国总工会	1984	
冯象秦	男	1943.11	县农业局	省劳动模范享受国务院特殊津贴	山东省人民政府	1988	淄博市
于逢春	男	1954.2	惠民黄河河务局	省劳动模范	山东省人民政府	1989	姜楼镇
				“五一”劳动奖章	全国总工会	1992	

续表人物－2

姓名	性别	出生年月	工作单位	荣誉称号	授予机关	获奖时间（年）	籍贯
李传展	男	1933.10	县职教中心	全国优秀教师	国家教委、人事部	1989	江苏省铜山县
李树民	男	1933.10	县职教中心	全国优秀教师	国家教委、人事部	1989	石庙镇
刘登祥	男	1938.12	县第一中学	全国优秀教师	国家教委、人事部	1989	惠民县
王同仁	男	1941.7	石庙镇小学	全国优秀教师	国家教委、人事部	1989	石庙镇
马廷民	男	1942.9	李庄镇第一中学	全国优秀教师	国家教委、人事部	1989	惠民县
段修勤	男	1954.11	县第一中学	全国优秀教师	国家教委、人事部	1989	惠民县
成功文	男	1948.4	县电力公司	全国模范军队转业干部	国务院军转干部安置工作小组	1991	淄角镇
苏连信	男	1946.11	县职教中心	全国优秀教师	国家教委、人事部	1991	乐陵市
信吉泉	男	1957.4	孙武酒业有限责任公司	省劳动模范	山东省人民政府	1992	惠民镇
高　娟	女	1959.11	县第一实验学校	全国优秀教师	国家教委、人事部	1992	高青县
赵修玉	男	1957.6	县职教中心	全国优秀教师	国家教委、人事部	1993	皂户李乡
袁秀清	女	1949.3	滨州市中心医院	全国卫生系统先进工作者	卫生部	1995	邹平县
刘金龙	男	1964.9	县第一中学	全国优秀教师	国家教委、人事部	1995	魏集镇
魏本水	男	1964.9	县职教中心	全国优秀教师	国家教委、人事部	1995	魏集镇
韩　英	女	1963.4	华润纺织有限公司	省劳动模范	山东省人民政府	1995	惠民镇
				“五一”劳动奖章	全国总工会	1996	
刘淑凤	女	1933.10	县印刷厂	省劳动模范	山东省委、省人民政府	1998	惠民镇
侯爱英	女	1963.12	华润纺织有限公司	全国纺织系统劳动模范	人事部、国家纺织工业局	2000	姜楼镇
闫玉霞	女	1968.9	县第一实验学校	省特级教师	山东省人民政府	2002	淄角镇
刘振光	男	1966.7	县彩霞地毯集团	省劳动模范	山东省人民政府	2003	李庄镇
韩长胜	男	1944.7	山东中棉棉业有限公司	省劳动模范	山东省人民政府	2003	淄角镇
吴新华	男	1963.8	县第一中学	全国优秀教师	教育部、人事部	2004	皂户李乡

革命烈士表

表人物－3

姓名	性别	出生年月	所在单位	牺牲时间	授予机关	授予时间	籍贯
孟祥国	男	1953	乌鲁木齐军区坦克团	1983.8.24	中国人民解放军总政治部	1983.9	惠民镇南门街
刘洪章	男	1964.7	35283部队	1985	中国人民解放军总政治部	1986.4	惠民镇左家村
张德信	男	1964.6	陆军四十师一团三连	1985.10.11	中国人民解放军总政治部	1986.4	辛店乡油坊张村
李丰山	男	1965.4	陆军四十师一团四连	1986.1.28	中国人民解放军总政治部	1986.4	桑落墅镇李行头村
刘　斌	男	1964.6	北京51116部队	1987.3.20	中国人民解放军总政治部	1987.6	桑落墅镇伙刘村
王林尧	男	1949.2	空军32师95团	1987.5.14	中国人民解放军总政治部	1987.5	魏集镇王东沙村
王祖春	男	1976.8	海南省公安边防总队海警二支队	1999.11.9	公安部政治部	1999.11	李庄镇闫霍村
周汉刚	男	1978.9	海南省公安边防总队海警二支队	1999.11.9	公安部政治部	1999.11	姜楼镇三皇庙村

附　录

第一章 重要文件辑存

中共惠民地委办公室文件

惠办发〔1986〕18号

关于《惠民县综合体制改革方案》的批复

惠民县委、县府：

你们惠发（1986）27号文件报送的《惠民县综合体制改革方案》收悉。

地委、行署同意这个试点方案，望你们抓紧组织实施。工作过程中的具体情况、经验和问题，要及时报告地区体改委办公室。

特此批复。

中共惠民地委办公室

惠民地区行署办公室

一九八六年九月十九日

惠民县委惠民县人民政府文件
惠民县综合体制改革试点方案

一、改革的指导思想和遵循的原则

党的十一届三中全会以来，我县各级党委和政府，认真贯彻执行党中央关于改革，开发，搞活的各项方针政策，以农村推行家庭承包责任制为先导，在各条战线上进行了一系列改革，促进了工农业生产和整个国民经济的发展。一九八五年，全县工农业总产值达到4.78亿元，比一九八零年增长147%。其中工业总产值达到2.1亿元，比一九八零年增长133%，农业总产值2.68亿元，比一九八零年增长132%。但是，由于改革不全面、不深入、不配套，城乡之间。条块之间不协调、不适应的矛盾还非常突出，信息不灵、流通不畅的问题还严重存在，产业结构仍然不够合理；企业还缺乏应有的活力，这些都严重阻碍着商品经济的发展。

“七五”期间，是我县国民经济和社会发展的关键时期。按照党的十二大提出的经济建设战略目标，我们确定，到一九九零年全县工农业总产值保证达到7亿元，力争7.6亿元，提前十年翻两番。为了实现这一目标，必须深入进行综合体制改革。根据中央和省、地的有关指示精神和我县实际情况，这次综合体制改革的指导思想是，在对内搞活、对外开放方针的指引下，围绕着稳定发展农业，积极发展工业，重点发展乡镇企业，努力搞活商品流通，逐步形成以内外贸为导向的贸工型的经济结构，全面振兴惠民经济，进一步发展多种经济形式和多种经营方式，充分发挥市场机制的作用；进一步改善经济管理制度，逐步由直接控制为主转向运用经济政策和经济手段进行间接控制为主，从而打破封闭和僵化的旧模式，逐步建立起适应商品经济发展的新体制。

在整个改革中，遵循以下几条原则：（一）紧紧围绕促进经济发展进行改革，使改革和建设互相适应、互相促进。（二）把农村第二步改革与城市改革结合起来，坚持城乡一体化，打破地区、部门、所有制的界限，大力发展横向联合。（三）正确处理宏观控制与微观搞活的关系，在加强价格、信贷、税收等经济杠杆作用的同时，搞好简政放权，增强企业活力。（四）在推进物质文明建设的同时，大力加强社会主义精神文明建设。（五）本着既要积极又要稳妥的原则，在全面规划的基础上，抓住影响经济发展的主要问题，进行重点突破，做到有计划、有步骤的进行。

二、改革的主要内容

（一）关于农村经济体制

1. 进一步调整产业结构。要继续发展种植业，在增粮保棉的基础上，大力发展养殖业和加工业，搞好粮食转化和农副产品的深加工，实现多次增值，促进农业经济向专业化、商品化转变。从我县实际出发，逐步建成商品粮基地、优质棉基地、瓜菜基地、畜产品基地和农产品加工出口基地。

2. 为了适应农村产业结构调整和商品生产发展的需要，县计划筹备畜禽、蔬菜、酱菜、农机、食品加工、林工商、建筑建材等六大专业服务公司。今年，首先把畜禽综合服务公司组建起来，实行良种繁育、疫病防治、技术指导、饲料加工、产品储存、运销等综合服务，有关业务分别从农业、粮食、商业等部门中分离出来，形成产、供、销一条龙的经济实体。

3. 从服务入手积极发展多种形式的合作经济组织，切实解决一家一户办不了或办不好的事情。经济基础较强的乡村，要总结经验，继续在农田基本建设、资源开发利用、农机管理使用以及防旱排涝等方面发挥好统的职能。有条件的积极组织加工、销售、运输专业公司，按专业化生产的要求，实行单独核算、合同管理、共同发展。商品经济不发达，集体家底很薄的乡村，也应努力从一件事、一个项目、一个生产环节，甚至一次性合作开始，积极创造条件，逐步组织较为紧密的合作，充实合作内容，发展合作经济。

（二）关于乡镇企业体制

认真贯彻“积极扶持，合理规划，正确引导，加强管理”的方针，把发展乡镇企业当作振兴惠民经济的战略重点来抓。按照小规模、多门类、投资少、见效快的原则，坚持乡镇、村庄、联户、个体一齐上，尽快改变我县企业少、基础差、管理混乱、效益低的状况，逐步形成农副产品加工、建筑建材、商业服务体系。对现有企业，重点抓好以下几个方面的改革。

1. 改革承包形式。乡镇和村办企业根据企业的具体情况，可分别实行承包经营、转让或租赁经营。除小型服务、修理业或濒于倒闭的企业外，一律不再实行全奖全赔的大包干办法。实行承包经营的企业，可以由企业内部懂经营会管理的人牵头承包，也可以实行社会招聘或投标承包。不管那种承包形式，都要选好承包人，合理推行确定承包基数，正确处理积累与分配的关系，全面推行承包合同制。同时，企业可采取带资招工或资金、技术、生产资料入股等办法吸收群众入股，扩大股份制。乡镇党委，政府要正确处理放权搞活与加强管理的关系，对企业既不能撒手不管，也不能管的过死，决不能把企业办成行政机关的附属物。

2. 改革干部制度。要采取职工选举、民主推荐与组织考察相结合，投标承包、出标招聘与群众评议相结合的办法，选拔那些能贯彻执行国家的政策、法令，有为集体创业的思想，有文化技术知识和经营管理水平，为大多数职工所拥护的同志担任厂长（经理），逐步改变现行的委派制度。

要采取有效措施和优惠政策招贤选能。特别要注意选拔、启用那些有文化、有技术、懂经营、会管理的管理人才、供销人才和技术人才，以提高企业素质，增强企业活力和后劲。

3. 改革用工和工资制度。企业用工除带资入厂的外，一律实行招聘制，统一考试，择优录用。应招、应聘的科技人员、管理人员或工人一律实行合同制。企业职工工资与企业的经济效益挂钩，上下浮动，具体办法由企业自行选定。行政人员和技术人员可分别实行职务、技术补贴。有条件的单位可实行统筹保险基金的办法，逐步对工人实行退休制。

4. 改革管理办法。按照建筑、建材、交通运输、机械制修、地毯和工艺品、食品加工、商业服务、铁编、绳经和车马挽具等行业实行归口管理。

（三）关于县属企业体制

1. 按照国务院和省政府有关规定，切实把生产经营、产品销售、物资选购、自有资金使用、财产处置、机构设置、人事劳动管理、工资奖金和横向联合等方面的权力放给企业，真正使企业具有独立经营、自主发展的权力。坚决制止向企业乱摊派、乱集资、乱收费、乱罚款、乱抽人，给企业创造一个良好的外部环境。

2. 认真贯彻国发〔1986〕77 号文件精神，切实搞好劳动制度的改革。新招工人一律实行合同制，废止“子女顶替”制度和“内招”职工子女的办法。对合同制工人实行退休养老社会保险和待业保险制度。以调动广大职工的生产积极性，进一步改进企业管理，加强劳动纪律，提高职工素质，增强企业活力，促进社会主义现代化建设。

3. 明确企业的规格级别。对县属企业，根据其规模和经营管理情况，分别确定为局级、副局级企业，企业的领导干部任职期间按相应级别进行管理使用；但不搞终身制，调换工作后，干什么工作，享受什么待遇。

4. 从八六年开始，在国营工业企业中，全面推行厂长任期目标责任制。企业主管部门要与厂长签定任期目标合同。按期达标者，可提取企业留利一定比例，对厂长进行一次性奖励。连续两年产值、利润翻番者，厂长可优先晋级。不能按期达标者，可在一年内限期达标，限期内仍不能达标者视其具体情况，分别对厂长给予扣发奖金或免职、降职处理。

5. 进一步完善经济责任制。主管部门要对企业实行承包责任制。企业内部可采取多种责任制形式将承包指标层层分解，落实到车间、科室、班组和个人。可将套改后的部分职工工资同奖励基金捆起来使用，实行内部浮动，按劳动成果适当拉开档次。

县财政对企业实行超收返奖政策。对超额完成财政入库计划或利润计划的企业，根据其主要经济指标的完成情况，按比例进行返奖，有的可将超收部分全部返还企业。企业从返还部分中提取的奖励基金，不视为企业发放的奖金。

6. 认真贯彻国务院和省、地有关规定。打破地区、部门、行业和所有制的界限，发展多层次、多形式的横向联合。积极支持企业与外地先进企业、大专院校和科研单位挂钩，引进先进技术、设备、人才和管理经验。采取优惠政策，鼓励外地到我县投资或办合资、合作和独资企业，并保障他们的合法权益。在积极发展对外联合的同时，大力促进县内的联合，尽快形成以纺织，酱菜、地毯、工艺品为主体的联合企业。

（四）关于流通体制

1. 以现有国营批发公司（部）为主体，建立多种形式的农商结合、农工结合或农工商结合的新型商品批发企业。实行开放性经营，自由购销，产销结合，可以直接与省内外企业挂钩进货，也可以组织农副产品直接进城批发。同时，有计划地下伸批发网点，基层供销社可以代批发，并发展一批个体批发点（站）。

2. 继续放开国营小型商业企业。对已经实行国家所有、集体经营的小型企业要逐步转向集体所有；实行租赁经营的应规定一定的租赁期限。期满后，可继续租赁，集体租赁的也可转为集体所有；个人租赁的可以折卖给有支付能力的个人，按个体政策对待。

3. 本着国家、集体、个人一齐上的精神，鼓励各企事业单位和个人进入流通领域，兴办商业和各种服务事业。搞好集市建设。县计划重点建好惠民、李庄、胡集、桑落墅、淄角、石庙等六个集市，扩大规模，逐步形成特色。特别对李庄的车马挽具和桑落墅的铁编两个专业市场的建设，要尽快搞好。要鼓励农村集体和个体工商户到集镇摆摊设点，开店经营，有关部门要为他们提供方便。

4. 加快供销社体制改革的步伐，真正把供销社办成农民群众自己的独立经营的商业，发挥其在商品流通中的主渠道作用。基层供销社在管理上实行主任任期目标责任制，确保经营管理、经济效益不断提高，固定资产、流动资金和自有资金等不断增加。乡镇党委要加强基层供销社的政治思想工作。领导班子的任免要充分发扬民主，实行选举制；对其领导班子的管理以乡镇为主，县联社需要调动基层社的人员时必须经乡镇党委同意。业务指导由县联社负责。

为了减少棉花收购的中间环节，更好地贯彻执行棉花收购政策，调动棉农的生产积极性，从今年开始将棉花收购体制，由过去的基层社棉花站和油棉加工厂二级收购，改为由县联社所属的油棉加工厂一级收购，实行一次验级有效。

（五）关于教育和科技体制

1. 按照分级办学的原则，逐步增加教育投资，改善办学条件，积极实施九年制义务教育，争取一九八六年普及小学五年制教育，一九九五年基本实现九年制义务教育。

2. 大力发展中等职业教育。按照“先培训，后就业”的原则，在办好现有两处农技中学的基础上，积极创造条件，开办职业中学、中等专业学校和技工学校，争取各类职业教育在校生与高中在校生的比例，由现在的24.2%到一九九零年达到50%。

3. 建立健全科技推广示范体系。县计划建立农技推广中心，实行综合服务。乡镇建立农技推广站和农民培训中心。对有一定文化基础和一技之长的能工巧匠，通过培训、考核、评定，授予相应的技术职称。

4. 采取优惠政策，广泛招聘人才。对有重大贡献的科技人员实行重奖。同时，有组织有计划地发动广大科技人员，围绕全县经济建设的重大问题，开展分析、论证和咨询，充分发挥知识分子在经济建设中的重要作用。

5. 建立科技开发基金。县科技开发基金主要由上级资助的科技开发基金，本县自筹基金和有偿项目回收资金组成。重点用于重大技术开发项目，实行有偿使用。

（六）关于财政金融体制

1. 建立乡（镇）级财政。各乡镇设立财政所，行政上由乡镇政府管理，业务上由县财政局指导。要本着放权让利的原则，因乡镇制宜，合理确定财政包干分成办法，以调动乡镇生财、聚财、理财的积极性。

2. 有步骤、有计划地对有经常性业务收入的事业单位改为企业化管理，实行核定收支，定额补助，超支不补，结余留用的办法。

3. 积极筹建县企业发展、支农、事改企业和科技转化等几项周转金，使各项生产性资金流动起来，发挥效益。

4. 进一步改革信用合作体制，搞活农村信贷业务。信用社要真正成为独立经营的经济实体，除向银行交纳一定比例的存款准备金外，其余全部归自己使用，农业银行不得向信用社下达指令性转存款指标。要积极采取措施，广泛吸收资金，并逐步放宽信贷审批权限，简化信贷手续。

（七）关于行政管理体制

1. 按照简政放权、转换职能、加强综合经济调节监督部门的原则，积极稳妥地改革县级机构。初步设想是，在不突破行政编制限额的前提下，撤销农工部，组建农委，列政府序列；企政部与经委合署办公，经委主任、企政部长一人兼任，设一专职副部长，抓好思想政治工作；将县委办公室调研科升为部级调研室；将多种经营业务从乡镇企业局中分离出来，设多种经营办公室，隶属农委。同时，对工业、二轻等行政性公司要进行整顿。

2. 改革乡镇机构。按照党政企分开的原则，乡镇党委主要抓党的方针、路线、政策的贯彻执行，抓党的思想、组织建设和农村改革等工作。乡镇政府主要抓好行政和经济工作。乡镇政府实行乡（镇）长负责制。副乡（镇）长对乡（镇）

长负责，并要明确分工，分别抓好民政司法（包括公安、信访）、农林水电、财贸税务（包括工商、粮食、银信、供销）、文教卫生（包括计划生育、科技、广播）和乡镇企业等工作。要整顿经联社，使其真正成为乡镇的联合经济组织。企业的生产经营活动，由各企业自己负责。

建立健全农村经营管理站、畜牧兽医站、农机站、种子站和水利站，强化农村服务体系，搞好综合服务。

在搞好调查研究的基础上，逐步把县直驻乡镇的单位下放给乡镇管理。有的可将人事、工资关系全部下放到乡镇，接受县业务部门的指导；有的可将人事、工资关系归县，领导人员的任免以乡镇为主，县乡两级协商确定。

3. 积极推行干部岗位责任制。县和乡镇机关，都要根据需要，明确职责范围，确定岗位责任制内容，并层层分解，落实到人。在此基础上，制定单位、个人的年度和任期工作目标，实行任期目标制度。要制订严格的考核制度和奖励办法，把干部的工作实绩同对干部的使用和经济利益直接联系起来。

三、组织领导和步骤方法

综合体制改革是一场牵动大局的大事，必须做到思想端正、工作扎实、步子稳妥、方法得当。具体工作中，我们计划抓好以下几点：

第一、建好领导、工作两个班子。由县委和有关部门的负责同志组成综合体制改革领导小组，以加强对体改工作的领导。领导小组下设专门办事机构——体改办公室，负责体改的日常工作。

第二、加强思想政治工作。组织广大党员和干部群众，特别是领导干部，认真学习党中央、国务院及省、地有关体制改革的指示精神，联系实际，端正认识，明确搞好综合体制改革试点的重要意义，在全县上下造成一种浓厚的勇于开拓、厉行改革的政治空气，提高干部群众搞好改革的自觉性，不断推动改革的健康发展。打算在地委、行署批准我们的方案后，先召开县委扩大会议，统一思想，明确重点，制定措施，全面部署。

第三、方法步骤。计划今年重点抓好产业结构调整、横向经济联系、增强企业活力和部分机构的撤并，明后两年，重点抓好行政职能的转变，市场机制及其他方面的配套改革。

四、请求地委、行署解决的几个问题

为了确保试点的顺利进行，要求地委、行署解决以下几方面的问题：

1. 在不突破全县行政、事业人员编制限额的前提下，给我县以机构设置权，以利搞好行政机构的改革。同时，要求地区各业务部门不要因某些机构的变动而削弱业务指导、减少业务经费和有关专项投资。

2. 在不违背国家有关政策法规的前提下，给我县以自主制定政策的权力。

3. 要在财力上予以支持。随着综合体制改革的不断深入，我县的经济建设将会有一个更快的发展，我县的财政状况将进一步好转。但我县经济基础差，家底薄，自一九八二年以来连年出现财政赤字，在改革的起步阶段，面临着严重困难。目前，全县光人头费就占预算支出的89.7%，根本无力顾及事业的维持和发展。而要进行综合体制改革，必然增加一些必不可少的投资，没有一定的财力保证是不行的。因此，要求地区在财力上予以支持。

4. 粮棉生产是我县经济的主要支柱，只有保持粮棉生产的相对稳定，经济体制改革才有主动权。因此，要求地区将我县五十七万担棉花和五千五百万斤粮食的定购指标，从八六年开始，稳定五年不变。

一九八六年八月十四日

中共惠民县委文件

惠发〔1988〕36号

中共惠民县委　惠民县人民政府
关于鼓励支持发展私营经济的暂行规定

第一条，私营经济是社会主义初级阶段商品经济发展的必然产物，是社会主义公有制经济必要的和有益的补充。它一定程度的发展，有利于促进生产，活跃市场，扩大就业，更好地满足人民多方面的生活需求。为了鼓励和促进私营经济健康发展，繁荣我县商品经济，并对其加强引导、监督和管理，根据上级有关文件精神，结合我县实际，制定本规定。

第二条，凡有生产经营能力的农民、待业青年、个体工商户经营者、辞退职人员，以及国家法律、法规和政策允许的离休、退休人员和其他人员，均可领办和参办私营企业。

鼓励个体经济发展壮大，提高管理水平和经营层次，努力形成一定的企业规模。

第三条，私营企业在国家法律、法规和政策规定的范围内，立足实际，重点从事农副产品加工业、建筑建材业、为大工业和外贸出口配套服务的加工业、交通运输业、商业、饮食服务业、修理业及科技咨询等行业的生产经营。凡允许个体户经营的，完全允许私营企业经营，而且范围还可再放宽一些。

第四条，私营企业的开办、变动、关闭，及用工、财务、税收、劳动管理等，按《中华人民共和国私营企业暂行条例》规定执行，使之纳入正常的管理轨道。

第五条，着眼于资金、资源、人才、技术、设备、劳动等生产要素的合理配置和最佳组合，鼓励私人兴办多种形式的私营股份企业。小型全民和集体所有制企业，可以通过拍卖或兼并等形式，有偿转让给私人；私营企业经营者可以承包、租赁小型全民和集体所有制企业；也可以向这些企业参股；还可以与他们及其它私营企业开展各种形式的横向联合。

第六条，在私营企业办理营业执照、贷款方面，要予以支持。税收、物价、工商管理，根据不同行业和企业的不同情况，给以优惠照顾，扶持其发展。如对研制新产品、开发新技术和安置破产的全民所有制和集体所有制企业人员的私营企业，可以在一定时期内酌情减收或免收工商管理费；新开办的纳税有困难的第三产业经营者及出口创汇产品，经申请批准，可在税收上给以适当照顾；对自购原材料从事经营的饮食服务业、加工业，其产品价格全面放开，由经营者自行定价；物资供应要建档立卡，优先供给初具规模、效益较好、发展前景可观的私营企业。

第七条，坚持立足现实，面向未来，统筹规划，循序渐进，政策优惠，方便经营的方针，积极鼓励农民进城办私营企业，一切单位和个人不得利用职权进行刁难、敲诈、索贿受贿和设置障碍。

（一）农民进城办企业的手续由县工商局负责办理，有关部门积极配合。所需场所由县城建委安排，土地管理局负责办理手续。

（二）凡在县城办私营企业者，由公安部门办理常住或临时户口关系。

（三）准许私营企业在县农行、工商行及其所属办事处、信用社开设账户，在限额支票、同城保付支票、汇兑、结算等方面给予方便。

到乡镇驻地办私营企业，亦按上述规定执行。

第八条，农村私人投资50万元以上办工业企业的，其场所视同乡镇办企业用地对待，长期不变，并有继承使用权。土地所有者可以地参股或联合经营。

第九条，私营企业经营者，如要求退让或无能力兼营责任田和口粮田，经村委会同意，可将原包土地进行转包或转让。

第十条，乡镇和县直有关部门，要采取建立职业培训中心，聘请专家讲学，鼓励私营大户创办私人职业学校等形式，有组织、有领导、有计划地加强对私营企业经营者的专业培训，提高其管理水平和经营能力。支持和帮助私营企业聘请管理人才、专业技术人才和兼职技术顾问、信息联络员等，提高企业素质。

第十一条，建立健全私营企业组织，在传递信息、购进原料、销售产品、处理疑难问题等方面，加强组织协调，提供优质服务，保护私营企业的合法权益。

第十二条，私营企业经营者的收入除了劳动所得，还包括风险补偿、股金分红、技术转让、咨询服务、资产增值和雇佣所带来的非劳动收入。这些收入只要是合法的，都应当允许并受到保护。他们通过诚实劳动和合法经营先富起来，是应该受到鼓励的。

第十三条，坚持共同富裕的方向，对在发展商品经济中投资多，影响大，带领群众致富贡献突出的先进人物，给予大张旗鼓的表彰奖励，授予县、乡镇“劳动模范”“发展经济功臣”称号，或给予一定的物资奖励。

第十四条，私营企业经营者要健全账目，自觉遵纪守法，按照国家《条例》规定，依法缴纳私营企业所得税和私营企业投资者个人收入调节税。对掺杂使假、哄抬物价，制造或出售伪劣商品等损害群众利益的非法牟利行为，要加强监督检查，依法予以处罚。

第十五条，本规定由县工商局负责解释。

一九八八年十月一日

中共惠民县委文件

惠发〔1998〕6号

中共惠民县委　惠民县人民政府
关于加快工业兴县步伐的决定

（一九九八年二月二十八日）

本世纪所剩已不到二年，期间我们所面临的压力、困难和机遇都是前所未有的。能否把握机遇，克服困难，把一个繁荣富强文明的惠民带入21世纪，是摆在我们面前的一项艰巨任务。工业兴县是必由之路，任何时候都不能动摇。振兴工业是一项系统工程，在现存的条件环境下，一般地抓不行，局部抓也不行，必须统一思想，痛下决心，真抓实干，以强烈的事业心和高度的责任感，集中领导，全方位动员，迅速形成一个全党抓经济、重点抓工业的强大气势和浓厚氛围，真正把工业兴县这一战略性措施落实到实处。为此，就加快工业兴县步伐作如下决定：

1. 近期工业发展的指导思想、目标及工作重点。改革、改组、改造、加强管理并举，加大招商引资力度，重组资产，盘活存量，实行重点培植和重点解困，努力增加工业总量、提高工业经济运行质量，使工业整体水平一年冲出低谷，二年大踏步前进，三年打赢翻身仗。具体目标：98年盘活存量5000万元，引进外资5000万元，企业技改投入5000万元，社会投入5000万元。并且保证今后逐年的合理递增。三年内6家企业利税过千万元，培育起工业闪光点。企业改制全面深入推进，盈利企业超过90%。

2. 切实加强对工业兴县的领导。成立工业兴县领导小组，由县长刘启盛同志任组长，县委副书记李慎猛、副县长齐文长、崔明月、刘希安、挂职副书记彭爱田、挂职副县长谭少杰同志任副组长，有关部门主要负责人参加。主要任务是：制定目标，确定政策措施，搞好协调服务，及时研究解决工业发展中的重大疑难问题。

成立经济环境治理小组。由县委副书记刘长生同志任组长，县委常委、纪委书记袁炳银、政法委书记吴佃军、副县长尚洪立同志任副组长，有关部门主要负责人参加。主要任务是：优化经济发展环境，规范各职能部门的行为，处理不称职工作人员，解决好职工下岗、再就业等有关社会保障问题。

组建惠民县经济顾问团。聘请部分老乡、外商、有关领导、专家、企业家作为惠民县经济顾问。在县政府办公室建立顾问事务处，由一名主任具体处理有关事务。

3. 强化县级领导分工抓重点企业制度。主要任务是：帮助企业制定重大发展决策，推进企业改制重组，解决一些大的疑难问题，保证企业排除外来干扰，把所分工的企业培植成真正的骨干企业。

4. 实行县级领导和主管部门、企业负责人盘活存量资产责任制。县委、县人大、县政府、县政协、县纪委的领导同志都有盘活存量资产的任务，并与有关部门及企业负责人享受同样的奖励和承担相应的责任。

5. 实行引进投资奖励和委托招商奖励办法。鼓励单位和个人采取多种形式引进投资。对引进投资的单位或个人，根据引进资金的质量和数量，按引资投资额的1～3‰给予奖励，经有关部门验资后兑现。委托外商引进投资的，按同样办法给予奖励。

6. 实行地产工业品销售奖励办法。不论党政机关、群众团体、事业单位的干部职工，各界群众，都可在业余时间推销地产工业品，按企业销售人员的销售提成比例，由企业予以奖励。企业负责定期提供产品最低出厂价格和技术指标。不管领导干部还是一般群众，不分职务级别，推销产品所得收入均属合法，与领导干部经商办企业有本质区别。年终对各部门的工作开展情况进行总结评比，成绩显著的表彰奖励，差的给予通报批评。具体组织工作由县经贸委负责。

7. 明确县属企业领导干部的政治待遇。对县属企业，根据效益、贡献情况，确定企业法人代表应享受的政治待遇。凡年实现利税 100 万元，纳税 50 万元的企业法人代表，享受副科级待遇；年实现利税 200 万元，纳税 100 万元的企业法人代表，享受正科级待遇；年实现利税 1000 万元，纳税 500 万元的企业法人代表，享受副县级待遇。连续六年达到以上目标的企业法人代表，其政治待遇即固定确认。具体人员经考察后由县委确认，企业领导干部的政治待遇与《中华人民共和国企业法》规定的企业自主权不相抵触。企业领导干部在任期间享受有关待遇，被非正常免职后不再享受。效益和贡献突出的重点企业和企业主管部门的主要负责人符合条件的，可按照法定程序，优先任县委委员、县人大常委、县政协常委或聘任县长助理等职务。

8. 设立惠民县企业优秀人才奖励基金。对按照条件确定的企业优秀人才，根据贡献大小，由县政府统一发给每月 500～2000 元的补助。每年考评确定一次。对于在县属企业连续担任法人代表五年以上（含 1998 年以前任职年限），任职期间企业管理优秀，经济效益显著，贡献突出，年创利税达到 1000 万元以上，上缴税金 500 万元以上，利润达到 300 万元以上，且五年内实现利税年均增幅在 15% 以上，上缴税金增幅在 10% 以上，固定资产保值增值和职工收入同步增长的企业法人代表，其经营成果真实合法，可授予“优秀企业家”称号，奖励一部轿车或一套 100 平方米的住房。

9. 对重点企业的法人代表实行年薪制。年实现利税 200 万元，纳税 100 万元的企业确定为惠民县重点企业。对县属重点企业的法人代表试行年薪制。对重点企业年初确定责任目标，年终严格审计，根据指标完成情况兑现年薪及奖惩。当年亏损的予以警告，二年亏损的取消法人代表任职资格。具体办法由县经贸委、体改委、劳动局等有关部门制定。

10. 建立党政机关、事业单位干部和企业领导干部双向流动制度。选派县直部门政治素质高、由经济管理才能、年龄在 40 岁以下的优秀干部到县属工业企业任职，可任厂长助理、副厂长，也可直接任厂长。任期三年，期间编制、工资等待遇不变。对到企业任职的机关干部，由组织部负责一年一考察，期满后，工作成绩显著，经考察合格，一般干部可提拔为副科级干部，副科级干部可提拔为正科级干部。对表现出色、特别优秀的，列为各级的重点培养对象，愿意留在企业的，鼓励和支持继续在企业留任。对不服从分配、不到企业任职的领导干部就地免职，一般干部予以待岗；虽到企业任职，但工作消极应付，不负责任，表现差的，在企业就地免职；对表现突出，贡献大，连任 6 年以上的县属重点企业的法人代表，根据工作需要可以提拔重用，也可以到党政机关、事业单位安排相应的工作岗位。

11. 严格控制行政事业编制，大力节减财政支出实现财政支出慢增，经济总量快增。全县的行政事业编制除领导干部调入或上级明文增编外，五年内一律不增加编制。单位用人一律在现有编制和人员中调剂，把行政事业机构和人员压到最低限度。

12. 加快推进企业改革。按照党的十五大精神，努力实现公有制形式的多样化。对国有集体企业以建立现代企业制度为目标，采取股份制、股份合作制、合伙经营、兼并、租赁、出售等多种形式，在盘活存量、推进资产重组，建立现代企业制度上下功夫。对已改制的企业，以体改委为主，进行跟踪督促，促使其进一步完善提高。

对尚未改制和正在改制的企业，按照县委、县政府的要求，落实中共十五大精神，全面推进，加快改制步伐。积极鼓励推行跨所有制、跨地区、跨行业的兼并联合。大力发展个体私营经济等多种形式的非公有制工业经济，构筑起全县大工业格局。

13. 建立健全职工下岗、再就业、养老保障体系以及与市场经济相适应的用工制度。建立下岗职工最低生活保障制度，进一步完善职工退休养老保险体系，把养老保险建成真正的养老保障。进一步落实企业用工自主权，今后除军转复退人员外，一律不得向企业强行派遣人员。大中专学生分配实行双向选择。各企业新增加用工一律先从城市户口待业人员和企业下岗人员中选择。具体实施办法由劳动局、经贸委负责制定。

14. 加大融资力度，进一步增加工业投入。今后，工业企业投入资金来源的重点是引进县外资金、社会资金、利用外资、争取中长期银行贷款和各种周转金。在引进资金方面，实行“一把手”工程，作为部门主要负责人年终考核的重要内容，严格兑现奖惩。财政局、计委、科委、经贸委、外经办、项目办、对台办及各金融单位都要抗硬指标。各金融单位争取中长期贷款任务由县人行具体核定。

15. 加强对工业企业运行质量的监督。经贸委及各企业主管部门，要在切实为企业搞好服务的前提下，加强审计监督，主要是对企业生产经营的实际状况及效益的真实情况、财务支出的管理情况进行有效的监督。坚持对每个县属工业企业，实行年度审计和离任审计制度。由审计局年终对县属重点企业逐一审计，主管部门对所属其他企业负责审计。企业法人代表离任前，必须进行离任审计，在遗留问题没有妥善处理前，不允许到新的工作岗位。要正确处理保护企业和查处违纪违法行为的关系，一方面对搞活企业的一些做法进行有效保护，一方面对弄虚作假、化公为私、中饱私囊、玩忽职守等违法违纪行为进行严肃查处，确保企业健康发展。

16. 创造良好的发展环境。广泛开展“发展环境改善年”活动，加大对检查、收费、集资、借款、赞助、罚款的监管力度。实行党政群工作人员降职、降级及淘汰辞退制度。对工作作风不端正、态度差、企业反映大的领导干部降职或调离，一般人员一次警告，两次淘汰。宣传教育与打击整治相结合，大张旗鼓地开展整顿秩序、改善服务、惩治歪风邪气和地痞市霸等活动，优化经济发展环境。具体由经济环境治理小组组织，纪委、监察局、组织部、人事局实施。

17. 为确保工业兴县各项措施的贯彻落实，由县委、县政府两个督查室会同有关部门对本决定的执行情况负责进行全面督查，督查情况及时在全县予以通报。对年内确定的各项任务和目标的完成进展情况，经贸委负责逐月予以通报，按制度进行调度，半年初评，年终总评，根据任务和目标的完成情况提出兑现奖惩的建议，报县委、县府审定后兑现奖惩。

18. 加强企业党的建设和精神文明建设。充分发挥党组织在企业中的政治核心作用和工青妇等群众团体的作用，强化企业干部职工职业道德教育和业务素质培训，实行民主管理，增强企业凝聚力，用法律规范干部职工行为，营造健康向上的良好风气，实现企业两个文明建设的相互促进和协调发展。

19. 本决定县属流通企业和乡镇企业可参照执行。

20. 本决定自公布之日起实施。

中共惠民县委文件

惠发〔1999〕3号

中共惠民县委　惠民县人民政府关于农村土地延长承包期工作实施方案

（1999年2月1日）

为认真贯彻落实党的十五届三中全会通过的《中共中央关于农业和农村工作若干重大问题的决定》，进一步稳定和完善农村土地承包关系，赋予农民长期而有保障的土地使用权，引导农民珍惜土地，增加投入，培肥地力，逐步提高土地产出率，解除农民的后顾之忧，保持农村稳定，促进全县农业持续、稳定、健康发展，坚定不移地贯彻土地承包期再延长30年的政策，根据中央、省、地制定的一系列政策规定，结合我县实际，特制定本方案。

一、指导思想与工作目标

这次农村土地延长承包期工作的指导思想是：以党的十五届三中全会《决定》为指针，以国家法律、法规和党在农村的政策为依据，以确保农村稳定为前提，坚定不移地贯彻土地承包期再延长30年的政策，坚持一切从实际出发，实事求是，因地制宜，充分尊重农民群众的意愿，稳妥处理土地延保与长远发展的关系，充分调动农民的积极性，推动农业和农村经济全面发展。

具体工作目标是：农村土地延长承包期工作要做到乡（镇）不漏村，村不漏户，《土地承包合同书》的签订率和《土地承包经营权证》的发放率都要分别达到百分之百。

二、应把握的原则

（一）稳定已有土地承包关系的原则。土地延包工作，大面上要坚持“续”和“稳”，不搞“打乱重来”。要使绝大多数村、农户原有的承包土地继续保持稳定。在具体工作中，对原土地承包办法基本合理，绝大多数群众基本满意的，可直接续签新一轮承包合同，不要打乱原来的承包关系重新发包；凡是以原生产队为单位发包土地的，不要随意打破原生产队所有权界限在全村范围内平均发包；对于那些已经实行以村为单位发包的，只要多数群众同意，要保持稳定，不再改变。

（二）土地承包期一律延长的原则。按照中央关于土地承包期再延长30年，营造林地和“四荒”地治理等开发性生产的承包期可以更长的政策，对在前一轮土地承包工作中，没有和农民签订土地承包合同的，要按照要求与农民签订好合同，承包合同期一律定为30年；对前一轮承包合同已到期的，要按照土地承包期再延长30年的政策，与农民续签新一轮合同；对前一轮承包还未到期，但承包期不足30年的，要在完善合同的基础上，续签的合同期限要达到30年。

（三）坚持“大稳定、小调整”的原则。在大稳定的前提下，对因人口自然增减出现比较突出的人地矛盾或因耕地被国家集体占用等原因，造成土地严重不均，多数群众意见较大，而机动地又解决不了的，可进行适当调整；对地块过于零散，不利于种植业结构调整和机械化作业，多数群众要求调整的，在有利于集约经营、相对集中的前提下，进行合理调整。对以上需调整的土地，调整方案要经村民大会讨论研究，广泛听取群众的意见，征得绝大多数群众的同意，由村委会报乡镇政府审批后进行。不经审批不能调整，坚决杜绝用行政手段硬性调整。严禁随意对所有农户承包的土地普遍调整。对于在延包中确需要调整原承包关系的，要注意保护好“附着物”。原承包者在承包土地上投资形成的“附着物”，对生产有利的，不得破坏。承包者发生变化，可由新承包者给予原承包者合理补偿。

（四）坚持有利于发展的原则。在土地延包工作中，要教育农民着眼长远、着眼发展、着眼农业现代化，正确处理好稳定、完善与发展的关系。在稳定农民承包权的前提下，必须明确土地的集体所有权和国家的最后处置权，把土地延包与村镇规划、农业综合开发、种植业结构调整、农业机械化、农田水利基本建设等有机结合。在承包期内，为确保农民收入的不断增长，在尊重多数群众意愿的基础上，乡（镇）政府或土地发包方有计划的调整优化种植业结构，承包者要服从规划和安排；对确因建设需要，经国家按法律和政策规定批准的农田水利建设、交通公路建设、国家工程、小城镇建设等建设用地，承包者必须无条件的服从。占地补偿费除首先补偿土地所有者外，要兼顾承包者的利益，适当给予补偿。

（五）坚持公开、公平、公正的原则。要合理界定承包耕地的人口。承包耕地的人口一般是指户口在本村的常住人口（对违反计划生育政策超生人口，按有关规定处理）。正在服兵役的义务兵应参加土地承包；农转非者仍承担村民义务的，经村党支部、村委会研究同意，也可参加土地承包。凡符合延包政策的农民，人人有平等承包土地的权力；对“四荒地”、机动地、宜林地、水面以及集体承包的本村以外的土地转包给群众的、比较分散的果园的承包，其承包办法和承包费数额，要公开标的、公开投标、公开承包，做到公正无私、公开公平。延包中要严格执行政策，对于违背政策缩短承包期、强行收回承包地、多留机动地、抬高承包费及个别人多占地、占好地的现象要坚决纠正。

（六）坚持按合同办事的原则。在整个土地延包工作中，必须严格法律程序，把土地延包纳入法制化管理。凡承包土地者都必须签订土地承包合同，并在同中央、省、地、县有关政策保持一致的前提下，与原承包合同搞好衔接。承包合同已到期的，要按要求搞好延包续签；合同未到期的，既要维护原合同的严肃性和保持政策的连续性，又要做好各方面的工作，签订好延包合同。对于过去签订的“四荒”、林地、水面承包合同，已到期的要搞好完善和续签，要优先考虑原承包者搞好延包，由党支部、村委会与承包者协商续签合同，时间可长与30年。

三、有关政策界限

（一）严格控制和管理“机动地”。坚持“机动地”以村为单位控制在总耕地面积5%之内的政策，主要用于解决人地矛盾。“机动地”可实行短期承包的办法，承包方式、承包费数额要公开、公正、公平，尊重多数群众意愿，杜绝个别人或少数人说了算。

（二）积极稳妥地处理好“两田制”。中央已经明确，不提倡“两田制”。凡是没实行“两田制”的地方，今后一律不要再搞。对已实行“两田制”的村，要区别情况，妥善处理，坚持按大多数群众的意见办事。多数群众对这种形式没有意见，可保持稳定、完善合同，把承包权落实到户，承包期延长到30年。如多数群众对这种形式有意见，已经影响农村稳定的，要按中央和省委的精神，重新进行承包。对原承包合同不到期的，要严格按法律程序进行变更，避免发生遗留问题。

（三）确保土地承包政策的连续性。为维护土地投资者的利益，鼓励农户对土地的投入，促进农业生产的发展，对在上一轮承包期内已进行土地投资或生产性建设的（如建大棚、种植果树、桑园、打井等），这次延包中，在合理确定承包额的基础上，尽量由原承包户承包。为保护林地和果园，在这次延包过程中，绝不允许出现砍树毁林现象，如有发生，将依法追究有关当事人的责任。

（四）明确土地承包费的收取范围。根据我县土地呈报的实际，除“机动地”、果园、鱼塘、

"四荒"等实行专业或招标承包、收取承包费以外，凡平均分包耕地的村（组），农户只履行缴纳统筹提留费和其他合理负担的义务，不再收取承包费。承包费和提留统筹费不能重复收取。

（五）签订规范的承包合同。土地承包合同是一种具有法律效力的契约。不论是耕地承包，还是"四荒"承包、果园承包或者是流转经营，均要签订书面承包合同。凡原来已签订书面合同，但不规范和不符合政策规定的，要重新签订规范合同；凡原来有口头协议但没有签订书面合同的，不论何种情况，一律通过这次延包工作签订规范的书面合同。

（六）积极稳妥地探索土地使用权流转机制。稳定土地承包关系，要在明确土地集体所有权，稳定农民承包权的基础上，允许土地使用权合理流转。对个别从事其他经营不要承包地的农户，在承担村民义务的前提下，由承包方向发包方提出书面申请，办理好有关手续。随着经济的发展和农户间的分工分业，对承包者自愿转让土地使用权的，要坚持自愿、有偿的原则依法进行，应由双方协商，签订书面转让合同，并经发包方同意，报承包合同管理机关备案。在本村内户与户之间流转的，报乡镇农经站备案，在本乡镇范围内村与村之间流转的，报乡镇人民政府批准，并在县农经部门备案；在乡镇以上范围流转的，报县政府批准，并在地区农业（农经）部门备案。任何单位、任何人不得以任何理由强制农户转让。要妥善处理30年承包期内发生的人地矛盾问题。在30年承包期内，因人口自然增减出现比较突出的人地矛盾，应首先从"机动地"、死亡或迁出人口的回收土地中调剂解决。上述办法仍不能解决的，各级应从实际出发，因地制宜的采取妥善办法进行处理。有条件的地方，应制定有效措施，鼓励农民或集体通过开垦荒地、村庄统一规划等多种形式开发和增加土地，缓解人地矛盾。

（七）依法保护耕地。要认真落实《中华人民共和国土地管理法》和《基本农田保护条例》的有关规定，对未经发包方批准，在第一轮承包中擅自改变土地用途，在耕地上挖土、建窑、盖房进行非农建设的，要缴纳土地复垦费或由承包者继续承包或限期恢复地貌。土地承包期延长后，承包者在承包期间，要保护好耕地，不准随意改变耕地用途，擅自在承包的土地上挖坑塘、烧砖瓦、盖房取土等。不经发包方和有关部门批准，自行改变土地用途，特别是破坏土地的，除按有关法律法规对责任者予以处理外，集体有权收回土地，另行发包。在承包期内，发包方有权收回死亡、外迁人口的承包土地。对农转非并不承担村民义务的或因死亡、外迁而减少人口的土地，从第二年起一律退还集体。严禁荒芜土地，承包者对所承包耕地撂荒时间满一年的，发包方有权收回重新发包。

四、土地延包工作的方法、步骤

按照地委、行署关于全区土地延包工作在1999年春播前完成的要求，我县土地延包工作，自1999年1月开始，1999年3月底前结束，具体工作分以下四步进行：

（一）宣传发动，培训骨干。这一阶段的主要任务包括：1. 县委、县政府成立土地延包工作领导小组，组织专人搞好调查研究，拟定全县土地延包工作实施方案，召开全县农村土地延长承包期工作会议，对全县土地延包工作作出具体部署。2. 各乡（镇）按照县委、县政府的部署，召开村两委班子及村民议事会成员会议，学习上级有关文件，传达贯彻县工作会议精神，统一思想，提高认识。在此基础上，广泛宣传，层层发动，提高群众的参与意识，是党中央、国务院和省委、省府的土地延包政策家喻户晓，人人明白。3. 以乡（镇）为单位，对乡镇干部及村、组负责人和会计进行政策和业务培训，提高基层干部及工作人员的政策水平和实际操作能力。4. 组织干部深入各村，支持和帮助做好土地延包及合同续签工作，达到村村都有脱产干部。驻村干部既是三中全会精神的宣讲员，又是做好土地延包工作的责任人，明确任务，负责到底，验收不合格，不准离开。

（二）逐级制订工作计划和延包方案。按照省、地要求，乡（镇）、村要逐级制定工作计划和延包方案。乡镇工作计划和延包方案报县土地延包领导小组审批；村级工作计划和延包方案要在下派干部指导下，在党支部、村委会的统一组织和领导下，经与村民代表共同协商制定，并经村民大会多数群众讨论通过，由村民代表签字后，报乡镇政府审批。

（三）认真抓好方案落实。1. 丈量土地，搞好登记。土地丈量核实、登记工作是一项基础性工作，涉及到千家万户的切身利益、关系到合同的签订、鉴证的有效性。对于土地不需调整的村队，由村队组织人员对本村的承包土地进行丈量核实，其内容包括：户主姓名、坐落地名、土地性质、面积、四至边界和地面附属物，根据合适的内容登记“土地承包合同登记表”。对于土地承包前需进行“小调整”的村队，要组织有关人员对需调整的土地进行实地丈量，按程序调整后，逐项登记“土地承包合同登记表”。“土地承包合同登记表”由村委会以村为单位汇总，并上报县、乡农经主管部门。2. 签订合同书。《农村集体土地承包合同书》由乡镇统一发放，由村委会（发包方）与农户（承包方）签订。3. 合同鉴订。合同签订后，乡镇农经站负责将合同书与登记表对照核实，核实无误后，逐户进行鉴证。需要司法部门公正的提交司法部门予以公证。“土地承包合同书”一式三份，由村委会、农户、乡镇农经站各存一份。4. 建档立制。乡镇农经站要按村队分类建立农业承包合同管理档案，并建立健全合同管理制度。

（四）检查验收，核发证书。检查验收按照自下而上的原则逐级进行。检查验收标准由县土地延包工作领导小组单独制定另行发文。验收合格后逐级发放“农业土地承包合同工作验收合格证”，并向农户颁发由县政府印制的“土地承包经营权证”。对乡（镇）、村验收不合格的，责令限期完成或改正。

五、切实加强对土地延包工作的领导

延长土地承包期工作政策性强，涉及面广，工作量大，直接关系到广大农民的切身利益，关系到农村经济发展和社会的稳定，各级各部门要高度重视，当做一项政治任务来抓，切实加强对这项工作的领导。为积极稳妥地搞好土地延包工作，确定麻店镇为全县的试点单位，各乡镇也要选择 3 ~ 5 个村搞好试点，为面上提供经验。县、乡农业（农经）部门在土地延包工作中，肩负着技术指导、业务培训、合同设计、印制鉴证、档案管理等重要职责，要充分发挥其职能作用，及时做好督促、检查、指导。土地管理、司法、林业、水利等有关部门，要根据各自的职责范围密切配合，为土地延包工作提供强有力的支持和服务。各乡镇要建立土地延包工作领导小组，实行党政主要领导负责制，结合党的十五届三中全会精神集中教育活动，把土地延包作为今冬明春的重要工作来抓，认真讨论研究，制定切实可行的工作方案，采取有效措施，统一部署，集中力量，集中时间，集中精力，切实把这项工作做实做细做好。村党支部、村委会要充分发挥村民代表会议和村民议事会的作用，广泛协商，民主决策，确保在土地延包工作中农村社会的稳定。各级各部门要密切配合，齐心协力，确保全县延长土地承包期工作健康有序进行，推动农业和农村工作全面发展。

中共惠民县委文件

惠发〔2000〕6号

中共惠民县委　惠民县人民政府
关于在全县实行招商引资目标责任制的办法（试行）

（2000年3月18日）

为扩大对外开放，加快经济发展步伐，经县委、县政府研究决定，在全县继续实行招商引资目标责任制办法。现将有关事宜通知如下：

一、实行责任制的单位及人员

1. 单位：全县各乡镇、县直党政机关、事业单位和县属重点企业。

2. 人员：县委常委、人大常委会主任、政协主席、副县长。

二、责任目标

1. 经研究确定，2000年全县招商引资任务为1.98亿人民币，并将此任务分解到全县各乡镇、县直各单位和重点企业。

2. 部分重点企业和重点项目的引资任务作为县级领导干部的责任目标（对责任单位之外的引资也列入考核范围）。

三、考核办法

1. 各乡镇、各部门和企业当年引进县外资金20万元以上、合作年限五年以上的投资项目（其中，外商实际投入的流动资金均按固定资产投资额的20%折算）和争取20万元以上并用于一、二、三产业的无偿资金（政策性资金除外）作为考核的基本条件。

2. 以完成本办法下达的任务为前提，按实际完成引资的绝对额，年终对乡镇、部门前五名和企业前三名进行表彰。

3. 根据引进资金的质量和数量奖励引资单位或有功人员。引进无偿资金的按引资的3%奖励，作为引资单位的活动经费；引进境外资金按引资额的3‰奖励；引进国内资金五年以上、十年以上、十五年以上分别按引资额的1‰、2‰、3‰奖励。乡镇、企业、部门分别引资达不到200万元、100万元、50万元的不予奖励。

4. 各单位引资情况由县委、县政府督查室会同外经办公室等部门根据引资项目的协议、合同、营业执照和实际到位资金的验资证明等原始证据年终考核验收。谁引资谁受奖，不重复奖励。

5. 从今年一月份开始，实行招商引资目标责任制的县级领导干部和县直机关、事业单位的副科级以上实职领导干部暂扣5%的基础工资。暂扣5%部分，年终考核全面完成招商引资任务的予以补发，完不成任务的按完成任务数的相应比例补发。对完不成任务的乡镇党委书记、乡镇长和不在县财政列支工资的县直单位主要负责人通报批评；完不成任务的县直部门不得被评为年度综合考核先进单位。

二〇〇年三月十八日

惠民县人民政府文件

惠政发〔2001〕4号

惠民县乡镇行政区划调整方案

一、基本情况

全县版图面积1365平方公里，乡镇总人口58.8万人，目前全县辖12镇9乡，98个办事处，1282个行政村。平均每乡镇人口为2.8万人，其中人口最多的乡镇3.55万人，最少的2万人，有13个乡镇人口不足3万人。

二、乡镇行政区划拟调整方案

1. 原行政区划保持不变的7个乡镇。即桑落墅镇、麻店镇、皂户李乡、淄角镇、大年陈乡、清河镇、魏集镇。

2. 将原来14个乡镇合并为7个乡镇。即惠民镇与省屯镇合并为惠民镇，何坊乡与香翟乡合并为何坊乡，石庙镇与梁家乡合并为石庙镇，姜楼镇与联五乡合并为姜楼镇，李庄镇与申桥镇合并为李庄镇，胡集镇与陈集乡合并为胡集镇，辛店乡与三堡乡合并为辛店乡。

调整后的行政区划由原来的12镇、9乡21个乡镇，合并为10镇、4乡14个乡镇，乡镇平均人口由原来的2.8万人增至4.2万人，每个乡镇平均增加1.4万人，其中11个乡镇超过3万人，3个乡镇接近3万人。

三、行政区划调整方案三个不足3万人口的原因

按以上行政区划调整方案，我县有桑落墅、皂户李、淄角3个乡镇达不到3万人口。其原因是：

1. 3个乡镇人口均在2.8万人以上，接近上级要求的乡镇人口规模，且3个乡镇1971年前均为行政区驻地。

2. 区域经济中心初见雏形，产品、产业特色明显，有利于资源的优化配置。其中，淄角镇是全市最大的蔬菜基地镇，小城镇建设发展较快。桑落墅镇桑园规模、蚕茧产量几年来一直位居全省前列，是全市的桑蚕基地镇，蚕菌两用大棚建设也很有特色。皂户李乡是全市最大的食用菌基地乡，全乡食用菌生产规模已达70万平方米。

3. 有较好的区位优势。3个乡镇均处在省道两旁，交通便利，有利于人流、物流、信息流和今后经济社会事业的发展。

4. 3个乡镇除去桑落墅镇以外，皂户李、淄角2个乡镇，1971年我县行政区划调整时分别划出1~2个小公社（现在的办事处）归毗邻的石庙、三堡两个大公社所辖，历经30年的时间，调整乡镇行政区划应考虑有利于稳定，债权债务便于界定，以及水系、通讯、电网。道路交通、历史沿革、风土人情和传统习惯等因素，因此，应避免再按1971年前的区划分割调整，尽量成建制地合并，以减轻调整难度，减少矛盾和后遗症。

二〇〇一年二月十六日

践行新理念　聚力大发展
为全面建成小康社会而努力奋斗

——在中国共产党惠民县第十四次代表大会上的报告

（2016年12月29日）

殷梅英

各位代表、同志们：

现在，我代表中国共产党惠民县第十三届委员会向大会作报告。

县第十三次党代会以来的五年，是惠民发展史上极不平凡的五年，是全县经济社会发展取得显著成效的五年，也是群众获得感更多、幸福感不断增强的五年。五年来，特别是党的十八大以来，面对复杂多变的宏观环境和艰巨繁重的发展任务，我们在中央和省委、市委的坚强领导下，全面贯彻党的十八大和十八大以来历次中央全会精神，深入贯彻习近平总书记系列重要讲话精神，团结带领全县广大党员干部群众，解决了一批多年想解决而没有解决的难题，办成了一批强基础、利长远、惠民生、得民心的大事，圆满完成了县第十三次党代会确定的目标任务。

一、过去五年的工作回顾

五年来，我们突出跨越赶超，综合实力大幅攀升。面对复杂严峻的宏观形势，牢牢把握稳中求进总基调，推动经济平稳健康发展。“十二五”实现圆满收官。“十三五”取得良好开局，预计2016年，实现国内生产总值193亿元、规模以上固定资产投资217亿元、社会消费品零售总额111亿元、一般公共预算收入9.6亿元、城镇居民人均可支配收入29800元、农村居民人均可支配收入13190元，分别是2011年的1.4倍、2倍、1.8倍、1.8倍、1.6倍、1.7倍。

五年来，我们突出转型升级，产业结构持续优化。积极适应新常态，全力以赴调结构、促转型，三次产业结构调整为17.6∶38.2∶44.2。传统产业转型升级步伐加快，新材料新能源、装备制造、生物医药三大新兴产业占全县经济总量比重超过50%。深入实施“2158”战略，汇宏新材料、龙马重科等一批大项目开始全面发力，新增规模以上工业企业129家。经济开发区落户投资过亿元项目37个，被评为山东省新型工业化产业示范基地。高效经济区铝精深加工产业集群初步形成，成为经济发展的重要增长极。成功引进齐商银行、舜丰村镇银行，农信社成功改组农商行。魏集古镇旅游度假区等一批文化旅游项目扎实推进，圆满完成了第二届中国古村镇大会所承办的工作。

五年来，我们突出基础支撑，区位优势明显提升。坚持抓基础设施建设就是抓经济发展，坚定不移地打造配套完善的基础设施环境。投资8.7亿元完成S247乐胡线改建工程（滨惠大道），济滨东高速惠民段全线贯通，德大铁路站前广场、新汽车站投入运营，“东融西联、南跨北接”的现代综合交通体系初步形成。投资4.6亿元改造农村公路626.4公里，投资1.03亿元完成农村道路“三通”818公里。城北污水处理厂、高效经济区污水处理厂调试运行，固体废弃物循环经济产业园启动建设，电力、天然气等设施不断完善。

五年来，我们突出民生优先，群众生活日益改善。每年用于民生事业的支出保持在财政总支出的80%以上。老城区城中村改造成效显著，省级“四城同创”全面告捷。投资近8亿元完成农村环境综合整治，实现城乡环卫一体化行政村全覆盖，在全市率先启动新型农村社区建设，美丽乡村建设取得显著成效。持续开展林水会战，完成农田水利基础设施投资4.1亿元。覆盖城乡的社会保障体系进一步健全，基本公共服务水平不断提高，全面完成了“十二五”脱贫攻坚任务。扎实推进教育优质均衡发展，全国义务教育发展基本均衡县通过验收。意识形态工作显著加强，社会文明素质普遍提升。严格落实信访维稳、安全生产和食品药品安全责任制，积极稳妥化解经济、金融、社会等领域的矛盾和风险，“平安惠民”、“法治惠民”建设有效推进，社会大局和谐稳定。

五年来，我们突出改革创新，发展活力不断彰显。坚持以改革破瓶颈、创优势、增活力，重点领域和关键环节改革取得积极进展。建立起了“全口径”政府预算体系。基层医疗卫生机构改革和县级公立医院改革全面结束。231项审批事项全部录入省政务服务平台。商事制度改革市场主体“双告知”履行率100%，信用信息公示率100%。科技创新能力持续增强，全社会研发经费支出占比、高新技术产业产值占比分别达到3.31%、20.32%。对外开放步伐加快，进出口总额年均增长50%。

五年来，我们突出从严治党，党的建设全面加强。认真落实全面从严治党要求，扎实开展党的群众路线教育实践活动、“三严三实”专题教育、“两学一做”学习教育。建立县委全委会“五联系五服务”工作机制，选派“第一书记”驻村帮扶，有效整治软弱涣散基层党组织，村级组织活动场所实现全覆盖，基层党建工作整体水平明显提升。从严规范干部选拔任用工作，树立起了正确用人导向。严格落实中央八项规定和省委、市委、县委实施办法，“四风”问题得到有效整治，党员干部作风明显转变。坚决落实党风廉洁建设“两个责任”，切实加强廉政教育，强化监督执纪问责，组织开展县级党政班子成员向县纪委全委会述廉工作，扎实做好中央和省委巡视反馈问题整改，推动党风政风和社会风气进一步好转。

历经五年奋斗，成绩来之不易。这些成绩的取得，是中央和省委、市委正确领导的结果，是历届县委接续奋斗奠定坚实基础、全县各级党组织和干部群众团结奋斗的结果，是社会各界积极参与、大力支持的结果。在此，我代表十三届惠民县委，向关心和支持我县经济社会发展的同志们、朋友们和社会各界人士表示衷心的感谢和崇高的敬意！

同时，我们也清醒地认识到，当前我县经济总量不大、结构不优、城乡之间发展不平衡、公共服务供给不足、创新驱动能力不强等短板依然突出，党风廉洁建设和反腐败形势依然严峻复杂。对这些问题，必须高度重视，切实加以解决。

二、今后五年的指导思想和奋斗目标

做好未来五年工作，使命光荣，意义深远，责任重大。**未来五年，是惠民大有作为、加快崛起的战略机遇期。**我国经济发展进入新常态，经济长期向好的基本面没有变，全面深化改革的红利持续释放，新的增长动力正在孕育形成，尤其是“一带一路”、京津冀协同发展、“两区两圈”等国家战略的实施，济滨城际铁路、环渤海高铁的规划建设，都为我们谋求更高层次发展，带来了新机遇、提供了新空间。**未来五年，是惠民实施“十三五”规划、打赢脱贫攻坚战、全面建成小康社会的决战决胜期。**到“十三五”末，与全市同步提前全面建成小康社会，是我们让老区人民共享改革发展成果，必须承担的历史使命。**未来五年，是惠民爬坡过坎、跨越赶超的争先进位期。**经济发展进入新常态，最本质的变化还是结构调整和动力转换，这也意味着各地发展将回到同一起跑线上，开始新一轮竞争。只要我们强化机遇意识、责任意识，因势而谋、应势而动，以“咬定青山不放松”的坚韧，保持定力、敢于担当，就一定能有效应对各种风险和挑战，开创惠民科学发展新局面。

今后五年的指导思想是：高举中国特色社会主义伟大旗帜，全面贯彻党的十八大和十八届三中、四中、五中、六中全会精神，以马列主义、毛泽东思想、邓小平理论、“三个代表”重要思想、科学发展观为指导，深入贯彻落实习近平总书记系列重要讲话精神，按照“四个全面”战略布局，紧扣“黄三角新的经济增长极、省会都市圈重要节点城市、连接京津冀枢纽城市”的发展定位，牢固树立和贯彻“五大发展理念”，坚持发展第一要务，坚持稳中求进工作总基调，以提高发展质量和效益为中心，以推进供给侧结构性改革为主线，统筹推进经济、政治、文化、社会、生态文明和党的建设，推动各项事业“争一流、上水平”，加快建设生态美丽健康幸福新惠民，为确保与全市同步建成小康社会而努力奋斗。

今后五年的奋斗目标是：

——*发展质量实现新提升*。保持经济较快增长，实现“四个翻番”，即在“十二五”的基础上，到2021年，国内生产总值、一般公共预算收入、城镇居民人均可支配收入、农村居民人均可支配收入分别达到360亿元、17.6亿元、55000元、24200元。转方式、调结构取得重大进展，形成一批具有较强竞争力的企业集群和产业集群，高新技术产业产值占规模以上工业总产值比重提高到25%以上。

——*改革开放实现新提升*。基础性关键性改革取得实质性进展，与供给侧结构性改革相适应的政策体系进一步健全。以创新为主要引领和支撑的经济体系和发展模式加快形成。现代交通体系日臻完善，招商引资、创新创业等发展活力进一步激发。

——*生态环境实现新提升*。全县林木覆盖率稳定在46%左右。绿色低碳水平明显提高，能源资源使用效率大幅提升，主要污染物排放总量稳步降低，空气质量优良天数比例大幅提升，土壤污染得到有效治理，基本实现城乡生活垃圾收集和集中无害化处理全覆盖，打造黄河三角洲生态宜居新城。

——*文化建设实现新提升*。社会主义核心价值观深入人心，覆盖城乡的公共文化服务体系基本形成，公民文明素质和社会文明程度显著提高。文化旅游业加快融合发展，打造黄河三角洲文化旅游名城。

——*民生福祉实现新提升*。坚决打赢脱贫攻坚战，确保贫困村、贫困人口全部脱贫。城乡居民享有更高质量的教育、更高水平的医疗卫生服务、更加满意的社会保障、更加舒适的居住条件。

——*党的建设实现新提升*。全面从严治党主体责任有效落实，各级党组织和党员干部牢固树立“四个意识”，政治素质过硬，理想信念坚定。基层党组织的凝聚力和战斗力有效加强，党内政治生活更加规范，政治生态全面净化。党风廉洁建设和反腐败工作取得更大成效。

三、今后五年的主要举措

发展是解决所有问题的关键。完成今后五年奋斗目标，必须坚持以经济建设为中心，突出重点、精准发力，确保全面建成小康社会。

（一）坚持提质增效，打造产业发展新优势。加快产业提质增效，才能形成特色、增创优势。要始终把产业提质增效作为稳增长的引擎，深入对接“中国制造2025”战略、“互联网+”行动计划，着力振兴实体经济，推动产业升级、结构优化，实现中高端迈进、内涵式增长。一要加快发展新型工业。坚持提升存量和优化增量并重、技术改造与产业延伸并举，不断增强工业经济整体实力和竞争力，打造黄河三角洲新兴工业基地。深入实施“3327”工程，以龙头带动、技术创新、延链补链、集群配套为重点，倾力打造化纤纺织、农副产品及深加工、新材料新能源、装备制造四大百亿级产业集群。深入实施大企业大集团培育计划和成长型中小企业培育计划，大力弘扬“工匠精神”，推动汇宏新材料、创源集团等一批骨干企业做大做强，打造铝精深加工基地；培育一批专、精、特、新中小企业。到2021年，规模以上企业达到300家以上，形成较为完善的惠民工业体系。二要培育壮大现代服务业。放大省级服务业综合改革试点政策优势，加速集聚一批水平高、业态新、品牌优的服务业项目，推动服务业发展提速、比重提高、结构提升。大力发展生产性服务业。加快物流园区建设，打造黄河三角洲区域综合物流中心。加快构建多层次、差

异化、广覆盖的金融组织体系。积极发展科技信息服务、商务服务、检验检测等新兴业态。壮大提升生活性服务业。加快红星美凯龙等城市综合体建设，打造以现代商贸为主的消费型经济。扶持发展健康养老、社区服务、文化创意、教育培训等产业，更好满足不同层次消费需求。借助“互联网＋”力量，推进苗木、绳网、果蔬等特色优势产业与电子商务深度融合。树立全域旅游理念，发挥孙子文化、红色文化等资源优势，加快文化旅游休闲区建设，不断提升“孙子故里、生态惠民”品牌影响力。立足温泉资源优势，以“温泉＋”为支点，打造集会议、养生、休闲、度假于一体的“温泉之都”。三要大力发展现代农业。推动农业生产组织形式的深刻变革，加快构建专业大户、家庭农场、合作社、龙头企业为主体的农业生产经营体系，提高农业生产的规模化、标准化、机械化程度。支持农业标准化示范基地建设，争创全国农产品质量安全县。

（二）坚持改革创新，厚植跨越赶超新动力。改革创新是推动发展的活力之源。要以重点突破带动整体推进，不断提升改革创新的水平，增强发展的动力。一要全力推进制度创新。坚持问题导向、发展取向和民生指向，坚决贯彻落实中央和省委、市委决策部署，扎实推进基础性关键性改革，确保各项改革取得实效。深入推进简政放权，减少审批事项，提高服务效能，全力打造一流的营商环境。二要深入推动科技创新。充分发挥科技创新在全面创新中的核心和支撑作用，坚持以企业为主体、以市场为导向、以高校和科研院所为依托，着力培育一批拥有核心技术、自主品牌和较强竞争力的创新型领军企业。三要加快推进对外开放。抓住“一带一路”等战略多重叠加机遇，用好国际、国内两个市场，在更大范围集聚资源要素、参与竞争合作。建优建强经济开发区、高效经济区两大园区平台，围绕主导产业发展，更加注重产业链招商、集群招商、精准招商，突出引资、引技、引智、引平台的有机结合，引进一批对我县产业转型升级具有重大支撑带动作用的产业项目。规划建设沿滨惠大道产业带、济滨东高速沿线产业区、济滨城际铁路轨道交通辐射区，把点做亮、把片做活、把线做长，全力打造推动经济社会发展的“新引擎”。四要着力优化创业创新环境。发挥大学生创业园等载体的孵化功能，创新扶持政策，强化激励导向，鼓励和支持高校毕业生、城镇就业困难人员、农村转移劳动力、退伍转业军人等群体就业创业，全面激发大众创新创业活力。着力增强市场主体的内生动力和创造活力，促进民营经济蓬勃发展，推动市场主体提质增量。

（三）坚持城乡统筹，构建一体发展新格局。实现城乡统筹发展，是建设全面小康的内在要求，也是提升惠民形象的关键举措。要坚持以“人的城镇化”为核心，着力构建以县城为中心、城镇为支撑、新型社区为基础的一体化发展新格局。一要始终坚持规划引领。发挥好城市规划的战略引领和刚性控制作用，突出“古韵”、“生态”的特色，一张蓝图绘到底，着力打造具有历史记忆、地域特色和时代特征的精致城市。二要持续推进城乡建设。加快中心城区建设，老城区以改造提升为重点，注重留住省级历史文化名城的“基因”，加速推进城中村改造收尾，加快具有惠民文化元素的公共设施建设，大力发展商贸、房地产、金融等现代服务业，让老城区留住历史记忆、焕发生机活力；新城区加快公共服务、金融、商贸等重点项目推进力度，增强综合承载能力，加速人气商气集聚，全力打造宜居宜业的现代化生态园林新城。同步推进小城镇建设，坚持分类引导、差别发展、择优培育，强化城镇与中心城区的统筹联动和功能分工，发挥国家、省、市重点镇、示范镇的带动作用，突出产业、文化、旅游功能，精心打造一批特色小镇。推动美丽乡村建设，巩固农村环境综合整治、城乡环卫一体化建设成果，加大新型农村社区建设力度，进一步把新农村建设引向深入。三要提高城市管理水平。牢固树立为人民管理城市理念，坚持建管并重、重在管理，积极探索部门联合执法、集中整治、全民参与的“大城管”格局，推动城市管理向背街小巷、城郊结合部延伸，加快实现由突击性管理向依法、常态和高效管理的转变。四要加快重大基础设施建设。坚持交通先行，加快构建以国省道、高速公路、铁路运输、城际轨道为骨架，县乡道为辅助的立体化交通网。统筹推进电力、污水管网、供热、天然气、互联网等设施建设，不断改善城乡居民生产生活条件。

（四）坚持生态优先，探索绿色发展新路径。良好生态环境是最普惠的民生福祉。要牢固树立绿水青山就是金山银山发展理念，按照“治理、修复、优化”的总体要求，着力改善生态环境，切实增进人民群众的生态福祉。一要重抓污染治理。坚持铁腕治污，常态化开展水污染、大气污染、土壤污染综合防治，确保城乡生态环境明显改观。突出抓好节能减排，坚决取缔污染严重的土小企业，严控农业面源污染和生活污染，切实消除各种环境风险隐患。二要夯实基础设施。大力实施河湖田林生态保护和修复工程，抓好城乡河道综合整治，加强饮用水源地环境保护。加大城镇污水管网延伸覆盖，完善城乡垃圾和污水集中处理系统。持续推进沿河沿路绿带、城市绿地和农田林网建设，增加城市生态用地，构建城乡一体的绿色生态屏障。三要提高监管成效。实行最严格的环境保护制度，坚决把好项目落户的环保关，确保新上项目符合国家相关政策规定。建立健全体现生态文明要求的目标体系、考核办法、奖惩机制，形成绿色发展的政绩导向。探索环境行政执法和司法联动的体制机制，培养公民环境意识，提高绿色生产和生活水平。

（五）坚持改善民生，开创共建共享新局面。人民对美好生活的向往就是我们的奋斗目标。要解决一些群众最关心、最直接、最现实的利益问题，叫响“惠风和畅、民生至上”品牌。一要全力开展脱贫攻坚。深入实施精准扶贫、精准脱贫，确保1.2万户、2.6万人全部脱贫，92个建档立卡省定贫困村更高水平实现“五通十有”目标，建立稳定脱贫的长效机制。二要完善社会保障体系。强化以五大社会保险为重点的基本保障，稳步提高城乡居民最低生活保障标准、城乡居民基础养老金标准。加大弱势群体社会救助力度，实现托底救助保障全覆盖。积极探索多元化养老服务模式，提高养老服务专业化、规范化、社会化水平。加大住房保障力度，建立分层次、多形式、广覆盖的住房保障体系。三要优化公共服务供给。坚持教育优先发展，重点抓好县第三中学等基础设施建设，扎实推进“全面改薄”和解决“大班额”问题，促进各类教育资源均衡优质发展；深化基础教育综合改革，提高师资水平，提升教育质量，办好人民满意的教育。深化医药卫生体制改革，推进基层医疗卫生机构标准化、规范化建设，提升整体医疗卫生服务水平，加快建设“健康惠民”。推进文化设施建设，完善县乡公共文化服务体系，培育具有惠民特色的群众文化品牌。

（六）坚持标本兼治，实现社会治理新成效。社会和谐稳定是持续发展的基本前提，也是民生幸福的重要保障。要积极推进社会治理精细化，让发展与和谐同行。一要提升依法治县水平。坚持把全民普法和全民守法作为长期的基础性工作，深入开展“七五”普法和法治宣传教育，扎实推进“诚信惠民”建设，不断提高全民法治意识。发挥领导干部在依法治县中的关键作用，带动全社会崇德向善、尊法守法。二要维护社会和谐稳定。深入开展“平安惠民”建设，健全重大决策社会稳定风险评估机制，强化公共安全隐患排查与管控，加强社会治安防控体系建设，持续提升群众安全感。依法规范信访秩序，及时解决群众合理诉求。加大对安全生产、食品药品的监管力度，切实保障人民群众生产生活安全。高度重视金融安全，严格政府债务管理，规范各类融资行为，坚决守住不发生系统性金融风险的底线。三要加强民主政治建设。进一步发挥党委总揽全局、协调各方的领导核心作用，支持人大及其常委会依法行使职权，支持人民政协按照章程切实履行职能，巩固和发展最广泛的爱国统一战线，充分发挥老干部的积极作用，加强对工会、共青团、妇联等人民团体的领导，加强人武、民宗等工作，更好地凝聚党心民心，形成建设生态美丽健康幸福新惠民的强大合力。

四、全面加强和改进党的建设

践行新理念，聚力大发展，关键在党、关键在人。全县各级党组织要认真履行全面从严治党政治责任，把党要管党、从严治党要求落到实处，进一步净化党员队伍，坚定理想信念，转变工作作风，狠抓工作落实，以实实在在的发展成果造福全县人民。

（一）强化思想政治建设，激发创先争优的精神动力。重视思想建党是我们党的优良传统。要树牢“四个意识”，坚定正确政治方向，自觉在思想上政治上行动上与以习近平同志为核心的党中央保持高度一致。一要加强理论学习。深入系统地学习习近平总书记系列重要讲话精神，做到真学真懂、真信真用，不断提高运用科学理论解决新问题的能力水平。坚定理想信念，牢记为民宗旨，切实增强“四个自信”。二要强化党性锻炼。立足我县红色资源，常态化开展党性教育活动，引导党员干部在改革发展主战场、脱贫攻坚第一线、服务群众最前沿砥砺品质、锤炼党性，确保中央和省委、市委决策部署在惠民落地生根。三要提升道德修养。教育引导党员干部带头践行社会主义核心价值观，把家风建设摆在重要位置，以德修身、以德立威、以德服众，引领党风民风社风向善向上。加强党对意识形态工作的领导，牢牢掌握意识形态工作的领导权、管理权和话语权。

（二）强化干部队伍建设，锻造堪当重任的中坚力量。实现既定目标任务，干部是决定因素。要抓住想干事、能干事这两个关键点，努力打造一支具有铁一般信仰、铁一般信念、铁一般纪律、铁一般担当的干部队伍。一要严格标准选好干部。坚持德才兼备、以德为先，突出事业为上、公道正派，全面贯彻“20字”好干部标准，真正把想干事、能干事、敢担当、善作为的干部及时发现出来、合理使用起来。严密选人程序，强化领导把关，坚决防止和纠正选人用人上的不正之风。加强党管人才工作，进一步提高人才工作科学化水平。二要优化机制用好干部。开展经常性干部培训和学习教育，不断提高各级干部的执政能力和领导水平。完善干事创业容错免责机制，允许干部在改革先行先试中出现失误，理解干部在探索性试验中出现错误，容忍干部为推动发展出现无意过失，为敢于担当的干部撑腰鼓劲。三要从严从紧管好干部。认真落实从严管理干部的各项要求，强化对“一把手”和关键岗位干部的监督管理，严肃整治为官不为和为官乱为等现象，形成能者上、庸者下、劣者汰的用人导向。

（三）强化基层基础建设，构筑坚强有力的战斗堡垒。基础不牢，地动山摇。各级党组织要牢固树立“抓党建是最大政绩”的理念，坚持不懈地加强基层组织建设。一要突出责任导向。发挥好考核“指挥棒”作用，把述职评议作为落实管党责任的有力抓手，强化述职评议考核结果运用，促使各级党组织和党组织书记将主业主责刻在心中、抓在手上、落到实处。二要突出创新导向。探索建立一社区一“两委”班子组织设置模式，扎实做好新型社区一站式服务体系建设，加快形成以社区自治和服务管理为中心的城乡社区治理服务新格局。统筹推进机关、非公经济组织等各领域基层党组织建设，实现党的组织和党的工作全覆盖。三要突出服务导向。强化基层党建工作保障，将更多服务资源向基层倾斜，不断提高基层组织阵地建设水平。建立完善领导干部联系服务群众常态化机制，认真做好选派“第一书记”工作，持续开展软弱涣散基层党组织整顿，提高基层党组织带领群众发展致富的能力。

（四）强化党的作风建设，凝聚干事创业的强大合力。作风建设永远在路上。要坚持抓常、抓细、抓长，巩固拓展好党的群众路线教育实践活动、“三严三实”专题教育和“两学一做”学习教育成果。一要严格规范党内政治生活。突出用好组织生活这个经常性手段，开展严肃认真、积极健康的思想斗争，使批评和自我批评、谈心交心成为常态，不断提高各级领导班子和领导干部解决自身问题的能力。严格执行民主集中制，坚持集体领导制度，坚持科学决策、民主决策、依法决策，推动形成“又有集中、又有民主，又有纪律、又有自由，又有统一意志、又有个人心情舒畅生动活泼”的政治局面。二要推动践行“三严三实”形成常态。大力发扬“钉钉子”精神，坚持马上就办、立说立行，推动作风在一线转变、问题在一线发现、矛盾在一线解决、工作在一线推进、干部在一线考验，坚决解决不“严”不“实”问题。三要深化作风建设长效机制。持续加强对“四风”问题的监督检查，开展经常性专项整治，推进作风建设常态化、长效化。

（五）强化反腐倡廉建设，营造风清气正的政治生态。坚定不移惩治腐败是党心民心所向。要旗帜鲜明地加强党风廉洁建设和反腐败斗争，坚持惩防并举、标本兼治，努力构建不敢腐、不能腐、不想腐的长效机制。一要传导压实“两个责任”。各级党组织和纪检组织要全面履行党风廉洁建设主体责任和监督责任，做到真抓真管、严抓严管。坚持有责必问、问责必严、失责必究，以常态化问责倒逼责任落实。二要严明党的纪律规矩。坚持纪在法前、纪严于法，严格执行《中国共产党廉洁自律准则》和《中国共产党纪律处分条例》，以“六项纪律”为尺子，综合运用监督执纪“四种形态”，抓早抓小、防微杜渐，用纪律管住大多数。三要毫不手软惩治腐败。始终保持惩治腐败的高压态势，坚持无禁区、全覆盖、零容忍，着力解决侵害群众利益的不正之风和腐败问题，坚决查办违纪违法案件，以反腐倡廉的实际成效取信于民。

各位代表、同志们，美好蓝图已经绘就，新的征程催人奋进。让我们更加紧密地团结在以习近平同志为核心的党中央周围，在中共滨州市委的坚强领导下，坚定信念、真抓实干，不忘初心、继续前进，为加快建设生态美丽健康幸福新惠民，全面建成小康社会而努力奋斗！

政府工作报告

——2017 年 1 月 17 日在惠民县第十八届人民代表大会第一次会议上

惠民县代县长　夏培剑

各位代表：

现在，我代表县人民政府向大会报告工作，请予审议，并请县政协委员和其他列席会议的同志提出意见。

2016 年及过去五年工作回顾

2016 年，在县委的正确领导下，在县人大、县政协的监督支持下，认真贯彻落实党的十八大和十八届三中、四中、五中、六中全会精神，团结带领全县人民，主动适应经济发展新常态，沉着应对各种风险挑战，统筹推进“五位一体”总体布局和协调推进“四个全面”战略布局，经济社会发展态势良好。预计全县地区生产总值、固定资产投资、社会消费品零售总额、一般公共预算收入分别实现 193 亿元、221 亿元、111 亿元、9.6 亿元，分别增长 7.6%、12%、9.5%、9%；城镇居民、农村居民人均可支配收入分别达到 29800 元、13190 元，分别增长 8%、9%。圆满完成县十七届人大五次会议确定的目标任务。

一、工业经济扩量提质。深入实施“3327”工程，新能源新材料、现代装备制造等新兴产业占工业经济总量比重超过 50%。纺织服装、化纤绳网、农副产品深加工等传统产业改造提升步伐加快，被授予“中国绳网名城”、“山东省体育产业基地”称号。汇宏新材料新建项目、创源集团铝镁合金、龙马重科风电装备制造等大项目相继投产达产，国内 500 强企业明阳集团来惠投资合作。完成工业投资 127 亿元、技改投入 57 亿元，同比分别增长 26%、46%。进出口总额实现 22 亿元，同比增长 35%。新增高新技术企业 4 家，创建山东省名牌、山东省著名商标各 1 个。

二、现代农业更具特色。鑫诚农业、冠铭菌业、春生食用菌等改扩建项目全面完成。黄河三角洲苗木产业物流园、中国北方花木博览园投入使用。市级以上农业龙头企业、农民专业合作社分别达到 54 家、56 家。新增农业标准化生产基地 0.5 万亩，创建省级畜禽标准化养殖示范场 2 个、市级 4 个。完成造林 2.5 万亩，建设农田林网 2.4 万亩，绿化县乡道路 70 公里。实施 17 万亩高标准基本农田、3 万亩新增千亿斤粮食产能田间工程、3 万亩小型农田水利重点县、杨集干沟综合治理、危桥改造及节水灌溉示范片等田间治理项目，农业生产条件显著改善。

三、现代服务业蓬勃发展。金融环境持续稳定，存贷款余额、社会融资总量分别实现 203 亿元、148 亿元、235 亿元。省级服务业综合改革试点工作基本完成，红星美凯龙主体完工，圣豪丽景温泉度假区、古源恒昌乡村旅游度假区、信誉楼百货建成运营。成功举办第八届海峡两岸（滨州）孙子文化论坛暨第十四届中国（惠民）国际孙子文化旅游节。魏集古村落免费向游客开放，新增旅游强镇 2 个、旅游特色示范村和工农业旅游示范点 10 个。

四、城乡建设成效明显。老城区，改造提升乐胡路城区段、文安路东段、西关大街，贯通闫北路，23 个城中村改造顺利完成，城区形象不断提升。新城区，县政务服务中心（公共资源交易中心）即将启用，规划建设县社会福利中心、综合性检验检测中心、农商行营业楼，城市功能不断完善。胡集、李庄、辛店、姜楼等重点镇、示范镇加快建设，宜居程度不断提高。农村环境综合整治和城乡环卫一体化长效机制基本形成。启动无害化卫生厕所改造村居 631 个、8.2 万户。

在全市率先启动新型农村社区工作试点，开工建设社区服务中心34处。开展环保专项行动，排查整治废坑137个，取缔非法建设项目90个，停产和关闭炼铁企业11家、砖瓦窑厂28家。循环经济产业园项目动工建设，城北、胡集污水处理厂投入使用。建成35千伏梁家、辛店第二电源工程，供电保障更加有力。

五、民生保障能力日益增强。民生支出完成26.5亿元。新增城镇就业5328人，农村劳动力转移就业1.06万人。新开工保障性安居工程782套。新改扩建幼儿园11处，规划建设县第四实验学校、第三中学、职业中专，顺利通过国家义务教育发展基本均衡县验收。合理调整医疗服务项目价格，受益群众达25万人。“全面两孩”政策平稳实施，计生指标控制在责任目标之内。开工建设为农服务中心7处，建成现代农民实训基地2处，培训新型职业农民6925人。新增社会化养老机构4处，农村幸福院52处。送戏下乡640场，争创最具滨州特色文化产品6个。

六、自身建设取得新突破。联合办税服务大厅投入使用，国地税实现深度合作。实施“五证合一、一照一码”商事制度改革，工商注册更加便利。各类市场主体达2.9万户，增长22.5%。为民服务中心、公共资源交易中心、不动产登记中心组建成立，政务服务平台实现互联互通。行政审批、行政处罚等事项纳入重点公开范围，公开政府信息1.5万条。建设公共法律服务中心1处、服务站7处。自觉接受人大、政协和社会各界监督，办理人大代表建议意见36件、政协提案83件。村两委换届选举工作顺利完成。同时，人防民防、国防教育、民族宗教、妇女儿童、老龄、物价、粮食、农机、广电、体育、史志、档案、地名、邮政、通讯、气象、烟草、盐务、油区、残联、外事侨务和新华书店等工作都有了新的发展和提高。

各位代表，经过不断的艰苦努力，圆满完成了上届政府确定的目标任务。回顾过去的五年，发展历程极不平凡，虽然坎坷重重、充满挑战，但硕果累累、成就显著。

五年来，我们坚持科学发展、扩张总量，全力促进经济社会跨越发展，综合实力迈上新台阶。地区生产总值、财政总收入、一般公共预算收入增幅均高于全市平均水平。累计完成固定资产投资835.6亿元，是前五年的2.4倍。产业转型步伐加快，三次产业结构从19.8∶41.5∶38.7优化到17.6∶38.2∶44.2。策划包装省市级重点项目32个，报批用地指标7581.5亩。粮食生产实现“十四连丰”。连续举办五届黄河三角洲（滨州·惠民）绿化苗木博览会。荣获全国粮食生产先进县、中国塑料绳网之都、全省跨越发展先进县、省级文明县、全省服务业发展先进县、省级旅游强县、省级卫生县城、全省法治创建先进县、全省双拥模范县、全省苗木产业项目重点县、全省计划生育优质服务先进县等荣誉称号。

五年来，我们坚持全域统筹、协调发展，加快推进新型城镇化，城乡建设实现新进展。“全域统筹、一城两区、一带一轴、两翼展开”区域协调发展战略深入实施，老城区、新城区、开发区三区联动，累计征迁面积达14.7万平方米，回迁2760户，城市功能更加完备。新型城镇化进程加快，成功打造一批经济强镇、旅游强镇、国家省市级示范镇，城镇化率从37.8%提升至45%。农村环境综合整治深入开展，城乡环卫一体化、农村公路“三通”实现行政村全覆盖，农村生活居住条件极大改善，历次满意度调查均居全市前列。铁路、高速、国省道等交通基础设施不断完善，滨惠大道、济滨东高速、乐胡线改建工程竣工通车，火车站枢纽工程投入使用。桑王路改造完成。建成公路生命安全防护工程800公里。全力实施农村公路网化工程，农村公路通车里程达3399公里，交通更加便利。

五年来，我们坚持民生为要、共享发展，持续增进人民福祉，社会事业取得新突破。民生支出累计达到100.5亿元。牢固树立“扶真贫、真扶贫、真脱贫”理念，实施扶贫项目553个，66个省扶贫工作重点村、60500人整体脱贫。养老、医疗保险参保人数逐年增加，社会保障由制度全覆盖向人群全覆盖加快过渡。推出保障房2570套，每千名老人拥有养老床位数34张。基础教育综合改革稳步推进，医药卫生体制改革全面深化。新改建学校63所、卫生院13家，县级公立医院全部与大院名院合作办医。农村土地承包经营权确权登记颁证工作全面完成。农民负担监管、政策性农业保险、农业补贴等惠农政策得到落实。大力开展重点行业、领域安全隐患排查整治工作，工商贸领域未发生较大以上生产安全事故，安全生产四项指标实现“五连降”。扎实开展严打整治专项行动，不断加大食品药品、消防、交通、文化市场、校园安全管理力度，平安惠民建设成效显著，经济社会发展大局保持稳定。

五年来，我们坚持深化改革、转变职能，创新政府管理理念和方式，自身建设迸发新活力。深入开展党的群众路线教育实践活动、“三严三实”专题教育和“两学一做”学习教育，政府机关作风持续改进。“法治建设提升年”活动扎实开展，综合执法体制改革有序推进，法治政府建设成效显著。安全生产监管执法体系不断健全，党政机关公务用车制度改革全面完成。书记县长公开电话、信箱作用明显，网上信访工作走在全省前列，再次被省委、省政府评为全省信访工作先进县。现代预算管理制度改革有序推进。“营改增”全面实施。规范领导干部履行经济责任行为，认真贯彻执行中央八项规定精神，持之以恒纠治“四风”，严肃查处侵害群众利益的不正之风和腐败问题，廉政建设和反腐败工作取得新成效。

各位代表，过去五年取得的成绩来之不易。这是县委正确领导的结果，是县人大、县政协和社会各界监督支持的结果，是全县人民和衷共济、奋发有为的结果。在此，我代表县人民政府，向全县人民，向人大代表、政协委员，向离退休老干部，向各民主党派、工商联和社会各界人士，向驻惠部队、武警官兵，向所有关心、支持和参与惠民发展的朋友们，致以崇高的敬意和衷心的感谢！

在充分肯定成绩的同时，我们也清醒地认识到，惠民未来发展还存在一些矛盾、困难和短板：宏观经济下行，环境约束增强，建设用地趋紧，企业融资困难，追赶超越面临很大压力；传统产业改造升级步伐较慢，新兴产业科技创新能力不足，转型升级仍然任重道远；城乡居民收入不高，贫困人口量多面广，公共服务水平较低，全面建成小康任务艰巨；少数干部作风不实、为政不廉、不敢担当和为官不为、为官慢为、为官乱为等问题依然存在。对此，我们必须高度重视，主动作为，认真加以解决。

今后五年的发展思路、目标及重点

站在新的起点，面向未来发展。世界经济在深度调整中曲折复苏，我国经济发展进入新常态。2017年中央经济工作会议明确提出大力振兴实体经济的奋斗目标，指出要继续深化供给侧结构性改革，全面做好稳增长、促改革、调结构、惠民生、防风险各项工作。县十四次党代会做出了我县处于战略机遇期、决战决胜期、争先进位期的科学判断，提出了“实现六个新提升”的奋斗目标并指明了实现路径和措施。惠民的发展蓝图已经绘就，美好前景催人奋进。我们坚信，有市委、市政府和县委的坚强领导，有全县人民的团结拼搏、无私奉献，脚踏实地、科学实干，就一定能创造出经得起实践、历史、人民检验的崭新业绩！

根据县第十四次党代会部署，今后五年县政府的工作思路和发展目标是：高举中国特色社会主义伟大旗帜，全面贯彻党的十八大和十八届三中、四中、五中、六中全会精神，以马列主义、毛泽东思想、邓小平理论、“三个代表”重要思想、科学发展观为指导，深入贯彻落实习近平总书记系列重要讲话精神，按照“四个全面”战略布局，紧扣“黄三角新的经济增长极、省会都市圈重要节点城市、连接京津冀枢纽城市”的发展定位，牢固树立和贯彻“五大发展理念”，坚持发展第一要务，坚持稳中求进工作总基调，以提高发展质量和效益为中心，以推进供给侧结构性改革为主线，统筹推进经济、政治、文化、社会、生态文明和党的建设，推动各项事业“争一流、上水平”，加快建设生态美丽健康幸福新惠民，为确保与全市同步建成小康社会而努力奋斗。在“十二五”末的基础上，到2021年，地区生产总值、一般公共预算收入、城镇居民人均可支配收入、农村居民人均可支配收入分别达到360亿元、17.6亿元、55000元、24200元，实现“四个翻番”。重点抓好六大任务：

（一）加快创新创造，推动转型升级。牢牢把握新一轮科技革命和产业变革趋势，加快实施创新驱动发展战略和知识产权战略，大力发展新经济，增强创新与转型发展新动能。深入推进供给侧结构性改革，提高全要素生产率，着力构建发展更快、结构更优、质量更高、效益更好的现代产业体系。确保全县农业增加值年均增长3%左右，规模以上工业企业达到300家以上，服务业增加值占GDP比重逐渐提高。

（二）强化载体建设，推动产业集聚。推动项目向开发区、高效经济区集聚发展。实施开发区“5231”工程，力争实现“招商引资、多元融资、体制机制、基础配套、人才瓶颈”五个突破，打造高端风电装备制造、医药物流两大基地，建成三个过百亿级产业集群，税收突破10亿元。实施高效经济区二次创业，全面完成“1123”工程，打造1个千亿级高端铝精深加工产业基地，确保利税过100亿元，税收突破20亿元，完成投资300亿元。

（三）统筹城乡建设，促进协调发展。坚持因地制宜，根据发展定位、资源禀赋和产业基础，加快发展特色小镇，建设美丽乡村。完善重大基础设施，打造“六横六纵”干线公路网，构建现代交通运输网络体系，放大人流、物流、信息流集聚效应，打造区域性综合交通物流枢纽。全面推进以人为核心的新型城镇化，优化空间、功能、产业、人口和基础设施布局，推动城乡协调一体发展，人口城镇化率达到55%以上。

（四）改善生态环境，实现绿色发展。推进全域生态建设，加强生态整体保护、系统修复、综合治理，林木覆盖率稳定在46%左右，让全县生态环境更加优良。强化重点领域节能减排，发展风电、光伏等低碳新能源产业，形成节约环保的产业体系，城镇污水集中处理率达到98%以上，工业污水集中处理率达到100%。倡导和践行绿色生活方式，使生态文明价值观念渗透到经济社会发展全过程，积极创建国家循环经济示范县和全域旅游示范县。

（五）扩大对外开放，创优发展环境。充分发挥区位优势，对接滨州、济南和京津冀，立足国内、放眼世界，在更宽领域、更大范围引进资金、技术、管理和人才，全面提升对外开放合作水平。深化重要领域和关键环节改革，坚决破除体制机制障碍。推进简政放权、放管结合、优化服务，营造高效透明的政务环境，充分调动和激发市场主体的内生动力和活力。

（六）创新社会治理，保障改善民生。坚持普惠性、保基本、均等化、可持续方向，积极落实《“健康中国2030”规划纲要》，建立覆盖城乡居民的基本公共服务体系，提高共建能力和共享水平。实施精准扶贫、精准脱贫，协调联动、综合施策，举全县之力坚决打赢脱贫攻坚战。深化平安惠民建设，推进社会治理法治化、精细化，确保人民群众安居乐业、社会大局和谐稳定。

2017年工作安排

2017年是实施“十三五”规划的重要一年，是推进供给侧结构性改革的深化之年，也是新一届政府履职的开局之年。新的一年，我们将进一步解放思想、对标先进，坚持“1234”工作思路即围绕“科学发展”一个主题，抓住“项目强县”、“环境立县”两条主线，强化“招商引资、基础设施、园区承载”三个关键，突破“产业升级、城乡统筹、民生改善、行政效率”四大重点，强力推动全县经济争先进位，社会大局和谐稳定。确保地区生产总值、固定资产投资、社会消费品零售总额、一般公共预算收入分别增长8.5%、12%、9.5%和9%左右；城镇居民、农村居民人均可支配收入分别增长9%、9.5%左右；完成市政府下达的人口责任目标和节能减排任务。围绕实现上述目标，重点抓好以下七个方面的工作。

一、致力于有效投入增后劲，全力推进重大项目建设。项目是发展的源头活水，坚持把项目作为经济工作的总抓手，做优增量、盘活存量、提升质量，加快培植新的经济增长点。

坚定不移地推进招商引资。坚持把招商引资作为经济工作的生命线，牢固树立“大招商、招大商”理念，提高项目引进质量和效益。瞄准京津冀、长三角、珠三角等发达地区，主动对接产业转移，开展区域招商、专业招商。依托高端铝精深加工、高端风电装备制造两大产业，开展产业招商、以商招商，主动对接大型央企、重点民企和知名外企，引进一批投资规模大、科技含量高、带动能力强的好项目。引导县内企业与优秀战略投资者合作，鼓励收购、兼并或重组效益低下企业。完善县级项目储备库，争取更多项目列入省市重点。做大做强现有融资平台，推广运用PPP模式，吸纳各类资本投入基础设施、公共事业等领域。

坚定不移地推进项目建设。充分发挥扩投资对稳增长的关键性作用，策划论证和组织实施一批新兴产业项目、一批存量调整项目、一批基础设施建设项目、一批民生和社会事业项目，确保完成投资240亿元以上。健全完善县级干部帮包责任制，全程跟踪服务，确保重点项目顺利开工、尽快达效。完善经济运行监测平台，定期分析研判，提高运行调控水平。加强准入管理和产能预警，严格杜绝“三高两低”项目落地。

坚定不移地推进园区建设。坚持以大招商、大投入，推动产业平台大开发、大建设。不断完善开发区产业发展规划，依托高端风电装备制造、医药物流产业，加快空间优化、产业集聚、机制提升，全力打造两大产业集群。推进开发区“南拓北展”、“两路一河”经济带和“五路两桥”工程规划设计，拓展开发区新一轮建设发展大框架。推动高效经济区围绕高端铝精深加工产业建新链、补短链、拉长链，推进园区扩容增效，集群发展物流、仓储、电商等专业市场，全力打造全国知名的铝精深加工产业新高地。把特色小镇作为产业集聚创新的新平台，聚焦地方产业，展示独特文化，做深旅游、绳网、特钢、农副产品深加工等特色文章，打造新的经济增长极。

坚定不移地推进重大交通基础设施建设。积极推进乐安黄河大桥及引线建设，完成庆淄路西外环改建工程前期工作，确保成功立项。积极争取优化济滨城际高铁惠民段线型，完成征迁任务，年内开工，规划建设高铁片区。完善滨惠大道附属设施，实施绿化、亮化、美化工程。加大县乡公路养护力度，改造解陈路姜楼段、老大济路孙武至何坊段。依托重大交通基础设施建设，规划沿滨惠大道产业带、济滨东高速沿线产业区、济滨城际高铁轨道交通辐射区，打造推动经济社会发展的“新引擎”。

二、致力于转型升级求突破，全力打造新型工业体系。坚持新型工业化发展方向，实施创新驱动发展战略，深入推进供给侧结构性改革，推动工业高端高质高效高新发展。

壮大升级产业集群。依托汇宏新材料、创源集团等重点企业，吸引上下游配套项目落户，拉长延伸产业链条，形成功能互补、协作配套的产业体系，推动新材料产业集群集聚发展。启动明阳风电装备项目建设，推动龙马重科风电定转子和海上风电精密铸件加工等项目投产运营，促进风电装备制造向智能化、高端化转变，加快实现全产业链生产本地化。以中惠生物科技、康和药包、蔚蓝生物、沐泽药业等企业为骨干，加强关键技术研发和创新成果产业化，开发一批高端创新产品，加快形成特色鲜明、竞争力强的生物医药产业集群。以波涛化纤、金冠网具、金汇网业等企业为龙头，推进工艺改造和产品升级，丰富产品种类，提高产品附加值，提升化纤绳网产业水平和档次。改造提升纺织服装、农副产品深加工产业，突出产品特色，发展订单贸易，提高产品质量，增加产业效益。

提升企业核心竞争力。推进“两化”深度融合，全面提升企业研发、生产、管理和服务智能化水平。完善以企业为主体、市场为导向、产学研相结合、政府引导扶持的创新体系建设，集中攻关一批制约行业发展的关键项目，创建一批拥有自主知识产权和核心竞争力的品牌产品、品牌工程和品牌企业。力争新增高新技术企业1家，建设市级工程技术研究中心1家、企业技术中心3家。争创山东省名牌、山东省著名商标各1个。

破解发展瓶颈制约。全力以赴破解土地制约，调整城镇建设用地、永久基本农田布局，盘活存量空闲低效用地，提高土地投资强度和土地利用集约化水平。全力实施“双千”工程，完善激励机制，提高镇办积极性，开展城乡建设用地增减挂钩、开发未利用土地各1000亩，充分挖掘土地利用潜力，拓展发展空间。千方百计破解人才制约，实施企业家素质提升工程，坚持“走出去、请进来”，培训企业家1000人次以上，全面提升企业家境界、能力和水平。探索建立新型投融资体制机制，充分发挥政府、社会、商会、金融、企业各方积极性，利用市场手段发挥财政资金杠杆作用，四两拨千斤，全面撬动金融资本，逐步化解企业资金链、担保链风险。强化对企业、项目融资需求、融资成本、融资渠道的调查分析，引导企业与金融部门对接，不断创新拓宽融资渠道，加大对实体经济支持力度。

三、致力于提质增效创品牌，全力增创现代农业新优势。积极推进农业结构调整，以质量求生存，向品牌要效益，大力发展精致农业，提高农产品竞争力、影响力，不断拓展农业发展空间。

推进农业产业化。健全土地承包经营权流转市场，促进土地向高效特色产业集中，瓜菜面积稳定在50万亩，食用菌种植面积达到850万平方米以上。实施龙头园区引领带动战略，推进沿黄生态高效现代农业示范区建设。培育壮大鑫诚农业、春生食用菌、茹园苗木、顺风肉牛、金惠种业、和美集团，菊润农业等重点龙头企业，新增市级以上重点农业龙头企业、农民专业合作社、市级重点示范园区3家、5家、10家。

完善农业质量安全体系。以品牌建设为抓手，积极争创省级农产品质量安全县。加强农产品质量安全监管，新增“三品”认证农产品6个、省级农业标准化生产基地1处，规范提升畜禽省级示范场2家、市级3家，全年农产品抽检合格率达到98%以上。落实各项惠农政策，培养一批农业农村经纪人，带动辐射培训农民1万人次。实施农户科学储粮示范工程，指导农户科学储粮，以国家最低保护价收购小麦5万吨以上。新建为农服务中心7家，打造为农服务3到5公里服务圈。

强力推进林水会战。创新造林机制，成片造林2万亩，建设农田林网2万亩，发展林下经济2.5万亩，建成高速、铁路、国省道绿色通道1.5万亩。举办第六届黄河三角洲（滨州·惠民）绿化苗木交易博览会，逐步实现由政府办会向协会、企业办会的转变，推动苗木产业向规模化、市场化、精品化、效益化方向发展。完成17万亩高标准基本农田、3万亩新增千亿斤粮食产能田间工程、3万亩小型农田水利重点县、2万亩节水灌溉、1.2万亩精准扶贫土地整理、农田水利设施维修养护、城区水系连通、骨干沟渠清淤、危桥改造等一系列重点工程，提升农业生产条件。抓好防汛抗旱、水行政执法和水资源管理工作，保障城乡用水安全。

全力推进脱贫攻坚。落实“精准扶贫、精准脱贫”基本方略，进一步压实扶贫责任，统筹推进专项扶贫行动。完善“五个一、三个一”帮包、“第一书记”包村等脱贫工作机制，动员社会力量广泛参与，实施多元扶贫，确保年内73个省扶贫工作重点村、现有的5897名贫困人口全部脱贫。

四、致力于释放优势挖潜能，全力促进现代服务业大发展。坚持立足实际，按照“一行业一对策”的工作思路，明确发展路径和载体，加快推进服务业转型升级，培育形成新的竞争优势。

*做大做强文化旅游产业。*全力实施“旅游富县”战略，成立旅游协会，用市场的办法推动旅游资源整合。推进中国孙子国际兵学文化产业园项目，打造高标准的兵圣文化旅游目的地。精心举办好第九届海峡两岸（滨州）孙子文化论坛暨第十五届中国（惠民）国际孙子文化旅游节。以“温泉＋”为支点，推动圣豪丽景温泉和孙武温泉项目提质增效，加快温泉配套设施建设，叫响“温泉之城”旅游品牌。落实乡村旅游规划，加快旅游集散中心建设，创建一批省级旅游强镇、旅游特色村和工农业旅游示范点，确保魏集古镇成功申报国家4A级景区。优化打造“一日游”、“两日游”精品线路，提升旅游产品档次水平，提高旅游消费能力，增强旅游吸引力。

*加快发展商贸物流产业。*确保红星美凯龙、新汽车站二期工程开业运营，建设商贸流通集聚区。鼓励企业采用跨境电子商务等新型贸易方式，开拓国际市场，培育家居、机电装备、药用包材等外贸新增长点。推进耀泰医药等重大物流项目建设，提升物流产业专业化、信息化和规模化水平，打造黄河三角洲区域物流中心。

*培育壮大新兴服务业。*引导金融机构扩大信贷投放规模，促进金融业与实体经济实现互动健康发展，力争社会融资总量突破248亿元，建设县级金融生态安全区。实施“互联网＋”行动，促进云计算、大数据、物联网等与传统产业、现代制造业和现代农业深度融合。加快发展电子商务，强化与淘宝、京东、乐村淘等电商平台合作，打造一批聚集度高的电商产业园、示范镇和示范村。培育信息、科技服务、商务咨询等生产性服务业，发展家政、养老、健康服务等生活性服务业。

五、致力于统筹城乡提品位，全力扮靓宜居宜业宜游新家园。坚持“全域化美丽家园”发展理念，提高城乡发展的宜居宜业宜游性，努力把惠民建设成为人与人、人与自然和谐共处的美丽家园。

*提升城区功能品质。*坚持“以人为本、适度超前”原则，完善县域乡村建设等区域发展规划，编制海绵城市和地下综合管廊建设专项规划，引领县城、镇办和农村协调发展。建立“条块结合、属地管理、齐抓共管、各负其责”的违法建设查处机制，严控城区和国省道沿线规划，严厉打击违法建设，坚决依法拆除乱搭乱建，增强规划权威性和严肃性。加快西南街、北关村、胡家街安置房建设，年底前实现回迁。实施文安东路东延、闫北路等道路绿化工程，新增绿化面积5万平方米，新栽植乔灌木1.3万棵。加强市容市貌整治，实施南环东路、文安西路广告牌匾提升工程，推进出租车、烧烤、劳动力市场建设。加强城区综合治理，做好闫家堤口、好美居、城西集贸市场等交通疏导，遏制占道经营、乱停乱放、乱收费、乱涂乱画、乱丢垃圾等违法违规和不文明行为。确保顺利通过省级卫生县城复审，积极争创国家级卫生县城。完善政务服务中心（公共资源交易中心）配套，加快开发区生活综合服务中心建设，力争早日投用。

*推进美丽乡村建设。*坚持集约发展，提高镇驻地基础设施城镇化水平，营造各具特色、充满活力的小城镇发展格局。新改建农村社区服务中心35处，社区综合服务设施覆盖率达到100%。坚持示范引领、分类推进，突出惠民元素，体现惠民韵味，彰显惠民特色，打造美丽乡村示范片区14处，争创市级示范村10个，生态文明村覆盖率达到70%以上。

*提高生态文明层次。*推进大气、水、土壤污染防治工作，持续改善环境质量。开展“土小”企业和工业点源、农村面源、城镇生活污染源专项治理行动，推进循环经济产业园建设，确保按期投用。严格落实饮用水水源地保护制度，实施大商沟人工湿地净化工程，完善月亮湾、刘黄沟等生态湿地功能，做好流域水污染防治。加快网

格化环境监管体系建设，强化环境执法和环境安全防控，杜绝重特大环境污染事故发生。

六、致力于改善民生优共享，全力提升人民群众幸福指数。坚持“民生为先、民生为要”理念，加快解决一批群众最关心、最迫切的现实民生问题，让人民群众的生活环境、生活质量得到不断改善和提高。

完善社会保障体系。全面落实就业创业政策，扶持劳动者自主创业，鼓励企业吸纳就业，新增城镇就业4800人、农村劳动力转移就业1.05万人。实施全民参保登记计划，提升社会保险扩面征缴质量。推行“一院多能、医养结合”社会化养老模式，启动建设县中医医院医养结合项目，满足老年人多样化多层次养老服务需求。健全城乡社会救助体系，完善城乡居民大病保险等制度，保障特殊困难群众基本生活，使困难群众遇急有助、遇困有帮。

加快发展社会事业。强力推进“全面改薄”和第二期学前教育三年行动计划，提升教育综合水平。发展中等职业教育，培养高素质技能人才。全面实施医药卫生体制改革，推行多点执业、分级诊疗的医疗制度。开展“一年一村一场戏”活动，送戏下乡1000场以上，完成农村（社区）基层文化服务中心建设任务。实施数字档案馆提升工程，规划建设新档案馆。加快地面数字电视建设，实现数字信号全覆盖。

提高社会治理水平。完善安全生产责任体系和风险分级管控体系、隐患排查治理体系，坚决杜绝较大以上生产安全事故发生，保障人民生命财产安全。健全应急救援体系，提高突发事件防范处置和防震减灾能力。启动建设县第二消防站。积极推进“一社区、一村委会”体制改革，按时完成村民委员会换届选举工作。按照“最严谨的标准、最严格的监管、最严厉的处罚、最严肃的问责”的要求，完善食品药品安全监管体系，强化全链条风险监测控制，保障人民群众舌尖上的安全。加强法治宣传教育，开展“七五”普法工作。加强平安惠民建设，健全矛盾纠纷排查调处机制，畅通群众信访渠道。强化消防、禁毒、交通安全等工作，持续保持打击和预防犯罪高压态势，促进社会平安祥和。

加大民生保障投入，重点抓好10件民生实事。①投入5.6亿元，新建县第三中学、第四实验学校，把县第一实验学校和原职业中专校区改造为小学，逐步解决“大班额”问题，让学生就学更加方便。②投入5.5亿元，新建500千伏惠民站配出线路、110千伏何坊输变电工程，改造变电站20座、新改建35千伏线路4条，完成用电村整体改造314个、维修维护农村配电台区713个，解决516眼农村机井用电问题，让全县群众享受更加优质、高效、便利的电力服务。③投入5.3亿元，大力推进棚户区改造，完成改造2504套，有效改善群众的住房条件。④投入4.1亿元，新建可容纳7000名学生的职业中专，培养机电技术应用、学前教育、电子商务、酒店服务与管理、旅游服务、光伏光电等专业技术人才，提高劳动者职业能力，年培训3500人次以上，为全县经济社会发展提供人才和智力支持。⑤投入1.5亿元，全面完成农村厕所改造，逐步完善运营管理体制，彻底解决无害化卫生厕所改造后续管理问题，惠及群众55万人。⑥投入1.1亿元，建设县疾控中心暨妇幼保健和计划生育服务中心、县社会福利中心、综合性检验检测中心，全面提升我县妇幼保健、计划生育服务，孤儿孤老养育养老、残疾人康复和人民群众饮食健康水平。⑦投入8800万元，成立鸿通公交公司，启用88部新能源公交车，开通公车公营线路11条，全面完成城乡公交一体化改革，村庄2公里内公交通达率100%，让城乡群众享受到更加便捷、高效的公交服务。⑧投入5537万元，改造提升府前街、故园北路，拓宽察院街、酒厂街，完成鲁北大街南延、东方花苑东路北延，解决断头路、半截路问题，缓解城区交通拥堵，提升城市档次和品味。⑨投入1500万元，对城区汛期易积水路段进行排水管线改造，铺设雨水专线3公里，改造雨污管网5.2公里，实现雨污分流，全力解决城区内汛期排涝和护城河水污染问题。⑩投入1300万元，新建城市供热站5处，新增集中供暖50万平方米，新改建供热管网13公里，实现城区内符合条件小区集中供暖全覆盖。

各位代表，10件民生实事共计投入24.8亿元。我们将切实强化责任，细化措施，克服困难，确保把每一件实事办成、办好、办到老百姓的心坎上，解决一批长期以来群众关心的热点、难点问题，提高人民群众的获得感和幸福感。

七、致力于责任高效抓落实，全力建设人民群众满意政府

新的一年，我们将按照“务实、高效、争先、清廉”八字方针，坚定不移地落实县委决定，坚定不移地争创工作一流，坚定不移地为企为民服务，坚定不移地高效廉洁从政，让改革红利、发展成果更好地惠及全县人民群众。

牢记职责使命，建设责任政府。弘扬敢于担当精神，锻造忠诚履职品格，勇担时代使命和历史重任。严明政治纪律和政治规矩，坚决贯彻落实上级重大决策部署，确保政令畅通。坚持与时俱进，完善知识结构，提高战略、辩证、法治、系统、底线和创新思维能力，锤炼干事创业本领。树立宽广眼界和博大胸襟，立足发展大局，高点定位、提升标杆、奋勇争先，牢牢把握发展主动权，全力推动惠民跨越赶超、崛起振兴。

坚持依法行政，建设法治政府。自觉维护宪法与法律权威，运用法治思维和法治方式深化改革、推动发展、化解矛盾。健全依法科学民主决策机制，完善政府法律顾问制度，加强和改进行政复议、行政应诉工作。健全行政执法裁量基准制度，严格按照法定权限和法定程序行使权力，做到严格公正文明规范执法。自觉接受人大依法监督、政协民主监督和社会舆论监督，加强审计监督。全面推进政务公开，确保行政权力公开透明运行。

提高执行能力，建设效能政府。保持昂扬斗志和务实作风，脚踏实地、奋发有为，多做打基础、利长远、惠民生的实事。把握经济社会发展规律，紧跟形势变化，创造性地开展工作。增强问题意识，勇于直面和解决各种矛盾与挑战。建立责任落实体系，对重点工作细化量化具体化，严格督查问责，提高行政效能，坚决整治慵懒散和不作为、慢作为、乱作为等行为。健全激励机制和容错纠错机制，营造崇尚实干氛围。

增强宗旨意识，建设服务政府。把民之所望作为施政所向。健全下基层调研、结对帮扶、定期接访等制度，千方百计为群众排忧解难，及时回应群众合理诉求。允许开发区、高效区突破创新，先行先试，在立项审批、用地保障和建设手续上特事特办。精简企业投资项目审核前置条件，合并归并审批事项，整合报建手续，推动政务服务体系提档升级。建立健全社会信用体系，完善守信激励、失信惩戒的约束机制，营造政府行为规范、企业诚实守信、市场公平竞争的良好营商环境。

坚持干净干事，建设廉洁政府。严肃党内政治生活，强化党内监督。严格执行党风廉洁建设责任制，认真落实领导干部廉洁从政各项规定，推进政府系统惩治和预防腐败体系建设。健全权力运行制约和监督机制，加强对重点领域、重点部门、重点资金、重点项目的监管，从源头上预防腐败。大兴艰苦奋斗、勤俭节约之风，严控“三公”经费支出，把更多财力投向民生领域。坚持无禁区、全覆盖、零容忍，严厉查处违纪违法案件，营造风清气正良好政治生态。

各位代表，时代赋予我们重任，人民寄予我们厚望。只有真抓实干、敬业奉献才能铸就新的辉煌。让我们在县委的正确领导下，在县人大和县政协的监督支持下，抢抓机遇，团结拼搏，锐意进取，扎实工作，为加快建设生态美丽健康幸福新惠民而努力奋斗！

第二章 补 遗

唐代至清代惠民县籍部分进士简表

朝代	姓名	字号	出身	职务	附注
唐	高元裕	景生	进士	吏部尚书	
唐	高 适	达夫	进士	刑部侍郎	献策平安禄山之乱有功
五代	刘 蟠	士龙	进士	谏议大夫	
宋	胡 旦	周父	状元	秘书监	
金	朱子牧	好谦	进士	葭州通判	
元	刘复享		状元	谏议大夫	
明	殷士儋	正甫	进士	大学士	
明	肖 凯	虞佐	进士	四川佥事	
明	刘 溥	大济	进士	户部主事	
明	陈三策	如斋	进士	浙江副使	
明	马 拯	吉甫	进士	贵州布政使	
明	傅上瑞		进士	偏沅巡抚	
明	刘 策	愚靖	进士	蓟辽总督	
明	苏民瞻	君惠	进士	刑部主事	
明	俎如兰	含馥	进士	东明知县	
明	傅洪都	仲美	进士	户部主事	
明	史永安	磐石	进士	宁夏巡抚加三边总督兼兵部侍郎	其祖父移居周村区西塘坞村
明	袁化中	民协	进士	监察御史	
清	李之芳	邺园	进士	文华殿大学士兼吏部尚书	诰授光禄大夫
清	王云铭	宝文	进士	浙江按察使（布政使衔）	
清	冯 愉	慎思	进士	兖郡教授	
清	俎如蕙	拙公	进士	江西赣县知县	

续表

朝代	姓名	字号	出身	职务	附注
清	冯云会	龙章	进士	云南楚雄县知县	
清	冯　怡	和斋	进士	河南伊阳县令	
清	李寿澎	眉洲	进士	礼部郎中	
清	李本樟	文木	进士	礼部郎中兼鸿胪寺少卿	
清	李师敏	仲坚	进士	刑部郎中　台湾知府	
清	李钧策	惶原	进士	安徽滁州知府	
清	组可尝	奉先	进士		
清	李甡麟	丹书	进士	翰林院庶吉士	
清	袁　溥		进士	吏科给事中	
清	王笃庆	克六	进士	工部主事	
清	冯　与	敬安	进士		
清	商宪尼		进士	翰林院博士	

李之芳传

李之芳，字郧园，山东武定人。顺治四年进士，授金华府推官。卓异，擢刑部主事。累迁郎中，授广西道御史。疏请革钱粮陋规，禁州县官迎送。十七年，巡按山西。圣祖即位，裁巡按，召回。康熙元年，乞假归。二年，复授湖广道御史。五年，巡视浙江盐政。入掌河南道事。

大学士班布尔善坐鳌拜党诛，之芳疏言“昔大学士俱内直，诸司章奏，即日票拟。自鳌拜辅政，大学士皆不入直，疏奏俱至次日看详。请复旧制，杜任意更改之弊”又疏言“世祖时赏罚出至公，督抚不敢恣睢无忌。十八年以后，督抚率多夤缘而得，有恃无恐。勒索属员，扰害百姓。夫直省亿万之众，皆世祖留遗之群黎，我皇上爱养之赤子，何堪此辈朘削。自与受同罪之法严，与者不承，则言者即涉虚，非特不敢纠督抚，且不敢纠司道守令。有贪之利，无贪之害，又何惮而不怙恶自恣。今皇上亲政，乞亲裁，罢黜溺职督抚，以肃吏治”疏下部，寻甄别各省督抚，黜其尤者数人。进秩视四品，擢左副都御史。之芳数上封事，请严巡盐考绩，慎外官罚俸，皆关治体。迁吏部侍郎。

十二年，以兵部侍郎总督浙江军务。会吴三桂反，十三年，奏请复标兵原额，督习枪炮。疏甫上，耿精忠亦叛，遣其将曾养性、白显忠、马九玉数道阚浙，浙大震。之芳檄诸将扼仙霞关，调总兵李荣率副将王廷梅、牟大寅、陈世凯、鲍虎等分道御寇。时上命都统赖塔率师入浙，五月，偕赖塔率满洲兵千、绿旗兵二千、乡勇五百，进驻衢州。众皆谓会城重地，不宜轻委。之芳曰“不然。衢踞上游，无衢，是无浙也。今日之事，义无反顾”显忠自常山陷开化、寿昌、淳安，养性自处州犯义乌、浦江、东阳、汤溪，沿河阻饷道。温州镇总兵祖弘勋叛，召寇陷平阳，再进陷黄岩，集悍卒数万窥衢州。

七月，之芳与赖塔阅兵水亭门，率总兵官李荣、副都统瑚图等薄贼垒，军坑西。之芳手执刀督阵，或请少避，之芳曰“三军司命在吾，退即为贼乘。今日胜败，即吾死生矣”守备程龙怯战，斩以徇。麾众越壕拔栅，败之。遣陈世凯乘胜复义乌、汤溪，鲍虎复寿昌、淳安，牟大寅破常山，王廷梅败贼於金华石梁、大沟源，李荣亦复东阳，复败贼於金华寿溪，馘贼将，毁寨十八。参将洪起元复嵊县。诏嘉之芳调度有方。

十月，贼将桑明等五万众由常山逼衢州西沟溪，倚山为营，觊联南路贼巢。之芳与赖塔议，出不意，遣廷梅与参领禅布夜趋沟溪，分队进攻，又大破之，贼弃营遁。

十四年，康亲王杰书破曾养性金华，复处州。贝子傅拉塔亦复黄岩，进围温州。惟九玉踞江山、常山、开化，连寨数十，与之芳相持。五月，乘大雨河溢，由南塘捣贼前岭，阵斩七百馀级。十五年，遣将自遂安连破贼寨，遂复开化。

会郑锦入漳、泉，耿继祚方攻建昌溃营遁。上知闽中有变，命王撤温州之围取福建，之芳乃建议直捣仙霞关，曰“进取之路，不在温、处而在衢。虽九玉死守河西难猝破，然其南江山，西则常山，皆间道可袭。我兵一进，使彼首尾受敌，即河西之垒不能独完”王至衢州，从之芳议。遂进兵大溪滩，复江山，九玉走，欲别取道夺仙霞。诸将受之芳密檄，急据关夹击，其将金应虎等穷蹙降。

王师下福建，临行，之芳启曰“王但饬诸军勿虏掠，即长驱入，兵可不血刃也”未几精忠降，温、处贼皆溃散。精忠所署置总兵马鹏、汪文生、陈山，将军程凤等犹踞玉山、铅山、弋阳、德兴，之芳请会剿。时吴三桂兵寇吉安、袁州，江西兵不能东，乃独遣兵复玉山，文生遁。自白沙关趋德兴，擒鹏。遣游击郭守金等复铅山、兴安、弋阳、贵溪诸县。上嘉之芳剿贼邻省有功，加兵部尚书衔。

十六年，遣参将蒋懋勋等败贼玉山椒岩，山降。先是文生、凤皆乞降，而凤病死，其妻王玉贞籍所属六万八千馀人就抚，而精忠将林尔瞻犹拥众石垅。之芳令懋勋等扼要隘，自以数十骑入寨，往抚慰之，尔瞻乃降。十七年，击贼子午口，克八仙、老鼠诸洞，贼寨悉平。郑锦寇濒海，遣将严守御，败之於庙岭湖，又败之於温州。锦将詹天枢诣世凯降。十八年，檄定海总兵牟大寅斩锦将童耀等孝顺洋，夺获船只、器械以还。

之芳练世故，沉几善谋。康亲王师将行，问之芳“所策固万全乎”之芳曰“军已发，犹豫则士气沮”乃诣王曰“虏在吾目中久，明日捷书至矣”前军捷书果至，杰书大喜，以为神。在杭州，与将军图喇约为兄弟。精忠既叛，语图喇勿纵兵暴民。有满兵犯法，之芳缚诣图喇，以军法治之，一军肃然。浙乱平，疏请蠲被兵州县额赋，安辑流亡，甚有威惠。所拔偏裨，皆累功至方镇，而之芳以督臣不叙。久之，追论大溪滩破贼功，授拖沙喇哈番，准袭一次。

入为兵部尚书，调吏部。二十六年，授文华殿大学士。二十七年，御史郭琇疏劾大学士明珠，谓内阁票拟，皆听明珠指挥，上既罢明珠，并命之芳休致。三十三年，卒於家，谥文襄。

之芳既卒，圣祖思其功，尝谕群臣曰“人能效命，即为勇士。耿精忠叛，时之芳为总督，虽不谙骑射，执刀立船首，率众突前破敌。彼时同出征者，还京皆称其勇。今承平久，善射，能约束士卒，尚不乏人。若屡经战阵者，甚难得也”世宗命立贤良祠，谕曰“德若汤斌、功若之芳者，祀之”乾隆间，录勋臣后，命予恩骑尉，世袭。

论曰：图海始阻撤藩之议，及其鹰扬西土，绥靖秦陇，卒收底川之绩。川军入滇，遂竟全功。之芳力扼三衢，敌虽东略，终不能得志仙霞。下闽之功，与有劳焉。虽曰遭时盘错，抑亦圣祖驭材之效哉。并跻纶辅，易名曰襄。呜呼，伟矣。

注；摘自“清史稿”。卷二百五一。列传。李之芳

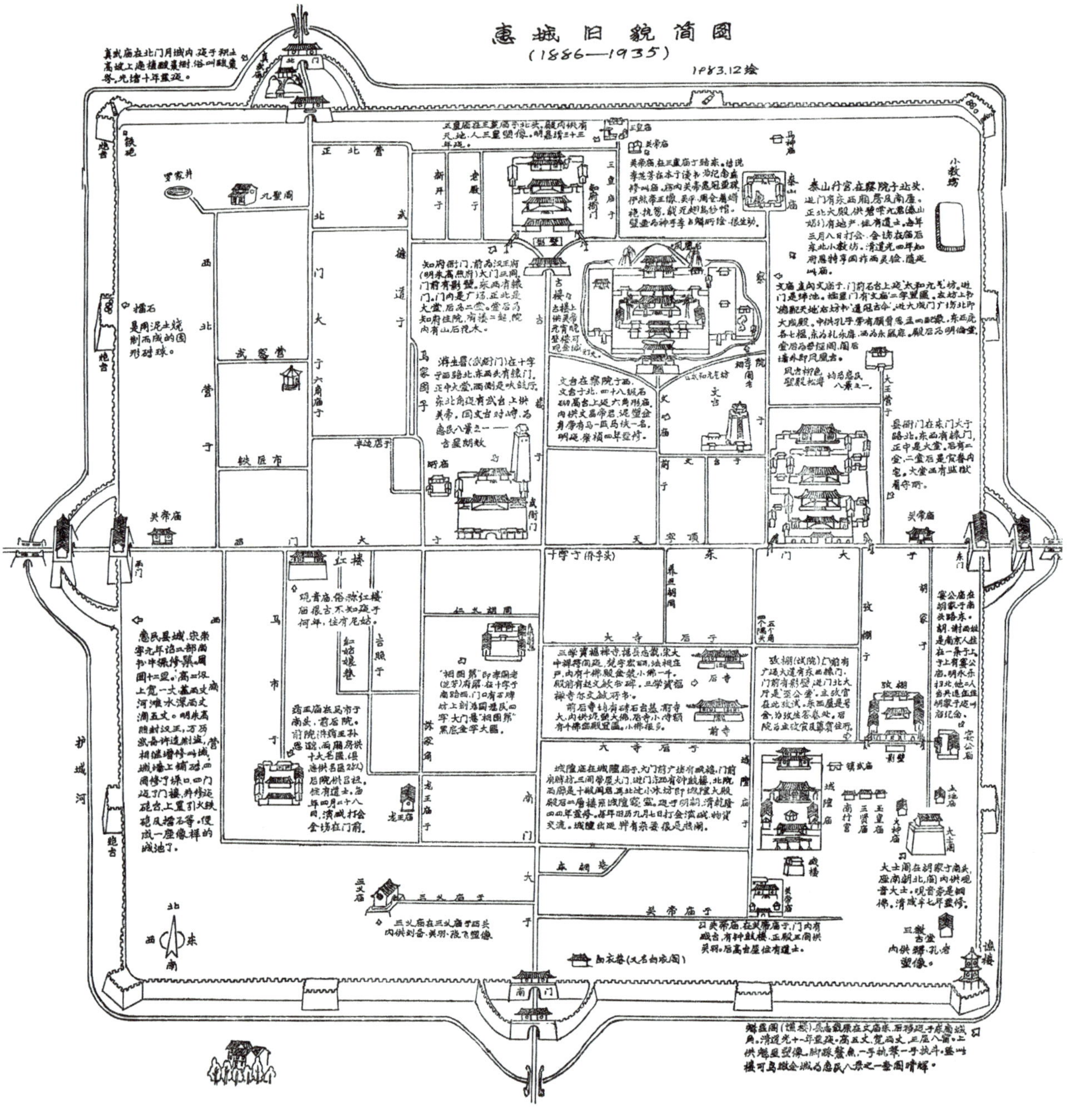
惠城旧貌简图
（1886—1935）
1983.12绘
真武庙在北门月城内，建于积土高坡上，遍植酸枣树，俗叫酸枣寺。光绪十年重建。
北门
真武庙
三皇庙在三皇庙子北头，殿内供有天、地、人三皇塑像。明嘉靖三十三年建。
三皇庙
关帝庙
马神庙
铁炮
炮台
罗家井
九圣阁
正北营
北
武
新开子
老殿子
三皇庙子
知府衙门
影壁
小教坊
关帝庙，在三皇庙子路东。传说李泛芳在本子读书，为纪念座修此庙。庙内关帝亮冠垂旒，俨然帝王像。关平、周仓着蟒袍、执笏、戴花翅乌纱帽。壁画为神手李占魁所绘，很生动。
泰山庙
泰山行宫，在察院子北头，进门有东西厢房及南屋。正北大殿，供碧霞元君（泰山奶奶）有地产，住有道士。每年三月八日打会，会场在庙后东北小教坊。清道光四年知府恩特亨因祈雨灵验，重建此庙。
知府衙门，前为汉王府（明朱高煦府）大门五间，门前有影壁。东西有辕门。门内是广场，正北是大堂，后为二堂。堂后为知府住院，有楼二起，院内有山石花木。
西北营子
门大
门大街
礓道子
擂石
是用泥土烧制而成的圆形石球。
武备营
六角庙子
马家园子
游击署（武衙门）在十字子西路北，东西头有辕门。正中大堂，两侧是吹鼓厅。东北角建有武台，上供关帝。同文台对峙，为惠民八景之一——古台朗秋
单边店子
铁匠市
府庙
武衙门
古楼
古楼上供关帝。元宵晚登楼可观全城灯火。
凤凰台
察院
文庙，直向文庙子，门前石台上建“太和元气”坊。进门是泮池。棂星门有“文庙”二字竖匾。左坊上书“德配天地”，右坊书“道冠古今”。进大成门广场北即大成殿，中供孔子，旁有颜、曾、思、孟四配像。东西庑各七楹，东为礼乐库，西为乐器库。殿后为明伦堂。堂后为尊经阁。阁后墙外即凤凰台。
凤台柳色
璧殿松涛
均为惠民八景之一。
太和元气坊
祠堂胡同
文昌阁
文台
文台在察院子西，文台子北，四十八级石砌高台上建六角形庙，内供文昌帝君，泥塑金身。旁有马一匹马伕一名。明建，崇祯四年重修。
文台子
文庙
前街子
大王营子
县衙门在东门大街路北，东西有辕门，正中是大堂，后有二堂，二堂后是官眷内宅。大堂西有监狱看守所。
关帝庙
西门大街
西门
十字街（街子头）
天宁寺
东门大街
东门
红楼
观音庙，俗称红楼，庙很古，不知建于何年，住有尼姑。
仁义胡同
红姑娘巷
吉顺子
马市子
“相国第”即李阁老（之芳）府第，在十字街南路西。门口有石牌坊，上刻“为国爱民”四字，大门悬“相国第”黑底金字大匾。
养正胡同
四个隅头
五个角
大寺后子
致棚子
胡家子
宴公庙在胡家子南头路东。胡、谢两姓是南京人，住在一条子上，子上有宴公庙，明永乐扫北，他二人当兵造任住胡家子建此庙纪念。
惠民县城，宋庆历元年诏工部郎中田瑜修筑，周围十二里，高二级，上宽一丈，基两丈，护城河水深两丈，阔五丈。明朱高煦封汉王，万历武备许进剿流，曾相继增修此城。城墙上铺砖，四围修了垛口，四门建了门楼，并修建炮台，上置引火铁炮及擂石等，便成一座像样的城池了。
西
药王庙在马市子南头，前后院。前院供药王孙思邈，两厢房供十大名医（俱塑供名医24人）后院供吕祖。住有道士，每年四月二十八日，演戏打会，会场在门前。
三学资福禅寺，据县志载，宋大中祥符间建，梵宇宏丽，法相庄严，内有千佛殿，金装小佛一千。殿前有赵文敏书碑。三学资福禅寺尔文敏所书。
前后寺均有砖石台基，前寺大，内供铜铁大佛，后寺小，有额有千佛盘殿竖匾。小佛很多。
后寺
前寺
致棚（试院）门前有广场，大道有东西辕门，门前有影壁，进门北大厅是“至公堂”。主考官在此考试。东西屋是号舍，为考生答卷处。后院为主考官及幕宾住所。
致棚
影壁
安公庙
苏家角
大寺后子
城隍庙在城隍庙子，大门前广场有戏楼，门前有牌坊，三间带厦大门，进门东西有钟鼓楼，北院两廊是十殿阎君，再北过小木坊即城隍大殿，殿后二层楼系城隍寝宫。建于明朝，清乾隆四四年重修。每年旧历九月七日打会演戏，物资交流。城隍出巡，伴有杂耍，很是热闹。
城隍庙子
镇武庙
城隍庙
南竹宫
三贤庙
玉皇庙
土地庙
火神庙
大士阁
戏楼
龙王庙
龙王庙子
南门大街
护城河
北
西
东
南
三义庙
三义庙子
三义庙在三义庙子西头，内供刘备、关羽、张飞塑像。
东胡巷
关帝庙子
关帝庙，在关帝庙子，门内有戏台，有钟鼓楼，正殿五间供关羽。后高台屋住有道士。
关帝庙
大士阁在胡家子南头，座南朝北，阁内供观音大士。观音旁是铜佛。清咸丰七年重修。
三教古堂
内供释、孔、老塑像。
白衣巷（又名白衣阁）
南门
谯楼
魁星阁（谯楼）原名魁星楼在文庙东，后移建于东南城角。清道光十一年重建。高五丈，宽两丈，五层八窗。上供魁星塑像，脚踩鳌鱼，一手执笔一手执斗。登此楼可鸟瞰全城，为惠民八景之一——魁阁晴辉。

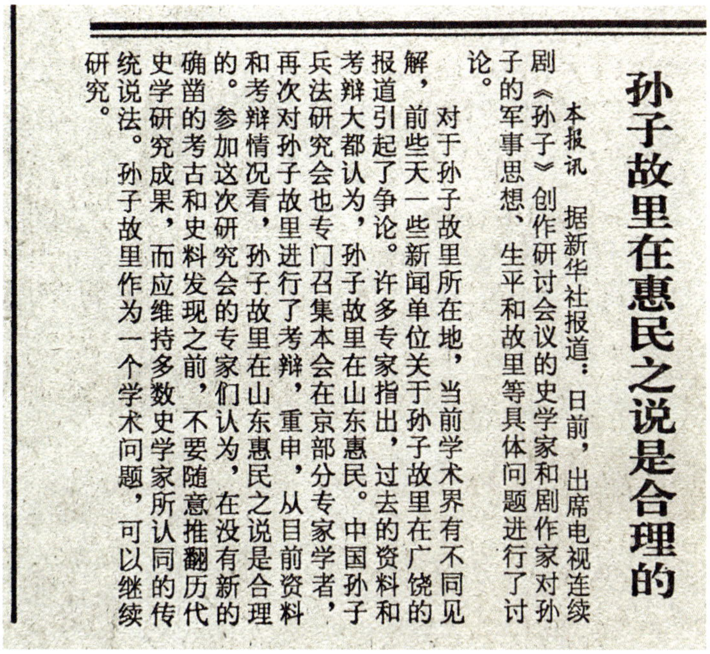

孙子故里在惠民之说是合理的

本报讯　据新华社报道：日前，出席电视连续剧《孙子》创作研讨会议的史学家和剧作家对孙子的军事思想、生平和故里等具体问题进行了讨论。

对于孙子故里所在地，当前学术界有不同见解，前些天一些新闻单位关于孙子故里在广饶的报道引起了争论。许多专家指出，过去的资料和考辩大都认为，孙子故里在山东惠民。中国孙子兵法研究会也专门召集本会在京部分专家学者，再次对孙子故里进行了考辩，重申，从目前资料和考辩情况看，孙子故里在山东惠民之说是合理的。参加这次研究会的专家们认为，在没有新的确凿的考古和史料发现之前，不要随意推翻历代史学研究成果，而应维持多数史学家所认同的传统说法。孙子故里作为一个学术问题，可以继续研究。

大众日报

DAZHONG RIBAO

1991年3月16日　星期六

山东省汽车销售公司汽车配件部敬告

省七届人大常委会二十次会议闭会

通过《关于在全省公民中进行第二个五年法制宣传教育的决议》等

山东省人民代表大会常务委员会公告

全省植树造林电话会议号召

奋斗十年全面绿化山东大地

今年重点抓好三项工作

第二十五届全国旅游产品内销工艺品交易会在济开幕

聊城地区鼓足劲抓棉花

●去年：冲出低谷全省夺第一

●今年：早做准备实现新突破

省城最大市道改造工程开工

孙子故里在惠民之说是合理的

小议　正常不正常

第三章　前志勘误

88 页倒数第 16 行，“李行宋”应为“梨行宋”。

336 页右栏第 14 行，“鄰”应为“鳞”。

407 页倒数第 3 行，“县革委副主任”应为“县革委主任”。

435 页右栏第 2 行，“装验”应为“装殓”。

533 页右栏倒数第 14 行，“黄山之海”应为“黄山云海”。

534 页右栏倒数第 1 行，“组德廉”应为“组德谦”。

543 页右栏倒数第 3 行，“8 日”应为“11”，“初一”应为“初四”。

544 页左栏倒数第 7 行，“1956”应为“1946”。

606 页右栏倒数第 19 行，“阿垃伯”应为“阿拉伯”。

607 页左栏第 12 行，“阿匍”应为“阿訇”。

613 页左栏倒数第 9 行，“不久托病辞职回家。1683 年（清康熙二十二年），康熙皇帝南巡，李之芳前往‘迎驾’。不久被召回北京”。

经查阅《清史稿》《圣祖实录》《李之芳年谱》《大学士李文襄墓志铭》等有关资料，李之芳此段经历记载有误。①康熙首次南巡时间为 1684 年（康熙二十三年九月二十八日）。②康熙二十一年十一月，李之芳被升为兵部尚书，从杭州到北京上任的路上，顺道回家短暂省亲后进京。二十三年七月转任吏部尚书。二十四年夏，李之芳患痈，诏御医诊治，愈后以老疾请，优旨慰留。二十五年复请，词益切，不允。二十六年九月，命以吏部尚书入为文华殿大学士，办理机务。二十七年二月，得旨致仕。③1689 年（康熙二十九年正月），康熙帝第二次南巡至德州，原任大学士李之芳得旨前往朝见。④从以上三个方面证实，可见李之芳没有“不久托病辞职回家。1683 年（清康熙二十二年），康熙皇帝南巡，李之芳前往‘迎驾’。不久被召回北京”的这段经历。

613 页右栏第 16 行，“九月”应为“八月九日”。

615 页右栏倒数第 11 行，“伪”字应删去。

616 页左栏第 22 行，“径”应为“经”。

658 页右栏《用间篇》第 3 行，“臊”应为“操”。

665 页右栏第 9 行，“分坡”应为“分歧”。

699 页左栏倒数第 5 行，“范本青”应为“范本龙”。

彩页部分的惠民县行政区域图，国道滨郑路应从杨家集、陈于、菠菜陈、小孟、彭屯、西郭村南沿通过。

索　引

A

B

C

D

E

F

G

H

J

K

L

M

N

P

Q

R

S

T

W

X

Y

Z

惠民县历届地方史志编纂委员会组成人员名单

第十届（1997 年 5 月 30 日公布）

名誉主任　祁维华　刘启盛

顾　　问　李正教

主　　任　步　兵

副 主 任　李洪喜　崔明月　吴学文　陈光远　李新贞　骆希岱　张惠轩　路　公

委　　员　桑立谦　宋春亭　程发顺　钟达新　于学良　李执雁　周增祥　史新民　张永平　曹其泉　王立三　马书卿　张惠平　曹玉波　王　剑

办公室主任　路　公

办公室副主任　王　剑

第十一届（1998 年 3 月 2 日公布）

名誉主任　祁维华　刘启盛

主　　任　步　兵

副 主 任　李洪喜　吴学文　陈光远　于松利　李清森　马书卿　路　公

委　　员　桑立谦　李宗林　宋春亭　程发顺　屈传海　于学良　张延才　周增祥　史新民　张永平　曹其泉　王立三　韩其平　张惠平　曹玉波　王　剑

办公室主任　路　公

办公室副主任　王　剑

第十二届（2000 年 4 月 24 日公布）

名誉主任　祁维华　何凤岐

主　　任　步　兵

副 主 任　李洪喜　张延才　徐庆忠　陈光远　隋全洲　李清森　马书卿　路　公

委　　员　桑立谦　李宗林　宋春亭　宋全成　程发顺　屈传海　于学良　于松利　史新民　张永平　曹其泉　孙连河　韩其平　张惠平　王　剑

办公室主任　路　公

办公室副主任　王　剑

第十三届（2006年7月4日公布）

名誉主任　何思清　王　瑜
主　　任　郑玉梅
副 主 任　姚宪亮　霍新国　徐庆忠　周增海　田德贵
委　　员　赵世平　武义江　马书卿　刘登林　卞成杰　张卫国　孙连河　李宗林　李广仁
　　　　　郭玉水　王儒林　张惠平
办公室主任　田德贵

第十四届（2010年9月26日公布）

名誉主任　王　瑜　杨玖庆
主　　任　魏桂芳
副 主 任　张惠平　王良耕　刘　杰　杜青叶　田德贵
委　　员　张绍勋　王玉香　王振华　李登国　张曰桐　卢兆俊　王儒林　刘玉海　刘登林
　　　　　丁长岭　成加民　张　亮

第十五届（2012年4月20日公布）

名誉主任　范连生　李守江
主　　任　魏桂芳
副 主 任　张绍勋　刘玉海　张洪民　王良耕　刘　杰　王延河　田德贵
委　　员　姚宪亮　牛业霞　卞冬冬　王振华　李登国　卢兆俊　佟惠廷　刘登林　丁长岭
　　　　　成加民

第十六届（2015年8月3日公布）

名誉主任　范连生　李守江
主　　任　刘东芳
副 主 任　姚宪亮　王金周　王良耕　刘　杰　田光领　刘宝乾
委　　员　牛业霞　卞冬冬　马志忠　李登国　王建中　佟惠廷　张玉德　郭兴文　赵永晖
　　　　　朱安江　成加民　王翠兰　刘永堂　左修和　张贵忠
办公室主任　刘宝乾
办公室副主任　张贵忠

编后记

第二轮《惠民县志》的续修，始于2004年10月，止于2017年7月，大体经历了动员培训、资料征集、总纂合成、评审修改四个阶段。

动员培训 按照省、市二轮修志的通知要求，县委、县政府研究决定续修《惠民县志》，时间上限为1979年，下限为2005年。2004年10月，县政府同意并批转县史志办公室制订的《惠民县志工作实施方案》，同月29日，全县召开第一次续修地方志会议，要求各乡镇、县直各部门、驻惠民各单位明确任务，健全机制，加强领导，切实做好新一轮县志续修工作。2005年9月25日，县政府召开第二次全县续修县志工作会议，会上，采取以会代训的形式对参会相关人员进行培训，学习了“续修惠民县志辅导材料”“续修惠民县志篇目”和典型志稿范本，并聘请市史志办两位资深专业科长到会就续修惠民县志的有关问题作具体指导。是年年底，全县各供稿单位均建立修志班子，明确修志人员。

资料征集 2004年10月至2014年10月，全县修志承编单位按照《续修惠民县志工作实施方案》的标准要求，基本上完成供稿任务。2014年11月始，对没有按标准要求供稿的单位，县史志办公室多次联系并对相关单位供稿的进度和质量进行催促和指导，至2016年8月，续修县志资料征集全部完成。资料征集过程中，县史志办工作人员作了志书资料的收集、初步归类、资料整理等工作，为志书编纂合成顺利进行打下基础。

编纂合成 志稿征集上来后，县史志办组织人员对初稿进行梳理修改，每完成一编初稿，均报送市史志办相关科室进行修改把关，使志书的编修质量得到较大程度提高。由于志书在编纂合成过程中时间跨度长，续修志书人员发生自然调整。2016年3月，为加快完成二轮续修惠民县志，县史志办对编修人员进行调整。主任统揽续修二轮《惠民县志》全局工作；张贵忠负责概述、大事记、第一编 建置区划、第二编 自然环境、第三编 人口、第四编 经济管理、第五编 农业等相关内容的修改、完善和补充工作；赵崭负责第六编 水利、第七编 工业、第八编 民营经济、第九编 商贸流通、第十编 财税 金融、第十一编 城乡建设、第十二编 交通 邮电等相关内容的修改、完善和补充工作；谢玉洁负责第十三编 党政群团、第十四编 政权 政协、第十五编 政法、第十六编 武装、第十七编 民政、第十八编 人事劳动和社会保障、第十九编 教育等相关内容的修改、完善和补充工作；孔鹏负责第二十编 科学技术、第二十一编 文化、第二十二编 孙子文化、第二十三编 卫生、第二十四编 体育、第二十五编 社会生活、第二十六编 方言等相关内容的修改、完善和补充工作，以及人物、附录、编后记的组织和撰写；王剑负责建置沿革地图的编辑工作。在志书的编纂合成中，2008年5月省史志办主任刘秋增亲临指导，

2016 年 3 月、5 月市史志办主任王占峰、副主任孟庆永、马宝祥到惠民调研，指导续志工作的开展。省、市史志部门主要领导的关怀，县委、县政府的大力支持，县史志办同志们的全力以赴，有力促进了志书编纂进度。《惠民县志（1979—2005）》于 2016 年 10 月形成评审稿。随后将志书评审稿分别报送省、市及各县区史志办公室、县地方史志编纂委员会主任、副主任、委员以及曾在县史志办工作过的老同志，广泛征求意见。

评审修改 2016 年 10 月 18 日，《惠民县志（1979—2005）》志稿评审会在惠民县孙武大酒店召开，省、市和县区史志办的领导和专家等 30 余人参加，省史志办公室主任刘爱军到会讲话，滨州市副市长潘青致辞，县委书记、县人大常委会主任范连生，县委常委、副县长刘卫忠，副县长刘东芳参加评审活动。与会的领导和专家一致认为，《惠民县志（1979—2005）》是一部内容资料翔实、体例完备、记述规范、篇目安排合理、语言朴实流畅、文风端正、突出地方特色的志稿，并提出了中肯的修改意见和建议。会后，县史志办公室召开专题会议，对评审会上专家们提出的修改意见和建议，进行细致的梳理，采用增、删、调、并、补等多种方法，对志稿进行认真修改，精心打磨，最后将修改后的志稿分别返回各单位征求意见，由单位主要领导审核把关。2017 年 5 月，形成送审稿，分别报省、市编委会审定。9 月，县史志办新任主任组织编纂人员继续修改完善。10 月，中国地方志指导小组办公室主要领导以及方志出版社对《惠民县志（1979—2005）》志稿进行了初审、复审和终审，同意核校无误后出版。11 月，县史志办公室根据其提出的意见作了进一步的修改、调整和补充。12 月，经惠民县人民政府批准，正式交付方志出版社出版。

回顾《惠民县志（1979—2005）》的编纂出版，得益于惠民县委、县政府的正确领导，得益于省、市史志办的大力支持，得益于各县区史志办同仁的热情协助，得益于各撰稿单位的密切协作，得益于社会各界人士的关注厚爱以及全体编修人员无私奉献、精益求精、淡泊名利、持之以恒、潜心修志的工作精神，确保了《惠民县志（1979—2005）》编修工作的圆满完成。《惠民县志（1979—2005）》是各级领导重视，各供稿单位和修志人员认真负责，县史志办公室辛勤耕耘的结晶体，她闪烁着集体智慧的光茫。值《惠民县志（1979—2005）》付梓之际，谨向所有关心、支持续修惠民县志工作的领导、专家、同仁、社会各界人士和同志们表示衷心的感谢。

千滴汗水一行字，万般辛苦一卷书。编史修志是一项非常繁杂而艰巨的系统工程，志书内容规模宏大，涉及面广，工作量大，是惠民县历史上的一部百科全书。《惠民县志（1979—2005）》自征集资料到编纂付梓，历经十三载，其间编修人员几经变动，客观使志书的编修时间长，再加上编修人员的学识水平所限和经验不足，志书中的错漏等不足之处在所难免，恳请读者批评指正。

2017 年 12 月